o. Prof., Dipl.-Ing. Klaus Daniels · **GEBÄUDETECHNIK**

o. Prof., Dipl.-Ing. Klaus Daniels

GEBÄUDETECHNIK

Ein Leitfaden für Architekten und Ingenieure

2. Auflage

R. Oldenbourg Verlag

Hochschulverlag AG an der ETH Zürich

Die Deutsche Bibliothek - CIP-Einheitsaufnahme

Daniels, Klaus
Gebäudetechnik : ein Leitfaden für Architekten und Ingenieure / Klaus Daniels. - 2. Aufl. - München : Oldenbourg ; Zürich :. vdf, Hochschulverl. an der ETH Zürich, 1996

Impressum

vdf Hochschulverlag AG
an der ETH Zürich

Grafische Gestaltung und Layout:
Riemer Design, München

Satz: Satzstudio 79 GmbH, München

Litho: SPS-Repro GmbH, München
Klingenberger & Lettner GmbH, München

Druck und Bindung: R. Oldenbourg
Graphische Betriebe GmbH, München

ISBN 3-486-26248-3 (Oldenbourg)
ISBN 3-7281-2142-8 (vdf)

VORWORT

Das vorliegende Buch dient als Lehrbuch für Studentinnen und Studenten der Fachrichtung Architektur und Bauingenieurwesen sowie des allgemeinen Maschinenbaus mit Schwerpunkt Gebäudetechnik und ist gleichermaßen ein Nachschlagewerk für Personen, die bereits in der Praxis stehen wie z. B. Projektsteuerer und -manager, Architektinnen und Architekten und interessierte Bauherren. Das Buch gibt einen Überblick über alle wesentlichen gebäudetechnischen Anlagen zum heutigen Zeitpunkt und stellt zusätzlich Berechnungsgrundlagen dar, die im Zusammenhang mit der Entwicklung von Fassaden, Konstruktionen usw. eine wesentliche Rolle spielen. So sind einschlägige Grundlagen für die Berechnung des Wärmebedarfs sowie weiterhin für die Berechnung von Kühllasten ausgewiesen, da hier die größten Überschneidungen zwischen Architektur, Baukonstruktion und Technik bestehen.

Weiterhin weist das Buch die Berechnungsgrundlagen für Technik- und Schachtflächen aus, um dem Nichtfachmann für gebäudetechnische Anlagen die Möglichkeit zu geben, selbst eine Vordimensionierung notwendiger Technikflächen z. B. im Rahmen von Wettbewerben und Vorentwürfen vornehmen zu können. Zum besseren Verständnis bestimmter technischer Abläufe und technischer Funktionen wurden teilweise physikalische Grundlagen in vereinfachter Form dargestellt.

Die zweite Auflage des Buches wurde angereichert durch wesentliche Aussagen zum ganzheitlichen Planen (ganzheitliche Planungsmethoden), den zur Zeit sinnvollen Einsatz von Umweltenergien bis hin zu Fragen in Verbindung mit dem Sick Building Syndrom.

Gebäude- oder haustechnische Anlagen bei den heutigen, oft komplexen Hochbauten nehmen einen wesentlichen Rahmen ein und garantieren bei richtigem Funktionieren die uneingeschränkte Nutzung eines Bauwerks. Insofern wurden gerade auch die Schnittstellen zwischen Gebäude, Gebäudehülle und Technik herausgearbeitet, da es in Zukunft sehr wesentlich darauf ankommen wird, Gebäude nicht mit technischen Anlagen zu überfrachten, insbesondere auch um bauphysikalische Fehler zu eliminieren, sondern vielmehr Gebäudetechnik nur in dem Umfang einzusetzen, wie er sinnvoll ist und den späteren Nutzern von Gebäuden dient.

Der Trend der Zukunft weist eindeutig darauf hin, nicht quantitativ mit Gebäudetechnik umzugehen sondern vielmehr qualitativ, um sowohl natürliche Ressourcen zu schonen als auch den Umweltschutz aktiv zu unterstützen. Dies gelingt insbesondere dann, wenn z. B. fossile Energien gar nicht erst benötigt werden. Gebäude der Zukunft sollten im Einklang stehen mit der Natur und den Nutzern einen Lebensraum bieten, der einerseits zwar thermisch, hygienisch und visuell behaglich ist, jedoch andererseits seine Ansprüche direkt aus der Natur deckt.

Aufgrund der zunehmenden Komplexität hochinstallierter Gebäude wird es selbst für den Fachmann im Bereich der Heizungstechnik, Klimatechnik, Elektrotechnik usw. immer schwieriger, einen Gesamtüberblick über alle gebäudetechnischen Einrichtungen zu behalten. Somit bietet sich das Buch auch als Hilfsmittel, z. B. für Projektleiter, bei gebäudetechnischen Anlagen an.

Wieder haben verschiedene Mitarbeiter aktiv an der Überarbeitung des Buches mitgewirkt und mein Dank gilt insbesondere den Herren

Dr. Nguyen dai, ETH Zürich,

Dipl.-Ing. Ulrich Werning,
HL-Technik AG Lichtplanung

Dipl.-Ing. Ludwig Ilg,
GfA Gesellschaft für Aerophysik GmbH.

Weiteren Dank schulde ich für die fachliche Beratung und redaktionelle Unterstützung den Herren

Dipl.-Ing. Rolf Hostettler und
Roland Zehnder.

München / Zürich 11.04.1994

Klaus Daniels

INHALTSVERZEICHNIS

GANZHEITLICHE PLANUNGSMETHODEN

Tägliche Kühllast-prognose
$Q < Q_{ZUL}$
Nein
Ja
$T_R < T_R$ max
Nein
Ja
Nutzung
Ja
Nein
…usblendung der …rektstrahlung …i hoher diffuser …chttransmission
Begrenzung der Strahlung auf tageslichtechn. Mindestmaß
Sonnenschutz ganz geschlossen, Einstrahlschutz
Therm. $T_R < T_R$ max
Nein
Ja
Natürliche Lüftung, Fenster, Luftschlitze
Hygien. Raumzust.
Ja
Nein
Emission
Ja
Nein
Emission
Ja
Nein
$T_A < T_R$
Nein
Ja
$T_R < T_R$ max
Ja
Nein
Zug-erschein.
Nein
Ja
Fenster geschlossen
Dauerlüftung kontinuierlich
Stoßlüftung intermittierend
behaglich
Ja
Nein
Sonne
Ja
Nein
Solarkühlung, Peltierelemente, Absorptions-anlage
$T_R < T$ Körperob.
Ja
Nein
Luftbewegung, leichte Kleidung
Schachtlüftung
$T_R < T$ Feucht.
Ja
Nein
Verdunstungs-kühlung, freie Kühlung
Dachaufsatz-lüftung
$T_R < T_R$ max
Nein
Ja
…tetechnik

GANZHEITLICHE PLANUNGSMETHODEN

Viele Themen bei der Entwicklung eines Gebäudes greifen ineinander, so daß in der Regel ein Planer, sei es Architekt oder ein anderweitiger, ganzheitlich denkender Planer schlichtweg überfordert ist und wäre, sämtliche Aspekte, die zu einem guten Gebäude führen, ausschöpfen zu können. Daher müssen alle am Planungsprozeß Beteiligten in Zukunft zu einem möglichst frühen Zeitpunkt in das Planungsgeschehen eingebunden werden, um die entsprechenden Teilaspekte zu einer hervorragenden Symbiose zusammenzuführen.

Der Gebäudekörper

Gebäudekörper werden nach wie vor vornehmlich unter städtebaulichen und architektonischen Gesichtspunkten entwickelt. Diese Maßnahme ist notwendig und allseits anerkannt und kann nicht in Frage gestellt werden. Gleichwohl kann ein Gebäudekörper so ausgebildet sein, daß er sowohl städtebaulichen Ansprüchen genügt als auch sinnvolle Teilaspekte berücksichtigt, die dem späteren Nutzen des Gebäudes entgegenkommen. Gebäudekörper, die im wesentlichen natürlich belüftet werden sollen, müssen eine maximale Raumtiefe berücksichtigen und dürfen diese möglichst nicht überschreiten, es sei denn, daß im Gebäudekörper selbst Elemente vorhanden sind, die dazu beitragen, auch große Raumtiefen durchlüften zu können. Gebäudekörper sollten nach Möglichkeit weitgehendst tagesbelichtet werden, um nicht nur ein optimales Raummilieu zu erzielen, sondern den Einsatz von Beleuchtungsanlagen zu minimieren. Dies ist sowohl bei schlanken, zweihüftigen Bürogebäuden möglich als auch bei Bürogebäuden großflächiger Ausdehnung mit tagesbelichteten Innenhöfen.

Gebäudekörper können auch in ihren Außenstrukturen unter Umständen so gestaltet werden, daß sie „Pufferräume" bilden, wodurch gebäudenahe Überströmungen von Außenluft verkleinert werden und somit der Wärmebedarf reduziert wird. Hallenräume, gläserne Passagen oder ähnliche Einbauten können zudem nicht nur zu einem besseren und interessanteren Raumangebot führen, sondern wiederum Kühllasten verringern bzw. Wärmeverluste halbieren. Es zeigt sich somit, daß bereits bei der Ausbildung des Gebäudekörpers die Fachkompetenz aller Planungsbeteiligten wirksam werden sollte, um gegebenenfalls bei der Ausbildung des Gebäudes wichtige Aspekte zu berücksichtigen.

Die speichernden Massen

Durch das Speichern von Wärmeenergie in Betonmassen ist es möglich, die Kühllasten nicht unerheblich zu reduzieren. Durch das richtige Zusammenspiel zwischen Architekt, Tragwerksplaner und Gebäudetechniker kann durch den sinnvollen Einsatz und die sinnvolle Darstellung notwendiger Gebäudemassen ein speicherndes Gesamtkonzept entwickelt werden, das zu weniger technischen Investitions- und Betriebskosten führt und gleichzeitig die Raumqualität verbessert. Beispielhaft für diese Aussage soll das „Tritonhaus" stehen, bei dem ursprünglich ein Bürogebäude konzipiert wurde mit abgehängten Decken und aufgeständerten Doppelböden. Bild 01 zeigt das Gesamtgebäude, Bild 02 einen Schnitt durch ein typisches Geschoß während zweier Betriebszeiten. Bei diesem Bürogebäude wurde auf eine abgehängte Decke verzichtet, wodurch bei einer vorgegebenen Geschoßhöhe von 3,6 m eine lichte Raumhöhe von 3,2 m entstand. Diese lichte Raumhöhe führt zweifelsohne zu einer besseren Lebensqualität im Raum, da hierdurch die Belichtungs- und Belüftungsverhältnisse verbessert werden und sich gleichzeitig ein höherer Stauraum bezüglich anfallender Wärmeenergie ergibt. Durch die Voutenleuchtenkonzeption konnte die Betondecke als schwer speichernde Decke freigelegt werden (Reduzierungen der Kühllast, Reduzierungen der Investitionskosten lufttechnischer und kältetechnischer Anlagen). Im Sommer- wie auch im Winterbetrieb kann jeder Nutzer seine Fenster dann öffnen, wenn er dieses wünscht und die unterstützende Lüftungsanlage des Raumes wird automatisch abgeschaltet. Im Sommer kann jeder Raum nach Bedarf unterstützend gekühlt, im Winterbetrieb unterstützend belüftet und befeuchtet werden, wobei die Wärmeverluste durch eine statische Heizungsanlage gedeckt werden.

Bild 01
Triton-Haus in Frankfurt (Architekten: Nägele, Hofmann, Tiedemann Frankfurt, mit Kiemle, Kreidt & Partner, Düsseldorf)

Bild 03
Modell der Hauptverwaltung DG-Hypothekenbank, Hamburg (Architekten: Neue Heimat Städtebau, P.Dressel, N.Schachtner)

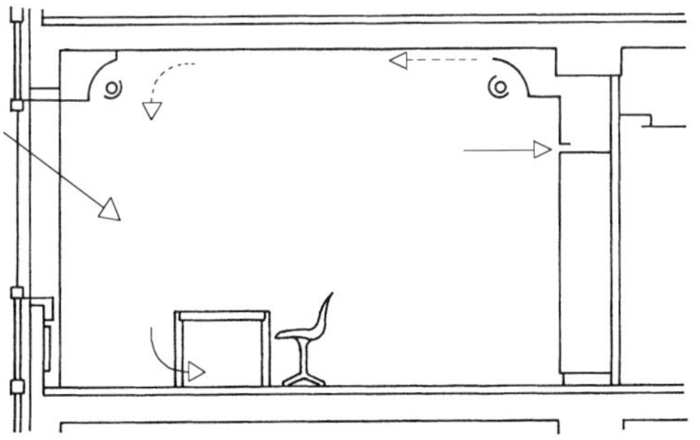

Schematische Darstellung des Lüftungsbetriebes Sommer-Betrieb mit Kühlung

Schematische Darstellung des Lüftungsbetriebes Winter-Betrieb mit Befeuchtung

Bild 02
Schematischer Schnitt durch das Triton-Haus

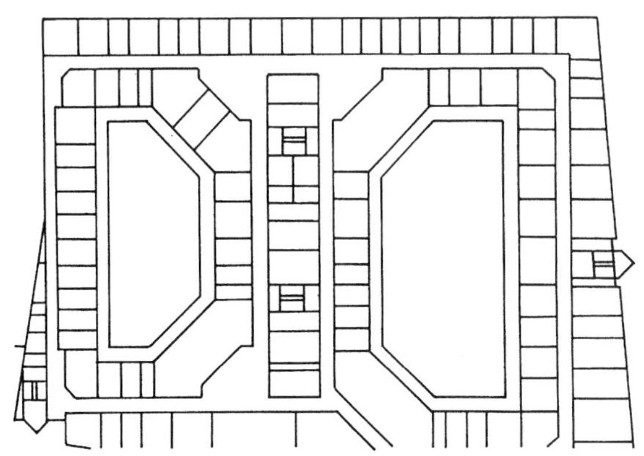

Bild 04
Grundriß 2. Obergeschoß

Ähnlich verfahren wurde auch bei dem Bürogebäude der DG-HYP in Hamburg, Bild 03. Bild 04 zeigt einen Grundriß des Gebäudes im innerstädtischen Raum, Bild 05.1 einen Schnitt. Wie aus dem Schnitt gut erkennbar, sind auch bei diesem Bürogebäude die Betondecken als speichernde Massen freigelegt, um Kühllasten im Sommer kompensieren zu können. Zur unterstützenden Belüftung wurde eine Lüftungsanlage mit Kühlung (zweifacher Luftwechsel) eingesetzt, die in der Lage ist, maximale Raumtemperaturen von ca. + 27°C zu halten.

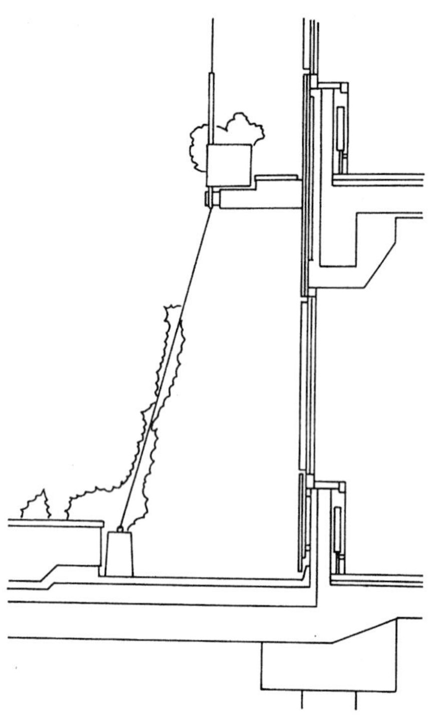

Bild 05.1
Fassaden- und Raumdetail

Bild 05.2
Innenhof

1 Silikon-Wetterhaut und eingelagertes Substrat
2 Sensor und Kontroll-/Steuerungs-Logik - außen
3 Photoelektrisches Gitter
4 Wärme-Schicht Radiator/ Selektiver Absorber
5 Elektro-reflektierende Einlagerung
6 Micro-/Fein-porige gasdurchströmte Schicht
7 Elektro-reflektierende Einlagerung
8 Sensor und Steuerungs- Logik - innen
9 Eingelagertes Silikon-Substrat - innen

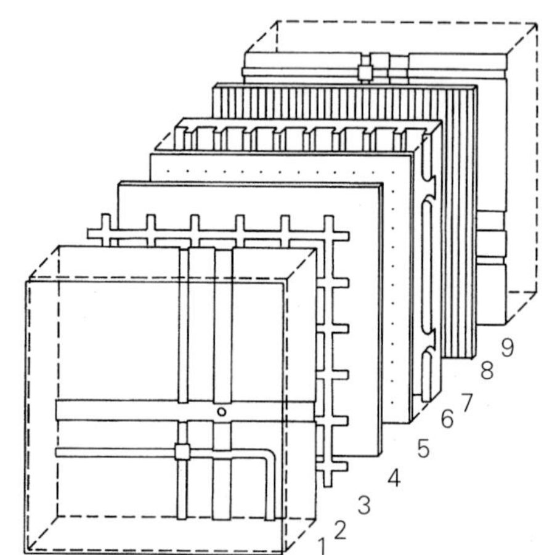

Bild 06
Polyvalente Wand nach M.Davies (Rogers Partnership), Explosionszeichnung 1981

Die "intelligente" Fassade

Fassaden sind selbstverständlich nicht intelligent, können jedoch in intelligenter Weise so konzipiert werden, daß sie allen Ansprüchen der späteren Nutzer genügen und gleichzeitig das Umweltangebot in Einklang mit dem Nutzeranspruch bringen. Bild 06 zeigt den Aufbau einer Glasstruktur nach Mike Davis (Büro Richard Rogers Partnership, London) als polyvalente Wand. Diese polyvalente Wand soll so konzipiert sein, daß sie je nach Nutzeranspruch und Jahreszeit als Sonnen- oder Wärmeschutz dient, Wärmeenergie vor dem Gebäude reflektiert oder in das Gebäude eintreten läßt und sich somit öffnet oder schließt. Die einschlägige Glasindustrie konnte bis heute die Vorschläge von M. Davis noch nicht umsetzen und es ist an uns, den Planern, den Ablauf einer polyvalenten Wand mit herkömmlichen Mitteln nachzubilden. Bild 07 zeigt den Ablaufplan für den Betrieb einer polyvalenten Wand aus dem hervorgeht, welchen Ansprüchen eine quasi intelligente Fassade genügen muß, um letztendlich mit möglichst geringen technischen Hilfsmitteln und Energiekostenaufwendungen ein Haus zu beheizen, zu belüften, zu belichten und zu kühlen.

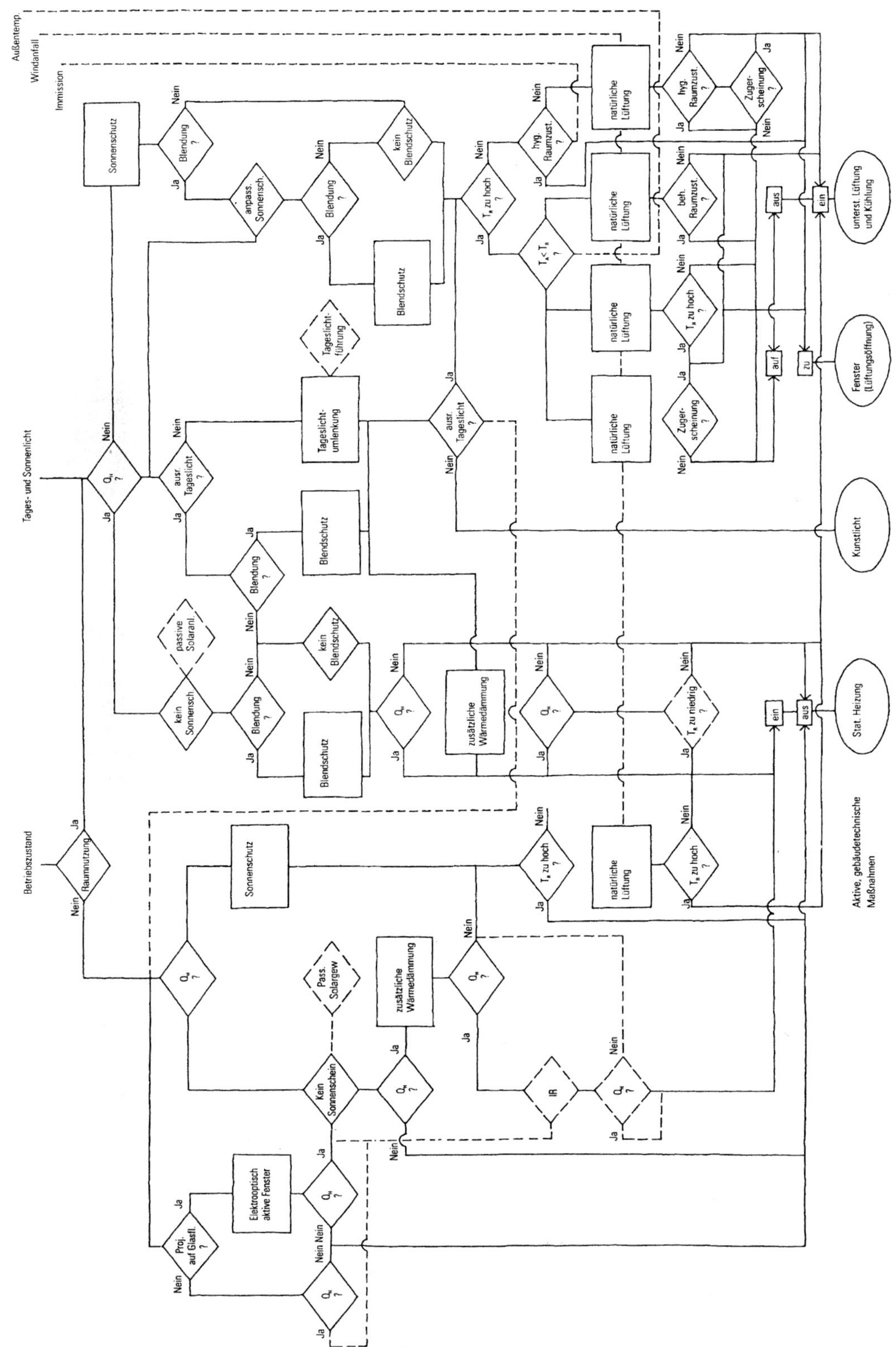

Bild 07
Ablaufplan für den Betrieb polyvalenter Wandsysteme und aktiver technischer Maßnahmen

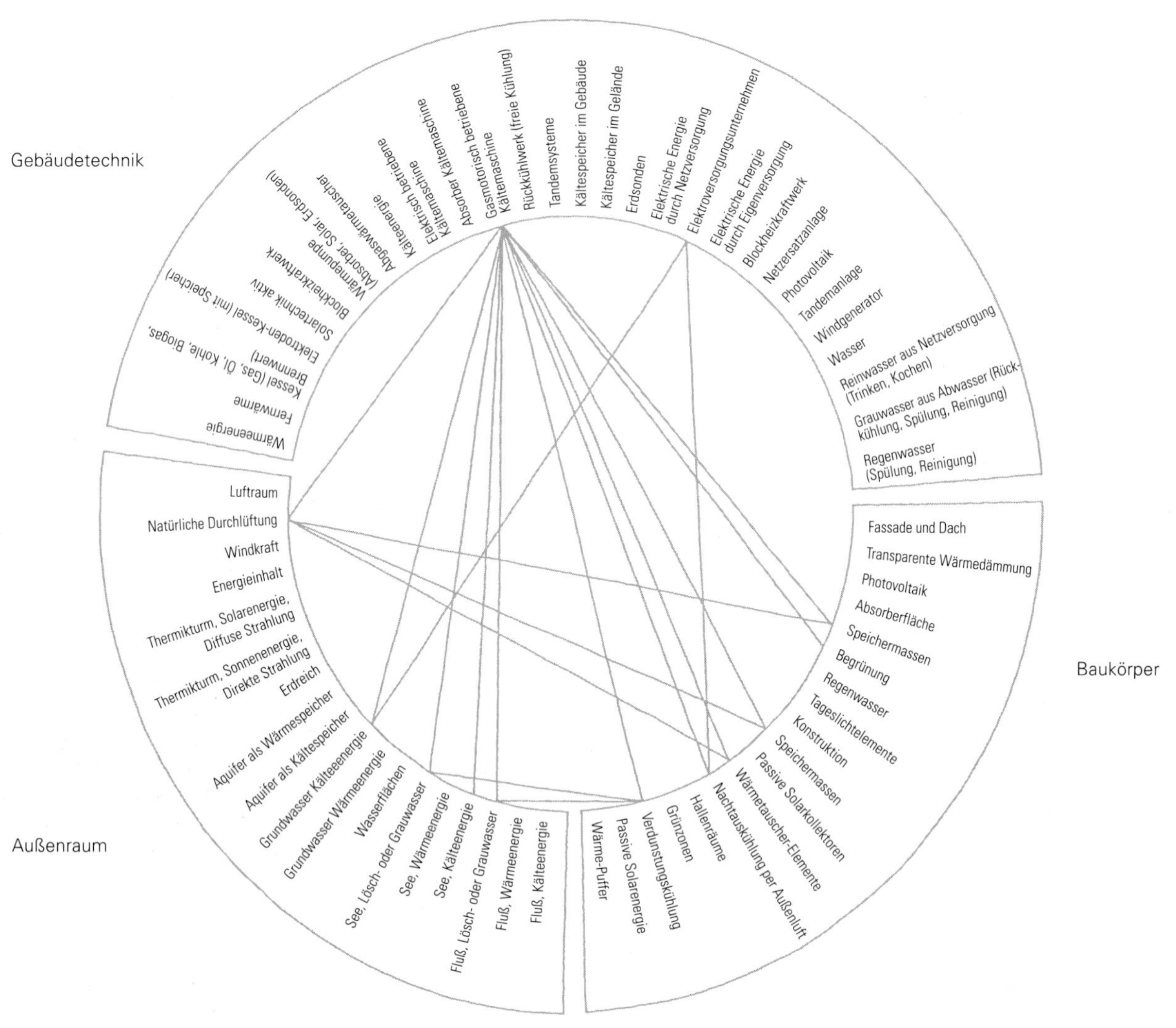

Bild 08
Ökologischer Kreis bei Gebäuden und Gebäudetechnik

Gebäudetechnik

Wärmeenergie

Direkt

- Fernwärme
- Kessel (Gas, Öl, Kohle, Biogas, Brennwert)
- Elektroden-Kessel (mit Speicher)

Indirekt

- Solartechnik aktiv
- Blockheizkraftwerk
- Wärmepumpe (Absorber, Solar, Erdsonden)
- Abgaswärmetauscher

Kälteenergie

Direkt

- Elektrisch betriebene Kältemaschine
- Absorber Kältemaschine
- Gasmotorisch betriebene Kältemaschine
- Rückkühlwerk (freie Kühlung)
- Tandemsysteme

Indirekt

- Kältespeicher im Gebäude
- Kältespeicher im Gelände
- Erdsonden

Elektrische Energie

Netzversorgung

- Elektroversorgungsunternehmen

Eigenversorgung

- Blockheizkraftwerk
- Netzersatzanlage
- Photovoltaik
- Tandemanlage
- Windgenerator

Wasser

Reinwasser

- Netzversorgung (Trinken, Kochen)

Grauwasser

- Abwasser (Rückkühlung, Spülung, Reinigung)

Regenwasser

- Spülung, Reinigung

Außenraum

Luftraum

Freier Luftraum

- Natürliche Durchlüftung
- Windkraft
- Energieinhalt

Thermikturm

- Solarenergie, Diffuse Strahlung
- Sonnenergie, Direkte Strahlung

Erdreich

Aquifer

- Wärmespeicher
- Kältespeicher

Grundwasser

- Kälteenergie
- Wärmeenergie

Wasserflächen

See

- Lösch- oder Grauwasser
- Wärmeenergie
- Kälteenergie

Fluß

- Lösch- oder Grauwasser
- Wärmeenergie
- Kälteenergie

Baukörper

Fassade und Dach
Transparente Wärmedämmung
Photovoltaik
Absorberfläche
Speichermassen
Begrünung
Regenwasser
Tageslichtelemente

Konstruktion
Speichermassen
Passive Solarkollektoren
Wärmetauscher-Elemente
Nachtauskühlung per Außenluft

Hallenräume
Grünzonen
Verdunstungskühlung
Passive Solarenergie
Wärme-Puffer

Der Außenraum

Bei der Planung gebäudetechnischer Anlagen ist auch der Außenraum von nicht unerheblicher Bedeutung und sollte in die Überlegungen mit einbezogen werden. Der Außenraum, gebildet durch Erdreich, Grün, Wasser und Luft bietet vielfältige Möglichkeiten, um den Einsatz gebäudetechnischer Anlagen zu verringern und gleichzeitig Energie- und Betriebskosten einzusparen. Der Außenraum spielt somit sowohl im Bereich der Wärmeversorgung als auch im Bereich der Kälteversorgung eine wichtige Rolle und ist Bestandteil eines Gesamtökologiekonzeptes, das bei zukünftigen Gebäuden zur Anwendung kommen sollte.

Das Ökokonzept

Bei der Entwicklung von Gebäuden sollten die Zusammenhänge, die sich aus dem ökologischen Kreis, Bild 08, ergeben, berücksichtigt werden. Aus dieser Darstellung lassen sich die Schwerpunktthemen wie Außenraum, Gebäudekörper und Gebäudetechnik mit ihren Einzelaspekten gut ablesen. Wie der ökologische Kreis zeigt, gibt es eine Vielzahl von Möglichkeiten sowohl technische Investitionskosten als auch Betriebskosten u. U. unter gleichzeitiger Verminderung der Baukosten einzusparen, wenn einzelne Aspekte nicht wie in der Vergangenheit häufig auf ein fertiges Gebäudekonzept aufgesetzt werden, sondern in diesem wirklich integriert sind. Jeder der Einzelaspekte wie Luftraum, Erdreich, Wasserflächen, Hallenräume, Konstruktion, Fassaden und Dächer und die diversen gebäudetechnischen Anlagen sind gleich wichtig und gleich gewichtig zu behandeln und ganzheitlich in eine Planung einzubringen.

Das SBS-Syndrom

Gebäude sollen nicht krankmachen sondern vielmehr hygienischen Ansprüchen genügen, die den Nutzern einen angenehmen Aufenthaltsbereich bieten. In der Vergangenheit konnte festgestellt werden, daß es eine Vielzahl von Gebäuden gibt, die diesem Anspruch in keiner Weise genügen konnten. So gilt es in Zukunft darauf hinzuarbeiten, nicht nur ökologisch einwandfreie Materialien einzusetzen, sondern auch prinzipielle Mängel im Bereich der Belüftung und Belichtung von Häusern zu vermeiden.

Hinsichtlich der Definierung des Sick-Building-Syndroms, ausgehend von der Begriffsbestimmung (SBS), nach Dr. med. P. Kröling, lassen sich verschiedene SBS-Beschwerden und ihre möglichen Ursachen feststellen. Hierzu gehören die in Tabelle 01 aufgeführten Einzelerscheinungen und ihre möglichen Ursachen.

Als wesentliche Erscheinungen beim Sick-Building-Syndrom lassen sich verschiedene Verursacher ausmachen, die zu entsprechenden Störungen und Beschwerden führen. Diese sind:

- zu hohe Luftgeschwindigkeiten oder turbulente Luftführungen im Raum
- Beschwerden durch mikrobielle Allergene und mikrobielle Zellgifte
- Störungen im Bereich der Thermoregulation infolge zu niedriger oder zu hoher Temperaturen (mangelndes Reizklima)
- Störungen durch niederfrequenten Schall (< 100 Hz)
- Geruchsentwicklungen aus mangelhaft gewarteten Befeuchtungseinrichtungen und Filteranlagen.

SBS-Beschwerden	Mögliche Ursachen
Zugerscheinungen Erkältungsneigung mangelhafte Luftführung	zu hohe Strömungsgeschwindigkeit zu starke Turbulenz Zuluft-Temperatur zu niedrig rheumatische Beschwerden
Schleimhautreizungen der oberen Luftwege und Augen Lufttrockenheitsgefühl	mikrobielle Allergene (aus Klimaanlage) Hausstaub; Milben (u.a. Teppichboden)
Fieber Atembeschwerden Gliederschmerzen Müdigkeit	mikrobielle Zellgifte(Endotoxine, Cytotoxine) aus Befeuchterwasser, Filtern und Zuluftelementen
Müdigkeit Konzentrationsstörungen Benommenheit Kopfschmerzen	Störungen der Thermoregulation: - Temperaturen > 23 Grad - unphysiol. Tagesgang der Temp. - Anhebung der rel. Feuchte - fehlende Fensterlüftung niederfrequenter Schall (< 100 HZ) Allergene, Endotoxine, Cytotoxine
	Insuffizienz von: - Sonnenschutz (fehlend/innen) - Fensterflächen (zu groß) - Speichermasse (zu klein) - RLT-Leistung/Wartung
mangelhafte Luftqualität	Geruch aus Klimaanlage: - technisch (Material, Filter) - mikrobiologisch eff. Luftwechsel unzureichend

Tabelle 01
SBS-Beschwerden (nach Dr. med. P.Kröling)

SPS-Symptome	Begleitsymptome	Ursachen	Herkunft	Vermeidung
infektiös: Legionella-Pneumonie	Pontiac-Fever (grippeähnlich)	Legionella-Bakterien	keimreiches Aerosol im Luftstrom (z.B. Kühlung)	hygienische Bedingungen endständige Filter
allergisch: Augenjucken / -tränen verstopfte Nase Bronchialbeschwerden Trockenheitsgefühl	Müdigkeit Kopfschmerzen Konzentrationsstörungen Leistungsminderung	mikrobielle Allergene - div. Schimmelpilze - div. sonstige Keime - Milben / -produkte - organische Stäube	Luftbefeuchtung - Befeuchterwasser - feuchte Systemteile Filter - mangelhafte Filterung - Durchwachsen der Filter	keimarme Befeuchtung (Ozon / UV / Silberionen) - regelm.Reinigung regenerierbare Filter Elektro-Filter endständige Filter
toxisch-allergisch: Monday-fever Humidifier-fever starke Müdigkeit (fatigue-Syndrom)	grippeähnliche Symptome Atembeschwerden Husten allergische Alveolitis Spätfolge: Lungenfibrose (Befeuchterlunge) Leistungsminderung	Bestandteile div. Keime: - Zellwände: Endotoxine - Zellinhalt: Cytotoxine Mycotoxine	verkeimtes Befeuchter-wasser	keimarme Befeuchtung (Ozon / UV / Silberionen) - regelm. Reinigung regenerierbare Filter Elektro-Filter endständige Filter
toxisch: Müdigkeit Kopfschmerzen Konzentrationsstörung	allergieähnliche Symp-tome Leistungsminderung	ext. Schadstoffquellen: - CO, NO_X, SO_2, VOC intern.Schadstoffquellen: - Mobillar, Teppiche	Außenluft Gebäude	schadstoffeliminierende Filter (außen / endständig) Vermeidung der Quellen verbesserte Lüftung
olfaktorisch: unangenehme Gerüche „Sauerstoffmangel" Frischluftbedürfnis Atembeklemmung	Klima-Unzufriedenheit Leistungsminderung? Wunsch nach Fenster-öffnung	geruchsbelastete Zuluft: - Verkehr, Garagen Geruch aus RLT-Anlage: - Luftbefeuchtung - Filter, Systemteile	Außenluft RLT-Anlage	geruchseliminierende Filter (außen / endständig) Geruchsvermeidung geruchseliminierende Filter (endständig)

Tabelle 02
SBS-Symptome, Begleitsymptome und ihre Vermeidung (nach Dr. P.Kröling)

Um den einzelnen Beschwerden entgegenzuwirken ist es notwendig, für eine zugfreie Zuluftzuführung in den Räumen zu sorgen, insbesondere die Zuluftgeschwindigkeiten im Aufenthaltsbereich so stark zu drosseln, daß sie nicht als störend empfunden werden (< 0,12 m/s).

Mikrobielle Allergene und Zellgifte können insoweit ausgeschaltet werden, als Befeuchtungseinrichtungen und Filteranlagen ständig gewartet werden bzw. endständige Filter eingesetzt werden, die in der Lage sind, eine Reihe von Schadstoffen auszufiltern.

Die Benutzbarkeit von Gebäuden sollte auch prinzipiell ohne Raumlufttechnische Anlagen möglich sein, so daß öffnungsfähige Fenster eine absolute Notwendigkeit darstellen. Gleichermaßen sollten fensterlose Räume weitestgehend vermieden werden, die dem ständigen Aufenthalt von Personen dienen. Der Fensterflächen-Anteil sollte bei Fassaden mindestens 50% betragen, was voraussetzt, daß ein ausreichend guter Sonnenschutz und große Speichermassen mithelfen, eine Überhitzung von Räumen zu vermeiden. Dabei ist darauf zu achten, daß die Temperaturen in einem behaglichen Bereich liegen. Als Ausgangstemperatur empfehlen Arbeitsmediziner heute eine solche von 22°C ± 1 K im Winter bei individueller Temperaturregelung des einzelnen Raumes und Abschaltmöglichkeit bei Fensterlüftung.

Eine Befeuchtung in Räumen sollte nur dann erwogen werden, wenn die relative Feuchte unter 35% absinkt, wobei die Befeuchtung gegebenenfalls auch durch Grünpflanzen unterstützt werden kann.

Tabelle 02 von Dr. P. Kröling zeigt neben den SBS-Symptomen im zuvor beschriebenen Bereich Begleitsymptome, Ursachen, Herkunft und Vermeidung.

HEIZUNGSANLAGEN

1

1.1. WÄRMELEISTUNGSBEDARFSBERECHNUNG (NACH SIA 384/2, DIN 4701)

1.1.1. Gesamter Wärmeleistungsbedarf

Der gesamte Wärmeleistungsbedarf setzt sich zusammen aus dem Transmissions-Wärmeleistungsbedarf und dem Lüftungs-Wärmeleistungsbedarf. Interne Wärmequellen und andere Spezialfälle sind zu berücksichtigen.

Zuschläge auf den so bestimmten gesamten Wärmeleistungsbedarf werden keine gerechnet.

Bei der Festlegung der für die Dimensionierung maßgebenden Außenlufttemperatur sind die Wärmegewinne durch direkte und diffuse Strahlung während der maßgebenden Kälteperiode für ein typisches Gebäude bereits berücksichtigt. Eine weitergehende Berücksichtigung der Sonnenenergie ist nur bei speziell konzipierten Gebäuden sinnvoll und möglich, ist aber in jedem Fall mit dem Bauherrn zu vereinbaren.

- **Gesamter Wärmeleistungsbedarf pro Raum**

Der gesamte Wärmeleistungsbedarf pro Raum $\dot{Q}_{hR}$ ist maßgebend für die Dimensionierung der Heizflächen pro Raum und setzt sich zusammen aus dem Transmissions-Wärmeleistungsbedarf pro Raum $\dot{Q}_{TR}$, dem Lüftungs-Wärmeleistungsbedarf pro Raum $\dot{Q}_{LR}$ minus eventuelle interne Wärmen $\dot{Q}_{iR}$.

$$\dot{Q}_{hR} = \dot{Q}_{TR} + \dot{Q}_{LR} - \dot{Q}_{IR} \text{ [W]}$$

Im Wärmeleistungsbedarf $\dot{Q}_{hR}$ nicht enthalten sind zusätzliche Wärmeverluste bzw. Wärmegewinne durch das Heizsystem selbst.

- **Gesamter Wärmeleistungsbedarf für das ganze Gebäude**

Der gesamte Wärmeleistungsbedarf für das ganze Gebäude $\dot{Q}_{hGeb}$ ist maßgebend für die Dimensionierung des Wärmeerzeugers. Er ist zu bilden aus dem Transmissions-Wärmeleistungsbedarf $\dot{Q}_{TGeb}$ und dem Lüftungs-Wärmeleistungsbedarf $\dot{Q}_{LGeb}$ minus der internen Wärmequellen $\dot{Q}_{IGeb}$.

$$\dot{Q}_{hGeb} = \dot{Q}_{TGeb} + \dot{Q}_{LGeb} - \dot{Q}_{IGeb} \text{ [W]}$$

Er ist geringer als die Summe aller Raum-Wärmeleistungsbedarfe, da die Lüftungsverluste und Absaugverluste nicht alle gleichzeitig auftreten. Interne Wärmequellen können nur abgezogen werden, wenn sie gesichert vorhanden sind und Regelventile die Raumheizung entsprechend reduzieren.

Im Wärmeleistungsbedarf $\dot{Q}_{hGeb}$ sind die Verluste des Heizsystems (nicht genutzte Wärmeabgabe von Flächenheizungen, der Rohrleitungen und des Wärmeerzeugers) und ein notwendiger Bedarf für die Brauchwassererwärmung nicht enthalten.

1.1.2. Berechnung des Wärmeleistungsbedarfs

Die Berechnung des Wärmeleistungsbedarfs erfolgt nach einschlägigen Regeln wie z. B. SIA 384/2 (Schweiz) oder DIN 4701 (Deutschland).

1.1.3. Formelzeichen und Indizes

A	m^2	Fläche
FA		Fensteranteil der Fassade = (Fenster-/Fassadenfläche)
HKA		Heizkörperanteil = (Heizkörper-ansichtsfläche/Fassadenfläche)
LW	h^{-1}	Stündlicher Außenluftwechsel
M	kg/m^2	auf 1 m^2 Außenfläche bezogene Masse
$\overline{M}$	kg/m^2	für Gebäudespeicherfähigkeit maßgebende gesamte spezifische Masse
Q	W	Wärmeleistung
R	$m^2 \cdot K/W$	Wärmedurchgangswiderstand
V	m^3	Volumen
$\dot{V}$	m^3/h	Luftstrom
a	m	Raumabmessung
	$m^3/h \cdot m \cdot Pa^{2/3}$	Fugendurchlässigkeit
	$m^3/h \cdot m^2 \cdot Pa^{2/3}$	Luftdurchlässigkeit
b	m	Raumabmessung
b	$J/m^2 \cdot K \cdot s^{1/2}$	Wärmeeindringkoeffizient
c	$J/kg \cdot K$	spezifische Wärmekapazität Leistungsfaktor der Heizfläche
d	m	Schichtdicke
f		Korrekturfaktor
h	m	Höhe
k	$W/m^2 \cdot K$	Wärmedurchgangskoeffizient
$\overline{k}$	$W/m^2 \cdot K$	Mittlerer k-Wert
l	m	Länge
m		Kennzahl der Heizfläche
n	d	Länge der Kälteperiode
t	°C	Temperatur
v	m/s	Geschwindigkeit
$\dot{v}$	$m^3/h \cdot m^2$ oder $m^3/h \cdot m$	spezifischer Luftstrom
z	h	Aufheizdauer
α	$W/m^2 \cdot K$	Wärmeübergangskoeffizient
Δp	Pa	Druckdifferenz
Δt	K	Temperaturdifferenz
λ	$W/m \cdot K$	Wärmeleitfähigkeit
ϱ	kg/m^3	Dichte
Σ	Summe	(Schreibweise ohne Indizes)
φ		Einstrahlzahl
ω	m/m^2	spezifische Fugenlänge
I...IV		Windklasse

Indizes

AL	Abluft
AW	Außenwand
B	Boden
Ch	Cheminée (offener Kamin)
D	Decke Durchführung beim Rolladen
E	Erdreich
F	Fenster
Geb	Gebäude
G	Geschoß
H	Heizleistungsbedarf
HK	Heizkörper
I	Mit Wärmedämmschicht Interne Wärmen
K	Kernzone Fugen beim Rolladenkasten
L	Lüftung
N	Nennwert
R	Raum Randzone
RK	Rolladenkasten
RL	Rücklauf
T	Transmission Türe
VL	Vorlauf
W	Wärmespeichermasse
a	außen, Auslegungsfall

eff effektiv

h Gesamter Wärmeleistungsbedarf

i innen

j Index einzelner Werte

m Mittelwert

max Maximum

min Minimum

n Norm

o Oberfläche

tot total/Wohng. o. Stockw.

w Wind

x unbeheizter Raum

z für den Aufheizvorgang maßgebend

O vor dem Aufheizen

Energieeinheiten			**k-Werte, α-Werte**	
J	kWh	kcal	W/m²K	kcal/m²h °C
1 $3{,}60 \cdot 10^6$ $4{,}19 \cdot 10^3$	$0{,}278 \cdot 10^{-6}$ 1 $1{,}163 \cdot 10^{-3}$	$0{,}239 \cdot 10^{-3}$ 860	1 1,163 –	0,860 1,00 –

a-Werte		**Druckeinheiten**	
$m^3/h\ m\ Pa^{2/3}$	$m^3/h\ m \cdot (mmWS)^{2/3}$	Pa	kg/m² oder mm WS
1 0,218	4,58 1	1 9,81	0,102 1

1.1.4. Maßgebende Außenlufttemperatur

Die maßgebende Außenlufttemperatur ist von drei Einflußfaktoren abhängig.

Dauer der Kälteperioden an einem Ort

In Bild 1.1 sind für Zürich-SMA die Resultate einer neuen SMA-Auswertung (1901-1970) in detaillierter Form graphisch dargestellt.

Hierin ist angegeben, wie oft im Jahr (Kurve der Fälle pro Jahr) eine Kälteperiode von n Tagen mit einer mittleren Temperatur von t_a (° C) auftritt.

- **SMA-Stationscode**

Die Stationscodes charakterisieren die Lage der Meßstation und dienen zum Vergleich zwischen Meßstation und Gebäudelage

* Klimadaten interpoliert, Höhe = mittlere Ortshöhe
N Nordhang
E Osthang
S Südhang
W Westhang
F Ebene
M Muldenanlage
T stark geneigtes Tal
A Anhöhe (30 ... 100 m über Talsohle)
P Paßlage
G Gipfellage
■ Stadteinfluß

Bei der maßgebenden Außentemperatur wurde eine maßgebende (Bau-) Masse von mehr als 700 kg/m² berücksichtigt. Diese ergibt sich aus:

$$\overline{M} = M_i + M_a \text{ [kg/m}^2\text{]}$$

mit

$$M_i = \frac{\text{Maßgebende Masse von Boden + Decke + Innenwänden}}{\text{Außenfläche (Wand + Fenster + Dach)}} \text{ [kg/m}^2\text{]}$$

$$M_a = \frac{\text{Maßgebende Masse der Außenwand}}{\text{Außenfläche (Wand + Fenster + Dach)}} \text{ [kg/m}^2\text{]}$$

Bei der Festlegung der maßgebenden Massen zu M_i und M_a ist zu beachten:

- Bei Konstruktionen mit Wärmedämmschichten ist nur die Masse raumseitig der Isolierung an der Temperaturhaltung aktiv beteiligt.
- Bei nicht isolierten Konstruktionen ist die halbe Konstruktionsdicke als aktiv zu betrachten.

- Bodenbeläge, (Teppiche, Kunststoffbeläge), vorgestellte Abdeckungen (Vertäfelungen) und abgehängte Decken reduzieren die Wirkung der dahinterliegenden Massen: dieser Einfluß kann aber vernachlässigt werden, wenn der d/λ-Wert dieser Schichten unter 0,2 m²K/W liegt.

- Die Raummöblierung trägt normalerweise wenig bei und kann vernachlässigt werden.

- Die Berechnung soll für eine ganze Wohneinheit oder ein Stockwerk vorgenommen werden.

- Im allgemeinen ist die Korrektur Δt_a für das ganze Gebäude gleich, das heißt, für alle Räume ist die gleiche Außentemperatur maßgebend. Falls aber einzelne Stockwerke konstruktiv stark voneinander abweichen, ergeben sich unterschiedliche Auslegetemperaturen.

- Als Außenflächen sind alle Bauelemente einzurechnen, welche beheizte Räume gegen das Außenklima begrenzen.

- Die maßgebende Außenlufttemperatur der Tabelle 1.1 ist gemäß der Tabelle 1.2 zu erniedrigen, wenn der $\overline{M}$-Wert unter 700 kg/m² liegt.

Beispiele für die Massenanteile M_i und M_a

Zur raschen Beurteilung einer Gebäudekonstruktion sind in der Tabelle 1.3 Massenanteile M_i und M_a für einige typische Konstruktionen gegeben. Die Zahlenangaben für M_i in Tabelle 1.3 gelten nur für eine Wohneinheit oder ein Stockwerk in einem Zwischengeschoß mit Bodenfläche = Deckenfläche = Innenwandfläche = zweimal Außenfläche (Fassade). Die Werte für M_a in Tabelle 1.3 sind für verschiedene Fensterflächenanteile FA der Fassade gegeben. Sind die vereinfachenden Voraussetzungen für Tabelle 1.3 nicht erfüllt, ist die maßgebende Masse $\overline{M}$ zu berechnen.

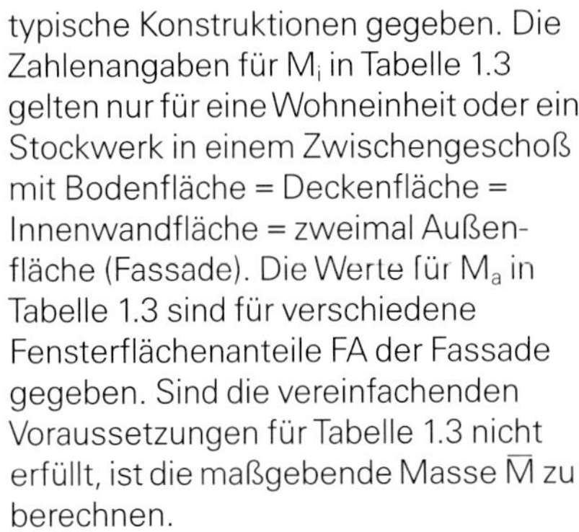

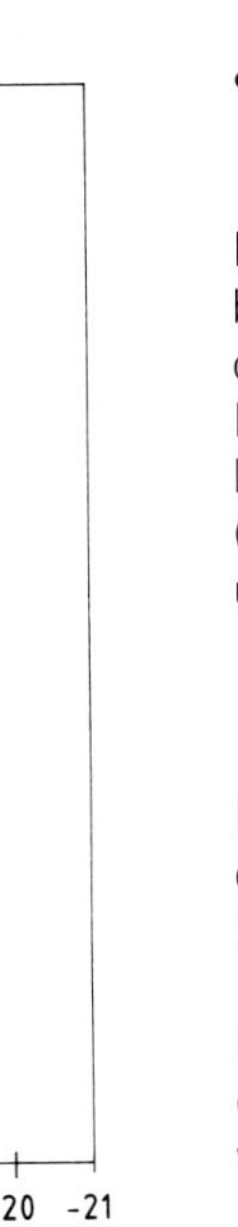

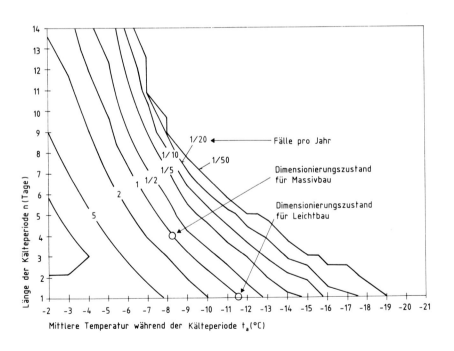

Bild 1.1
Temperaturextreme für Zürich-SMA

1.1.5. Raumlufttemperaturen

- **Empfohlene Raumlufttemperaturen t_i**

In einem beheizten Raum fühlt man sich bei normaler Bekleidung wohl, wenn die konvektive Wärmeabgabe des Körpers an die Raumluft und sein Strahlungsaustausch mit den Raumflächen (vor allem den kälteren Außenflächen und den Heizflächen) ausgewogen ist.

In Tabelle 1.4 sind für Gebäude verschiedener Bauart und Nutzung empfohlene Raumlufttemperaturen angegeben.

Diese Werte gelten aber nur, wenn die Komfortbedingungen eingehalten werden.

Werden für besondere Personengruppen, zum Beispiel ältere Leute, höhere Raumlufttemperaturen verlangt, ist der Einsatz von örtlichen Zusatzheizungen vorteilhaft.

Ort	Stations-höhe [m ü. M.]	Stations-code	t_a [°C] für Massivbau	Windklasse für freie Lage	Kritische Windrichtungen für exponierte Lage
Aarau	382	*	− 8	II	
Adelboden	1353	*	−11	II	
Aigle	405	*	− 5	II	
Airolo	1149	T	− 8	II	
Altdorf	451	F	− 6	I	SE
Altstätten SG	462	*	−10	I	
Andermatt	1447	*	−13	II	
Appenzell	775	*	−11	II	
Arosa	1847	E	−12	I	N
Baden	382	*	− 8	II	
Bad Ragaz	510	F	− 9	I	W, NW
Basel	317	A	− 8	I	E
Bauma	638	*	− 9	II	
Beatenberg	1170	S	− 8	I	W, N
Bellinzona	229	*	− 3	I	
Bern	572	A, ■	− 8	II	NE
Bernina-Hospiz	2304	*	−15	IV	
Bever	1712	F	−16	I	SW, W
Biel	434	F, ■	− 8	II	NE, E
Braunwald	1190	*	−11	II	
Brig	681	*	− 8	II	
Bulle	771	*	−10	I	
Castasegna	696	*	− 4	I	
Cernier	820	*	− 9	III	
Château-d'Œx	985	S	−11	I	E
Chaumont	1087	*	−11	III	
Chiasso	238	*	− 3	I	
Chur	586	F	− 8	I	NE, SE
Churwalden	1229	*	− 9	II	
Comprovasco	552	T	− 4	I	
Cossonay	562	*	− 8	III	
Davos	1592	A (F)	−14	I	NE
Delémont	416	F	− 7	I	NE, E
Disentis	1180	S	− 9	II	N
Ebnat SG	637	*	−11	I	
Einsiedeln	910	F	−10	I	SE
Elm	977	*	−11	II	
Engelberg	1018	T	−10	I	SE
Faido	711	*	− 5	II	
Fleurier	741	*	− 9	II	
Frauenfeld	410	*	− 8	II	
Fribourg	633	A	− 9	II	NE
Genève	405	A, ■	− 5	III	NE
Gersau	442	*	− 6	I	
Glarus	470	T	− 9	I	W, NW
Göschenen	1111	T	− 9	I	N
Grenchen	460	*	− 8	II	
Grimsel	1980	*	−13	IV	
Grindelwald	1034	*	−11	II	
Gstaad	1050	*	− 9	II	
Gurtnellen	741	*	− 8	II	
Guttannen	1057	*	− 8	II	
Hallau	421	*	− 7	II	
Heiden	814	T	−10	I	NW, N
Herisau	771	*	−11	II	

Tabelle 1.1
Maßgebende Außenklimadaten

Ort	Stations-höhe [m ü. M.]	Stations-code	t_a [°C] für Massivbau	Windklasse für freie Lage	Kritische Windrichtungen für exponierte Lage
Ilanz	699	*	− 9	I	
Interlaken	568	F	− 7	I	SW
Julier	2284	*	−15	IV	
Jungfraujoch	3576	P	−21	IV	NW
Kandersteg	1176	*	−11	II	
Klosters-Platz	1206	*	−13	I	
Kreuzlingen	446	A	− 8	II	W
La Brévine	1043	*	−15	III	
La Chaux-de-Fonds	990	M, ■	−10	II	NE, N
Langenbruck	738	T	− 9	II	E, N
Langenthal	476	*	− 8	II	
Langnau i. E.	706	T	− 9	I	E
Lausanne	618	S	− 6	III	NE
Lauterbrunnen	796	*	−10	I	
Le Locle	916	*	−10	III	
Leukerbad	1401	*	−10	II	
Leysin	1322	S	− 9	I	NE, NW
Liestal	327	*	− 8	I	
Linthal	662	*	− 9	II	
Locarno-Monti	380	S	− 2	II	W
Lugano	276	F, ■	− 2	I	N
Lungern	715	*	− 9	II	
Luzern	437	F	− 8	II	NE, N
Martigny	467	*	− 7	II	
Meiringen	631	F	− 7	I	SE
Montana	1510	S	− 9	I	N, NW
Monte Ceneri	554	*	− 5	II	
Montreux	408	A	− 5	I	
Mont-Soleil	1184	S	−10	III	NE, E
Moutier	529	*	− 9	I	
Muri AG	458	*	− 8	II	
Murten	453	*	− 8	II	
Münster VS	1388	*	−14	III	
Mürren	1645	*	−14	II	
Neuchâtel	487	A	− 7	III	NE, E
Nyon	401	*	− 5	III	
Oberiberg	1123	*	−11	II	
Olten	417	F	− 8	I	SE
Oeschenberg	482	F	− 8	II	NE
Payerne	458	*	− 8	II	
Pilatus	2121	*	−13	IV	
Pontresina	1805	*	−16	II	
Porrentruy	424	*	− 7	II	
Rapperswil	410	*	− 8	II	
Rheinfelden	280	*	− 8	I	
Rigi-Kulm	1775	G	−11	IV	E, W
Robbia	1078	T	− 7	I	NE, N
Rochers-de-Naye	2042	*	−13	IV	
Romont	780	*	−10	II	
Rorschach	398	*	− 7	II	
Saanen	1011	*	− 9	II	
Saas Fee	1790	*	−13	II	
Saignelégier	978	*	−10	III	
St-Imier	800	*	−10	II	
San Bernardino	2065	*	−14	IV	
St. Bernhard	2469	*	−16	IV	

zu Tabelle 1.1

Ort	Stations-höhe [m ü. M.]	Stations-code	t_a [°C] für Massivbau	Windklasse für freie Lage	Kritische Windrichtungen für exponierte Lage
St. Gallen	664	T	−10	II	NE, SE, N
St. Gotthard	2095	P	−14	IV	NE, N
St. Moritz	1833	A	−14	I	E, N
Santa Maria	1375	*	−12	II	
Sargans	483	*	− 9	I	
Sarnen	471	*	− 7	I	
Säntis	2500	G	−16	IV	NE, W
Schaffhausen	457	E	− 8	II	NE, N
Schiers	660	*	−11	I	
Schuls	1295	S	−12	I	W
Schüpfheim	719	*	−10	II	
Schwarzenburg	792	*	−10	II	
Schwyz	516	*	− 8	I	
Sierre	533	*	− 8	I	
Sils-Maria	1809	*	−14	I	
Simplon-Pass	2005	*	−14	IV	
Sion	549	A	− 7	I	NE, W
Solothurn	432	*	− 8	II	
Spiez	611	*	− 8	I	
Splügen-Dorf	1457	*	−13	II	
Sursee	502	*	− 8	II	
Thun	563	*	− 8	I	
Thusis	723	*	− 9	I	
Trogen	903	*	−11	II	
Tschiertschen	1343	*	−12	I	
Vallorbe	749	*	−10	II	
Vättis	943	*	−12	II	
Verbier	1398	*	−11	II	
Vevey	383	*	− 6	I	
Vicosoprano	1067	*	− 7	I	
Vitznau	435	*	− 8	I	
Walchwil	445	*	− 7	I	
Wald	615	*	− 9	II	
Walenstadt	427	*	− 8	I	
Wädenswil	420	*	− 8	II	
Weesen	428	*	− 8	I	
Weggis	436	*	− 6	I	
Weissenstein	1284	*	−11	IV	
Weissfluhjoch	2667	G	−17	IV	NW, N
Wetzikon	529	*	− 9	II	
Wil SG	599	*	− 9	II	
Wildhaus	1090	*	−11	II	
Winterthur	439	*	− 8	II	
Yverdon	435	*	− 7	III	
Zermatt	1632	T	−12	II	SW, N
Zernez	1472	*	−13	I	
Zug	425	*	− 7	II	
Zürich-SMA	569	S	− 8	II	NE
Zurzach	340	*	− 8	II	
Zweisimmen	945	*	−11	II	

zu Tabelle 1.1

$\bar{M} = M_i + M_a$ [kg/m²]	Δt_a [K]
> 700	0
500 ... 700	1
300 ... 500	2
< 300	3

Tabelle 1.2
Erniedrigung der Außenlufttemperatur

Voraussetzungen: – **Zwischengeschoss** (Aussenfläche = Fassadenfläche)

– **Bodenfläche = Deckenfläche = Innenwandfläche = 2mal Aussenfläche**
(Aussenfläche = Fassadenfläche)

$\overline{M} = M_i + M_a$

Konstruktion raumseitig der Wärmedämmschicht bestehend aus Material	Dicke [cm]	M_i [kg/m²] ¹) Boden, Decke, Innenwände	M_a [kg/m²] ¹) Aussenwand 20% ²)	40% ²)	60% ²)
Tannenholz (ρ = 500 kg/m³)	2 5	20 50	8 20	6 15	4 10
Blähtonbeton, Gipsplatte (ρ = 1000 kg/m³)	5 10 15	100 200 300	40 80 120	30 60 90	20 40 60
Tonisolierplatte (ρ = 1100 kg/m³)	6 8 10	110 170 220	50 70 90	40 50 70	30 30 40
Isolierbackstein (ρ = 1200 kg/m³)	10 12 15	240 290 360	100 120 140	70 90 110	50 60 70
Innenputz (ρ = 1400 kg/m³)	2	60	20	20	10
Zementstein (ρ = 2000 kg/m³)	12 15 18	480 600 720	190 240 290	140 180 220	100 120 140
Zementmörtel (Überzug) (ρ = 2200 kg/m³)	3 6	130 260	50 100	40 80	30 50
Stahlbeton (ρ = 2400 kg/m³)	12 16 20	580 770 960	230 310 380	170 230 290	110 150 190

¹) Falls keine Isolationsschicht vorhanden, M-Werte nur halb so gross einsetzen

²) Fensteranteil der Fassade FA = $\frac{\text{Fensterfläche}}{\text{Fassadenfläche}}$

Beispiel für ein Stockwerk

Boden:	3 cm Überzug (Zementmörtel) über Isolation	M_i =	130 kg/m²
Decke:	2 cm Täfer (Tannenholz) unter Isolation	M_i =	20 kg/m²
Innenwände:	12 cm Isolierbackstein	M_i =	290 kg/m²
	2 cm Innenputz	M_i =	60 kg/m²
Aussenwand:	40% Fensterfläche, 6 cm Tonisolierplatte raumseitig der Isolation	M_a =	40 kg/m²
		$\overline{M}$ =	540 kg/m²

Tabelle 1.3
Beispiele für die maßgebende Masse M von Wohneinheiten oder Stockwerken

1.1.6. Transmissions-Wärmeleistungsbedarf

Für die Dimensionierung der Heizung kann der Wärmedurchgang der Bauteile als stationär betrachtet werden, weil der Einfluß der Wandmasse bei der Annahme der maßgebenden Außenlufttemperatur berücksichtigt worden ist. Damit beträgt der Transmissions-Wärmeleistungsbedarf $\dot{Q}_T$ eines Bauteiles als Folge der Temperaturdifferenz zwischen innen und außen:

$$\dot{Q}_T = A \cdot k \cdot (t_i - t_a) \quad [W]$$

wobei

A = Fläche des Bauteiles [m²]
k = Wärmedurchgangskoeffizient [W/m² · K]
t_i = Raumlufttemperatur [°C]
t_a = Temperatur an der Außenseite des Bauteiles [°C]

Tabelle 1.5 und Bild 1.2 geben die Benennung und die Vermaßung der Bauteile an.

1.1.7. Wärmedurchgangskoeffizient k

Der Wärmedurchgangskoeffizient gibt den Wärmestrom in Watt an, der 1 m² eines Bauteiles (Wand, Fenster, Decke usw.) im stationären Zustand senkrecht zur Oberfläche durchfließt, bei einem Temperaturunterschied der Luft in den beidseitig angrenzenden Räumen (zum Beispiel Außenluft zu Raumluft) von 1 K (Kelvin).

Der Wärmedurchgangskoeffizient k errechnet sich aus den Wärmeübergangskoeffizienten auf jeder Seite des Bauteiles und aus den Wärmeleitfähigkeiten der verschiedenen Schichten mit den Dicken d (gilt auch für gefangene Luftschichten).

Eine Konstruktion mit in Wärmestromrichtung gesehen hintereinander angeordneten, ebenen Schichten, Bild 1.3, hat einen Wärmedurchgangskoeffizienten von:

$$k = \frac{1}{\frac{1}{\alpha_i} + \frac{d_1}{\lambda_1} + \frac{d_2}{\lambda_2} + \ldots + \frac{d_n}{\lambda_n} + \frac{1}{\alpha_a}}$$

oder allgemeiner:

$$k = \frac{1}{\frac{1}{\alpha_i} + \sum \frac{d_i}{\lambda_i} + \frac{1}{\alpha_a}}$$

wobei

α_i = Wärmeübergangskoeffizient innen [$W/m^2 \cdot K$]
α_a = Wärmeübergangskoeffizient außen [$W/m^2 \cdot K$]
d = Schichtdicke [m]
λ = Wärmeleitfähigkeit des Materials [$W/m \cdot K$]

a) Allgemeine Richtwerte für t_i [°C]

Standort	Ruhige Arbeit	Büroarbeit	Handarbeit in Werkstätten		
			leicht	mittel	schwer
Fest Beweglich	20	20	16 16	15 14	14 12

b) Richtwerte für t_i [°C] für verschiedene Gebäude- und Raumarten

Gebäude- und Raumart	t_i [°C]
Wohnhäuser	
Wohnräume	20
Schlafzimmer	16 ... 18
Schlafzimmer, die evtl. als Wohnzimmer verwendet werden	20
Badezimmer	22
Küchen	18 ... 20
Korridore, WC-Räume	15 ... 18
Treppenhäuser	12
Waschküchen	12
Trocknungsräume	12
Schulhäuser	
Klassenzimmer	20
Lehrerzimmer	20
Hörsäle	20
Singsäle	18 ... 20
Bäder, Duschen	22
Turnhallen	16
Korridore, WC-Räume	15
Treppenhäuser	12
Andere Gebäude	
Schwimmhallen (etwa 2 °C über Wassertemperatur)	25 ... 32
Theater, Kinos	20
Konzertsäle	20
Warenhäuser	18
Museen	18
Garagen	5
Markthallen	5
Gärtnereien:	
– Kalthaus	6
– Warmhaus	18

Gebäude- und Raumart	t_i [°C]
Spitäler	
Nach den «Richtlinien für Bau, Betrieb und Überwachung von lüftungstechnischen Anlagen in Spitälern» des Schweizerischen Krankenhausinstitutes, Aarau.	
Geschäftsräume	
Büroräume	20
Restaurants	20
Läden, je nach Art	16 ... 20
Schalterhallen	18 ... 20
Korridore als Wartehallen	18 ... 20
Treppenhäuser	12 ... 15
WC-Räume	15 ... 18
Archive:	
– selten benützt	12 ... 15
– mit ständigem Personal	18 ... 20
Fabriken, Werkstätten	
je nach Aktivität, technischen Anforderungen und Eigenwärmeproduktion	
Beispiele sind:	
Uhrenfabriken	20 ... 22
Ateliers, Feinmechanik	20 ... 22
Schreinereien	16 ... 18
Lackierereien	22 ... 25
Schlossereien	12 ... 15
Malereien	18
Grobschmieden mit Lüftung	12 ... 15
Giessereien mit Lüftung	12 ... 15
Schweissereien mit Lüftung	15 ... 18

Tabelle 1.4
Richtwerte für Raumlufttemperaturen t_i

Tabelle 1.5
Bezeichnung der Bauteile (rechts)

Böden und Decken

B = Boden
D = Decke
Da = Dach

Wände

AW = Aussenwand
IW = Innenwand

Türen

AT = Aussentüre ohne Glasfüllung
EBT = Balkontüre, Holz mit Einfachglasfüllung
DBT = Balkontüre, Holz mit Doppelglasfüllung
IT = Innentüre

Oberlichter

EVO = Oberlicht mit Einfachverglasung
DVO = Oberlicht mit Doppelverglasung
DO = Oberlicht mit 2 Rahmen oder inneres Oberlicht als Staubdecke ausgebildet

Fenster

EV = Fenster mit Einfachverglasung
DV = Fenster mit Doppelverglasung
IV = Fenster mit Isolierverglasung
IVD = Fenster mit Dreifachisolierverglasung
WF = Winter-, Vor- oder Doppelfenster (äussere Vorfenster)

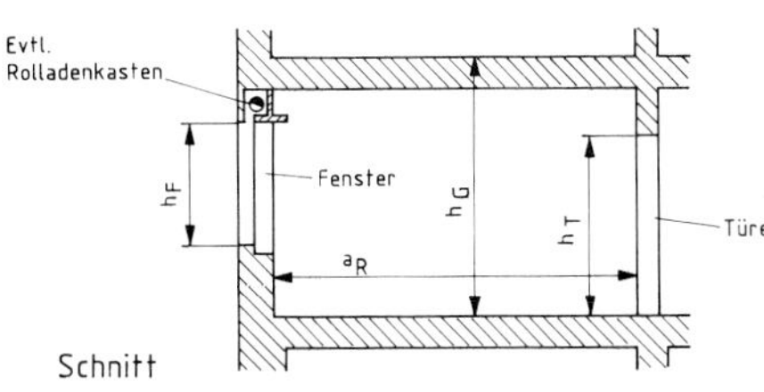

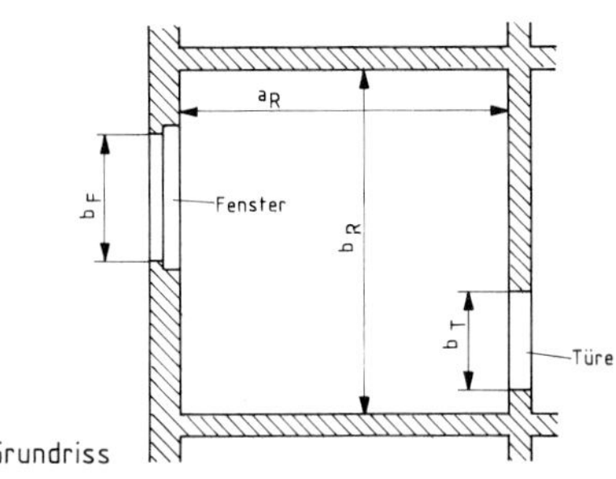

Bild 1.2
Abmessungen der Bauteile (lichte Maße)

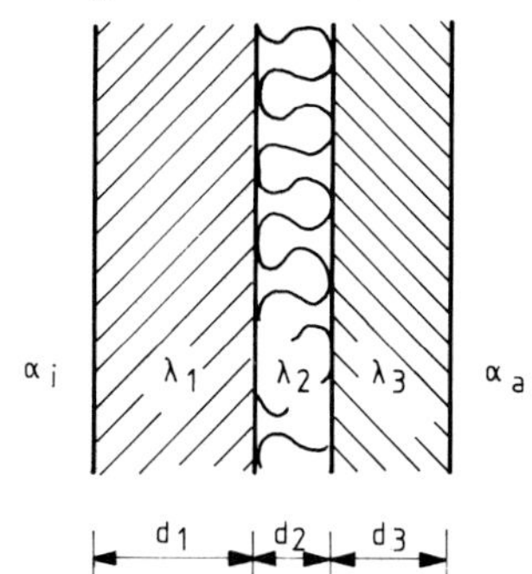

α_i = Wärmeübergangskoeffizient innen [W/m² · K]
α_a = Wärmeübergangskoeffizient außen [W/m² · K]
d_j = Schichtdicke [m], j = 1...3
λ_j = Wärmeleitfähigkeit des Materials [W/m · K], j = 1...3

Bild 1.3
Konstruktion mit in Wärmestromrichtung gesehen hintereinander angeordneten, ebenen Schichten

1.1.8. Wärmeübergangskoeffizient α und Wärmeleitfähigkeit λ

Der Wärmeübergangskoeffizient α gibt den Wärmestrom in Watt an, der zwischen 1 m² einer Oberfläche und der berührenden Luft im stationären Zustand ausgetauscht wird bei einem Temperaturunterschied zwischen Luft und Oberfläche von 1 K. Der α-Wert ist von der Luftgeschwindigkeit, den Strahlungsverhältnissen und der Oberflächenbeschaffenheit abhängig. Gemäß Bild 1.4 gelten für die verschiedenen Flächen die folgenden Rechenwerte für die Wärmeübergangskoeffizienten:

- **Wärmeübergangskoeffizient an Innenflächen α_i**

– Außenwände und Fenster innenseitig $\alpha_i = 8$ W/m² · K
– Innenwände beidseitig $\alpha_i = 8$ W/m² · K
– Decken und Böden mit Wärmefluß von unten nach oben, wenn Luft entlang diesen Flächen frei strömen kann $\alpha_i = 8$ W/m² · K
– Decken und Böden mit Wärmefluß von oben nach unten $\alpha_i = 6$ W/m² · K

- **Wärmeübergangskoeffizient an Außenflächen α_a**

Der äußere Wärmeübergangskoeffizient α_a ist von der Windgeschwindigkeit abhängig, der Einfluß auf den k-Wert des Bauteils ist jedoch gering. Der Wärmeübergangskoeffizient kann unabhängig von der Windklasse als konstant angenommen werden mit $\alpha_a = 20$ W/m²K

Bei hinterlüfteten Bauteilen wirken nur die Schichten raumseitig des Lüftungsspaltes als Wärmedämmung, die Luftbewegung im Luftspalt ist gehemmt und es gilt $\alpha_a = 15$ W/m²K
Bei erdberührten Bauteilen gilt $\alpha_a \sim 0$ dieser Term entfällt also in der k-Wert-Berechnung.

- **Wärmeleitfähigkeit λ**

Die Wärmeleitfähigkeit λ gibt den Wärmestrom in Watt an, der durch 1 m² Querschnitt einer 1 m dicken Schicht eines homogenen Stoffes hindurchgeht bei einem Temperaturunterschied zwischen den beiden Oberflächen von 1 K.

Bei gewissen Materialien hängt die Wärmeleitfähigkeit von deren Temperatur und Feuchte ab. Für die Berechnung des Wärmeleistungsbedarfes sind daher ausschließlich die in der Empfehlung SIA 381/1 angegebenen und für die Verhältnisse am Bau gültigen λ-Werte zu verwenden.

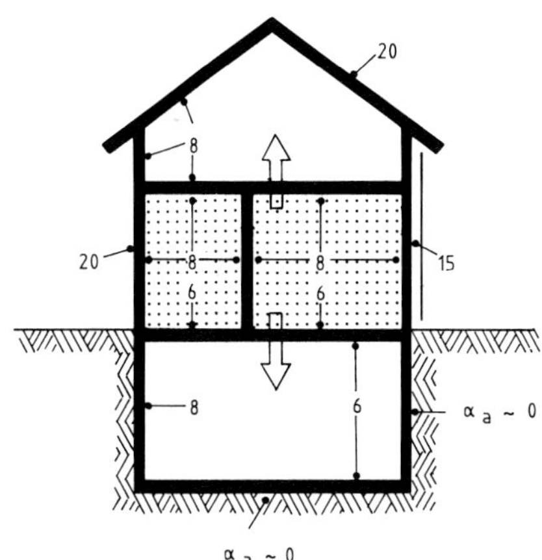

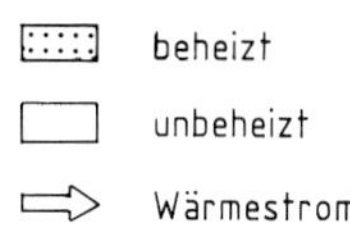

Bild 1.4
Wärmeübergangskoeffizienten an einem Gebäude

- **Wärmedurchgangskoeffizient k für verschiedene Bauelemente**

Für die Berechnung des Wärmeleistungsbedarfes sind die folgenden k-Werte zu verwenden:

k-Rechenwerte für Fenster und Türen

In Tabelle 1.6 und 1.7 sind k-Rechenwerte angegeben, die im allgemeinen eingesetzt werden. Die Werte der Tabelle 1.6 gelten für Klarglas. Bei Spezialgläsern sind die Angaben der Hersteller zu verwenden, wobei Rahmeneffekte zu berücksichtigen sind.

Der Transmissions-Wärmeleistungsbedarf der Fenster ist auf die Mauerlichtmasse $b_F \cdot h_F$ gemäß Bild 1.2 zu beziehen (wie Empfehlung SIA 180/1).

Der Transmissions-Wärmeleistungsbedarf der Türen ist auf die Lichtmasse $b_T \cdot h_T$ gemäß Bild 1.2 zu beziehen (wie in Empfehlung SIA 180/1).

Rolladenkasten

Bei außen- und innenliegenden Rollladenkasten ist deren Anteil am Transmissions-Wärmeleistungsbedarf im allgemeinen unbedeutend, es kann daher mit dem Wärmeverlust der Wandkonstruktion gerechnet werden (Lüftungsverluste siehe Abschnitt 1.1.12). In besonderen Fällen sind der effektive k-Wert und die Fläche der Kastenkonstruktion einzusetzen.

1.1.9. Windstärke, Windrichtung und Gebäudelage

Bei den maßgebenden Winddaten für den Wärmeleistungsbedarf eines Gebäudes sind zu berücksichtigen:

Bezeichnung	Verglasung	Wärmedurchgangskoeffizient k [1)] $[W/m^2 \cdot K]$ Rahmenmaterialgruppe			
		1 Holz Holz/Metall	2 Kunststoff	3 wärmegedämmte Verbundprofile	4 nicht wärmegedämmte Rahmen (z.B. Alu, Stahl, Beton)
IV	Isolierverglasung mit 6mm Luftzwischenraum	3,0	3,1	3,4	–
IV	Isolierverglasung mit 12mm Luftzwischenraum	2,6	2,7	3,2	3,5
IVD	3fach -Verglasung mit 2 X 12 mm Luftzwischenraum	2,0	2,1	2,5	–
DV	Doppelverglasung mit Luftzwischenraum 2...4 cm	2,5	2,6	–	–
DV	Doppelverglasung mit Luftzwischenraum 4...7 cm	2,4	2,5	–	–
WF [3)]	Doppelfenster mit Luftzwischenraum > 7 cm	2,4	2,5	–	–
EV	Einfachverglasung	5,2 [2)]	–	–	5,9 [2)]

Verglasung	k_G $(W/m^2\ K)$	Fenster k_F $(W/m^2\ K)$ Rahmen k_R $(W/m^2\ K)$ 1,4	1,9	2,5	3,3	Glaskennwerte g [4)] %	τ [4)] %
2 IV (4/12/4)	2,9	2,6	2,7	2,9	3,2	76	81
2 IV (4/14/4) IR*	1,3	1,5	1,7	1,9	2,2	62	70
3 IV (4/10/4/10/4)	2,1	2,0	2,2	2,4	2,6	66	72
3 IV (4/10/4/10/4) 1 IR*	1,2	1,4	1,6	1,8	2,1	53	64
3 IV (4/10/4/10/4) 2 IR*	0,9	1,2	1,4	1,6	1,9	43	56

* mit Argon-Gasfüllung

1) gelten für Fenster $< 5\ m^2$ mit Rahmenanteil $< 25\ \%$
$> 5\ m^2$ mit Rahmenanteil $< 15\ \%$
und Fenstertüren $> 2\ m^2$ mit Rahmenanteil $< 25\ \%$
2) gemäß Empfehlung SIA 180/1 nicht zulässig für beheizte Räume
3) Winterfenster
4) Glaskennwerte (DIN 67507)
g = Gesamtenergiedurchlaßfaktor
τ = Lichtdurchlaßfaktor

Tabelle 1.6
k-Rechenwerte für Fenster

1

- die in der Nähe des Gebäudestandortes von den SMA-Stationen erfaßten Daten des freien Windfeldes.
- die Beschaffenheit der unmittelbaren Umgebung des Gebäudestandortes
- die Höhe des Gebäudes

• Winddaten für freie Lage

Die von der SMA zu einem Meßort gegebenen Winddaten werden normalerweise 10 m über freiem Terrain gemessen. Es genügt hier diese Meßwerte mit wenigen Klassen wiederzugeben

Die Windstärke wird durch die Windklassen I... IV ausgedrückt mit einer Abstufung gemäß Tabelle 1.8.

Die bei tiefen Außenlufttemperaturen vorherrschende Windrichtung wird einem oder auch mehreren der acht 45°-Sektoren gemäß Bild 1.5 zugeordnet.

Diese vorherrschende(n) Windrichtung(en) wird (werden) in Tabelle 1.1 für die SMA-Stationen mit Windmessungen ebenfalls angegeben. Sie hat jedoch nur für die exponierte Gebäudelage Bedeutung

Türart	k [W/m² · K]
Haus- und Wohnungstüren:	
- speziell wärmegedämmt	1)
- Holz oder Kunststoff 40 mm	2,2
- Holz-Volltüre 60 mm	1,7
- Metall, mit Wärmedämm-Einlage	4,0
- Metall, ohne Wärmedämm-Einlage	6,0
Balkontüren (siehe auch Fenster) 2):	
- Holz mit teilweise Glasfüllung, einfach verglast	4,5 3)
- Holz mit teilweise Glasfüllung, doppelt verglast	2,3
Innentüren:	
- gestemmt, etwa 36 mm mit Holzfüllung	2,9
- Hohltüre, 40 mm	2,0
- Volltüre, 40 mm	2,2

1) Für Spezialkonstruktionen sind die Angaben der Hersteller zu verwenden

2) Balkontüren besitzen in der Regel etwas grössere Rahmenanteile als Fenster, weshalb die k-Werte nicht genau übereinstimmen

3) Gemäss Empfehlung SIA 180/1 nicht zulässig für beheizte Räume

Tabelle 1.7
k-Rechenwerte für Türen

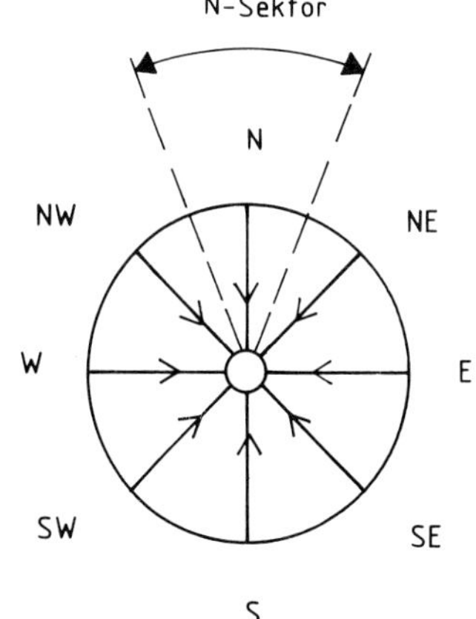

Bild 1.5
Festlegung der Windrichtungssektoren

Windklasse	Charakterisierung	Rechenwert 1)
I	schwacher Wind	um 2 m/s
II	mittlerer Wind	um 4 m/s
III	starker Wind	um 6 m/s
IV	sehr starker Wind	um 8 m/s

1) für 10 m über Boden

Tabelle 1.8
Festlegung der Windklassen

• Gebäudelage

Für die Windzuordnung werden drei typische Gebäudelagen unterschieden

Freie Lage

Ein Gebäude in „freier Lage" befindet sich in einer weiträumigen Siedlung oder Überbauung, seine Gebäudehöhe liegt nicht wesentlich über jener der Umgebung. In dieser freien Lage werden die von den SMA-Meßstationen erfaßten Winddaten nicht wesentlich verändert.

Deshalb gilt für alle Fassadenorientierungen in freier Lage: Windklasse nach Tabelle 1.1

Geschützte Lage

Ein Gebäude in „geschützter Lage" befindet sich im Ortskern in einer geschlossenen Bebauung, seine Bauhöhe überragt die Nachbarschaft nicht wesentlich.

Hier gilt für alle Fassadenorientierungen in geschützter Lage: Windklasse 1 Klasse tiefer als in Tabelle 1.1 (Minimalwert: Klasse I)

Exponierte Lage

Ein Gebäude in „exponierter Lage" steht einzeln auf einer lokalen Anhöhe oder am freien Ufer eines breiten Sees oder Flusses. Stockwerke. die die Nachbargebäude wesentlich überragen, zählen zur »exponierten Lage«.

Hier gilt für die Fassade(n) in der vorherrschenden Windrichtung der exponierten Lage: Windklasse 1 Klasse höher als in Tabelle1.1, (Höchstwert: Klasse IV)

Für nicht in der Tabelle 1.1. aufgeführte Orte, oder wenn die dort vorherrschende Windrichtung nicht bekannt ist, empfiehlt sich eine Abklärung an Ort und Stelle.

Generell gilt, daß eine häufig vorhandene Windsituation nicht unbedingt auch bei den maßgebenden tiefen Temperaturen vorherrschend ist. Zwischen Olten und Genf ist die Bise aus dem Sektor NW bis E maßgebend, in der Ostschweiz können auch W- bis SW-Winde entscheidend sein. In Bergtälern über 1500 m ü. M. ist der Föhn ein kalter Wind. Durch örtliche Gegebenheiten können diese generell maßgebenden Windrichtungen wieder abgedreht werden, in Tälern liegt der Hauptwind in der Talachse.

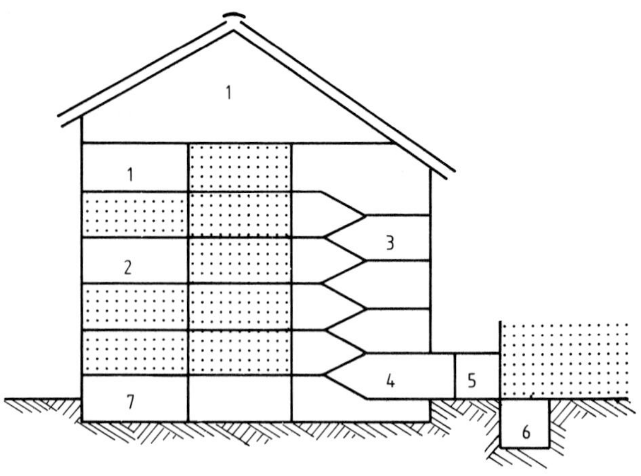

Bild 1.6
Beheizte und unbeheizte Räume

• **Gebäudehöhe**

Der in 10 m über freiem Terrain gemessene Wind wird mit zunehmender Höhe über Boden stärker, was bei hohen Gebäuden zu einer stärkeren Auskühlung der oberen Stockwerke führt. Hinzu kommt die Wirkung der erhöhten Windgeschwindigkeit bei Eckräumen und beim obersten Stockwerk eines Flachdachgebäudes. Diese Effekte werden im Berechnungsschema für die Lüftungsverluste berücksichtigt.

1.1.10. Räume gegen Erdreich

Je nach Bodenbeschaffenheit dringen die täglichen Schwankungen der Außenlufttemperatur 0,1 bis 0,3 m und die jährlichen Schwankungen 5 bis 20 m tief in das Erdreich ein. Der Jahresmittelwert der Erdreichtemperatur entspricht etwa dem Jahresmittelwert der Lufttemperatur.

Für die Berechnung des Wärmeleistungsbedarfs werden in Tabelle 1.9 Temperaturen des an die Gebäudeaußenhülle angrenzenden Erdreichs gegeben in Abhängigkeit von der Überdeckung und dem Temperaturbereich, in dem die maßgebende Außen-

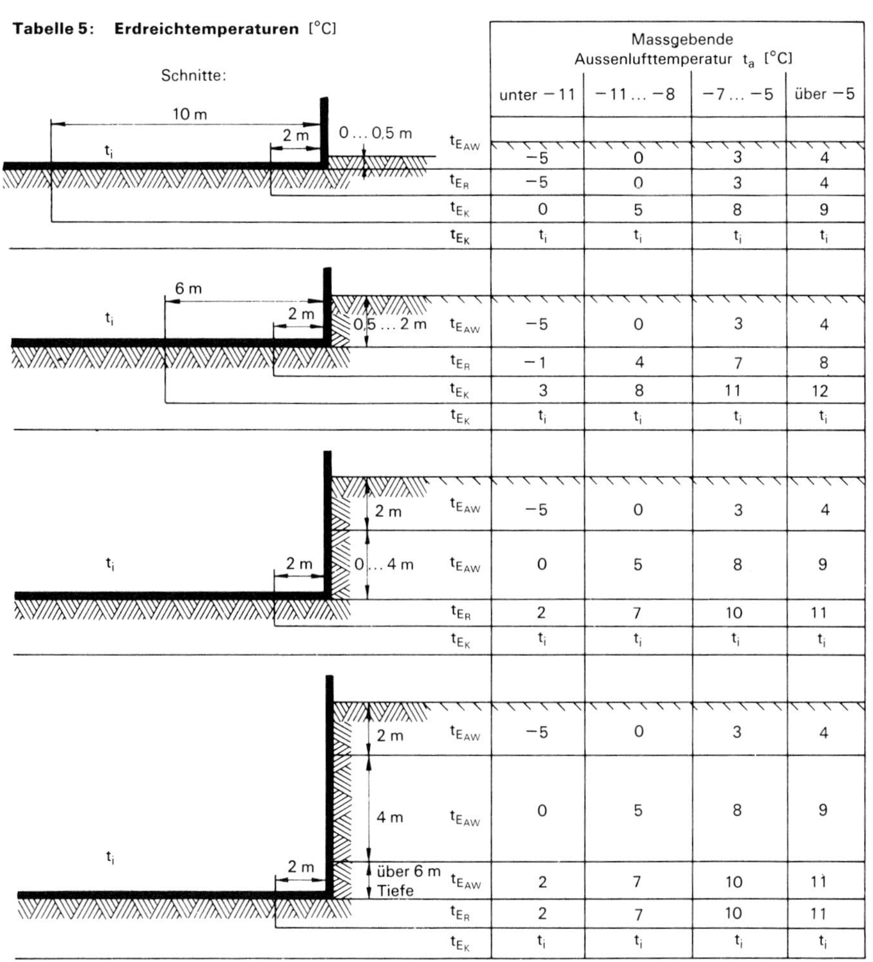

Schnitt		Massgebende Aussenlufttemperatur t_a [°C] unter −11	−11 … −8	−7 … −5	über −5
0 … 0,5 m	$t_{E_{AW}}$	−5	0	3	4
	t_{E_R}	−5	0	3	4
	t_{E_K}	0	5	8	9
	t_{E_K}	t_i	t_i	t_i	t_i
0,5 … 2 m	$t_{E_{AW}}$	−5	0	3	4
	t_{E_R}	−1	4	7	8
	t_{E_K}	3	8	11	12
	t_{E_K}	t_i	t_i	t_i	t_i
0 … 4 m: 2 m	$t_{E_{AW}}$	−5	0	3	4
	$t_{E_{AW}}$	0	5	8	9
	t_{E_R}	2	7	10	11
	t_{E_K}	t_i	t_i	t_i	t_i
2 m	$t_{E_{AW}}$	−5	0	3	4
4 m	$t_{E_{AW}}$	0	5	8	9
über 6 m Tiefe	$t_{E_{AW}}$	2	7	10	11
	t_{E_R}	2	7	10	11
	t_{E_K}	t_i	t_i	t_i	t_i

Grundriss:

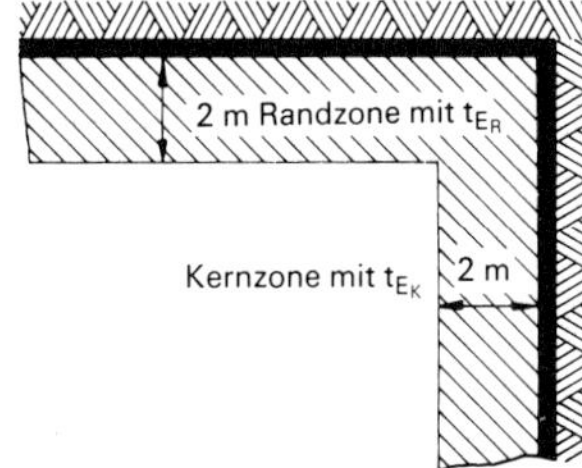

$t_{E_{AW}}$ = Temperatur des Erdreiches an der Kellerwand [°C]

t_{E_R} = Temperatur des Erdreiches unter dem Kellerboden in der 2 m breiten Randzone [°C]

t_{E_K} = Temperatur des Erdreiches unter dem Kellerboden in der Kernzone [°C]

t_i = Raumlufttemperatur [°C]

t_a = Massgebende Aussenlufttemperatur [°C] nach Ziffer. 2 1

Tabelle 1.9
Erdreichtemperaturen [°C]

lufttemperatur liegt. Die Angaben in Tabelle 1.9 beziehen sich auf isolierte Wände und Böden. wie sie nach Empfehlung SIA 180/1 für beheizte Räume gefordert werden. Bei hochliegendem Grundwasser bestimmt dessen Temperatur die Erdreichtemperatur.

1.1.11. Unbeheizte Räume

Für die Berechnung des Transmissions-Wärmeleistungsbedarfes von beheizten Räumen gegen unbeheizte genügt es im allgemeinen, die Temperatur im unbeheizten Raum mit Hilfe der Angaben in Tabelle 1.10 und Bild 1.6 abzuschätzen. In Zweifelsfällen und bei extremen Verhältnissen soll die Raumlufttemperatur für unbeheizte Räume nach SIA 384/2, Anhang A3 ermittelt werden.

1.1.12. Lüftungs-Wärmeleistungsbedarf

Der Lüftungs-Wärmeleistungsbedarf ist erforderlich, um unkontrolliert oder auch kontrolliert einströmende Außenluft von der Außen- auf die Raumlufttemperatur zu erwärmen. Es sind dabei drei Punkte zu beachten:

- Infolge konstruktionsbedingter Fugen bei Fenstern, Türen und Rolladenkästen sowie Spalten und Ritzen in der Gebäudehülle gelangt immer ein gewisses Maß an Außenluft unkontrolliert in das Gebäude. Das Ausmaß dieser natürlichen Lüftung hängt ab von den herrschenden Druckdifferenzen über die undichten Bauteile, das heißt von den Wind- und Auftriebskräften und von der Größe der Undichtheiten.
- Mit Abdichten der vorhandenen Fugen läßt sich die natürliche Lüftung

Bild 1.6	Art des unbeheizten Raumes	LW < 0,5				0,5 < LW < 1 [1]			
		massgebende Aussenlufttemperatur t_a [°C]				massgebende Aussenlufttemperatur t_a [°C]			
		unter −11	−11 ... −8	−7 ... −5	über −5	unter −11	−11 ... −8	−7 ... −5	über −5
1	Dachräume – unter verschalter Dachhaut 2 < k < 4 – dicht und isoliert	[2] ≤ 4	[2] 5	[2] 7	[2] ≥ 8	≤ −2 [2]	−1 [2]	1 [2]	≥ 2 [2]
2	Räume in Zwischengeschossen – mit 1 Aussenwand – mit 2 Aussenwänden (inkl. Boden) – mit 3 Aussenwänden (inkl. Boden)	≤ 8 ≤ 4 ≤ 1	9 5 2	9 7 4	≥ 10 ≥ 8 ≥ 5	≤ 1 ≤ 0 ≤ −1	2 1 0	4 3 2	≥ 5 ≥ 4 ≥ 3
3	Geschlossene Treppenhäuser und Lichtschächte – mit 1 Aussenwand – innenliegend	[2] ≤ 13	[2] 14	[2] 14	[2] ≥ 15	≤ 4 ≤ 8	5 9	7 9	≥ 8 ≥ 10
4	Hauseingang und Garagen	[2]	[2]	[2]	[2]	≤ 4	5	7	≥ 8
5	Durchfahrten	[2]	[2]	[2]	[2]	≤ −8	−6	−4	≥ −2
6	Bodenhohlräume	≤ 1	2	4	≥ 5	≤ −5	−3	−1	≥ 0
7	Keller- und Luftschutzräume	[2]	[2]	[2]	[2]	≤ 4	5	7	≥ 8
8	Wärmezentralen und Kesselräume	[2]	[2]	[2]	[2]	20	20	20	20
	Angebaute Nachbarhäuser [3] – mit Zentralheizung 14 ... 20 °C – mit Ofenheizung 8 ... 20 °C								

[1]) Bei undichten Räumen mit LW > 2 ist die Aussenlufttemperatur t_a nach Ziffer 1.1.4 massgebend, bei LW = 1 ... 2 ist zu interpolieren.
[2]) Im allgemeinen nicht vorkommender Fall
[3]) Diese Temperaturen sind mit der Bauherrschaft festzulegen und bilden einen Garantiebestandteil

Bezeichnungen: k = Wärmedurchgangskoeffizient [W/m^2 · K]
LW = stündlicher Aussenluftwechsel [h^{-1}]

Tabelle 1.10
Erfahrungswerte für Raumlufttemperaturen von unbeheizten Räumen [° C]

stark reduzieren. In bewohnten Räumen ist jedoch aus lufthygienischen Gründen ein Mindestdurchsatz von Außenluft, der minimale Außenluftstrom pro Raum, erforderlich.

– In Gebäuden mit Absauganlagen in geschlossenen Räumen (innenliegende Küche, Bad, WC) wird die Ersatzluft von allen anderen Räumen hergeholt und erhöht damit deren Außenluftdurchsatz.

Für die Dimensionierung der Heizflächen eines Raumes sind die Außenluftströme der vorgenannten Punkte miteinander zu vergleichen. Für die Dimensionierung des Wärmeerzeugers ist aber zu berücksichtigen, daß der Wind nicht gleichzeitig alle Fassaden beaufschlagen kann und Abluftanlagen nicht ständig in Betrieb sind.

• Minimaler Außenluftstrom pro Raum

Der pro Raum benötigte Außenluftstrom hängt von dessen Nutzung und Belegung ab; die Beurteilungskriterien sind CO_2-Gehalt, Gerüche, Feuchtigkeit usw.

Die hier angegebenen Werte gelten für die Berechnung des Wärmeleistungsbedarfes bei tiefster Außenlufttemperatur; bei höheren Außenlufttemperaturen können die Außenluftraten je nach Benutzereinfluß höher liegen.

Minimaler Außenluftwechsel

Für einen normal benutzten Raum ist bei der tiefsten Außenlufttemperatur ein Luftwechsel mit Außenluft von mindestens $0{,}3h^{-1}$ anzunehmen.

$\dot{V}_{min} = 0{,}3 \cdot V_R$ [m³/h]

V_R = Raumvolumen [m³]

Minimale Außenluftrate pro Person

Bei starker Personenbelegung des Raumes ist neben dem minimalen Außenluftwechsel zur Kontrolle auch jener mit den minimalen Außenluftraten pro Person zu ermitteln:

Für Nichtraucher 13 m³/h · Person

Für Raucher 20 m³/h · Person

$\dot{V}_{min}$ = Anzahl Nichtraucher · 13 + Anzahl Raucher · 20 [m³/h]

Der größere der beiden nach 1) und 2) ermittelten Werte geht als minimaler Außenluftstrom pro Raum $\dot{V}_{min}$ in die weitere Berechnung ein.

- **Allgemeines zur natürlichen Lüftung**

Wirkung von Wind und Auftrieb, Einfluß einer Abluftanlage

Wind bewirkt Überdruck auf den angeströmten Gebäudefassaden und Unterdruck auf den windabgekehrten Gebäudeseiten, beides zunehmend mit der Höhe über Boden. Auftrieb verursacht im Gebäudeinnern Unterdruck in der unteren Gebäudehälfte und Überdruck in der oberen Hälfte gegenüber dem Außendruck. Diese Druckdifferenzen bewirken ein Durchströmen von Luft durch Fugen in Fenstern, Türen und durch weitere Gebäudeundichtheiten.

Rechnungen und Messungen zeigen, daß bei einer Windstärke von einigen Metern pro Sekunde und mittlerer Gebäudehöhe auf der angeströmten Fassade über ihre ganze Höhe Überdruck gegenüber dem Gebäudeinneren besteht. Somit strömt Außenluft in alle daran angrenzenden Räume ein. Auf den vom Wind nicht angeströmten Fassaden tritt diese Luft wieder ins Freie, wobei sie bei Mehrfamilienhäusern die Wohnungstüren, das Treppenhaus und auch den Liftschacht durchströmt. Der bei mehrstöckigen Gebäuden im Treppenhaus/Liftschacht wirksam werdende Auftrieb verstärkt das Einströmen von Außenluft durch Fugen in der windangeströmten, unteren Gebäudehälfte, verschiebt einen Teil der Luft durch Treppenhaus/Liftschacht in die obere Gebäudehälfte und führt dort zu einem stärkeren Ausströmen durch Fugen in den windabgewandten Gebäudefassaden.

Eine Abluftanlage zweigt einen Teil des durch das Gebäude ziehenden Luftstromes ab. Er läßt sich rechnerisch erfassen durch Überlagerung der Fugenluftströme, wie sie sich ohne Wirkung von Wind und Auftrieb allein durch die Abluftanlage einstellen, mit jenen infolge von Wind und Auftrieb. Die Vielfalt der Einflüsse schließt ein fallweise genaues Erfassen der momentanen natürlichen Lüftung von vorneherein aus; die Lüftungsverluste lassen sich also nicht mit der gleichen Genauigkeit wie die Transmissionsverluste ermitteln.

Maßgebende Daten

Eine rasche Berechnung der Lüftungsverluste ist nur möglich, wenn die maßgebenden Gebäude-/Wohnungsdaten mit einem vereinfachten Schema erfaßt werden und für diese Schemafälle die Berechnungsresultate bereits vorliegen.

Die zu bestimmenden Grundlagen für die Berechnung sind

- Windklasse
- Lage der Wohnung im Gebäudegrundriß
- Höhe der Wohnung über Boden

Windklasse

Die je nach Lage des Gebäudes innerhalb des Ortes maßgebende Windklasse ist in Tabelle 1.1 angegeben. Bei der exponierten Lage ist zudem die Fassadenorientierung zu beachten.

Grundrißtyp

Die Lage einer Wohnung im Gebäudegrundriß muß von zwei Grundvorstellungen her beurteilt werden:

- Bei einem Gebäude mit rechteckigem oder quadratischem Grundriß entstehen die größten Druckdifferenzen über die angeströmte Fassade, wenn der Wind senkrecht auf eine der Fassaden steht. Die drei anderen Fassaden liegen dann in der Unterdruckzone. Jede Gebäudesituation ist auf einen rechteckigen oder quadratischen Grundriß zu überführen.

- Eine Wohnung wird als eine in sich offene Einheit betrachtet, weil Zimmertüren wenig dicht oder offen sind.

Ein zu beurteilender Raum einer Wohnung muß also an einer windbeaufschlagten Fassade mit Fenster oder Türen liegen, damit Außenluft hineinströmt. Der Luftdurchsatz hängt auch davon ab, wie viel undichte Gebäudefassaden jener Wohnung in der Unterdruckzone liegen.

Es sind drei Grundrißtypen von Wohnungen zu unterscheiden; ihre Bezeichnung entspricht der Anzahl Außenfassaden mit Fenstern oder Türen.

Typ 1: Die Wohnung besitzt nur auf einer Gebäudefassade Fenster. Die Wohnungstür führt in ein geschlossenes Treppenhaus, oder sie liegt auch in der Fassade mit den Wohnungsfenstern. Bei diesem Typ 1 muß die natürliche Lüftung aber nicht weiter berechnet werden, weil der Luftdurchsatz kleiner ist als der minimale Außenluftstrom.

Typ 2: Die Fenster (Außentüren) der Wohnung liegen auf zwei Gebäudefassaden, die entweder aneinanderstoßen oder sich gegenüberliegen. Die Wohnungstür mündet entweder in ein geschlossenes Treppenhaus, oder bei offenem Treppenhaus (Laubengang) liegt sie in einer der beiden Gebäudefassaden.

Typ 3/4: Die Fenster (Außentüren) der Wohnung liegen auf drei oder vier Gebäudefassaden, die Wohnungstür geht auf ein geschlossenes oder offenes Treppenhaus, oder die Fenster der Wohnung liegen auf zwei Gebäudefassaden und die Wohnungstür führt auf ein offenes Treppenhaus an einer drei Gebäudefassade.

Im gleichen Wohnblock können je nach Lage der Wohnung verschiedene der Typen 1, 2 oder 3/4 auftreten. Ein- und mehrstöckige, freistehende Einfamilienhäuser und Eckhäuser werden generell dem Grundrißtyp 3/4 zugeordnet. Reiheneinfamilienhäuser (Mittelhäuser) gelten als Typ 2.

In Bild 1.7 sind die vier Grundrißtypen dargestellt. (Typ 1, 2, 3/4)

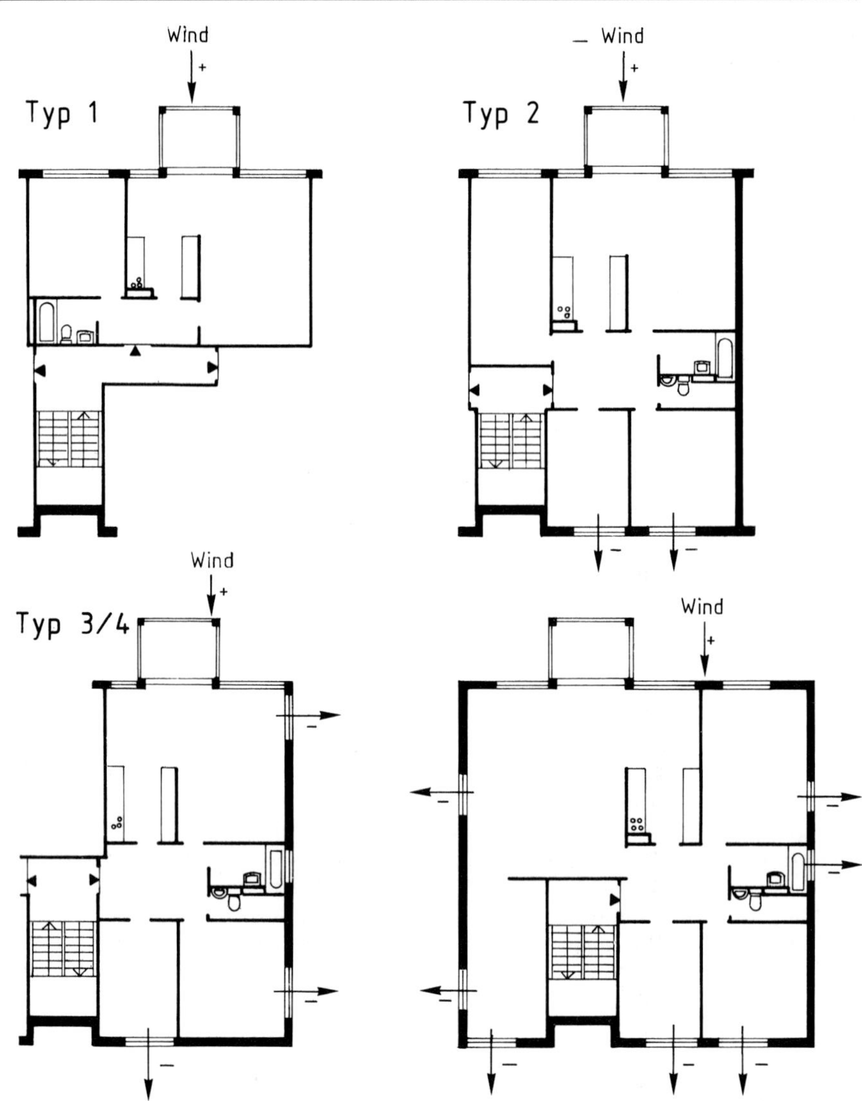

Bild 1.7
Schematische Darstellung der Grundrißtypen in bezug auf die natürliche Belüftung

Höhe über Terrain

Mit zunehmender Höhe über Terrain nimmt der Winddruck zu und in hohen Gebäuden wirkt der Auftrieb stärker, daher ist der Außenluftdurchsatz hoch bei

- hohen Gebäuden und
- hochgelegenen Wohnungen

Im Berechnungsgang für die natürliche Lüftung sind die beiden an sich voneinander unabhängigen Einflüsse zusammengefaßt und es ist für eine bestimmte Wohnung nur noch deren Höhe über Boden maßgebend.

Wohnungen im Attikageschoß erfahren besonders hohe Windkräfte; es soll daher bei einer solchen Wohnung die nächsthöhere Windklasse gewählt werden (Maximum = Klasse IV).

• Natürliche Lüftung durch Fenster- und Türfugen

Aus der Windklasse und dem Ausmaß der Druckeinwirkung auf die Wohnung entsprechend ihrer Lage im Gebäude kann für den einzelnen Raum der Außenluftdurchsatz berechnet werden, wenn noch die Undichtheit (= Fugendurchlässigkeit mal Fugenlänge) eingeführt wird.

Fugendurchlässigkeit

Für die Berechnung des Wärmeleistungsbedarfs werden nach Tabelle 1.11 drei verschiedene Fugendurchlässigkeiten von Fenstern und Türen unterschieden. Normalerweise kann angenommen werden, daß am gleichen Objekt Fenster- und Türfugen in die gleiche Güteklasse fallen.

Fugenlänge

Zur Vereinfachung der Rechnung wird die Fugenlänge als proportional zur Fenster- bzw. Türfläche betrachtet. Die Rechenwerte in Tabelle 1.12 basieren auf einer Fugenlänge von 4 m pro m² Fenster-/Türfläche, einem Wert, der in der Praxis normalerweise nicht überschritten wird. Weichen die effektiven Fugenlängen stark von 4 m pro m² Fenster-/Türfläche ab, sind die Tabellenwerte proportional umzurechnen.

Festverglaste Fensterflächen, welche auch zu Reinigungszwecken nicht geöffnet werden können und keine Rolladenkästen besitzen, gelten als dicht und gehen nicht in die Rechnung ein.

Berechnungsgang pro Raum

Die Tabelle 1.12 und Bild 1.8 (als Beispiel) geben in Abhängigkeit von

- Grundrißtyp
- Windklasse
- Höhe über Terrain
- Fenster-/Außentürkategorie

den durch die Fugen eindringenden Außenluftstrom in einen Raum einer Wohnung oder eines Einfamilienhauses an, bezogen auf 1 m² Fenster-/Außentürfläche, die sich öffnen läßt und in einer windbeaufschlagten Fassade liegt.

Der natürliche Luftstrom $\dot{V}_F$ durch die Fenster- und Außentürfugen eines Raumes berechnet sich mit dem Tabellenwert $\dot{v}_F$ zu

$$\dot{V}_F = \dot{v}_F \cdot A_F \ [m^3/h]$$

A_F = Fensterflächen, Außentürflächen, die sich öffnen lassen [m²]

$\dot{v}_F$ = auf 1 m² Fensterfläche bezogener Lüftungsverlust [m³/h · m²] nach Tabelle 1.12

Konstruktion des Fensters bzw. der Wohnungs- oder Haustüre	a_F [$m^3/h \cdot m \cdot Pa^{2/3}$]
- Fenster mit Holzrahmen ohne Dichtung - Holztüre ohne Dichtung	0,6
- Fenster mit Holz- oder kombiniertem Metall/Holz-Rahmen, mit Dichtung (Beanspruchungsgruppe A, SIA 180/1) - Türe mit Dichtung	0,3
- Fenster mit Metall-, Kunststoff- oder Holzrahmen mit besonderer Dichtung (Beanspruchungsgruppen B–D, SIA 180/1) - Türe mit besonderer Dichtung (Spezialausführung)	0,2

Tabelle 1.11
Rechenwerte für die Fugendurchlässigkeit a_F von Fenstern und Türen

Für die Berechnung der natürlichen Lüftung eines Raumes ist die Summe aller Fenster- und Außentürflächen dieses Raumes einzusetzen. Dies gilt auch für Räume mit zwei und mehr Außenwänden, wodurch ihr erfahrungsgemäß stärkeres Auskühlen direkt erfaßt wird. Für jede Außenwand des Raumes ist jeweils die Windklasse gem. Tab. 1.8 maßgebend.

Die stärkere Windbeanspruchung von Attikageschossen wird durch die Erhöhung um eine Windklasse erfaßt.

Voraussetzung: Spezifische Fugenlänge $\omega = 4\ m/m^2$

$$\dot{V}_F = \dot{v}_F \cdot A_F$$

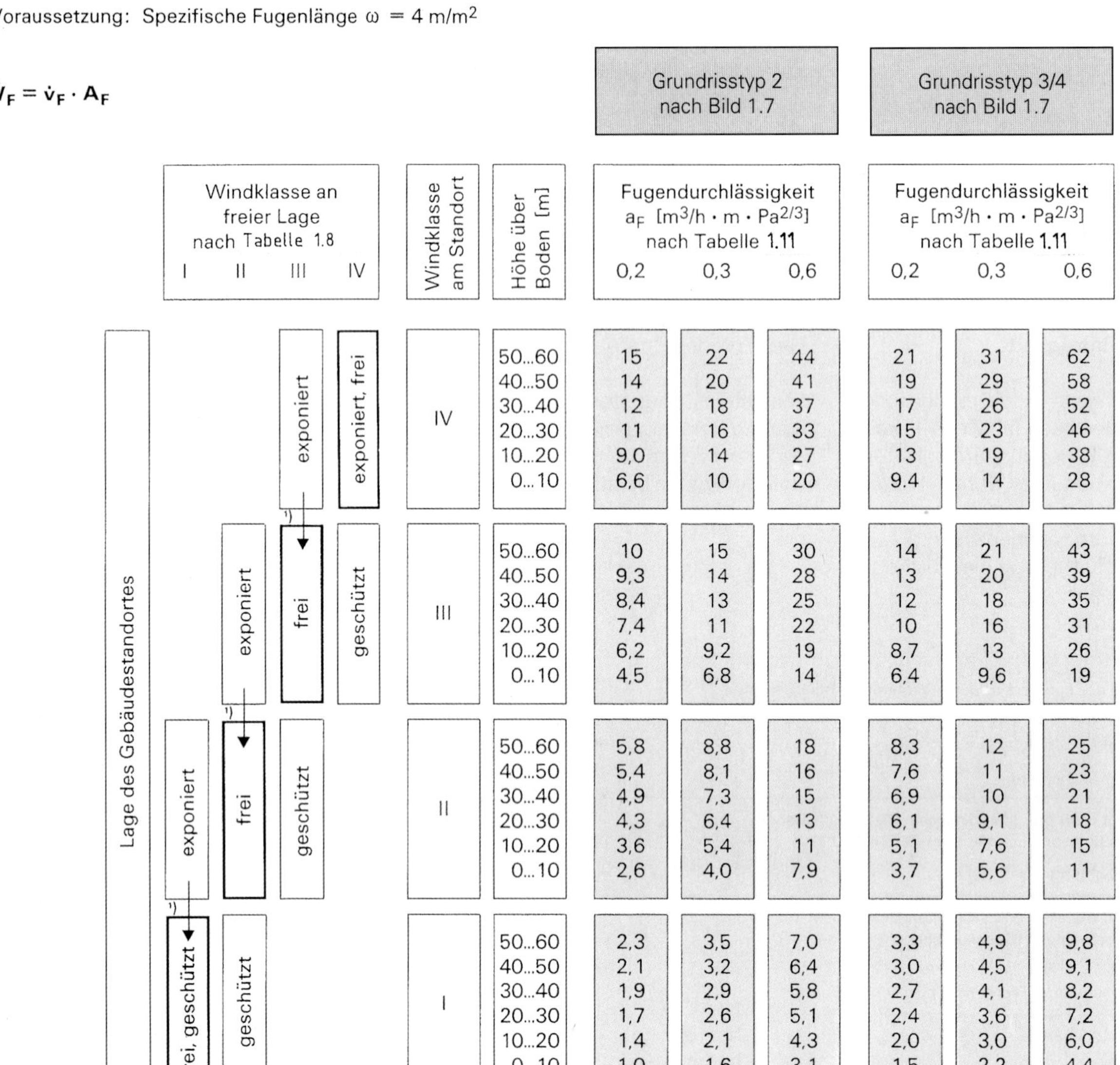

Lage des Gebäudestandortes (Windklasse an freier Lage nach Tabelle 1.8: I, II, III, IV)	Windklasse am Standort	Höhe über Boden [m]	Grundrisstyp 2 nach Bild 1.7 – Fugendurchlässigkeit a_F [$m^3/h \cdot m \cdot Pa^{2/3}$] nach Tabelle 1.11: 0,2	0,3	0,6	Grundrisstyp 3/4 nach Bild 1.7 – Fugendurchlässigkeit a_F [$m^3/h \cdot m \cdot Pa^{2/3}$] nach Tabelle 1.11: 0,2	0,3	0,6
III: exponiert; IV: exponiert, frei	IV	50...60	15	22	44	21	31	62
		40...50	14	20	41	19	29	58
		30...40	12	18	37	17	26	52
		20...30	11	16	33	15	23	46
		10...20	9,0	14	27	13	19	38
		0...10	6,6	10	20	9.4	14	28
II: exponiert; III: frei ¹); IV: geschützt	III	50...60	10	15	30	14	21	43
		40...50	9,3	14	28	13	20	39
		30...40	8,4	13	25	12	18	35
		20...30	7,4	11	22	10	16	31
		10...20	6,2	9,2	19	8,7	13	26
		0...10	4,5	6,8	14	6,4	9,6	19
I: exponiert; II: frei ¹); III: geschützt	II	50...60	5,8	8,8	18	8,3	12	25
		40...50	5,4	8,1	16	7,6	11	23
		30...40	4,9	7,3	15	6,9	10	21
		20...30	4,3	6,4	13	6,1	9,1	18
		10...20	3,6	5,4	11	5,1	7,6	15
		0...10	2,6	4,0	7,9	3,7	5,6	11
I: frei, geschützt ¹); II: geschützt	I	50...60	2,3	3,5	7,0	3,3	4,9	9,8
		40...50	2,1	3,2	6,4	3,0	4,5	9,1
		30...40	1,9	2,9	5,8	2,7	4,1	8,2
		20...30	1,7	2,6	5,1	2,4	3,6	7,2
		10...20	1,4	2,1	4,3	2,0	3,0	6,0
		0...10	1,0	1,6	3,1	1,5	2,2	4,4

Hinweis: Beim Grundrisstyp 1 entfällt die Berechnung der natürlichen Lüftung

¹) Für die Fassaden, welche nicht in der vorherrschenden Windrichtung liegen, ist auch bei exponierter Gebäudelage die Windklasse für die freie Lage massgebend (siehe Bild 1.1.9).

Tabelle 1.12
Auf 1 m² Fenster-(Außentür-)Fläche bezogener Lüftungsverlust $\dot{V}_F$ [m^3/hm^2] durch Fenster- und Türfugen

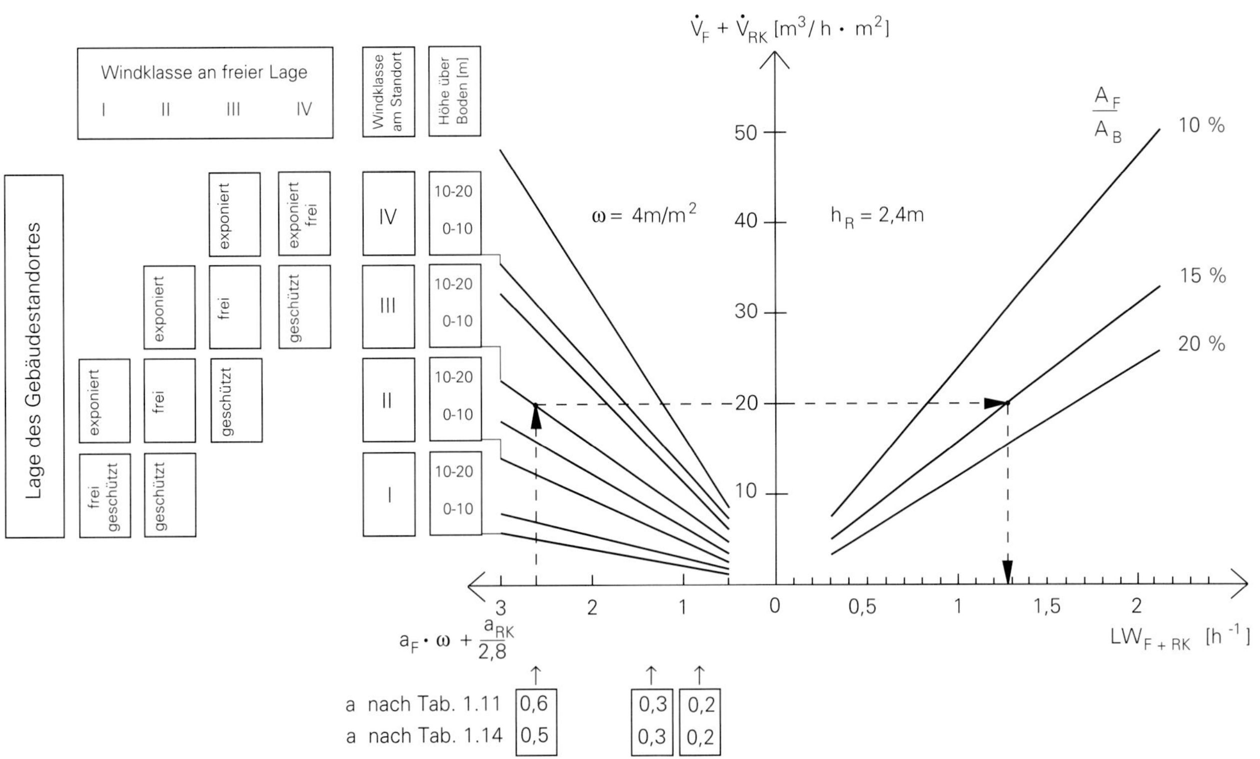

Bild 1.8
Lüftungsverlust durch Undichtheiten bei Fenstern, Türen und Rolladenkästen beim Grundrißtyp 3/4

- **Natürliche Lüftungsverluste durch Fenster- und Türfugen**

Berechnungsschema

Die natürlichen Lüftungsverluste durch Fenster- und Türfugen infolge einer Druckdifferenz über den Bauteil werden mit Hilfe der Tabelle 1.12 ermittelt. Sie gibt den auf 1 m² Fenster- oder Türfläche bezogenen Lüftungsverlust $\dot{V}_F$ an, welcher sich bei einer spezifischen Fugenlänge von 4 m pro m² Fensterfläche ergibt. Weisen die effektiv verwendeten Konstruktionen eine deutlich von $\omega = 4$ m/m² verschiedene spezifische Fugenlänge ω_{eff} auf, so sind die Resultate von Tabelle 1.12 anzupassen gemäß

$$\dot{V}_{eff} = \dot{V}_F \cdot \frac{\omega_{eff}}{4} \qquad [m^3/h \cdot m^2]$$

Für einige Fenstergrößen sind in Bild 1.9 die effektiven spezifischen Fugenlängen ω_{eff} angegeben.

Fugenlänge l

Die spezifische Fugenlänge ω berechnet sich aus der Fugenlänge l des Fensters und dessen Fläche A_F zu

$$\omega = \frac{l}{A_F} \qquad [m/m^3]$$

Die maßgebende Fugenlänge l hängt ab von der Art und Konstruktion des Bauteiles. In der Rechnung werden üblicherweise nur die Fugen bei zu öffnenden Bauteilen (Fenster und Türen) berücksichtigt.

Bei Türen und einflügligen Fenstern entspricht die maßgebende Fugenlänge dem Umfang der Mauerlichtgröße $2 \cdot (b_F + h_F)$ nach Bild 1.2. Bei mehrflügligen Fenstern ohne Sprossen gilt der Falz einer Mittelpartie als eine Fuge.

Als Festverglasung wird eine Ausführungsart bezeichnet, bei der die Glasscheibe oder Brüstung direkt in den Blendrahmen oder die Bauwerksöffnung eingesetzt ist. Flügelrahmen, die mit den Blendrahmen so verbunden sind, daß sie zwar nicht für den normalen Gebrauch aber z. B. zur Reinigung geöffnet werden können und Fenster mit Rolladenkästen, gelten nicht als Festverglasung.

Undichtheiten bei den Anschlägen sind durch sorgfältige Bauweise zu vermeiden.

Theorie

Die natürliche Lüftung durch Fugen bei Fenstern und Türen berechnet sich zu

$\dot{V}_F = a_F \cdot l \cdot \Delta p^{2/3} = \dot{v} \cdot l \cdot [m^3/h]$

wobei

a_F = Fugendurchlässigkeit $[m^3/h \cdot m \cdot Pa^{2/3}]$

l = Fugenlänge [m]

Δp = Druckdifferenz zwischen außen und innen [Pa]

$\dot{v}$ = Luftstrom pro 1 m Fugenlänge $[m^3/h \cdot m] = a_F \cdot \Delta p^{2/3}$

Der Ausdruck für den auf 1 m² Fensterfläche bezogenen Luftstrom lautet entsprechend

$$\dot{v}_F = a_F \cdot \frac{l}{A_F} \cdot \Delta p^{2/3} = a_F \cdot \omega \cdot \Delta p^{2/3} [m^3/h \cdot m^2]$$

ω = spezifische Fugenlänge [m/m²]

In der Tabelle 1.12 sind die auf 1 m² Fensterfläche bezogenen Lüftungsverluste $\dot{v}F$ direkt in Abhängigkeit von Windklasse, Höhe der Wohnung über Boden und Fugendurchlässigkeit a_F von Fenstern/Türen ablesbar. Den Angaben in Tabelle 1.12 liegt eine spezifische Fugenlänge von $\omega = 4$ m/m² zugrunde, und die maßgebende Druckdifferenz Δp entspricht jener in Tabelle 1.13.

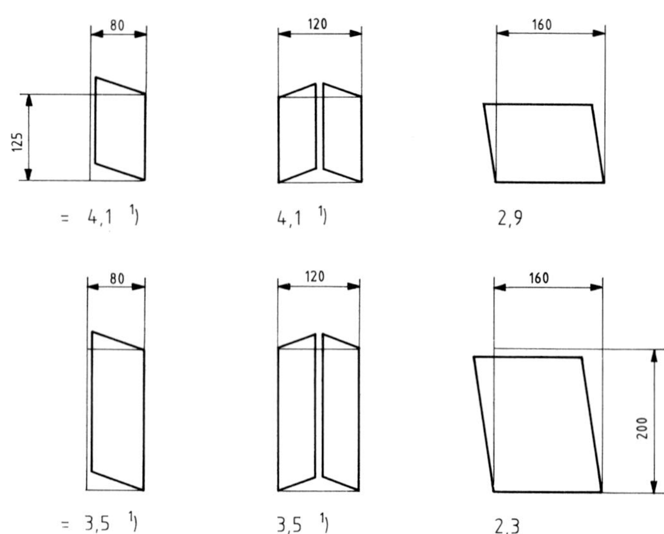

Bild 1.9
Beispiele für die spezifische Fugenlänge ω_{eff} (m/m²)

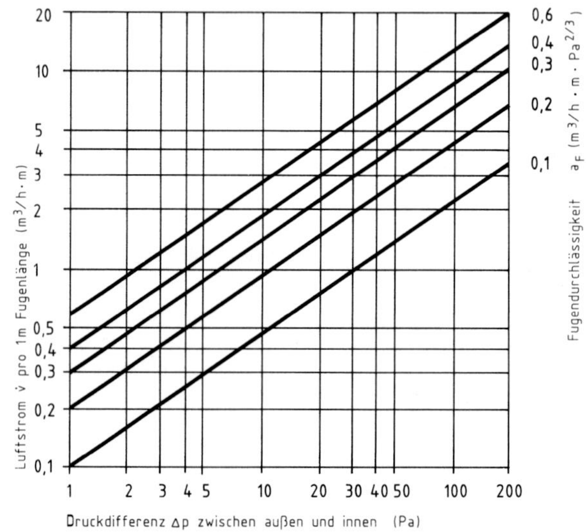

Bild 1.10
Luftstrom $\dot{v}$ pro 1 m Fugenlänge bei Fenstern und Türen

Windklasse	h [m]	Δp [Pa] bei Typ 2	Δp [Pa] bei Typ 3/4
I	0 … 10	1,5	3
	10 … 20	2,5	4
	20 … 30	3,5	5
	30 … 40	4	6
	40 … 50	5	7
	50 … 60	6	8
II	0 … 10	7	10
	10 … 20	10	15
	20 … 30	13	20
	30 … 40	16	25
	40 … 50	19	29
	50 … 60	21	32
III	0 … 10	15	22
	10 … 20	23	35
	20 … 30	30	46
	30 … 40	37	55
	40 … 50	43	64
	50 … 60	48	72
IV	0 … 10	26	39
	10 … 20	41	62
	20 … 30	54	81
	30 … 40	66	98
	40 … 50	76	114
	50 … 60	86	129

Tabelle 1.13
Für die Berechnung der natürlichen Lüftungsverluste maßgebende Druckdifferenz Δp (Pa)

Konstruktion von Rolladenkasten und Durchführung	a_{RK} [$m^3/h \cdot m^2 \cdot Pa^{2/3}$]
– innenliegender RK, keine Abdichtung, eher undichte Durchführungen	0,5
– innenliegender RK, sorgfältig abgedichtet, eher undichte Durchführungen	0,3
– aussenliegender RK – innenliegender RK, sorgfältig abgedichtet, dichte Durchführungen	0,2

Tabelle 1.14
Rechenwerte für die Luftdurchlässigkeit a_{RK} von Rolladenkästen

In Bild 1.10 sind zudem die Abhängigkeiten von Druckdifferenz, Fugendurchlässigkeit und eintretender Luftströmung dargestellt.

- **Natürliche Lüftung durch Undichtheiten bei Rolladenkästen**

Natürliche Lüftungsverluste bei Rolladenkästen sind hauptsächlich die Folge von Undichtheiten bei zu öffnenden Servicedeckeln und bei den Durchführungen.

Luftdurchlässigkeiten der Rolladenkästen

Für die Berechnung des Wärmeleistungsbedarfs werden nach Tabelle 1.14 drei Werte für die Kenngröße a_{RK} unterschieden.

Berechnungsgang pro Raum

Unter den beschriebenen Annahmen können die Lüftungsverluste von Rolladenkästen wie jene durch Fenster- und Türfugen auf 1 m² Fensterfläche bezogen angegeben werden.

Damit berechnet sich die Summe der Lüftungsverluste von Fenstern und Rolladenkästen zu

$$\dot{V}_F + \dot{V}_{RK} = \dot{V}_F . f_{RK} = \dot{v}_F \cdot A_F \cdot f_{RK} \; [m^3/h]$$

f_{RK} = Rolladenkastenfaktor nach Tabelle 1.15

$\dot{v}_F$ = auf 1 m² Fensterfläche bezogener Lüftungsverlust durch Fensterfugen [$m^3/h \cdot m^2$] nach Tabelle 1.12

A_F = Fensterfläche mit Rolladenkästen (m^2)

f_{RK}		a_{RK} nach Tabelle 1.14		
		0,5	0,3	0,2
a_F nach Tabelle 1.11	0,6	1,07	1,04	1,03
	0,3	1,15	1,09	1,06
	0,2	1,22	1,13	1,09

Tabelle 1.15
Rolladenkastenfaktor f_{RK}

Die Faktoren f_{RK} in Tabelle 1.15 sind Rechenwerte. Ihnen liegt eine spezifische Fugenlänge der Fenster von 4 m/m², eine mittlere Fensterhöhe von 1,4 m und eine mittlere Länge der Rolladenkästen von 2 m zugrunde. Für besondere Fälle, in denen diese Annahmen stark abweichen, können Korrekturen vorgenommen werden. (siehe zum Beispiel SIA 384/2, Anhang A7)

In der Tabelle 1.15 ist der Faktor f_{RK} in Abhängigkeit von drei Werten für die Kenngröße a_{RK} angegeben. Diese beruhen auf den Angaben in Tabelle 1.14, wobei die Unterschiede infolge der Konstruktionsart nicht mehr berücksichtigt und die Rechenwerte weiter gerundet wurden. Tab. 1.16 stellt Rechenwerte für die Luftdurchlässigkeiten von Rolladenkästen dar; Bild 1.11 zeigt die Lüftungsverluste von Rolladenkästen.

- **Natürliche Lüftung durch Gesamtundichtheit der Gebäudehülle**

Mit der Berechnung werden die Lüftungsverluste durch die funktionsbedingten Undichtheiten von Fenstern, Türen und Rolladenkästen recht genau erfaßt. Erfahrungsgemäß sind bei sorgfältig ausgeführten Massivbauten die Wände und Dächer im Vergleich dazu dicht. Bei unsorgfältiger Bauausführung (undicht angeschlagene Fenster- und Türrahmen, Rolladenkästen, Dachanschlüsse) und bei Elementbauten zusätzlich durch Witterungseinflüsse verbleiben oder entstehen Ritzen und Spalten, durch die ebenfalls Luftströme ziehen.

Allgemeingültige Erfahrungszahlen für typische Gebäudekonstruktionen fehlen heute noch. Einzelmessungen an einem Gebäude im Holzelementbau haben zum Beispiel gezeigt, daß die Lüftungsverluste durch Gebäudefugen ein Mehrfaches der Undichtheiten durch Fenster/Türen und Rolladenkasten ausmachen können.

Liegen spezifische Erfahrungszahlen über die Gesamtundichtheit der Gebäudehülle vor, so sind diese sinngemäß bei der Berechnung des Lüftungs-Wärmeleistungsbedarfes zu berücksichtigen. Im Berechnungsschema werden die zusätzlich zu den bekannten Lüftungsverlusten bei Fenstern/Türen und Rolladenkästen auftretenden Verluste mit V_{Geb} bezeichnet.

$\dot{V}_{Geb}$ = zusätzliche Lüftungsverluste durch undichte Gebäudehülle [m³/h].

- **Erhöhung der Lüftungsverluste durch Cheminées**

Die in Cheminée-Anlagen notwendige Verbrennungsluft ist direkt von außen zur Feuerstelle zu führen. Andernfalls müßte die Verbrennungsluft über die Fenster- und Türfugen nachströmen, wofür der Kaminzug bei einigermaßen dichten Fugen nicht ausreicht. Das Cheminée ist also normalerweise mit einer Rauchgas- und einer Frischluftklappe ausgerüstet.

Für die Berechnung des Lüftungs-Wärmeleistungsbedarfes werden nur die Lüftungsverluste bei nicht betriebenem Cheminée mit geschlossener Frischluft- und Rauchgasklappe berücksichtigt. Dazu werden in einer Wohnung oder einem Einfamilienhaus mit Cheminée die Lüftungsverluste aller auf dem gleichen Stockwerk liegenden Räume um den Faktor f_{Ch} gemäß Tabelle 1.17 erhöht.

Grundrißtyp	f_{CH}
1	1,4
2	1,3
3/4	1,1

Tabelle 1.17
Faktor f_{ch} zur Berücksichtigung der Lüftungsverluste von Cheminée-Anlagen

Beim Grundrißtyp 1 bezieht sich der Korrekturfaktor f_{Ch} auf den minimalen Außenluftstrom, beim Grundrißtyp 2 und 3/4 auf die natürliche Lüftung durch Fenster-/Türfugen und Rolladenkasten.

Bei Wohnungen und Einfamilienhäusern ohne Cheminée wird für alle Räume $f_{Ch} = 1$.

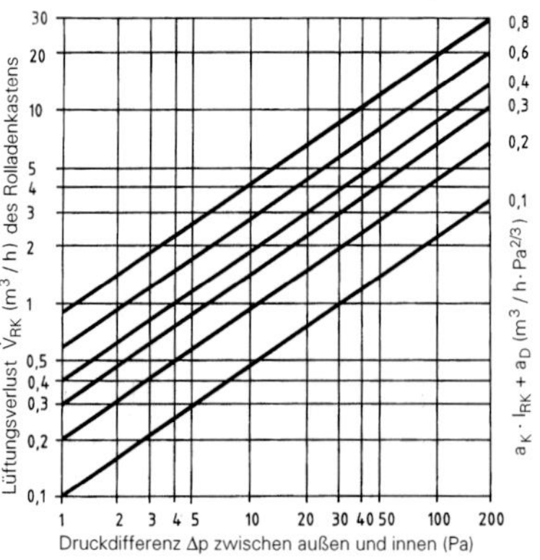

Bild 1.11
Lüftungsverlust $\dot{V}_{RK}$ des Rolladenkastens

a) Luftdurchlässigkeit des Kastens

Typ	Ausführung	a_K [$m^3/h \cdot m \cdot Pa^{2/3}$]
Innenliegend mit vertikalem Servicedeckel	sorgfältige Abdichtung keine Abdichtung	0,015 0,10
Integriert mit horizontalem Servicedeckel	sorgfältige Abdichtung keine Abdichtung	0,03 0,15

Bei aussenliegendem Rolladenkasten wird dessen Luftdurchlässigkeit vernachlässigt.

b) Luftdurchlässigkeit der Durchführung

Typ	Ausführung	a_D [$m^3/h \cdot Pa^{2/3}$]
Gurte	eher dicht eher undicht	0,08 0,20
Kurbel	dichte Kunststoffplatte Metallplatte	0,045 0,19

Tabelle 1.16
Rechenwerte für die Durchlässigkeiten von Rolladenkästen

1.1.13. Spezifischer Wärmeleistungsbedarf

Für eine Abschätzung oder eine rasche Beurteilung eines bestimmten Wärmeleistungsbedarfes eines Gebäudes dient Bild 1.12.1 für die Schweiz, Bild 1.12.2 für die BRD.

Die Dimensionierung der Heizungsanlage anhand des spezifischen Wärmeleistungsbedarfes in Bild 1.12 ist nicht zulässig, sondern muß immer wie in der vorliegenden Empfehlung beschrieben erfolgen.

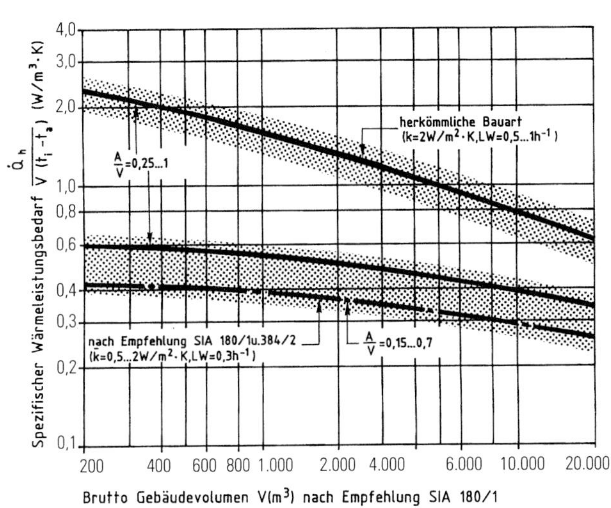

Bild 1.12.1
Spezifischer Wärmeleistungsbedarf in Abhängigkeit von der Ausführungsart und der Gebäudegröße

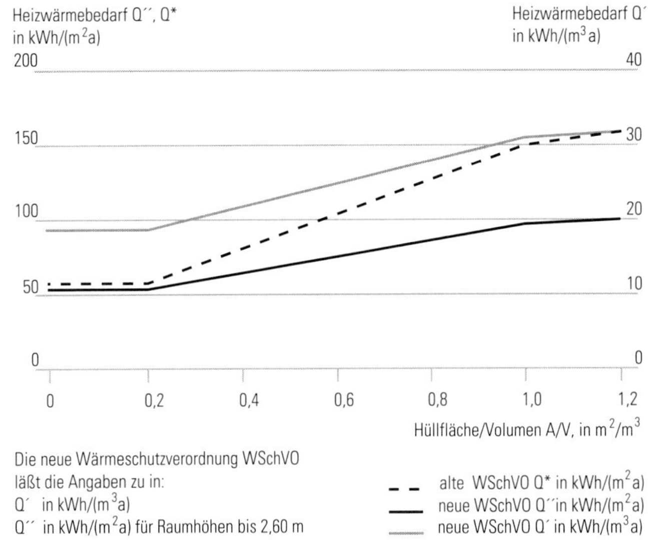

Bild 1.12.2
Maximal zugelassener jährlicher Heizwärmebedarf in der BRD

EINGETRAGENE NORM DER SCHWEIZERISCHEN NORMEN-VEREINIGUNG SNV NORME ENREGISTRÉE DE L'ASSOCIATION SUISSE DE NORMALISATION

Schweizerischer
Ingenieur- und Architekten-Verein

Ausgabe 1983 **384/21**

Wärmeleistungsbedarf von Gebäuden

Anwendungsbeispiel mit Erläuterung und Formular

2/1992

Herausgeber:
Schweizerischer Ingenieur- und Architekten-Verein
Postfach, 8039 Zürich Telefon 01/283 15 15, Fax 01/201 63 35
Normen- und Drucksachenverkauf Telefon 01/283 15 60

1

Einführung

Zur Erläuterung der Empfehlung SIA 384/2 «Wärmeleistungsbedarf von Gebäuden» wird im nachfolgenden Beispiel der Wärmeleistungsbedarf eines Gebäudes detailliert durchgerechnet.

Die verwendeten Formulare, aus denen der Ablauf des Rechenganges ersichtlich ist und die Hinweise auf die wichtigsten Abschnitte, Figuren und Tabellen in der Empfehlung SIA 384/2 enthalten, können separat beim SIA oder beim VSHL bezogen werden.

In den ausgefüllten Formularen für das Beispiel finden sich einige Hinweis-Nummern; diese beziehen sich auf die Bemerkungen der Seiten 21 bis 24 dieser Publikation.

Grundlagen

Eckhaus einer Reihenhaussiedlung gemäss den Figuren 1 ... 4 an exponierter Lage in der Nähe von Zürich auf 700 m ü. M.

Raumlufttemperaturen (zusammen mit der Bauherrschaft festgelegt)

Wirtschaftsraum, Windfang, Separat-WC, Küche	18 °C
Wohn-, Arbeits- und Schlafzimmer	20 °C
Bad/WC	22 °C
Nachbarhaus	20 °C

Die Raumlufttemperatur im Wohnzimmer muss auf Wunsch des Bauherrn auch gehalten werden können, wenn der Wirtschaftsraum unbeheizt bleibt.

Baukonstruktion (vom Architekten angegeben)

Boden, Decken, Dach

- Kellerboden beheizte Räume: **k = 0,7 W/m² · K**

Material	ϱ [kg/m³]	λ [W/m · K]
Erdreich		
5 cm Kies		0,70
20 cm Stahlbeton	2400	1,80
Feuchtigkeitsisolierung		
4 cm Polystyrol	25	0,038
5 cm Unterlagsboden	2200	1,40

- Boden Erdgeschoss: **k = 0,7 W/m² · K**

Material	ϱ [kg/m³]	λ [W/m · K]
18 cm Stahlbeton	2400	1,80
4 cm Steinwolleplatte	50	0,04
5 cm Unterlagsboden	2200	1,40

3

- Boden Obergeschoss: **k = 1,1 W/m² · K**

Material	ϱ [kg/m³]	λ [W/m · K]
18 cm Stahlbeton	2400	1,80
2 cm Steinwolleplatte	50	0,04
5 cm Unterlagsboden	2200	1,40

- Decke zu Dachraum: **k = 0,3 W/m² · K**

Material	ϱ [kg/m³]	λ [W/m · K]
0,5 cm Tannentäfer auf Holzrost	500	0,14 [1]
12 cm Steinwolleplatte	50	0,04

[1] nicht luftdicht

- Dach über beheizten Räumen: **k = 0,4 W/m² · K**

Material	ϱ [kg/m³]	λ [W/m · K]
0,5 cm Tannentäfer	500	0,14 [1]
10× 16 cm – Sparren alle 80 cm	500	0,14
dazwischen 12 cm Steinwolleplatte	50	0,04
Unter- und Oberdach		

[1] nicht luftdicht

Aussenwände

- im Untergeschoss: **k = 0,7 W/m² · K**

Material	ϱ [kg/m³]	λ [W/m · K]
1 cm Innenputz	1400	0,70
6 cm Tonisolierplatten	1100	0,44
4 cm Polystyrol	25	0,038
25 cm Stahlbeton	2400	1,80

- im Erd- und Obergeschoss: **k = 0,3 W/m² · K**

Material	ϱ [kg/m³]	λ [W/m · K]
1 cm Innenputz	1400	0,70
15 cm Modulbackstein	1100	0,44
10 cm Steinwolleplatte	50	0,04
13,5 cm Modulbackstein	1100	0,44
2 cm Aussenputz	1800	0,87

Fenster und Türen

- alle Fenster und Balkontüren der beheizten Räume: **k = 2,0 W/m^2 · K**
  a = 0,3 m^3/h · m · Pa$^{2/3}$

  (3fach-Isolierverglasung mit Holzrahmen und Gummidichtung, Beanspruchungsgruppe A)

- Haustüre: **k = 1,7 W/m^2 · K**
  a = 0,3 m^3/h · m · Pa$^{2/3}$

  (Volltüre 60 mm mit Gummidichtung, Beanspruchungsgruppe A)

- Sonnenschutz: **Faltrolladen in aussenliegendem Kasten mit Kurbel**

Innenwände

- alle Innenwände: **k = 1,8 W/m^2 · K**

Material	ϱ [kg/m^3]	λ [W/m · K]
1 cm Innenputz	1400	0,70
10 cm Modulbackstein	1100	0,44
1 cm Innenputz	1400	0,70

- Brandmauer zum Nachbarhaus: **k = 0,7 W/m^2 · K**

Material	ϱ [kg/m^3]	λ [W/m · K]
1 cm Innenputz	1400	0,70
15 cm Kalksandstein	1600	0,80
2 cm Steinwolleplatte	50	0,04
15 cm Kalksandstein	1600	0,80
1 cm Innenputz	1400	0,70

5

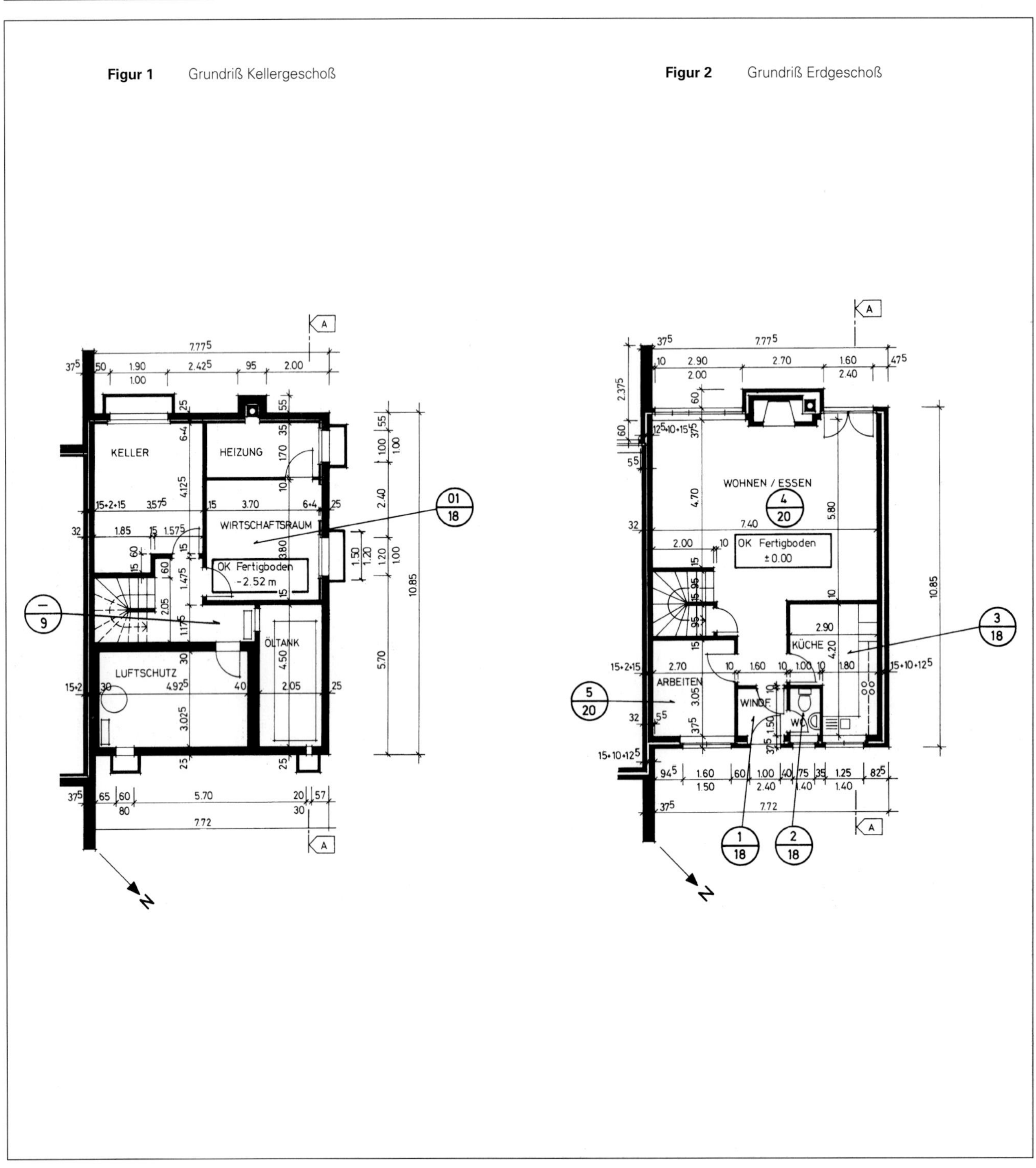

Figur 1 Grundriß Kellergeschoß

Figur 2 Grundriß Erdgeschoß

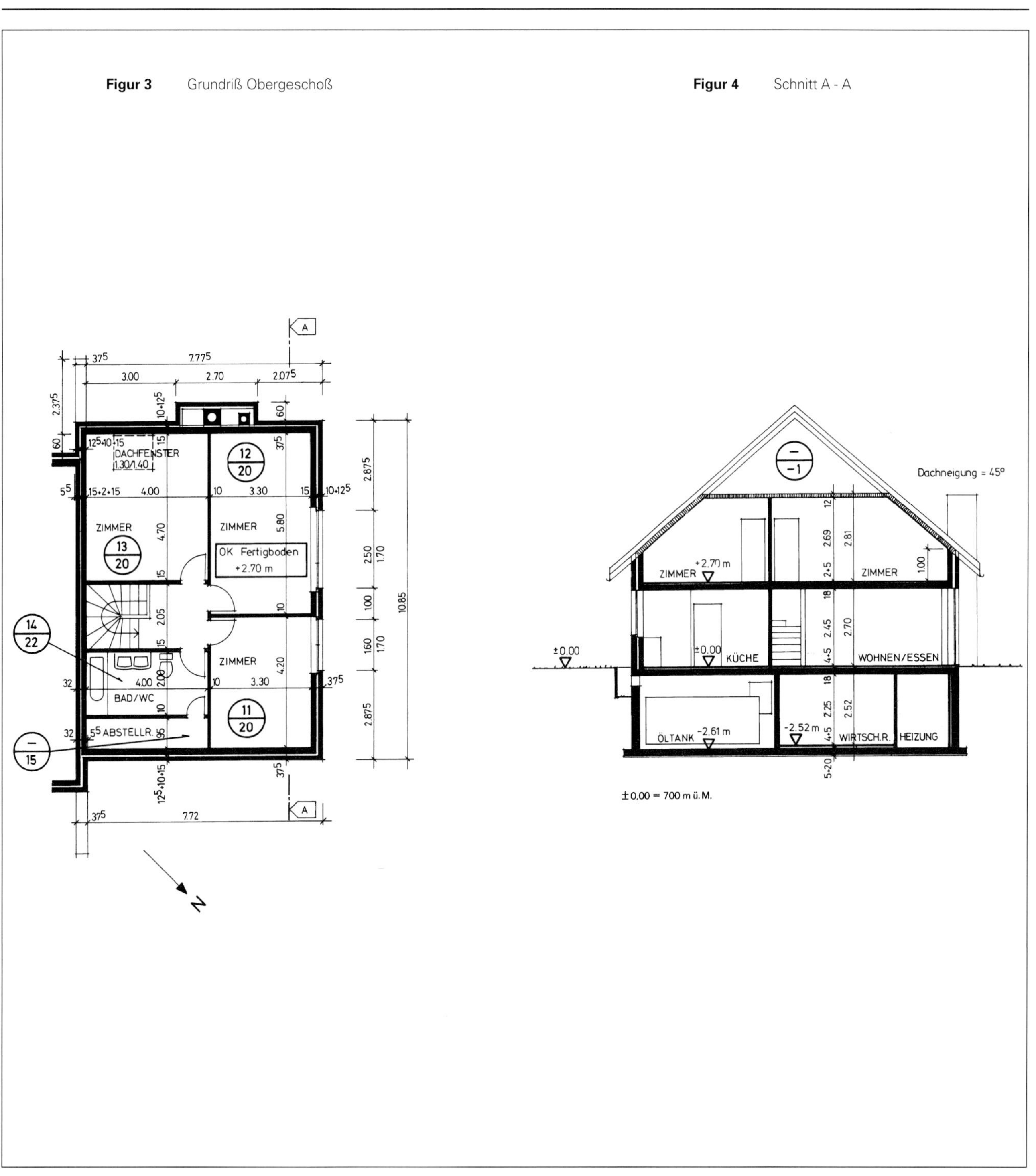

Figur 3 Grundriß Obergeschoß

Figur 4 Schnitt A - A

Nr. 1084/1 (1982)

Formular 1 zu SIA 384/2

Berechnung des Wärmeleistungsbedarfes

gemäss Empfehlung SIA 384/2 (Ausgabe 1982)

Objekt Reihen EFH (Eckhaus)

Adresse zur Abendruhe 13

Bauherr (genaue Adresse) Franz Müller

Weststrasse 10, 8003 Zürich Tel. 211 10 10

Projektverfasser (genaue Adresse) Leo Alder

Rennweg 1, 8001 Zürich Tel. 201 29 00

Sachbearbeiter Schmid

Ort und Datum Zürich, 29. April 1983

11

1

Seite 1

Grundlagen

Gebäudelage

Ort: Nähe von Zürich Meereshöhe des Gebäudestandortes: 700 m ü. M.

Besonderheiten: Eckhaus an exponierter Lage

Baukonstruktion (1)

– *Wärmespeicherfähigkeit des Gebäudes* (Ziffer 2 12) (Betrachtung einer ganzen Wohneinheit oder eines Stockwerkes)

Bezeichnung: Keller- und Erdgeschoss

☒ Massivbau (Ziffer 2 12a) → $\Delta t_a = 0$ K

☐ Leichtbau (Ziffer 2 12b)
(wenn Bodenfläche ~ Innenwandfläche ~ 2 mal Fassadenfläche: M-Werte nach Tabelle 3)

gesamte Fensterfläche A_F [1]) = ... m²

gesamte Fassadenfläche $A_F + A_W$ [1]) = ... m²

→ Fensterflächenanteil $FA = \frac{A_F}{A_F + A_W} \cdot 100 =$ ...... %

Massenanteil des Bodens M_i = ... kg/m²

Massenanteil der Decke M_i = ... kg/m²

Massenanteil der Innenwände M_i = ... kg/m²

Massenanteil der Aussenwand M_a = ... kg/m²

Massgebende Masse $\bar{M}$ = ... kg/m²

Tab. 2 → Δt_a = ... K

Bezeichnung: Obergeschoss

☐ Massivbau (Ziffer 2 12a) → $\Delta t_a = 0$ K

☒ Leichtbau (Ziffer 2 12b)
(wenn Bodenfläche ~ Innenwandfläche ~ 2 mal Fassadenfläche: M-Werte nach Tabelle 3)

gesamte Fensterfläche A_F [1]) = 8.79 m²

gesamte Fassadenfläche $A_F + A_W$ [1]) = 66.9 m²

→ Fensterflächenanteil $FA = \frac{A_F}{A_F + A_W} \cdot 100 =$ 13 %

Massenanteil des Bodens M_i = 105 kg/m²

Massenanteil der Decke M_i = 11 kg/m²

Massenanteil der Innenwände M_i = 145 kg/m²

Massenanteil der Aussenwand M_a = 83 kg/m²

Massgebende Masse $\bar{M}$ = 344 kg/m²

Tab. 2 → Δt_a = 2 K

– *Konstruktionsdaten der Bauteile (vom Architekten angegeben)*

Art	Bezeichnung nach Tabelle 8	k-Wert [1]) [W/m² · K] Fenster: Tabelle 9 Türen: Tabelle 10	a_F-Wert [m³/h · m · Pa^{2/3}] Tabelle 11
Kellerboden beheizte Räume	B 1	0.7	–
Boden Erdgeschoss	B 2	0.7	–
Boden Obergeschoss	B 3	1.1	–
Decke zu Dachraum	D	0.3	–
Dach über beheizten Räumen	Da	0.4	–
Aussenwände im Kellergeschoss	AW 1	0.7	–
Aussenwände im Erdgeschoss	AW 2	0.3	–
Fenster beheizte Räume	IV D	2.0	0.3
Haustüre	AT	1.7	0.3
Innenwände	IW 1	1.8	–
Brandmauer zum Nebenhaus	IW 2	0.7	–

Rolladenkästen: a_{RK} nach Tabelle 13 = 0.2 m³/h · m² · Pa$^{2/3}$

[1]) Kann dem SIA-Formular Nr. 1081/1980 entnommen werden.

13

Formular 1, Ausgabe 5/1983, zu SIA 384/2

- *Kontrolle der Behaglichkeit für kritische Räume* ②

Seite 2

Raumbezeichnung: Wohnen/Essen Anzahl Aussenwände: 2	Raumbezeichnung: Anzahl Aussenwände:
Fensterfläche des Raumes: A_{F_R} = 9,6 m²	Fensterfläche des Raumes: A_{F_R} = m²
Fassadenfläche des Raumes: $A_{F_R} + A_{W_R}$ = 21 m²	Fassadenfläche des Raumes: $A_{F_R} + A_{W_R}$ = m²
→ Fenster-/Fassadenfläche des Raumes:	→ Fenster-/Fassadenfläche des Raumes:
$FA_R = \frac{A_{F_R}}{A_{F_R} + A_{W_R}} \cdot 100 =$ 46 %	$FA_R = \frac{A_{F_R}}{A_{F_R} + A_{W_R}} \cdot 100 =$ %
Heizsystem: ☐ Luftheizung; ☐ Bodenheizung, t_{0_B} = °C } Kontrolle nach Figur 3	Heizsystem: ☐ Luftheizung; ☐ Bodenheizung, t_{0_B} = °C } Kontrolle nach Figur 3
☒ Heizkörper unter den Fenstern HKA 5 % $t_{m_{HK}}$ = 60 °C } Kontrolle nach Figur 4	☐ Heizkörper unter den Fenstern HKA % $t_{m_{HK}}$ = °C } Kontrolle nach Figur 4
Komfortkriterium erfüllt? ☒ ja → t_i nach Ziffer 3 1 gültig; ☐ nein → Verbesserungen vorschlagen (Ziffer 3 2)	Komfortkriterium erfüllt? ☐ ja → t_i nach Ziffer 3 1 gültig; ☐ nein → Verbesserungen vorschlagen (Ziffer 3 2)

Klimadaten

Nächstgelegene Messstation (Tabelle 1): SMA Zürich, deren Meereshöhe: 569 m ü. M.

- t_a für die Messstation, Massivbau (Tabelle 1) t_a = -8 °C

Masseneinfluss (siehe oben) für Keller-u. Erdgeschoss Δt_a = 0 K; für Obergeschoss Δt_a = 2 K

Lokale Einflüsse (Ziffer 2 14) Δt_a = 0 K

Höhe (Gebäudestandort – Messstation) = 700 – 569 = 131 m. Pro 100 m Höhenzunahme t_a um 0,5 K tiefer Δt_a = 1 K

Für die Berechnung massgebende Aussenlufttemperatur t_a = -9 °C | t_a = -11 °C

- Windklasse für die *Messstation*, freie Lage (Tabelle 1) II kritische Windrichtung (Tab. 1) NE

Windklasse für den *Gebäudestandort*, freie Lage: II

Massgebende Windklasse und kritische Windrichtungen (Ziffer 2 22):

Gebäudelage
- ☐ frei → Windklasse = ___ für alle Fassaden
- ☐ geschützt → Windklasse = ___ – 1 = ___ ¹) für alle Fassaden
- ☒ exponiert → · exponierte Fassade (Tabelle 1) = NE
  - Windklasse = II + 1 = III ²)
  - · andere Fassaden
  - Windklasse = II

¹) Minimum = Klasse I ²) Maximum = Klasse IV

Raumlufttemperaturen ③

die mit der Bauherrschaft vereinbarten Raumlufttemperaturen sind in die Grundrisspläne einzutragen (Tabelle 7).

Lüftungsanlagen ④

Abluftströme pro Wohnung bzw. Geschoss (Tabelle 16):

	Installiert [m³/h]	Mittelwerte [m³/h] über 1 h	24 h
Bad		30	5
WC		–	–
Küche		–	–
$\dot{V}_{AL_{tot}}$		30	5

14

Schweizerischer Ingenieur- und Architekten-Verein

Seite: 3

Nr. 1084/2 (1982)

Formular 2 zu SIA 384/2

Wärmeleistungsbedarf pro Raum

Raum Nr. 01 Bezeichnung: Wirtschaftsraum

t_i [°C]	t_a [°C]	a_R [m]	b_R [m]	A_B [m²]	h_R [m]	V_R [m³]	$\dot{Q}_I$ [W]
18	-9	3,80	3,70	14,06	2,25	31,64	0

Transmissions-Wärmeleistungsbedarf des Raumes (Kapitel 4)

Orientierung	Art	Länge [m]	Breite Höhe [m]	Fläche [m²]	k [W/m²·K]	Δt [K]	$\dot{Q}_T$ [W]
⑤ NW	AW 1	3,80	2,52	9,58	0,70	18	121
⑥ NW	IW D	1,20	1,00	1,20	2,00 - 0,70	27	42
SW	IW 1	3,70	2,52	9,32	1,80	- 2	- 34
SE	IW 1	2,475	2,52	6,24	1,80	13	146
SE	IW 1	1,325	2,52	3,34	1,80	9	54
NE	IW 1	1,60	2,52	4,03	1,80	9	65
NE	IW 1	2,10	2,52	5,29	1,80	13	124
⑦	B1	3,80	2,00	7,60	0,70	11	59
	B1	3,80	3,70 - 2,00	6,46	0,70	0	0
	B2	3,80	3,70	14,06	0,70	- 2	- 20

$\Sigma \dot{Q}_T$ [W] = 557

Lüftungsverlust des Raumes (Kapitel 5)

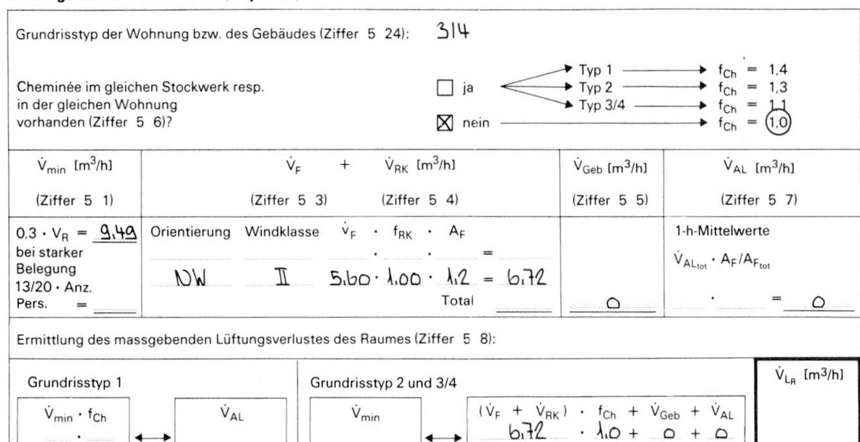

Grundrisstyp der Wohnung bzw. des Gebäudes (Ziffer 5 24): 3/4

Cheminée im gleichen Stockwerk resp. in der gleichen Wohnung vorhanden (Ziffer 5 6)?

☐ ja → Typ 1 → f_{Ch} = 1,4; Typ 2 → f_{Ch} = 1,3; Typ 3/4 → f_{Ch} = 1,1

☒ nein → f_{Ch} = (1,0)

$\dot{V}_{min}$ [m³/h] (Ziffer 5 1)	$\dot{V}_F$ + $\dot{V}_{RK}$ [m³/h] (Ziffer 5 3) (Ziffer 5 4)	$\dot{V}_{Geb}$ [m³/h] (Ziffer 5 5)	$\dot{V}_{AL}$ [m³/h] (Ziffer 5 7)
0,3 · V_R = 9,49; bei starker Belegung 13/20 · Anz. Pers. =	Orientierung NW, Windklasse II, $\dot{v}_F$ · f_{RK} · A_F = 5,60 · 1,00 · 1,2 = 6,72; Total	0	1-h-Mittelwerte $\dot{V}_{AL_{tot}}$ · $A_F/A_{F_{tot}}$ = 0

Ermittlung des massgebenden Lüftungsverlustes des Raumes (Ziffer 5 8):

Grundrisstyp 1		Grundrisstyp 2 und 3/4		$\dot{V}_{LR}$ [m³/h]
$\dot{V}_{min} \cdot f_{Ch}$ = ↔	$\dot{V}_{AL}$	$\dot{V}_{min}$ 9,49 ↔	$(\dot{V}_F + \dot{V}_{RK}) \cdot f_{Ch} + \dot{V}_{Geb} + \dot{V}_{AL}$: 6,72 · 1,0 + 0 + 0 = 6,72	9,5

Formular 2 15

Seite: 4

Nr. 1084/2 (1982)

Formular 2 zu SIA 384/2

Wärmeleistungsbedarf pro Raum

Raum Nr. 1 Bezeichnung: Windfang

t_i [°C]	t_a [°C]	a_R [m]	b_R [m]	A_B [m²]	h_R [m]	V_R [m³]	$\dot{Q}_I$ [W]
18	-9	1,60	1,50	2,40	2,45	5,88	0

Transmissions-Wärmeleistungsbedarf des Raumes (Kapitel 4)

Orientierung	Art	Länge [m]	Breite Höhe [m]	Fläche [m²]	k [W/m²·K]	Δt [K]	$\dot{Q}_T$ [W]
NE	AW 2	1,60	2,70	4,32	0,30	27	35
⑥ NE	AT	1,00	2,40	2,40	1,70 - 0,30	27	91
SW	IW 1	1,60	2,70	4,32	1,80	- 2	- 16
SE	IW 1	1,50	2,70	4,05	1,80	- 2	- 15
	B 2	1,60	1,50	2,40	0,70	13	22
	B 3	1,60	1,05	1,68	1,10	3	6
	B 3	1,60	1,50 - 1,05	0,72	1,10	- 4	- 3

$\Sigma \dot{Q}_T$ [W] = **120**

Lüftungsverlust des Raumes (Kapitel 5)

Grundrisstyp der Wohnung bzw. des Gebäudes (Ziffer 5 24): 3/4

Cheminée im gleichen Stockwerk resp. in der gleichen Wohnung vorhanden (Ziffer 5 6)?

- [x] ja → Typ 1 → f_{Ch} = 1,4; Typ 2 → f_{Ch} = 1,3; Typ 3/4 → f_{Ch} = (1,1)
- [ ] nein → f_{Ch} = 1,0

$\dot{V}_{min}$ [m³/h] (Ziffer 5 1)	$\dot{V}_F$ + $\dot{V}_{RK}$ [m³/h] (Ziffer 5 3) (Ziffer 5 4)	$\dot{V}_{Geb}$ [m³/h] (Ziffer 5 5)	$\dot{V}_{AL}$ [m³/h] (Ziffer 5 7)
0,3 · V_R = 1,76 bei starker Belegung 13/20 · Anz. Pers. =	Orientierung: NE; Windklasse: III; $\dot{v}_F \cdot f_{RK} \cdot A_F$ ⑧ = $9,6 \cdot \frac{3,22}{4,0} \cdot 1,0 \cdot 1,80$ = 13,91 Total	0	1-h-Mittelwerte $\dot{V}_{AL_{tot}} \cdot A_F/A_{F_{tot}}$ · = 0

Ermittlung des massgebenden Lüftungsverlustes des Raumes (Ziffer 5 8):

Grundrisstyp 1: $\dot{V}_{min} \cdot f_{Ch}$	↔ $\dot{V}_{AL}$	Grundrisstyp 2 und 3/4: $\dot{V}_{min}$	↔ $(\dot{V}_F + \dot{V}_{RK}) \cdot f_{Ch} + \dot{V}_{Geb} + \dot{V}_{AL}$	$\dot{V}_{LR}$ [m³/h]
· =		1,76	13,91 · 1,1 + 0 + 0 = 15,30	15,3

16 Formular 2

sia Schweizerischer Ingenieur- und Architekten-Verein

Seite: 5

Nr. 1084/2 (1982)

Formular 2 zu SIA 384/2

Wärmeleistungsbedarf pro Raum

Raum Nr. 2 Bezeichnung: WC

t_i [°C]	t_a [°C]	a_R [m]	b_R [m]	A_B [m²]	h_R [m]	V_R [m³]	$\dot{Q}_I$ [W]
18	-9	1,00	1,50	1,50	2,45	3,68	0

Transmissions-Wärmeleistungsbedarf des Raumes (Kapitel 4)

Orientierung	Art	Länge [m]	Breite Höhe [m]	Fläche [m²]	k [W/m²·K]	Δt [K]	$\dot{Q}_T$ [W]
NE	AW 2	1,00	2,70	2,70	0,30	27	22
⑥ NE	IVD	0,75	1,40	1,05	2,00 - 0,30	27	48
	B2	1,00	1,50	1,50	0,70	13	14
	B3	1,00	1,50	1,50	1,10	- 2	- 3

$\Sigma \dot{Q}_T$ [W] = 81

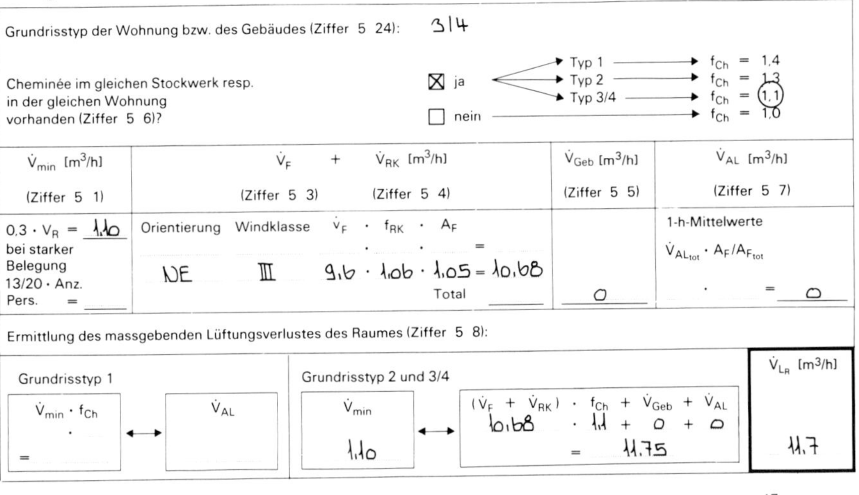

Lüftungsverlust des Raumes (Kapitel 5)

Grundrisstyp der Wohnung bzw. des Gebäudes (Ziffer 5 24): 3/4

Cheminée im gleichen Stockwerk resp. in der gleichen Wohnung vorhanden (Ziffer 5 6)?

☒ ja → Typ 1 → f_{Ch} = 1,4; Typ 2 → f_{Ch} = 1,3; Typ 3/4 → f_{Ch} = (1,1)

☐ nein → f_{Ch} = 1,0

$\dot{V}_{min}$ [m³/h] (Ziffer 5 1)	$\dot{V}_F$ + $\dot{V}_{RK}$ [m³/h] (Ziffer 5 3) (Ziffer 5 4)	$\dot{V}_{Geb}$ [m³/h] (Ziffer 5 5)	$\dot{V}_{AL}$ [m³/h] (Ziffer 5 7)
0,3 · V_R = 1,10; bei starker Belegung 13/20 · Anz. Pers. =	Orientierung NE, Windklasse III, $\dot{V}_F \cdot f_{RK} \cdot A_F$ = 9,6 · 1,06 · 1,05 = 10,68; Total	0	1-h-Mittelwerte $\dot{V}_{AL_{tot}} \cdot A_F/A_{F_{tot}}$ = 0

Ermittlung des massgebenden Lüftungsverlustes des Raumes (Ziffer 5 8):

Grundrisstyp 1		Grundrisstyp 2 und 3/4		$\dot{V}_{L_R}$ [m³/h]
$\dot{V}_{min} \cdot f_{Ch}$ · =	$\dot{V}_{AL}$	$\dot{V}_{min}$ 1,10	$(\dot{V}_F + \dot{V}_{RK}) \cdot f_{Ch} + \dot{V}_{Geb} + \dot{V}_{AL}$: 10,68 · 1,1 + 0 + 0 = 11,75	11,7

Formular 2

17

Schweizerischer Ingenieur- und Architekten-Verein

Seite: 6

Nr. 1084/2 (1982)

Formular 2 zu SIA 384/2

Wärmeleistungsbedarf pro Raum

Raum Nr. 3 Bezeichnung: Küche

t_i [°C]	t_a [°C]	a_R [m]	b_R [m]	A_B [m²]	h_R [m]	V_R [m³]	$\dot{Q}_I$ [W]
18	- 9			10,42	2,45	25,53	0

Transmissions-Wärmeleistungsbedarf des Raumes (Kapitel 4)

Orientierung	Art	Länge [m]	Breite Höhe [m]	Fläche [m²]	k [W/m²·K]	Δt [K]	$\dot{Q}_T$ [W]
NE	AW 2	1,80	2,70	4,86	0,30	27	39
⑥ NE	IV D	1,25	1,40	1,75	2,00 - 0,30	27	80
NW	AW 2	4,20	2,70	11,34	0,30	27	92
SW	IW 1	2,90	2,70	7,83	1,80	- 2	- 28
SE	IW 1	2,60	2,70	7,02	1,80	- 2	- 25
	B 2	1,175	0,825	0,97	0,70	9	6
	B 2			10,42 - 0,97	0,70	13	86
	B 3			10,42	1,10	- 2	- 23

$\Sigma \dot{Q}_T$ [W] = 227

Lüftungsverlust des Raumes (Kapitel 5)

Grundrisstyp der Wohnung bzw. des Gebäudes (Ziffer 5 24): 3/4

Cheminée im gleichen Stockwerk resp. in der gleichen Wohnung vorhanden (Ziffer 5 6)?

☒ ja → Typ 1 → f_{Ch} = 1,4; Typ 2 → f_{Ch} = 1,3; Typ 3/4 → f_{Ch} = (1,1)

☐ nein → f_{Ch} = 1,0

$\dot{V}_{min}$ [m³/h] (Ziffer 5 1)	$\dot{V}_F$ + $\dot{V}_{RK}$ [m³/h] (Ziffer 5 3) (Ziffer 5 4)	$\dot{V}_{Geb}$ [m³/h] (Ziffer 5 5)	$\dot{V}_{AL}$ [m³/h] (Ziffer 5 7)
0,3 · V_R = 7,66 bei starker Belegung 13/20 · Anz. Pers. =	Orientierung / Windklasse / $\dot{V}_F$ · f_{RK} · A_F = NE / III / 9,6 · 1,06 · 1,75 = 17,81 Total	0	1-h-Mittelwerte $\dot{V}_{AL_{tot}} \cdot A_F/A_{F_{tot}}$ · = 0

Ermittlung des massgebenden Lüftungsverlustes des Raumes (Ziffer 5 8):

Grundrisstyp 1		Grundrisstyp 2 und 3/4		$\dot{V}_{LR}$ [m³/h]
$\dot{V}_{min} \cdot f_{Ch}$ · =	$\dot{V}_{AL}$	$\dot{V}_{min}$ 7,66	$(\dot{V}_F + \dot{V}_{RK}) \cdot f_{Ch} + \dot{V}_{Geb} + \dot{V}_{AL}$ 17,81 · 1,1 + 0 + 0 = 19,59	19,6

18 Formular 2

Schweizerischer Ingenieur- und Architekten-Verein

Seite: 7

Nr. 1084/2 (1982)

Formular 2 zu SIA 384/2

Wärmeleistungsbedarf pro Raum

Raum Nr. 4 Bezeichnung: Wohnen / Essen

t_i [°C]	t_a [°C]	a_R [m]	b_R [m]	A_B [m²]	h_R [m]	V_R [m³]	$\dot{Q}_I$ [W]
20	-9			50.32+8.20	2.45 / 2.69	123.28+22.06	0

Transmissions-Wärmeleistungsbedarf des Raumes (Kapitel 4)

Orientierung	Art	Länge [m]	Breite Höhe [m]	Fläche [m²]	k [W/m²·K]	Δt [K]	$\dot{Q}_T$ [W]
NW	AW 2	5.80	2.70	15.66	0.30	29	136
SW	AW 2	7.40	2.70	19.98	0.30	29	174
⑥ SW	IV D	1.60	2.40	3.84	2.00-0.30	29	189
⑥ SW	IV D	2.90	2.00	5.80	2.00-0.30	29	286
SE	AW 2	0.60	2.70	1.62	0.30	29	14
NE	IW 1	1.60+3.00	2.70	12.42	1.80	2	45
NW	IW 1	2.70	2.70	7.29	1.80	2	26
über Vorraum UG	B2			9.24	0.70	11	71
Rest ohne Heizung UG	B2			34.15	0.70	15	359
⑩ Treppenhaus							
gegen Vorraum UG	IW 1	2 x 0.95	2.70	5.13	1.80	11	102
gegen Vorraum UG	IW 1	1.15	2.70	3.11	1.80	11	61
gegen Bad/WC OG	IW 1	4.00	2.81	11.24	1.80	-2	-40
	D	4.00	2.05	8.20	0.30	21	52

$\Sigma \dot{Q}_T$ [W] = 1475

Lüftungsverlust des Raumes (Kapitel 5)

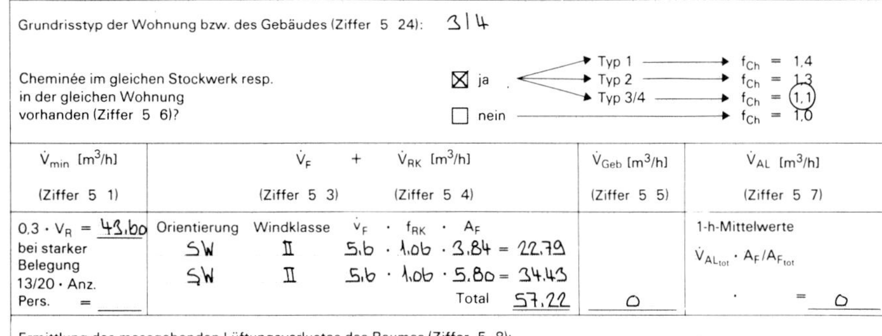

Grundrisstyp der Wohnung bzw. des Gebäudes (Ziffer 5 24): 3/4

Cheminée im gleichen Stockwerk resp. in der gleichen Wohnung vorhanden (Ziffer 5 6)?

☒ ja → Typ 1 → f_{Ch} = 1,4; Typ 2 → f_{Ch} = 1,3; Typ 3/4 → f_{Ch} = (1,1)

☐ nein → f_{Ch} = 1,0

$\dot{V}_{min}$ [m³/h] (Ziffer 5 1)	$\dot{V}_F$ + $\dot{V}_{RK}$ [m³/h] (Ziffer 5 3) (Ziffer 5 4)	$\dot{V}_{Geb}$ [m³/h] (Ziffer 5 5)	$\dot{V}_{AL}$ [m³/h] (Ziffer 5 7)
0.3 · V_R = 43.60 bei starker Belegung 13/20 · Anz. Pers. =	Orientierung / Windklasse / v_F · f_{RK} · A_F SW / II / 5.6 · 1.06 · 3.84 = 22.79 SW / II / 5.6 · 1.06 · 5.80 = 34.43 Total 57.22	0	1-h-Mittelwerte $\dot{V}_{AL_{tot}} \cdot A_F / A_{F_{tot}}$ · = 0

Ermittlung des massgebenden Lüftungsverlustes des Raumes (Ziffer 5 8):

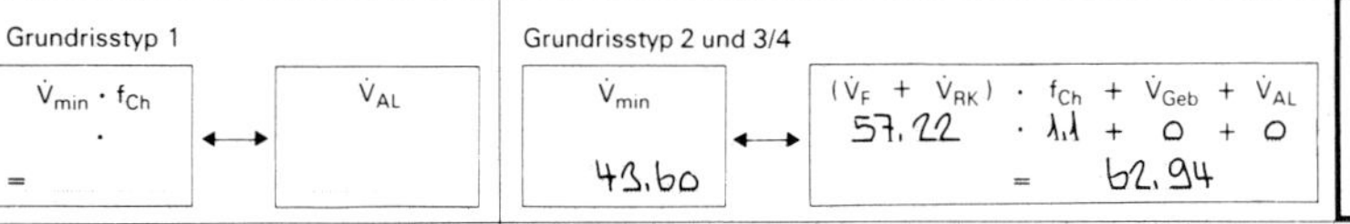

Grundrisstyp 1		Grundrisstyp 2 und 3/4		$\dot{V}_{L_R}$ [m³/h]
$\dot{V}_{min} \cdot f_{Ch}$ · = ↔	$\dot{V}_{AL}$	$\dot{V}_{min}$ 43.60 ↔	$(\dot{V}_F + \dot{V}_{RK}) \cdot f_{Ch} + \dot{V}_{Geb} + \dot{V}_{AL}$ 57.22 · 1.1 + 0 + 0 = 62.94	62.9

Formular 2 19

Schweizerischer Ingenieur- und Architekten-Verein

Seite: 8

Nr. 1084/2 (1982)

Formular 2 zu SIA 384/2

Wärmeleistungsbedarf pro Raum

Raum Nr. 5 Bezeichnung: Arbeiten

t_i [°C]	t_a [°C]	a_R [m]	b_R [m]	A_B [m²]	h_R [m]	V_R [m³]	$\dot{Q}_i$ [W]
20	-9	2,70	3,05	8,24	2,45	20,18	0

Transmissions-Wärmeleistungsbedarf des Raumes (Kapitel 4)

Orientierung	Art	Länge [m]	Breite Höhe [m]	Fläche [m²]	k [W/m²·K]	Δt [K]	$\dot{Q}_T$ [W]
NE	AW 2	2,70	2,70	7,29	0,30	29	63
⑥ NE	IV D	1,60	1,50	2,40	2,00 - 0,30	29	118
NW	IW 1	1,60	2,70	4,32	1,80	2	16
	B 2	2,70	3,05	8,24	0,70	15	86
	B 3	2,70	1,05	2,84	1,10	5	16
	B 3	2,70	3,05 - 1,05	5,40	1,10	- 2	- 12
Treppenhaus							
gegen Vorraum UG	IW 1	2,10	1/2 · 2,70	2,84	1,80	11	56

$\Sigma \dot{Q}_T$ [W] = 343

Lüftungsverlust des Raumes (Kapitel 5)

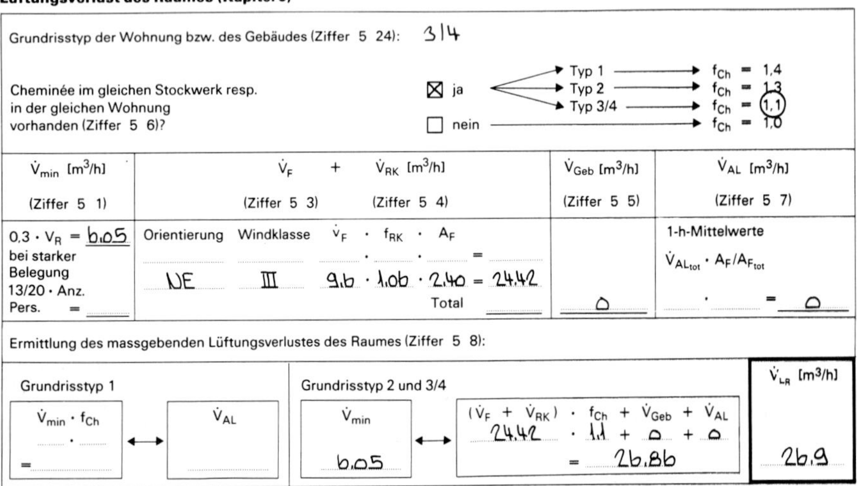

Grundrisstyp der Wohnung bzw. des Gebäudes (Ziffer 5 24): 3/4

Cheminée im gleichen Stockwerk resp. in der gleichen Wohnung vorhanden (Ziffer 5 6)?

☒ ja → Typ 1 → f_{Ch} = 1,4; Typ 2 → f_{Ch} = 1,3; Typ 3/4 → f_{Ch} = (1,1)

☐ nein → f_{Ch} = 1,0

$\dot{V}_{min}$ [m³/h] (Ziffer 5 1)	$\dot{V}_F$ (Ziffer 5 3) + $\dot{V}_{RK}$ [m³/h] (Ziffer 5 4)	$\dot{V}_{Geb}$ [m³/h] (Ziffer 5 5)	$\dot{V}_{AL}$ [m³/h] (Ziffer 5 7)
$0,3 \cdot V_R$ = 6,05 bei starker Belegung $13/20 \cdot$ Anz. Pers. =	Orientierung / Windklasse / $\dot{v}_F \cdot f_{RK} \cdot A_F$ NE / III / 9,6 · 1,06 · 2,40 = 24,42 Total	0	1-h-Mittelwerte $\dot{V}_{AL_{tot}} \cdot A_F/A_{F_{tot}}$ = 0

Ermittlung des massgebenden Lüftungsverlustes des Raumes (Ziffer 5 8):

Grundrisstyp 1		Grundrisstyp 2 und 3/4		$\dot{V}_{LR}$ [m³/h]
$\dot{V}_{min} \cdot f_{Ch}$ =	↔ $\dot{V}_{AL}$	$\dot{V}_{min}$ 6,05	↔ $(\dot{V}_F + \dot{V}_{RK}) \cdot f_{Ch} + \dot{V}_{Geb} + \dot{V}_{AL}$ 24,42 · 1,1 + 0 + 0 = 26,86	26,9

20 Formular 2

1

Schweizerischer Ingenieur- und Architekten-Verein

Seite: 9

Nr. 1084/2 (1982)

Formular 2 zu SIA 384/2

Wärmeleistungsbedarf pro Raum

Raum Nr. 11 Bezeichnung: Zimmer

t_i [°C]	t_a [°C]	a_R [m]	b_R [m]	A_B [m²]	h_R [m]	V_R [m³]	$\dot{Q}_I$ [W]
20	-11	3.30	4.20	13.86	2.69	32.57	0

Transmissions-Wärmeleistungsbedarf des Raumes (Kapitel 4)

Orientierung	Art	Länge [m]	Breite Höhe [m]	Fläche [m²]	k [W/m²·K]	Δt [K]	$\dot{Q}_T$ [W]
⑪ NE	AW 2	3.30	1.12	3.70	0.30	31	34
NW	AW 2	4.20		10.37	0.30	31	96
⑥ NW	IV D	1.60	1.70	2.72	2.00 - 0.30	31	143
SE	IW 1	2.00		5.42	1.80	- 2	- 20
SE	IW 1	1.05		1.73	1.80	5	16
	B 3			13.08	1.10	2	29
	D	3.30	4.20 - 1.69	8.28	0.30	21	52
	Da	3.30	1.69 √2	7.89	0.40	31	98

$\Sigma \dot{Q}_T$ [W] = 448

Lüftungsverlust des Raumes (Kapitel 5)

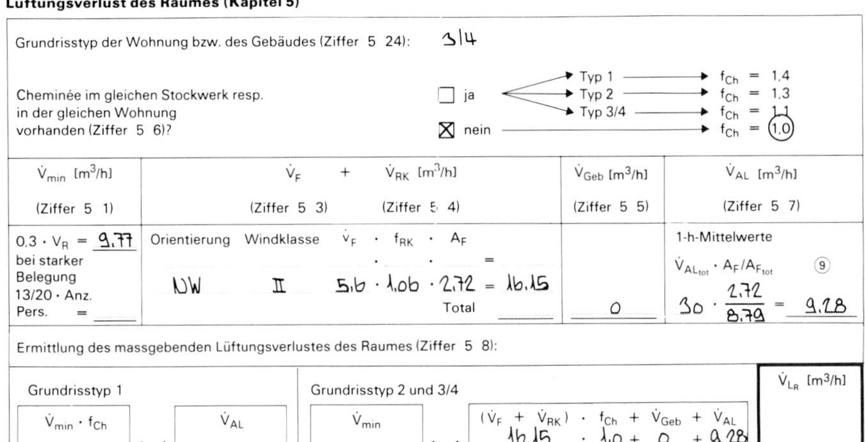

Grundrisstyp der Wohnung bzw. des Gebäudes (Ziffer 5 24): 3/4

Cheminée im gleichen Stockwerk resp. in der gleichen Wohnung vorhanden (Ziffer 5 6)?

☐ ja → Typ 1 → f_{Ch} = 1,4; Typ 2 → f_{Ch} = 1,3; Typ 3/4 → f_{Ch} = 1,1

☒ nein → f_{Ch} = (1,0)

$\dot{V}_{min}$ [m³/h] (Ziffer 5 1)	$\dot{V}_F$ + $\dot{V}_{RK}$ [m³/h] (Ziffer 5 3) (Ziffer 5 4)	$\dot{V}_{Geb}$ [m³/h] (Ziffer 5 5)	$\dot{V}_{AL}$ [m³/h] (Ziffer 5 7)
0,3 · V_R = 9.77; bei starker Belegung 13/20 · Anz. Pers. =	Orientierung NW, Windklasse II, v_F · f_{RK} · A_F = 5.6 · 1.06 · 2.72 = 16.15; Total	0	1-h-Mittelwerte $\dot{V}_{AL_{tot}} \cdot A_F/A_{F_{tot}}$ ⑨ 30 · 2.72/8.79 = 9.28

Ermittlung des massgebenden Lüftungsverlustes des Raumes (Ziffer 5 8):

Grundrisstyp 1: $\dot{V}_{min} \cdot f_{Ch}$	↔ $\dot{V}_{AL}$	Grundrisstyp 2 und 3/4: $\dot{V}_{min}$	↔ $(\dot{V}_F + \dot{V}_{RK}) \cdot f_{Ch} + \dot{V}_{Geb} + \dot{V}_{AL}$	$\dot{V}_{L_R}$ [m³/h]
· =		9.77	16.15 · 1.0 + 0 + 9.28 = 25.43	25.4

Formular 2 21

Schweizerischer Ingenieur- und Architekten-Verein

Seite: 10

Nr. 1084/2 (1982)

Formular 2 zu SIA 384/2

Wärmeleistungsbedarf pro Raum

Raum Nr. 12 Bezeichnung: Zimmer

t_i [°C]	t_a [°C]	a_R [m]	b_R [m]	A_B [m²]	h_R [m]	V_R [m³]	$\dot{Q}_I$ [W]
20	-11	5.80	3.30	19.14	2.69	46.77	0

Transmissions-Wärmeleistungsbedarf des Raumes (Kapitel 4)

Orientierung	Art	Länge [m]	Breite Höhe [m]	Fläche [m²]	k [W/m²·K]	Δt [K]	$\dot{Q}_T$ [W]
NW	AW 2	5.80		14.87	0.30	31	138
⑥ NW	IWD	2.50	1.70	4.25	2.00 - 0.30	31	224
⑪ SW	AW 2	3.30	1.12	3.70	0.30	31	34
	D	3.30	5.80 - 1.69	13.56	0.30	21	85
	Da	3.30	1.69 · √2	7.89	0.40	31	98

$\Sigma \dot{Q}_T$ [W] = 579

Lüftungsverlust des Raumes (Kapitel 5)

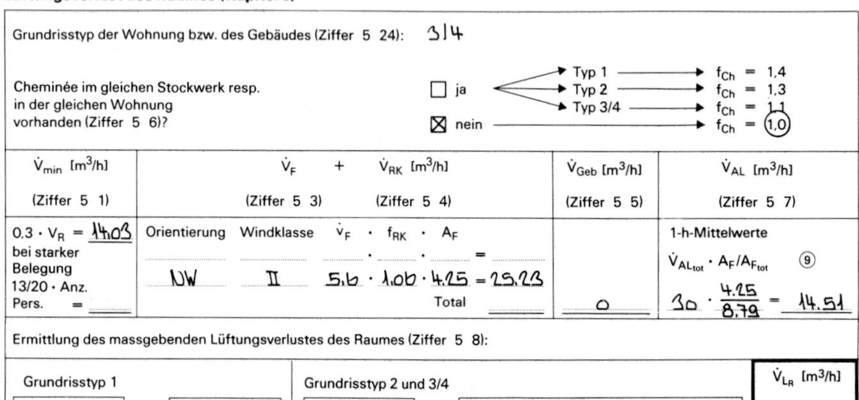

Grundrisstyp der Wohnung bzw. des Gebäudes (Ziffer 5 24): 3/4

Cheminée im gleichen Stockwerk resp. in der gleichen Wohnung vorhanden (Ziffer 5 6)?

- ☐ ja → Typ 1 → f_{Ch} = 1,4; Typ 2 → f_{Ch} = 1,3; Typ 3/4 → f_{Ch} = 1,1
- ☒ nein → f_{Ch} = (1,0)

$\dot{V}_{min}$ [m³/h] (Ziffer 5 1)	$\dot{V}_F$ + $\dot{V}_{RK}$ [m³/h] (Ziffer 5 3) (Ziffer 5 4)	$\dot{V}_{Geb}$ [m³/h] (Ziffer 5 5)	$\dot{V}_{AL}$ [m³/h] (Ziffer 5 7)
0,3 · V_R = 14.03 bei starker Belegung 13/20 · Anz. Pers. =	Orientierung / Windklasse / v_F · f_{RK} · A_F NW / II / 5.6 · 1.06 · 4.25 = 25.23 Total	0	1-h-Mittelwerte $\dot{V}_{AL_{tot}} \cdot A_F/A_{F_{tot}}$ ⑨ 30 · 4.25 / 8.79 = 14.51

Ermittlung des massgebenden Lüftungsverlustes des Raumes (Ziffer 5 8):

Grundrisstyp 1		Grundrisstyp 2 und 3/4		$\dot{V}_{LR}$ [m³/h]
$\dot{V}_{min} \cdot f_{Ch}$ = ↔	$\dot{V}_{AL}$	$\dot{V}_{min}$ 14.03 ↔	$(\dot{V}_F + \dot{V}_{RK}) \cdot f_{Ch} + \dot{V}_{Geb} + \dot{V}_{AL}$ 25.23 · 1.0 + 0 + 14.51 = 39.73	39.7

22 Formular 2

Seite: 11

Nr. 1084/2 (1982)

Formular 2 zu SIA 384/2

Wärmeleistungsbedarf pro Raum

Raum Nr. 13 Bezeichnung: Zimmer

t_i [°C]	t_a [°C]	a_R [m]	b_R [m]	A_B [m²]	h_R [m]	V_R [m³]	$\dot{Q}_I$ [W]
20	− 11	4.00	4.70	18.80	2.69	44.86	0

Transmissions-Wärmeleistungsbedarf des Raumes (Kapitel 4)

Orientierung	Art	Länge [m]	Breite Höhe [m]	Fläche [m²]	k [W/m²· K]	Δt [K]	$\dot{Q}_T$ [W]
⑪ SW	AW 2	4.00	1.12	4.48	0.30	31	42
SE	AW 2	0.60		0.85	0.30	31	8
	D	4.00	4.70 − 1.69	12.04	0.30	21	76
	Da	4.00	1.69 · √2	9.56	0.40	31	119
⑥	IV D	1.30	1.40	1.82	2.00 − 0.40	31	90

$\Sigma \dot{Q}_T$ [W] = 335

Lüftungsverlust des Raumes (Kapitel 5)

Grundrisstyp der Wohnung bzw. des Gebäudes (Ziffer 5 24): 3/4

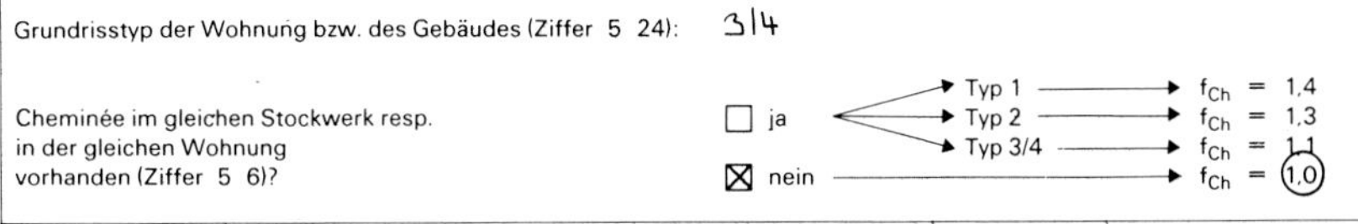

$\dot{V}_{min}$ [m³/h] (Ziffer 5 1)	$\dot{V}_F$ + $\dot{V}_{RK}$ [m³/h] (Ziffer 5 3) (Ziffer 5 4)	$\dot{V}_{Geb}$ [m³/h] (Ziffer 5 5)	$\dot{V}_{AL}$ [m³/h] (Ziffer 5 7)
0.3 · V_R = 13.46 bei starker Belegung 13/20 · Anz. Pers. =	Orientierung Windklasse v_F · f_{RK} · A_F II 5.6 · 1.0 · 1.82 = 10.19 Total	0	1-h-Mittelwerte $\dot{V}_{AL_{tot}} \cdot A_F/A_{F_{tot}}$ ⑨ $30 \cdot \frac{1.82}{8.79} = 6.21$

Ermittlung des massgebenden Lüftungsverlustes des Raumes (Ziffer 5 8):

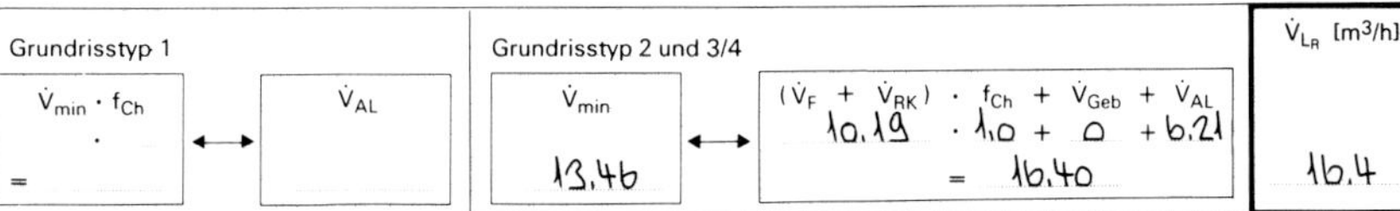

Grundrisstyp 1
$\dot{V}_{min} \cdot f_{Ch}$ =
$\dot{V}_{AL}$
Grundrisstyp 2 und 3/4
$\dot{V}_{min}$
13.46
$(\dot{V}_F + \dot{V}_{RK}) \cdot f_{Ch} + \dot{V}_{Geb} + \dot{V}_{AL}$
10.19 · 1.0 + 0 + 6.21
= 16.40
$\dot{V}_{L_R}$ [m³/h]
16.4

Formular 2 23

Schweizerischer Ingenieur- und Architekten-Verein

Seite: 12

Nr. 1084/2 (1982)

Formular 2 zu SIA 384/2

Wärmeleistungsbedarf pro Raum

Raum Nr. 14 Bezeichnung: Bad / WC

t_i [°C]	t_a [°C]	a_R [m]	b_R [m]	A_B [m²]	h_R [m]	V_R [m³]	$\dot{Q}_I$ [W]
22	-11	4.00	2.00	8.00	2.69	20.70	0

Transmissions-Wärmeleistungsbedarf des Raumes (Kapitel 4)

Orientierung	Art	Länge [m]	Breite Höhe [m]	Fläche [m²]	k [W/m²· K]	Δt [K]	$\dot{Q}_T$ [W]
SW	IW1	4.00	2.81	11.24	1.80	2	40
SE	IW2	2.00		5.42	0.70	2	8
⑪ NE	IW1	4.00	2.17	8.68	1.80	7	109
NW	IW1	2.00		5.42	1.80	2	20
	B3	4.00 - 2.70	1.60 - 1.05	0.72	1.10	4	3
	B3			8.00 - 0.72	1.10	2	16
	D	4.00	2.00 - 0.64	5.44	0.30	23	38
	Da	4.00	0.64 · √2	3.62	0.40	33	48

$\Sigma \dot{Q}_T$ [W] = 282

Lüftungsverlust des Raumes (Kapitel 5) ⑫

Grundrisstyp der Wohnung bzw. des Gebäudes (Ziffer 5 24): 3/4

Cheminée im gleichen Stockwerk resp. in der gleichen Wohnung vorhanden (Ziffer 5 6)?

☐ ja → Typ 1 → f_{Ch} = 1,4; Typ 2 → f_{Ch} = 1,3; Typ 3/4 → f_{Ch} = 1,1

☒ nein → f_{Ch} = (1,0)

$\dot{V}_{min}$ [m³/h] (Ziffer 5 1)	$\dot{V}_F$ + $\dot{V}_{RK}$ [m³/h] (Ziffer 5 3) (Ziffer 5 4)	$\dot{V}_{Geb}$ [m³/h] (Ziffer 5 5)	$\dot{V}_{AL}$ [m³/h] (Ziffer 5 7)
0,3 · V_R = 6.21 bei starker Belegung 13/20 · Anz. Pers. =	Orientierung Windklasse $\dot{v}_F$ · f_{RK} · A_F · · = · · = Total		1-h-Mittelwerte $\dot{V}_{AL_{tot}} \cdot A_F/A_{F_{tot}}$ · =

Ermittlung des massgebenden Lüftungsverlustes des Raumes (Ziffer 5 8):

Grundrisstyp 1		Grundrisstyp 2 und 3/4		$\dot{V}_{L_R}$ [m³/h]
$\dot{V}_{min} \cdot f_{Ch}$ · = ↔	$\dot{V}_{AL}$	$\dot{V}_{min}$ ↔	$(\dot{V}_F + \dot{V}_{RK}) \cdot f_{Ch} + \dot{V}_{Geb} + \dot{V}_{AL}$ · + + =	

24

1

Zusammenstellung der Wärmeleistungsbedarfs-Werte

Seite 13

Wärmeleistungsbedarf pro Raum (Grundlage für die Heizkörperdimensionierung): (Kontrollgrössen)

Raum Nr.	Bezeichnung	t_i [°C]	t_a [1] [°C]	V_R [1] [m³]	$\dot{V}_{L_R}$ [1] [m³/h]	$\dot{Q}_{T_R}$ [1] [W]	$\dot{Q}_{L_R}$ [2] [W]	$\dot{Q}_{I_R}$ [1] [W]	$\dot{Q}_{h_R}$ [W]	$\frac{\dot{Q}_{h_R}}{V_R \cdot \Delta t}$ (14) [W/m³·K]	$\frac{\dot{V}_{L_R}}{V_R}$ (15) [h⁻¹]
Übertrag											
							+	—	=		
	Untergeschoss						+	—	=		
							+	—	=		
01	Wirtschaftsraum	18	-9	31.64	9.5	557	+ 82	— 0	= 639	0.75	0.30
							+	—	=		
	Erdgeschoss						+	—	=		
							+	—	=		
1	Windfang	18	-9	5.88	15.3	120	+ 132	— 0	= 252	1.66	2.84
2	WC	18	-9	3.68	11.7	81	+ 101	— 0	= 182	1.93	3.48
3	Küche	18	-9	25.53	19.6	227	+ 169	— 0	= 396	0.60	0.84
4	Wohnen	20	-9	145.34	62.9	1475	+ 584	—	= 2059	0.62	0.64
(13)	Gewinn, wenn						+	—	=		
	01 beheizt:					-128	+	—	=		
5	Arbeiten	20	-9	20.18	26.9	343	+ 250	— 0	= 593	0.96	1.45
							+	—	=		
	Obergeschoss						+	—	=		
							+	—	=		
11	Zimmer	20	-11	32.57	25.4	448	+ 236	— 0	= 684	0.68	0.78
12	Zimmer	20	-11	46.77	39.7	579	+ 368	— 0	= 947	0.65	0.85
13	Zimmer	20	-11	44.86	16.4	335	+ 152	— 0	= 487	0.35	0.37
(12) 14	Bad / WC	22	-11	20.70	(30)	282	+ 19	— 0	= 301	0.44	1.45
							+	—	=		
							+	—	=		
							+	—	=		
							+	—	=		
							+	—	=		
							+	—	=		
							+	—	=		
							+	—	=		
							+	—	=		
							+	—	=		
							+	—	=		
							+	—	=		
							+	—	=		
							+	—	=		
							+	—	=		
Total/Übertrag				377.2	227.4	4319					

Wärmeleistungsbedarf des Gebäudes (Grundlage für die Wärmeerzeuger-Dimensionierung):

Ziffer 4 7		$\dot{Q}_{T_{Geb}}$ =	+ 4319 W
Ziffer 5 9	(16) ① $0{,}3 \cdot \Sigma V_R$ = 113 m³/h ② $\dot{V}_{AL_{tot}}$ (24 h) = 5 m³/h ③ $0{,}3 \cdot \Sigma \dot{V}_{L_R}$ = 68 m³/h	grösster Wert $= \dot{V}_{L_{Geb}}$ = 113 m³/h → $\dot{Q}_{L_{Geb}}$ [2] =	+ 1070 W
Ziffer 6 1		$\dot{Q}_{I_{Geb}}$ =	— 0 W
Ziffer 7 2	(17)	$\dot{Q}_{h_{Geb}} = \dot{Q}_{T_{Geb}} + \dot{Q}_{L_{Geb}} - \dot{Q}_{I_{Geb}}$ =	5389 W

[1]) Werte aus Berechnungsblatt

[2]) Berechnung des Wärmeleistungsbedarfes $\dot{Q}_{L_R}$ bzw. $\dot{Q}_{L_{Geb}}$ (Ziffer 5 10):
Schweizerisches Mittelland $\dot{Q}_L = 0{,}32 \cdot \dot{V}_L (t_i - t_a)$

Formular 3 25

Bemerkungen

① **Wärmespeicherfähigkeit des Gebäudes**

a) *Keller- und Erdgeschoss*

Nach einiger Erfahrung in der Anwendung der Empfehlung SIA 384/2 können das *Keller-* und das *Erdgeschoss* ohne Berechnungen als Massivbau eingestuft werden, womit die Korrektur $\underline{\Delta t_a = 0}$ wird.

Soll trotzdem der $\overline{M}$-Wert ermittelt werden, gibt die detaillierte Berechnung für das Erdgeschoss folgende Resultate:

- *Aussenflächen Erdgeschoss*

Raum Nr. 1:	4,32 m²	davon Fenster und Aussentüren	2,40 m²
2:	2,70 m²		1,05 m²
3:	16,20 m²		1,75 m²
4:	37,26 m²		9,64 m²
5:	7,29 m²		2,40 m²
Total brutto	67,77 m²		17,24 m²
	− 17,24 m²		
Total netto	50,53 m²		

Fensterflächenanteil: $\frac{17{,}24\ m^2}{67{,}77\ m^2} \cdot 100 = 25\%$

- *Massen Erdgeschoss*

Aussenwand:	$50{,}53\ m^2 \cdot 0{,}01\ m \cdot 1400\ kg/m^3$	=	707 kg
	$50{,}53\ m^2 \cdot 0{,}15\ m \cdot 1100\ kg/m^3$	=	8 337 kg
Boden:	$66{,}11\ m^2 \cdot 0{,}05\ m \cdot 2200\ kg/m^3$	=	7 272 kg
Decke:	$66{,}11\ m^2 \cdot 0{,}18\ m \cdot 2400\ kg/m^3$	=	28 560 kg
Innenwand:	$15{,}80\ m^2 \cdot 0{,}01\ m \cdot 1400\ kg/m^3$	=	221 kg
	$15{,}80\ m^2 \cdot \frac{0{,}15\ m}{2} \cdot 1600\ kg/m^3$	=	1 896 kg
	$38{,}21\ m^2 \cdot 0{,}01\ m \cdot 1400\ kg/m^3$	=	1 070 kg
	$38{,}21\ m^2 \cdot 0{,}10\ m \cdot 1100\ kg/m^3$	=	4 203 kg
	$26{,}46\ m^2 \cdot 0{,}01\ m \cdot 1400\ kg/m^3$	=	370 kg
	$26{,}46\ m^2 \cdot 0{,}15\ m \cdot 1600\ kg/m^3$	=	6 350 kg
	Total		58 986 kg

- *Massgebende Masse* $\overline{M}$

$$\overline{M} = \frac{58\ 986\ kg}{67{,}7\ m^2} = 870\ kg/m^2$$

Die Anwendung von Tabelle 3 ist hier nicht angebracht, da die Fassade etwa die gleiche Fläche aufweist wie der Boden und die Innenwände.

b) *Obergeschoss*

Für das *Obergeschoss* empfiehlt sich eine genauere Bestimmung von $\overline{M}$. Die Voraussetzungen von Tabelle 3 sind auch beim Obergeschoss nicht erfüllt, so dass eine detaillierte Berechnung erforderlich ist:

27

- *Aussenflächen Obergeschoss*

Raum Nr. 11:	21,96 m^2	davon Fenster	2,72 m^2
12:	26,46 m^2		4,25 m^2
13:	14,89 m^2		1,82 m^2
14:	3,62 m^2		0 m^2
Total brutto	66,93 m^2		8,79 m^2
	− 8,79 m^2		
Total netto	58,14 m^2		

Fensterflächenanteil: $\frac{8{,}79\ m^2}{66{,}93\ m^2} \cdot 100 = 13\%$

- *Massen Obergeschoss*

Aussenwand:	$31{,}00\ m^2 \cdot 0{,}01\ m \cdot 1400\ kg/m^3$	=	434 kg
	$31{,}00\ m^2 \cdot 0{,}15\ m \cdot 1100\ kg/m^3$	=	5 115 kg
Boden:	$63{,}70\ m^2 \cdot 0{,}05\ m \cdot 2200\ kg/m^3$	=	7 006 kg
Decke + Dach:	$66{,}46\ m^2 \cdot 0{,}025\ m \cdot 450\ kg/m^3$	=	748 kg
Innenwand:	$8{,}67\ m^2 \cdot 0{,}01\ m \cdot 1400\ kg/m^3$	=	122 kg
	$8{,}68\ m^2 \cdot \frac{0{,}10\ m}{2} \cdot 1100\ kg/m^3$	=	477 kg
	$22{,}48\ m^2 \cdot 0{,}01\ m \cdot 1400\ kg/m^3$	=	629 kg
	$22{,}48\ m^2 \cdot 0{,}15\ m \cdot 1100\ kg/m^3$	=	3 709 kg
	$34{,}52\ m^2 \cdot 2 \cdot 0{,}01\ m \cdot 1400\ kg/m^3$	=	966 kg
	$34{,}52\ m^2 \cdot 0{,}10\ m \cdot 1100\ kg/m^3$	=	3 797 kg
	Total		23 003 kg

- *Massgebende Masse* $\overline{M}$

$$\overline{M} = \frac{23003\ kg}{66{,}93\ m^2} = 344\ kg/m^2$$

Gemäss Tabelle 2 ergibt sich damit für das Obergeschoss $\underline{\Delta t_a = 2\ K}$.

② **Kontrolle der Behaglichkeit für kritische Räume**

Die Behaglichkeitskontrolle erfolgt für Wohnen/Essen, wobei als massgebender Fensteranteil jener der SE-Fassade allein betrachtet wird.

HKA = 5% und $t_{m_{HK}}$ = 60 °C sind angenommene Werte, welche auf die Erfüllung des Behaglichkeitskriteriums keinen Einfluss haben.

③ **Raumlufttemperaturen**

In den Plänen werden die festgelegten Raumlufttemperaturen und die Raumnummern wie folgt gekennzeichnet:

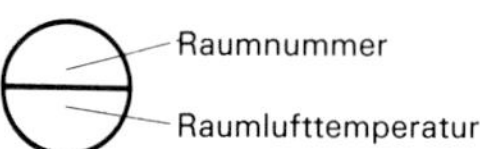

④ **Lüftungsanlagen**

Der Abluftstrom einer in der Küche eventuell eingebauten Absauganlage wird aus folgenden Gründen vernachlässigt:

- die Küche ist aussenliegend
- die beim Kochen anfallenden Abwärmen decken den Lüftungs-Wärmeleistungsbedarf

28

Die eingesetzten Werte für das innenliegende Bad im OG gelten für eine moderne, energiebewusst konzipierte und betriebene Absauganlage. Für die Heizflächendimensionierung werden die Abluftströme auf die umliegenden Räume im OG verteilt.

⑤ Aussenwand gegen Erdreich im Wirtschaftsraum

Der Boden des Wirtschaftsraumes liegt 2,52 m unter Terrain. Gemäss Tabelle 5, Erdreichtemperaturen, müssten für den Wärmeverlust der Aussenwand NW zwei Erdreichtemperaturen eingesetzt werden. Zudem müsste der Aussenwandanteil des Lichtschachtes mit Aussentemperatur gerechnet werden. Zur Vereinfachung wurde im Beispiel die ganze Aussenwand mit einer Erdreichtemperatur von 0 °C berechnet. Im Vergleich zur genauen Berechnung ergibt sich ein um 2 Watt zu geringer Wärmeverlust.

⑥ k-Rechenwert für Fenster

Da die Aussenwandfläche inklusive der Fensterfläche berechnet wurde, ist im Wärmeverlust der Aussenwand bereits ein Teil des Wärmeverlustes des Fensters enthalten. Dieser bereits ermittelte Wärmeverlust wird durch Reduktion der Wärmedurchgangszahl k berücksichtigt.

⑦ Erdreichtemperaturen unter dem Kellergeschossboden

Gemäss Tabelle 5, Erdreichtemperaturen, ist die Randzone von 2 m mit einer Erdreichtemperatur von +7 °C einzusetzen. Die übrige Bodenfläche erfährt keine Wärmeverluste, da die Erdreichtemperatur gleich Raumtemperatur ist.

⑧ Lüftungsverluste Windfang

Der Windfang liegt an der Nordostfassade des Hauses. Dies entspricht der kritischen Windrichtung für exponierte Lage gemäss Tabelle 1, massgebende Aussenklimadaten. Der spezifische Lüftungsverlust $\dot{v}_F$ gemäss Tabelle 12 ist deshalb für Windklasse III, Grundrisstyp 3/4, und einen a-Wert von 0,3 $m^3/h \cdot m \cdot Pa^{2/3}$ einzusetzen.

Dieser spezifische Aussenluftstrom $\dot{v}_F$ ist gültig für eine spezifische Fugenlänge von 4m/m^2 Fenster- bzw. Türfläche. Bei der Aussentüre des Windfanges ist die spezifische Fugenlänge jedoch geringer, und der Aussenluftstrom muss entsprechend korrigiert werden. Aufgrund des Lichtmasses wird angenommen, dass das effektive Türmass 0,9 · 2,0 m beträgt. Mit der Fugenlänge von 5,8 m und der Türfläche von 1,8 m^2, ergibt sich die spezifische Fugenlänge zu 3,22 m/m^2. Der spezifische Aussenluftstrom $\dot{v}_F$ aus Tabelle 1 muss um den Faktor 3,22/4,0 korrigiert werden. (In allen anderen Fällen dieser Berechnung erfolgt keine Korrektur der spezifischen Fugenlänge, da die Fugenlängen nicht bekannt und nicht ersichtlich sind.)

⑨ Einfluss der Absauganlage im Bad/WC

Das innenliegende Bad/WC im Obergeschoss wurde mit einem Abluftstrom $\dot{V}_{AL}$ von 30 m^3/h (1-h-Mittelwert) belastet. Obwohl das Erd- und das Obergeschoss durch ein offenes Treppenhaus verbunden sind, wird gemäss Ziffer 5 71 angenommen, dass die Ersatzluft nur aus den Räumen des Obergeschosses nachströmt. Der Abluftstrom $\dot{V}_{AL}$ ist deshalb im Verhältnis «Fensterfläche des Raumes» zur «totalen Fensterfläche des Obergeschosses» auf die einzelnen Räume aufzuteilen.

⑩ Treppenhaus

Das Treppenhaus wird nicht beheizt; seine Wärmeverluste werden dem Wohnraum zugerechnet.

⑪ Massgebende Masse beim Dachanschluss

Gemäss Figur 5, Masse der Bauteile, ist für Aussen- und Innenwände die Stockwerkshöhe = Raumhöhe + Deckenstärke einzusetzen. Deshalb wird auch hier die Stärke des anschliessenden Daches mitberücksichtigt.

⑫ **Lüftungsverlust im Bad/WC**

Der Abluftstrom $\dot{V}_{AL}$ des Bades/WCs wird aus den umliegenden Räumen des Obergeschosses nachgesogen. Er ist dort eingerechnet und muss hier nicht mehr berücksichtigt werden. Die nachströmende Luft ist aber nur auf etwa 20 °C erwärmt; die restliche Erwärmung auf 22 °C ist dem Bad/WC zuzurechnen. $\dot{V}_{min}$ hat für den geschlossenen Raum keine Bedeutung.

⑬ **Wirtschaftsraum beheizt/unbeheizt**

Für den Transmissions-Wärmeleistungsbedarf des Wohnraumes wurde angenommen, dass der Wirtschaftsraum nicht beheizt ist. Für die Dimensionierung des Wärmeerzeugers wird jedoch vorausgesetzt, dass alle Räume beheizt werden. Deshalb ist der zu hoch eingesetzte Wärmeverlust des Bodens über dem Wirtschaftsraum zu berücksichtigen.

⑭ **Spezifischer Wärmeleistungsbedarf pro Raum**

Der spezifische Wärmeleistungsbedarf $\dot{Q}_{h_R}/V_R \cdot \Delta t$ dient als Kontrollgrösse für den berechneten Wärmeleistungsbedarf des Raumes. Der Einbezug der Differenz zwischen Raum- und Aussenlufttemperatur erlaubt einen Vergleich der Werte, auch wenn innerhalb des Gebäudes unterschiedliche Temperaturwerte gelten.

⑮ **Luftwechselzahl**

Die Luftwechselzahl dient als Kontrollgrösse für den Lüftungsverlust. Im Beispiel zeigt sie, dass für den Windfang und das WC kein zusätzlicher Luftwechsel eingesetzt werden muss.

⑯ **Lüftungs-Wärmeleistungsbedarf des Gebäudes**

Das massgebende Kriterium ist ①. Da im vorliegenden Gebäude 4 verschiedene Werte für $t_i - t_a$ vorkommen, ist eine getrennte Berechnung der Lüftungs-Wärmeleistungsbedarfe erforderlich.

t_i [°C]	t_a [°C]	V_R [m^3]	$\dot{Q}_L$ [W]
18	− 9	66,73	173
20	− 9	165,52	461
20	−11	124,20	370
22	−11	20,70	66
Total			1070

⑰ **Spezifischer Wärmeleistungsbedarf des Gebäudes**

Soll als Vergleich zu den Angaben in Ziffer A 10 der spezifische Wärmeleistungsbedarf des Gebäudes ermittelt werden, sind die unterschiedlichen Temperaturdifferenzen zu berücksichtigen. Damit ergibt sich ein spezifischer Wärmeleistungsbedarf von 0,64 W/m³ · K, welcher gemäss Figur 21 im Bereich der unteren Kurvenschar liegt.

Abkürzungen der in der Kommission SIA 384/2 vertretenen Organisationen

BEW	Bundesamt für Energiewirtschaft
EMPA	Eidgenössische Materialprüfungs- und Versuchsanstalt
FEA	Fachverband Elektroapparate für Haushalt und Gewerbe
SHKT	Schweizerischer Verband der Heizungs- und Kältetechniker
SSIV	Schweizerischer Spenglermeister- und Installateur-Verband
SWKI	Schweizerischer Verein der Wärme- und Klima-Ingenieure
SZFF	Schweizerische Zentralstelle für Fenster- und Fassadenbau
VSHL	Verband Schweizerischer Heizungs- und Lüftungsfirmen
ZTL	Zentralschweizerisches Technikum Luzern

1.1.14. Tatsächlicher Wärmeleistungsbedarf

Aufgrund der sich verschärfenden Wärmeschutzverordnungen muß bei den zukünftigen Wärmebedarfsberechnungen der äußere und innere Wärmegewinn durch direkte oder diffuse Sonneneinstrahlung, durch Personen und Beleuchtung sowie durch Maschinen und Geräte usw. berücksichtigt werden.

In Zukunft werden Gebäude nicht nur nach ihrem spezifischen Wärmebedarf (gem. Bild 1.12) beurteilt, sondern vielmehr nach dem jährlichen Wärmeleistungsbedarf, der ein Maximum von z. B. 60 kWh/a nicht überschreiten darf. Die nachfolgenden Beispiele gemäß den Bildern 1.13.1 bis 1.13.3 zeigen beispielhaft verschiedene Gebäudetypen mit ihrer tatsächlichen Wärmebilanz infolge einer architektonischen Ausbildung zur bewußten Gewinnung von Wärmeenergie im Winterbetrieb und Vermeidung von Überheizungen in der Übergangszeit bzw. im Sommer.

Bild 1.13.1 zeigt ein typisches Schulgebäude mit seinen speziellen Anforderungen und den dargestellten Projektierungsansätzen zur Verringerung der Wärmebilanz über das Jahr.

Bei diesem Schulgebäude wird ein solarer Gewinn infolge einer zweischaligen Fassade im Winter erzielt, der die Gesamt-Wärmeenergiebilanz für das Jahr drastisch reduziert (Reduzierung des Jahres-Wärmeenergiebedarfs auf ca. 50 %).

Bild 1.13.2 zeigt beispielhaft einen Ausschnitt einer Fassade für ein Bürogebäude mit wiederum seinen typischen Anforderungen, Benutzungszeiten und Projektierungsgrundsätzen. Bei diesem Bürogebäude wird der Wärmebedarf durch eine zweischalige Fassade erheblich reduziert, die dann hinterlüftet werden muß, wenn ein Wärmebedarf im Gebäude nicht mehr vorhanden ist bzw. die im Gebäude frei werdenden inneren Wärmemengen durch Personen, Beleuchtung und Maschinen sowie die äußeren Wärmegewinne den Verlust des Gebäudes decken.

Bei einem Beispiel eines Wohngebäudes (Mehrfamilienhauses) wird ein solarer Wärmegewinn durch vorgelagerte Wintergartensituationen vor Wohnräumen erreicht. Bild 1.13.3 zeigt ausschnittsweise und skizzenhaft die Nutzung der entsprechenden Raumeinheiten.

Alle Beispiele gemeinsam haben zur Reduzierung der Wärmeverluste und Erreichung von Wärmegewinnen im Winter das Entwurfsmerkmal einer Zweischaligkeit nach Süden oder Westen orientierter Räume. Bei derartigen Entwurfskonzepten ist jedoch darauf zu achten, daß sich die zusätzlichen Investitionskosten im Fassadenbereich innerhalb von 8 - 10 Jahren über Energiekosteneinsparungen infolge verbesserter Wärmedämmung und passiver Solarnutzung amortisieren.

Der Wärmeenergiebedarf von Gebäuden bei Standardnutzungen sollte in Zukunft nicht mehr betragen als:

Ein- und Zweifamilienhäuser
ca. 78 kWh/m²a
ca. (280 MJ/m²a)

Mehrfamilienhäuser, Altersheime, Hotels u. ä. Bauten
ca. 70 kWh/m²a
ca. (259 MJ/m²a)

Verwaltungsgebäude, Schulen, Läden, Museen, Bibliotheken usw.
ca. 60 kWh/m²a
ca. (220 MJ/m²a)

Industriebauten, Lagergebäude, Warenverteilzentren, Sporthallen, Werkstätten, Bahnhöfe usw. max.
ca. 66 kWh/m²a
ca. (240 MJ/m²a)

Gebäude mit hohen Nutzungsansprüchen wie

Forschungszenten und Labors, Hörsäle, Warenhäuser, Restaurants, Krankenhäuser, Bäder, Theater, Radio- und Fernsehstudios sowie Bauten mit besonderen Kriterien max.
ca. 90 kWh/m²a
ca. (330 MJ/m²a)

	Tageslichtbedarf Abwärme von Menschen, Licht und Elektrogeräten unterschiedliche Benutzungszeiten (Tag-Nacht, Ferien)		
Anforderungen	Schulzimmer	Erschließung	Turnhalle
Beleuchtungsstärke	300 - 500 lux	>100 lux	300 lux
Raumtemperatur	21° - 26°C	18°C	16° - 22°C
Lufterneuerung, -wechsel	>25m^3/h/Pers.	1h^{-1}	2h^{-1}

Projektierungsgrundsätze

- gute Sicht nach außen und Tageslichtnutzung;
- Sonnen- und Blendschutz vorsehen;
- Sonneneinstrahlung vor allem am Morgen und in der Zwischensaison nutzen;
- Speichermasse im Innenraum klein halten, um eine kürzere Aufheizzeit der Schulräume zu erreichen;
- gute thermische Isolation;
- Heizung richtig dimensionieren (Abwärme berücksichtigen)

Benutzungszeiten

% Saison
100
80
60
40
20
0
Winter Frühjahr Sommer Herbst

% Woche
100
80
60
40
20
0
Mo Die Mi Do Fr Sa So

% Tag
100
80
60
40
20
0
0°° 6°° 12°° 18°° 24°°

Wärmebilanz

MJ/m² Winter
400
300
200
100
0
Gewinn Verlust

MJ/m² Übergangszeit
400
300
200
100
0
Gewinn Verlust

Legende:
Solarenergie
Abwärme von Menschen, Elektroenergie
Heizungsenergie

Winter Zwischensaison

Bild 1.13.1
Beispiel der Projektierungsansätze für ein Schulgebäude

Anforderungen	Büro	Erschließung	Archiv
Beleuchtungsstärke	400 - 1.000 lux	100 lux	100 lux
Raumtemperatur	21° - 26°C	18° - 26°C	19° C
Lufterneuerung, -wechsel	>25m^3/h/Pers.	1h $^{-1}$	0,3h $^{-1}$

Projektierungsgrundsätze

- Gefahr der Überhitzung im Sommer vermeiden;
- guten äußeren Sonnen- und Blendschutz vorsehen;
- Kühlung vor allem durch natürliche Belüftung und z.T. durch eine Klimaanlage erreichen;
- gute natürliche Beleuchtung anstreben;
- der Wechselwirkung von internen Lasten, Sonnenenergiegewinnen, Heizung und Klimaanlage ist bei der Wärmebilanz große Beachtung zu schenken;
- große getönte Glasflächen vermeiden;
- Gebäudemasse aktivieren;
- große Flexibilität einplanen, um Nutzungsveränderungen Rechnung zu tragen;

Benutzungszeiten

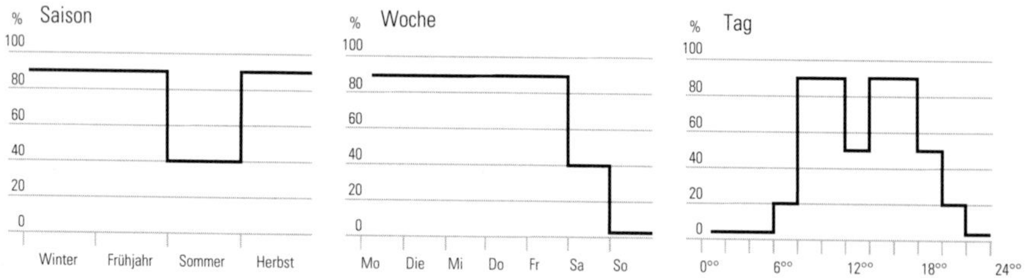

Wärmebilanz

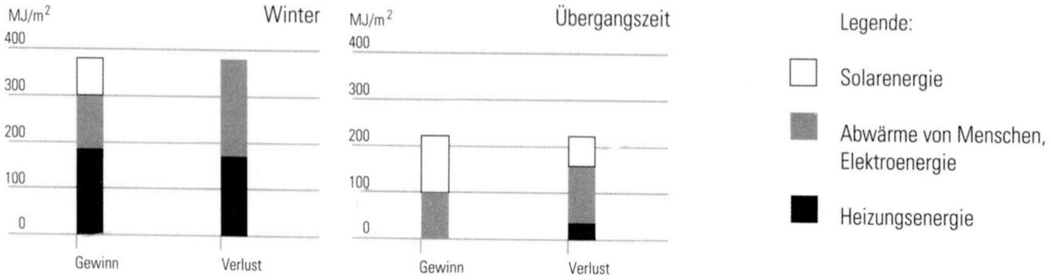

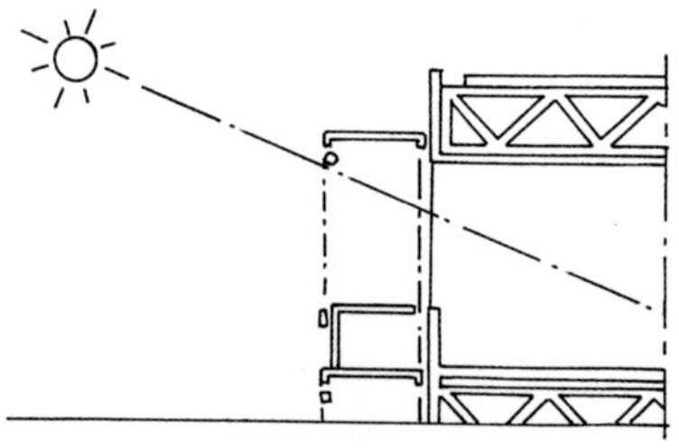

Optimale Tageslicht- und Sonnenenergienutzung, Abwärmenutzung mittels Wärmepumpe

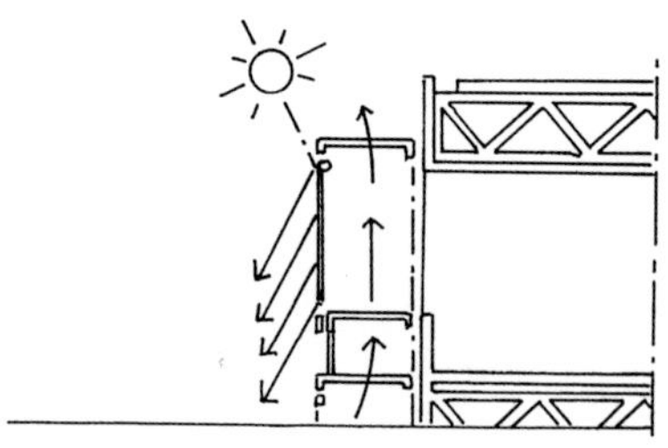

Vorgesetzter Sonnenschutz mit kontrolliertem Lichteinfall, keine Überhitzung infolge Weglüften der Wärme

Bild 1.13.2
Beispiel eines Verwaltungsgebäudes mit zweischaliger Fassade

Große Transmissions- und Lüftungswärmeverluste
Günstige Gebäudeform bei MFH
Die Sonnenenergie kann einen Großteil der Heizung übernehmen

Anforderungen	Wohnzimmer	Schlafzimmer	Bad/WC
Beleuchtungsstärke	100 - 500 lux	100 - 500 lux	250 lux
Raumtemperatur	19° - 26°C	14° - 24°C	22° C
Lufterneuerung, -wechsel	$0{,}4 h^{-1}$	$0{,}4 h^{-1}$	$0{,}3\text{-}2 h^{-1}$

Projektierungsgrundsätze

- kompakte Gebäudeformen und geschlossene Bauweisen anstreben;
- gute Wärmedämmung vorsehen;
- Sonnenverlauf beachten;
- sinnvolle Raumanordnung;
- große Glasflächen im Süden vorsehen und weniger Öffnungen im Norden;
- generell ein thermisch träges Gebäude realisieren (mit schweren Materialien), um die Sonnenenergie zu speichern und eine natürliche Temperaturregulierung zu erreichen;

Benutzungszeiten

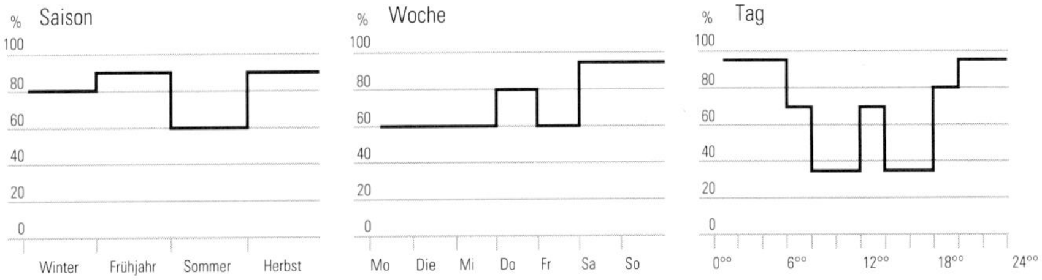

% Saison
100 80 60 40 20 0
Winter Frühjahr Sommer Herbst

% Woche
100 80 60 40 20 0
Mo Die Mi Do Fr Sa So

% Tag
100 80 60 40 20 0
0°° 6°° 12°° 18°° 24°°

Wärmebilanz

MJ/m² MFH
400 300 200 100 0
Gewinn Verlust

MJ/m² EFH
400 300 200 100 0
Gewinn Verlust

Legende:
Solarenergie
Abwärme von Menschen, Elektroenergie
Heizungsenergie

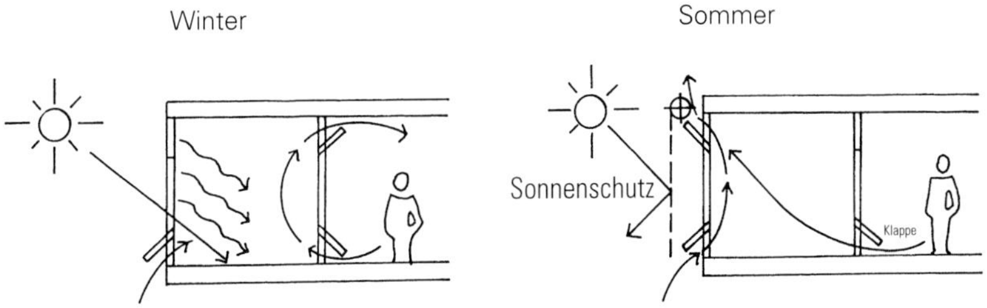

Winter

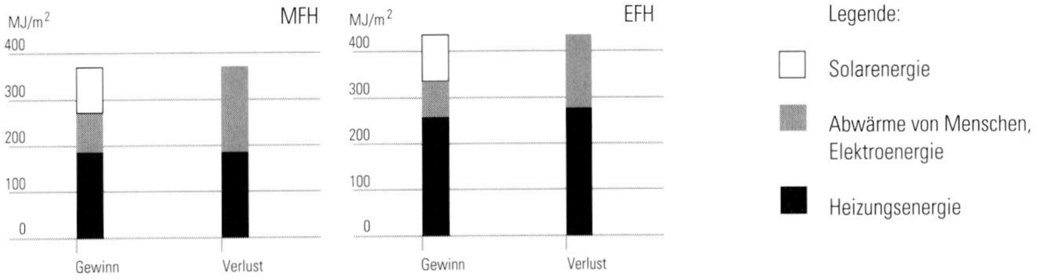

Sonneneinfall in die Veranda, Speicherung und Verteilung der Wärme in den Wohnungen

Sommer

Sonnenschutz
Klappe

Vorgesetzte Stoffstoren, natürliche Belüftung mittels Lüftungsklappen

Bild 1.13.3
Beispiel eines Wohngebäudes mit vorgelagertem Wintergarten

1.1.15. Wärmeschutzverordnung 1995

(gültig ab 1.1.1995 für die Bundesrepublik Deutschland)

Ziel der neuen Wärmeschutzverordnung von 1995 ist die realistische Berechnung des jährlichen Heizwärmebedarfes von Gebäuden unter Berücksichtigung des solaren und internen Wärmegewinnes, die in der bisher geltenden Verordnung von 1982 nicht berücksichtigt wurde.

Sinn dieser Verordnung ist

- Die Vermeidung einer Überdimensionierung von Heizanlagen (durch Berücksichtigung des solaren Wärmegewinnes)

- Die Beschränkung des jährlichen Heizwärme-Verbrauches durch Vorgabe des maximal zugelassenen Wertes.

Diese Forderungen sollen Bauherr und Architekt veranlassen, das Gebäude gut zu isolieren und im Winter die Wärme der Sonne optimal zu nutzen.

Der jährliche Heizwärmebedarf ermittelt sich nach dieser Verordnung nach einer Energiebilanz wie folgt:

$$\mathbf{Q_H = 0{,}9^* (Q_T + Q_L) - Q_I} \qquad \text{(Gl.1a)}$$

mit den jährlichen Energiewerten:

Q_H = Heizwärmebedarf z.B. in kWh/a
Q_T = Transmissionswärmebedarf von Außenwand, Dach, Fenster usw. z.B. in kWh/a
Q_L = Lüftungswärmebedarf z.B. in kWh/a
Q_S = solare Wärmegewinne z.B. in kWh/a
Q_I = interne Wärmegewinne z.B. in kWh/a
0,9 = Teilbeheizungsfaktor –

Obrige Gleichung kann auch wie folgt geschrieben werden

$$\mathbf{Q_H = 0{,}9^* (Q_T + Q_L) - Q_I} \qquad \text{(Gl. 1b)}$$

wobei der solare Wärmegewinn des Fensters Q_S mit der Energie für die Transmission Q_T bereits aufgerechnet wurde:

$$\mathbf{Q°_T = Q_T - Q_S / 0{,}90} \qquad \text{(Gl. 2)}$$
$$\mathbf{Q°_{T,F} = 84^* A_F^* k_{eq,F}} \qquad \text{(Gl. 3)}$$

mit den Werten
$Q°_{T,F}$ = äquivalenter Transmissionswärmebedarf am Fenster in kWh/a
G_t = Gradtagzahl zur Beschreibung der Temperaturdifferenz zwischen Innen- und Außenluft in hK/a
A_F = Fensterfläche in m^2
$k_{eq,F}$ = äquivalenter k-Wert des Fensters in W/ (m^2K)

mit

$$\mathbf{k_{eq,F} = k_F - g^* S_F} \qquad \text{(Gl. 4)}$$

k_F = Wärmedurchgangs-Koeffizient des Fensters in W/ (m^2K)
g = Gesamtenergiedurchlaß des Fensters (0..1)
S_F = Strahlungsgewinn-Koeffizient fürverschiedene Himmelsrichtungen (zwischen 0,95 und 2,40 W/ (m^2K)) in W/ (m^2K)

S_F ist hier der mittlere Strahlungsgewinn-Koeffizient während einer Heizperiode.

Der oben errechnete jährliche Heizwärmebedarf Q_H darf den vorgegebenen spezifischen Maximalwert Q'_H (bzw Q''_H) nicht überschreiten.

$Q'_H = Q_H / V$ in kWh/ (m^3a)
$Q''_H = Q_H / A_N$ in kWh/ (m^2a)

Dieser Maximalwert errechnet sich nach den nachfolgenden Vorgaben:

Maximal zulässiger spezifischer jährl. Heizwärmebedarf in kWh/(m^3a) und kWh/(m^2a)

A/V m^{+1}	**Q'_H** kWh/ (m^3a)	**Q''_H** [1] kWh/ (m^2a)
≤0,20	17,3	54,0
0,20 bis 1,05	13,82 + 17,32* (A/V)	43,19 + 54,13* (A/V)
≥1,05	32,0	100,0

1) für lichte Raumhöhen bis 2,6m / A = Gebäude-Nutzfläche, z.B in m^2 / V = Gebäude-Volumen, z.B. in m^3

Der Maximalwert ist somit i.a. eine Funktion des Verhältnisses zwischen Gebäude-Nutzfläche und Gebäude-Volumen (siehe Bild 1.12.2).

Mit diesen Vorgabewerten soll ein geringerer Energieverbrauch, sowie eine Herabsetzung des Primärenergieverbrauchs und damit des CO_2-Ausstoßes innerhalb des Geltungsbereiches der BRD erzielt werden.

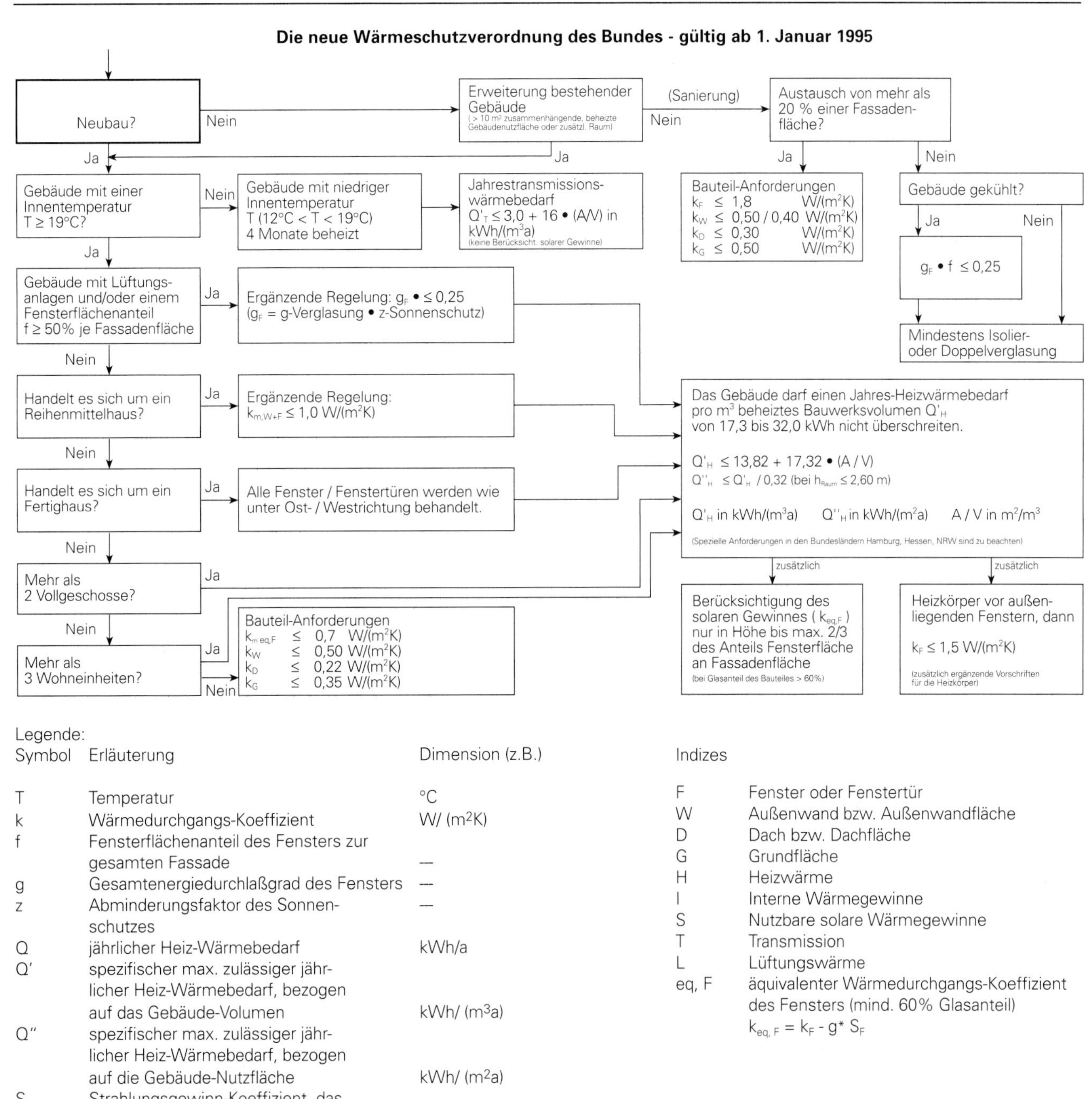

Legende:

Symbol	Erläuterung	Dimension (z.B.)
T	Temperatur	°C
k	Wärmedurchgangs-Koeffizient	W/ (m²K)
f	Fensterflächenanteil des Fensters zur gesamten Fassade	—
g	Gesamtenergiedurchlaßgrad des Fensters	—
z	Abminderungsfaktor des Sonnenschutzes	—
Q	jährlicher Heiz-Wärmebedarf	kWh/a
Q'	spezifischer max. zulässiger jährlicher Heiz-Wärmebedarf, bezogen auf das Gebäude-Volumen	kWh/ (m³a)
Q''	spezifischer max. zulässiger jährlicher Heiz-Wärmebedarf, bezogen auf die Gebäude-Nutzfläche	kWh/ (m²a)
S	Strahlungsgewinn-Koeffizient, das ist der mittl. Strahlungsgewinn innerhalb einer Heizperiode, nach Himmelsrichtung von 0,95 bis 2,40 W (m²K)	W/ (m²K)
A	Fläche der Außenhülle des Gebäudes	m²
V	Volumen des Gebäudes	m³

Indizes

F	Fenster oder Fenstertür
W	Außenwand bzw. Außenwandfläche
D	Dach bzw. Dachfläche
G	Grundfläche
H	Heizwärme
I	Interne Wärmegewinne
S	Nutzbare solare Wärmegewinne
T	Transmission
L	Lüftungswärme
eq, F	äquivalenter Wärmedurchgangs-Koeffizient des Fensters (mind. 60% Glasanteil) $k_{eq,F} = k_F - g^* S_F$

1.2. PRIMÄRENERGIETRÄGER

Als Primärenergieträger (Brennstoffe) bieten sich verschiedene Formen, wie nachfolgend dargestellt, an.

1.2.1. Feste Brennstoffe

Je nach Art der Gewinnung unterteilt man feste Brennstoffe in natürliche Brennstoffe und veredelte Brennstoffe.

Zu den **natürlichen Brennstoffen** gehören Steinkohle, Braunkohle, Torf, Holz, Stroh. Kohle und Torf wurden durch die Umbildung und Zersetzung von untergegangenen Pflanzen älterer Erdperioden bei hohem Druck unter Abschluß von Luft gebildet.

Steinkohle ist dabei der älteste, natürliche geologische Brennstoff und sie wird praktisch auf der gesamten Erde in verschiedensten Tiefen gefunden.

Braunkohle ist wesentlich jüngeren Datums und besitzt zum Teil noch holzartige Einschlüsse. Der Wassergehalt von Braunkohle beträgt etwa 45 bis 60%; sie wird in der Regel im Tagebau gefördert. Braunkohle besitzt einen geringen Heizwert; sie über lange Strecken zu transportieren ist nicht lohnend.

Torf ist infolge der Zersetzung von Pflanzen und Wasser entstanden und daher stark wasserhaltig und wird ebenfalls im Tagebau durch Stechen (Sumpfgebiete) gewonnen, wobei vor der Verbrennung eine Trockung erforderlich ist.

Holz als Brennstoff fällt in Europa vornehmlich bei der Forstbewirtschaftung und bei Sägewerken an und wird in der Regel in gehäkselter Form verbrannt (Häkselgut, Sägemehl).

Zu den **veredelten Brennstoffen** gehören Briketts aus Steinkohle oder Braunkohle sowie Koks oder Holzkohle.

Briketts werden aus zerkleinerten und getrockneten Stein- und Braunkohlen durch Pressung in Brikettiermaschinen gewonnen und in verschiedenen Formen geliefert.

Koks wird bei der Entgasung von Steinkohle, Braunkohle oder Kohlemischungen bei etwa 1200°C in speziellen Öfen hergestellt (Austreibung gasförmiger Bestandteile bei Erhitzung unter Luftabschluß).

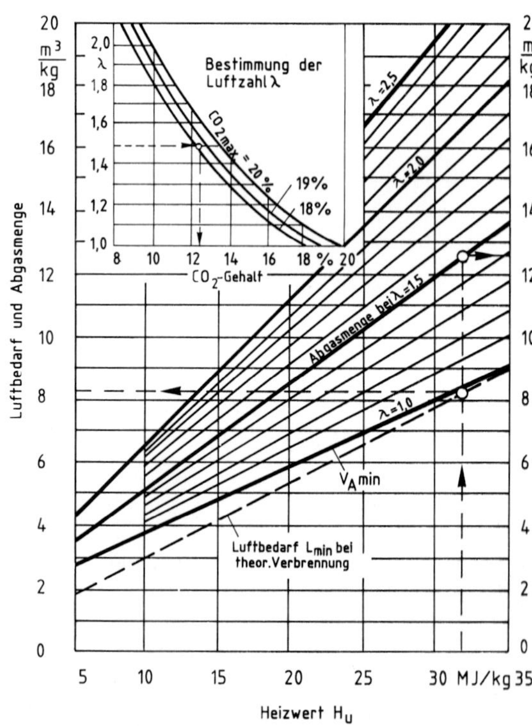

Bild 1.14.1
Abgasmenge (feucht) und bei festen Brennstoffen

Brennstoffe	Bezogen auf Rohbrennstoff**) Kohlenstoff c	Wasserstoff h	Sauerstoff o	Stickstoff n	Schwefel s	Wasser w	Asche a	Unterer Heizwert H_u	Theoret. Luftmenge L_{min}	Theoret. trockene Abgasmenge $V_{a\,tr}$	Wasserdampf V_{H_2O}	Theoret. feuchte Abgasmenge V_{af}	Max. Kohlendioxidgehalt der Abgase $CO_{2\,max.}$
	Gew.-%	Gew.-%	Gew.-%	Gew.-%	Gew.-%	Gew.-%	Gew.-%	kJ/kg	m_n^3/kg	m_n^3/kg	m_n^3/kg	m_n^3/kg	%
Kohlenstoff (rein)	100	–	–	–	–	–	–	33.820	8,9	8,9	–	8,9	21,0
Steinkohle (Ruhr)													
Gasflammkohle	77	5	8	1	1	3	5	30.100	7,9	7,7	0,6	8,3	18,5
Gaskohle	80	5	5	1	1	3	5	31.400	8,3	8,0	0,6	8,6	18,5
Fettkohle	81	5	4	1	1	3	5	31.800	8,4	8,1	0,6	8,7	18,5
Eßkohle	82	4	4	1	1	3	5	31.800	8,3	8,0	0,5	8,5	18,8
Magerkohle	84	4	2	1	1	3	5	31.400	8,5	8,2	0,5	8,7	18,8
Anthrazit	85	3	2	1	1	3	5	31.400	8,3	8,1	0,4	8,5	19,3
Koks (Hochofen)	83	0,5	0,5	1	1	5	9	28.900	7,7	7,5	0,1	7,6	20,5
Pechkohle (Oberbay.)	58	4,3	10	1,2	5,5	10	11	22.930	3,0	2,95	0,6	3,55	18,2
Braunkohle (Rhld.)*)													
roh	30	3	10	1	1	50	5	9.630	3,1	3,0	0,9	3,9	17,2
Briketts	55	5	18	1	1	15	5	19.250	5,6	5,4	0,7	6,1	17,2
Torf, lufttrocken*)	38	4	26	1	1	25	5	13.800	3,6	3,5	0,7	4,2	19,8
Holz, lufttrocken*)	42	5	37	–	–	15	1	14.600	3,8	3,8	0,7	4,5	20,4

*) Zusammensetzung von Braunkohle, Torf und Holz schwankt in sehr weiten Grenzen, besonders der Wassergehalt.
**) Umrechnung der Zusammensetzung bezogen auf den Reinbrennstoff nach Multiplikation mit 100/(100-w-a).

Tabelle 1.18
Mittlere Zusammensetzung und Eigenschaften fester Brennstoffe

Holzkohle entsteht bei der Verkohlung von Holz unter Luftabschluß in Meilern oder speziellen Öfen.

In Tabelle 1.18 sind die mittleren Zusammensetzungen und Eigenschaften fester Brennstoffe dargestellt.

Von wesentlicher Bedeutung für den Einsatz guter Brennstoffe ist dabei der Gewichtsanteil verschiedener Substanzen wie Kohlenstoff, Wasserstoff usw. und der untere Heizwert. Für die detaillierte Auswertung von Verbrennungsanlagen sind die notwendigen, theoretischen Luftmengen, Abgasmengen, der Ascheanfall sowie die Brennstoffmenge von Wichtigkeit.

In bezug auf die Umweltverträglichkeit von Festbrennstoffanlagen ist insbesondere die schweizerische Luftreinhalte-Verordnung (1.7.1992) zu beachten. Hier werden die Emissionen von Feuerungsanlagen begrenzt.
Im wesentlichen werden begrenzt:

- Staubauslaß
- Kohlenmonoxid (CO)
- Schwefeloxid (SOx)
- Halogenwasserstoffe (HCL, HF, etc....)

Bild 1.14.1 zeigt die Zusammenhänge von unterem Heizwert (H_u), Luftbedarf zur Verbrennung und Abgasmenge in Abhängigkeit der Luftzahl λ bzw. des CO_2-Gehalts.

1.2.2. Flüssige Brennstoffe

Die flüssigen Brennstoffe umfassen:

- Mineralöle als Destillationsprodukte des Erdöls
- Teeröle als Schwelungs- und Destillationsprodukt von Kohlen
- synthetische Öle aus der Kohleverflüssigung
- sonstige flüssige Brennstoffe aus zum Beispiel Pflanzen (Kartoffeln, Raps usw.)

Die Mineralöle sind vor vielen Millionen Jahren im Sedimentgestein aus tierischen und pflanzlichen Rückständen bei hohen Temperaturen unter teilweiser Mitwirkung von Bakterien entstanden. Die Förderung der Mineralöle erfolgt durch Ölbohrungen als Rohöl in der bekannten Form. Chemisch ist Erdöl ein Gemisch aus verschiedenen Kohlenwasserstoffen (Parafine/Olefine/Aromate usw.) Die Aufbereitung erfolgt durch fraktionierte Destillation (Zerlegung in verschieden hochsiedende Bestandteile) und Raffination in Leicht-, Mittel- und Schweröle sowie ferner durch Cracken (Aufspaltung größerer Wasserstoffmoleküle in kleinere durch Erhitzen unter Druck).

Leichtöl, insbesondere Benzin mit einem Siedepunkt von 50 bis 200°C besteht hauptsächlich aus Paraffin-Kohlenwasserstoffen.

Im Bereich der Mittelöle unterscheidet man Petroleum (Siedepunkt 200 bis 250°C) und Gasöl (Siedepunkt 200 bis 350°C), das früher zur Ölgaserzeugung verwendet und jetzt im wesentlichen als Dieseltreibstoff bekannt ist. Zu dieser Gruppe gehört auch Heizöl EL (extra leicht).

Schweröl (Siedepunkt über 350°C) wird in der Regel als Schmieröl und als Heizöl zur Feuerung in Kraftwerken sowie Treibstoff für Schwerölmaschinen verwendet.

Teeröle spielen als Primär-Energieträger für Heizungen faktisch keine Rolle und sind ein Destillationsprodukt der Teere. Teere wiederum entstehen bei der Destillation (Verkokung) und Schwelung der Brennstoffe. Teere werden durch Destillation, Cracken und Hydrierung weiter verarbeitet zu Leicht-, Mittel- und Schwerölen (Benzin, Dieselöl, Heizöl).

Synthetische Öle aus Stein- und Braunkohlen sowie Erdölrückständen spielen zur Zeit noch keine Rolle bei der Beheizung in konventionellen Heizkesseln, können jedoch an Bedeutung gewinnen. Erzeugung zum Beispiel durch Verflüssigung von Kohlen in Hochtemperatur-Reaktoren.

Heizöle sind in der Regel Destillationsprodukte des Erdöls. Aus Rücksicht auf die Verschiedenartigkeit von Ölbrennern müssen Heizöle aus Schieferöl, Steinöl und Braunkohlenteeröl gesondert bezeichnet werden. Als Primärenergieträger spielt hauptsächlich extra leichtes Heizöl (Heizöl EL) eine wesentliche Rolle und im Industriebereich das schwere Heizöl (Heizöl S), während leichtes und mittleres Heizöl kaum noch verwendet wird.
Bild 1.14.2 zeigt wiederum die Zusammenhänge von Heizwert (H_u), Abgasmenge und Luftbedarf in Abhängigkeit der Luftzahl λ.

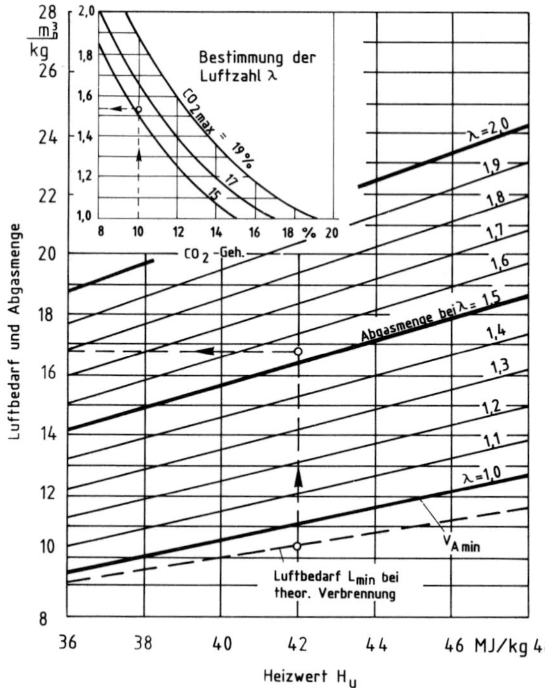

Bild 1.14.2
Abgasmenge (feucht) und Luftbedarf bei flüssigen Brennstoffen

Bei der Verbrennung von Heizöl entsteht fast ausschließlich Kohlendioxid und Wasser. In Tabelle 1.19 sind die Mindestanforderungen an Heizöl dargestellt, wobei hier wieder von besonderem Interesse der Schwefelgehalt, Wassergehalt, unterer Heizwert und der Ascheanteil sind. Bild 1.14 zeigt die Zusammenhänge von Heizwert (H_u) Abgasmenge und Luftbedarf in Abhängigkeit der Luftzahl λ.

1.2.3. Gasförmige Brennstoffe

Die zur Verfügung stehenden technischen Heiz- oder Brenngase sind in ihren Eigenschaften sehr unterschiedlich und meist sind die Heizgase ein Gemisch von brennbaren und unbrenn-

		Heizöl EL	Heizöl L*)	Heizöl M*)	Heizöl S	Prüfung nach
Dichte bei 15 °C höchstens	max. g/ml	0,860	1,10	1,20	ist anzugeben	DIN 51 757
Flammpunkt im geschlossenen Tiegel	über °C	55	55	65	80	DIN 51 755 DIN 51 758 DIN EN 57
Kinematische Viskosität höchstens	mm^2/s (cSt)	bei 20 °C 6 (≈ 1,5 E)	bei 20 °C 17 (≈ 2,5 E)	bei 50 °C 75 (≈ 10 E)	bei 100 °C 50 (≈ 7 E) bei 130 °C 20 (≈ 3 E)	DIN 51 366 DIN 51 550 DIN 51 562
Pourpoint (Stockpunkt)	max. °C	− 6	–	(≈ 45)	40 **)	ISO 3016
Koksrückstand nach Conradson	Gew.-%	max. 0,1	2	12	15	DIN 51 551
Schwefelgehalt höchst. Gew.-% bei Mineralölen		0,2 ***)	–	1	2,8	DIN 51 400
bei Braunkohlenteerölen	max. %	–	2,0	2,0	–	T. 1, 2, 3, u. 6
bei Steinkohlenteerölen	max. %	–	0,8	0,9	–	DIN EN 41
Wassergehalt, nicht absetzbar, höchstens	Gew.-%	0,05	0,3	0,5	0,5	ISO 3733
Gehalt an Sediment höchstens	Gew.-%	0,05	0,1	0,25	0,5	ISO 3735
Satzfreiheit bei Steinkohlenteer-Heizölen	°C	–	ist anzugeben		–	DIN 51 603
Heizwert H_u mindestens	kJ/kg	42.000	37.700	37.700	39.500	DIN 51.900
Asche (Oxidasche) höchstens	Gew.-%	0,01	0,04	0,15	0,15	DIN EN 7

*) hergestellt aus Braunkohlen und Steinkohlen, aber auch aus Mineralölen. **) wenn >40 °C, vom Lieferer anzugeben.
***) Ab 1.3.88 0,2% nach 3. BImSchVO.

Tabelle 1.19
Mindestanforderungen an Heizöl nach DIN 51003 Teil 1 (12.81) und Teil 2 (10.76) (1 kWh = 3600 kJ)

baren Gasen, wobei die brennbaren Bestandteile vorwiegend Kohlenwasserstoffe, Wasserstoff und in geringem Maße Kohlenoxid sind. Die Heizgase sind entweder Naturgase (Erdgas oder Erdölgas) oder technisch hergestellte Gase, zum Beispiel Kokereigas, Gichtgas, Generatorgas usw.

Die Heizgase können nach ihrem oberen Heizwert (H_o) unterschieden werden in

- Schwachgase H_o <2,5 kWh/m^3_n
- Mittelgase H_o = 2,4–4,0 kWh/m^3_n
- Starkgase H_o = 4,0–6,0 kWh/m^3_n
- Reichgase H_o >6,0 kWh/m^3_n

Als Primärenergieträger spielen heute die Erdgase die wesentliche Rolle. Unter Erdgas versteht man alle gasförmigen , meist verunreinigten Kohlenwasserstoff-Verbindungen, die aus der Erde gewonnen werden und brennbar sind. Sie sind von Natur aus geruchlos und enthalten eine Vielzahl von Beimengungen.

Erdgasfelder sind gemeinsam mit Erdöl und Kohle aus einfachen Organismen, die sich abgelagert und unter dem Einfluß hoher Drücke und Temperaturen umgewandelt haben, entstanden. Die Ansammlung von Erdgas erfolgte in porösen Gesteinsformationen, die durch tektonische Einflüsse gebildet und nach oben durch gasdichte Schichten abgedeckt sind. Die Zusammensetzung des Erdgases ist je nach Fördergebiet sehr unterschiedlich, so daß vor Verwendung eine Aufbereitung erforderlich ist, um unerwünschte Bestandteile wie Schwefelwasserstoff, Wasser und anderes zu entfernen. Diese Aufbereitung erfolgt in der Regel an der Förderquelle, wobei besonders ungünstige Anteile die schwefelhaltigen Verbindungen sind, da deren Verbrennung das schädliche Schwefeldioxid (SO_2) entsteht.

Die Tabellen 1.20.1 bis 1.20.3 zeigen wieder die wesentlichen technischen Kenndaten entsprechender Brenngase, Bild 1.15 Abgasmengen und Luftbedarf in Abhängigkeit des Heizwertes (H_u) und der Luftzahl λ.

Nr.	Brenngas	Volumetrische Zusammensetzung Vol.-% H_2	CO	CH_4	(C_3H_6) C_nH_m	sonstige Kohlenwasserstoffe	CO_2	N_2	Brennwert H_o kJ/m_n^3	Heizwert H_u kJ/m_n^3	Dichteverhältnis d_v (Luft = 1)	Wobbe-Index $W_o (H_o : \sqrt{d_v})$
1	Hochofengichtgas	2	30	–	–	–	8	60	4.080	3.975	0,99	4.100
2	Koksgeneratorgas	12	28	(<)0,5	–	–	5	54,5	5.340	5.025	0,88	5.700
3	Steinkohlengeneratorgas	12	29	2	–	–	3	54	5.965	5.650	0,86	6.400
4	Braunkohlengeneratorgas	15	27	2	–	–	7	49	6.070	5.760	0,86	6.500
5	Mischgas (12+1)	19,3	22,2	8,4	0,6	–	6	43,7	9.125	8.370	0,80	10.200
6	Kokswassergas	50	40	(<)0,5	–	–	5	4,5	11.510	10.460	0,55	15.500
7	Kohlenwassergas	50	35	5	–	–	5	5	12.770	11.615	0,53	17.550
8	Stadtgas (12+6)	51	18	19	2	–	4	6	18.000	16.120	0,46	26.540
9	Stadtgas II (12+2)	44	12	22	2	–	4	16	18.000	16.120	0,51	25.200
10	Propan + Luft (17 O_2)	–	–	–	–	18	–	65	18.000	16.740	1,10	17.160
11	Ölkarburiertes Kohlenwassergas	37	28	15	5	–	8	7	18.840	17.370	0,64	23.550
12	Koksofengas (Ferngas)	55	6	25	2	–	2	10	19.670	17.370	0,39	31.500
13	Ölkarburiertes Kokswassergas	45	35	1	10	–	4	5	20.090	18.420	0,63	25.300
14	Steinkohlengas	52	8	28	2,5	–	2	10	20.930	18.840	0,41	32.700
15	Schwelgas (aus Steinkohle)	25	5	45	5	10	5	5	33.500	30.350	0,62	42.550
16	Erdgas L	–	–	82	–	3,0	1,0	14	35.200	31.800	0,64	44.000
17	Erdgas H	–	–	93	–	5,0	1,0	1,0	41.300	37.300	0,61	52.880
18	Methan	–	–	100	–	–	–	–	39.850	35.790	0,55	53.750
19	Ölgas	20	5	40	20	10	1	4	45.210	41.230	0,74	52.550
20	Propan C_3H_8	–	–	–	–	100	–	–	100.890	92.890	1,562	80.730
21	*n*-Butan C_4H_{10}	–	–	–	–	100	–	–	133.870	123.650	2,091	92.600

Tabelle 1.20.1 Zusammensetzung, Dichte und Heizwert technischer Gase nach F. Schuster u. a.

Stoff	Zeichen	Molekulare Masse kg/kmol	Dichte ϱ kg/m_n^3	Gehalt an c Gew.-%	h Gew.-%	Brennwert bzw. Heizwert H_o kJ/kg	H_u kJ/kg	H_o kJ/m_n^3	H_u kJ/m_n^3	Theoretische Verbrennungsluftmenge L_{min} m_n^3/kg	m_n^3/kg	Abgasvolumen feucht V_{af} m_n^3/kg	V_{af} m_n^3/kg	Trockenes Abgas $CO_{2\,max}$ Vol.-%	Feuchtes Abgas H_2O Vol.-%
Azethylen	C_2H_2	26,04	1,17	92,5	7,5	49.910	48.220	58.470	56.490	10,2	11,9	10,6	12,4	17,5	8,1
Benzol	C_6H_6	78,1	3,73	92,2	7,8	42.270	40.580	157.970	151.650	10,2	35,7	10,6	37,2	17,5	8,1
Butan (n)	C_4H_{10}	58,1	2,71	83	17	49.500	45.715	134.060	123.810	11,4	30,9	12,4	33,4	14,1	15,0
Buthylen	C_4H_8	56,1	2,60	85	15	48.430	45.290	125.860	117.710	11,6	28,9	12,4	30,9	14,9	12,9
Ethan	C_2H_6	30,1	1,35	80	20	51.880	47.490	70.290	64.345	12,3	16,7	13,4	18,1	13,2	16,5
Ethylalkohol	C_2H_5OH	46,11	2,19	52	13	30.570	27.710	67.070	60.790	7,0	14,3	8,0	16,4	15,0	18,4
Ethylen	C_2H_4	28,05	1,26	85,7	14,3	50.280	47.150	63.410	59.460	11,3	14,3	12,1	15,3	15,1	13,1
Kohlenoxid	CO	28,01	1,25	42,9	0	10.100	10.100	12.630	12.630	1,91	2,38	2,88	34,7	0	
Methan	CH_4	16,04	0,72	75	25	55.500	50.010	39.820	35.880	13,3	9,52	14,6	10,5	11,7	19,0
Methanol	CH_3OH	32,04	1,52	37,5	12,5	23.840	21.090	36.200	32.030	5,0	7,15	6,0	8,6	15,1	23
Propan	C_3H_8	44,09	2,01	81,8	18,2	50.340	46.350	101.240	93.210	11,8	23,8	12,8	25,8	13,8	15,5
Propylen	C_3H_6	42,08	1,91	85,7	14,3	48.920	45.780	93.580	87.575	11,2	21,4	11,9	22,9	15,1	13,1
Tuluol	C_7H_8	92,11	4,87	91,2	8,8	42.850	40.940	208.890	199.570	10,4	42,8	10,9	44,8	17,1	8,9
Wasserstoff	H_2	2,016	0,090	0	100	141.800	119.970	12.745	10.780	26,4	2,38	32,0	2,88	0	34,7

Brenn- und Heizwerte bezogen auf 25 °C und 1,013 bar, die Volumen bezogen auf 0 °C und 1,013 bar (DIN 51 850)

Tabelle 1.20.2 Verbrennung gas- und dampfförmiger Brennstoffe (1 kWh = 3600 kJ)

Nr.	Brenngas	Luftbedarf L_{min} m_n^3/m_n^3	Abgasmenge V_{Af} m_n^3/m_n^3	Abgasmenge $V_{A\,tr}$ m_n^3/m_n^3	$\frac{V_{A\,tr\,min}}{L_{min}}$ –	$CO_{2\,max}$ Vol.-%	Zündgeschwind. cm/s	Heizwert H_o kJ/m_n^3	Heizwert H_u kJ/m_n^3
1	Hochofengichtgas	0,76	1,60	1,58	2,08	24,0	13	4.080	3.980
2	Koksgeneratorgas	1,00	1,80	1,66	1,66	20,1	32	5.340	5.020
3	Braunkohlengeneratorgas	1,19	1,98	1,79	1,50	20,1	38	6.070	5.760
4	Mischgas 10+1	1,90	2,69	2,32	1,22	16,5	48	9.125	8.370
5	Kokswassergas	2,19	2,74	2,23	1,02	20,4	143	11.510	10.460
6	Kohlenwassergas	2,50	3,07	2,47	0,99	18,2	140	12.770	11.620
7	Stadtgas I 10+5	3,88	4,54	3,59	0,93	13,1	113	18.000	16.120
8	Stadtgas II 10+2	3,86	4,59	3,65	0,94	12,1	93	18.000	16.120
9	Propan + Luft (1:4,5)	3,47	4,65	3,93	1,14	13,7	42	18.000	16.740
10	Koksofengas (Ferngas)	4,26	4,97	3,86	0,90	10,1	111	19.670	17.370
11	Ölkarbonat Kokswassergas	4,14	4,79	4,02	0,97	17,4	117	20.090	18.420
12	Erdgas L	8,4	9,4	7,7	0,92	11,8	36	35.150	31.950
13	Erdgas H	9,8	10,9	8,9	0,90	12,0	49	41.100	37.500
14	Propan C_3H_8	23,80	25,80	21,80	0,92	13,8	42	100.880	92.890
15	*n*-Butan C_4H_{10}	30,94	33,44	28,44	0,92	14,1	39	133.870	123.650

Tabelle 1.20.3
Verbrennung technischer Heizgase (Richtwerte nach F. Schuster u.a.)

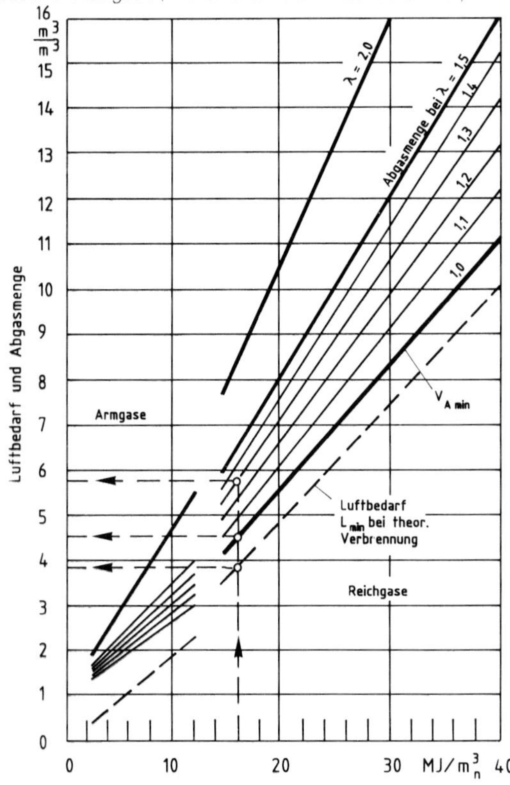

Bild 1.15
Abgasmenge (feucht) und Luftbedarf bei gasförmigen Brennstoffen

1.2.4. Fernwärme

Obwohl Fernwärme im eigentlichen Sinne kein Primärenergieträger ist, wird diese Art der Wärmeversorgung unter dem Begriff „Energieträger" hier behandelt.

Fernwärmeanlagen können im wesentlichen in folgende Hauptgruppen unterteilt werden, die sich durch das Temperaturniveau der Wärmeträger unterscheiden:

- Warmwasser-Fernheizung (≤120° C)
- Heißwasser-Fernheizung (>120° C)
- Dampf-Fernheizung (>120° C)
- kalte Fernwärme (= 25–35° C)

Die Hauptbauteile der Fernwärmeanlage sind:

- die Wärmeerzeugung in gas-, flüssig- oder festbrennstoffbeheizten Heizkesseln
- die Wärmeverteilung über Ferntrassen
- die Wärmeübergabestationen in den zu beheizenden Gebäuden.

Als Wärmeerzeuger dienen weiterhin auch kombinierte Heizkraftwerke, wo die Wärme nach der Stromerzeugung ausgekoppelt wird und Müllverbrennungsanlagen (Kehrichtverbrennung). Bei der sogenannten kalten Fernwärme wird aus dem Kühlturmkreislauf des Kraftwerkes relativ kaltes Wasser (25 bis 35° C ausgekoppelt, über eine einzelne Rohrleitung zu dem Verbrauchsschwerpunkt geleitet und dient einer Wärmepumpe als Wärmequelle. Das entwärmte Kühlturmwasser wird danach in einen Fluß abgeleitet.

Die gelieferte Energie wurde früher vornehmlich an Dampf gebunden und in den letzten Jahren auf Heißwasseranlagen umgestellt oder entsprechend neu ausgebaut, da sich nicht unerhebliche Probleme bei der Kondensatrückführung ergaben. Fernwärmeanlagen werden heute in der Regel mit Zwei- oder Dreileitersystem betrieben. Im Zweileitersystem wird mit einer nach der Außentemperatur geregelten, gleitenden Vorlauftemperatur die Wärme verteilt (Winter 130° C/Sommer 70° C). Im Dreileitersystem werden zwei verschiedene Temperaturbereiche angeboten, wobei ein Temperaturbereich konstant betrieben wird, um Hochtemperaturabnehmer während des gesamten Jahres versorgen zu können.

1.2.5. Umweltverträglichkeit

Der Umweltschutz umfaßt im wesentlichen die Bereiche:

- Luftreinhaltung
- Gewässerschutz bzw. Abwasserbehandlung
- Abfallentsorgung
- Lärmminderung.

Für den Bereich der Wärmeerzeugung für Heizzwecke ist in erster Linie die Luftreinhaltung von Interesse. Im Bereich der Wärme-/Kraftwirtschaft erlangen die restlichen Umweltschutzpunkte Gültigkeit.

Die Emissionen im Bereich der Wärmeenergieerzeugung sind im wesentlichen der Ausstoß von Schadstoffen.

Die wichtigsten Emissionen sind:

- Schwefeldioxid (SO_2)
- Stickoxide (NO, NO_x)
- Kohlenmonoxyd (CO)
- Organische Verbindungen (Kohlenwasserstoffe)
- Schwermetalle, Fluor- und Chlorwasserstoffe
- in immer stärkerem Maße wird Kohlendioxid (CO_2) in Verbindung mit dem Treibhauseffekt als Schadstoff betrachtet.
- Staub

In Tabelle 1.21.1 sind die spezifischen Emissionen für verschiedene Brennstoffe aufgeführt.

Brennstoff	Emissionen in kg/MWh					Heizwert
	SO_2	NO_x	CO	Staub	Org.Verb.	kWh/kg
Steinkohle	1,80	0,36	23,00	0,90	0,90	8,35
Braunkohle	0,83	0,05	25,00	1,26	0,54	5,3
Heizöl EL	0,47	0,18	0,18	0,00	0,04	11,9
Heizöl S	1,76	0,65	0,04	0,11	0,03	11,0
Gas	0,01	0,18	0,22	0,00	0,01	10,0

Tabelle 1.21.1
Spezifische Emissionen von Brennstoffen [kg/MWh]

1

	Primär-Energie-Verbrauch	Primär-Energie-Träger		Emissionen				
	MWh/a	Kohle t/a	Gas m^3/a	SO_2 t/a	NO_x t/a	CO t/a	Staub t/a	Org.Ver t/a
9%EDV-Flächenanteil Strom aus Kraftwerk mit Abwärmenutzung	626	104		187	37	2395	94	94
Zusatzheizung	94		10053	1	17	21		1
Strom aus Kraftwerk ohne Abwärmenutzung	626	197		355	71	4538	178	178
0% EDV Flächenanteil Strom aus Kraftwerk mit Abwärmenutzung	220	37		66	13	842	33	33
Zusatzheizung	97		10374	1	17	21		1
Strom aus Kraftwerk ohne Abwärmenutzung	220	69		125	25	1595	62	62
15% EDV Flächenanteil Strom aus Kraftwerk mit Abwärmenutzung	1055	175		316	63	4036	158	158
Zusatzheizung	91		9733	1	16	20		1
Strom aus Kraftwerk ohne Abwärmenutzung	1055	332		598	120	7647	299	299

Tabelle 1.21.2
Primärenergieverbrauch und Emissionen; Bürohaus 6800 m² Nutzfläche

In Tabelle 1.21.2 sind beispielhaft für ein Bürogebäude mit etwa 6800 m² Grundfläche die Energiemengen Strom und Heizwärme aufgelistet, wobei der Anteil der EDV-Fläche variiert wurde.

1.3. WÄRMEERZEUGUNGSANLAGEN

Die Wärmeerzeugung erfolgt in der Regel über Primärenergie in fester, flüssiger oder gasförmiger Form. Die Wärmeenergiebereitstellung kann jedoch auch durch Fernwärme oder elektrische Energie vorgenommen werden. Bild 1.16 gibt einen Überblick über die verschiedensten Formen der Wärmeerzeugung bzw. der Wärmeenergiebereitstellung.

1.3.1. Fernwärme

Fernwärme wird, wie bereits festgestellt, in Heizwerken oder Heizkraftwerken erzeugt und über Rohrleitungen den Verbrauchern zugeführt. Das Temperaturniveau sowohl der angelieferten Wärmeenergie als auch der Druck im Netz kann je nach Versorgungsgebiet sehr unterschiedlich sein und ist von Fall zu Fall zu klären.

Bild 1.17 zeigt die Verlegung einer Fernwärmeleitung im Erdreich mit DN900 für ein Stadtgebiet mit diversen Energieverbrauchern. Eine oberirdische Verlegung der Leitungen ist ebenfalls möglich. Bild 1.18 zeigt den schematischen Aufbau und Bild 1.19 die Installation einer Fernwärme-Übergabestation, wie sie in der Regel im Gebäude aufgebaut wird. Die Fernwärme-Übergabe besteht aus den Komponenten, die vornehmlich vom Energieversorger installiert werden, sowie zusätzlich aus der Wärmeaustauscheinheit im Raum in Form von Wärmeaustauschern. Während in der Vergangenheit im wesentlichen Rohrbündel-Wärmeaustauscher eingesetzt wurden, kommen heute vornehmlich Plattenwärmeaustauscher zum Einsatz, da sie geringere Abmessungen und hohe Wirkungsgrade haben. Bild 1.20 zeigt einen Plattenwärmeaustauscher in einer Heizzentrale, bei dem zwischen Rippenplatten Primär- und Sekundärmedium (Fernwärme/hauseigener Wasserkreislauf) so aneinander vorbeigeführt werden, daß zwischen den Platten ein Wärmeaustausch (nicht Wasseraustausch) entsteht und die Wärmeenergie der Fernwärme auf den hausinternen Wasserkreislauf übertragen wird. In Bild 1.21 ist nochmals der Aufbau und die Funktionsweise eines Platten-Wärmeaustauschers dargestellt.

Die Vorteile der Fernheizung sind:

- kein Brennstoffbezug, keine Brennstofflagerung, keine Reststoffentsorgung;
- Verwendbarkeit billiger Brennstoffe (wie Müll/Ballastkohle), wobei jedoch die Müllverbrennung auf Grund der sehr aufwendigen Rauchgasreinigung hohe Wärmepreise zur Folge hat;
- größere Wirtschaftlichkeit in der Ausnutzung des Brennstoffes bei

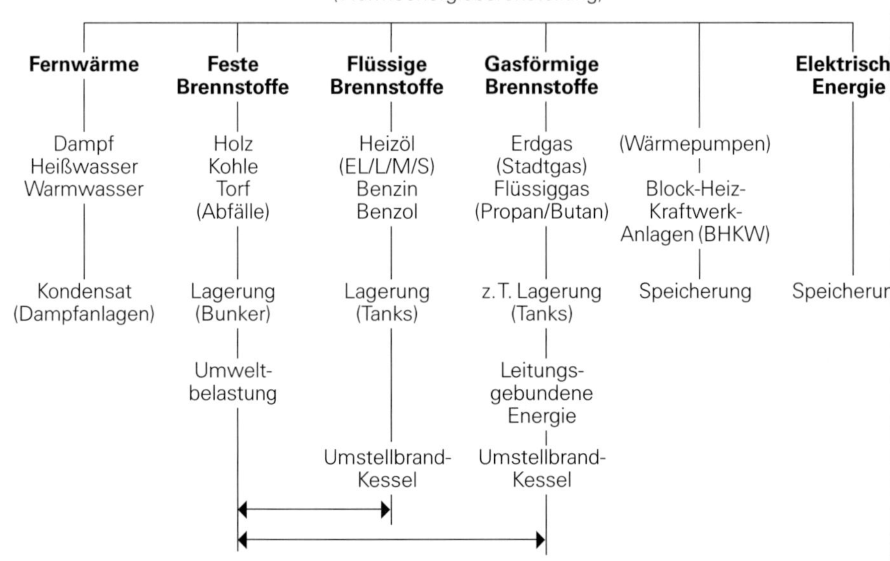

Bild 1.16 Wärmeerzeugung (Wärmeenergiebereitstellung)

Bild 1.17
HEW-Fernleitung Wedel, KSM erdverlegt DN 900

zentraler Wärmeerzeugung gegenüber einer Vielzahl dezentraler Feuerungsstellen;

- große Betriebssicherheit durch wechselweise Benutzung mehrerer Kessel;
- Raumersparnis infolge des Fortfalls eines Heizkellers und Brennstoffraums sowie Schornsteins beim Verbraucher;
- geringer Bedienungs- und Wartungsaufwand;
- Verringerung des Schadstoffausstoßes bei zentralen Heizwerken gegenüber Einzelfeuerungsstellen;
- im Kraftwerksbereich Kopplungsmöglichkeit von Strom und Wärme unter gleichzeitiger Verbesserung des thermodynamischen Prozesses und Nutzung der Abwärme sowie
- erhöhter Brandschutz für das beheizte Gebäude.

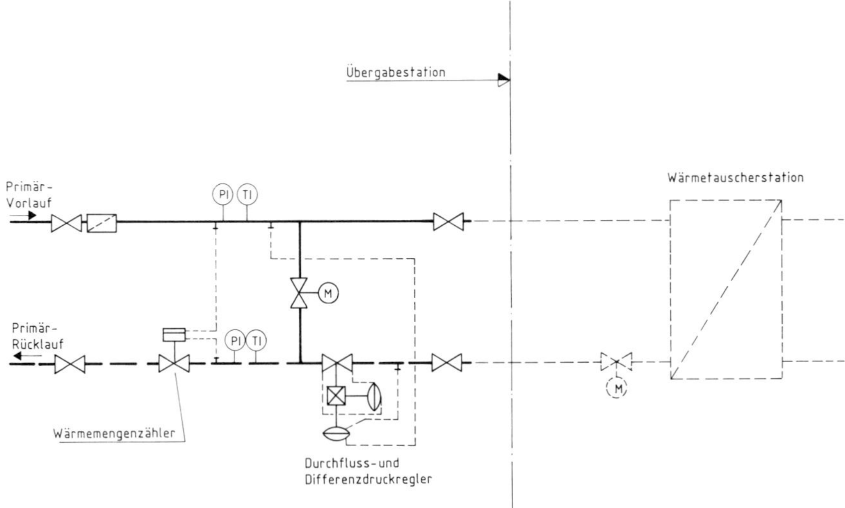

Bild 1.18
Fernwärme-Übergabestation

Bild 1.19
Fernwärme-Übergabestation

1.3.2. Eigenwärmeerzeugung

Wird in einem Gebäude die Primärenergie umgewandelt in Wärmeenergie, so spricht man von Eigenwärmeerzeugung. Die Eigenwärmeerzeugung kann in einzelnen Räumen oder innerhalb eines Gebäudes stattfinden, woraus sich unterschiedlichste, technische Lösungen ergeben.

1.3.2.1. Einzelheizungen

Zu den Einzelheizungen innerhalb eines Raumes gehören:

- Kamine
  Offene Kamine oder Kaminöfen
- Kachelöfen
  Einzelöfen mit Kohle-,Holz-, Öl- oder Gasfeuerung
- Gasraumheizer
  Elektrische Heizgeräte (z.B. Heizlüfter)
- Elektrische Speicher-Heizöfen

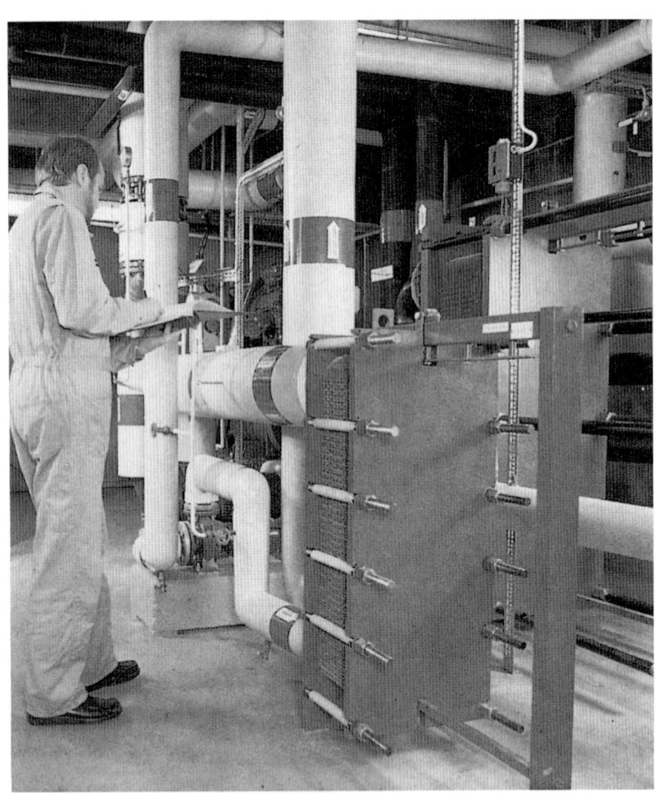

Bild 1.20
Plattenwärmeaustauscher in Heizzentrale

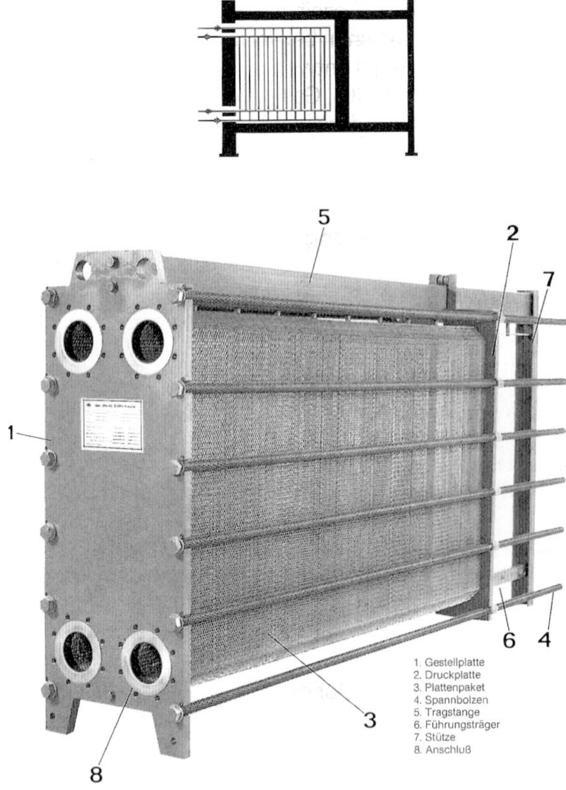

Bild 1.21
Plattenwärmeaustauscher

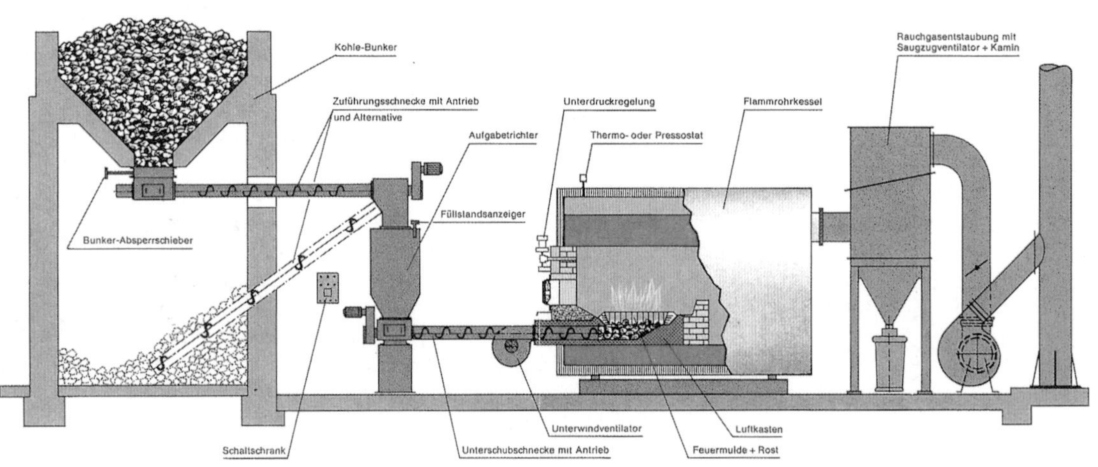

Bild 1.22 Feuerungsanlage für Kohle

Alle vorher aufgeführten Einzelheizungen sind im wesentlichen bekannt und bedürfen in der Regel entweder eines Kaminanschlusses (Öl, Gas-Festbrennstoffheizung) oder eines Elektroanschlusses.

1.3.2.2. Kesselanlagen (Verbrennung fester Brennstoffe)

- **Heizkesselgröße**

Die für die Wärmeerzeugung in einer Anlage zu erbringende stündliche Heizleistung errechnet sich aus der Summe der Bedarfsmengen der Verbraucher. Diese sind:

$$\dot{Q}_k = \dot{Q}_{tr} + \dot{Q}_L + \dot{Q}_b + \dot{Q}_{kL} + \dot{Q}_s \; (+\dot{Q}_{WWB})$$

Hierin bedeuten in kW

$\dot{Q}_k$ = max. Heizleistung für den Wärmeerzeuger

$\dot{Q}_{tr}$ = Transmissions-Wärmebedarf

$\dot{Q}_L$ = Lüftungswärmebedarf

$\dot{Q}_{WWB}$ = Wärmebedarf für Brauchwasserbereitung (wird nur in besonderen Fällen hinzuaddiert)

$\dot{Q}_{kl}$ = Wärmebedarf für Lüftungs- und Klimaanlagen

$\dot{Q}_b$ = Wärmebedarf infolge Betriebsverlusten

$\dot{Q}_s$ = Wärmebedarf sonstiger Wärmeverbraucher

Die maximalen Bedarfsmengen je nach Wärmeverbraucher und Nutzung treten in der Regel zu unterschiedlichen Tageszeiten auf. Daher ist es im Sinne eines wirtschaftlichen Betriebes notwendig, die Leistungsspitzen zu ermitteln, die für die Bemessung der Kesselanlage ausschlaggebend sind. Zu berücksichtigen ist dabei der Tages-wärme-Energieverlauf aller Einzelanlagen für Heizung, Lüftung, Klimatisierung, Warmwasserbereitung usw. Zusätzliche Leistungsreserven dürfen nicht installiert werden, da Kesselanlagen mit unnötig hoher Leistung sowohl Investitionen für Kessel, Feuerungs- und Abgasanlagen als auch höhere Betriebsbereitschaftverluste verursachen, die sich ungünstig auf den Jahreswirkungsgrad der Kesselanlage auswirken.

Betriebsbereitschaftsverluste entstehen, wenn bei Kesselstillstand durch Zug des warmen Schornsteines ständig Luft durch den Kessel geführt wird und die Kesselheizfläche abkühlt. (Verminderung durch Überdruck-Feuerung bei großen Kesseln oder motorisch betriebene Abgas-Absperrklappen).

Die Kesselanlage wird ausgelegt auf den benötigten maximalen Wärmebedarf, der aber nur an einigen Tagen im Jahr auftritt. Somit ist eine Aufteilung der Gesamtleistung auf mehrere Heizkessel (gegebenenfalls mit unterschiedlicher Wärmeleistung) erforderlich, damit die optimale Anpassung an den jeweiligen Bedarf und damit ein wirtschaftlicher Betrieb erfolgt. Darüber hinaus ist für eine richtige Bemessung der Kesselanlage die genaue Kenntnis über den Jahres-Betriebswirkungsgrad von großer Bedeutung, da angestrebt werden soll, ihn dem optimalen Kesselwirkungsgrad anzugleichen.

Erhalten Gebäude Sammelheizungen oder werden eine Vielzahl von Wärmeverbrauchern von einer zentralen Stelle mit Wärmeenergie versorgt und wird diese im Haus von Primärenergie in Wärmeenergie umgewandelt, so werden Kesselanlagen notwendig.

Bild 1.22 zeigt eine Feuerungsanlage mit dem Primärenergieträger Kohle als Beispiel für feste Brennstoffe. Aus einem Kohlebunker wird über einen Schneckenantrieb dem Flammrohrkessel die Kohle zugeführt, die auf einem Rost verbrennt und Wärmeenergie freisetzt, die Wasser erwärmt. Der Wärmeübergang erfolgt durch Hohlkörper, auf deren Innenseite sich das Heizwasser befindet, während an der Außenseite die heißen Rauchgase entlangströmen. Bei der Bauart entsprechender Kessel kommt es im wesentlichen darauf an, mit einer großen Wärmeaustauschfläche einen hohen Wirkungsgrad zu erreichen. Die Rauchgase werden nach Verlassen des Kessels gereinigt und über einen Kamin abgeführt. Bei der Verbrennung fester Brennstoffe werden sowohl gußeiserne Gliederkessel als auch Stahlheizkessel eingesetzt.

Die Bilder 1.23 und 1.24 zeigen kleinere Heizkessel, die für die Umstellung von festen Brennstoffen auf Öl oder Gas geeignet sind. Der Kessel in Bild 1.23 wird als Zweikammerkessel bezeichnet.

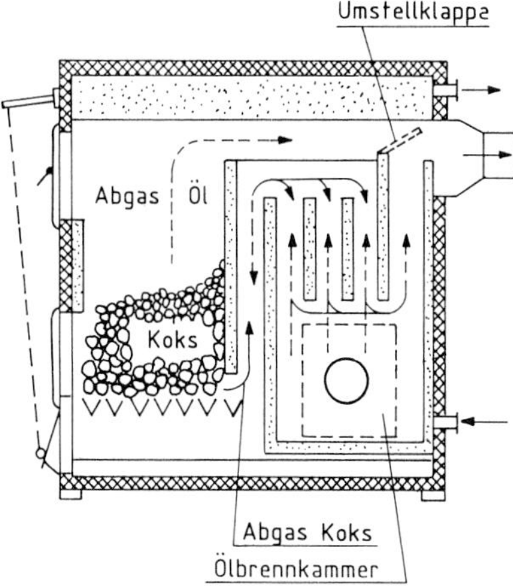

Bild 1.23
Stählerner Wechselbrandkessel mit zwei Brennkammern

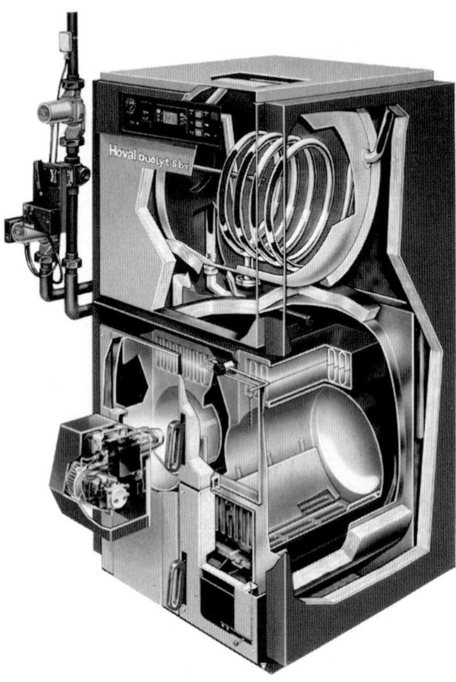

Bild 1.24
Doppel-Heizkessel aus Stahl mit zwei getrennten Brennkammern, Wassererwärmer aufgebaut (Hoval DuoLyt LN)

Der Kessel in Bild 1.24 besitzt zwei vollständig getrennte Brennkammern und weist somit einen höheren feuerungstechnischen Wirkungsgrad auf.

Wesentlich beim Einsatz fester Brennstoffe zur Wärmeenergieerzeugung ist, daß der gesamte Ablauf (sowohl der Brennstoffzufuhr als auch der Ascheabfuhr) vollautomatisch erfolgt, um mit einem gleichermaßen geringen Personaleinsatz wie bei öl- oder gasgefeuerten Anlagen auszukommen.

1.3.2.3. Kesselanlagen (öl-, gasbefeuert)

Die Einteilung bzw. Unterscheidung der Heizkessel erfolgt:

- nach Größe
  - Kleinkessel bis etwa 50 kW
  - mittlere Kessel bis etwa 350 kW
  - Großkessel ab etwa 350 kW

- nach Bauart
  - nach Feuerungsart
  - nach Werkstoff

In Abhängigkeit von der Bauart unterscheidet man:

- Gas- bzw. Öl-Spezialheizkessel
- Umstellbrandkessel
- Wechselbrandkessel

Gas- oder Öl-Spezialheizkessel sind nur für die Brennstoffe Gas oder Öl geeignet und nicht auf andere Brennstoffarten umstellbar.

Umstellbrandkessel sind für Öl, Gas und feste Brennstoffe geeignet. Die Umstellung erfolgt von Hand durch Umbau der Feuerungseinrichtung.

Wechselbrandkessel (Zweistoffkessel) dienen der Verfeuerung von Öl/Gas und können **ohne** Umbau auf die Verfeuerung von festen Brennstoffen umgestellt werden.

Bezüglich der Feuerungsart wird unterschieden in:

- Gasfeuerung mit Gebläsebrenner
- Gasfeuerung ohne Gebläsebrenner (atmosphärische Brenner)
- Ölfeuerung mit Gebläsebrenner
- Ölfeuerung ohne Gebläsebrenner.

Bei Gasfeuerung mit Brennern ohne Gebläse, siehe Bild 1.25, wird der Heizkessel mit natürlichem Zug betrieben. Das bedeutet, daß die Verbrennungsluft nur durch den thermischen Auftrieb im Heizkessel (bis zur Strömungssicherung) angesaugt wird. Der Schornsteinzug wird auf Grund der eingebauten Strömungssicherung im Abgasrohr des Kessels nicht, oder nur gering, wirksam. Die Strömungssicherung unterbricht die starre Verbindung des Abgasrohres zwischen Kessel und Schornstein, wodurch der Einfluß von Stau, Rückstau oder zu starkem Auftrieb im Schornstein auf die Feuerung verhindert wird.

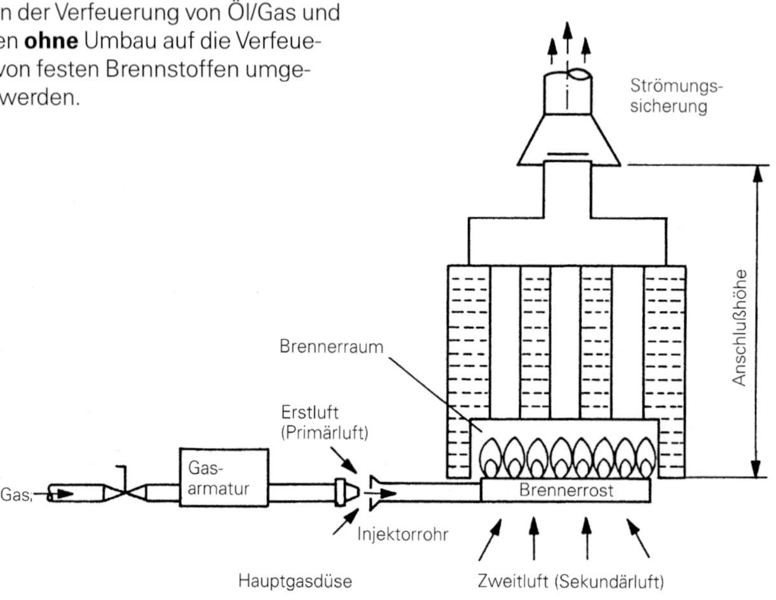

Bild 1.25 Feuerung mit Brenner ohne Gebläse

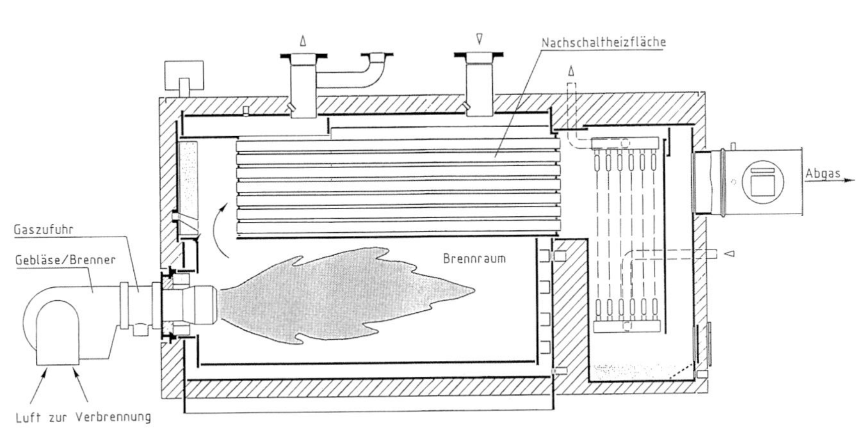

Bild 1.26
Feuerung mit Brenner und Gebläse

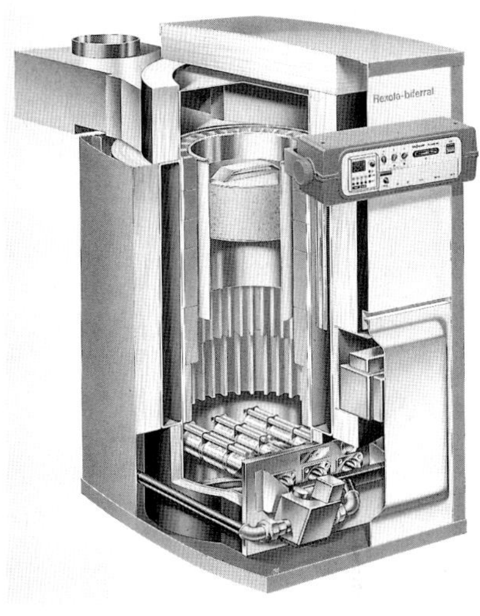

Bild 1.27
Schnitt durch einen atmosphärischen Gaskessel mit zweischaliger antikorrosiver Verbundheizfläche Guß/Stahl mit einer Nennwärmeleistung von 11,18 und 24 kW; durch das Renox-System NOx-minimiert

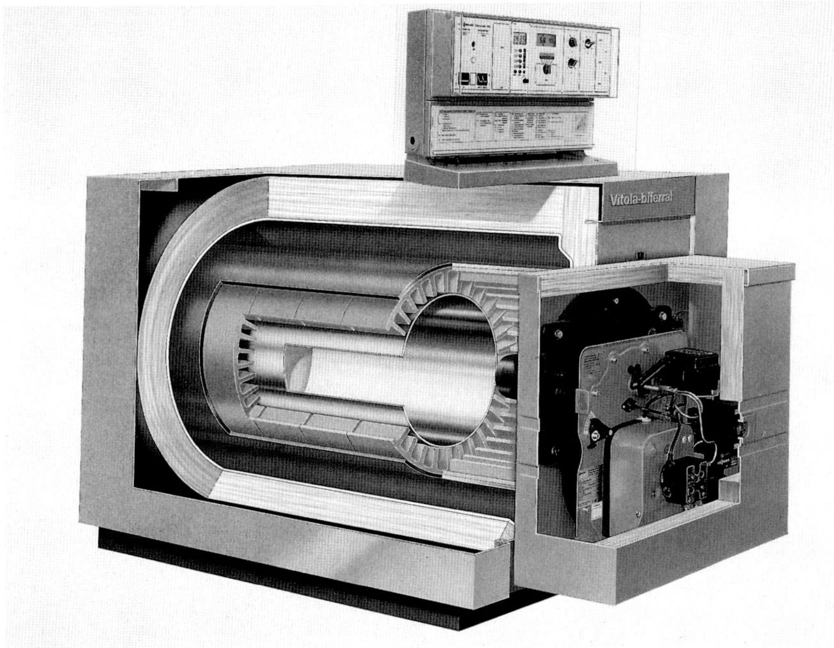

Bild 1.28
Schnitt durch den Öl/Gas-Tieftemperaturkessel Viessmann Vitola-biferral mit Sparelektronik Tetramatik

Bei der Feuerung mit Gebläsebrenner (für Öl und Gas), siehe Bild 1.26, werden die zur Verbrennung benötigten Luftmengen durch ein im Brenner eingebautes Gebläse mechanisch zugeführt. Gleichzeitig wird bei Überdruckfeuerung für das Überwinden des heizgasseitigen Kesselwiderstandes ein Überdruck im Brennraum erzeugt. Hierdurch ergibt sich ein schornsteinunabhängiger Heizbetrieb, der sich auf optimale verbrennungstechnische Werte einregulieren läßt. Der Drucknullpunkt für das Gebläse liegt nunmehr im Abgasstutzen am Kesselende.

Vorteile bei Gasfeuerungen für Gebläsebrenner sind:

- höhere feuerungstechnische Wirkungsgrade,
- besserer Wärmeübergang an den Heizflächen sowie
- kompaktere Heizkessel-Konstruktion.

Aus diesen Vorteilen heraus werden heute in der Regel Kesselfeuerungen mit Gebläsebrennern eingesetzt.

Bild 1.27 zeigt beispielhaft nochmals einen Schnitt durch einen atmosphärischen Gaskessel (Kessel mit Feuerung ohne Gebläse) mit zweischaliger antikorrosiver Verbundheizfläche (Guß/Stahl) und einer Nennwärmeleistung von 11 bis 24 kW. Bild 1.28 zeigt einen Schnitt durch einen Öl-/Gas-Tieftemperaturkessel mit Gebläsebrenner.

Ein Wärmeflußdiagramm einer Wärmeerzeugungsanlage in Bild 1.29 läßt erkennen, daß der Großteil der erzeugten Wärmeenergie direkt als Nutzwärme verfügbar ist, während Anteile über den Schornstein und über die Kesseloberfläche verlorengehen.

Bild 1.30 zeigt eine beispielhafte Lösung einer Heizzentrale mit zwei Großkesseln (Leistung je etwa 800 kW) und einem kleinen Kessel (Leistung etwa 110 kW), um sich dem ständigen Teillastbetrieb besser anpassen zu können.

Um die Abgasverluste einerseits und insbesondere die Schadstoffemissionen einer Kesselanlage zu reduzieren, werden zunehmend gas- oder ölgefeuerte Heizkessel entweder als Brennwertkessel (Heizkessel mit internem Abgaswärmetauscher) oder solche mit nachgeschaltetem Katalysator und Wärmerückgewinnungsanlage eingesetzt. Bild 1.31 zeigt den typischen Aufbau einer entsprechenden Kesselanlage mit Einbindung eines Katalysators und Abgaswärmetauschers in den Abgasstrom. Der Katalysator ist in seinem Aufbau detailliert dargestellt.

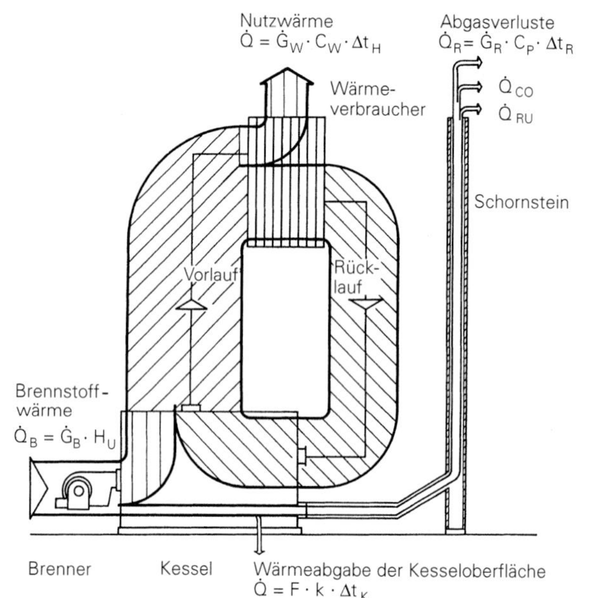

$\Delta t_H = t_{VL} - t_{RL}$

$\Delta t_K \sim t_{OK} - t_L$

$\Delta t_R \sim t_{AG} - t_L$

Bild 1.29
Wärmeflußdiagramm einer Wärmeerzeugungsanlage

Bild 1.30
Wärmeerzeugung mit Kesseln mit einer Leistung von je 760 bis 875 kW und mit einer Leistung von 100 bis 120 kW (Viessmann)

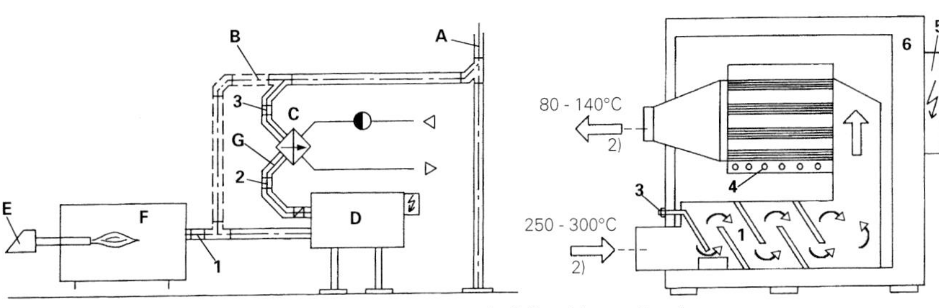

A Kamin
B Revisionsbetrieb
C Wärmerückgewinnung
D Katalysator
E Gas-Öl-Brenner
F Heizkessel
G Abgase

1 SO_2 - Neutralisation
2 KAT - Element
3 NH_3 - Injektion
4 Temperaturhochhaltung
5 Steuerung und Überwachung
6 Isolationsmantel
2) je nach Anlage und deren Auslegung

Bild 1.31
Kesselanlage mit Einbindung eines Katalysators und Abgaswärmetauschers in den Abgasstrom

1.3.2.4. Kesselanlagen (elektrisch betrieben)

In Ländern oder Bereichen, in denen elektrische Energie günstig zu beziehen ist, können Kessel mit elektrischer Direktbeheizung vorwiegend als Speicherheizungen eingesetzt werden. Voraussetzung ist aber im allgemeinen ein günstiger Nachtstromtarif bei dem über einen elektrobetriebenen Kessel während der Nacht die Wärmespeicher aufgeladen werden, die während des Tages ihre Wärme wieder abgeben. Als Speichermedium werden in der Regel Wasser oder Feststoffe (zum Beispiel Magnesit) verwendet – weitere Speichermedien sind zur Zeit in der Entwicklung.

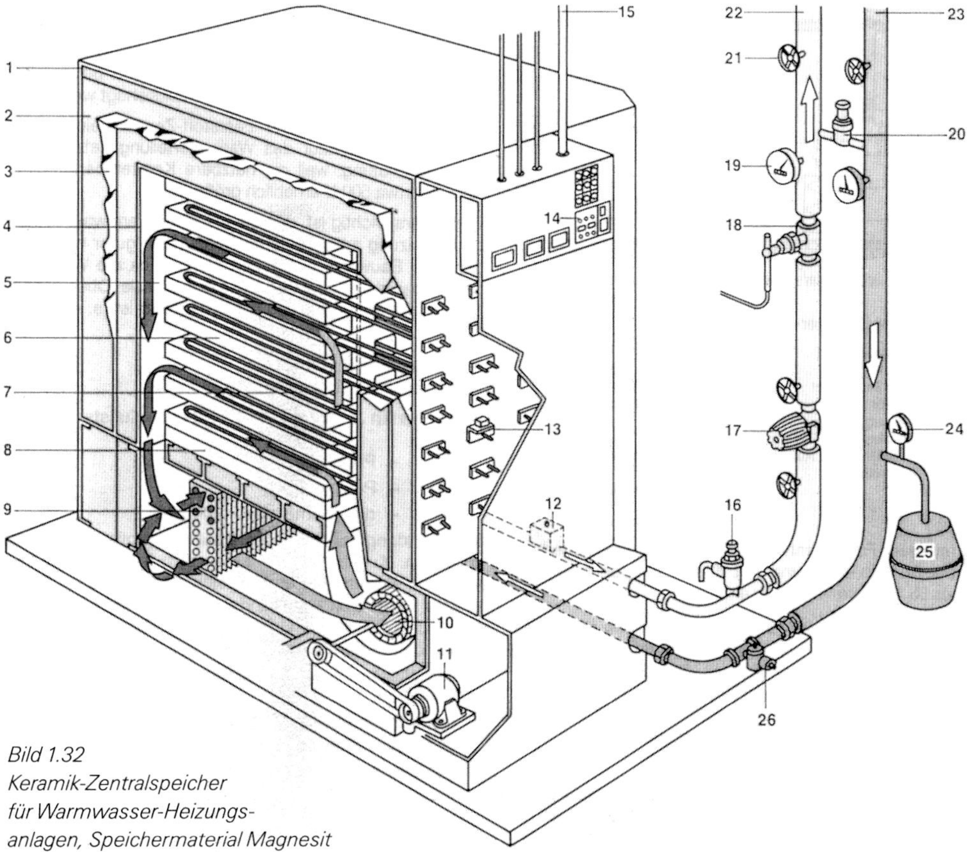

Bild 1.32
Keramik-Zentralspeicher für Warmwasser-Heizungsanlagen, Speichermaterial Magnesit

1 Gehäuse
2 Mineralwolleisolierung
3 Alu-Folie
4 Kernkasten
5 Luftkanal
6 Speicherkern
7 Heizelemente
8 Hartisolation
9 Luft/Wasser-Wärmeaustauscher
10 Radialventilator
11 Ventilatormotor
12 Vorlauftemperaturfühler und -begrenzer
13 Kerntemperaturfühler und -begrenzer
14 Schaltschrank mit Regel- und Steuereinrichtungen
15 Elektrischer Anschluß
16 Sicherheitsventil
17 Umwälzpumpe
18 Strömungswächter
19 Thermometer
20 Bypass mit Überströmventil
21 Absperrventil
22 Vorlauf
23 Rücklauf
24 Manometer
25 Ausdehnungsgefäß
26 Füll- und Entleerhahn

Die direkte Beheizung durch elektrische Energie erfolgt sowohl in kleineren als auch großen Anlagen, wobei das Wasser in auf den Tageswärmebedarf ausgelegten Heißwasser- oder Feststoffspeichern gespeichert wird. Die Aufladung erfolgt in der Regel automatisch in Abhängigkeit der Außentemperatur und nur in der Niedrigtarifzeit. Das im Heizkreis umlaufende Wasser wird in einem Dreiwegemischventil je nach Außentemperatur mit Rücklaufwasser gemischt, um so die günstigste Heizwassertemperatur zu erreichen.

Bild 1.32 zeigt einen Magnesit-Zentralspeicher für Warmwasser-Heizungsanlagen, bei dem ein Speicherkern elektrisch aufgeladen wird. Zur Entladung gibt die über den Speicherkern umgewälzte Luft ihre Wärmeenergie über einen Luft-Wasser-Wärmeaustauscher an das umlaufende Heizungswasser ab.

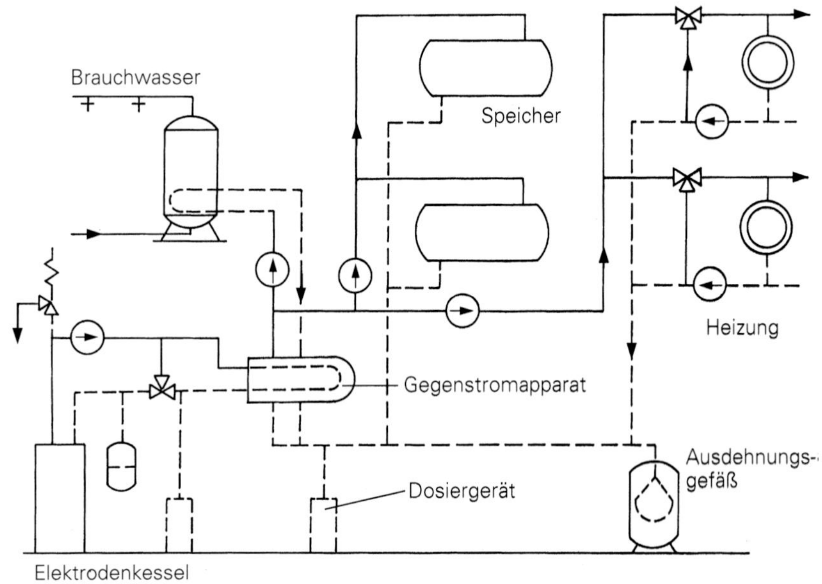

Bild 1.33
Rohrleitungsschema einer Heizanlage mit Elektrodenkessel und Wärmespeicher

Bei der indirekten Heizung mit elektrischer Energie, wie sie Bild 1.33 zeigt, wird über einen speziellen Elektrodenkessel Heißwasser erzeugt, der seine Wärmeenergie an einen Speicher abgibt. Die Beheizung des Heißwasserspeichers erfolgt wiederum in der Regel während der Nacht (Niedertarifzeit) und die Entladung des Speichers während des Tages.

1.3.3. Schornsteine

Schornsteine haben die Aufgabe, Abgase von Kesselanlagen einwandfrei abzuführen. Der dazu benötigte Zug wird aufgrund des Gewichtsunterschiedes der heißen Abgase im Schornstein und einer gleichhohen Kaltluftsäule erzeugt. Bei Feuerstätten mit natürlichem Schornsteinzug muß der Schornstein soviel Unterdruck im Brennraum des Heizkessels erzeugen, daß die zur Verbrennung erforderliche Luftmenge frei in den Verbrennungsraum nachströmen kann. Bei Feuerstätten mit Überdruckfeuerung müssen mit dem Schornsteinzug lediglich die Widerstände des Abgasrohres und die Eigenwiderstände des Schornsteins überwunden werden.

Bei den Schornsteinausführungen unterscheidet man verschiedene Ausführungsarten. Diese sind:

- mehrschalige Montageschornsteine
- Fertigteilschornsteine
- Luft-Abgas-Schornsteine
- feuchtigkeitsunempfindliche Schornsteine
- freistehende Schornsteine
- Stahlschornsteine.

Bild 1.34 zeigt einen mehrschaligen Montageschornstein mit einem innenglasierten Futterrohr aus Schamotte, Mantelstein aus Leichtbeton und Wärmedämmung aus Mineralfaser-Dämmplatten. Montageschornsteine können schnell und fehlerfrei aufgebaut werden und zeichnen sich durch ein geringes Gewicht aus.

Bild 1.35 zeigt beispielhaft einen Fertigteilschornstein, der in seinem Aufbau dem des Bildes 1.34 gleicht. Fertigteilschornsteine werden geschoßhoch geliefert und sind infolge ihrer Typisierung (Vorfertigung) sehr kostengünstig.

Bild 1.36 zeigt einen Luft-Abgas-Schornstein für Einzelfeuerstätten, der eine Doppelfunktion besitzt. Er leitet die Abgase der angeschlossenen Einzelöfen ab und führt diesen gleichzeitig die erforderliche Verbrennungsluft wieder

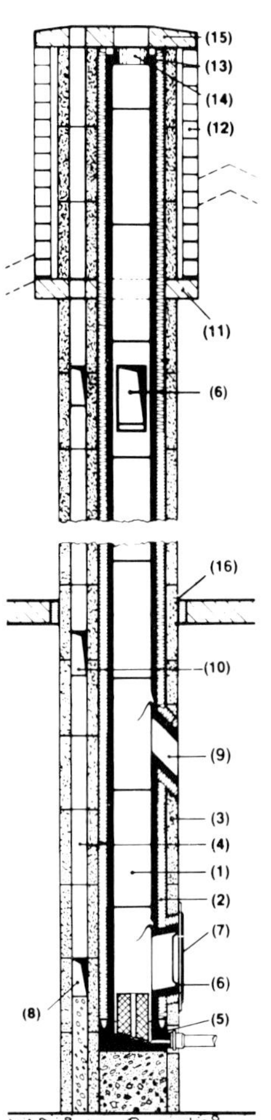

(1) Futterrohr keramisch glasiert
(2) Dämmplatten aus Mineralfaser
(3) Mantelsteine aus Leichtbeton
(4) Angeformter Abluftschacht im Mantelstein
(5) Kondensatablaufschale
(6) Futterrohr mit angeformtem Rechteckstutzen für den Einbau der Reinigungstür
(7) Reinigungstür
(8) Kontrolltür für Abluftschacht
(9) Futterrohr mit angeformtem Rundstutzen für den Feuerstättenanschluß
(10) Abluftöffnung für Heizraumentlüftung
(11) Kragplatte aus Stahlbeton
(12) Verkleidung – Schornsteinkopf
(13) Dehnfuge
(14) Dehnfugenmanschette
(15) Abdeckplatte aus Stahlbeton
(16) Gleitfuge aus Mineralfaser

Bild 1.34
Dreischaliger Plewa „S+S"-Schornstein. Die keramische Innenglasur ist spiegelglatt und säurefest (= S+S). Diese Schornsteinkonstruktion eignet sich auch für den Anschluß von Brennwertkesseln

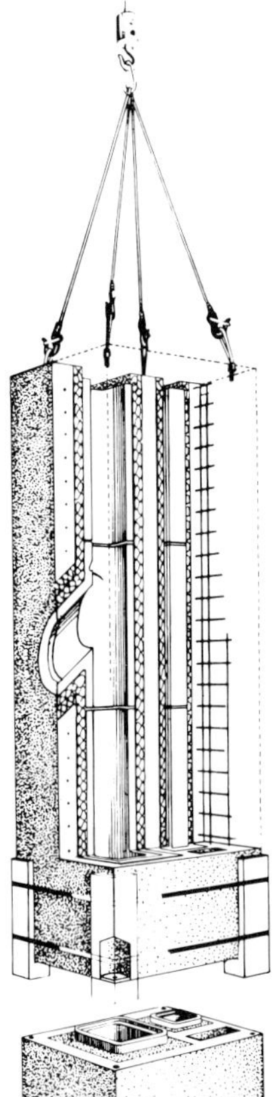

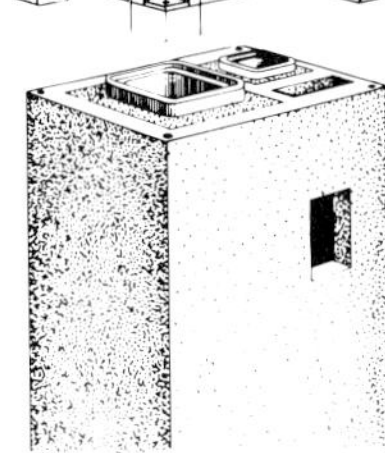

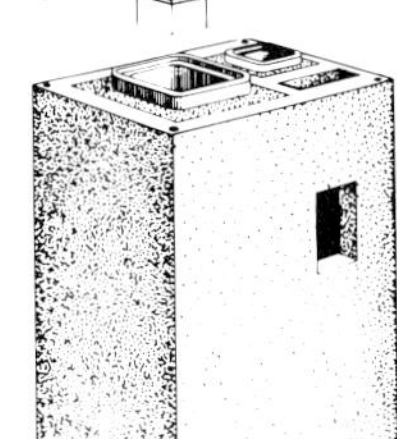

Bild 1.35
Fertigteilschornstein

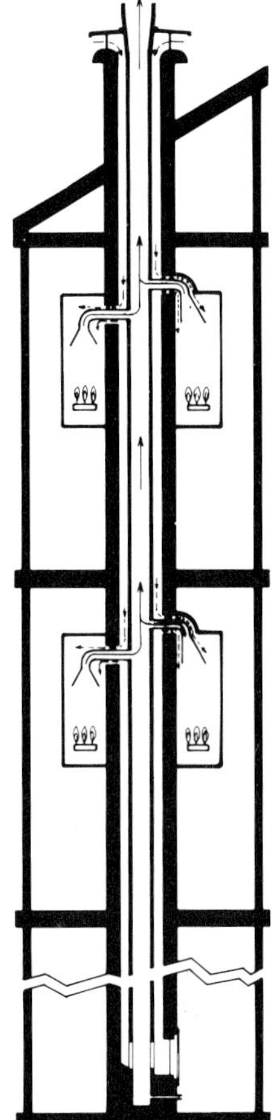

Bild 1.36
Luft-Abgas-Schornstein, dargestellt in Verbindung mit Gasableitung an die angeschlossenen Einzelöfen

zu. Beide Systeme liegen nebeneinander oder sind konzentrisch ineinanderliegend angeordnet. Aufgrund seiner Bauart löst der Luft-Abgas-Schornstein das Problem der ausreichenden Luftzufuhr bei fugendichten Fenstern und Türen in Wohnobjekten mit Einzelfeuerungen.

Feuchtigkeitsunempfindliche Schornsteine wurden entwickelt, um Niedertemperatur-Wärmeerzeuger und Brennwertkessel anschließen zu können, die Abgastemperaturen deutlich unter 100°C besitzen und erhebliche Kondensatmengen ausscheiden, die infolge ihrer Agressivität einen herkömmlichen Kamin angreifen und zerstören würden. Bei den feuchtigkeitsunempfindlichen Schornsteinen wird um das abgasführende Innenrohr Luft mit nach oben geführt, die im Sockelbereich des Schornsteines zuströmt. Sie nimmt anfallende Feuchtigkeit auf und transportiert sie im Mündungsbereich ins Freie. Damit wird die Gefahr der Durchfeuchtung bei niederen Abgastemperaturen verhindert, wobei jedoch eine Innenglasur, wasserdicht und säurebeständig, für den Erhalt des Kamines sorgt.

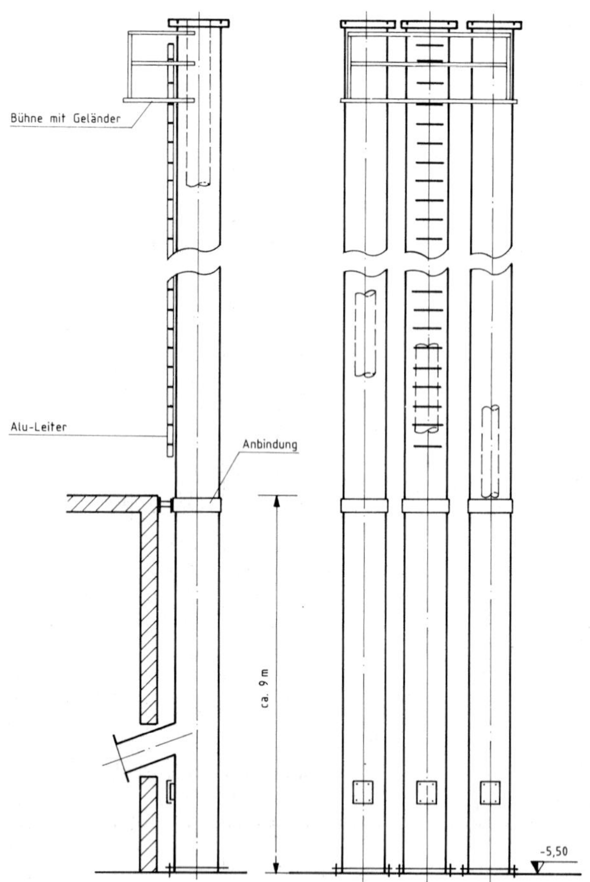

Bild 1.37
Schornsteinanlage – dreizügig freistehend

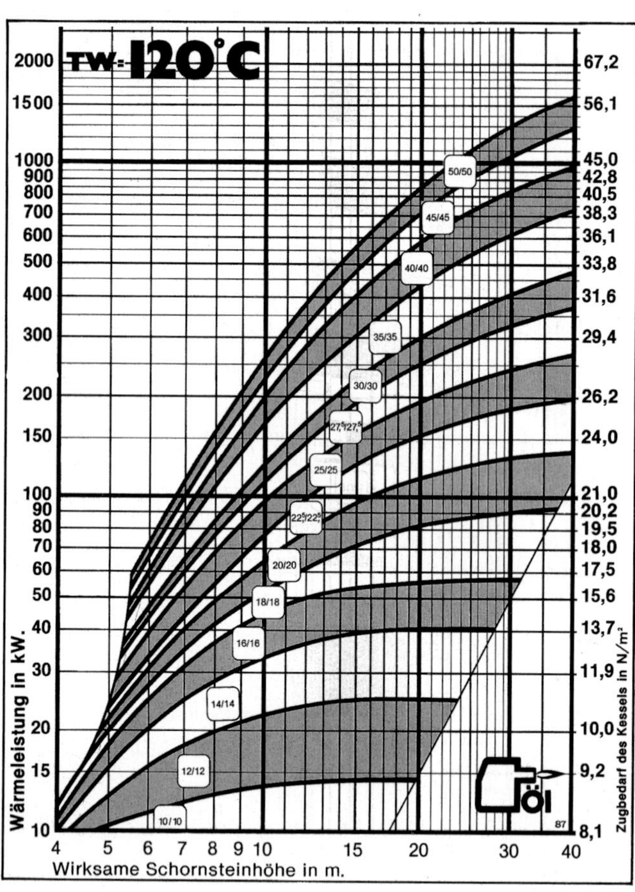

Bild 1.38
Diagramm für die Bemessung von Schornsteinquerschnitten

Freistehende Schornsteine, wie Bild 1.37 ausweist, bestehen aus einem oder mehreren abgasführenden Innenrohren, einer Wärmedämmschicht und einem äußeren Mantel aus Stahlbeton, Stahl oder Mauerwerk. Freistehende Schornsteinanlagen kommen in der Regel nur in Verbindung mit großen Heizzentralen zur Ausführung und müssen je nach Kesselleistung entsprechend der Luftreinhalteverordnung dimensioniert werden.

Teilweise werden Schornsteingutachten gefordert, über die in Abhängigkeit der Schadstoffbelastung die Schornsteinhöhe bestimmt wird. Bei kleineren Anlagen können die Dimensionierungsunterlagen der Hersteller herangezogen werden. Beispielhaft sollen durch die Diagramme der Firma Plewa, Bild 1.38, die Bemessung von Schornsteinquerschnitten in Abhängigkeit der wirksamen Schornsteinhöhe, der Wärmeleistung und der Kesselkonstruktion gezeigt werden. Dabei sind die Ausgangswerte des Bildes zu beachten.

Die Einzeldiagramme zeigen die Bemessung von Schornstein-Querschnitten für Heizkessel, (Erdgas- bzw. Heizöl-gefeuert) und mit unterschiedlichem Zugbedarf:

An einen gemeinsamen Schornstein für Zentralheizungsanlagen dürfen je nach örtlichen Vorschriften bis max. 3 Feuer-

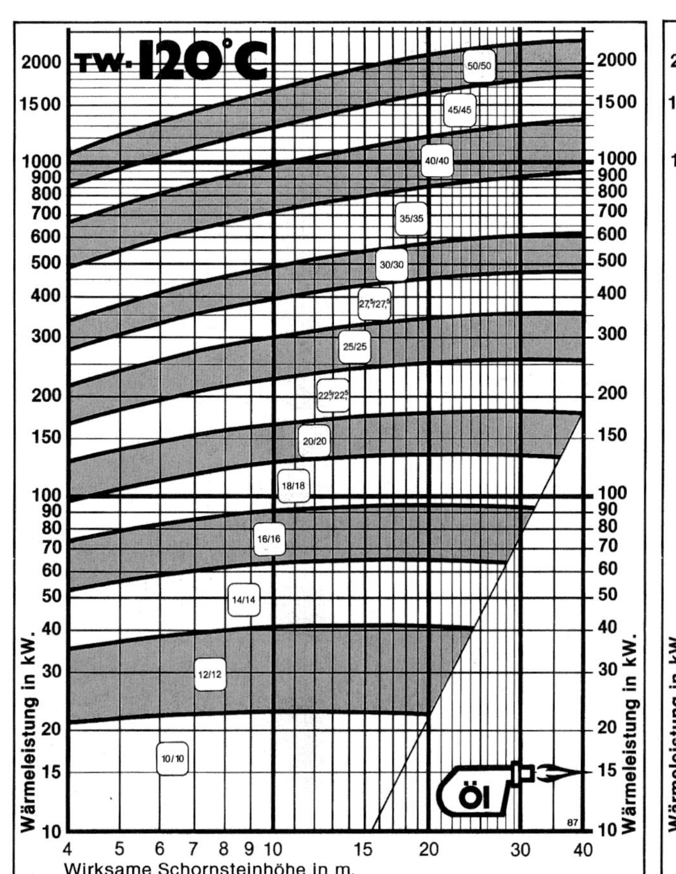

Bild 1.38
Diagramm für die Bemessung von Schornsteinquerschnitten

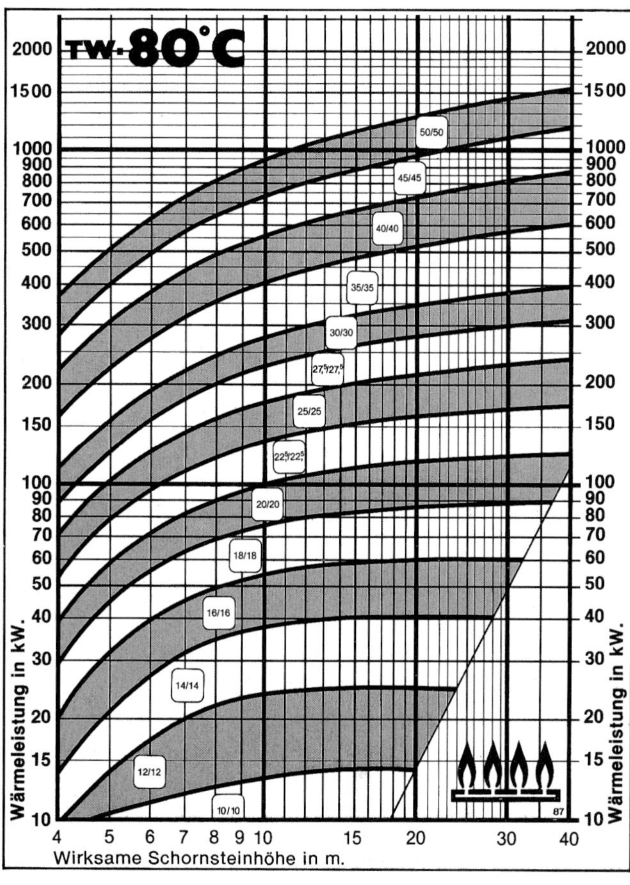

Bild 1.38
Diagramm für die Bemessung von Schornsteinquerschnitten

stätten für feste oder flüssige Brennstoffe mit Leistungen von je 20 kW und für gasförmige Brennstoffe von je 30 kW angeschlossen werden.

Die wirksame Schornsteinhöhe muß in jedem Fall mindestens 4 m betragen, wenn die oberste Feuerstätte mit Gas betrieben wird, ansonsten 4,5 m. Höhe über Dach: min. 0,4 m.

Wird die vorgenannte Nennwärmeleistung je Feuerstätte überschritten, so ist jede einzelne Feuerstätte mit einem Einzelkamin auszurüsten. Das gleiche gilt

- bei Gebäuden mit mehr als 5 Vollgeschossen
- bei Abgas-Feuerstätten mit offenem Feuerraum (z.B. Kamine)
- bei Gas-Feuerstätten, deren Abgastemperaturen höher als 400° C sind usw.

In jedem Fall sind die einschlägigen Richtlinien der entsprechenden Behörden zu beachten.

1.3.4. Öllagerung

Die Lagerung von Heizöl in Öltanks hängt von der Verfügbarkeit des Heizöls sowie den Kosten von Tank und Öl sowie weiteren Faktoren ab. In der Regel soll ein Tank so ausgelegt werden, daß er das Heizöl einer ganzen Heizperiode aufnehmen kann, er wird jedoch dadurch groß und teuer. Der ungefähre Heizölverbrauch für eine volle Heizperiode für Wohnhäuser beträgt ohne Berücksichtigung der Brauchwassererwärmung.

Brennstoffverbrauch/a (Ba) ca.:

- Ba = 15 bis 20 l/m^2aNutzfläche (= 540 bis 720 MJ/m^2a) in einem Mehrfamilienhaus bzw.
- Ba = 20 bis 30 l/m^2a Nutzfläche (= 720 bis 1080 MJ/m^2a) für ein freistehendes Einfamilienhaus

Genormte Öltanks sind in ihrer Größe der Tabelle 1.22 zu entnehmen.

Öltanks können sowohl unter der Erde als auch auf der Oberfläche liegend/stehend oder als Batterietanks oder Kellertanks im Gebäude untergebracht werden.

Unterirdisch verlegte, zylindrische Tanks aus Stahl müssen doppelwandig ausgeführt werden und sind entsprechend genormt. Neben den unterirdischen Stahltanks gibt es auch Kunststoff-Tanks aus glasfaserverstärktem Polyester-Harz. Sie sind einwandig und benötigen keine Leck-Sicherungsgeräte. Weiterhin unterirdisch oder überirdisch verlegt werden können Kugeltanks aus glasfaserverstärktem Kunststoff (GFK) bis zu einem Inhalt von 12 m^3.

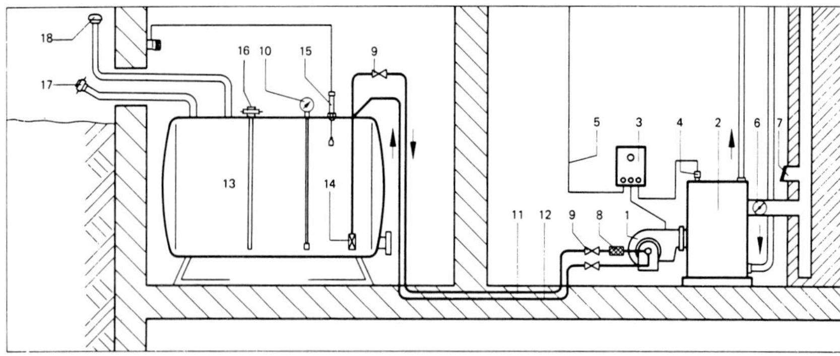

Bild 1.39
Oberirdische Öllagerung

1 Brenner
2 Kessel
3 Schaltschrank
4 Sicherheits- und Reguliertthermostat
6 Drosselklappe
7 Zugregler
8 Filter
9 Schnellschlußventil
10 Ölstandsanzeiger
11 Öl-Vorlaufleitung
12 Öl-Rücklaufleitung
13 Heizöllagerbehälter
14 Saugventil (100 mm Abstand vom Behälterboden)
15 Grenzwertgeber
16 Peilstab
17 Fülleitung
18 Entlüftung nach DIN 4755 (2,5 m über Erdreich endend)

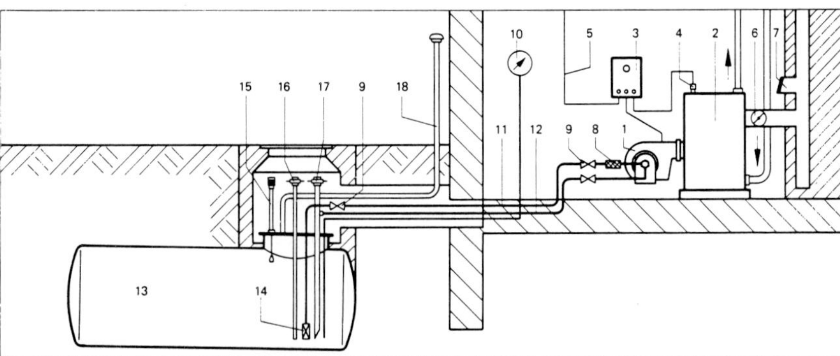

Bild 1.40
Unterirdische Öllagerung

Inhalt m³	Außen-durchmesser mm	Gesamt-länge mm	Inhalt m³	Außen-durchmesser mm	Gesamt-länge mm
1	1.000	1.510	20	2.000	6.960
3	1.250	2.740	25	2.000	8.540
5	1.600	2.820	30	2.000	10.120
7	1.600	3.740	40	2.500	8.800
10	1.600	5.350	50	2.500	10.800
(13)	1.600	6.960	60	2.500	12.800
16	1.600	8.570	80	2.900	12.750
			100	2.900	15.950

Tabelle 1.22
Abmessungen von Öltanks nach DIN 6608 – Teil 1 (10.81)

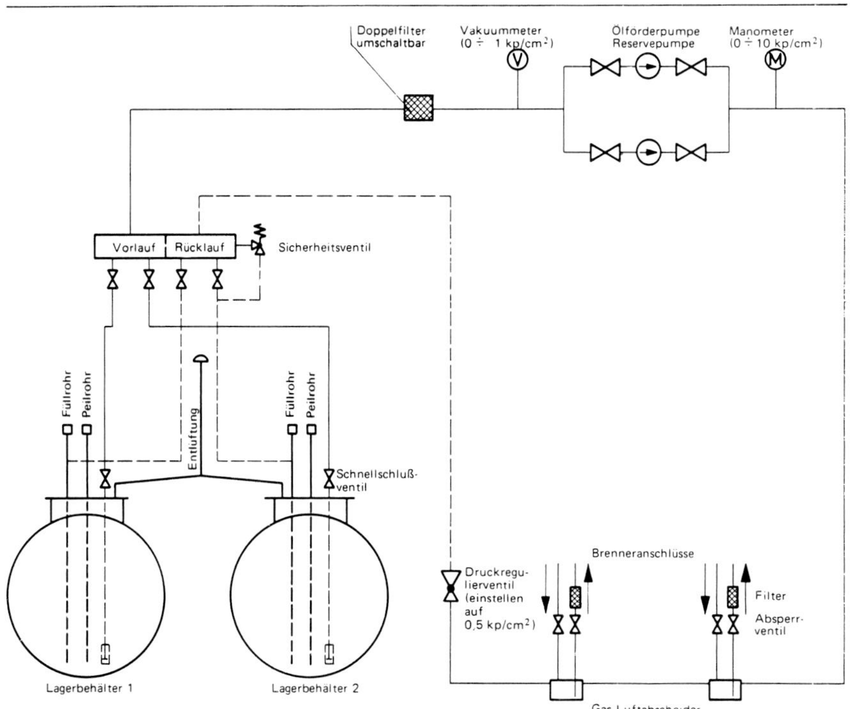

Bild 1.41
Ölversorgung einer Kesselanlage mit zwei Lagerbehältern

Oberirdische Heizöltanks werden in folgenden Bauformen angeboten:

- Stählerne Tanks für kleine Anlagen zu Batterien zusammengestellt) (Inhalt 1000–2000 Liter)
- Kunststofftanks bis 10.000 l, wiederum zu Batterietanks zusammenstellbar
- stählerne Zylindertanks
- Kellergeschweißte Tanks in verschiedensten geometrischen Bauformen, auch geeignet zum nachträglichen Einbringen in ein Gebäude.

Alle oberirdischen Tanks müssen in einer Ölauffangwanne bzw. in einem als Auffangwanne dienenden Raum aufgestellt werden.

Die prinzipielle Darstellung der Ölversorgung und -lagerung für Kesselanlagen zeigen die Bilder 1.39 bis 1.41.

Neben der Lagerung von Heizöl kann es von Fall zu Fall auch zu einer Lagerung von Flüssiggas kommen. Hier ist infolge der hohen Explosionsgefahr mit äußerster Vorsicht an die Planung zu gehen unter gleichzeitiger Einbeziehung aller notwendigen Sicherheitsbehörden etc. Für die Lagerung von Flüssiggas gelten besondere Bestimmungen, die unbedingt einzuhalten sind.

1.4. WARMWASSER- UND WÄRMEENERGIEVERTEILUNG

1.4.1. Warmwasserverteilungssysteme (Trinkwasserversorgung)

Bei der Warmwasserversorgung werden folgende Systeme unterschieden:

- Zentrales Warmwasserversorgungssystem
- Dezentrales Warmwasserversorgungssystem

Bei der zentralen Warmwasserversorgung, Bild 1.42, erfolgt die Warmwasserbereitung an zentraler Stelle; die Warmwasserverbraucher werden über ein je nach Objektgröße mehr oder weniger umfangreiches Warmwasserverteilernetz versorgt. Zusätzlich werden bei diesem Verteilungssystem ein Zirkulationsleitungsnetz sowie eine Zirkulationspumpe erforderlich, damit auch bei längeren Zapfpausen stets Warmwasser an den Verbrauchsstellen bereitsteht. Das System erfordert neben den hohen Investitionen zusätzlich höhere Betriebskosten, da elektrische Energie für den Betrieb der Zirkulationspumpe benötigt wird und die Rohrleitungswärmeverluste durch zusätzliche Wärmeenergie ausgeglichen werden müssen. Andererseits wird jedoch Wasser gespart, da an den Zapfstellen immer warmes Wasser zur Verfügung steht.

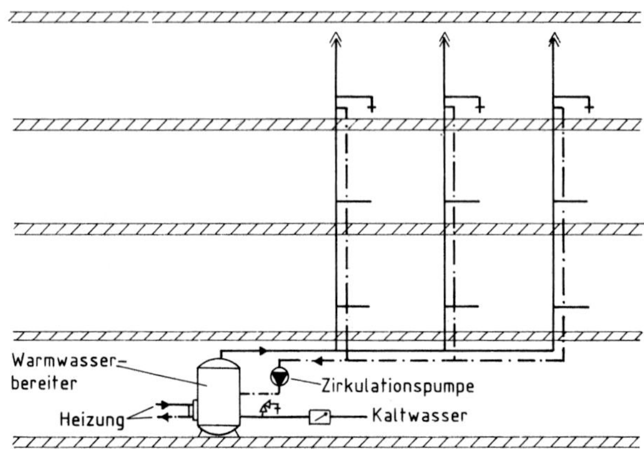

Bild 1.42
Zentrales Warmwasserversorgungssystem

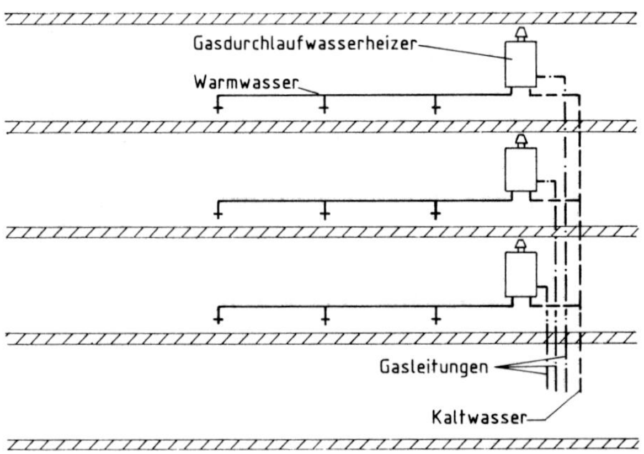

Bild 1.43
Dezentrales Warmwasserbereitungssystem

Bei der dezentralen Warmwasserversorgung, Bild 1.43, erfolgt die Warmwasserbereitung möglichst in unmittelbarer

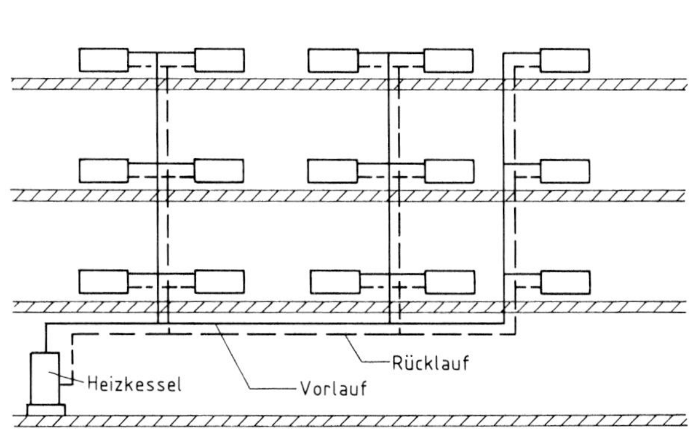

Bild 1.44
Zweirohrsystem mit unterer Verteilung und senkrechten Steigesträngen

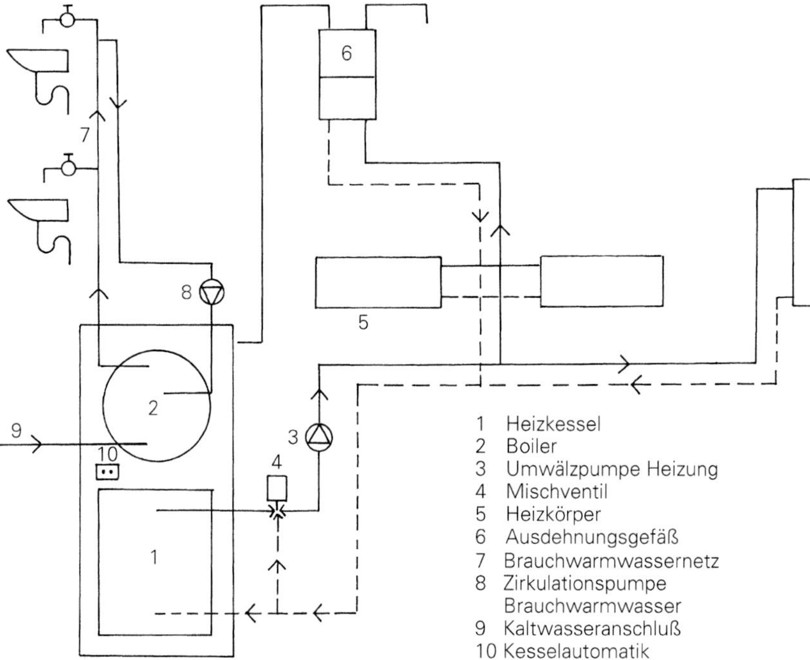

Bild 1.45
Die Zweirohrheizungsanlage mit Warmwassererzeugung

Nähe der Verbrauchsstellen, so daß umfangreiche Warmwasserverteil- und Zirkulationsleitungsnetze entfallen.

Neben den damit verbundenen geringeren Investitionen und Betriebskosten ergibt sich in größeren Gebäuden mit mehreren vermietbaren Bereichen der Vorteil einer einfacheren Abrechnung der Kosten für die Warmwasserbereitung.

Nachteil: Es würden eine Vielzahl von Einzel-Warmwasserbereitern notwendig, die je nach Beheizungsart Zusatzmaßnahmen erfordern (z.B. Gasversorgung, Schornsteine bei Gasheizung bzw. Erhöhung des Stromanschlußwertes bei elektrischer Beheizung).

Der Einsatz einer zentralen bzw. dezentralen Warmwasserbereitung hängt im wesentlichen ab vom:

- Warmwasserverbrauch während des Tages und in der Spitze (Art des zu versorgenden Objektes)
- der Weitläufigkeit (Ausdehnung) des zu versorgenden Objektes
- dem gewählten Wärmeerzeugungssystem für Heizzwecke.

1.4.2. Wärmeenergieverteilungssysteme

Bei der Wärmeenergieverteilung (Heizwärme) unterscheidet man folgende Systeme:

- Zweirohrsystem mit unterer Verteilung und senkrechten Steigesträngen
- Zweirohrsystem mit oberer Verteilung und senkrechten Steigesträngen
- Zweirohrsystem mit horizontaler Verteilung in den Geschossen
- Einrohrssysteme
- Etagenheizung.

1.4.2.1.
Zweirohrsystem mit unterer Verteilung

Beim Zweirohrsystem, Bild 1.44, wird jeder Heizkörper der Anlage über eine Vorlaufleitung mit Heizwasser von gleicher Temperatur versorgt; das abgekühlte Wasser wird über eine Rücklaufleitung zum Wärmeerzeuger zurückgeführt. Bei der unteren Verteilung werden die Hauptverteilleitungen, von denen die senkrechten Steigestränge abzweigen, meistens im Unter- oder Kellergeschoß verlegt.

In größeren Objekten besteht ein solches Verteilungssystem zusätzlich aus mehreren, nach Himmelsrichtungen oder Nutzungen unterteilten Gruppen, die einzeln geregelt werden können. Bild 1.45 zeigt die Kombination von Heiz- und Warmwassersystem mit unterer Verteilung.

1.4.2.2.
Zweirohrsystem mit oberer Verteilung

Die Wärmeverteilung erfolgt bei diesem System, Bild 1.46, wie beim Zweirohrsystem mit unterer Verteilung. Der Unterschied besteht lediglich darin, daß die Hauptverteilleitungen entweder im obersten oder im Dachgeschoß verlegt werden. Neben der Vorlauf- und Rücklaufleitung im Ober- oder Dachgeschoß wird die Rücklaufleitung im Untergeschoß oder in einem Bodenkanal des untersten zu beheizenden Geschosses angeordnet.

Das System wird dann eingesetzt, wenn die Wärmeerzeugungsanlage als Dachzentrale ausgeführt wird, oder bauliche Gründe eine untere Verteilung nicht zulassen.

1.4.2.3.
Zweirohrsystem mit horizontaler Verteilung in Geschossen

Bei diesem System werden die Verteilleitungen entweder unterhalb der Geschoßdecke – im Hohlraumbereich der abgehängten Zwischendecke – oder in einem aufgeständerten Doppelboden verlegt und die darüber oder dahinterliegenden Heizkörper direkt an die Verteilleitungen angeschlossen, Bild 1.47.

Das System findet in Gebäuden Anwendung, in denen keine senkrechten Steigestränge im Bereich der Fassadenkonstruktion geführt werden können und die senkrechte Verteilung auf wenige zentral angeordnete Steigestränge beschränkt bleiben muß.

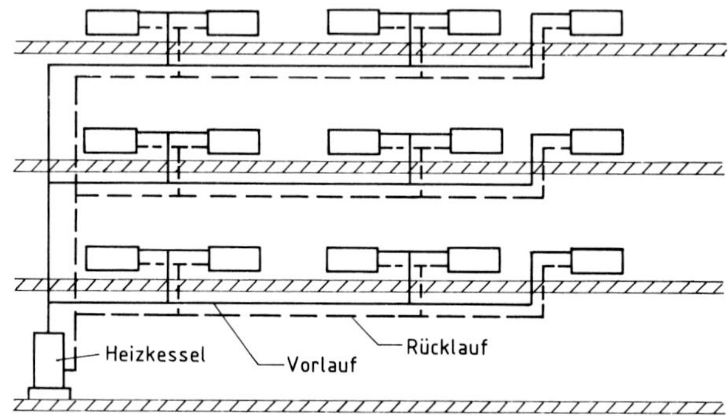

Bild 1.46
Zweirohrsystem mit horizontaler Verteilung in den Geschossen

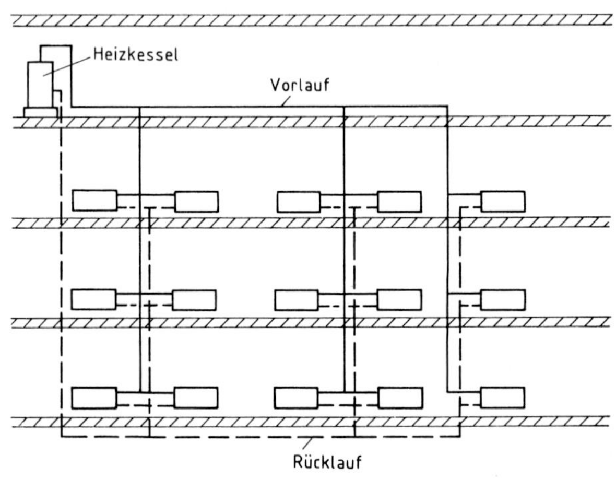

Bild 1.47
Zweirohrsystem mit oberer Verteilung und senkrechten Steigesträngen

In Gebäuden ohne Doppelböden oder abgehängte Deckenbereiche ist der Einsatz dieses Systemes nur dann möglich, wenn die Rohrleitungen sichtbar auf dem Rohboden verlegt und damit die Nachteile der im Estrich liegenden Rohrleitungen in Kauf genommen werden, oder die Leitungen auf der Außenwand hinter den Heizkörper verlegt werden.

Insbesondere bei Wohnbauten werden die Heizkörper auch ab einem zentralen Wohnungsverteiler über Bodenleitungen im Estrich (Unterlagsboden) angeschlossen. Diese „sternförmige" Verrohrung mit Weichstahl- oder Kunststoffrohren ermöglicht eine Wärmemessung pro Wohnung.

1.4.2.4. Einrohrsysteme

Beim Einrohrsystem erfolgt die Versorgung der Heizkörper mit Heizwasser nur über ein Rohr, das heißt sowohl Vorlauf- als auch Rücklaufwasser werden über eine gemeinsame Rohrleitung gefördert. Das hat zur Folge, daß die einzelnen Heizkörper mit Heizwasser versorgt werden, dessen Temperatur von Heizkörper zu Heizkörper durch das jeweils beigemischte kältere Rücklaufwasser abnimmt. Um die Leistung der Heizkörper anzupassen, ist entweder eine entsprechende Heizflächenvergrößerung notwendig, oder die über die Heizkörper fließende Wassermenge muß zur konstanten Beibehaltung der mittleren Heizflächentemperatur entsprechend angepaßt werden.

Bei großen Einrohrheizungsanlagen erfolgt die Hauptverteilung von der Heizzentrale aus. An dieses Verteilungssystem werden die Leitungen zu den Heizkörpern im Einrohrsystem angeschlossen.

Man unterscheidet horizontale und vertikale Einrohrsysteme, Bild 1.48.

Beim horizontalen Einrohrsystem wird die von den senkrechten Steigeleitungen abzweigende Rohrleitung horizontal – meist unterhalb der Geschoßdecke oder im Doppelboden – verlegt. Daran werden nebeneinander im gleichen Geschoß liegende Heizflächen angeschlossen.

Beim vertikalen Einrohrsystem wird die Rohrleitung, abzweigend von den waagerechten Verteilleitungen im Keller- oder Dachgeschoß, vertikal in Schächte oder Schlitze verlegt. Daran werden übereinander in verschiedenen Geschossen liegende Heizflächen angeschlossen. Der Vorteil eines horizontalen Einrohrsystems gegenüber einem vertikalen liegt darin, daß eine geschoßweise Unterteilung der Heizgruppen in einzelne, separat meß- und regelbare Zonen möglich ist und damit der Gebäudenutzung sowohl im Verwaltungs- als auch im Wohnungsbau entsprochen werden kann.

1 Heizkessel
2 Umwälzpumpe
3 Verteilleitung in oder über dem obersten Geschoß
4 Fallstränge
5 Heizkörper mit handbetätigten oder thermostatischen Ventilen
6 Rücklaufsammelleitung
7 Druckausdehnungsgefäß
8 Sicherheitsventil

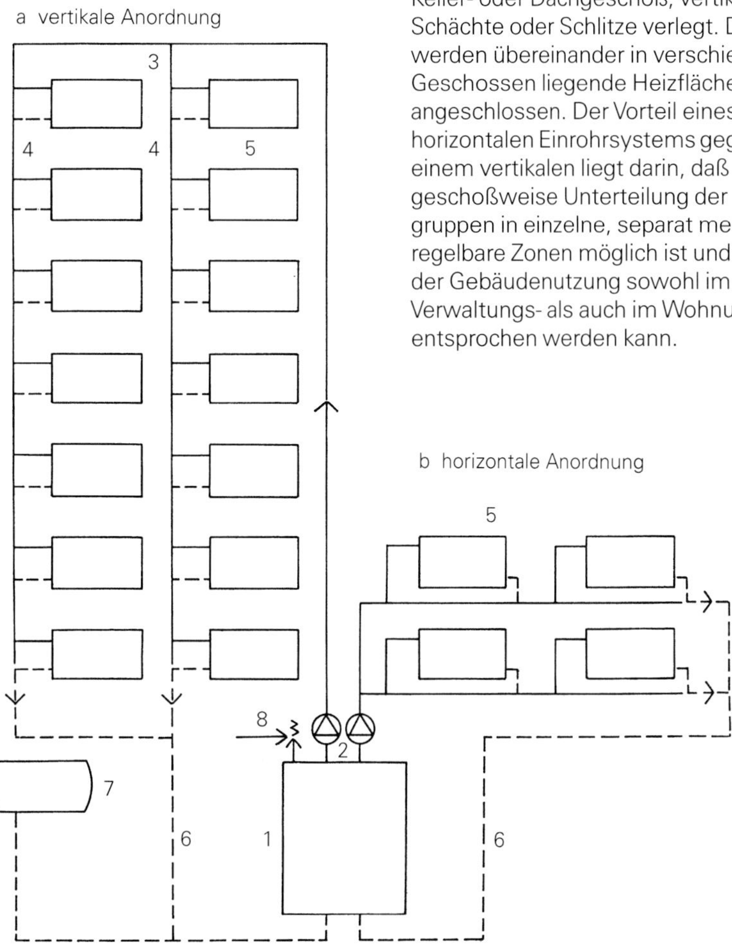

Bild 1.48
Die Einrohrheizungsanlage

1.4.3. Etagenheizung

Bei der Etagenheizung, Bild 1.49, die fast ausschließlich bei der Altbaumodernisierung Anwendung findet, wird je Etage bzw. Nutzungsbereich ein eigener Wärmeerzeuger (Gasspezialheizkessel bzw. Gas-Umlaufwasserheizer) vorgesehen. Die einzelnen Heizkörper werden entweder im Zweirohr- oder im Einrohrsystem mit Heizwasser versorgt.

Die Rohrleitungen sind dabei vorwiegend auf dem Rohfußboden oder hinter Spezialfußleisten auf der Wand verlegt. Bei der Verlegung auf dem Rohfußboden müssen wiederum die Nachteile im Estrich liegender Rohrleitungen in Kauf genommen werden.

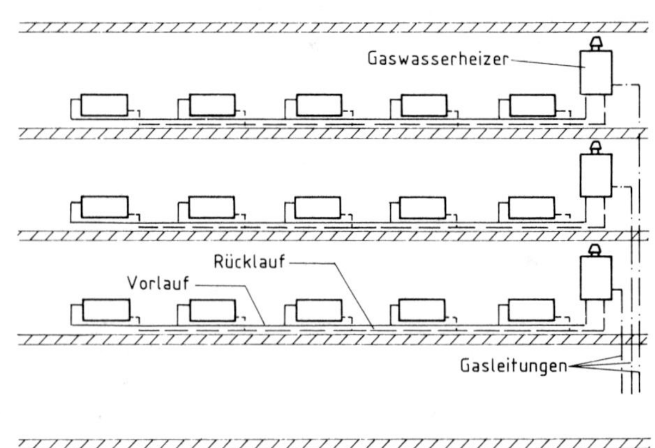

Bild 1.49 Etagenheizung

1.4.4. Rohrleitungen

1.4.4.1. Materialien

In der Hausinstallation werden vorwiegend folgende Materialien verwendet:

- schwarzes Stahlrohr
- verzinktes Stahlrohr
- Kupferrohr
- Kunststoffrohr
- Verbundrohr (Kunststoff/Metall)

• Schwarzes Stahlrohr

Nahtloses oder geschweißtes schwarzes Stahlrohr wird fast ausschließlich im Bereich der Heizungsinstallation eingesetzt. Bei Einsatz schwarzen Stahlrohres ist der Wasserqualität besondere Beachtung zu schenken. Teilweise ist eine entsprechende Nachbehandlung des Wassers erforderlich.

• Verzinktes Stahlrohr

Verzinktes Stahlrohr wird häufig in der Sanitärinstallation angewandt, da Zink die Eisenflächen mechanisch schützt. Darüber hinaus besitzt Zink die Eigenschaft, in Verbindung mit Bestandteilen des Wassers (Kalk) Schutzschichten zu bilden. Deren Qualität hängt jedoch von der jeweiligen Beschaffenheit sowie von der Temperatur und Fließgeschwindigkeit des Wassers ab. Grundsätzlich ist verzinktes Stahlrohr sowohl für kaltes als auch für warmes Wasser verwendbar, wobei jedoch darauf geachtet werden muß, daß die Grenztemperatur bei maximal 60°C liegt. Bei Überschreitung dieser Temperatur steigt die Korrosionsgefahr. Außerdem läßt die Wirkung der Schutzschicht, die sich besonders gut bei Temperaturen unter 60°C ausbildet, nach.

Schwarzes sowie verzinktes Stahlrohr soll immer den einschlägigen DIN-Normen entsprechen und als Qualitätsrohr gekennzeichnet sein.

• Kupferrohr

Kupfer ist ein Werkstoff, der für Kalt- und Warmwasserrohrleitungen einsetzbar ist. Deshalb ist es sowohl in der Heizungs- als auch in der Sanitärinstallation verwendbar. Die auch bei Kupferrohren entstehende Schutzschicht ist in der Qualität von der Wasserbeschaffenheit abhängig. Sie bildet sich besonders gut bei höheren Temperaturen.

Wenngleich auch Kupferrohr je nach Wasserbeschaffenheit nicht immer ganz problemlos einsetzbar ist, bleibt bei der Werkstoffwahl in der Sanitärinstallation kaum eine Alternative. Es sollte jedoch möglichst Kupferrohr von solchen Herstellern verwendet werden, die für das Kupfer einen Reinheitsgrad gewährleisten können, der den einschlägigen Vorschriften entspricht.

• Kunststoffrohr

Kunststoffrohr wird wegen seiner Korrosionsbeständigkeit überall dort eingesetzt, wo Rohrleitungen aus Metall nicht verwendbar sind. Bei Kunststoffrohren ist jedoch darauf zu achten, daß ihr Einsatzbereich besonders hinsichtlich Temperatur und Druck begrenzt ist.

In Heizungsinstallationen führt die Sauerstoffdiffusion durch die Rohrwand zu dauerndem Anreichern des Heizungswassers mit Sauerstoff was bei Heizkesseln, Heizkörpern etc. zu Korrosion führen kann. Die Diffusionsdurchlässigkeit der Kunststoffrohre ist zu beachten.

- **Verbundrohr (Kunststoff/Metall)**

Zur Vermeidung der Sauerstoffdiffusion werden Kunststoffrohre als mehrschichtige Verbundrohre, mit einer Metallfolie (Aluminium) in Kunststoff eingebettet, hergestellt. Dies ergibt ein diffusionsdichtes Rohr.

1.4.4.2. Korrosion

Unter Korrosion versteht man die durch chemische oder elektrische Vorgänge verursachte Zerstörung von Werkstoffen. Ursache der Korrosion sind in der Hauptsache die im Wasser gelösten Gase, Sauerstoff und Kohlendioxid. Auch die chemische Zusammensetzung sowie Temperatur, Fließgeschwindigkeit und Druck des Wassers sind von Bedeutung.

Weiterhin spielen elektrochemische Vorgänge (Elementbildung) eine große Rolle, die besonders bei der Verwendung verschiedener Metalle auftreten (Mischinstallation). Weiterer Schaden kann durch Steinbildung entstehen. Sie ist darauf zurückzuführen, daß sich bei der Erwärmung von Wasser ab ca. 50°C die Karbonathärte auf den Wandungen der Rohrleitungen abscheidet. Das Ausmaß der Steinbildung hängt vom Salz- und Mineralgehalt des Wassers ab.

Die Korrosion beginnt immer an der Metalloberfläche. Daher ist es für die richtige Werkstoffwahl grundsätzlich wichtig zu wissen, welche Reaktionen sich zwischen Wasserbestandteilen und Werkstoff abspielen und was eine Schutzschichtbildung fördert, hemmt oder ganz verhindert.

In der Hausinstallation sollen Trinkwasser und die damit in Berührung kommenden Werkstoffe nach DIN 2000 so aufeinander abgestimmt sein, daß Korrosionsschäden vermieden werden.

In Heizungsanlagen mit ihrem ständig umlaufenden Wasser tritt Korrosions- und Steinschaden an Stahlrohren selten auf, da der anfänglich im Wasser vorhandene Sauerstoff durch die Temperaturerhöhung ausgeschieden und durch Entlüften aus dem System entfernt wird. Wird erneute Sauerstoffzufuhr durch eine entsprechende Systemwahl (z.B. geschlossenes Ausdehnungsgefäß) und den fachmännischen Bau der Anlage vermieden, so ist eine Korrosion nahezu ausgeschlossen. Darüber hinaus sollte Heizungswasser leicht alkalisch sein, um die im Wasser enthaltene Kohlensäure, die ebenfalls korrosionsfördernd ist, zu neutralisieren.

Ist wegen der Wasserqualität selbst durch entsprechende Werkstoffwahl eine Korrosionsgefahr nicht auszuschließen, so kann man eine Anzahl von Schutzeinrichtungen oder Aufbereitungen installieren, die eine Entgasung, Entsäuerung und Enthärtung des Wassers sowie die Bildung von Schutzschichten bewirken.
Zur Festlegung geeigneter Maßnahmen ist auf jeden Fall eine vorhergehende Wasseranalyse notwendig.

1.4.4.3. Wärmeschutz

Rohrleitungen und Armaturen in Zentralheizungen sind gemäß Tabelle 1.23 gegen Wärmeverluste zu dämmen.

Bei Rohren, deren Nennweite nicht durch Normung festgelegt ist, wird anstelle der Nennweite der Außendurchmesser eingesetzt.

Für Räume, die zum dauernden Aufenthalt von Menschen bestimmt sind, und Bauteilen, die solche Räume miteinander verbinden, gelten die in Tabelle 1.23 festgelegten Werte nicht, wenn die Wärmeabgabe vom Nutzer durch Absperren beeinflußt werden kann oder wenn es sich um Einrohrsysteme handelt.

Bei Materialien mit anderen Wärmeleitfähigkeiten, als in Tabelle 1.23 festgelegt, sind die Dämmschichtdicken umzurechnen. Allfällige, von örtlichen Energiebehörden vorgeschriebene Dämmdicken können abweichen und sind zu beachten.

Wärmeleitfähigkeit λ der Wärmedämmung in W/(m · K)	Nennweite der Rohrleitung									
	10	15	20	25	32	40	50	65	80	≧100
	Dämmschichtdicken in mm									
0,035	20	20	20	30	30	40	50	65	80	100
	gleichwertige Dämmschichtdicken in mm									
0,040	25	25	40	40	50	65	80	100	125	
0,045	35	35	35	50	45	60	80	100	125	155
0,050	45	45	40	60	55	80	100	120	150	190
0,055	60	55	50	75	70	90	120	150	185	230
0,060	70	65	60	90	80	110	140	180	225	280

Tabelle 1.23 Wärmedämmung von Wärmeverteilungsanlagen

1.4.5. Komplexe Energieverteilsysteme

Die bisher gezeigten Beispiele der Energieverteilung sind relativ einfacher Art und hier für kleinere Objekte dargestellt. Gänzlich anders sieht es jedoch bei Großbauten aus, wo eine Vielzahl unterschiedlicher Energieverbraucher wie Heizkörper, Flächenheizungen, Lufterhitzer, Warmwasserbereitungsanlagen usw. Wärmeenergie benötigen. Bild 1.50 zeigt ein einfaches Schema einer Energieverteilung mit unterschiedlichen Verbrauchern. Hier sind bereits einzelne Gruppen erkennbar, die von einem Vorlaufverteiler bzw. einem Rücklaufsammler angefahren werden.

Legende:
- Absperrventil
- Absperrventil mit Regulierkegel
- Rückflußverhinderer
- Schmutzfänger
- Lufttopf
- Pumpe
- Differenzdruckregler
- Absperrventil mit Membranantrieb
- Wärmezähler
- TI Thermometer
- PI Manometer
- PDI Differenzdruck-Manometer
- NE Nacherhitzer
- VE Vorerhitzer

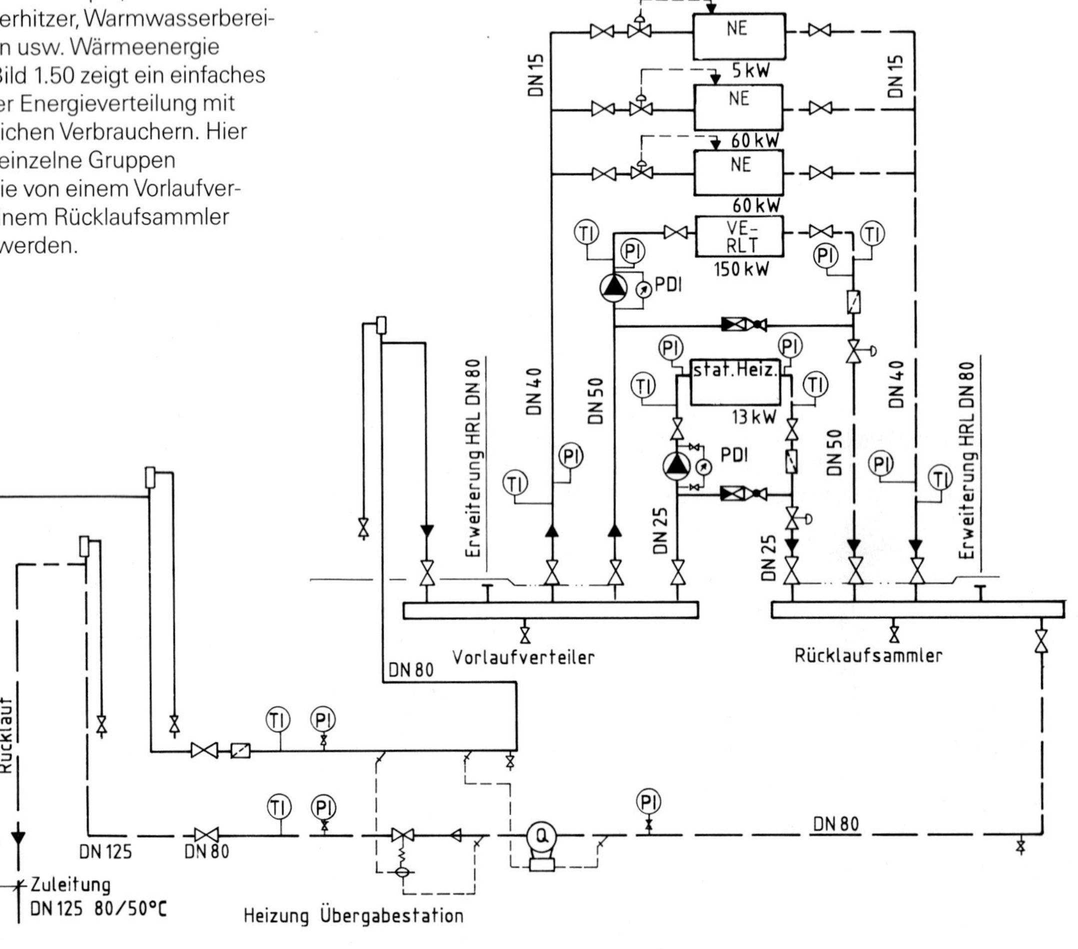

Bild 1.50
Heizungsschema

Bild 1.51.1
Heizenergie-/Kälteenergieverteiler großer Klimazentralen

Bild 1.51.2
Heizenergieverteiler und -sammler eines großen Komplexes

Infolge der benötigten unterschiedlichen Temperaturniveaus und Zonenregelungen (nach Himmelsrichtungen) werden die benötigten Rohrleitungssysteme sehr umfangreich und für den Laien kaum noch durchschaubar. Bild 1.51.1 zeigt die Heizenergie- und Kälteenergieversorgung großer Klimazentralen in einem Verwaltungskomplex. Bild 1.51.2 zeigt Heizenergieverteiler und -sammler eines großen Gebäudekomplexes mit je 17 Abgängen (vorgeregelte Zonen). Daß zur Planung und Unterbringung derart komplexer Rohrsysteme viel Sachverstand angesetzt werden muß, versteht sich von allein, wobei jedoch hier die Frage im Raum steht, ob nicht entsprechende Heizenergieverteilsysteme einfacher aufgebaut werden können, als in den gezeigten Beispielen bzw. wie es die Amerikaner in der Regel vormachen. Bei entsprechenden Anlagen in den USA und zum Teil in anderen Ländern erfolgt eine Hauptverteilung lediglich über eine große Rohrleitung und die Unterverteilung und Regelung direkt jeweils am Verbraucherort. Diesem Vorgehen jedoch steht in Europa in der Regel das Sicherheitsdenken und zum Teil Kostendenken entgegen, da bei Ausfall lediglich einer Energieversorgungsschiene das gesamte System, d. h. sämtliche Verbraucher gegebenenfalls ohne Energieversorgung sind.

1.5.

THERMISCHE BEHAGLICHKEIT (I)

Bevor man sich mit der Auslegung von Heizkörpern oder Heizflächen auseinandersetzt, ist es notwendig, sich mit der thermischen Behaglichkeit vertraut zu machen.

Die thermische Behaglichkeit bei einem beheizten Raum hängt im wesentlichen von den mittleren Temperaturen der umgebenden Flächen ab. So empfinden Menschen, obwohl sie sich wechselnden äußeren Luftzuständen gut anpassen können, deutlich einen Bereich, in dem sie sich am wohlsten fühlen. Dieser Bereich hängt mit dem thermischen Gleichgewicht des Körpers bei verschiedenen physikalischen Umfeldeinflüssen zusammen. Eine Reihe von Faktoren spielen in bezug auf die Behaglichkeit eine Rolle:

- Kleidung
- Geschlecht
- Allgemeinzustand
- Nahrungsaufnahme
- Alter
- Art der Arbeit
- Beleuchtung
- Geräusche
- psychische Verfassung

Unter bestimmten Umständen lassen sich durchschnittliche Werte des Raumzustandes angeben, bei denen sich der Mensch thermisch am behaglichsten fühlt. Dabei von wesentlichster Bedeutung sind die:

- Raumlufttemperatur
- mittlere Wandtemperatur (einschließlich Fenster und Heizkörper)
- Raumluftfeuchte
- Raumluftbewegung

Weiterhin bestimmende Faktoren sind dabei noch:

- Reinheit der Luft
- Geruchsfreiheit der Luft

Geht man davon aus, daß die relative Feuchte in einem angenehmen Bereich (ca. 35 bis 65%) und die Luftbewegungen im Raum nicht spürbar sind, so spielt neben der Raumlufttemperatur die mittlere Wandtemperatur (mittlere Strahlungstemperatur) eine wesentliche Rolle. Verschiedene Arbeitsmediziner haben versucht ein Behaglichkeitsfeld zu definieren und es unter verschiedenen Kriterien beispielhaft in den Bildern 1.52 und 1.53 dargestellt.

Grandjean definierte ein Behaglichkeitsfeld in Abhängigkeit der mittleren Strahlungstemperatur (Umgebungsflächen) und der Raumlufttemperatur. Man sieht, daß die mittlere Strahlungstemperatur lediglich im Bereich von minimal +17°C und maximal +24°C liegt, bei Raumtemperaturen von ca. 18 bis 24°C.

Das Behaglichkeitsfeld gemäß Bild 1.53 geht von den Parametern Raumluftfeuchte und Raumlufttemperatur aus. Auch hier zeigen sich sehr ähnliche Grenzbereiche bei der Raumlufttemperatur wie beim Bild 1.52, jedoch werden Spielbereiche der relativen Feuchte größer. Wie insbesondere das Bild 1.52, Behaglichkeitsfeld im T_U/T_L-Diagramm zeigt, sollen die Temperaturen der einzelnen Raumumschließungsflächen möglichst wenig vom Durchschnittswert abweichen, was dadurch zu erreichen ist, daß die Wärmedämmung im Wand-, Fußboden- und Deckenbereich entsprechend ausgebildet wird und die Beheizung des Raumes, das heißt hier insbesondere die Heizflächen, die notwendige Unterstützung geben.

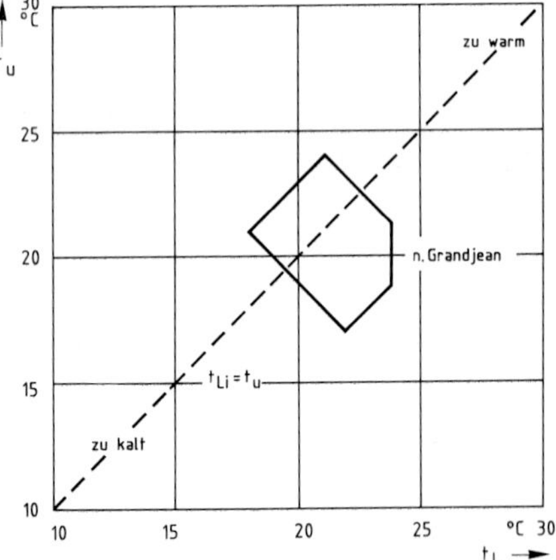

Bild 1.52
Behaglichkeitsfeld im t_U/t_L-Diagramm nach Grandjean
t_U = mittlere Strahlungstemperatur
t_L = Raumlufttemperatur
Grundlage:
Luftgeschwindigkeit 0 bis 0,2 m/s, relative Feuchte 30 bis 70%

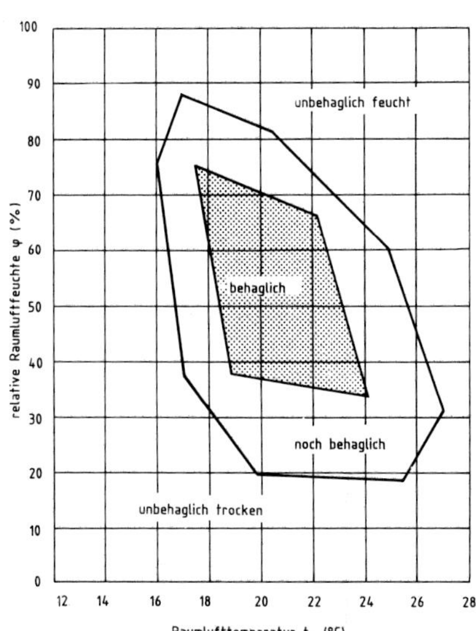

Bild 1.53
Behaglichkeitsfeld für das Wertepaar Raumlufttemperatur t_L – relative Raumluftfeuchte φ (nach Leusden und Freymark)

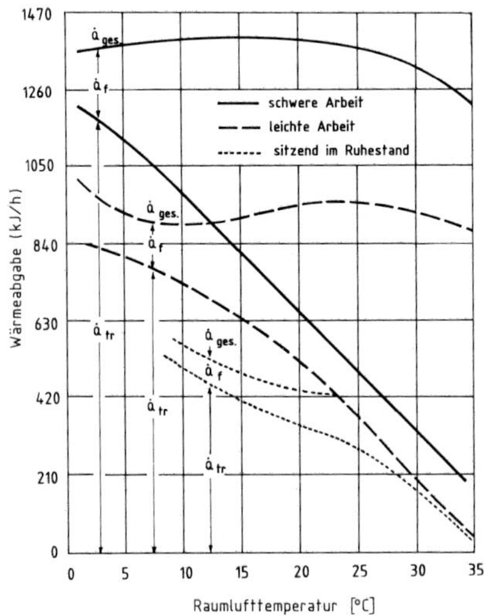

Bild 1.54
Wärmeabgabe (feuchte und trockene) des Menschen in Abhängigkeit von der Raumlufttemperatur bei verschiedenen Tätigkeiten
1 kJ/h = 0,278 W

Um einen für Personen behaglichen Zustand zu erreichen, muß man wissen, daß jeder Mensch ständig Wärme abgeben muß. Die Wärmeabgabe setzt sich aus trockener Wärme (Konvektion und Strahlung) und feuchter Wärme (Verdunstung) zusammen. Bild 1.54 zeigt die Wärmeabgabe des Menschen in Abhängigkeit von der Raumtemperatur bei verschiedenen Tätigkeiten. Wie die Darstellung ausweist, verschiebt sich die Wärmeabgabe der Person insgesamt einmal mit der zunehmenden Schwere der Arbeit erheblich und gleichzeitig steigt die feuchte Wärmeabgabe deutlich an, wobei auch der Unterschied zwischen feuchter Wärmeabgabe und Gesamtwärmeabgabe deutlich auseinandergeht.

Da wir bei der Planung zunehmend mit Gebäuden zu tun haben, in denen Personen lediglich leichte Arbeiten oder sitzende Tätigkeiten auszuführen haben, steigt auch die entsprechende Empfindlichkeit an. Die Grenzen zwischen behaglichem und unbehaglichem Raumzustand sind hier sehr eng. Generell kann bei den meisten Gebäuden festgestellt werden, daß die Umgebungstemperaturen nicht mehr als ± 3 K von der mittleren Raumtemperatur abweichen sollten, um einen behaglichen Raumzustand zu erreichen. Dies ist bei der Auslegung von Heizflächen und Heizkörpern gleichermaßen zu beachten, wie auch bei der Auslegung von Fensterkombinationen hinsichtlich ihrer Oberflächentemperaturen.

Eine besondere Empfindlichkeit ist zudem noch dann festzustellen, wenn Personen glatzköpfig sind und sich infolge zu hoher Wärmezustrahlungen der Kopf nicht ausreichend entwärmen kann. Mit zu hohen oder zu niedrigen Oberflächentemperaturen von Fenstern und Wänden stellen sich bei Personen auch unterschiedliche menschliche Wärmeabgaben ein.

Der Vergleich der Bilder 1.53 und 1.55, innere Oberflächentemperaturen von Abluft-, Normalfenstern und Fenstern mit Wärmeschutzisolierverglasung, zeigt, daß die Erreichung einer behaglichen, inneren Oberflächentemperatur im Fensterbereich nur schwer zu erreichen ist. Wie die Darstellung in Bild 1.55 ausweist, erreichen lediglich das Abluftfenster und ein Fenster mit einer Wärmeschutzisolierverglasung (K-Zahl ca. 0,7 W/m²K) annähernd die inneren Oberflächentemperaturen, die nicht dazu führen, daß sich der menschliche Körper zu stark zu den kalten Oberflächen hin entwärmt und subjektiv ein Zugempfinden spürt. Bild 1.56 zeigt abschließend experimentelle Ergebnisse über die Zusammenhänge von Raumtemperatur, Unfallhäufigkeit, menschliche Leistungsfähigkeit und Behaglichkeit bei sitzender Tätigkeit nach D. P. Wyon. Wie dieses Bild ausweist, tritt ein Optimum an Behaglichkeit nur dann ein, wenn die Raumtemperatur im Bereich von 23 - 26°C liegt, wobei sich auch in diesem Bereich die max. motorische Fähigkeit entwickelt und die Unfallhäufigkeit am geringsten ist. Weiterhin sind im Bereich um ca. 23°C die höchsten geistigen Fähigkeiten und somit die größten Arbeitsleistungen festzustellen. Bei der Ausbildung eines Raumes mit Wand- und Fensterflächen, Decken und Böden sowie insbesondere Heiz- und Kühlflächen ist darauf zu achten, daß nicht nur in Bezug auf die Behaglichkeit die richtige Raumtemperatur erreicht wird, sondern insbesondere auch die empfundenen Temperaturen, die sich infolge konvektiver Wärmeabgaben und Wärmestrahlung (Strahlungsaustausch) einstellen. Hierbei ist von besonderer Wichtigkeit, daß sich der menschliche Körper infolge Strahlung gegen kalte Flächen nicht einseitig zu stark entwärmt, da dieser Mangel subjektiv als Zug empfunden wird und zu starken Beeinträchtigungen führt. Im Zusammenhang mit vorstehend gemachter

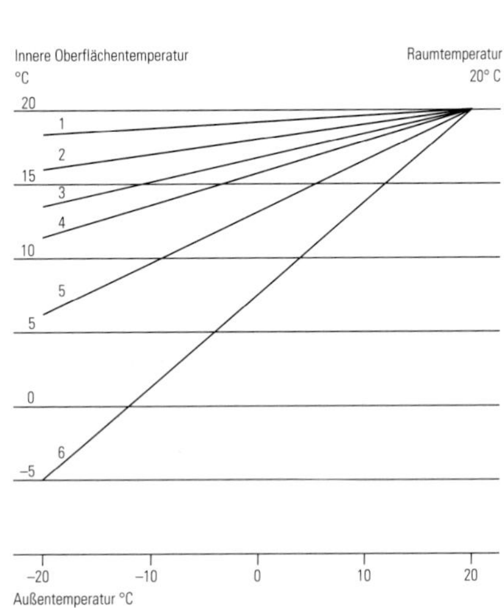

1 Abluftfenster $k \leq 0{,}4$ W/m²K
2 Wärmeschutzisolierverglasung mit $k = 0{,}7$ W/m²K
3 Wärmeschutzisolierverglasung mit $k = 1{,}3$ W/m²K
4 Wärmeschutzisolierverglasung mit $k = 1{,}6$ W/m²K
5 Doppelte Verglasung mit $k = 3{,}0$ W/m²K
6 Einfache Verglasung mit $k = 6{,}0$ W/m²K
7 24 cm Vollziegel

Bild 1.55
Innere Oberflächentemperatur von Abluft-, Normalfenstern und Wärmeschutzisolierverglasung

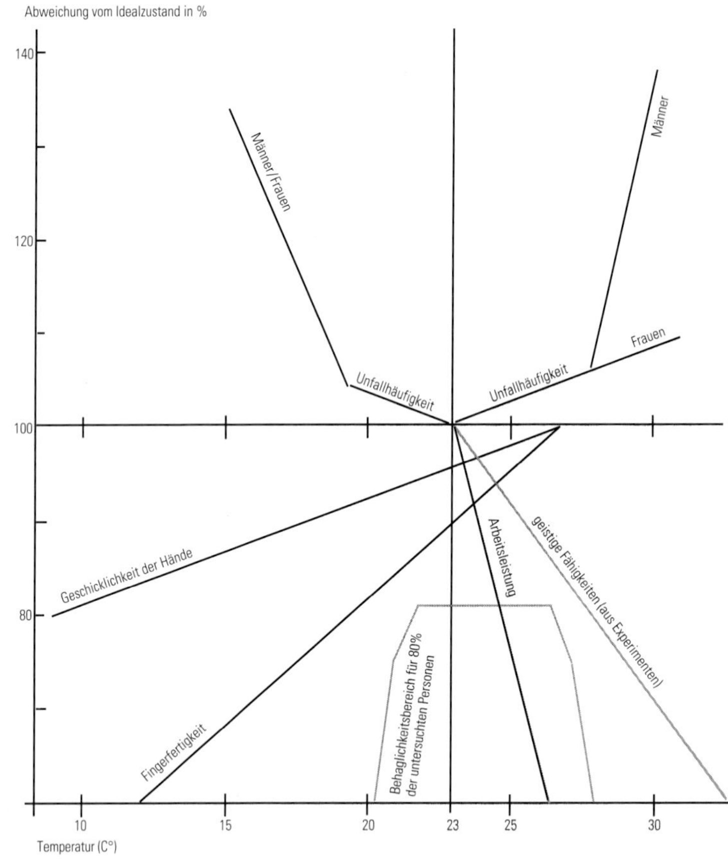

Bild 1.56
Experimentelle Ergebnisse zu Raumtemperatur, Unfallhäufigkeit, menschliche Leistungsfähigkeit und Behaglichkeit bei sitzender Tätigkeit (1met) und leichter Kleidung (0,6 clo) nach D.P.Wyon

Aussage sind auch die folgenden Bilder zu verstehen.

Bild 1.57 weist aus, daß sich die menschliche Wärmeabgabe je nach beheizten Räumen (Lage der Heizkörper) und Standort des Menschen im Raum verändert. Befindet sich der Heizkörper an der Innenwand und der Mensch dicht vor dem Fenster an der Außenwand, so wird die Wärmeabstrahlung nach außen immer ein Gefühl der Unbehaglichkeit verursachen (Strahlungszug). Außerdem verursacht die am Fenster herabfallende Kaltluft Zugerscheinungen. Wird dagegen die Raumwärme durch Radiatoren unterhalb der gesamten Fensterfront geliefert, so wird der Einfluß der kalten Außenwand und Fensterfläche durch die Wärmestrahlung vom Heizkörper her kompensiert. Je nach Abstand vom Fenster verändert sich das Verhältnis von Zustrahlung und Abstrahlung.
Die zugestrahlte Wärmeenergie kann unter Umständen auch zu groß sein und ebenfalls zu Unbehaglichkeitsgefühlen führen. Dann wird der Mensch vom Heizkörper mehr abrücken. In beiden Fällen ist eine unsymmetrische thermische Belastung des Körpers vorhanden, die sich ungünstig auswirkt. Unterschiede von 20 bis 30 W/m² sind bereits deutlich spürbar und eine unsymmetrische Entwärmung des Körpers, zum Beispiel des Kopfes um mehr als 40 W/m² bewirkt Unbehaglichkeit.

Zusätzliche Belastungen können durch besonders große Wärmestrahlungen erzielt werden, wie sie in Bild 1.58 dargestellt sind. Wärmestrahlungen von mehr als 300 W/m² auf mehr als die Hälfte des Körpers, (z.B. in Großküchen, vor Öfen usw.) erzwingen Schutzvorrichtungen, die den Körper vor diesem Einfluß schützen. Das gleiche gilt auch bei Sonneneinstrahlung durch Fenster, wo sich Belastungen ohne Sonnenschutz von 350 bis 450 W/m² ohne weiteres ergeben können.

Gleichermaßen ungünstig wirken sich Fußbodenheizungen dann aus, wenn bei Daueraufenthalt eine Oberflächentemperatur von mehr als 27°C erreicht wird. In nicht begangenen Randzonen können ohne weiteres Temperaturen von 35°C angestrebt werden, um die Aufenthaltszonen zu entlasten. Andererseits sollen Fußbodentemperaturen nicht unter 17 bis 18°C absinken, da hier wiederum der Mensch infolge der Anhäufung von Wärmepunkten im Knöchelbereich empfindlich reagiert.

Bei Deckenstrahlungsheizungen soll die Zustrahlung von Wärme auf den Kopf des Menschen bei 20°C Raumlufttemperatur maximal 12 W/m² betragen, um eine Unbehaglichkeit zu vermeiden. Dabei ist zu beachten, daß, je niedriger der Raum, desto niedriger die Deckentemperatur sein muß.

Abschließend zeigt Bild 1.59 die Temperaturschichtungen im Aufenthaltsbereich des Menschen bei verschiedenen Arten der Wärmezufuhr. Zum Vergleich ist die „ideale Heizung" angegeben.

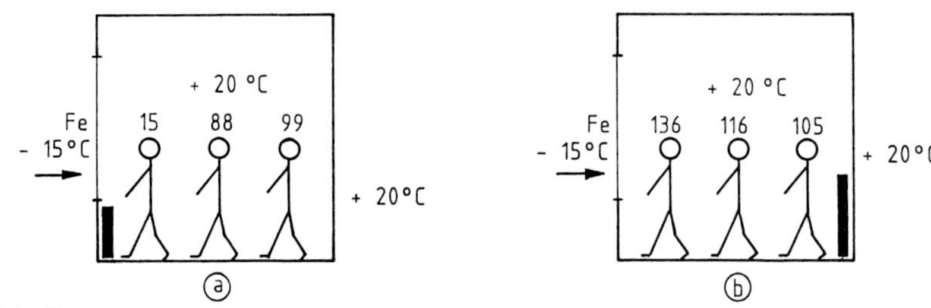

Bild 1.57
Darstellung der menschlichen Wärmeabgabe in Räumen (nach Kollmar) mit Radiatoren

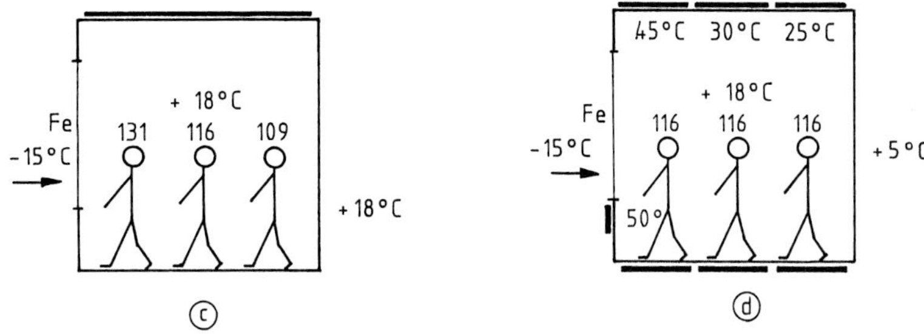

a = Radiator unter Fenster
b = Radiator an der seitlichen Innenwand
c = Deckenheizung
d = Decken- und Fußbodenheizung sowieFensterheizfläche (Flächenheizung)

Bild 1.58
Darstellung der menschlichen Wärmeangabe in Räumen (nach Kollmar) mit Flächenheizungen

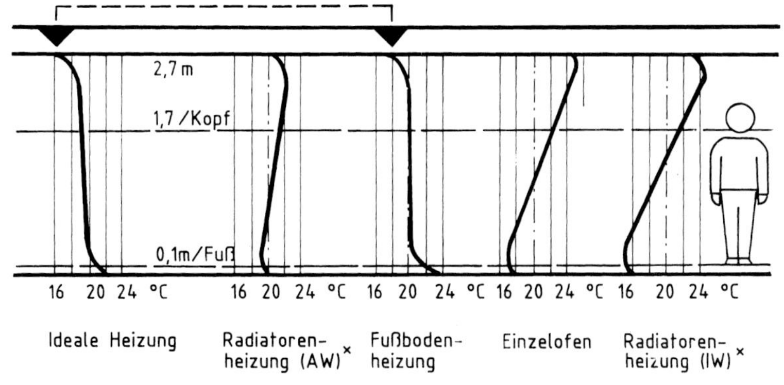

( )*
AW = Außenwandaufstellung der Radiatoren
IW = Innenwandaufstellung der Radiatoren

Bild 1.59
Temperaturschichtung im Aufenthaltsbereich des Menschen

1.6. HEIZKÖRPER UND -FLÄCHEN

1.6.1. Arten der Raumheizungen

Die Heizkörper und Heizflächen unterscheiden sich durch Bauarten (z. B. Radiatoren, Konvektoren, Flächen-, Decken-, Fußboden- und Wandheizungen) und verwendetes Material (z. B. Guß, Stahl, Kupfer, Aluminium, Kunststoff). Sie dienen der Aufrechterhaltung des thermischen Gleichgewichtes im Raum, (Bild1.60).

Um die Wärmeleistung der Heizflächen verschiedener Hersteller vergleichen zu können, wurden die Meßmethoden und die Versuchsbedingungen international genormt. In Deutschland gilt DIN 4704, Blatt 1 bis 3, die identisch mit der ISO/TC 116 ist.

In Deutschland werden durch anerkannte Prüfstellen alle Heizflächen auf ihre Normwärmeleistung untersucht. Hierbei erfolgt auch eine Registrierung beim Deutschen Normenausschuß.

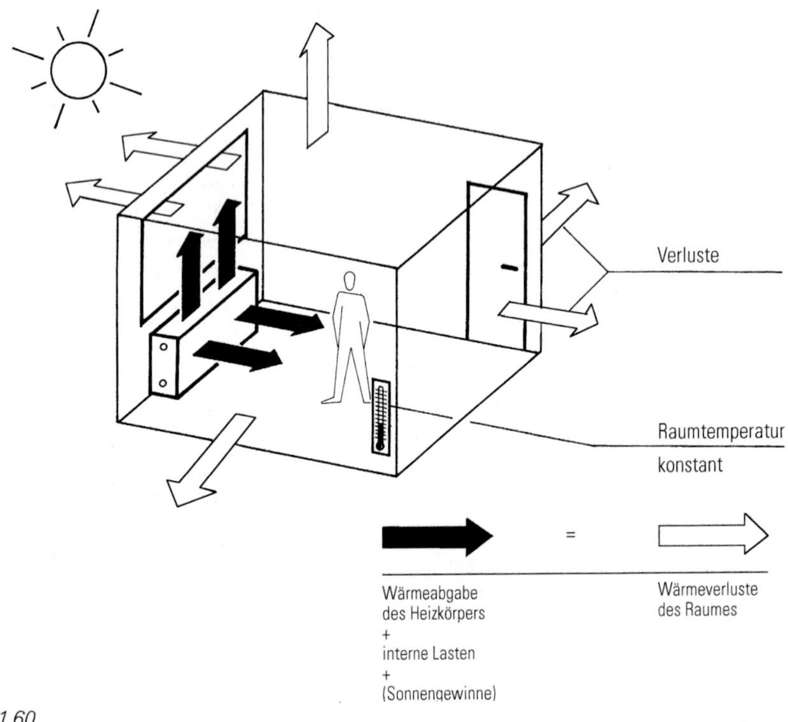

Bild 1.60
Aufrechterhaltung des thermischen Gleichgewichtes für einen Raum

Dadurch ist gewährleistet, daß die Heizflächen entsprechend dem Wärmebedarf richtig ausgelegt werden. Die Normwärmeleistung ist auf eine Temperaturspreizung zwischen Vor- und Rücklauf von 20 K und eine Übertemperatur von 60K über der Raumtemperatur von 20 °C festgelegt. Eine Umrechnung auf andere Auslegungsbedingungen ist in DIN 4703, Teil 3, beschrieben.

1.6.2. Radiatorenheizung

Radiatoren, auch Gliederheizkörper genannt, sind die bisher in der Praxis am meisten verbreiteten Heizkörper. Sie werden aus Gußeisen, Stahl, Aluminium oder Kunststoff gefertigt. Der verhältnismäßig geringe Wasserinhalt macht sie bei der Einzelraumregelung zu einer schnell reagierenden Heizfläche, die besonders bei passiver Sonnennutzung angestrebt wird. Die Wärmeabgabe erfolgt je nach Fläche und Bautiefe zu 60 bis 70 % durch Konvektion und zu 30 bis 40 % durch Strahlung. Der Gliederheizkörper besteht aus einzelnen, wasserdurchflossenen oder dampfdurchströmten Gliedern, die je nach Material durch Nippel R 1¼" mit Rechts- und Linksgewinde zusammengebaut oder miteinander verschweißt werden. Aufgrund verschiedener Bauhöhen und -tiefen läßt sich der Radiator sowohl an die baulichen Gegebenheiten als auch an den Wärmebedarf eines Raumes sehr gut anpassen.

1.6.2.1. Gußradiator

Der Gußradiator wird aus einzelnen Gliedern zusammengenippelt (Bild 1.61). Die Naben der einzelnen Glieder sind zu Dichtflächen plan- und glattgeschliffen und weisen jeweils ein Rechts- und Linksgewinde R 1¼" auf. Mit einem Nippel mit Rechts- und Linksgewinde und einer dazwischenliegenden Flachdichtung aus Manilapapier oder einer graphitierten Asbest-Kautschukdichtung werden sie mit einem Nippelschlüssel fest und dichtend gegeneinandergezogen. Die it-Dichtung wird bei Hochtemperaturausführung verwendet.

Die Radiatoren können ab Werk fertig montiert bezogen werden. Maßgebend für die Blocklänge ist das Gewicht. Der auf seine entsprechende Baulänge gebrachte Heizkörper erhält an den Enden je nach Anschluß- und Aufstellungsart Anschluß-, Blind- oder Lüftungsstopfen. Bei allen Gußradiatoren unterscheidet man zwischen Normal- und Hochdruckausführung.

In DIN 4720, DIN 4703 Teil 1 und DIN 18380 sind der Anwendungsbereich, der höchste Betriebsdruck und der werkseitige Prüfdruck sowie die anderen technischen Daten, wie Wärmeleistung je Glied und Baumaße, angegeben, (siehe hierzu Tabellen 1.24.1 bis 1.24.4 und Bild 1.62).

Neben den genormten Gußradiatoren liefern einige Hersteller Gußflachradiatoren mit Stirnflächen. Sie haben eine geringere Bautiefe als die Normalradiatoren und werden in verschiedenen Bauhöhen hergestellt. Durch ihre geringe Bautiefe sind sie vor allem für den nachträglichen Einbau mit eingeschränkten Stelltiefen geeignet. Abmessungen und andere technische Daten sind den Unterlagen der Hersteller zu entnehmen.

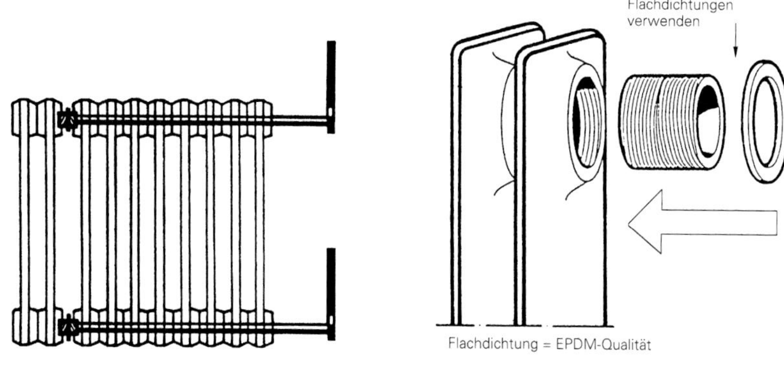

Bild 1.61
Nippelverbindung bei Gußradiatoren „FKR"

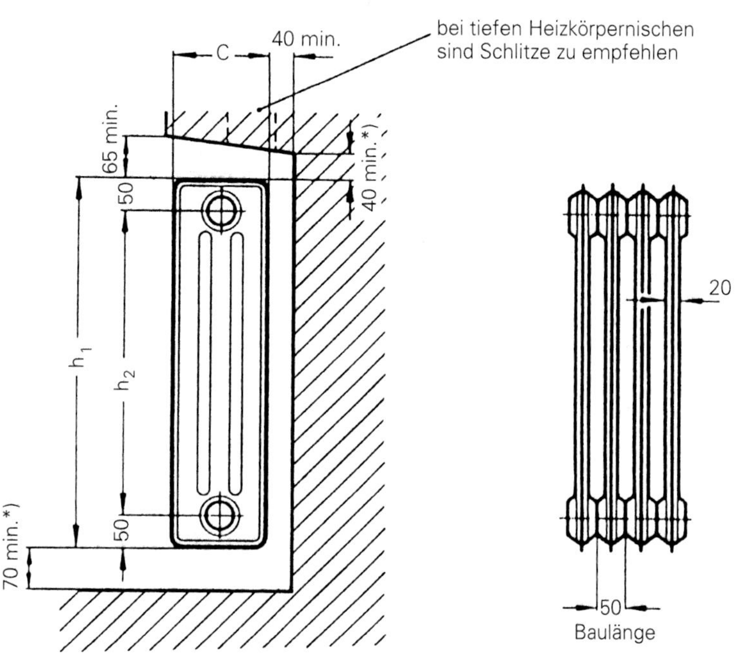

Bild 1.62
Baumaße von Gußradiatoren nach DIN 4720

Bauhöhe h_1 in mm	Nabenabstand h_2 in mm ± 0,3	Bautiefe c in mm ± 2,0	Anstrichfläche je Glied in m^2 für Bautiefe *c*
280	200	250	0,185
430	350	160	0,185
		220	0,255
580	500	70	0,120
		110	0,180
		160	0,255
		220	0,345
980	900	70	0,205
		160	0,440
		220	0,580

Tabelle 1.24.1
Baumaße von Gußradiatoren nach DIN 4720

Baumaße der Heizkörper in mm	Bauhöhe	280	430	430	580	580	580	580	980	980	980
	Bautiefe	250	160	220	70	110	160	220	70	160	220
Norm-Wärmeleistung je Glied	W	92	93	122	68	92	126	162	111	204	260

Tabelle 1.24.2
Normwärmeleistung $\dot{q}_n$ von Gußradiatoren nach DIN 4720 je Glied in W bei Warmwasser mit t_m = 80°C und Raumlufttemperatur 20°C nach DIN 4703 Teil 1

Baumaße der Heizkörper in mm	Bauhöhe	280	430	430	580	580	580	580	980	980	980
	Bautiefe	250	160	220	70	110	160	220	70	160	220
Norm-Wärmeleistung je Glied	W	134	135	177	99	134	183	235	161	297	378

Tabelle 1.24.3
Normwärmeleistung $\dot{q}_n$ von Gußradiatoren nach DIN 4720 je Glied in W bei Sattdampf mit t_m = 100°C und Raumlufttemperatur 20°C nach DIN 4703 Teil 1

Ausführung	Kurzzeichen	Heizmittel	zulässiger Betriebsüberdruck [bar]	Höchste Betriebstemperatur [°C]	Werksprüfüberdruck [bar]
Normalausführung	NW	Warmwasser	4 (statischer Druck plus Pumpendruck)	110	7
	ND	Dampf	2	133	
Sonderausführung	SW	Warm- oder Heißwasser	6 (statischer Druck plus Pumpendruck)	140	12
	SD	Dampf	4	151	

Tabelle 1.24.4
Anwendungsbereich von Gußradiatoren nach DIN 4720

1.6.2.2. Stahlradiator

Der Stahlradiator ist im Vergleich zum Gußradiator leichter, billiger, bruchsicherer, kürzer und bei Schadensfällen schweißbar. Er hat den Nachteil höherer Korrosionsanfälligkeit. Daher wird er nur bei der Warmwasserheizung, die heute zumeist in geschlossener Ausführung erstellt wird, nicht aber bei Dampfheizungen verwendet. Das einzelne Glied wird aus zwei Halbschalen, die aus 1,25 mm dicken Radiatorblech gepreßt werden, zusammengeschweißt. Bis zu 20 Gliedern werden wiederum an den Naben zu Blöcken verschweißt. Um die Blöcke miteinander zu verbinden, einzelne Glieder anzufügen oder die Anschluß-, Blind- und Lüftungsstopfen anzubringen, werden wie bei den Gußradiatoren Nippelverbindungen benötigt. Dazu werden in den Naben Muffen mit Rechts- und Linksgewinde R 1 1/4" angebracht. Diese Muffen haben in der Mitte Durchbrüche, damit die Wasserzirkulation und die Entlüftung gewährleistet sind.

Auch hier gibt es Ausführungen für Normal- und Hochdruckbetrieb. Bei der Hochdruckausführung werden aus Sicherheitsgründen Stabilisierungsbleche (Zuganker) in die obere und untere Nabe eingeschweißt, um die Nabenschweißnähte zu entlasten, siehe Bild 1.63.

In DIN 4722, DIN 4703 Teil 1 und DIN 18380 sind der Anwendungsbereich und die technischen Daten angegeben; (siehe Tabellen 1.25.1 bis 1.25.3 und Bild 1.64).

Neben den genormten Stahlheizkörpern gibt es sogenannte „Schmalsäuler" mit einer Bautiefe von 70 bis 75 mm in verschiedenen Bauhöhen. Für den Verwendungszweck gilt das schon zuvor für die Gußflachradiatoren Gesagte.

Bauhöhe h_1 in mm ± 2,0	Nabenabstand h_2 in mm ± 0,3	Bautiefe c in mm ± 2,0	Gewicht je Glied in g zul. Abw. + 25,0 % − 6,5 %.	Anstrichfläche je Glied in min ^{2}
300	200	250	1540	0,160
450	350	160	1460	0,155
		220	1990	0,210
600	500	110	1370	0,140
		160	1960	0,205
		220	2680	0,285
1000	900	110	2320	0,240
		160	3300	0,345
		220	4530	0,480
Die angegebenen Gliedgewichte beziehen sich auf Heizkörperglieder ohne Gewinde、ringe und Anschlußstopfen.				

Tabelle 1.25.1
Baumaße von Stahlradiatoren nach DIN 4722

Baumaße der Heizkörper in mm	Bauhöhe	300	450	450	600	600	600	1000	1000	1000
	Bautiefe	250	160	220	110	160	220	110	160	220
Norm-Wärmeleistung je Glied	W	77	74	99	73	99	128	122	157	204

Tabelle 1.25.2
Normwärmeleistung $\dot{q}_n$ von Stahlradiatoren nach DIN 4722 je Glied in W bei Warmwasser mit t_m = 80°C und Raumlufttemperatur 20°C nach DIN 4703 Teil 1

Ausführung	Kurzzeichen	Heizmittel	zulässiger Betriebsüberdruck [bar]	Höchste Betriebstemperatur [°C]	Werksprüfüberdruck [bar]
Normalausführung	N	Warmwasser	4 (statischer Druck plus Pumpendruck)	110	7
Sonderausführung	S	Warm- oder Heißwasser	6 (statischer Druck plus Pumpendruck)	140	10

Die Herstellung erfolgt wie die der Normalradiatoren. Abmessungen und andere technische Daten sind den Unterlagen der Hersteller zu entnehmen.

Tabelle 1.25.3
Anwendungsbereich von Stahlradiatoren nach DIN 4722

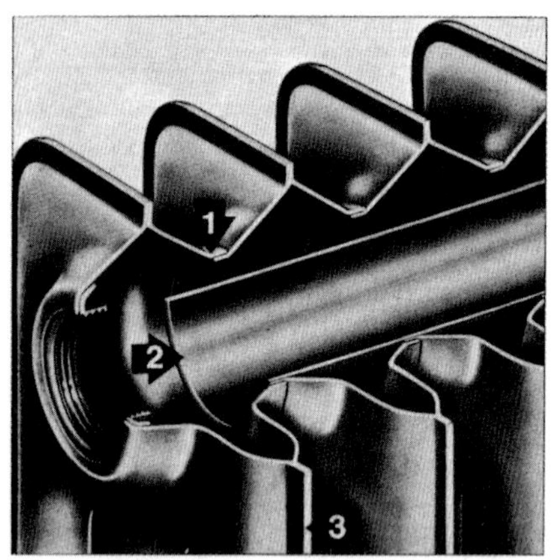

1 überlappende Naben
2 Zuganker
3 besäumter und entgrateter Gliedrand

Bild 1.63
Zuganker in einem Stahlradiator
(Werkbild Brötje)

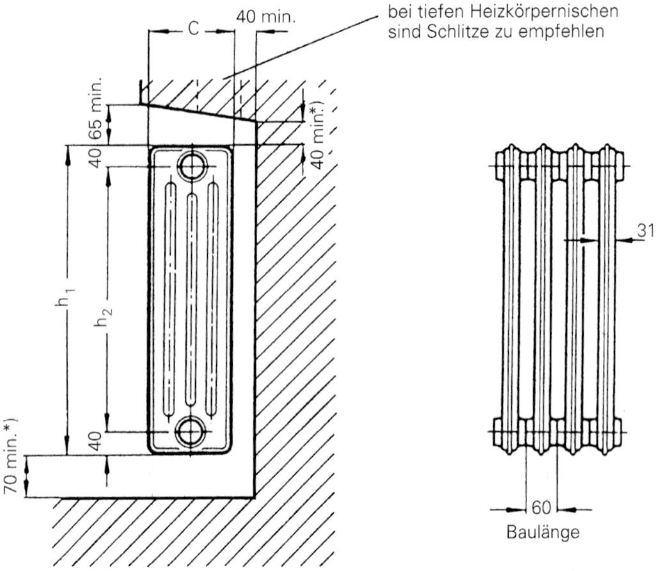

bei tiefen Heizkörpernischen sind Schlitze zu empfehlen

Bild 1.64
Baumaße von Stahlradiatoren nach DIN 4722

1.6.2.3.
Aluminiumradiator

Neben den Guß- und Stahlradiatoren gibt es auch Gliederradiatoren aus Aluminium. Sie werden durch Druck- und Strangpressen hergestellt. Da sie etwa doppelt so teuer wie Stahlradiatoren sind, haben sie trotz Formschönheit noch keinen großen Marktanteil. Auch ist bei aggressiven Wasserverhältnissen mit Korrosion zu rechnen (Gefahr bei Mischinstallationen mit Kupfer)

1.6.2.4.
Kunststoffradiator

Weiterhin gibt es Heizkörper aus Kunststoff. Sie können aber nur mit einer maximalen Betriebstemperatur von 80 °C und einem maximalen Betriebsüberdruck von 2 bar betrieben werden. Weitere Nachteile sind sehr

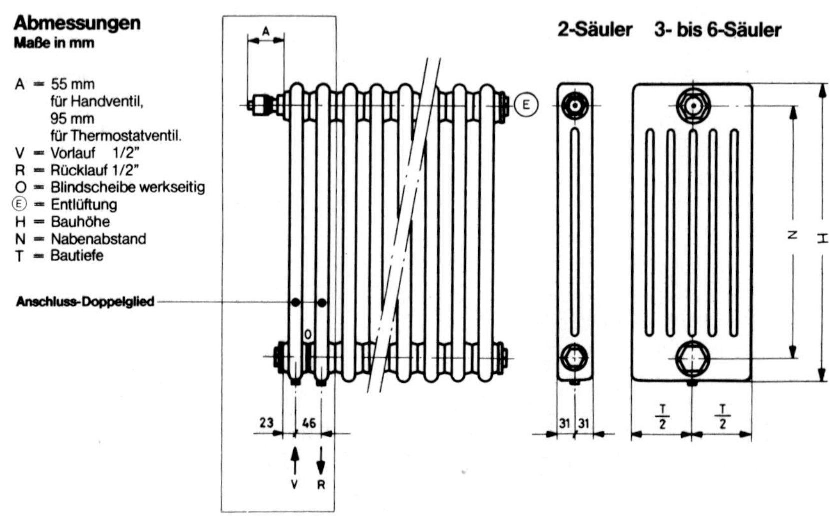

Bild 1.65
Baumaße von Röhrenradiatoren, Fabrikat Zehnder

große Ausdehnung, Sauerstoffdiffusion, geringe mechanische Festigkeit und Brennbarkeit. Kunststoffheizkörper sind zudem teurer als Guß- oder Stahlradiatoren. Von Vorteil sind das geringe Gewicht und die damit verbundene leichte Montage.

1.6.2.5. Röhrenradiator

Stahlröhrenradiatoren werden wie Stahlheizkörper aus Einzelgliedern zu Blöcken verschweißt. Ein Glied wird aus zwei Kopfstücken, die aus zwei gepreßten und verschweißten Halbschalen bestehen, und den dazwischengeschweißten wasserführenden Präzisionsstahlrohren hergestellt. Die Rohre haben keine Kanten, die zu Verletzungen führen können. Aufgrund der Rohrform sind sie für Betriebsüberdrücke bis zu 10 bar druckfest. Da sie in verschiedenen Bauhöhen und -tiefen hergestellt werden, lassen sie sich sehr gut den baulichen Gegebenheiten anpassen. Stahlröhrenradiatoren können so auch für den Architekten zu einem Element der Raumgestaltung werden (Bilder 1.65 bis 1.68.2 und Tabelle 1.26). Weitere Abmessungen und andere technische Daten sind den Unterlagen der Hersteller zu entnehmen.

1.6.2.6. Handtuchheizkörper

In jüngster Zeit werden häufig in Naßzellen und Küchen Handtuchheizkörper eingebaut. Die vielen Formen und Farben bieten dem Architekten viele Gestaltungsmöglichkeiten. Mit Elektroheizeinsätzen kann der Heizkörper auch im Sommer temperiert werden, damit ganzjährig Tücher getrocknet werden können.

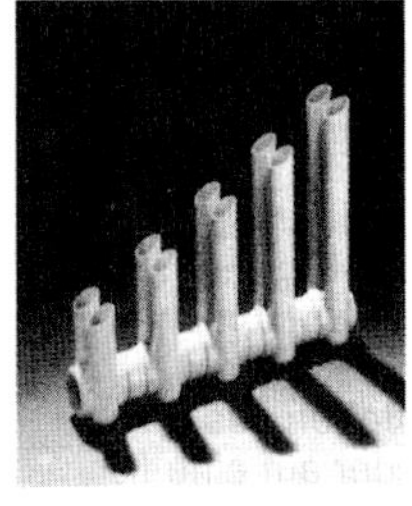

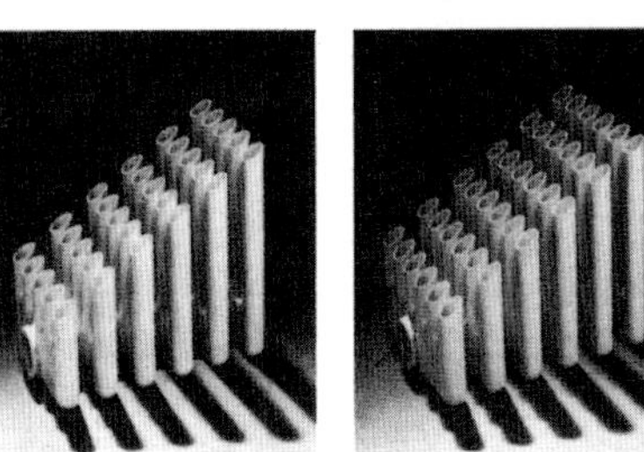

Bild 1.66
Röhrenprinzip nach Zehnder

STREBEL-Röhrenradiatoren	Typ	Bauhöhe cm	Baulänge je Glied mm	Betriebsdruck max. bar / atü
63 mm; 46mm	2säulig	30–250	46*	20
99 mm; 46mm	3säulig	30–250	46*	20
139 mm; 46mm	4säulig	30–250	46*	15
177 mm; 46mm	5säulig	30–250	46*	10
215 mm; 46mm	6säulig	30–250	46*	10

* Die Baulängen sind praktisch unbeschränkt und sind von der entsprechenden Gliedzahl abhängig

Bild 1.67
Baumaße von Röhrenradiatoren, Fabrikat Strebel

Bild 1.68.1
Anwendungsbeispiel zur Innenraumgestaltung mit Röhrenradiator, Fabrikat Strebel

Bauhöhe in mm	Norm-Wärmeleistung in W				
	2säulig, 65*	3säulig, 100*	4säulig, 140*	5säulig, 178*	6säulig, 215*
300	29	41	53	64	76
350	34	48	63	75	88
400	38	55	70	86	100
450	44	62	78	97	113
500	49	69	87	107	126
550	55	74	95	117	138
600	59	81	103	127	151
750	74	101	128	157	184
900	90	119	150	185	219
1000	98	131	166	203	241
1100	107	143	181	221	263
1200	116	156	197	240	280
1500	142	192	242	288	335
1800	167	228	287	343	399
2000	188	253	318	378	442
2500	233	316	395	465	541

* Bautiefen in mm

Tabelle 1.26
Normwärmeleistung q_n von Röhrenradiatoren je Glied in W bei Warmwasser mit $t_m = 80°C$ und Raumlufttemperatur 20°C, Rohrdurchmesser 25 mm und Gliedbaulänge 45 mm nach DIN 4703 Teil 1

Bild 1.68.2
Handtuchradiator

1.6.3. Flächenheizkörper (Heizwände)

Eine weitere Art von Heizflächen stellen die Flachheizkörper (Platten) dar. Ihre Abmessungen sind nicht genormt, und daher gibt es je nach Hersteller verschiedenartige Formen, Bauhöhen und Bautiefen. Infolge ihrer Formenvielfalt und der geringen Bautiefe können sie zur Innengestaltung beitragen und ohne Nischen frei vor der Wand aufgestellt werden. Ihre glatte oder profilierte Vorderfront gibt den größten Teil der Wärmeleistung durch Strahlung ab.

Die einfachste Form sieht aus wie plattgedrückte Rohre und ist aus 2 bis 4 mm dickem Stahlblech hergestellt, Bilder 1.69 bis 1.71. Um die Wärmeabgabe den räumlichen Gegebenheiten anzupassen, können diese Platten übereinander, hintereinander oder auch senkrecht angeordnet werden, (Bild 1.72). Die Anschlüsse für den Vor- und Rücklauf bzw. die Entlüftung bestehen aus aufgeschweißten Muffen mit entsprechend zu bestellenden Abmessungen. Zur Befestigung sind Laschen aus zu U-Formen gebogenem Flachstahl in einer der Größe entsprechenden Anzahl auf der Rückseite aufgeschweißt.

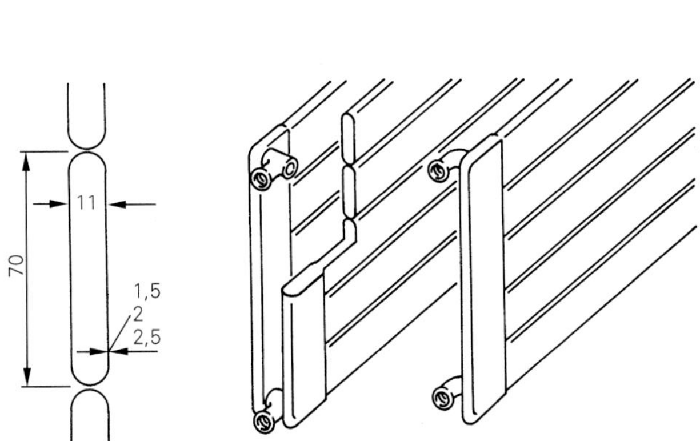

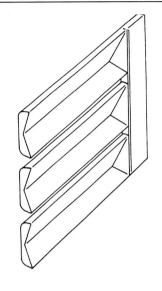

Bild 1.69
Flachheizkörper, Fabrikat Theodor Winkels

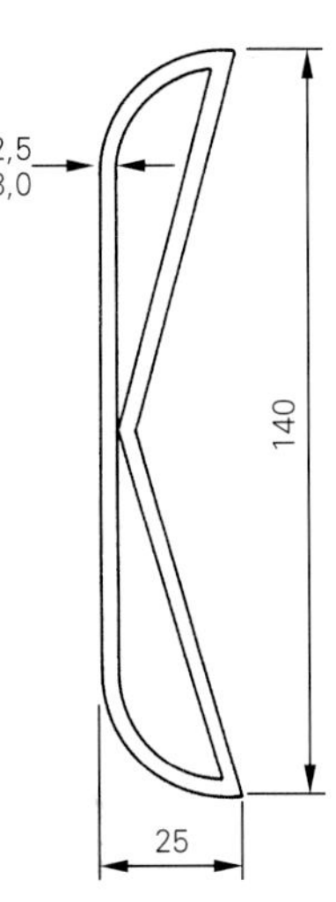

Bild 1.70
Flachheizkörper, Fabrikat Theodor Winkels

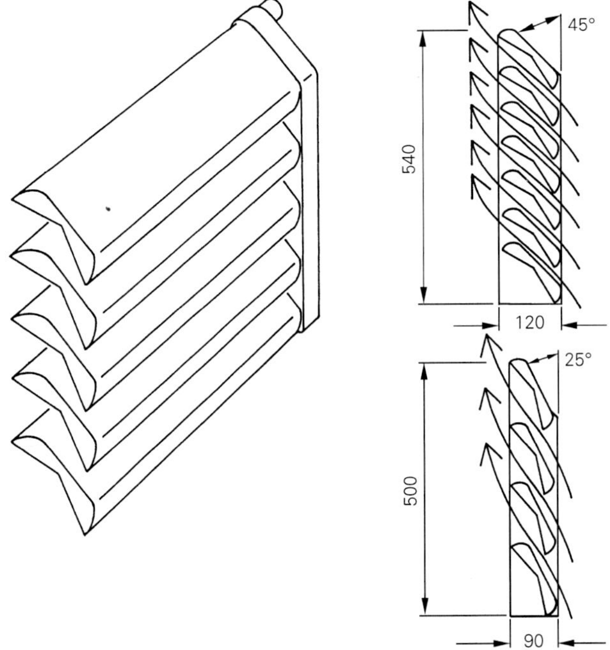

Bild 1.71
Jalousieheizkörper, Fabrikat Theodor Winkels

Bild 1.72
Anordnung einzelner Platten übereinander und hintereinander

Andere Bauarten bestehen aus profilierten Blechen, die entweder auf eine flache Stahlplatte aufgeschweißt werden oder direkt miteinander verschweißt sind. Damit entstehen Kanäle, durch die das Heizwasser strömen kann. Oben und unten befindet sich ein Verteil- bzw. Sammelkanal, der an die Heizwasserversorgung angeschlossen wird, (Bilder 1.73 bis 1.75). Bezogen auf die Heizleistung sind dies die billigsten Heizflächen. Außerdem haben sie einen geringen Wasserinhalt und somit eine gute Regelfähigkeit. Diese Heizflächen kann man auch hintereinander anordnen, wobei die Heizleistung aber um bis zu 40 % je m abnimmt, da von der zweiten Reihe an der Strahlungsanteil für die Wärmeabgabe nur noch eine geringe Rolle spielt und allein der Konvektionsanteil zur Wirkung kommt. Für die hintereinander angeordneten Plattenheizkörper gibt es profilierte Abdeckplatten, die den Heizkörper als eine Einheit erscheinen lassen.

Die Wärmeleistung für glatte und vertikal profilierte Plattenheizkörper in W/m ist in DIN 4703 (4/77) Teil 2 enthalten (Tabellen 1.26.1 und 1.26.4) Um den Konvektionsanteil bei der Wärmeabgabe zu erhöhen, schweißen einige Hersteller auf der Rückseite senkrechte Leitbleche an. Diese Plattenheizkörper sind auch unter dem Namen Konvektorplatten bekannt (Bilder 1.76 und 1.77).

Über Wärmeleistungen und bauliche Abmessungen informieren die Listen der einzelnen Hersteller. Die Wärmeleistung muß von den entsprechenden, anerkannten Instituten gemessen werden.

Alle Flachheizkörper gibt es in den entsprechenden Druckstufen wie bei den Radiatoren. Eine Dichtheitsprobe wird im Werk durchgeführt.

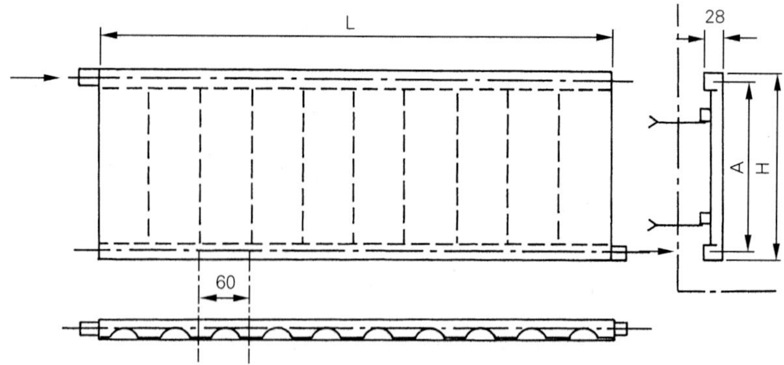

Baulänge L = Gliederzahl · 60 mm, Gesamthöhe H = A + 28 mm

Bild 1.73
Flachheizkörper mit glatter Vorderfront und profilierter Rückseite, Fabrikat Gerhard & Rauh, Modell „Essen"

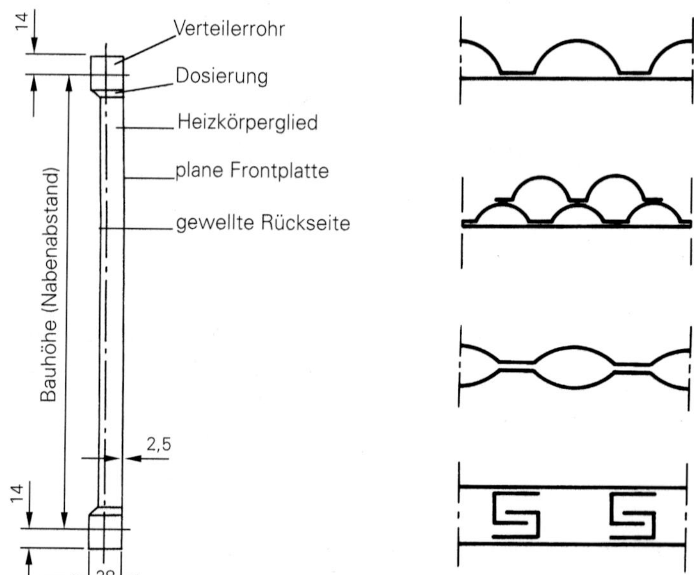

Bild 1.74
Schnitt durch Flachheizkörper

Bild 1.75
Verschiedene Querschnitte von Flachheizkörpern, Fabrikat Gerhard & Rauh

Bauhöhe (mm)	200	300	400	500	600	700	800	900
Norm-Wärme-leistung W je Meter	267	400	525	650	773	893	1010	1125

Tabelle 1.26.1
*Normwärmeleistung $\dot{q}_n$ von glattwandigen Plattenheizkörpern je m Baulänge in **W/m** bei Warmwasser mit t_m = 80°C und Raumlufttemperatur 20°C, Plattendicke 25 ±3 mm, einreihig nach DIN 4703, Teil 2*

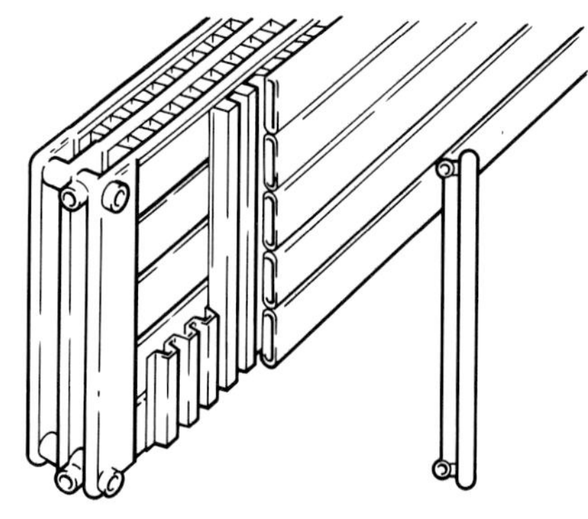

Bild 1.76
Vertikal profilierter Plattenheizkörper, Fabrikat Theodor Winkels

Bauhöhe (mm)	200	300	400	500	600	700	800	900
Norm-Wärme-leistung W je Meter	454	673	881	1078	1263	1436	1599	1750

Tabelle 1.26.2
*Normwärmeleistung $\dot{q}_n$ von glattwandigen Plattenheizkörpern je m Baulänge in **W/m** bei Warmwasser mit t_m = 80°C und Raumlufttemperatur 20°C, Plattendicke 25 ±3 mm, zweireihig, lichter Abstand ≥35 mm nach DIN 4703, Teil 2*

Bauhöhe in mm	200	300	400	500	600	700	800	900	1000
Norm-Wärme-leistung W je Meter	294	425	556	684	810	935	1058	1180	1300

Tabelle 1.26.3
*Normwärmeleistung $\dot{q}_n$ von vertikal profilierten Plattenheizkörpern je m Baulänge in **W/m** bei Warmwasser mit t_m = 80°C und Raumlufttemperatur 20°C, Plattendicke 18 ±3 mm, Profilabwicklung mindestens 10 % größer als Plattenlänge, Profilhöhe ≥ Bauhöhe minus 100 mm, einreihig nach DIN 4703, Teil 2*

Bauhöhe in mm	200	300	400	500	600	700	800	900	1000
Norm-Wärme-leistung W je Meter	500	727	945	1157	1360	1556	1744	1924	2093

Tabelle 1.26.4
*Normwärmeleistung $\dot{q}_n$ von vertikal profilierten Plattenheizkörpern je m Baulänge in **W/m** bei Warmwasser mit t_m = 80°C und Raumlufttemperatur 20°C, Plattendicke 18 ±3 mm, Profilabwicklung mindestens 10 % größer als Plattenlänge, Profilhöhe ≥ Bauhöhe minus 100 mm, zweireihig, lichter Abstand = 35 mm nach DIN 4703, Teil 2*

1.6.4. Strahlplatte

Um Großräume wie Fabriken und Lagerhallen zu beheizen, verwendet man Strahlplatten. Sie bestehen aus nebeneinanderliegenden Rohren, die durch Blechplatten miteinander verbunden sind. Die Blechplatten werden, um einen guten Wärmeübergang zu erhalten, mit den Rohren verschweißt oder verklemmt. Die Heizrohre können dabei über oder unter dem Blech liegen. Die Strahlplatten werden an den Wänden oder Decken – selbst bei Sheddächern – verwendet. Oberhalb der Strahlplatten wird eine Wärmedämmung aufgebracht. Die Strahlplatten werden zumeist von Heißwasser bis zu 180°C durchströmt und in dem Bereich angeordnet, wo Menschen arbeiten, zum Beipiel in langer Reihe als sogenannte Bandstrahler.

Über Wärmeleistungen, die von anerkannten Insituten gemessen werden müssen, und Bauabmessungen geben die Herstellerunterlagen Auskunft.

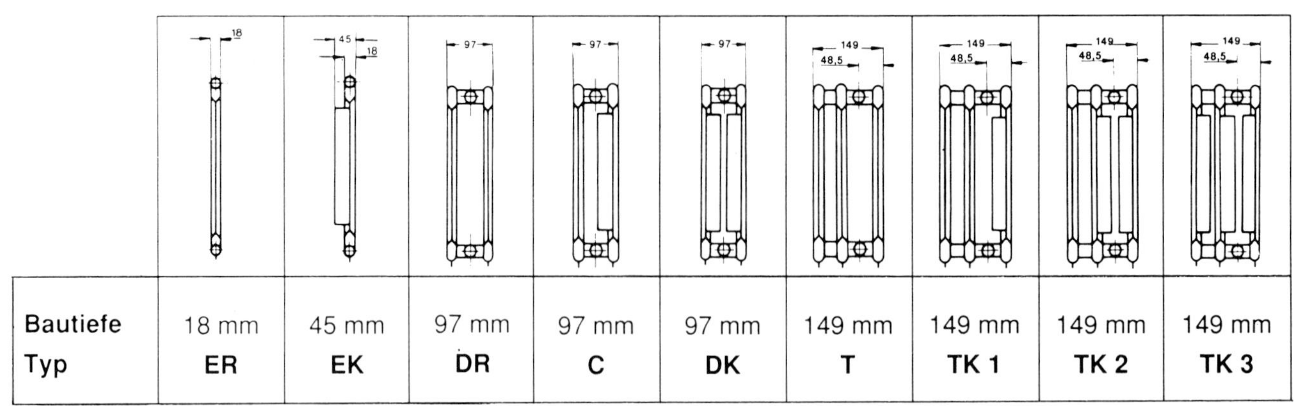

Bautiefe	18 mm	45 mm	97 mm	97 mm	97 mm	149 mm	149 mm	149 mm	149 mm
Typ	**ER**	**EK**	**DR**	**C**	**DK**	**T**	**TK 1**	**TK 2**	**TK 3**

Bild 1.77
Verschiedene Ausführungen von vertikal profilierten Plattenheizkörpern nach Strebel

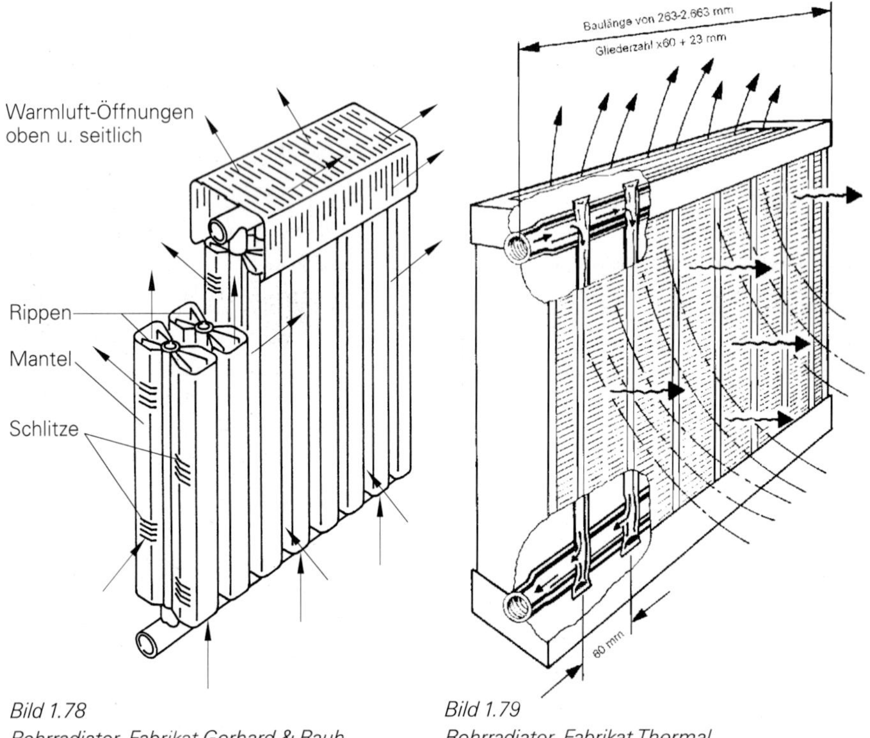

Bild 1.78
Rohrradiator, Fabrikat Gerhard & Rauh, Modell „München"

Bild 1.79
Rohrradiator, Fabrikat Thermal

1.6.5. Rohrradiator

Der Rohrradiator wird aus nahtlosem Stahlrohr gefertigt und besitzt ein Vorlaufrohr und einen Rücklaufsammler. Auf die senkrechten Rohre werden zur Erhöhung der Wärmeabgabe Rippen aufgeschweißt. Auf Grund seiner Konstruktion ist er für hohe Betriebsdrücke geeignet und kann deshalb für Hochhäuser, Heißwasseranlagen und zur direkten Einspeisung vom Fernheizwerk eingesetzt werden, siehe Bilder 1.78 bis 1.80.

Heizflächen aus glattem Stahlrohr in Registerform und Rippenrohre sind lieferbar, werden aber immer mehr durch die Vielzahl anderer Heizflächen verdrängt.

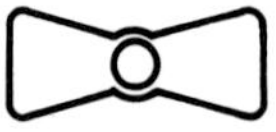
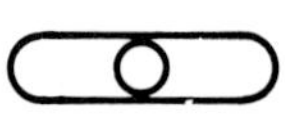

Bild 1.80
Verschiedene Querschnitte von Rohrradiatoren, Fabrikat Gerhard & Rauh, Modelle „Köln", „München", „Freiburg", „Hamburg" und „Kiel" (links)

1.6.6. Einbau von Heizflächen

• Heizkörperaufstellung

Die Heizflächen werden meistens unter die Fenster gesetzt, da sie so den Kaltlufteinfall kompensieren und einen Aufenthalt im Fensterbereich ermöglichen. In Fachkreisen wird heute erwogen, bei einer Dreifachverglasung die Heizflächen auch an den Innenwänden aufzustellen, weil sich damit eine kürzere und vereinfachte Form der Rohrleitungsführung ergibt. Außerdem ist es meist möglich, eine zentrale Wärmeverbrauchserfassung einzubauen.

Heizflächen werden auf Wandkonsolen und Halter, Füße oder Standkonsolen gesetzt.

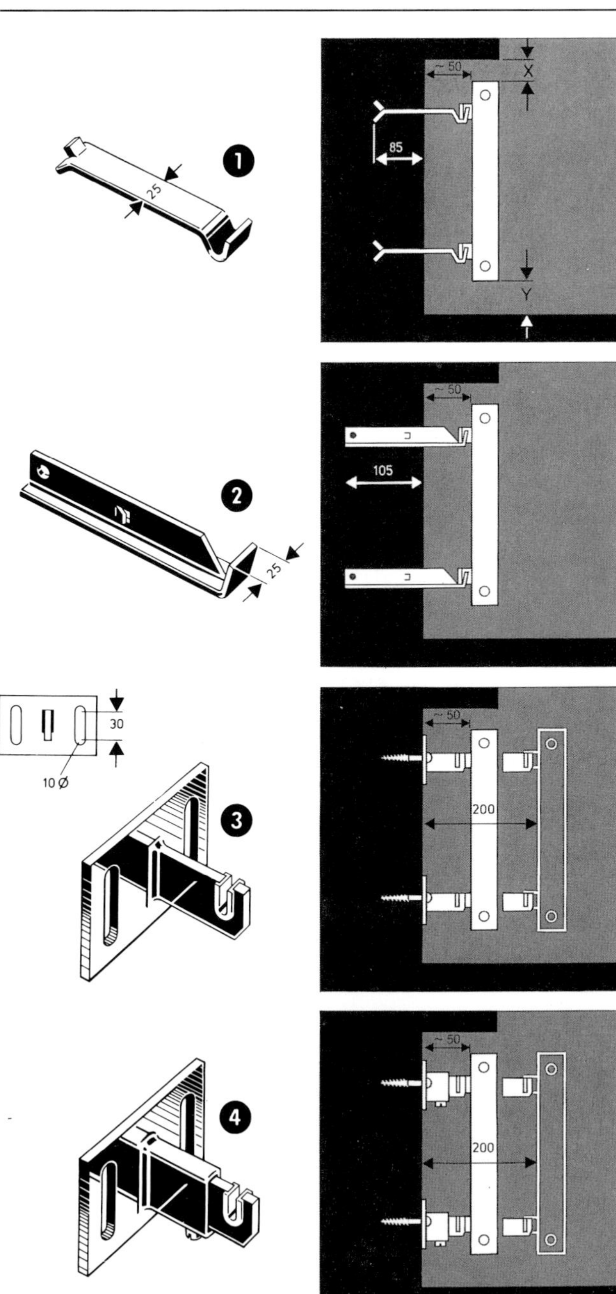

Bild 1.81
Halterungen für Flachheizkörper 1 und 2: Flachkonsole und T-Konsole zum Einmauern. 3 und 4: Flach- und T-Konsole zum Dübeln

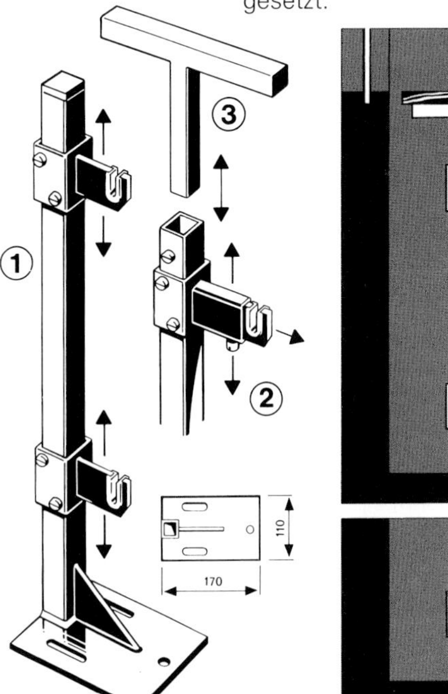

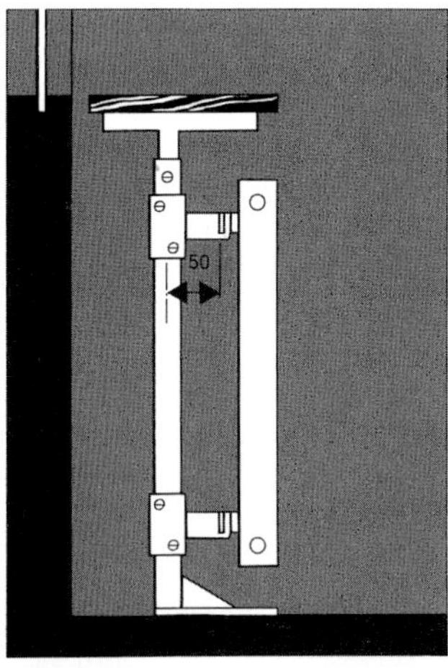

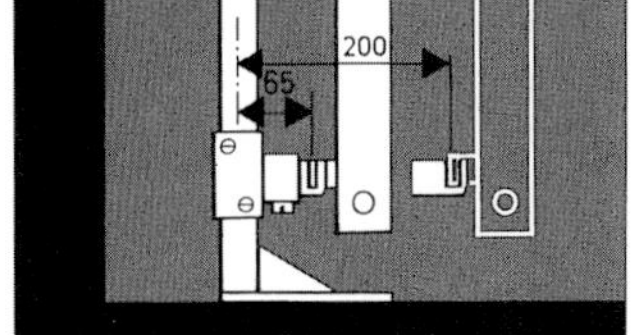

Bild 1.82
Universal verwendbare Standkonsole; links: höhenverstellbar für jede Plattenhöhe; rechts: zusätzlich tiefenverstellbar und Fensterbankkonsole

Um die Montage zu erleichtern, gibt es heute vielfältige höhenverstellbare Ausführungen, die für alle Bauhöhen verwendbar sind und dübelbare für konventionelle und Leichtbaukonstruktionen, (Bilder 1.81 und 1.82). Bei Anordnung von Heizflächen in Nischen und vor raumhohen Fenstern ist die Wärmeschutzverordnung zu beachten. Bei Nischen ist eine Wärmedämmung vorzusehen und zur Aufstellung vor raumhohen Fenstern sind spezielle Heizkörperausführungen zu verwenden.

• Heizkörperverkleidung

Die Verkleidung von Heizflächen sollte vermieden werden. Wird aber eine Verkleidung unbedingt gewünscht, so muß sie, um den Heizkörper reinigen zu können, leicht abnehmbar sein und die freie Luftzirkulation so wenig wie möglich behindern. Um diese Anforderung zu erfüllen, sind in der Verkleidung oben und unten möglichst große Öffnungen über die ganze Heizfläche vorzusehen. Durch eine Verkleidung entsteht eine Minderleistung von 10 bis 30 % der genormten Wärmeleistung, je nach Ausführung der Verkleidung.

• Anschlußarten von Heizflächen

Heizflächen werden bei Warmwasserheizung zumeist gleichseitig angeschlossen, und zwar der Vorlauf oben und der Rücklauf unten. Bei längeren Heizflächen, zum Beispiel bei Radiatoren mit über 40 Gliedern, erfolgt der Anschluß wechselseitig, um eine gleichmäßige Wasserverteilung über die gesamte Fläche zu erreichen. Bei unterem Anschluß ergibt sich eine Minderleistung, wenn man nicht zwischen dem ersten und zweiten Glied auf der Vorlaufseite eine Blindscheibe einsetzt. Bei Einrohrheizungen werden meist die Heizkörper unten – und zwar einseitig und wechselseitig – mit Blindscheibe oder mit einem speziellen 4-Wege-Ventil einseitig angeschlossen (Bild 1.83).

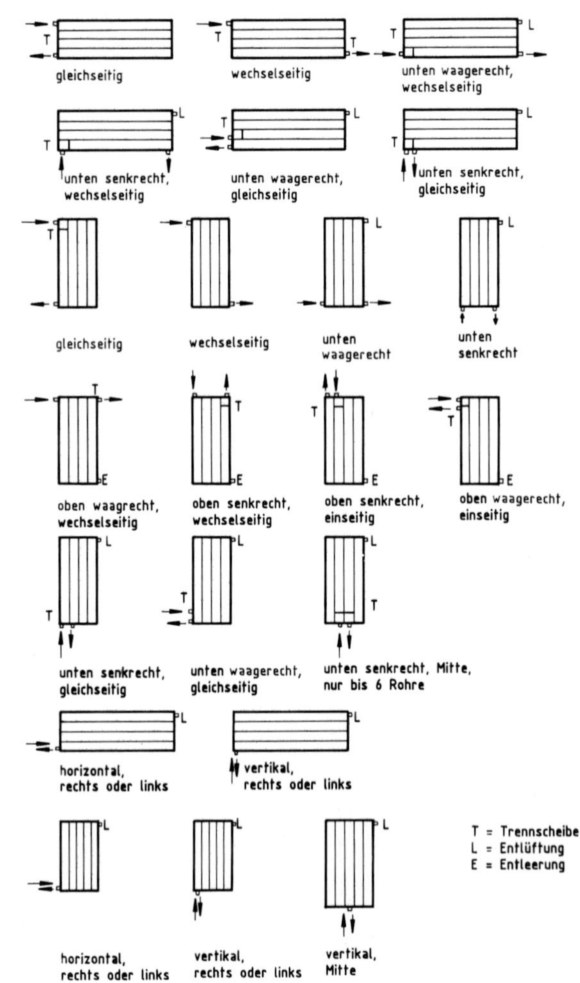

Bild 1.83
Anschlußmöglichkeiten am Beispiel eines Flachheizkörpers

• Anstrich von Heizflächen

Die Heizflächen erhalten einen Grundanstrich, der die Flächen während der Bauzeit vor Rost schützen soll. Darüber kommt dann später eine Lackschicht. Der Heizkörperlack sollte temperaturbeständig und seiner Zusammensetzung nach mit dem Grundanstrich verträglich sein. Während man früher Heizflächen fast ausschließlich weiß lackierte, verwendet man heute aus geschmacklichen und gestalterischen Gründen auch alle anderen Farbtöne. Anstriche mit Metallbronze sollte man vermeiden, da sie eine Verminderung der Wärmeleistung von 5 bis 10 % verursachen. Immer häufiger werden Heizkörper auch ab Werk fertig lackiert und mit einer Kunststoffschutzhülle versehen auf die Baustelle geliefert.

1.6.7. Konvektorheizung

Wie der Name schon andeutet, erfolgt die Wärmeabgabe fast nur durch Konvektion. Es gibt zwei Grundbauarten dieser Heizung. Bei der ersten besteht der Konvektor aus einem Kupferrohr, auf das Aluminiumlamellen aufgeklemmt sind, damit ein guter Wärmeübergang zwischen Rohr und Lamelle gewährleistet ist. Der Konvektor besteht in der zweiten Bauart aus ovalem Stahlrohr, auf das Stahllamellen aufgereiht sind. Um einen guten Kontakt zwischen Rohr und Lamelle zu erreichen, werden beide zusammen nach der Fertigung verzinkt. Wichtig ist, daß der Konvektor in einen Schacht eingebaut wird, (Bild 1.84). Die Luft strömt von unten durch die Lamellen des Konvektors und wird erwärmt. Durch den Schacht wird eine Kaminwirkung erzeugt; die warme Luft steigt nach oben und tritt durch entsprechende Öffnungen aus. Die Wärmeleistung des Konvektors hängt von der Schachthöhe ab. Je höher der Schacht, um so größer die Wärmeleistung. Dies gilt bis zu einer Schachthöhe von 1 m. Für den Einbau von Konvektoren gibt es eine Vielzahl von Möglichkeiten, Bild 1.85. Der Vorteil der Konvektoren liegt in den geringen Abmessungen und damit dem leichten Gewicht, weiterhin in ihrem geringen Wasserinhalt, der eine schnelle Reaktion des Konvektors auf die Heizwassermenge ermöglicht.

Von Nachteil ist die schlechte Reinigungsmöglichkeit wegen der eng stehenden Lamellen und wegen der Verkleidung. Diese sollte daher leicht abnehmbar sein. Ein weiterer Nachteil ist der fehlende Strahlungsanteil und daß der Einsatz im Niedertemperaturbereich nicht möglich ist. Den Preisvorteil des Konvektors hebt die notwendige Verkleidung zum Teil wieder auf.

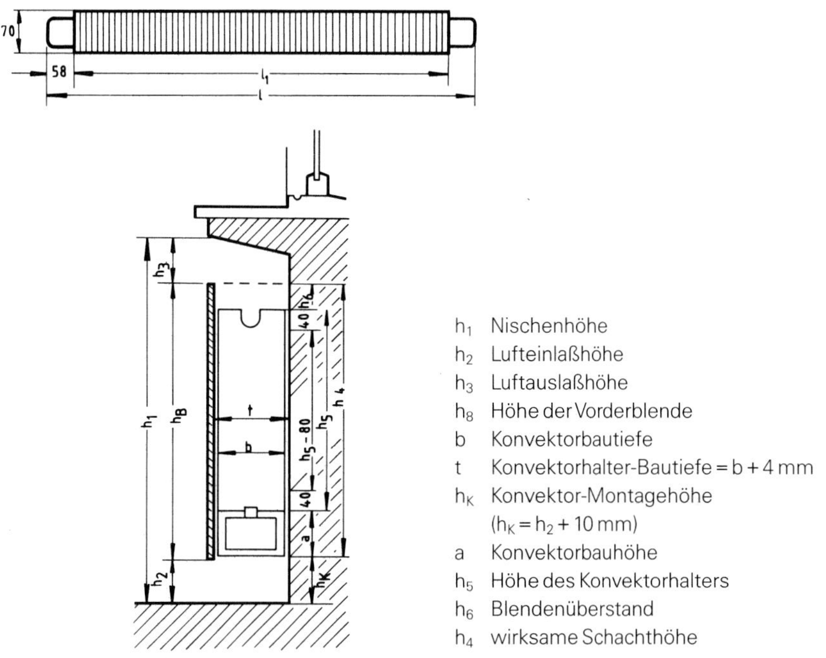

Bild 1.84
Hauptabmessungen eines Konvektors und Einbau in eine Nische nach GEA

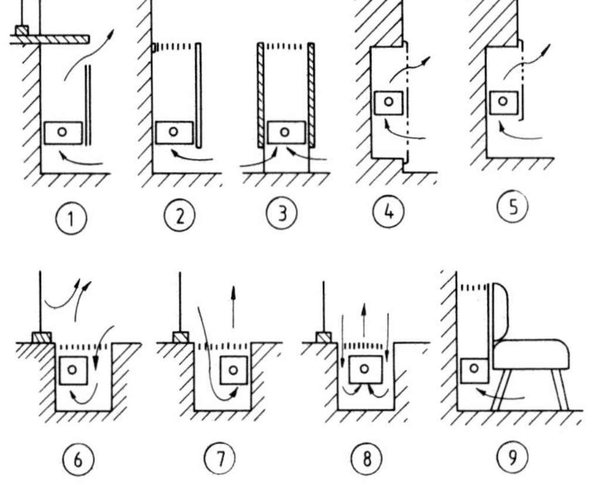

1 unter Fenster
2 vor glatter Wand
3 freistehend
4 + 5 in Wand eingebaut
6 Unterflurkonvektor mit Raumluftansaugung
7 Unterflurkonvektor mit Kaltluftansaugung
8 Unterflurkonvektor mit beidseitiger Ansaugung
9 Konvektor hinter Bank

Bild 1.85
Verschiedene Einbaumöglichkeiten von Konvektoren nach GEA

Die Heizleistung ist in keiner Norm festgelegt und muß den Listen der Hersteller entnommen werden. Die Wärmeleistung des Konvektors kann sowohl durch Drosselung der Wassermenge als auch durch Drosselung der den Schacht durchströmenden Luft geregelt werden, Bild 1.86.

Bei gemischter Verwendung von Konvektoren und anderen Heizflächen ist zu beachten, daß der Konvektor bei niedrigeren Heizmitteltemperaturen schneller als die anderen Heizflächen in seiner Wärmeleistung sinkt. Deshalb sollten Konvektoren nach Möglichkeit einen eigenen Heizkreis erhalten.

Für die Verkleidung von Konvektoren eignen sich die verschiedensten Materialien (Hartfaserplatten, Holz, Blech u.ä.). Bei der Anbringung und bei der Verkleidung ist darauf zu achten, daß der Konvektor vorn und hinten dicht anliegt, damit keine Falschluft an ihm vorbeistreichen kann.

Neben Konvektoren mit natürlicher Luftzirkulation gibt es auch Bauarten mit erzwungener Luftströmung. Diese wird entweder durch ein zentrales Luftverteilungsnetz und Ausblasen der Luft unter dem Konvektor oder aufgrund eines eigenen Ventilators je Konvektor erzeugt, Gebläse-Konvektoren (Bilder 1.87 und 1.88). Durch die höhere Anblasegeschwindigkeit des Konvektors erhöht sich auch seine Wärmeleistung. Manche Konvektoren lassen sich wahlweise mit Umluft oder Außenluft betreiben.

Die Gebläsekonvektoren haben eine Luftleistung von etwa 200 bis 2000 m³/h und eine Heizleistung von bis zu 20 kW. Dadurch eignen sie sich für Räume mittlerer Größe wie Büros, Restaurants, Sitzungszimmer, Schulklassen und auch größere Wohnräume. Eine Spezialausführung ist der Gebläsekonvektor

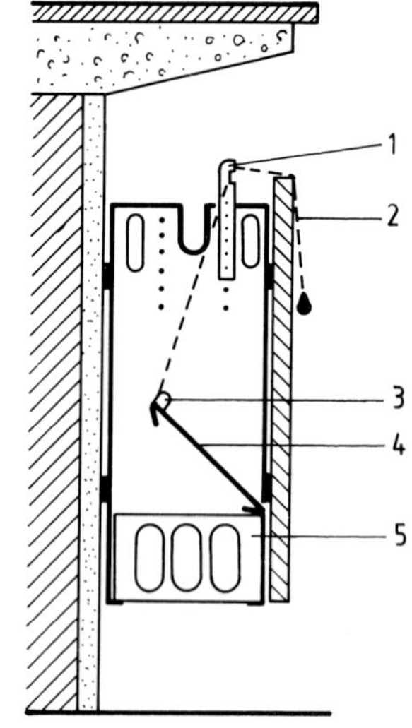

Bild 1.86
Konvektor mit Regulierklappe

Legende zu Bild 1.86

1 Kettenlager
2 Regulierkette
3 Kettenlasche
4 Regulierklappe
5 Konvektor

Bild 1.88
Aufstellungsmöglichkeiten für einen Gebläsekonvektor nach GEA

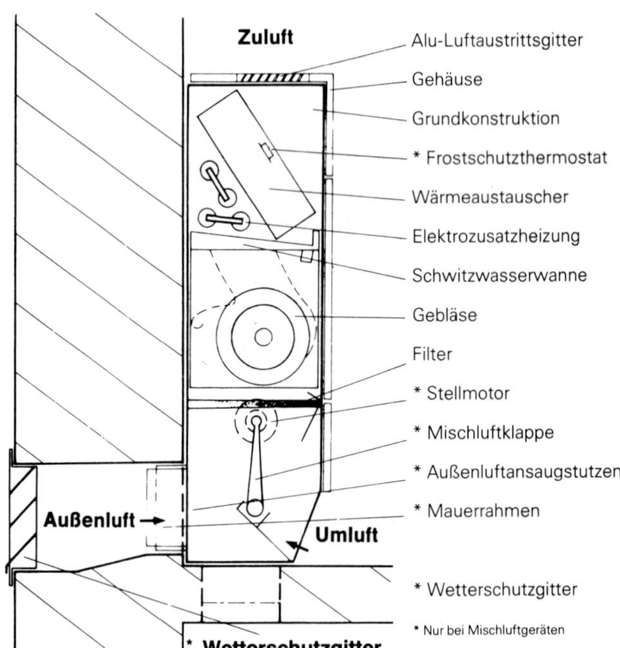

Bild 1.87
Querschnitt durch einen Gebläsekonvektor nach GEA

zum Einbau in den Fußbodenaufbau. Er arbeitet nur im Umluftbetrieb, (Bild 1.89). Eine weitere Sonderform des Konvektors ist der Sockelleistenheizkörper. Er besteht zumeist aus einem Kupferrohr mit Aluminiumlamellen und einer fertigen Stahlblechverkleidung. Bei manchen Fabrikaten ist die obere Ausströmöffnung zur Regulierung der Wärmeleistung verschließbar, Bilder 1.90 und 1.91.

Weil der Sockelleistenheizkörper die Gesamtlänge der Außenwände in einem Raum belegt, ist eine gute Wärmeverteilung gegeben, besonders, da er die kälteren Außenwände mit seiner aufsteigenden Warmluft bestreicht. Aufgrund der Anordnung des Kupferrohrs eignet sich dieser Heizkörper sehr gut für die Einrohrheizung, weil eine eigene Verteilung nicht mehr notwendig ist. Form, geringer Platzverbrauch, gute Regulierbarkeit und leichte Installation machen ihn auch für den nachträglichen Einbau bei einer Modernisierung interessant. Nachteile sind, daß er bei der Möbelaufstellung hinderlich ist und daß durch die Konvektion fast unvermeidbar eine Verschmutzung über dem Sockel entsteht (Staubablagerungen).

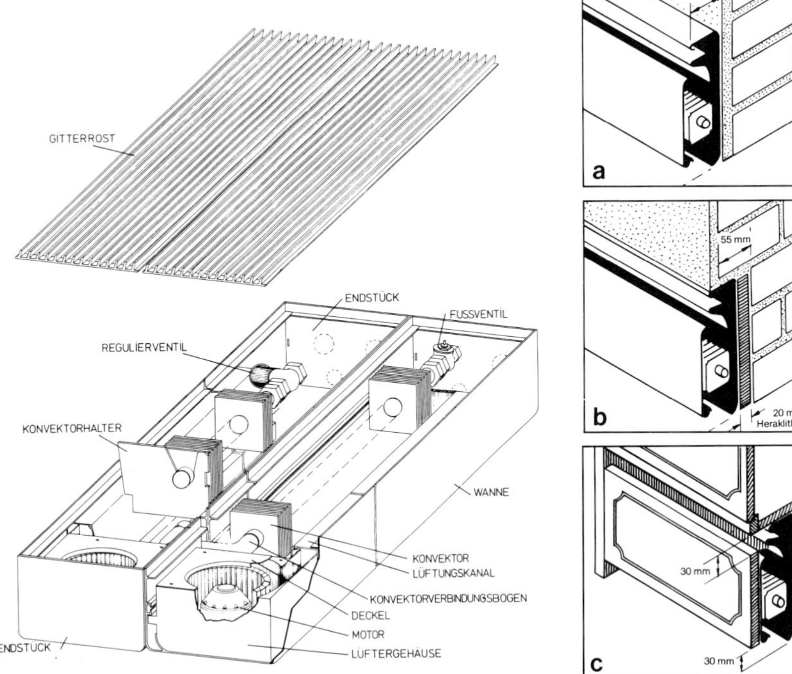

Bild 1.89
Gebläsekonvektor zum Einbau in den Fußbodenaufbau, Fabrikat Emco

Bild 1.91
Anwendungsmöglichkeiten von Sockelleistenheizkörpern, Bauart Evitherm: a) auf Putz; b) im Mauerwerk; c) in Einbauschränken oder Badewannenverkleidungen

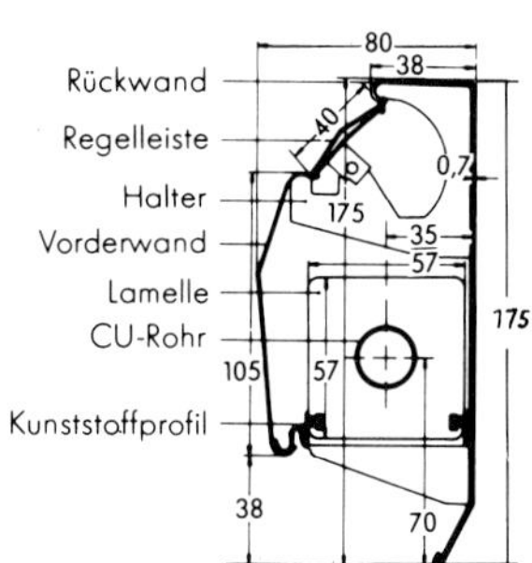

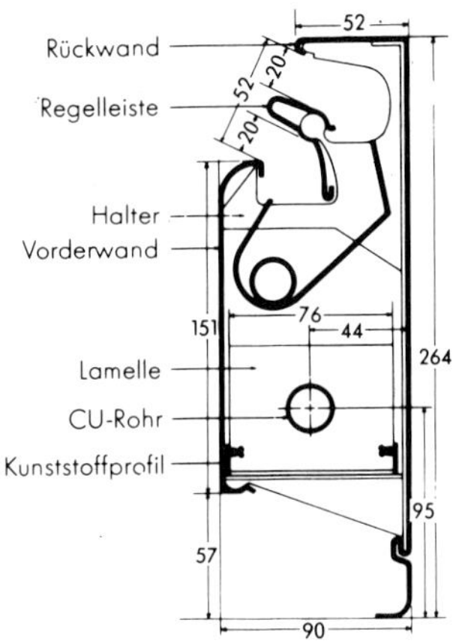

Bild 1.90
Verschiedene Ausführungen von Sockelleistenheizkörpern nach Evitherm

1.6.8. Flächenheizung

Während bei den bisher beschriebenen Heizflächen der zu deckende Wärmebedarf durch Heizkörper aufgebracht wird, werden bei der Flächenheizung die den Raum umschließenden Flächen erwärmt. Das geschieht durch Einbau oder Unterhängung von Heizrohren. Je nach Anordnung der Heizrohre spricht man von Decken-, Fußboden-, oder Wandheizung (Bild 1.92). Da der Strahlungsanteil gegenüber herkömmlichen Heizflächen überwiegt, findet man häufig die Bezeichnung Strahlungsheizung.

Die von der Decke ausgehende Strahlung trifft auf die im Raum befindlichen Gegenstände und die anderen den Raum umschließenden Flächen. Diese werden dadurch aufgewärmt und geben ihre Wärme durch Konvektion und Strahlung wieder an den Raum ab.

Weil solche Flächenheizungen meistens mit Warmwasser bis zu einer maximalen Vorlauftemperatur von 60 °C beschickt werden, eignen sie sich auch für den Betrieb von Wärmepumpen.

Für Flächenheizungen lassen sich folgende Vorzüge und Nachteile anführen:

Vorteile:

- keine örtlichen Heizflächen mit ihrem Platzbedarf
- unsichtbare Heizflächen
- geringe Luftbewegung im Raum, keine Staubaufwirbelung und Keimverschleppung
- fast gleichmäßige Lufttemperatur im Raum
- eventuelle Kühlung im Sommer durch Beschickung mit Kaltwasser

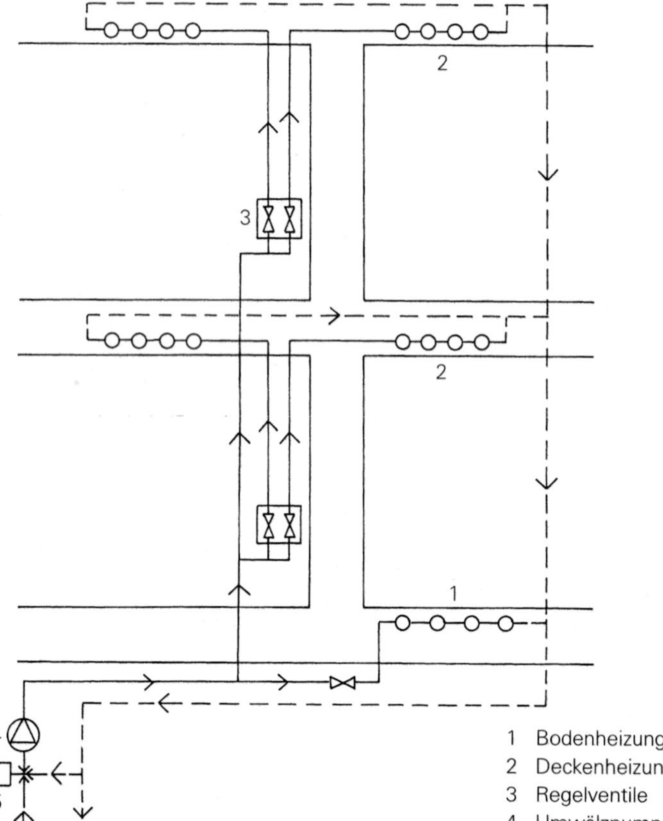

Bild 1.92
Deckenstrahlungs- und Bodenheizung (Flächenheizung)

Nachteile:

- höhere Kosten durch die Koordination am Bau
- größere Trägheit des Systems, besonders bei großen aufgeheizten Massen,
- keine Änderungsmöglichkeit der Wärmeleistung oder der Raumaufteilung
- schlechte Reparaturmöglichkeit
- sehr empfindlich gegen Lufteinfall und an kalten Außen- und Wandflächen, besonders bei Deckenheizung
- sorgfältige Montage und Bauüberwachung notwendig

Deckenheizungen werden heute nur noch in geringem Umfang eingesetzt.

1.6.8.1. Fußbodenheizung

Die Fußbodenheizung besteht aus im Estrich oder Aufbeton verlegten Rohren, die von Warmwasser durchflossen sind. Der Boden gibt die Wärme teils durch Konvektion, teils durch Strahlung ab. Um eine unerwünschte Wärmeabgabe nach unten zu vermeiden, wird eine Dämmschicht unter die Heizrohre verlegt. Früher wurde besonders bei Wohnungstrenndecken eine auch nach unten gerichtete Wärmeabgabe angestrebt, so daß die Fußbodenheizung im Geschoß darunter wie eine Deckenheizung wirkt. Damit sollte ein noch gleichmäßigeres Temperaturprofil erreicht und die Behaglichkeit noch weiter erhöht werden. Nachteilig war jedoch die Abhängigkeit der Raumbeheizung von den Heizgewohnheiten der Nachbarn. Trotz des höheren Preises gegenüber konventionellen Heizflächen gewinnt die Fußbodenheizung bei

Einfamilienhäusern einen stetig wachsenden Marktanteil.

Man unterscheidet bei der Fußbodenheizung zwischen der Trocken- und der Naßverlegung.

Bei der Trockenverlegung werden die Rohre in vorgefertigten Hartschaumplatten, die entsprechende Rillen oder Kanäle aufweisen, verlegt. Diese Hartschaumplatten dienen zumeist der Wärme- und Trittschalldämmung. Da die Rohre in den Hartschaumplatten von Luft umgeben sind, werden zur besseren Wärmeabgabe an den Estrich Aluminiumlamellen auf die Rohre aufgeklemmt. Über die Hartschaumplatten wird nach dem Abdrücken der Rohre eine Folie gelegt und dann der Estrich oder ein Fußboden in Trockenbauweise aufgebracht. Ein Vorzug dieser Verlegung ist, daß sich die Rohre frei ausdehnen können und es nicht zu Wärmespannungen und damit zur Rißbildung kommt (Bild 1.93). Eine besondere Art dieser Fußbodenheizung ist die Deria-Kunststoffbodenheizung. Sie wird in Hohlräume verlegt und erhält Speziallamellen, die sich an die Konstruktionshöhe der Hohlräume anpassen lassen. Diese Fußbodenheizung kann an ein bestehendes Heizungsnetz mit einem Vorlauf von 90 °C und einer Temperaturspreizung von 20 K angeschlossen werden, weil sich die Kunststoffrohre frei ausdehnen können. Somit ist auch eine Kombination mit anderen Heizflächen, vor allem Konvektoren, ohne eine separate Regelanlage möglich. Die Wärmeleistung wird durch die Anzahl der Lamellen bestimmt (Bild 1.94).

Bei der Naßverlegung wird auf die Wärme- und Trittschalldämmung eine Folie verlegt. Darauf kommt eine Baustahlmatte oder ein entsprechender Trägerrost, an dem die Befestigungselemente angebracht werden.

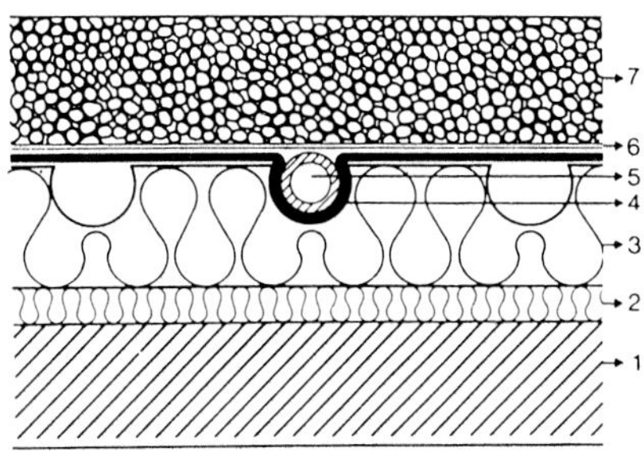

1 tragende Fußbodenkonstruktion, 2 Trittschalldämmung (falls erforderlich), 3 Polystyrol-Verlegeelement, 4 Alu-Leitlamelle, 5 Fußbodenheizungsrohr, 6 Plastik-Abdeckfolie, 7 Estrich nach DIN 18353

Bild 1.93
Fußbodenaufbau bei Fußbodenheizung in Trockenverlegung, System TA-Stramax

Danach werden die Rohre verlegt und mit den Befestigungselementen verbunden, damit sie sich nicht verschieben können. Nach der Druck- und Dichtigkeitsprobe kann dann der Estrich eingebracht werden, und zwar so sorgfältig, daß die Rohre ohne Lufteinschlüsse überdeckt werden (Bild 1.95).

Da die Rohre und der Estrich verschiedene Ausdehnungskoeffizienten haben, erhält der Estrich verschiedene Zuschlagstoffe. Weil er insgesamt aufgeheizt wird, ist auf entsprechende Ausdehungsmöglichkeit zu achten. Ferner sollte der Estrich mindestens 4 Wochen austrocknen, ehe mit der Beheizung begonnen wird. Die erste Aufheizung sollte langsam erfolgen, damit zwischen Rohren und Estrich keine Ablösung erfolgt. Weiterhin ist sicherzustellen, daß die maximale Vorlauftemperatur von 55 bis 60 °C nicht überschritten wird, da es sonst zu Wärmespannungen und Rißbildung kommt.

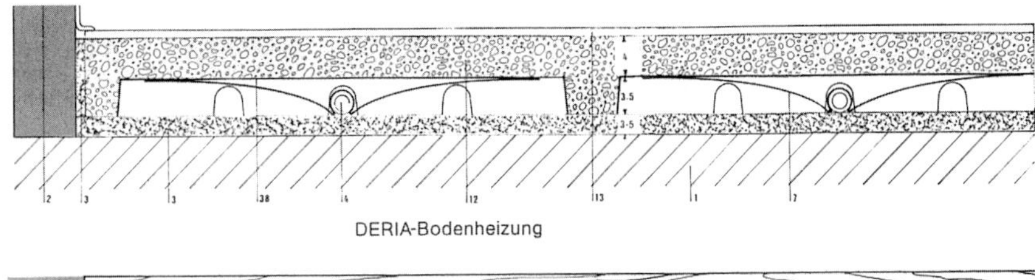

DERIA-Bodenheizung

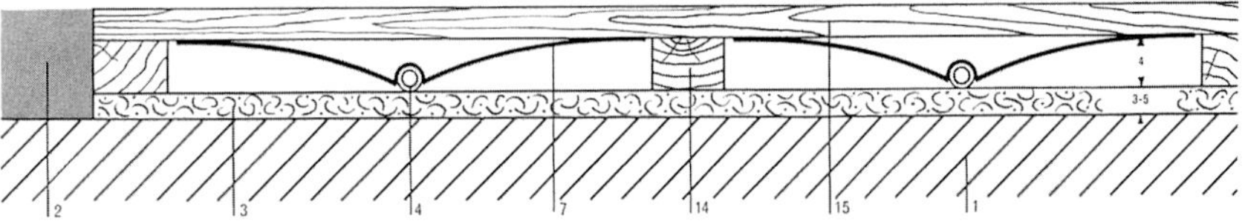

DERIA-Bodenheizung unter Stab-, Riemenparkett oder Holzspanplatten

1 Tragende Decke
2 Raumwand
3 Isolation
4 Heizrohr
7 DERIA-Lamelle
12 Betonüberzug
13 Bodenbelag
14 Bodenlager
15 Parkett oder Holzspanplatte
38 DERIA-Abdeckung

Bild 1.94
Fußbodenaufbau beim System Deria

Während bei früheren Ausführungen der Fußbodenheizung Stahl- und Kupferrohr verwendet wurde, werden heute in überwiegenden Maße Kunststoffrohre verlegt. In Naßräumen muß die Abdichtungsfolie oberhalb der Rohre verlegt werden, damit kein Wasser an die Rohre gelangt. Aus diesem Grund greift man in Schwimmbädern meistens auf die sehr viel teureren Kupferrohre zurück.

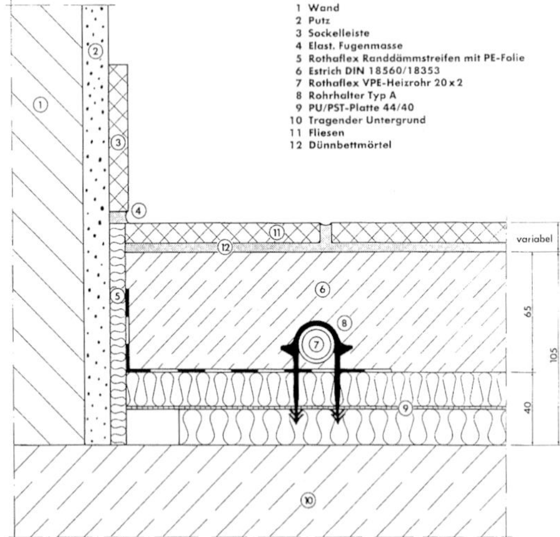

Bild 1.95
Fußbodenaufbau bei Fußbodenheizung in Naßverlegung, System Roth

Bild 1.95.1
Fußbodenaufbau und Oberbelagsmöglichkeiten

Man kann die Rohre in verschiedenen Formen verlegen. Die einfachste Art ist die schlangenförmige Verlegung, die aber den Nachteil einer ungleichmäßigen Bodentemperatur mit sich bringt. Um diesen Mangel auszugleichen, legt man Vor- und Rücklauf nebeneinander und erhält somit eine spiralförmige Verlegung. Auch eine Kombination der beiden Verlegungsarten ist möglich Im Randbereich an Außenwänden und Fenstern wird der Rohrabstand von normalerweise 15 bis 30 cm verkleinert (Bilder 1.96 und 1.97).

Bei der Fußbodenheizung soll die Oberflächentemperatur im Aufenthaltsbereich 24 °C aus physiologischen Gründen nicht überschreiten. Im Randbereich sind Oberflächentemperaturen bis zu 29 °C zulässig, da man damit rechnen kann, daß sich dort niemand sehr lange aufhält. Im Bad, das mit nackten Füßen betreten wird, ist die Oberflächentemperatur mit 32 °C anzusetzen.

Die Fußbodenheizung hat eine Wärmeleistung von etwa 80 W/m² bei 20 °C Raumtemperatur. Da aber nur Häuser, die nach der neuen Wärmeschutzverordnung gebaut worden sind, einen spezifischen Wärmebedarf unter 80 W/m² erreichen, sind in manchen Fällen außer der Fußbodenheizung noch zusätzliche Heizflächen erforderlich. Das gilt insbesondere für Räume, in denen fest installierte Möbel und Einrichtungsgegenstände vorhanden sind. Das betrifft zum Beispiel Küche und Bad, zumal heute noch das Bad in Einfamilienhäusern häufig an eine Außenwand mit Fenster gelegt wird.

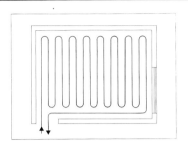

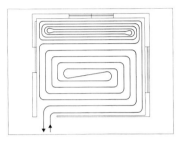

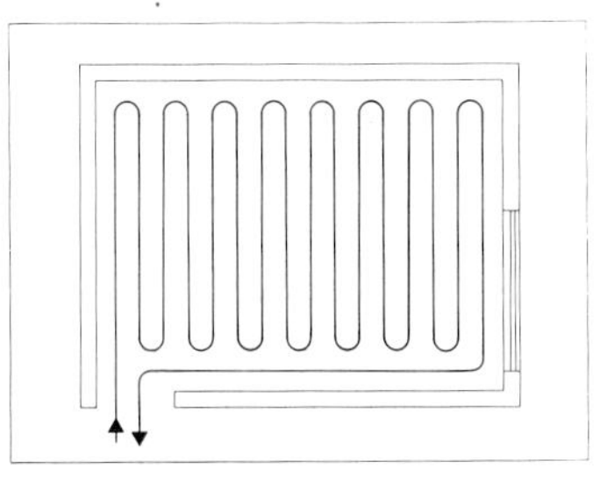

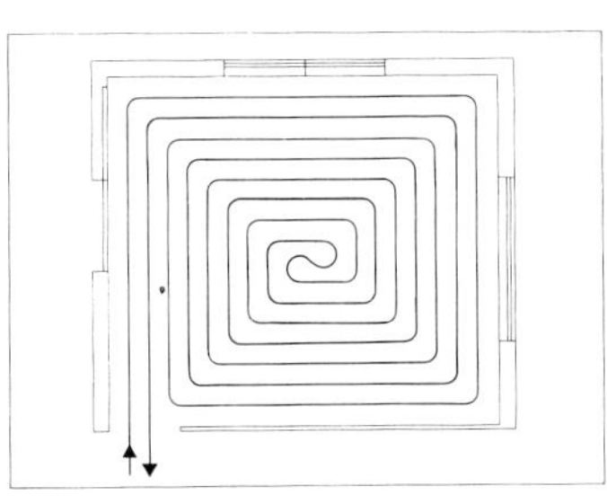

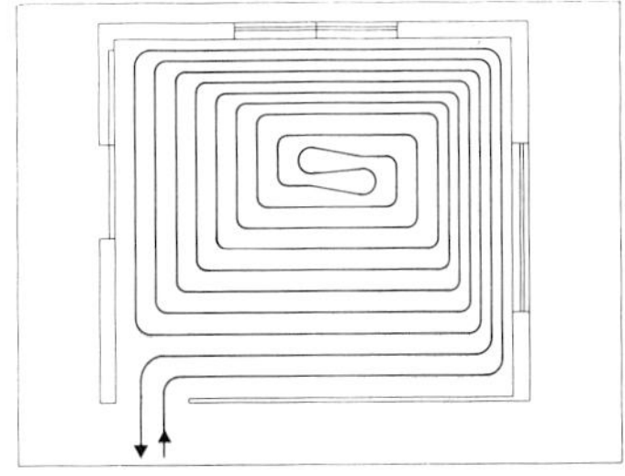

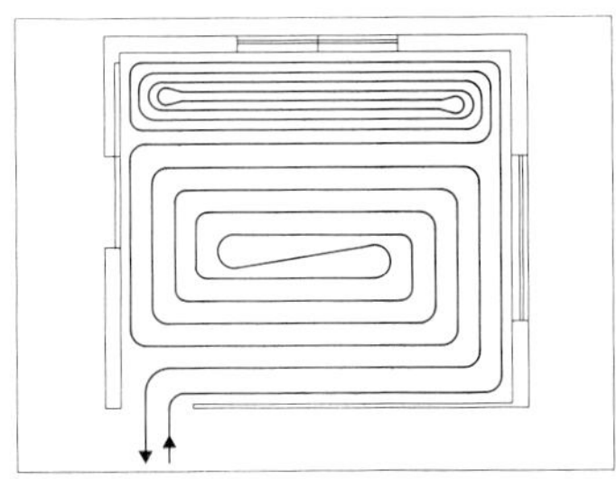

Da bei der Fußbodenheizung der gesamte Estrich mit seiner Mindestdicke von 45 mm über der Oberkante des Heizrohres aufgeheizt wird, reagiert die Fußbodenheizung träge. Daher sollte eine witterungsabhängige Regelung anstelle einer Raumtemperaturregelung verwendet werden Man kann überschlägig sagen, daß die Auskühlzeit der Fußbodenheizung pro 1 K eine Stunde je cm Estrichdichte beträgt. Somit ist die reine Fußbodenheizung bei passiver Nutzung der Sonne wenig geeignet. Auch das Argument, daß die Fußbodenheizung einen Selbstregeleffekt hat, stimmt thermodynamisch erst dann, wenn die Raumtemperatur gleich der Oberflächentemperatur, die bei 26 °C liegt, oder größer als diese ist.

Um diesen Nachteil der Trägheit auszugleichen, kann man 40 bis 50 % des Wärmebedarfs als Fußbodenheizung zur Grundheizung auslegen und den Rest mit herkömmlichen Heizflächen decken. Diese Heizflächen haben aufgrund ihres geringen Wasserinhaltes und der kleinen erwärmten Massen ein schnelles Regelverhalten. Anfallende Wärme im Raum durch Sonne und Menschen wird durch Verringerung der Wärmezufuhr zum Heizkörper kompensiert. Ferner kann man damit auch Einflüsse von Möbeln ausgleichen, die die Wärmeleistung der Fußbodenheizung mindern. Bei einer solchen doppelten Heizflächenanordnung ist es möglich, die Fußbodenheizung konstant zu betreiben.

Bild 1.96.1
Verschiedene Verlegungsarten einer Fußbodenheizung nach Velta (oben)

Bild 1.96.2
Beispiel einer verlegten Fußbodenheizung (unten)

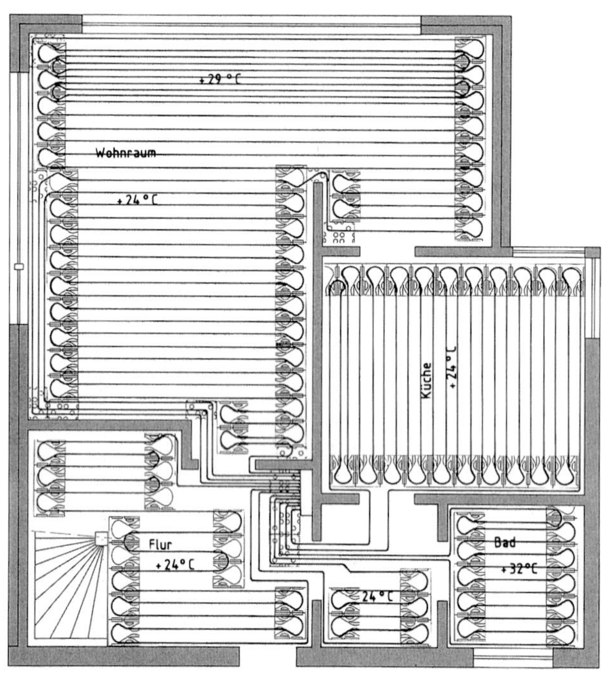

Bild 1.97.1
Projekt mit verschiedenen Verlegungsarten in Kupferrohrausführung, System PRECU-therm

Bild 1.97.2
Montage der Regelkreisanschlüsse einer Fußbodenheizung

1.6.8.2. Deckenheizung

Die älteste Bauart der Deckenheizung ist die Crittall-Decke, so benannt nach ihrem Erfinder. Hierbei werden Stahlrohrschlangen, die aus nahtlosem oder spezialgewalztem Fretz-Moon-Rohr in der Dimension 1/2″ bis 3/4″ bestehen, über die untere Bewehrung gelegt. Um den Abstand von der Unterkante der Decke und die waagerechte Verlegung der Schlange sicherzustellen, damit eine Entlüftung möglich ist, werden auf der Schalung Betonklötzchen untergelegt. Die Betonüberdeckung der Rohre sollte nach unten 1 bis 3 cm und nach oben 6 bis 7 cm dick sein (Bild 1.98). Die Schlangen werden einzeln mit der Unterverteilung, die meistens im Flurbereich liegt, verbunden.

Nach einer Druck- und Dichtheitsprüfung kann die Oberbewehrung eingebracht und die Decke in einem Stück gegossen werden. Eine Verlegung auf die Unterbewehrung fördert die Wärmeleitung und somit eine gleichmäßige Temperaturverteilung innerhalb der Decke.

Da Beton und Eisen in dem Temperaturbereich bis 60 °C den etwa gleichen Ausdehnungskoeffizienten haben, kommt es nicht zu Spannungsrissen. Um die Rohre vor äußerer Korrosion zu schützen, sollten sie wie die Bewehrung ohne Lufteinschlüsse im Beton liegen. Auf die Rohdecke kommt später eine entsprechende Wärmedämmung, die eine Wärmeabgabe nach oben einschränkt. Da diese Decke eine gleichmäßige Temperaturverteilung hat, kann sie mit normalem Putz ohne Zusätze verputzt werden. Bei großen Decken müssen entsprechende Dehnungsfugen vorgesehen werden, und der Statiker muß die Deckentemperatur kennen, damit er entsprechende Vorsichtsmaßnahmen treffen kann. Stark bewehrte Decken können die auftretenden Wärmespannungen am besten absorbieren.

Die Rohre werden in Abständen von 15, 20 und 25 cm verlegt. Um die Wandoberflächen und Fensterflächen mit ihrem größeren Wärmeverlust abzudecken, werden die Rohrschlangen möglichst nahe an diese Flächen gelegt. Das erste Rohr soll aber nicht näher als 0,3 m an der Außenwand liegen, damit kein zu großer Wärmeverlust nach außen entsteht. Man sollte daher auch im

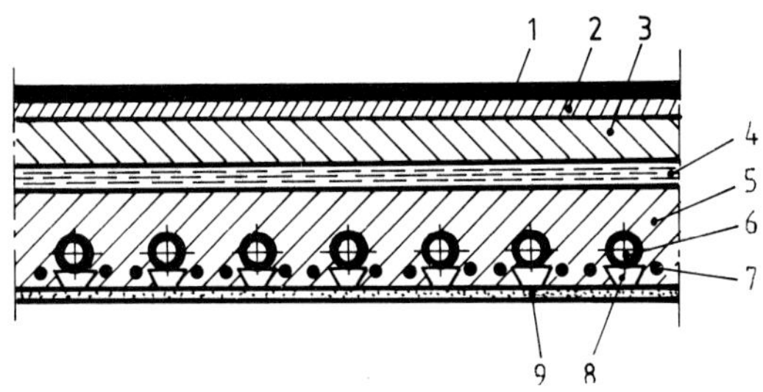

1 Bodenbelag, 2 Estrich, 3 Bimsbeton, 4 Trittschall- und Wärmedämmung, 5 tragende Deckenkonstruktion, 6 Deckenheizungsrohre, 7 Bewehrung, 8 Betonklötzchen als Abstandshalter, 9 Putz

Bild 1.98
Deckenheizung mit einbetonierten Heizungsrohren, System Crittall

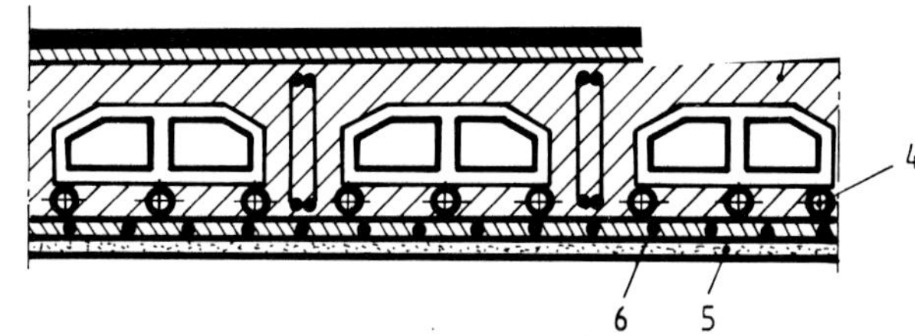

1 Bodenbelag, 2 Estrich, 3 tragende Deckenkonstruktion mit Hohlsteinen, 4 Deckenheizungsrohre, 5 Putz, 6 Bewehrung

Bild 1.99
Deckenheizung mit einbetonierten Hohlsteinen und Heizungsrohren

Bereich des Auflagers eine Wärmedämmung in gleicher Dicke wie bei der Decke vorsehen. Außerdem verlegt man den Vorlauf in Außenwandnähe, so daß eine Abkühlung des Heizwassers zur Raummitte erfolgt, wenn man das Rohrregister parallel zur Außenwand verlegt.

Die Rohrregister sind raummäßig aufzuteilen, damit die einzelnen Räume entsprechend dem Benutzerverhalten einreguliert werden können.

Um die große Trägheit des Systems zu mindern, hat man versucht, die Masse zu verringern. Dabei sind die Decke mit eingegossenen Hohlsteinen und die untergehängte Heizdecke zu erwähnen, (Bilder 1.99 und 1.100). Bei der untergehängten Heizdecke ist aber eine besondere Schalung erforderlich. Die Heizdecke hat eine Dicke von etwa 7 cm. Um sich die Schalung zu ersparen, hat man die Rohre unterhalb der Decke verlegt und eingeputzt. Das Einputzen erfolgt in mehreren Vorgängen, und als Putzträger wird Streckmetall verwendet. Dem Kalkzementputz werden Zuschlagstoffe beigegeben, um die verschiedenen Ausdehnungskoeffizienten auszugleichen und Rißbildung zu vermeiden. Die Gesamtdicke des Putzes beträgt etwa 6 bis 7 cm. Verwendet man anstelle der eisernen Rohrschlangen solche aus Kupferrohr in der Abmessung 12×1 mm, so kann man die Decke auch von der Massivdecke lösen und unterhängen. Da sich Kupferrohr leicht verarbeiten läßt,

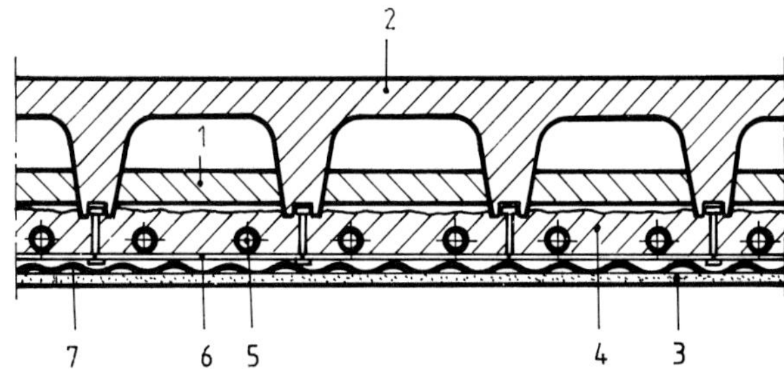

1 Wärmedämmung, 2 tragende Deckenkonstruktion, 3 Putz, 4 untergehängter Beton, 5 Deckenheizungsrohre, 6 Tragekonstruktion für untergehängte Decke, 7 Streckmetall

Bild 1.100
Deckenheizung mit untergehängter Decke

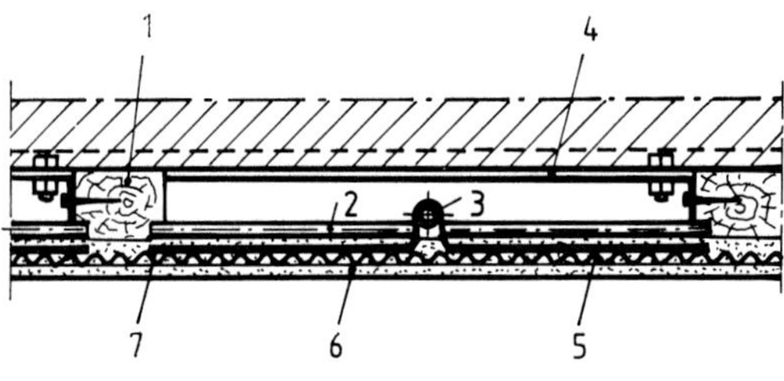

1 Lattenrost, 2 Tragekonstruktion für die Deckenheizungsrohre, 3 Deckenheizungsrohre, 4 Wärmedämmung mit Aluminiumfolie, 5 Lamelle, 6 Putz, 7 Streckmetall

Bild 1.101
Deckenheizung mit Lamellenheizdecke, System Stramax

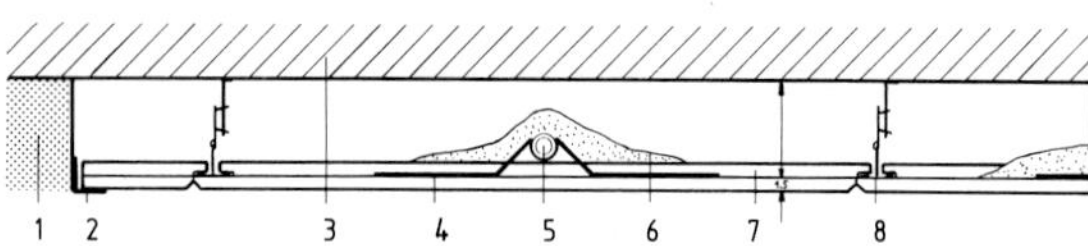

1 Raumwand
2 Randleiste
3 tragende Deckenkonstruktion
4 Lamelle in der Gipskassette
5 Deckenheizungsrohr
6 Wärmedämmung
7 Gipskassette
8 Aufhängung

Bild 1.102
Deckenheizung mit Gipskassettendecke, System Destra

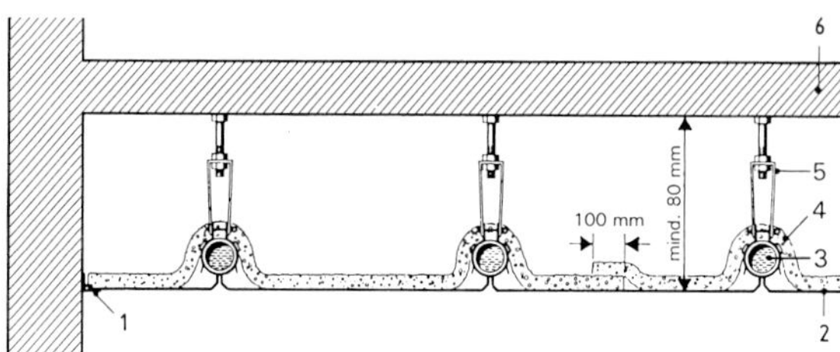

1 Randleiste
2 Aluminiumkassette
3 Deckenheizungsrohre
4 Wärmedämmung
5 Aufhängung
6 Tragende Deckenkonstruktion

Bild 1.103
Deckenheizung mit Aluminiumkassetten, System Zent-Frenger

können die Rohrregister an Ort und Stelle angefertigt werden. Die Rohrschlangen werden mit dem Putzträger an die Decke gehängt und die Kupferrohre mit einem Gipsputz mit Kalkzusatz vollständig eingeputzt. Die Gesamtdicke beträgt ungefähr 3 cm.

Es ist darauf zu achten, daß der Putz gut ausgetrocknet ist. Ein langsames Anfahren der Anlage ist wie bei jeder Deckenheizung notwendig. Die Vorzüge des Kupferrohrs liegen neben den bereits aufgeführten in ihrer Korrosionsbeständigkeit und der geringen Wärmespeicherung.

Aus diesen Putzdecken entwickelten sich andere Deckenheizssteme, bei denen die Trägheit noch weiter reduziert wurde. Diese Systeme laufen unter dem Begriff Lamellenheizdecken. Hierbei werden Aluminiumlamellen von 0,7 bis 1 mm Dicke mit Sicken über das Heizrohr gestülpt. Bei glatten Lamellen, wie bei Stramax, wird ein zusätzlicher Putzträger benötigt. Bei Termax sind die Lamellen so ausgebildet, daß sie gleichzeitig Putzträger sind. Der Putz muß eine vollflächige Verbindung mit der Aluminiumlamelle herstellen, damit eine gute Wärmeleitung gegeben ist (Bild 1.101).

Bei den Gipskassettendecken sind die Aluminiumlamellen fest in die Gipsplatte eingegossen. Die Gipsplatten gibt es mit glatter oder gelochter Unterseite. Sie werden je nach Fabrikat von unten auf das Heizrohr geklemmt oder mittels eines Spezialprofils gleitend mit dem Rohr verbunden. Gipskartonplatten werden entweder an Drähten oder Spezialaufhängungen, wie sie von herkömmlichen abgehängten Decken bekannt sind, aufgehängt. Die Platten haben an den Seiten genügend Platz, um die Wärmeausdehnung aufzunehmen (Bild 1.102).

Bei der Zent-Frenger-Decke werden nur noch fertiglackierte Aluminiumplatten von der Größe 625 × 625 mm und in einer Dicke von 0,75 mm verwendet. Diese Platten gibt es mit perforierter oder geschlossener, glatter Oberfläche. An den genau auf 625 mm Abstand ausgerichteten Rohren werden die Platten mit Stahlklammern befestigt. Eine Dämmung auf der Oberseite der Platte wirkt schallabsorbierend. Da kein Putz verwendet wird, kann die Decke mit der üblichen Warmwasserheizung 90/70 °C betrieben werden (Bild 1.103).

Während bei der Fußbodenheizung die Fußabkühlung eine wichtige Rolle spielt, ist es bei der Deckenheizung die Kopferwärmung, die die Oberflächentemperatur bestimmt. Als Richtwert zur Auslegung bei üblichen Raumgrößen und einer lichten Raumhöhe von 2,7 m kann eine mittlere Deckentemperatur von 35 °C angestrebt werden. Bei dieser Temperatur beträgt die Wärmeleistung ca. 140 W/m^2.

Die Deckenheizung hat sich aus preislichen und z. T. aus wärmephysiologischen Gründen kaum durchgesetzt. Wegen der geringen Luftbewegung, die sie im Raum verursacht, hat sie aber vielfache Anwendung in Krankenhäusern, Heilanstalten und Sanatorien gefunden. Hier steht die Hygiene im Vordergrund. Eine gleichmäßige Temperaturverteilung, die noch von einem Teil der durch den Fußboden kommenden Wärme unterstützt wird, ist hier erwünscht. Auch gibt es keine Betten in Fensternähe, in denen die Patienten durch Kaltlufteinfall gefährdet würden.

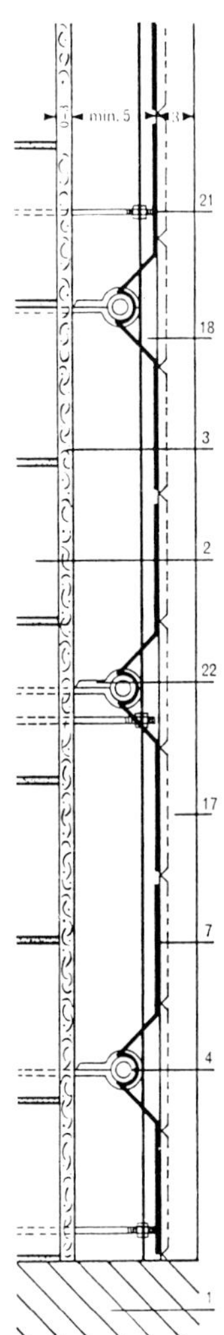

DERIA-Wandheizung mit Streckmetallputzwand

1 Tragende Decke
2 Raumwand
3 Isolation
4 Heizrohr
7 DERIA-Lamellen
17 Streckmetallputzwand
18 Winkeleisen
21 Winkeleisenhalter
22 Rohrhalter

Bild 1.104
Wandheizung mit Putzwand, System Deria

1.6.8.3. Wandheizung

Wandflächenheizungen werden wie Fußbodenheizungen ausgeführt, entweder fest in das Mauerwerk eingebunden oder eingeputzt. Auf die Außenwand sollte eine genügend starke Wärmedämmung aufgebracht werden, damit der Wärmeverlust nach außen nicht zu groß wird (Bild 1.104).

Da der Mensch auf seitliche Strahlung am wenigsten empfindlich reagiert, ist die Wandflächenheizung eigentlich die Idealheizung. Leider ist sie selten zu verwirklichen, weil im Raum kaum noch Stellflächen vorhanden sind. Wegen der geringeren Empfindlichkeit des Menschen auf seitliche Strahlung kann man die Wandflächenheizung in der Oberflächentemperatur höher als die Deckenheizung auslegen.

Alle Flächenheizungen sollte man witterungs- statt raumtemperaturabhängig regeln. Bei größeren Gebäudekomplexen ist eine Regelungsaufteilung nach den Himmelsrichtungen notwendig.

1.6.8.4. Fassadenheizung

Eine Sonderform der Flächenheizung ist die Fassadenheizung (Bild 1.105.1/2) Hierbei werden die statisch notwendigen, geschoßhohen Pfosten sowie die Querriegel eines Fassadenelementes, das nach innen gesetzt wird, mit Warmwasser von einer Temperatur bis zu max. 55 °C durchflossen. Die Fensterflächen mit Zweifachverglasung sind thermisch getrennt davorgesetzt. Die thermische Trennung soll auch den Wärmeverlust nach außen dämmen. Durch die Pfosten und Querriegel wird die Scheibe angestrahlt und erhält eine Oberflächentemperatur zwischen 16 und 20 °C.

Diese Oberflächentemperatur vermittelt große Behaglichkeit und ermöglicht einen Aufenthalt im Fensterbereich, was besonders für die Nutzung von Büroräumen interessant ist, Korrosionsprobleme sind noch nicht aufgetreten, da die Heizungsanlage im geschlossenen System betrieben wird (keine Mischinstallation).

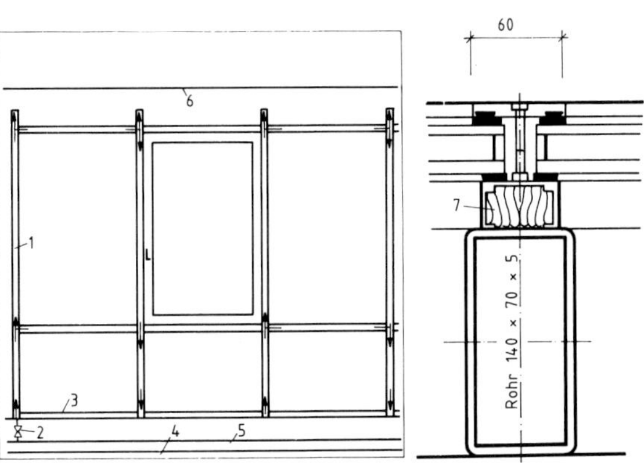

1 beheiztes Hohlprofil
2 Thermostatventil
3 Elektrokanal
4 Rücklauf
5 Vorlauf
6 Entlüftung
7 Kunststoffprofil

Bild 1.105.1
Fassadenelement und Querschnitt durch einen Fassadenpfosten nach Gartner

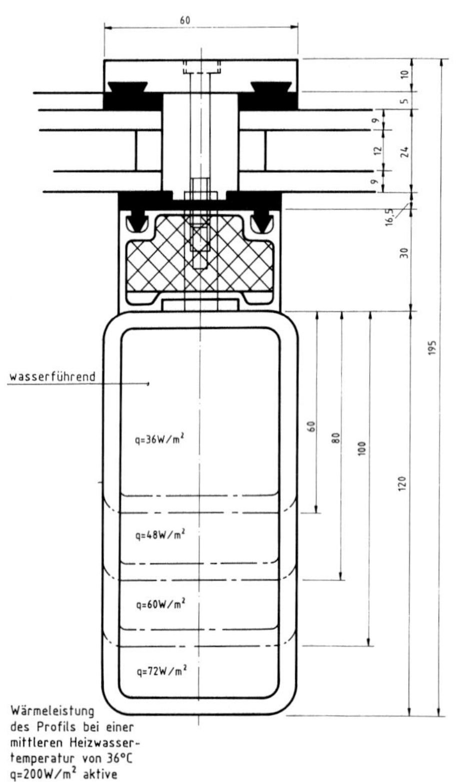

Bild 1.105.2
Detail einer Fassadenheizung

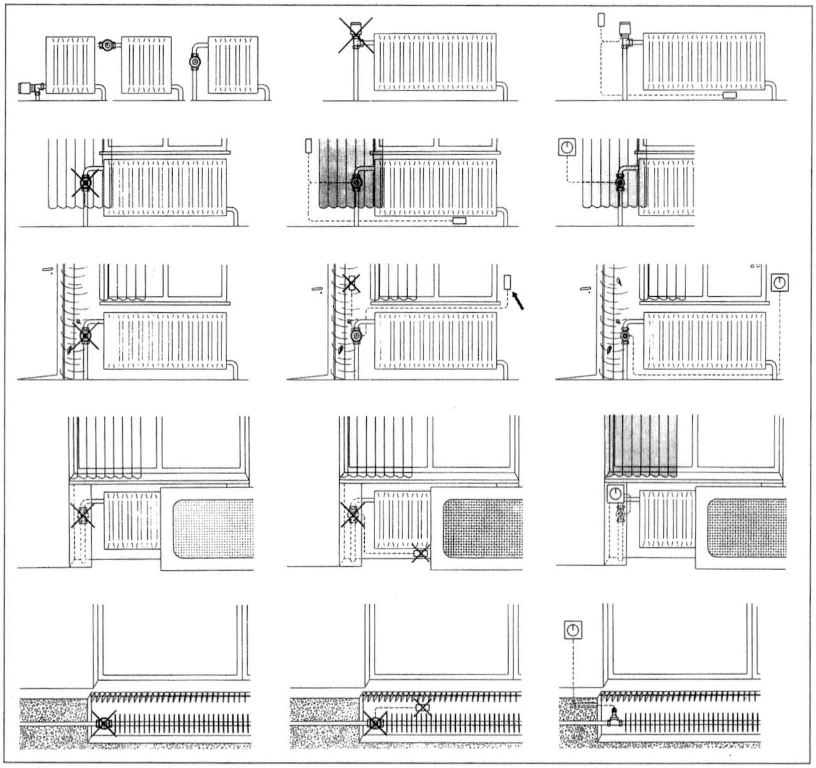

Bild 1.106
Richtige und falsche Anordnung von Thermostatventilen bei verschiedenen Einbausituationen nach Danfoss

Weitere Vorteile bietet die Fassade für den Brandschutz. Da die Metallteile wasserdurchflossen sind, ist ein zusätzlicher Brandschutz nicht erforderlich. Der mittlere Riegel kann mit einem separat beheizten Konvektorrohr ausgerüstet werden.

1.6.9. Raumtemperaturregelung

Heizungstechnische Anlagen sind mit Einrichtungen zur thermostatischen Einzelraumregelung auszustatten.

Bei den Thermostatventilen handelt es sich um feste, gas- oder flüssigkeitsgefüllte Temperaturfühler, die gegen einen Federdruck bei Temperaturanstieg den Heizwassermassenstrom drosseln oder bei Temperaturabfall wieder freigeben. Temperaturfühler sind nicht eichpflichtig. Sie tragen am Stellrad die Ziffern 1 bis 5. Dabei entspricht die Einstellung 3 einer Raumtemperatur von ungefähr 20 °C. Die Anordnung des Fühlers spielt bei der Wirksamkeit und Genauigkeit der Regelung eine entscheidende Rolle (Bild 1.106).

Besser geeignet ist die elektrische Einzelraumregelung mit Magnetventilen. Hierbei kann man eine Nachtabsenkung vorprogrammieren, von der einzelne Räume bei Bedarf ausgenommen werden können. Über einen Zentralschalter lassen sich Absenkungen auch während des Tages individuell einschalten oder über eine Zeitschaltuhr fest vorprogrammieren. Durch diese Anlagenkonzeption läßt sich eine Energieeinsparung erzielen.

1.7. HEIZZENTRALEN

1

• **Aufstellungsort:**

Der Aufstellungsort der Wärmeerzeuger sollte möglichst nahe bei den größten Wärmeverbrauchern liegen und für die Montage sowie für Reparaturarbeiten gut zugänglich sein. Für die Errichtung von Feuerungsanlagen und deren Aufstellungsort sowie den Betrieb sind grundsätzlich die gesetzlichen Vorschriften zu beachten. Es empfiehlt sich, bei anzeige- bzw. genehmigungspflichtigen Anlagen die Planung rechtzeitig mit den genehmigenden Behörden abzustimmen.

• **Als Standort für Heizzentralen im Gebäude bieten sich an:**

- Heizzentrale im Kellergeschoß
- Heizzentrale auf dem Dach.

Gelegentlich bietet sich der Bau von Dachheizzentralen sowohl aus technischen als auch aus wirtschaftlichen Gründen an.

• **Die technischen Vorteile sind:**

- kurze Schornsteine
- Heizkessel in Normalausführung (keine Hochdruckkessel)
- keine Be- und Entlüftungsschächte

• **Die wirtschaftlichen Vorteile sind:**

- Gewinn zusätzlicher Nutzflächen im Kellergeschoß
- geringe Heizraumbaukosten.
- etwas höherer Kesselwirkungsgrad infolge geringerer Abgastemperatur

• **Nachteile:**

- zusätzliche Dachbelastung
- erhöhte Sicherheitsanforderungen gegen austretendes Öl und Gas
- erhöhte Schallschutzmaßnahmen.

Bei Heizräumen auf dem Dach ist zu beachten, daß der gesamte Fußboden in Wannenform wasserdicht ausgebildet werden muß und der Raum mit einer abgedichteten Türschwelle zu versehen ist. Öl- und Gaszuleitungen zu Dachzentralen sind nach den einschlägigen Bestimmungen zu verlegen. In Schächten oder Kanälen verlegte Brennstoffleitungen sind doppelwandig auszuführen und Kanäle und Schächte zu belüften.

Mit entsprechenden, schalldämmenden Aufstellungen und Maßnahmen ist sicherzustellen, daß die den Heizkessel (hierzu gehören auch Pumpen, Rohrleitungen usw.) umgebenden Räume keine unzumutbare Beschallung erfahren.

Um einen Überblick über den Raumbedarf von Heizzentralen zu geben, sind nachfolgend einige typische Zentralen mit wesentlichen Maßangaben dargestellt. Hierbei wurden auch die Möglichkeiten der Einbringung (Montage/Demontage), berücksichtigt, da nach einer Betriebszeit von etwa 20 bis 25 Jahren damit zu rechnen ist, daß Kesselanlagen erneuert werden müssen. Das gleiche gilt (mit einem früheren Zeitraum) bereits für große Regeleinheiten, Pumpen und ähnliches.

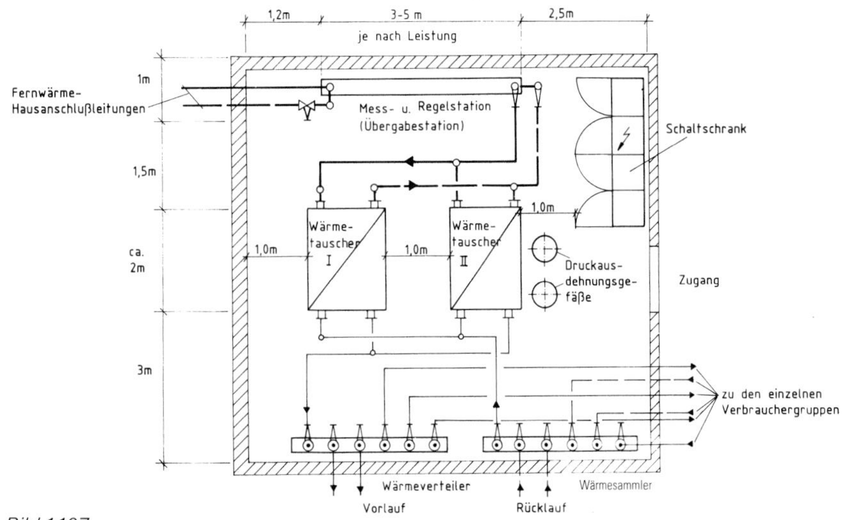

Bild 1.107
Große Fernwärme-Heizzentrale

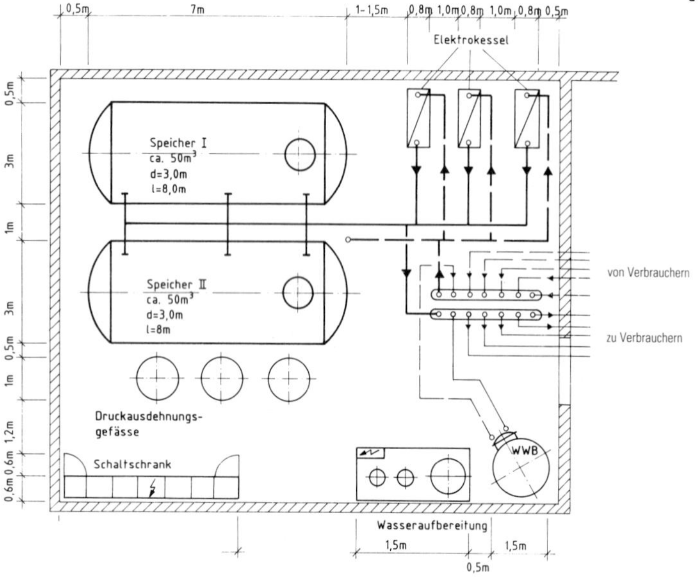

Bild 1.108.1
Heizzentrale mit Wärmespeichern

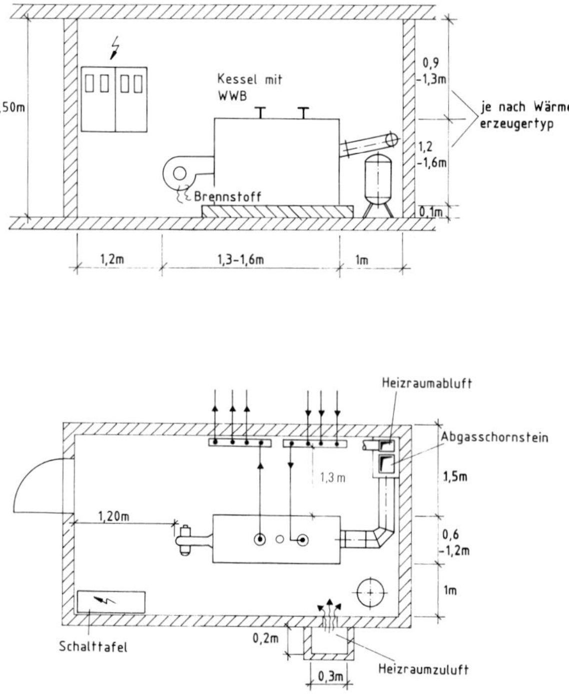

Bild 1.109
Kleine Öl/Gasheizzentrale

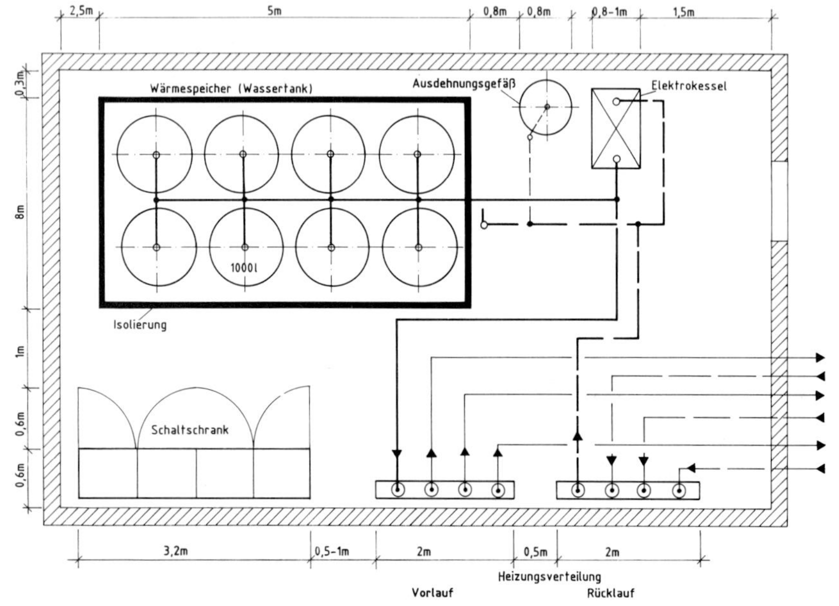

Bild 1.107 zeigt eine Fernwärme-Heizzentrale mit Übergabestation, Gegenstromapparaten, Hauptverteilern und Hauptsammlern sowie Schalt- und Regeleinrichtungen.

Bilder 1.108.1 und 1.108.2 zeigen eine Heizzentrale mit Elektrokesseln und Wärmespeichern zur Beheizung eines großen Bauobjektes mit elektrischer Energie.

Bild 1.109 zeigt eine kleinere Heizzentrale, wie sie typisch für die Befeuerung mit Öl oder Gas für Ein- und Mehrfamilienhäuser ist.

Bild 1.108.2
Heizzentrale mit Wärmspeichern (links)

Bild 1.110 zeigt eine Zentrale bei Befeuerung durch Öl oder Gas für einen größeren Komplex, der von dieser Energiezentrale aus versorgt wird.

Bild 1.110
Große Öl- oder Gasheizzentrale mit Verteiler und Sammler

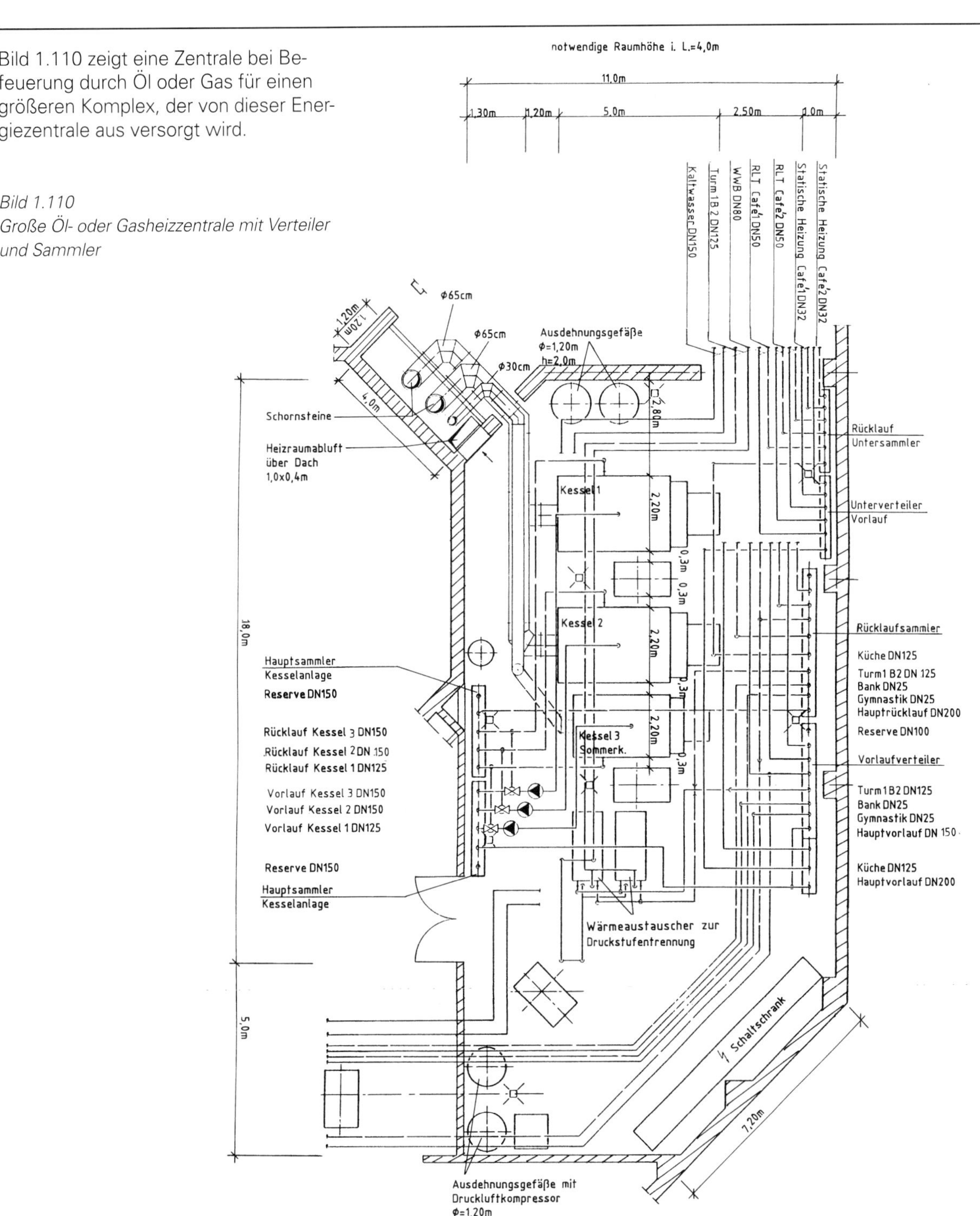

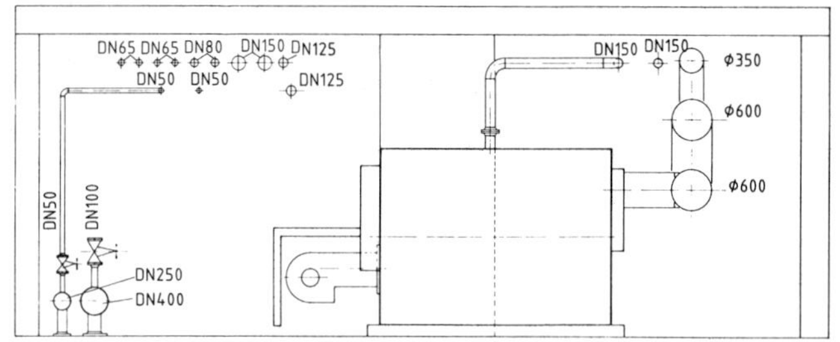

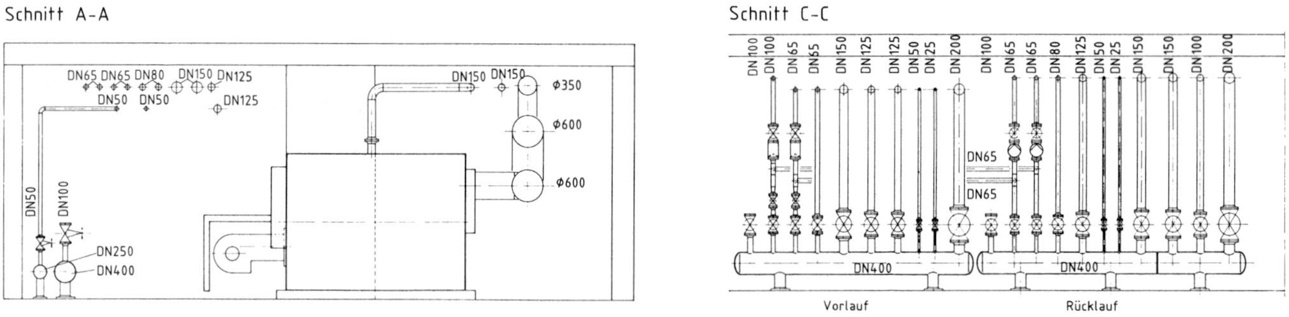

Bild 1.110
Große Öl- oder Gasheizzentrale mit Verteiler und Sammler

Vollautomatische Heizzentrale

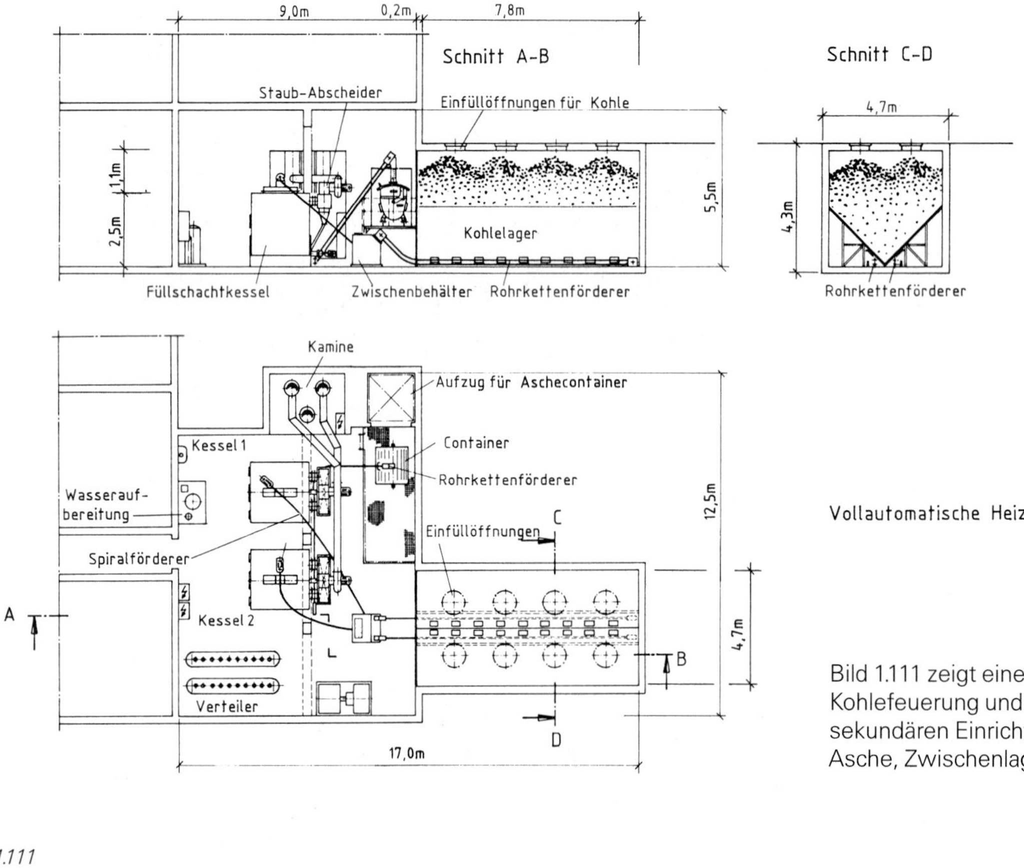

Bild 1.111 zeigt eine Heizzentrale mit Kohlefeuerung und den notwendigen, sekundären Einrichtungen (Bunkerung, Asche, Zwischenlagerung usw.)

Bild 1.111
Heizzentrale mit Kohlefeuerung

Zur weiteren Veranschaulichung dient das Bild 1.112. Es zeigt eine Wärmezentrale für Ölfeuerung zur Versorgung eines Kreiskrankenhauses und einer Berufsschule. Bei dieser Heizzentrale wird insbesondere für das Krankenhaus Dampf von 200 °C (25 bar Betriebsdruck) erzeugt, wobei die gesamte Wärmeleistung bei 12 MW liegt.

Die Heizzentrale mit Kohlenbefeuerung (Bild 1.113) liefert über drei Kessel eine Gesamtheizleistung von 11 MW mit einer Vorlauftemperatur von 140 °C. Diese Heizzentrale versorgt über ein Fernwärmenetz eine Vielzahl von Einzelobjekten im Raum Frankfurt. (Ausführung Gebr. Sulzer).

Bild 1.112
Wärmezentrale-Ölfeuerung (oben)

Bild 1.113
Wärmezentrale-Kohlefeuerung (unten)

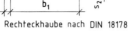

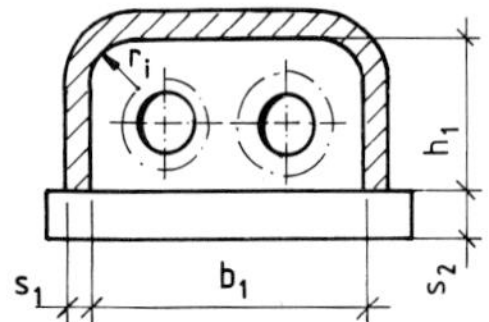

Rechteckhaube nach DIN 18178

Maße der Rechteckhaube nach DIN 18178 in mm

lichte Weite [1]) b_1	lichte Höhe [2]) h_1	Dicke s_1 min.	Radius r_i max.	Länge [3]) l	Dicke der Sohle s_2 min.
500	300	60	100		
600	350	80	100		
700	400	80	150		
850	450	80	150		150 [4])
1000	550	100	200	500	
1150	600	100	200	1000	
1300	700	120	300		
1450	800	120	350		
1600	900	120	350		
1800	1000	120	400		
2000	1100	120	450		

[1]) Eine fertigungsbedingte Neigung der inneren Seitenflächen, die max. 2% von (h_1-r_i) betragen darf, vergrößert die lichte Weite b_1 und verringert die Dicke s_1 entsprechend.

[2]) Eine Änderung der lichten Höhe um 50 mm nach oben oder unten ist mit dem Herstellerwerk zu vereinbaren.

[3]) Größere Längen müssen durch 500 teilbar sein.

[4]) Gegebenenfalls mit Bewehrung

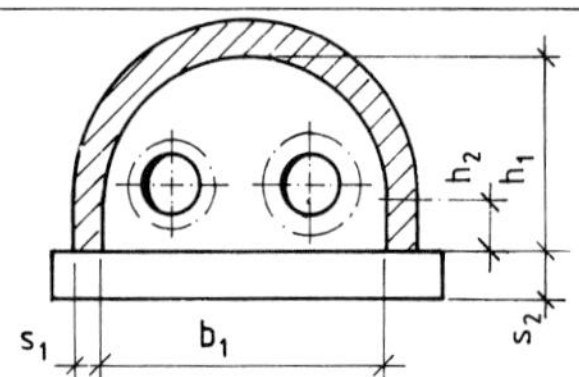

Halbkreishaube nach DIN 18178

Maße der Halbkreishaube nach DIN 18178 in mm

lichte Weite [1]) b_1	lichte Höhe [2]) h_1	Dicke s_1 min.	Fußhöhe h_2	Länge [3]) l	Dicke der Sohle s_2 min.
300	250	60	100		
400	300	60	100		150 [4])
500	350	80	100		
600	500	80	200		
700	550	80	200	500	
900	600	80	200	1000	
1000	700	100	200		
1200	800	100	200		
1400	900	120	200		
1600	1100	120	300		

[1]) Eine fertigungsbedingte Neigung der inneren Seitenflächen, die max. 2% von h_2 betragen darf, vergrößert die lichte Weite b_1 und verringert die Dicke s_1 entsprechend.

[2]) Andere lichte Höhen sind mit dem Herstellerwerk zu vereinbaren. Hierbei ändert sich die Höhe h_2 von 0 bis 300 mm und zwar bei Halbkreishauben bis b_1=500 mm in Stufen von 50 mm und bei Halbkreishauben ab b_1=600 mm in Stufen von 100 mm.

[3]) Größere Längen müssen durch 500 teilbar sein.

[4]) Gegebenenfalls mit Bewehrung

Bild 1.114
Beispiele von Haubenkanälen

Die Verlegung der Fernleitungen kann in Haubenkanälen unterschiedlicher Form erfolgen (Bild 1.114) oder aber in U-Kanälen (Fertigbetonteilen) wie sie in Bild 1.115 dargestellt sind. Die Abmessungen bei den U-Kanälen sind ähnlich wie bei den Hauptkanälen.

Bild 1.116 zeigt eine Dachheizzentrale für ein größeres Einkaufszentrum mit einer Gesamt-Heizleistung von etwa 12 MW, aufgeteilt auf sechs Buderus-Gußheizkessel gleicher Größenordnung und Ölbefeuerung.

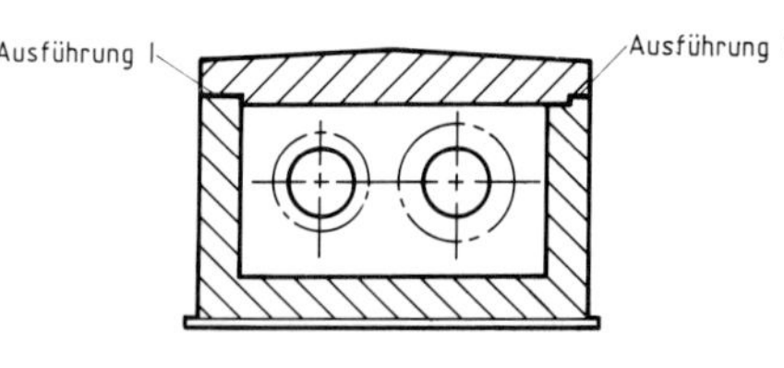

U - Kanal

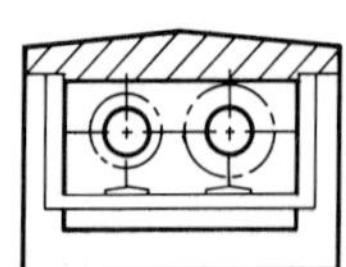

U - Kanalprofile und Gleitlager für die Mediumrohre

Bild 1.115
Betonkanäle, Ausführungsvarianten von U-Kanälen

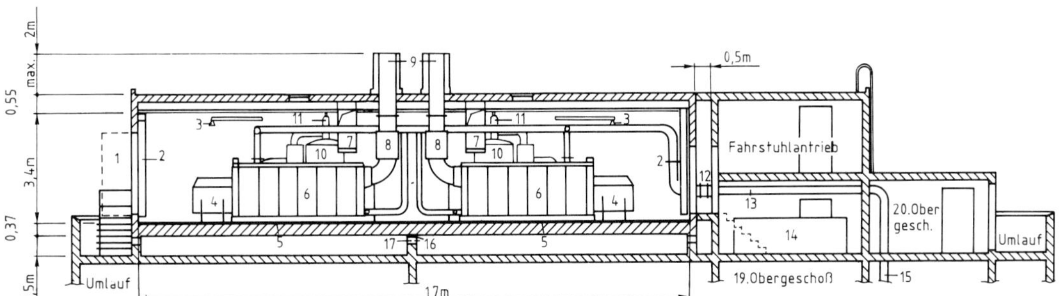

1 Notausgang
2 Zuluftkanäle
3 CO_2-Löschanlage
4 Zweistufige Ölbrenner mit Brennerschalldämpfhauben und Ölauffangschalen
5 Schallabsorbierende Kesselunterlagen
6 Heizkessel
7 Abluftkanäle mit eingebauten Schalldämpfern
8 Abgasschalldämpfer
9 Schornsteine (6 Stück)
10 Ausdehnungsgefäße (4×2.500 l)
11 Schalldämpfkompensatoren
12 Anschlußstück
13 Dehnungsausgleichsstrecke für Steigestränge
14 Heizöl-Tagesbehälter (5.000 l)
15 Heizleitungen (ca. 70 m hoch)
16 Schalldämpfende Unterlage
17 Druckausgleichsbohrungen für Luftraum unter der Zentrale (Luftraum als Schalldämpfer)

Bild 1.116
Ausführungsbeispiel einer hochliegenden Heizzentrale (Dachheizzentrale). Anlage Holstein-Center, Itzehoe (Ersteller Firma Detlev Andres, Kiel)

Kesselhäuser

Kesselleistung	**Heizraum**		**Pumpen- und Verteilerraum mit WW-Bereitung**	**Raum für Ausdehnungsgefäße**	
	Grundfläche (m²)	Höhe (m)	Grundfläche (m²)	Grundfläche (m²)	Höhe(m)
bis 25.000 W	6				
25.000 - 45.000 W	6 - 11				
45.000 - 70.000 W	11 - 14	2,50			
75.000 - 95.000 W	14 - 16			2,00	1,60
95.000 - 116.000 W	16 - 18			2,00	1,60
bei Mehrkesselanlagen					
0,12 - 0,35 MW	24 - 30	3,00	10 - 12	4,00	2,00
0,35 - 0,95 MW	30 - 60	3,00	12 - 20	7,00	2,20
0,95 - 1,75 MW	60 - 75	3,50	20 - 37	9,00	2,50
1,75 - 5,80 MW	75 - 160	3,50	37 - 80	18,00	2,80
5,80 - 8,70 MW	160 - 200	4,00	80 - 110	20,00	3,80
über 8,70 MW	nach Möglichkeit besondere Heizhäuser oder Gebäudeteile planen				

Tabelle 1.27 gibt anschließend den Flächenbedarf von Heizzentralen (Kesselhäuser und Fernwärmeübergabestationen) in Abhängigkeit der Heizleistung an.

Fernwärmeübergabe

Wärmeleistung	**Übergabestation** und Verteiler bei Fernwärmeanschluß			**Unterstation**	
	Grundfläche (m²)	*)	Höhe (m)	Grundfläche (m²)	Höhe (m)
bis 0,12 MW	6	10	2,40	5	2,40
0,12 - 0,35 MW	6 - 12	10 - 15	2,40	5 - 8	2,40
0,35 - 0,95 MW	12 - 24	15 - 40	2,50 *) (3,00)	8 - 18	2,50 *) (3,00)
0,95 - 1,75 MW	24 - 36	40 - 58	2,80 *) (3,50)	18 - 32	2,80 *) (3,50)
1,75 - 5,80 MW	36 - 60	58 - 120	3,00 *) (3,50)		
5,80 - 11,60 MW	60 - 120	120 - 200	4,00		
11,60 - 17,40 MW	120 - 200	200 - 300	4,00		

*) Die erste Spalte gilt für das Fernwärmemedium Dampf, die zweite für das Fernwärmemedium Heißwasser

Tabelle 1.27
Abmessungen von Heizzentralen

1.8. ALTERNATIVE ENERGIEERZEUGUNG

Neben der konventionellen Energieerzeugung (Abschn. 1.3) gibt es seit Jahren eine Palette von Möglichkeiten, auf alternativem Wege Energie zu erzeugen. Hier steht insbesondere die Nutzung von Umweltenergie im Vordergrund. Hinsichtlich der Wärmeerzeugung bieten sich dabei verschiedene Systemlösungen an, die nachfolgend erläutert werden sollen, wobei sowohl die Wärmepumpen (Bereich Kälteanlagen) als auch die Blockheizkraftwerk-Anlagen (elektrische Energieerzeugung) aus anderen Gewerksbereichen entnommen sind und dort nochmals erläutert werden, da sie eine Doppelfunktion übernehmen.

1.8.1. Wärmepumpen

Wärmepumpen sind vom Aufbau her Kältemaschinen, die unter Aufwendung von Arbeit in einem Kreisprozeß Energie aus der Umgebung entziehen und sie dann auf ein höheres Temperaturniveau, das zu Heizzwecken nutzbar ist, bringen. Dabei ist die nutzbare Wärmemenge ein Vielfaches des Wärmeäquivalents der aufgewendeten Arbeit.
So beträgt zum Beispiel bei elektrisch angetriebenen Wärmepumpen je kW Motorleistung die gelieferte Wärmeleistung das Drei- bis Vierfache (3 bis 4 kW Heizleistung). Die zur Verfügung stehende Wärmeenergie setzt sich damit aus zwei Teilen zusammen; der von der niederen zur höheren Temperatur „hochgepumpten" Energie und dem Wärmeäquivalent der dazu aufgewendeten Arbeit.

Wärmepumpen werden entweder primär zur Kälteerzeugung ausgelegt und liefern in diesem Rahmen anfallende Wärmeenergie oder aber werden primär zur Wärmeerzeugung dimensioniert. Bild 1.117 zeigt das Prinzip-Schaltbild einer Gas-Motor-Wärmepumpe mit dem Gasmotor und seinen nachgeschalteten Kühlern (Motorkühler/Abgaswärmetauscher) sowie weiterhin den angeschlossenen Kältekreislauf mit Verdichter, Kondensator (zur Wärmeerzeugung) und Verdampfer zur Schöpfung von Umweltenergie (hier im gezeigten Beispiel Nutzung von Kühlwasser eines Kühlturms).

- **Als Wärmequellen bieten sich bei Wärmepumpenanlagen an:**

- Grundwasser
- Erdreich
- Außenluft
- Abluftströme von Lüftungsanlagen
- Oberflächenwasser

Bild 1.117 zeigt das aus dem Heiznetz zurückfließende Wasser, das durch einen Kondensator (der Wärmepumpe), anschließend durch einen Motorkühler und letztlich durch einen Abgas-Wärmetauscher geleitet wird, wodurch ein sehr hohes Temperaturniveau des Vorlaufwassers für das Heiznetz erreicht wird (ca. 95 °C).

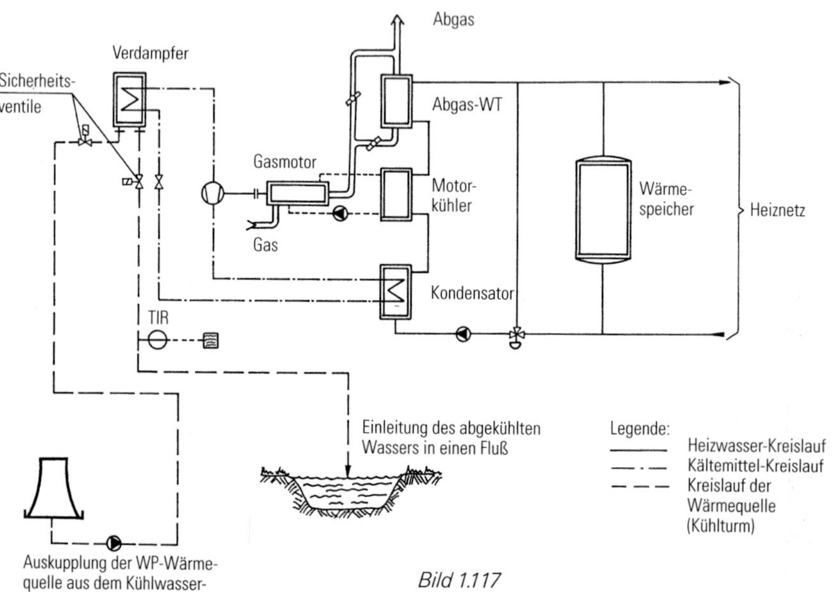

Bild 1.117
Prinzip-Schaltbild, Gasmotor-Wärmepumpe

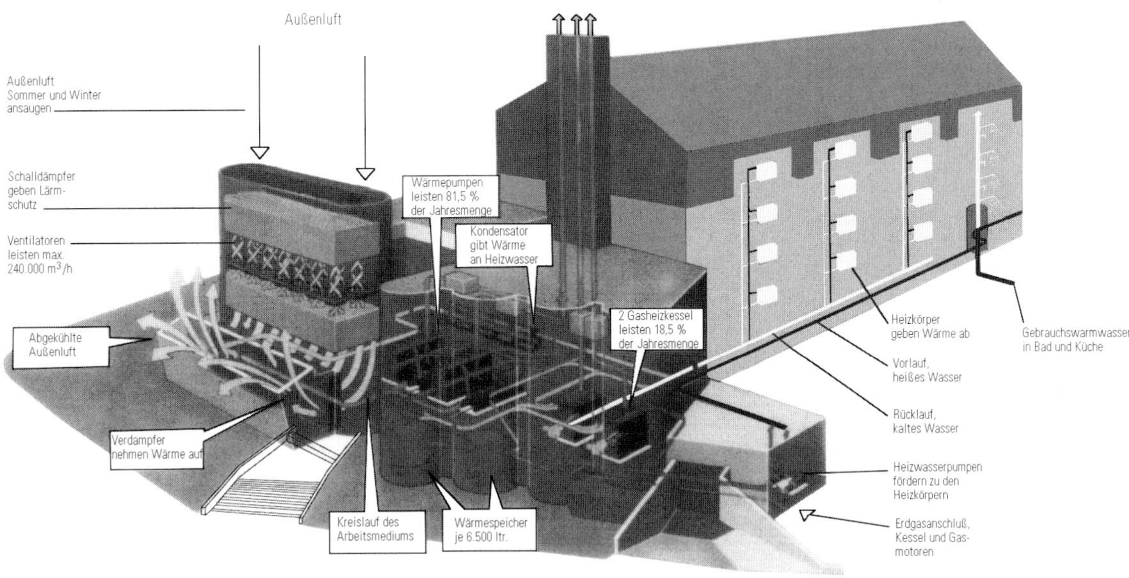

Bild 1.118
Schema Gaswärmepumpe

Die abgegebene Wärmeenergie des Kondensators setzt sich zusammen aus der Motorleistung des Verdichters sowie der Wärmeleistung, die über den Verdampfer dem Kühlwasserkreislauf entzogen wird. Es handelt sich bei diesem System somit um ein Wasser-Wasser-System, da als Wärmequelle Wasser dient. Anders ist es bei der Anlage gemäß Bild 1.118, das eine Gaswärmepumpe in ihrem prinzipiellen Aufbau zur Versorgung von Häusern mit Wärmeenergie zeigt. Bei dieser Anlage dient als Wärmequelle Außenluft, die jedoch im Gegensatz zu der zuvor dargestellten Anlage lediglich bis zu einer Außentemperatur von ca. -5 °C betrieben werden kann, darüberhinaus wird die Wärmeenergie durch Heizkessel bereitgestellt.

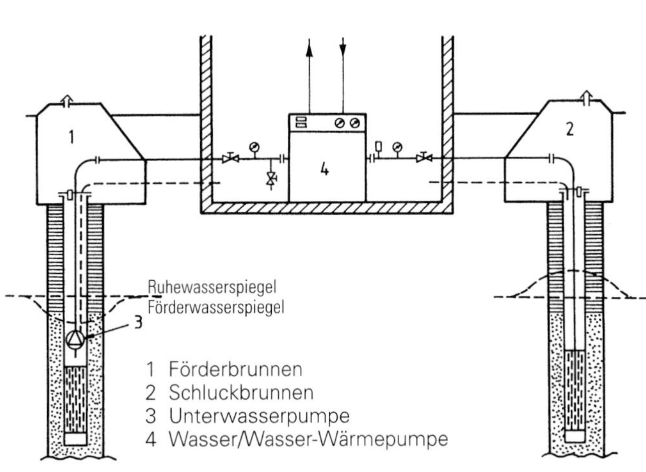

Bild 1.119
Prinzipschema einer Grundwasser-Wärmepumpenanlage mit (1) Förderbrunnen, (2) Schluckbrunnen, (3) Unterwasserpumpe, (4) Wasser/Wasser-Wärmepumpe

Bild 1.119 zeigt das Prinzipschema einer Grundwasser-Wärmepumpenanlage mit den Förder- und Schluckbrunnen, wobei Grundwasser eine ideale Wärmequelle ist, da es ständig mit annähernd gleicher Temperatur (ca. +12 °C) zur Verfügung steht. Infolge umweltschutztechnischer Maßnahmen wird jedoch heute nur noch in sehr eingeschränktem Maße die Erlaubnis zur Nutzung von Grundwasser gegeben, so daß der Einsatz der Wärmepumpenanlage in der gezeigten Form von Fall zu Fall zu klären ist und nur noch bedingt auftritt. Da bei dieser Anlage wiederum Wasser als Wärmequelle dient, spricht man hier ebenfalls von einer Wasser-Wasser-Wärmepumpenanlage.

Bild 1.120 zeigt ein Gebäude, bei dem über eine Wärmepumpenanlage als Wärmequelle das Erdreich dient. Dabei sind verschiedene Formen der Erdwärmenutzung, d. h. Einsatz der Erdreichkollektoren, möglich.

Bild 1.120
Beispiele für Erdreichkollektor, Grabenkollektor und vertikale Erdsonde

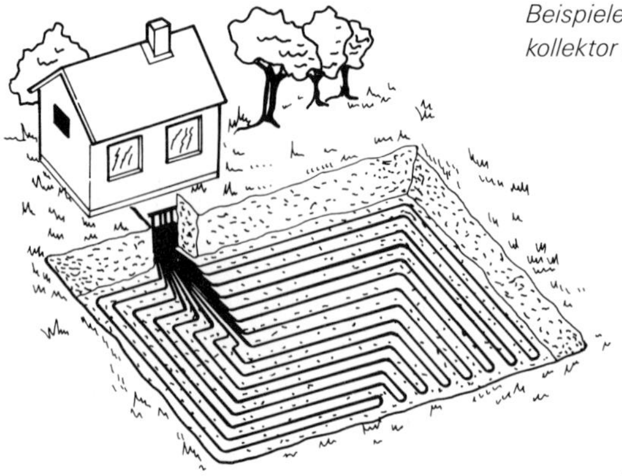

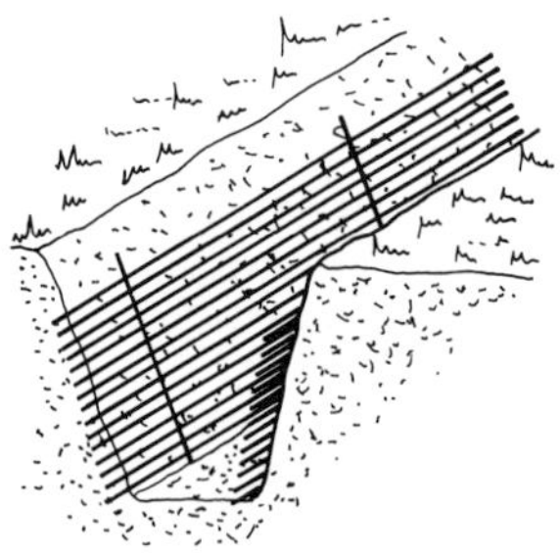

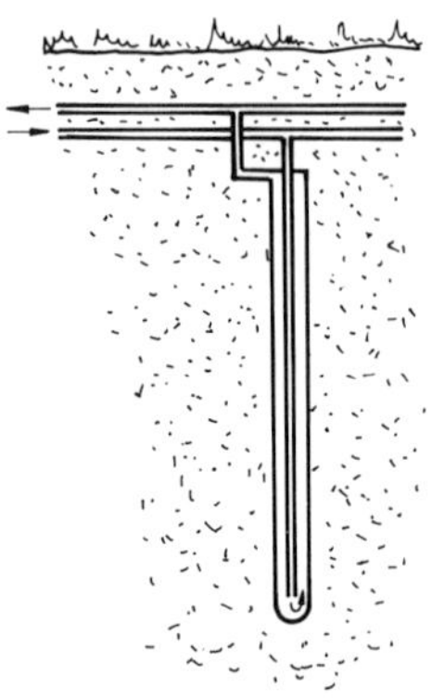

Eine andere Form des Einsatzes von Kollektoren (Wärmeabsorber) zeigt das Bild 1.121. Dieses Bild zeigt auf dem Dach verlegte Kunststoff-Rohrschlangen (Dach-Wärmeabsorber), die nicht nur aufgestrahlte Sonnenenergie sondern auch die Energie der Umgebungsluft und Regen aufnimmt. Wärmeabsorberflächen können neben der Aufstellung im Dachbereich auch in Form von Energiezäunen, (vertikale Aufstellung im Gelände) oder Energiestapeln zum Einsatz kommen.

Bild 1.121
Dach-Wärmeabsorber (rechts)

Bild 1.122 zeigt eine Gas-Wärmepumpe in einer Zentrale, die der Beheizung öffentlicher Gebäude (Krankenhaus/Berufsschule/Ämtergebäude usw.) dient. Diese Gas-Heizzentrale ist in ein Heizverbund mit weiteren Wärmepumpenanlagen (gas-oder elektrisch betrieben) eingebunden und erzeugt je Maschine 800 kW Heizleistung. Gleichzeitig wird die Gas-Wärmepumpenanlage auch als Kältemaschine zur Versorgung einer Kältetrasse genutzt, so daß hier eine optimaleNutzung der Maschine (Investitionskosten) erfolgt.

Bild 1.122
Wärmezentrale mit Gaswärmepumpen

Bild 1.123 (unten)
Wärme-Kraft-Kopplung (WKK)

Systematik	Heizkraftwerke HKW			Blockheizkraftwerke BHKW		
	Heizkraftwerk mit Dampfturbine(n)	Heizkraftwerk mit Gasturbine(n)	Kombi-Heizkraftwerk	Blockheizkraftwerk "nach Mass"	Standard-Blockheizkraftwerk	Klein-Blockheizkraftwerk (TOTEM)
Antriebssystem	Dampfturbine(n)	Gasturbine(n)	Gasturbine(n) und Dampfturbine(n) kombiniert	Gasmotor mit Dreiwegkatalysator		PKW-Gasmotor
Brennstoff	Kohle, Schweröl (Wirbelschicht-feuerung) Erdgas, Heizöl (konv. Dampfkessel)	Erdgas Heizöl EL vergaste Kohle (in Zukunft)		Erdgas Biogas (z.B. in Kläranlagen)		
Hauptsächlicher Einsatzbereich (Beispiele)	Fernwärmeverbund	Prozesswärme für die Industrie Spitäler (Dampf,Heisswasser)	Fernwärmeverbund	Nahwärmeverbund grössere Einzelgebäude		EFH-Siedlung Einzelgebäude
Leistungsbereich	ab 5 MW.	ab 0,5 MW.	ab 20 MW.	50...1'000 kW.	150...200 kW. 2)3)	15...50 kW.3)
Stromkennzahl1)	0,30...0,60	0,40...0,70	0,80...1,20	0,45...0,65		0,35...0,45
Wirkungsgrad	0,85	0,75..0,85		0,85...1,004)		

1) Stromkennzahl = Elektrizitätsproduktion / Wärmeproduktion

2) Günstiger Leistungsbereich in Bezug auf Wirtschaftlichkeit und Einsatzpotential gemäss [2]

3) Zusammenschaltung mehrerer Einheiten für größere Leistungen möglich

4) Mit entsprechendem Aufwand (Nutzung latenter Wärme mittels Abgaskondensation) sind theoretisch Wirkungsgrade knapp über 1,00 (bezogen auf den unteren Heizwert) möglich

1.8.2. Wärme-Kraft-Kopplung

Bild 1.123 zeigt eine Übersicht der verschiedenen Systemtechniken der Wärme-Kraft-Kopplung (WKK).

Die Wärme-Kraft-Kopplung wurde vor noch wenigen Jahren ausschließlich in Kraftwerken eingesetzt (Heizkraftwerke - HKW), bei denen als Antriebssystem verschiedenartig betriebene Turbinen zum Einsatz kamen. Wie der Name bereits sagt, wurden Heizkraftwerke hauptsächlich aufgebaut, um Wärmeenergie zu erzeugen und in ein Fernwärmenetz einzuspeisen. Die Stromerzeugung spielte dabei nicht unbedingt die wesentliche Rolle.

Aufgrund der Energiekrisen in den siebziger und achtziger Jahren wurde das Monopol der Energieerzeuger dahingehend aufgehoben, daß auch Nutzern von Gebäuden gestattet wurde, eine eigene Form der Wärme-Kraft-Kopplung aufzubauen. Bei dieser Anlagenform handelt es sich um Blockheizkraftwerke (BHKW), die, wie der Vergleich gem. Bild 1.123 zeigt, sehr viel geringere Leistungen erzeugen und abgeben als die Heizkraftwerke. Dabei kam und kommt es darauf an, einen ausgeglichenen Energieverbund zu erreichen.

1.8.2.1 Blockheizkraftwerke (BHKW)

Die Blockheizkraftwerk-Anlagen sind im Prinzip Kleinkraftwerke mit Verbrennungsmotoren, die einmal einen Generator zur Stromerzeugung betreiben und die Abwärme der Motoren aus Kühlwasser und Abgas zur Heizung ausnutzen. Bezogen auf den Brennstoffeinsatz erreichen sie eine Stromausbeute von in etwa 30 bis 40 % sowie eine Wärmeausbeute von in etwa 55 %, so daß sich ein Gesamt-Wirkungsgrad von ca. 85 bis 95 % ergibt.

Bild 1.124
Wärmezentrale: Blockheizkraftwerk BHKW (Thermische Leistung ca. 600 kW)

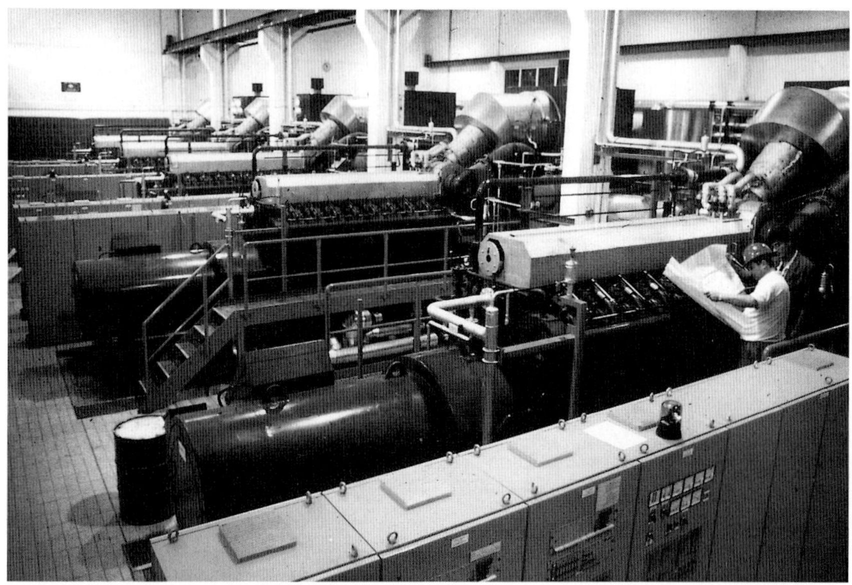

Bild 1.125
Maschinenhalle mit BHKW (Thermische Leistung ca. 7MW)

Bild 1.124 zeigt zwei BHKW-Module für ein Schwimmbad mit einer Wellenleistung von 175 kW und einer Abwärmeleistung von je ca. 320 kW. Die restliche, benötigte Wärmeenergie für das Schwimmbad wird per Fernwärme und Gaskessel geliefert. Die Erwärmung der Abgase erfolgt von ca. 430 °C auf 120 °C, so daß hier in etwa drei Viertel der in den Abgasen enthaltenen Wärmeenergien genutzt wird.

BHKW-Module sind relativ teuer und in der Wartung deutlich aufwendiger als Heizkessel. Die Wirtschaftlichkeit von BHKW-Anlagen ist für den Einzelfall nachzuweisen. Tatsache ist, daß durch den Einsatz dieser Anlagen eine rationelle Energieverwendung gegenüber konventioneller Energieversorgung gegeben ist. Verbunden mit dem rationellen Energieeinsatz ist die Verminderung der Umweltbelastung durch Schadstoffauslaß.

BHKW-Systeme bieten sich insbesondere dann an, wenn in einem Gebäude oder Gebäudekomplex ein hoher, stetiger Energieverbrauch besteht (zum Beispiel Rechenzentrum/technische Anlagen, die im Dauerbetrieb arbeiten usw.) und wenn gleichzeitig die Wärmeenergie sinnvoll genutzt werden kann.

Bild 1.125 zeigt ein sehr großes BHKW-System, bestehend aus fünf Modulen. Wie sehr gut erkennbar ist, werden durch die gasgetriebenen Maschinen Generatoren zur Stromerzeugung betrieben und gleichzeitig die Wärmeenergie genutzt. Je nach kompletter Maschinenkonfiguration kann die Wärmeenergie im Sommer in Kälteenergie umgewandelt werden (über Absorptions-Kältemaschinen) oder dient ansonsten anderweitigen Wärmeverbrauchern.

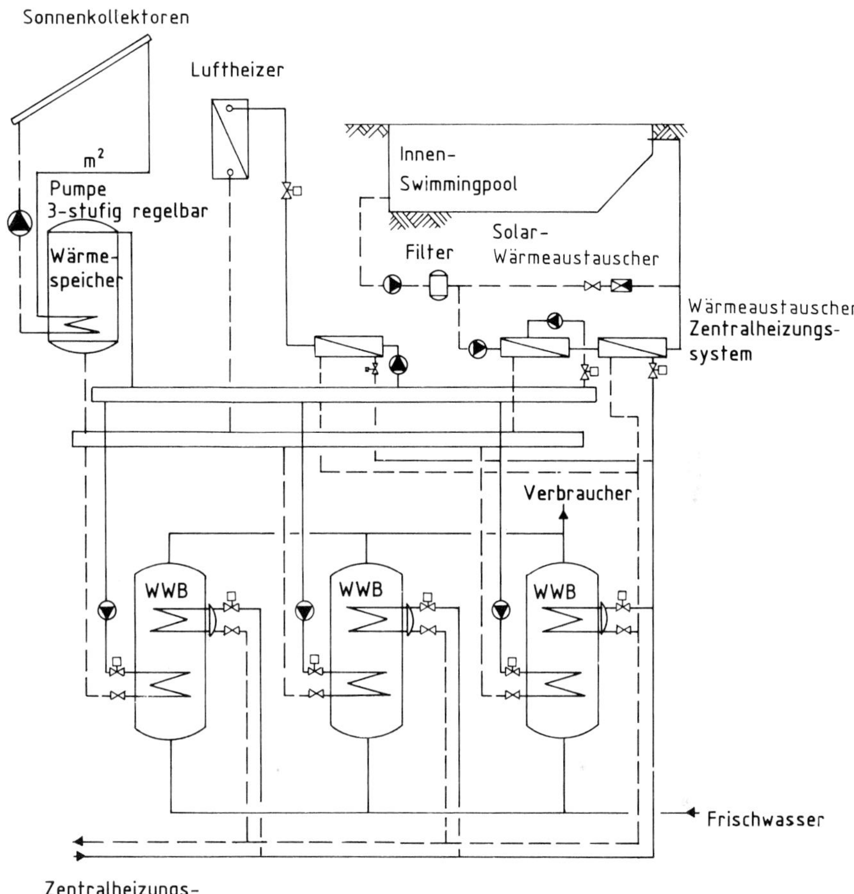

Bild 1.126
Solarenergie/Zentralheizsystem

1.8.3. Solaranlagen

Solaranlagen waren vor ca. 15 Jahren in Mitteleuropa hoch im Gespräch und wurden in vielen Objekten eingesetzt. Die Euphorie der Anfangsjahre ist inzwischen erheblich geschwunden, da sich Solaranlagen im wesentlichen nur dann rentieren, wenn die gewonnene Wärmeenergie der Sonne direkt umgesetzt werden kann.

Bild 1.126 zeigt das Prinzipschaltbild einer Solaranlage mit Sonnenkollektoren und Heißwasserspeicher (Primärkreislauf). Aus dem Heißwasserspeicher wird die Wärmeenergie Warmwasserspeichern zugeführt, die im Verbund mit einem zweiten Heizsystem stehen und verschiedene Wärmeverbraucher versorgen.

Sonnenkollektoranlagen, wie sie das Bild 1.127 zeigen, sind schwarze Absorptionsflächen unter Glas, die aufgestrahlte Sonnenenergie weitestgehend absorbieren und an einen Warmwasser- oder Heizstrom abgeben. In Bild 1.127 sind die Sonnenkollektoren auf Shed-Dächern aufgesetzt und dienen hier als Versuchsanlage für die Universität Stuttgart. Kollektoren können jedoch auch in Landschaftsflächen zur Aufstellung kommen, wie Bild 1.128 zeigt. Sie dienen hier zur Erwärmung von Treibhäusern und Versorgung sonstiger Wärmeverbraucher. Das bereits bekannte Problem der ungleichzeitigen Wärmegewinnung und Wärmenutzung wird durch den Einsatz von Speichertechnik zumindest gemildert, wobei neben Batterietanks in Kellerräumen auch Aquiferspeicher zum Einsatz kommen.
Aquiferspeicher sind Erdreichspeicher bei deren Nutzung es darauf ankommt, daß zur Einlagerung von Wärme- oder Kälteenergie Böden mit hoher Wärmeleitfähigkeit (> 1 W/mK) und guter Wasseraufnahmefähigkeit existieren, um die thermischen Eigenschaften des Bodens soweit als möglich nutzen zu können (quarzreiche Fein- und Mittelsande mit deutichen Schluffanteilen). Dabei ist wesentlich, daß das Erdreich in den Bereichen, wo es geothermisch genutzt wird, erdfeucht und wassergesättigt gehalten wird, um die notwendige Wärmeleitfähigkeit zu erzielen. Die Erdreichwärmetauscher entnehmen dem Erdreich während der Heizperiode Wärmeenergie, (Wärmepumpen). Arbeiten die Wärmepumpen im Kühlbetrieb, so wird die Kondensatorwärme im Erdreich eingelagert und das Erdreich wirkt als Pendelspeicher. Wird im Winterbetrieb und zum Teil in der Übergangszeit dem Erdreich Wärmeenergie entzogen, so kühlt sich dieses zunehmend ab. Das abgekühlte Erdreich bietet für den Zeitraum der Übergangszeit und im Sommer somit ein Kälteenergiepotential, das zur Kühlung des Gebäudes genutzt werden kann. Während der Kühlperiode wird das Wärmeübertragungsmedium (Sole-Wasser-Gemisch) durch die Erdreichwärmetauscher gepumpt, kühlt sich hier ab und kann anschließend direkt zur Kühlung von Luft herangezogen werden. Hat sich das Erdreich infolge Kälteenergieentzug soweit erwärmt, daß eine Kälteenergiegewinnung nicht mehr möglich ist, werden die Kältekreisläufe der Wärmepumpen umgeschaltet und es erfolgt ein normaler Kältebetrieb in bekannter Form. Gleichzeitig können die Kältemaschinen ihre Kondensatorwärme wieder ans Erdreich abgeben, so daß parallel zum Kühlbetrieb eine Wärmespeicherung erfolgt.

Bei einem künstlich angelegten Aquifer wird das Erdreich im Bereich der Erdwärmetauscher durch die Wasserflächen feucht gehalten, wobei jedoch darauf zu achten ist, daß bei der Einlagerung von Wärmeenergie diese nicht so hoch erwärmt werden, daß eine starke Verdunstung entsteht. Insofern ist die Einleitung von Überschußwärmeenergie in die Aquifere nur bedingt möglich. Bild 1.129 zeigt eine prinzipielle Darstellung einer geothermischen Energienutzung in Verbindung mit einem künstlichen Aquiferspeicher.

Bild 1.127
Sonnenkollektoren; Uni Stuttgart

Bild 1.128
Sonnenkollektoranlage; Gartenbau-Versuchsanstalt

Bild 1.129
Prinzipielle Darstellung geothermischer Energienutzung

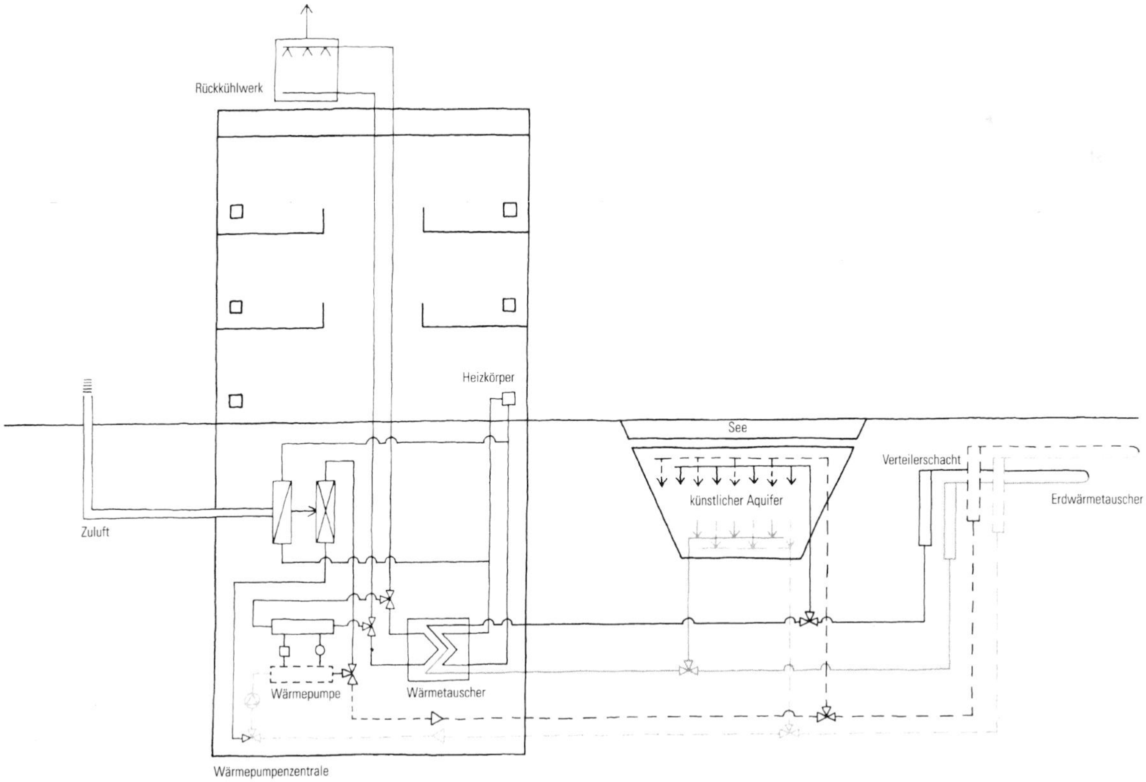

1.8.4. Stroh- und Holzfeuerungsanlagen

Zur weiteren Nutzung alternativer Energien werden bereits seit Jahren spezielle Wärmeerzeugungsanlagen angeboten, die zum Beispiel Stroh oder Holzschnitzel verfeuern.

Bild 1.130 zeigt eine Strohfeuerungsanlage, in der große Ballen eingebracht und aufgelöst werden und anschließend in einem Vorofen verbrannt werden. Diese spezielle Ofenbauart erlaubt es auch, den Brennraum von Hand zu beschicken. Eine ähnliche Ofenkonstruktion kann auch dazu eingesetzt werden, zum Beispiel brikettiertes Altpapier zu verfeuern, was dann einen Sinn ergibt, wenn das entsprechende Altpapier nicht mehr in einen Recycling-Prozeß eingebracht werden kann.

Neben der bekannten Form der Holzverfeuerung wird bei landwirtschaftlichen Betrieben, Sägewerken etc. unter Umständen der Einsatz von Feuerungsanlagen zur Verfeuerung von Holzschnitzeln (Hackschnitzel) notwendig oder sinnvoll. Bild 1.131 zeigt einen Ofen für Hackschnitzel, wobei der eigentliche Kessel als Umstellbrandkessel ausgeführt ist. Die beiden vor aufgeführten, speziellen Einrichtungen sollen stellvertretend für eine Vielzahl von Sonderkonstruktionen für die verschiedensten Verwendungszwecke stehen.

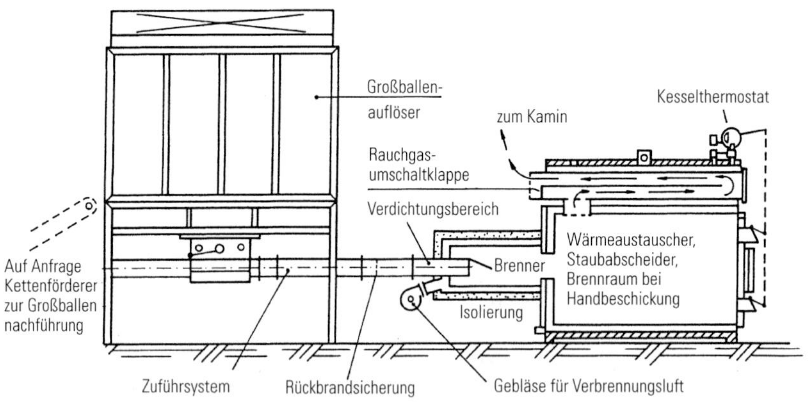

Bild 1.130
Strohfeuerungsanlage mit Großballenauflöser, Vorofen und automatischer Brennstoffnachführung

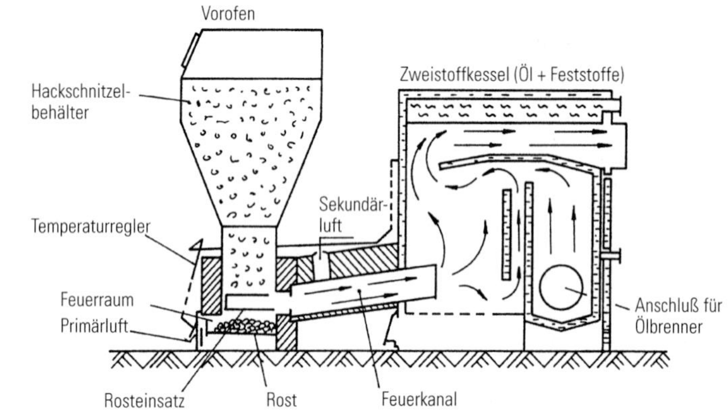

Bild 1.131
Vorofenfeuerung für Hackschnitzel (System Iwabo/Viessmann)

1.9.

PRIMÄRENERGIETRÄGER - SCHADSTOFFAUSSTOSS

Bei der Nutzung fossiler Energieträger ist unter dem Anspruch „weniger ist mehr" darauf zu achten, daß neben einer kostengünstigen Lösung der Schadstoffausstoß so gering wie möglich sein soll. Die Bilder 1.132.1 und 1.132.2 zeigen beispielhaft die Entwicklung der Emissionen durch Stickoxid (NO_X) bei Gas- bzw. Ölfeuerung in den Jahren 1976 bis ca. 1990.

Die stetige Steigerung des Stickoxid-Ausstoßes wurde durch die Luftreinhalteverordnungen (LRV) gestoppt und durch den Einsatz von geeigneten Brennern sowie der Katalysatortechnik konnte die Stickoxidemission ganz erheblich reduziert werden. Diese Systemtechnik ist prinzipiell in Bild 1.133 dargestellt. Dabei spielt auch die Abgasentwärmung eine Rolle, d.h. Nutzung der Wärmeenergie in Abgasen zu Heizzwecken in Gebäuden (Brennwerttechnik). Der finanzielle Aufwand entsprechender Kesselanlagen ist zwar höher als der konventioneller Systeme, muß jedoch gleichwohl als notwendige Zukunftsinvestition verstanden werden, um den Umweltschutz voranzutreiben. Festzustellen ist dabei die höhere Ausnutzung der primär eingesetzten Energie (Öl/Gas) und der damit verbundene, wesentlich höhere Wirkungsgrad der Anlage selbst.

Die Umweltverträglichkeit von Wärmeerzeugungsanlagen muß nach verschiedenen Kriterien beurteilt werden, wobei eindeutig die Luftreinhaltung im Vordergrund der Betrachtung steht.

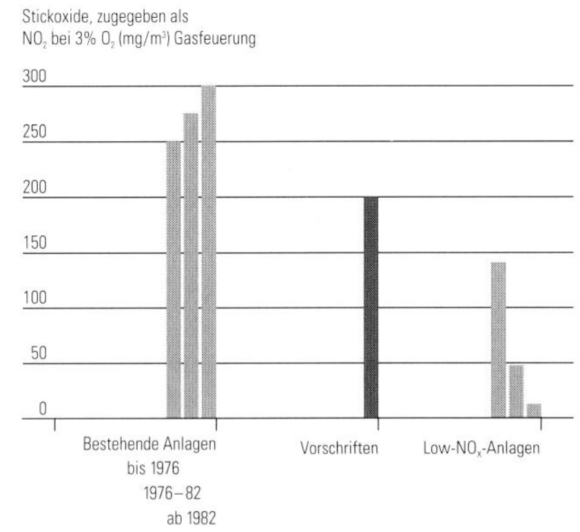

Legende:

1 Low-NO_X-Brenner
2 Brenner konventionell mit Katalysator
3 Brenner konventionell mit Katalysator und Abgaswärmepumpe

Bild 1.132.1
Entwicklung der Emissionen durch Stickoxide (NO_X) bei Gasfeuerung

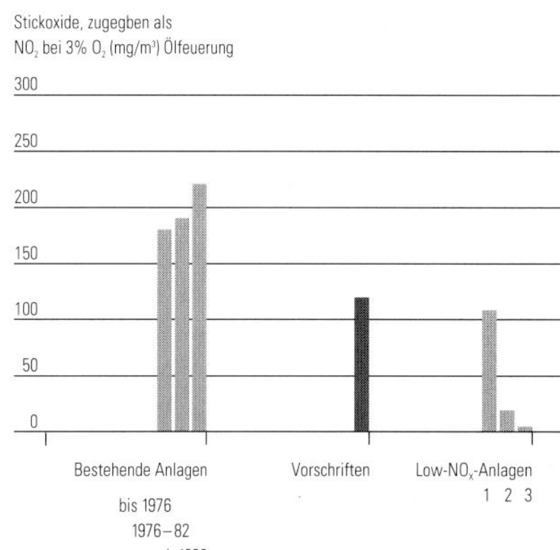

Bild 1.132.2
Entwicklung der Emissionen durch Stickoxide (NO_X) bei Ölfeuerung

Dabei ist von großer Bedeutung sowohl der Primärenergieverbrauch, als auch die damit verbundenen CO_2-Emissionen für die Bereitstellung der gewünschten Nutzenergie. Für die Berechnung von Schadstoffemissionen einer Anlage zur Wärmeerzeugung wird der Energieverbrauch der Anlage mit einem Emissionsfaktor multipliziert, wie nachfolgend angegeben.

Emissionsfaktoren für verschiedene Wärmeerzeuger

Anlagetyp	Brennstoff	NO_x (g/GJ)	CO (g/GJ)	CH[2] (g/GJ)	CO_2 (kg/GJ)	SO_2 (g/GJ)	Feststoffe[4] (g/GJ)
Gasmotor[1]	Erdgas	10	30	8[5]	60	0[6]	...[6]
Kessel	Erdgas	45	30	2[5]	60	0	0
Kessel	Heizöl EL	55	50	15[3]	74	94	4
Kessel Low-NO_x[7]	Erdgas	20	30	2[5]	60	0	0
Kessel Low-NO_x[7]	Heizöl EL	30	50	15[3]	74	94	4
Gasturbine[8]	Erdgas	30	50	5[5]	60	0	0

1) mit Dreiwegekatalysator im Stationärbetrieb nach 3000 bis 4000 Betriebsstunden
2) ohne Methan
3) auch höhere Kohlenwasserstoffe mit höherem Gefährdungspotential
4) Feststoffe, Gefährlichkeit je nach Brennstoff verschieden
5) nur Kohlenwasserstoffe bis C_4H_X
6) verbrannte Schmierölanteile
7) keine Langzeiterfahrungen
8) Mit SCR-Katalysator

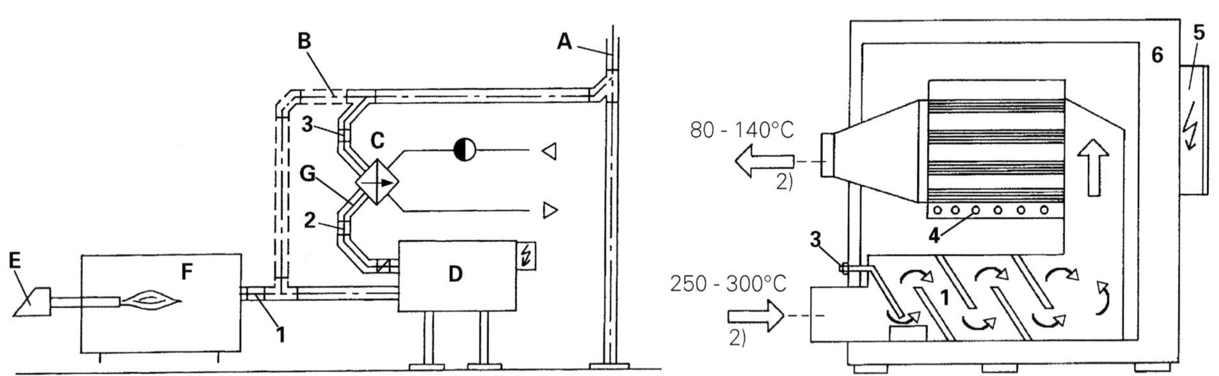

Legende:

1 SO_2-Neutralisation
2 Kat-Element
3 NH_3-Injektion
4 Temperaturhochhaltung
5 Steuerung und Überwachung
6 Isolationsmaterial
*) je nach Anlage und deren Auslegung

Bild 1.133
Einbindung des Katalysators in den Abgasstrom

Da nicht alle Emissionen gleich schädlich sind, wird eine zusätzliche Bewertung notwendig, die sich aus der Luftreinhalteverordnung ergibt, d.h. je höher die Schädlichkeit eines Schadstoffs ist, desto kleiner ist der Emissionsgrenzwert für Schwefeldioxid (SO_2), Stickoxide (NO_X), Kohlenmonoxid (CO) und Feststoffe.

Verschiedene Technologien können hinsichtlich ihrer Umweltverträglichkeit einander gegenübergestellt werden, wobei die wesentlichen Anlagen sind:

- Kondensationsheizkessel mit Erdgas (Jahresnutzungsgrad 90%, mit Low-NO_X-Brenner)
- Heizkessel mit Heizöl EL (Jahresnutzungsgrad 85%, mit Low-NO_X-Brenner)
- Heizkessel zur Dampferzeugung mit Heizöl EL (Jahresnutzungsgrad 85%)
- Gasmotor BHKW (Jahresnutzungsgrad 90%, 3-Wege-Katalysator, nachgeschalteter Kondensator oder Wärmepumpe zur Rückgewinnung der Abgaswärme des Motors)
- Gasturbine (Jahresnutzungsgrad 85%, sekundäre Entstickung mit Ammoniak oder Harnstoff).

Ausgehend von der Erzeugung einer Gigawatt-Stunde (GWh) Wärmeenergie wurde hinsichtlich der Schadstoffemission eine Bewertung erarbeitet, die in Bild1.134 dargestellt ist.
Diese Bewertung berücksichtigt, daß zwar der Gasmotor eine höhere spezifische Emission aufweist als z.B. der Low-NO_X-Gaskessel, jedoch der Gasmotor neben Wärmeenergie zusätzlich elektrische Energie produziert und somit bei der Gesamtenergieerzeugung (Elektrische Energie/Wärmeenergie) der Gasmotor insgesamt eine günstigere Emissionsbilanz zeigt als die Kesselanlage.

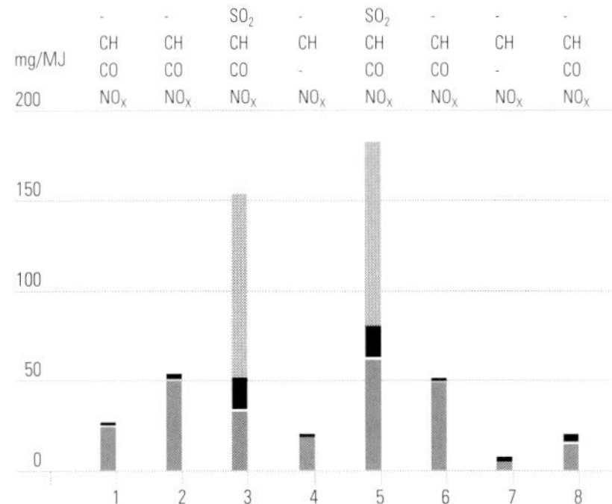

Bild 1.134
Bewertete Emissionsbilanz verschiedener Schadstoffe (Bewertungsgrundlage: Primärenergieeinsatz zu gewonnener Energie)

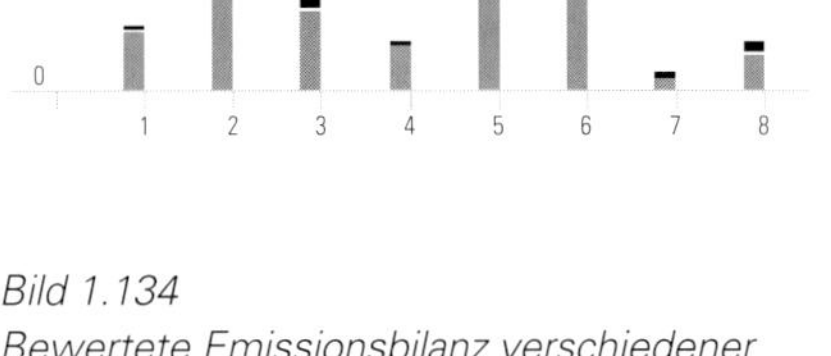

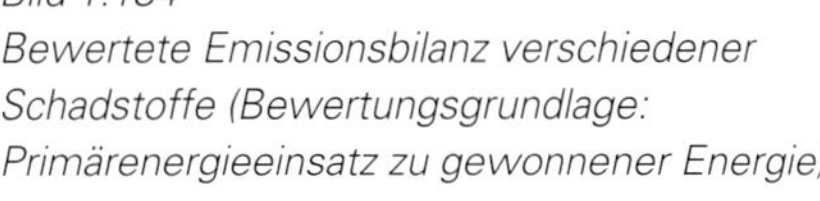

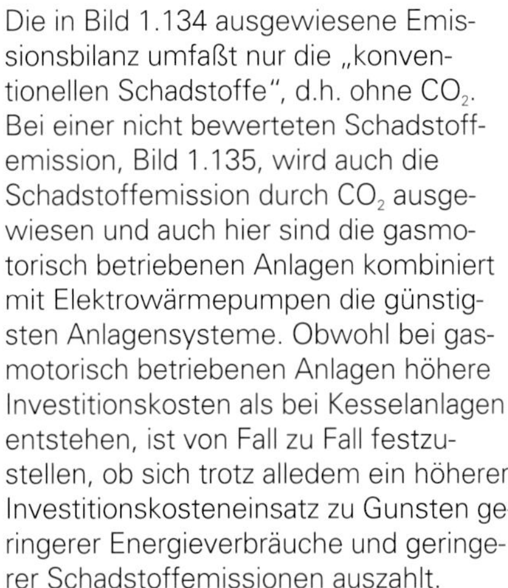

Die in Bild 1.134 ausgewiesene Emissionsbilanz umfaßt nur die „konventionellen Schadstoffe", d.h. ohne CO_2. Bei einer nicht bewerteten Schadstoffemission, Bild 1.135, wird auch die Schadstoffemission durch CO_2 ausgewiesen und auch hier sind die gasmotorisch betriebenen Anlagen kombiniert mit Elektrowärmepumpen die günstigsten Anlagensysteme. Obwohl bei gasmotorisch betriebenen Anlagen höhere Investitionskosten als bei Kesselanlagen entstehen, ist von Fall zu Fall festzustellen, ob sich trotz alledem ein höherer Investitionskosteneinsatz zu Gunsten geringerer Energieverbräuche und geringerer Schadstoffemissionen auszahlt.

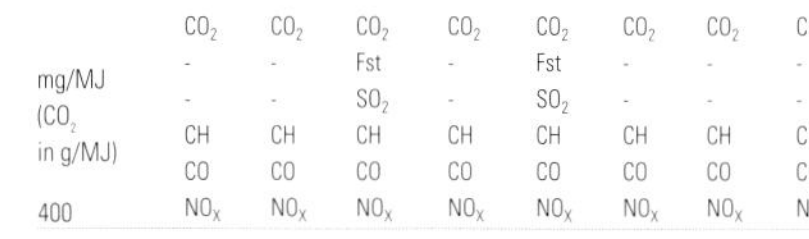

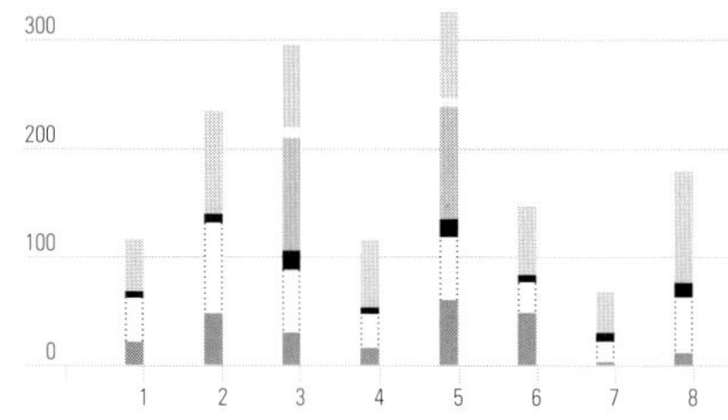

Bild 1.135
Schadstoffemission, nicht bewertet (Primärenergieeinsatz ohne Berücksichtigung des Gesamtwirkungsgrades). Einbindung des Katalysators in den Abgasstrom

Legende zu Bild 1.134 und 1.135:

1 Gasturbine, kombiniert mit Elektro-Wärmepumpe
2 Gasturbine
3 Kessel, Low-NO_X, Heizöl, EL
4 Kessel, Low-NO_X, Erdgas
5 Kessel Heizöl EL
6 Kessel Erdgas
7 Gasmotor, kombiniert mit Elektro-Wärmepumpe
8 Gasmotor

Wärmeversorgung | Kälteversorgung | Stromversorgung

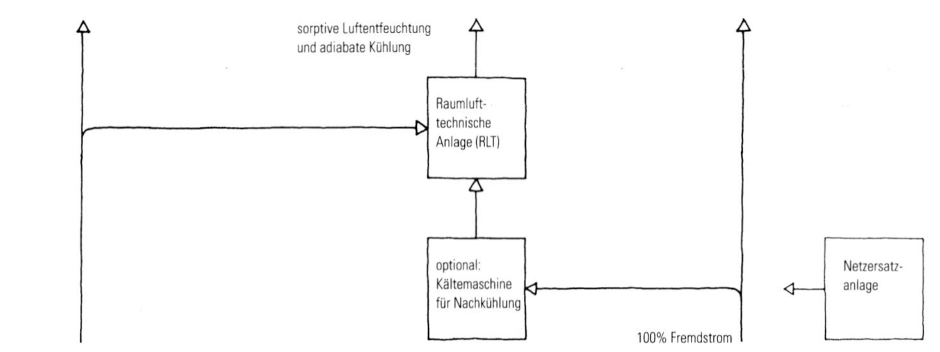

Variante 1
Fernwärmeversorgung des Gebäudes; sorptive Luftentfeuchtung und adiabate Kühlung der Zuluft (ohne Kältemaschine und Rückkühlwerk)
Optional: Kleinkältemaschine für Luftnachkühlung bei extremen Außentemperaturen

100% Fremdstrombezug
Netzersatzanlage

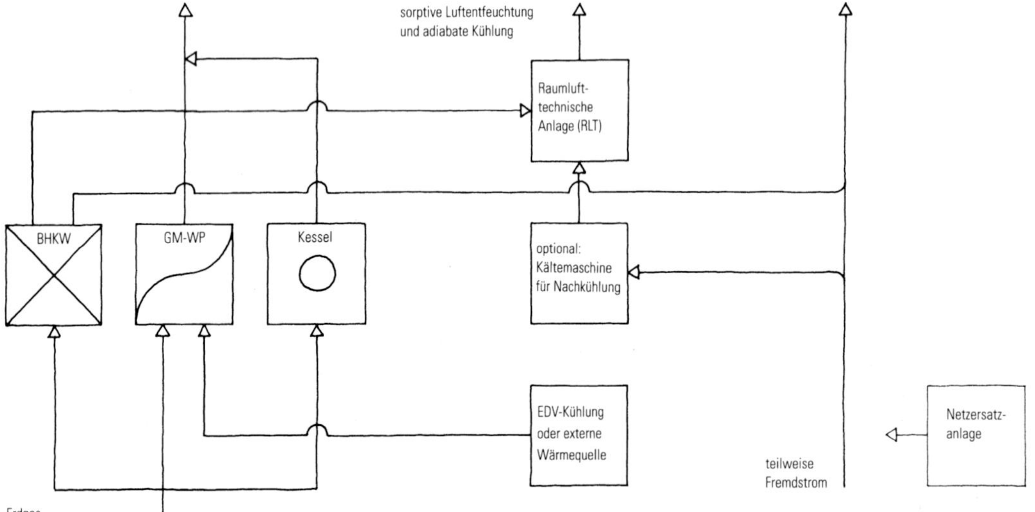

Variante 2
Abwärmenutzung von BHKW (=NEA) und gasmotorischer Wärmepumpe zur
- Gebäudebeheizung im Winter
- zur Luftentfeuchtung im Sommer

Gaskessel zur Deckung der Spitzenlast;
EDV-Abwärme dient als Wärmequelle für gasmotorische Wärmepumpe, teilweise Eigenstromversorgung
Optional: Kleinkältemaschine für Luftnachkühlung bei extremen Außentemperaturen

Keine großen Rückkühlwerke

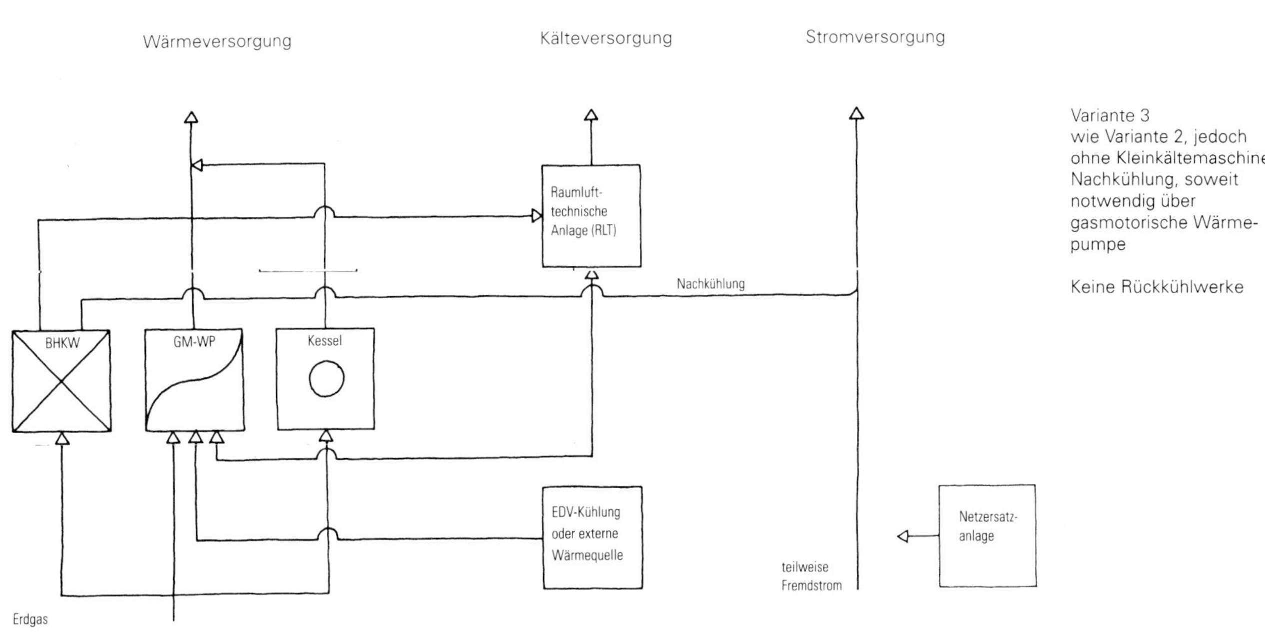

Variante 3
wie Variante 2, jedoch ohne Kleinkältemaschinen. Nachkühlung, soweit notwendig über gasmotorische Wärmepumpe

Keine Rückkühlwerke

Bild 1.136
Vergleichende Betrachtung verschiedener Energieversorgungsvarianten

Gegebenenfalls sollten zur Wärme- und Kälteversorgung sowie Stromversorgung Systemkombinationen zum Einsatz kommen, die zu günstigsten Ergebnissen sowohl im Bereich der Investitionskosten als auch der Energieverbräuche und Schadstoffemissionen führen. Bild 1.136 zeigt verschiedene Versorgungsvarianten, bei denen die Erzeugung der Kälteenergie zum Teil über sorptive Luftentfeuchtung und adiabate Kühlung erfolgt. Wie das zugehörige Bild 1.137 vergleichend ausweist, ist gegenüber konventionellen Energieversorgungsvarianten (Fernwärmeversorgung mit elektrisch betriebenen Kältemaschinen bzw. Absorptionskältemaschinen) bei der Variante 1 (Fernwärmeversorgung mit sorptiver Entfeuchtung und adiabater Kühlung) der Schadstoffausstoß bei SO_2, NO_X und CO_2 am geringsten – was in der Zukunft in jedem Fall anzustreben ist.

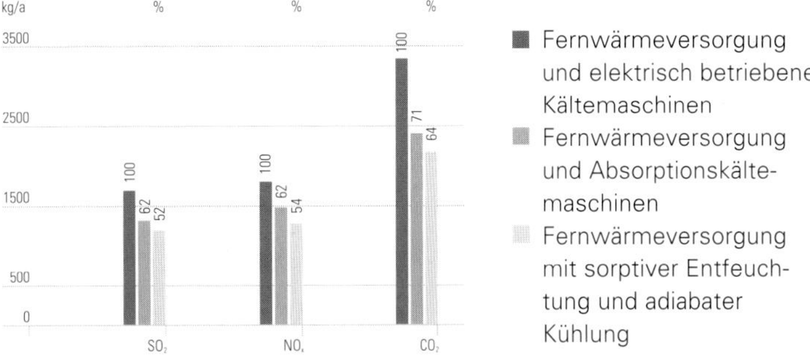

Bild 1.137
Schadstoffausstoß bei verschiedenen Energie- und Versorgungsvarianten anhand eines beispielhaften Gebäudes

EINE KLASSE FÜR SICH.

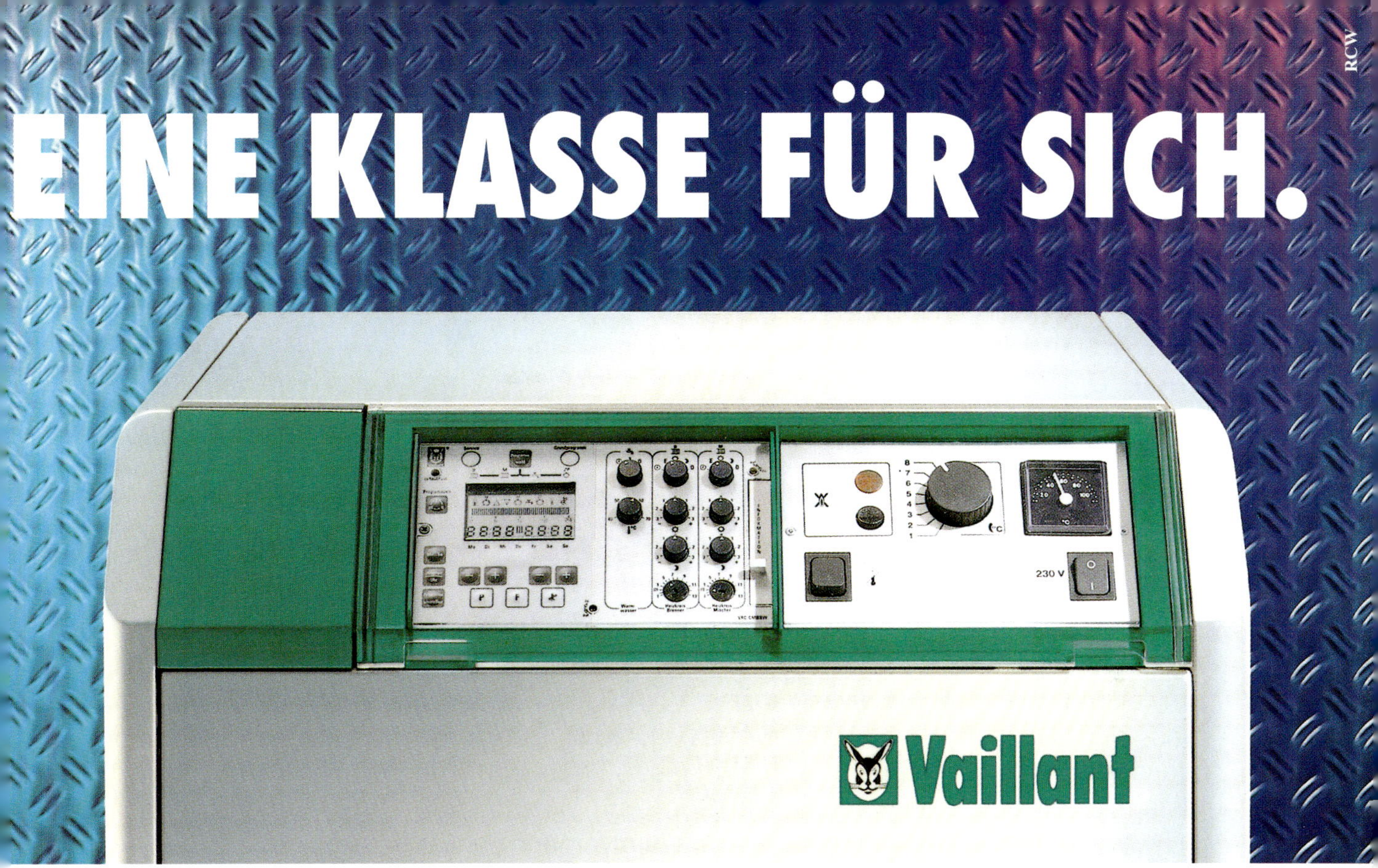

Vaillant

VAILLANT GAS-HEIZKESSEL VKS MIT 2-STUFEN-TECHNIK.

Bis zu 20.000 mal schaltet ein Gas-Heizkessel mit 1-stufigem Brenner im Jahr an und ab. Dabei kostet jeder Start unnötig viel Energie und belastet überflüssig stark die Umwelt. Die Vaillant Gas-Heizkessel VKS dagegen überzeugen bei einem Normnutzungsgrad von 94% mit modernster 2-Stufen-Technik und Lambda-Steuerung. Sie arbeiten zu 85% der Heizperiode einfach auf der ersten Brennerstufe. Und nur wenn es z.B. wirklich klirrend kalt wird, schalten sie automatisch auf ihre volle Nennleistung. Das reduziert die An- und Abschaltungen um ganze 70%, senkt die Betriebsbereitschaftsverluste und vermindert die Schadstoff-Emissionen erheblich. Die Vaillant Gas-Heizkessel mit 2-Stufen-Technik sind eben einfach eine Klasse für

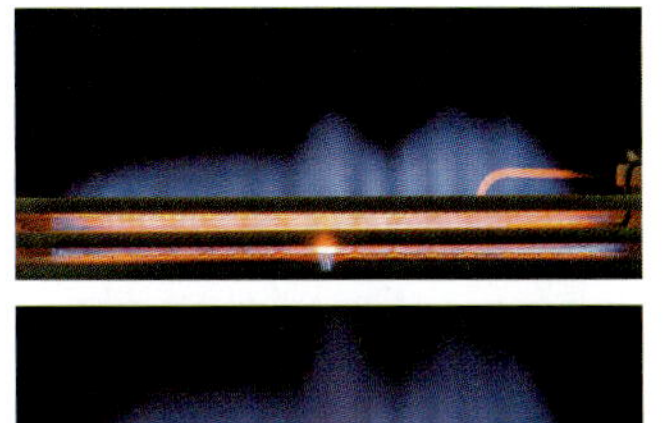

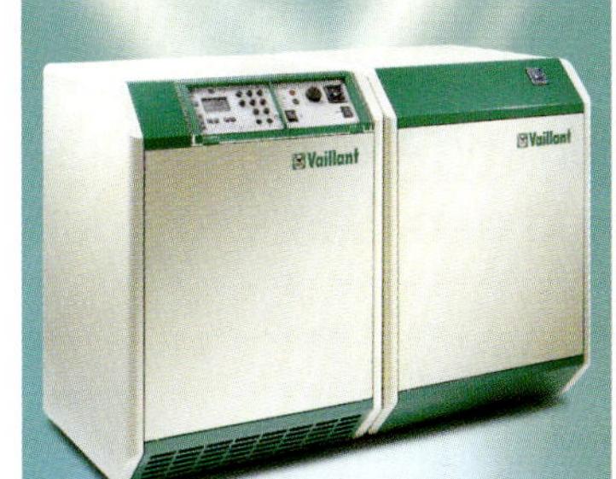

HEIZEN, REGELN, WARMES WASSER.

SANITÄR- UND FEUERLÖSCH-ANLAGEN

2

2.
SANITÄR- UND FEUERLÖSCHANLAGEN

Das Wort „sanitär" stammt aus dem Lateinischen und heißt „der Gesundheit dienend".

Die Sanitärtechnik ist ein Fachgebiet, das sich hauptsächlich mit dem Gebiet der Wasserver- und -entsorgung befaßt. Das lebenswichtige Element Wasser hat der Mensch seit Alters her nicht nur als labendes Getränk geschätzt, sondern auch für die Gesundheitspflege und Körperhygiene zu nutzen verstanden. Doch in den letzten Jahren ist dieses Geschenk der Natur immer mehr zu einem Politikum ersten Ranges geworden. Zunehmende Wasserknappheit und Wasserverseuchung wachsen sich allmählich zu einem Alptraum für die Zukunft aus.

Um die bedrohliche Entwicklung in den Griff zu bekommen, müssen naturwissenschaftliche Erkenntnisse, unterschiedliche Lebensgewohnheiten, verschiedene Bausysteme und eine optimale Wirtschaftlichkeit bei der Planung von sanitären Anlagen berücksichtigt werden.

- **Die Beziehung der Sanitär-Technik zur Bautechnik**

Die Betrachtungen hierüber haben davon auszugehen, daß man sich die sanitären Anlagen als eine Konstruktion, als ein funktionell und konstruktiv zusammenhängendes Ganzes vorstellen muß.

Im Mittelpunkt stehen die Apparate, die verschiedenen Zwecken zu dienen haben. Diesen Apparaten sind die entsprechenden Betriebsstoffe zuzuführen und nach der Benützung wieder abzuleiten. Der Hauptbetriebsstoff ist das Wasser, das in der Planung der Leitungsführung die Rücksichtnahme auf einige physikalische Gesetze erfordert.

Die Sanitärapparate sind keine Möbelstücke, die man im Raum beliebig hin und herschieben kann. Man muß sich immer bewußt sein, daß die Apparate mit zwei bis mehreren Leitungen verbunden sind, die jedes Deplacement mitzumachen haben.

- **Geschichtliche Entwicklung der Sanitärtechnik**

Im Altertum (4000 Jahre vor Christus bis 400 Jahre nach Christus) waren die ersten Installateure die Asyrier, Babylonier, Ägypter und Griechen, also Völker des heutigen vorderen Orients. Es wurden Funde gemacht von Bädern, Abortanlagen und Wasserleitungen, die bis ins Jahr 4000 vor Christus zurück reichen.

Die eigentlichen Lehrmeister der Sanitärtechnik aber waren die Römer von 500 vor Christus bis 400 nach Christus. Im Jahre 300 vor Christus wurde mit dem großen Bau der Wasserleitungen nach Rom begonnen. Bis zum Jahre 45 nach Christus waren 404 km Wasserleitungen erstellt und man zählte 856 Badeanstalten und 1252 Wasserbassins.
Für die damaligen Begriffe herrschte ein außergewöhnlicher Luxus, eine Pracht an wunderbaren Einrichtungen, die man aufgrund der heutigen Funde und Überreste nur ahnen kann. Man kannte schon eigentliche Badewannen aus Marmor. Viele Bäder besaßen Warmluftheizungen.

- **Mit dem Untergang des Römerreiches versank auch diese Kultur epoche.**

Das Mittelalter (400 bis 1500 nach Christus) wird als eine rückschrittliche Zeit in bezug auf die sanitären Einrichtungen angesehen. Wie aus den Chroniken zu entnehmen ist, müssen unglaublich primitive und unhygienische Verhältnisse in Dörfern und Städten geherrscht haben. Daraus erklären sich auch die vielen Seuchen und Epidemien.Nichtsdestoweniger bestand das Bedürfnis der Menschen nach Reinlichkeit. Man erkannte auch die Heilkraft des Wassers. So wurde das Baden nicht nur zum Selbstzweck der Reinigung, sondern auch zur Heilung und Körperkultur benützt. Es zeugen davon die Abortanlagen in Burgen, Klöstern und öffentlichen Anlagen.

Von eigentlichen Installationen im heutigen Sinne konnte man aber nicht reden. Diese entstanden erst in der Neuzeit (17. bis 20. Jahrhundert) und waren erst möglich aufgrund der Errungenschaften, den technischen Wissenschaften und vor allem mit der im 19. Jahrhundert beginnenden Industrialisierung.
Die eigentlichen Impulse kamen von der medizinischen Seite her, mit der Entdeckung der verschiedenen Bakterien als Krankheitserreger und der Übertragung von Krankheiten, die zu Epidemien führten, so vor allemTyphus.

- **Allgemeine Anforderung an die Sanitärtechnik**

Die zweite Hälfte des 19. Jahrhunderts ist die Epoche der Erfinder von Sanitärapparaten und Armaturen. Nur wenige Konstruktionen konnten sich bis auf den heutigen Tag halten; die meisten mußten verbessert und den neuen Anforderungen und Vorschriften angepaßt werden. Absolut Neues ist in der Sanitärtechnik eigentlich nicht geschaffen worden. Es ist vielmehr von einer Weiterentwicklung zu sprechen. Indessen kommen noch viel zu viele Artikel auf den Markt, die den sanitären Anforderungen, das heißt den Gesichtspunkten der Hygiene, Formgebung, Zweckmäßigkeit, Betriebssicherheit, Wirtschaftlichkeit, des Schallschutzes und der Montagetechnik nicht oder nur ungenügend entsprechen.

- **Hygiene**

Saubere Oberflächen von Apparaten, leichte Reinigungsmöglichkeit, keine Schmutzecken, geruchfreie Abführung menschlicher Exkremente, Verhinderung des Eintretens von Ungeziefer und Kanalgasen durch die Installationen in die Gebäude, keine Verschmutzung des Trinkwassers, entkeimtes Wasser in öffentlichen Bädern, usw. sind heute eine klare Forderung, der die Sanitärtechnik nachzukommen hat.

- **Formgebung**

Die Formgebung von Sanitärapparaten ist sehr wandelbar, je nach Geschmack und Mode, werden in neuerer Zeit jedoch wieder einfache, klare und bewußt zweckgebundene Formen bevorzugt.

- **Zweckmäßigkeit**

Die zweckmäßigen Nutzungsformen, Ausbildungen und Anordnungen von sanitären Einrichtungen haben sich daher stets nach den menschlichen Bedürfnissen zu richten. Wenn manuelle durch automatische, mechanische Funktionen ersetzt werden, gebührt den materiellen Überlegungen der Vorrang. Schließlich haben sich alle Funktionen der Zweckbestimmung der Sanitärtechnik unterzuordnen.

- **Betriebssicherheit**

Die fahrlässige Gefährdung der Gesundheit und des Lebens von Menschen ist eine strafrechtliche Angelegenheit. Ihre Vermeidung steht im allgemeinen öffentlichen Interesse. Darum mußten Vorschriften über den Bau und Betrieb sanitärer Einrichtungen erlassen werden. Die Wasserwerke und Kanalämter sind Treuhänder, die diese Interessen zu vertreten haben. Die Konzessionspflicht für Installateure im Gas- und Wasserfach ist daher notwendig.

Die hauptsächlichen Gefahrenquellen sind:

- Wasserschäden infolge undichter Leitungen
- Explosionen von ungesicherten Warmwasserapparaten
- Gasexplosionen
- Betriebsstörungen bei Versagen der Anlagenteile
- Verstopfte Leitungen
- Infektionen durch verschmutztes Trinkwasser
- Verschleppung von Krankheiten aufgrund unhygienischer Einrichtungen

- **Wirtschaftlichkeit**

Minimaler Aufwand für Kapitaldienst und Betriebskosten, bestimmtes Verhältnis von Gebrauchsdauer und Anschaffungspreis, Auswahl geeigneter Materialien für Apparate, Leitungen und Isolierungen, sind die hauptsächlichsten Merkmale für die Errechnung der Wirtschaftlichkeit.

- **Schallschutz**

Sanitäre Einrichtungen sollen zu jeder Tages- und Nachtzeit benützt werden können, ohne daß eine störende Geräuschbildung für den Benützer selbst oder für die Bewohner in anderen Räumen entsteht.

- **Montagetechnik**

Unter diesen Gesichtspunkt fallen alle Bestrebungen für eine vereinfachte, saubere Montage, für Vereinheitlichungen, Normierungen, Rationalisierungen und Vorabfabrikation.

Zweckbestimmung	Einheit Verbraucher	Zeit	Bedarf in Litern Min.	Mittel	Max.
Häusliche Zwecke:					
Trinken, Kochen, Reinigen	Person	Tag	60	90	130
Wäsche	Person	Tag	15	30	50
Baden, Duschen	Person	Tag	60	110	190
Klosettspülung	Person	Tag	40	50	60
Reinigung eines PW	PW		150	250	400
Wohnbauten:					
Einfache Verhältnisse	Bewohner	Tag	110	170	230
Mittlerer Komfort	Bewohner	Tag	170	225	330
Gehobener Komfort	Bewohner	Tag	275	440	660
Öffentliche Zwecke:					
Schulen	Schüler	Tag	10	12	15
Krankenhäuser	Patient	Tag	350	500	650
Badeanstalten	500-600 Bäder		500	550	600
Speiserestaurants	Gast	Tag	60	100	150
Kasernen	Mann	Tag	70	120	180
Markthallen	m^2	Tag	4	5	6
Schlachthöfe	Großvieh St.		400	450	500
Schlachthöfe	Kleinvieh St.		300	350	400
Waschanstalten	kg Trockenwäsche		50	60	70
Grünanlagen	m^2 Fläche		1	1,5	2
Sraßenbesprengung	m^2 Fläche		1	1,25	1,5
Autoreparaturwerkstatt	Beschäftigte	Tag	30	40	50
Bäcker	Beschäftigte	Tag	120	130	140
Coiffeur	Beschäftigte	Tag	160	170	180
Photoateliers	Beschäftigte	Tag	280	300	320
Verwaltungsgebäde	Beschäftigte	Tag	40	55	70
Kaufhäuser	Beschäftigte	Tag	60	70	80
Industrie:					
Brauereien (ohne Kühlung)	100 l Bier		600	700	800
Brauereien (mit Kühlung)	100 l Bier		1 400	1 700	2 000
Molkereien	100 l Milch		400	500	600
Papierfabriken	kg / Feinpapier		1 500	2 200	3 000
Gerbereien	Haut		1 000	1 500	2 000
Bergbau	t / Förderung		1 000	1 500	2 000
Roheisenerzeugung	t / Roheisen		7 000	10 000	13 000
Landwirtschaftliche Zwecke:					
Pferde	1 St.	Tag	60	70	80
Kühe	1 St.	Tag	60	65	70
Jungvieh	1 St.	Tag	40	45	50
Schweine	1 St.	Tag	15	20	25
Schafe, Ziegen	1 St.	Tag	5	6	7

Tabelle 2.1
Richtwerte für den Wasserbedarf (kalt und warm)

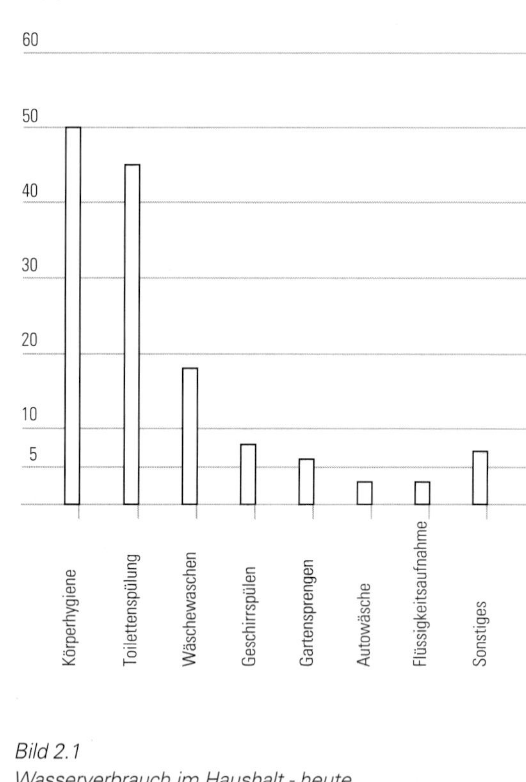

Bild 2.1
Wasserverbrauch im Haushalt - heute
In der Bundesrepublik beträgt der persönliche tägliche Wasserverbrauch ungefähr 140 Liter. Nur etwa 3 Liter werden zur lebensnotwendigen Flüssigkeitsaufnahme gebraucht. Den größten Teil verbrauchen wir zum Waschen und Reinigen und zum Abtransport unserer Fäkalien.

2.1. KALTWASSERVERSORGUNG

2

2.1.1. Kaltwasserbedarf

Mit Zunahme der sanitären Einrichtungen und der Komfortansprüche ist ein stetig steigender Wasserkonsum zu registrieren. Dieser setzt sich in Haushalten zusammen, wie in Bild 2.1 dargestellt.

Wichtige Voraussetzung für die Berechnung von Wasserversorgungsanlagen ist die Ermittlung des Wasserbedarfs, siehe Tabelle 2.1.

- **Einflüsse auf den Wasserverbrauch:**

- Verwendungszweck des Gebäudes
- Lebensgewohnheiten der Wasserverbraucher
- Klimatische Einflüße
- erhöhtes Reinigungsbedürfnis
- Konstruktion der verwendeten Entnahmearmaturen
- Art der Warmwasserbereitung
- Kommunale oder eigene Wasserversorgung
- Rasen-, Garten-, Park-Anlagen
- u.a.m.

- **Der Durchschnittsverbrauch an Wasser beträgt:**

1-Zimmer-Wohnung ca. 80 m³ pro Jahr
2-Zimmer-Wohnung ca. 100 m³ pro Jahr
3-Zimmer-Wohnung ca. 120 m³ pro Jahr
4-Zimmer-Wohnung ca. 160 m³ pro Jahr
5-Zimmer-Wohnung ca. 200 m³ pro Jahr

2.1.2. Wassergewinnung

Aufgrund der Umweltverschmutzung und der gesteigerten Bedürfnisse wird die Wassergewinnung immer mehr zu einem Problem. Wenn früher das Quellwasser eine dominierende Rolle spielte und heute die Grundwasservorkommen auch schon beträchtlich angezapft sind, kommt der See- und der Flußwasserfassung eine immer größere Bedeutung zu.

Die Wasserversorgung in der Schweiz lieferte im Jahr 1985 1,20 Milliarden m³ Trinkwasser. Diese Menge entspricht der Wasserfracht der Limmat unterhalb Zürich bei mittlerer Wasserführung während einer Abflußdauer von 134 Tagen oder einem Drittel des Wasserinhaltes des Zürichsees. Die Wassergewinnung in der Schweiz teilt sich auf in 35,4 % Seewasser (35 Werke), 36,5 % Grundwasser und 28,1 % Quellwasser.

Die größte Menge, das sind 53,3 %, wurde an die Haushalte abgegeben; 21,5 % ging an Gewerbe und Industrie und 25,2 % mußten für öffentliche Zwecke, Selbstverbrauch der Werke und für Verluste aufgebracht werden.

Die Anforderungen an die Qualität des Trinkwassers sind im eidgenössischen Lebensmittelgesetz enthalten.

Es heißt dort:
Trinkwasserversorgungen haben der Lebensmittelgesetzgebung, insbesondere der „Verordnung über die hygienischmikrobiologischen Anforderungen an Lebensmittel, Gebrauchs- und Verbrauchs-Gegenstände" sowie der „Verordnung über Fremd- und Inhaltsstoffe in Lebensmitteln" zu entsprechen. Dies gilt für Kalt- und Warmwasser.

Die Wasserversorgungswerke sind verpflichtet, ein diesen Anforderungen entsprechendes Wasser zu liefern. Ihre Verantwortung geht bis zum Wasserzähler oder beim Fehlen desselben bis zum Hauptabsperrventil in der Anschlußleitung.

Trinkwasser muß bezüglich Aussehen, Geruch und Geschmack sowie in chemischer Hinsicht den allgemeinen hygienischen und besonders den Anforderungen des Lebensmittelbuches entsprechen.

- **Trinkwasser-Bedingungen**

- kein Gehalt an krankheitsverursachenden Bakterien oder sonstigen schädlichen Stoffen
- klar, farb- und geruchlos
- geschmacklich einwandfrei
- mittlere Härte etwa 15 bis 20° fr. H.
- erfrischend, Temperatur ca. 7-12°C

Für die Gewinnung des Trinkwassers, dessen Speicherung und Verteilung, werden daher strenge Sicherheitsmaßnahmen gefordert, die in den Gesetzen und Normen der einzelnen Länder im einzelnen beschrieben werden.

Die Arten der Wassergewinnung sollen hier nur schematisch angedeutet sein, denn die eingehende Behandlung ist ein Fachgebiet für sich.

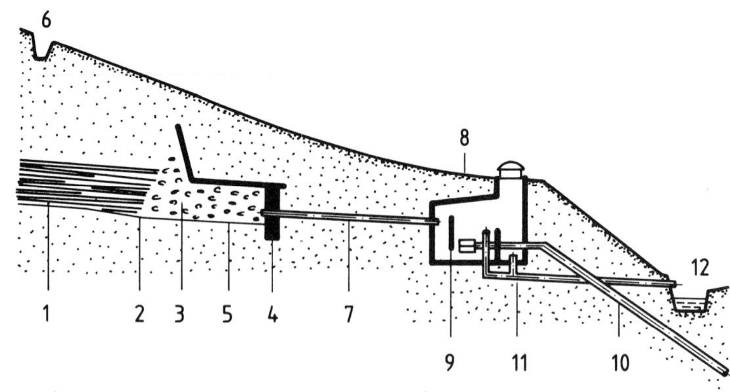

1 Quellwasserstrom
2 Verdichtete Unterlage
3 Stein- und Grobkiesschotter
4 Betonriegel
5 Obere Hangentwässerung
7 Quellwasserzuleitung
8 Quellwasser-Brunnenstube
9 Tauchwand
10 Wasserleitung zum Reservoir
11 Entleerung
12 Untere Hangentwässerung

Bild 2.2
Prinzip einer Quellwasserfassung

2.1.2.1. Quellwasser

Quellen sind auf natürlichem Wege an die Erdoberfläche austretendes Grundwasser und werden im Bild 2.2 erfaßt. Ihre Nutzbarmachung wird bestimmt durch die Ergiebigkeit, die Temperatur, die chemische und bakteriologische Beschaffenheit.

- **Grundsätze für den Bau von Quellwasserfassungen sind:**

- ausreichender Schutz des Wassers vor äußeren Verunreinigungen
- keine Beeinflussung der Temperatur des gefaßten Wassers durch die Außenluft (Außentemperatur)
- Vermeidung von Rückstau gegen die Wasserfassung

2.1.2.2. Grundwasser

Grundwasser ist unter der Erdoberfläche über undurchlässigen Schichten gespeichert, durch sandigkiesiges Bodenmaterial versickertes, natürliches oder evtl. künstlich angereichertes Oberflächenwasser.

Hochwertiges Trinkwasser kann erwartet werden bei geringer Fließgeschwindigkeit des Grundwasserstromes (wenige m pro Tag), angemessener Distanz von der Versickerungsstelle und geeignetem Bodenmaterial.

Normalerweise sind bei richtiger Fassung Quell- und Grundwasser nicht mehr besonders zu behandeln, während die See- oder Flußwässer in jedem Fall aufbereitet werden müssen, das heißt sie müssen filtriert und entkeimt werden. Bild 2.3.1 zeigt das Prinzip der Grundwasserfassung.

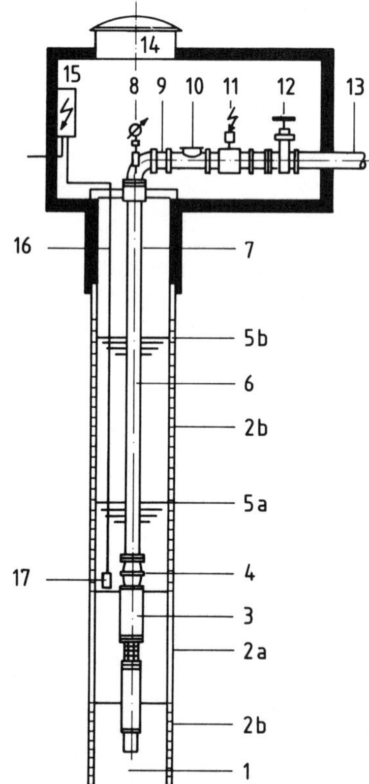

1 Schlammsack
2a ungelochtes Filterrohr
2b gelochtes Filterrohr
3 Unterwasser-Motorpumpe
4 Rückschlagventil
5a min. Wasserspiegel
5b Betriebswasserspiegel
6 Steigleitung
7 Rohrhalterung
8 Manometer
9 Stahlregler
10 evtl. Wassermesser
11 automatische Drosselklappe
12 Absperrschieber
13 Druckleitung
14 Einstiegsschacht
15 elektr. Tableau
16 elektr. Kabel
17 Kontaktelektrode

Bild 2.3.1
Prinzipschema einer Grundwasserfassung

2.1.2.3
Seewasser

In Wassermangelgebieten, z. B. dichtbesiedelten Wohn- und Industriezonen, wird die Nutzung von Seewasser unumgänglich. Bei sorgfältiger Bestimmung der Fassungsstelle (in ca. 30 m Tiefe) und zweckmässiger Aufbereitung, stehen unbeschränkte Mengen mit gleichmäßiger Temperatur und geringer Härte zur Verfügung, siehe Bild 2.3.2.

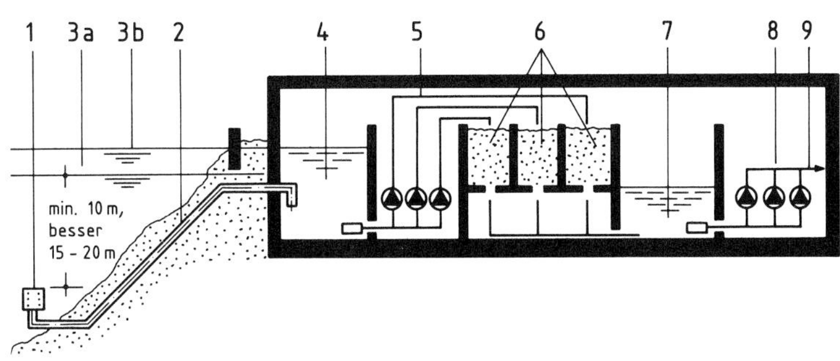

1 Fassungsstelle mit Siebfilter
2 Saugleitung auf Seeboden zugedeckt
3a Wasserspiegel min.
3b Wasserspiegel max.
4 Ausgleichbeecken
5 Pumpenstation
6 offene (oder geschlossene) Filter
7 Reinwasser-Reservoir
8 Pumpenstation
9 Verteilnetz

Bild 2.3.2
Schematische Skizze einer Seewasserfassung

2.1.3. Kaltwasser-Verteilung

Der Trinkwasserzufluß an den Entnahmestellen muß während 24 Stunden gewährleistet sein.

Der Verbrauch hingegen ist großen Schwankungen unterworfen. Das Wasserreservoir dient daher dem Ausgleich dieser beiden Größen. Hierzu kommt die feuerpolizeilich geforderte Speicherung einer Feuerlöschreserve.

Zur Versorgung der Gebäude mit natürlichem Druck sollte der Niederwasserstand im Reservoir minimal 30 m über der höchstgelegenen Zapfstelle liegen (Bild 2.4).

2.1.3.1.
Verteilnetze im Außenraum

Ab Reservoir zu den Gebäuden sind die Verteilernetze wegen der späteren Kontrolle, des Unterhalts und eventueller Erweiterungen stets im öffentlichen Grund (vorzugsweise Straßen) zu verlegen. Aus Gründen einer gleichmäßigen Druckverteilung und der Betriebssicherheit wird das Verteilernetz in sogenannten Ringen zusammengeschlossen (Bild 2.5).

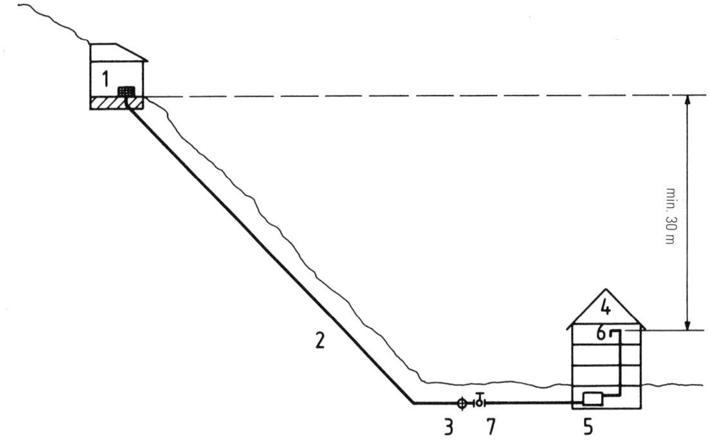

1 Reservoir
2 Hauptzuleitung
3 Ring- oder Hauptverteilleitung
4 Gebäude
5 Verteilbatterie im Gebäude
6 oberste Zapfstelle
7 Abstellung der Hauptzuleitung

Bild 2.4
Prinzipschema Kaltwasser-Verteilanlage

Infolge der entsprechenden Betätigung der Absperrschieber bei einer Abzweigstelle wird bei defekten oder neuen Hausanschlüssen jeweils nur ein kleines Zwischenstück außer Betrieb gesetzt.

2.1.3.2. Verlegung der Verteilnetze

Je nach Region soll die Überdeckung der Anschlußleitung mindestens 1 bis 1,5 m betragen, um der Gefahr des Einfrierens zu begegnen.

Speziell ist dies zu beachten, wenn die Anschlußleitung hinter oder entlang einer Stützmauer, eines tiefen Grabens oder eines Lichtschachtes führt. Im allgemeinen ist die Anschlußleitung in gewaschenem Sand oder Kies zu verlegen (Bild 2.6). Beim Durchqueren von instabilem Gelände sind entsprechende Stützvorrichtungen zur Vermeidung von Leitungsdurchbiegungen anzubringen.

Wenn Anschlußleitungen mit anderen Leitungen im gleichen Graben verlegt werden, ist die SIA-Norm 205 zu beachten. Das Verlegen von Wasser- und Abwasserleitungen im gleichen Graben sollte vermieden werden. Ist dies nicht zu umgehen, muß die Wasserleitung immer höher liegen als die Abwasserleitung. Die Leitungsbankette sind dabei so auszuführen, daß ein Einsturz oder eine Senkung nicht möglich ist.

Die Überdeckung von etwa 100 bis 150 cm ist erforderlich um:

- das Wasser im Rohr während warmer Sommerperioden vor unzulässiger Erwärmung zu schützen,
- das Wasser im Winter gegen Einfrieren zu schützen,
- das Rohr gegen mechanische Belastungen durch schweres Rollmaterial zu schützen

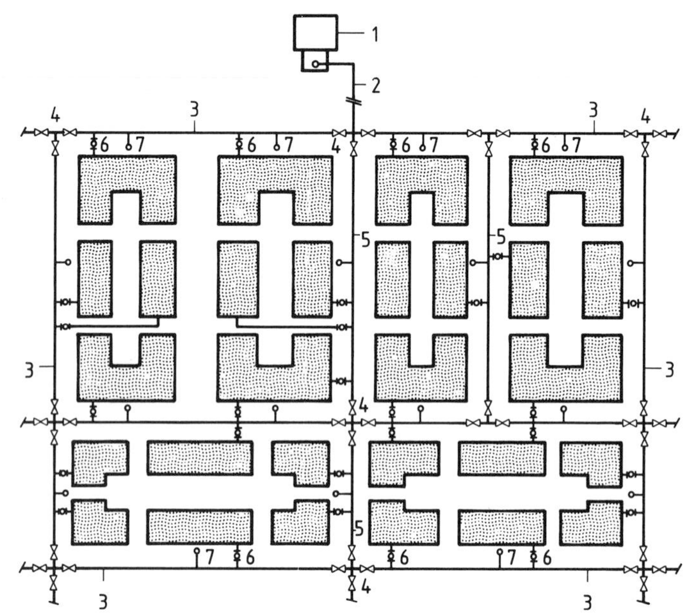

1 Wasserreservoir
2 Hauptzuleitung
3 Ring- oder Hauptverteilleitung
4 Absperrschieber
5 Verbindungsleitungen
6 Hausanschlußleitungen
7 Hydranten

Bild 2.5
Prinzipschema Kaltwasser-Verteilanlage (Grundriß-Ringleitungen)

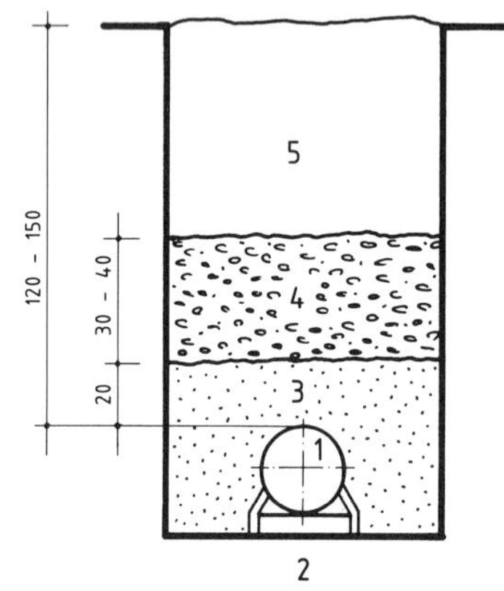

1 Rohr
2 Betonbankett
3 Sandfüllung
4 loses Kies- und feines Erdmaterial
5 normales Erdmaterial

Bild 2.6
Prinzipschema Leitungsgraben

Sind Leitungen für verschiedene Medien nebeneinander zu verlegen, so bietet sich der Stufengraben an. Es gelten bezüglich ihrer Höhenlage folgende Maße gemäß Prinzipschema (Bild 2.7).

2.1.3.3. Hydranten

Hydranten sind Zapfstellen im Verteilnetz für die Wasserentnahme bei Brandfällen, für Straßenreinigungen u.a.m.

- **Konstruktion und Verwendung:**

- Überflurhydranten für ländliche Verhältnisse (rasch betriebsbereit, leicht auffindbar, Bild 2.8)
- Unterflurhydranten für städtische Verhältnisse (keine Verkehrsbehinderung)

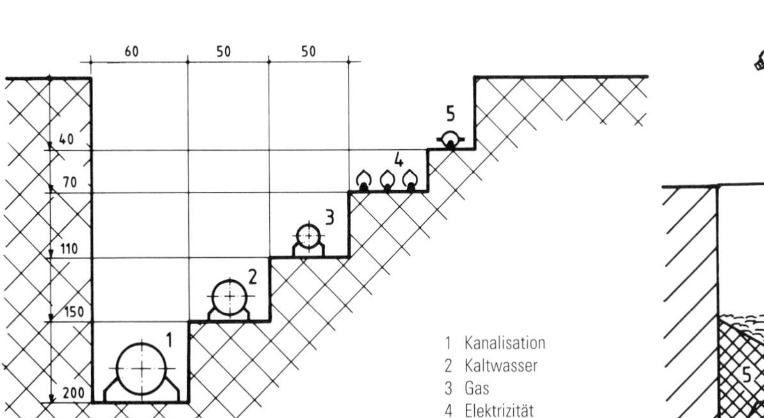

Bild 2.7 Prinzipschema Stufengraben

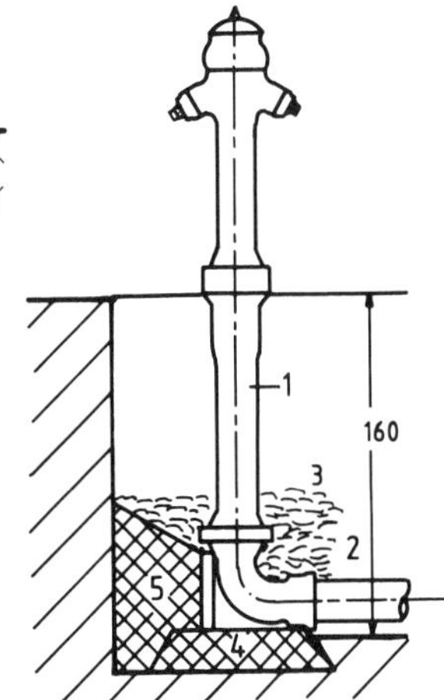

Bild 2.8 Überflur-Hydrant

- Hydrantenabstände etwa 60 bis 100 m
- mit Feuerpolizei Art und Standort des Hydranten festlegen.

2.1.3.4. Hauszuleitung

Hierfür ist normalerweise das Wasserwerk zuständig oder im besonderen Falle der damit betraute und konzessionierte Installateur der zuständigen Gemeinde. Für die Disposition und Verlegung benötigt das Wasserwerk folgende Unterlagen und Angaben:

- **Unterlagen für Behörden**

- Kellerpläne 1:100 oder 1:50 des Gebäudes
- Schnittplan 1:100 oder 1:50 des Gebäudes
- Situationsplan 1:500 oder (Katasterkopie)
- Verwendungszweck Kaltwasser
- durchschnittlicher Wasserverbrauch pro Tag

Art und Größe des Gebäudes, Anzahl der Zapfstellen bzw. der sanitären Apparate, besondere Angaben über spezielle Wasserverbraucher wie

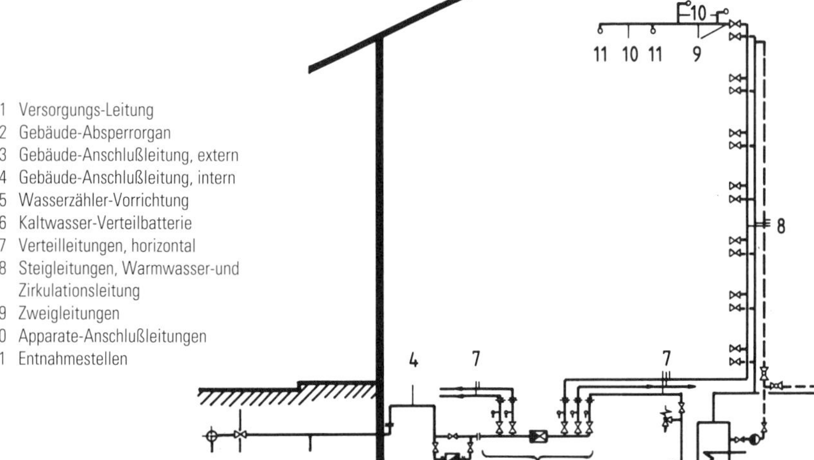

Bild 2.9
Anlageteile einer Wasserinstallation im Gebäude

Schwimmbäder, Kühlwasseranlagen und sonstige Anlagen für gewerbliche Zwecke.

Die Wasserversorgung bestimmt die Bemessung des Hausanschlusses, Beispiel Bild 2.9

Die minimalen Rohrweiten betragen dabei:

- Stahlrohre 1¼″
- Kupferrohre 35 mm (d_a)
- Kunststoffrohre 40 mm (d_a)

Die Wasserversorgung kann für Anschlüsse von geringerer Bedeutung kleinere Rohrweiten festlegen.

Die Durchführung der Anschlußleitung durch die Außenmauer des Gebäudes muß so erfolgen, daß Setzungen nicht zu Leitungsschäden führen: Mauerdurchführungen typischer Bauart zeigen die Bilder 2.10.1 – 2.10.4.

Im Gebäudeinnern muß die Hauszuleitung auf ihrer ganzen Länge bis zur Wasserzählvorrichtung offen geführt werden. Mit Zustimmung der Wasserversorgung kann sie allenfalls in einem jederzeit zugänglichen Kanal oder Leitungsschacht verlegt werden. Bild 2.11 zeigt einen solchen Hausanschluß.

2.1.3.5. Wasserzählung

Für die Installation der Wasserzählvorrichtungen (Wasserzähler, Kalibrierhahn) ist die Wasserversorgung zuständig. Diese bestimmt Größe und Standort der Vorrichtung. Die Wasserzähler haben den Prüf- und Anforderungssätzen des SVGW (Schweiz), DVGW (Deutschland) oder ÖVGW (Österreich) zu entsprechen.

Der Wasserzähler ist an einem, für die Wasserversorgung jederzeit zugänglichen, temperaturkonstanten, vor Frost, Wärme und anderen Einflüssen geschützten Ort vorzusehen. Bei der Standortwahl ist weiter darauf zu achten, daß die Ablesung und der periodische Austausch des Wasserzählers leicht möglich ist (vergleiche Bild 2.11).
Je nach Verwendung der Installation (z.B. gewerbliche Betriebe oder größere Anzahl Wohnungen) empfiehlt es sich, eine Umgehung mit plombiertem Ventil vorzusehen, um bei Auswechslung des Wasserzählers die Wasserzufuhr nicht zu unterbrechen.

2.1.3.6. Verteilbatterie

Die Verteilbatterie ist das Herzstück der Kaltwasser-Hausinstallation (Bild 2.12).

Bild 2.10
Mauer-Durchführungen der Anschlußleitung

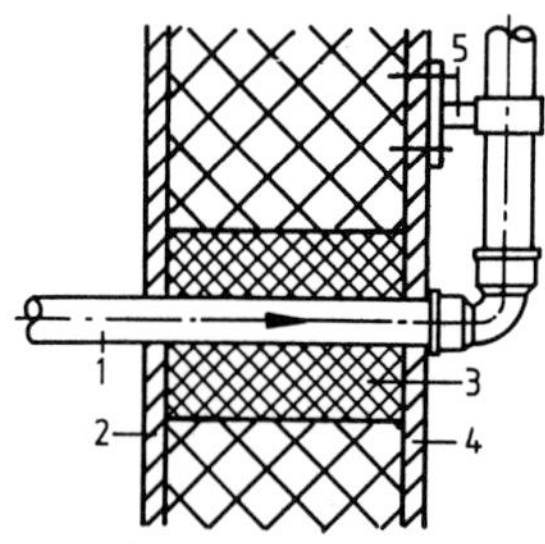

1 Stahlrohr
2 Aussenputz
3 Betoneindichtung
4 Innenputz
5 Rohrbefestigung

Bild 2.10.1
Variante A – Stahlrohr

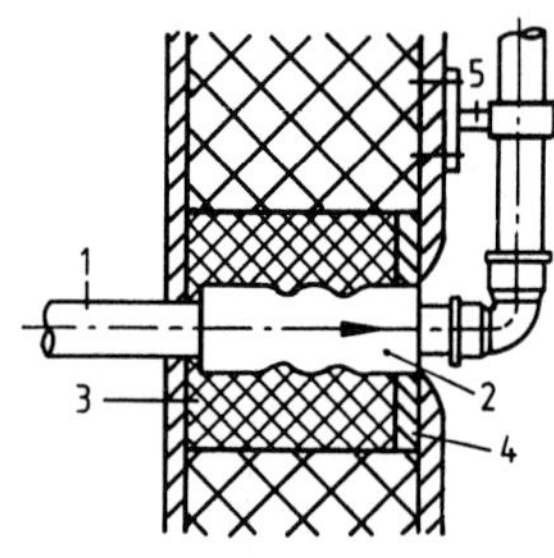

1 Duktiles Rohr
2 Hausanschlusstück
3 Betoneindichtung
4 Vormauerung, leicht
5 Rohrbefestigung

Bild 2.10.2
Variante B – duktiles Gußrohr

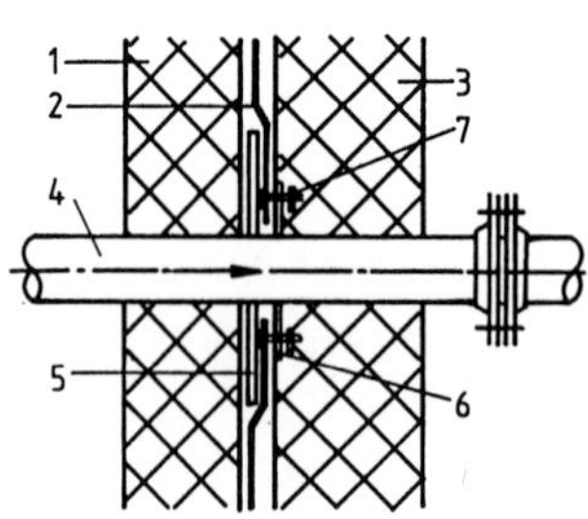

1 äussere Wand
2 Grundwasser-Dämmung
3 innere Wand
4 Stahlrohr in äusserer Wand einbetoniert
5 aufgeschweisster, runder Flansch
6 halbierter, runder Gegenflansch
7 aufgeschweisster Bolzen mit Gegenmutter

Bild 2.10.3
Variante C – Grundwasser

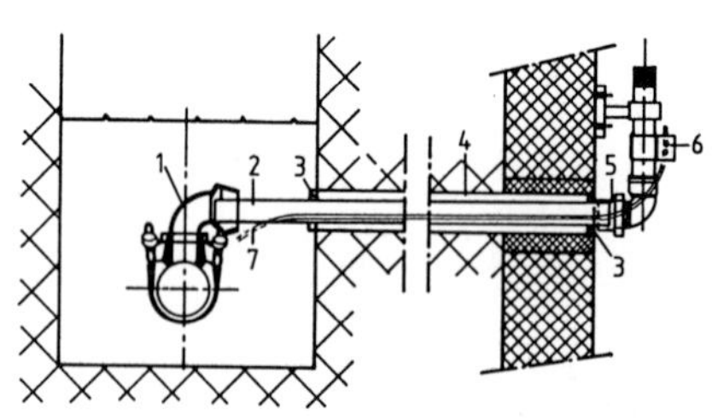

1 Anbohrschelle mit Absperrorgan
2 PE-Rohr
3 Dichtung PE/Schutzrohr
4 Schutzrohr je nach Baugrund
5 Übergang Stahl/PE
6 Kontaktbriden
7 Erdungs-T-Seil 50 mm² zwischen PE- und Schutzrohr, verlegt

Bild 2.10.4
Variante D – Kunststoffanschlußrohr

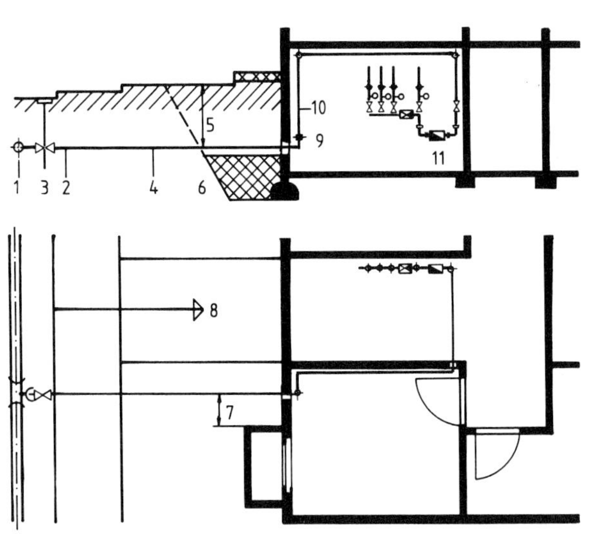

1 Versorgungsleitung
2 Anschlussleitung extern
3 Absperrorgan
4 Mindestrohrweite 1 1/4"
5 Überdeckung 1 - 1,5 m
6 Betonbankett
7 Abstand von Lichtschächten (min. 1m)
8 nicht unter Eingang durchführen
9 siehe Detail Mauerdurchführung
10 Anschlussleitung intern, offen führen
11 Wasserzähler an zugänglicher Stelle plazieren

Bild 2.11
Hausanschlußleitung

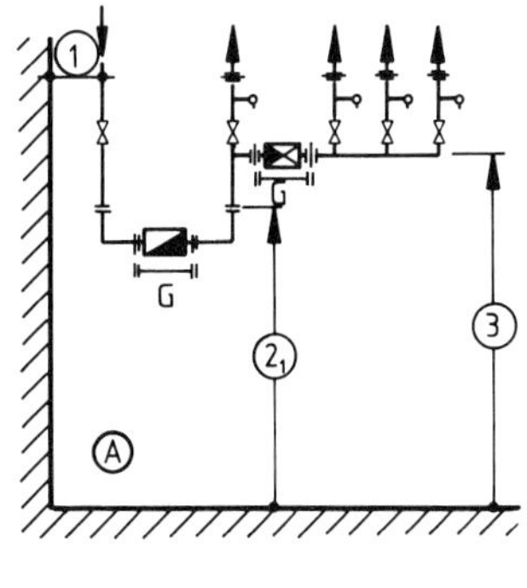

B
2_2
C
2_3

Variante (A)
Wasserzähler ohne Umgehung

Variante (B)
Wasserzähler mit Umgehung

Variante (C)
Direkter Einbau des Wasserzählers

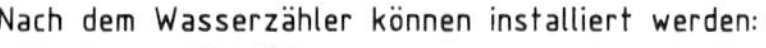

Empfohlene Montagemaße

1 = mind. 20 cm
2_1 = 100 - 120 cm
2_2 = 80 - 100 cm
2_3 = 50 - 100 cm
3 = 120 - 140 cm

Nach dem Wasserzähler können installiert werden:
1 Entleerventil (C_1)
1 Rückflussverhinderer (C_2)
oder eine Kombination von beiden

G = Paßstück

Bild 2.12
Sanitär-Verteilbatterie

Die Unterteilung in einzelne Stränge erfolgt nach folgenden Gesichtspunkten:
a) Druckverhältnisse
b) Apparategruppen
c) Betriebssicherheit
d) Wirtschaftlichkeit

2.1.3.7. Werkstoffe

Es dürfen nur Werkstoffe verwendet werden, die den Empfehlungen der Verbände der Gas- und Wasserfachleute der einzelnen Länder (SVGW, DVGW, ÖVGW) entsprechen.

Sie müssen in hygienischer Hinsicht den Anforderungen der Eidgenössischen Lebensmittelgesetzgebung entsprechen und dürfen in keiner Weise einen nachteiligen Einfluß auf die Qualität des Wassers ausüben.

Damit die Qualität des später durchfließenden Wassers nicht beeinträchtigt wird, ist während der Lagerung, Montage, Dämmung, dem Anstrich usw. von Rohren und Installationen darauf zu achten, daß sie in keiner Weise verunreinigt werden. Kunststoffrohre, -Rohrleitungsteile und – Armaturen sind vor schädlichen Einflüssen (z.B. Wärme, UV-Strahlen etc.) zu schützen.

Bei der Auswahl von Art und Qualität der zu verwendenden Werkstoffe sind folgende Gesichtspunkte zu berücksichtigen:

– Art der Installation: erdverlegt oder im Gebäude
– Umgebungsbedingungen: Bodenverhältnisse, Verwendung der Räume, mechanische Belastungen, Betriebsdruck in der Regel PN10, Wassertemperatur und -zusammensetzung usw.

Je nach Werkstoffwahl, Verlegungsart, Umgebungsbedingungen sowie Wasserzusammensetzung wird es notwendig, die Rohre innen und außen zu schützen, z.B. gegen Wärme, mechanische Einflüsse und Korrosion.

• Erdverlegte Leitungen

Folgende Werkstoffe können verwendet werden:

- duktiler Guß
- Stahl
- hoch- und niedriglegierte Stähle
- Faserzement
- Kunststoff und andere zugelassene Werkstoffe

• **Leitungen für Hausinstallationen**

Folgende Werkstoffe können verwendet werden:

- duktiler Guß
- Stahl
- Kupfer
- Kupferlegierungen
- hoch- und niedriglegierte Stähle
- Kunststoff und andere zugelassene Werkstoffe

Die Wasserleitungen, das heißt Rohre, Formstücke, Zubehörteile und Armaturen sind entsprechend ihren Werkstoffeigenschaften gegen äußere und innere Einflüsse wie zum Beispiel Korrosionen zu schützen.

Bei Neuinstallationen, speziell bei verzinkten Installationen, empfiehlt sich der Einbau von leicht auswechselbaren Kontrollstücken an geeigneter Stelle, um eine einfache Untersuchung des Zustandes der Leitungsinstallationen zu ermöglichen.

Bei Kondensatrisiko müssen die Rohrleitungsinstallationen entsprechend gedämmt werden. Verdeckt verlegte Leitungen benötigen im allgemeinen einen besonderen Korrosionsschutz, sofern die Möglichkeit der Feuchtigkeitseinwirkung besteht. Das Einlegen in oder der Kontakt mit korrosivwirkenden Stoffen wie z.B. Gips ist nicht gestattet. Stahlrohre sind in der Regel durch Feuerverzinkung gegen innere Korrosion zu schützen. Die Rohrqualität und deren Verzinkung hat den Normen DIN 2440, 2441 und 2444 zu entsprechen. Für Rohre, Verbindungen und anderes Zubehör ist bei Installationen die gemischte Verwendung metallischer Werkstoffe zu vermeiden. In Fließrichtung des Wassers darf Kupfer nie vor Stahl zum Einsatz gelangen. Das Einschwemmen und die Ablagerung von Fremdpartikeln wie Sand, Rost usw. in die Leitungen sind zu verhindern. Kupferlegierungen wie Messing, Rotguß und dergleichen sowie auch rostbeständiger Stahl erfordern in Kalt- und Warmwasserinstallationen normalerweise keine besonderen Korrosionsschutzmaßnahmen. Die Warmwassertemperatur soll für Haushaltzwecke im allgemeinen 60°C nicht übersteigen. Bei abnehmender Gesamthärte infolge Wassernachbehandlung steigt in der Regel das Korrosionsrisiko und entsprechende Maßnahmen sind vorzusehen.

2.1.3.8. Rohrverbindungen/Armaturen/ Apparate

• **Rohrverbindungen**

Für Rohrverbindungen dürfen nur vom SVGW zugelassene Systeme verwendet werden wie z.B.:

- Schraubmuffenverbindungen
- Löt- oder Schweißverbindungen
- Gewinde- oder Klemmverbindungen
- Flanschverbindungen
- Klebeverbindungen
- Spezialverbindungen, Kompensatoren usw.

Im Innern von Gebäuden müssen lösbare Verbindungen wie z.B. Verschraubungen (Holländer) und Flanschen sowie Klemmverbindungen, auch diejenigen von Kunststoffrohrinstallations-Systemen erkennbar und zugänglich sein. Prinzipiell darf die mechanische Beständigkeit der Rohre durch die Art ihrer Verbindung nicht geschwächt werden. Sofern metallische Leitungen für Erdungszwecke Verwendung finden, ist zu beachten, daß die elektrische Leitfähigkeit, speziell bei Verbindungen, jederzeit gewährleistet bleibt (Überbrückung oder im Verbindungselement integriert).

• **Armaturen**

Von der Funktion her sind zu unterscheiden:

- Durchflußarmaturen
- Ausflußarmaturen
- Sicherheitsarmaturen

Ausflußarmaturen mit Schläuchen über staubaren Becken müssen mit einer Rückflußsicherung ausgerüstet sein. Das Öffnen und Schließen von Armaturen darf keine Druckschläge erzeugen.

• **Apparate**

Offene Apparate sind Apparate, deren Wasseroberfläche mit der Atmosphäre in direkter Verbindung steht, wie:

- Kaltwasservorratsbehälter (Reservoir)
- Zwischenbehälter (z.B. Spülkasten)
- Warmwasserbehälter mit offenem Auslauf
- Schwimmbäder
- Brunnenbecken, Fischbassins

Geschlossene Apparate sind Apparate, deren Wasservolumen unter Überdruck steht, wie für:

- Wasserspeicherung
- Wasserförderung und Druckerhöhung
- Wassererwärmung
- Wassernachbehandlung

Jeder Apparat ist mit einer Absperr- und Entleervorrichtung sowie einer Sicherheitsvorrichtung gegen einen möglichen Wasserrückfluß auszurüsten. Apparate, die spezielle Anforderungen an die Betriebsbedienungen stellen, sind im Nebenschluß, allseitig abtrennbar, einzubauen. Apparate müssen durch lösbare Verbindungen leicht ein- und ausgebaut werden können. Sie sollen für alle Wartungsarbeiten, Kontrollen und Revisionen leicht zugänglich sein.

Das Wasser aus offenen Behältern darf in der Regel nicht als Trinkwasser benützt werden. Ausnahmen bedürfen einer Sondergenehmigung durch die zuständige Wasserversorgung. Bei offenen Gefäßen mit direktem Anschluß an die Leitung ohne automatische Zuflußregulierung (Badewannen, Wasch- und Spülgefäße usw.), muß die Unterkante des Trinkwasserzulaufes wenigstens 2 cm über der Oberkante des Gefäßes und bei Apparaten sowie Behältern mit automatischer Zuflußregulierung 2 cm über dem höchstmöglichen Überlaufspiegel liegen.

Geschloßene Behälter für die Trinkwasserspeicherung sind gegen Frost und Wärmeeinwirkung zu dämmen. Das darin befindliche Wasser darf sich gegenüber dem Leitungswasser innerhalb 24 Stunden höchstens um 3 K erwärmen. Sie sind so zu konstruieren und zu bemessen, daß keine Zonen stagnierenden Wassers (im Sinne des Durchflußes) entstehen können und die Wassererneuerung gewährleistet bleibt.

2.1.3.9. Rohrweitenbestimmung

• Grundlagen

Die Rohrweitenbestimmung erfolgt durch vereinfachte Methoden, welche die Druckbedingungen und die Art der Installationen berücksichtigen.

• Druckbedingungen

Bei einem Ruhedruck unter 2 bar ist der rechnerische Nachweis zu erbringen, daß an jeder Entnahmestelle ein Fließdruck von mindestens 1 bar gewährleistet ist. Für den einwandfreien Betrieb von Spezialarmaturen oder Apparaten muß der Fließdruck allenfalls angepaßt werden.

Der Ruhedruck soll an den Entnahmestellen 5 bar nicht übersteigen. Bei höherem Netzdruck ist der Druck zu reduzieren. Ausnahmen für Spezialinstallationen können durch die Wasserversorgungen zugelassen werden. Der Ruhedruck an Garten- und Garagenauslaufventilen sowie Feuerlöschanschlüssen sollte 10 bar nicht übersteigen.

Im Hinblick auf eventuelle Netzdruckänderungen empfiehlt es sich anstelle des allenfalls nicht notwendigen Druckreduzierventils ein Paßstück einzubauen. Der maximal zulässige Druckverlust für die gesamte Installation nach dem Wasserzähler bzw. nach dem zentralen Druckreduzierventil beträgt gemäß SVGW 1,5 bar, nach DVGW ist er beliebig.
In der Regel ist eine hausinterne Druckerhöhungseinrichtung notwendig, wenn der minimale Fließdruck nicht an jeder Entnahmestelle gewährleistet werden kann.

• Berechnung

Belastungswert (BW)
Ein Belastungswert entspricht einem Volumenstrom von 0,1 l pro Sekunde.
In der nachfolgenden Tabelle 2.2 sind Armaturen und Apparate in Funktion des Verwendungszweckes und der

Anschlußwerte der Armaturen und Apparate			
Verwendungszweck	Ausfluß-volumenstrom pro Anschluß		Anzahl Belastungswete pro Anschluß
	l/s	l/min	BW
Handwaschbecken, Waschtische, Bidets, Waschrinnen, Spülkasten	0,1	6	1
Spültische, Ausgußbecken, Schulwandbecken, Coiffeurbrausen, Haushalt-Geschirrspülmaschinen, Gas-Durchflußwassererwärmer, Waschtröge	0,2	12	2
Duschbatterien mittlerer Leistung, Gas-Durchflußwassererwärmer	0,3	18	3
Große Spülbecken, Standausgüsse, Wandausgüsse, Badebatterien, Waschautomaten bis 6 kg, Gas-Durchflußwassererwärmer	0,4	24	4
Auslaufventile für Garten und Garage	0,5	30	5
Anschlüsse 3/4": – Spülbecken für Großküchen – Großraumwannen – Duschen	0,8	48	8
Heizungsventile sind bei der Rohrweitenbestimmung nicht zu berücksichtigen.			

Tabelle 2.2
Anschlußwerte der Armaturen und Apparate

Leistung aufgeführt. Die Rohrweiten der einzelnen Teilstrecken und zwar sowohl für Kaltwasser- als auch für Warmwasserleitungen ergeben sich anhand der Belastungswerte und der Rohrwerkstoffe aus folgenden Tabellen: 2.3.1 bis 2.3.3.

- **Vorgehen**

Die Rohrweiten von Normalinstallationen werden mit Hilfe der Belastungswertmethode der Tabellen 2.2 und 2.3.1 bis 2.3.3 bestimmt. Ausgehend von der entferntesten Entnahmestelle sind die Belastungswerte der einzelnen Teilstrecken und daraus die Rohrweiten zu bestimmen. Sofern der Fließdruck von mindestens 1 bar an jeder Entnahmestelle, oder der maximal zulässige Druckverlust von 1,5 bar für die gesamte Installation vom Druckreduzierventil bis zur entferntesten Entnahmestelle (Rohrlänge inkl. aller Einzelwiderstände wie Formstücke und Armaturen) nicht eingehalten werden kann, muß die Rohrweitenbestimmung rechnerisch nachgeprüft werden. Für jede Teilstrecke werden die Belastungswerte oder Ausflußvolumenströme gemäß Tabelle 2.2 oder die effektiven Ausflußvolumenströme in l/s zusammengezählt.

Der Gleichzeitigkeitsfaktor kann aufgrund von Erfahrungswerten oder nach Angaben der Anlagenbetreiber pro Teilstrecke festgelegt werden. Die Summe aller Belastungswerte pro Teilstrecke multipliziert mit dem Volumenstromwert pro Belastungswert und dem Gleichzeitigkeitsfaktor pro Teilstrecke ergibt den zu berücksichtigenden Spitzenvolumenstrom.

Kann nicht mit Belastungswerten gerechnet werden, so müssen die Teilvolumenströme pro Teilstrecke addiert und die Summe der Ausflußvolumenströme mit dem Gleichzeitigkeitsfaktor je Teilstrecke multipliziert werden.

Belastungswerte und Rohrweiten für:	**verzinkte Stahlrohre DIN 2440/44**						
Max. Anzahl BW	6	16	40	160	300	600	1600
DN (mm) Gewinderohr (Zoll)	15 ½	20 ¾	25 1	32 1¼	40 1½	50 2	65 2½
d_i (mm)	16	21,6	27,2	35,9	41,8	53	68,8

Tabelle 2.3.1
Belastungswerte und Rohrweiten für: verzinkte Stahlrohre DIN 2440/44

Belastungswerte und Rohrweiten für:	**Kupferrohre VSM 211 641**								
Max. Anzahl BW	2	5	10	16	40	160	300	600	1600
d_a mm	12*	15	18	22	28	35	42	54	76,1
d_i mm	10	13	16	20,0*	25,0*	32	39	50,0*	72,1

*** 1 BW: max. zulässige Rohrlänge 15 m**
2 BW: max. zulässige Rohrlänge 6 m

Tabelle 2.3.2
Belastungswerte und Rohrweiten für: Kupferrohre VSM 211 641

Belastungswerte und Rohrweiten für:	**VPE-Rohre DIN 16893**					
Max. Anzahl BW	4	8	16	40	160	
d_a mm	16*	20	25	32	40	
d_i mm	11,6	14,4	18	23,2	29	

*** 2 BW: max. zulässige Rohrlänge 15 m**
4 BW: max. zulässige Rohrlänge 6 m

Tabelle 2.3.3
Belastungswerte und Rohrweiten für: VPE-Rohre DIN 16893

Die Rohrweitenbestimmung der Spezialinstallationen gliedert sich in eine Vorwahl der Rohrweiten und in eine Nachrechnung, das heißt genaues Ermitteln der Druckverluste. Die Vorwahl der Rohrweiten kann mit Hilfe der Druckverlustdiagramme, Bilder 2.13.1 bis 2.13.3, vorgenommen werden unter Annahme einer Fließgeschwindigkeit innerhalb der angegebenen Grenzen. In der Regel beginnt man auch hier an den entferntesten Entnahmestellen.

Mit der Nachrechnung ist der rechnerische Nachweis zu erbringen, daß die „Druckbedingungen" erfüllt werden. In der Regel werden die Druckverluste für die längste Rohrleitung (nach dem Druckreduzierventil oder Wasserzähler) bis zur entferntesten Entnahmestelle bestimmt, indem die Druckverluste jeder einzelnen, in direkter Linie durchflossenen Teilstrecke zusammengezählt werden. Bild 2.14 zeigt ein Beispiel einer Normalinstallation für ein Einfamilienhaus mit Angabe der Dimensionen und Belastungswerte (BW).

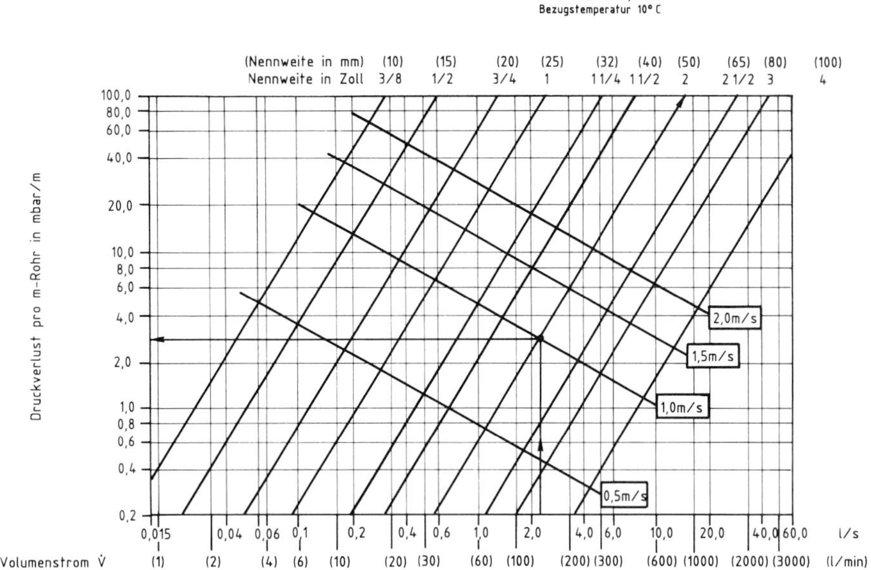

Bild 2.13.1
Druckverluste in verzinkten Stahlrohren

- **Schallschutzanforderungen**

Als allgemeine Grundlage gelten die Empfehlungen und Normen des SIA. Grundsätzlich ist zu beachten, daß keine Leitung mit der Baukonstruktion in unmittelbaren, schalleitenden Kontakt kommt, auch nicht über Rohrbefestigungen. Leitungen, welche flexible oder bewegliche Teile enthalten (Kompensatoren, elastische Rohrverbindungen), müssen gut unterhalten und fixiert sein, um die Übertragung von Vibrationen und „Schlägen" zu verhindern. Das Einbetonieren von Leitungen in massive Wand- und Deckenkonstruktionen ist grundsätzlich nicht zulässig. Wo das Verlegen von Leitungen in Decken aus zwingenden Gründen nicht umgangen werden kann, sind Leitungen in Deckenschlitzen oberhalb der Armierung anzuordnen, unter Beach-

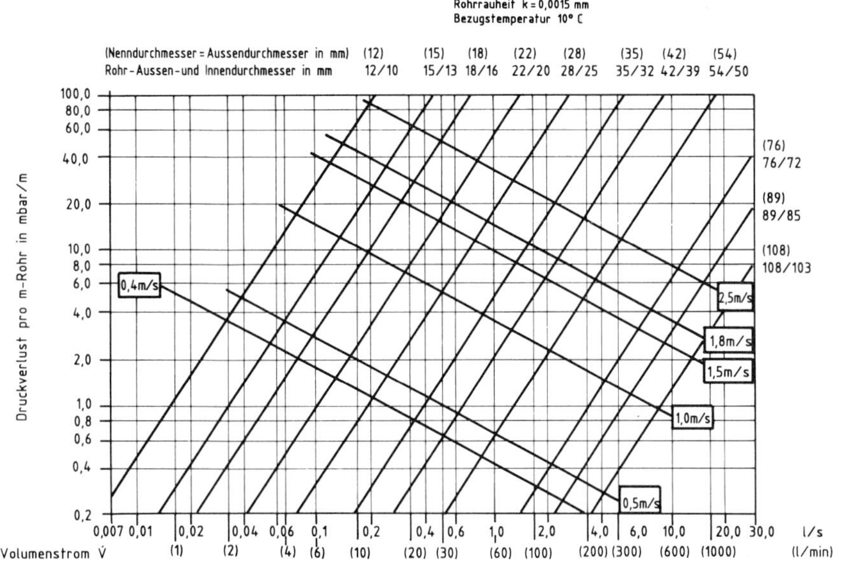

Bild 2.13.2
Druckverluste in Kupferrohren

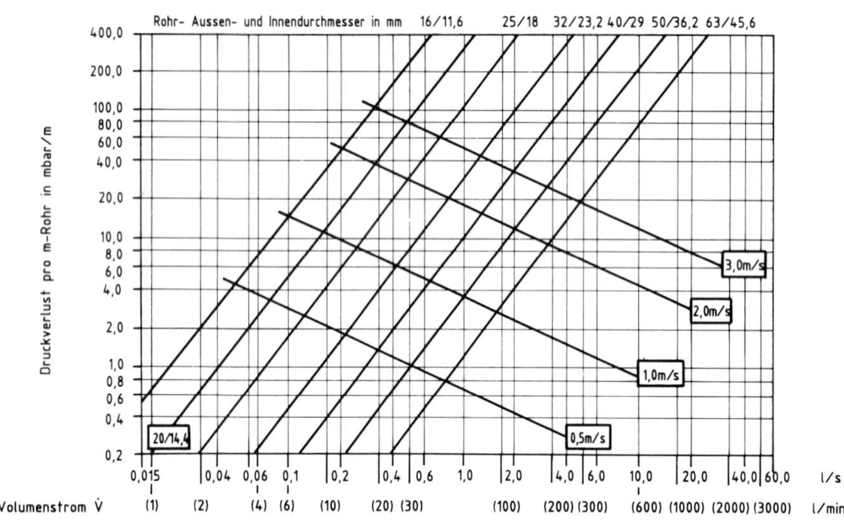

Bild 2.13.3
Druckverluste in VPE-Rohren

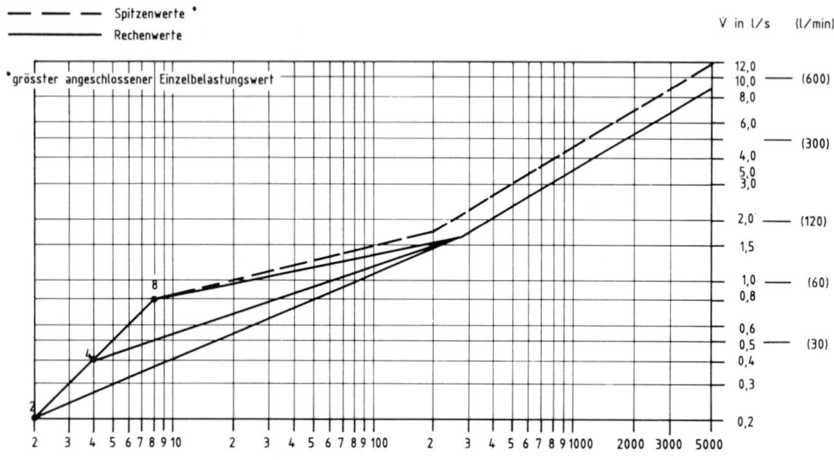

Bild 2.13.4
Diagramm Belastungswerte (BW)

tung von Sicherheitsmaßnahmen bezüglich Dehnung, Korrosions-, Wärme- und Schallschutz.

2.1.3.10. Druckerhöhungsanlagen

Druckerhöhungsanlagen dienen zur Wasserversorgung von Gebäuden (Bild 2.15.1), bei denen der Netzdruck ungenügend ist oder schwanken kann. Im weiteren sind Druckerhöhungsanlagen in solchen Fällen notwendig, wo eine direkte Verbindung mit dem Trinkwassernetz nicht zulässig ist (zum Beispiel Feuerschutzanlagen mit großem Wasserbedarf). Druckerhöhungsanlagen (Bild 2.15.2), bestehen aus einer Pumpengruppe mit zugehörigen Armaturen, einem geschlossenen Behälter (Druckwindkessel), einer Steuerungsanlage für automatische Pumpensteuerung sowie einem Luftkompressor zur Nachspeisung bzw. Erneuerung des im Behälter vorhandenen Luftkissens. Dieses steht unter einem vorbestimmten Druck, der von der automatischen Steuerung reguliert bzw. von der Pumpengruppe aufrechterhalten wird. Nach der Druckerhöhungsanlage muß ein Druckreduzierventil mit konstantem Nachdruck eingebaut werden (Bild 2.16). In den Fällen, wo gleichmäßige Volumina über einen längeren Zeitraum benötigt werden (Bewässerungsanlagen) kann die Pumpe zur Druckerhöhung direkt in die Leitung eingebaut werden. Die Pumpe bleibt dauernd in Betrieb. Bei schwankendem Wasserbezug zwischen Null und einer Maximalmenge ist diese Einsatzart ungeeignet.

2.1.3.11. Verteilleitungssysteme

Statt der vielen Verteilstränge mit nur je einer Absperrung bei der Verteilbatterie

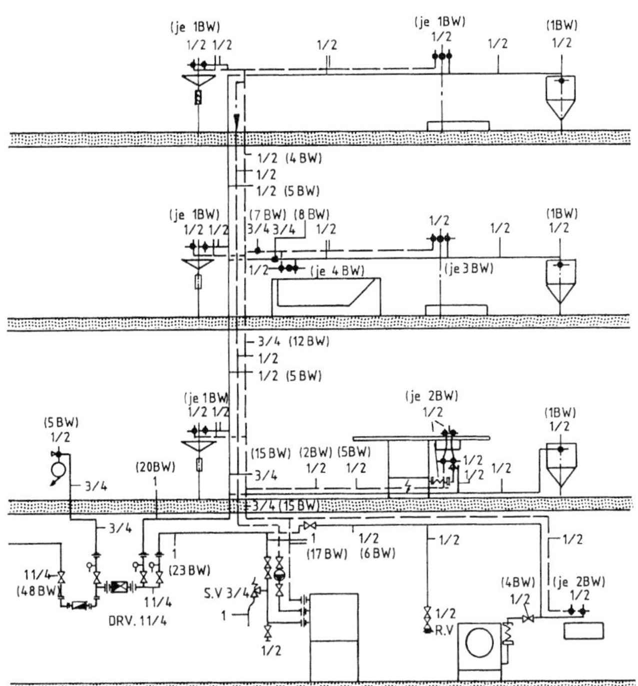

Bild 2.14
Dimensionierungsbeispiel Normalinstallation für Einfamilienhaus

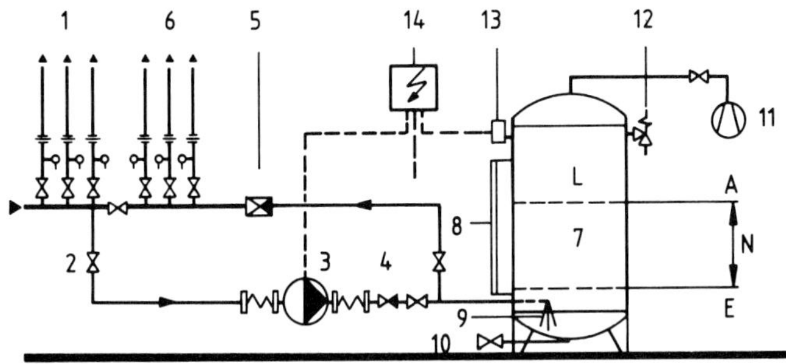

1 Netzdruckverteiler
2 Pumpenzuleitung
3 Druckerhöhungspumpe
4 Rückflußverhinderer
5 Druckreduzierventil für variablen Vordruck u. konstanten Nachdruck
6 Hochdruckverteiler
7 Druckwindkessel
8 Wasserstandsrohr
9 Ein- und Auslauftrichter
10 Entleerung
11 Luftkompressor
12 Sicherheitsventil
13 Druckschalter
14 elektrisches Tableau

E Einschaltniveau
L Luftpolster
A Ausschaltniveau
N Nutzvolumen

Bild 2.15.2
Druckerhöhungsanlage

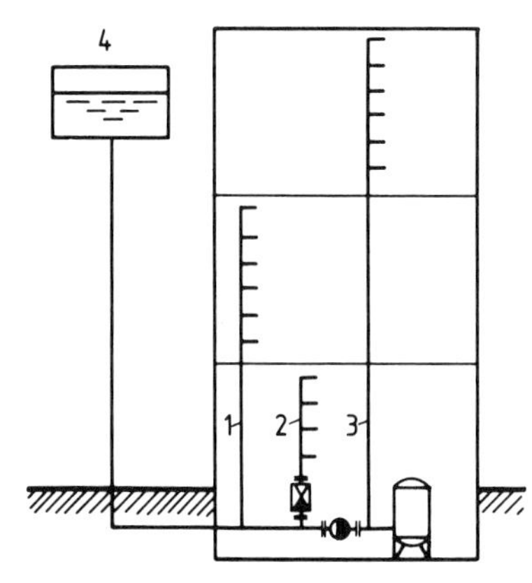

1 Netzdruck
2 Reduzierter Druck
3 Hochdruck
4 Reservoir

Bild 2.15.1
Druckbegriffserklärungen

ist es besser, ganze Gebäudetrakte oder mehrere Wohnungsgruppen mit nur einem Verteilstrang zu versorgen, dafür aber einzelne kleinere Gruppenabsperrungen vorzusehen, z.B. Wohnungsabsperrventil. Die Darstellungen in Bild 2.17 zeigen die verschiedenen Systemlösungen auf. Der Maßstab für die Beurteilung der Betriebssicherheit richtet sich in erster Linie nach den Konsequenzen, die eine längere Unterbrechung in der Wasserversorgung zur Folge haben könnte. Bei richtiger Materialwahl, Verlegung der Leitungen, deren Korrosionsschutz und Isolierung sind Schadensfälle der Hauptverteilleitungen ganz selten geworden. Die meisten Absperrungen sind im Zusammenhang mit Reparaturen von Armaturen vorzunehmen. Wenn früher die Tendenz zu einer sehr weitgehenden Unterteilung vorherrschte, so hat sich in den letzten Jahren wieder eine Konzentrierung auf möglichst wenige Verteilstränge durchgesetzt. Die wirtschaftlichste und praktischste Lösung besteht darin, die Gruppenventile (Wohnungsabsperrventile) durch Einzelabsperrventile (auch Absperr-Raccord genannt) bei jeder Entnahmestelle zu ersetzen.

- **Einzelabsperrventil / Absperr-Raccord**

Die großen Vorteile dieser Lösung sind:

- keine Armaturen unter Putz montiert,
- kein zweites Material in den Verteilleitungen (galvanische Elementbildung)
- bei Reparaturen keine Beeinträchtigung, keine Betriebsunterbrechung für andere Zapfstellen,
- das Absperrorgan kann zugleich als Regulierorgan für ruhig ausfließenden Wasserstrahl benützt werden.

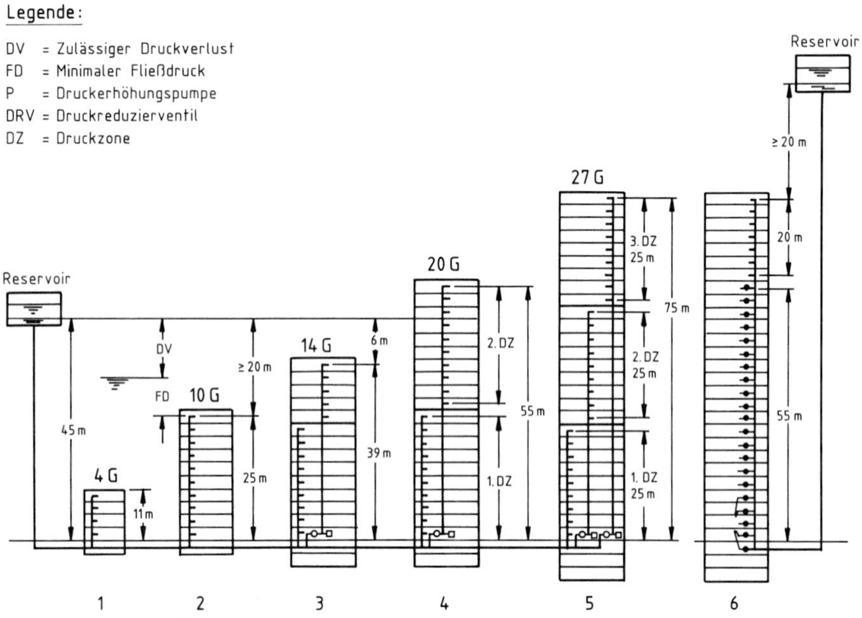

Legende:

DV = Zulässiger Druckverlust
FD = Minimaler Fließdruck
P = Druckerhöhungspumpe
DRV = Druckreduzierventil
DZ = Druckzone

Bild 2.16
Prinzipschema: Druckzoneneinteilung

2.1.4. Brandschutzanlagen / Feuerlöscheinrichtungen

Die Technik des Brandschutzes, vor allem mit Wasser als Löschmittel, ist ein wichtiges Thema im Rahmen der Sanitärtechnik. Brandschutzanlagen in Gebäuden sind keine üblicherweise nutzbaren Einrichtungen wie Klima-, Lift- oder WC-Anlagen. Sie sind vorbeugende Maßnahmen für den Brandfall, also für den Bauherrn nicht direkt brauchbare Investitionen. Aus diesen Gründen werden Aufwendungen für Brandschutzanlagen meistens in Frage gestellt. Es gehört daher auch zur Aufgabe des Architekten, den Bauherren verständlich zu machen, daß sich die Mehrkosten für eine geeignete Brandschutzanlage im Hinblick auf die dadurch gewonnene Sicherheit lohnen. Überdies verringert eine solche Einrichtung auch die Versicherungskosten und unter Umständen bauliche Aufwendungen.

2.1.4.1. Feuerlöscheinrichtungen (Wandhydranten)

Gebäudekonstruktionen und Feuerlöscheinrichtungen müssen grundsätzlich den feuerpolizeilichen Bestimmungen entsprechen.

Die baulichen Maßnahmen, wie Unterteilung in Brandabschnitte, Verwendung von feuerbeständigen Baumaterialien, Anordnung der Türen und Treppen berühren die Planung des Architekten. Feuerlöscheinrichtungen müssen in Büro- und Industriebauten, öffentlichen Gebäuden, Warenhäusern, Kinos, Theatern usw. vorgesehen werden, also überall wo große Menschenansammlungen zu erwarten sind, oder wo eine besondere Brandgefahr besteht. Hier dienen nasse Feuerlöschleitungen, Regenwände, Flächenberegner, automatische Sprinkler u.a. der unmittelbaren Brandbekämpfung. Der Einbau von Feuerlöscheinrichtungen ist durch die zuständigen Organe der Feuerpolizei zu bestimmen. Die Rohrweitenbestimmung legt die Wasserversorgung in Zusammenarbeit mit der Feuerpolizei fest. Die Anschlußleitungen sollen so in die Wasserinstallation des Gebäudes integriert werden, daß eine genügende Wassererneuerung gewährleistet ist. Löschleitungen müssen aus nichtbrennbarem Werkstoff erstellt oder feuerhemmend F30 Unterputz verlegt oder gleichwertig geschützt sein. Wasserlöschposten (Wandhydranten) dienen jedermann, in der Regel Betriebsangehörigen, zur Bekämpfung von Entstehungsbränden. Bei der Planung derselben sind folgende Bedingungen zu beachten:

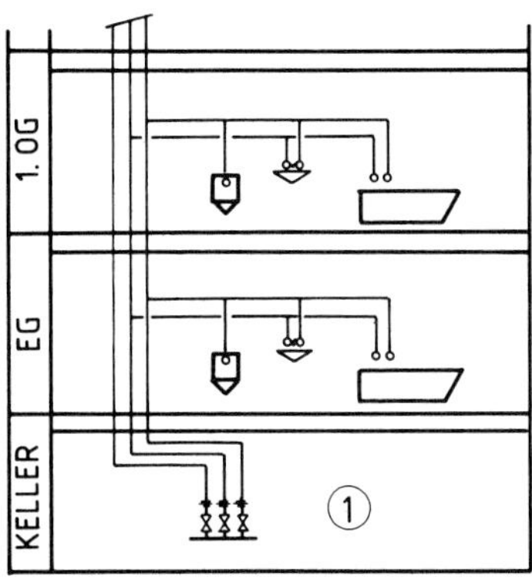

Separate Verteilstränge für einzelne Gruppen, absperrbar nur bei Verteilbatterie.

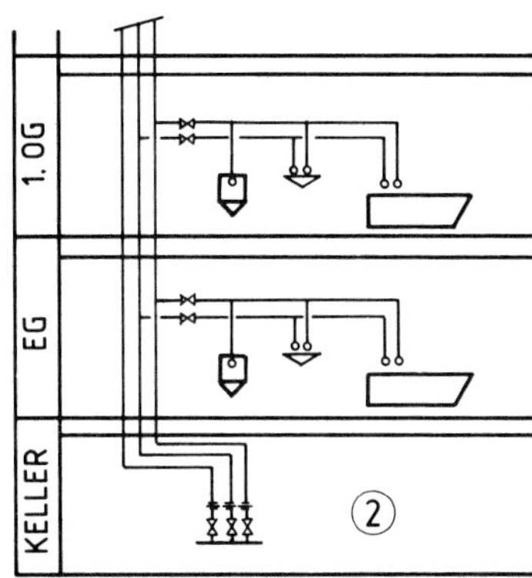

Verteilstränge für übereinanderliegende Wohnungen, absperrbar bei Verteilbatterie und pro Wohnung.

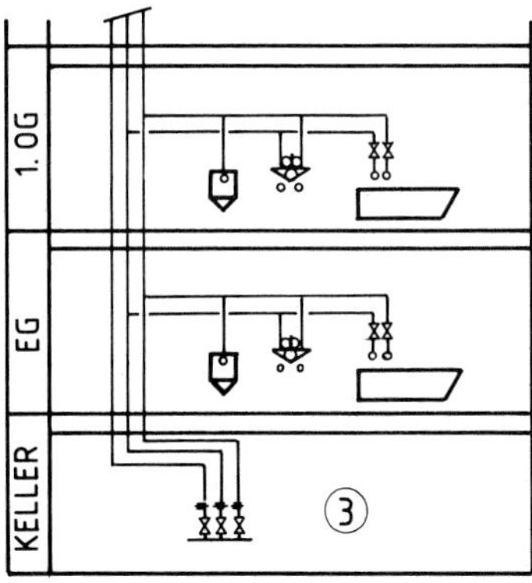

Verteilstränge für übereinanderliegende Wohnungen, absperrbar bei Verteilbatterie und bei jeder einzelnen Zapfstelle durch Einzelabsperrventile.

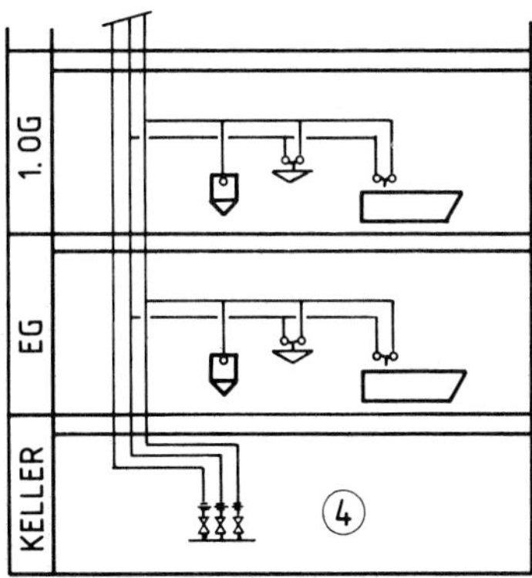

Verteilstränge für übereinanderliegende Wohnungen, absperrbar bei Verteilbatterie und bei jeder einzelnen Zapfstelle mit Absperr - Raccord.

Bild 2.17
Verteilleitungssysteme

- Minimalfließdruck beim Strahlrohr: 2 bar (entspr. etwa 0,25 l/s)
- Minimaldurchmesser der Anschlußleitung: 5/4″ (für Stahlrohrdüsen 4 mm)

Innenhydranten sind für die Benützung durch die Feuerwehr bestimmt. Bei ihrer Planung derselben sind folgende Bedingungen zu beachten:

- Minimaldurchmesser der Anschlußleitung: 2″
- Anschlußleitung mit Schlauchanschluß (Storz-Kupplung) versehen.

Die Anschußleitungen zu mehreren Wandhydranten sind für den Einsatz eines einzigen auszulegen. Ausnahmen sind mit der Feuerpolizei abzusprechen. Die Anschlußleitungen zu einem oder mehreren Innenhydranten sind in jedem Fall in Zusammenarbeit mit der Feuerpolizei zu bemessen. Anschlußleitungen zu Wandhydranten sind nach dem Wasserzähler, solche zu Innenhydranten vor dem Wasserzähler oder über eine Umgehungsleitung anzuschließen, wobei mindestens über den Wasserzähler jederzeit ein Wasserbezug zu gewährleisten ist.

2.1.4.2. Handfeuerlöscher

Je nach Brandbelastung, das heißt Gestaltung und Benützung von Arbeits-, Lager-, Werkstatt- und analogen Räumen sind zweckentsprechende Handfeuerlöscher bereitzustellen, deren Anzahl, Art, Größe und Standorte rechtzeitig im Einvernehmen mit dem Ortsfeuerwehrkommando zu bestimmen sind. Es dürfen nur Handfeuerlöscher verwendet werden, die von einer anerkannten Prüfstelle (EMPA) geprüft und zum Beispiel in der Schweiz von der Vereinigung Kantonaler Feuerversicherungsanstalten und dem Schweizerischen Feuerwehrverband anerkannt sind. (Prüfzeichen beachten!) Alle Handfeuerlöscher sind periodisch auf ihre Einsatzbereitschaft hin zu kontrollieren, zum Beispiel gemäß den Richtlinien der Vereinigung kantonaler Feuerversicherungsanstalten.

2.1.4.3. Sprinkleranlagen

Sprinkleranlagen sind vollautomatisch arbeitende Wasserlöscheinrichtungen, die nur von hierzu autorisierten Firmen gebaut werden dürfen (SSV, VDS, YKF).

Im Brandfall wird der Löschvorgang durch Schmelzeinsätze in den Sprinklern ausgelöst, die bei Temperaturen von 58 bis 230° C (in der Regel bei etwa 70° C) schmelzen, das heißt bei den im Brandbereich liegenden Sprinklern wird aufgrund des Schmelzens der Einsätze der Wasseraustritt freigegeben.

Wie bei den Feuerlöschanlagen unterscheidet man zwischen trockenen und nassen Sprinkleranlagen, wobei die Trockenanlage nur in frostgefährdeten Gebäuden eingesetzt wird. Bei der trockenen Sprinkleranlage ist das Sprinklernetz im Gegensatz zur nassen Sprinkleranlage anstatt mit Wasser mit Druckluft gefüllt. Bei übermäßigem Druckabfall, der durch öffnende Sprinkler hervorgrufen wird, geben in der Sprinklerzentrale die Ventilstationen das Löschwasser frei, gleichzeitig wird dadurch Feueralarm gegeben, da das am Ventil befindliche Relais auf Feuermelder anspricht.

Eine Sprinkleranlage besteht grundsätzlich aus dem Sprinklernetz mit Sprinklerköpfen und der Sprinklerzentrale, die verschiedene Ausführungen haben kann (Bild 2.18).

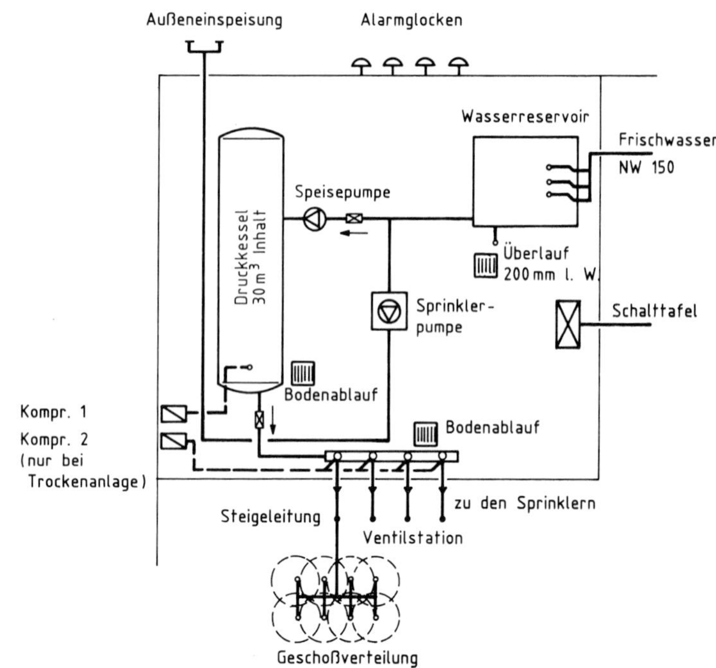

Bild 2.18
Schematischer Aufbau einer Sprinklerzentrale

• Sprinkleranordnung

Wenn Sprinklerschutz vorhanden ist, sollte er sich auf das ganze Gebäude erstrecken. Eventuell nicht geschützte Räume oder Raumgruppen müssen von den geschützten durch feuerbeständige Abschlüsse getrennt werden.

Die Vorschriften für die Errichtung von Sprinkleranlagen werden bestimmt nach Art des Gebäudes und Nutzung einzelner Bereiche sowie der Brandgefahrenklasse. Bei Brandgefahrenklasse BG 2.2 (z.B. Kaufhaus, Automobilwerkstatt) legen diese Vorschriften fest, daß je 9 m² Bodenfläche (bei Verwendung von Schirm-Sprinklern je 12 m²) ein Sprinkler unter der Geschoßdecke vorzusehen ist, wenn diese glatt ist. Bei mehr als 15 m hohen Räumen wird eine Sondergenehmigung des VdS notwendig. Für Fabriken und Sonderräume sowie Rasterdecken (Sonderkonstruktionen) gelten z.T. Bestimmungen, die von den zuvor genannten Werten abweichen.

Bei Deckenhohlräumen wird zum Raumschutz ein zusätzlicher Sprinklerschutz für den Deckenhohlraum notwendig (je 15 m² ein Kopf bei brennbarem Dach, je 21 m² ein Kopf bei nicht brennbaren Baustoffen). Diese Bestimmung gilt dann, wenn die Brandbelastung im Hohlraum 3,5 kWh/m² übersteigt und keine leicht brennbaren Materialien vorhanden sind.

Für Regallager ist eine Sonderform der Sprinkleranlage erforderlich, da diese einmal den notwendigen Raumschutz (Sprinkler an der Decke) und weiterhin einen Objektschutz (Sprinkler zwischen den Regalen) übernehmen muß.

• Rohrnetz

Das Sprinklerrohrnetz wird entweder nach den in den Vorschriften der Sachversicherer enthaltenen Tabellen oder bei festgelegter Löschwassermenge (z.B. in Industrieanlagen) nach einer hydraulischen Berechnung ausgelegt. Der größte Rohrdurchmesser beträgt dabei 150 mm (NW 150) bis 200 mm (NW 200) und tritt bereits bei etwa 100 angeschlossenen Sprinklern auf. Bei trockenen Anlagen in frostgefährdeten Bereichen müssen im Gegensatz zu nassen Anlagen die horizontalen Leitungen mit Gefälle verlegt werden, damit sie leerlaufen können.

• Sprinklerzentrale

Der Aufbau einer Sprinklerzentrale ist

von der Sprinkleranzahl sowie der Risikoart abhängig. Es wird unterschieden zwischen Kleinanlagen bis 1000 Sprinklern, Anlagen von 1000 bis 5000 Sprinklern und Großanlagen mit über 5000 Sprinklern. Bei der Kleinanlage ist nur ein Wasseranschluß an die öffentliche Wasserversorgung in Verbindung mit im allgemeinen nur einer Sprinklerpumpe und einer Ventilstation notwendig. Steht kein als unerschöpflich geltender Wasseranschluß zur Verfügung (z.B. Einspeisung in das Sprinklernetz von mehreren Stadtwasseranschlüssen), so erhält die Zentrale zum Anschluß an das öffentliche Netz einen Wasserbehälter oder unter Ausfall der Pumpe einen Druckluftwasserbehälter. In diesem Fall dürfen bei Kleinanlagen in der Brandgefahrenklasse BG 1 nur bis zu 1000 Sprinkler angeschlossen werden.

Anlagen bis zu 5000 Sprinkler müssen zwei voneinander unabhängige Wasserquellen haben, wovon eine selbsttätig wirkt, die andere praktisch unerschöpflich sein muß. Die selbsttätige Wasserzufuhr wird mit einem Druckluftwasserkessel geschaffen in dem sich ungefähr 15 m^3 Wasser und 15 m^3 Druckluft befinden. Wenn im Brandfall Sprinkler öffnen, kann aus diesem Behälter sofort Wasser in die Sprinkleranlage strömen. In der Zwischenzeit kann die Sprinklerpumpe anlaufen und übernimmt anschließend die Versorgung aus der unerschöpflichen Wasserquelle. In den meisten Fällen wird die Gewähr der Unerschöpflichkeit für den öffentlichen Wasseranschluß nicht gegeben. Demnach muß ein zusätzliches Wasserreservoir vorgehalten werden, dessen Größe je nach Schutz und Risikoart vom Sachversicherer oder der örtlichen Feuerwehr festgelegt wird (Reservoirgröße von 5 bis 5000 m^3). Im Brandfall dient dieses Reservoir als Puffer, während aus dem Wassernetz über Schwimmerventile so viel als möglich zuläuft. Jede Sprinkleranlage sollte außerdem noch „B"-Anschlüsse, über die die Feuerwehr zusätzlich einspeisen kann (Einspeisung an der Außenseite des Gebäudes), erhalten.

Bei Großanlagen mit mehr als 5000 Sprinklerköpfen sind zwei komplette Pumpenanlagen mit Reservoir sowie ein Druckluftwasserkessel erforderlich, ab 10000 Sprinkler muß eine detaillierte Einzelplanung unter Einschaltung der genehmigenden Behörde erstellt werden.

Eine Kombination bestehend aus der Sprinkleranlage (Sonderform) und einer Wasserlöschanlage ist die Sprühflutanlage. Es handelt sich hier um eine Art Sprinkleranlage, bei der jedoch nicht automatisch auslösende Sprinklerköpfe den Löschvorgang einleiten, sondern bei der das Rohrnetz normal leer und drucklos ist. Im Brandfall wird die Wasserzufuhr von Hand mittels Schnellöffnerventil geöffnet, so daß die installierten Düsen in Tätigkeit treten. Solche Anlagen findet man bei Bühnen und überall dort, wo durch Wärmequellen im Normalfall schon sehr hohe Temperaturen auftreten. Dort müßten Sprinkler so hohe Auslösetemperaturen haben, daß sie auf Entstehungsbrand-Temperaturen gar nicht mehr oder viel zu spät ansprechen würden. Es gibt hier Sonderformen, z.B. mit einer Nebenleitung und Sprinklerköpfen, die im Brandfall die Anlage auslösen. Man kann ähnliche Anlagen auch als automatische Anlagen unter Einsatz von Ionisationsmeldern bauen.

Eine besonders gestaltete Kombination der Sprinkleranlage wird als sogenannte Preaction-Anlage ausgeführt, bei der mit Ventilstationen gearbeitet wird, die durch Ionisationsfeuermelder angesprochen werden. Mit dieser Form des Feuerschutzes sollen in erster Linie Wasserschäden vermieden werden.

Die Einhaltung dieser Forderung ist bei der pre-action-Anlage jedoch nur dann möglich, wenn auch die Melder einen Brand erfassen und die Wasserzufuhr über das pre-action-Ventil freigeben.

2

2.1.4.4. CO_2-Feuerlöschanlagen (Kohlendioxid-Feuerlöschanlagen)

Feuerlöschanlagen dieser Art werden dort eingesetzt, wo sich Brände mit Wasser nicht löschen lassen oder wo Wasser nicht einsetzbar ist, weil die Folgeschäden am Gebäude oder Einrichtungen zu groß würden. CO_2 ist ein farbloses Gas, ist sauber, hinterläßt keine Rückstände und ist nicht korrosiv und nicht elektrisch leitend. Die Löschwirkung beruht auf dem Ersticken des Feuers durch Abschirmung des Sauerstoffs vom Brandherd. Demgemäß wird die CO_2- Löschanlage eingesetzt in Farb-, Lackspritzräumen und Tauchanlagen, Farbmischräumen, an Trockenöfen, Lackierkabinen in Lackiereien, in elektrischen Anlagen bei Transformatoren, Generatoren, EDV-Anlagen (hier wird in erster Linie der Unterboden geschützt), Schaltanlagen, Rundfunk- und Fernsehanstalten, Fabrikationsräumen, Rotationsdruckereien, bei Prüfständen, Papiermaschinen, Folien- und Schaumstoffherstellung, Spinnereien, Raffinierien, in Lagern mit chemischen Produkten, brennbaren Flüssigkeiten, Pelzen, feinmechanischen Erzeugnissen, elektrischen Schaltelementen usw. Man unterscheidet bei den CO_2-Löschanlagen wie bei den Sprinkleranlagen zwischen Raumschutz und Objektschutz.

Raumschutz wird nur dann gewählt, wenn ganze Räume zu schützen sind.

Zu beachten ist, daß in diesen Räumen alle Öffnungen und Türen im Brandfall automatisch schließen müssen.

Besonders in EDV-Räumen muß außer der Abschaltung der Lüftungsanlage auch der Zuluftkanal im Doppelboden automatisch verschlossen werden, gleichzeitig bei dichten Räumen jedoch eine Überströmleitung die Raumluft entweichen lassen (CO_2-Verdrängung).

Objektschutz kann gewählt werden, wenn nur eine Maschine oder dgl. in einem Raum eine Brandquelle bilden kann oder wenn ein zusätzlicher gezielter Schutz besonders gefährdeter Einrichtungen oder Maschinenteile erreicht werden soll (Generatoren oder Trafos, Spinnereimaschinen, Folien- und Papiermaschinen, Motorprüfstände, Kabel in Doppelböden von EDV-Maschinensälen, Bandlager und dgl.).

Die CO_2-Löschanlage besteht aus der CO_2-Vorratsanlage, der Verteilstation, dem Rohrnetz und den Spezialdüsen. Die Bevorratung des Gases kann durch Stahlflaschenbatterien oder in Spezial-CO_2-Tiefkühlgroßbehältern erfolgen. Bei kleinen und mittleren Anlagen wird das flüssige CO_2 in 30-kg-Stahlflaschen bei Raumtemperatur (nicht über 45° C) gelagert. Die wirtschaftliche Grenze zwischen Flaschen- und Tankbevorratung liegt bei etwa 3000 kg Lagermenge.

Bei Großanlagen verwendet man stark wärmegedämmte Tanks, in denen das flüssige CO_2 bei Temperaturen von –27 bis 20° C gelagert wird. Die ständige Kühlung erfolgt durch Kleinkältemaschinen mit Direktverdampfern. In der Industrie ist es üblich, daß bei Großanlagen mit ausreichender Bemessung und Absicherung der notwendigen Löschmittelmenge auch CO_2 für andere Zwecke, z.B. Schutzgasschweißung und in der Getränkeindustrie, aus dem gleichen Behälter entnommen wird.

- **Die Löschmittelmengen errechnen sich wie folgt:**

- in Ausnahmefällen bis 2,25 kg CO_2/m^3 umbauter Raum (u.R.)
- Räume bis 200 m^3 u.R. 1,00 kg CO_2/m^3 u.R.
- Räume bis 300 m^3 u.R. 0,95 kg CO_2/m^3 u.R.
- Räume über 2000 m^3 u.R. 0,95 kg CO_2/m^3 u.R.

Alle voraufgeführten Werte sind bei besonderem Risiko, z.B. Lagerung von Wasserstoff mit Risikofaktoren bis f = 3,15 zu multiplizieren.

Der Löschvorgang wird durch im Raum oder Schutzbereich angebrachte Rauchmelder ausgelöst, die bei Ansprechen gleichzeitig einen akustischen Alarm auslösen. Der Austritt des CO_2 aus den Löschdüsen erfolgt verzögert, damit Personen den Raum schnellstens verlassen können, da CO_2 zum Tode durch Ersticken führen kann.

CO_2-Löschanlagen werden von Fall zu Fall, anstatt von Rauchmeldern, von Ionisations- oder Thermomeldern ausgelöst, die schneller ansprechen. Bild 2.19.1 und 2.19.2 zeigen den schematischen Aufbau von CO_2-Löschanlagen für Objekt- und Raumschutz.

Um den schwerwiegenden Nachteil der CO_2-Löschanlagen (Gefahr der Erstickung) bei Ausnutzung aller Vorteile auszuräumen, wurden „Halon-Gase" und die Halon-Feuerlöschanlage entwickelt, die jedoch wieder verboten werden (FCKW-Problematik).

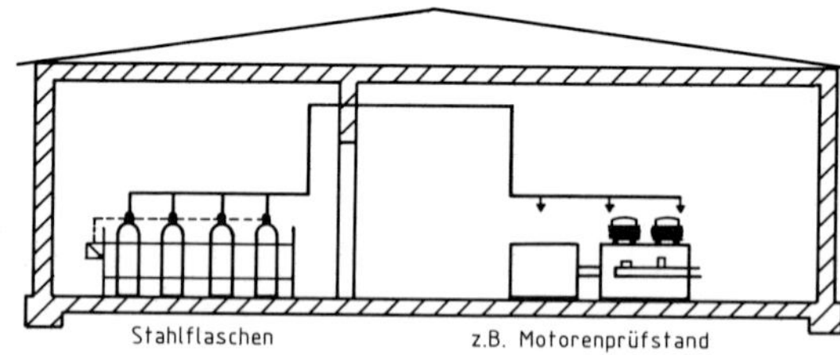

Bild 2.19.1
Objektschutz durch CO_2-Löschanlage

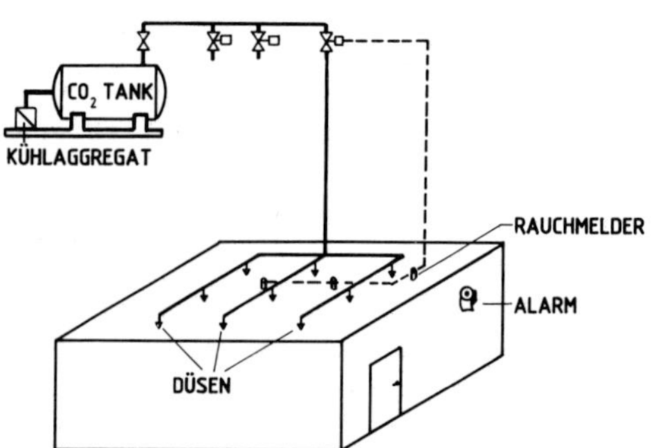

Bild 2.19.2
Raumschutz durch CO_2-Löschanlage

2.1.5. Wassererhitzer (Warmwasserbereiter)

Bei jeglichen Wassererwärmungssystemen (Durchflußerwärmer, Speicher-Wassererwärmer) muß die Energiezufuhr bei Überschreitung der max. zulässigen Betriebstemperatur automatisch unterbrochen werden. Bei Apparaten, in denen Wasser erwärmt wird, muß dafür gesorgt werden, daß das warme Wasser nicht ins Kaltwassernetz zurückfließen kann.

2.1.6. Wasseraufbereitung

Das von den Wasserwerken aufbereitete Wasser enthält Salze, Gase und Spuren organischer Stoffe. Die Wasserhärte wird durch gelöste Erdalkalien gebildet.

Als **Gesamthärte** wird die Summe aller Calcium- und Magnesiumverbindungen bezeichnet. Calcium und Magnesium sind überwiegend an Kohlensäure aber auch an Chlorid, Sulfat und Nitrat gebunden. Ausgedrückt in Milligramm pro Liter Wasser sind 10 mg CaO/l = 1°dH und 10 mg $CaCO_3$/l = 1°fH. Die Karbonathärte (temporäre oder vorübergehende Härte) ist der an Kohlensäure gebundene Teil des Calciums und Magnesiums. Beim Kochen des Wassers kann Karbonathärte als weißer Niederschlag (Kalk) ausgefällt werden.

Die **Nichtkarbonathärte** (permanente oder bleibende Härte) ist der an Chlorid, Sulfat, Nitrat und Kieselsäure gebundene Anteil des Magnesiums und Calciums. Beim Kochen verbleiben diese Anteile im Wasser.

Der **Salzgehalt** des Wassers ist die Summe der Erdalkali- und Alkalisalze, der sich in Gesamt-Kationen und -Anionen aufteilt. Neben den Alkalisalzen, die beim Kationen- und Anionen-Austausch (Entsalzung) zu berücksichtigen sind, enthält das Wasser gelöste Erdalkalien (Härtebildner).

Der **pH-Wert** ist ein Maß für die Konzentration der Wasserstoff-Ionen und gibt an, ob sich ein Wasser sauer ($pH < ca. 7$), neutral ($pH = ca. 7$) oder alkalisch ($pH > ca. 7$) verhält. Saures Wasser wirkt agressiv, alkalisches Wasser neigt wegen des Defizits an Kohlensäure zur Kalkausscheidung.

Die **Säurekapazität** (Ks 4,3) ist die Menge einer Säure mit der Konzentration der Wasserstoffionen von 0,1 mol m^3, die man 100 ml einer Wasserprobe zugeben muß, bis pH = 4,3 erreicht ist. Die Säurekapazität ist somit ein Maß für die Alkalität des Wassers, welche durch die Ca- und Mg-Hydrogen-Karbonate verursacht ist.

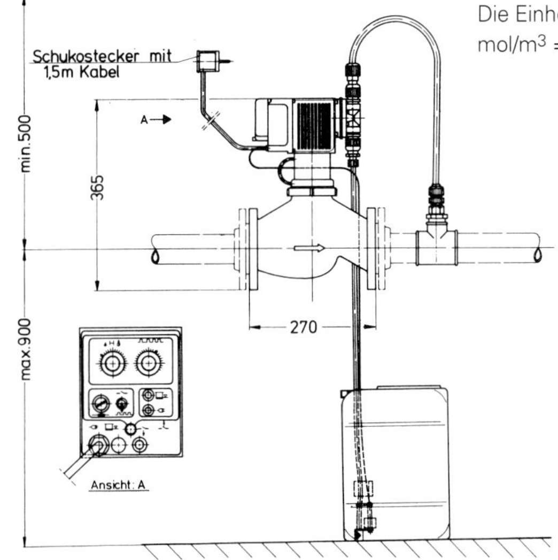

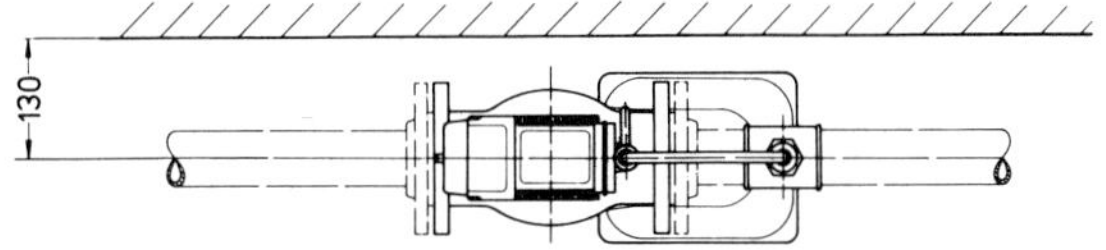

Bild 2.20 Impfanlage

Die Gesamthärte des Wassers ist nur da von Bedeutung, wo das Wasser mit seifenartigen Stoffen in Berührung kommt, eingedampft oder verdunstet wird. Die Karbonathärte erlangt dann Bedeutung, wenn das Wasser erwärmt wird.

Chloride, Sulfate und Nitrate wirken korrosiv, wobei Nitrate in gewissen Konzentrationen gesundheitsschädlich sind.

Eine Grobeinstrufung von Wasser nach Härtegraden ergibt sich wie folgt:

Gesamthärte mol/m³	fH°	dH	Bezeichnung
0 - 0,7	0 - 7	0 - 4	sehr weich
0,7 - 1,5	7 - 15	4 - 8,5	weich
1,5 - 2,2	15 - 22	8,5 - 12,5	mittelhart
2,2 - 3,2	22 - 32	12,5 - 18	ziemlich hart
3,2 - 4,2	32 - 42	18 - 23,5	hart
über 4,2	über 42	23,5	sehr hart

Die Einheit
mol/m³ = Molekulargewicht x mg/l.

Um zu hartes Wasser für verschiedene Zwecke aufzubereiten, bedient man sich der nachfolgend aufgeführten Verfahren:

- **Dosierung (Impfung, Fällverfahren)**

Dosieranlagen (Impfanlagen) werden hauptsächlich als Korrosionsschutz zur Verhinderung von Kalkausscheidungen und als Entkeimungsmittel eingesetzt. Eine entsprechende Anlage zeigt Bild 2.20. Beträgt die Gesamthärte eines Wassers mehr als 3 - 3,5 mol/m^3 , so ist der Einbau einer Enthärtungsanlage in die Zuleitung des Wassererwärmers empfehlenswert. Mittels Rohwasserbeimischung sollte das Wasser auf ca. 1,5 - 2 mol/m^3 (ca. 8,5 - 10 ° dH) aufgemischt, d.h. verschnitten werden.

- **Enthärtung durch Ionenaustausch**

die Ca- und Mg-Ionen im Wasser werden durch Na-Ionen ersetzt, wobei zwar einerseits der Salzgehalt bestehen bleibt aber die Salze gelöst sind. Der hauptsächliche Anwendungsbereich der Enthärtung durch Ionenaustausch liegt bei Wäschereien, Kühltürmen mit zu hartem Wasser und im Bereich der Warmwasserversorgung. Die Regeneration erfolgt durch Kochsalz (NaCl), wobei das Abwasser unbehandelt in die Abwasseranlage abfließt.

- **Teilentsalzung durch Ionenaustausch**

Bei der Teilentsalzung durch Ionenaustausch handelt es sich um eine Entkarbonisierung mit nachgeschalteter Enthärtung. Der Salzgehalt des Wassers wird um den Betrag der Karbonathärte herabgesetzt. Hauptsächliche Anwendungsbereiche sind Industriewässer, Kühltürme, Niederdruck-Dampfkessel und Luftwäscher.

Die Regeneration erfolgt durch H-Austauscher mittels HCl (Salzsäure), wobei Abwasserströme neutralisiert werden müssen, oder durch Na-Austauscher mittels NaCl, wobei die Abwässer unbehandelt abfließen können.

- **Enthärtung (Basenaustauschverfahren)**

Hierunter versteht man eine Enthärtung mit filterähnlichen Massen aus künstlich hergestelltem Permutit, das die Härtebildner an sich bindet. Die Masse muß von Zeit zu Zeit regeneriert werden, was mittels Kochsalz erfolgt. Nach der Regeneration werden die Härtebildner mit Wasser ausgespült. Der Grad der Enthärtung ist wählbar. Der Anwendungsbereich von Enthärtungsanlagen liegt bei Spülmaschinen für Großküchen, Befeuchtungsanlagen für Klimaanlagen, Wäschereien u. ä. Bild 2.21 zeigt eine entsprechende Anlage in ihrem Aufbau.

- **Zwei-Säulen-Vollentsalzung mit nachgeschaltetem Mischbett**

Durch die Vollentsalzung entsteht praktisch reines, rückstandfreies Wasser, das unter Umständen notwendig wird in Labors, Hochdruckdampfkesseln und ähnlichen Geräten, bei denen es auf absolut rückstandfreies Wasser ankommt. Die Regeneration einer Zwei-Säulen-Vollentsalzung erfolgt durch Kationen-Austauscher mit Salzsäure, Anionen-Austauscher mit Natronlauge oder Pufferfilter (Mischbild) mit Salzsäure oder Natronlauge. Sämtliche Abwasser müssen vor Ableitung neutralisiert werden.

- **Umkehr- oder Gegenosmose**

Die Wasserqualität bei der Umkehrosmose liegt zwischen derjenigen von teilentsalztem und derjenigem von vollentsalztem Wasser. Wird ein Mischbett nachgeschaltet, so entsteht Reinwasser. Die Vorbehandlung des Wassers (Enthärtung) muß unbedingt zuverlässig sein, da die sehr teuren Permeatoren ansonsten innerhalb kurzer Zeit Schaden erleiden und ausfallen. Gleiches gilt auch für einen Aktiv-Kohlefilter innerhalb des Systems bei chlorhaltigem Wasser. Die Anwendungsbereiche für Wasser, aufbereitet durch die Umkehrosmose, liegen in Labors und bei der Aufbereitung von Speisewasser für Dampfkessel. Das Konzentrat der gelösten Salze kann in die Kanalisation abgegeben werden.

- **Entgasung**

Die Entgasung des Wassers wird vorgenommen, um Sauerstoff und Kohlensäure zu entziehen. Bei nichtthermischen Verfahren (Hydracyn) wird nur Sauerstoff, bei thermischen Entgasungen auch die Kohlensäure entzogen. Entgasung wird vorwiegend bei der Aufbereitung von Kesselspeisewasser und Aufbereitung von Wasser für Rückkühlwerke vorgenommen.

Zusammenfassend gibt die Tabelle 2.4 einen Überblick über unter Umständen notwendige Nachbehandlungen für Sanitäranlagen. Die Härtegrade sind in °fH und in mol/m^3 ausgewiesen.

2.1.7. Zentrale Desinfektion

Die Desinfektionstechnik wird heute auf einem weiten Bereich in Krankenhäusern, Bädern, Reinigungsanlagen, Wäschereien, Lebensmittelindustrie, Getränkeindustrie und dgl. angewendet. Sie dient einerseits der Gesunderhaltung des Menschen und im anderen Fall auch der hygienischen Herstellung von Lebensmitteln, die dadurch länger halt- bzw. genießbar bleiben. Das Prinzip beruht auf einer automatischen Zumischung von Desinfektionmitteln in ein seperates Wasserrohrnetz, wofür die Industrie geeignete Zumischgeräte geschaffen hat. Nach DIN 1988 und DVGW, Arbeitsbl. W 503 oder den schweizerischen Richtlinien (Bild 2.22,

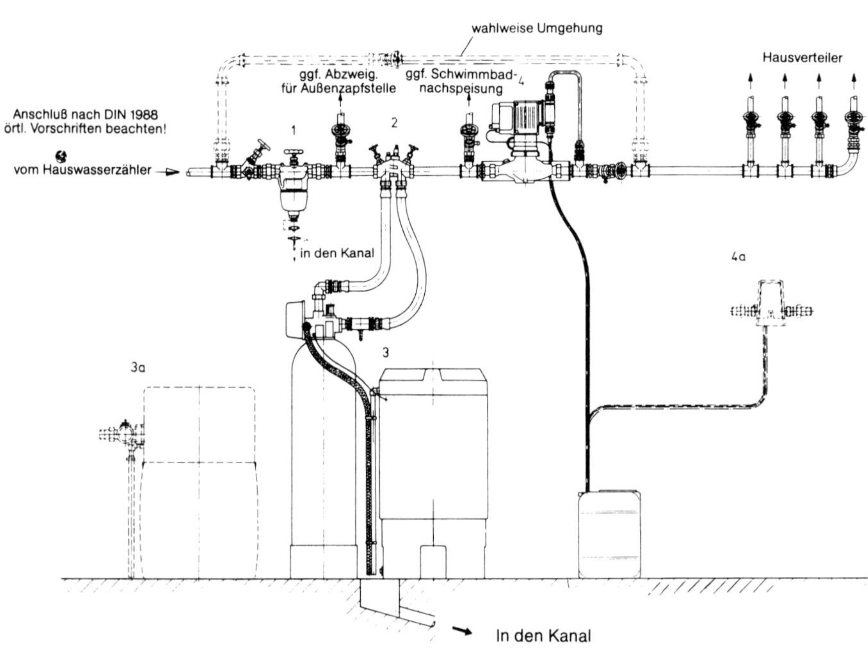

1 Schutzfilter Berkofin
2 Verschneidearmatur
3 Enthärtungsanlage Berkoion
3a alternativ Enthärtungsanlage Berkoion ZKV
4 Dosieranlage Berkodos AM 2
4a alternativ Dosieranlage Berkodos AM 101

Bild 2.21
Enthärtungsanlage

Ablauf Bewilligungsverfahren) darf eine solche Anlage nur dann direkt an das Trinkwassernetz angeschlossen werden, wenn es sich um eine kleine Anlage - wie ein als wirkdruckgesteuertes Gerät mit 5 bis 15 l Inhalt für max. 5 bis 20 Entnahmestellen - handelt. Eine Desinfektionsanlage muß lediglich über eine Sicherheitsschleife mit Rohrbelüfter und Rückflußverhinderer ans Trinkwassernetz angeschlossen werden, wobei Voraussetzung dabei ist, daß das Gerät im selben Raum wie die Entnahmestellen übersichtlich angeordnet wird.

Für die Versorgung mehrerer Räume befinden sich Dosierzentralen in Schrankbauweise auf dem Markt, die mit vorgeschriebener Systemtrennung geliefert werden können, das heißt, daß hier erst Wasser in einen offenen Behälter fließt und dann von einer Pumpe wieder ins Desinfektionsnetz gedrückt wird, wodurch die direkte Verbindung zum Trinkwassernetz sicher unterbrochen ist.

Großanlagen befinden sich meist in Gebäudekomplexen, die ohnehin eine zentrale Systemtrennung haben.

Hier wird dann eine Dosierzentrale ohne Systemtrennung nach Bild 2.23 eingesetzt.

Das Rohrnetz wird aus verzinktem Stahlrohr, evl. auch PVC-Rohr gebaut. In den Verwendungsbereichen werden Anschlüsse in Form von Zapfventilen (Bezeichnungsschilder erforderlich) oder feste Sprühdüsen mit Druckventilen hergestellt.

An die Zapfventile können Sprühlanzen mit Schlauch zur Raum- oder Objektdesinfektion angeschlossen werden oder auch Lösungen in Eimern abgefüllt werden. Die fest angebrachten Düsen dienen etwa der Fußpilzbekämpfung in Schwimmbädern, in Brauseanlagen und dgl. sowie der Stiefeldesinfektion in Lebensmittelbetrieben.

Grundsätzlich sollten an Desinfektionsanlagen angeschlossen sein:

OP-Räume einschl. Vorbereitung, Prosekturen, Infektionsabteilungen, Fäkalräume sowie deren Spülapparate, Bäderabteilungen, WC-Räume, Bettenlager und Reinigung, Wäschereien u.a. in Krankenhäusern. Küchen und Stationsküchen erhalten getrennte Anlagen für geruchlose und unschädliche Desinfektionsmittel.

In Schwimmbädern und Badeanstalten werden Sprühstellen zur Fußpilzbekämpfung und zur Raum- und Objektdesinfektion benötigt.

In der Industrie, Lebensmittelindustrie, auf Schlachthöfen usw. ist von Fall zu Fall über den Einsatz einer Desinfektionsanlage zu entscheiden. In jedem Fall gehört jedoch bei entsprechenden Arbeitsstätten eine Einrichtung in den Personal-Sozialbereich (Fußsprühstellen bei den Gemeinschaftsduschen) und Zapfstellen zur Raum- und Objektdesinfektion.

Anwendungszweck	Verfahren der Wassernachbehandlung	Wassertypen 1	2	3	4
Haushalt- und analoge Zwecke	Gesamthärte °fH mol / m³	<15 <1,5	15-25 1,5-2,5	25-35 2,5-3,5	>35 >3,5
Kaltwasser	Feinfilter	◑	◑	◑	◑
Trinken/Kochen	Inhibieren: Korrosionshemmung Kalkhemmung	◑ ○	⦶ ○	○ ⦶	○ ◑
	Teilenthärten	○	○	○	⦶
Reinigen Klosettspülungen		○	○	○	○
Warmwasser Kochen/Geschirrspülen/Körperpflege	Inhibieren: Korrosionshemmung Kalkhemmung	● ○	◑ ⦶	⦶ ◑	⦶ ●
	Teilenthärten bis 12-18°fH 1,2-1,8 mmol/l	○	○	⦶	◑
Wassererwärmer Warmwasserspeicher	Kathodischer Schutz Elektrolytischer Schutz	●	◑	⦶	○
Gewerbliche Zwecke					
Waschen (Textilien)	Teilenthärten auf 3°max. 5°fH 0,3-0,5 mmol/l	○	⦶	●	●
Großküchen	Teilenthärten auf 10-15°fH 1-1,5 mmol/l	○	○	◑	●
Geschirrspülen	Enthärten 0°fH 0 mmol/l Teilentsalzen	○	◑	●	●
Kaffeemaschinen	Teilenthärten 8-10°fH 0,8-1,0 mmol/l	○	○	◑	●
Schwimmbäder siehe SIA 385	Teilenthärten Filtrieren/Desinfektion	○ ●	○ ●	⦶ ●	◑ ●

Legende:
○ keine Wassernachbehandlung
⦶ eventuell Wassernachbehandlung
◑ Empfehlung zur Wassernachbehandlung
● Erfordernis zur Wassernachbehandlung
Besondere Anwendung von Fall zu Fall abklären

Tabelle 2.4
Wassernachbehandlung für Sanitäranlagen, unverbindliche Richtwerte

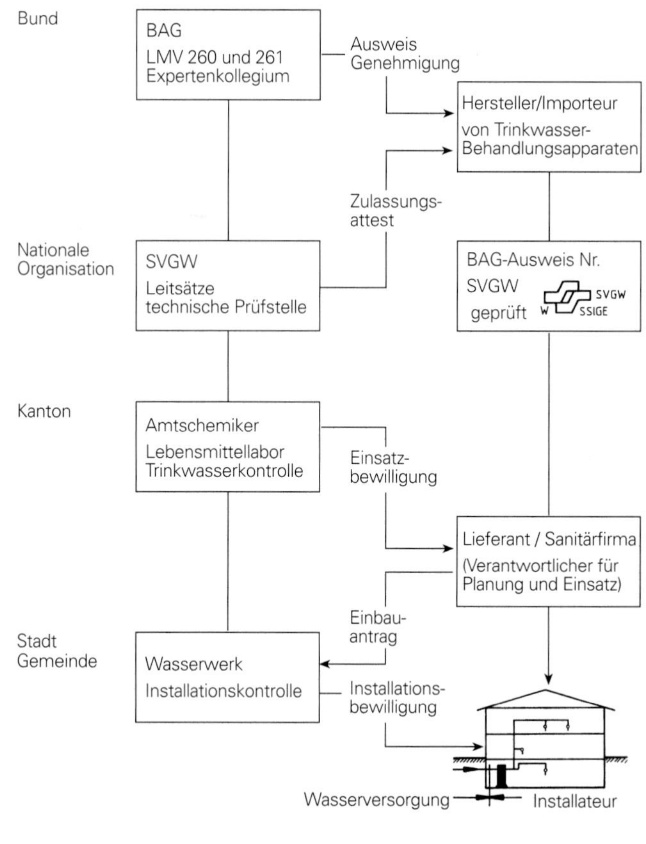

Bild 2.22
Schema des Bewilligungsverfahrens für den Einsatz von Trinkwasserbehandlungsapparaten in der Schweiz

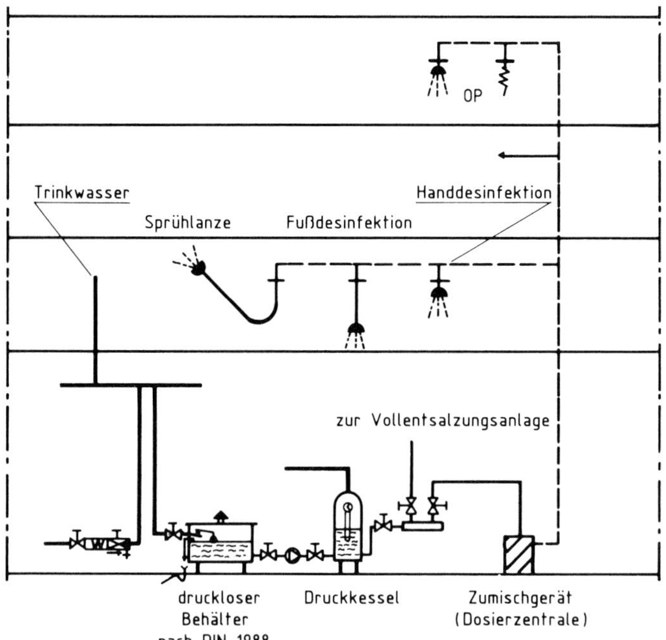

Bild 2.23
Zentrale Desinfektionsanlage

2.1.8. Ionengehalt / pH-Wert

Chemisch reines Wasser ist durchaus nicht neutral, weil immer ein geringer Bruchteil von Wassermolekülen (H_2O) in elektrisch geladene H- und OH-Teile, sogenannte Ionen, aufgespaltet ist.

Überwiegen die H-Ionen, so wirkt das Wasser wie eine schwache Säure. Sind dagegen die OH-Ionen in der Überzahl, reagiert das Wasser alkalisch, also wie eine schwache Lauge. Als Maß dient der pH-Wert, der die Wasserstoffionenkonzentration darstellt.

- chemisch reines Wasser pH-Wert 7
- in saurem Wasser pH-Wert <7
- in alkalischem Wasser pH-Wert >7

Die Angriffsfähigkeit auf Eisenmetalle erlischt erst bei einem pH-Wert von etwa 9,6, gemessen bei 23°C.

Der pH-Wert ist überall dort wichtig, wo die sauren, basischen oder neutrale Eigenschaften von Flüssigkeiten zu überwachen und zu regeln sind. Dies ist der Fall bei Konzentraten und Lösungen der chemischen Industrie bei Bleich-, Farb- und Waschbäder, bei Galvanisierbädern, Filmbädern, in Zuckerlösungen, Bräuwässern, Maischen, Würzen in Kondensaten, Kesselspeisewässern, Abwässern, Trinkwässern in der Medizin, Pharmazeutik usw.

- **Die Messung des pH-Wertes (H-Ionen-Konzentration) erfolgt durch:**

- Meßelektroden für Dauermessungen
- Metallelektroden (Antimon, Wismut, Wolfram)
- Bezugselektroden
- Kalomel-Elektrode

- **Je nach Anwendungsgebiet, vergleiche Tabelle 2.5 bieten sich verschiedene Wasserbehandlungsverfahren an:**

1. Filtrierung

Entfernung abscheid- und abfiltrierbarer Stoffe

1.1 Absetzverfahren
1.2 Schlammkontaktverfahren
1.3 Quarzsandkiesfilter
1.4 Kieselgurfilter usw.

2. Impfung/Dosierung

Zugabe von Konditionierungs-Chemikalien als Schutz gegen kristalline Kalkablagerungen und Korrosionen

2.1 Phosphate zur Stabilisierung der Karbonathärte
2.2 Hydrazin zur Sauerstoffbindung
2.3 Ätznatron zur Alkalisierung
2.4 Natriumsilika als Korrosionsschutz
2.5 Anti-Algenmittel usw.

3. Entfernung gelöster Stoffe

3.1 Entsäuerung
3.2 Enteisung
3.3 Entmanganisierung
3.4 Teilenthärtung, Entkarbonatisierung
3.5 Fäll-Enthärtung
3.6 Ionenaustausch
3.7 Enthärtung Basenaustauscher
3.8 Teilentsalzung
3.9 Vollentsalzung

4. Entgasung

4.1 Entfernung des Sauerstoffes
4.2 Entfernung der Kohlensäure

5. Entkeimung

5.1 Chlorverfahren (diverse)
5.2 Ozonverfahren
5.3 V-Bestrahlung
5.4 Oligodynamische Verfahren (Katadyn) usw.

6. Abwasserbehandlung

6.1 Entgiftung
6.2 Neutralisation
6.3 mechanische Klärung
6.4 biologische Klärung
6.5 Behandlung radioaktiver Abwasser

Anwendungsgebiet	**Zweck**	**In Frage kommende Wasserbehandlungs-verfahren**
Kaltwasser allgemeine Zwecke	Vermeidung mechanischer Verunreinigungen	1.1 1.3
	Korrosionsschutz Kalkschutz	2.1 2.4
	Trinkwasserqualität	5.1 5.2
Kaltwasser Fabrikation	bestimmte, dem Fabrikations-verfahren entsprechende Wasserqualität	3.1 3.9
Verdünnung der Be-spülung von Produkten		4.1 4.2
Warmwasser	Kalk- und Korrosionsschutz	2.1 2.4 3.7
Heizungs-Systeme 4 Anlage-Typen	Kalk- und Korrosionsschutz	2.2 2.4 3.4 3.8 3.9 4.1 4.2
Dampfkessel 4 Anlage-Typen	Kalk- und Korrosionsschutz	3.7 3.8 3.9 4.1 4.2
Klima-Anlagen	Kalkschutz Verbindung von Salzablagerungen in klimatisierten Räumen	2.1 3.8 3.9 4.1 4.2
Kühltürme	dto. plus Verhinderung von Mikro-organismenwachstum	2.5 3.8 3.9 4.2
Wäschereien	weiches Wasser	3.7

Tabelle 2.5
Wasserbehandlungsverfahren

2.2. WARMWASSERVERSORGUNG

Für den Besitzer und Benützer von Warmwasser-Versorgungs-Anlagen (WWV) sind deren

- Wirtschaftlichkeit
- Betriebssicherheit
- Zweckmäßigkeit

von ausschlaggebender Bedeutung.

Wenn Entscheidungen über die Wahl von Energiearten für die Erwärmung des Trinkwassers, über Erwärmer und Verteilsysteme zu treffen sind, so haben sich alle vergleichenden Berechnungen und Überlegungen nach den vorgenannten Hauptkriterien auszurichten. Die Raumheizung zusammen mit der Warmwasserversorgung (im Verhältnis von ca. 4:1) ist der größte Wärmeenergieverbraucher im Wohnungsbau. Infolge des relativ kleinen Anteils von Warmwasserversorgungen zu Raumheizungen und in mangelnder Kenntnis der sehr komplexen Zusammenhänge bei der Warmwasserversorgung, wird diese gerne als Stiefkind behandelt. Für die Planung einer Warmwasserversorgungsanlage sind vorerst folgende Fragen abzuklären:

- Zweckbestimmung der Warmwasserversorgung
- Benützeranforderungen
- Tagesbedarf, Spitzenbedarf, Betriebstemperaturen
- Energieträger, Preise, Verfügbarkeit
- Typenwahl des Erwärmers
- Verteilleitungssystem
- Alternativenergien

Außerdem sind wesentlich:

- Warmwassertemperaturen
- Bestimmung der Wassererwärmertypen nach:
  - Wasservolumen, Erwärmer-Wärmeleistung, Konstruktion und Funktion,
  - Steuerung der Erwärmung
- Kalk- und Korrosionsschutz

2.2.1. Versorgungsarten

Bei den Versorgungsarten unterscheidet man grundsätzlich nach:

- Einzelversorgung
- Gruppenversorgung
- Zentralversorgung

Bild 2.24 stellt die Versorgungsarten schematisch dar.

Die Hauptanlagenteile der Warmwasserversorgungsanlage sind dabei:

- Primärenergieversorgung
- Brauchwassererwärmung
- Warmwasserverteilung
- Warmwasserabgabe

Bild 2.25 zeigt nochmals den prinzipiellen Aufbau

- **Primärenergieversorgung**

Verschiedene konventionelle und alternative Energiearten für die Warmwasserbereitung bieten sich an.

- **Konventionelle Primärenergieträger**

Für die Warmwasserbereitung stehen uns zur Verfügung: Heizöl, Kohle, elektr. Strom, Stadtgas, Erdgas, Flüssiggas

- **Alternative Energieträger**

Als Energiequellen werden in Verbindung mit neuen Technologien genutzt:

- Wasser
  Fluß,- See-, Grund-, Abwasser in Verbindung mit Wärmepumpen
- Sonne
  Sonnenkollektoren, Energiedach, -fassade, -zaun usw.
- Erde
  Erdkollektoren mit Wärmepumpen
- Luft
  Umgebungsluft, Abluft in Verbindung mit Wärmepumpen.

Aus wirtschaftlichen Gründen ist es oft ratsam, die Warmwassererzeugung von der Gebäudeheizung zu trennen, das heißt für den Sommerbetrieb eine eigene Wärmeerzeugungsanlage zu bilden, die das notwendige Warmwasser bereitet. Dabei ist beim wasserseitigen Teil zu beachten, daß bei Betriebsumstellungen von einem zum anderen Wassererwärmer keine Partien mit stagnierendem Wasser entstehen, da davon die Wasserqualität in hygienischbakteriologischer Hinsicht in unzulässiger Weise verschlechtert würde. Aufgrund der Stagnation würde zudem die Wasserzusammensetzung infolge der Sauerstoffverarmung verändert, so daß mit Korrosion im Leitungssystem gerechnet werden muß.

Bild 2.26 zeigt eine kombinierte Brauchwarmwassererzeugung mit den Primärenergieträgern Öl (Winterbetrieb) und elektr. Energie (Sommer)

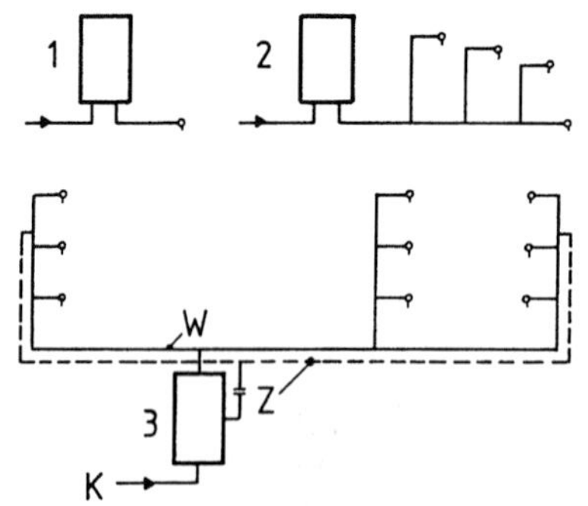

1 Warmwasser - Einzelversorgung z.B. Durchlauferhitzer Bad
2 Warmwasser - Gruppenversorgung z.B. pro Whg. 1 Wassererwärmer
3 Warmwasser - Zentralversorgung z.B. pro Wohnhaus mit mehreren Whg. 1 Wassererwärmer

K Kaltwasser
W Warmwasser
Z Zirkulation

Bild 2.24
Warmwasserversorgungssysteme

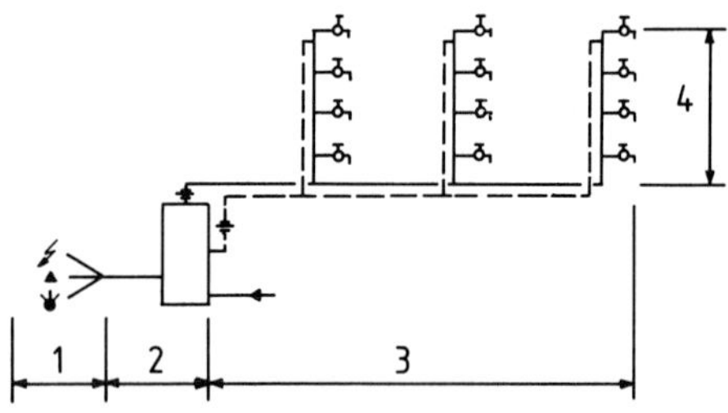

1 Primärenergieversorgung
2 Brauchwassererwärmung
3 Warmwasserverteilung
4 Warmwasserabgabe

Bild 2.25
Hauptelemente einer Warmwasserversorgungsanlage

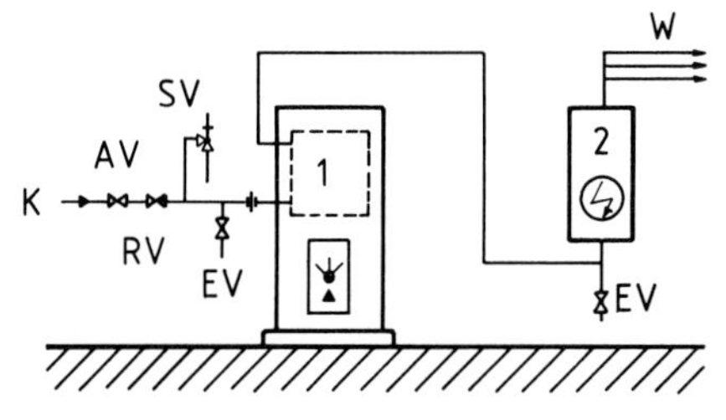

AV Absperrventil
RV Rückflußverhinderer
SV Sicherheitsventil
EV Entleerhahn

1 Kombi - Heizkessel - Wassererwärmer
2 Elektro - Speicher - Wassererwärmer
K Kaltwasserzuleitung
W Einzelleitungen zu den Warmwasser - Entnahmearmaturen

Bild 2.26
Prinzipien der Warmwassererzeugung

2.2.2. Brauchwarmwassererzeugung

Hinsichtlich der Betriebsweise wird unterschieden zwischen dem Durchflußwarmwassererzeuger und dem Speicher. Im Gegenstromapparat wird das Wasser unmittelbar erwärmt, im Gegensatz zum Speicher, in dem das an anderer Stelle erwärmte Wasser gespeichert wird (vergl. Bild 2.26).

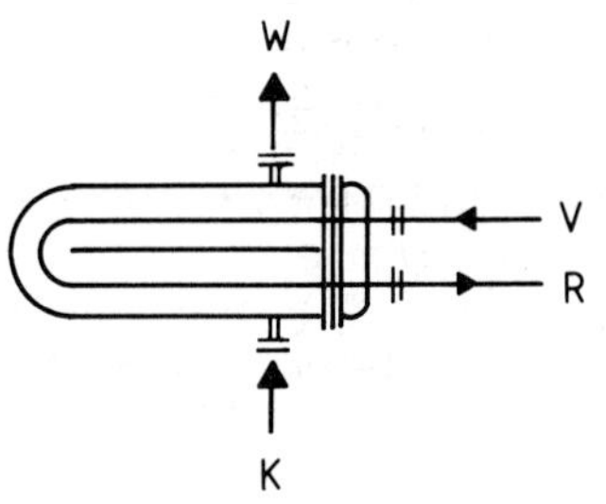

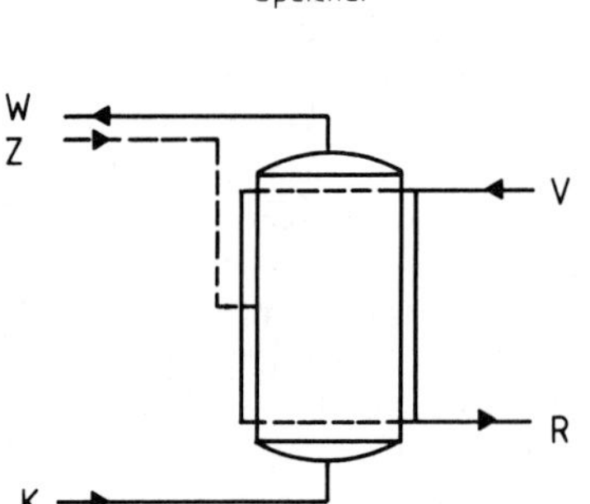

Bild 2.26.1

Hygiene und mechanische Festigkeit der Werkstoffe sowie von eventuellen Beschichtungen, Temperaturbeständigkeit, Korrosionsbeständigkeit, Druckverhältnisse (Prüf-, Betriebsdruck) (1,5facher Netzdruck = mindestens 12 bar), Wärmeleistung, Temperatur-Regulierung, hydraulische und thermische Sicherheit,Ausrüstung sind die wesentlichen Kriterien bei der Bestimmung der Einrichtungen zur Brauchwassererzeugung. Die Wärmeverluste bei der Brauchwasserbereitung setzen sich zusammen aus:

- Feuerungstechnischen Verlusten: sie entstehen durch die Verbrennung des Energieträgers und durch den Wärmeinhalt der abgeführten Abgase (10 bis 15 % gemessen am Energieaufwand).
- Bereitschaftsverlusten: die Anheiz- und Geräteverluste ergeben sich aus der Betriebsweise. Sie bestimmen den Gerätewirkungsgrad etwa 5–10 %)

• Speicherformen

Bei den Speicherformen zur Warmwasserspeicherung und Erwärmung von Kaltwasser zu Warmwasser im Speicher ist anzustreben, daß der Speicher einen möglichst geringen Durchmesser besitzt und als stehender Speicher ausgeführt wird. Dabei soll das Verhältnis von Speicherdurchmesser zu Speicherhöhe 1:3 betragen. Dieses Verhältnis hat sich als günstig herausgestellt, da bei diesem Verhältnis ein kleiner Durchmesser zu geringen Zugspannungen infolge des Innendrucks und somit zu geringeren Blechdicken, (geringere Herstellkosten) führt. Weiterhin werden die Wärmeverluste geringer (Oberfläche des Speichers im Verhältnis zum Volumen). In Bild 2.27 ist einmal eine optimale Speicherform und weiterhin das nutzbare Speichervolumen dargestellt, das ausweist, daß lediglich etwa 50 % des Speichervolumens als nutzbares Speichervolumen anzusehen ist. Die Errechnung des Warmwasserspeichers rechnet sich je nach Speicherform und Aufstellungsart gemäß Tabelle 2.6. Bild 2.28 zeigt die wesentlichen Anlagenteile einer Brauchwassererwärmungsanlage mit Speicher. Hier wird davon ausgegangen, daß die Wärmezufuhr aus einer Kesselanlage erfolgt (vergl. Kapitel 1.3).

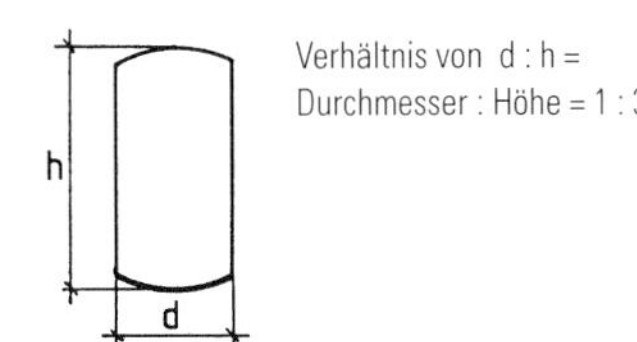

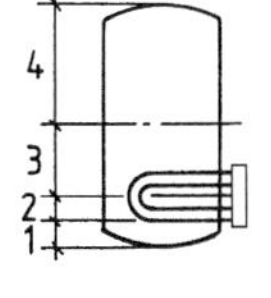

1 Kaltzone
2 Mischzone
3 Speicher- und Leistungswärmeverlust
4 nutzbares Speichervolumen

Bild 2.27
Warmwasserspeicher

Form	stehend d:h 1:3	d:h 1:2	liegend
Errechneter WW-Bedarf	100 %	100 %	100 %
Zuschläge in ca. % für:			
1. Kaltzone	7...12 %	15 %	15...20 %
2. Mischzone	10...13 %	15 %	15...20 %
3. Speichererwärmerverluste	3...5 %	5...10 %	5...10 %
Speichervolumen ohne Zirkulationssystem	120...130 %	135...140 %	135...150 %
4. Zirkulations-Wärmeverluste	20...40 %	20...40 %	20...40 %
Speichervolumen mit Zirkulationssystem	140...170 %	155...180 %	155...190 %

Tabelle 2.6 Warmwasserspeicher

Speicher zur Brauchwassererwärmung können gemäß Bild 2.29 entweder hintereinandergeschaltet werden und führen von Speicher zu Speicher zu einer entsprechenden Temperaturerhöhung (10/40° C und 40/60° C) oder sie werden parallel geschaltet, was zu einer höheren Betriebssicherheit führt.

Werden keine Speicher eingesetzt, so erfolgt die Brauchwassererwärmung direkt über den Kessel einer Wärmeerzeugungsanlage (jedweder Feuerungsart) mit einem aufgesetzten Boiler im Kessel. Diese Form der Brauchwassererwärmung hat den großen Nachteil, daß im Sommerbetrieb, wenn keine Wärmeenergie zur Beheizung oder zu verfahrenstechnischen Prozessen benötigt wird, ein Betrieb erfolgen muß, der ausschließlich der Warmwassererzeugung gilt und mit hohen Betriebsverlusten befrachtet ist.

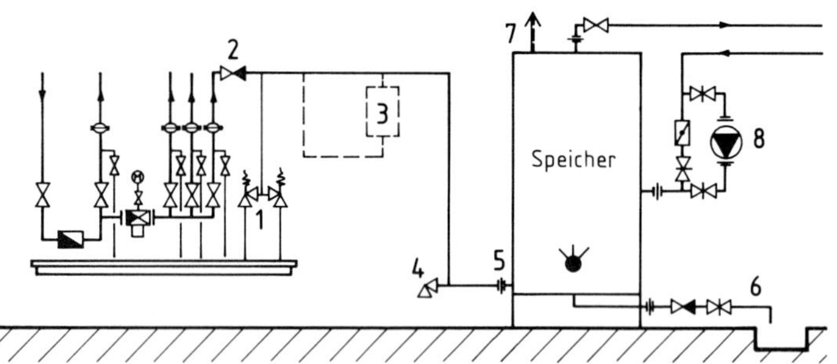

1 Sicherheitsventil
2 Rückschlagventil
3 Druckgefäß (Zuleitungsinhalt muß 4% vom Speicherinhalt sein)
4 Entleerung
5 Holländer
6 Entleerung mit Ventil und Schnellschlußschieber
7 Be- und Entlüftung
8 Zirkulationspumpe mit Zeituhr

Bild 2.28
Sanitärleitungen (KW und WW) um den Speicher

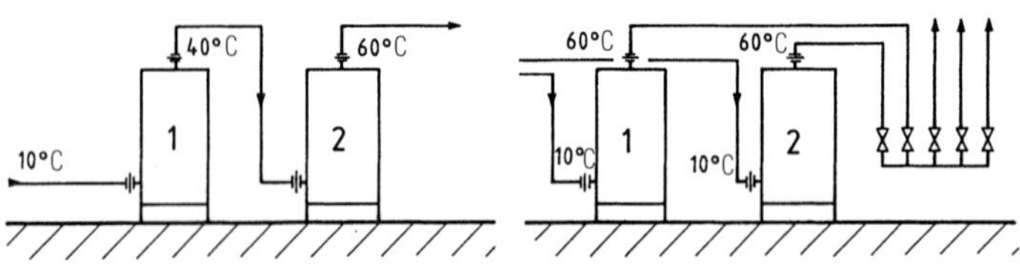

Serie

kleinere Wassermenge
größere Temperaturerhöhung

Parallel

größere Wassermenge
kleinere Temperaturerhöhung

Bild 2.29
Speicherschaltung

2.2.3. Brauchwarmwasserverteilung

Infolgedessen, daß Brauchwarmwasser nicht ständig gezapft wird, entstehen sehr hohe Stillstandsverluste, die in den Verteilsystemen eine Größenordnung von 10 bis 30% der eingesetzten Energie ausmachen können.
Um diese immensen Verluste zu vermeiden, ist es wesentlich, auf folgende Kriterien zu achten:

- möglichst kurzes Verteilsystem
- konzentrierte Anordnung der Warmwasser-Entnahmestellen
- möglichst angepaßte Warmwassertemperaturen (maximal 60°C)
- wirtschaftliche Isolierung der Warmwasserleitungen
- gegebenenfalls Unterbrechung der Zirkulation bei großen Pausen der Warmwasserentnahme (z.B. mehr als 4 Stunden).

Bild 2.30 zeigt verschiedene Arten von Warmwasserverteilsystemen bei unterschiedlichen Nutzungen. Brauchwarmwasserverteilsysteme ohne Zirkulation bieten sich dann an, wenn geringe Leitungslängen bestehen und wenn beim Zapfen von Brauchwarmwasser nicht sofort das nötige Warmwasser anstehen muß (z.B. Waschtisch 8 bis 12 s, Spültisch 5 bis 10 S, Dusche 15 bis 20 s, Badewanne 15 bis 20 s). Ein Brauchwarmwasserverteilsystem mit Zirkulation bietet sich dann an, wenn Warmwasserleitungslängen mit mehr als 30 m Leitungslänge bis zu den Zapfstellen bestehen und das Brauchwarmwasser zu jeder Zeit möglichst umgehend verfügbar sein soll. Die Zirkulationsleitung hat demgemäß die Aufgabe, ständig Brauchwarmwasser bis an die Zapfstelle heranzuführen und diese wieder erneut zur Wärmeerzeugungsanlage zurückzuführen, wenn das Brauchwarmwasser nicht abgenommen wird. Das Zirkulationssystem kann entweder als Schwerkraftzirkulation infolge der Dichteunterschiede von warmem und kühlerem Wasser erfolgen oder aber infolge der Förderung durch eine Pumpe.

Bild 2.31 zeigt zum Beispiel das Prinzipschema einer Schwerkraftzirkulation, Bild 2.32 dasselbe, jedoch unter Mitwirkung einer Pumpe. Bei Zirkulationssystemen sollte bei Großobjekten (große Längenausdehnung der Rohrleitungssysteme) eine maximale Temperaturabsenkung um 10 K (zwischen Vorlauf und Rücklauf) entstehen. Das kann aufgrund entsprechend schnellen Umlaufs und die richtige Wahl der Isolierung erfolgen.

Zirkulationsleitungen bei Pumpenzirkulation sollen nicht unter 15 mm (1/2") lichter Weite ausgeführt werden, wobei die Leitungen so zu verlegen sind, daß Luftsäcke vermieden werden. Da, wo sie nicht zu umgehen sind, müssen die Leitungen entweder über Zapfstellen entsprechend entlüftet werden oder aber an den höchsten Punkten der Zirkulationsleitung Entlüftungsventile eingesetzt werden. Der Einbau von Regulierorganen, wie in Bild 2.32 gezeigt, wird notwendig, um die Steigestränge untereinander abgleichen zu können und somit unterschiedliche Auskühlungen zu vermeiden. Treten Betriebsunterbrechungen in der Warmwasserversorgung von mehr als vier bis fünf Stunden auf, sollen Zirkulationspumpen abgeschaltet werden, um die Wärmeverluste in diesen Leitungen zu minimieren.

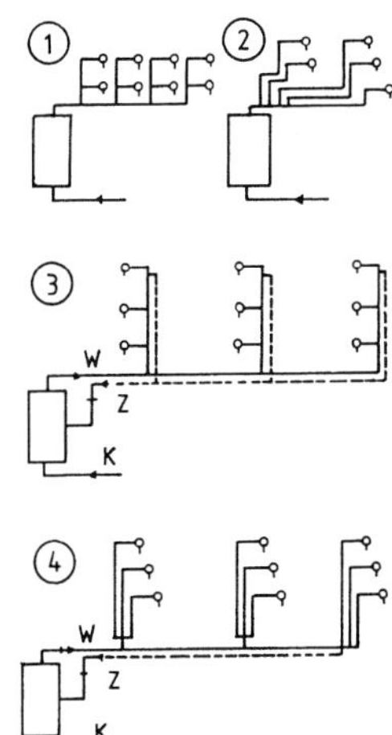

1 Verteilsystem ohne Zirkulation, z.B. Einfamilienhaus

2 Einzelzapfstellensystem, z.B. Einfamilienhaus

3 Verteilsystem mit Zirkulation, z.B. Geschäftshaus

4 Verteilsystem kombiniert: Einzelzapfstellen- und Zirkulations system. z.B. Wohnhaus

Bild 2.30
Warmwasserverteilsysteme

2.2.4. Brauchwarmwasserabgabe

Die Abgabe von Brauchwarmwasser erfolgt über übliche Armaturen in Form von Einzelauslaufventilen oder Mischbatterien. Werden Mischbatterien eingesetzt, so bieten sich an:

- einfache Zweigriff-Mischbatterie mit Zweigtrennventilen (kalt/warm) und einem gemeinsamen Auslauf
- mechanische Mischer mit Einhebel oder Drehgriff
- thermische Mischer mit thermostatisch gesteuerter, konstanter Mischtemperatur und offenem oder geschlossenem Ablauf.

Vor den Mischorganen werden in der Regel Rückflußverhinderer eingebaut, um ein Überströmen von warmen ins kalte Wasser oder umgekehrt zu verhindern. Bild 2.33 zeigt die verschiedenen Armaturentypen (Symbole).

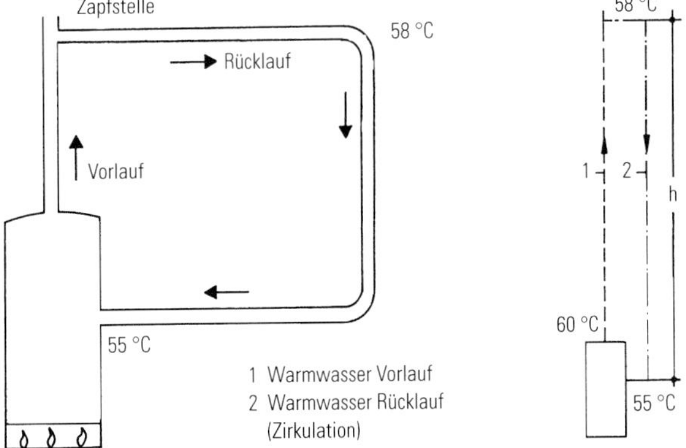

Bild 2.31
Prinzipschema Schwerkraftzirkulation

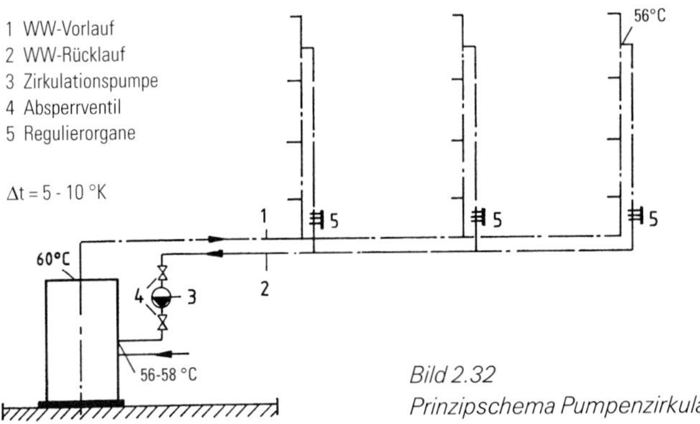

Bild 2.32
Prinzipschema Pumpenzirkulation

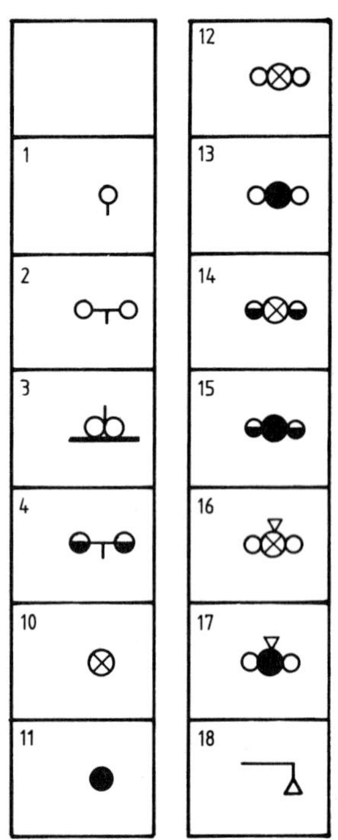

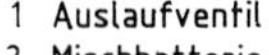

1 Auslaufventil
2 Mischbatterie
3 Einkörpermischbatterie
4 Mischbatterie mit Vorregulierung
10 Mechanischer Mischer
11 Thermostatischer Mischer
12 Mechanischer Mischer mit Bedienungsventilen
13 Thermostatischer Mischer mit Bedienungsventilen
14 Mechanischer Mischer mit Vorregulierung und Bedienungsventilen
15 Thermostatischer Mischer mit Vorregulierung und Bedienungsventil
16 Mechanischer Mischer mit Umstellung
17 Thermostatischer Mischer mit Umstellung
18 Dusche

Bild 2.33
Armaturentypen

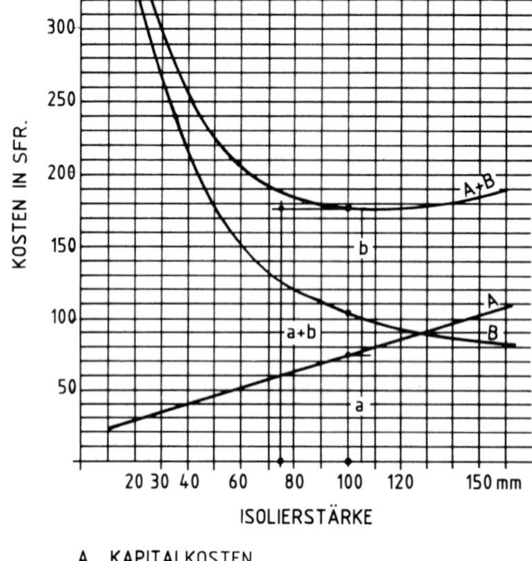

Bild 2.34
Bestimmung wirtschaftlicher Isolierstärken

2.2.5. Isolierung von Brauchwarmwasseranlagen

Die Isolierung von Warmwasserrohrleitungen für Brauchwarmwasser sind unter dem Gesichtspunkten der maximalen Isolierdicke und minimalen Investitionen zu sehen. Eine maximale Isolierdicke führt automatisch zu geringsten Wärmeverlusten, jedoch mit Sicherheit zu höchsten Investitionen. Bild 2.34 zeigt ein Diagramm, daß sowohl die Kapitalkosten als auch die Betriebskosten in Abhängigkeit der Isolierdicke berücksichtigt. Summiert man die Einzelkurven A und B zur Summenkurve A plus B auf, so zeigt sich, daß eine Optimum der Isolierdicke im Bereich von 100 mm bis 120 mm liegt. Diese Dicken werden jedoch in der Regel nicht eingesetzt, sondern es wird vielmehr unter Berücksichtigung der Einbausituation gemäß Tabelle 2.7 vorgegangen. Die Tabelle zeigt Isolierdicken je nach Einbausituation und in Abhängigkeit der Rohrweiten.

Rohrweiten	12...28 ½-1″	35...54 1¼-2″	2½-4″
Situation Verdeckt montierte Leitungen in Mauern, Leitungsschächten, Bodenkanälen, Zwischendecken	30...40	40	40...50
Offen montierte Leitungen in Kellerräumen, Unterstationen, offenen Schächten und Korridoren	40...50	50...60	60...70

Tabelle 2.7
Wirtschaftliche Isolierdicke in mm für Warmwasserleitungen 60°C

Die Isolierung von Brauchwassererzeugern, insbesondere Warmwasserspeicher liegt in etwa bei:

- Kleinbehältern bis 100 l
  = Isolierdicke ca. 60 mm, 80 mm
- Behälter 250 l, 1000 l
  = Isolierdicke ca. 60 mm, 100 mm
- Behälter 1000, l 3000 l
  = Isolierdicke ca. 100 mm, 150 mm
- Behälter über 3000 l
  = Isolierdicke mind. 150 mm

Örtliche Energiegesetze können sowohl für Leitungen als auch für Speicher erhöhte Isolierdicken als Minimum vorschreiben und sind demzufolge zu beachten.

Um sowohl Energiekosten als auch Investitionen zu sparen, sollen Zirkulationsleitungen mit Brauchwarmwasserleitungen (Rohran-Rohrsystem/RAR-System) zusammen verlegt werden, wie es Bild 2.35 ausweist. Bei gut ausgeführten Rohran-Rohrsystemen ist eine Zirkulationspumpe, thermostatisch geregelt, lediglich über sehr geringe Zeiten in Betrieb und die Zirkulationsrückleitung kann kleiner dimensioniert werden als bei Einzelverlegung.

Anstatt des Zirkulationssystems kann auch ein temperaturabhängiges, selbstregelndes, elektrisches Heizband auf der Warmwasserverteilleitung verlegt werden, das fortwährend die Wärmeverluste der Verteilleitungen ausgleicht. Welche Systemlösung zu bevorzugen ist, ist von Fall zu Fall zu prüfen, da hier keine eindeutige Präferenz gegeben ist.

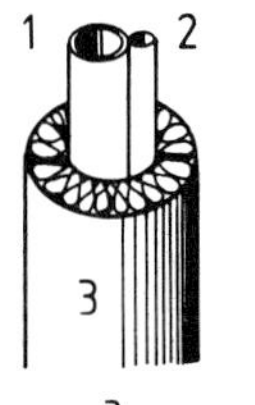

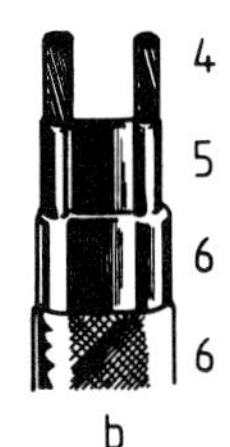

RAR-System (a) mit Warmwasserverteilung (1), Zirkulationsrückleitung (2) und gemeinsamer Isolierung (3), z.B. Mineralfaser-Halbschalen

Heizband (b) mit stromführender Litze (4), selbstregelndem und halbleitendem Kunststoffband (5), elektrischer Isolierung (6) und Schutzhülle (7)

Bild 2.35
Begleitheizung für Rohrleitungen in Brauchwarmwassersystemen

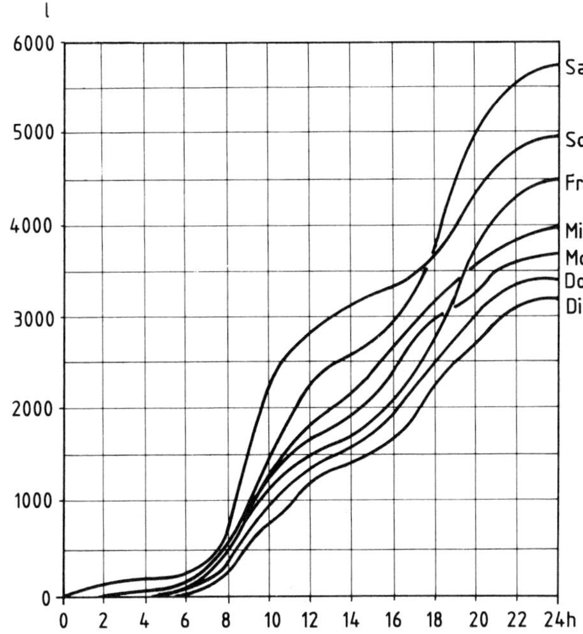

Bild 2.36
Warmwasserverbrauchskurven eines Wohnblocks mit 120 Bewohnern in 42 Wohnungen

2.2.6. Warmwasserbedarf

Die Ermittlung des Warmwasserbedarfs ist im wesentlichen eine Frage der Erfahrung. Es leiten sich die Warmwasserverbräuche ab aus:

- Verbrauchsmessungen an bestehenden Objekten
- statistische Erhebungen über Konsumgewohnheiten
- Trends der Entwicklung über Jahre

So zeigt Bild 2.36, daß in einem Wohnblock mit 120 Bewohnern während der Wochentage ein relativ gleichmäßiger Warmwasserbedarf um etwa 3500 l bis 4000 l pro Tag besteht und dieser am Freitag und insbesondere am Samstag erheblich ansteigt. Typische Gewohnheiten spielen hier offensichtlich eine wesentliche Rolle. Greift man die Verlaufskurve des Sonntages heraus, so zeigt sich, daß in der Zeit von ca. 9.00 Uhr bis 10.00 Uhr am meisten gebadet oder geduscht wird, da hier der größte zeitliche Anstieg des Warmwasserverbrauchs liegt. Bild 2.37 veranschaulicht diese Feststellung.

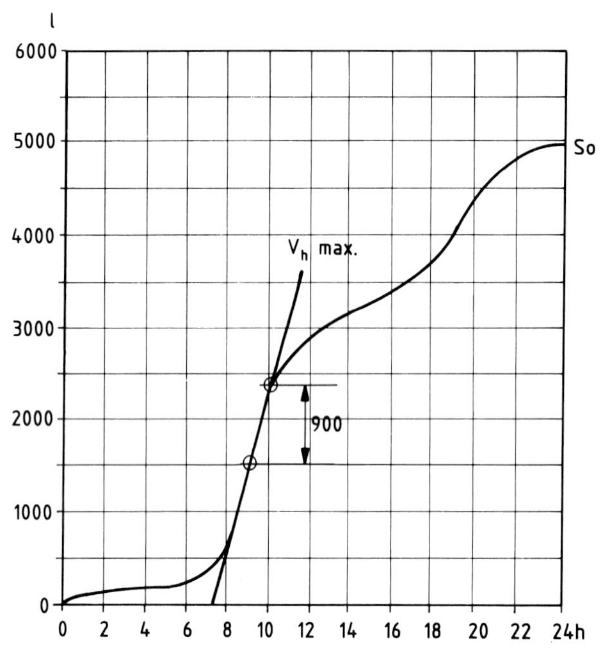

Bild 2.37
Auswahl Verbrauchskurven des Sonntags mit der größten Spitze pro Stunde am Vormittag zwischen 9 und 10 Uhr; V_h max = maximaler Warmwasserverbrauch pro Stunde

Die Bestimmmung des Spitzenverbrauchs und des Tagesverbrauches ergibt sich aus analogen Verbrauchskurven verschiedener Nutzungsobjekte. Bild 2.38 zeigt die graphische Ermittlung des notwendigen Speicherinhaltes und des Spitzenbedarfs für ein Objekt.

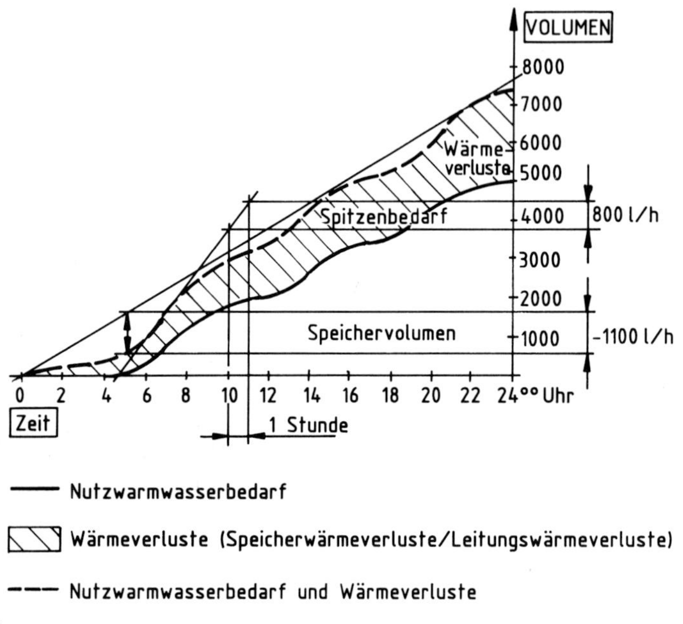

Bild 2.38
Graphische Berechnung von Speicherinhalt und Spitzenbedarf

2.3. GASVERSORGUNG

Infolge der seit Jahren steigenden Energieverbräuche hat der Gasverbrauch in Mitteleuropa in den letzten Jahren deutlich zugenommen.

Während in den Jahren vor 1960 im wesentlichen Stadtgas zur Beheizung herangezogen wurde, haben wir heute vorwiegend eine Gasversorgung mit Erdgas.

Bild 2.39 zeigt beispielhaft eine Darstellung des Gesamtkonzeptes für die Gasversorgung in der Schweiz. Diese Darstellung weist aus, daß bereits eine gute Verteilung und Vernetzung geschaffen ist, womit die Versorgungssicherheit mit Gas erheblich zugenommen hat.

Gas als Primärenergieträger besitzt den sehr wesentlichen Vorteil, daß es ausgesprochen umweltfreundlich ist, da die Verbrennung von Erdgas emissionsarm erfolgt und somit keine Verschmutzungen für Böden und Gewässer auftreten. Zudem erfolgt der Transport über großdimensionierte Rohrleitungen durch Pumpen, die das Gas durch diese Leitungen fördern.

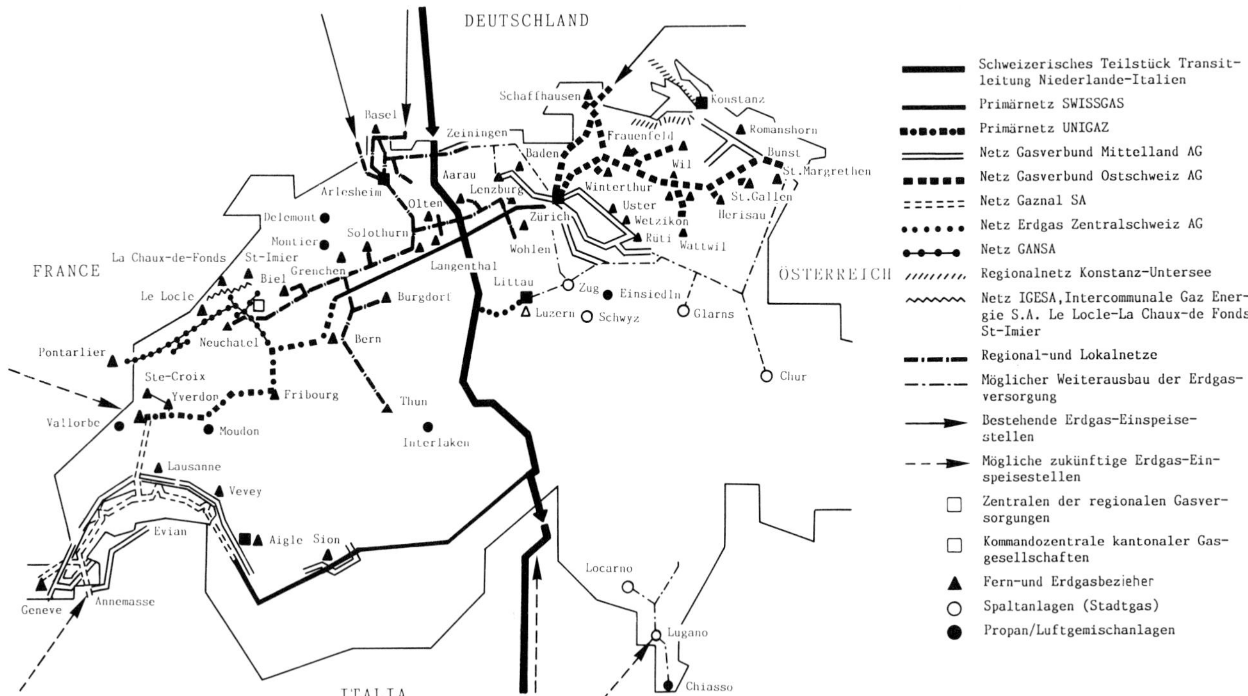

Bild 2.39
Hauptgasversorgung in der Schweiz

Die Eigenschaften technischer Gase können aus dem Kapitel 1.2 entnommen werden. Der Einsatz von Gas kann durch verschiedenste gebräuchliche Apparate wie Kühlschränke, Boiler, Waschautomaten, Herde, Durchlauferhitzer erfolgen. Bild 2.40 zeigt anhand eines Beispiels verschiedene Gasverbraucher in einem Gebäude mit einigen Begriffserklärungen. Beim Umgang mit Gas ist jedoch mit äußerster Vorsicht vorzugehen, da es bei unsachgemäßer Anwendung von Gas oder unsachgemäßem Eingriff in gastechnische Anlagen immer wieder zu schweren Unfällen kommt. So muß eine Gasinstallation absolut gasdicht, widerstandsfähig und dauerhaft sein. Geräte und Apparate, die mit Gas betrieben werden, müssen so aufgestellt werden, daß keine Brand- und Explosionsgefahr besteht und jederzeit die vollständige Verbrennung des Gases gesichert ist. Die erforderliche Verbrennungsluftmenge muß ungehindert zutreten und das Verbrennungsgas gesichert abziehen können.

Für die ganzen Installationen dürfen nur Materialien verwendet werden, die geprüft und zugelassen sind. Hierzu gelten die einschlägigen Normen (z.B. Normen des Vereins Schweizerischer Maschinenindustrieller und Schweizerische Normenvereinigung). Bei Neuinstallationen sollte darauf geachtet werden, daß die spätere Verwendung anderer Gasarten möglich ist. Jede Neuinstallation, Erweiterung oder Änderung der bestehenden, gasversorgten Anlagen ist dem zuständigen Gaswerk mitzuteilen.

Gasleitungen werden im Erdboden aus schwarzem oder verzinktem, nahtlosem oder geschweißtem Rohr aus Stahl oder aus duktilem Gußeisenrohr verlegt. Kunststoffrohre sollten nur im Einverständnis mit dem Gaswerk und der zuständigen Feuerwehr verwendet werden, wobei ein spezieller Nachweis über die Beständigkeit gegenüber den in Frage kommenden Gasen, deren Konditionierungsmitteln und anderen Zusätzen zu erfolgen hat. Die Verlegung von Gasrohren in Gebäuden erfolgt durch schwarze, nahtlose oder geschweißte Rohre aus Stahl (feuerverzinkt) oder aber aus nahtlosem oder geschweißtem Rohr aus Kupfer, Messing oder Aluminium. Die Verwendung von Blei- und Kunststoffrohren ist in Gebäuden grundsätzlich verboten. Anschlußschläuche an Gasgeräte dürfen nur in der zugelassenen Form verwendet werden. Rohrverbindungen dürfen Gasleitungen nicht unzulässig schwächen. Zur Ausführung kommen daher Schraub-, Klemm-, Schweiß-, Löt- und Flanschverbindungen sowie Schraubmuffenverbindungen (Stemmmuffenverbindungen und Klebeverbindungen nur im Erdreich). Sämtliche Leitungen sind durch geeignete Maßnahmen gegen Korrosion zu schützen, erdbodenverlegte Leitungen müssen vollständig in eine Packung von Sand eingebettet und gegen Beschädigungen gesichert werden. Besteht bei Leitungen, die in Gebäuden verlegt sind, die Gefahr von Korrosion, so sind zum Schutz der Leitungen besondere Maßnahmen zu treffen (Schutzüberzüge, Feuerverzinkung, Anstriche, Isolation) oder aber die Leitungen müssen aus korrosionsfesten Materialien (Kupfer, Messing, Aluminium, rostfreier Stahl) bestehen. Werden Leitungen im Beton- oder Zementmauerwerk verlegt, so muß darauf geachtet werden, daß Zusätze zum Zement keine Korrosion auslösen können. Die Dimensionierung der Leitungen erfolgt entweder durch Tabellen oder durch Berechnungen. Dabei kann im Normalfall, bezogen auf das Beispiel gemäß Bild 2.40, von folgenden Druckverlusten (Abnahme des Drucks bei strömendem Gas infolge Rohrwandreibung, Richtungs- und Querschnittsveränderungen) ausgegangen werden:

Zuleitung A–B	5 mbar
Innenleitung vor dem Zähler B–C	5 mbar
Gaszähler C–D	5 mbar
Innenleitungen nach dem Zähler D–E	5 mbar
Druckverlust insgesamt:	20 mbar

Der Fließdruck vor Gasgeräten (Druck des strömenden Gases) soll betragen:

Bei Stadt- und Ferngas	60 mbar
Erdgas	180 mbar
Propan-Luft-Gemisch	60 mbar

Die vereinfachte Dimensionierung der Gasleitungen kann nach den Tabellen 2.8 bis 2.11 je nach Einsatz einer bestimmten Gasart erfolgen.

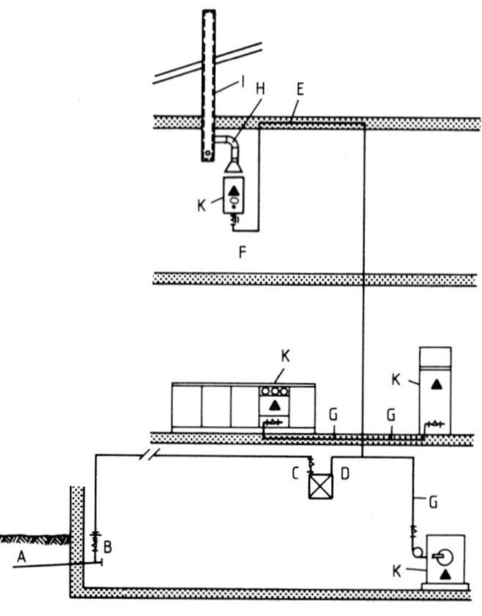

A-B Hauszuleitung
B-C Innenleitung vor dem Zähler (Steigleitung)
D-E Innenleitung nach dem Zähler (Ausgangsleitung)
F Apparate-Anschlussleitung
G Abzweigleitung
I Abgaskamin
H Abgasrohr
K Gasapparate

Bild 2.40
Prinzip einer häuslichen Gasversorgung

2

APPARATE	Stadtgas	Erdgas Propan-Luft Ho,n = 56,5 MJ/m³	Propan-Luft Ho,n = 27,2 MJ/m³
	Anschlusswert m3/h bzw. Belastungseinheiten	Anschlusswert m3/h bzw. Belastungseinheiten	Anschlusswert m3/h bzw. Belastungseinheiten
• Kühlschränke	0,04	0,02	0,03
Boiler und andere Apparate	0,5	0,25	0,3
Kleinwaschmaschine	1	0,5	0,6
Haushalt-Waschautomaten	2	1	1,2
Haushalt-Wäschetrockner	2	1	1,2
Haushaltherd	2,5	1,25	1,5
Durchlauferhitzer			
0,5 MJ/min; 8,7 kW (125 kcal/min.)	2,5	1,25	1,5
1,4 MJ/min; 22,6 kW (325 kcal/min.)	7	3,5	4,3
1,5 MJ/min; 24,4 kW (350 kcal/min.)	7,5	3,75	4,6
1,7 MJ/min; 27,9 kW (400 kcal/min.)	8,5	4,25	5,2
weitere Apparate entsprechend ihrem Anschlusswert			

• Wenn gleichzeitig im selben Raum ein weiterer Gasapparat aufgestellt ist, muss der Kühlschrank bei der Dimensionierung nicht berücksichtigt werden.

Tabelle 2.8 Anschlußwerte der gebräuchlichsten Apparate

(Für Leitungen vor dem Zähler oder Leitungen nach dem Zähler)
Fittings und andere Einzelwiderstände sowie wahrscheinliche Höchstlast sind berücksichtigt

Stadt- und Ferngas

Belastungsfall					1	2	3	4	5	6	7
Max. abgewickelte Leitungslänge in m					5	10	15	20	30	40	50
Stahlrohre			Kupferrohre		Maximal zulässige Einheitenzahl						
Mittelschwere Gewinderohre VSM 11520		Dünnwandige Stahlrohre	VSM Bezeichnung mm	Lichte Weite mm							
Nennweite Zoll	Lichte Weite mm	Lichte Weite mm									
			7×1	5	0,2						
			8×1	6	0,25						
			10×1	8	0,4	0,1	0,1				
3/8"	12	12	•12×1	10	1	0,5	0,5	0,3	0,3	0,2	0,2
1/2"	16	16	•14×1	12	2,5	2	1,5	1	0,8	0,6	0,5
3/4"	21	21	•17×1	15	6	5	4	3,5	2,5	2	1,5
1"	27	27			15	12	10	9	7	6	5
1 1/4"	36	36			30	25	20	18	15	12	11
1 1/2"	42	42			60	50	40	36	30	26	24
2"	53	53			120	100	80	75	60	52	48
2 1/2"	69	69			260	220	180	170	140	120	110
3"	81	81			440	360	300	280	240	220	200
4"	105	105			1000	850	680	650	500	460	420

Stadt- und Ferngas

Tabelle 2.9 Bemessungstabelle für Rohrleitungen bei Hausinstallationen

• Für Apparateanschlüsse

(Für Leitungen vor dem Zähler oder Leitungen nach dem Zähler)
Fittings und andere Einzelwiderstände sowie wahrscheinliche Höchstlast sind berücksichtigt

Erdgas
Propan-Luft Ho,n = 56,5 MJ/m³

Belastungsfall					1	2	3	4	5	6	7
Max. abgewickelte Leitungslänge in m					5	10	15	20	30	40	50
Stahlrohre			Kupferrohre		Maximal zulässige Einheitenzahl						
Mittelschwere Gewinderohre VSM 11520		Dünnwandige Stahlrohre	VSM Bezeichnung mm	Lichte Weite mm							
Nennweite Zoll	Lichte Weite mm	Lichte Weite mm									
			7×1	5	0,15						
			8×1	6	0,2						
			10×1	8	0,35	0,08	0,08				
3/8"	12	12	*12×1	10	1,0	0,5	0,4	0,3	0,2		
1/2"	16	16	*14×1	12	2,3	1,5	1,0	0,8	0,5	0,4	0,4
3/4"	21	21	*17×1	15	6,0	4,5	3,5	3,0	2,2	1,8	1,5
1"	27	27			14	10	8,0	7,0	6,0	4,5	3,5
1 1/4"	36	36			38	28	22	20	18	15	14
1 1/2"	42	42			58	45	35	30	28	24	22
2"	53	53			110	90	70	65	60	50	45
2 1/2"	69	69			250	200	160	150	130	120	100
3"	81	81			400	340	260	250	200	180	160
4"	105	105			850	750	600	550	450	380	360

Erdgas
Propan-Luft Ho,n = 56,5 MJ/m³

* Für Apparateanschlüsse

Tabelle 2.10
Bemessungstabelle für Rohrleitungen bei Hausinstallationen

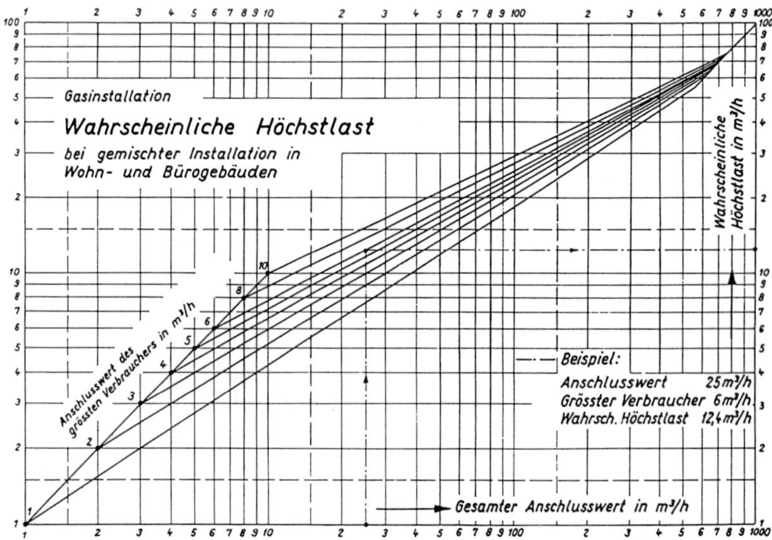

Tabelle 2.12
Gleichzeitigkeitsdiagramm Gas

(Für Leitungen vor dem Zähler oder Leitungen nach dem Zähler)
Fittings und andere Einzelwiderstände sowie wahrscheinliche Höchstlast sind berücksichtigt

Propan-Luft Ho,n = 27,2 MJ/m³

Belastungsfall					1	2	3	4	5	6	7
Max. abgewickelte Leitungslänge in m					5	10	15	20	30	40	50
Stahlrohre			Kupferrohre		Maximal zulässige Einheitenzahl						
Mittelschwere Gewinderohre VSM 11520		Dünnwandige Stahlrohre	VSM Bezeichnung mm	Lichte Weite mm							
Nennweite Zoll	Lichte Weite mm	Lichte Weite mm									
			7×1	5	0,12						
			8×1	6	0,16						
			10×1	8	0,26	0,06	0,06				
3/8"	12	12	•12×1	10	0,65	0,32	0,32	0,2	0,2	0,13	0,13
1/2"	16	16	•14×1	12	1,6	1,3	1,0	0,65	0,5	0,38	0,32
3/4"	21	21	•17×1	15	3,8	3,2	2,6	2,3	1,6	1,3	1,0
1"	27	27			10	8,0	6,5	5,8	4,5	3,8	3,2
1 1/4"	36	36			20	16	13	11,6	10	8,0	7,0
1 1/2"	42	42			40	32	26	23	20	17	15,5
2"	53	53			80	65	52	49	40	34	31
2 1/2"	69	69			170	140	116	110	90	80	70
3"	81	81			280	230	200	180	155	140	130
4"	105	105			650	550	440	420	320	300	270

Propan-Luft Ho,n = 27,2 MJ/m³

* Für Apparateanschlüsse

Tabelle 2.11
Bemessungstabelle für Rohrleitungen bei Hausinstallationen

Weiterhin dienen zur Dimensionierung die Tabellen 2.12 bis 2.15. Bild 2.41 zeigt ein vereinfachtes Ausführungsbeispiel einer Gasinstallation auf Basis Erdgas mit der dazugehörigen vereinfachten Dimensionierung der Rohrleitungen.

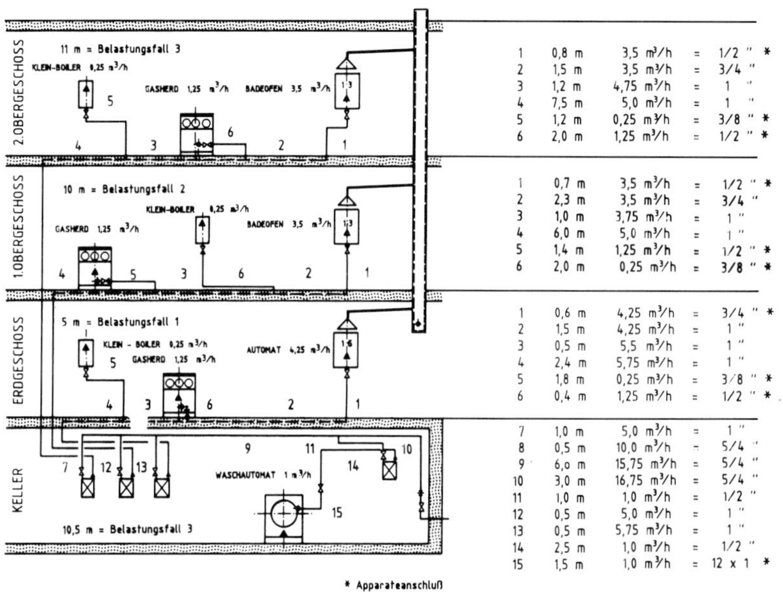

Bild 2.41
Ausführungsbeispiel Gasinstallationen mit Erdgas, verreinfachte Dimensionierung

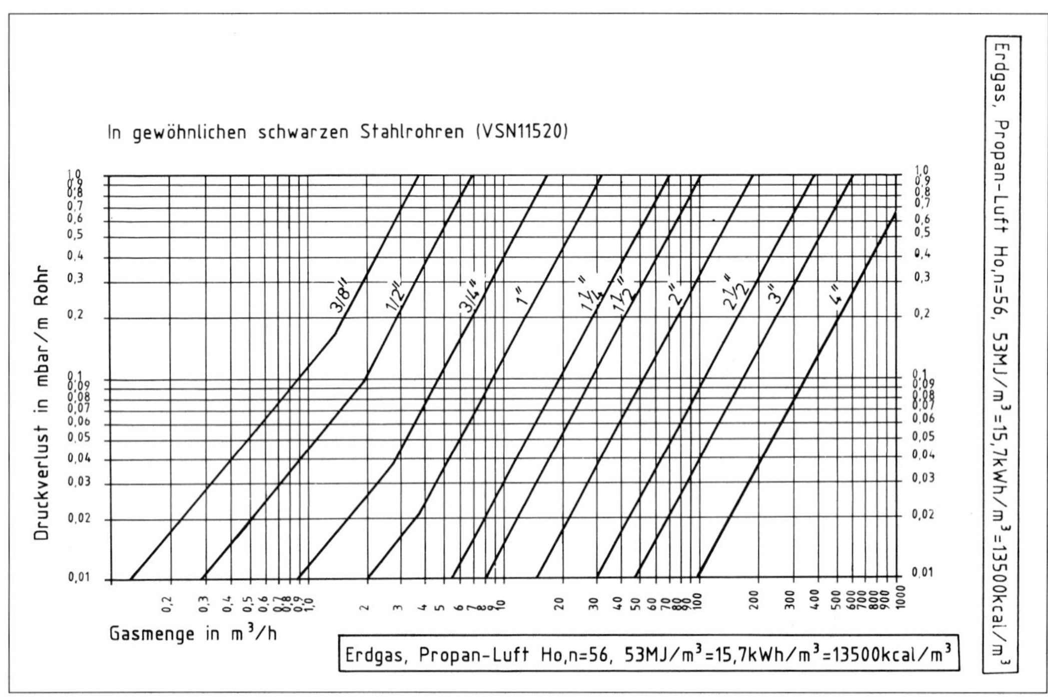

Tabelle 2.13
Druckverlust,
Stadtgas-Ferngas

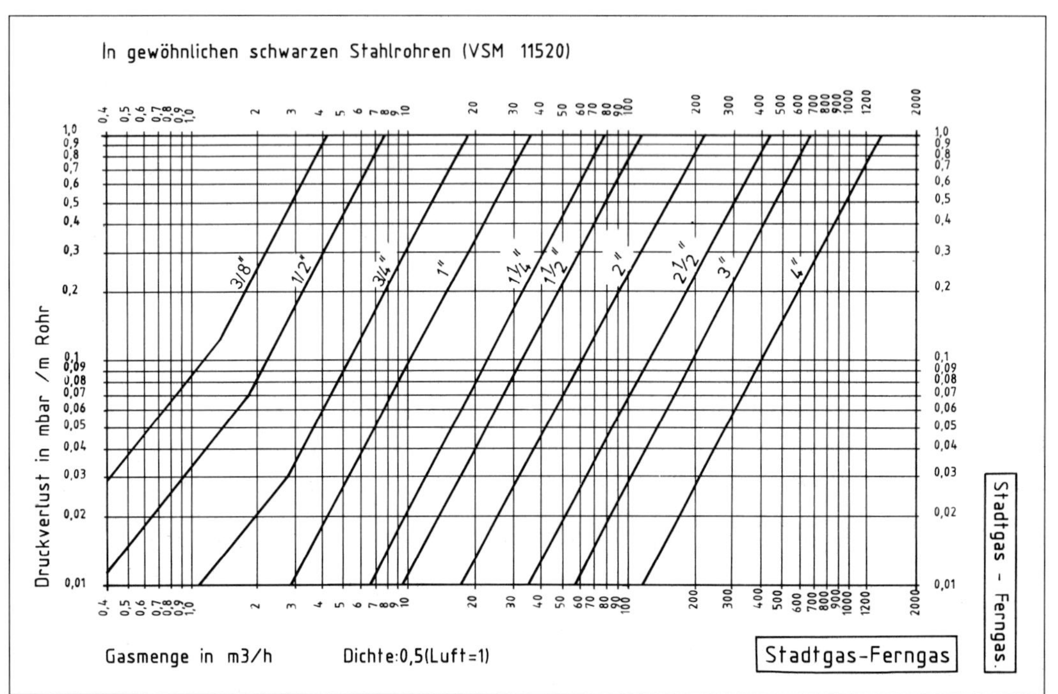

Tabelle 2.14
Druckverlust,
Erdgas, Propan-Luft

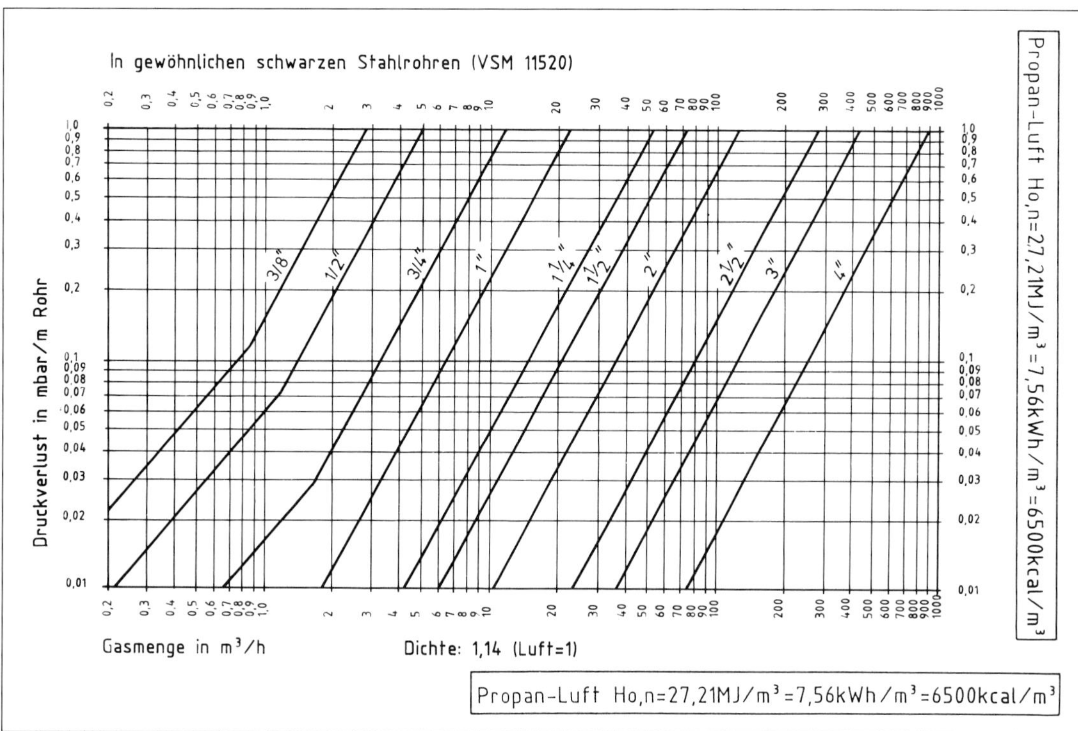

Tabelle 2.15
Druckverlust, Propan-Luft

2.3.1. Hauszuleitungen

Die Hauszuleitung, Leitungsstück von der Hauptleitung bis zum 1. Absperrorgan im Gebäude soll so angelegt werden, daß sie gegen die Hauptleitung hin Gefälle aufweist und dorthin entwässert werden kann. Ist dies nicht möglich, so muß nach dem Hauptabsperrorgan ein Kondensatsammler frostsicher angeordnet werden, (Bild 2.42).

Das Hauptabsperrorgan der Gasleitung ist unmittelbar nach Eintritt ins Gebäude in einem jederzeit zugänglichen Raum zu installieren, wobei die Zuleitung nicht unter 1¼" ausgeführt werden soll. Hauszuleitungen müssen grundsätzlich durch den Gasversorger oder von diesem autorisierten Firmen installiert werden. Nach dem Hauptabsperrorgan folgt der Gaszähler (Leitung nicht unter ¾").

Die Leitungen innerhalb des Gebäudes (Innenleitungen) dienen der Verbindung vom Gaszähler zu den Verbrauchstellen. Diese Leitungen sollen aus Stahl nicht unter ½" dimensioniert sein.

Druckreglerstationen innerhalb der Gasversorgung im Gebäude werden durch die Gaswerke nur dann installiert, wenn große Druckunterschiede in der Kraftversorgung (Leitungsnetz) zu erwarten sind. Druckreglerstationen erhalten zusätzliche Sicherheitseinrichtungen, die bei Versagen des Druckreglers die nachgeschalteten Gasversorgungsgeräte vor zu hohem Druck schützen.

Der oder die Gaszähler müssen in einem trockenen, frostsicheren Raum zur Aufstellung kommen und sind vor direkter Wärmestrahlung, korrodierenden Einflüssen sowie mechanischen Beschädigungen zu sichern. Weiterhin sind die entsprechenden Räume gut zu durchlüften. Somit schließt sich der Aufbau des Gaszählers in einem Heizraum aus. Bild 2.43 zeigt beispielhaft den Einbau von Zählern mit den notwendigen Absperrorganen.

2.3.2. Gasgeräte – Aufstellung

- **Bei der Aufstellung von Gasgeräten ist zu beachten:**

Die notwendige Verbrennungsluft muß ungehindert in den Raum und zum Gerät strömen können. Der ungehinderte Abzug von Abgasen ist zu gewährleisten. Brennbare Materialien dürfen nicht in unmittelbarer Nähe gasgefeuerter Geräte eingesetzt werden. Gasgeräte für Propan-Luft-Gemische sollen nicht in Unterflurräumen aufgestellt werden, es sei denn, daß sie zusätzliche Sicherungen gegen das Ausströmen unverbrannten Gases erhalten und die entsprechenden Räume ausreichend durchlüftet sind.

Da zur Verbrennung von 1 m³ Gas etwa

5 m³ Luft bei Einsatz von Stadtgas
11 m³ Luft bei Einsatz von Erdgas
8 m³ Luft bei Einsatz von Propan-Luft-Gemischen

erforderlich sind, ergibt sich u. U. bereits eine ausreichende Durchlüftung des Raumes, wenn die Lüftungsöffnungen ins Freie oder in einen ausreichend belüfteten Nebenraum führen. Die gute Zugänglichkeit für Service- und Reparaturarbeiten ist zu gewährleisten.

Bild 2.44 zeigt die Anordnung von Frischluftöffnungen in einem Bad mit einem gasbetriebenen Warmwasserboiler.

Die Ableitung der Abgase (Kamine) ist aus Kapitel 1.3 zu entnehmen

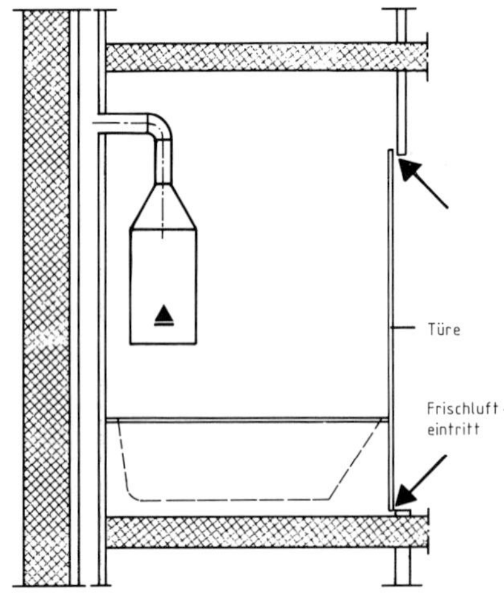

Bild 2.44
Anordnung der Frischluftöffnungen

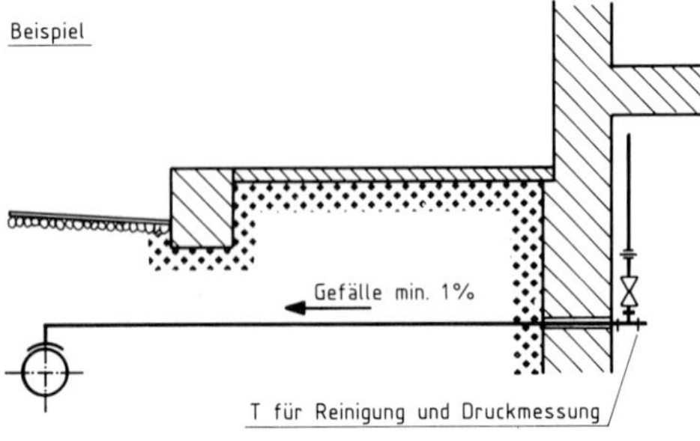

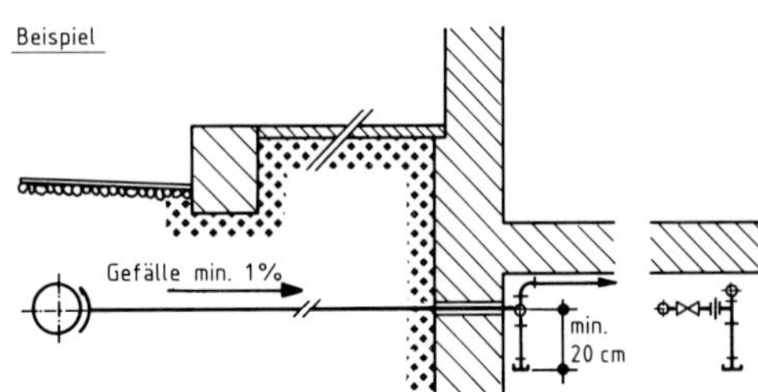

Bild 2.42
Gas-Hauszuleitungen

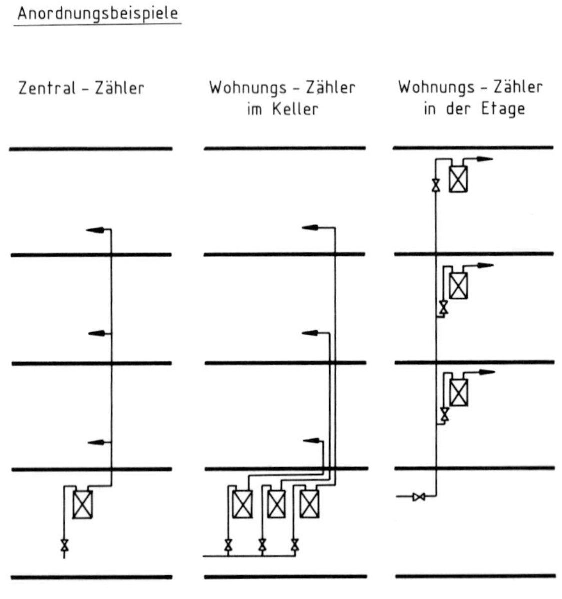

Bild 2.43
Zählerstandorte, Anordnungsbeispiele

2.4. GEBÄUDEENTWÄSSERUNG

Die Gebäudeentwässerung der Schweiz erfolgt grundsätzlich nach den Regeln der gesamtschweizerischen Leitsätze für Abwasserinstallationen oder bei anderen Ländern nach den einschlägigen Regeln dieser Länder. Die Leitsätze gelten für Entwässerungsanlagen in Gebäuden sowie für Abwasserleitungen in Grundstücken bis zum Straßenkanal. Bild 2.45 zeigt ein Prinzipschema einer Gesamtentwässerungsanlage. Wie das Entwässerungssystem zeigt, werden sämtliche Schmutzabwässer von Sanitärapparaten sowie Regenabwässern von Dächern, etc. dem öffentlichen Kanal zugeführt, wobei die Selbstreinigung des Systems bei normaler Benutzung und richtiger Installation gewährleistet ist. Das Entwässerungssystem soll Sicherheit bieten gegen:

- Austritt von Kanalgasen
- Undichtheit von Wasser- und Gasleitungen
- Leersaugen von Geruchsverschlüssen
- Durchstoßen von Geruchsverschlüssen durch Überdruck in Leitungen
- Verstopfungen der Leitungen, insbesondere gegen den Rückstau des öffentlichen Kanalnetzes
- Benützung des Abwassersystems unter Normalbedingungen bei physikalischen und chemischen Belastungen.

Eine unmittelbare Verbindung zwischen Trinkwasser- und Abwasserleitungen ist grundsätzlich verboten. Für säurehaltige, alkalische oder giftige Stoffe oder Flüssigkeiten sowie Stoffe, die schädliche oder belästigende Ausdünstungen verbreiten oder solche, die in Entwässerungseinrichtungen eingreifen, sind entsprechende, separate Installationen mit Behandlungsanlagen einzurichten, um derartige Abwässer zu neutralisieren (biologische, mechanische Anlagen in Industriebetrieben, usw.).

Regen- und Schmutzabwässer müssen grundsätzlich getrennt aus den Gebäuden abgeleitet werden und dürfen nur dann außerhalb des Gebäudes zusammengeführt werden, wenn im zu planenden Gebiet ein Mischsystem besteht.

Eine Notwendigkeit der Vorbehandlung von Abwässern erfolgt nur dann, wenn die in der nachfolgenden Tabelle 2.16 anfallenden Stoffe abgeführt werden müssen.

Stoffe	**Gegenmaßnahmen**
Schwimmstoffe und/oder schwere Sinkstoffe in größeren Mengen	Sammler, Sandfänge, Filter- oder Siebanlagen, Rechen
Öle und Fette (eventuell in emulgierter Form) in größeren Mengen	Öl- und Fettabscheider (bei Bedarf mit weitergehender Reinigungswirkung)
Gifte	Entgiftung
Säuren und Alkalien Kondensat aus Heizungsanlagen	Neutralisierung
Krankheitserreger in gefährlichen Mengen	Desinfektion
Radioaktivität	Entaktivierung

Tabelle 2.16
Vorbehandlung von Regen- und Schmutzwasser

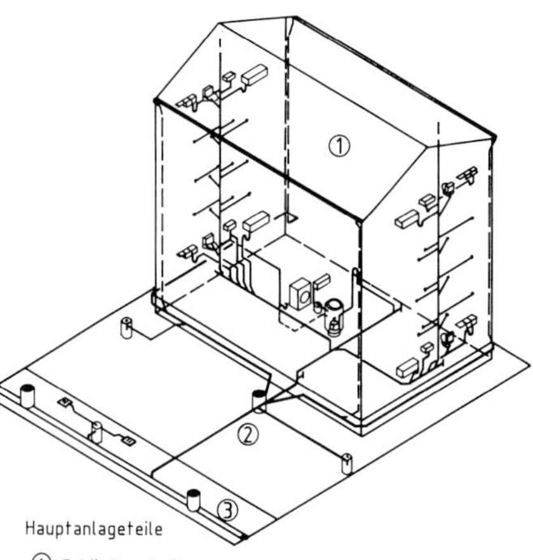

Bild 2.45
Prinzipschema einer Gesamtentwässerungsanlage

2.4.1. Begriffe und Definitionen

- **Reinabwasser (WA)**
  (wie Regenabwasser/Kühlabwasser/Hang- oder Grundwasser/gereinigte Abwässer/Sickerabwasser)

- **Sickerabwasser (WAR-SI)**
  (Regenabwasser, das in Sickerabwasser fließt)

- **Schmutzabwasser (WAS)**
  (häusliches Schmutzabwasser/stark belastete Regenabwässer/vorbehandelte Industrieabwässer)

- **Industrieabwasser (WAS-I)**
  (Abwässer, die speziell behandelt sind, bevor sie dem Schmutzwassersystem zugeleitet werden)

- **Schmutzabwasserwert (SW)**
  (Schmutzabwasserwert entspricht einem Schmutzabwasservolumenstrom von 1 l pro Sekunde)

- **Hydraulische Belastbarkeit**
  (zulässiger Volumenstrom für ein Entwässerungssystem)

• **Weiterhin werden Entwässerungsgegenstände definiert nach:**

- **Sanitärapparate**
  (Wanne/Dusche/Waschtisch/Bidet/Klosett/Urinal/Ausguß/Waschrinne/Spültisch/Geschirrspülmaschine/Waschmaschine/Waschtrog, usw)

- **Spezielle Sanitärapparate**
  (gewerbliche Küchen- und Waschküchenapparate/Labor-Hydrotherapieapparate usw.)

- **Bodenwassereinlauf (BE)**
  (Einrichtung ohne Geruchsverschluß zur Aufnahme und Ableitung von Bodenwasser)

- **Regenwassereinlauf (GE)**
  (Einrichtung ohne Geruchsverschluß zur Aufnahme und Ableitung von Regenwasser)

- **Bodenwasserablauf (BA)**
  (Einrichtung mit Geruchsverschluß zur Aufnahme und Ableitung von Bodenwasser)

- **Regenwasserablauf (BA)**
  (Einrichtung mit Geruchsverschluß zur Aufnahme von Regenabwasser)

- **Überlauf**
  (Vorrichtung gegen Überfließen)

- **Geruchsverschluß (GV)**
  (Vorrichtung gegen das Austreten entstehender Gase aus Abwasserleitungen/Kanälen/Einzelreinigungsanlagen)

- **Schlammsammler (SS)**
  (Behälter mit Geruchverschluß zur Aufnahme anfallender Abwässer und Abscheidung von Sand, Kies, Schlemmstoffen usw.)

- **Sandfang (SF)**
  (Behälter ohne Geruchsverschluß zur Aufnahme anfallender Abwässer und Abscheidung von Schwerstoffen, wie Sand, Kies usw.)

- **Abscheider**
  (Einrichtung mit Geruchverschluß zur Abscheidung von Mineralöl, Benzin, Fett, Stärke aus Abwasser)

- **Abwasserförderanlage**
  (Einrichtungen wie Pumpen, Vakuum-Tankanlage usw.)

- **Rückstausicherung**
  (Einrichtung, die ein Rückfließen von Abwasser aus der Kanalisation in das Gebäude verhindert.

• **Im Zusammenhang mit Entwässerungsleitungen treten folgende Begriffe auf:**

- **Gebäudeentwässerung**
  (sämtliche Entwässerungssysteme innerhalb eines Gebäudes)

- **Grundstücksentwässerung**
  (komplettes Entwässerungssystem innerhalb eines Grundstücks)

- **Grundstücks-Anschlußleitung**
  (Leitung vor der letzten Putzöffnung auf dem Grundstück bis zur Kanalisation)

- **Grundleitung**
  (Leitung unter Kellerboden oder im Erdreich zur Aufnahme von Abwasser)

- **Sammelleitung**
  (liegende, frei verlegte Leitung zur Abwasseraufnahme aus Fall-, Zweig- und Anschlußleitungen)

- **Falleitung**
  (vertikale Leitung, die durch ein oder mehrere Geschosse führt und über Dach gelüftet wird und das Abwasser einer Grund- oder Sammelleitung zuführt)

- **Zweigleitung**
  (gemeinsame Leitung mehrerer Anschlußleitungen zur Fall-, Sammel- oder Grundleitung)

- **Anschlußleitung**
  (Verbindungsleitung vom Entwässerungsgegenstand zur Grund- oder Falleitung) (DIN 4045)

- **Anschlußabkröpfung**
  (höhenmäßige Achsverschiebung von Geruchsverschlußausgang in liegene Leitung um mindest die lichte Weite der Anschlußleitung mit Formstücken bis 45°)

- **Pumpendruckleitung**
  (Leitung, die das Abwasser über eine Pumpe einer Sammel- oder Grundleitung zuführt)

- **Fallstrecke**
  (senkrechte Teilstrecke einer Anschluß- oder Zweigleitung, Länge 0,2m)

- **Sturzstrecke**
  (Teilstrecke einer Anschluß- oder Zweigleitung mit mehr als 10 % oder mehr als 5,8° Gefälle und mehr als 0,2 m Höhe)

- **Gefällsbruch**
  (Teilstück einer Sammel- oder Grundleitung mit einer Neigung von 15 bis 45°)

- **Achsverschiebung**
  (mit einem Formstück oder mit 2 Bogen bis 45° ausgeführte Achsschiebung im senkrechten Teil einer Anschluß-, Zweig- oder Falleitung)

- **Schleifung**
  (liegende Verbindung zweier Falleitungsteile bis max. 8 m Länge)

- **Lüftungsleitung**
  (Leitung, die nur der Luftzirkulation dient)

- **Falleitungslüftung**
  (Fortsetzung jeder Falleitung ohne Querschnittsveränderung vom obersten Einlauf über Dach)

- **Nebenlüftung**
  (Lüftungsleitung parallel zur Falleitung)

- **Sammellüftung**
  (Sammelleitung von zwei oder mehreren Falleitungs-, Neben-, Zweig- oder Anschlußlüftungen)

- **Zweiglüftung**
  (Lüftung einer Zweigleitung)

- **Anschlußlüftung**
  (Lüftung einer Anschlußleitung)

- **Druckleitungslüftung**
  (Lüftung ab höchstem Punkt der Pumpendruckleitung)

- **Entlüftung**
  (Lüftung einer Grund- oder Sammelleitung über Dach oder in eine Falleitung)

- **Schachtlüftung**
  (Lüftung eines Schachtes über Dach oder in eine Falleitung)

Die aufgeführten Begriffe sind in Bild 2.46 zu erkennen. Die Bilder 2.47 und 2.48 zeigen das Muster eine Kanalisationseingabe (Grundleitungen) für ein fiktives Wohngebäude in Zürich.

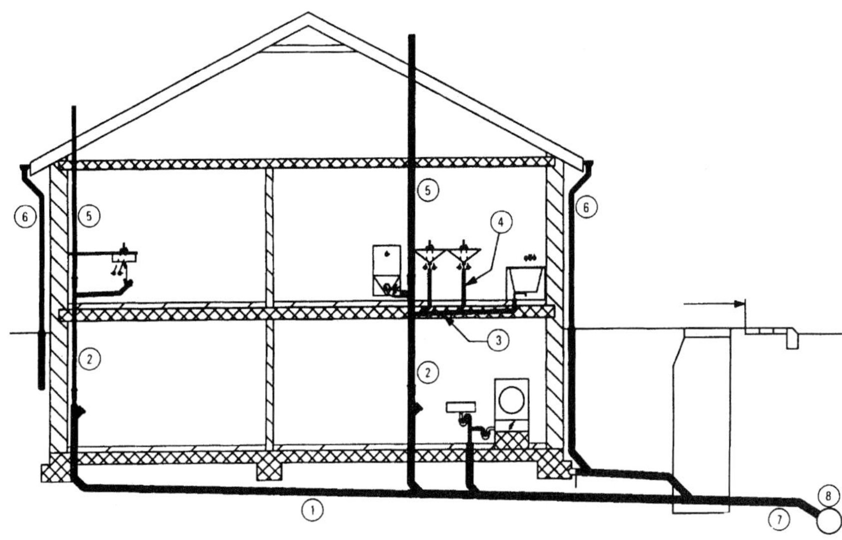

1 Grundleitung
2 Fallstrang
3 Zweigleitung
4 Anschlußteilstrecke
5 Entlüftung
6 Regenwasserfalleitungen
7 Grundstückanschlußleitung
8 öffentliche Kanalisation

Bild 2.46
Einzelteile einer Entwässerungsanlage

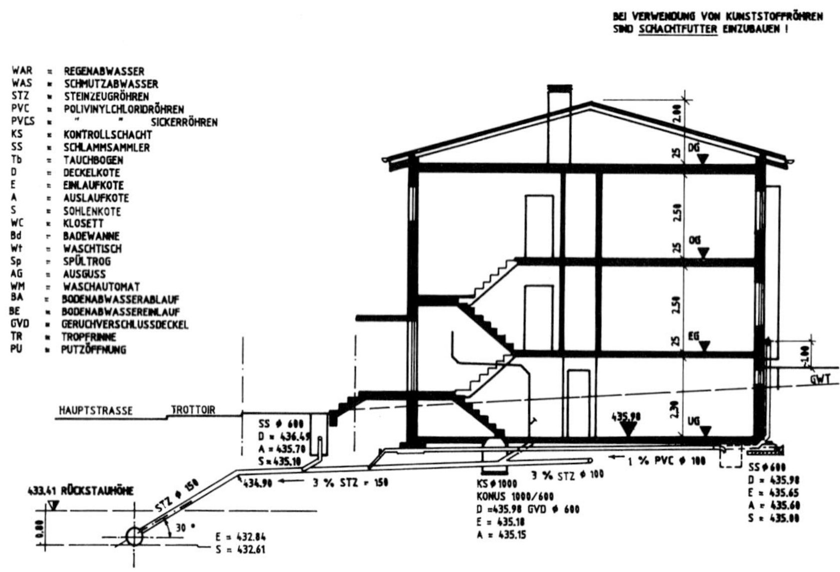

SCHNITT A-A

MUSTER KANALISATIONSEINGABE		81
MEHRFAMILIENHAUS FÜR HERRN HANS MÜLLER HAUPTSTRASSE 230 8038 ZÜRICH GRUNDLEITUNGEN GRUNDRISS UND SCHNITT	PL.NR.: 234/81 PL.GR.: 57/30 DAT. : 10.9.81 GEZ. : ab	
XAVER BLESS DIPL.ARCH. ETH/SIA DUFOURSTRASSE 527 8008 ZÜRICH	MST: 1:100	

ZÜRICH, 10.9.81 DER BAUHERR DER ARCHITEKT

HANS MÜLLER
HAFNERSTR. 25
8005 ZÜRICH

TABELLE

WAS FALLEITUNGEN

(1) (2) JE
2 WC à 2.5 SW = 5.0 SW
2 Bd à 1.0 SW = 2.0 SW
2 Wt à 0.5 SW = 1.0 SW
2 Sp à 1.0 SW = 2.0 SW
10.0 SW

WAR FALLEITUNGEN

(3) (4) (5) (6) JE 63m², c = 1.0

Bild 2.47
Muster-Kanalisationseingabe Grundleitungen

2.4.2. Anlagenmerkmale

Die Entwässerungsanlage dient der Abfuhr von Schmutz- und Regenwässern. Sie muß dabei beständig gegen häusliche Abwässer sein und ausreichend dimensioniert, um die abzuleitenden Abwässer aufnehmen zu können. Dabei muß der Austritt von Abwässern und Gasen aus der Leitung genauso verhindert werden wie ein Rückstau aus der Hauptkanalisation in das Gebäude. Abwasserleitungen müssen gegen mechanische Einwirkungen aller Art, äußere Temperatureinflüsse und Korrosion geschützt werden. Grundsätzlich sind Entwässerungsanlagen zusammenzufassen und in Räume zu verlegen, wo kein erhöhter Schallschutz gefordert wird.

Lange, horizontale Anschlußleitungen (über 5 m) müssen vermieden werden, da sie funktionelle und bauliche Probleme nach sich ziehen. Horizontale Sammel- und Grundleitungen sind mit Gefälle zu verlegen, wobei das Gefälle zum selbständigen Abfluß der Abwässer mindestens 1:50 betragen muß (entsprechend 2 cm Gefälle je 1 m horizontale Rohrlänge).

Chemisch belastete Abwässer sind einer separaten Vorbehandlung zuzuführen. Einer Vorbehandlung bedürfen Abwässer auch dann, wenn sie Schwimm- und schwere Sinkstoffe führen, Öle und Fette, starke Gifte, Säuren oder stark alkalisch reagierende Stoffe aufgenommen haben. Hierzu dienen die bereits angesprochenen Sandfänge, Filter, Siebanlagen, Öl-, Fett- und Stärkeabscheider usw. Bei Mitführung von Giften ist eine Entgiftung, bei Säuren eine Neutralisation einzusetzen. Abwässer, die strahlenbelastet sind, müssen in Abklingbehältern aufgefangen werden.

Die Dimensionierung von Entwässerungsleitungen erfolgt so, daß auch während des Abfließens von Wasser in diesen Leitungen Luft zirkulieren kann. Dabei darf in Richtung des Ablaufes keine Wasserleitung im Querschnitt verringert werden.

Die Reinigung der Entwässerungsanlagen ist durch entsprechende Putzöffnungen zu gewährleisten, gleichermaßen der Anschluß an Grundleitungen. Sämtliche Entwässerungsgegenstände sind mit einem Geruchsverschluß zu versehen.

Bei Gefahr des Rückstaus aus öffentlichen Kanälen ist durch Maßnahmen wie Rückstauklappen, Pumpen etc. ein

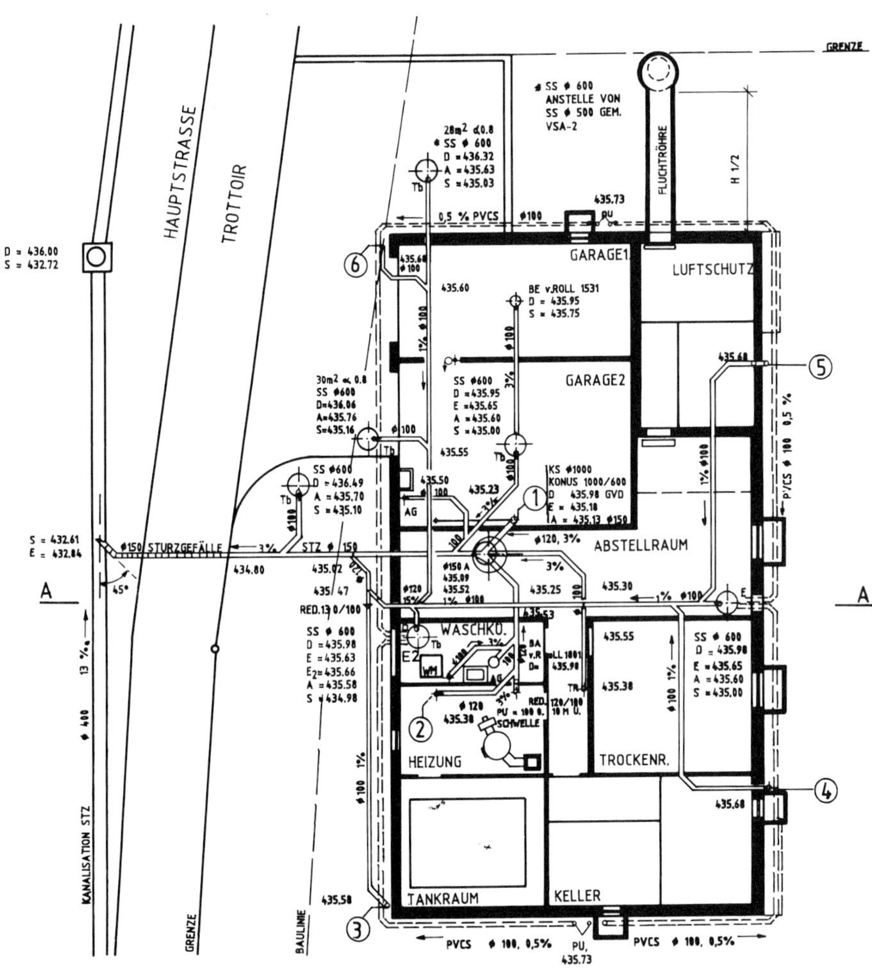

Bild 2.48
Muster-Kanalisationseingabe Grundleitungen

Überfluten entsprechender Räume zu verhindern. Dabei müssen alle über der Rückstauebene liegenden Entwässerungsgegenstände direkt mit natürlichem Gefälle entwässert werden können.

Die Ableitung von Regenwasser von Dächern, Balkonen und anderen Ausbauten ist durch Rinnen oder Fallrohre vorzunehmen. Dabei ist darauf zu achten, daß Beläge von beregneten Flächen nicht durch Kalk oder andere Ausscheidungen zu Verstopfungen der Regenabwasserleitungen führen.

Grundsätzlich sind Entwässerungsanlagen bewilligungspflichtig und dürfen nur mit typengeprüften Werkstoffen und Teilen ausgeführt werden.

2.4.3. Werkstoffe

Bei der Gebäudeentwässerung dürfen nur Werkstoffe und Fabrikate eingebaut werden, die die entsprechenden landeseigenen oder internationalen Normen erfüllen. Hinsichtlich der anerkannten Werkstoffe gelten die Kriterien, wie sie in Tabelle 2.17 dargestellt sind. Rohrverbindungen von Abwasserleitungen sind nach den anerkannten Regeln der Technik auszuführen und in Bild 2.49 nachgewiesen. Das gleiche gilt für die Art von Geruchsverschlüssen, die durch das abfließende Wasser selbstreinigend sein sollen und in der Regel unmittelbar nach dem Auslaß aus dem Entwässerungsgegenstand eingebaut werden. Die Sperrwasserhöhe von Geruchsverschlüssen soll bei Klosetts etwa 50 mm und bei allen anderen Geruchsverschlüssen mindestens 70 mm betragen. Typische Geruchsverschlüsse sind im Bild 2.50 dargestellt.

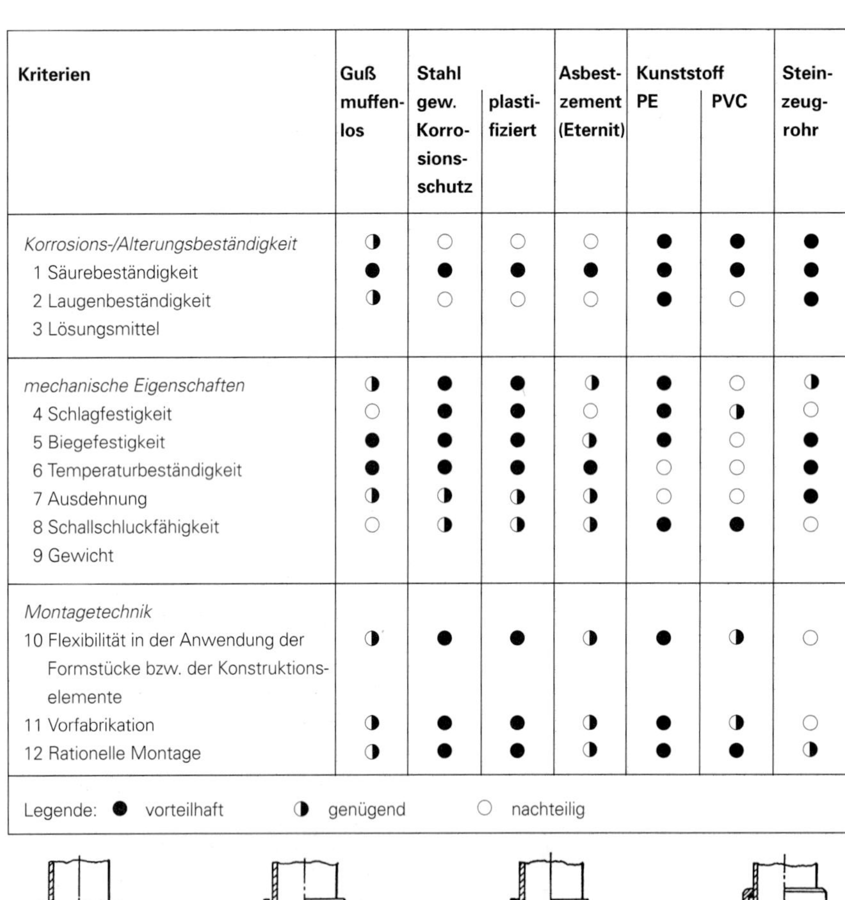

Kriterien	Guß muffenlos	Stahl gew. Korrosionsschutz	Stahl plastifiziert	Asbestzement (Eternit)	Kunststoff PE	Kunststoff PVC	Steinzeugrohr
Korrosions-/Alterungsbeständigkeit	◑	○	○	○	●	●	●
1 Säurebeständigkeit	●	●	●	●	●	●	●
2 Laugenbeständigkeit	◑	○	○	○	●	○	●
3 Lösungsmittel							
mechanische Eigenschaften	◑	●	●	◑	●	○	◑
4 Schlagfestigkeit	○	●	●	○	●	◑	○
5 Biegefestigkeit	●	●	●	◑	●	○	●
6 Temperaturbeständigkeit	●	●	●	●	○	○	●
7 Ausdehnung	◑	◑	◑	◑	○	○	●
8 Schallschluckfähigkeit	○	◑	◑	◑	●	●	○
9 Gewicht							
Montagetechnik							
10 Flexibilität in der Anwendung der Formstücke bzw. der Konstruktionselemente	◑	●	●	◑	●	◑	○
11 Vorfabrikation	◑	●	●	◑	●	◑	○
12 Rationelle Montage	◑	●	●	◑	●	●	◑

Legende: ● vorteilhaft ◑ genügend ○ nachteilig

Tabelle 2.17
Kriterien für die Bewertung der Materialien für Abwasserinstallationen

Siphon

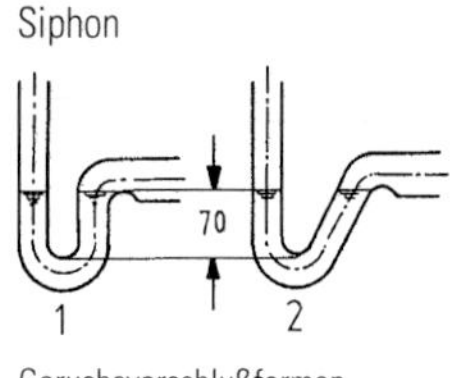

Geruchsverschlußformen

1 Röhrensiphon U-Form
2 Röhrensiphon V-Form

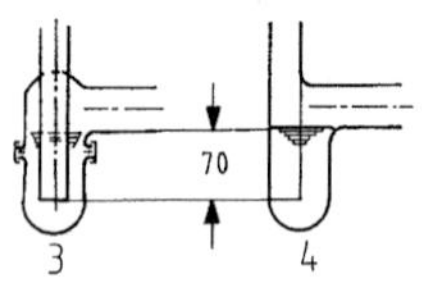

3 Flanschsiphon
4 Direktsiphon

Bild 2.50
Siphonarten

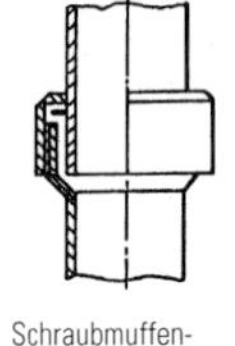

Schraubmuffenverbindung für PE-Röhren, Stahlröhren

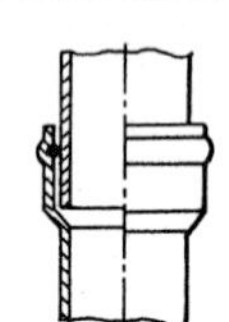

Muffen- (O-Ring) Verbindung für Stahlröhren, PVC-Röhren

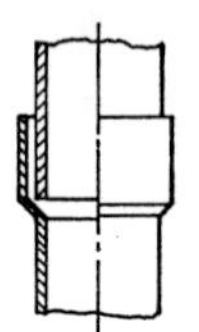

Muffen- (Klebe-) Verbindung für PVC-Röhren

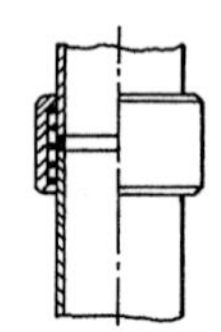

Steckmuffenverbindung für Eternit-Röhren

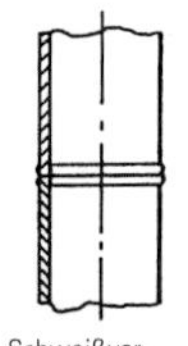

Schweißverbindung (Spiegelschweißung) für PE-Röhren,

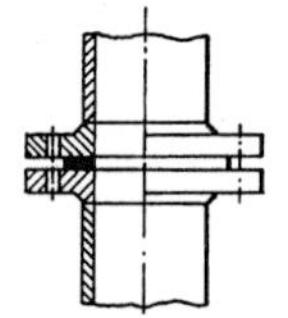

Flanschverbindung für Stahlröhren, PE-Röhren

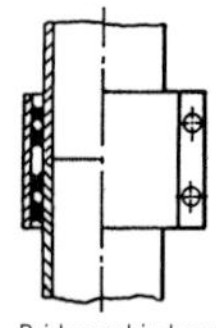

Bridenverbindung (Spannbride) für Gußröhren

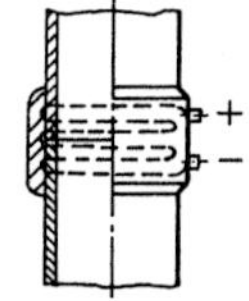

Elektrische Schweißverbindung für PE-Röhren

Bild 2.49
Verbindungsarten für Abwasserrohre

2.4.4. Grundleitungen

Grundleitungen sind möglichst gradlinig und parallel zu Gebäudemauern zu verlegen. Bei Richtungsänderungen von Grundleitungen sind Formstücke bis maximal 45° zu verwenden, wobei Rohrverbindungen nicht als Richtungsänderungen eingesetzt werden dürfen. Im Gelände soll mindestens ein Kontrollschacht angeordnet werden, wobei bei langen Grundleitungen alle 40 m ein entsprechender Schacht zu setzen ist. Kontrollschächte werden gemäß Bild 2.51 aufgebaut.

Bei Trennsystemen und der Ableitung unterschiedlicher Abwässer (Regen-/Schmutz-/Industrieabwässer) sind getrennte Kontrollschächte notwendig. Der Anschluß mehrerer Falleitungen ist durch typengeprüfte Formstücke, (Bild 2.52) möglich, ohne daß spezielle Anschlußabstände zu beachten sind. Bei der Verlegung von Grundleitungen ist das Setzen des Erdreiches oder des Gebäudes zu beachten und Durchführungen von Grundleitungen durch Gebäudeelemente flexibel zu gestalten (VSA-Zulassungsempfehlung).

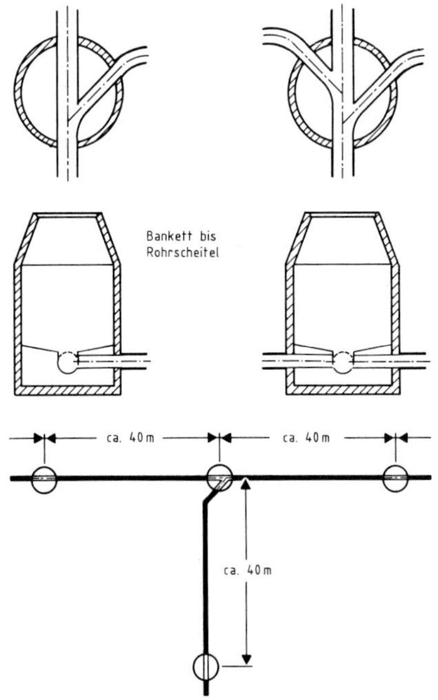

2.4.5. Sammelleitungen

Sammelleitungen sind möglichst gradlinig und parallel zu Gebäudemauern zu verlegen. Bei Sammelleitungen sind für Richtungsänderungen Formstücke bis 60° zu verwenden. Die Einführung von Fall-, Zweig- und Anschlußleitungen erfolgt durch ein Formstück mit einem Winkel bis 60°, das gleiche gilt für die Vereinigung zweier Sammelleitungen (Bild 2.53).

Um Sammelleitungen inspizieren und reinigen zu können, sind bei gerader Leitungsführung alle 40 m und bei mehreren Richtungsänderungen (insgesamt 180°) Putzöffnungen notwendig. Ansonsten gelten die gleichen Regeln wie bei Grundleitungen.

2.4.6. Falleitungen

Falleitungen dienen der Aufnahme von Abwässern, die in Geschossen gesammelt und nach unten abgeführt werden sollen. Sie sind möglichst geradlinig durch die Geschosse zu führen, um Schallschutzmaßnahmen infolge Richtungsänderungen zu vermeiden. Falleitungen werden über Dach entlüftet und benötigen Putzöffnungen über dem Anschluß von Grundleitungen und Sammelleitungen.
Bild 2.54 zeigt die am gebräuchlichsten Systemlösungen der Entlüftung von Falleitungen.

Bild 2.51
Kontrollschächte

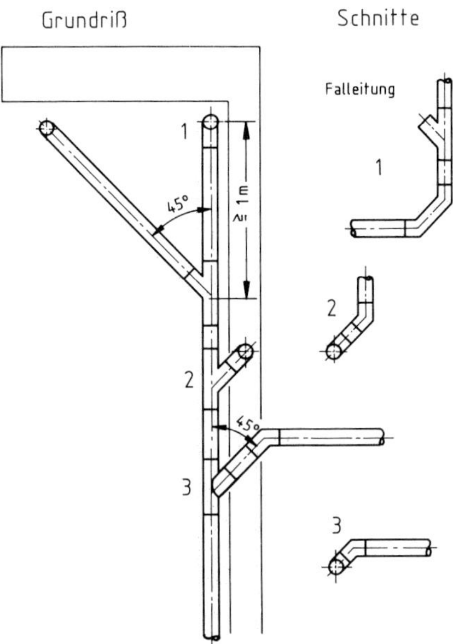

Bild 2.52
Anschluß von Falleitungen an eine Grundleitung

Hauptlüftungssystem

höchstzulässige Anzahl SW		WC		zulässige Belastung	Falleitung
Total	Größter Einzel-SW	Total	pro Stockwerk	$\dot{V}_S$ (l/s)	Ø in mm
3 [1]	1,0	–	–	1,3	57/ **63**
7	1,0	–	–	2,0	69/ **75**
20	1,5	–	–	3,0	83/ **90**
70	2,5	14	6	4,2	101/**110**
100	2,5	20	7	5,0	115/**125**
400	2,5	80	22	10,0	147/**160**

[1] max. 2 Apparate à 1 SW

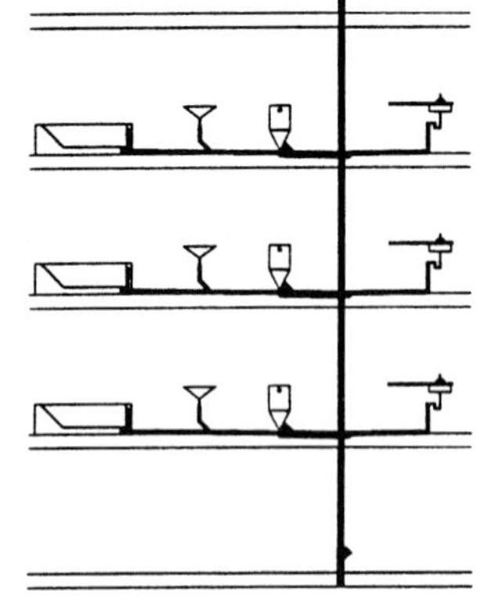

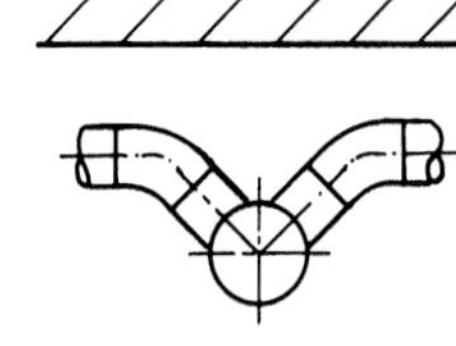

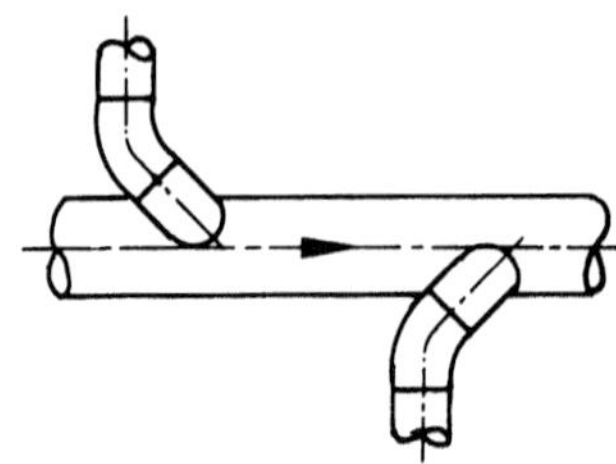

Bild 2.53
Anschluß von Sammelleitungen

Schmutzabwasser-Falleitung mit direktem und indirektem Nebenlüftungssystem

höchstzulässige Anzahl SW Total	WC Total	WC pro Stockwerk	$\dot{V}_S$ [1] zulässig (l/s)	Fallleitung Ø in mm	Nebenlüftung [2] Ø in mm
64	–	–	4,2	83/ **90**	57/ **63**
150	30	6	5,9	101/**110**	83/ **90**
200	40	7	7,0	115/**125**	83/ **90**
800	160	22	14,0	147/**160**	101/**110**

[1] $\dot{V}_S$ Zul.-Werte um 40 % erhöht gegenüber Hauptlüftungssystem

[2] Die Verbindung der Nebenlüftung mit der Falleitung kann in der Dimension 50/**56** ausgeführt werden

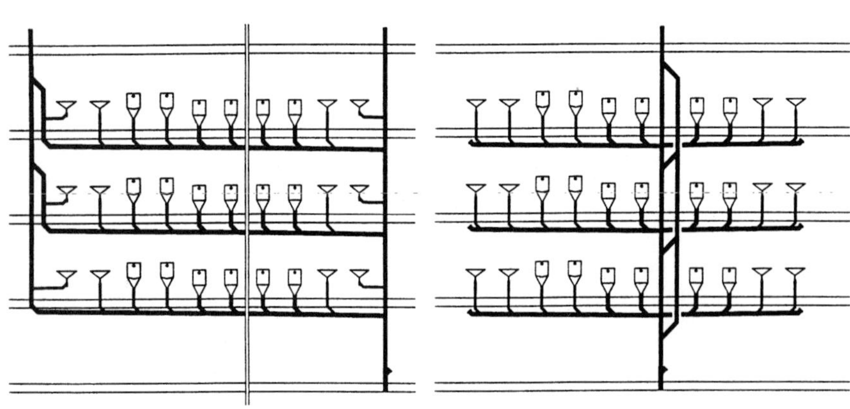

Bild 2.54
Varianten von Falleitungen mit Lüftungssystem (und ihrer Dimensionierung)

Abfluß- oder Schmutzabwasser- Falleitung mit sekundärem Lüftungssystem oder mit dem Geberit Sovent-Mischformstück

höchstzulässige Anzahl					
SW Total	WC Total	WC pro Stockwerk	$\dot{V}_S$ [1] zulässig (l/s)	Fallleitung Ø in mm Geberit	Nebenlüftung [2] Ø in mm Geberit
100	–	–	5,4	83/**90**	57/ **63**
***240**	50	8	7,6	101/**110**	83/ **90**
300	75	10	9,0	115/**125**	83/ **90**
1200	250	30	18,0	147/**160**	101/**110**

[1]) $\dot{V}_S$ Zul.-Werte um 80 % erhöht gegenüber Hauptlüftungssystem

* gilt für Sovent

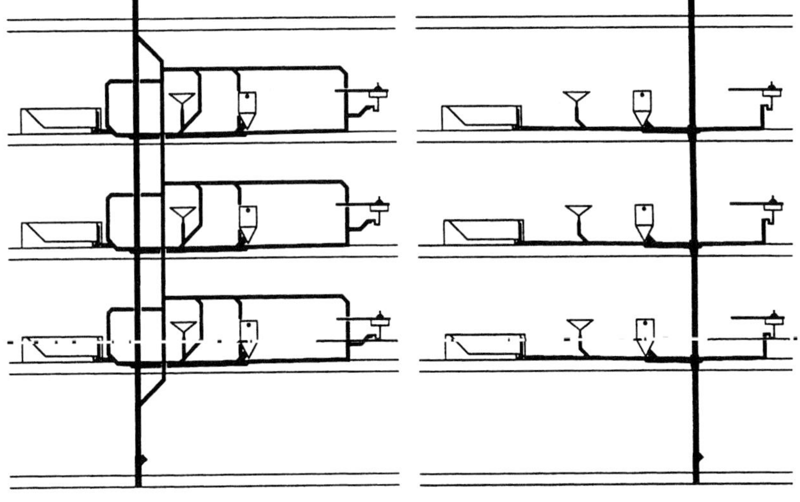

zu Bild 2.54
Varianten von Falleitungen mit Lüftungssystem (und ihrer Dimensionierung)

2.4.7. Regenabwasserleitungen

Das Ableiten von Regenabwasser (Dächer, Balkone, Loggien usw.) erfolgt über eine seperate Entwässerungsanlage, die mit frostsicher angeordneten Geruchsverschlüssen zu versehen ist. Speier und Sicherheitsüberläufe dürfen verständlicherweise nicht in Bereichen von Gehwegen oder Straßenräumen angeordnet werden. Fallen im Bereich von Dachflächen große Schmutzmengen an, so sind Schlammsammler einzusetzen. Um Geruchsbelästigung zu vermeiden, werden Regenwasserfalleitungen mit Geruchsverschlüssen ausgebildet; dies gilt nicht bei Ableitungen direkt in Vorfluter oder bei Versickerung und bei begrünten Dächern.

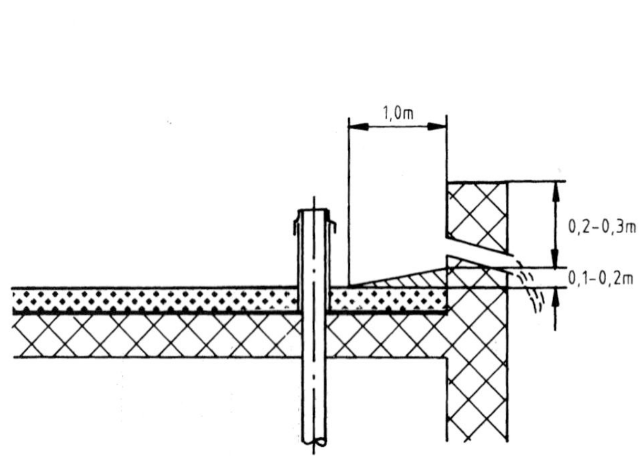

Bild 2.55
Notüberlauf im Dachbereich

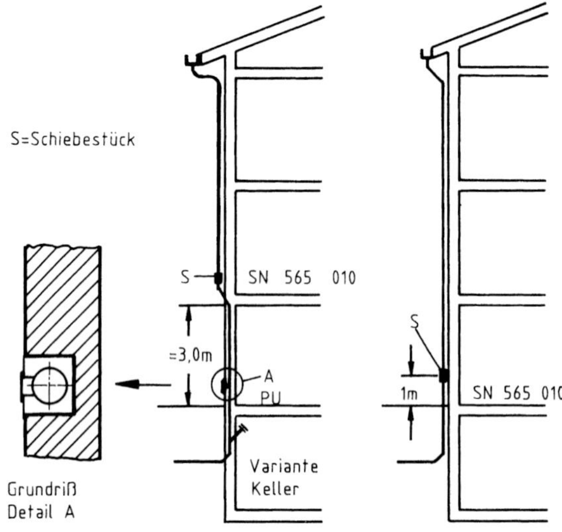

Bild 2.56
Anschluß von Regenwasserfallrohren über Terrain

Bild 2.55 zeigt einen Notüberlauf, der den Querschnitt des Regenwassereinlaufs besitzt und im Notfall die Funktion des Regeneinlaufs übernimmt.

Regenabwasserfalleitungen sind über Terrain aus beständigen Rohren (SSIV/VSA-Zulassungsempfehlungen) zu erstellen. Der Anschluß des äußeren Regenabwasserfallrohres erfolgt je nach Ausführungsart über ein Schiebestück (Bild 2.56).

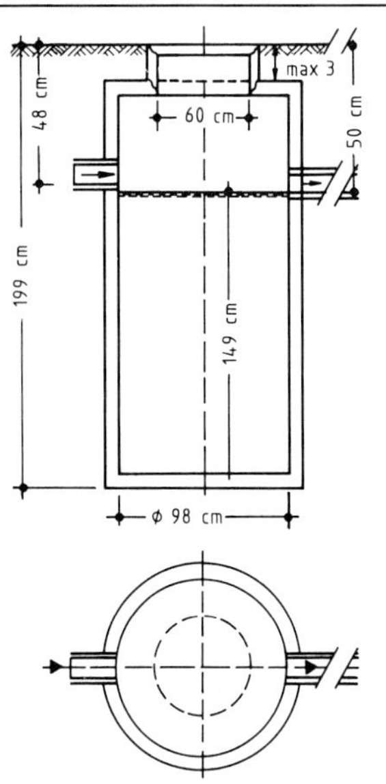

Bild 2.57
Aufbau eines Sandfangs

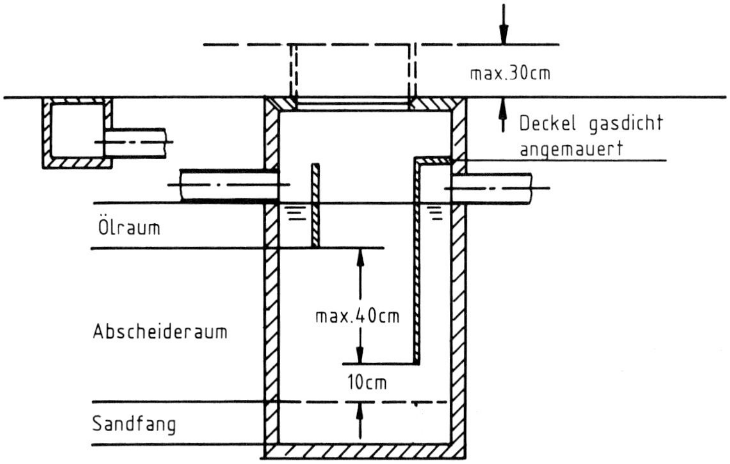

Bild 2.58
Benzin- oder Ölabscheider

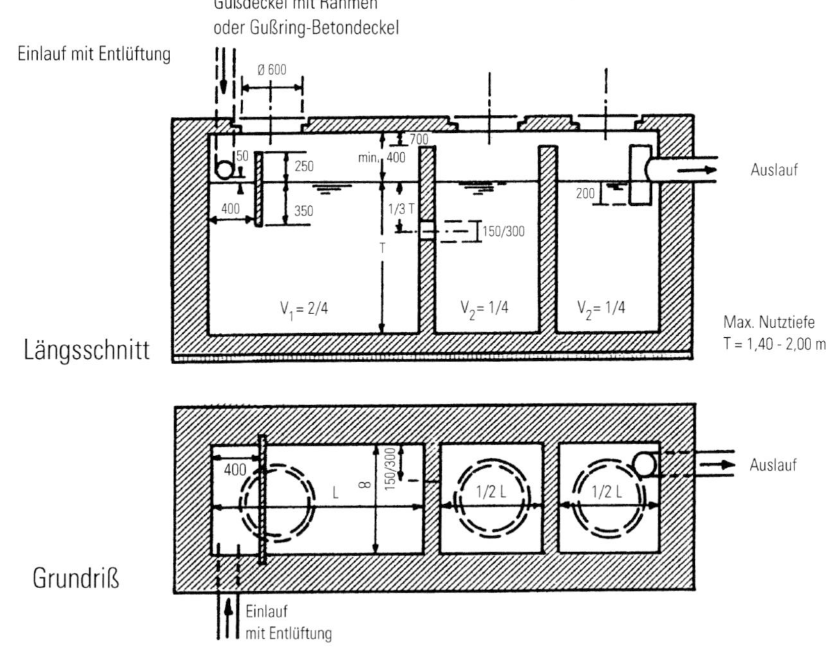

Bild 2.59
Klärgrube mit Faulräumen

2.4.8. Abscheider

Zur Abscheidung von Schlamm, Sand, mineralischen oder organischen Fetten und Ölen sowie chemischen Zusätzen werden entsprechende Abscheider notwendig. Bild 2.57 zeigt einen Sandfang zur Abscheidung von Feststoffen, (Sand oder Schlamm). Dieser wird gegebenenfalls in Verbindung mit dem Einsatz von Benzin- oder Ölabscheidern in Fließrichtung vor demselben eingesetzt. Benzin- oder Ölabscheider, (Bild 2.58), sind Behälter mit geschlossenem Deckel sowie tiefreichenden Tauchwänden am Ein- und Auslauf. Im Raum zwischen den Tauchwänden sammelt sich an der Oberfläche Öl oder Benzin, von wo es abgesaugt werden kann. Im unteren Bereich lagern sich Feststoffe ab, die wiederum entsprechend abgesaugt werden können. Benzin- und Ölabscheider werden grundsätzlich bei gewerblichen Garagen und Autowaschplätzen, Tankstellen und in Mineralölprodukte verarbeitenden Betrieben eingesetzt.

Fett- und Stärkeabscheider sind in Betrieben vorzusehen, in welchen organische Fette und Öle sowie Stärke in größeren Mengen anfallen (Lebensmittelproduktion, Großküchen usw.). Da infolge bakterieller Umsetzungen bei Fettabscheidern erhebliche Geruchsbelästigungen auftreten können, sind diese so zu entleeren, daß Abgase nicht in ein Gebäude eindringen können. Häusliche Abwässer dürfen dem Fettabscheider nicht zugeführt werden (VSA-Richtlinien) und sind daher nur nach dem Anfall der fettbeladenen Abwässer zu bemessen.

In Fällen, in denen Schmutzabwässer nicht direkt abgeführt werden können und eine Zwischenlagerung notwendig wird, werden Klärgruben (Bild 2.59) eingesetzt. Diese haben verschiedene Setzkammern, in denen sich Feststoffe unterschiedlicher Konsistenz ablagern können.

Neutralisations- und Entgiftungsanlagen sind dann einzusetzen, wenn industrielle oder gewerbliche Abwässer Giftstoffe enthalten. Entsprechende Fachfirmen mit autorisiertem Personal konzipieren je nach Abwasseranfall und Giftgaskonzentration entsprechende Systemlösungen.

2.4.9. Dimensionierung von Schmutzabwasserleitungen

Schmutzabwasserleitungen werden unter Zuhilfenahme eines Schmutzabwasserwertes (SW) (Abwasseranfall in l/s) dimensioniert. Liegt die Summe aller Schmutzabwasserwerte unter 60 SW, so erfolgt die Dimensionierung gemäß den nachfolgenden Tabellen 2.18 bis 2.21.

Entwässerungsgegenstand	**SW**
Waschbecken Waschtisch Bidet Schulwandbrunnen Waschrinne bis 3 Entnahmestellen Waschzentrifuge bis 10 kg	0,5
Badewanne / Sitzwanne Duschwanne Waschrinne 4-10 Entnahmestellen Urinoir Anschluß-Stutzen 40-45 mm Wandausgußbecken Spülbecken (Spültisch, Schüttelstein) Doppelspülbecken Waschfontäne 6-10 Entnahmestellen Waschtrog Geschirrspülmaschine (Haushalt) Waschautomat bis 6 kg Bodenwasserablauf LW 57	1,0
Großbadewanne Geschirrspülmaschine (Gewerbe) *) Waschautomat 7-12 kg Bodenwasserablauf LW 69	1,5
Klosettanlagen aller Art Wandausguß (Fäkalien und Putzwasser) Standausgabe (Fäkalien und Putzwasser) Waschautomat 13-40 kg *) Steckbeckenapparat Bodenwasserablauf LW 80-100	2,5

*) Für die endgültige Bestimmung des SW ist der effektive Pumpenvolumenstrom bzw. Abwasserarfall maßgebend.

Tabelle 2.18
Schmutzwasserwerte (SW) der Entwässerungsgegenstände

SW		**max. Klosettanzahl**		**Nominelle lichte Weite**	**Belastung**
Total	Größter Einzel-SW	Total	pro Stockwerk	Falleitung	max. zulässige Vs (l/s)
3 1)	1,0	–	–	57	1,3
7	1,0	–	–	69	2,0
20	1,5	–	–	80	3,0
70	2,5	14	6	100	4,2
100	2,5	20	7	118	5,0
150	–	30	10	125	6,1
400	–	80	22	150	10,0

1) max. 2 Apparate à 1 SW

Tabelle 2.19.1
Schmutzwasserfalleitung, Hauptlüftungssystem

SW	max. Klosettanzahl		Nominelle lichte Weite LW		Belastung
Total	Total	pro Stockwerk	Falleitung	2) Neben-lüftung	1) max. zulässige $\dot{V}s$ (l/s)
64	–	–	80	57	4,2
150	30	6	100	80	5,9
200	40	7	118	80	7,0
300	60	10	125	80	8,5
800	160	20	150	100	14,0

1) $\dot{V}s$ zulässige Werte gegenüber Hauptlüftungssystem um 40 % erhöht.
2) Die Verbindung mit der Falleitung kann mit der LW 50 bemessen werden.

Tabelle 2.19.2
Schmutzabwasserfalleitung, Nebenlüftungssystem direkt oder indirekt

SW	max. Klosettanzahl		Nominelle lichte Weite LW		Belastung
Total	Total	pro Stockwerk	Falleitung	Neben-lüftung	1) max. zulässige $\dot{V}s$ (l/s)
100	–	–	80	57	5,4
240	50	8	100	80	7,6
300	75	10	118	80	9,0
500	100	15	125	80	11,0
1200	160	20	150	100	18,0

1) $\dot{V}s$ zulässige Werte gegenüber Hauptlüftungssystem um 80 % erhöht.

Tabelle 2.19.3
Schmutzabwasserfalleitung, Lüftungssystem sekundär

Zulässig beregnete Fläche in m²		1) $\dot{V}$ zulässig	LW
= 1,0	= 0,3	in (l/s)	
65	–	2,0	57
120	400	3,6	69
165	545	4,9	80
295	990	8,9	100
465	1545	13,9	118
535	1780	16,0	125

1) analog 3 % Gefälle und einem Füllungsverhältnis von 0,8

Tabelle 2.20
Regenwasserleitungen, Regenwasseranschluß- und Falleitung

Ergibt sich bei einem Gebäude ein summarischer Schmutzwasserwert von mehr als 60, so errechnet sich die wahrscheinliche Höchstbelastung (gleicherzeitiger maximalen Abwasseranfall) nach der Formel:

$$V_s \text{ max.} = 0{,}5 \sqrt{\Sigma \text{ SW}} \text{ [l/s]}$$

Maßgebend für die Bemessung von Fall-, Sammel- und Grundleitungen ist die wahrscheinliche Höchstbelastung, die sich unter Berücksichtigung der Gleichzeitigkeit aus der Summe aller vor diesem Punkt angeschlossenen Gegenstände (SW) ermitteln läßt. Die zulässige Belastbarkeit der Falleitung ist je nach Belüftungssystem verschieden und entsprechend den Tabellen 2.19.1 bis 2.19.3 zu dimensionieren. Bei Grund- und Sammelleitungen erfolgt die Ermittlung der Rohrdimensionen auf Grund der max. zu erwartenden Belastbarkeit (V_{smax}). Die Schmutzwasserwerte der Abwasserfalleitungen sind grundsätzlich zu addieren. Mit jeder Teilsumme kann für jedes Teilstück aufgrund der Diagramme die maximal zu erwartende Belastung bestimmt werden.

Bei der Regenabwasserleitung ist die effektive Regenabwasserbelastung V_r für die Bestimmung der lichten Weite der Rohre maßgebend (Tabelle 2.20).

Bei einer Grundleitung im Mischsystem wird die max. zu erwartende Belastung V_M aus der Summe von $V_{smax} + V_r$ bestimmt. (V_{smax} = maximal gleichzeitig anfallende Schmutzwassermenge, V_R = anfallende Regenwassermenge).

Bei der Regenabwasserführung spielen eine Rolle: die Regenintensität am Standort, die beregnete Fläche (projizierte Dachfläche) und ein Verzögerungsbeiwert (α). In der Regel wird in der Schweiz eine Regenintensität von 0,03 l/s und m² angesetzt.

Der Verzögerungsbeiwert (auch Abflußkoeffizient) α wird für sämtliche Dachflächen mit 1,0 angenommen, ausgenommen bei begrünten Dachflächen. Hier beträgt der Verzögerungsbeiwert α = 0,3. Als weitere Hilfestellung bei der Dimensionierung von Fall-, Sammel- und Grundleitungen kann auch das Diagramm, Bild 2.60, dienen.

[1] **$\dot{V}$ zulässig in l/s**						
[3] **Gefälle in %**						
1	1,5	2	3	4	5	LW in mm
2,8	3,4	4,0	4,9	5,6	6,3	80
5,0	6,2	7,2	8,9	10,2	11,5	100 [2]
8,0	9,8	11,3	13,9	16,0	17,9	118 [2]
9,2	11,3	13,1	16,0	18,6	20,8	125
15,0	18,4	21,3	26,1	30,2	33,8	150
27,0	33,1	38,1	47,0	54,3	60,8	187
32,3	39,7	45,8	56,2	64,9	72,6	200
58,4	71,7	82,8	101,6	117,3	131,2	250
94,7	116,2	134,2	164,6	190,1	212,6	300

[1] Für alle Rohrwerkstoffe nach Prandtl-Colebrook:
Betriebsrauhigkeit k= 1,0 mm
Kinematische Viskosität (Ny) = 1,31 10 .

[2] Minimale Rohrweite der Grundleitung = LW 100
bei Anschluß von Klosett = LW 118

[3] Normalgefälle und Minimalgefälle beachten
Mindest-Rohrweite der Grundleitung = LW 100
Bei Anschluß von Falleitungen mit Klosett = LW 118

Tabelle 2.21
Sammel- und Grundleitung

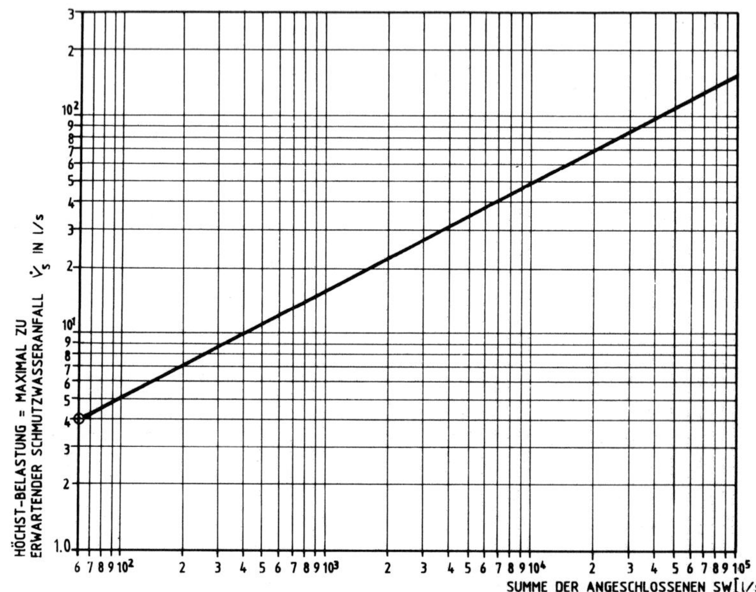

Bild 2.60
Wahrscheinliche Höchstbelastung, Wohnungsbau

Ablesebeispiel:

gegeben: 20 Wohnungen à 5 SW = 100 SW
gesucht: Wahrscheinliche Höchstbelastung
Lösung: $\dot{V}_s = 0{,}5 \cdot \sqrt{100}$ (l/s) = 5 l/s

2.4.10. Abwasser-Förderanlagen

Entwässerungseinrichtungen, nach Bild 2.61, die unter der Rückstauhöhe eines Straßenkanals liegen, müssen über eine Pumpenanlage an die Grundstücksentwässerung angeschlossen werden. Regenwasser, das über Rückstauhöhe anfällt, wird mit natürlichem Gefälle zur Grundstücksentwässerung abgeleitet. Fallen Regenabwässer unter der Rückstauhöhe an, so sind sie wie folgt abzuleiten (Prioritäten):

1. Vorfluter
2. Versickerung
3. Pumpenanlage

Die notwendige Pumpenanlage zur Förderung insbesondere der Schmutzwässer (auch Hebeanlage genannt) besteht aus:

- Pumpenschacht mit Zubehör
- Tauchpumpe mit Steuereinrichtung
- Pumpendruckleitung
- Lüftungsleitung

Die Hebeanlage muß zu Revisionszwecken jederzeit frei zugänglich sein. Bild 2.62 zeigt einen entsprechenden Pumpenschacht mit Pumpensumpf, Nutzvolumen und Reservevolumen sowie eingesetzter Tauchpumpe und Einlauf. Pumpenschächte müssen gegen Abwasser beständig, gasdicht abgedeckt und mit einer Entlüftung (lichte Weite 100 mm) versehen werden. Der Einstieg in den Pumpenschacht soll mindestens 600 mm Durchmesser betragen. Kleine Pumpenschächte, ausschließlich für Schmutzabwässer ohne Fäkalien und ohne Küchenabwässer, können ohne Lüftungsleitung und Geruchsverschluß erstellt werden. Bei großen Schächten mit Einstieg und einer Schachttiefe über 1,5 m ist eine nichtrostende Leiter einzubauen.

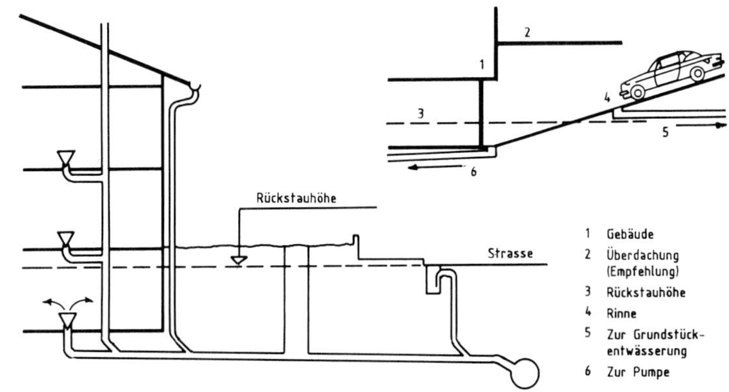

Bild 2.61
Entwässerung unter Rückstauhöhe

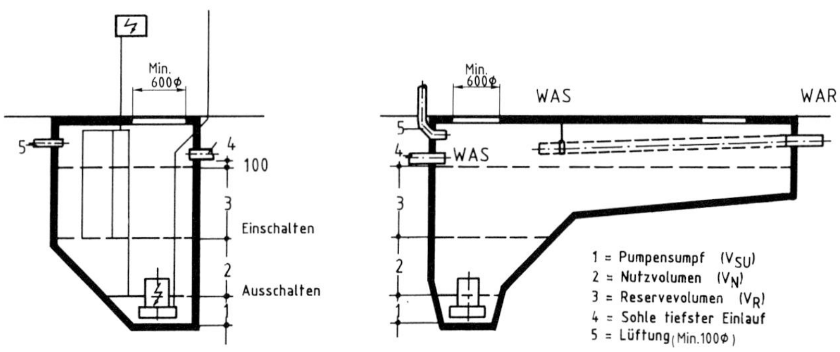

Bild 2.62
Pumpenschacht zur Aufnahme einer Hebeanlage

Alle Einläufe müssen dabei mindestens 0,05 m über dem max. Wasserstand frei in den Schacht einmünden (SEV-Vorschriften sind zu beachten). Der Einsatz der Tauchpumpe kann gemäß Bild 2.63 in unterschiedlicher Art und Weise erfolgen. Die Druckleitung der Abwasserpumpe wird in der Regel mit der gleichen Rohrweite ausgeführt, wie der Anschluß der Pumpe. Diese Leitung muß über den am tiefsten mit natürlichem Gefälle angeschlossenen Entwässerungspunkt geführt werden. An die Druckleitung selbst darf kein Entwässerungsgegenstand angeschlossen werden und es ist darauf zu achten, daß Korrosionen und Vibrationsübertragungen vermieden werden. Die Bemessung der Pumpe erfolgt nach Volumenstromrichtwerten oder nach dem Diagramm, Bild 2.64. Dabei betragen die minimalen Volumenströme wie folgt:

1. minimaler Volumenstrom ohne Fäkalien = 2 l/s
2. minimaler Volumenstrom mit Fäkalien = 5 l/s
3. max. zulässiger Volumenstrom = 10 l/s.

Der Volumenstrom der Hebeanlage ist mit der Höchstleistung gemäß Bild 2.60 nicht identisch, da die Laufzeit der Hebeanlage größer ist, als die Dauer der Höchstbelastung mit Abwasser. Anfallendes Regen- und Kühlabwasser ist mit dem effektiven Volumenstromwert als Zuschlag zu berücksichtigen.

1	Abwasserpumpe kompl.
2	Druckleitung DN 100
3	Tauchbirnen für Schwimmersteuerung
4	Rückschlagklappe
5	Absperrschieber
6	Rohrbogen
7	Druckleitungsanschluß mit Flansch
8	Kabelrohr
9	Schaltanlage
10	Ablaßkette
11	Schachtabdeckung

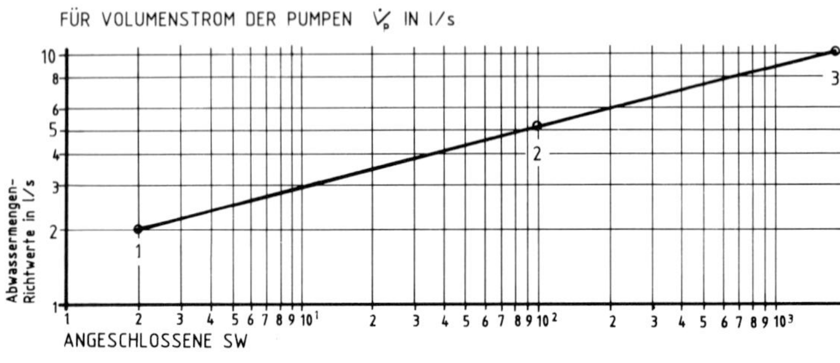

Bild 2.64
Auslegungsdiagramm für Hebeanlagen

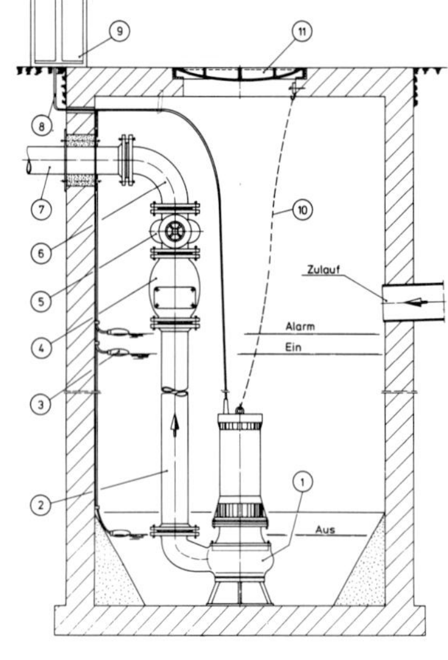

Tauchmotorpumpe

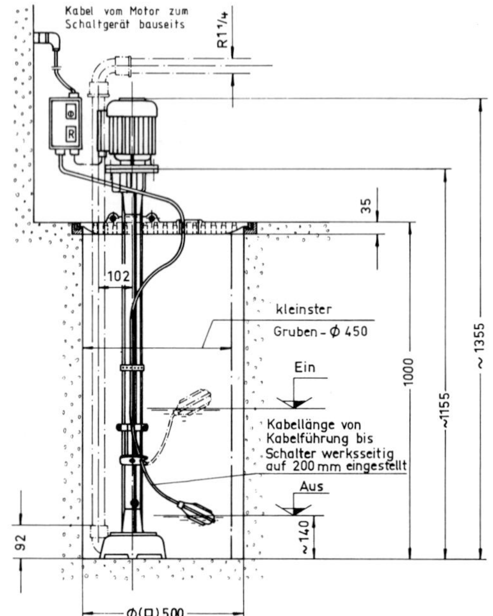

Vertikale Eintauchpumpe

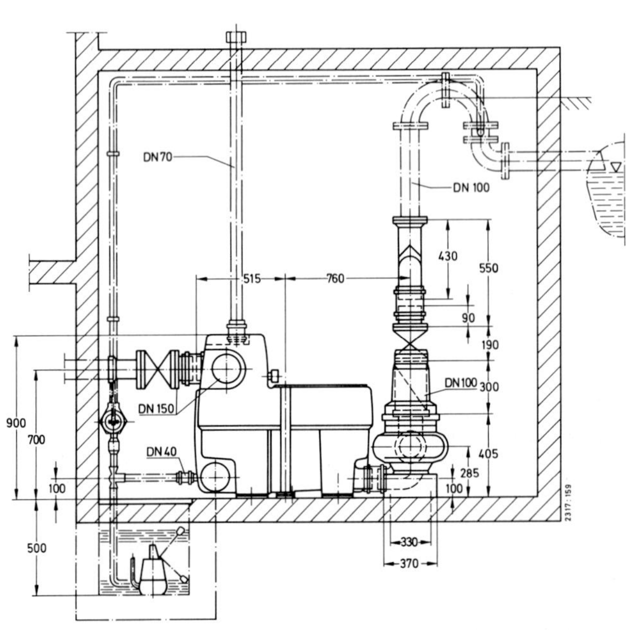

Pumpe für Trockenschachtaufstellung

Bild 2.63
Abwasserpumpen

2.5. GRUNDSTÜCKSENTWÄSSERUNG

Die Grundstücksentwässerung übernimmt sämtliche Abwässer vom Gebäude und leitet sie samt übrigen, auf dem Grundstück anfallenden Abwässern der Öffentlichen Kanalisation zu. Zur Grundstücksentwässerung gehören somit sämtliche, auf einem privaten Grundstück im Erdbereich oder an der Kellerdecke verlegten Entwässerungsleitungen samt den zum Betrieb und Unterhalt notwendigen Bauelementen wie Hochsammler, Dachwassersammler, Schlammsammler, Kontrollschächte, Öl- und Fettabscheider sowie Einrichtungen zur Abwasservorbehandlung und gegebenenfalls Abwasserpumpenanlagen. Die private Grundstücksentwässerung endet beim Anschluß an die öffentliche Kanalisation und der Unterhalt obliegt dem Eigentümer des Grundstücks. Soweit als möglich soll jede Liegenschaft ohne Nutzung des Nachbargrundstücks selbständig entwässert werden. Wenn dies nicht möglich ist, müssen entsprechende Grunddienstbarkeiten geregelt und im Grundbuch eingetragen werden. Bild 2.65.1 zeigt nochmals alle Arten der Ortsentwässerung bei einem Misch- oder Trennsystem. Die verschiedenen Abwasserarten können je nach Herkunft und Zusammensetzung einem Regenwasser- oder Schmutzwasserkanal zugeführt werden. Tabelle 2.22 gibt einen Hinweis bei der Ableitung von Abwasserarten bei verschiedenen Abwassersystemen.

2.5.1. Werkstoffe

Als Werkstoffe bieten sich bei verschiedenen Verwendungszwecken die nachfolgend in der Tabelle 2.23 aufgeführten Materialien an. Muffenverbindungen sind dabei nach den Werkvorschriften bei den entsprechenden Materialien auszuführen und bei der Verlegung dürfen keine Spalten oder rauhen Rohrteile erkennbar sein, die den Abwasserstrom beeinträchtigen. Offene Leitungen sind zu vermeiden und alle Abwasserkanäle müssen absolut dicht sein, da feinste Wurzeln sehr schnell in die engsten und kleinsten Risse einwachsen und somit später zu Verstopfungen führen.

2.5.2. Grundleitungen

Grundleitungen sollen soweit als möglich gradlinig geführt werden und sollen auf kürzestem Wege die öffentliche Kanalisation erreichen. Die Abwasserleitungen sind mit ausreichendem Gefälle zu verlegen, wobei die Verlegung gemäß den genehmigten Plänen zu erfolgen hat. Spätere Änderungen sind entsprechend in die Abwasserleitungen und Plangrundlagen einzumessen. Die günstigste Verlegung der Grundleitungen erfolgt auf einer Betonsohle, um Senkungen oder Brüche zu vermeiden. Insofern sind bei Mauerdurchführungen (Kellerbereiche) ins offene Gelände flexible Leitungsverbindungen vorzusehen.

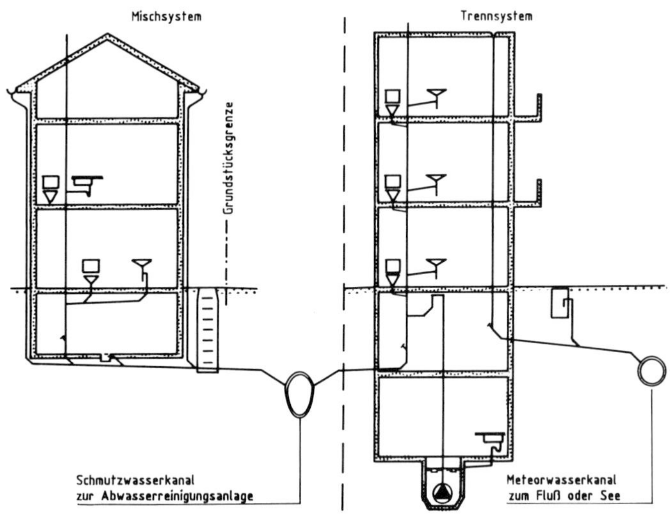

Bild 2.65.1
Arten der Ortsentwässerung

Wie bei den Grundleitungen im Gebäude sollen ausreichend Reinigungsmöglichkeiten vorgesehen werden, insbesondere sind Kontrollschächte im Bereich von Schlammsammlern, Abscheidern usw. notwendig.

Art des Abwassers	Trennsystem		Mischsystem	Reinwasserkanal
	Regenwasserkanal	Schmutzwasserkanal		
Dachwasser [2]	X	0	X	0
Privatstraßenwasser	X	0	X	0
Platzwasser				
normal	X	0	X	0
spezielle Fälle	0	X	X	0
Brunnenwasser [2]	X	0	X [1]	X
Sickerwasser [2]	X	0	X [1]	X
Grund- und Quellwasser [3]	X [1]	0	0	X
Kühlwasser [2]	X	0	X [1]	X
Schmutzwasser	0	X	X	0
Gereinigtes Abwasser	X	0	0	0
Bäche	X	0	0	X

X Gestattet
0 Nicht gestattet
1 Einleitung nur mit besonderer Bewilligung gestattet
2 Versickerung mit besonderer Bewilligung gestattet, eventuell vorgeschrieben
3 Die Ableitung bedarf einer behördlichen Bewilligung

Tabelle 2.22
Ableitung von Abwasserarten bei verschiedenen Systemen

Verwendung	Rohrmaterial						
	Asbestzement	Normalbeton	Spezialbeton	Guß	PE-h	Hart-PVC	Steinzeug
Regenwasser	X	X	X	X	X	X	X
Häusliches u. gewerbl. Abwasser [3]	X	0	X	X	X	X	X
Zementaggressive Abwässer	0	0	0	0	X	X	X
Saurer Boden	X[1]	0	X[1]	X[1]	X	X	X
Druckleitungen	X	0	0	X[2]	X	0	0
Normales Sickerwasser	X	X	X	X	X	X	X
Stark kalkhaltiges Sickerwasser	0	0	0	X	X	0	0

X kann verwendet werden
0 soll nicht verwendet werden
1 besondere Schutzmaßnahme erforderlich
2 duktiler Guß
3 sofern Bedingungen der „Verordnung über Abwasserleitungen" eingehalten sind

Tabelle 2.23
Eignung der Rohmaterialien für verschiedene Abwässer

Bild 2.65.2 zeigt die Abwasserhydraulik einer liegenden Grundleitung. Das obere Diagramm zeigt, daß die Abwassermenge bei Teilfüllung (Q_t) einen anderen Verlauf nimmt, als die Fließgeschwindigkeit im teilgefüllten Rohr (v_t). Das hängt mit der Füllung eines kreisrunden Querschnitts zusammen.

Wie bereits bei den Grundleitungen der Gebäudeentwässerung erläutert, dürfen Richtungsänderungen um 90° bei entsprechenden Leitungen nur durch zwei Bögen je 45° gebildet werden und der Anschluß zweier liegender Leitungen darf jeweils versetzt lediglich unter 45° erfolgen (vergl. Bild 2.66).

Gleichermaßen sollen bei großen Sturzstrecken oder großen Höhenunterschieden anstelle von Steigefällen 90° Richtungswechsel unter Beachtung des vorher Gesagten vorgesehen werden. Bild 2.67 zeigt hier einige Beispiele.

Um Verstopfungen in Hauskanalisationen zu vermeiden, sollen entsprechende Sammelleitungen nicht nur das absolute Minimalgefälle aufweisen, da schon kleinste Setzungen mit entsprechenden Leitungssenkungen die Ablagerung von Feststoffen begünstigt.

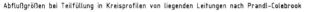

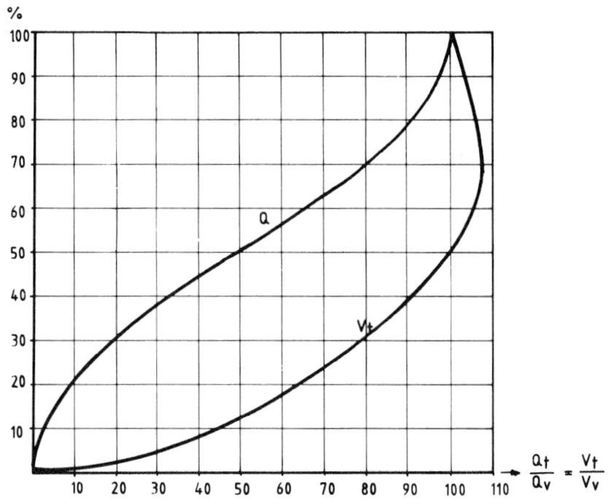

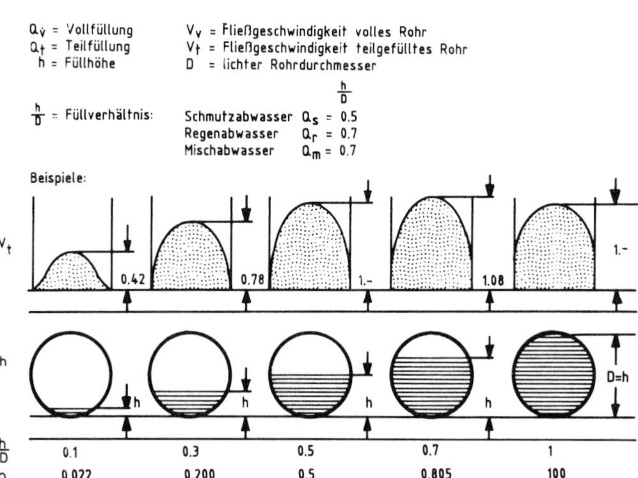

Bild 2.65.2
Abwasserhydraulik, liegende Leitungen

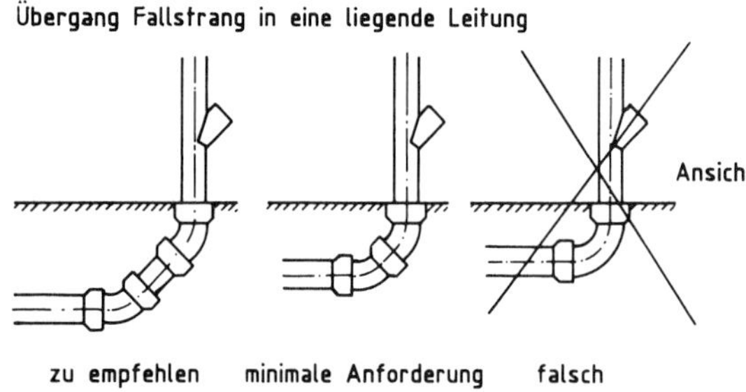

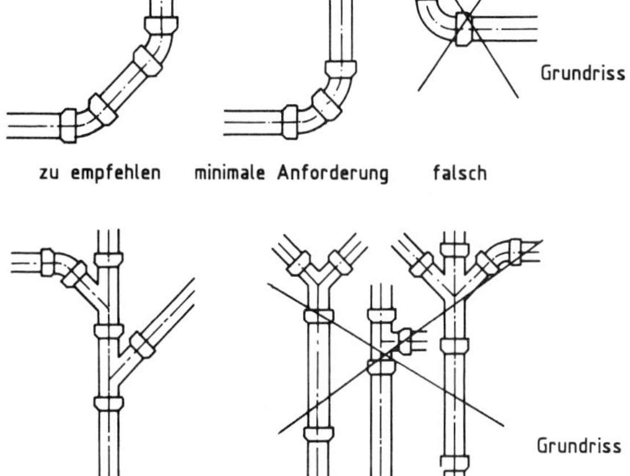

Bild 2.66
Abzweigungen

Es wird daher empfohlen, Schmutzwasserleitungen zumindest mit einem Gefälle von 1,5 % und Regenwasserleitungen mit einem Gefälle von mindestens 1 % zu verlegen. Besser wäre es jedoch, im Rahmen einer notwendigen Sicherheit ein Gefälle von mindestens 3 % generell anzustreben.

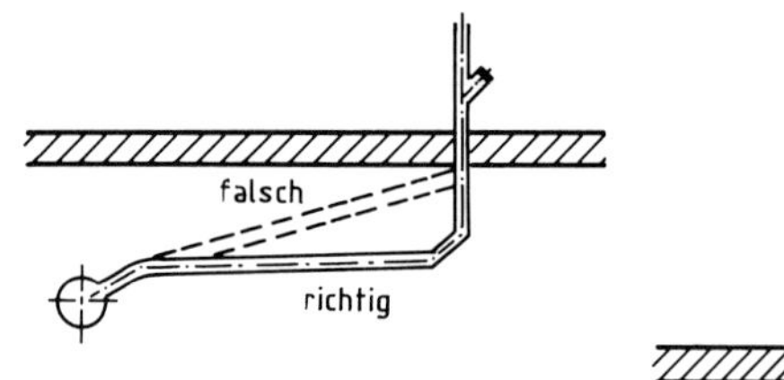

Bild 2.67
Detail Grundleitungen

2.5.3. Anschlüsse an Öffentliche Kanalisation

Die Ausführung der Anschlüsse an das öffentliche Kanalsystem ist eine sehr wesentliche Voraussetzung bei der Erstellung der Hausentwässerung. Die Anschlußleitung an das öffentliche Kanalsystem hat gemäß Bild 2.68 unter bestimmten Winkeln zu erfolgen, wobei große Anschlußleitungen in einen Kontrollschacht mit offener Durchlaufrinne mit der Kanalisation zusammengeführt werden.

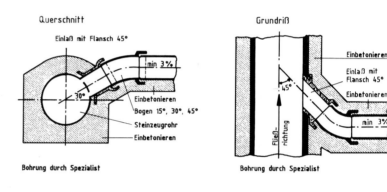

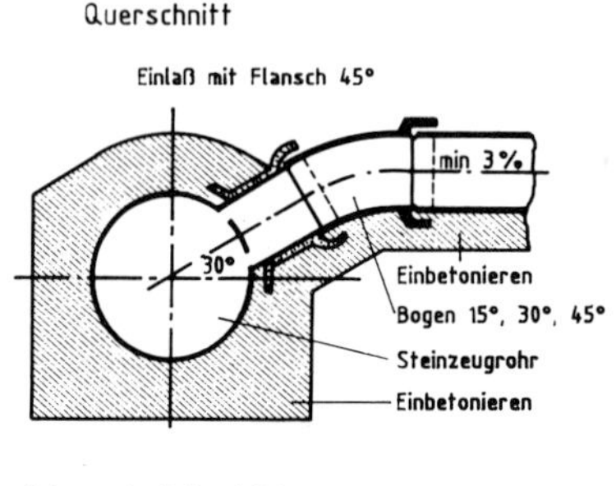

Bild 2.68
Anschluß an das öffentliche Kanalsystem

2.5.4. Sickerleitungen

Hang- und Grundwasser bleibt unter der Erdoberfläche auf einer undurchlässigen Erdschicht oder innerhalb einer wasserführenden Bodenschicht und tritt teilweise als Rinnsal, Quelle oder kleiner Bach an die Erdoberfläche zurück. Da es sich hier um klares, frisches Wasser handelt, wird es nur in Ausnahmefällen in die Kanalisation geleitet.

Sickerwasser, das nur bei Regenwetter in Erscheinung tritt, darf zum Schutz von Baufundamenten, Kellern, Vorplätzen usw. mit Sickerleitungen in einem Sammler zusammengefaßt und der Kanalisation zugeleitet werden. Sickerleitungen werden gemäß Bild 2.69 verlegt, das heißt in ähnlicher Form wie Grundleitungen, wobei jedoch das

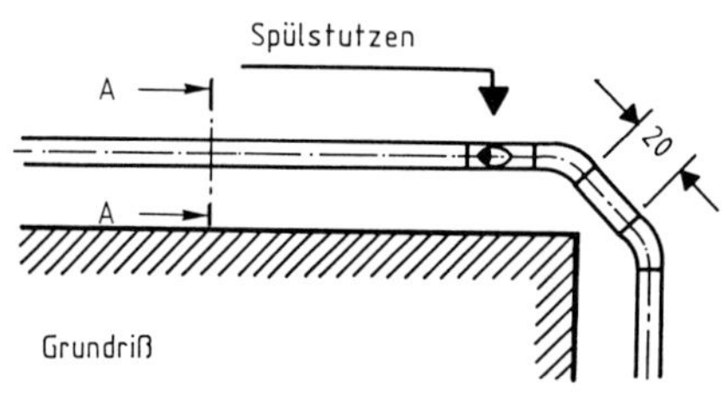

Für eine Richtungsänderung von 90° sind erforderlich:

1	Abzweiger	45°
1	Zwischenstück	20 cm lang
1	Bogen	45°

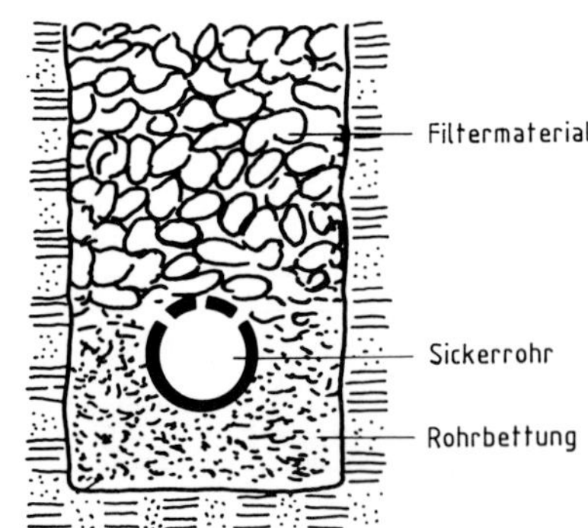

Bild 2.69
Detail Verlegung Sickerleitung

Gefälle nur 0,5 % betragen soll. Da Sickerleitungen nur versickertes Regenwasser aufnehmen sollen, ist ein Rohrdurchmesser von 10 cm für sämtliche Sickerleitungen absolut ausreichend. Das oft kalkhaltige Sickerwasser soll möglichst ruhig die Röhren durchfließen, um Ablagerungen zu vermeiden. Das Prinzip der Leitungsführung von Sickerwasser um ein Gebäude herum ist aus Bild 2.70 zu entnehmen.

Dabei darf es nicht mit der Hauskanalisation zusammengeschaltet werden, sondern die Sickerleitungen sind über einen Sickersammler mit Schlammsack separat zu entwässern. Sickerwasserleitungen dürfen demnach weder Regenabwasser eines Gebäudes noch Grundwasser abführen.

In Bild 2.71 ist neben der gesamten Entwässerung nochmals auch der Einbau einer Sickerleitung mit Sickersammler gut zu erkennen, der nach dem Sammler an die Grundstücksentwässerung angeschlossen ist.

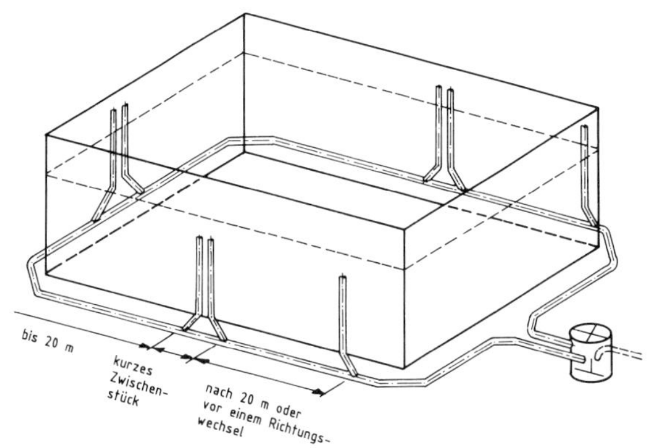

Bild 2.70
Prinzip Leitungsführung Sickerwasser

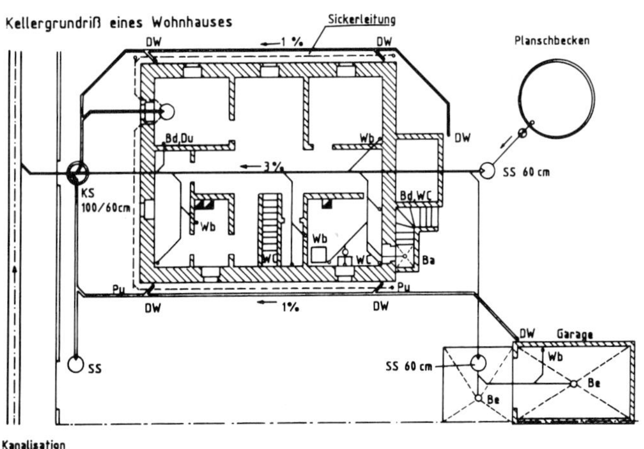

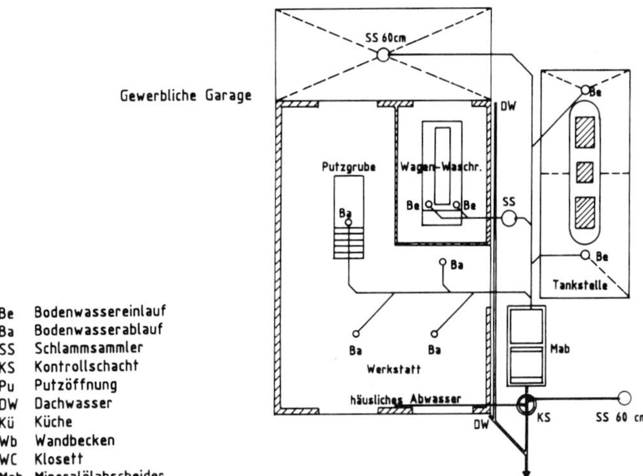

Bild 2.71
Entwässerungsschema

2.6. SANITÄRE EINRICHTUNGEN

2.6.1. Richtwerte der Raumausstattung

Die Sanitäreinrichtungen ergeben sich nach dem Raum- und einem Ausstattungsprogramm. In den nachfolgenden Tabellen sind Richtwerte der Sanitäreinrichtungen nach Gebäudeart und -nutzung angegeben, Tabelle 2.24 bis 2.37 (aus H. Feurich, Sanitärtechnik, 5. Auflage/1987).

Raumbezeichnung	Anzahl der Räume je Wohnung	Sanitäreinrichtung
Abortraum[1]	1 bis2	1 Klosettbecken 1 Handwaschbecken oder 1 Waschtisch[2] 1 Sitzwaschbecken 1 Wandurinal
Bad[3]	1 bis 2	
Ausstattung nach DIN 18022		1 Badewanne 1 Waschtisch 1 Klosettbecken[4] 1 Waschmaschine[5] 1 Vorrichtung zum Wäschetrocknen
Empfehlenswerte zusätzliche Ausstattung		1 Schuko-Dose 1 Brausewanne 1 Sitzwaschbecken 1 Mundspülbecken 1 zusätzl. Waschtisch bei mehr als drei Personen oder 1 Doppelwaschtisch
Hausarbeitsraum[6]	1	1 Arbeitsplatte 1 Schrank 1 Schmutzwäschebehälter 1 Waschmaschine[5] 1 Spülbecken mit Abstellfläche 1 Vorrichtung zum Wäschetrocknen 1 bis 2 Schuko-Dosen
Küche Arbeits-, Eß- oder Wohnküche		1 Doppelspülbecken mit Abstellfläche 1 Herd 1 Kühlschrank 1 Speiseschrank 1 kleine Arbeitsplatte 1 große Arbeitsplatte 2 große Schuko-Dosen Unter- und Oberschränke 1 Waschmaschine[5]
Empfehlenswerte zusätzliche Ausstattung		1 Ausgußbecken 1 Gefriertruhe oder Gefrierschrank 1 Geschirrspülmaschine
Kochnische		1 Spülmaschine mit Abstellfläche 1 Herd 1 Kühlschrank 1 kleine Arbeitsplatte 1 Schuko-Dose Unter- und Oberschränke

[1] Nach DIN 18022 wird die räumliche Trennung von Bad und Abortraum mit eigenen Zugängen empfohlen und gefordert für Wohnungen, die für mehr als fünf Personen bestimmt sind.
Eigenheime und Wohnungen über 60 m² oder mit mehr als drei Zimmern sollen zwei Klosettbecken erhalten.

[2] Empfehlenswert ist ein Waschtisch im Abortraum.

[3] Ein zweites Bad ist für Eigenheime und große Wohnungen zur Benutzung durch Kinder und Gäste zweckmäßig.

[4] Das Klosettbecken im Bad wird in DIN 18022 gefordert, sofern kein besonderer Abortraum vorhanden ist. Es ist jedoch auch bei einem besonderen Abortraum für das Bad zu empfehlen.

[5] Die Waschmaschine (kombiniert bzw. mit Schleuder) kann im Hausarbeitsraum (am zweckmäßigsten), im Bad oder in der Küche aufgestellt werden.

[6] Ein Hausarbeitsraum wird zur Erleichterung der hauswirtschaftlichen Arbeiten vorgesehen.

Tabelle 2.24
Richtwerte der Sanitäreinrichtung in Wohnungen und Eigenheimen

2

Raumbezeichnung	Anzahl der Räume je Kinderkrippe	Sanitäreinrichtung
Abortraum (Töpfchenraum)	1	1 Einfach-Spülbecken mit Abtropffläche 1 Fäkalienausgußbecken 1 Kleinkinder-Klosettbecken für 10 Kinder 1 Waschtisch
Absonderungsraum	1	1 Waschtisch
Büro	1	1 Waschtisch
Küche (Milchküche)	1	1 Flaschen-Sterilisator 1 Kühlschrank 1 Sauger-Wasch- und Sterilisationsapparat 1 Spülbecken mit Flaschen-Waschapparat 1 Waschtisch
Personalräume Bad	1	1 Klosettbecken 1 Liegewanne oder 1 Brausewanne 1 Waschtisch 1 Sitzwaschbecken empfehlenswert
Wohn- und Schlafraum (Leiterin und Helferin)	2	1 Waschtisch
Stillraum	1	1 Waschtisch
Waschraum	1	1 Kinderbadewanne für 6 bis 8 Kinder 1 Wickeltisch bis zu 20 Kinder 1 Waschtisch je Raum
Waschküche	1	1 Fäkalienausgußbecken 1 Waschbottich 1 Waschmaschine mit Schleuder

Tabelle 2.25.1
Kinderkrippen für Kinder im Alter von 6 Wochen bis 3 Jahren

Raumbezeichnung	Anzahl der Räume je Kindergarten	Sanitäreinrichtung
Abortraum[3)]	2	1 Einfach-Spülbecken mit Abtropffläche 1 Fäkalienausgußbecken 1 Kinderklosettbecken für 5 Kinder 1 Handwaschbecken oder 1 Waschtisch
Absonderungsraum	1	1 Waschtisch
Arztzimmer	1	1 Einfach-Spülbecken mit Abtropffläche 1 Waschtisch
Brausebad[3)]	1	1 Brausewanne für 10 Kinder 1 Fußwanne für 20 Kinder 1 Waschtisch für 40 Kinder
Büro	1	1 Waschtisch
Küche	1	1 Ausgußbecken 1 DoppelSpülbecken mit Abtropffläche 1 Herd 1 Kühlschrank
Personalräume (Leiterin) Bad	1	1 Klosettbecken 1 Liegewanne oder 1 Brausewanne 1 Waschtisch 1 Sitzwaschbecken empfehlenswert
Wannenbad[3)]	1	1 Kinderklosettbecken für 40 Kinder 1 Liegewanne für 40 Kinder 1 bis 2 Waschtische für 40 Kinder
Waschraum	1	1 Waschtisch oder 1 Waschstelle für 2 bis 4 Kinder

Tabelle 2.25.2
Kindergärten für Kinder im Alter von 3 bis 6 Jahren

Tabelle 2.25
Richtwerte der Sanitäreinrichtung in Kinderheimen

Raumbezeichnung	Anzahl der Räume je Jugend-hort	Sanitäreinrichtung
Abortraum[3])	2	1 Fäkalienausgußbecken 1 Klosettbecken für 10 Kinder 1 Urinal für 10 Knaben 1 bis 2 Handwaschbecken oder Waschtische
Absonderungsraum	1	1 Waschtisch
Arztzimmer	1	1 Einfach-Spülbecken mit Abtropffläche 1 Waschtisch
Brausebad[3])	1	1 Brausewanne für 10 Kinder 1 Fußwanne für 20 Kinder 1 Waschtisch für 40 Kinder
Büro	1	1 Waschtisch
Küche	1	1 Ausgußbecken 1 Doppel-Spülbecken mit Abstellfläche 1 Herd 1 Kühlschrank
Personalräume (Leiterin) Bad	1	1 Klosettbecken 1 Liegewanne oder 1 Brausewanne 1 Waschtisch 1 Sitzwaschbecken empfehlenswert
Wannenbad[3])	1	1 Klosettbecken für 40 Kinder 1 Liegewanne für 40 Kinder 1 bis 2 Waschtische für 40 Kinder
Waschraum[4])	2	1 Waschtisch oder 1 Waschstelle für 2 bis 4 Kinder
Werkstatt	1	1 Ausgußbecken oder 1 Einfach-Spülbecken

1) Für 20 Kinder: 1/3 Säuglinge und 2/3 Krabbelkinder*).
2) Für 30 bis 40 Kinder in zwei Gruppen*).
3) Aborträume für Mädchen und Knaben getrennt; Waschraum, Brause- und Wannenbad für wechselnde Benutzung*).
4) Waschräume für Mädchen und Knaben getrennt*).
*) Ernst Neufert: Bau-Entwurfslehre.

Tabelle 2.25.3
Jugendhorte für Kinder im Alter von 6 bis 14 Jahren

Raumbezeichnung	Sanitäreinrichtung
Aborträume für Knaben	1 Ausgußbecken 1 Klosettbecken für 20 Knaben 1 Urinal für 10 Knaben 1 Handwaschbecken oder 1 Waschtisch für 40 Knaben
Aborträume für Mädchen	1 Ausgußbecken 1 Klosettbecken für 10 Mädchen 1 Handwaschbecken oder 1 Waschtisch für 40 Mädchen
Aborträume für Lehrer	1 Klosettbecken für 20 Lehrer 1 Urinal für 10 Lehrer 1 Handwaschbecken oder 1 Waschtisch für 20 Lehrer
Aborträume für Lehrerinnen	1 Klosettbecken für 10 Lehrerinnen 1 Handwaschbecken oder 1 Waschtisch für 20 Lehrerinnen
Flure	1 Trinkfontäne für 40 Schüler

1) Siehe auch DIN 18031, Hygiene im Schulbau, 10.63.
2) Turn- und Spielhallen siehe dort.
3 Ein Abortraum soll höchstens 10 Klosettbecken enthalten. In den Vorräumen ist auf je 2 Knabenzellen bzw. 4 Mädchenzellen ein Handwaschbecken oder ein Waschtisch anzuordnen.

Tabelle 2.26
Richtwerte der Sanitäreinrichtung in Schulen

Tabelle 2.26.1
Abortanlagen

Raumbezeichnung	Sanitäreinrichtung
Arztzimmer	1 Einfach-Spülbecken mit Abtropffläche 1 Waschtisch
Klassenräume	1 Einfach-Spülbecken mit Abtropffläche oder 1 Waschtisch
Lehrerzimmer und Verwaltungsräume	1 Waschtisch
Lehrküchen	1 Arbeitsplatz mit Ausgußbecken, Herd und Doppel-Spülbecken für 3 bis 4 Schülerinnen 1 Ausgußbecken zusätzlich je Lehrküche 1 Kühlschrank je Lehrküche 1 Waschmaschine je Lehrküche 2 Waschtische je Lehrküche
Physik-, Chemie- und Biologieunterrichtsräume	1 Experimentier-Vorführtisch[4])[5]) 1 Laborausgußbecken 1 Waschtisch
Physik-, und Chemieübungsräume	1 Experimentier-Vorführtisch[4])[5]) 1 Arbeitsplatz für 2 bis 4 Schüler an Experimentiertischen[6]) 1 Laborausgußbecken 1 Waschtisch

Physik-, Chemie- und Biologievorbereitungsräume	1 Experimentier-Vorführtisch[4)5)] 1 Laborausgußbecken 1 Waschtisch
Werkräume, Zeichensäle	1 Laborausgußbecken 2 Waschtische

4) Experimentier-Vorführtisch: etwa 360 · 80 · 80 cm mit 3 Gasanschlüssen, 2 Kaltwasseranschlüssen, 1 Spül- und Ausgußbecken mit Mischbatterie, Abflußanschluß und je 2 Gleich- und Wechselstromsteckdosen.

5) Experimentier-Vorführtische gegebenenfalls fahrbar mit Kupplungsschläuchen und Anschlußkästen im Vorbereitungs- und Unterrichtsraum.

6) Experimentiertisch mit Arbeitsplätzen für 4 Schüler etwa 260 · 80 · 80 cm mit 2 Gasanschlüssen, 4 Kaltwasseranschlüssen, 1 Spül- und Ausgußbecken, Abflußanschluß und je 2 Gleich- und Wechselstromsteckdosen.

Tabelle 2.26.2
Klassen und Sonderräume

Hallenart	Raumbezeichnung	Anzahl der Räume je Hallenart	Sanitäreinrichtung
Gymnastikhalle 9 x 12 m und	Wasch- und Duschräume 1)	1 oder 2 x 1/2	10 Brausestände 10 Hand- und Fußwaschstellen 3) 2 Fußdesinfektionsbrausen
Kleinturnhalle 10 x 18 m	Aborte 2)	—	2 bis 4Becken 1 bis 2 Urinale 1 bis 2 Waschtische 1 Ausgußbecken
Normalturnhalle 12 x 24 m 14 x 27 m und Großturnhalle 18 x 33 m	Lehrer- und Sanitätsraum	1	1 Waschtisch
	Wasch- und Duschräume 1)	2	20 Brausestände 20 Hand- und Fußwaschstellen 3) 4 Fußdesinfektionsbrausen
	Aborte 2)	—	4 bis 6 Becken 2 bis 3 Urinale 2 bis 3 Waschtische
	Putzmittelraum	1	1 Ausgußbecken
Großturnhalle 18 x 33 m, teilbar in 2 Übungsräume	Lehrer- und Sanitätsraum	1	1 Waschtisch
	Wasch- und Duschräume 1)	2 bis 3	20 bis 30 Brausestände 20 bis 30 Hand- und Fußwaschstellen 3) 4 bis 6 Fußdesinfektionsbrausen
	Aborte 2)	—	4 bis 8 Becken 2 bis 4 Urinale 2 bis 4 Waschtische
	Putzmittelraum	1	1 Ausgußbecken
Sporthalle 21 x 42 m, teilbar in 2 Übungsräume	Lehrer- und Sanitätsraum	1	1 Waschtisch
	Wasch- und Duschräume 1)	2 bis 4	20 bis 40 Brausestände 20 bis 40 Hand- und Fußwaschstellen 3) 4 bis 8 Fußdesinfektionsbrausen
	Aborte 2)	—	4 bis 8 Becken 2 bis 4 Urinale 2 bis 4 Waschtische
	Putzmittelraum	1	1 Ausgußbecken
Sporthalle 26 x 42 m, teilbar in 3 Übungsräume	Lehrer- und Sanitätsraum	1	1 Waschtisch
	Wasch- und Duschräume 1)	3 bis 4	30 bis 40 Brausen 30 bis 40 Hand- und Fußwaschstellen 3) 6 bis 8 Fußdesinfektionsbrausen
	Aborte 2)	—	5 bis 10 Becken 3 bis 5 Urinale 3 bis 5 Waschtische
	Putzmittelraum	1	1 Ausgußbecken

1) Je Wasch- und Duschraum ist eine Zapfstelle mit Schlauchanschluß vorzusehen.

2) Aborte müssen von der Gymnastik-, Turn- oder Sporthalle direkt zugänglich sein. Werden die Umkleideräume auch den Benutzern der Freianlagen zur Verfügung gestellt, dann sind außerdem Aborte in Nähe der Eingangshalle oder vom Stiefelgang zugänglich notwendig, sofern nicht Aborte der betreffenden Schule oder Zuschauerborte mitbenutzt werden können.

3) Die Fußwaschstellen können mit den Brauseständen oder mit den Handwaschstellen kombiniert ausgeführt werden.

Tabelle 2.27
Richtwerte der Sanitäreinrichtung in Gymnastik-, Turn- und Sporthallen

Beschäftigte je Schicht bis	Männer		Frauen 3)	
	Klosettbecken	Urinale 4)	Klosettbecken	Sitzwaschbecken
10	1	1	1	1
20	—	—	2	1
25	2	2	—	—
35	—	—	3	1
50	3	3	4	2
65	—	—	5	2
75	4	4	—	—
80	—	—	6	2
100	5	5	7	3
120	—	—	8	3
130	6	6	—	—
140	—	—	9	3
160	7	7	10	3
190	8	8		
220	9	9		
250	10	10		

1) Ein Abortraum soll höchstens 10 Klosettbecken enthalten. In den Vorräumen ist für 5 Klosettbecken mindestens 1 Handwaschbecken oder Waschtisch vorzusehen, desgleichen können Ausgußbecken für Reinigungszwecke untergebracht werden.

2) Je Abortraum ist ein Fußbodenlauf und eine Zapfstelle mit Schlauchanschluß vorzusehen.

3) Mindestens jede fünfte Abortzelle soll einen Abfalleimer mit durch Fußhebel bedienbarem Deckel erhalten.

4) Bei mehr als 10 Urinalen sind diese in besonderen Räumen unterzubringen.

Tabelle 2.28
Richtwerte der Sanitäreinrichtung in Industriebetrieben und Arbeitsstätten

Tabelle 2.28.1 Abortanlagen

Raumbezeichnung	Betriebsart	Sanitäreinrichtung
Wasch- und Baderäume	wenig schmutzend	15 Reinigungsstellen[1]) für je 100 Benutzer
	mäßig schmutzend	20 Reinigungsstellen[1]) für je 100 Benutzer
	stark schmutzend, feucht, heiß, staubig giftgefährdet, infektionsgefährdet, geruchsbelästigend, Nahrungs- und Genußmittel, steril u. pharmazeutisch	25 Reinigungsstellen[1]) für je 100 Benutzer
Waschräume	wenig schmutzend	1 Waschstand[2]) für 3 bis 5 Benutzer 1 bis 2 Trinkwassersprudel je Waschraum
	bei schmutzendem oder heißem Boden	zusätzlich: 1 Fußwaschstand[3]) für 10 bis 20 Benutzer
	mäßig und stark schmutzend	zusätzlich: 1 Brausestand für 10 bis 20 Benutzer 1 Fußdesinfektionsbrause auf 6 bis 8 Brausestände
	giftgefährdet, infektionsgefährdet, steril, und pharmazeutisch	zusätzlich: 1 Wannenbad für 25 bis 50 Benutzer
Behandlungsräume	außergewöhnliche Arbeitsbedingungen	Bestrahlungs- und Inhalationsanlagen
Umkleideräume	Schmutzbetrieb	Stiefelreinigunsanlage vorgeschaltet
Arbeitsräume	heiß, staubig, geruchsbelästigend	1 Mundspülbecken für 50 Benutzer 1 Trinkwassersprudel[4]) für 100 Benutzer
Sanitätsraum	—	1 Waschtisch
Putzräume	—	1 Ausgußbecken
Teeküchen	—	1 Ausgußbecken 1 Kochendwasserbereiter[5]) 1 Doppelspüle

[1]) Nach Betriebsart sind die Reinigungsstellen in angemessenem Verhältnis in Wasch- und Brausestellen aufzuteilen.
[2]) Für 2 bis 3 Waschstände ist mindestens 1 Spiegel im Raum anzuordnen.
[3]) Fußwaschstände können mit Brause- oder Handwaschständen kombiniert ausgeführt werden.
[4]) Die größte Entfernung zwischen Arbeitsplatz und Trinkwassersprudel darf bis zu 100 m betragen.
[5]) Verbrauch an kochendem Wasser je Person 0,75 l/Tag. 1 Liter Wasser ergibt 5 bis 6 Tassen.

Tabelle 2.28.2
Reinigungs- und Sonderanlagen

Raumbezeichnung	Sanitäreinrichtung
Waschraum	1 Waschstelle für höchstens 5 Arbeitnehmer und 1 Dusche für höchstens 20 Arbeitnehmer

Tabelle 2.28.3
Waschräume auf Baustellen

Raumbezeichnung	Sanitäreinrichtung
Sanitätsraum	1 Waschtisch 1 Dusche
Abortraum zugehörig	1 Klosettbecken 1 Waschbecken

[1]) In Gebäuden muß mindestens ein Sanitätsraum vorhanden sein, wenn mehr als 1000 Arbeitnehmer beschäftigt sind oder mit besonderen Unfallgefahren zu rechnen ist und mehr als 100 Arbeitnehmer beschäftigt sind.
[2]) Auf Baustellen muß mindestens ein Sanitätsraum vorhanden sein, wenn von einem Arbeitgeber mehr als 50 Arbeitnehmer beschäftigt werden.

Tabelle 2.28.4
Sanitätsräume in Gebäuden auf Baustellen

Raumbezeichnung	Sanitäreinrichtung
Aborträume[1]) für Frauen	1 Ausgußbecken 1 Klosettbecken für 8 bis 10 Frauen oder 100 m^2 Nutzfläche 1 bis 3 Waschtische je Abortraum oder 1 Waschtisch für höchstens 5 Klosettbecken
Aborträume[1]) für Männer	1 Ausgußbecken 1 Klosettbecken für 10 bis 15 Männer oder 100 m^2 Nutzfläche 1 Urinal für 10 bis 15 Männer oder 150 m^2 Nutzfläche 1 bis 3 Waschtische je Abortraum oder 1 Waschtisch für höchstens 5 Klosettbecken
Büroräume	1 Waschtisch für 8 bis 10 Personen oder 100 m^2 Nutzfläche oder mindestens je Büroraum
Putzräume	1 Ausgußbecken
Teeküchen	1 Kochendwasserbereiter[2]) 1 Einfach-Spülbecken mit Abtropffläche

[1]) Ein Abortraum soll höchstens 10 Klosettbecken enthalten.
[2]) Verbrauch an kochendem Wasser je Person 0,75 l/Tag. 1 Liter Wasser ergibt 5 bis 6 Tassen.

Tabelle 2.29.1
Richtwerte der Sanitäreinrichtung in Büro- und Verwaltungsgebäuden

Raumbezeichnung und Ausstattung	Sanitäreinrichtung bei Anzahl der Verpflegungsteilnehmer [1][2] 150-300	301-450	451-600	601-900	901-1200
Aborträume Männer					
- Klosettbecken	1	2	2	3	4
- Urinale	2	2	3	4	5
- Waschbecken	1	1	2	2	3
Aborträume Frauen					
- Klosettbecken	1	2	2	3	4
- Waschbecken	1	1	1	1	2
- Ausgußbecken (für Raumpflege)	1	1	1	1	1

[1] Für das Kantinenpersonal sind Aufenthalts-, Ankleide- und Sanitärräume entsprechend den bau- und gewerbeaufsichtlichen Vorschriften zusätzlich vorzusehen.
[2] Die Anzahl der Verpflegungsteilnehmer, die in der Regel nicht identisch mit der Anzahl der Beschäftigen sein wird, ist — unter Berücksichtigung fremder Verpflegungsteilnehmer — zu ermitteln.

Tabelle 2.29.2
Richtwerte der Sanitäreinrichtung in Behördenkantinen

Raumbezeichnung	Sanitäreinrichtung
Abortraum für Personal	1 Ausgußbecken 1 Klosettbecken für 10 Personen 1 Handwaschbecken oder 1 Waschtisch
Damensalon	1 Frisierplatz für 400 Einwohner 1 Friseurwaschplatz für 400 Einwohner
Herrensalon	1 Friseurwaschtisch für 600 Einwohner
Mixkabine	1 Einfach-Spülbecken mit Abtropffläche

[1] Ein Frisiersalon für Damen und Herren auf 3000 bis 5000 Einwohner bzw. für ein Krankenhaus mit etwa 500 Betten.
[2] Das Verhältnis der Arbeitsplätze im Damensalon zu denjenigen im Herrensalon beträgt etwa 3:1.

Tabelle 2.30
Richtwerte der Sanitäreinrichtung in Friseursalons

Raumbezeichnung	Sanitäreinrichtung
Aborträume [1] für Frauen	1 Klosettbecken für 10 Betten 1 Handwaschbecken oder 1 Waschtisch für höchstens 5 Klosettbecken
Aborträume [1] für Männer	1 Klosettbecken für 15 Betten 1 bis 2 Urinale für 15 Betten 1 Handwaschbecken oder 1 Waschtisch für höchstens 5 Klosettbecken
Brausebaderäume [2]	1 Brausewanne 1 Fußwanne 1 Waschtisch 1 Sitzwaschbecken empfehlenswert
Putzräume	1 Ausgußbecken
Wannenbaderäume	1 Sitzwaschbecken 1 Klosettbecken 1 Liegewanne 1 bis 2 Waschtische

Tabelle 2.31
Richtwerte der Sanitäreinrichtung in Hotels

Tabelle 2.31.1
Allgemeine Sanitärräume je Geschoß

Raumbezeichnung	Sanitäreinrichtung
Einzelzimmer mit Waschnische	1 Waschtisch 1 Sitzwaschbecken empfehlenswert
Einzelzimmer mit Brausebad [2]	1 Brausewanne 1 Klosettbecken 1 Waschtisch 1 Sitzwaschbecken empfehlenswert
Einzelzimmer mit Wannenbad	1 Sitzwaschbecken 1 Klosettbecken 1 Liegewanne 1 Waschtisch
Doppelzimmer mit Waschnische	2 Wachtische oder 1 Doppelwaschtisch 1 Sitzwaschbecken empfehlenswert
Doppelzimmer mit Brausebad [2]	1 Brausewanne 1 Klosettbecken 2 Waschtische oder 1 Doppelwaschtisch 1 Sitzwaschbecken empfehlenswert
Doppelzimmer mit Wannenbad	1 Sitzwaschbecken 1 Klosettbecken 1 Liegewanne 2 Waschtische oder 1 Doppelwaschtisch
Appartement mit Wannenbad	1 Sitzwaschbecken 1 Klosettbecken 1 Liegewanne 2 Waschtische oder 1 Doppelwaschtisch 1 Brausewanne empfehlenswert

[1] Ein Abortraum soll höchstens 10 Klosettbecken enthalten.
[2] Die Fußbäder können als Fußwaschstellen mit den Brausewannen kombiniert angelegt werden, in Räumen mit Sitzwaschbecken kann auf das Fußbad verzichtet werden.

Tabelle 2.31.2
Hotelzimmer

2

Bezeichnung	
Campingplätze	Fläche = 50 m² pro Zelteinheit bzw. Wohnwagen; für 3 - 5 Personen
Ferienplätze	Fläche = 65 m² wie vor
50 Platzbesucher	mind. 1 Trinkwasserzapfstelle mit Schmutzwasserablauf
100 Platzbesucher[2]	mind. 10 Waschplätze 3 Duschen 3 Fußwaschbecken 3 Geschirrspülbecken 2 Wäschespülbecken
20 weibliche Platzbesucher	mind. 1 Sitzabort
30 männliche Platzbesucher	mind. 1 Sitzabort 1 Urinalstand
Aborte	mind. 1 Handwaschbecken für 5 Aborte
Trinkwasserbedarf	mind. 60 l/Tag u. Platzbesucher bei Plätzen mit Wasch- und Duschgelegenheit sowie Spülaborten mind. 25 l/Tag u. Platzbesucher bei Plätzen ohne Duschgelegenheit und ohne Spülabort

[1] Hygiene öffentlicher Campingplätze; Richtlinien für die Gesundheitsämter. Institut für Wasser-, Boden- und Lufthygiene des Bundesgesundheitsamtes, Berlin.
[2] Waschplätze, Duschen und Abortanlagen getrennt für Männer und Frauen.

Tabelle 2.31.3
Richtwerte der Sanitäreinrichtung auf öffentlichen Campingplätzen

Raumbezeichnung	Sanitärraum[2]	Sanitäreinrichtung
Schankraum, Speisesaal oder Kaffeestube bis 100 m²	Abortraum Frauen	1 Ausgußbecken 1 bis 2 Klosettbecken 1 Waschbecken
	Abortraum Männer	1 Ausgußbecken 1 Klosettbecken 2 bis 3 Urinale 1 Waschbecken
je weitere angefangene 100 m²	Abortraum Frauen	2 Klosettbecken
	Abortraum Männer	1 Klosettbecken 2 Urinale

[1] Platzbedarf je Gast in Gaststätten*:
Tische 85/85 cm parallel angeordnet ≥ 1,5 m²
Tische 85/85 cm diagonal angeordnet ≥ 1,0 m²
Platzbedarf je Gast in Kaffeehäusern:
Tische 85 cm Ø ≥ 0,75 m²
Tische 60 cm Ø ≥ 0,6 bis 0,7 m²
[2] Ein Abortraum soll höchstens 10 Klosettbecken enthalten. In den Vorräumen ist für 5 Klosettbecken mindestens 1 Handwaschbecken oder Waschtisch vorzusehen.
*) [Ernst Neufert: Bau-Entwurfslehre]

Tabelle 2.32
Gaststätten

Tabelle 2.32.1
Richtwerte der Sanitäreinrichtung in Gaststätten und Kaffeehäusern, nach der Fläche

Anzahl der Plätze	Abortraum Frauen[2] Klosettbecken	Waschbecken	Abortraum Männer[2] Klosettbecken	Urinale	Waschbecken
bis 30	1	1	1	1 bis 2	1
30 bis 60	2	1 bis 2	1	2 bis 3	1
60 bis 80	2 bis 3	2	1 bis 2	3 bis 4	1 bis 2
80 bis 120	3 bis 4	2 bis 3	2	4 bis 5	2
120 bis 170	4 bis 6	3 bis 4	2 bis 3	5 bis 6	2 bis 3
170 bis 230	6 bis 8	4 bis 5	3 bis 4	6 bis 7	3 bis 4
230 bis 330	8 bis 12	5 bis 6	4 bis 6	7 bis 10	4 bis 5
330 bis 430	12 bis 16	6 bis 7	6 bis 8	10 bis 12	5 bis 6
je weitere 100	2 bis 4	1	1 bis 2	1 bis 3	1

[1][2] Siehe Tabelle 1.10.1

Tabelle 2.32.2
Richtwerte der Sanitäreinrichtungen in Gaststätten und Kaffeehäusern, nach Anzahl der Plätze

Raumbezeichnung	Sanitäreinrichtung
Aborträume für Badegäste[2)] Frauen je Abteilung	1 Ausgußbecken je Abortvorraum 1 Klosettbecken für 10 bis 15 Behandlungsplätze 1 Handwaschbecken
Männer je Abteilung	1 Klosettbecken für 20 bis 25 Behandlungsplätze 1 Urinal für 10 bis 15 Behandlungsplätze 1 Handwaschbecken oder 1 Waschtisch
Je Behandlungseinheit[3]	1 Klosettbecken 1 Handwaschbecken oder 1 Waschtisch
Aborträume für Personal Frauen je Abteilung	1 Klosettbecken 1 Handwaschbecken oder 1 Waschtisch
Männer je Abteilung	1 Klosettbecken 1 Urinal 1 Handwaschbecken oder 1 Waschtisch
Anmeldung	1 Waschtisch
Behandlungsräume[4], Vor- und Nachreinigung Je Abteilung mindestens	1 Sitzwaschbecken 1 Brausewanne 1 Fußdesinfektionsbrause 1 Speibecken 1 Waschtisch
Je Behandlungseinheit	1 Brausewanne 1 Fußdesinfektionsbrause
Je Behandlungseinheit für Packungen	1 Brausewanne 1 Fußdesinfektionsbrause 1 Liegewanne
Behandlungsräume[4], zur Spezialeinrichtung Darmbad (Sudabad)	1 Sitzwaschbecken 1 Ausgußbecken 1 Einfach-Spülbecken mit Abtropffläche 1 Klosettbecken 1 Waschtisch 1 Brausewanne empfehlenswert

Einzelinhalation	1 Doppel-Spülbecken mit Abtropffläche 1 Speibecken 1 Waschtisch
Massageraum	1 Brausewanne 1 Fußdesinfektionsbrause 1 Waschtisch
Packungen, Küche	1 Ausgußbecken 1 Einfach-Spülbecken mit Abtropffläche 1 Waschtisch
Rauminhalation	1 Speibecken je Behandlungsplatz 1 Waschtisch
Teilbäder	1 Waschtisch
Personalräume[5]	1 Waschtisch
Putzraum	1 Ausgußbecken

[1] Medizinische Bäder und Reinigungsbäder können getrennte Abteilungen für Frauen und Männer erhalten. Bei nur einer Abteilung ermöglichen in sich abgeschlossene Behandlungseinheiten eine Trennung der Geschlechter bei gleichzeitiger Benutzung, andernfalls ist ein tageweiser Wechsel notwendig.

[2] Die Aborträume für Badegäste sind vor und hinter den Umkleideräumen vorzusehen.

[3] Abgeschlossene Behandlungseinheiten sollen jeweils einen Abortraum zugeordnet bekommen. Diese Gliederung ermöglicht eine Benutzung von der Umkleide- und Ruhezelle sowie von der Behandlungszelle aus.

[4] Gilt nur für medizinische Bäder.

[5] Personalräume für Frauen und Männer getrennt.

Tabelle 2.33
Richtwerte der Sanitäreinrichtung in öffentlichen Bädern

Tabelle 2.33.1
Medizinische Bäder und Reinigungsbäder je Abteilung

Raumbezeichnung	Sanitäreinrichtung
Aborträume, Anmeldung, Massage-, Personal- und Putzraum	Siehe Tabelle 1.11.1
Dampfbaderaum	—
Saunaraum	—
Warmluft-Heißluftbad Warmluftbaderaum	1 Speibecken
Vorreinigungsraum	1 bis 3 Brausewannen, mindestens 1 Brausewanne für 8 Aufbewahrungseinheiten 1 Fußdesinfektionsbrause
Vorwärm- und Abkühlraum	1 bis 3 Brausewannen für Erfrischungs- und Abkühlduschen, mindestens 1 Brausewanne für 8 Aufbewahrungseinheiten 1 bis 2 Fußwärmbecken 1 Speibecken 1 Trinkfontäne

[1] Siehe Tabelle 1.11.1

Tabelle 2.33.2
Richtwerte der Sanitäreinrichtung in Schwitzbädern (Dampfbad, Sauna, Warmluft-Heißluftbad), je Abteilung

Raumbezeichnung	Sanitäreinrichtung
Aborträume für Badegäste[7]	1 Ausgußbecken je Abortvorraum 1 Handwaschbecken oder 1 Waschtisch für höchstens 5 Klosettbecken
Für Frauen	1 Klosettbecken für 50 Aufbewahrungseinheiten
Für Männer	1 Klosettbecken für 100 Aufbewahrungseinheiten 1 Urinal für 100 Aufbewahrungseinheiten
Aborträume für Personal	Siehe Tabelle 1.11.1
Personalräume	Siehe Tabelle 1.11.1
Sanitätsraum	1 Waschtisch
Schwimmeister	1 Waschtisch
Umkleideräume	1 Einfach-Spülbecken für 100 Aufbewahrungseinheiten
Vorreinigung	1 Brausestand für 70 bis 100 Aufbewahrungseinheiten 1 Fußdesinfektionsbrause für 2 Brausestände

[6] Es kann ein Besucherverhältnis Männer : Frauen ≈ 5:3 bis 5:4 angenommen werden.

[7] Bei größerer Entfernung zwischen Umkleidegebäude und Schwimmbecken sollen getrennte Abortanlagen diesen zugeordnet werden, bei geringerer Entfernung genügt eine gemeinsame Abortanlage.

Tabelle 2.33.3
Richtwerte der Sanitäreinrichtung in Freibädern

Raumbezeichnung	Sanitäreinrichtung
Aborträume für Badegäste[8]	1 Ausgußbecken je Abortvorraum 1 Handwaschbecken oder 1 Waschtisch auf höchstens 3 Klosettbecken
Für Frauen	1 Sitzwaschbecken für 50 Aufbewahrungseinheiten 1 Klosettbecken für 20 bis 25 Aufbewahrungseinheiten
Für Männer	1 Klosettbecken für 40 bis 50 Aufbewahrungseinheiten 1 Urinal für 40 bis 50 Aufbewahrungseinheiten
Aborträume für Personal	Siehe Tabelle 1.11.1
Büroräume	1 Waschtisch
Personalräume	1 Waschtisch
Sanitätsraum	1 Waschtisch
Schwimmeister	1 Waschtisch
Schwimmhalle	1 bis 2 Speibecken 1 bis 2 Trinkfontänen
Umkleideräume[9]	1 Einfach-Spülbecken für 60 bis 70 Aufbewahrungseinheiten
Für Frauen	1 Haartrockner für 100 bis 150 Aufbewahrungseinheiten
Für Männer	1 Haartrockner für 100 bis 150 Aufbewahrungsheiten

Vorreinigung	1 Brausestand für 8 bis 10 Aufbewahrungseinheiten 1 Fußdesinfektionsbrause für 50 bis 60 Aufbewahrungseinheiten

7) Siehe Tabelle 1.11.3.
8) Die Aborträume sind von den Umkleide- und Vorreinigungsräumen sowie der Schwimmhalle zugänglich anzuordnen.
9) Eine Aufbewahrungseinheit ist auf 1 bis 1,5 m^2 Wasserfläche anzunehmen. Die Summe der Aufbewahrungseinheiten entspricht der gleichzeitig möglichen Besucherzahl.

Tabelle 2.33.4
Richtwerte der Sanitäreinrichtung in Hallenbädern

Raumbezeichnung	Sanitäreinrichtung
Aborträume[8]	1 Ausgußbecken je Abortvorraum 1 Handwaschbecken oder 1 Waschtisch für höchstens 3 Klosettbecken
Für Knaben und Lehrer	1 Klosettbecken 3 Urinale
Für Mädchen und Lehrerinnen	3 Klosettbecken
Lehrerzimmer	1 Waschtisch
Schwimmhalle	2 Speibecken
Umkleideräume	2 Einfach-Spülbecken je Umkleideraum
Vorreinigung Für Knaben und Lehrer	12 bis 15 Brausestände 2 Fußdesinfektionsbrausen
Für Mädchen und Lehrerinnen	12 bis 15 Brausestände 2 Fußdesinfektionsbrausen

8) Siehe Tabelle 1.11.4. 10) Ein Lehrschwimmbad für 13 bis 60 Schulklassen.

Tabelle 2.33.5
Richtwerte der Sanitäreinrichtung in Lehrschwimmbädern

Raumbezeichnung	Anzahl der Räume je Krankenstation: Stationspflegesystem 33 bis 36 Betten	Gruppenpflegesystem 2 x 18 Betten	Gruppenpflegesystem 4 x 18 Betten	Sanitäreinrichtung
Aborträume für Besucher[1]	1	1	1	
Frauen				2 Klosettbecken 1 Handwaschbecken oder 1 Waschtisch
Männer				1 Klosettbecken 1 bis 2 Urinale 1 Handwaschbecken oder 1 Waschtisch
Aborträume für Patienten[2]	2	2	4	1 Klosettbecken für 8 bis 10 Betten 1 Urinal für 16 bis 20 Betten 1 Handwaschbecken oder 1 Waschtisch je Abortraumgruppe
Aborträume für Personal[1]	2	2	2	
Frauen				1 Klosettbecken für höchstens 10 Frauen 1 Handwaschbecken oder 1 Waschtisch auf 2 Klosettbecken
Männer				1 Klosettbecken für höchstens 10 Männer 1 Urinal auf 1 Klosettbecken 1 Handwaschbecken oder 1 Waschtisch auf 2 Klosettbecken
Betriebsräume Fäkalienausgußraum[3]	1	2	4	1 Fäkalienspülapparat 1 Fäkalienausguß 1 Spülbottich 1 Desinfektionsmittelentnahmestelle
Pflegearbeitsraum	1	1	2	1 Fäkalienspülapparat 1 Fäkalienausguß 1 Spülbottich 1 Spülbecken mit Abstellfläche 1 Desinfektionsmittelentnahmestelle 1 Wärmevorrichtung für Steckbecken
Stations-Arztzimmer	1	1	2	1 Waschtisch
Stationsbad[4][5]	1 bis 2	1 bis 2	2 bis 4	1 Sitzwaschbecken 1 Brausewanne 1 Klosettbecken 1 Liegewanne 1 Sitzwanne 1 Waschtisch 1 Wäschewärmer
Stations-Brausebad[6]	1	1	2	1 Brausewanne 1 Wäschewärmer
Stations-Küche[7] oder Verteiler-Küche	1	1	1	1 Ausgußbecken 1 Herd mit 2 Kochstellen 1 Kühlschrank 1 Doppelspülbecken mit Abstellfläche 1 Geschirrspülmaschine 1 Wärmeschrank
Anrichte[8]		2	4	1 Herd mit 2 Kochstellen 1 Kühlschrank 1 Spülbecken mit Abstellfläche
Oberschwester-Dienstzimmer	1	1	1	1 Waschtisch
Schwestern-Dienstzimmer	1	2	4	1 Waschtisch 1 Spülbecken mit Abstellfläche
Untersuchungszimmer	1	1	2	1 Ärztewaschtisch 1 Spülbecken mit Abstellfläche
Krankenzimmer	12 bis 14	12	24	
Waschplatz				1 Waschtisch für höchstens 3 Betten 1 Mundspülbecken für höchstens 6 Betten 1 Sitzwaschbecken für höchstens 6 Betten
Sanitärzone mit WC zusätzlich				1 Klosettbecken für höchstens 6 Betten
Sanitärzone mit Bad zusätzlich				1 Liegewanne für 1 oder 2 Krankenzimmer
Schleuse				1 Handwaschbecken oder 1 Waschtisch 1 Desinfektionsschale

Tabelle 2.34
Richtwerte der Sanitäreinrichtung in Krankenhäusern

Die Zusammensetzung der Besucher wird mit 3/5 Frauen und 2/5 Männer angenommen

Besucher	Sanitäreinrichtung
für 40 - 75 weibliche Besucher	1 Klosett 1 Waschbecken
für 60 - 100 männliche Besucher	1 Klosett, 2 Urinale 1 Waschbecken
Schauspiel- und Opernmitglieder einschließlich Chor, Ballett und Statisten	
für 10 weibliche Mitglieder	1 Klosett
für 15 männliche Mitglieder	1 Klosett, 2 Urinale
je Solistenzimmer	1 Waschbecken
für 2 Solistengarderoben	1 Waschbecken 1 Brausebad
für die Solistengarderoben[1] zusammen	2 Wannenbäder
für je 4 Ballett-, Chormitglieder oder Statisten[1]	2 Waschbecken

	1 Brausebad
für das Ballett [1]	2 - 4 Fußwaschbecken
Personal der Werkstätten usw.	
für 15 Frauen	1 Klosett
für 20 Männer	1 Klosett
	2 Urinale
für 4 Personen [1]	1 Waschbecken
für 5 Personen [1]	1 Brausebad
für 10 Personen [1]	1 Wannenbad

[1] Die Ausstattungen sind für Frauen und Männer getrennt vorzusehen

Tabelle 2.35
Richtwerte der Sanitäreinrichtung in Theatern

	Sanitäreinrichtung
je Mann	1 Waschbecken oder 1 Waschstand
auf 15 - 20 Mann	1 Klosett 1 Urinal
auf 10 - 15 Mann	1 Fußwaschbecken
auf 15 Mann	1 Brausebad
auf 25 Mann	1 Wannenbad

Tabelle 2.36
Richtwerte der Sanitäreinrichtung in Kasernen

	Sanitäreinrichtung
Aufsichts- und Wartungs-personal	1 Klosettbecken 1 Waschbecken 1 Ausgußbecken
für 50 bis 100 Stellplätze	
- Abortraum Frauen	1 Klosettbecken 1 Waschbecken
- Abortraum Männer	1 Klosettbecken 1 - 2 Urinale 1 Waschbecken

Tabelle 2.37
Richtwerte der Sanitäreinrichtung in Großgaragen

2.6.2. Platzbedarf für Sanitärapparate

Der Platzbedarf für Sanitärapparate sowie die Achs- und Wandabstände sind den Bildern 2.72 und 2.73 zu entnehmen.

In den Bildern angegeben sind Durchschnittsmaße, Minimalmaße und Komfortmaße. Sie ergeben sich einmal aus der Stellfläche, (Platzbedarf für die Aufstellung) sowie der Benutzungsfläche. Die Benutzungsflächen können verschieden groß sein, je nachdem, um welche Sanitärapparate es sich handelt, wie sie genutzt und im Raum montiert sind. Stell- und Benutzungsfläche sowie notwendige Achsabstände sind bei der Planung ein wesentliches Merkmal und unbedingt zu beachten.

2.6.3. Raumbedarf für Ver- und Entsorgungsleitungen

Grundsätzlich vorauszuschicken ist, daß aus konstruktiven, fertigungstechnischen und insbesondere schalltechnischen Gründen eine Trennung der Baukonstruktion und des Ausbaues empfehlenswert ist. Dabei sind Leitungsschächte und Installationsblöcke als Ausbauteile zu verstehen. Leitungsschächte im Sanitärbereich müssen den Sanitärapparaten direkt zugeordnet werden, um den Installationsaufwand zu minimieren.

Bei der Dimensionierung von Schächten spielen Kriterien wie die Einbringung und Verbindung von Leitungen, das Setzen von Rohrbefestigungen, das Unterbringen von Absperr- und Entleerungsarmaturen sowie das Aufbringen von Isolierungen eine Rolle. Dabei weiterhin zu beachten ist, daß Zugänglichkeiten zum Zwecke der Kontrolle und Revision geschaffen werden müssen. Die Notwendigkeit der Zugänglichkeit ergibt sich dabei im wesentlichen aus der Zweckbestimmung der Einrichtungen, Grad der Betriebssicherheit und den Betriebsbedingungen des transportierten Mediums. Letztendlich ist auch unbedingt zu beachten, daß der Platzbedarf von z. B. Schächten bei Sanitäreinrichtungen grundsätzlich nach oben abzurunden ist, da neben notwendigen Abständen zwischen Leitungen noch Bautoleranzen zu berücksichtigen sind. Die Bilder 2.74 und 2.75 zeigen einige Beispiele des Raumbedarfs für Leitungen.

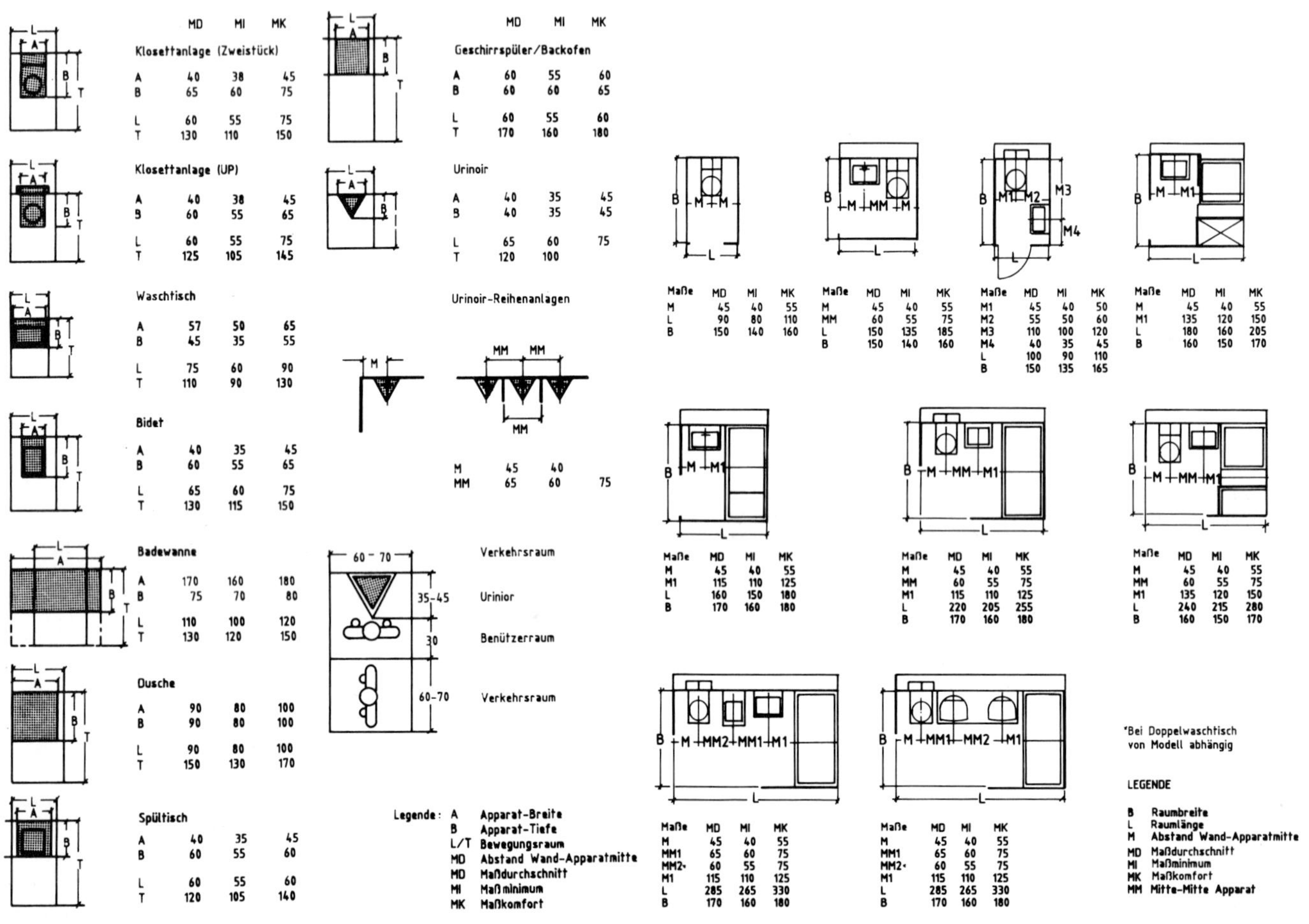

Bild 2.72
Platzbedarf für Sanitärapparate

Bild 2.73
Achs- und Wandabstände von Sanitärapparaten

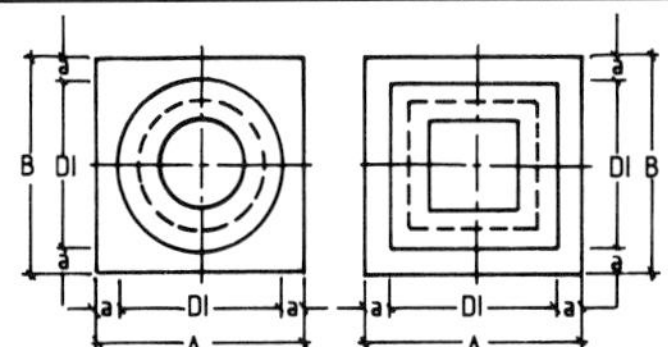

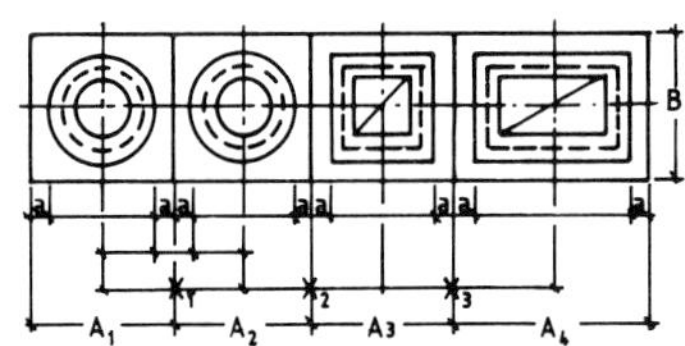

Es bedeutet darin:

a = Richtmaß 2 1/2 cm
Es ist vom Planer zu entscheiden, wo a oder 2 a notwendig sind,

X = Achsabstand der Leitungen

A = Länge des Raumbedarfs für 1 Leitung

B = Breite des Raumbedarfs für 1. Leitung

L = Gesamtlänge des Leitungsschachtes

T = Schachttiefe bzw. Schachtbreite

1. ohne Abzweigung — T = B, der grössten Leitung

2. einseitige Abzweigungen — T = B, plus Raum Bedarf für einseitige Abzweigungen

3. zweiseitige Abzweigungen — T = B, plus Raum bedarf für zweiseitige Abzweigung

T = B L = ΣA

Leitungsschacht ohne horizontale Abzweigung

$T = \frac{B}{2} + C_1$ L = ΣA

Leitungsschacht mit horizontalen Abzweigungen auf einer Seite

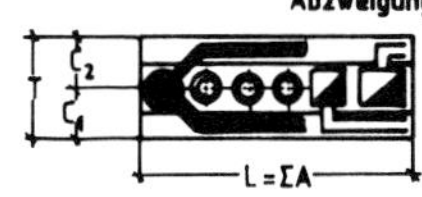

Leitungsschacht mit horizontalen Abzweigungen auf beiden Seiten der Steigleitungen

4. Bestimmung von C_1 und C_2

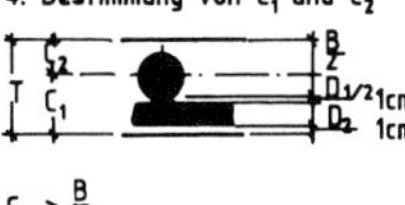

$C_2 \geq \frac{B}{2}$

$C_1 = \frac{D_1}{2} + 1 + D_2 + 1$

Bezüglich der Schachttiefe T sind zu beachten:
3 Varianten von horizontalen Abzweigungen im Leitungsschacht

Bild 2.74
Raumbedarfsermittlung für Leitungen

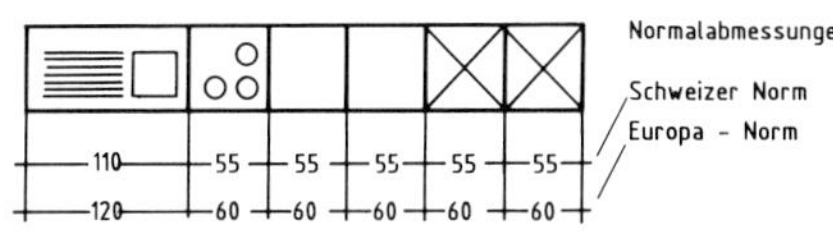

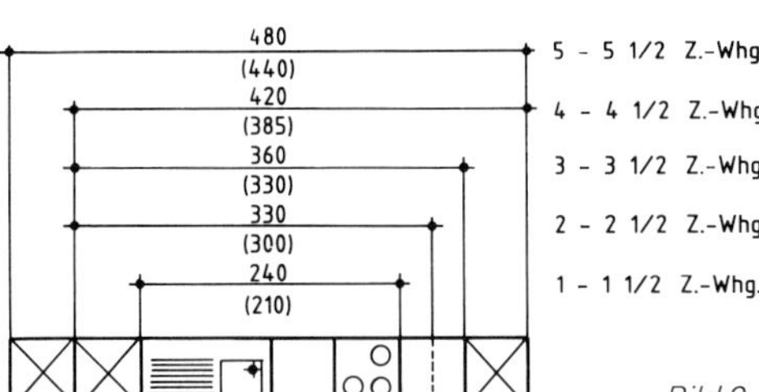

Norm - Frontlängen für Kücheneinrichtungen verschiedener Wohnungsgrössen

Bild 2.75
Aufbau einer Normküche (Funktionen: Spülen/Arbeiten/Kochen/Bevorratung)

2.6.4. Platzbedarf von Kücheneinrichtungen (Wohnungsbereich)

Geht man von der Funktion der Küche mit seinen Bereichen aus, so kann man unterscheiden in:

- Spülbereich
- Arbeitsbereich
- Kochbereich
- Vorratsbereich
- Eßbereich.

Heute werden im wesentlichen Küchen mit Schweizer- wie auch Europanorm im Wohnungsbereich eingesetzt. Bild 2.75 zeigt typische Normabmessungen von Kücheneinrichtungen sowie notwendige Frontlängen bei verschiedenen Wohnungsgrößen. Zu beachten ist hierbei, daß die Schweizer Norm von einer Modulbreite eines Elements von 55 cm, die Europanorm jedoch von 60 cm ausgeht.

Neben den bisher beschriebenen Kriterien kann man Küchen auch noch unterteilen in:

- Längsfrontküche (einzeilig/zweizeilig)
- L-Formküche
- U-Formküche
- freigestaltete Küche.

Bild 2.76.zeigt die verschiedenen Formen der vor der angesprochenen Küchen. Hinsichtlich des Platzbedarfs zum Essen kann Bild 2.77 als Planungshilfe herangezogen werden. Dieses Bild zeigt den Platzbedarf in Abhängigkeit der Anzahl der Essenteilnehmer sowie der Bestuhlung um einen Eßbereich herum.

2.6.5. Einrichtungen für Behindertenanlagen

Behindertenanlagen sind unter den Gesichtspunkten der:

- leichten Pflege
- Spritzwasserfestigkeit
- benutzungsgerechten Anordnung (Rollstuhl) und
- Unabhängigkeit von fremder Hilfe

zu planen.

Sanitärbereiche für Behinderte müssen so groß ausgebildet werden, daß sie von einem Rollstuhlfahrer benutzt werden können.

Badezimmer- und Klosetträume sind grundsätzlich voneinander zu trennen, wobei entsprechende Haltevorrichtungen vorzusehen sind, um die Nutzung und Benutzung durch Behinderte zu erleichtern. Je nach Art der Behinderung sind bei WC-Gruppen „linke" oder „rechte" WC-Kabinen zu planen, das heißt, daß der Rollstuhl entweder links oder rechts vom WC zur Aufstellung kommt. Bild 2.78 zeigt verschiedene Höhenangaben bei Rollstuhlfahrern sowie Reichweiten bei Frauen und Männern (Angaben aus: Leitfaden zur Vermeidung architektonischer Barrieren und Hindernisse Schweizerischer Invalidenverband, 4600 Olten 1).

Aus den in Bild 2.78 gezeigten Erkenntnissen ergeben sich zum Teil die in Bild 2.79 gezeigten Abmessungen bei WC- und Duschbereichen. Dabei ist zu beachten, daß keine Duschuntersätze verwendet werden dürfen, sondern ein Ablauf im Boden mit Gefälle von 2 bis 3% vorzusehen ist, wobei darauf hinzuweisen ist, daß in der Regel Behinderte sitzend duschen.

Weiterhin zu beachten ist, daß beim Handwaschbecken oder Waschtisch die Zufahrt mit dem Rollstuhl ungehindert möglich sein muß, was damit erreicht werden kann, daß statt konventioneller, Unterputzsyphons verwendet werden. Neben den gezeigten besonderen Einrichtungen erhalten behindertengerechte Küchen- und Sanitäreinrichtungen spezielle Armaturen, die durch große Hebellängen leichter zu bedienen sind.

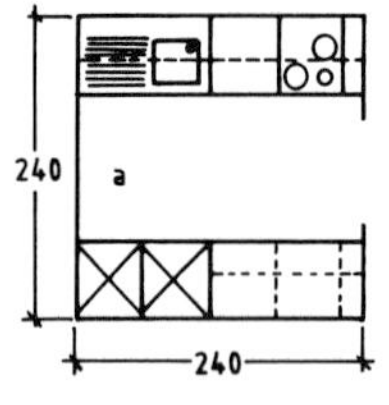

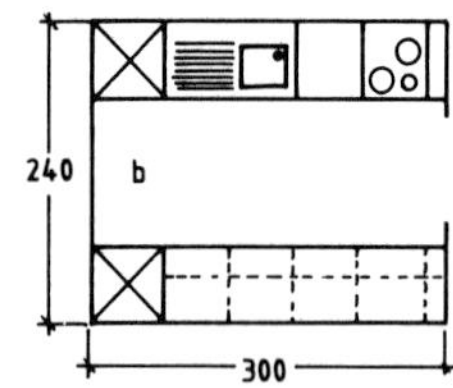

Zweiteilige Längsfrontküchen
a) 2 x 4 1/2 Elemente
b) 2 x 5 1/2 Elemente

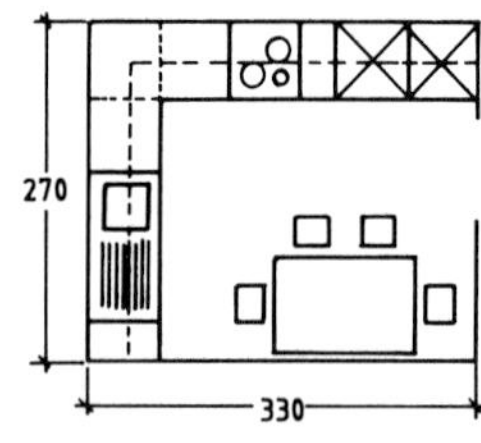

L-Form-Küche

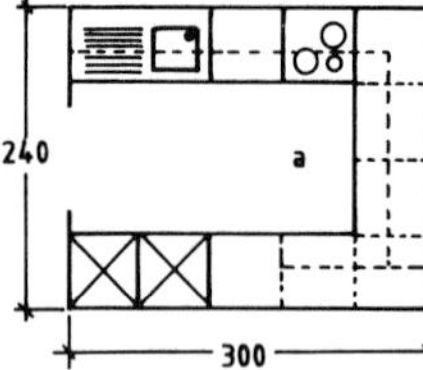

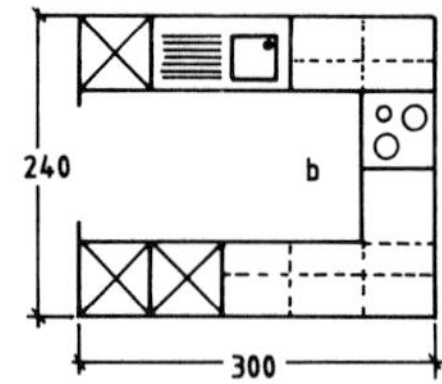

U-Form-Küchen mit unterschiedlicher Plazierung des Kochherdes zwischen Variante a und b

Einzeilige Längsfrontküchen

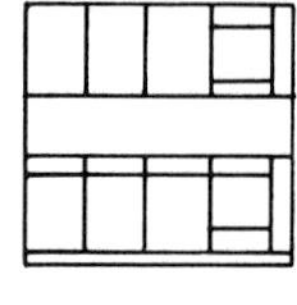

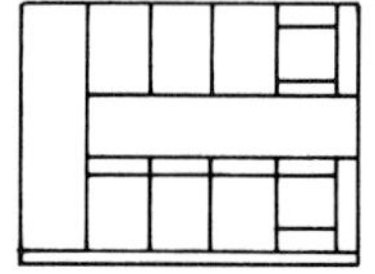

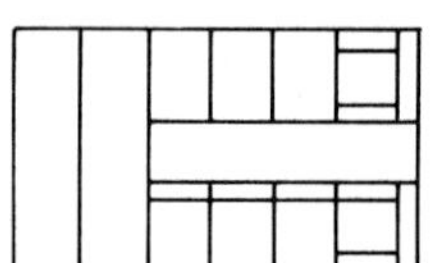

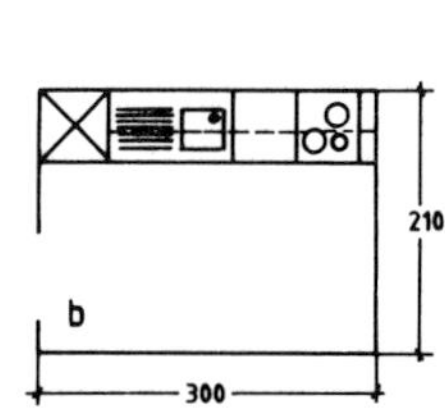

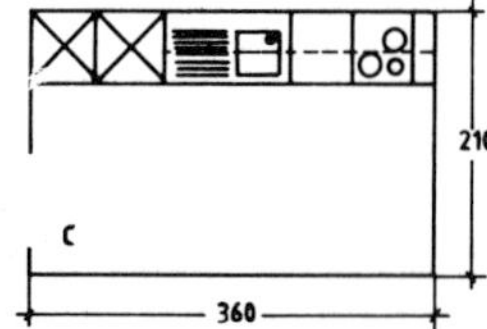

a) 4 1/2 Elemente b) 5 1/2 Elemente c) 6 1/2 Elemente

Bild 2.76
Verschiedene Ausbauformen von Kleinküchen

a
b
c
d
e
B
L

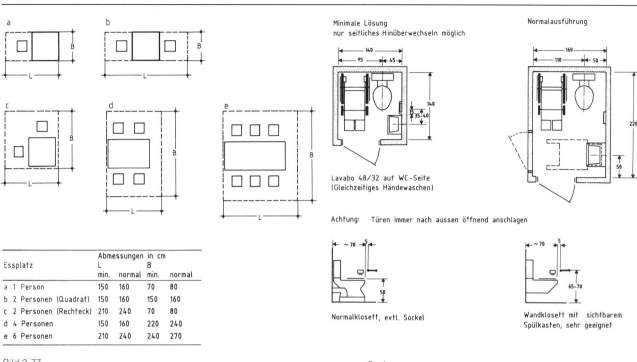

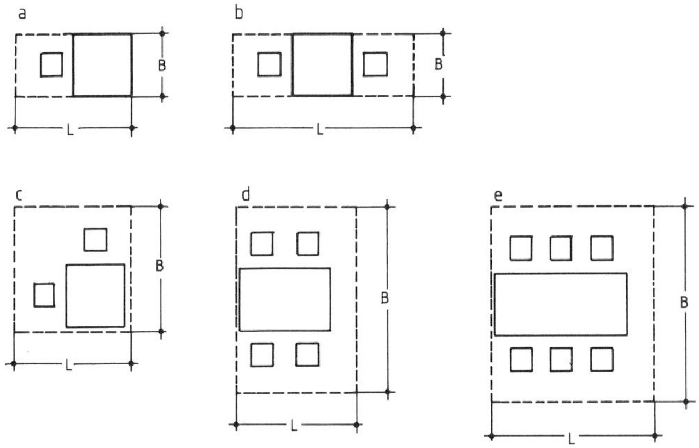

Essplatz	Abmessungen in cm L min.	normal	B min.	normal
a 1 Person	150	160	70	80
b 2 Personen (Quadrat)	150	160	150	160
c 2 Personen (Rechteck)	210	240	70	80
d 4 Personen	150	160	220	240
e 6 Personen	210	240	240	270

Bild 2.77
Maßskizze – Eßbereich

sehr grosser Mensch
15 normaler Mensch
27°
Augenhöhe
125
Kniehöhe
67
Fußhöhe
25
135
110
160
140
120
100
80
60
40
20
0
Reichweite aufrecht
Reichweite bei vorwärts geneigtem Körper
60 40 20 0 20 40 60 80 100
Reichweite Frauen
Reichweite Männer

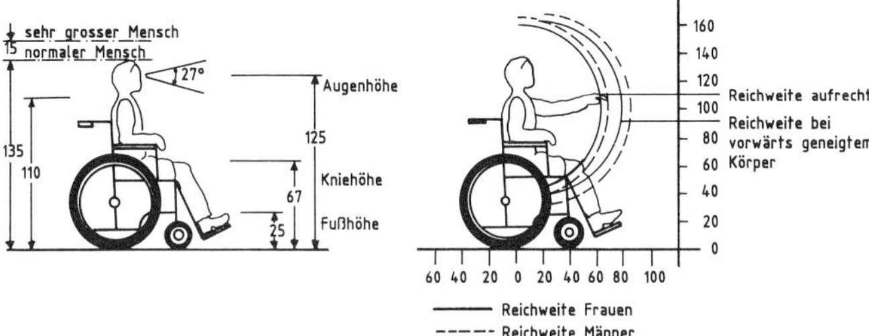

Bild 2.78
Reichweiten aus einem Normalrollstuhl

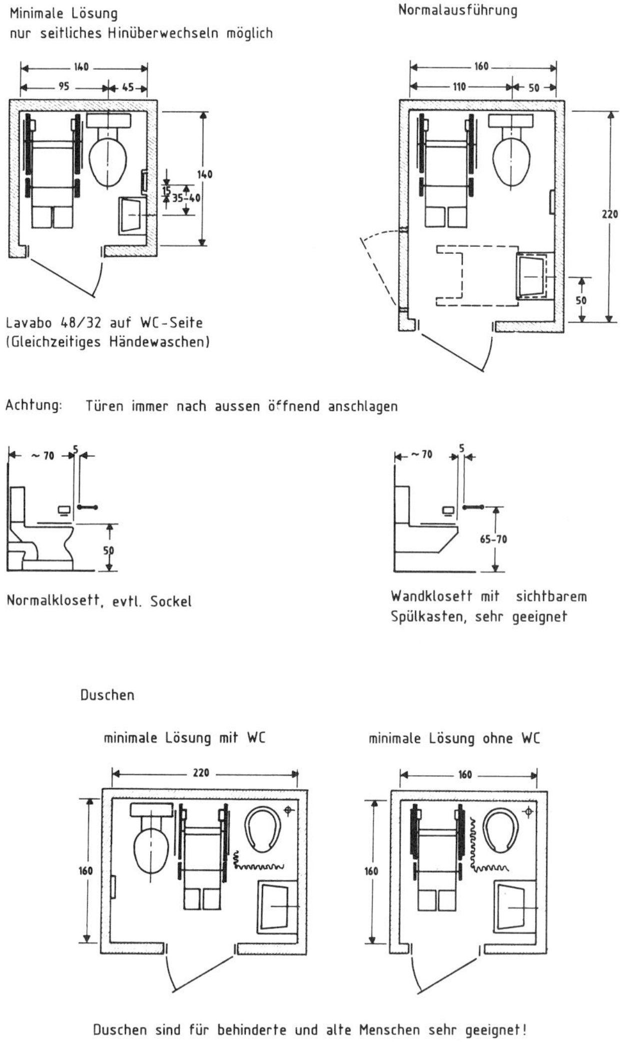

Minimale Lösung
nur seitliches Hinüberwechseln möglich
140
95
45
140
15
35-40
Lavabo 48/32 auf WC-Seite
(Gleichzeitiges Händewaschen)
Normalausführung
160
110
50
220
50
Achtung: Türen immer nach aussen öffnend anschlagen
~70
5
50
Normalklosett, evtl. Sockel
~70
5
65-70
Wandklosett mit sichtbarem Spülkasten, sehr geeignet
Duschen
minimale Lösung mit WC
220
160
minimale Lösung ohne WC
160
160
Duschen sind für behinderte und alte Menschen sehr geeignet!

Bild 2.79
Behindertengerechte WC- und Duschbereiche

2.6.6. Planungsablauf eines Sanitärbereichs

Der Planung eines Sanitärbereichs ist von seiten des Architekten und des Sanitärplaners besondere Aufmerksamkeit zu schenken.

Liegt der Umfang der Einrichtungen (Bild 2.6.1) fest, so werden als erstes Apparate und Einrichtungen, u.U. auch Fliesen, festgelegt. Danach wird in einem ersten Rohkonzept die sinnvolle Aufteilung der Einrichtungen mit ihren Abständen festgelegt und verbindlich Aussparungen, Raum- und Leitungsschachtgrößen festgeschrieben.

Die Detailplanung erfolgt danach im Zusammenspiel zwischen Architekt und Sanitärplaner durch die Festschreibung der Auslässe und Anordnung der Einrichtungen nach dem Fliesenplan (vergl. Badezimmerdetail, Stufe 2). Wenn diese Stufe festgeschrieben ist, kann in einer weiteren Stufe die gesamte Rohrinstallation (Unterputz-

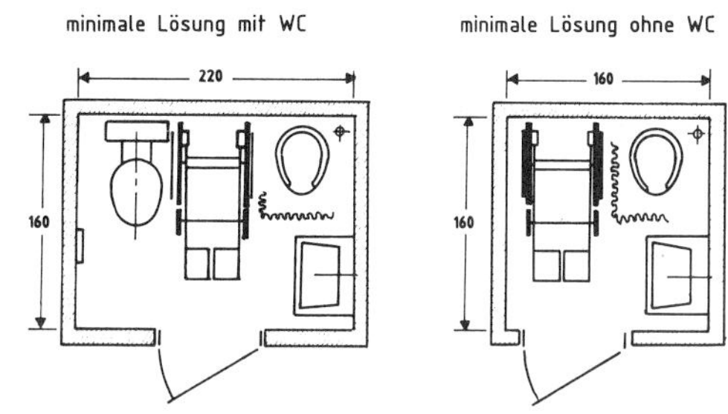

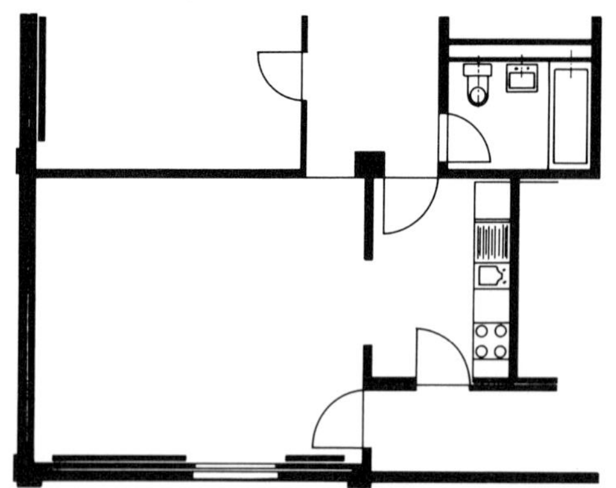

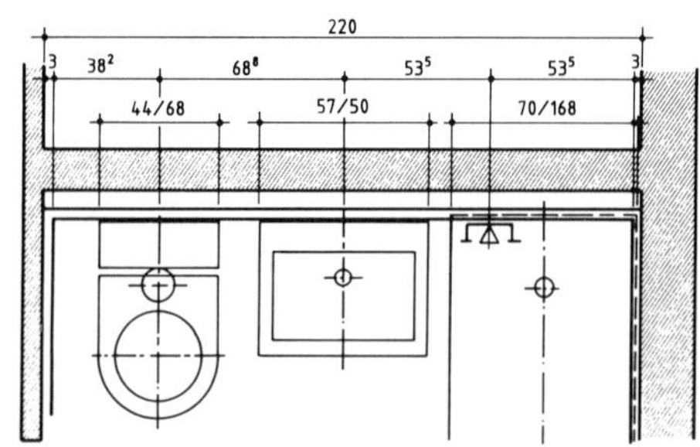

Bild 2.80.1 Bildhafte Darstellung des Planungsablaufes eines Badezimmers

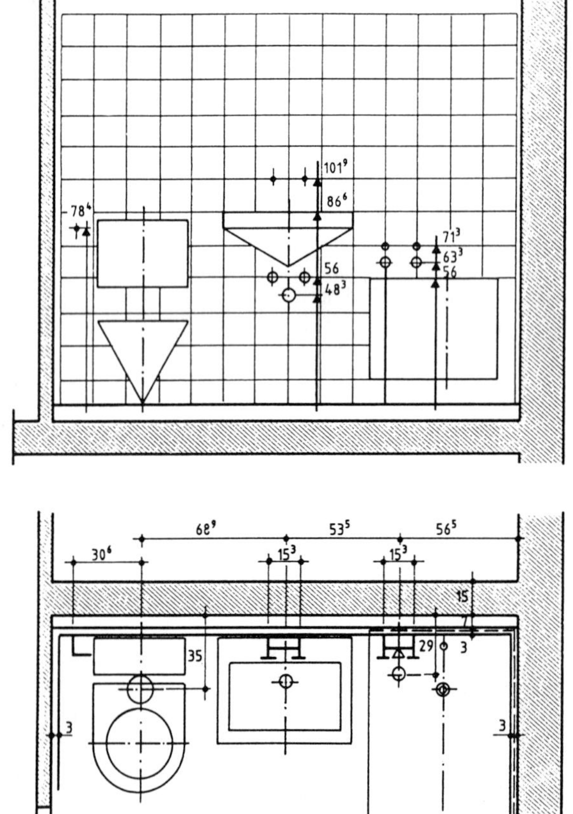

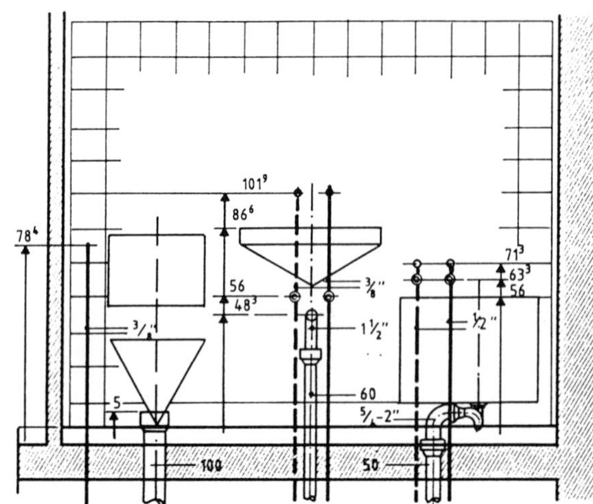

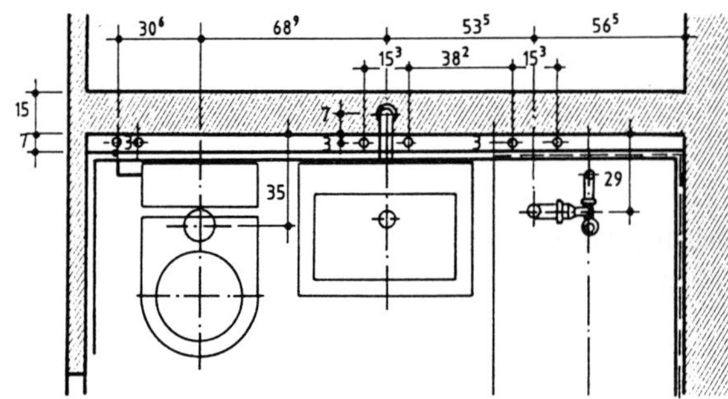

Bild 2.80.2
Details Badezimmer

installation) erarbeitet werden (vergl. Badezimmer Detail, Stufe 3). Die Montagedetails einer Naßzelleneinrichtung sollen zumindest im Maßstab 1:20 oder 1:10 erfolgen, da sie im Wohnungsbau ein oft wiederkehrendes Detail sind und nach diesen Plänen häufig die Montage erfolgt. Die Bilder 2.80.1 und 2.80.2 zeigen den Ablauf, wobei die Stufe 1 und Stufe 2 im wesentlichen vom Architekten in Zusammenarbeit mit dem Sanitärplaner und die Stufe 3 durch den Sanitärplaner erarbeitet wird.

Die Kennzeichnung von notwendigen Aussparungen sind zum Beispiel in Bild 2.81 dargestellt, wobei die Kurzbezeichnungen allgemein verbindlich und sowohl vom Architekten, dem Tragwerksplaner und den Installationstechnikern verwendet werden.

2.6.7. Objekte

Die Sanitäreinrichtungen (Objekte) unterliegen bei einer Vielfalt des Angebots den Auswahlkriterien der Benutzung, der Wirtschaftlichkeit, der Beständigkeit und der Haltbarkeit, der Unterhaltung und der Montage.

- **Als Werkstoffe für Sanitäreinrichtungen werden verwendet:**

- Steinzeug
  (Tonware mit verglastem, dichtem Scherben)
- Steingut
  (Tonware mit nicht verglasten, weißen Scherben)
- Feuerton
  (feuerfeste Tone)
- Sanitärporzellan
- Stahl (mit allseitiger Emaillierung)
- Edelstahl (nicht rostender Stahl/Chromnickelstahl)
- Acrylglas (thermoplastischer Kunststoff)
- Kunststoffe (Hart-PVC oder glasfaserverstärkte Polyester)

Sanitärobjekte werden zur Zeit in annähernd allen Farben geliefert, wobei hinsichtlich der Farben folgende, psychologische Wirkungen zu beachten sind:

- rot bis braun
  = warm, behaglich (im Extrem aufdringlich)
- blau bis grün
  = elegant und frisch (im Extrem kalt)
- Ton in Ton
  = dezent, ruhig

1. Symbole und Legenden
Boden, resp. Decken
Mauern

Sinnbild	Kurzzeichen	Bezeichnung	Maßreihenfolge	Sinnbild	Kurzzeichen	Bezeichnung	Maßreihenfolge
	DD	Deckendurchbr.	Länge x Breite		WD	Wanddurchbr.	Breite x Höhe
	DS	Deckenschlitz	Breite x Höhe		WS	Wandschlitz	Breite x Höhe x Tiefe
	BD	Bodendurchbr.	nur in nicht unterkellerten Geschossen		FD	Fundamentdurchbruch	
	BS	Bodenschlitz			FS	Fundamentschlitz	
					VM	Vormauerung (nach Montage der Leitungen)	

Vereinfachende Annahmen:
AD = an Decke
UD 20 = 20 cm unter Decke
ÜB 80 = 80 cm über Boden
DG = durchgehend
OKD = Oberkante Decke
UKD = Unterkante Decke
ÜT 110 = 110 cm über Terrain
UT 50 = 50 cm unter Terrain

2. Beispiel für die Bezeichnung und Vermaßung

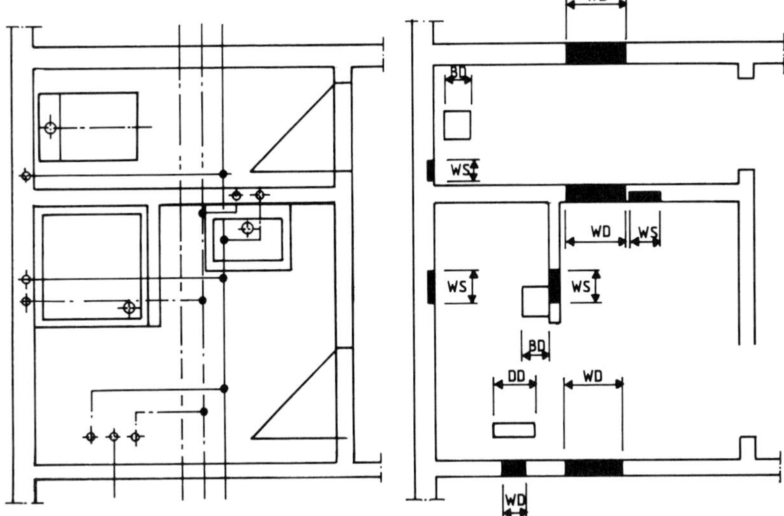

Bild 2.81
Kennzeichnung von Aussparungen

Die Farben von Sanitärobjekten müssen selbstverständlich mit denen der Fliesen (Wandplatten) harmonieren und zeigen im Kontrast unter Umständen lebhaft vitale, erfrischende Wirkungen. Dabei zu beachten ist auch, daß dunkle Farben Räume optisch verkleinern und helle Farben das Gegenteil bewirken. Große Spiegelflächen erweitern optisch kleine Räume. Als Ergänzung zu den Sanitärobjekten werden in der Regel Ablageflächen, Seifenhalter oder Seifenspender, Handtuchhaken und Handtuchablagen (Handtuchspender) Desinfektionsmittelspender Mundglashalter, Spiegelschränke u.ä. sinnvoll und notwendig. Der Umfang der Sanitärobjekte umfaßt, ausgenommen Sondereinrichtungen:

- Handwaschbecken
- Speibeckenanlagen
- Bidetanlagen
- Badewannen
- Brauseanlagen
- Fußbade- und Fußwaschanlagen
- Sitzbadeanlagen
- Kinderbadeanlagen
- Klosettanlagen
- Urinalanlagen
- Trinkbrunnenanlagen
- Spülbeckenanlagen
- Ausgußanlagen
- Waschanlagen (Reihenwaschsysteme)

Für die v.a. Sanitärobjekte sind nachfolgend in den Bildern 2.82 bis 2.95 entsprechende Beispiele aus der Vielzahl des Objektangebotes ausgewählt.

Bild 2.82
Waschbecken

Bild 2.83
Speibecken

Bild 2.84
Bidet

Bild 2.85
Badewanne

Bild 2.87
Fußbadeanlage

Bild 2.86
Brauseanlage

Bild 2.88
Sitzbadewanne

Bild 2.89
Kinderbadewanne

Bild 2.90
Klosett

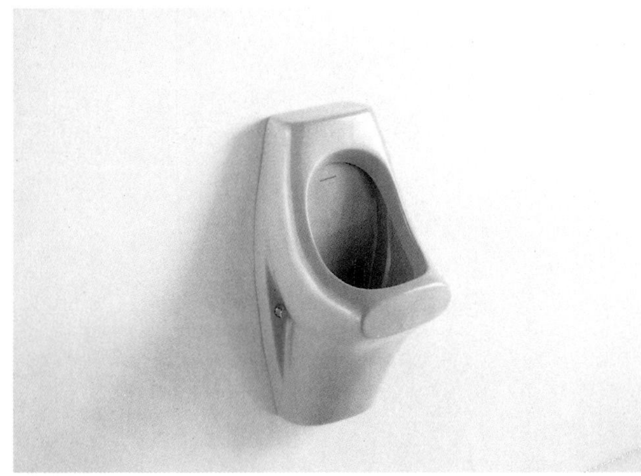

Bild 2.91
Urinal

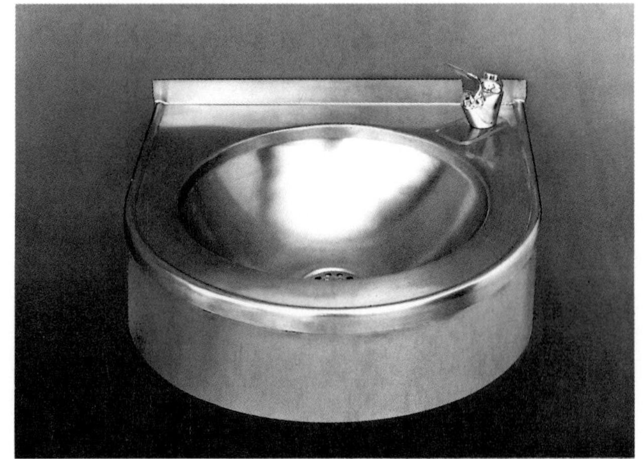

Bild 2.92
Trinkbrunnen

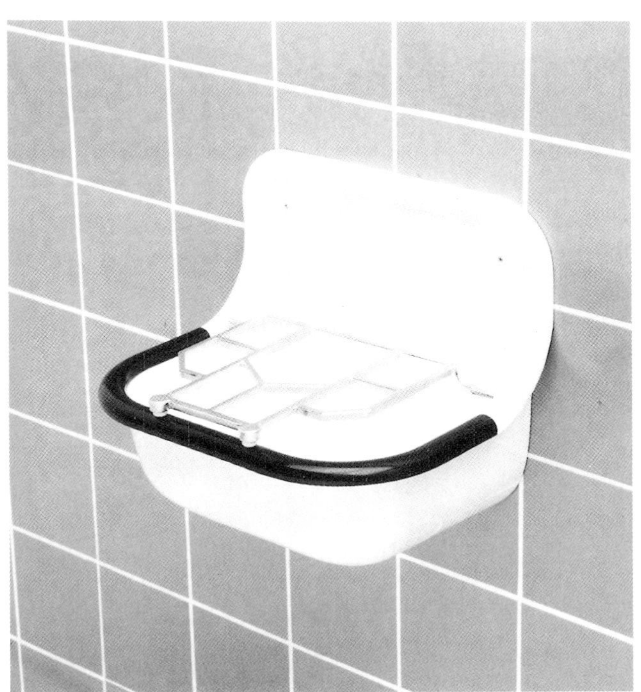

Bild 2.94
Ausguß

Bild 2.95
Reihenwaschanlage

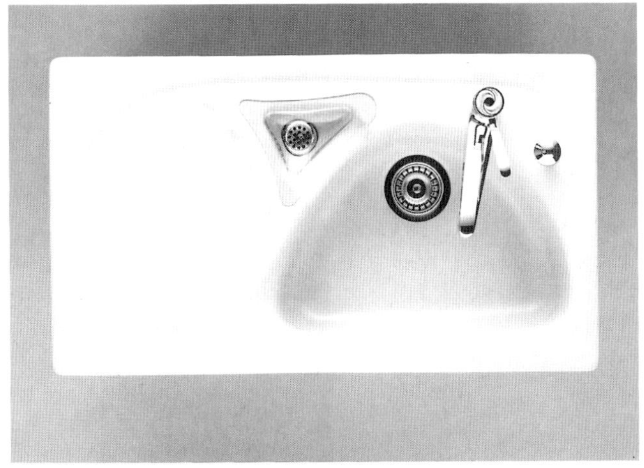

Bild 2.93
Spülbecken

2.6.8. Armaturen

Sanitärarmaturen sind nach den Anwendungsbereichen zu unterteilen. Sie umfassen:

- Wasserarmaturen
- Abwasserarmaturen
- Gas- und Abgasarmaturen

Wasserarmaturen sind Rohrarmaturen und Entnahmearmaturen und dienen entweder der Benutzung und Wartung sowie Sicherung und Überwachung der Wasserversorgungsanlagen.

Entnahmearmaturen werden an den Endpunkten der Wasserrohrnetze eingesetzt und dienen der Wasserentnahme bei freiem Auslauf. Diese Entnahmearmaturen sind diejenigen, die optisch gut sichtbar sind und somit seitens der Architekten und Bauherrn von größerem Interesse als solche, die ausschließlich technischen Belangen dienen. Die Bilder 2.96 zeigen verschiedene Entnahmearmaturen.

Neben den Armaturen zur Wasserentnahme gibt es auch solche, die für Garten- und Brunnenanlagen vorgesehen sind, sowie Laborarmaturen und Feuerlöscharmaturen, die besonderen Ansprüchen genügen müssen. Die Oberflächenausbildung entsprechender Armaturen erfolgt in der Regel durch Verchromung (Mattchrom, Schwarzchrom, Altsilber, Gold, Bronze...).

Farbige Armaturen werden in der Regel mit Epoxidharz beschichtet und erhalten eine zusätzliche Oberflächenbehandlung.

Abwasserarmaturen sind in der Regel den Wasserarmaturen bzw. Entnahmearmaturen optisch angepaßt, soweit es sich um solche handelt, die jederzeit zu sehen sind.

Bild 2.96
Entnahmearmaturen

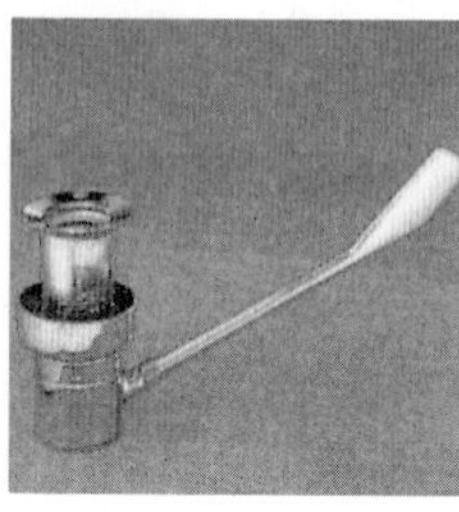

Ablaufventil für den Waschtisch mit Kniehebel

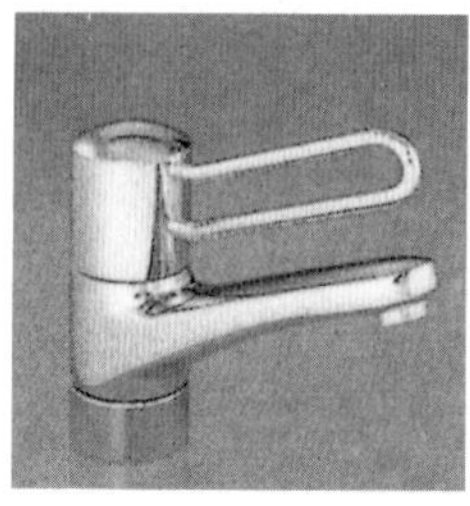

Ablaufventil für den Waschtisch mit Schwenkauslauf

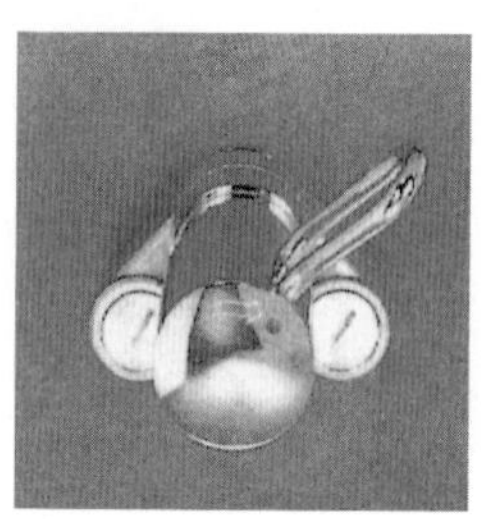

Hebelmischer

Hebelmischer für Wandeinbau

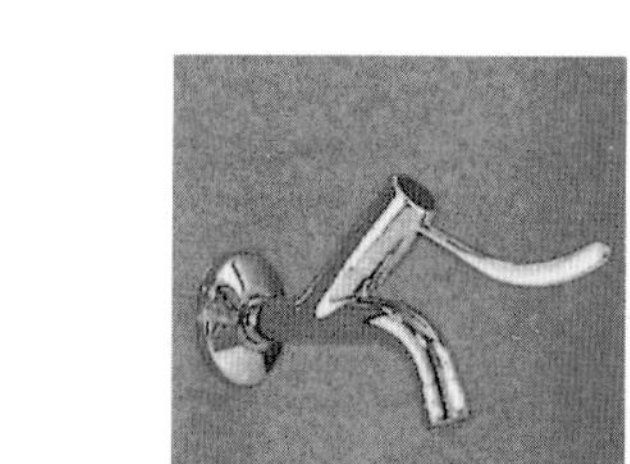

Auslaufventil mit starrem Auslauf für Wandmontage

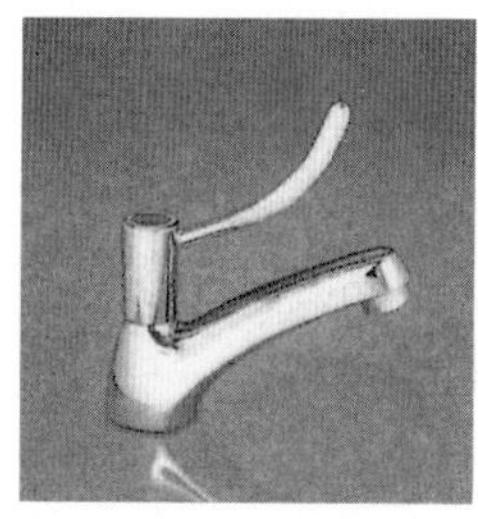

Auslaufventil mit starrem Auslauf für Standmontage

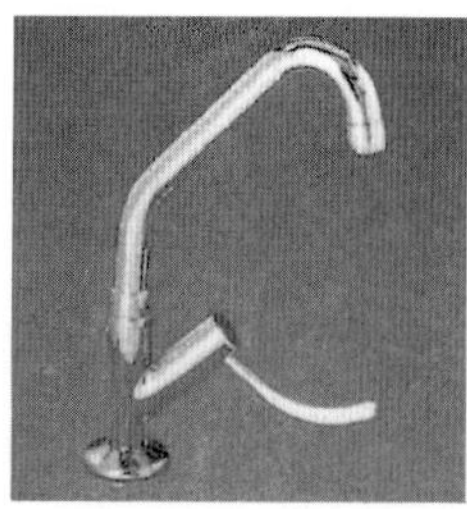

Auslaufventil mit Schwenkauslauf für Standmontage

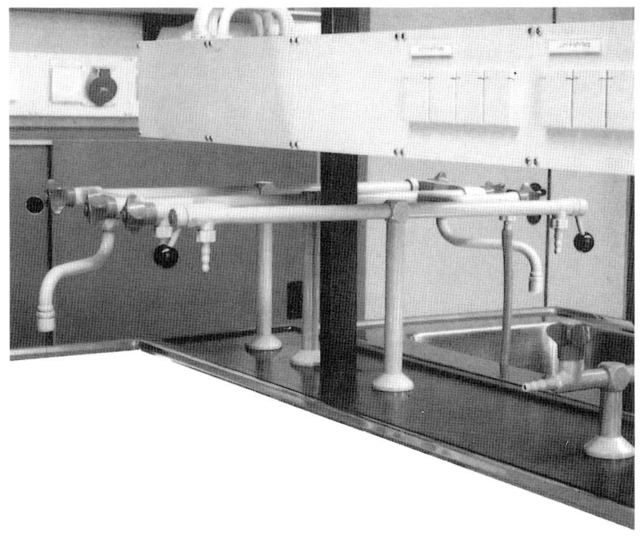

Labor-Scheibenhahn

Notdusch-Armaturen

Die Bauarten der Sanitär-Armaturen gliedern sich nach

- Auslaufventilen
- Durchgangsventilen
- Selbstschlußventilen
- Druckspülern
- Schwimmerventilen
- Brausen
- Spritzköpfen
- Ausläufen
- Mischbatterien
- Mehrwegeumstellungen
- Überlaufarmaturen

Auch hier bietet der Markt wiederum eine Vielzahl von Möglichkeiten an. Da es den Rahmen dieser Darstellungen total sprengen würde, sämtliche Armaturen aufzuzeigen, ist im konkreten Planungsfall der Sanitärfachmann und Sanitärfachhandel hinzuzuziehen.

2.7. GRAUWASSERNUTZUNG

Frischwasser ist eines unserer hochwertigsten Lebensmittel, für das es keinen äquivalenten Ersatz gibt. Die Wasserversorgungsunternehmen produzieren es mit erheblichem Aufwand und führen es unter sorgfältiger Beachtung hygienischer Vorsorge den Verbrauchern zu. Daß ein wesentlicher Teil dieses hochwertigen Lebensmittels im Wohnbereich der Toilettenspülung (ca. 33 %) zugeführt wird, macht man sich in der Regel nicht bewußt. Auch für die Gebäudereinigung, Autowäsche, Gartensprengen usw. werden erhebliche Wassermengen verbraucht, ohne daß hierfür eine Notwendigkeit besteht. Bild 2.97 zeigt den Wasserbedarf in privaten Haushalten sowie eine Darstellung der Bereiche, in denen Wasser mit Trinkwasserqualität benötigt wird bzw. Wasser mit Regenwasserqualität eingesetzt werden kann. So zeigt sich, daß ca. 50 % des wertvollen Trinkwassers durch Regenwasser ersetzt werden kann, wodurch sich erhebliche Einsparungspotentiale ergeben. Lediglich 3 % des Trinkwassers werden in der Regel zur Nahrungsaufbereitung und -aufnahme benötigt.

Der Einsatz von Regenwasser zum Waschen von Wäsche ist in der Regel hygienisch unbedenklich, wobei bei Einsatz von Regenwasser der zusätzliche positive Effekt entsteht, daß die Zugabe von Waschmitteln deutlich geringer sein kann, als bei Trinkwasser, da Regenwasser von Natur aus weicher ist als aufbereitetes Trinkwasser. Somit verbleibt lediglich für die Nahrungsaufbereitung, das Geschirrspülen und die Körperpflege das Trinkwasser als notwendige Ressource (gesamt ca. 44 %) während alle anderen Bereiche des Wasserverbrauchs durch Regenwasser abgedeckt werden könnten.

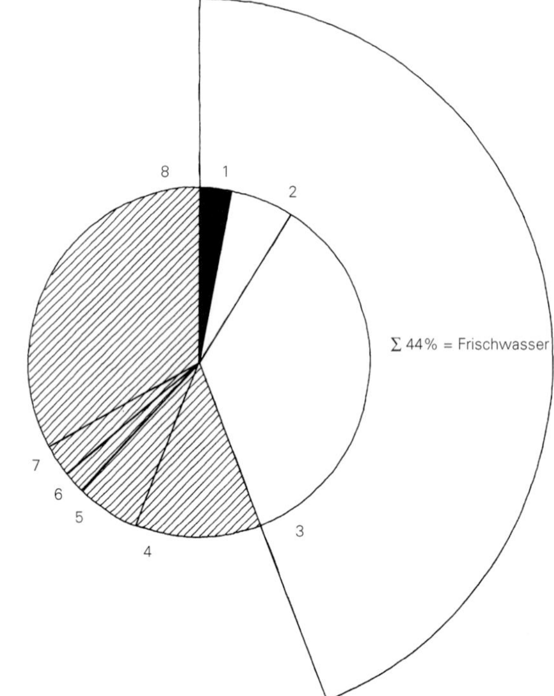

Bild 2.97
Wasserbedarf in privaten Haushalten

2.7.1. Grauwasser zu Spülzwecken

Beim Einsatz von Regenwasser sollte grundsätzlich nur das Regenwasser von Dächern genutzt werden, da dieses Gewähr dafür bietet, daß keine stark verunreinigenden Stoffe in den Regenwasserkreislauf eingeleitet werden, die zu erheblichen Aufwendungen in der Reinigung und Aufbereitung führen. Bild 2.98 zeigt ein prinzipielles Funktionsschema der Regenwassernutzung mit seinen Erfassungen, einer Zisterne sowie der nachfolgenden Regenwasseraufbereitung über Kiesfilter und Dosierung sowie Verteilung.

Von Fall zu Fall ist zu prüfen, ob der erhöhte Investitionskostenaufwand durch die geringeren Wasserkosten zu rechtfertigen ist. Langfristig gesehen ist der Einsatz von Regenwasser in jedem Fall empfehlenswert, da er eine erhebliche Schonung unserer Umweltressourcen mit sich bringt. Wurde noch vor wenigen Jahren im wesentlichen die Regenwassernutzung in unseren Breitengraden als zu teuer abgelehnt, so zeigt sich heute bereits ein deutliches Umdenken auch und gerade unter dem Aspekt, daß Regenwasser nicht nur der Abdeckung von Wasserverbräuchen für Reinigungen und Spülungen dient, sondern gegebenenfalls auch der Kühlung am Gebäude oder um Gebäude herum.

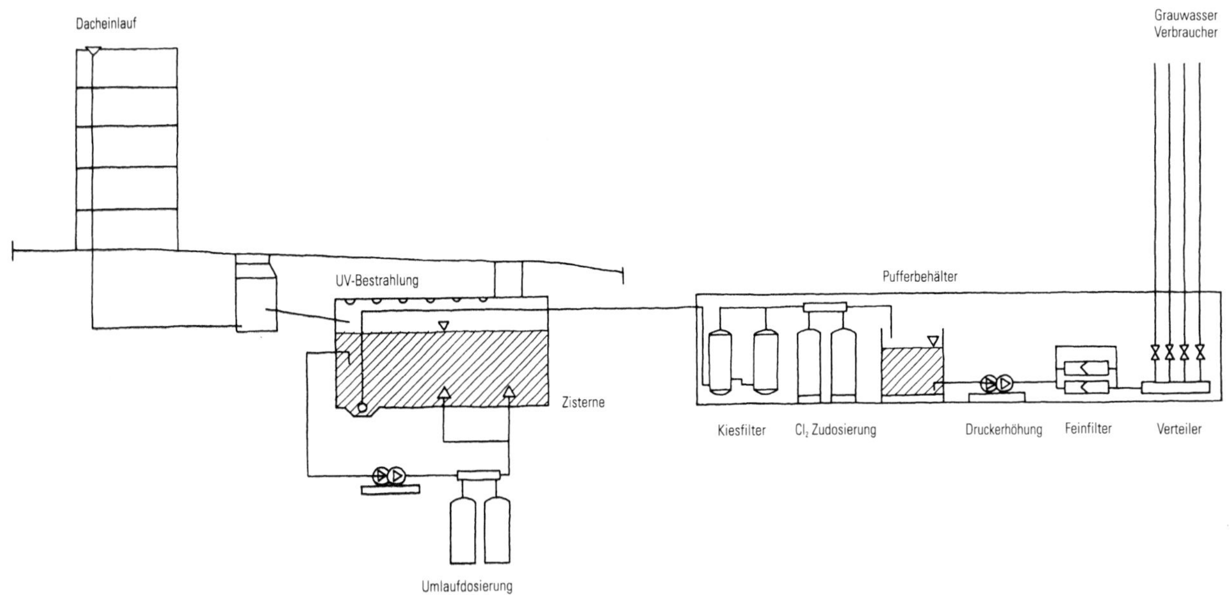

Bild 2.98
Funktionsschema Regenwassernutzung

2.7.2. Grauwasser zu Kühlzwecken

Zu Kühlzwecken am Gebäude oder um Gebäude herum bieten sich mehrere Möglichkeiten für den Einsatz von Grauwasser an. Hierzu gehören:

- Verdunstungskühlung um ein Gebäude herum infolge einer Wasseroberfläche eines angelegten Sees oder ähnlich
- erhöhte Verdunstungskühlung um ein Gebäude herum durch Ausbildung von Springbrunnen in einem See, Ausbildung von Wasserkaskaden oder ähnlichem (direkte und indirekte Nutzung)
- direkte Kühlung der Außenluft durch Verdunstung eines fein versprühten Wassernebels.

Bei allen zuvor aufgeführten Varianten ist darauf zu achten, daß die Kühlung durch Verdunstung einer bestimmten Wassermenge nicht zu zu hohen Verbräuchen führt und ein Überschreiten der Schwülegrenze eintritt.

Alternativ hierzu bietet sich die Regenwassernutzung zur direkten Bauteilkühlung an, wie sie im Funktionsschema, Bild 2.99, beispielhaft dargestellt ist. Das Schema weist die Regenwasserfassung über Dacheinläufe mit der Zisterne aus, die einmal mit einem Vorfluter (Überlauf) verbunden ist und weiterhin an einer Regenwasseraufbereitungszentrale anbindet, in der das Regenwasser gefiltert, dosiert und zwischengelagert wird. Von hier aus erfolgt gemäß dem Beispiel die Bauteilkühlung einer Glaskuppel (Wettbewerbsentwurf Reichstag Berlin, Dr. S. Calatrava).

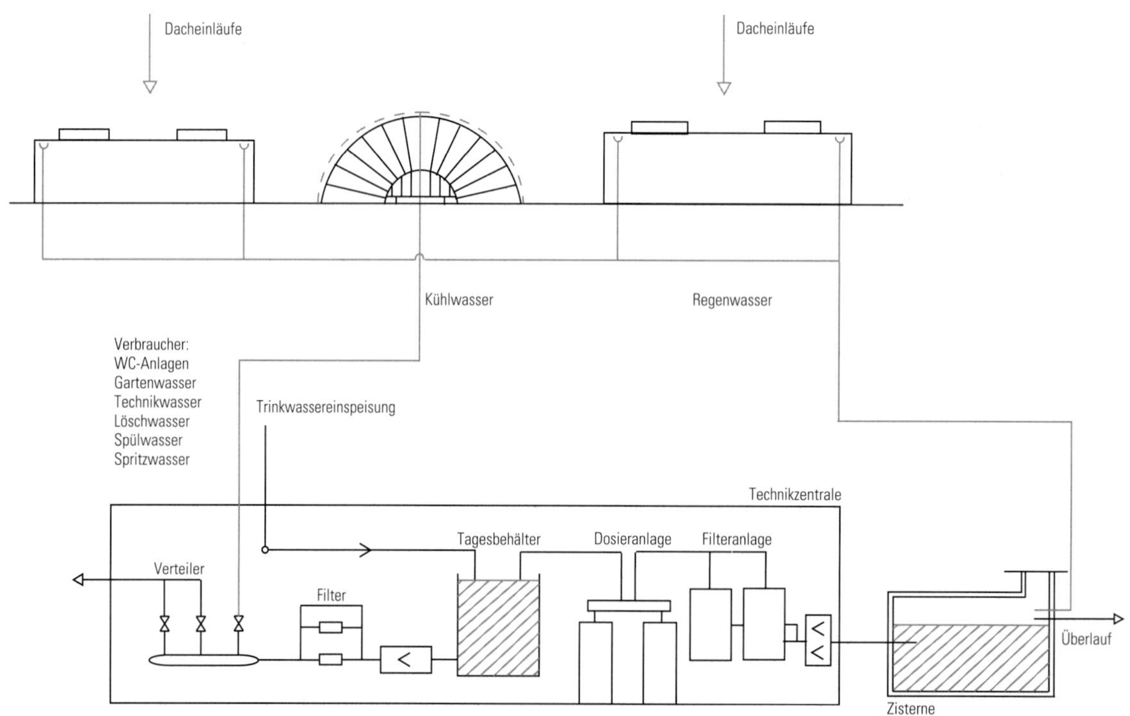

Bild 2.99
Funktionsschema Regenwassernutzung zur Reduzierung der Gebäudekühllast durch äußere Bauteilkühlung (zu Wettbewerbsentwurf Reichstag Berlin, Dr. S.Calatrava)

LÜFTUNGS- UND KLIMATECHNIK

3

3.1. NATÜRLICHE LÜFTUNG (FREIE LÜFTUNG)

Will man ein Bauvorhaben ausschließlich natürlich oder im wesentlichen natürlich belüften, so ist zu beachten, daß der natürlichen Belüftung Grenzen gesetzt sind, wie zum Beispiel durch:

- maximale Raumtiefe
- Windanfall am Standort des Gebäudes
- Häufigkeiten von Windstillen
- Emissionen usw.
- Thermik im Raum

Insofern muß bei der freien Lüftung als erstes geklärt werden, mit welchen Häufigkeiten und welchen Windrichtungen am entsprechenden Standort zu rechnen ist, das heißt ob der Standort eine ausreichende, natürliche Lüftung jederzeit zuläßt. Darüber hinaus spielen bei der natürlichen Lüftung die Arten der Fenster sowie sonstige Arten der Öffnungsmöglichkeiten eine Rolle. Weiterhin ist die Frage zu klären, ob am entsprechenden Standort des Gebäudes die auftretenden Emissionen ein laufendes, natürliches Lüften zulassen, oder ob infolge von Staub, Geräuschen, Gerüchen etc. eine natürliche Lüftung eingeschränkt wird.

Ein besonders interessanter Aspekt bei der natürlichen Lüftung von Gebäuden tritt da auf, wo der Wunsch besteht, ein Haus bei übergroßen Raumtiefen natürlich zu lüften oder aber Gebäudeteile mit großen Glashäusern oder Wintergärten zu verbinden oder abzudecken. Hier lassen sich, wie die Praxis zeigt, interessante Lösungen aufbauen, die eine Vielzahl von konträren Einzelthemen gleichwohl verbinden.

3.1.1. Windanfall

Die Entstehung von Wind kann als allgemein bekannt vorausgesetzt werden, so daß bei der Standortbetrachtung im Vordergrund steht, wie häufig und wieviel Wind und aus welchen bevorzugten Windrichtungen dieser auf ein Gebäude einwirkt.

In Mitteleuropa bestehen in der Regel ausreichende Erkenntnisse über Windrichtungen und Windhäufigkeiten sowie Windgeschwindigkeiten auf Grund einer Vielzahl von Messungen entsprechender Meßstationen (Datensammlung gemäß DIN 4710). Die Unterschiede im täglichen Wechsel der Luftgeschwindigkeiten sind relativ gering und können bei Berechnungen (heizungstechnische Untersuchung) vernachlässigt werden. Demgegenüber zeigt die jahreszeitliche Statistik, daß die mittleren Windgeschwindigkeiten in Mitteleuropa im Winter größer sind als im Sommer und daß sie in Küstennähe sehr viel höhere Werte als im Binnenland annehmen. Bild 3.1 zeigt mittlere, monatliche Windgeschwindigkeiten in verschiedenen Städten. Hierzu ist die Betrachtung der prozentualen jährlichen Windstillen interessant. Bild 3.2 zeigt, daß die Windstillen nicht unbedingt mit den Regeln für küstennahe Gebiete bzw. Binnenland einhergehen, sondern daß hier offensichtlich primär die Lagen der Städte selbst eine nicht unwesentliche Rolle spielen. So zeigt Stuttgart mit einem Anteil von Windstillen in der Größenordnung von 10,4 % pro Jahr deshalb diese deutliche Ausprägung, da diese Stadt im wesentlichen in einem Talkessel liegt.

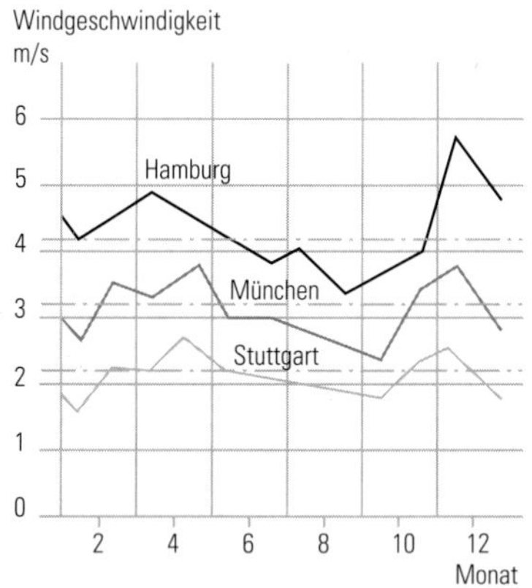

Bild 3.1
Mittlere monatliche Windgeschwindigkeiten in verschiedenen Städten DIN 4710

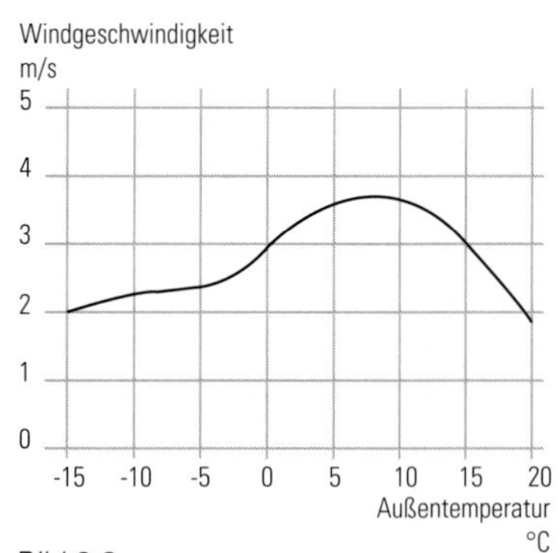

Bild 3.3
Mittlere Windgeschwindigkeit in Abhängigkeit der Außentemperatur in Hamburg

Weiterhin interessant ist, daß die mittlere Windstärke bei sehr hohen oder sehr niedrigen Temperaturen in der Regel geringer als bei mittleren Temperaturen ist, das heißt im Winter und im Hochsommer treten geringere Windgeschwindigkeiten auf als in der Übergangszeit. (Bild3.3).

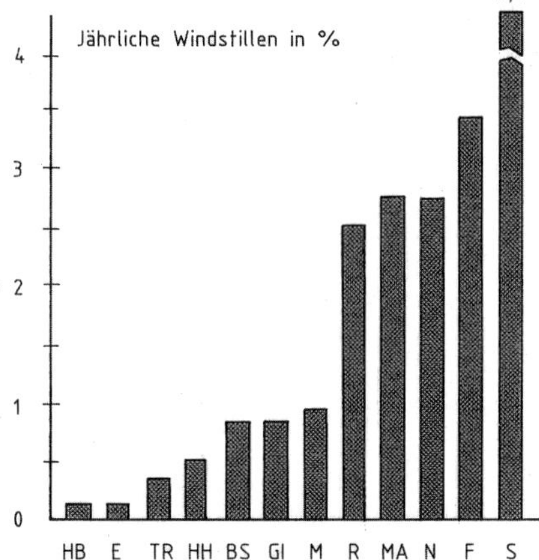

Bild 3.2
Jährliche Windstille in % für verschiedene Städte (siehe Autokennzeichen)

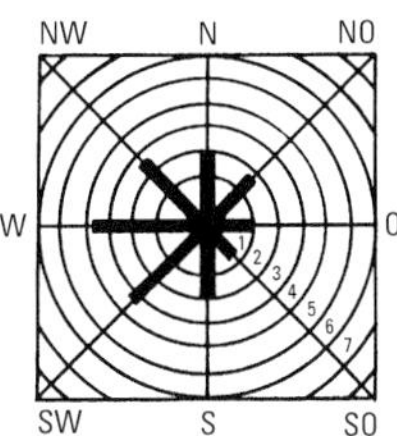

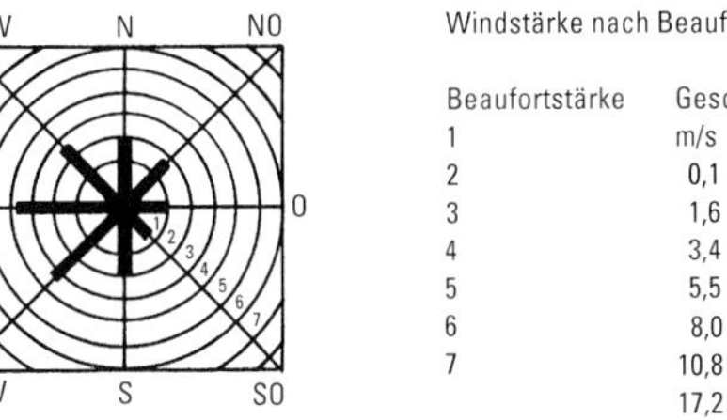

Windstärke nach Beaufort

Beaufortstärke	Geschw.-bereich m/s
1	0,1 - 1,5
2	1,6 - 3,3
3	3,4 - 5,4
4	5,5 - 7,9
5	8,0 - 10,7
6	10,8 - 17,1
7	17,2

Bild 3.4.1
Mittlere jährliche Windgeschwindigkeit in m/s für den Zeitraum 1969–1974, Frankfurt/Main Flughafen

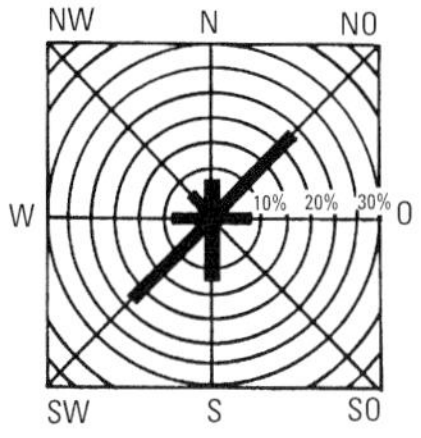

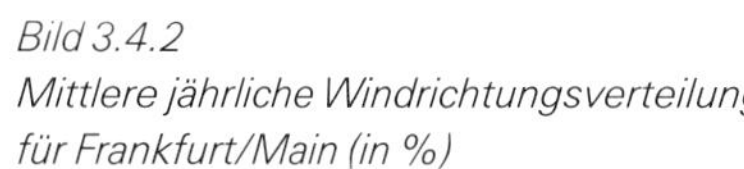

Bild 3.4.2
Mittlere jährliche Windrichtungsverteilung für Frankfurt/Main (in %)

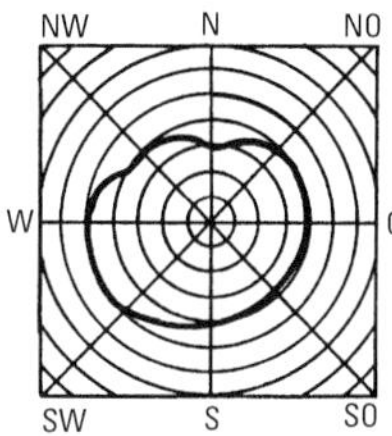

Bild 3.4.3
Mittlere jährliche Windgeschwindigkeit in m/s (Zeitraum 1969–1974), Hamburg, Flughafen

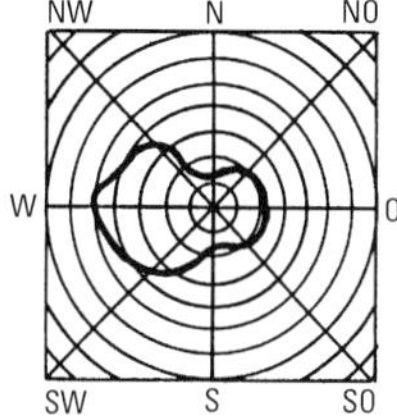

Bild 3.4.4
Mittlere jährliche Windrichtungsverteilung für Hamburg, Flughafen (in %)

Die Bilder 3.4.1 bis 3.4.6 zeigen sowohl Windgeschwindigkeiten als auch mittlere, jährliche Windrichtungen in ihrer Verteilung für verschiedene Standorte. Aus sämtlichen Standorten läßt sich ablesen, daß im wesentlichen für Mitteleuropa Winde aus Nordwest bis Südwest vorherrschend sind.

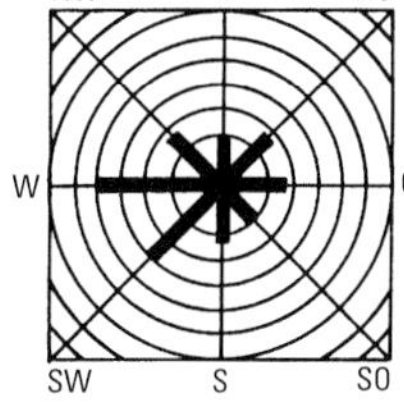

Bild 3.4.5
Mittlere jährliche Wingeschwindigkeit in m/s (Zeitraum 1969–1974), München, Flughafen

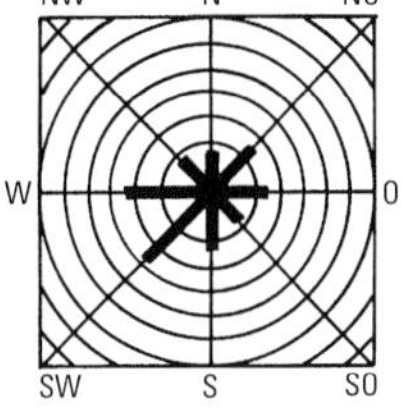

Bild 3.4.6
Mittlere jährliche Windrichtungsverteilung für München, Flughafen (in %)

Bild 3.4
Mittlere jährliche Windgeschwindigkeiten und Windrichtungsverteilungen in 10 m Höhe

Trifft Wind auf ein Gebäude auf, so entsteht auf der dem Wind zugekehrten Seite des Gebäudes (Luvseite) ein Überdruck und auf der dem Wind abgekehrten Seite (Leeseite) ein Unterdruck. Bild 3.5 weist auch aus, daß an den seitlichen Flächen, an denen der Wind vorbeiströmt, ebenfalls Unterdruckfelder entstehen. Diese Kenntnis ist bei der Planung von natürlich belüfteten Gebäuden wichtig und nimmt dann einen hohen Wert ein, wenn es darum geht, Gebäude mit übergroßen Tiefen natürlich zu durchlüften. Dabei entsteht die Frage, in in welcher Form gegebenenfalls ein Unterdruck so erhöht werden kann, daß die Wirkungsweise der natürlichen Lüftung zusätzlich angehoben wird.

3.1.2. Lüftung durch Fensterelemente

Grundsätzlich vorauszuschicken ist, daß als natürlich belüftbare Räume solche gelten, bei denen bei einseitiger Belüftungsmöglichkeit die maximale Raumtiefe 2,5 · lichte Raumhöhe und bei Durchlüftungsmöglichkeit (zweiseitige Lüftungsmöglichkeit) infolge sich gegenüberliegender Außenwände eine maximale Raumtiefe von 5 · lichte Raumhöhe nicht überschritten wird. Diese maximalen Raumtiefen werden bei natürlicher Lüftbarkeit in der Regel von genehmigenden Behörden anerkannt. Somit kann man die theoretisch freie Belüftbarkeit von Räumen durch entsprechende Vergrößerung der Raumhöhen ermöglichen.

Der Windeinfall und die Luftströmungen im Raum verändern sich einmal im Verhältnis der Umgebungstemperaturen (Außentemperaturen) zu den Raumtemperaturen und weiter im Verhältnis der Außenluftgeschwindigkeiten.
Bild 3.6 zeigt eine prinzipielle Darstellung der Luftströmungen bei freier Lüftung und den verschiedenen Parametern.
Als Beispiel sollen auch die Bilder 3.7.1 und 3.7.2 die Veränderungen der Raumluftgeschwindigkeiten bei unterschiedlichen Temperaturen und bei unterschiedlichen Staudrücken auf die Fassade darstellen.

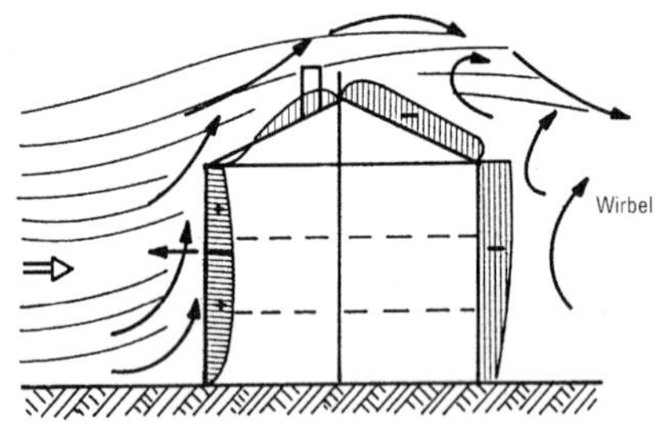

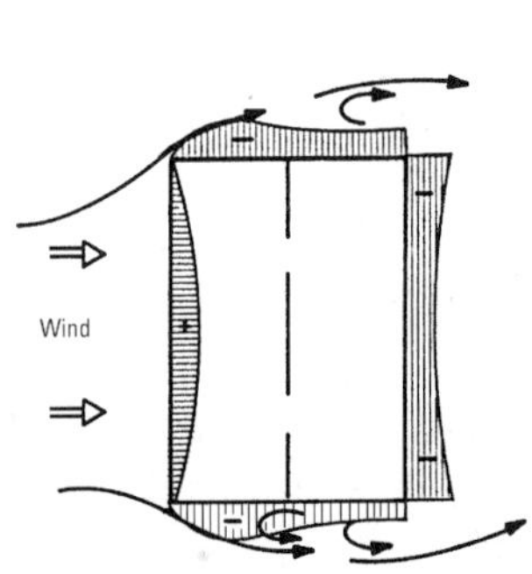

Bild 3.5
Windanfall auf ein Gebäude

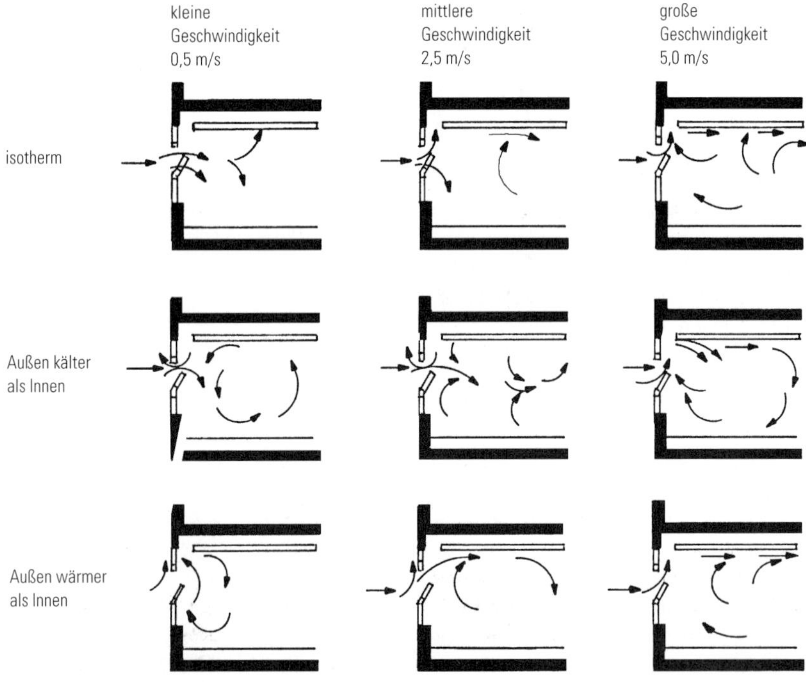

Bild 3.6
Prinzipielle Darstellung der Luftströmungen bei natürlicher Lüftung und unterschiedlichen Temperaturgefällen bzw. Anströmgeschwindigkeiten

Mit größer werdender Temperaturdifferenz zeigt sich gemäß Bild 3.7.1 eine bessere Raumdurchspülung, daß gleiche gilt auch mit größer werdendem Druck auf die Fassade. Die Wirksamkeit von Fensteröffnungen für die freie Lüftung ist in der Tabelle 3.1 dargestellt (gem. VDI 2719). Die Bezeichnung der Wirksamkeit von 1 bis 5 bedeutet:

1. zu geringer Luftwechsel - zu geringe, hygienische Luftmengen in Räumen für Personen
2. am Grenzbereich der hygienisch notwendigen Luftmengen
3. Luftwechsel in jeder Hinsicht akzeptabel
4. hoher Luftaustausch mit starker Verminderung des CO_2-Gehaltes, muß unter Umständen durch Fensterschließung gedrosselt werden.
5. sehr hoher Luftwechsel, geeignet auch für Räume mit großer Menschenansammlung bei kurzzeitiger Stoßlüftung.

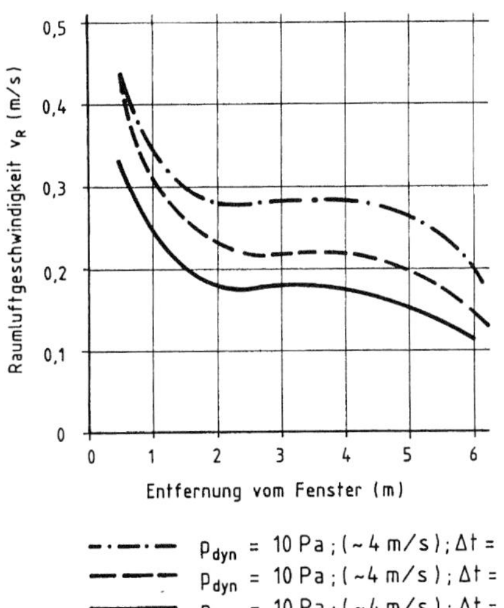

Bild 3.7.1
Geschwindigkeit v_R in Abhängigkeit der Raumtiefe bei unterschiedlichen Temperaturdifferenzen zwischen außen und innen $t_R > t_A$ (Geschwindigkeitsprofil ca. in Kopfhöhe gemessen)

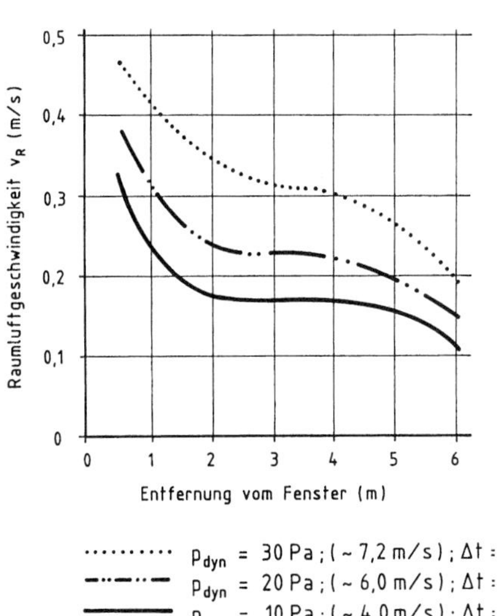

Bild 3.7.2
Geschwindigkeit v_R in Abhängigkeit der Raumtiefe bei unterschiedlichen Staudrücken (Geschwindigkeitsprofil ca. in Kopfhöhe gemessen)

Bild 3.8 zeigt abschließend für einen beispielhaften Modellraum den Luftwechsel als Funktion der Anströmrichtung, Anströmgeschwindigkeit und der geöffneten Fensterfläche. Da in der Regel bei ausreichender, natürlicher Lüftung ein Luftwechsel um das zwei- bis vierfache genügt, zeigt sich, daß bei hohen Windgeschwindigkeiten (z.B. 5 m/s) bereits minimale Fensteröffnungen ausreichen, um einen entsprechenden Luftwechsl zu erzielen. Das gezeigte Beispiel weist aus, daß bei einer Fensteröffnung von 50 % und einer Anströmgeschwindigkeit von 3 m/s aus Ost bzw. Nordwest Luftwechsel im Bereich von 4,5 bzw. 13,3 erzielt werden.

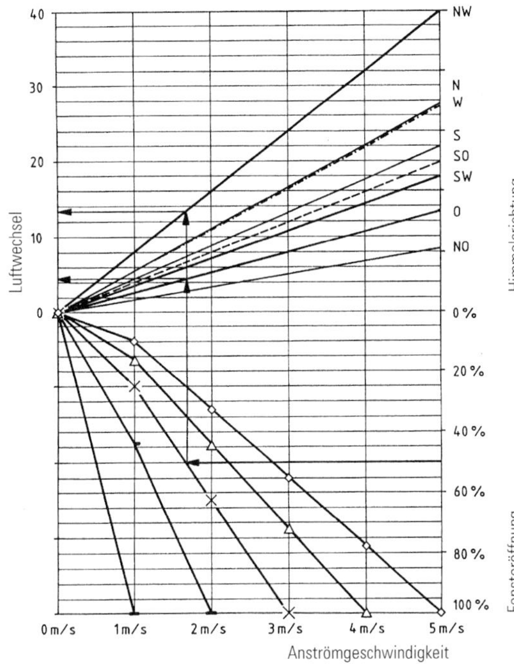

Bild 3.8
Luftwechsel als Funktion der Anströmrichtung, Geschwindigkeit und der geöffneten Fensterfläche

Fenster Öffnungs-art	Öffnungsstellung	Wirksamkeit				
		① keine bis gering LZ***) 0,2 bis 0,8 h^{-1}	② gering bis gerade ausreichend LZ***) 0,8 bis 1,5 h^{-1}	③ mittlere LZ***) 0,8 bis 4 h^{-1}	④ große LZ***) 4 bis 9 h^{-1}	⑤ sehr große LZ***) 9 bis 50 h^{-1}
Dreh- und Drehkipp	geschlossen	●				
	in Spaltstellung (Dreh) geöffnet*)		●	●		
	in Drehstellung geöffnet				●	
	in Drehstellung geöffnet mit gegenüber-liegenden Öffnungen					●
Dreh-Kipp Kipp Klapp	geschlossen	●				
	in Spaltstellung (Kipp) geöffnet		●			
	in Kipp- (Klapp-) Stellung geöffnet			●		
	in Kipp- (Klapp-) Stellung geöffnet mit gegenüberliegenden Öffnungen				●	
Wende-Schwing	geschlossen	●				
	in Spaltstellung geöffnet		●	●		
	ganz geöffnet				●	
	ganz geöffnet mit gegenüber-liegenden Öffnungen					●
Schiebe (vertikal oder oder horizontal)	geschlossen	●				
	in Spaltstellung geöffnet		●	●		
	ganz geöffnet				●	
	ganz geöffnet mit gegenüber-liegenden Öffnungen					●
Lüfungsein-richtungen ohne Ventilator**)	geschlossen	●				
	geöffnet		●	●		
	geöffnet mit gegenüber-liegenden Öffnungen				●	
Lüftungsein-richtungen mit Ventilator**)	geschlossen	●				
	Ventilator in Betrieb je nach Stufe			●	●	

*) Mit Zusatzbeschlagteilen werden sogenannte Spaltlüftungsstellungen von Fensterflügeln ermöglicht, die vielfach, besonders bei kühler Witterung, ausreichende Luftwechsel zustande kommen lassen.
Folgende Systeme werden angeboten:

Scheren zur Begrenzung der Öffnungsweiten,
Fensterbremse und Fensterfeststeller für Dreh- und Dreh-Kippfenster; hiermit läßt sich der Flügel in beliebiger Stellung feststellen,
Betätigungsgriffe und Getriebe mit Einstellrastereinrichtungen; hiermit sind verschiedene Kippstellungen einstellbar,
Zusatzbeschlagteile zur Einstellung von Spaltlüftungsstellungen bei gekippten Flügeln,
Spaltbegrenzer bei Schwingflügeln (auch abschließbar als Einbruchschutz),
Spaltbegrenzer (auch abschließbar) für Schiebe- und Hebeschiebefenster,
Elektromotorische Betätigung von Kippflügeln (Regelung auch über Zeituhren, Wärmesensoren, Windmesser usw.).

**) Mit Lüftungseinrichtungen sind auch kombinierte Konstruktionen gemeint, die z.B. zur Schalldämmung, Wärmerückgewinnung, Regenschutz, Insektenschutz usw. geeignet sind. Die Anforderungen sind im einzelnen zu präzisieren.

***) LZ = Luftwechselzahl in h^{-1}

Tabelle 3.1
Wirksamkeit von Fensteröffnungsarten für die Lüftung

3.1.3. Lüftung mit Hilfe von Schächten

Will man sehr tiefe Gebäude oder Großraumlösungen weitestgehend natürlich lüften, so kann man einmal entsprechend die Fassade so ausbilden, daß sie eine hohe Außenluftzuströmung zuläßt (Fensterelemente) und weiterhin im Inneren des Gebäudes Schächte (Lichthöfe) einsetzen, die im Dachbereich infolge ihrer Gestaltung zu hohen Unterdrücken führen und somit einen Sogeffekt herbeiführen, der das Gebäude durchlüftet. Als Beispiel ist in Bild 3.9.1 ein typischer Geschoßgrundriß dargestellt, in Bild 3.9.2 sind die natürlich lüftbaren Außenzonen und normalerweise nicht natürlich lüftbaren Innenzonen ausgewiesen. Um festzustellen, wie und in welcher Form das Gebäude aus verschiedenen Richtungen angeströmt wird und welche Druckbeiwerte sich im Fassadenbereich ergeben, sind Windkanalstudien sinnvoll, die zu den notwendigen Erkenntnissen führen.

Bild 3.10.1 zeigt das Massenmodell eines Gebäudes mit umgebender Verbauung, Bild 3.10.2 ein Geschoßmodell zur Feststellung und Sichtbarmachung der Raumströmungen innerhalb eines Geschosses (Geschoßmodell aus Plexiglas). Bild 3.11 weist Dachaufbauten mit Fensterklappen auf, die je nach Windanströmung dazu beitragen, im Dachbereich und somit im Lichthof einen Unterdruck zu erzielen, was zur Folge hat, daß die großen Raumtiefen natürlich durchlüftet werden (Strömungsrichtung: Fenster-Außenzone-Innenzone-Lichthof-Dach).

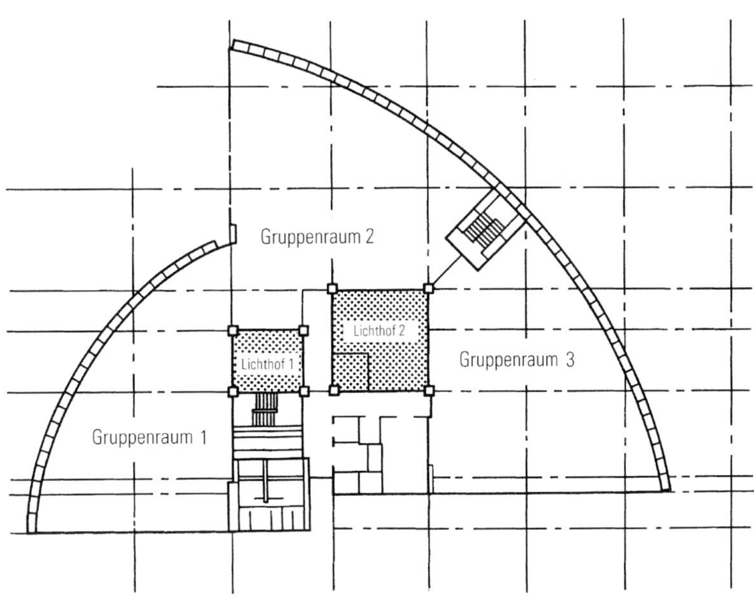

Bild 3.9.1
Tchibo-Frisch-Röst-Kaffee GmbH (Architekten Bürgin & Nissen), typischer Geschoßgrundriß

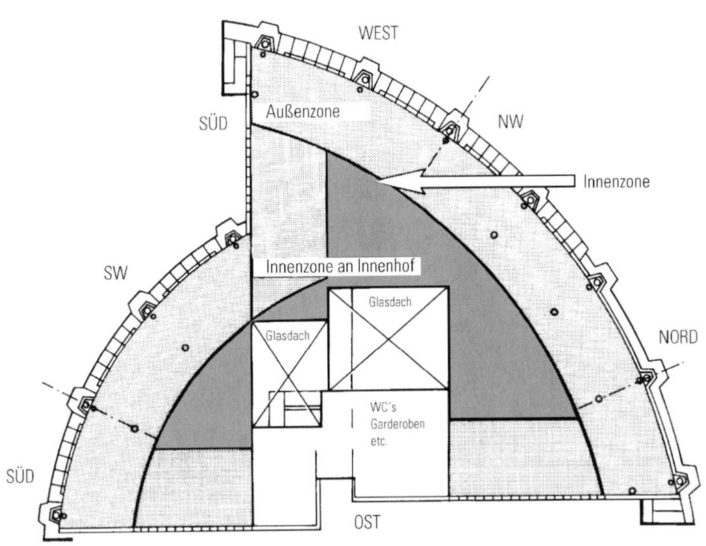

Bild 3.9.2
Geschoßgrundriß aufgeteilt hinssichtlich natürlicher Belüftbarkeit

Bild 3.10.1
Massenmodell im Windkanal mit Umgebungsrauhigkeit

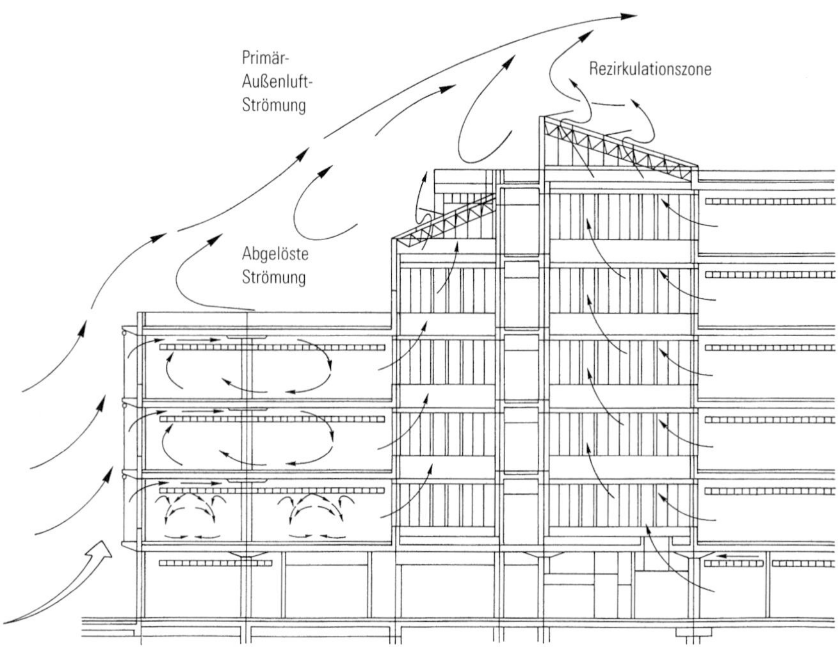

Bild 3.11
Gebäudequerschnitt mit dargestellten An- und Durchströmungsverhältnissen

Bild 3.10.2
Großmodell eines Geschosses (M 1: 10) im Strömungslabor

Im Winter wird auch bei geringen Windgeschwindigkeiten der Innenraum dann natürlich durchlüftet, wenn sich ein ausreichend großer Temperaturunterschied zwischen innen und außen ergibt. Der erzielte Luftwechsel tritt jedoch nur dann auf, wenn die Außenluft kälter ist als die Raumluft. Bei isothermen Verhältnissen (Temperaturgleichheit) ist bei Windstille keine Luftbewegung möglich.

3.1.4. Lüftung über Hallen und Wintergärten

Um das innerstädtische, räumliche Angebot um ein Gebäude herum zu verbessern, werden immer wieder Entwürfe entwickelt, die große Wintergärten oder glasgedeckte Passagen in die Baumaßnahme aufnehmen.

Bild 3.12.1 zeigt den Grundriß eines Gebäudes mit Wintergärten und eine etwa 150 m lange Glaspassage für ein Verwaltungsgebäude in Hamburg. Bild 3.12.2 weist die Vorstellungen der Architekten hinsichtlich der Passage (interne Straße) aus. Wie gut erkennbar ist, ist die Passage mit ihrer Länge von 150 m glasüberdeckt und verbindet somit die jeweils außenliegenden Gebäudekomplexe. Bild 3.13 zeigt einen Schnitt durch das Gebäude mit der Passage und angrenzenden Wintergärten sowie eine Ansicht gegen die Wintergärten.

In den Bildern 3.14.1 bis 3.14.6 sind Aufnahmen und prinzipielle Darstellungen der Luftströmungen sowohl im Passagenraum als auch in den Wintergärten bei verschiedenen Windanströmungen aufgezeigt. (sämtliche Rauchfotos bei 2,0 m/s.). Wie einzelne

Bild 3.12.1
Lageplan Gruner & Jahr AG
(Entwurf von Gerkan, Marg + Partner)

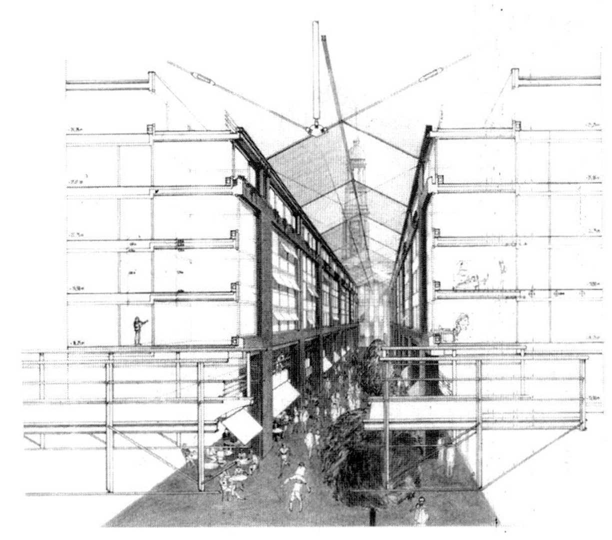

Bild 3.12.2
Isometrie der Verlagsstraße

Darstellungen ausweisen, sind die entsprechenden Passagen und Wintergartenräume sehr gut mit Rauch gefüllt (weist auf starke Durchströmung hin), gleichermaßen angrenzende Raumeinheiten, die über die Passage oder Wintergärten natürlich durchlüftet werden sollen.

Wie bereits festgestellt, eignet sich die natürliche Lüftung bei solchen Konzepten nicht immer und es ist zeitweise sinnvoll, die Wintergärten als „Wärmepuffer" (Winterbetrieb) zu nutzen.
Je nach Begrünung entsprechender Wintergärten wird es im Sommerbetrieb nicht, oder bedingt notwendig, die angrenzenden Nutzflächen (hier zum Beispiel Büros) unterstützend zu kühlen.

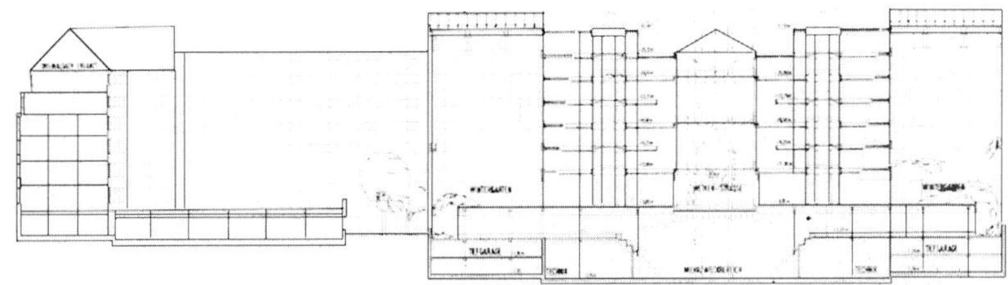

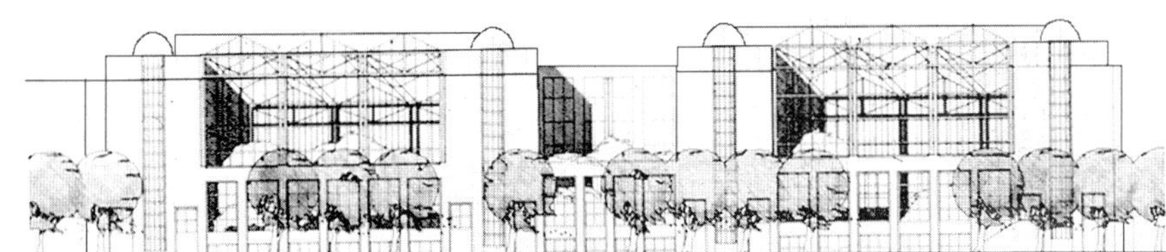

Bild 3.13
Schnitt und Ansicht des Gebäudes

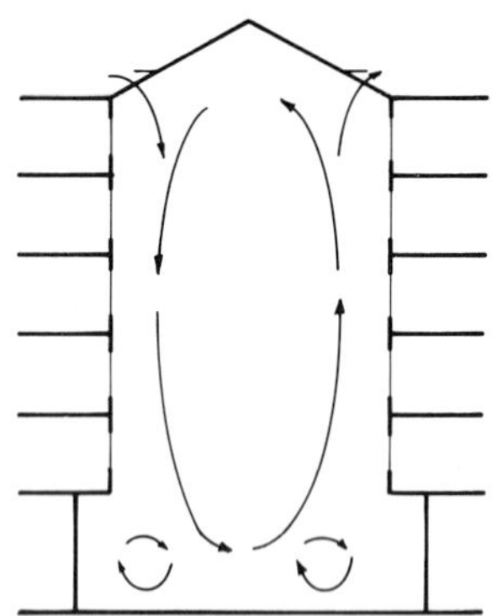

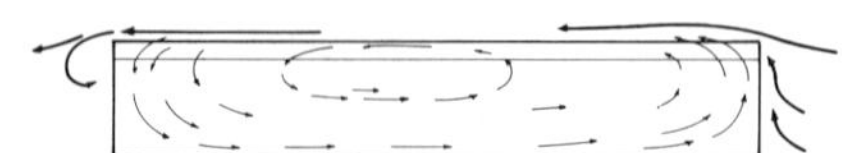

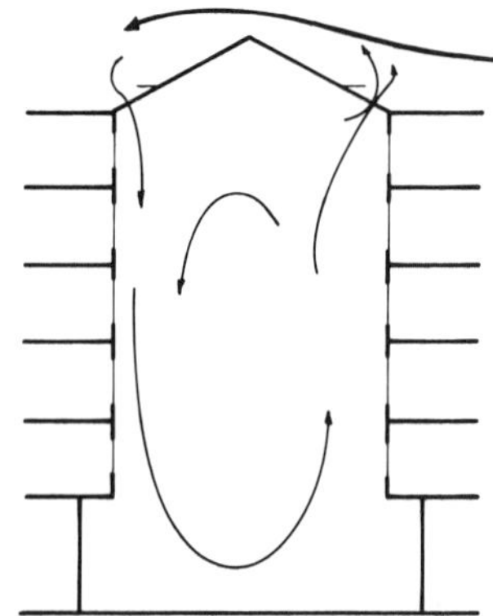

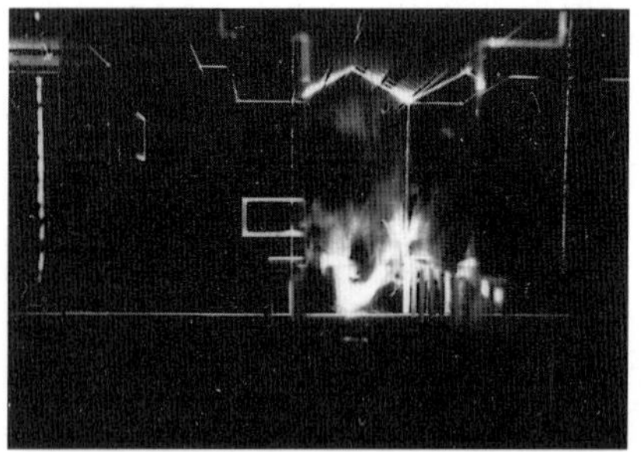

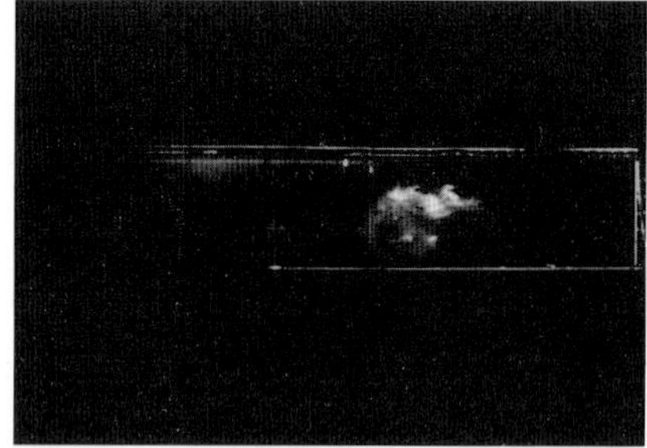

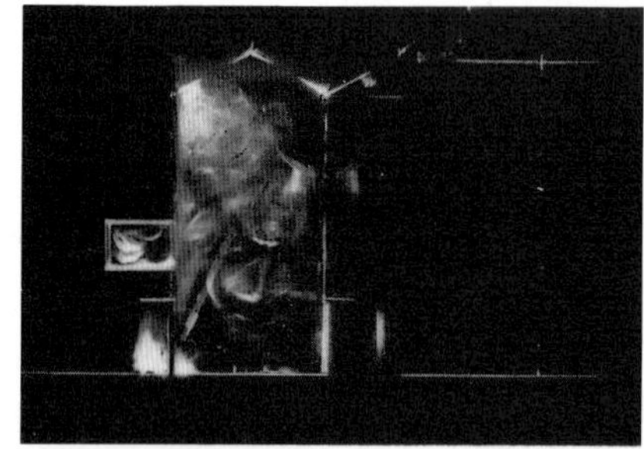

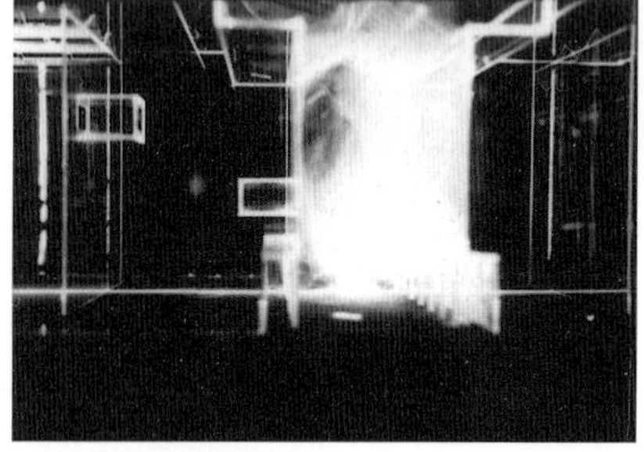

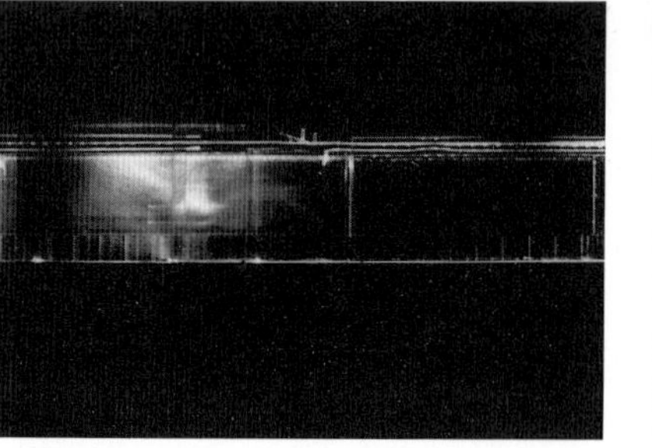

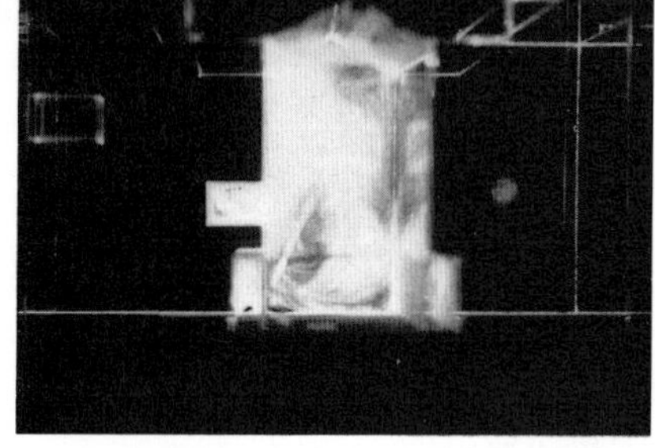

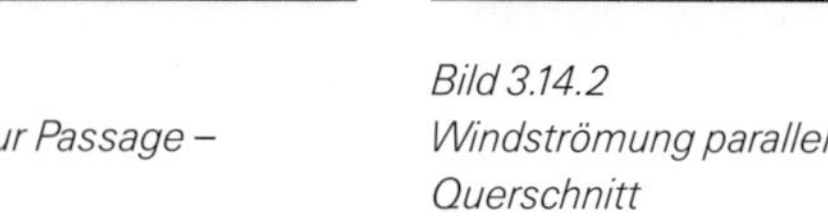

Bild 3.14.1
Windströmung parallel zur Passage – Längsschnitt

Bild 3.14.2
Windströmung parallel zur Passage – Querschnitt

Bild 3.14.3
Windströmung quer zur Passage – Querschnitt

Bild 3.14
Strömungsaufnahmen und schematische Darstellungen

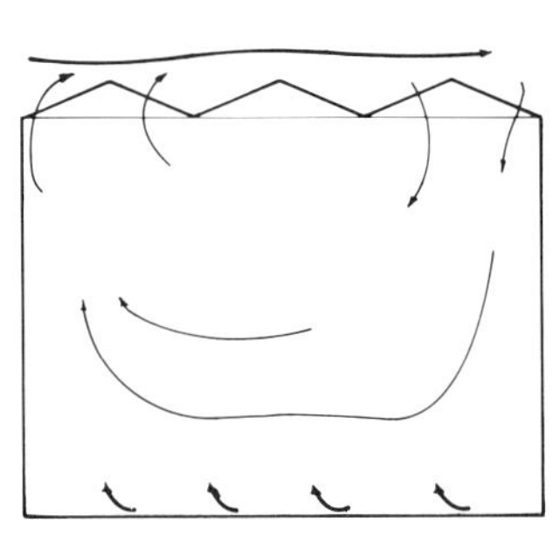

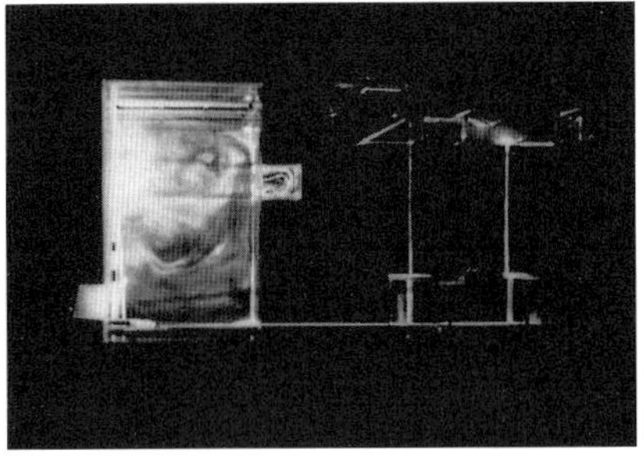

Bild 3.14.4
Windströmung parallel zur Wintergarten-längsachse – Querschnitt

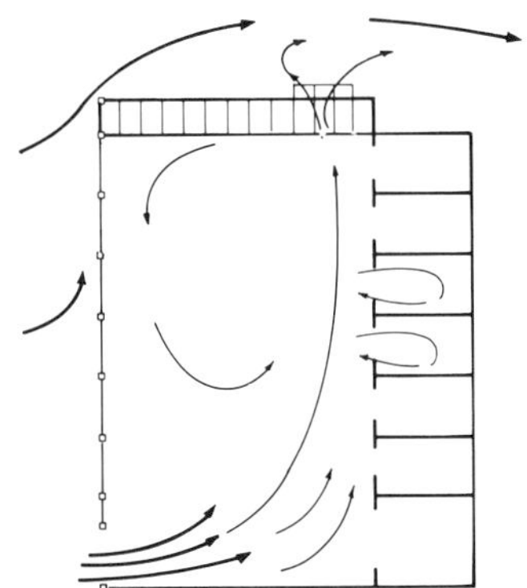

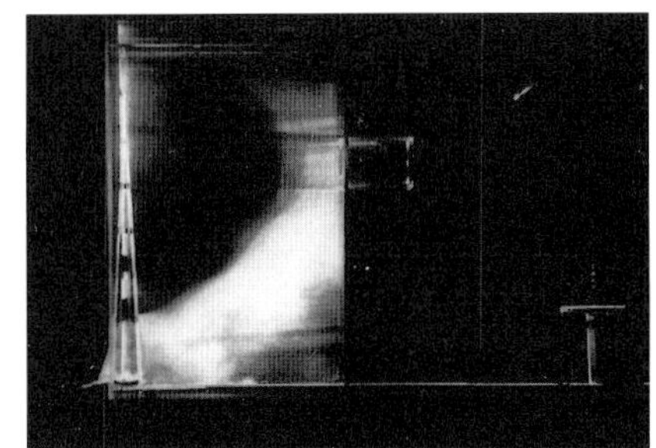

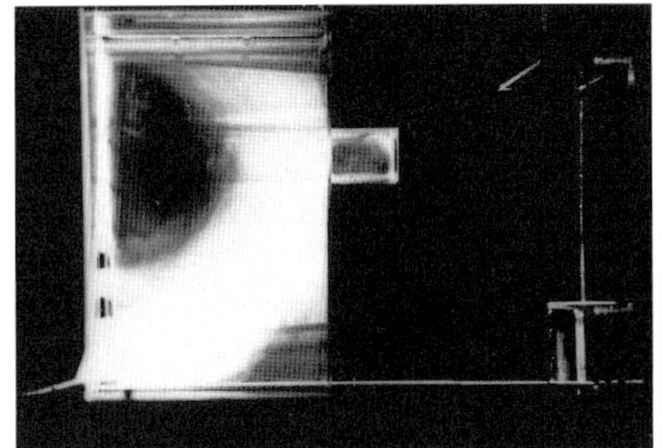

Bild 3.14.5
Windströmung quer zur Wintergartenlängs-achse – Querschnitt – Luvseite

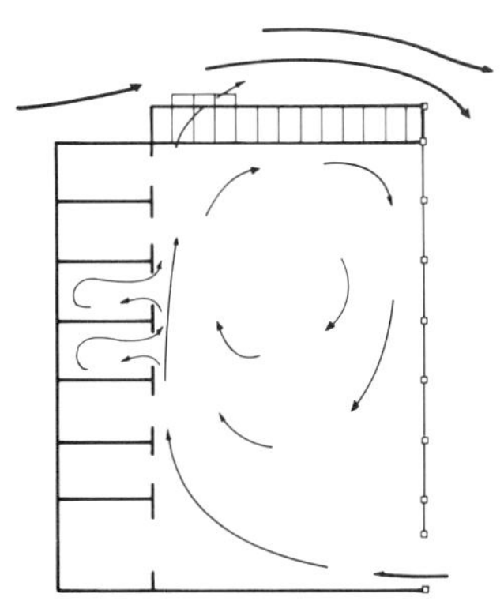

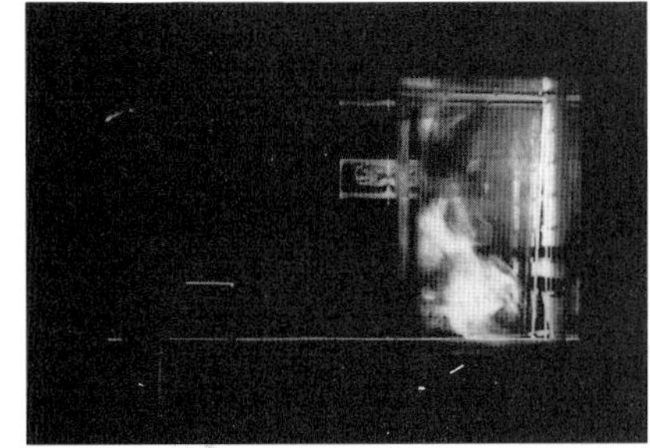

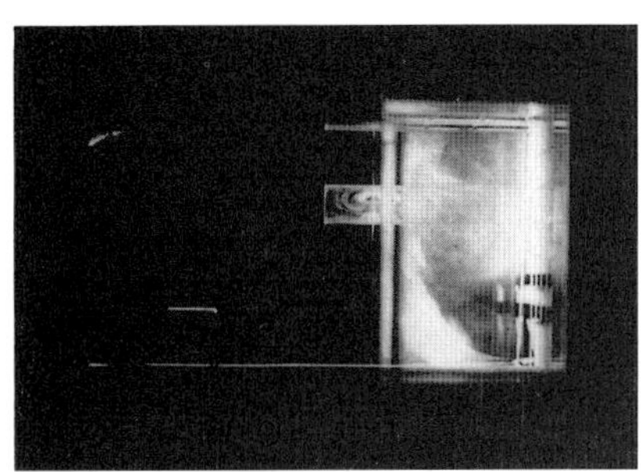

Bild 3.14.6
Windströmung quer zur Wintergarten-längsachse

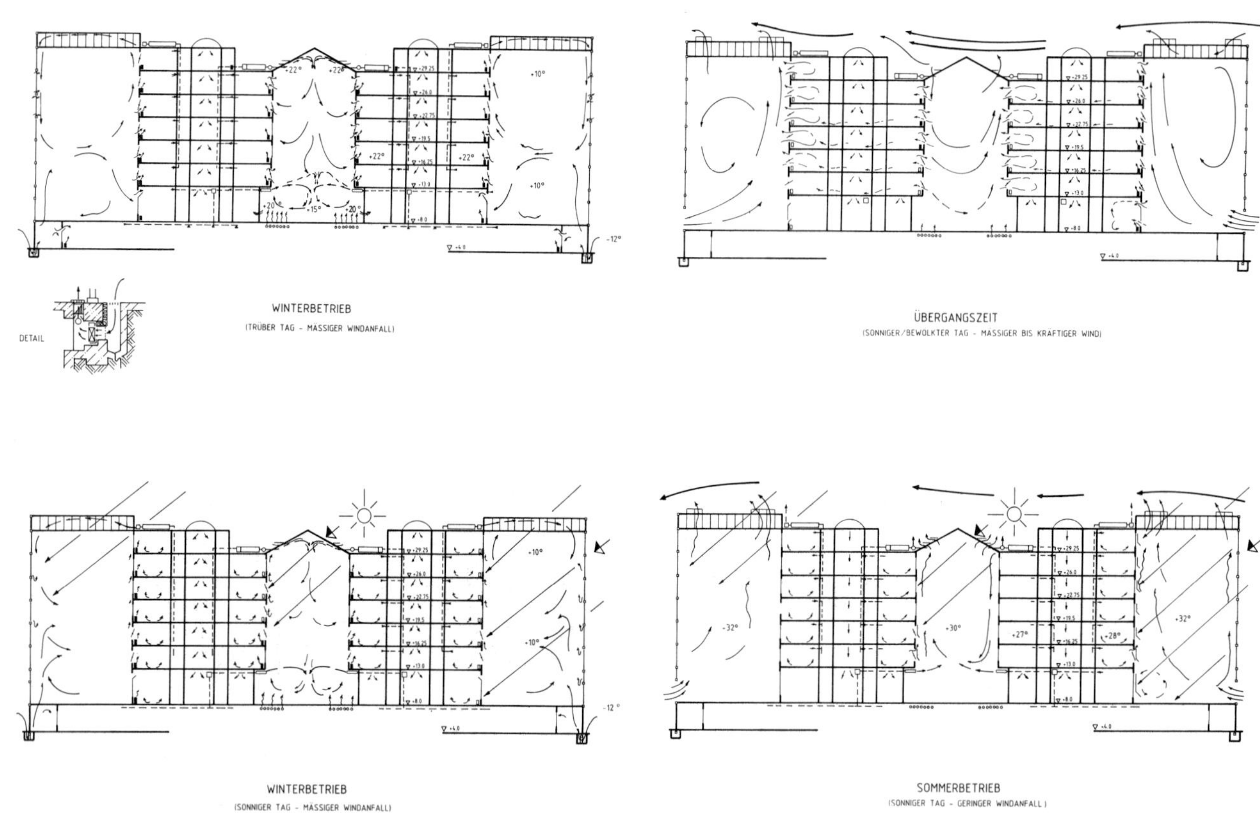

Bild 3.15.1
Darstellung prinzipieller Betriebszustände (Winter)

Bild 3.15.2
Darstellung prinzipieller Betriebszustände (Sommer/Übergangszeit)

Bild 3.15 zeigt die gewünschte Form der Betriebsweise mit natürlicher Lüftung über die Passagenräume bzw. Wintergärten während verschiedener Jahreszeiten. Hierbei ist beachtenswert, daß die Übergangszeit ca. 60 bis 65 % der gesamten Jahreszeit ausmacht, das heißt zumindest ein sehr hoher Zeitraum während des Jahres eine freie Lüftung der Nutzflächen zuläßt.

Bezüglich der freien Lüftung großvolumiger Glashallen gibt es eine Vielzahl von Lösungen, die dem jeweiligen Objekt anzupassen sind und sich wiederum aus den geometrischen Formen (zum Beispiel konkave Dächer, konvexe Dächer, Kuppeldächer usw.) des Objektes ergeben. Da die exakte Berechnung von natürlichen Luftströmungen äußerst aufwendig ist, müssen entweder Computersimulationen unter bestimmten vereinfachenden Annahmen oder Modelluntersuchungen im Windkanal durchgeführt werden. Zumindest sollte bei der freien Lüftung entsprechender Großformen mit äußerster Sorgfalt vorgegangen werden, um Planungsfehler zu vermeiden.

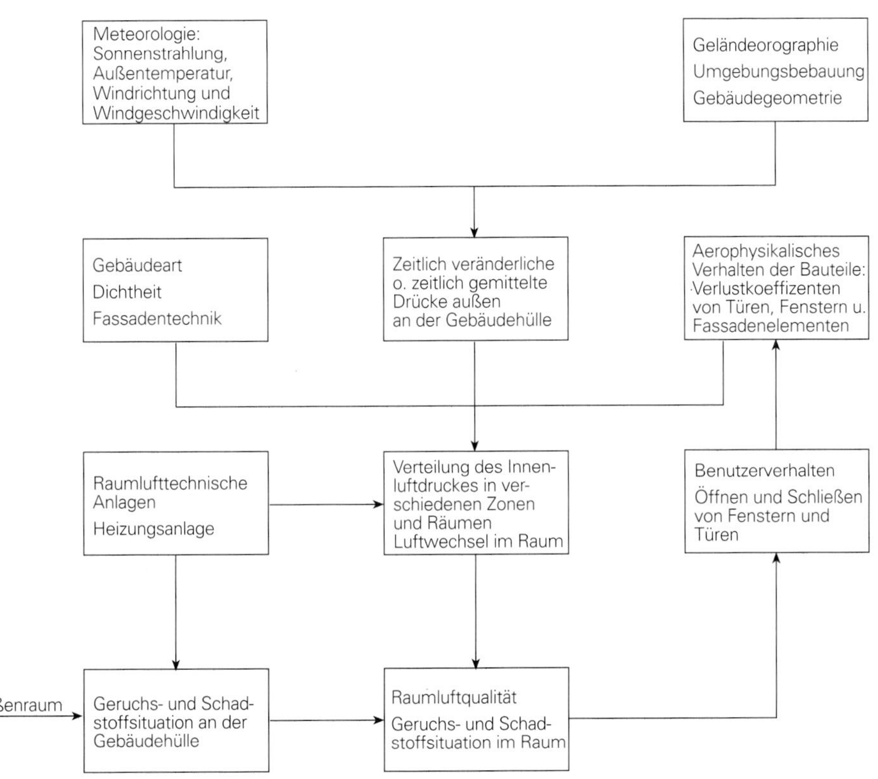

Bild 3.16
Einflußgrößen bei der Auslegung natürlicher Lüftungssysteme

3.1.5. Auslegungsverfahren für natürliche Lüftungssysteme

Im Gegensatz zu mechanisch belüfteten oder klimatisierten Räumen, in denen der Luftwechsel sowie die Zustandsgrößen der Raumluft über die Anlagenart festgelegt und regelbar sind, gestaltet sich die Planung natürlich zu lüftender Räumlichkeiten erheblich schwieriger.

Die Antriebsmechanismen des natürlichen Luftaustausches sind neben thermisch bedingten und höhenabhängigen Auftriebseffekten vor allem die oftmals stark zeitabhängigen, windinduzierten Druckdifferenzen an der Gebäudehülle. Jeder der genannten Einflüsse ist für sich allein betrachtet bereits äußerst komplex. In vielen Fällen erreichen thermische und aerodynamische Wirkungen allerdings die gleiche Größenordnung, so daß sie stets gemeinsam berücksichtigt werden müssen.

Wie Bild 3.16 zeigt, spielen neben den physikalischen Einflüssen die Bauart des Gebäudes und die angewandte Fassadentechnik sowie die Dichtheit der verwendeten Bauelemente eine wesentliche Rolle.

Eine besondere Rolle spielt dabei die Art des verwendeten Fensters: Wie weit es durch den Raumnutzer geöffnet werden kann und auf welche Art seine Geometrie die Innenströmung im Raum und damit die Innenströmungen beeinflußt, hat entscheidenden Einfluß auf die Lüftungseffektivität.

Die Geruchs- und Schadstoffimmissionen an der Gebäudehülle, die bei mangelnder Auslegung und Anordnung auch in der gebäudeeigenen Abluft-, Heizungs- oder Klimaanlage ihre Ursache haben können, sind ebenso ein weiterer Einflußfaktor, wie die Emissionen im betrachteten Innenraum selbst.

Berechnungsmethoden

Raumspezifische Luftwechsel und der Transport von Abluft oder Schadgasen innerhalb eines Gebäudes lassen sich grundsätzlich über eine Bilanz der Luftmassenströme unter Berücksichtigung aller Öffnungen und Leckstellen rechnerisch ermitteln. Den verschiedenen, verfügbaren Computerprogrammen ist gemeinsam, daß das reale Gebäude durch ein Netzwerk modelliert wird.

Als Elemente dieses Netzwerks können als Strömungswiderstände (ähnlich elektrischen Widerständen, allerdings mit nichtlinearen Kennlinien) Türen, Fenster, Undichtigkeiten und Fugen sowie Rohrleitungen und passive raumlufttechnische Bauelemente verstanden werden. Das Analogon zu Spannungsquellen in elektrischen Netzwerken sind bei dieser Betrachtungsweise Ventilatoren, deren Einfluß im Falle von Mischlüftungssystemen mit berücksichtigt werden müssen. (bei Ventilatoren bedeutet dies den Verlauf der Kennlinie).

Vorausgesetzt ist der Rechnung zunächst die Kenntnis der Lage und der genaue Verlauf der Durchlässigkeitsfunktion, d. h. der Abhängigkeit des Massenstroms durch das betrachtete Bauteil von der momentan und lokal anliegenden Druckdifferenz

$\dot{m}_i = f\ (\Delta p_i.)$.

In Bild 3.17 ist ein Wohnungsgrundriß seinem abstrahierten strömungstechnischem Netzwerkmodell gegenübergestellt. Küche, Bad und WC sind mechanisch entlüftet; im Netz sind die Ventilatoren als Spannungsquellen zu erkennen. In diesem Fall sind die äußeren Randbedingungen fassadenweise zusammengefaßt worden (A1 bis A4).

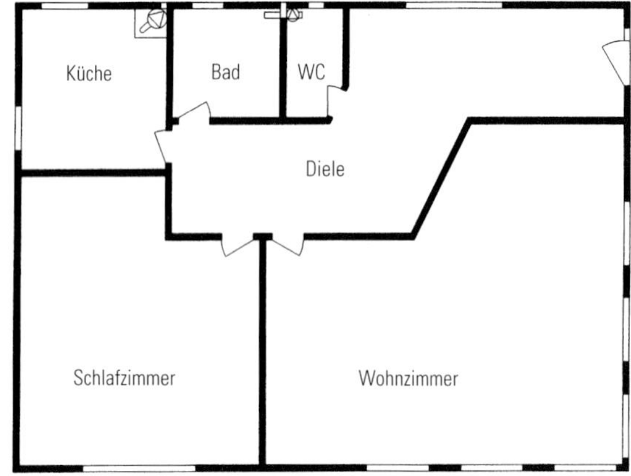

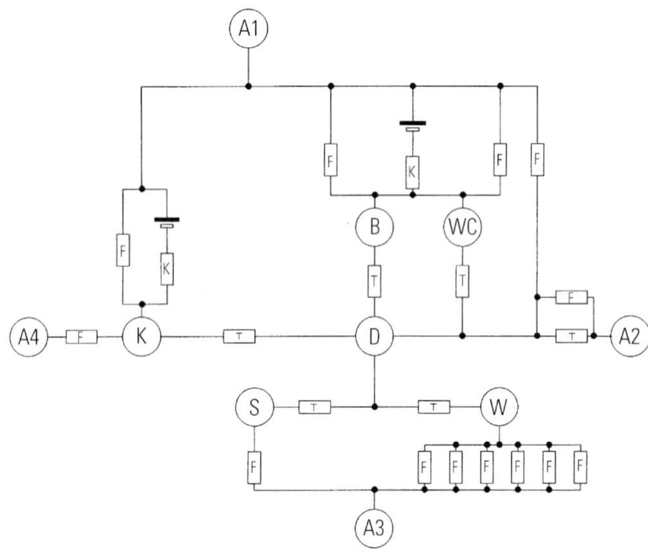

Bild 3.17
Strömungstechnisches Netzwerk zur Berechnung der Durchströmung einer natürlich gelüfteten Wohnung mit mechanischer Entlüftung von Küche, Bad und WC

Ermittlung der äußeren Randbedingungen

Eine ganz entscheidende Grundlage zur Ermittlung brauchbarer Vorhersagen ist die richtige Vorgabe der äußeren Randbedingungen, d. h. es müssen sinnvolle Annahmen im Hinblick auf die Verteilung von Temperatur, Druck sowie Schadstoffkonzentrationen oder Abluftverdünnungsgrade an der Gebäudehülle getroffen werden.

Während die Temperaturverteilung durch Anwendung moderner thermischer Raumsimulationsverfahren mit Hilfe des Computers in Abhängigkeit von Lage und Gebäudestandort, Tages- und Jahreszeit sowie Bauart und angewandter Fassadentechnik hinreichend genau bereitgestellt werden kann, bedeutet die Ermittlung der äußeren Drücke oder Konzentrationen oft erheblichen Aufwand.

Ursache ist die Komplexität der gebäudenahen Strömungsverhältnisse. Neben der Gebäudegeometrie selbst spielen die Art der Umgebungsbebauung und die vom regionalen Gebäudestandort abhängigen statistischen Häufigkeitsverteilungen von Windrichtung und -geschwindigkeit eine große Rolle.

Eine genaue rechnerische Erfassung dieser Einflüsse auf die Umströmung des Gebäudes und damit die Vorhersage der zeitlich und räumlich schwankenden Druckverteilung an der Gebäudehülle ist derzeit mit wirtschaftlich vertretbarem Aufwand nicht realisierbar.

Physikalische Modellierung des Strömungsfeldes

In der Regel besteht im Hinblick auf Ökonomie, Ökologie und Komfort der Wunsch, auf eine Vollklimatisierung zu verzichten. In Bezug auf den thermischen und hygienischen Komfort wird die Vorhersage der Strömungsverhältnisse in den Räumen, die es zu behandeln gilt, entscheidend sein, will man grundsätzliche Fehler vermeiden. Daher bedient man sich in diesen Fällen neben den rechnerischen Methoden auch experimenteller Methoden zur Bestimmung der strömungstechnischen Umgebungsbedingungen.

In atmosphärischen Grenzschichtwindkanälen läßt sich z. B. maßstäblich die windbedingte natürliche Umströmung hinreichend exakt nachbilden.

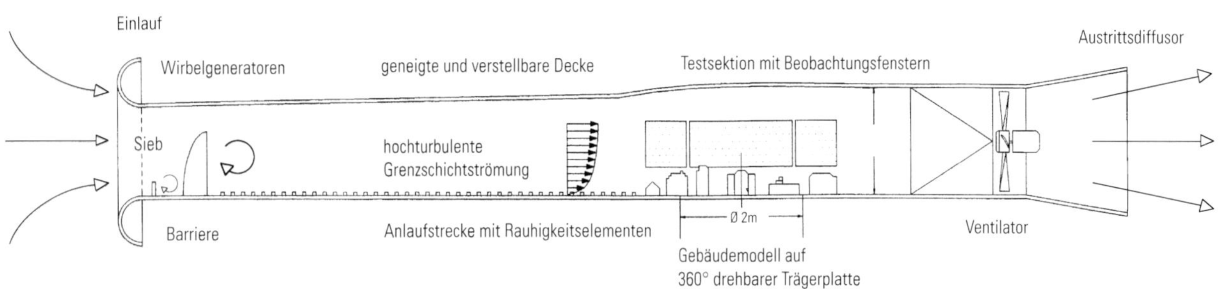

Bild 3.18
Atmosphärischer Grenzschicht Windkanal für die Durchführung aerophysikalischer Simulationen an Gebäudemodellen (schematisch, Längsschnitt, Tiefe ca. 3 m)

Der windinduzierte Luftaustausch über große Gebäudeöffnungen z. B. an Atrien oder großen Hallen läßt sich dabei zum Teil direkt meßtechnisch ermitteln, was eine iterative Optimierung der Konfiguration der Gebäudeöffnungen im Hinblick auf Kosten und Nutzen ermöglicht.

Abbildung 3.18 zeigt schematisch den Aufbau eines typischen Windkanals für aerophysikalische Simulationen an Bauwerksmodellen.

Darüber hinaus stellen solche Versuche auch Datensätze bereit, die es erlauben, mittels intelligenten Regelsystemen die Gebäudetechnik zu jedem Zeitpunkt an die momentanen Windbedingungen optimal anzupassen.

3.2. KÜHLLASTBERECHNUNG

Die Kühllastberechnung ist analog zur Wärmebedarfsberechnung zu sehen (vergl. Kapitel 1) und dient der Berechnung der in Räumen anfallenden Wärmeströme.

Zur Kühllastberechnung bedient man sich, wie bei der Wärmebedarfsberechnung, einschlägiger Richtlinien, hier beispielhaft der VDI-Kühllastregeln, VDI 2078.

Ebenfalls wie bei der Wärmebedarfsberechnung ermittelt man heute in der Regel die Kühllast per EDV, um zu schnelleren und genaueren Ergebnissen zu kommen. Für den Architekten wichtig ist die Erkenntnis der Zusammenhänge zwischen Gebäudeentwurf, Materialien und Wärmeumsätze im Raum.

Bei gekühlten oder klimatisierten Gebäuden sind die Kühllasten (abzuführende Wärmeströme) in der Regel der Maßstab zur Bestimmung notwendiger Luftmengen oder Kühlleistungen zur Kühllastkompensation. Es ergeben sich somit in der Regel die Größe von lufttechnischen Anlagen mit Kühlung aus den anfallenden Wärmelasten, die zu kompensieren sind, um eine bestimmte Raumtemperatur einhalten zu können.

3.2.1. Innere Kühllast

Die innere Küllast $\dot{Q}_I$ eines Raumes setzt sich zusammen aus:

$\dot{Q}_P$ = Wärmezufuhr durch Personen,
$\dot{Q}_E$ = Wärmezufuhr der Einrichtungen,
$\dot{Q}_R$ = Wärmezufuhr aus Nachbarräumen.

Die Wärmezufuhr von Einrichtungen erfolgt durch:

$\dot{Q}_B$ = Beleuchtungswärme,
$\dot{Q}_M$ = Maschinen- und Gerätewärme,
$\dot{Q}_G$ = Wärmezufuhr durch Stoffdurchsatz,
$\dot{Q}_C$ = Sonstige Wärmezufuhr.

Es ist somit

$$\dot{Q}_I = \dot{Q}_P + \dot{Q}_E + \dot{Q}_R$$

mit $\dot{Q}_E = \dot{Q}_B + \dot{Q}_M + \dot{Q}_G + \dot{Q}_C$.

3.2.2. Äußere Kühllast

Die äußere Küllast $\dot{Q}_A$ umfaßt alle von außen eintretenden Energien, soweit sie aus der Raumluft abgeführt werden müssen. Dabei unterscheidet man folgende Wärmestromwege:

$\dot{Q}_W$ = Wärmezufuhr durch Wände (Dächer)
$\dot{Q}_F$ = Wärmezufuhr durch Fenster,
$\dot{Q}_{FL}$ = Wärmezufuhr durch Fugenlüftung.

Somit ist: $\dot{Q}_A = \dot{Q}_W + \dot{Q}_F + \dot{Q}_{FL}$.

Beim Energiestrom durch die Fenster $\dot{Q}_F$ wird unterschieden in Transmissionswärme $\dot{Q}_T$ und Strahlungswärme $\dot{Q}_S$. Hieraus ergibt sich: $\dot{Q}_F = \dot{Q}_T + \dot{Q}_S$.

Da sich die Kühllast eines Raumes $\dot{Q}_{KR}$ aus äußeren und inneren Lasten ergibt, ist

$$\dot{Q}_{KR} = \dot{Q}_I + \dot{Q}_A.$$

3.2.3. Kühllast des Gebäudes

Die Zeiten für die Kühllastmaxima sind im allgemeinen unterschiedlich und die maximale Gebäudekühllast wird daher definiert als:

$$\dot{Q}_{KG} = \max \Sigma \dot{Q}_{KR},$$

das heißt als Maximum aus der Summe aller gleichzeitigen Kühllasten (nicht als Summe der Kühllastmaxima). $\dot{Q}_{KG}$ bestimmt die im Gebäude benötigte maximale Kühlleistung bzw. bei Nur-Luft-Anlagen den Luftvolumenstrom der Geräte für den Versorgungsbereich oder das Gebäude.

3.2.4. Thermische Raumbelastungen

Die thermischen Raumbelastungen setzen sich zusammen aus konvektiven Belastungen und Strahlungsbelastungen. Konvektive Wärmebelastungen (WB_K) sind Wärmen, die unmittelbar von der Raumluft aufgenommen werden und somit sofort zur Kühllast werden. Konvektive Wärmebelastungen wirken auch auf die Speichermassen der Raumumschließungsflächen, die je

3

nach Speichervermögen und Wärmeübergang dämpfend einwirken und somit in der Lage sind, Raumtemperaturen zu minimieren.

Stahlungsbelastungen (WB_S) sind Lasten, die durch kurzwellige Lichtstrahlung oder langwellige Wärmestrahlung den Raum beeinflussen.
Sie wirken nicht direkt auf die Raumlufttemperatur, da die Strahlung erst von absorbierenden Medien aufgenommen und in einen konvektiven Wärmestrom umgesetzt werden muß.

Eine sehr wesentliche Rolle bei der späteren Planung von Gebäuden spielt die Fähigkeit des Raumes, Wärmeenergie zu speichern. Hierdurch lassen sich unter Umständen Kühlanlagen ganz vermeiden, oder erheblich in ihrer Größe reduzieren.

Bei den gesamten einschlägigen Regeln zur Berechnung der Kühllasten (Basis-Kühllast) gelten Raumtemperaturen von 22° C (eingeschwungener Zustand). Weiterhin wird bei der Basiskühllast vorausgesetzt, daß eine Raumlufttechnische Anlage 24 Stunden in Betrieb ist.

3.2.5. Wärmespeicherung im Gebäude

Wie bereits vorher festgestellt, spielt die Wärmespeicherung im Gebäude unter Umständen eine sehr wesentliche Rolle. Die Wärmespeicherung im Gebäude macht sich dann bemerkbar, wenn die Wärmebelastung entweder infolge von Strahlung entsteht oder wenn sich Raumtemperaturen verändern. In diesen Fällen werden mit einer zeitabhängigen Speicherfunktion die Belastungen so umgeformt, daß aus der Belastungszeitfunktion eine Kühllastzeitfunktion entsteht. Somit ist die Kühllast eine Speicherfunktion der Wärmebelastung. Die Wärmespeicherung wird bei der Berechnung der Kühllasten in verschiedenen Ansätzen berücksichtigt (Speicherfaktoren im Raum/Speicherfaktoren bei Außenwand). Der Raum als Einheit nimmt an den inneren Umfassungswänden Strahlungswärme auf, die durch Fenster (Sonnen- und Himmelsstrahlung), durch Beleuchtung, Personen, Maschinen (Wärmestrahlung) usw. auf ihn einwirken. Die Wärmestrahlung dringt je nach Wandaufbau und zeitlichem Verlauf der Strahlung mehr oder weniger tief in die Wände ein und führt dabei zu einer Erhöhung der Wandoberflächentemperaturen. Die Wände stehen dabei miteinander im Strahlungsaustausch. Je nach Raumluft- und Wandtemperatur kommt es zu einem konvektiven Wärmeübergang von der Wand an die Luft bzw. umgekehrt.

Bei veränderlichen Raumtemperaturen bedeutet ein Temperaturanstieg eine Kühllastminderung infolge Einspeicherung. Ein Absenken der Raumtemperatur bedeutet eine Kühllasterhöhung durch Entspeicherung. Das wesentliche Merkmal dieser Wärmeströme ist die Wärmerückströmung, das heißt konvektive Wärmeabgabe erfolgt auf der gleichen Seite der Wand wie die Wärmeaufnahme.

Die Ergebnisse der Wärmespeichervorgänge für fest vorgegebene Belastungsformen sind durch Tagesgänge der Kühllastfaktoren wiedergegeben, die den Kühllastverlauf in seiner Dämpfung und Zeitverzögerung beschreiben.
Berücksichtigung finden diese Zusammenhänge durch die Multiplikation der Maximalwerte mit einem Speicherfaktor.

3.2.6. Außentemperaturen

Die Außenwand als raumumschließende Fläche ist zusätzlichen Wärmeströmen ausgesetzt und besonders zu behandeln, obwohl die Kühllasten von außen durch Wände relativ klein sind.
Bei Sonnenbestrahlung von Außenflächen stellen sich Außenoberflächentemperaturen ein, die erheblich über der Außenlufttemperatur liegen können.

Diese hohen Oberflächentemperaturen führen zu zusätzlichen Wärmeströmen, die einen zusätzlichen Kühllastanteil bewirken (abhängig von Wärmedurchgangskoeffizient, Speicherfähigkeit und Zeitverlauf der Strahlungsbelastung).
Dieser Wärmedurchgang wird über eine äquivalente Temperaturdifferenz in Abhängigkeit von Dämpfung und Zeitverzögerung in der Berechnung erfaßt.

Hinsichtlich der richtigen Maximal-Auslegungstemperaturen wird nach Klimazonen unterschieden, die in Bild 3.19 dargestellt sind. Hiernach unterscheidet man:

Zone 1 = Küstenklima, Maximaltemperatur + 29°C,
Zone 1a = Hangklima (Mittelgebirge),
Zone 2 = Binnenklima I, Maximaltemperatur + 31°C,
Zone 3 = Binnenklima II, Maximaltemperatur + 32°C,
Zone 4 = Südwestdeutsches Flußtalklima Maximaltemperatur + 33°C,
Zone 5 = Höhenklima.

Die Bilder 3.20.1 und 3.20.2 zeigen Tagesgänge der Außenlufttemperatur in den Monaten Juli oder September für die verschiedenen aufgeführten Zonen.

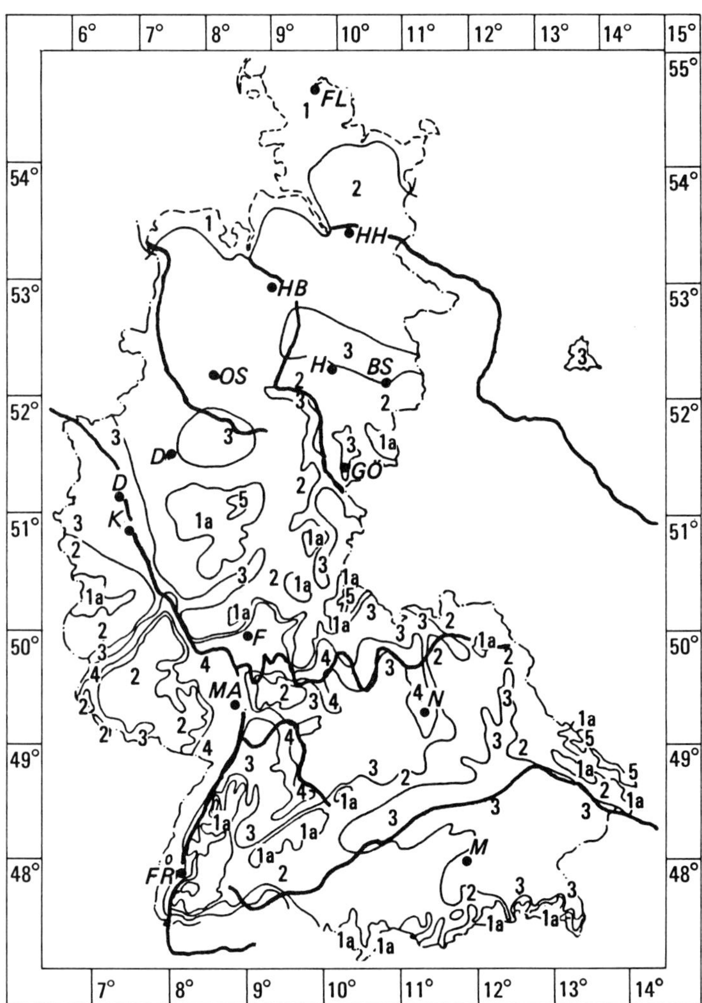

Bild 3.19
Kühllastzonenkarte

Tabelle 3.2 gibt die Zuordnung der Großstädte in Deutschland zu Kühllastzonen wieder.

Tabelle 3.2
Zuordnung der Großstädte zu Kühllastzonen

Stadt	Kühllastzone City	Kühllastzone Umgebung	
Aachen	3		2
Augsburg	3	südl.	2
Berlin (West)	3		
Bielefeld	2		
Bochum	2		
Bonn	3		
Bottrop	2		
Braunschweig	3	südl.	2
Bremen	2		
Bremerhaven	2		1
Darmstadt	4		
Dortmund	2		
Düsseldorf	3		
Duisburg	3		
Erlangen	4		
Essen	3	östl.	2
Frankfurt/Main	4	nördl.	3
Freiburg/Brs.	4	östl.	3
Fürth	4		
Gelsenkirchen	2		
Göttingen	3		2
Hamburg	2		
Hamm	3		
Hannover	3	südl.	2
Heidelberg	4	östl.	3
Heilbronn	4		3
Herne	2		
Hildesheim	2		
Kaiserslautern	3		2
Karlsruhe	4	östl.	3
Kassel	3		2
Kiel	2	nördl.	1
Koblenz	4		4
Köln	3		
Krefeld	3		
Leverkusen	3		
Ludwigshafen	4		
Lübeck	2		
Mainz	4		
Mannheim	4		
Mönchen-Gladbach	3		
Moers	3		
Mülheim/Ruhr	3		
München	3		
Münster	2		
Neuss	3		
Nürnberg	4		
Oberhausen	3		
Offenbach/Main	4		
Oldenburg	2		
Osnabrück	2		
Paderborn	3	östl.	2
Pforzheim	3		
Recklinghausen	2		
Regensburg	3		
Remscheid	2		
Saarbrücken	3		2
Salzgitter	2		
Siegen	2		
Solingen	2	Tallagen	3
Stuttgart	4		3
Trier	4		3
Wiesbaden	4		
Wilhelmshaven	1		
Witten	2		
Wolfsburg	3		
Würzburg	4		3
Wuppertal	3		2

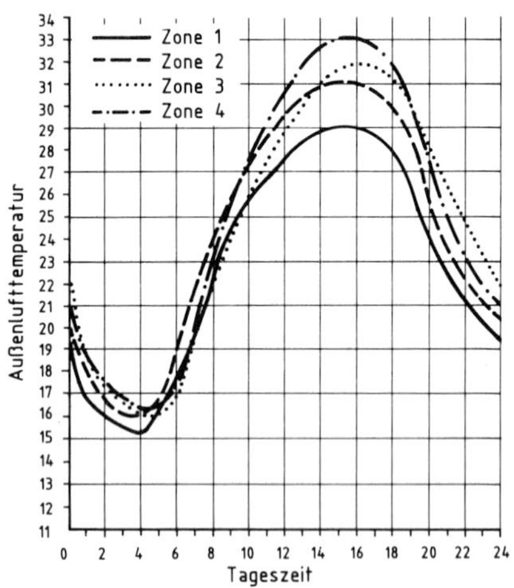

Bild 3.20.1
Tagesgänge der Außenlufttemperatur

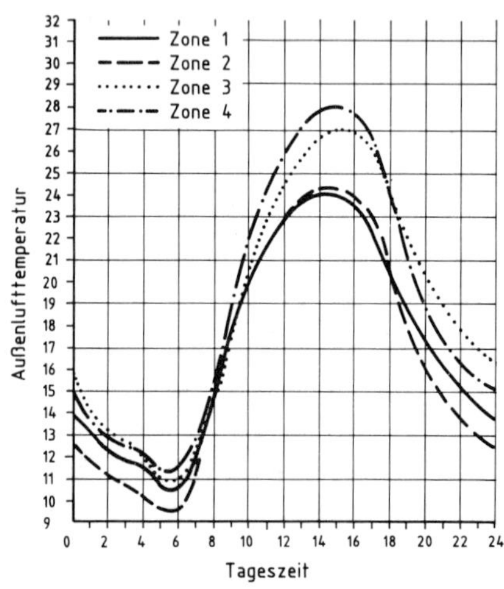

Bild 3.20.2
Tagesgänge der Außenlufttemperatur

3.2.7. Sonnenstrahlung

Auf die äußere Lufthülle der Erde, senkrecht zur Sonnenstrahlung, wird eine Wärmestromdichte von etwa 1,39 kW/m² bei mittlerem Sonnenabstand eingestrahlt (Solarkonstante). Dieser Wert bewegt sich zwischen 1,35 und 1,44 kW/m², wobei sich die Gesamtstrahlung zusammensetzt aus Strahlen verschiedener Wellenlängen und verschiedener Intensitäten. Die Erdoberfläche selbst wird jedoch nur von einem Teil dieser Wärmemengen erreicht, da die Lufthülle die Strahlung schwächt. Schwächungen treten auf durch Streuung und Reflektion an Luftmolekülen, Staub- und Dunstteilchen und durch Absorption infolge von Ozon, CO_2, Wasserdampf sowie Staub und Dunst. Zur Kennzeichnung der Schwächung der Strahlungsintensität wurde der Trübungsfaktor T eingeführt. Der Trübungsfaktor ist in einer ungetrübten Atmosphäre = 1, beträgt im Mittel während des Jahres:
ca. 5,0 Industriegebiete
ca. 3,5 Großstädte
ca. 2,75 ländliche Gegenden

Der Tagesgang der direkten Sonnenstrahlung auf Wände verschiedener Richtungen (50° nördl. Breite) bei einem Trübungsfaktor von T = 4 (annähernd Großstadt-Trübung) zeigt gemäß Bild 3.21.1 typische sinusförmige Verläufe. Demgegenüber zeigt Bild 3.21.2 den Jahres- und Tagesgang der mittleren Globalstrahlung, das heißt Summe direkter und diffuser Strahlung sowie atmosphärischer Gegenstrahlung. Der Tagesgang der Globalstrahlung oder Gesamtstrahlung ist nochmals auch in Bild 3.21.3 dargestellt und zeigt wiederum die typisch sinusförmigen Verläufe. In den Kühllastregeln werden Tagesgänge der Gesamtstrahlungen und die Diffusstrahlungen für die entsprechenden Auslegungsmonate und Zeiten während des Tages hinter einer klaren Zweifachverglasung angegeben. Dieses Verfahren führt zu der notwendigen Genauigkeit hinsichtlich der Berechnung der eingestrahlten Wärmeenergien in Räume und Gebäude.

Bei der Kühllastberechnung wird der Glasflächenanteil des Fensters (nicht Maueröffnungsanteil) und die Art des Sonnenschutzes berücksichtigt. Die in den Raum einfallende Sonnenenergie und Himmelsstrahlung ist dabei sehr wesentlich davon abhängig, welcher Energiedurchlaßgrad g die Fenster- und Sonnenschutzkombination erreicht bzw. welcher Durchlaßfaktor b für die Fenster- und Sonnenschutzkombination beschrieben wird. Bei den in den Kühllastregeln angegebenen b-Faktoren ist zu berücksichtigen, daß sich diese bereits auf eine Zweischeiben-Isolierverglasung beziehen.

Der Zusammenhang zwischen Energiedurchlaßgrad g und Durchlaßfaktor b für Sonnenstrahlung ergibt sich näherungsweise nach:

$$b = \frac{g}{0,8}$$

das heißt, die Durchlaßbfaktoren b sind somit um 20 % größer als die Energiedurchlaßgrade g. In den nachfolgenden Tabellen der VDI 2078 (Anhang) sind b-Werte für unterschiedliche Glasarten und Sonnenschutzmaßnahmen getrennt aufgeführt. Dabei ist jedoch unbedingt darauf hinzuweisen, daß die b-Werte der einschlägigen Glasindustrie (entsprechendes Prospektmaterial) zu entnehmen sind, da die Werte der VDI 2078 in der Regel zu überschlägig sind.
Das gleiche gilt auch für Sonnenschutzvorrichtungen jedweder Art (außen oder innen).

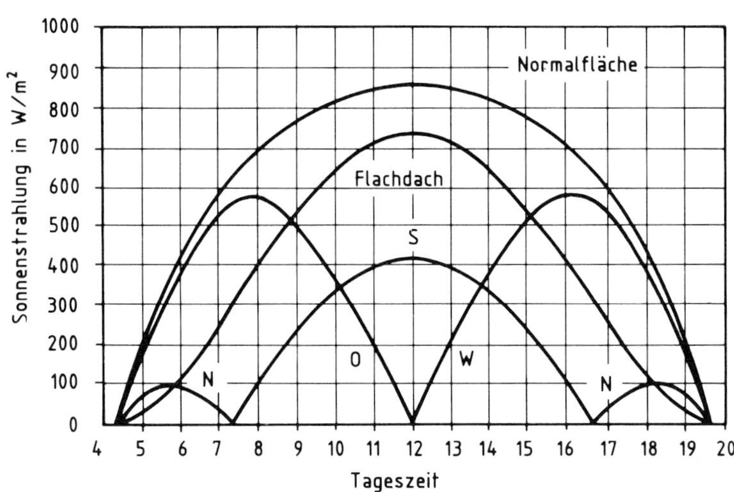

Bild 3.21.1
Direkte Sonnenstrahlung auf Wände verschiedener Richtung, im Juli auf 50° nördlicher Breite, beim Trübungsfaktor T = 4 (Großstadtatmosphäre)

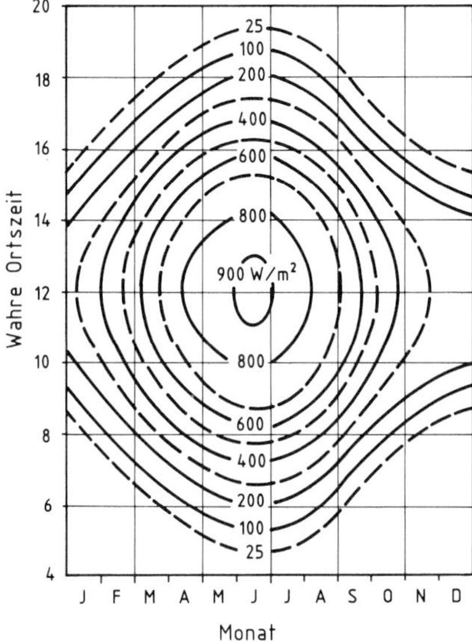

Bild 3.21.2
Mittlere Globalstrahlung in W/m² an Strahlungstagen auf horizontale Fläche (Großstadtatmosphäre)

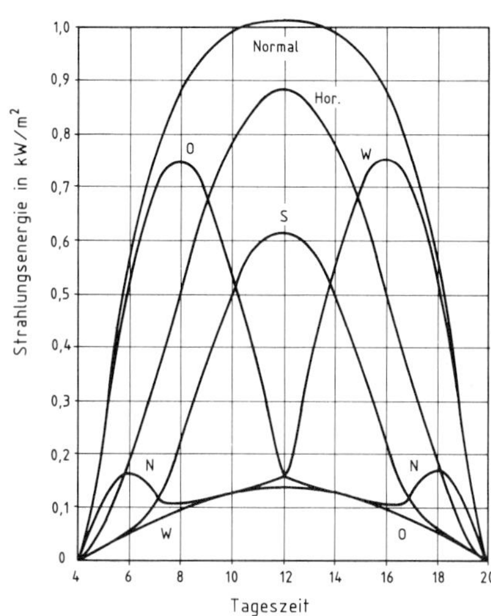

Bild 3.21.3
Gesamtstrahlung auf Wände verschiedener Richtung, im Juli auf 50° nördlicher Breite, beim Trübungsfaktor T = 4 (Großstadtatmosphäre) DIN 4710 (11.82)

3.2.7.1. Gläser

Glasscheiben sind für den Architekten und die weiteren Planer nicht nur ein wesentliches Gestaltungselement sondern übernehmen eine Vielzahl von Funktionen wie:

- Sichtverbindung nach außen
- Sichtverbindung nach innen
- Lichteinfall
- Wärmeabfluß
- Wärmezufluß
- raumschließendes Element
- Schallschutz.

Unter diesen aufgeführten Aspekten sind Scheiben zu wählen, wobei hier nicht nur der Architekt allein sondern er in Verbindung mit seinen Sonderberatern vorgehen sollte. Beim hier beschriebenen Rahmen interessieren insbesondere die physikalischen Eigenschaften in Verbindung mit Sonnenbestrahlung (g-Faktor /b-Faktor/Absorption), die Wärmedurchgangszahl (k-Zahl) und die Lichttransmission (spektrale Transmission).

Beispielhaft hierfür sind aus einem Katalog (Vegla/Saint-Gobain) typische Datenblätter von Scheiben entnommen.

Diese Datenblätter zeigen einmal physikalische und chemische Materialkennwerte (Bild 3.22.1), sowie die spektralen Transmission bei verschiedenen Farbausbildungen einer gleichen Scheibe (Bild 3.22.2), die Verteilung der Sonnenenergie für Einfachscheiben bei verschiedenen farblichen Ausbildungen (Bild 3.22.3), und die Zusammenfassung aller technischen Daten (Bild 3.22.4).

Spiegelglas PLANILUX® und PARSOL®.

Physikalische und chemische Materialkennwerte (Richtwerte).

Dichte
2,5 g/cm³.
Eine Glasscheibe von 1 mm Dicke und 1 m² wiegt 2,5 kg.

Elastizitätsmodul
70 000 N/mm².

Druckfestigkeit
700–950 N/mm².

Biegefestigkeit
δ_{Bb} = 65 N/mm².
Mindestwert, gemessen nach der Doppelring-Methode.
- Rechenwert für z. B. Fenster und Fensterwände δ_{zul} = 30 N/mm².

Wärmedehnzahl
8,5 – 9,5 x 10^{-3} mm/mK
- Die Wärmedehnzahl gibt an, um wieviel sich eine 1 m lange Glaskante bei einer Temperaturerhöhung um 1 K längt.

Temperaturbeständigkeit
± 40° C.
- Kurzzeitige Temperaturänderungen von ± 40° C gegenüber der normalen Raumtemperatur führen innerhalb des Glasquerschnittes zu keinen gefährlichen Spannungen.

Heizkörper sollten aber mind. 30 cm von einer Verglasung entfernt sein. Bei geringeren Abständen wird zwischen Heizkörper und Verglasung ein Strahlungsschutz aus einer zu Einscheiben-Sicherheitsglas SEKURIT® weiterverarbeiteten Spiegelglasscheibe empfohlen.

Härte
nach MOHS - Skala - Ritzhärte 5 : 7
nach KNOOP 480 ± 10.

Spez. Wärme
0,8 J/g K.
- Die spez. Wärme in Joule (J) gibt an, welche Wärmemenge erforderlich ist, um 1 g Glas um jeweils 1 K zu erwärmen. Sie ist abhängig von der Eigentemperatur des Glases.

Transformationstemperatur
545° C ± 5° C.
- Vorspannen und Formveränderung erfordern eine um 100° C höhere Temperatur.

Erweichungstemperatur
600° C ± 5° C.

Wärmeleitfähigkeitskoeffizient
0,81 W/m K.

Wärmedurchgangskoeffizient
Berechnet nach DIN 4701 mit den Wärmeübergangskoeffizienten
α_i = 8,1 W/m² K
α_a = 23 W/m² K

	Glasdicke (mm)	
	4	12
k (kcal/m² h° C)	5,1	4,8
k (W/m² k)	5,9	5,6

Säurebeständigkeit
(DIN 12116)
Gelöstes in 3 Std.
Säureklasse
I 0 – 0,7 mg/100 cm²
II 0,7 – 1,5 mg/100 cm²
III > 1,5 mg/100 cm²

Laugenbeständigkeit
(DIN 52322)
Laugenklasse
I 0 – 75 mg/100 cm²
II 75 – 150 mg/100 cm²
III > 150 mg/100 cm²

Wasserbeständigkeit
(DIN 12111)
Hydrolytische Klasse III

Bild 3.22.1
Datenblatt für Scheiben

Spiegelglas PARSOL®.

Sonnenschutzglas.

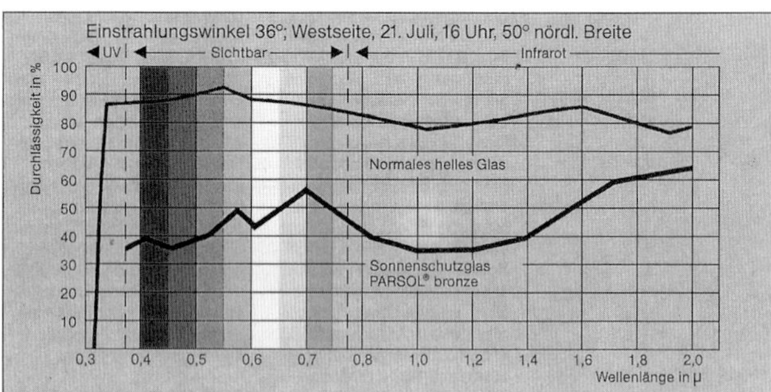

Spektrale Transmission des Sonnenschutzglases PARSOL® bronze, 6 mm.

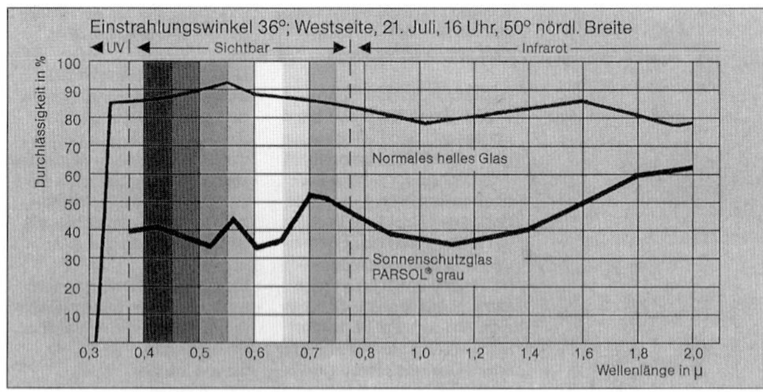

Spektrale Transmission des Sonnenschutzglases PARSOL® grau, 6 mm.

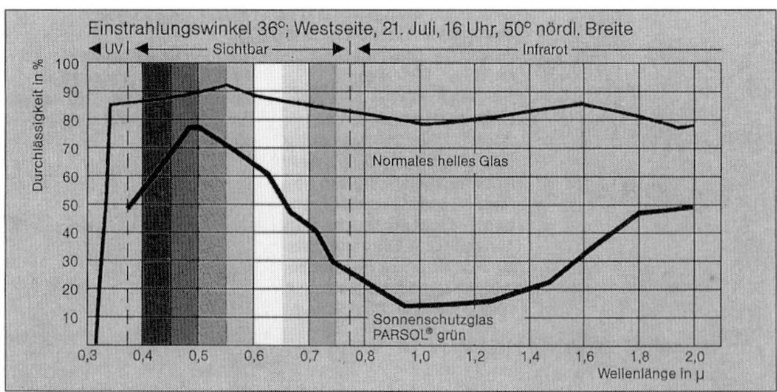

Spektrale Transmission des Sonnenschutzglases PARSOL® grün, 6 mm.

Bild 3.22.2
Datenblatt für Scheiben

Spiegelglas PARSOL®.
Sonnenschutzglas.

Sonnenschutzglas PARSOL® schützt vor starker Sonneneinstrahlung. Die Wärmebelastung des Raumes wird merklich herabgesetzt. Die Berechnung der durch eine Klimaanlage abzuführenden Wärmeenergie setzt sich zusammen aus:
- Gesamtenergiedurchgang der Verglasung
- Wärmeabgabe der im Raum befindlichen Personen
- Energieabgabe der Beleuchtungs- und der anderen elektrischen Anlagen
- der Wärmespeicherfähigkeit der Raumumschließungsflächen
- der Wärmedurchgangszahl: Sie beträgt für ein Einfachglas 5,8 W/m² K (5,0 kcal/m² h°C).

Verteilung der Sonnenenergie für Einfachscheiben. Vergleich zwischen normal hellem Glas und Sonnenschutzglas PARSOL® in bronze, grau und grün.

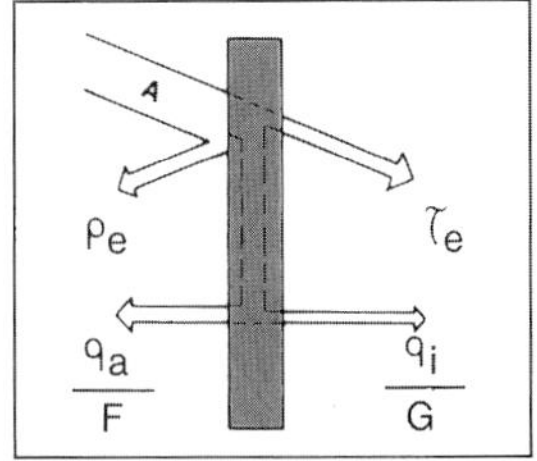

A = Sonnenenergie (gerichtet und diffus = 100%)
τ_e = Direkte Transmission
ρ_e = Gesamte Reflexion
q_a = Konvexion + Sekundärstrahlung nach außen
q_i = Konvektion + Sekundärstrahlung nach innen
F = Gesamte Reflexion und Konvektion nach außen
G = Transmission und Konvektion nach innen

Bild 3.22.3
Datenblatt für Scheiben

Spektrale Verteilung der Globalstrahlung nach C.I.E. No. 20

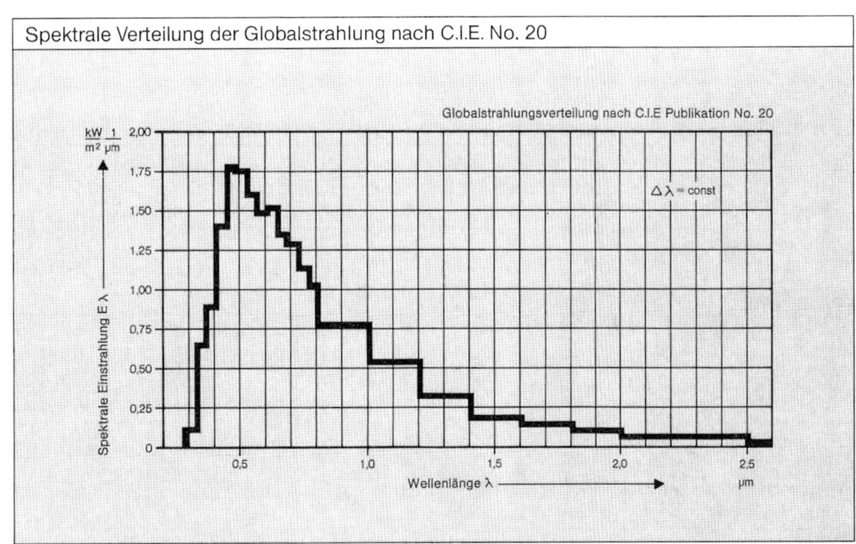

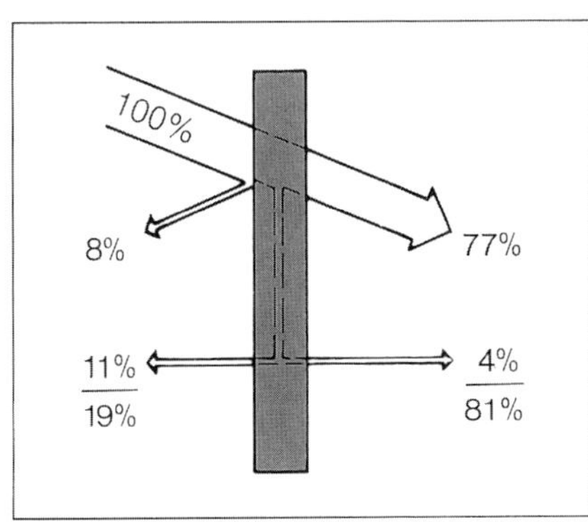

normales helles Glas 8 mm

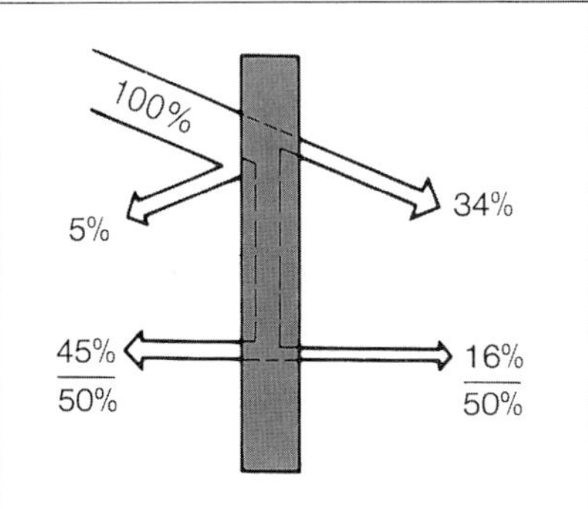

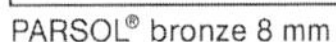
PARSOL® bronze 8 mm

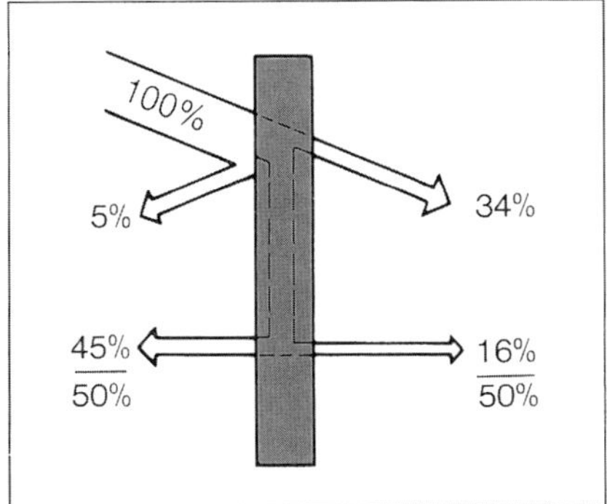

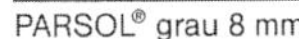
PARSOL® grau 8 mm

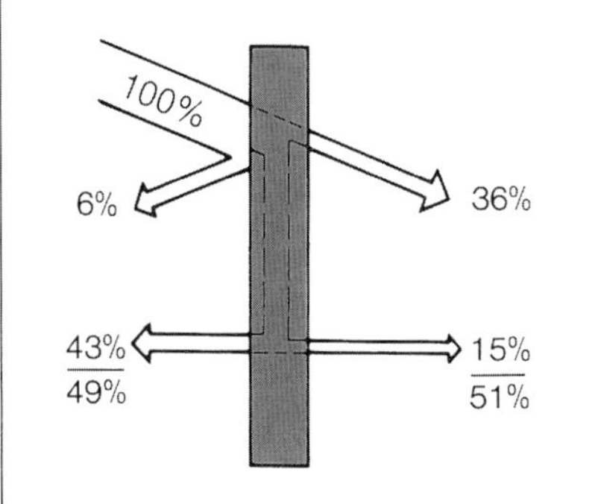

PARSOL® grün 8 mm

3

Spiegelglas PARSOL®.

Sonnenschutzglas.

Lichtdurchlässigkeit und Energieaufteilung – Einfachscheiben

Produkt	Glasdicke mm	Lichtdurchläss. %	UV-Transmission %	Energie-Transmission %			Gesamtenergiedurchgang %			Facteur solaire			b-Faktor (Shadow Coefficient)			Farbwiedergabe-Index R_a
Einfallswinkel				0°	36°	60°	0°	36°	60°	0°	36°	60°	0°	36°	60°	
Normales helles Glas	6	90	69	83	80	72	86	83	76	0,86	0,83	0,76	0,98	0,96	0,87	99
PARSOL® bronze	6	50	18	47	43	35	59	56	49	0,59	0,56	0,49	0,68	0,65	0,56	96
	8	41	12	37	34	27	52	50	43	0,52	0,50	0,43	0,60	0,57	0,59	96
	10	35	8	32	29	22	49	46	39	0,49	0,46	0,39	0,56	0,53	0,45	95
	12	27	5	25	21	16	43	40	35	0,43	0,40	0,35	0,50	0,46	0,40	94
PARSOL® grau	6	44	19	47	43	35	59	56	49	0,59	0,56	0,49	0,68	0,65	0,56	96
	8	36	14	38	34	27	53	50	43	0,53	0,50	0,43	0,61	0,57	0,50	95
	10	28	10	31	28	22	48	45	39	0,48	0,45	0,39	0,55	0,52	0,45	95
	12	22	7	25	22	17	43	41	36	0,43	0,41	0,36	0,50	0,47	0,41	94
PARSOL® grün	6	70	22	47	43	36	59	56	49	0,59	0,56	0,49	0,68	0,65	0,57	96
	8	66	19	39	36	30	54	51	45	0,54	0,51	0,45	0,62	0,59	0,52	93
	10	61	17	34	31	26	50	48	42	0,50	0,48	0,42	0,57	0,55	0,49	90
	12	56	14	30	27	22	47	45	39	0,47	0,45	0,39	0,54	0,51	0,45	88

Lichtdurchlässigkeit.
Die Lichtdurchlässigkeit von Spiegelglas wird nach DIN 5036 für den Strahlungsbereich 380 nm....780 nm ermittelt, bezogen auf die Normlichtart D 65 nach DIN 5033, Blatt 7 und auf die spektrale Hellempfindlichkeit des menschlichen Auges. Für ein 6 mm dickes PLANILUX® beträgt die Lichtdurchlässigkeit 90%.

Energietransmission.
Die Energietransmission wird nach DIN 5036 unter Bezug auf die Globalstrahlung nach C.I.E. – Nr. 20 gemessen.

Gesamtenergiedurchgang.
Der Gesamtenergiedurchgang, der für heizungs-, lüftungs- und klimatechnische Berechnungen benötigt wird, ist die Summe des direkt durchgelassenen Strahlungsflusses und der sekundären Wärmeabgabe der Verglasung nach innen infolge langwelliger Temperaturstrahlung und Konvektion, der durch die Absorption der Sonnenstrahlung erwärmten Scheiben.

Facteur Solaire.
Mittlerer Durchlaßfaktor der Globalstrahlung einer Verglasungseinheit bezogen auf die nicht verglaste Fensteröffnung.

b-Faktor nach VDI-Richtlinie 2078 (Shadow-Coefficient). Mittlerer Durchlaßfaktor der Globalstrahlung bezogen auf den Energiedurchgang einer 3 mm dicken Einfachscheibe.

Farbwiedergabe-Index R_a.
Er kennzeichnet den Einfluß der spektralen Transmission auf die Farberkennung von Farben in einem Raum, verglast mit PARSOL®-Sonnenschutzglas und kann nach DIN 6169 ermittelt werden.

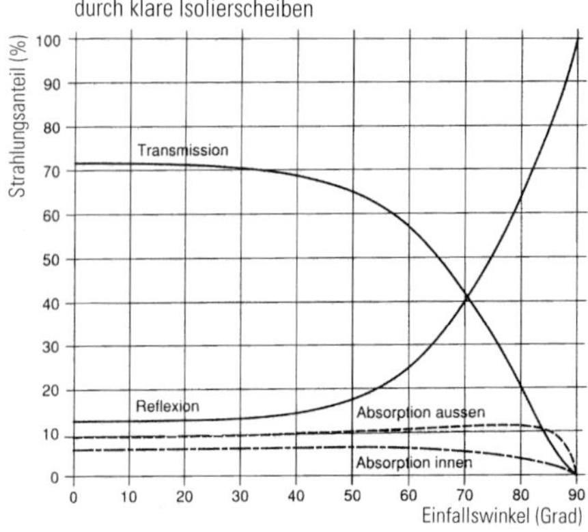

Bild 3.22.4
Datenblatt für Scheiben

SAINT-GOBAIN

EKO LOW EMISSIVITY GLASS
SPECTROPHOTOMETRIC AND THERMAL DATA

5/89

Product	Coated side	Daylight		Solar Energy					Thermal Insulation					Relative Heat Gain	
		Reflection	Transmittance	Reflection	Absorption	Transmittance	Solar factor	Shading coef.	U or k value (ISO)	U value (ASHRAE) Winter		Summer			
	1 2 3 4 (EXTERIOR / INTERIOR)	%	%	%	%	%			W/sqm.K	W/sqm.K	Btu/hr/sqft/°F	W/sqm.K	Btu/hr/sqft/°F	W/sqm	Btu/hr/sqft
1	2	3	4	5	6	7	8	9	10	11	12	13	14	15	16
DOUBLE GLAZING															
All data are for double glazing units composed of 2 sheets of 6 mm glass with 12 mm space. For other compositions, data are given on request.															
The first mentioned glass is the one installed to the outside of the building.															
2 x PLANILUX (for comparison)	—	15	81	13	17	70	0.76	0.87	2.8	2.8	0.49	3.1	0.55	572	181
PLANILUX + EKO	3	21	72	16	23	62	0.72	0.82	2.3	2.2	0.39	2.5	0.44	537	170
PLANILUX + EKO + gas	3	21	72	16	23	62	0.72	0.83	2.0	1.9	0.34	2.3	0.40	537	170
EKO + EKO	2+3	26	64	16	28	56	0.65	0.75	2.0	2.0	0.35	2.3	0.40	487	154
EKO + EKO + gas	2+3	26	64	16	28	56	0.65	0.75	1.7	1.7	0.30	2.0	0.35	486	154
PARSOL amber + EKO	3	9	40	8	55	37	0.47	0.54	2.3	2.2	0.39	2.6	0.45	369	115
PARSOL bronze + EKO	3	9	39	8	55	37	0.47	0.54	2.3	2.2	0.39	2.6	0.45	362	115
PARSOL grey Europa + EKO	3	8	33	8	60	33	0.43	0.50	2.3	2.2	0.39	2.6	0.45	333	106
PARSOL grey Italia + EKO	3	8	32	7	60	33	0.43	0.50	2.3	2.2	0.39	2.6	0.46	336	106
PARSOL pink + EKO	3	14	56	12	35	53	0.63	0.73	2.3	2.2	0.39	2.6	0.45	479	152
PARSOL green + EKO	3	15	57	10	54	36	0.45	0.52	2.3	2.2	0.39	2.6	0.45	351	111
ANTELIO clear + EKO	1+3	37	37	30	31	39	0.48	0.55	2.3	2.2	0.39	2.6	0.44	367	116
	2+3	31	37	24	37	39	0.49	0.56	2.3	2.2	0.39	2.5	0.45	373	118
ANTELIO bronze + EKO	1+3	35	18	28	52	20	0.28	0.33	2.3	2.2	0.39	2.6	0.45	229	72
	2+3	12	19	10	69	21	0.31	0.36	2.3	2.2	0.39	2,6	0.46	247	78
ANTELIO silver + EKO	1+3	40	53	29	24	46	0.55	0.63	2.3	2.2	0.39	2.5	0.44	415	132
	2+3	36	54	24	29	47	0.56	0.64	2.3	2.2	0.39	2.5	0.44	421	134
REFLECTASOL clear + EKO	1+3	55	27	42	25	34	0.41	0.47	2.3	2.2	0.39	2.5	0.44	318	101
	2+3	47	27	34	33	34	0.43	0.49	2.3	2.2	0.39	2.5	0.45	327	104
REFLECTASOL grey + EKO	1+3	54	12	39	42	18	0.26	0.29	2.3	2.2	0.39	2.5	0.45	207	66
	2+3	13	12	12	69	19	0.29	0.34	2.3	2.2	0.39	2.6	0.46	234	74

The data given in columns 3 to 8 and 10 have been calculated according to the document ISO DP 9050.
The data contained in columns 9 and 11 to 16 are calculated following the ASHRAE recommendations, published in the "Fundamentals Handbook 1981".

All values are given as an indication, slight variations may appear due to manufacturing tolerances.
Some publications edited by companies belonging to the Saint-Gobain group refer to local standards and may therefore contain different data.

Export Coordination Center :
EXPROVER S.A.
Avenue de Tervueren, 300 (Box 4)
B-1150 Brussels (Belgium)
Tel. (32-2) 762.82.42 - Telex 22007 EXPROV B
Telefax (32-2) 762.87.61

Bild 3.22.5
EKO LOW EMISSIVITY GLASS

Bild 3.22.5 zeigt ein Datenblatt, in dem die endgültigen technischen Daten der vor beschriebenen Scheiben in Kombination mit Klarglas zu Isolierverglasungen ausgewiesen werden, die letztlich einer Kühllastberechnung zugrunde liegen. Die vorher beschriebenen Parasolscheiben sind im wesentlichen Reflexionsscheiben, bei denen es insbesondere auf den Sonnenschutz ankommt. Gleichermaßen gibt es Fensterkombinationen als Isolierverglasung, bei denen es in hohem Maße auf die Wärmedurchgangszahl, das heißt die Wärmeverluste, ankommt. So wird im wesentlichen unterschieden nach

- Wärmeschutzgläsern
- wärmereflektierenden Gläsern
- wärmeabsorbierenden Gläsern
- Gläsern mit hohem Schallschutz
- Gläser für Objektschutz, usw.

3

3.2.7.2. Sonnenschutzarten

Bei den Sonnenschutzarten unterscheidet man, wie in Bild 3.23 dargestellt, nach Sonnenschutzeinrichtungen, die vor der Fassade und solche, die hinter der Fassade (im Raum) zur Anwendung kommen. Die bei den verschiedenen Sonnenschutzarten angegebenen b-Faktoren verstehen sich in Verbindung mit einer klaren Isolierverglasung. Wie man auch bei diesem Bild sieht, können die b-Faktoren bei sehr unterschiedlichem Aufbau sehr ähnlich oder bei gleichem Aufbau sehr unterschiedlich sein, je nachdem, welche Materialien letztlich eingesetzt werden. Auch hier bietet wiederum der Markt eine Vielzahl von Möglichkeiten an, die dem Architekten große Spielräume geben, wobei jedoch der Sonnenschutz, der gleichzeitig auch als Blendschutz dient, immer im Zusammenspiel mit den Sonderfachleuten ausgesucht werden sollte.

Ein falsch ausgesuchter Sonnenschutz wie auch eine falsch gewählte Scheibe schlagen sich unter Umständen nicht nur in einer schlechten Nutzung im fensternahen Bereich, sondern insbesondere auch in hohen Folgekosten (Investitionskosten) und unter Umständen hohen Betriebskosten nieder.

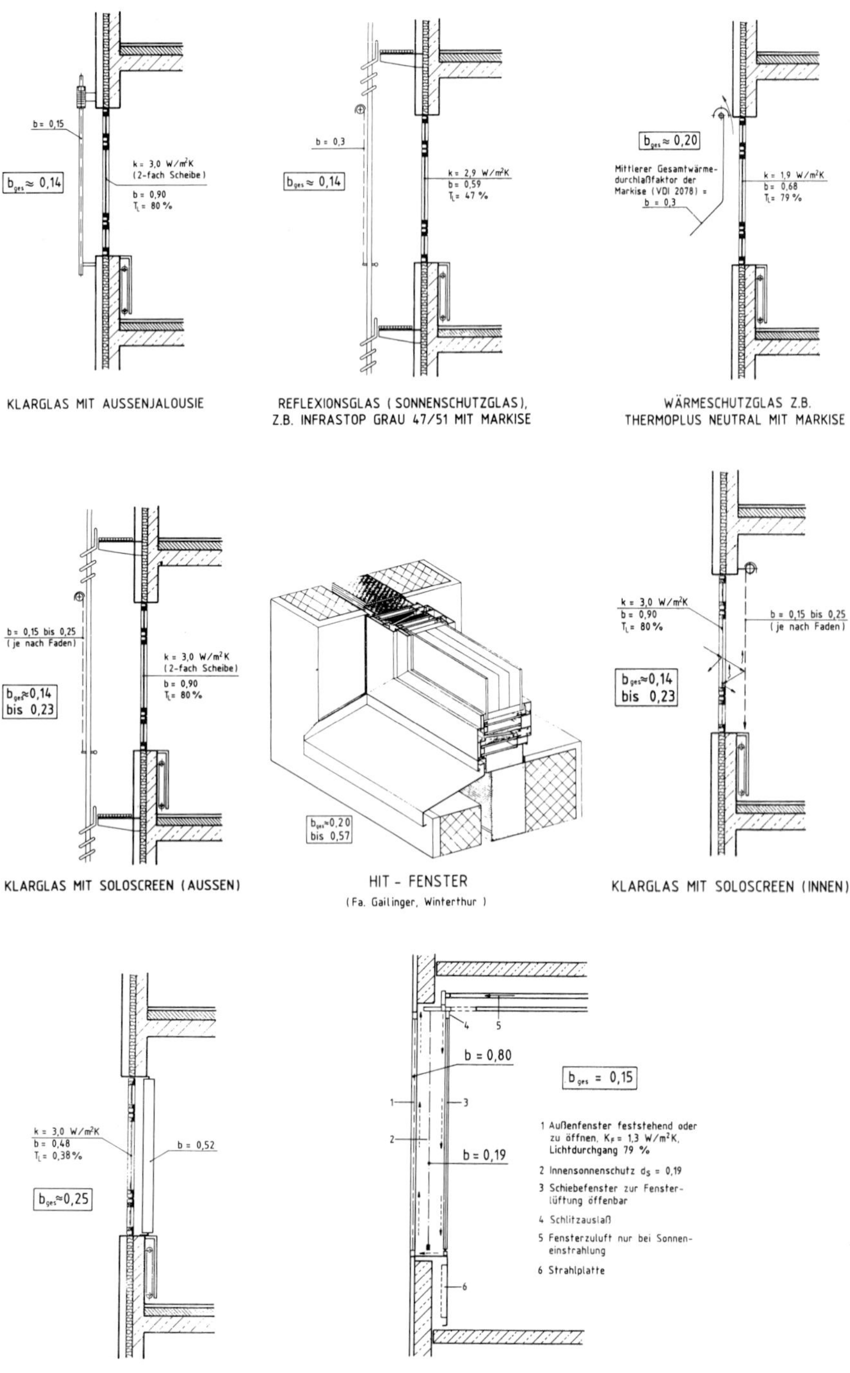

Bild 3.23
Verschiedene Sonnenschutzarten

3.2.8. Berechnungsverfahren, Kurzverfahren

Beim üblichen Berechnungsverfahren unterscheidet man, wie bereits beschrieben, nach inneren und äußeren Kühllasten. Danach ergibt sich:

Innere Kühllast $\dot{Q}_I$

$$\dot{Q}_I = \dot{Q}_P + \dot{Q}_B + \dot{Q}_M + \dot{Q}_G + \dot{Q}_C + \dot{Q}_R$$

- **Kühllast durch Personen $\dot{Q}_P$**

$$\dot{Q}_P = n \cdot q_p \cdot s_i$$

n Anzahl der Personen
q_p Wärmeabgabe des menschlichen Körpers (siehe Tabelle A 1)
s_i Kühllastfaktor für innere Lasten (Tab. A 5, Konvektivanteil 50 %)

- **Kühllast durch Beleuchtung**

$$\dot{Q}_B = P \cdot l \cdot \mu_B \cdot s_i$$

P = gesamte Anschlußleistung der Leuchten, bei Entladungslampen einschl. der Verlustleistung der Vorschaltgeräte in W

l = Gleichzeitigkeitsfaktor der Beleuchtung zur betreffenden Zeit

μ_B = Raumbelastungsgrad infolge Beleuchtung

s_i = Kühllastfaktor für innere Lasten

Abhängig vom Konvektivanteil der Wärmeabgabe der Leuchten kann der Kühllastfaktor für innere Lasten der Tabelle A5 entnommen werden.

- **Kühllasten durch Maschinen und Geräte $\dot{Q}_M$**

$$\dot{Q}_M = \sum_{j=1}^{n} \left[\frac{P}{\eta}\mu_{aj}\right] \cdot l \cdot s_i \qquad \text{mit}$$

Pj = Nennleistung (Wellenleistung) der j-ten Maschine

η = mittlerer Motorenwirkungsgrad

μ_{aj} = Belastungsgrad der j-ten Maschine zur betreffenden Zeit

l = Gleichzeitigkeitsfaktor

s_i = Kühllastfaktor für innere Lasten

- **Kühllast durch Stoffdurchsatz $\dot{Q}_G$**

$$\dot{Q}_G = \dot{m} \cdot c \cdot (\vartheta_E - \vartheta_A)\, s_i \qquad \text{mit}$$

$\dot{m}$ = Massenstrom des in den Raum gebrachten bzw. aus ihm entfernten Gutes

c = mittlere spezifische Wärmekapazität

ϑ_E = Eintrittstemperatur

ϑ_A = Austrittstemperatur

s_i = Kühllastfaktor für innere Lasten

In Verbindung mit den Tabellen A 5 werden Raumtypen angegeben, die Bezug auf die thermische Speicherfähigkeit von Räumen nehmen. Dabei unterscheidet man:

XL = sehr leicht speichernd
L = leicht speichernd
M = mittelschwer speichernd
S = schwer speichernd

Zur Orientierung und Festlegung, welcher Raumtypenart ein Raum zuzuordnen ist, kann angesetzt werden:

XL = Gesamtmassen >ca. 200 kg/m² FB,

L/M = Gesamtmassen 200 bis 600 kg/m² FB,

L = Speichermassen sind abgedeckt (Teppichboden/Isolierung unter Estrich/abgehängte Decke usw.), Gesamtmasse 200 bis 400 kg/m² FB,

M = Speichermassen liegen frei (Steinboden/geputzte Betondecke usw.)

S = Gesamtmasse >600 kg/m² FB.

Bei der Typisierung wurde davon ausgegangen, daß alle Räume die gleiche Geometrie und die gleiche Wärmedämmung, jedoch unterschiedlichen Wandaufbau haben. Beim Handrechenverfahren werden entsprechend den Raumtypen Kühllastfaktoren (Speicherfaktoren) angegeben. Dabei zu beachten ist, daß hinsichtlich der Speicherung von unterschiedlichen Einschalt- und Ausschaltzeitpunkten lufttechnischer Anlagen ausgegangen wurde, das heißt, daß die Kühllastregeln im wesentlichen für Gebäude gelten, die lufttechnisch behandelt werden. Beim Beginn einer Berechnung ist somit aktuell für den zu berechnenden Raum ein qualitativer Vergleich mit den Raumtypen, gemäß Tabelle 3.3 durchzuführen und der zu berechnende Raum entsprechend zuzuordnen.

Die äußeren Kühllasten setzen sich zusammen aus Kühllasten durch Außenwände und Dächer gemäß der nachfolgend beschriebenen Formel, wobei nunmehr der Wärmedurchgangskoeffizient und eine äquivalente Temperaturdifferenz neben der Außenwandfläche eine wesentliche Rolle spielen. Weiterhin sehr wesentlich sind die Kühllasten infolge von Strahlung durch Fenster in Verbindung mit Sonnen-

3

Raumtyp XL „sehr leicht“

Bauart	Aufbau	Dicke m	λ W/mK	ϱ kg/m³	c J/kgK
Decke und Fußboden	Teppich	0,0045	0,072	-	-
	Filzmatte	0,005	0,047	78	880
	Stahlbeton	0,10	2,035	2100	920
	Luftschicht	-	R = 0,13 m²K/W	-	-
	Mineralwollmatte	0,020	0,047	30	840
	Deckenplatte	0,020	0,05	35	1680
Innenwände	Stahlblech	0,001	58,0	7800	480
	Silan-Matte	0,078	0,047	60	840
	Stahlblech	0,001	58,0	7800	480
Innentür	Tischlerplatte	0,040	0,14	500	2520
Außenwand	Corten-Stahl	0,0015	58,0	7800	480
	Dämmung	0,071	0,047	60	1680
	Stahlblech	0,001	58,0	7800	480
Raumtyp L „leicht“					
Decke und Fußboden	Estrich	0,03	1,40	2200	1050
	Steinwolle	0,02	0,047	75	840
	Beton	0,12	2,035	2100	920
	Luftschicht	-	R = 0,13 m²K/W	-	-
	Steinwolle	0,002	0,047	75	840
	Metalldecke	0,001	58,0	7800	480
Innenwände	Porenbeton	0,12	0,40	1200	1050
Innentür	Tischlerplatte	0,04	0,14	500	2520
Außenwand	Brettschalung	0,01	0,14	500	2520
	Dämmung	0,064	0,047	75	840
	Brettschalung	0,01	0,14	500	2520
Raumtyp M „mittel“					
Decke und Fußboden	Beton	0,12	2,035	2100	920
	Luftschicht	-	R = 0,13 m²K/W	-	-
	Steinwolle	0,02	0,047	75	840
	Metalldecke	0,001	58,0	7800	480
Innenwände	Porenbeton	0,12	0,40	1200	1050
Innentür	Tischlerplatte	0,04	0,14	500	2520
Außenwand	Beton	0,10	2,035	2100	920
	Dämmung	0,060	0,047	75	840
	Luftschicht	-	R = 0,13 m²K/W	-	-
	Asbestzement	0,025	0,45	1300	1050
Raumtyp S „schwer“					
Decke und Fußboden	PVC-Belag	0,002	0,21	1300	1470
	Estrich	0,045	1,40	2200	1050
	Steinwolle	0,012	0,06	50	840
	Beton	0,15	2,035	2400	1050
Innenwände	Hohlblocksteine	0,24	0,56	1300	1050
Innentür	Buche, massiv	0,040	0,21	700	2520
Außenwand	Beton	0,24	2,035	2100	920
	Dämmung	0,062	0,047	75	840
	Asbestzement	0,025	0,45	1300	1050

Fenster, 2-Scheibenverglasung 7,0 m², k = 2,1 W/m²K
Außenwand 3,5 m², k = 0,59 W/m²K

mittlere k-Zahl von Außenwand und Fenster: k = 1,6 W/m²K

Tabelle 3.3
Raumtypen

schutzarten. dabei muß auch berücksichtigt werden, ob und in welcher Form Fenster zum Teil in der Sonne und zum Teil im Schatten liegen, bzw. ob ganze Fassaden beschattet sind. Bild 3.24 zeigt beispielhaft die Beschattung eines Fensters durch Vorsprünge in der Wand mit den zugehörigen Winkeln, Bild 3.25 die Fassadenbeschattung durch ein Nachbargebäude. Die entsprechenden Sonnenhöhen und Azimutwinkel ergeben sich aus der Tabelle 3.4 (A15) unter Zuhilfenahme des Diagramms in Bild 3.26. Die Tabelle 3.5 (A14) zeigt die Wandazimute in Abhängigkeit der Wandorientierung und des Sonnenstandes für 50° nördliche Breite. Die Berechnung der äußeren Kühllast erfolgt nunmehr:

- **Äußere Kühllast $\dot{Q}_A$**

$$\dot{Q}_A = \dot{Q}_W + \dot{Q}_T + \dot{Q}_S + \dot{Q}_{LF}$$

- **Kühllast durch Außenwände und Dächer $\dot{Q}_W$**

Der momentane Wärmestrom durch Außenwände und Dächer $\dot{Q}_W$ in den Raum ergibt sich aus

$$\dot{Q}_W = k \cdot A \cdot \Delta\vartheta_{äq}$$

k = Wärmedurchgangskoeffizient

A = Fläche

$\Delta\vartheta_{äq}$ = äquivalente Temperaturdifferenz

In den Tabellen A 18 und A 21 sind für sechs Klassen von Wand- und Dachkonstruktionen die äquivalenten Temperaturdifferenzen in Abhängigkeit von der Flächenorientierung und der Tageszeit angegeben.

In den Tabellen A 17 und A 20 sind übliche Wand- und Dachkonstruktionen zusammengestellt. Außer der Zuordnung zu den erwähnten sechs Bauartklassen enthalten die Tabellen den Aufbau, den Wärmedurchgangskoeffizienten (k-Wert), die flächenbezogene Masse (m_f) und die sog. Zeitkorrektur (ΔZ) der jeweiligen Konstruktion.

Die Zeitkorrektur berücksichtigt das Verzögerungsverhalten von Baukonstruktionen, wenn es vom Verhalten der entsprechenden Klasse abweicht. Nimmt die Zeitkorrektur einen von Null abweichenden Wert an, so ist der Zeitpunkt, an dem die äquivalente Temperaturdifferenz bestimmt werden soll, um die angegebene Zeitkorrektur zu verändern und dort abzulesen. Bei einer Zeitkorrektur von Null ist der Wert der äquivalenten Temperaturdifferenz zum Bestimmungszeitpunkt zu verwenden:

$\Delta\vartheta_{äq}$ (Z) = $\Delta\vartheta_{äq}$ · Tabell (Z + ΔZ)   mit

Z = Tageszeit.

Weichen im Berechnungsfall der Mittelwert der Außenlufttemperatur von den angegebenen Voraussetzungen ab, so wird $\dot{Q}_W$ mit einem korrigierten Wert gebildet.

Dabei ist im Sommer

$$\Delta\vartheta_{äq1}\,\text{Juli} = \Delta\vartheta_{äq} + (\vartheta_{La.m} - 24{,}5) + (22 - \vartheta_{LR})$$

$\vartheta_{La.m}$ = wirklicher Mittelwert der Außenlufttemperatur in °C

ϑ_{LR} = wirkliche Raumlufttemperatur in °C

Im September gilt bei der Südwand entsprechend:

$$\Delta\vartheta_{äq1\,Sept} = \Delta\vartheta_{äq} + (\vartheta_{La.m} - 18{,}5) + (22 - \vartheta_{LR})$$

Sonnenzeit	20.12.		24.1. u. 20.11.		20.2. u. 23.10.		22.3. u. 24.9.		20.4. u. 24.8.		21.5. u. 23.7.		21.6.	
	h	a_0	*h*	a_0	*h*	a_0	*h*	a_0	*h*	a_0	*h*	a_0	*h*	a_0
4													1°	53°
5											6°	66°	9°	64°
6									9°	83°	15°	77°	18°	74°
7					1°	109°	10°	102°	18°	94°	25°	88°	27°	85°
8			3°	125°	9°	121°	19°	114°	28°	106°	34°	100°	37°	97°
9	7°	139°	10°	137°	17°	134°	27°	127°	37°	120°	44°	114°	46°	110°
10	12°	152°	16°	151°	23°	148°	34°	143°	44°	137°	52°	131°	55°	128°
11	15°	166°	19°	165°	27°	163°	38°	161°	50°	157°	58°	153°	61°	151°
12	17°	180°	21°	180°	29°	180°	40°	180°	51°	180°	60°	180°	63°	180°
13	15°	194°	19°	195°	27°	197°	38°	199°	50°	203°	58°	207°	61°	209°
14	12°	208°	16°	209°	23°	212°	34°	217°	44°	223°	52°	229°	55°	232°
15	7°	221°	10°	223°	17°	226°	27°	233°	37°	240°	44°	246°	46°	250°
16			3°	235°	9°	239°	19°	246°	28°	254°	34°	260°	37°	263°
17					1°	251°	10°	258°	18°	266°	25°	272°	27°	275°
18									9°	277°	15°	283°	18°	286°
19											6°	294°	9°	296°
20													1°	307°

Tabelle 3.4 (A 15)
Sonnenhöhe h und Sonnenazimut a_0

a) Wandazimut a_w							
N	0°	O	90°	S	180°	W	270°
NNO	23°	OSO	113°	SSW	203°	WNW	293°
NO	45°	SO	135°	SW	225°	NW	315°
ONO	68°	SSO	158°	WSW	248°	NNW	338°
						N	360°

Tabelle 3.5. (A 14)
Wandorientierung und Sonnenstand für nördliche Breite 50°

Haben die Wände und Dächer Oberflächen, deren Absorptions- und Emissionsgrade von den zugrunde gelegten (hellgetönten Wand, dunkles Dach) abweichen, so wird Q_W ebenfalls mit einem korrigierten Wert $\Delta\vartheta_{äq2}$ gebildet.

Dunkelgetönte Wand (ε = 0,9, a_s = 0,9):
$\Delta\vartheta_{äq2} = \Delta\vartheta_{äq} + \Delta\vartheta_{äq\,,\,as}$

Weiße Wand (ε = 0,9, a_s = 0,5):
$\Delta\vartheta_{äq2} = \Delta\vartheta_{äq} - \Delta\vartheta_{äq\,,\,as}$

Metallisch blanke Wand (ε = 0,5, a_s = 0,5):
$\Delta\vartheta_{äq2} = \Delta\vartheta_{äq} - \Delta\vartheta_{äq\,,\,as} + 2{,}0$

Hellgetöntes Dach (ε = 0,9, a_s = 0,7):
$\Delta\vartheta_{äq2} = \Delta\vartheta_{äq} - \Delta\vartheta_{äq\,,\,as}$

Weißes Dach (ε = 0,9, a_s = 0,5):
$\Delta\vartheta_{äq2} = \Delta\vartheta_{äq} - 2 \cdot \Delta\vartheta_{äq\,,\,as}$

Dabei ist $\Delta\vartheta_{äq\,,\,as}$ der Korrekturwert bei Veränderung des Absorptionsgrades um

Δa_s = 0,2 (siehe Tabelle A22).

Die Korrekturwerte der äquivalenten Temperaturdifferenz für Wände sind in Tabelle A 19, zusammengestellt, die entsprechend Tabelle A 18 aufgebaut ist. Die Korrekturwerte selbst werden stets für den Zeitpunkt aus der Tabelle entnommen, für den auch die äquivalente Temperaturdifferenz abgelesen wird.

- **Kühllast infolge Transmission durch Fenster $\dot{Q}_T$**

$$\dot{Q}_T = k_F \cdot A_M \cdot (\vartheta_{AU} - \vartheta_{RA})$$

k_F = Wärmedurchgangskoeffizient des Fensters,

A_M = gesamte Fensterfläche (Maueröffnungsmaß),

ϑ_{AU} = momentane Außenlufttemperatur,

ϑ_{RA} = Raumlufttemperatur,

3

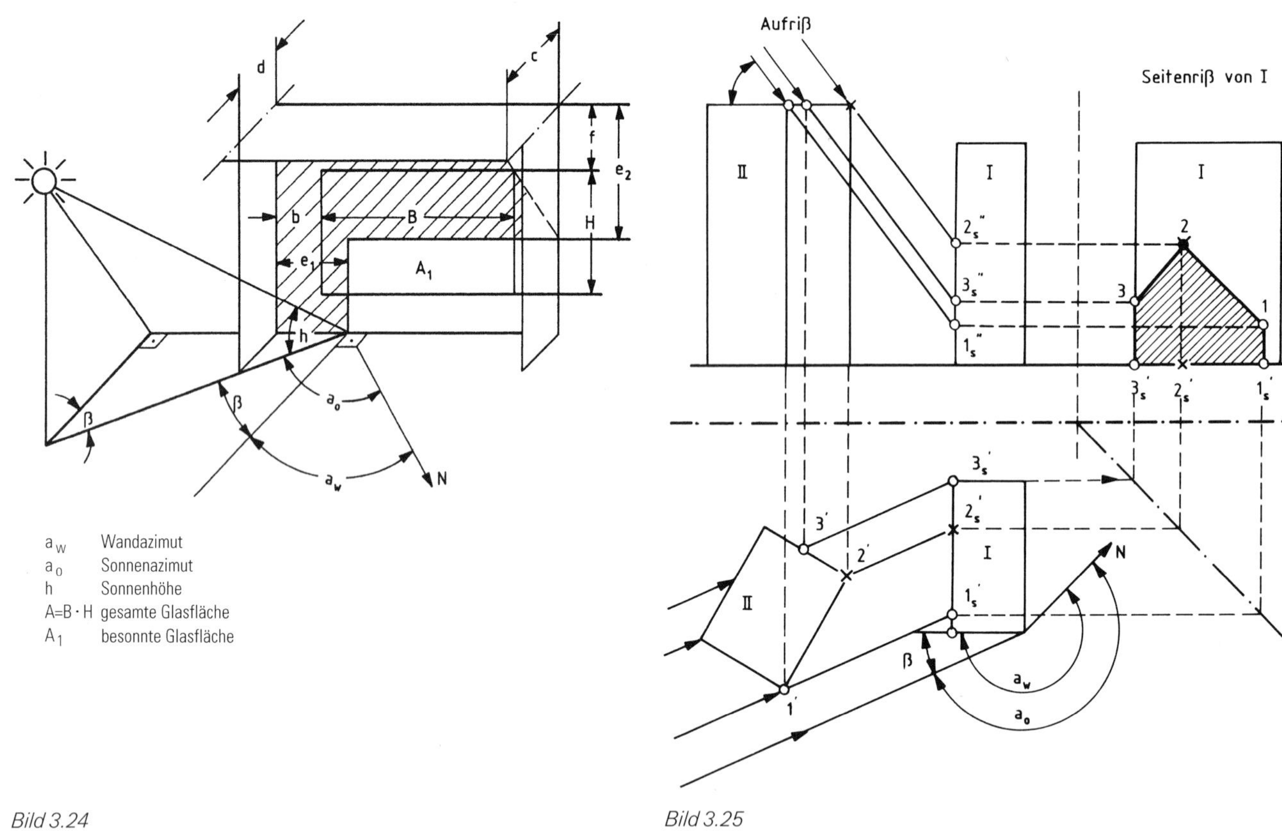

Bild 3.24
Beschattung durch Vorsprünge

Bild 3.25
Fassadenbeschattung durch Nachbargebäude

- **Kühllast infolge Strahlung durch Fenster $\dot{Q}_S$**

$$\dot{Q}_S = [A_1 \cdot I_{max} + (A\text{-}A_1) \cdot I_{dif,\,max}] \cdot b \cdot s_a$$

A_1 = besonnte Glasfläche

A = gesamte Glasfläche

I_{max} = Maximalwert der Gesamtstrahlung für den Auslegungsmonat (siehe Tabelle A11)

$I_{dif,\,max}$ = Maximalwert für Diffusstrahlung für den Auslegungsmonat (siehe Tabelle A11)

b = Durchlaßfaktor der Fenster und Sonnenschutzeinrichtungen (siehe Tabelle A13)

s_a = Kühllastfaktor für äußere Strahlungslasten (Tabelle A16)

Bei wandernden Schatten ist die besonnte Fläche zum Zeitpunkt der maximalen Gesamtstrahlung zu berechnen.

Der Kühllastfaktor für äußere Strahlungslasten, s_a ist in Tabelle A 16 abhängig von der Bauschwere, von der Beschattungseinrichtung (außen, innen) und vom Berechnungsmonat angegeben. Ist das Verhältnis $A_1/A \leq 0{,}1$, so ist s_a für die Nordrichtung einzusetzen.

Bei beweglichem Sonnenschutz setzt das Rechenverfahren voraus, daß der Sonnenschutz ganztägig gezogen ist. Ist dies nicht der Fall, das heißt ist der Sonnenschutz in Zeiten ohne direkte Sonneneinstrahlung nicht gezogen, ist zur Entscheidung, welche Strahlungswerte und Kühllastfaktoren einzusetzen sind, folgende Vorrechnung durchzuführen:

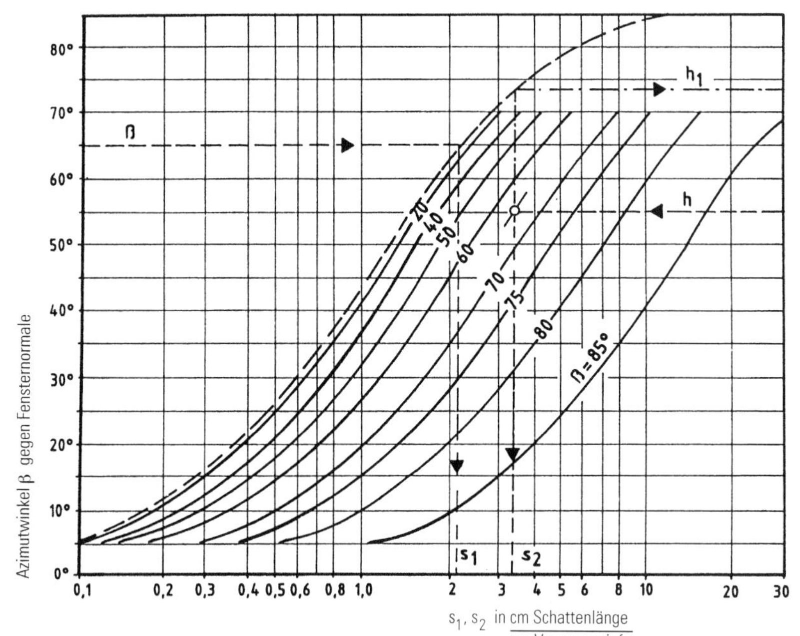

s_1 spezifische Seitenlänge (seitlich) je Längeneinheit der Vorsprünge ausgehend von β

1. Beispiel: β = 65 °
s_1 = 2,15 cm/cm

s_2 spezifische Schattenlänge (von oben) je Längeneinheit der Vorsprünge, ausgehend von h

2. Beispiel: h = 55° s_2 = 3,4 cm/cm
β = 65° h_1 = 73,5°

Bild 3.26
Beschattungsdiagramm

$$\dot{Q}_{S_{I\,max}} = b_1 \cdot b_2 \cdot I_{ges,\,max} \cdot s_{a,\,max}\,,$$

$$\dot{Q}_{S_{II\,max}} = b_1 \cdot I_{N,\,max} \cdot s_{aN,\,max}\,,$$

Die Strahlungswerte Kühllast- und Durchlaßfaktoren sind dann für den größeren Kühllastwert einzusetzen.

• Kühllast durch Infiltration $\dot{Q}_{LF}$

Dieser Kühllastanteil wird nur in Sonderfällen berücksichtigt.

• Raumkühllast $\dot{Q}_{KR}$

3

Die Raumkühllast ist die Summe der inneren und äußeren Kühllastanteile:

$$\dot{Q}_{KR} = \dot{Q}_I + \dot{Q}_A\,.$$

• Gebäudekühllast $\dot{Q}_{KG}$

Die Gebäudekühllast zur Zeit t ergibt sich aus der Summe aller Raumkühllasten zur Zeit t:

$$\dot{Q}_{KG} = \sum_{j=1}^{n} \dot{Q}_{KRj}(t)$$

Nach Ermittlung des Zeitverlaufs über die relevanten Stunden kann das Gebäudemaximum der Kühllast angegeben werden.

3.2.8.1. Beispiel einer Kühllastberechnung nach dem Kurzverfahren

• Aufgabe

Ein achtgeschossiges Bürogebäude soll klimatisiert werden. Gesucht ist die maximale Kühllast für einen in einem Zwischengeschoß befindlichen Zeichensaal (Bild 3.27), bei $\vartheta_{RA} = 24\,°C$.

Allgemeines

vorgegebene Daten		Das Gebäude befindet sich in Klimazone 3
Gebäudetyp		Bauart L
Saalbelegung		48 Personen
Beleuchtungsleistung	gefordert	Beleuchtungsstärke 750 Lx
	vorgesehen	Im Gebäudekern (4 m Abstand von den Fenstern) Abluftleuchten (umlüftete 3-Banden-Leuchtstofflampen, 26 mm Durchmesser mit elektrischem Vorschaltgerät), Luftabsaugung im Deckenhohlraum, Zuluftzufuhr ebenfalls im Deckenbereich
Luftdurchsatz durch die Abluftleuchten		50 m³/h je 100 W Lampenleistung
zusätzlich		Zeichenbrettbeleuchtung (48 · 60 W)
Beleuchtungszeit		7 bis 12 Uhr und 14 bis 17 Uhr
Innenwand		150 mm Wandbauplatten aus Schlackenbeton
Außenwände		Schwerbetonwand mit Außendämmung (Wandkonstruktion 4b)
Fenster		Isolierglas mit 9 mm Luftzwischenraum und wärmegedämmten Metallrahmen, Innenvorhänge (Nessel)

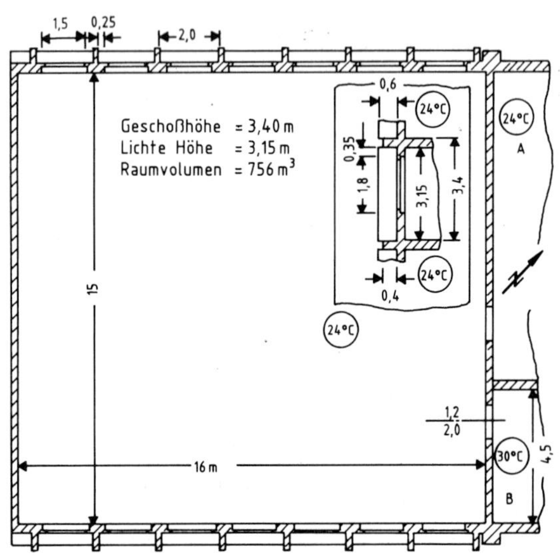

Bild 3.27
Zeichensaal im Zwischengeschoß eines Bürogebäudes (Beispiel)

Wahl der Berechnungszeitpunkte

Bei Räumen mit erheblichem Anteil zeitlich veränderlicher Wärmequellen an der Kühllast gilt es zunächst, den Zeitpunkt des voraussichtlichen Maximums abzuschätzen. Er liegt bei Räumen mit großen Fensterflächen und einer Außenwand häufig in zeitlicher Nähe des Höchstwertes der Sonnenstrahlung. Bei mehreren Fensterwänden ist die Berechnung zumeist für verschiedene Zeitpunkte durchzuführen. In unserem Beispiel werden anhand der Kühllastfaktoren für äußere Belastung (Tabelle A 16) im Juli als mögliche Zeitpunkte für das Maximum 10 Uhr und 17 Uhr angenommen.

Nach Festlegung der maßgeblichen Zeiten führt man die Berechnung in der Reihenfolge der im Testteil angegebenen Einzellast durch.

Die Berechnung ist hier für wahre Ortszeit durchgeführt; bei Sommerzeit gelten die Werte für eine Stunde später.

1. Durchführung der Berechnung:
Juli, 10 Uhr

- **Innere Kühllast $\dot{Q}_I$**

Kühllast infolge der Wärmeabgabe der Personen $\dot{Q}_P$

Trockene Wärmeabgabe nach Tabelle A1: $q_{p,\,tr} = 75$ W/Pers.

Kühllastfaktor für innere Lasten mit Konvektivanteil 50 % nach Tabelle A5, Raumtyp L: $s_i = 0{,}81$

$q_{P,\,tr} = 48 \cdot 75 \cdot 0{,}81 = 2920$ W

Feuchte Wärmeabgabe nach Tabelle A1:

$q_{p,f} = 40$ W/Pers.
$\dot{Q}_{p,f} = 48 \cdot 40 \cdot 1 = 1920$ W

Kühllast infolge Beleuchtungswärme $\dot{Q}_B$

Annahme: Zur Zeit hoher Außenbelastung werden die Außenzonen des Raumes bis in jeweils 4 m Tiefe genügend ausgeleuchtet. Daher sind nur die Abluftleuchten im Gebäudekern (7 m der 15 m Raumtiefe) zu berücksichtigen.

Gleichzeitigkeitsfaktor l = 7/15 = 0,47

Aus Tabelle A3 wird der flächenbezogene Anschlußwert P 20 W/(m² klx) der Drei-Banden-Leuchtstofflampen entnommen. Damit läßt sich die Anschlußleistung berechnen:

$$P = 0{,}75\,\text{klx} \cdot 20\,\frac{\text{W}}{\text{m}^2\,\text{klx}} \cdot 240\,\text{m}^2 = 3600\,\text{W}$$

Der Kühllastfaktor für innere Strahlungslasten (Konvektivanteil der Leuchten 0%) beträgt nach Tabelle A5 $s_i = 0{,}63$. Der Kühllastanteil durch die Abluftleuchten ergibt sich dann zu

$$\dot{Q}_{B1} = 4800 \cdot 0{,}47 \cdot 0{,}7 \cdot 0{,}63 = 750\,\text{W}$$

Zusatzbeleuchtung

Es soll damit gerechnet werden, daß 25% der Zeichenbrettleuchten eingeschaltet sind:

$$\dot{Q}_{B2} = 60 \cdot 12 = 720\,\text{W}$$

Andere innere Wärmequellen sind nicht vorhanden.

Kühllast infolge eines Wärmestroms aus dem Gebäudeinnern $\dot{Q}_R$

Von den angrenzenden Räumen sei nur Raum B unklimatisiert. Seine Raumtemperatur beträgt nach Tabelle A7 30°C. Nach DIN 4701 gilt für die Innentür IT mit

$A = 1{,}2 \cdot 2{,}0 = 2{,}4\,\text{m}^2$: $k = 2{,}0\,\text{W/m}^2\,\text{K}$

Innenwand: $A = 4{,}5 \cdot 3{,}4 - 2{,}4 = 12{,}9\,\text{m}^2$ und $k = 1{,}66\,\text{W/m}^2\,\text{K}$

Damit wird

$$\dot{Q}_{RIT} = k \cdot A \cdot \Delta\vartheta = 2 \cdot 2{,}4 \cdot 6 = 30\,\text{W}$$
$$\dot{Q}_{RIW} = 1{,}66 \cdot 12{,}9 = 130\,\text{W}$$
$$\overline{160\,\text{W}}$$

- **Äußere Kühllast $\dot{Q}_A$**

Kühllast infolge Wärmedurchgang durch Außenwände $\dot{Q}_W$

Im Wand- und Dachtypenkatalog findet man den k-Wert (0,65 W/m² K), die Bauschwereklasse (6) und die Zeitverschiebung (+2 h) der Schwerbetonwand mit Außendämmung. Da die Zeitkorrektur 2 h beträgt, sind die Werte für die äquivalente Temperaturdifferenz um 2 h später, das heißt um 12 Uhr der Tabelle zu entnehmen. Die Raumtemperatur von 24°C ist um 2 K höher, als bei der Berechnung der äquivalenten Temperaturdifferenzen vorausgesetzt wurde. Deshalb gilt:

$$\Delta\vartheta_{äq1} = \Delta\vartheta_{äq} + (22-24) = \Delta\vartheta_{äq} - 2\,\text{K}$$

Flächenberechnung

Die Wandfläche ergibt sich aus Breite mal Geschoßhöhe abzüglich Gesamtfensterfläche. Das Maueröffnungsmaß der Fenster beträgt in diesem Fall $A_M = 3{,}1\,\text{m}^2$. Damit berechnen sich die Wandflächen zu

SO-Wand:
$A_{SO} = 16 \cdot 3{,}4 - 7 \cdot 3{,}1 = 32{,}7\,\text{m}^2$
SW-Wand: $A_{SW} = 15 \cdot 3{,}4 = 51{,}0\,\text{m}^2$
NW-Wand: $A_{NW} = 32{,}7\,\text{m}^2$

Die Berchnung des Kühllastanteils $\dot{Q}_W$ mit Hilfe der äquivalenten Temperaturdifferenzen wird in Tabelle 3.6 zusammengefaßt. Sie enthält auch die 17-Uhr-Werte.

Kühllast infolge Transmissionen durch Fenster $\dot{Q}_T$

Der Rechenwert des Wärmedurchgangskoeffizienten k_F des Fensters (nach DIN 4108 Tabelle 3, Konstruktion 1.3 mit wärmegedämmten Metallrahmen) beträgt 3,0 W/m² K. Als Bezugsfläche gilt das vorher bestimmte Maueröffnungsmaß

$$A_{Mges} = 14 \cdot A_M = 43{,}4\,\text{m}^2$$

Aus Tabelle A 8 entnimmt man als Außenlufttemperatur um 10 Uhr 25,9°C. Damit wird

$$\dot{Q}_T = 3 \cdot 43{,}3\,(25{,}9-24) = 250\,\text{W}.$$

Kühllast infolge Strahlung durch Fenster $\dot{Q}_s$

Südost-Fenster: Aus Tabelle A9 entnimmt man das Maximum der Gesamtstrahlung im Juli um 9 Uhr (im Gegensatz zum infolge von Speichervorgängen verzögerten Berechnungszeitpunkt 10 Uhr) zu $I_{max} = 481\,\text{W/m}^2$ und für die Diffusstrahlung $I_{diff,max} = 132\,\text{W/m}^2$.

Für 9 Uhr – den Zeitpunkt der maximalen Gesamtstrahlung – muß die Beschattung untersucht und die besonnte Fensterfläche A1 bestimmt werden. Nach der Bauskizze, Bild 3.27 ist gemäß der Bezeichnungsweise in Bild 3.24

B = 1,5 m, H = 1,8 m, d = 0,6 m, c = 0,4 m
b = 0,25 m, f = 0,35 m

Die Beschattungsrechnung ist im Formblatt A durchgeführt.

Daraus folgt je Fenster die sonnenbeschienene Fläche A_1:

$$A_1 = 1{,}5 \cdot 1{,}73 = 2{,}6\,\text{m}^2$$

Weiter ist mit der gesamten Glasfläche $A = B \cdot H = 2{,}7\,\text{m}^2$ $\quad A - A_1 = 0{,}1\,\text{m}^2$.

Für die 7 Fenster der SO-Fassade sind das insgesamt

$7 \cdot A_1 = 18{,}2\ m^2 \quad 7 \cdot (A - A_1) = 0{,}7\ m^2$

Der Durchlaßfaktor des Fensters mit innerem Nesselvorhang beträgt $b = 1{,}0 \cdot 0{,}5 = 0{,}5$ nach Tabelle A13.

Der Kühllastfaktor für äußere Strahlungslasten s_a beträgt 0,86 nach Tabelle A 10 (Raumtyp L, innerer Sonnenschutz).

Damit wird

$\dot{Q}_s\ (SO) = (18{,}2 \cdot 481 + 0{,}7 \cdot 132) \cdot 0{,}5 \cdot 0{,}80 = 4423 \cdot 0{,}80 = 3540\ W$

Nordwest-Fenster: Auch hier muß für die besonnte Fläche A1 die Fläche eingesetzt werden, die z.Z. des Maximums der Gesamtstrahlung direkt bestrahlt wird. Das ist um 17 Uhr der Fall.

$I_{max} = 357\ W/m^2$
$I_{diff,max} = 100\ W/m^2$

Die Beschattungsrechnung für die Nordwestfassade um 17 Uhr ergibt für die gesamte Fassade (siehe Formblatt):

$7 \cdot A_1 = 15\ m^2 \cdot 7 \cdot (A - A_1) = 3{,}9\ m^2$

Von den übrigen Größen ändert sich lediglich der Kühllastfaktor gegenüber der Südost-Seite. Er wird der Tabelle A 16 für den Berechnungszeitpunkt (10 Uhr) entnommen: $s_a = 0{,}21$.

Damit erhält man

$\dot{Q}_S\ (NW) = (15 \cdot 357 + 3{,}9 \cdot 100) \cdot 0{,}5 \cdot 0{,}21 = 2870 \cdot 0{,}21 = 600\ W$

Die gesamte Kühllast des Zeichensaals um 10 Uhr beträgt

$\dot{Q}_{KR,tr} = 9070\ W.$

Die feuchte Kühllast $Q_{KR,f} = \dot{Q}_{P,f} = 1920\ W$ gilt für alle Berechnungszeiten.

Zu prüfen ist, ob zu diesem Zeitpunkt tatsächlich das Maximum auftritt. Betrachtet man dazu die Kühllastfaktoren der Südost-Richtung, so erkennt man, daß sie sehr schnell abnehmen, während die Kühllastfaktoren der Nordwest-Richtung bis 14 Uhr etwa konstant bleiben.

Da der Einfluß der anderen zeitlich veränderlichen Komponenten (Beleuchtung, Wärmedurchgang durch die Fassade, Transmission durch die Fenster) relativ gering ist, steht der gefundene Wert zumindest als Vormittagsmaximum fest.

2. Durchführung der Berechnung:
Juli, 17 Uhr

- **Innere Kühllast $\dot{Q}_I$**

Kühllast infolge der Wärmeabgabe der Personen $\dot{Q}_P$

$\dot{Q}_{P,tr} = 48 \cdot 75 \cdot 0{,}87 = 3600 \cdot 0{,}87 = 3130\ W.$

Bei diesem Kühllastanteil (und dem infolge von Beleuchtungswärme) ändert sich lediglich der Kühllastfaktor für innere Strahlungslasten.

Kühllast infolge Beleuchtungswärme $\dot{Q}_B$

$\dot{Q}_{B1} = 3600 \cdot 0{,}47 \cdot 0{,}7 \cdot 0{,}74 = 1180 \cdot 0{,}74 = 870\ W$
$\dot{Q}_{B2} = 720\ W$

Kühllast infolge eines Wärmestroms aus dem Gebäudeinnern $\dot{Q}_R$

$\dot{Q}_R = 160\ W$

- **Äußere Kühllast $\dot{Q}_A$**

Kühllast infolge Wärmedurchgang durch Außenwände $\dot{Q}_W$

$\dot{Q}_W = 390\ W$ (wurde schon berechnet, siehe Tabelle bei Juli, 10 Uhr)

Kühllast infolge Transmission durch Fenster $\dot{Q}_T$

ϑ_{RA} (17 Uhr) = 31,7° C nach Tabelle A8
$\dot{Q}_T = 3 \cdot 43{,}4 \cdot (31{,}7 - 24) = 1000\ W$

Kühllast infolge Strahlung durch Fenster $\dot{Q}_S$

Südost-Fenster:
$\dot{Q}_s\ (SO) = 4423 \cdot 0{,}18 = 800\ W$

Nordwest-Fenster:
(NW) $\dot{Q}_s\ (NW) = 2870 \cdot 0{,}80 = 2300\ W$

Zusammenstellung

Die gesamte Kühllast im Juli um 17 Uhr beträgt daher

$\dot{Q}_{Kr,tr} = 9370$

Der 17-Uhr-Wert liegt also höher als das Vormittagsmaximum.

Durchführung der Berechnung: September

Unter Umständen bewirkt der tiefere Sonnenstand in der Übergangszeit eine höhere Wärmebelastung als im Juli. In der Regel wird der September als Auslegungsmonat zwar nur für die Südfassade kritisch, es soll jedoch hier aus Gründen der Vollständigkeit diese Kontrollrechnung angedeutet werden.

Die innere Kühllast nimmt dieselben Werte an wie im Juli.

• Äußere Kühllast

Kühllast infolge Wärmedurchgang durch Außenwände

Die äquivalenten Temperaturdifferenzen im September ergeben sich aus den Juli-Werten mit folgender Korrektur:

$\Delta\vartheta_{äq1Sept} = \Delta\vartheta_{äq} + (18{,}5-24{,}5) + (22-24)$
$= \Delta\vartheta_{äq} - 8\ K$

Die Ergebnisse für 10 Uhr und 17 Uhr sind in Tabelle 3.7 zusammengefaßt.

Kühllast infolge Transmission durch Fenster $\dot{Q}_T$

$\dot{Q}_T = 3 \cdot 43{,}4 \cdot (20{,}3-24) =$
$-480\ W$ (10 Uhr)
$\dot{Q}_T = 3 \cdot 43{,}4 \cdot (26{,}0-24) =$
$+260\ W$ (17 Uhr)

Kühllast infolge Wärmestrahlung durch Fenster $\dot{Q}_S$

Südost-Fassade:
I_{max} (10 Uhr) = 565 W/m²

Keine Beschattung:
$A_l = A = 2{,}7\ m^2$

Kühllastfaktoren:
$s_a = 0{,}80$ (10 Uhr)
$s_a = 0{,}13$ (17 Uhr)

Durchlaßfaktor:
b = 0,5

$\dot{Q}_S$ (SO) = (18,9 · 565) · 0,5 · 0,80 =
5340 · 0,80 = 4270 W (10 Uhr)
$\dot{Q}_S$ (SO) = 5340 · 0,13 = 690 W (17 Uhr)

Nordwest-Fenster:

I_{max} (17 Uhr) = 154 W/m² $I_{dif,max}$ = 72 W/m²

Beschattung: (17 Uhr)

$A_1 = 1{,}5\ m^2\ (A-A_1) = 1{,}2\ m^2$

Kühllastfaktoren:
$s_a = 0{,}34$ (10 Uhr)
$s_a = 0{,}83$ (17 Uhr)

$\dot{Q}_S$ (NW) = (10,5 · 154 + 8,4 · 72) · 0,5
· 0,34 = 1111 · 0,34 = 380 W (10 Uhr)

$\dot{Q}_S$ (NW) = 1111 · 0,83 = 920 W (17 Uhr)

Die Gesamt-Kühllast im September beträgt

um 10 Uhr	$\dot{Q}_I$	= 4550 W
	$\dot{Q}_A$	= 3950 W
	$\dot{Q}_{KR}$	= 8500 W
um 17 Uhr	$\dot{Q}_I$	= 4880 W
	$\dot{Q}_A$	= 1800 W
	$\dot{Q}_{Kr}$	= 6680 W

			10 Uhr			17 Uhr		
Richtung	*k*	*A*	$\Delta\vartheta_{äq}$ 12 Uhr	$\Delta\vartheta_{äq1}$	$\dot{Q}$	$\Delta\vartheta_{äq}$ 19 Uhr	$\Delta\vartheta_{äq1}$	$\dot{Q}$
SO	0,65	32,7	5,1	3,1	70 W	8,4	6,4	140 W
SW	0,65	51,0	3,7	1,7	60 W	8,0	6,0	200 W
NW	0,65	32,7	1,8	−0,2	0 W	4,2	2,2	50 W
					$\dot{Q}_W$ = 130 W			$\dot{Q}_W$ = 390 W

Tabelle 3.6
Berechnung des Kühllastanteils $\dot{Q}_w$ mit Hilfe der äquivalenten Temperaturdifferenzen

			10 Uhr			17 Uhr		
Richtung	*k*	*A*	$\Delta\vartheta_{äq}$ 12 Uhr	$\Delta\vartheta_{äq1,Sept}$	$\dot{Q}$	$\Delta\vartheta_{äq}$ 19 Uhr	$\Delta\vartheta_{äq,Sept}$	$\dot{Q}$
SO	0,65	32,7	5,1	−2,9	− 60 W	8,4	0,4	−10 W
SW	0,65	51,0	3,7	−4,3	− 30 W	8,0	0	0 W
NW	0,65	32,7	1,8	−6,2	−130 W	4,2	−3,8	−50 W
					$\dot{Q}_W$ = −220 W			$\dot{Q}_W$ = −70 W

Tabelle 3.7
Ermittlung der Kühllast für den Monat September

Im vorliegenden Fall ist somit der für 17 Uhr im Juli ermittelte Wert für die Dimensionierung der klimatechnischen Einrichtung heranzuziehen:

$\dot{Q}_{KR,tr} = 9370\,W$
$\dot{Q}_{KR,f} = 1920\,W.$

Wie unschwer zu erkennen, ist der Rechenaufwand zur Bestimmung der Kühllast sehr erheblich. Die nachfolgenden Tabellen A1 bis A30 dienen im einzelnen zur Bestimmung im Handverfahren und sind gleichzeitig auch Grundlage für EDV-Rechenverfahren.

Da man bei der Projektierung sehr häufig nicht nur die tatsächlichen Kühllasten ermitteln will, sondern vielmehr auch, welche Temperaturverläufe sich gegebenenfalls unter welchen Bedingungen einstellen, – und hier sind die Spielmöglichkeiten außerordentlich groß – werden heute vornehmlich Berechnungen per EDV durchgeführt, die in den letzten Jahren stark verfeinert wurden.

Bauobjekt: Bürogebäude | Seite: ....
Raumbezeichnung: Zeichensaal | Ort: Berlin | Klimazone: 3
Raumnummer: .... | Raumtyp: L
Bearbeiter: .... | Datum: ....

Monat Zeit h	Aus Tabelle A 14 Richtung a_w	A 15 h	A 15 a_0	$\beta = a_0 - a_w$	spezifische Schattenlängen (aus Bild 7) s_1	s_2	Fensterdaten (gemäß Bild 9) B m	H m	A_2 m	b m	f m	d m	c m	Schattenlängen $e_1 = s_1 d$ m	$e_2 = s_2 c$ m	Beschattungsberech. nach Abschnitt 5.6.1 $e_1 - b$ m	$e_2 - f$ m	$B_1 = B-(e_1-b)$ m	$H_1 = H-(e_2-f)$ m	Fensterfläche einzeln besonnt $A_1 = B_1 \cdot H_1$ m²	beschattet $A - A_1$ m²	Fensterzahl z	Fensterfläche gesamt besonnt zA_1 m²	beschattet $z(A - A_1)$ m²
Juli/9	SO/135°	44°	114°	– 21°	0,38	1,04	1,5	1,8	2,7	0,25	0,35	0,6	0,4	0,23	0,42	< 0	0,07	1,5	1,73	2,6	0,1	7	18,2	0,7
Juli/17	NW/315°	25°	272°	– 43°	0,93	0,65								0,56	0,26	0,31	< 0	1,19	1,8	2,14	0,56	7	15,0	3,9
Sept/10	SO/135°	34°	143°	+ 8°	0,14	0,68								0,084	0,27	< 0	< 0	1,5	1,8	2,7	0	7	18,9	0
Sept/17	NW/315°	10°	258°	– 57°	1,54	0,33								0,92	0,13	0,67	< 0	0,83	1,8	1,5	1,2	7	10,5	8,4

Formblatt A
Bestimmung der besonnten Glasflächen, Beschattung durch Vorsprünge, aus Entwurf VDI 2078 (Nov. 1990)

Tabelle A1. Wärmeabgabe des Menschen (Personenwärme)

Tätigkeit	Raumlufttemperatur	18	20	22	23	24	25	26	°C
körperlich nicht tätig bis leichte Arbeit im Stehen, Aktivitätsgrad I bis II nach DIN 1946 Teil 2*)	Wärmeabgabe								
	- gesamt $\dot{Q}_{P\,ges}$	125	120	120	120	115	115	115	W
	- trocken $\dot{Q}_{P\,tr}$	100	95	90	85	75	75	70	W
	- feucht $\dot{Q}_{P\,f}$	25	25	30	35	40	40	45	W
	Wasserdampfabgabe $\dot{m}_D$	35	35	40	50	60	60	65	g/h
mäßig schwere körperliche Tätigkeit, Aktivitätsgrad III**) nach DIN 1946 Teil 2	Wärmeabgabe								
	- gesamt $\dot{Q}_{P\,ges}$	190	190	190	190	190	190	190	W'
	- trocken $\dot{Q}_{P\,tr}$	125	115	105	100	95	90	85	W
	- feucht $\dot{Q}_{P\,f}$	65	75	85	90	95	100	105	W
	Wasserdampfabgabe $\dot{m}_D$	95	110	125	135	140	145	150	g/h
Schwere körperliche Tätigkeit, Aktivitätsgrad IV**) nach DIN 1946 Teil 2	Wärmeabgabe								
	- gesamt $\dot{Q}_{P\,ges}$	270	270	270	270	270	270	270	W
	- trocken $\dot{Q}_{P\,tr}$	155	140	120	115	110	105	95	W
	- feucht $\dot{Q}_{P\,f}$	115	130	150	155	160	165	175	W
	Wasserdampfabgabe $\dot{m}_D$	165	185	215	225	230	240	250	g/h

*) Stufe 2, Bewertung „leicht" nach DIN 33403 Teil 3 Klima am Arbeitsplatz und in der Arbeitsumgebung; Beurteilung des Klimas im Erträglichkeitsbereich
Arbeitsenergieumsatz: leicht
Arbeitsbeispiel: Gehen in der Ebene, 3 km/h

**) Stufe 3, Bewertung „mittelschwer" nach DIN 33403 Teil 3
Arbeitsenergieumsatz: 200 bis 270 W
Arbeitsbeispiel: Gehen in der Ebene, 4 km/h

Anmerkung: Bei Abschätzung der flächenbezogenen Anschlußleistung ist der Zusammenhang mit Tabelle 3 zu beachten.

Anhang A1
Auslegungstabellen für die maximale Kühllast, aus Entwurf VDI 2078 (November 1990), Seite 271–309

Tabelle A2. Richtwerte der Nennbeleuchtungsstärken nach DIN 5035 „Innenraumbeleuchtung mit künstlichem Licht" sowie Anhaltswerte für in dieser Norm nicht genannten Raumzwecke*) und Tätigkeiten

Raumzweck und Art der Tätigkeit	Nennbeleuchtungsstärke E_n lx	Flächenbezogene Anschlußleistung P/A W/m_2	
		Allgemeine Gebrauchs-Glühlampen	Entladungslampen
Lagerräume mit Suchaufgabe, Verkehrswege in Gebäuden für Personen und Fahrzeuge, Treppen, Flure, Treppen und Eingangshallen in Unterrichtsstätten, Produktionsanlagen mit gelegentlichen manuellen Eingriffen, Wohnräume, Theater	100	20 bis 25	4 bis 8
Lagerräume mit Leseaufgabe, Versand, Kantinen, Empfang, Speiseräume in Hotels und Gaststätten, ständig besetzte Arbeitsplätze in Produktionsanlagen, grobe Arbeiten, einfache Montagearbeiten, Räume mit Publikumsverkehr	200	40 bis 50	8 bis 16
Büroräume mit Arbeitsplätzen ausschließlich in Fensternähe (Einzelbüro), Mehrzweckräume, Bibliotheken, Vorschulräume, Unterrichtsräume in Unterrichtsstätten, Sitzungs- und Besprechungszimmer, Verkaufsräume, mittelfeine Montagearbeiten, Schalter- und Kassenhallen	300	60 bis 75	6 bis 18
Büroräume (Gruppenräume), Raum für Datenverarbeitung (dort obere Grenzwerte), Unterrichtsräume mit unzureichendem Tageslicht sowie für vorwiegende Abendnutzung oder für Erwachsenenbildung, spezielle Unterrichtsräume in Unterrichtsstätten, Hörsäle mit Fenstern, feine Maschinen- und Montagearbeiten, Küche in Hotel und Gaststätten, Forschungslaboratorien, Kaufhäuser, Ausstellungs- und Messehallen, Leder- und Holzverarbeitung	500	100 bis 120	10 bis 24 (28)
Großraumbüro (hohe Reflexion), technisches Zeichnen (auf Zeichenbrett), Kontrollplätze, Färben, Gravieren, Nähen, Supermärkte, Hörsäle ohne Fenster	750	-	15 bis 30
Farbprüfung, Montage feiner Geräte in der Elektroindustrie, feinmechanische Arbeiten, Schmuckwarenherstellung, Großraumbüro (Sonderfälle)	1000	-	20 bis 40
Montage feinster Teile, Bearbeitung von Edelsteinen, Optiker- und Uhrmacherwerkstatt, Qualitätskontrolle bei sehr hohen Ansprüchen	1500**)	-	30 bis 60
	2000**)	-	40 bis 80

*) Weitere Hinweise für die Beleuchtungsauslegung siehe „Arbeitsstättenrichtlinien (§ 7)" und „Richtlinien für die Innenbeleuchtung mit künstlichem Licht in öffentlichen Gebäuden und Schulen (Ribelög)", aufgestellt von AMEV.

**) Nennbeleuchtungsstärken dieses Niveaus werden in der Regel durch eine Platzbeleuchtung in Verbindung mit einer allgemeinen Beleuchtung von etwa 500 lx erreicht (siehe DIN 5035). In diesem Fall kann nicht formal nach Gl. (2) gerechnet werden.

Tabelle A3. Richtwerte für den spezifischen Beleuchtungswert *p*

Die Tabelle gilt unter Annahme einer Lichtfarbe nw (neutralweiß) nach DIN 5035

Lampentyp	Vorschaltgerät	Lichtausbeute einschl. Vorschaltgerät	Spezifischer Beleuchtungswert p W/m² klx		
			übliches Einzelbüro	übliches Gruppenbild	übliches Großraumbüro
			Grundfläche A (Richtwerte)		
			ca. 4 × 5 = 20 m²	ca. 7 × 6 = 42 m²	ca. 12 × 14 = 168 m²
			Beleuchtungswirkungsgrad η_B		
			0,45	0,55	0,65
Standard-Leuchstofflampe 38 mm ∅	konventionell (KVG)	52	53	43	37
Standard-Leuchtstofflampe 36 mm ∅		56	49	40	34
3-Banden-Leuchtstofflampe 26 mm ∅		76	36	30	25
3-Banden-Leuchtstofflampe 26 mm ∅	elektronisch (EVG)	95	29	24	20
Glühlampe	–	14	200	–	–

Die Tabelle gilt unter Annahme eines mittleren Leuchtenwirkungsgrades η_{LB} = 0,68 und der gemittelten Lichtausbeute einschließlich Vorschaltgeräteverluste von 1,2 und 1,5 m langen Leuchtstofflampen Typenbezeichnungen (L65/58 W und L 40/36 W).

Tabelle A4. Anhaltswerte für Raumbelastungsgrade μ_B bei Abluftfeuchten*)

Leuchtstofflampen in Deckensystemen

Luftdurchsatz bezogen auf die Leuchten-anschlußleistung	0,2	0,3	0,5	1 m³/h W
Absaugung über Deckenhohlraum**)	0,80	0,70	0,55	0,45
Absaugung durch nicht gedämmte Luftleitungen	0,45	0,40	0,35	0,30
Absaugung durch gedämmte Luftleitungen	0,40	0,35	0,30	0,25

*) Wird die Zuluft im Deckenbereich eingeblasen, so treten evtl. Kurzschlüsse mit dem Abluftsystem auf. In diesen Fällen sind die Tabellenwerte zu erhöhen, u. U. beträchtlich. Bei unbelüfteten Leuchten und Leuchten nur mit Zuluftkühlung ist normalerweise $\mu_B = 1$.
Wird in solchen Fällen die Abluft in Deckennähe entnommen, so kann $\mu_B < 1$ werden. Der Wärmedurchgangswiderstand der Unterdecke wurde zu 0,55 m² K/W angenommen.

**) Diese Werte gelten für Zwischengeschosse und Obergeschoß. Befindet sich im Geschoß unterhalb des zu berechnenden Raumes keine gleichartige Anlage, so sind die Tabellenwerte „Absaugung über Deckenhohlraum" mit einem Faktor 0,9 zu multiplizieren.
Beim Ansatz des an den Leuchten abgesaugten Luftstromes muß je nach Dichtheit der Deckenausführung eine Leckluftrate für den durch die Fugen gesaugten Anteil berücksichtigt werden.

Tabelle A5. Tagesgänge der Kühllastfaktoren s_i für innere Raumbelastungen für verschiedene Betriebszeiten

Raum-Typ XL „sehr leicht"

Einschaltzeitpunkt: 8 Uhr Ausschaltzeitpunkt: 16 Uhr

Konvektivanteil in %		Wahre Ortszeit in h																							
Möblierung	Leuchten	1	2	3	4	5	6	7	8	9	10	11	12	13	14	15	16	17	18	19	20	21	22	23	24
20	0	0,06	0,05	0,05	0,05	0,05	0,04	0,04	0,04	0,83	0,86	0,87	0,87	0,88	0,89	0,89	0,90	0,11	0,09	0,08	0,08	0,07	0,07	0,06	0,06
20	30	0,04	0,04	0,03	0,03	0,03	0,03	0,03	0,03	0,88	0,90	0,91	0,91	0,92	0,92	0,92	0,93	0,08	0,06	0,06	0,05	0,05	0,05	0,04	0,04
20	50	0,03	0,03	0,02	0,02	0,02	0,02	0,02	0,02	0,91	0,93	0,93	0,94	0,94	0,94	0,95	0,95	0,05	0,04	0,04	0,04	0,03	0,03	0,03	0,03

Einschaltzeitpunkt: 8 Uhr Ausschaltzeitpunkt: 20 Uhr

Konvektivanteil in %		Wahre Ortszeit in h																							
Möblierung	Leuchten	1	2	3	4	5	6	7	8	9	10	11	12	13	14	15	16	17	18	19	20	21	22	23	24
20	0	0,09	0,09	0,08	0,08	0,08	0,07	0,07	0,07	0,86	0,88	0,89	0,90	0,90	0,91	0,91	0,92	0,92	0,93	0,93	0,93	0,14	0,12	0,11	0,10
20	30	0,07	0,06	0,06	0,06	0,05	0,05	0,05	0,05	0,90	0,92	0,92	0,93	0,93	0,94	0,94	0,94	0,94	0,95	0,95	0,95	0,10	0,08	0,08	0,07
20	50	0,04	0,04	0,04	0,04	0,04	0,03	0,03	0,03	0,93	0,94	0,94	0,95	0,95	0,95	0,95	0,96	0,96	0,96	0,96	0,97	0,07	0,06	0,05	0,05

Einschaltzeitpunkt: 7 Uhr Ausschaltzeitpunkt: 12 Uhr
Einschaltzeitpunkt: 14 Uhr Ausschaltzeitpunkt: 17 Uhr

Konvektivanteil in %		Wahre Ortszeit in h																							
Möblierung	Leuchten	1	2	3	4	5	6	7	8	9	10	11	12	13	14	15	16	17	18	19	20	21	22	23	24
20	0	0,06	0,05	0,05	0,05	0,04	0,04	0,04	0,83	0,86	0,87	0,88	0,88	0,09	0,07	0,86	0,88	0,89	0,10	0,08	0,08	0,07	0,07	0,06	0,06
20	30	0,04	0,03	0,03	0,03	0,03	0,03	0,03	0,88	0,90	0,91	0,91	0,92	0,06	0,05	0,90	0,92	0,92	0,07	0,06	0,05	0,05	0,05	0,04	0,04
20	50	0,03	0,02	0,02	0,02	0,02	0,02	0,02	0,92	0,93	0,93	0,94	0,94	0,05	0,04	0,93	0,94	0,95	0,05	0,04	0,04	0,03	0,03	0,03	0,03

Einschaltzeitpunkt: 6 Uhr Ausschaltzeitpunkt: 12 Uhr
Einschaltzeitpunkt: 14 Uhr Ausschaltzeitpunkt: 18 Uhr

Konvektivanteil in %		Wahre Ortszeit in h																							
Möblierung	Leuchten	1	2	3	4	5	6	7	8	9	10	11	12	13	14	15	16	17	18	19	20	21	22	23	24
20	0	0,07	0,07	0,06	0,06	0,06	0,05	0,85	0,87	0,88	0,89	0,89	0,90	0,11	0,09	0,88	0,90	0,90	0,91	0,12	0,10	0,09	0,08	0,08	0,08
20	30	0,05	0,05	0,04	0,04	0,04	0,04	0,89	0,91	0,92	0,92	0,93	0,93	0,08	0,06	0,91	0,93	0,93	0,94	0,08	0,07	0,06	0,06	0,06	0,05
20	50	0,03	0,03	0,03	0,03	0,03	0,03	0,92	0,93	0,94	0,94	0,95	0,95	0,05	0,04	0,94	0,95	0,95	0,95	0,06	0,05	0,04	0,04	0,04	0,04

Raum-Typ L „leicht"

Einschaltzeitpunkt: 8 Uhr Ausschaltzeitpunkt: 16 Uhr

Konvektivanteil in %		Wahre Ortszeit in h																							
Möblierung	Leuchten	1	2	3	4	5	6	7	8	9	10	11	12	13	14	15	16	17	18	19	20	21	22	23	24
20	0	0,12	0,11	0,10	0,09	0,08	0,07	0,07	0,06	0,50	0,57	0,62	0,67	0,71	0,74	0,77	0,80	0,38	0,32	0,28	0,24	0,21	0,18	0,16	0,14
20	30	0,08	0,08	0,07	0,06	0,06	0,05	0,05	0,04	0,65	0,70	0,74	0,77	0,80	0,82	0,84	0,86	0,26	0,22	0,19	0,17	0,15	0,13	0,11	0,10
20	50	0,06	0,05	0,04	0,04	0,04	0,03	0,03	0,03	0,75	0,78	0,81	0,83	0,85	0,87	0,88	0,90	0,19	0,16	0,14	0,12	0,10	0,09	0,08	0,07

Einschaltzeitpunkt: 8 Uhr Ausschaltzeitpunkt: 20 Uhr

Konvektivanteil in %		Wahre Ortszeit in h																							
Möblierung	Leuchten	1	2	3	4	5	6	7	8	9	10	11	12	13	14	15	16	17	18	19	20	21	22	23	24
20	0	0,26	0,23	0,20	0,18	0,16	0,14	0,13	0,12	0,55	0,62	0,67	0,71	0,75	0,78	0,81	0,83	0,85	0,86	0,88	0,89	0,46	0,39	0,34	0,30
20	30	0,17	0,15	0,14	0,12	0,11	0,10	0,09	0,08	0,68	0,73	0,76	0,79	0,82	0,84	0,86	0,88	0,89	0,90	0,91	0,92	0,32	0,27	0,24	0,21
20	50	0,12	0,11	0,10	0,09	0,08	0,07	0,06	0,06	0,77	0,81	0,83	0,85	0,87	0,89	0,90	0,91	0,92	0,93	0,94	0,94	0,23	0,19	0,17	0,15

Einschaltzeitpunkt: 7 Uhr Ausschaltzeitpunkt: 12 Uhr
Einschaltzeitpunkt: 14 Uhr Ausschaltzeitpunkt: 17 Uhr

Konvektivanteil in %		Wahre Ortszeit in h																							
Möblierung	Leuchten	1	2	3	4	5	6	7	8	9	10	11	12	13	14	15	16	17	18	19	20	21	22	23	24
20	0	0,12	0,11	0,10	0,09	0,08	0,07	0,07	0,50	0,57	0,63	0,67	0,71	0,31	0,26	0,66	0,71	0,74	0,33	0,28	0,24	0,21	0,19	0,16	0,14
20	30	0,09	0,08	0,07	0,06	0,06	0,05	0,05	0,65	0,70	0,74	0,77	0,80	0,21	0,18	0,76	0,80	0,82	0,23	0,20	0,17	0,15	0,13	0,11	0,10
20	50	0,06	0,05	0,05	0,04	0,04	0,03	0,03	0,75	0,78	0,81	0,83	0,85	0,15	0,13	0,83	0,85	0,87	0,16	0,14	0,12	0,10	0,09	0,08	0,07

Einschaltzeitpunkt: 6 Uhr Ausschaltzeitpunkt: 12 Uhr
Einschaltzeitpunkt: 14 Uhr Ausschaltzeitpunkt: 18 Uhr

Konvektivanteil in %		Wahre Ortszeit in h																							
Möblierung	Leuchten	1	2	3	4	5	6	7	8	9	10	11	12	13	14	15	16	17	18	19	20	21	22	23	24
20	0	0,16	0,14	0,13	0,11	0,10	0,09	0,53	0,60	0,65	0,69	0,73	0,76	0,35	0,30	0,70	0,74	0,77	0,80	0,38	0,32	0,28	0,24	0,21	0,19
20	30	0,11	0,10	0,09	0,08	0,07	0,07	0,67	0,72	0,75	0,78	0,81	0,83	0,24	0,21	0,79	0,82	0,84	0,86	0,27	0,23	0,20	0,17	0,15	0,13
20	50	0,08	0,07	0,06	0,05	0,05	0,04	0,76	0,79	0,82	0,84	0,86	0,88	0,17	0,14	0,84	0,87	0,88	0,90	0,19	0,16	0,14	0,12	0,10	0,09

Raum-Typ M „mittel“

Einschaltzeitpunkt: 8 Uhr Ausschaltzeitpunkt: 16 Uhr

Konvektivanteil in %		Wahre Ortszeit in h																							
Möblierung	Leuchten	1	2	3	4	5	6	7	8	9	10	11	12	13	14	15	16	17	18	19	20	21	22	23	24
20	0	0,16	0,15	0,14	0,13	0,12	0,11	0,10	0,09	0,50	0,55	0,59	0,62	0,65	0,68	0,71	0,73	0,34	0,30	0,27	0,25	0,23	0,21	0,19	0,18
20	30	0,11	0,10	0,10	0,09	0,08	0,08	0,07	0,07	0,65	0,68	0,71	0,74	0,76	0,78	0,79	0,81	0,24	0,21	0,19	0,17	0,16	0,15	0,13	0,12
20	50	0,08	0,07	0,07	0,06	0,06	0,05	0,05	0,05	0,75	0,77	0,79	0,81	0,83	0,84	0,85	0,86	0,17	0,15	0,14	0,12	0,11	0,10	0,10	0,09

Einschaltzeitpunkt: 8 Uhr Ausschaltzeitpunkt: 20 Uhr

Konvektivanteil in %		Wahre Ortszeit in h																							
Möblierung	Leuchten	1	2	3	4	5	6	7	8	9	10	11	12	13	14	15	16	17	18	19	20	21	22	23	24
20	0	0,29	0,27	0,25	0,23	0,21	0,20	0,18	0,17	0,57	0,61	0,64	0,68	0,70	0,73	0,75	0,77	0,79	0,80	0,82	0,83	0,43	0,39	0,35	0,32
20	30	0,21	0,19	0,17	0,16	0,15	0,14	0,13	0,12	0,70	0,73	0,75	0,77	0,79	0,81	0,82	0,84	0,85	0,86	0,87	0,88	0,30	0,27	0,25	0,23
20	50	0,15	0,14	0,12	0,11	0,11	0,10	0,09	0,08	0,78	0,80	0,82	0,84	0,85	0,86	0,87	0,88	0,89	0,90	0,91	0,92	0,22	0,19	0,18	0,16

Einschaltzeitpunkt: 7 Uhr Ausschaltzeitpunkt: 12 Uhr
Einschaltzeitpunkt: 14 Uhr Ausschaltzeitpunkt: 17 Uhr

Konvektivanteil in %		Wahre Ortszeit in h																							
Möblierung	Leuchten	1	2	3	4	5	6	7	8	9	10	11	12	13	14	15	16	17	18	19	20	21	22	23	24
20	0	0,16	0,15	0,14	0,13	0,12	0,11	0,10	0,50	0,55	0,59	0,63	0,66	0,27	0,25	0,63	0,67	0,69	0,31	0,28	0,25	0,23	0,21	0,19	0,18
20	30	0,11	0,10	0,10	0,09	0,08	0,08	0,07	0,65	0,69	0,71	0,74	0,76	0,19	0,17	0,74	0,77	0,79	0,22	0,19	0,18	0,16	0,15	0,13	0,12
20	50	0,08	0,07	0,07	0,06	0,06	0,05	0,05	0,75	0,78	0,80	0,81	0,83	0,14	0,12	0,82	0,83	0,85	0,15	0,14	0,13	0,11	0,10	0,10	0,09

Einschaltzeitpunkt: 6 Uhr Ausschaltzeitpunkt: 12 Uhr
Einschaltzeitpunkt: 14 Uhr Ausschaltzeitpunkt: 18 Uhr

Konvektivanteil in %		Wahre Ortszeit in h																							
Möblierung	Leuchten	1	2	3	4	5	6	7	8	9	10	11	12	13	14	15	16	17	18	19	20	21	22	23	24
20	0	0,21	0,19	0,17	0,16	0,15	0,14	0,54	0,58	0,62	0,65	0,68	0,71	0,32	0,29	0,67	0,70	0,73	0,75	0,36	0,32	0,29	0,27	0,24	0,22
20	30	0,14	0,13	0,12	0,11	0,10	0,10	0,68	0,71	0,74	0,76	0,78	0,80	0,22	0,20	0,77	0,79	0,81	0,83	0,25	0,23	0,21	0,19	0,17	0,16
20	50	0,10	0,09	0,09	0,08	0,07	0,07	0,77	0,79	0,81	0,83	0,84	0,85	0,16	0,14	0,84	0,85	0,86	0,88	0,18	0,16	0,15	0,13	0,12	0,11

Raum-Typ S „schwer“

Einschaltzeitpunkt: 8 Uhr Ausschaltzeitpunkt: 16 Uhr

Konvektivanteil in %		Wahre Ortszeit in h																							
Möblierung	Leuchten	1	2	3	4	5	6	7	8	9	10	11	12	13	14	15	16	17	18	19	20	21	22	23	24
20	0	0,20	0,19	0,18	0,17	0,17	0,16	0,15	0,15	0,47	0,50	0,53	0,55	0,58	0,60	0,61	0,63	0,32	0,30	0,28	0,26	0,25	0,24	0,22	0,21
20	30	0,14	0,13	0,13	0,12	0,12	0,11	0,11	0,10	0,63	0,65	0,67	0,69	0,70	0,72	0,73	0,74	0,23	0,21	0,20	0,18	0,17	0,16	0,16	0,15
20	50	0,10	0,09	0,09	0,08	0,08	0,08	0,07	0,07	0,73	0,75	0,76	0,77	0,79	0,80	0,81	0,81	0,16	0,15	0,14	0,13	0,12	0,12	0,11	0,10

Einschaltzeitpunkt: 8 Uhr Ausschaltzeitpunkt: 20 Uhr

Konvektivanteil in %		Wahre Ortszeit in h																							
Möblierung	Leuchten	1	2	3	4	5	6	7	8	9	10	11	12	13	14	15	16	17	18	19	20	21	22	23	24
20	0	0,34	0,32	0,31	0,29	0,28	0,27	0,26	0,24	0,56	0,59	0,62	0,64	0,65	0,67	0,69	0,70	0,72	0,73	0,74	0,75	0,44	0,40	0,38	0,36
20	30	0,24	0,22	0,21	0,20	0,19	0,18	0,18	0,17	0,69	0,71	0,73	0,74	0,76	0,77	0,78	0,79	0,80	0,81	0,82	0,82	0,30	0,28	0,27	0,25
20	50	0,17	0,16	0,15	0,14	0,14	0,13	0,13	0,12	0,78	0,79	0,81	0,82	0,83	0,83	0,84	0,85	0,86	0,86	0,87	0,87	0,22	0,20	0,19	0,18

Einschaltzeitpunkt: 7 Uhr Ausschaltzeitpunkt: 12 Uhr
Einschaltzeitpunkt: 14 Uhr Ausschaltzeitpunkt: 17 Uhr

Konvektivanteil in %		Wahre Ortszeit in h																							
Möblierung	Leuchten	1	2	3	4	5	6	7	8	9	10	11	12	13	14	15	16	17	18	19	20	21	22	23	24
20	0	0,20	0,19	0,18	0,17	0,17	0,16	0,15	0,47	0,51	0,53	0,56	0,58	0,27	0,25	0,56	0,59	0,61	0,30	0,28	0,26	0,25	0,24	0,22	0,21
20	30	0,14	0,13	0,13	0,12	0,12	0,11	0,11	0,63	0,66	0,67	0,69	0,71	0,19	0,18	0,69	0,71	0,73	0,21	0,20	0,18	0,17	0,16	0,16	0,15
20	50	0,10	0,09	0,09	0,08	0,08	0,08	0,07	0,73	0,75	0,76	0,78	0,79	0,14	0,12	0,78	0,79	0,80	0,15	0,14	0,13	0,12	0,12	0,11	0,10

Einschaltzeitpunkt: 6 Uhr Ausschaltzeitpunkt: 12 Uhr
Einschaltzeitpunkt: 14 Uhr Ausschaltzeitpunkt: 18 Uhr

Konvektivanteil in %		Wahre Ortszeit in h																							
Möblierung	Leuchten	1	2	3	4	5	6	7	8	9	10	11	12	13	14	15	16	17	18	19	20	21	22	23	24
20	0	0,25	0,24	0,23	0,22	0,21	0,20	0,52	0,55	0,58	0,60	0,62	0,64	0,33	0,30	0,61	0,64	0,66	0,67	0,36	0,33	0,31	0,30	0,28	0,27
20	30	0,18	0,17	0,16	0,15	0,15	0,14	0,66	0,69	0,70	0,72	0,73	0,75	0,23	0,21	0,73	0,75	0,76	0,77	0,25	0,23	0,22	0,21	0,20	0,19
20	50	0,13	0,12	0,11	0,11	0,10	0,10	0,76	0,78	0,79	0,80	0,81	0,82	0,16	0,15	0,80	0,82	0,83	0,84	0,18	0,17	0,16	0,15	0,14	0,13

Tabelle A6. Wirkungsgrade und Wärmeabgabe von Elektromotoren (Drehstrom-Asynchronmotoren) bezogen auf die Motor-Nennleistung

Nennleistung P kW	Motor-Wirkungsgrad η_{el}	anfallende Maschinenwärme $\dot{Q}_N$ im Raum bei Aufstellung: Motor Arbeitsmaschine innen P/η_{e1} W	Motor außen, Arbeitsmaschine innen P W	Motor innen Arbeitsmaschine innen $P(1-\eta_{e1})/\eta_{e1}$ W
0,25	0,64	390	250	140
0,37	0,67	550	370	180
0,55	0,70	790	550	240
0,75	0,72	1 040	750	290
1,1	0,76	1 450	1 100	350
1,5	0,78	1 920	1 500	420
2,2	0,80	2 750	2 200	550
3	0,81	3 700	3 000	700
4	0,83	4 820	4 000	820
5,5	0,85	6 470	5 500	970
7,5	0,86	8 720	7 500	1 220
11	0,87	12 640	11 600	1 640
15	0,88	17 040	15 000	2 040
18,5	0,89	20 790	18 500	2 290
22	0,90	24 440	22 000	2 440
30	0,91	32 970	30 000	2 970
37	0,91	40 660	37 000	3 660
45	0,92	48 910	45 000	3 910

Tabelle A7. Temperaturen angrenzender, nicht klimatisierter Räume und des Erdreichs (Berechnungsannahmen im Sommer)

Raumart bzw. Erdreich	°C
Nicht ausgebaute Dachräume, je nach Konstruktion und Durchlüftung	40 bis 50
Ausgebaute Dachräume	35
Sonstige Nachbarräume (z. B. Flur)	30
Kellerräume ohne Wärmequellen	20
Erdreich	20
Raum zwischen Schaufenster und Innenfenster je nach Sonnenschutz	35 bis 45

Tabelle A8. Tagesgänge der Außenluft-temperatur für die Auslegungsmonate Juli und September (Kühllastzone 1 bis 4)

Tageszeit h	Kühllastzone 1 Juli	1 Sept.	2 Juli	2 Sept.	3 Juli	3 Sept.	4 Juli	4 Sept.
1	+ 16,7	+ 13,2	+ 17,3	+ 11,7	+ 18,5	+ 14,1	+ 18,3	+ 13,7
2	+ 16,3	+ 12,4	+ 16,9	+ 11,1	+ 17,5	+ 13,1	+ 17,6	+ 13,0
3	+ 15,8	+ 11,8	+ 16,1	+ 10,7	+ 16,6	+ 12,6	+ 16,9	+ 12,4
4	+ 15,5	+ 11,6	+ 16,1	+ 10,1	+ 16,2	+ 11,7	+ 16,3	+ 11,9
5	+ 16,2	+ 10,8	+ 16,8	+ 9,5	+ 15,9	+ 11,2	+ 16,2	+ 11,3
6	+ 17,5	+ 10,5	+ 18,7	+ 9,5	+ 17,3	+ 10,9	+ 17,5	+ 11,2
7	+ 19,7	+ 11,6	+ 21,8	+ 11,5	+ 20,1	+ 12,3	+ 20,1	+ 12,4
8	+ 22,4	+ 14,9	+ 23,8	+ 14,4	+ 22,0	+ 14,4	+ 22,8	+ 15,2
9	+ 24,4	+ 17,5	+ 25,8	+ 17,5	+ 24,0	+ 17,6	+ 25,6	+ 18,6
10	+ 26,0	+ 20,0	+ 27,5	+ 19,8	+ 25,9	+ 20,3	+ 27,7	+ 21,8
11	+ 26,7	+ 21,7	+ 28,6	+ 21,6	+ 27,4	+ 22,6	+ 29,2	+ 24,0
12	+ 27,4	+ 22,8	+ 29,4	+ 22,8	+ 28,8	+ 24,4	+ 30,6	+ 25,7
13	+ 28,1	+ 23,6	+ 30,0	+ 23,8	+ 30,0	+ 25,5	+ 31,6	+ 26,9
14	+ 28,6	+ 24,0	+ 30,7	+ 24,2	+ 30,9	+ 26,6	+ 32,4	+ 27,6
15	+ 29,0	+ 24,0	+ 31,0	+ 24,4	+ 31,6	+ 27,0	+ 32,9	+ 28,0
16	+ 28,9	+ 23,6	+ 31,0	+ 23,9	+ 32,0	+ 26,9	+ 33,0	+ 27,5
17	+ 28,5	+ 22,3	+ 30,5	+ 22,9	+ 31,7	+ 26,0	+ 32,4	+ 26,1
18	+ 28,1	+ 20,4	+ 29,6	+ 20,5	+ 31,1	+ 24,2	+ 31,5	+ 23,9
19	+ 26,2	+ 18,5	+ 28,1	+ 18,0	+ 29,8	+ 22,0	+ 30,0	+ 20,8
20	+ 24,1	+ 17,2	+ 25,9	+ 16,1	+ 27,9	+ 20,5	+ 27,5	+ 18,7
21	+ 22,6	+ 16,2	+ 23,5	+ 14,9	+ 25,9	+ 18,8	+ 24,9	+ 17,3
22	+ 21,3	+ 15,3	+ 22,3	+ 13,9	+ 24,7	+ 17,7	+ 23,2	+ 16,3
23	+ 20,4	+ 14,5	+ 21,4	+ 13,1	+ 23,1	+ 16,9	+ 22,0	+ 15,5
24	+ 19,5	+ 13,8	+ 20,3	+ 12,5	+ 21,9	+ 15,8	+ 20,9	+ 15,0
T_{max}	+ 29,0	+ 24,0	+ 31,0	+ 24,4	+ 32,0	+ 27,0	+ 33,0	+ 28,0
T_m	+ 22,9	+ 17,2	+ 24,3	+ 16,6	+ 24,6	+ 18,9	+ 25,0	+ 18,9

Tabelle A9. Tagesgänge der Gesamt- und Diffusstrahlung für die Auslegungsmonate Juli und September hinter Zweifachverglasung in W/m² (geographische Breite 50°)

Jahresz.	Himmelsr.	Art	Wahre Ortszeit in h																							
			1	2	3	4	5	6	7	8	9	10	11	12	13	14	15	16	17	18	19	20	21	22	23	24
23. JULI	normal	gesamt:	0	0	0	0	96	284	438	542	606	641	659	665	659	641	606	542	438	284	96	0	0	0	0	0
$T = 6{,}1$		diffus:	0	0	0	0	49	115	151	165	166	160	155	153	155	160	166	165	151	115	49	0	0	0	0	0
	horiz.	gesamt:	0	0	0	0	24	76	166	282	395	486	543	563	543	486	395	282	166	76	24	0	0	0	0	0
		diffus:	0	0	0	0	23	53	76	94	108	117	122	124	122	117	108	94	76	53	23	0	0	0	0	0
	NO	gesamt:	0	0	0	0	89	232	293	261	170	106	100	96	92	87	79	69	56	39	18	0	0	0	0	0
		diffus:	0	0	0	0	45	96	114	116	110	104	100	96	92	87	79	69	56	39	18	0	0	0	0	0
	O	gesamt:	0	0	0	0	87	264	397	452	421	316	178	108	97	88	79	68	56	39	18	0	0	0	0	0
		diffus:	0	0	0	0	44	106	139	152	148	136	121	108	97	88	79	68	56	39	18	0	0	0	0	0
	SO	gesamt:	0	0	0	0	38	143	271	373	425	420	356	248	140	99	84	70	55	39	18	0	0	0	0	0
		diffus:	0	0	0	0	27	72	110	136	148	151	144	131	115	99	84	70	55	39	18	0	0	0	0	0
	S	gesamt:	0	0	0	0	18	42	65	102	180	267	332	354	332	267	180	102	65	42	18	0	0	0	0	0
		diffus:	0	0	0	0	18	42	65	89	111	129	141	144	141	129	111	89	65	42	18	0	0	0	0	0
	SW	gesamt:	0	0	0	0	18	39	55	70	84	99	140	248	356	420	425	373	271	143	38	0	0	0	0	0
		diffus:	0	0	0	0	18	39	55	70	84	99	115	131	144	151	148	136	110	72	27	0	0	0	0	0
	W	gesamt:	0	0	0	0	18	39	56	68	79	88	97	108	178	316	421	452	397	264	87	0	0	0	0	0
		diffus:	0	0	0	0	18	39	56	68	79	88	97	108	121	136	148	152	139	106	44	0	0	0	0	0
	NW	gesamt:	0	0	0	0	18	39	56	69	79	87	92	96	100	106	170	261	293	232	89	0	0	0	0	0
		diffus:	0	0	0	0	18	39	56	69	79	87	92	96	100	104	110	116	114	96	45	0	0	0	0	0
	N	gesamt:	0	0	0	0	43	71	69	77	84	90	93	94	93	90	84	77	69	71	43	0	0	0	0	0
		diffus:	0	0	0	0	29	55	68	77	84	90	93	94	93	90	84	77	68	55	29	0	0	0	0	0

Jahresz.	Himmelsr.	Art	Wahre Ortszeit in h																							
			1	2	3	4	5	6	7	8	9	10	11	12	13	14	15	16	17	18	19	20	21	22	23	24
22. SEPT.	normal	gesamt:	0	0	0	0	0	15	206	397	519	589	624	635	624	589	519	397	206	15	0	0	0	0	0	0
$T = 5{,}4$		diffus:	0	0	0	0	0	4	78	129	151	158	159	159	159	158	151	129	78	4	0	0	0	0	0	0
	horiz.	gesamt:	0	0	0	0	0	2	43	116	213	303	363	386	363	303	213	116	43	2	0	0	0	0	0	0
		diffus:	0	0	0	0	0	2	36	61	78	89	95	98	95	89	78	61	36	2	0	0	0	0	0	0
	NO	gesamt:	0	0	0	0	0	11	112	132	86	77	78	77	74	68	59	46	28	1	0	0	0	0	0	0
		diffus:	0	0	0	0	0	3	51	72	76	77	78	77	74	68	59	46	28	1	0	0	0	0	0	0
	O	gesamt:	0	0	0	0	0	15	196	343	370	293	162	89	79	70	59	46	28	1	0	0	0	0	0	0
		diffus:	0	0	0	0	0	4	73	113	122	115	102	89	79	70	59	46	28	1	0	0	0	0	0	0
	SO	gesamt:	0	0	0	0	0	11	167	347	460	494	452	348	206	97	67	48	28	1	0	0	0	0	0	0
		diffus:	0	0	0	0	0	3	65	114	140	148	142	128	108	87	67	48	28	1	0	0	0	0	0	0
	S	gesamt:	0	0	0	0	0	2	47	143	275	393	473	501	473	393	275	143	47	2	0	0	0	0	0	0
		diffus:	0	0	0	0	0	2	38	74	106	130	146	151	146	130	106	74	38	2	0	0	0	0	0	0
	SW	gesamt:	0	0	0	0	0	1	28	48	67	97	206	348	452	494	460	347	167	11	0	0	0	0	0	0
		diffus:	0	0	0	0	0	1	28	48	67	87	108	128	142	148	140	114	65	3	0	0	0	0	0	0
	W	gesamt:	0	0	0	0	0	1	28	46	59	70	79	89	162	293	370	343	196	15	0	0	0	0	0	0
		diffus:	0	0	0	0	0	1	28	46	59	70	79	89	102	115	122	113	73	4	0	0	0	0	0	0
	NW	gesamt:	0	0	0	0	0	1	28	46	59	68	74	77	78	77	86	132	112	11	0	0	0	0	0	0
		diffus:	0	0	0	0	0	1	28	46	59	68	74	77	78	77	76	72	51	3	0	0	0	0	0	0
	N	gesamt:	0	0	0	0	0	2	30	48	60	69	74	76	74	69	60	48	30	2	0	0	0	0	0	0
		diffus:	0	0	0	0	0	2	30	48	60	69	74	76	74	69	60	48	30	2	0	0	0	0	0	0

Tabelle A10. Tagesgänge der Gesamt- und Diffusstrahlung für die Auslegungsmonate Juli und September hinter Zweifachverglasung in W/m² (geographische Breite 50°)

Monatsmittelwerte minus Standardabweichung für Trübungsfaktor *T*

			Wahre Ortszeit in h																							
Jahresz.	Himmelsr.	Art	1	2	3	4	5	6	7	8	9	10	11	12	13	14	15	16	17	18	19	20	21	22	23	24
23. JULI	normal	gesamt:	0	0	0	0	163	384	539	636	693	723	738	743	738	723	693	636	539	384	163	0	0	0	0	0
T = 4,3		diffus:	0	0	0	0	46	99	124	133	132	126	121	119	121	126	132	133	124	99	46	0	0	0	0	0
	horiz.	gesamt:	0	0	0	0	24	82	191	324	449	548	609	631	609	548	449	324	191	82	24	0	0	0	0	0
		diffus:	0	0	0	0	22	44	61	73	83	90	94	96	94	90	83	73	61	44	22	0	0	0	0	0
	NO	gesamt:	0	0	0	0	150	314	357	294	174	98	94	92	88	83	74	64	51	36	18	0	0	0	0	0
		diffus:	0	0	0	0	42	84	98	100	98	96	94	92	88	83	74	64	51	36	18	0	0	0	0	0
	O	gesamt:	0	0	0	0	147	359	492	528	475	344	180	100	92	84	74	64	51	36	17	0	0	0	0	0
		diffus:	0	0	0	0	42	92	118	128	127	120	110	100	92	84	74	64	51	36	17	0	0	0	0	0
	SO	gesamt:	0	0	0	0	53	183	327	433	481	466	388	261	137	92	78	65	51	36	17	0	0	0	0	0
		diffus:	0	0	0	0	26	63	94	116	128	132	128	118	106	92	78	65	51	36	17	0	0	0	0	0
	S	gesamt:	0	0	0	0	17	38	59	98	186	287	359	385	359	287	186	98	59	38	17	0	0	0	0	0
		diffus:	0	0	0	0	17	38	59	80	99	115	125	129	125	115	99	80	59	38	17	0	0	0	0	0
	SW	gesamt:	0	0	0	0	17	36	51	65	78	92	137	261	388	466	481	433	327	183	53	0	0	0	0	0
		diffus:	0	0	0	0	17	36	51	65	78	92	106	118	128	132	128	116	94	63	26	0	0	0	0	0
	W	gesamt:	0	0	0	0	17	36	51	64	74	84	92	100	180	344	475	528	492	359	147	0	0	0	0	0
		diffus:	0	0	0	0	17	36	51	64	74	84	92	100	110	120	127	128	118	92	42	0	0	0	0	0
	NW	gesamt:	0	0	0	0	18	36	51	64	74	83	88	92	94	98	174	294	357	314	150	0	0	0	0	0
		diffus:	0	0	0	0	18	36	51	64	74	83	88	92	94	96	98	100	98	84	42	0	0	0	0	0
	N	gesamt:	0	0	0	0	62	77	62	70	78	85	89	90	89	85	78	70	62	77	62	0	0	0	0	0
		diffus:	0	0	0	0	27	50	61	70	78	85	89	90	89	85	78	70	61	50	27	0	0	0	0	0

			Wahre Ortszeit in h																							
Jahresz.	Himmelsr.	Art	1	2	3	4	5	6	7	8	9	10	11	12	13	14	15	16	17	18	19	20	21	22	23	24
22. SEPT.	normal	gesamt:	0	0	0	0	0	43	297	497	612	676	707	716	707	676	612	497	297	43	0	0	0	0	0	0
T = 3,9		diffus:	0	0	0	0	0	3	69	107	122	127	127	126	127	127	122	107	69	3	0	0	0	0	0	0
	horiz.	gesamt:	0	0	0	0	0	2	45	128	240	341	408	431	408	341	240	128	45	2	0	0	0	0	0	0
		diffus:	0	0	0	0	0	2	32	49	61	69	74	75	74	69	61	49	32	2	0	0	0	0	0	0
	NO	gesamt:	0	0	0	0	0	30	154	150	81	70	72	72	69	63	54	42	26	1	0	0	0	0	0	0
		diffus:	0	0	0	0	0	3	46	63	68	70	72	72	69	63	54	42	26	1	0	0	0	0	0	0
	O	gesamt:	0	0	0	0	0	43	285	429	433	327	165	81	73	65	54	42	26	1	0	0	0	0	0	0
		diffus:	0	0	0	0	0	3	65	96	104	100	91	81	73	65	54	42	26	1	0	0	0	0	0	0
	SO	gesamt:	0	0	0	0	0	29	241	436	542	565	508	383	217	90	60	44	26	1	0	0	0	0	0	0
		diffus:	0	0	0	0	0	3	58	97	117	125	122	111	95	78	60	44	26	1	0	0	0	0	0	0
	S	gesamt:	0	0	0	0	0	2	50	166	316	447	533	563	533	447	316	166	50	2	0	0	0	0	0	0
		diffus:	0	0	0	0	0	2	34	65	91	112	125	130	125	112	91	65	34	2	0	0	0	0	0	0
	SW	gesamt:	0	0	0	0	0	1	26	44	60	90	217	383	508	565	542	436	241	29	0	0	0	0	0	0
		diffus:	0	0	0	0	0	1	26	44	60	78	95	111	122	125	117	97	58	3	0	0	0	0	0	0
	W	gesamt:	0	0	0	0	0	1	26	42	54	65	73	81	165	327	433	429	285	43	0	0	0	0	0	0
		diffus:	0	0	0	0	0	1	26	42	54	65	73	81	91	100	104	96	65	3	0	0	0	0	0	0
	NW	gesamt:	0	0	0	0	0	1	26	42	54	63	69	72	72	70	81	150	154	30	0	0	0	0	0	0
		diffus:	0	0	0	0	0	1	26	42	54	63	69	72	72	70	68	63	46	3	0	0	0	0	0	0
	N	gesamt:	0	0	0	0	0	2	28	44	55	64	69	71	69	64	55	44	28	2	0	0	0	0	0	0
		diffus:	0	0	0	0	0	2	28	44	55	64	69	71	69	64	55	44	28	2	0	0	0	0	0	0

Tabelle A11. Monatliche Maxima der Gesamtstrahlung durch zweifach verglaste Flächen

Trübung: Mittelwert minus Standardabweichung

Jahreszeit	Himmelsrichtung									
	Normal	NO	O	SO	S	SW	W	NW	N*)	Horizontal
Januar	650	45	279	526	612	526	279	45	46	168 W/m
Februar	706	68	373	581	627	581	373	68	59	286 W/m
März	762	179	477	607	599	607	477	179	74	455 W/m
April	780	307	551	570	509	570	551	307	86	585 W/m
Mai	778	384	563	507	400	507	563	384	93	659 W/m
Juni	747	385	533	458	347	458	533	385	97	657 W/m
Juli	743	357	528	481	385	481	528	357	94	631 W/m
August	739	278	508	534	483	534	508	278	87	554 W/m
September	716	154	433	565	563	565	433	154	76	431 W/m
Oktober	705	68	376	581	626	581	376	68	58	286 W/m
November	622	45	259	498	586	498	259	45	45	161 W/m
Dezember	586	38	202	464	561	464	202	38	38	113 W/m

*) N-Maxima bezogen auf Trübungs-Mittelwerte

Tabelle A12. Überschlagswerte g_v für den Glasflächenanteil für verschiedene Fensterkonstruktionen

Fensterbauart	Innere Laibung der Maueröffnung in m² (Maueröffnungsmaß A_M)									
	0,5	1,0	1,5	2,0	2,5	3	4	5	6	8
Holzfenster, einfach oder doppelt verglast, Verbundfenster	0,47	0,58	0,63	0,67	0,69	0,71	0,72	0,73	0,74	0,75
Holzdoppelfenster	0,36	0,48	0,55	0,60	0,62	0,65	0,68	0,69	0,70	0,71
Stahlfenster	0,56	0,77	0,83	0,86	0,87	0,88	0,90	0,90	0,90	0,90
Schaufenster, Oberlichte	0,90									
Balkontür mit Glasfüllung	0,50									

Abschläge für Fenster mit Kämpfer – 0,05
für Fenster mit senkrechtem Mittelstück – 0,05
für Fenster mit Sprossen – 0,03

*) DIN 67507 Lichttransmissionsgrade, Strahlungstransmissionsgrade und Gesamtenergiedurchlaßgrade von Verglasungen

Tabelle A13. Mittlerer Durchlaßfaktor *b* der Sonnenstrahlung

Gläser	*b*
Tafelglas nach DIN 1249)*	
Einfachverglasung	1,1
Doppelverglasung	**1,0**
Dreifachverglasung	0,9
Absorptionsglas	
Einfachverglasung	0,75
Doppelverglasung (außen Absorptionsglas, innen Tafelglas)	0,65
Vorgehängte Absorptionsscheibe (mind. 5 cm freier Luftspalt)	0,50
Reflexionsglas	
Einfachverglasung (Metalloxidbelag außen)	0,65
Doppelverglasung (Meist Reflexionsschicht auf der Innenseite der Außenscheibe, innen Tafelglas)	
Belag aus Metalloxid	0,55
Belag aus Edelmetall (z. B. Gold)	0,45
Glashohlsteine (100 mm), farblos	
glatte Oberflächen	
ohne Glasvlieseinlage	0,65
mit Glasvlieseinlage	0,45
strukturierte Oberflächen (Rippen, Kreuzmuster)	
ohne Glasvlieseinlage	0,45
mit Glasvlieseinlage	0,35

Zusätzliche Sonnenschutzvorrichtungen	*b*
Außen	
Jalousie, Öffnungswinkel 45°	0,15
Stoffmarkise, oben und seitlich ventiliert	0,3**)
Stoffmarkise, oben und seitlich anliegend	0,4**)
Zwischen den Scheiben	
Jalousie, Öffnungswinkel 45° mit unbelüftetem Zwischenraum	0,5
Innen	
Jalousie, Öffnungswinkel 45°	0,7
Vorhänge, hell***), Gewebe aus Baumwolle, Nessel, Chemiefaser	0,5
Kunststoffolien	
absorbierend	0,7
metallisch reflektierend	0,35

Kombinationen
Kombinationen verschiedener Sonnenschutzanordnungen werden näherungsweise durch Produktbildung der entsprechenden Faktoren erfaßt
Beispiel: 1. Reflexionsglas, Doppelverglasung, Metalloxidbelag auf Tafelglas ($b_1 = 0{,}55$)
2. Nesselvorhang ($b_2 = 0{,}5$)
Daraus wird $b = b_1 \cdot b_2 = 0{,}55 \cdot 0{,}5 = \underline{0{,}28}$
Es wird allerdings empfohlen, wenn möglich, Meßwerte der Kombinationen heranzuziehen.

*) DIN 1249 Teil 1 Flachglas im Bauwesen; Fensterglas; Begriffe, Maße
**) Vorausgesetzt ist die völlige Beschattung der Glasfläche durch die Markise.
***) Bei dunklen Vorhängen sind die Werte um 0,2 zu erhöhen.

Tabelle A14. Wandorientierung und Sonnenstand für 50° nördl. Breite

Wandazimut a_w							
N	0°	O	90°	S	180°	W	270°
NNO	23°	OSO	113°	SSW	203°	WNW	293°
NO	45°	SO	135°	SW	225°	NW	315°
ONO	68°	SSO	158°	WSW	248°	NNW	338°
						N	360°

Tabelle A15. Sonnenhöhe h und Sonnenazimut a_0

Sonnenzeit	20. 12.		24. 1. u. 20. 11.		20. 2. u. 23. 10.		22. 3. u. 24. 9.		20. 4. u. 24. 8.		21. 5. u. 23. 7.		21. 6.	
	h	a_0	h	a_0	h	a_0	h	a_0	h	a_0	h	a_0	h	a_0
4													1°	53°
5											6°	66°	9°	64°
6									9°	83°	15°	77°	18°	74°
7					1°	109°	10°	102°	18°	94°	25°	88°	27°	85°
8			3°	125°	9°	121°	19°	114°	28°	106°	34°	100°	37°	97°
9	7°	139°	10°	137°	17°	134°	27°	127°	37°	120°	44°	114°	46°	110°
10	12°	152°	16°	151°	23°	148°	34°	143°	44°	137°	52°	131°	55°	128°
11	15°	166°	19°	165°	27°	163°	38°	161°	50°	157°	58°	153°	61°	151°
12	17°	180°	21°	180°	29°	180°	40°	180°	51°	180°	60°	180°	63°	180°
13	15°	194°	19°	195°	27°	197°	38°	199°	50°	203°	58°	207°	61°	209°
14	12°	208°	16°	209°	23°	212°	34°	217°	44°	223°	52°	229°	55°	232°
15	7°	221°	10°	223°	17°	226°	27°	233°	37°	240°	44°	246°	46°	250°
16			3°	235°	9°	239°	19°	246°	28°	254°	34°	260°	37°	263°
17					1°	251°	10°	258°	18°	266°	25°	272°	27°	275°
18									9°	277°	15°	283°	18°	286°
19											6°	294°	9°	296°
20													1°	307°

3

Tabelle A 16. Tagesgänge der Kühllastfaktoren s_a für Strahlungswerte hinter Zweifachverglasung (geographische Breite 50°)

Monatsmittelwerte minus Standardabweichung für Trübungsfaktor *T* (siehe Tabelle 3)

a) Auslegungsmonat Juli

Himmelsr.	Sonnenschutz	Wahre Ortszeit in h																							
		1	2	3	4	5	6	7	8	9	10	11	12	13	14	15	16	17	18	19	20	21	22	23	24
		RAUMTYP XL																							
normal	außen/ohne	0,08	0,07	0,07	0,07	0,23	0,47	0,65	0,76	0,84	0,88	0,90	0,91	0,91	0,90	0,87	0,81	0,71	0,55	0,31	0,12	0,09	0,09	0,09	0,08
	innen	0,04	0,04	0,04	0,03	0,22	0,49	0,68	0,81	0,88	0,92	0,94	0,95	0,95	0,93	0,90	0,83	0,72	0,53	0,26	0,06	0,05	0,05	0,04	0,04
horiz.	außen/ohne	0,05	0,05	0,05	0,05	0,07	0,14	0,28	0,45	0,62	0,75	0,84	0,88	0,86	0,79	0,67	0,52	0,34	0,20	0,11	0,07	0,07	0,06	0,06	0,06
	innen	0,03	0,03	0,03	0,02	0,06	0,14	0,29	0,48	0,66	0,81	0,90	0,94	0,91	0,83	0,69	0,51	0,32	0,16	0,08	0,04	0,03	0,03	0,03	0,03
NO	außen/ohne	0,03	0,03	0,03	0,03	0,34	0,72	0,85	0,74	0,47	0,29	0,27	0,26	0,25	0,24	0,22	0,20	0,17	0,13	0,09	0,05	0,04	0,04	0,04	0,03
	innen	0,02	0,02	0,02	0,01	0,38	0,80	0,92	0,78	0,48	0,28	0,27	0,26	0,25	0,24	0,21	0,19	0,16	0,12	0,07	0,02	0,02	0,02	0,02	0,02
O	außen/ohne	0,03	0,03	0,03	0,03	0,24	0,56	0,78	0,86	0,80	0,61	0,36	0,22	0,20	0,19	0,17	0,15	0,13	0,11	0,07	0,05	0,04	0,04	0,04	0,03
	innen	0,02	0,02	0,02	0,01	0,26	0,62	0,85	0,93	0,85	0,63	0,35	0,21	0,19	0,17	0,16	0,14	0,11	0,09	0,05	0,02	0,02	0,02	0,02	0,02
SO	außen/ohne	0,04	0,04	0,03	0,03	0,11	0,33	0,57	0,76	0,86	0,85	0,73	0,53	0,32	0,23	0,20	0,17	0,15	0,12	0,08	0,05	0,05	0,04	0,04	0,04
	innen	0,02	0,02	0,02	0,02	0,11	0,35	0,62	0,83	0,93	0,91	0,77	0,53	0,30	0,21	0,18	0,15	0,13	0,10	0,06	0,03	0,02	0,02	0,02	0,02
S	außen/ohne	0,04	0,04	0,04	0,04	0,07	0,11	0,16	0,24	0,42	0,63	0,80	0,87	0,83	0,69	0,48	0,29	0,20	0,15	0,10	0,06	0,05	0,05	0,05	0,05
	innen	0,02	0,02	0,02	0,02	0,06	0,11	0,15	0,24	0,45	0,69	0,86	0,93	0,88	0,72	0,48	0,27	0,18	0,12	0,07	0,03	0,03	0,03	0,03	0,02
SW	außen/ohne	0,05	0,04	0,04	0,04	0,07	0,10	0,12	0,14	0,17	0,19	0,26	0,46	0,69	0,83	0,87	0,81	0,64	0,40	0,17	0,07	0,06	0,06	0,05	0,05
	innen	0,02	0,02	0,02	0,02	0,05	0,09	0,11	0,14	0,16	0,19	0,27	0,50	0,74	0,90	0,93	0,85	0,66	0,39	0,14	0,04	0,03	0,03	0,03	0,03
W	außen/ohne	0,04	0,04	0,04	0,04	0,06	0,09	0,11	0,13	0,15	0,16	0,17	0,19	0,30	0,55	0,76	0,86	0,82	0,64	0,32	0,08	0,06	0,05	0,05	0,05
	innen	0,02	0,02	0,02	0,02	0,05	0,08	0,10	0,13	0,14	0,16	0,17	0,19	0,32	0,60	0,83	0,93	0,88	0,66	0,30	0,04	0,03	0,03	0,03	0,02
NW	außen/ohne	0,04	0,04	0,04	0,04	0,07	0,11	0,15	0,18	0,20	0,22	0,24	0,25	0,25	0,26	0,42	0,69	0,86	0,79	0,43	0,09	0,05	0,05	0,05	0,05
	innen	0,02	0,02	0,02	0,02	0,06	0,11	0,15	0,18	0,20	0,23	0,24	0,25	0,26	0,27	0,45	0,76	0,92	0,83	0,43	0,05	0,03	0,03	0,03	0,02
N	außen/ohne	0,09	0,08	0,08	0,07	0,59	0,77	0,66	0,71	0,79	0,86	0,90	0,92	0,91	0,88	0,83	0,76	0,68	0,80	0,69	0,16	0,11	0,10	0,09	0,09
	innen	0,04	0,04	0,04	0,04	0,64	0,81	0,67	0,74	0,83	0,90	0,94	0,96	0,95	0,91	0,85	0,77	0,69	0,83	0,69	0,08	0,06	0,05	0,05	0,05
		RAUMTYP L																							
normal	außen/ohne	0,19	0,17	0,15	0,14	0,22	0,35	0,47	0,56	0,64	0,70	0,74	0,78	0,80	0,82	0,82	0,80	0,75	0,65	0,50	0,37	0,32	0,28	0,24	0,21
	innen	0,10	0,09	0,08	0,07	0,22	0,43	0,59	0,70	0,78	0,83	0,86	0,88	0,89	0,89	0,87	0,83	0,74	0,59	0,37	0,19	0,17	0,15	0,13	0,11
horiz.	außen/ohne	0,13	0,11	0,10	0,09	0,10	0,13	0,21	0,32	0,43	0,54	0,63	0,69	0,71	0,70	0,65	0,57	0,47	0,37	0,30	0,24	0,21	0,19	0,16	0,14
	innen	0,07	0,06	0,05	0,05	0,07	0,13	0,25	0,41	0,57	0,70	0,79	0,84	0,83	0,78	0,68	0,54	0,39	0,26	0,17	0,13	0,11	0,10	0,09	0,08
NO	außen/ohne	0,07	0,06	0,06	0,05	0,22	0,45	0,57	0,55	0,44	0,35	0,33	0,32	0,30	0,29	0,27	0,25	0,22	0,20	0,16	0,13	0,11	0,10	0,09	0,08
	innen	0,04	0,03	0,03	0,03	0,32	0,65	0,77	0,68	0,46	0,31	0,30	0,29	0,28	0,26	0,24	0,22	0,19	0,15	0,11	0,07	0,06	0,05	0,05	0,04
O	außen/ohne	0,07	0,06	0,06	0,05	0,16	0,36	0,51	0,60	0,61	0,54	0,42	0,34	0,31	0,28	0,26	0,23	0,21	0,18	0,15	0,12	0,11	0,10	0,08	0,08
	innen	0,04	0,03	0,03	0,03	0,22	0,51	0,71	0,79	0,75	0,59	0,38	0,27	0,24	0,22	0,20	0,18	0,15	0,13	0,09	0,06	0,06	0,05	0,04	0,04
SO	außen/ohne	0,08	0,07	0,07	0,06	0,10	0,22	0,38	0,51	0,61	0,65	0,62	0,53	0,41	0,35	0,31	0,28	0,25	0,22	0,18	0,15	0,13	0,11	0,10	0,09
	innen	0,04	0,04	0,04	0,03	0,11	0,30	0,52	0,70	0,80	0,80	0,71	0,54	0,35	0,28	0,24	0,21	0,18	0,15	0,11	0,08	0,07	0,06	0,05	0,05
S	außen/ohne	0,10	0,09	0,08	0,07	0,08	0,11	0,13	0,18	0,29	0,43	0,56	0,64	0,66	0,61	0,51	0,40	0,34	0,29	0,24	0,19	0,17	0,15	0,13	0,11
	innen	0,05	0,05	0,04	0,04	0,07	0,10	0,14	0,22	0,38	0,58	0,73	0,81	0,79	0,67	0,50	0,33	0,25	0,20	0,15	0,10	0,09	0,08	0,07	0,06
SW	außen/ohne	0,13	0,11	0,10	0,09	0,10	0,11	0,12	0,13	0,15	0,16	0,21	0,33	0,48	0,59	0,66	0,66	0,59	0,47	0,34	0,26	0,22	0,19	0,17	0,14
	innen	0,07	0,06	0,05	0,05	0,07	0,09	0,11	0,13	0,15	0,18	0,25	0,43	0,63	0,77	0,82	0,77	0,63	0,43	0,23	0,13	0,12	0,10	0,09	0,08
W	außen/ohne	0,13	0,11	0,10	0,09	0,09	0,10	0,11	0,12	0,13	0,15	0,16	0,17	0,24	0,38	0,53	0,62	0,64	0,57	0,41	0,27	0,22	0,19	0,17	0,15
	innen	0,07	0,06	0,05	0,05	0,06	0,09	0,11	0,12	0,14	0,15	0,16	0,18	0,29	0,51	0,70	0,80	0,78	0,62	0,35	0,14	0,12	0,10	0,09	0,08
NW	außen/ohne	0,13	0,11	0,10	0,09	0,10	0,12	0,14	0,15	0,17	0,19	0,20	0,21	0,22	0,24	0,33	0,50	0,62	0,62	0,46	0,26	0,22	0,19	0,17	0,14
	innen	0,07	0,06	0,05	0,05	0,08	0,11	0,14	0,17	0,19	0,21	0,22	0,24	0,24	0,25	0,40	0,65	0,80	0,74	0,44	0,14	0,12	0,10	0,09	0,08
N	außen/ohne	0,22	0,19	0,17	0,15	0,43	0,55	0,56	0,58	0,65	0,71	0,77	0,80	0,82	0,82	0,80	0,77	0,78	0,79	0,73	0,43	0,36	0,32	0,28	0,24
	innen	0,11	0,10	0,09	0,08	0,55	0,69	0,60	0,68	0,75	0,82	0,87	0,89	0,90	0,88	0,83	0,77	0,71	0,82	0,71	0,23	0,19	0,17	0,15	0,13

Himmelsr.	Sonnenschutz	1	2	3	4	5	6	7	8	9	10	11	12	13	14	15	16	17	18	19	20	21	22	23	24
		Wahre Ortszeit in h																							
		RAUMTYP M																							
normal	außen/ohne	0,23	0,21	0,19	0,18	0,25	0,37	0,48	0,56	0,62	0,66	0,70	0,73	0,75	0,76	0,76	0,74	0,69	0,61	0,47	0,36	0,32	0,29	0,27	0,25
	innen	0,12	0,11	0,10	0,09	0,24	0,44	0,60	0,70	0,77	0,81	0,84	0,86	0,86	0,86	0,84	0,79	0,71	0,56	0,35	0,19	0,17	0,15	0,14	0,13
horiz.	außen/ohne	0,16	0,14	0,13	0,12	0,13	0,16	0,23	0,33	0,43	0,52	0,59	0,64	0,66	0,64	0,59	0,52	0,43	0,34	0,28	0,24	0,22	0,20	0,18	0,17
	innen	0,08	0,08	0,07	0,06	0,09	0,15	0,26	0,41	0,56	0,68	0,77	0,81	0,80	0,75	0,65	0,52	0,37	0,24	0,17	0,13	0,12	0,11	0,10	0,09
NO	außen/ohne	0,09	0,08	0,08	0,07	0,23	0,44	0,54	0,51	0,40	0,31	0,30	0,29	0,28	0,27	0,26	0,24	0,22	0,20	0,17	0,14	0,12	0,11	0,10	0,10
	innen	0,05	0,04	0,04	0,04	0,32	0,65	0,76	0,66	0,44	0,30	0,28	0,28	0,27	0,25	0,23	0,21	0,18	0,15	0,11	0,07	0,07	0,06	0,05	0,05
O	außen/ohne	0,09	0,08	0,08	0,07	0,18	0,35	0,49	0,56	0,56	0,49	0,37	0,30	0,28	0,26	0,24	0,23	0,21	0,19	0,16	0,14	0,12	0,11	0,10	0,10
	innen	0,05	0,04	0,04	0,04	0,23	0,51	0,70	0,77	0,72	0,57	0,36	0,25	0,23	0,21	0,19	0,18	0,15	0,13	0,10	0,07	0,07	0,06	0,06	0,05
SO	außen/ohne	0,10	0,10	0,09	0,08	0,12	0,23	0,37	0,49	0,57	0,60	0,56	0,47	0,37	0,32	0,29	0,27	0,24	0,22	0,19	0,16	0,15	0,13	0,12	0,11
	innen	0,06	0,05	0,05	0,04	0,12	0,30	0,52	0,69	0,78	0,77	0,68	0,51	0,33	0,26	0,23	0,20	0,18	0,15	0,12	0,08	0,08	0,07	0,06	0,06
S	außen/ohne	0,12	0,11	0,10	0,10	0,11	0,13	0,15	0,19	0,29	0,42	0,53	0,59	0,60	0,55	0,46	0,36	0,31	0,27	0,23	0,19	0,17	0,16	0,15	0,13
	innen	0,06	0,06	0,06	0,05	0,08	0,11	0,15	0,22	0,38	0,57	0,72	0,79	0,76	0,64	0,47	0,31	0,23	0,19	0,14	0,10	0,09	0,08	0,08	0,07
SW	außen/ohne	0,15	0,13	0,12	0,11	0,12	0,13	0,14	0,15	0,16	0,17	0,21	0,33	0,46	0,56	0,61	0,60	0,54	0,42	0,30	0,23	0,21	0,19	0,17	0,16
	innen	0,08	0,07	0,06	0,06	0,08	0,10	0,12	0,14	0,16	0,18	0,25	0,43	0,62	0,75	0,79	0,74	0,60	0,40	0,21	0,12	0,11	0,10	0,09	0,08
W	außen/ohne	0,14	0,13	0,12	0,11	0,11	0,12	0,13	0,14	0,15	0,16	0,16	0,17	0,23	0,37	0,50	0,58	0,59	0,52	0,36	0,23	0,21	0,19	0,17	0,16
	innen	0,07	0,07	0,06	0,06	0,08	0,10	0,11	0,13	0,14	0,16	0,17	0,18	0,28	0,50	0,69	0,78	0,75	0,59	0,32	0,12	0,11	0,10	0,09	0,08
NW	außen/ohne	0,14	0,13	0,12	0,11	0,12	0,13	0,15	0,17	0,18	0,19	0,20	0,21	0,22	0,23	0,32	0,47	0,58	0,57	0,41	0,23	0,20	0,18	0,16	0,15
	innen	0,07	0,07	0,06	0,06	0,09	0,12	0,15	0,17	0,19	0,21	0,22	0,23	0,24	0,25	0,40	0,64	0,78	0,72	0,41	0,12	0,11	0,10	0,09	0,08
N	außen/ohne	0,25	0,23	0,21	0,20	0,46	0,56	0,52	0,57	0,63	0,68	0,72	0,75	0,77	0,77	0,75	0,72	0,69	0,75	0,69	0,41	0,36	0,33	0,30	0,28
	innen	0,13	0,12	0,11	0,10	0,57	0,70	0,60	0,67	0,74	0,81	0,85	0,87	0,87	0,85	0,80	0,75	0,69	0,80	0,69	0,22	0,19	0,17	0,16	0,14
		RAUMTYP S																							
normal	außen/ohne	0,28	0,27	0,26	0,25	0,31	0,41	0,49	0,55	0,59	0,63	0,65	0,67	0,68	0,69	0,69	0,68	0,64	0,57	0,47	0,37	0,35	0,33	0,31	0,30
	innen	0,15	0,14	0,14	0,13	0,27	0,46	0,60	0,69	0,75	0,79	0,81	0,83	0,83	0,83	0,81	0,76	0,68	0,55	0,35	0,20	0,18	0,17	0,17	0,16
horiz.	außen/ohne	0,20	0,19	0,18	0,17	0,18	0,20	0,26	0,33	0,41	0,48	0,54	0,57	0,58	0,57	0,53	0,47	0,40	0,33	0,29	0,26	0,24	0,23	0,22	0,21
	innen	0,10	0,10	0,10	0,09	0,11	0,17	0,28	0,42	0,55	0,67	0,74	0,78	0,76	0,71	0,62	0,49	0,35	0,24	0,17	0,14	0,13	0,12	0,12	0,11
NO	außen/ohne	0,12	0,12	0,11	0,11	0,24	0,41	0,48	0,45	0,36	0,29	0,28	0,27	0,27	0,26	0,25	0,24	0,22	0,20	0,18	0,16	0,15	0,14	0,13	0,13
	innen	0,06	0,06	0,06	0,06	0,33	0,63	0,73	0,63	0,42	0,28	0,27	0,27	0,26	0,25	0,23	0,21	0,18	0,15	0,12	0,08	0,08	0,07	0,07	0,07
O	außen/ohne	0,12	0,12	0,11	0,11	0,20	0,34	0,45	0,50	0,49	0,43	0,33	0,28	0,26	0,25	0,24	0,23	0,21	0,20	0,18	0,16	0,15	0,14	0,14	0,13
	innen	0,07	0,06	0,06	0,06	0,23	0,50	0,68	0,74	0,69	0,53	0,34	0,24	0,22	0,21	0,19	0,18	0,16	0,14	0,11	0,08	0,08	0,08	0,07	0,07
SO	außen/ohne	0,14	0,14	0,13	0,13	0,16	0,25	0,36	0,45	0,51	0,53	0,50	0,42	0,34	0,30	0,28	0,26	0,24	0,23	0,20	0,18	0,17	0,16	0,16	0,15
	innen	0,08	0,07	0,07	0,07	0,13	0,31	0,51	0,66	0,74	0,74	0,64	0,48	0,31	0,25	0,22	0,20	0,18	0,15	0,12	0,10	0,09	0,09	0,08	0,08
S	außen/ohne	0,16	0,15	0,14	0,14	0,15	0,16	0,18	0,21	0,29	0,39	0,48	0,53	0,53	0,49	0,41	0,33	0,29	0,26	0,23	0,21	0,19	0,18	0,17	0,17
	innen	0,08	0,08	0,08	0,07	0,10	0,13	0,17	0,23	0,38	0,56	0,69	0,75	0,72	0,61	0,44	0,29	0,22	0,18	0,14	0,11	0,10	0,10	0,09	0,09
SW	außen/ohne	0,17	0,16	0,16	0,15	0,15	0,16	0,17	0,18	0,19	0,20	0,23	0,32	0,42	0,50	0,54	0,53	0,47	0,38	0,28	0,23	0,22	0,20	0,19	0,18
	innen	0,09	0,09	0,08	0,08	0,10	0,12	0,14	0,16	0,17	0,19	0,25	0,42	0,60	0,72	0,76	0,70	0,57	0,38	0,20	0,12	0,11	0,11	0,10	0,10
W	außen/ohne	0,16	0,16	0,15	0,14	0,14	0,15	0,16	0,17	0,17	0,18	0,18	0,19	0,24	0,35	0,45	0,51	0,52	0,45	0,33	0,22	0,21	0,19	0,18	0,17
	innen	0,09	0,08	0,08	0,07	0,09	0,11	0,13	0,14	0,16	0,17	0,18	0,19	0,29	0,49	0,66	0,74	0,71	0,56	0,30	0,12	0,11	0,10	0,10	0,09
NW	außen/ohne	0,16	0,15	0,14	0,14	0,15	0,16	0,17	0,18	0,19	0,20	0,21	0,22	0,22	0,23	0,30	0,42	0,51	0,50	0,36	0,22	0,20	0,19	0,18	0,17
	innen	0,08	0,08	0,07	0,07	0,10	0,13	0,16	0,18	0,20	0,22	0,23	0,24	0,24	0,25	0,39	0,61	0,74	0,68	0,39	0,12	0,10	0,10	0,09	0,09
N	außen/ohne	0,32	0,30	0,29	0,27	0,49	0,57	0,53	0,57	0,61	0,65	0,68	0,70	0,71	0,71	0,70	0,67	0,64	0,70	0,65	0,43	0,39	0,37	0,35	0,33
	innen	0,17	0,16	0,15	0,14	0,58	0,70	0,61	0,67	0,73	0,79	0,83	0,84	0,84	0,82	0,78	0,72	0,67	0,77	0,67	0,22	0,21	0,19	0,18	0,17

Tabelle A 16. Fortsetzung

b) Auslegungsmonat September

Himmelsr.	Sonnenschutz	Wahre Ortszeit in h																							
		1	2	3	4	5	6	7	8	9	10	11	12	13	14	15	16	17	18	19	20	21	22	23	24
		RAUMTYP XL																							
normal	außen/ohne	0,06	0,06	0,05	0,05	0,05	0,09	0,36	0,60	0,74	0,83	0,87	0,89	0,89	0,86	0,79	0,67	0,45	0,16	0,09	0,08	0,07	0,07	0,07	0,06
	innen	0,03	0,03	0,03	0,03	0,03	0,08	0,39	0,64	0,80	0,88	0,93	0,94	0,94	0,90	0,82	0,68	0,43	0,11	0,05	0,04	0,04	0,04	0,03	0,03
horiz.	außen/ohne	0,04	0,04	0,04	0,04	0,03	0,04	0,11	0,26	0,47	0,67	0,81	0,87	0,84	0,72	0,54	0,33	0,16	0,07	0,06	0,06	0,05	0,05	0,05	0,04
	innen	0,02	0,02	0,02	0,02	0,02	0,02	0,11	0,28	0,51	0,73	0,88	0,93	0,89	0,76	0,55	0,31	0,14	0,04	0,03	0,03	0,03	0,03	0,02	0,02
NO	außen/ohne	0,04	0,03	0,03	0,03	0,03	0,17	0,80	0,84	0,51	0,43	0,43	0,43	0,42	0,39	0,35	0,28	0,20	0,07	0,05	0,05	0,04	0,04	0,04	0,04
	innen	0,02	0,02	0,02	0,02	0,02	0,18	0,89	0,90	0,52	0,44	0,45	0,45	0,43	0,40	0,35	0,28	0,18	0,04	0,03	0,02	0,02	0,02	0,02	0,02
O	außen/ohne	0,03	0,03	0,02	0,02	0,02	0,10	0,53	0,82	0,86	0,68	0,39	0,21	0,19	0,17	0,15	0,12	0,09	0,05	0,04	0,04	0,03	0,03	0,03	0,03
	innen	0,01	0,01	0,01	0,01	0,01	0,10	0,59	0,90	0,93	0,72	0,38	0,20	0,18	0,16	0,14	0,11	0,08	0,03	0,02	0,02	0,02	0,02	0,02	0,02
SO	außen/ohne	0,03	0,03	0,03	0,03	0,03	0,06	0,35	0,64	0,81	0,86	0,80	0,63	0,39	0,20	0,15	0,12	0,09	0,05	0,05	0,04	0,04	0,04	0,04	0,04
	innen	0,02	0,02	0,02	0,02	0,01	0,06	0,39	0,70	0,88	0,93	0,85	0,65	0,39	0,18	0,13	0,10	0,07	0,03	0,02	0,02	0,02	0,02	0,02	0,02
S	außen/ohne	0,04	0,04	0,04	0,04	0,03	0,04	0,10	0,26	0,48	0,67	0,81	0,87	0,84	0,73	0,54	0,33	0,15	0,07	0,06	0,06	0,05	0,05	0,05	0,04
	innen	0,02	0,02	0,02	0,02	0,02	0,02	0,09	0,28	0,52	0,73	0,88	0,93	0,89	0,76	0,55	0,31	0,12	0,04	0,03	0,03	0,03	0,03	0,02	0,02
SW	außen/ohne	0,04	0,04	0,04	0,03	0,03	0,03	0,06	0,09	0,11	0,16	0,33	0,57	0,76	0,86	0,84	0,70	0,43	0,13	0,06	0,05	0,05	0,05	0,05	0,04
	innen	0,02	0,02	0,02	0,02	0,02	0,02	0,06	0,08	0,11	0,16	0,35	0,62	0,83	0,93	0,90	0,74	0,43	0,09	0,03	0,03	0,03	0,02	0,02	0,02
W	außen/ohne	0,04	0,03	0,03	0,03	0,03	0,03	0,07	0,10	0,13	0,15	0,16	0,18	0,33	0,62	0,84	0,86	0,61	0,17	0,06	0,05	0,04	0,04	0,04	0,04
	innen	0,02	0,02	0,02	0,02	0,02	0,02	0,07	0,10	0,13	0,15	0,17	0,18	0,35	0,69	0,92	0,92	0,63	0,14	0,03	0,02	0,02	0,02	0,02	0,02
NW	außen/ohne	0,04	0,04	0,04	0,04	0,03	0,04	0,16	0,25	0,32	0,37	0,40	0,42	0,43	0,42	0,47	0,82	0,88	0,28	0,07	0,05	0,05	0,05	0,05	0,04
	innen	0,02	0,02	0,02	0,02	0,02	0,02	0,16	0,26	0,33	0,39	0,42	0,44	0,45	0,44	0,50	0,89	0,94	0,24	0,04	0,03	0,03	0,03	0,02	0,02
N	außen/ohne	0,06	0,05	0,05	0,05	0,05	0,06	0,34	0,54	0,67	0,79	0,85	0,89	0,87	0,82	0,73	0,60	0,42	0,13	0,08	0,07	0,07	0,07	0,06	0,06
	innen	0,03	0,03	0,03	0,03	0,02	0,05	0,37	0,58	0,72	0,84	0,91	0,94	0,92	0,86	0,75	0,61	0,41	0,08	0,04	0,04	0,04	0,03	0,03	0,03
		RAUMTYP L																							
normal	außen/ohne	0,14	0,13	0,11	0,10	0,09	0,11	0,26	0,41	0,52	0,60	0,67	0,72	0,75	0,76	0,74	0,68	0,56	0,39	0,31	0,27	0,23	0,20	0,18	0,16
	innen	0,07	0,07	0,06	0,05	0,05	0,09	0,33	0,54	0,68	0,77	0,82	0,85	0,86	0,85	0,79	0,69	0,49	0,23	0,16	0,14	0,12	0,11	0,09	0,08
horiz.	außen/ohne	0,10	0,09	0,08	0,07	0,07	0,06	0,10	0,19	0,31	0,45	0,57	0,64	0,66	0,63	0,55	0,43	0,33	0,25	0,21	0,19	0,16	0,14	0,13	0,11
	innen	0,05	0,05	0,04	0,04	0,03	0,03	0,10	0,24	0,43	0,61	0,75	0,81	0,80	0,71	0,55	0,37	0,22	0,13	0,11	0,10	0,09	0,07	0,07	0,06
NO	außen/ohne	0,08	0,07	0,06	0,06	0,05	0,13	0,48	0,55	0,42	0,40	0,41	0,41	0,41	0,40	0,37	0,33	0,28	0,20	0,16	0,14	0,13	0,11	0,10	0,09
	innen	0,04	0,04	0,03	0,03	0,03	0,16	0,73	0,75	0,47	0,42	0,44	0,44	0,43	0,40	0,36	0,31	0,23	0,11	0,09	0,08	0,07	0,06	0,05	0,05
O	außen/ohne	0,06	0,05	0,05	0,04	0,04	0,08	0,32	0,51	0,59	0,54	0,40	0,31	0,28	0,25	0,23	0,20	0,17	0,13	0,11	0,10	0,09	0,08	0,07	0,06
	innen	0,03	0,03	0,02	0,02	0,02	0,09	0,48	0,74	0,78	0,64	0,39	0,25	0,23	0,21	0,18	0,15	0,12	0,07	0,06	0,05	0,05	0,04	0,04	0,03
SO	außen/ohne	0,07	0,06	0,06	0,05	0,05	0,07	0,23	0,41	0,54	0,61	0,62	0,56	0,45	0,34	0,28	0,25	0,21	0,17	0,15	0,13	0,11	0,10	0,09	0,08
	innen	0,04	0,03	0,03	0,03	0,03	0,06	0,32	0,58	0,74	0,80	0,75	0,62	0,42	0,25	0,20	0,17	0,13	0,09	0,08	0,07	0,06	0,05	0,05	0,04
S	außen/ohne	0,10	0,09	0,08	0,07	0,06	0,06	0,09	0,18	0,32	0,45	0,57	0,64	0,66	0,63	0,55	0,43	0,32	0,25	0,21	0,19	0,16	0,14	0,12	0,11
	innen	0,05	0,05	0,04	0,04	0,03	0,03	0,09	0,24	0,43	0,61	0,75	0,81	0,80	0,71	0,56	0,37	0,21	0,13	0,11	0,10	0,09	0,07	0,07	0,06
SW	außen/ohne	0,10	0,09	0,08	0,07	0,07	0,06	0,07	0,09	0,10	0,13	0,23	0,38	0,52	0,61	0,65	0,61	0,48	0,30	0,24	0,21	0,18	0,15	0,14	0,12
	innen	0,06	0,05	0,04	0,04	0,04	0,03	0,06	0,08	0,10	0,14	0,30	0,52	0,70	0,80	0,79	0,68	0,45	0,18	0,13	0,11	0,09	0,08	0,07	0,06
W	außen/ohne	0,10	0,08	0,08	0,07	0,06	0,06	0,07	0,09	0,11	0,12	0,14	0,15	0,24	0,42	0,57	0,63	0,53	0,31	0,22	0,19	0,17	0,14	0,12	0,11
	innen	0,05	0,04	0,04	0,04	0,03	0,03	0,07	0,09	0,12	0,14	0,15	0,17	0,31	0,58	0,77	0,80	0,59	0,21	0,12	0,10	0,09	0,08	0,07	0,06
NW	außen/ohne	0,11	0,10	0,09	0,08	0,07	0,07	0,13	0,18	0,23	0,27	0,31	0,34	0,36	0,36	0,41	0,61	0,67	0,38	0,25	0,22	0,19	0,16	0,14	0,12
	innen	0,06	0,05	0,05	0,04	0,04	0,04	0,15	0,23	0,29	0,34	0,38	0,40	0,41	0,41	0,46	0,78	0,83	0,29	0,13	0,11	0,10	0,09	0,07	0,07
N	außen/ohne	0,13	0,12	0,11	0,10	0,09	0,09	0,24	0,37	0,47	0,57	0,64	0,70	0,73	0,73	0,69	0,63	0,53	0,35	0,29	0,25	0,22	0,19	0,17	0,15
	innen	0,07	0,06	0,06	0,05	0,05	0,06	0,31	0,49	0,61	0,73	0,80	0,84	0,84	0,81	0,73	0,63	0,47	0,20	0,15	0,13	0,11	0,10	0,09	0,08

Himmelsr.	Sonnenschutz	Wahre Ortszeit in h																							
		1	2	3	4	5	6	7	8	9	10	11	12	13	14	15	16	17	18	19	20	21	22	23	24
		RAUMTYP M																							
normal	außen/ohne	0,17	0,16	0,15	0,14	0,13	0,14	0,28	0,41	0,51	0,58	0,63	0,66	0,69	0,69	0,68	0,62	0,51	0,35	0,30	0,27	0,24	0,22	0,20	0,19
	innen	0,09	0,08	0,08	0,07	0,07	0,10	0,34	0,54	0,67	0,75	0,80	0,82	0,83	0,81	0,76	0,66	0,47	0,21	0,16	0,14	0,13	0,12	0,11	0,10
horiz.	außen/ohne	0,12	0,11	0,10	0,10	0,09	0,08	0,12	0,20	0,32	0,44	0,53	0,59	0,61	0,57	0,49	0,39	0,30	0,23	0,21	0,19	0,17	0,16	0,14	0,13
	innen	0,06	0,06	0,05	0,05	0,05	0,05	0,11	0,24	0,43	0,60	0,73	0,79	0,77	0,68	0,52	0,34	0,20	0,12	0,11	0,10	0,09	0,08	0,08	0,07
NO	außen/ohne	0,10	0,09	0,08	0,08	0,07	0,15	0,48	0,53	0,39	0,36	0,37	0,38	0,38	0,37	0,35	0,31	0,26	0,19	0,17	0,15	0,14	0,13	0,12	0,11
	innen	0,05	0,05	0,04	0,04	0,04	0,17	0,73	0,74	0,45	0,41	0,42	0,42	0,41	0,39	0,35	0,29	0,22	0,10	0,09	0,08	0,07	0,07	0,06	0,06
O	außen/ohne	0,07	0,07	0,06	0,06	0,05	0,09	0,32	0,49	0,55	0,49	0,35	0,27	0,25	0,23	0,21	0,19	0,17	0,14	0,12	0,11	0,10	0,09	0,09	0,08
	innen	0,04	0,04	0,03	0,03	0,03	0,09	0,48	0,73	0,76	0,61	0,37	0,23	0,21	0,19	0,17	0,15	0,12	0,07	0,06	0,06	0,05	0,05	0,05	0,04
SO	außen/ohne	0,09	0,09	0,08	0,07	0,07	0,08	0,23	0,40	0,51	0,57	0,57	0,50	0,40	0,30	0,26	0,23	0,20	0,17	0,15	0,14	0,13	0,12	0,11	0,10
	innen	0,05	0,04	0,04	0,04	0,04	0,07	0,33	0,57	0,72	0,77	0,72	0,59	0,39	0,23	0,19	0,16	0,13	0,09	0,08	0,07	0,07	0,06	0,06	0,05
S	außen/ohne	0,12	0,11	0,10	0,10	0,09	0,08	0,11	0,20	0,32	0,44	0,53	0,59	0,61	0,57	0,49	0,39	0,29	0,23	0,21	0,19	0,17	0,16	0,14	0,13
	innen	0,06	0,06	0,05	0,05	0,05	0,05	0,10	0,24	0,43	0,61	0,73	0,79	0,77	0,68	0,53	0,34	0,19	0,12	0,11	0,10	0,09	0,08	0,08	0,07
SW	außen/ohne	0,12	0,11	0,10	0,10	0,09	0,08	0,09	0,10	0,12	0,14	0,23	0,37	0,49	0,57	0,59	0,55	0,42	0,26	0,22	0,19	0,18	0,16	0,15	0,13
	innen	0,06	0,06	0,05	0,05	0,05	0,04	0,07	0,09	0,11	0,15	0,30	0,51	0,68	0,77	0,77	0,65	0,42	0,16	0,11	0,10	0,09	0,08	0,08	0,07
W	außen/ohne	0,11	0,10	0,09	0,08	0,08	0,07	0,09	0,11	0,12	0,13	0,14	0,15	0,23	0,40	0,54	0,58	0,48	0,26	0,20	0,17	0,16	0,14	0,13	0,12
	innen	0,06	0,05	0,05	0,04	0,04	0,04	0,08	0,10	0,12	0,14	0,15	0,17	0,30	0,57	0,76	0,77	0,56	0,18	0,10	0,09	0,08	0,08	0,07	0,06
NW	außen/ohne	0,13	0,12	0,11	0,10	0,09	0,09	0,15	0,19	0,24	0,27	0,30	0,32	0,33	0,34	0,38	0,57	0,62	0,33	0,23	0,20	0,18	0,17	0,15	0,14
	innen	0,07	0,06	0,06	0,05	0,05	0,05	0,16	0,23	0,29	0,34	0,37	0,39	0,40	0,39	0,45	0,76	0,80	0,27	0,12	0,11	0,10	0,09	0,08	0,07
N	außen/ohne	0,16	0,15	0,14	0,13	0,12	0,12	0,26	0,37	0,46	0,54	0,61	0,65	0,67	0,66	0,63	0,58	0,48	0,32	0,28	0,25	0,23	0,21	0,19	0,18
	innen	0,08	0,08	0,07	0,07	0,06	0,08	0,32	0,49	0,61	0,71	0,78	0,82	0,81	0,78	0,70	0,60	0,44	0,18	0,15	0,13	0,12	0,11	0,10	0,09
		RAUMTYP S																							
normal	außen/ohne	0,22	0,21	0,20	0,19	0,18	0,19	0,31	0,41	0,48	0,54	0,57	0,60	0,62	0,62	0,60	0,56	0,47	0,35	0,30	0,28	0,27	0,25	0,24	0,23
	innen	0,12	0,11	0,11	0,10	0,10	0,13	0,36	0,55	0,66	0,73	0,77	0,79	0,79	0,77	0,72	0,62	0,44	0,21	0,16	0,15	0,14	0,13	0,13	0,12
horiz.	außen/ohne	0,16	0,15	0,14	0,14	0,13	0,13	0,15	0,22	0,31	0,41	0,48	0,53	0,53	0,50	0,44	0,35	0,28	0,23	0,21	0,20	0,19	0,18	0,17	0,16
	innen	0,08	0,08	0,08	0,07	0,07	0,07	0,13	0,26	0,43	0,59	0,70	0,75	0,73	0,64	0,49	0,33	0,20	0,12	0,11	0,11	0,10	0,10	0,09	0,09
NO	außen/ohne	0,13	0,13	0,12	0,12	0,11	0,17	0,44	0,47	0,35	0,33	0,34	0,35	0,34	0,34	0,32	0,29	0,25	0,19	0,18	0,17	0,16	0,15	0,15	0,14
	innen	0,07	0,07	0,06	0,06	0,06	0,18	0,70	0,71	0,44	0,39	0,40	0,40	0,39	0,37	0,33	0,28	0,21	0,11	0,09	0,09	0,08	0,08	0,08	0,07
O	außen/ohne	0,10	0,10	0,09	0,09	0,09	0,12	0,30	0,44	0,48	0,42	0,31	0,24	0,23	0,22	0,21	0,19	0,17	0,15	0,14	0,13	0,12	0,12	0,11	0,11
	innen	0,05	0,05	0,05	0,05	0,05	0,11	0,47	0,70	0,72	0,58	0,34	0,22	0,20	0,19	0,17	0,15	0,12	0,08	0,07	0,07	0,07	0,06	0,06	0,06
SO	außen/ohne	0,13	0,12	0,11	0,11	0,11	0,12	0,24	0,37	0,46	0,50	0,49	0,44	0,35	0,27	0,24	0,22	0,20	0,18	0,17	0,16	0,15	0,14	0,14	0,13
	innen	0,07	0,06	0,06	0,06	0,06	0,09	0,33	0,56	0,70	0,74	0,69	0,55	0,37	0,22	0,18	0,15	0,13	0,10	0,09	0,08	0,08	0,08	0,07	0,07
S	außen/ohne	0,16	0,15	0,14	0,14	0,13	0,13	0,15	0,22	0,31	0,41	0,48	0,53	0,53	0,50	0,44	0,35	0,27	0,23	0,21	0,20	0,19	0,18	0,17	0,16
	innen	0,08	0,08	0,07	0,07	0,07	0,07	0,12	0,25	0,43	0,59	0,70	0,75	0,73	0,64	0,50	0,32	0,19	0,12	0,11	0,11	0,10	0,10	0,09	0,09
SW	außen/ohne	0,15	0,14	0,13	0,13	0,12	0,12	0,13	0,14	0,14	0,16	0,24	0,34	0,44	0,50	0,51	0,47	0,37	0,24	0,21	0,19	0,18	0,17	0,16	0,16
	innen	0,08	0,07	0,07	0,07	0,06	0,06	0,09	0,11	0,13	0,16	0,31	0,50	0,66	0,74	0,73	0,62	0,40	0,15	0,11	0,10	0,10	0,09	0,09	0,08
W	außen/ohne	0,13	0,12	0,12	0,11	0,11	0,10	0,12	0,13	0,14	0,15	0,15	0,16	0,23	0,36	0,47	0,50	0,41	0,23	0,18	0,17	0,16	0,15	0,14	0,14
	innen	0,07	0,06	0,06	0,06	0,06	0,05	0,09	0,11	0,13	0,15	0,16	0,17	0,30	0,55	0,72	0,73	0,53	0,17	0,10	0,09	0,08	0,08	0,08	0,07
NW	außen/ohne	0,15	0,14	0,14	0,13	0,13	0,12	0,17	0,21	0,24	0,27	0,29	0,30	0,31	0,32	0,35	0,50	0,54	0,30	0,22	0,20	0,19	0,18	0,17	0,16
	innen	0,08	0,08	0,07	0,07	0,07	0,07	0,17	0,24	0,29	0,33	0,36	0,38	0,39	0,38	0,43	0,73	0,76	0,25	0,11	0,11	0,10	0,09	0,09	0,08
N	außen/ohne	0,21	0,20	0,19	0,18	0,17	0,17	0,29	0,38	0,44	0,51	0,55	0,58	0,60	0,59	0,56	0,52	0,44	0,32	0,28	0,27	0,25	0,24	0,23	0,22
	innen	0,11	0,10	0,10	0,09	0,09	0,10	0,34	0,49	0,60	0,69	0,75	0,78	0,77	0,74	0,66	0,57	0,42	0,18	0,15	0,14	0,13	0,13	0,12	0,11

Tabelle A17. Bauartklasse verschiedener Wandausführungen

Wandausführung	k W/m² · h	m_f kg/m²	Bauartklasse	Δz h	
1 Mauerwerksand – mit Außendämmung					Außenputz 5 mm Hartschaum Loch- oder Leichtstein
a) 17,5 cm Loch- oder Leichtstein b) 24 cm Loch- oder Leichtstein c) 30 cm Loch- oder Leichtstein	0,60 0,57 0,54	252 343 427	5 6 6	0 0 −2	
2 Mauerwerksand – zweischalig mit Kerndämmung					11,5 cm KS-Vollstein 5 cm Hartschaum Loch- oder Lichtstein
a) 17,5 cm Loch- oder Leichtstein b) 24 cm Loch- oder Leichtstein	0,57 0,54	478 569	6 6	−2 −4	
3 Mauerwerksand – mit Außendämmung und vorgehängter Fassade					Aluminiumblech Luftschicht 8 cm Hartschaum Loch- oder Leichtstein
a) 17,5 cm Loch- oder Leichtstein b) 24 cm Loch- oder Leichtstein c) 30 cm Loch- oder Leichtstein	0,40 0,38 0,37	258 349 433	6 6 6	+2 0 −2	
4 Schwerbetonwand – mit Außendämmung					Außenputz 5 cm Hartschaum Stahlbeton
a) 10 cm Stahlbeton b) 20 cm Stahlbeton c) 30 cm Stahlbeton	0,68 0,65 0,63	240 470 700	5 6 6	+1 +2 0	
5 Schwerbetonwand – mit Außendämmung und vorgehängter Fassade					Fassadenverkleidung Luftschicht 8 cm Hartschaum Stahlbeton
5.1 Fassadenverkleidung: Aluminiumblech					
a) 10 cm Stahlbeton b) 20 cm Stahlbeton c) 30 cm Stahlbeton	0,43 0,42 0,41	243 473 703	5 6 6	+1 +2 0	
5.2 Fassadenverkleidung: 5 cm Stahlbeton oder 2,5 cm Natursteinplatte					
a) 10 cm Stahlbeton b) 20 cm Stahlbeton c) 30 cm Stahlbeton	0,43 0,42 0,41	293 523 753	5 6 6	0 0 −2	

Wandausführung	k W/m² · h	m_f kg/m²	Bauartklasse	Δz h	
6 Leichtbetonwand					Außenputz Gasbeton Innenputz
a) 20 cm Stahlbeton b) 25 cm Stahlbeton c) 30 cm Stahlbeton	1,27 1,07 0,93	207 257 307	4 5 6	−1 −1 0	
7 Leichtbetonwand - mit Außendämmung					Außenputz 5 cm Hartschaum Gasbeton
a) 10 cm Gasbeton b) 20 cm Gasbeton c) 30 cm Gasbeton	0,59 0,50 0,44	107 207 307	4 6 6	0 0 −3	
8 Holzwand - mit Kerndämmung					Verg. Sperrholzplatte 10 cm Hartschaum Sperrholzplatte
	0,38	35	2	−1	
9 Holzwand - zweischalig mit Wärmedämmung					2,4 cm Holzschalung Luftschicht 10 cm Hartschaum 1,5 cm Gipskartonplatte
	0,34	38	2	0	
10 Metallblechwand - mit Kerndämmung					Aluminiumblech 10 cm Hartschaum 1,5 cm Gipskartonplatte
	0,37	29	1	0	

k Wärmedurchgangskoeffizient
m_f flächenbezogene Masse
Δz Zeitkorrektur

3

Tabelle A18. Äquivalente Temperaturdifferenzen $\Delta\vartheta_{äq}$ für 6 Bauartklassen für Wände bei Raumtemperatur 22°C

		Wahre Ortszeit in h																		
	Himmelsr.	2	4	6	7	8	9	10	11	12	13	14	15	16	17	18	19	20	22	24
BAUARTKLASSE 1	NO	−6,4	−5,6	4,9	9,9	12,1	12,3	9,3	8,0	8,2	9,2	10,0	9,9	9,1	7,9	6,4	4,4	1,9	−2,3	−3,7
	O	−6,3	−5,7	6,6	14,9	20,9	22,9	21,0	17,0	13,3	11,1	10,3	10,1	9,5	8,3	6,4	4,2	1,8	−2,1	−3,9
	SO	−6,2	−6,7	1,3	8,4	15,8	21,7	24,7	24,5	21,7	17,9	14,2	11,5	9,8	8,4	6,7	4,4	1,9	−2.1	−3,9
	S	−5,9	−7,3	−6,0	−2,9	2,1	8,6	15,4	21,1	24,7	25,7	24,2	20,7	16,3	11,8	7,8	4,5	2,0	−1,6	−4,2
	SW	−6,0	−7,4	−5,9	−4,4	−2,2	0,8	5,2	11,0	17,7	24,2	29,1	31,1	29,5	24,6	17,8	10,6	4,7	−1,6	−3,6
	W	−5,9	−7,3	−6,1	−4,4	−2,0	0,6	3,2	5,9	9,8	15,5	22,5	28,9	32,0	30,1	23,6	14,9	6,9	−1,4	−3,5
	NW	−6,1	−7,2	−5,9	−4,5	−2,2	0,7	3,6	5,8	7,3	9,0	12,3	17,0	21,2	22,6	19,7	13,4	6,3	−1,8	−3,4
	N	−6,1	−6,4	−3,4	−1,9	−0,5	1,2	3,4	5,8	7,8	8,9	9,3	9,6	9,9	9,9	8,9	6,5	3,2	−1,9	−3,9
	diffus	−6,0	−7,1	−5,4	−3,6	−1,3	1,1	3,6	5,8	7,5	8,8	9,5	9,8	9,6	8,7	7,0	4,7	2,1	−1,9	−4,0
	horizontal	−10,6	−12,3	−11,9	−8,3	−2,1	5,8	13,8	20,4	24,7	26,1	24,5	20,1	13,9	7,1	1,2	−3,0	−5,5	−8,1	−9,9
BAUARTKLASSE 2	NO	−3,6	−6,0	−2,7	1,5	5,6	8,3	9,0	8,5	8,0	8,1	8,8	9,5	9,7	9,4	8,6	7,5	5,9	1,7	−1,3
	O	−3,8	−6,0	−2,7	2,6	8,9	14,6	17,8	18,3	16,7	14,6	12,9	12,0	11,4	10,8	9,7	8,1	6,2	1,9	−1,3
	SO	−3,7	−6,1	−4,8	−1,3	4,0	10,0	15,5	19,3	21,0	20,4	18,5	16,2	14,0	12,3	10,8	9,1	7,0	2,3	−1,1
	S	−3,4	−5,7	−7,0	−6,4	−4,4	−0,8	4,1	9,8	15,2	19,4	21,8	22,1	20,7	18,1	14,8	11,5	8,4	3,4	−0,5
	SW	−2,4	−5,4	−6,6	−6,3	−5,4	−3,8	−1,5	1,9	6,6	12,2	18,1	23,2	26,4	27,0	24,9	20,7	15,4	6,1	1,0
	W	−2,0	−5,1	−6,5	−6,3	−5,3	−3,7	−1,6	0,6	3,1	6,5	11,2	17,0	22,8	26,8	27,4	24,3	18,8	7,6	1,6
	NW	−2,4	−5,4	−6,3	−6,0	−5,2	−3,7	−1,5	0,9	3,1	4,9	6,8	9,7	13,5	17,3	19,5	18,7	15,2	5,8	0,7
	N	−3,3	−5,6	−5,3	−4,3	−3,1	−1,9	−0,4	1,4	3,5	5,5	7,0	7,9	8,6	9,2	9,5	9,0	7,6	2,8	−0,9
	diffus	−3,5	−5,7	−6,3	−5,7	−4,5	−2,9	−0,9	1,2	3,3	5,2	6,8	7,9	8,7	9,0	8,7	7,7	6,1	2,1	−1,1
	horizontal	−9,0	−10,7	−12,4	−12,0	−9,8	−5,5	0,5	7,2	13,5	18,4	21,4	22,0	20,2	16,4	11,5	6,6	2,4	−3,1	−6,6
BAUARTKLASSE 3	NO	−1,9	−4,4	−3,6	−1,0	2,3	5,2	6,9	7,5	7,4	7,5	8,0	8,7	9,1	9,1	8,8	8,0	7,0	3,7	0,5
	O	−1,9	−4,3	−3,6	−0,5	4,1	9,2	13,2	15,3	15,6	14,7	13,5	12,6	11,9	11,3	10,5	9,4	7,9	4,2	0,7
	SO	−1,7	−4,3	−4,7	−2,9	0,5	5,1	10,0	14,3	17,1	18,3	18,0	16,7	15,1	13,6	12,2	10,7	9,0	4,8	1,1
	S	−1,2	−3,8	−5,6	−5,8	−4,9	−2,8	0,6	5,0	9,8	14,1	17,4	19,3	19,5	18,4	16,4	13,8	11,1	6,2	2,0
	SW	0,3	−3,1	−5,2	−5,4	−5,1	−4,3	−2,8	−0,4	2,9	7,3	12,3	17,2	21,2	23,5	23,7	21,7	18,3	10,3	4,3
	W	0,8	−2,7	−4,9	−5,3	−5,0	−4,2	−2,8	−1,0	1,0	3,6	7,1	11,6	16,8	21,2	23,8	23,5	20,8	12,0	5,2
	NW	0,0	−3,2	−5,1	−5,3	−5,0	−4,2	−2,8	−0,9	1,0	2,8	4,6	6,8	9,8	13,2	16,0	17,0	15,8	9,2	3,5
	N	−1,6	−4,0	−4,8	−4,4	−3,6	−2,7	−1,6	−0,2	1,6	3,4	5,0	6,2	7,2	7,9	8,5	8,6	8,0	4,7	1,1
	diffus	−1,9	−4,1	−5,5	−5,4	−4,9	−3,8	−2,4	−0,6	1,2	3,1	4,7	6,1	7,1	7,8	8,0	7,7	6,8	3,7	0,6
	horizontal	−6,9	−9,0	−10,9	−11,2	−10,4	−7,9	−3,7	1,5	7,1	12,2	16,2	18,4	18,7	17,1	14,0	10,2	6,4	0,3	−3,9
BAUARTKLASSE 4	NO	−0,4	−2,4	−2,3	−0,8	1,4	3,6	5,2	6,1	6,5	6,8	7,2	7,7	8,0	8,2	8,0	7,5	6,7	4,3	1,7
	O	0,0	−1,9	−1,8	0,0	3,1	6,6	9,9	12,1	13,1	13,0	12,5	11,9	11,4	10,9	10,2	9,3	8,1	5,2	2,2
	SO	0,2	−1,9	−2,5	−1,4	0,8	3,9	7,5	10,9	13,5	15,1	15,5	15,1	14,2	13,1	12,0	10,7	9,3	6,0	2,7
	S	0,6	−1,8	−3,4	−3,6	−3,1	−1,7	0,6	3,7	7,2	10,7	13,6	15,5	16,4	16,1	15,0	13,3	11,4	7,3	3,6
	SW	2,4	−0,8	−2,9	−3,3	−3,2	−2,6	−1,6	0,2	2,6	5,8	9,5	13,3	16,7	19,0	19,8	19,1	17,2	11,4	6,2
	W	2,9	−0,4	−2,7	−3,2	−3,2	−2,7	−1,7	−0,4	1,2	3,2	5,9	9,2	12,9	16,5	18,9	19,6	18,4	12,7	7,0
	NW	1,6	−1,3	−3,2	−3,6	−3,6	−3,1	−2,2	−0,8	0,7	2,3	3,8	5,6	7,8	10,2	12,5	13,7	13,5	9,5	4,9
	N	−0,4	−2,5	−3,5	−3,4	−2,9	−2,3	−1,4	−0,4	1,0	2,4	3,7	4,8	5,8	6,5	7,0	7,2	6,9	4,8	2,0
	diffus	−0,8	−2,8	−4,1	−4,2	−3,9	−3,2	−2,2	−0,9	0,5	2,0	3,3	4,5	5,5	6,2	6,6	6,5	6,0	3,9	1,4
	horizontal	−4,9	−7,0	−8,5	−8,7	−8,2	−6,6	−3,9	−0,2	4,0	8,1	11,5	13,9	14,8	14,3	12,6	10,1	7,2	2,1	−2,0
BAUARTKLASSE 5	NO	2,4	0,7	−0,5	−0,5	0,2	1,2	2,5	3,5	4,3	4,8	5,2	5,7	6,1	6,5	6,8	6,8	6,7	5,7	4,0
	O	3,5	1,6	0,3	0,4	1,2	2,8	4,8	6,9	8,5	9,5	10,0	10,1	10,1	10,0	9,9	9,6	9,1	7,5	5,5
	SO	4,0	2,0	0,4	0,1	0,5	1,5	3,3	5,4	7,6	9,5	10,9	11,6	11,9	11,8	11,5	11,0	10,4	8,6	6,3
	S	4,6	2,3	0,4	−0,3	−0,8	−0,8	−0,2	1,0	2,7	4,9	7,1	9,2	10,9	11,9	12,3	12,2	11,6	9,6	7,1
	SW	6,8	4,0	1,6	0,6	0,0	−0,3	−0,3	0,1	0,9	2,3	4,2	6,5	9,1	11,5	13,4	14,5	14,8	13,0	9,9
	W	7,2	4,3	1,8	0,8	0,1	−0,3	−0,3	0,0	0,5	1,4	2,6	4,3	6,4	8,9	11,4	13,3	14,3	13,4	10,3
	NW	4,8	2,5	0,4	−0,4	−1,0	−1,3	−1,3	−0,9	−0,3	0,5	1,5	2,5	3,8	5,3	7,0	8,6	9,7	9,6	7,3
	N	2,0	0,3	−1,1	−1,5	−1,7	−1,7	−1,4	−1,0	−0,4	0,3	1,2	2,1	3,0	3,8	4,5	5,0	5,3	5,1	3,7
	diffus	1,5	−0,1	−1,6	−2,1	−2,4	−2,4	−2,2	−1,7	−1,1	−0,2	0,7	1,7	2,6	3,4	4,1	4,5	4,8	4,3	3,0
	horizontal	−0,4	−2,7	−4,5	−5,3	−5,8	−5,8	−5,1	−3,6	−1,5	1,0	3,7	6,2	8,2	9,4	9,8	9,4	8,4	5,4	2,4
BAUARTKLASSE 6	NO	4,0	3,3	2,6	2,3	2,1	2,2	2,4	2,7	3,0	3,4	3,6	3,8	4,1	4,3	4,5	4,7	4,8	4,9	4,5
	O	6,0	5,2	4,3	4,0	3,8	3,9	4,2	4,8	5,4	6,0	6,5	6,9	7,2	7,3	7,5	7,6	7,6	7,4	6,8
	SO	6,7	5,7	4,8	4,4	4,1	4,0	4,2	4,5	5,1	5,9	6,6	7,2	7,7	8,1	8,3	8,4	8,4	8,2	7,5
	S	6,5	5,6	4,6	4,1	3,7	3,3	3,1	3,1	3,3	3,7	4,4	5,1	5,9	6,6	7,3	7,7	7,9	7,9	7,4
	SW	8,1	7,0	5,9	5,3	4,8	4,4	4,0	3,8	3,7	3,8	4,1	4,6	5,4	6,2	7,2	8,0	8,7	9,3	9,0
	W	7,9	6,9	5,8	5,2	4,7	4,2	3,9	3,6	3,5	3,5	3,7	4,0	4,4	5,1	6,0	6,9	7,8	8,8	8,7
	NW	5,2	4,4	3,5	3,1	2,6	2,3	2,0	1,8	1,8	1,8	2,0	2,2	2,6	3,0	3,5	4,2	4,8	5,7	5,8
	N	2,6	2,0	1,3	1,0	0,8	0,6	0,4	0,4	0,4	0,6	0,8	1,0	1,4	1,7	2,0	2,3	2,6	3,0	3,0
	diffus	2,0	1,5	0,8	0,5	0,2	0,0	−0,2	−0,2	−0,2	0,0	0,2	0,5	0,8	1,2	1,5	1,8	2,1	2,4	2,4
	horizontal	2,3	1,2	0,1	−0,3	−0,8	−1,2	−1,4	−1,4	−1,1	−0,6	0,2	1,1	2,0	2,9	3,6	4,1	4,3	4,1	3,3

Tabelle A19. Korrekturwerte $\Delta\vartheta_{as}$ der äquivalenten Temperaturdifferenzen bei Veränderung des Absorptionsgrades Δ_{as} für Wände

		Wahre Ortszeit in h																		
	Himmelsr.	2	4	6	7	8	9	10	11	12	13	14	15	16	17	18	19	20	22	24
BAUARTKLASSE 1	NO	−0,1	0,5	3,6	4,8	5,0	4,2	3,0	2,1	1,7	1,7	1,6	1,5	1,2	0,9	0,7	0,5	0,3	−0,1	0,1
	O	−0,1	0,5	4,1	6,2	7,5	7,5	6,4	4,7	3,2	2,2	1,7	1,5	1,3	1,0	0,7	0,5	0,2	0,0	0,1
	SO	−0,1	0,2	2,6	4,4	6,0	7,2	7,4	6,8	5,6	4,1	2,8	1,9	1,4	1,1	0,8	0,6	0,3	0,0	0,1
	S	0,0	0,0	0,5	1,1	2,1	3,4	4,8	5,9	6,5	6,4	5,7	4,5	3,2	2,0	1,1	0,6	0,3	0,1	0,0
	SW	0,0	0,0	0,5	0,7	0,9	1,2	1,9	3,0	4,4	6,0	7,1	7,5	7,0	5,7	4,0	2,3	1,1	0,1	0,1
	W	0,0	0,1	0,5	0,7	1,0	1,2	1,3	1,5	2,2	3,5	5,2	6,9	7,7	7,3	5,7	3,5	1,7	0,2	0,2
	NW	−0,1	0,1	0,5	0,7	0,9	1,2	1,4	1,5	1,5	1,6	2,3	3,5	4,6	5,1	4,5	3,1	1,5	0,1	0,2
	N	−0,1	0,3	1,2	1,4	1,4	1,3	1,4	1,5	1,6	1,6	1,4	1,4	1,4	1,5	1,5	1,1	0,7	0,0	0,1
	diffus	0,0	0,1	0,7	0,9	1,1	1,3	1,4	1,5	1,5	1,5	1,5	1,4	1,3	1,2	0,9	0,6	0,3	0,0	0,0
	horizontal	0,0	−0,1	0,2	1,1	2,7	4,5	6,3	7,7	8,3	8,3	7,5	6,0	4,2	2,4	1,1	0,4	0,2	0,1	−0,1
BAUARTKLASSE 2	NO	0,0	−0,1	1,3	2,5	3,6	4,1	3,9	3,3	2,7	2,2	2,1	1,9	1,7	1,5	1,2	1,0	0,8	0,3	0,1
	O	0,0	−0,1	1,3	2,8	4,5	5,9	6,4	6,1	5,2	4,1	3,2	2,6	2,2	1,9	1,6	1,2	0,9	0,3	0,1
	SO	0,0	−0,1	0,7	1,7	3,1	4,6	5,8	6,4	6,4	5,8	4,8	3,8	3,0	2,3	1,9	1,5	1,1	0,4	0,1
	S	0,1	0,0	0,1	0,3	0,7	1,5	2,5	3,7	4,7	5,5	5,8	5,5	4,9	4,0	3,0	2,2	1,5	0,7	0,3
	SW	0,4	0,1	0,1	0,3	0,5	0,6	0,9	1,4	2,3	3,4	4,7	5,8	6,5	6,5	5,9	4,8	3,5	1,5	0,7
	W	0,5	0,2	0,2	0,3	0,5	0,7	0,9	1,0	1,3	1,8	2,7	4,1	5,5	6,5	6,6	5,8	4,5	1,9	0,9
	NW	0,4	0,1	0,2	0,4	0,5	0,7	0,9	1,1	1,3	1,3	1,5	2,0	2,8	3,8	4,3	4,2	3,5	1,4	0,7
	N	0,1	0,0	0,5	0,9	1,1	1,2	1,2	1,3	1,4	1,5	1,5	1,5	1,4	1,4	1,5	1,5	1,3	0,6	0,2
	diffus	0,1	0,0	0,2	0,5	0,7	0,9	1,1	1,2	1,3	1,4	1,5	1,5	1,4	1,4	1,3	1,1	0,9	0,4	0,2
	horizontal	0,1	−0,1	−0,1	0,1	0,7	1,8	3,2	4,8	6,1	7,1	7,5	7,2	6,4	5,2	3,8	2,6	1,7	0,8	0,4
BAUARTKLASSE 3	NO	0,2	0,0	0,7	1,6	2,5	3,3	3,5	3,3	2,9	2,5	2,3	2,1	2,0	1,7	1,5	1,3	1,1	0,6	0,3
	O	0,2	0,0	0,7	1,7	3,1	4,4	5,3	5,6	5,2	4,6	3,9	3,2	2,8	2,4	2,0	1,7	1,3	0,7	0,4
	SO	0,2	0,0	0,4	1,1	2,0	3,2	4,4	5,3	5,7	5,6	5,1	4,4	3,7	3,0	2,5	2,0	1,6	0,9	0,5
	S	0,4	0,2	0,1	0,2	0,5	1,0	1,7	2,6	3,6	4,4	5,0	5,2	4,9	4,4	3,7	2,9	2,3	1,3	0,7
	SW	0,8	0,4	0,3	0,3	0,4	0,6	0,7	1,1	1,6	2,5	3,5	4,6	5,4	5,9	5,8	5,2	4,3	2,5	1,4
	W	1,0	0,5	0,3	0,4	0,5	0,6	0,7	0,9	1,1	1,4	2,0	3,0	4,1	5,2	5,8	5,7	5,0	3,0	1,8
	NW	0,7	0,3	0,3	0,4	0,4	0,6	0,7	0,9	1,1	1,2	1,3	1,6	2,2	2,9	3,6	3,9	3,6	2,2	1,2
	N	0,3	0,1	0,4	0,6	0,9	1,0	1,1	1,2	1,2	1,4	1,4	1,4	1,4	1,4	1,4	1,4	1,4	0,9	0,4
	diffus	0,2	0,1	0,2	0,3	0,5	0,7	0,9	1,0	1,2	1,3	1,3	1,4	1,4	1,4	1,3	1,2	1,0	0,6	0,3
	horizontal	0,4	0,2	0,0	0,1	0,4	1,1	2,1	3,4	4,6	5,7	6,4	6,7	6,4	5,7	4,7	3,7	2,7	1,5	0,9
BAUARTKLASSE 4	NO	0,4	0,3	0,7	1,3	2,0	2,6	2,9	2,9	2,7	2,5	2,3	2,1	2,0	1,8	1,6	1,4	1,2	0,8	0,5
	O	0,5	0,5	0,9	1,6	2,5	3,4	4,2	4,6	4,6	4,3	3,8	3,3	2,9	2,6	2,3	1,9	1,6	1,1	0,7
	SO	0,6	0,5	0,7	1,1	1,8	2,7	3,5	4,3	4,7	4,9	4,7	4,3	3,7	3,2	2,8	2,3	2,0	1,3	0,8
	S	0,7	0,5	0,5	0,5	0,7	1,1	1,6	2,2	2,9	3,6	4,1	4,4	4,4	4,1	3,6	3,1	2,6	1,7	1,1
	SW	1,2	0,8	0,6	0,6	0,7	0,8	1,0	1,2	1,6	2,2	3,0	3,7	4,4	4,9	5,0	4,7	4,2	2,9	1,8
	W	1,4	0,9	0,6	0,6	0,7	0,8	0,9	1,1	1,2	1,5	1,9	2,6	3,4	4,2	4,7	4,9	4,6	3,2	2,1
	NW	1,0	0,6	0,5	0,5	0,6	0,7	0,8	0,9	1,1	1,2	1,3	1,5	1,9	2,4	2,9	3,2	3,2	2,3	1,5
	N	0,4	0,3	0,4	0,6	0,8	0,9	1,0	1,1	1,1	1,2	1,3	1,3	1,3	1,3	1,3	1,3	1,3	1,0	0,6
	diffus	0,3	0,2	0,3	0,3	0,5	0,6	0,8	0,9	1,0	1,1	1,2	1,2	1,3	1,3	1,2	1,1	1,0	0,7	0,5
	horizontal	0,8	0,6	0,5	0,5	0,7	1,2	1,9	2,8	3,8	4,7	5,3	5,7	5,7	5,3	4,7	3,9	3,2	2,0	1,3
BAUARTKLASSE 5	NO	0,8	0,7	0,7	0,8	1,2	1,5	1,9	2,2	2,3	2,3	2,2	2,1	2,1	2,0	1,9	1,7	1,6	1,3	1,0
	O	1,1	0,9	0,9	1,1	1,5	2,0	2,6	3,1	3,5	3,6	3,6	3,4	3,2	3,0	2,8	2,5	2,3	1,8	1,4
	SO	1,3	1,1	0,9	1,0	1,2	1,6	2,1	2,7	3,2	3,6	3,8	3,8	3,7	3,5	3,2	3,0	2,7	2,1	1,7
	S	1,5	1,1	0,9	0,9	0,9	1,0	1,1	1,4	1,8	2,3	2,8	3,1	3,4	3,5	3,5	3,3	3,0	2,4	1,9
	SW	2,1	1,6	1,3	1,2	1,1	1,1	1,1	1,2	1,3	1,6	1,9	2,4	2,9	3,4	3,8	4,0	3,9	3,4	2,7
	W	2,2	1,7	1,3	1,2	1,1	1,1	1,1	1,1	1,2	1,3	1,5	1,7	2,1	2,7	3,2	3,6	3,8	3,5	2,8
	NW	1,5	1,2	0,9	0,9	0,8	0,8	0,8	0,9	1,0	1,1	1,1	1,2	1,4	1,6	1,9	2,3	2,5	2,4	1,9
	N	0,7	0,6	0,5	0,5	0,6	0,7	0,8	0,9	0,9	1,0	1,1	1,1	1,2	1,2	1,2	1,2	1,2	1,1	0,9
	diffus	0,6	0,5	0,4	0,4	0,4	0,5	0,6	0,7	0,8	0,8	0,9	1,0	1,0	1,1	1,1	1,1	1,1	0,9	0,7
	horizontal	1,8	1,4	1,1	1,1	1,0	1,1	1,3	1,7	2,3	2,9	3,5	4,0	4,4	4,5	4,5	4,2	3,8	3,0	2,4
BAUARTKLASSE 6	NO	1,3	1,2	1,1	1,1	1,2	1,2	1,4	1,5	1,6	1,7	1,7	1,7	1,7	1,7	1,7	1,7	1,7	1,6	1,4
	O	1,9	1,8	1,6	1,6	1,6	1,7	1,9	2,1	2,3	2,4	2,5	2,6	2,6	2,6	2,6	2,5	2,4	2,3	2,1
	SO	2,1	1,9	1,8	1,7	1,7	1,8	1,9	2,0	2,2	2,4	2,6	2,7	2,8	2,8	2,8	2,7	2,7	2,5	2,3
	S	2,1	1,9	1,7	1,7	1,6	1,6	1,6	1,6	1,7	1,8	1,9	2,1	2,3	2,4	2,5	2,5	2,5	2,4	2,3
	SW	2,5	2,3	2,1	2,0	1,9	1,9	1,8	1,8	1,8	1,8	1,9	2,0	2,1	2,3	2,5	2,6	2,8	2,8	2,7
	W	2,4	2,2	2,1	2,0	1,9	1,8	1,8	1,7	1,7	1,7	1,7	1,8	1,8	2,0	2,1	2,3	2,5	2,7	2,6
	NW	1,7	1,5	1,4	1,4	1,3	1,3	1,2	1,2	1,2	1,2	1,2	1,3	1,3	1,3	1,4	1,5	1,6	1,8	1,8
	N	0,9	0,9	0,8	0,8	0,8	0,8	0,8	0,8	0,8	0,9	0,9	0,9	1,0	1,0	1,0	1,0	1,0	1,0	1,0
	diffus	0,8	0,7	0,6	0,6	0,6	0,6	0,6	0,6	0,7	0,7	0,7	0,8	0,8	0,8	0,9	0,9	0,9	0,9	0,8
	horizontal	2,6	2,4	2,2	2,1	2,0	1,9	1,9	2,0	2,1	2,2	2,4	2,6	2,8	3,0	3,2	3,2	3,2	3,1	2,8

3

Tabelle A20. Bauartklassen verschiedener Dachausführungen

Wandausführung	k W/m² · h	m_f kg/m²	Bauartklasse	Δz h	
1 Schwerbeton-Warmdach - mit Wärmedämmung					Stein 10 cm Stahl
1.1 Deckschicht: dreilagige Bitumenbahn					
a) 10 cm Stahlbeton b) 15 cm Stahlbeton c) 20 cm Stahlbeton d) 25 cm Stahlbeton	0,36 0,36 0,35 0,35	257 377 497 617			
1.2 Deckschicht: 5 cm Kiesschüttung oder 5 cm Betonsteinplatten auf Sandbett					
a) 10 cm Stahlbeton b) 15 cm Stahlbeton c) 20 cm Stahlbeton d) 25 cm Stahlbeton	0,36 0,35 0,35 0,35	330 450 570 690			
1.3 Deckschicht: 20 cm Blähbeton					
a) 10 cm Stahlbeton b) 15 cm Stahlbeton c) 20 cm Stahlbeton d) 25 cm Stahlbeton	0,25 0,25 0,25 0,25	325 445 565 685			
2 Leichtbeton - Warmdach - mit Wärmedämmung					Dreilagige Bitumbahn 10 cm Hartschaum Gasbetonplatte
a) 10 cm Gasbeton b) 15 cm Gasbeton c) 20 cm Gasbeton d) 25 cm Gasbeton	0,34 0,32 0,31 0,30	137 197 257 317	5 6 6 6	0 0 0 −3	
3 Holz - Warmdach - mit Wärmedämmung					Deckschicht 10 cm Hartschaum 2,5 cm Sperrholzplatten
3.1 Deckschicht: dreilagige Bitumenbahn					
	0,35	37	2	−1	
3.2 Deckschicht: 5 cm Kiesschüttung					
	0,35	110	3	−1	
4 Stahl - Warmdach - Wärmedämmung					Deckschicht 10 cm Hartschaum Stahltrapezblech
4.1 Deckschicht: dreilagige Bitumenbahn					
	0,35	30	1	−1	
4.2 Deckschicht: 5 cm Kiesschüttung					
	0,35	103	2	−1	

Wandausführung	k W/m² · h	m_f kg/m²	Bauartklasse	Δz h	
5 Schwerbeton – Kaltdach – zweischalig mit Wärmedämmung					Deckschicht Luftschicht Stahlbeton
5.1 Deckschicht: 10 cm Spannbetonplatten oder 8 cm Gasbetondielen					
a) 10 cm Stahlbeton b) 15 cm Stahlbeton c) 20 cm Stahlbeton d) 25 cm Stahlbeton	0,34 0,34 0,34 0,33	455 575 695 815	6 6 6 6	0 −1 −2 −3	
5.2 Deckschicht: 2,4 cm Holzschalung					
a) 10 cm Stahlbeton b) 15 cm Stahlbeton c) 20 cm Stahlbeton d) 25 cm Stahlbeton	0,33 0,33 0,33 0,33	259 379 499 619	5 6 6 6	0 0 0 0	
6 Leichtbeton – Kaltdach – zweischalig mit Wärmedämmung					2,4 cm Holzschalung Luftschicht 8 cm Mineralwolle Gasbetonplatten
a) 10 cm Gasbeton b) 15 cm Gasbeton c) 20 cm Gasbeton	0,35 0,34 0,32	138 198 258	5 6 6	0 0 0	
7 Holz – Kaltdach – zweischalig mit Wärmedämmung					Dreilagige Bitumenbahn 2,4 cm Holzschalung Luftschicht 10 cm Hartschaum Luftschicht 2 cm Holzbretter
	0,31	35	2	−1	
8 Stahl-Kaltdach – zweischalig mit Wärmedämmung					Wellasbestzementplatten Luftschicht 10 cm Hartschaum Holzbretter mit Luftschicht
	0,31	43	3	0	

k Wärmedurchgangskoeffizient
m_f flächenbezogene Masse
Δz Zeitkorrektur

Tabelle A21. Äquivalente Temperaturdifferenzen $\Delta\vartheta_{äq}$ für 6 Bauartklassen für Dächer bei Raumtemperatur 22°C

Himmelsr.	Wahre Ortszeit in h																		
	2	4	6	7	8	9	10	11	12	13	14	15	16	17	18	19	20	22	24
	BAUARTKLASSE 1																		
horizontal	−7,9	−8,8	−2,1	5,3	14,5	24,0	32,3	38,4	42,1	43,3	41,9	37,8	31,4	23,4	15,1	7,8	2,4	−3,3	−5,6
diffus horiz.	−7,8	−8,8	−6,4	−4,1	−1,5	1,2	3,7	5,9	7,7	8,9	9,6	9,8	9,4	8,2	6,1	3,3	0,4	−3,7	−5,7
	BAUARTKLASSE 2																		
horizontal	−4,5	−7,6	−7,4	−4,4	0,8	7,9	15,9	23,7	30,3	35,4	38,4	39,2	37,7	34,0	28,4	21,8	15,3	5,2	−0,6
diffus horiz.	−5,2	−7,4	−7,9	−7,0	−5,5	−3,5	−1,2	1,1	3,3	5,3	6,8	8,0	8,7	8,9	8,4	7,1	5,1	0,6	−2,8
	BAUARTKLASSE 3																		
horizontal	−1,1	−4,8	−6,3	−5,0	−2,0	3,0	9,2	16,0	22,6	28,2	32,5	35,0	35,7	34,2	30,9	26,2	20,9	10,8	3,7
diffus horiz.	−3,5	−5,8	−7,1	−6,9	−6,0	−4,7	−3,0	−1,0	1,0	2,9	4,6	6,1	7,1	7,8	7,9	7,3	6,1	2,5	−0,9
	BAUARTKLASSE 4																		
horizontal	2,3	−1,2	−2,7	−2,1	−0,1	3,3	7,8	12,9	18,1	22,8	26,7	29,4	30,6	30,3	28,5	25,5	21,6	13,5	6,9
diffus horiz.	−2,3	−4,3	−5,5	−5,6	−5,1	−4,2	−3,0	−1,5	0,1	1,6	3,1	4,4	5,4	6,0	6,3	6,1	5,4	2,9	0,1
	BAUARTKLASSE 5																		
horizontal	9,4	5,7	2,9	2,1	1,9	2,7	4,3	6,8	9,9	13,3	16,6	19,6	22,0	23,6	24,3	24,0	22,8	18,6	13,7
diffus horiz.	0,3	−1,4	−2,9	−3,4	−3,7	−3,6	−3,3	−2,7	−1,9	−0,9	0,1	1,2	2,1	3,0	3,7	4,1	4,3	3,6	2,0
	BAUARTKLASSE 6																		
horizontal	13,7	12,0	10,4	9,6	9,0	8,6	8,5	8,7	9,3	10,1	11,2	12,4	13,7	14,8	15,7	16,4	16,8	16,6	15,4
diffus horiz.	1,1	0,5	−0,2	−0,5	−0,8	−1,1	−1,2	−1,2	−1,1	−1,0	−0,7	−0,4	0,0	0,4	0,8	1,1	1,4	1,7	1,6

Tabelle A22. Korrekturwerte $\Delta\vartheta_{äq,\,as}$ der äquivalenten Temperaturdifferenzen bei Veränderung des Absorptionsgrades $\Delta a_s = 0{,}2$ für Dächer

Himmelsr.	Wahre Ortszeit in h																		
	2	4	6	7	8	9	10	11	12	13	14	15	16	17	18	19	20	22	24
	BAUARTKLASSE 1																		
horizontal	0,0	0,1	1,6	3,1	4,8	6,5	7,9	8,8	9,3	9,3	8,8	7,8	6,3	4,6	3,0	1,6	0,7	0,1	0,1
diffus horiz.	0,0	0,1	0,7	1,0	1,2	1,4	1,5	1,6	1,7	1,7	1,6	1,6	1,4	1,2	1,0	0,6	0,3	0,0	0,0
	BAUARTKLASSE 2																		
horizontal	0,2	−0,0	0,3	1,0	2,1	3,5	5,0	6,3	7,5	8,2	8,6	8,5	8,0	7,1	5,8	4,4	3,2	1,4	0,6
diffus horiz.	0,1	0,0	0,2	0,5	0,7	1,0	1,2	1,3	1,4	1,5	1,6	1,6	1,6	1,5	1,4	1,2	0,9	0,4	0,2
	BAUARTKLASSE 3																		
horizontal	0,7	0,3	0,3	0,7	1,4	2,4	3,6	4,9	6,0	7,0	7,6	7,9	7,9	7,4	6,5	5,5	4,4	2,5	1,4
diffus horiz.	0,2	0,1	0,2	0,3	0,5	0,7	0,9	1,1	1,3	1,4	1,5	1,5	1,5	1,5	1,4	1,3	1,1	0,6	0,3
	BAUARTKLASSE 4																		
horizontal	1,3	0,9	0,9	1,1	1,6	2,3	3,2	4,2	5,1	5,9	6,5	6,9	7,0	6,8	6,3	5,5	4,7	3,1	2,0
diffus horiz.	0,3	0,2	0,3	0,4	0,5	0,7	0,8	1,0	1,1	1,2	1,3	1,4	1,4	1,4	1,3	1,2	1,1	0,8	0,5
	BAUARTKLASSE 5																		
horizontal	2,6	2,1	1,7	1,6	1,7	1,9	2,3	2,8	3,4	4,1	4,7	5,2	5,5	5,8	5,8	5,6	5,3	4,3	3,4
diffus horiz.	0,6	0,5	0,4	0,4	0,4	0,5	0,6	0,7	0,8	0,9	1,0	1,1	1,1	1,2	1,2	1,2	1,2	1,0	0,8
	BAUARTKLASSE 6																		
horizontal	3,6	3,3	3,0	2,9	2,8	2,8	2,8	2,9	3,0	3,2	3,4	3,7	3,9	4,1	4,2	4,3	4,4	4,2	3,9
diffus horiz.	0,8	0,7	0,7	0,7	0,7	0,7	0,7	0,7	0,7	0,7	0,8	0,8	0,9	0,9	0,9	0,9	0,9	0,9	0,9

Tabelle A23. Normierte Gewichtsfaktoren für vier Raumtypen*)

Raumtyp XL

Aktionsgröße**)	Gewichtsfaktoren					
	a (0)	*a* (1)	*a* (2)	*a* (3)	*b* (1)	*b* (2)
E (1)	−1,0000	0,0000	0,0000	0,0000	0,0000	0,0000
E (2)	−1,0000	0,0000	0,0000	0,0000	0,0000	0,0000
E (3)	4,6442	−5,9038	1,4110	−0,1054	1,0120	−0,0600
E (4)	−0,7566	0,6881	0,0256	−0,0037	1,0028	−0,0512
E (5)	−0,3069	−0,1125	0,3511	0,0230	1,0275	−0,0746
E (6)	−0,6780	0,5377	0,0895	−0,0004	0,9488	0,0000

Raumtyp L

Aktionsgröße**)	Gewichtsfaktoren					
	a (0)	*a* (1)	*a* (2)	*a* (3)	*b* (1)	*b* (2)
E (1)	−1,0000	0,0000	0,0000	0,0000	0,0000	0,0000
E (2)	−1,0000	0,0000	0,0000	0,0000	0,0000	0,0000
E (3)	9,7098	−19,0948	9,6554	−0,2670	1,8251	−0,8297
E (4)	−0,4671	0,7698	−0,2946	−0,0120	1,8110	−0,8151
E (5)	−0,0665	−0,1502	0,3482	−0,1355	1,8096	−0,8137
E (6)	−0,2361	0,3063	−0,0523	−0,0220	1,8139	−0,8179

Raumtyp M

Aktionsgröße**)	Gewichtsfaktoren					
	a (0)	*a* (1)	*a* (2)	*a* (3)	*b* (1)	*b* (2)
E (1)	−1,0000	0,0000	0,0000	0,0000	0,0000	0,0000
E (2)	−1,0000	0,0000	0,0000	0,0000	0,0000	0,0000
E (3)	9,9271	−18,2016	8,4666	−0,1789	1,7301	−0,7439
E (4)	−0,4604	0,7235	−0,2683	−0,0101	1,7021	−0,7180
E (5)	−0,0007	−0,0184	−0,0216	0,0192	1,6102	−0,6326
E (6)	−0,2149	0,2768	−0,0627	−0,0147	1,7070	−0,7225

Raumtyp S

Aktionsgröße**)	Gewichtsfaktoren					
	a (0)	*a* (1)	*a* (2)	*a* (3)	*b* (1)	*b* (2)
E (1)	−1,0000	0,0000	0,0000	0,0000	0,0000	0,0000
E (2)	−1,0000	0,0000	0,0000	0,0000	0,0000	0,0000
E (3)	11,0455	−21,1841	10,3809	−0,2382	1,8470	−0,8513
E (4)	−0,3787	0,6297	−0,2455	−0,0122	1,7807	−0,7876
E (5)	0,0000	−0,0004	−0,0076	0,0047	1,8645	−0,8679
E (6)	−0,1150	0,1377	−0,0106	−0,0184	1,7942	−0,8005

*) gemäß Tabelle 4

**) *E* (1): Aktionsgröße 1 = aufgeprägte konvektive Wärmebelastung innen [W]
E (2): Aktionsgröße 2 = konvektive Wärmepotentiale [W]
E (3): Aktionsgröße 3 = Raumlufttemperatur [K]
E (4): Aktionsgröße 4 = Außenlufttemperatur vor transparenten Außenflächen (Fenster) [K]
E (5): Aktionsgröße 5 = kombinierte Außentemperatur vor nichttransparenten Außenflächen (Wände, Decken) [K]
E (6): Aktionsgröße 6 = aufgeprägte Strahlungswärme innen [W]

Tabelle A24. Normierte Gewichtsfaktoren für den Wärmedurchgang durch 6 Typwände/-dächer

Bauartklasse	Gewichtsfaktoren					
	a (0)	*a* (1)	*a* (2)	*a* (3)	*b* (1)	*b* (2)
1	0,0000	−0,0001	−0,0037	−0,0228	1,4916	−0,5181
2	0,0000	−0,0081	−0,0365	−0,0304	1,2582	−0,3331
3	−0,0006	−0,0435	−0,0847	−0,0206	0,9990	−0,1484
4	−0,0003	−0,0378	−0,1126	−0,0546	0,9988	−0,2041
5	−0,0091	−0,1629	−0,1432	−0,0117	0,7586	−0,0854
6	−0,0804	−0,3806	−0,0642	0,0138	0,5621	−0,0735

Anhang A 2. Jahrestabellen

Die Kühllast zur Anlagenbemessung kann sich in den meisten Fällen auf einige ausgewählte Monate beschränken (Juli, September). Die hierfür festgelegten Rechenvorschriften ermöglichen in gleicher Weise eine Jahresbetrach-

Tabelle A25. Tagesgänge der Außenlufttemperaturen (Kühllastzonen 1 bis 4)

Kühllastzone 1

Tageszeit h	Monat											
	Jan.	Febr.	März	April	Mai	Juni	Juli	August	Sept.	Okt.	Nov.	Dez.
1	−3,1	−4,3	+3,7	+9,4	+11,3	+15,0	+16,7	+15,4	+13,2	+6,8	+2,5	−2,6
2	−3,3	−4,6	+3,0	+8,8	+10,7	+14,3	+16,3	+14,8	+12,4	+6,3	+2,2	−2,9
3	−3,5	−5,0	+2,3	+8,4	+10,2	+13,6	+15,8	+14,3	+11,8	+5,9	+1,9	−3,0
4	−3,9	−5,4	+1,9	+8,0	+9,7	+13,5	+15,5	+13,9	+11,6	+5,5	+1,5	−3,4
5	−4,0	−5,6	+1,6	+7,7	+10,3	+14,8	+16,2	+13,5	+10,8	+5,2	+1,2	−3,6
6	−4,2	−5,7	+1,1	+8,1	+11,7	+16,3	+17,5	+14,2	+10,5	+4,9	+1,1	−3,6
7	−4,3	−5,9	+1,3	+10,0	+14,2	+18,5	+19,7	+16,0	+11,6	+5,0	+0,8	−3,8
8	−4,5	−5,6	+3,0	+13,0	+17,0	+21,0	+22,4	+19,1	+14,9	+6,3	+0,9	−4,1
9	−4,1	−4,7	+5,4	+15,4	+19,0	+22,7	+24,4	+21,6	+17,5	+8,4	+1,6	−3,7
10	−3,2	−3,4	+7,6	+17,5	+20,7	+24,4	+26,0	+23,6	+20,0	+10,5	+2,9	−2,8
11	−2,2	−2,2	+9,9	+19,3	+21,7	+25,1	+26,7	+25,0	+21,7	+12,3	+4,0	−1,8
12	−1,4	−1,5	+12,0	+20,5	+22,3	+25,8	+27,4	+25,9	+22,8	+13,5	+4,9	−1,3
13	−0,9	−0,7	+13,5	+20,8	+22,8	+26,3	+28,1	+26,6	+23,6	+14,4	+5,2	−1,2
14	−0,8	−0,3	+14,4	+21,2	+23,1	+26,8	+28,6	+26,7	+24,0	+14,6	+5,3	−1,2
15	−0,9	−0,2	+14,6	+21,1	+23,2	+27,0	+29,0	+27,0	+24,0	+14,5	+4,4	−1,6
16	−1,5	−0,6	+14,1	+21,1	+23,1	+26,8	+28,9	+26,7	+23,6	+13,5	+3,8	−2,0
17	−2,2	−1,3	+12,7	+20,3	+22,1	+26,3	+28,5	+26,1	+22,3	+11,9	+3,1	−2,4
18	−2,6	−2,1	+11,2	+19,0	+21,1	+25,5	+28,1	+25,0	+20,4	+10,6	+2,4	−2,6
19	−3,0	−2,7	+9,2	+16,7	+19,0	+23,9	+26,2	+22,8	+18,5	+9,5	+2,0	−2,9
20	−3,4	−3,1	+7,8	+14,6	+17,0	+21,8	+24,1	+20,4	+17,2	+8,8	+1,6	−3,1
21	−3,6	−3,4	+7,2	+13,5	+15,9	+20,0	+22,6	+19,5	+16,2	+8,4	+1,3	−3,5
22	−3,9	−3,7	+6,2	+12,6	+14,5	+18,5	+21,3	+18,1	+15,3	+7,7	+1,2	−3,6
23	−4,1	−4,0	+5,4	+11,8	+13,7	+17,5	+20,4	+17,3	+14,5	+7,3	+0,8	−3,9
24	−4,1	−4,3	+4,7	+11,1	+13,1	+16,9	+19,5	+16,8	+13,8	+6,9	+0,7	−4,0
ϑ_{max}	−0,8	−0,2	+14,6	+21,2	+23,2	+27,0	+29,0	+27,0	+24,0	+14,6	+5,3	−1,2
ϑ_m	−3,0	−3,3	+7,2	+14,6	+17,0	+20,9	+22,9	+20,4	+17,2	+9,1	+2,4	−2,9

Kühllastzone 2

Tageszeit h	Monat											
	Jan.	Febr.	März	April	Mai	Juni	Juli	August	Sept.	Okt.	Nov.	Dez.
1	−3,6	−4,5	+4,2	+10,0	+11,5	+14,3	+17,3	+16,2	+11,7	+5,0	+1,1	−4,2
2	−3,6	−4,7	+3,2	+9,4	+10,8	+13,7	+16,9	+15,4	+11,1	+4,6	+0,7	−4,3
3	−4,0	−5,1	+2,7	+8,8	+10,3	+13,0	+16,1	+15,1	+10,7	+4,5	+0,4	−4,6
4	−4,2	−5,2	+2,0	+8,3	+9,7	+12,5	+16,1	+14,6	+10,1	+4,0	+0,1	−5,0
5	−4,6	−5,4	+1,7	+8,1	+10,0	+13,6	+16,8	+14,4	+9,5	+3,5	−0,2	−5,3
6	−4,8	−5,7	+1,5	+8,7	+12,3	+16,1	+18,7	+15,2	+9,5	+3,5	−0,3	−5,6
7	−5,2	−6,0	+1,5	+11,3	+15,6	+18,8	+21,8	+17,7	+11,5	+3,8	−0,5	−5,6
8	−5,4	−5,9	+3,5	+14,0	+18,0	+21,2	+23,8	+20,8	+14,4	+5,6	−0,8	−5,9
9	−5,3	−4,9	+6,2	+16,6	+20,1	+22,9	+25,8	+23,2	+17,5	+8,0	+0,4	−5,6
10	−4,2	−3,6	+8,9	+18,9	+21,6	+24,4	+27,5	+25,0	+19,8	+10,5	+1,6	−4,5
11	−3,1	−2,3	+11,2	+20,4	+22,7	+25,4	+28,6	+26,8	+21,6	+12,2	+3,2	−3,0
12	−2,1	−1,4	+13,2	+21,4	+23,6	+26,1	+29,4	+27,8	+22,8	+13,4	+4,2	−1,7
13	−1,5	−0,7	+14,9	+22,4	+24,1	+26,8	+30,0	+28,4	+23,8	+14,2	+4,7	−1,1
14	−1,1	−0,2	+15,7	+22,9	+24,6	+27,1	+30,7	+29,1	+24,2	+14,6	+4,9	−0,7
15	−1,3	−0,3	+16,4	+23,0	+24,6	+27,4	+31,0	+29,3	+24,4	+14,6	+4,5	−1,3
16	−2,1	−0,7	+15,9	+22,9	+24,4	+27,0	+31,0	+29,2	+23,9	+13,9	+3,4	−2,0
17	−3,3	−1,6	+14,6	+22,3	+23,7	+26,5	+30,5	+28,5	+22,9	+12,0	+2,2	−3,0
18	−4,0	−2,4	+12,2	+20,8	+22,4	+25,7	+29,6	+27,5	+20,5	+9,9	+1,5	−2,3
19	−4,4	−2,9	+10,2	+18,6	+20,7	+24,4	+28,1	+25,3	+18,0	+8,4	+1,0	−4,4
20	−4,8	−3,5	+8,7	+16,0	+18,6	+22,5	+25,9	+23,1	+16,1	+7,7	+0,6	−4,6
21	−5,0	−4,0	+7,5	+14,6	+16,8	+20,0	+23,5	+21,5	+14,9	+7,2	+0,3	−5,0
22	−5,3	−4,5	+6,4	+13,3	+15,4	+18,3	+22,3	+20,3	+13,9	+6,4	−0,3	−5,4
23	−5,8	−4,9	+5,5	+12,2	+13,9	+17,1	+21,4	+19,3	+13,1	+5,8	−0,5	−5,8
24	−5,9	−5,3	+4,8	+11,5	+13,0	+16,3	+20,3	+18,5	+12,5	+5,3	−0,6	−6,0
ϑ_{max}	−1,1	−0,2	+16,4	+23,0	+24,6	+27,4	+31,0	+29,3	+24,4	+14,6	+4,9	−0,7
ϑ_m	−3,9	−3,6	+8,0	+15,7	+17,9	+20,9	+24,3	+22,2	+16,6	+8,3	+1,3	−4,0

tung für Energieverbräuche und den Temperaturverlauf im Gebäude (Gebäudesimulationen). Deshalb werden in den folgenden Tabellen die Zahlenwerte für derartige Jahresberechnungen der äußeren Randbedingungen angegeben.

Kühllastzone 3

Tageszeit h	Monat Jan.	Febr.	März	April	Mai	Juni	Juli	August	Sept.	Okt.	Nov.	Dez.
1	−5,6	−6,4	+4,4	+11,3	+13,8	+15,3	+18,5	+18,4	+14,1	+7,6	+1,6	−2,3
2	−5,8	−6,8	+3,3	+10,5	+12,5	+14,4	+17,5	+17,2	+13,1	+7,0	+1,2	−2,6
3	−6,1	−7,3	+2,6	+ 9,7	+11,7	+13,7	+16,6	+16,6	+12,6	+6,6	+1,0	−2,8
4	−6,5	−7,8	+1,8	+ 9,1	+10,8	+12,9	+16,2	+15,7	+11,7	+6,1	+0,7	−3,2
5	−6,8	−8,3	+1,4	+ 8,3	+10,8	+12,9	+15,9	+15,1	+11,2	+5,5	+0,4	−3,5
6	−7,0	−8,4	+0,9	+ 8,7	+11,7	+14,5	+17,3	+15,4	+10,9	+5,3	+0,2	−3,8
7	−7,4	−8,6	+1,1	+10,5	+14,6	+17,5	+20,1	+17,9	+12,3	+5,4	+0,0	−4,0
8	−7,6	−8,5	+2,1	+12,8	+16,6	+19,5	+22,0	+20,1	+14,4	+6,1	+0,2	−4,1
9	−7,5	−7,8	+4,7	+15,7	+19,4	+21,6	+24,0	+22,9	+17,6	+8,4	+0,4	−3,9
10	−6,8	−6,6	+7,9	+17,9	+21,3	+23,5	+25,9	+25,0	+20,3	+10,7	+1,5	−2,9
11	−5,6	−4,9	+10,7	+20,1	+23,0	+24,9	+27,4	+27,1	+22,6	+12,7	+2,7	−1,9
12	−4,5	−3,6	+13,0	+21,7	+24,5	+26,0	+28,8	+28,3	+24,4	+14,1	+3,6	−1,0
13	−3,6	−2,3	+14,9	+22,9	+25,4	+27,2	+30,0	+29,7	+25,5	+15,2	+4,3	0,0
14	−2,6	−1,1	+16,3	+23,9	+26,4	+28,1	+30,9	+30,5	+26,6	+15,9	+4,9	+0,2
15	−2,6	−0,9	+17,0	+24,4	+26,9	+28,6	+31,6	+31,2	+27,0	+16,2	+4,9	+0,1
16	−3,0	−0,9	+16,6	+24,4	+26,9	+29,0	+32,0	+31,2	+26,9	+15,7	+4,0	−0,9
17	−3,7	−1,4	+15,6	+23,7	+26,6	+28,9	+31,7	+30,8	+26,0	+14,5	+3,2	−1,5
18	−4,4	−2,7	+13,7	+22,5	+25,4	+28,1	+31,1	+29,7	+24,2	+13,1	+2,5	−2,1
19	−4,8	−3,3	+11,8	+20,9	+24,2	+27,0	+29,8	+27,9	+22,0	+12,0	+1,9	−2,5
20	−5,3	−3,5	+10,3	+19,1	+22,2	+25,2	+27,9	+25,8	+20,5	+11,1	+1,4	−2,5
21	−5,8	−4,1	+9,1	+17,2	+20,2	+22,9	+25,9	+23,8	+18,8	+10,1	+0,9	−2,9
22	−6,2	−4,5	+7,9	+16,3	+19,1	+21,7	+24,7	+22,9	+17,7	+9,5	+0,8	−3,2
23	−6,5	−5,2	+6,7	+15,1	+17,8	+20,3	+23,1	+21,7	+16,9	+8,7	+0,4	−3,5
24	−6,8	−5,6	+5,8	+13,9	+16,4	+19,1	+21,9	+20,6	+15,8	+8,2	+0,2	−3,9
ϑ_{max}	−2,6	−0,9	+17,0	+24,4	+26,9	+29,0	+32,0	+31,2	+27,0	+16,2	+4,9	+0,2
ϑ_m	−5,5	−5,0	+8,3	+16,7	+19,5	+21,8	+24,6	+23,6	+18,9	+10,2	+1,8	−2,4

Kühllastzone 4

Tageszeit h	Monat Jan.	Febr.	März	April	Mai	Juni	Juli	August	Sept.	Okt.	Nov.	Dez.
1	−3,6	−3,7	+ 6,1	+11,1	+14,4	+16,1	+18,3	+17,0	+13,7	+6,3	+0,7	−2,4
2	−4,0	−4,3	+ 5,4	+10,4	+13,5	+15,4	+17,6	+16,3	+13,0	+5,9	+0,3	−3,0
3	−4,2	−4,6	+ 4,8	+ 9,6	+12,8	+14,6	+16,9	+15,7	+12,4	+5,4	+0,0	−3,2
4	−4,5	−5,1	+ 4,2	+ 8,9	+12,0	+14,0	+16,3	+15,1	+11,9	+4,9	−0,2	−3,5
5	−4,6	−5,4	+ 3,7	+ 8,2	+11,9	+14,1	+16,2	+14,5	+11,3	+4,7	−0,3	−4,0
6	−5,0	−5,8	+ 3,1	+ 8,4	+13,5	+15,9	+17,5	+14,9	+11,2	+4,4	−0,7	−4,2
7	−5,4	−6,3	+ 3,2	+10,5	+16,3	+18,6	+20,1	+16,8	+12,4	+4,4	−1,1	−4,8
8	−5,3	−6,2	+ 5,2	+13,9	+19,0	+21,4	+22,8	+19,9	+15,2	+6,1	−0,7	−4,8
9	−4,9	−4,7	+ 8,5	+16,9	+21,5	+23,9	+25,6	+23,1	+18,6	+8,9	+0,4	−4,3
10	−3,1	−2,6	+11,5	+19,2	+23,8	+26,0	+27,7	+25,7	+21,8	+11,8	+2,3	−2,6
11	−1,4	−0,9	+14,1	+21,3	+25,5	+27,5	+29,2	+27,6	+24,0	+13,7	+4,3	−0,7
12	−0,2	+0,4	+16,3	+22,6	+26,8	+28,7	+30,6	+29,1	+25,7	+15,5	+5,7	+0,5
13	+0,6	+1,5	+18,1	+23,7	+27,7	+29,7	+31,6	+30,2	+26,9	+16,7	+6,7	+1,2
14	+1,2	+2,4	+19,3	+24,5	+28,4	+30,4	+32,4	+30,9	+27,6	+17,4	+7,4	+1,6
15	+1,1	+2,7	+19,9	+25,0	+28,7	+30,8	+32,9	+31,3	+28,0	+17,6	+7,3	+1,5
16	+0,3	+2,3	+19,8	+25,0	+28,6	+30,8	+33,0	+31,3	+27,5	+16,5	+5,8	+0,5
17	−1,0	+1,3	+18,7	+24,5	+28,1	+30,2	+32,4	+30,6	+26,1	+14,5	+4,2	−0,5
18	−2,0	−0,2	+16,2	+23,3	+27,0	+29,5	+31,5	+29,5	+23,9	+11,7	+3,1	−1,6
19	−2,8	−1,2	+13,6	+20,8	+25,3	+28,1	+30,0	+27,0	+20,8	+9,8	+2,3	−2,5
20	−3,4	−2,0	+11,4	+18,2	+22,6	+25,9	+27,5	+24,2	+18,7	+8,7	+1,6	−3,2
21	−4,1	−2,7	+ 9,6	+16,1	+20,2	+22,9	+24,9	+21,7	+17,3	+7,7	+0,9	−3,8
22	−4,5	−3,0	+ 8,5	+14,9	+18,9	+21,0	+23,2	+20,1	+16,3	+7,1	+0,7	−4,2
23	−4,7	−3,5	+ 7,9	+14,0	+17,7	+20,0	+22,0	+19,3	+15,5	+6,5	+0,3	−4,4
24	−5,0	−4,0	+ 7,2	+13,0	+16,9	+18,9	+20,9	+18,5	+15,0	+6,1	+0,1	−4,6
ϑ_{max}	+1,2	+2,7	+19,9	+25,0	+28,7	+30,8	+33,0	+31,3	+28,0	+17,6	+7,4	+1,6
ϑ_m	−2,9	−2,3	+10,7	+16,8	+20,9	+23,1	+25,0	+22,9	+18,9	+9,7	+2,1	−2,4

Tabelle A26. Tagesgänge der Gesamt- und Diffusstrahlung in den Sommermonaten hinter Zweifachverglasung in W/m² (geographische Breite 50°)

Monatsmittelwerte für Trübungsfaktor *T* (Auslegungstabelle bei variablem äußeren Sonnenschutz mit Durchlaßfaktor ca. $b \leqslant 0{,}25$)

Jahresz.	Himmelsr.	Art	Wahre Ortszeit in h 1	2	3	4	5	6	7	8	9	10	11	12	13	14	15	16	17	18	19	20	21	22	23	24
20. APRIL	normal	gesamt:	0	0	0	0	0	186	396	537	621	669	692	698	692	669	621	537	396	186	0	0	0	0	0	0
T = 5,1		diffus:	0	0	0	0	0	67	122	146	153	152	148	146	148	152	153	146	122	67	0	0	0	0	0	0
	horiz.	gesamt:	0	0	0	0	0	36	108	219	339	438	502	524	502	438	339	219	108	36	0	0	0	0	0	0
		diffus:	0	0	0	0	0	31	57	75	88	98	103	105	103	98	88	75	57	31	0	0	0	0	0	0
	NO	gesamt:	0	0	0	0	0	144	243	218	130	91	90	88	84	78	70	58	44	24	0	0	0	0	0	0
		diffus:	0	0	0	0	0	54	87	94	93	91	90	88	84	78	70	58	44	24	0	0	0	0	0	0
	O	gesamt:	0	0	0	0	0	179	373	460	442	332	178	99	89	80	70	58	44	25	0	0	0	0	0	0
		diffus:	0	0	0	0	0	63	114	133	135	124	111	99	89	80	70	58	44	25	0	0	0	0	0	0
	SO	gesamt:	0	0	0	0	0	111	282	421	497	501	438	316	173	93	76	60	44	24	0	0	0	0	0	0
		diffus:	0	0	0	0	0	46	94	126	143	147	141	128	111	93	76	60	44	24	0	0	0	0	0	0
	S	gesamt:	0	0	0	0	0	27	57	129	245	358	434	461	434	358	245	129	57	27	0	0	0	0	0	0
		diffus:	0	0	0	0	0	27	55	82	107	128	140	145	140	128	107	82	55	27	0	0	0	0	0	0
	SW	gesamt:	0	0	0	0	0	24	44	60	76	93	173	316	438	501	497	421	282	111	0	0	0	0	0	0
		diffus:	0	0	0	0	0	24	44	60	76	93	111	128	141	147	143	126	94	46	0	0	0	0	0	0
	W	gesamt:	0	0	0	0	0	25	44	58	70	80	89	99	178	332	442	460	373	179	0	0	0	0	0	0
		diffus:	0	0	0	0	0	25	44	58	70	80	89	99	111	124	135	133	114	63	0	0	0	0	0	0
	NW	gesamt:	0	0	0	0	0	24	44	58	70	78	84	88	90	91	130	218	243	144	0	0	0	0	0	0
		diffus:	0	0	0	0	0	24	44	58	70	78	84	88	90	91	93	94	87	54	0	0	0	0	0	0
	N	gesamt:	0	0	0	0	0	34	50	63	72	80	84	86	84	80	72	63	50	34	0	0	0	0	0	0
		diffus:	0	0	0	0	0	31	50	63	72	80	84	86	84	80	72	63	50	51	0	0	0	0	0	0
21. MAI	normal	gesamt:	0	0	0	0	116	323	480	585	647	680	697	702	697	680	647	585	480	323	116	0	0	0	0	0
T = 5,3		diffus:	0	0	0	0	47	110	141	154	154	147	142	140	142	147	154	154	141	110	47	0	0	0	0	0
	horiz.	gesamt:	0	0	0	0	24	78	175	300	419	514	573	594	573	514	419	300	175	78	24	0	0	0	0	0
		diffus:	0	0	0	0	23	50	70	86	98	107	111	113	111	107	98	86	70	50	23	0	0	0	0	0
	NO	gesamt:	0	0	0	0	108	263	320	275	173	103	98	95	91	86	77	67	54	38	18	0	0	0	0	0
		diffus:	0	0	0	0	44	92	109	110	106	101	98	95	91	86	77	67	54	38	18	0	0	0	0	0
	O	gesamt:	0	0	0	0	105	300	438	486	446	331	180	105	96	87	77	67	54	38	18	0	0	0	0	0
		diffus:	0	0	0	0	43	101	132	143	140	131	117	105	96	87	77	67	54	38	18	0	0	0	0	0
	SO	gesamt:	0	0	0	0	43	159	295	402	453	445	374	257	140	97	83	68	54	38	18	0	0	0	0	0
		diffus:	0	0	0	0	27	69	104	129	141	145	139	127	112	97	83	68	54	38	18	0	0	0	0	0
	S	gesamt:	0	0	0	0	18	41	63	102	185	280	348	371	348	280	185	102	63	41	18	0	0	0	0	0
		diffus:	0	0	0	0	18	41	63	86	107	125	136	139	136	125	107	86	63	41	18	0	0	0	0	0
	SW	gesamt:	0	0	0	0	18	38	54	68	83	97	140	257	374	445	453	402	295	159	43	0	0	0	0	0
		diffus:	0	0	0	0	18	38	54	68	83	97	112	127	139	145	141	129	104	69	27	0	0	0	0	0
	W	gesamt:	0	0	0	0	18	38	54	67	77	87	96	105	180	331	446	486	438	300	105	0	0	0	0	0
		diffus:	0	0	0	0	18	38	54	67	77	87	96	105	117	131	140	143	132	101	43	0	0	0	0	0
	NW	gesamt:	0	0	0	0	18	38	54	67	77	86	91	95	98	103	173	275	320	263	108	0	0	0	0	0
		diffus:	0	0	0	0	18	38	54	67	77	86	91	95	98	101	106	110	109	92	44	0	0	0	0	0
	N	gesamt:	0	0	0	0	48	73	67	75	82	88	92	93	92	88	82	75	67	73	48	0	0	0	0	0
		diffus:	0	0	0	0	28	53	66	75	82	88	92	93	92	88	82	75	66	53	28	0	0	0	0	0
21. JUNI	normal	gesamt:	0	0	0	10	146	327	467	561	618	649	666	670	666	649	618	561	467	327	146	10	0	0	0	0
T = 6,1		diffus:	0	0	0	4	68	126	156	166	165	157	152	149	152	157	165	166	156	126	68	4	0	0	0	0
	horiz.	gesamt:	0	0	0	2	35	94	193	311	424	512	568	588	568	512	424	311	193	94	35	2	0	0	0	0
		diffus:	0	0	0	2	32	59	81	98	111	119	124	126	124	119	111	98	81	59	32	2	0	0	0	0
	NO	gesamt:	0	0	0	10	136	271	320	281	186	113	103	99	95	89	81	72	59	44	25	2	0	0	0	0
		diffus:	0	0	0	4	63	107	121	121	114	108	103	99	95	39	81	72	59	44	25	2	0	0	0	0
	O	gesamt:	0	0	0	9	128	298	417	459	422	315	179	110	99	91	81	71	59	44	24	2	0	0	0	0
		diffus:	0	0	0	4	60	115	144	153	149	137	122	110	99	91	81	71	59	44	24	2	0	0	0	0
	SO	gesamt:	0	0	0	2	51	152	269	363	408	399	333	228	131	101	86	73	59	44	25	2	0	0	0	0
		diffus:	0	0	0	2	36	77	111	135	146	149	142	130	115	101	86	73	59	44	25	2	0	0	0	0
	S	gesamt:	0	0	0	2	25	46	68	96	161	240	300	322	300	240	161	96	68	46	25	2	0	0	0	0
		diffus:	0	0	0	2	25	46	68	90	110	127	138	142	138	127	110	90	68	46	25	2	0	0	0	0
	SW	gesamt:	0	0	0	2	25	44	59	73	86	101	131	228	333	399	408	363	269	152	51	2	0	0	0	0
		diffus:	0	0	0	2	25	44	59	73	86	101	115	130	142	149	146	135	111	77	36	2	0	0	0	0
	W	gesamt:	0	0	0	2	24	44	59	71	81	91	99	110	178	315	422	459	417	298	128	9	0	0	0	0
		diffus:	0	0	0	2	24	44	59	71	81	91	99	110	122	137	149	153	144	115	60	4	0	0	0	0
	NW	gesamt:	0	0	0	2	25	44	59	72	81	89	95	99	103	113	186	281	320	271	136	10	0	0	0	0
		diffus:	0	0	0	2	25	44	59	72	81	89	95	99	103	108	114	121	121	107	63	4	0	0	0	0
	N	gesamt:	0	0	0	7	67	88	77	81	87	93	96	97	96	93	87	81	77	89	67	7	0	0	0	0
		diffus:	0	0	0	3	41	63	74	81	87	93	96	97	96	93	87	81	74	63	41	3	0	0	0	0

3

Jahresz.	Himmelsr.	Art	Wahre Ortszeit in h																						
			1	2	3	4	5	6	7	8	9	10	11	12	13	14	15	16	17	18	19	20	21	22	23	24
23. JULI	normal	gesamt:	0	0	0	0	96	284	438	542	606	641	659	665	659	641	606	542	438	284	96	0	0	0	0	0
$T = 6,1$		diffus:	0	0	0	0	49	115	151	165	166	160	155	153	155	160	166	165	151	115	49	0	0	0	0	0
	horiz.	gesamt:	0	0	0	0	24	76	168	282	395	486	543	563	543	486	395	282	166	76	24	0	0	0	0	0
		diffus:	0	0	0	0	23	53	76	94	108	117	122	124	122	117	108	94	76	53	23	0	0	0	0	0
	NO	gesamt:	0	0	0	0	89	232	293	261	170	106	100	96	92	87	79	69	56	39	18	0	0	0	0	0
		diffus:	0	0	0	0	45	96	114	116	110	104	100	96	92	87	79	69	56	39	18	0	0	0	0	0
	O	gesamt:	0	0	0	0	97	264	397	452	421	316	178	108	97	88	79	68	56	39	18	0	0	0	0	0
		diffus:	0	0	0	0	44	106	139	152	148	136	121	108	97	88	79	68	56	39	18	0	0	0	0	0
	SO	gesamt:	0	0	0	0	38	143	271	373	425	420	356	248	140	99	84	70	55	39	18	0	0	0	0	0
		diffus:	0	0	0	0	27	72	110	136	148	151	144	131	115	99	84	70	55	39	18	0	0	0	0	0
	S	gesamt:	0	0	0	0	18	42	65	102	180	267	332	354	332	267	180	102	65	42	18	0	0	0	0	0
		diffus:	0	0	0	0	18	42	65	89	111	129	141	144	141	129	111	89	65	42	18	0	0	0	0	0
	SW	gesamt:	0	0	0	0	18	39	55	70	84	99	140	248	356	420	425	373	271	43	38	0	0	0	0	0
		diffus:	0	0	0	0	18	39	55	70	84	99	115	131	144	151	148	136	110	72	27	0	0	0	0	0
	W	gesamt:	0	0	0	0	18	39	56	68	79	88	97	108	178	316	421	452	397	264	87	0	0	0	0	0
		diffus:	0	0	0	0	18	39	56	68	79	88	97	108	121	136	148	152	139	106	44	0	0	0	0	0
	NW	gesamt:	0	0	0	0	18	39	56	69	79	87	92	96	100	106	170	261	293	232	89	0	0	0	0	0
		diffus:	0	0	0	0	18	39	56	69	79	87	92	96	100	104	110	116	114	96	45	0	0	0	0	0
	N	gesamt:	0	0	0	0	43	71	69	77	84	90	93	94	93	90	84	77	69	71	43	0	0	0	0	0
		diffus:	0	0	0	0	29	55	68	77	84	90	93	94	93	90	84	77	68	55	29	0	0	0	0	0
24. AUG.	normal	gesamt:	0	0	0	0	0	152	349	489	574	624	646	654	646	624	574	489	349	152	0	0	0	0	0	0
$T = 5,9$		diffus:	0	0	0	0	0	68	128	157	165	165	160	159	160	165	165	157	128	68	0	0	0	0	0	0
	horiz.	gesamt:	0	0	0	0	0	36	101	204	315	410	470	491	470	410	315	204	101	36	0	0	0	0	0	0
		diffus:	0	0	0	0	0	32	60	81	96	107	113	115	113	107	96	81	60	32	0	0	0	0	0	0
	NO	gesamt:	0	0	0	0	0	119	216	204	129	93	91	89	85	79	71	60	45	24	0	0	0	0	0	0
		diffus:	0	0	0	0	0	55	91	98	96	93	91	89	85	79	71	60	45	24	0	0	0	0	0	0
	O	gesamt:	0	0	0	0	0	148	328	419	410	314	175	101	91	81	71	60	45	25	0	0	0	0	0	0
		diffus:	0	0	0	0	0	65	119	141	142	130	115	101	91	81	71	60	45	25	0	0	0	0	0	0
	SO	gesamt:	0	0	0	0	0	93	250	384	460	468	412	301	170	95	78	61	45	24	0	0	0	0	0	0
		diffus:	0	0	0	0	0	47	99	133	151	154	147	133	114	95	78	61	45	24	0	0	0	0	0	0
	S	gesamt:	0	0	0	0	0	27	59	125	232	337	409	435	409	337	232	125	58	27	0	0	0	0	0	0
		diffus:	0	0	0	0	0	27	56	85	112	133	147	152	147	133	112	85	56	27	0	0	0	0	0	0
	SW	gesamt:	0	0	0	0	0	24	45	61	78	95	170	301	412	468	460	384	250	93	0	0	0	0	0	0
		diffus:	0	0	0	0	0	24	45	61	78	95	114	133	147	154	151	133	99	47	0	0	0	0	0	0
	W	gesamt:	0	0	0	0	0	25	45	60	71	81	91	101	175	314	410	419	328	148	0	0	0	0	0	0
		diffus:	0	0	0	0	0	25	45	60	71	81	91	101	115	130	142	141	119	65	0	0	0	0	0	0
	NW	gesamt:	0	0	0	0	0	24	45	60	71	79	85	89	91	93	129	204	216	119	0	0	0	0	0	0
		diffus:	0	0	0	0	0	24	45	60	71	79	85	89	91	93	96	98	91	55	0	0	0	0	0	0
	N	gesamt:	0	0	0	0	0	33	52	64	74	81	85	87	85	81	74	64	52	33	0	0	0	0	0	0
		diffus:	0	0	0	0	0	31	52	64	74	81	85	87	85	81	74	64	52	31	0	0	0	0	0	0
22. SEPT.	normal	gesamt:	0	0	0	0	0	15	206	397	519	589	624	633	624	589	519	397	206	15	0	0	0	0	0	0
$T = 5,4$		diffus:	0	0	0	0	0	4	78	129	151	158	159	159	159	158	151	129	78	4	0	0	0	0	0	0
	horiz.	gesamt:	0	0	0	0	0	2	43	116	213	303	365	386	363	303	213	116	43	2	0	0	0	0	0	0
		diffus:	0	0	0	0	0	2	36	61	78	89	95	98	95	89	79	61	36	2	0	0	0	0	0	0
	NO	gesamt:	0	0	0	0	0	11	112	132	86	77	78	77	74	68	59	46	28	1	0	0	0	0	0	0
		diffus:	0	0	0	0	0	3	51	72	76	77	78	77	74	68	59	46	28	1	0	0	0	0	0	0
	O	gesamt:	0	0	0	0	0	15	196	343	370	293	162	89	79	70	59	46	28	1	0	0	0	0	0	0
		diffus:	0	0	0	0	0	4	73	113	122	115	102	89	79	70	59	46	28	1	0	0	0	0	0	0
	SO	gesamt:	0	0	0	0	0	11	167	347	460	494	452	348	206	97	67	48	28	1	0	0	0	0	0	0
		diffus:	0	0	0	0	0	3	65	114	140	148	142	128	108	87	67	48	28	1	0	0	0	0	0	0
	S	gesamt:	0	0	0	0	0	2	47	143	275	393	473	501	473	393	275	143	47	2	0	0	0	0	0	0
		diffus:	0	0	0	0	0	2	38	74	106	130	146	151	146	130	106	74	38	2	0	0	0	0	0	0
	SW	gesamt:	0	0	0	0	0	1	28	48	67	97	206	348	452	494	460	347	167	11	0	0	0	0	0	0
		diffus:	0	0	0	0	0	1	28	48	67	87	108	128	142	148	140	114	65	3	0	0	0	0	0	0
	W	gesamt:	0	0	0	0	0	1	28	46	59	70	79	89	162	293	370	343	196	15	0	0	0	0	0	0
		diffus:	0	0	0	0	0	1	28	46	59	70	79	89	102	115	122	113	73	4	0	0	0	0	0	0
	NW	gesamt:	0	0	0	0	0	1	28	46	59	68	74	77	78	77	86	132	112	11	0	0	0	0	0	0
		diffus:	0	0	0	0	0	1	28	46	59	68	74	77	78	77	76	72	51	3	0	0	0	0	0	0
	N	gesamt:	0	0	0	0	0	2	30	48	60	69	74	76	74	69	60	48	30	2	0	0	0	0	0	0
		diffus:	0	0	0	0	0	2	30	48	60	69	74	76	74	69	60	48	30	2	0	0	0	0	0	0

Tabelle A27. Tagesgänge der Gesamt- und Diffusstrahlung in den Wintermonaten hinter Zweifachverglasung in W/m² (geographische Breite 50°)

Monatsmittelwerte für Trübungsfaktor T (Auslegungstabelle bei geringem äußeren Sonnenschutz mit Durchlaßfaktoren ca. $b \leqslant 0{,}25$)

Jahresz.	Himmelsr.	Art	Wahre Ortszeit in h 1	2	3	4	5	6	7	8	9	10	11	12	13	14	15	16	17	18	19	20	21	22	23	24
24. JAN.	normal	gesamt:	0	0	0	0	0	0	0	11	526	467	536	556	536	467	526	111	0	0	0	0	0	0	0	0
T = 3,7		diffus:	0	0	0	0	0	0	0	22	70	98	108	110	108	98	70	22	0	0	0	0	0	0	0	0
	horiz.	gesamt:	0	0	0	0	0	0	0	11	47	95	137	153	137	95	47	11	0	0	0	0	0	0	0	0
		diffus:	0	0	0	0	0	0	0	11	32	43	49	51	49	43	32	11	0	0	0	0	0	0	0	0
	NO	gesamt:	0	0	0	0	0	0	0	16	30	39	44	45	43	37	27	9	0	0	0	0	0	0	0	0
		diffus:	0	0	0	0	0	0	0	11	30	39	44	45	43	37	27	9	0	0	0	0	0	0	0	0
	O	gesamt:	0	0	0	0	0	0	0	90	212	201	108	53	46	38	26	9	0	0	0	0	0	0	0	0
		diffus:	0	0	0	0	0	0	0	19	52	62	59	53	46	38	26	9	0	0	0	0	0	0	0	0
	SO	gesamt:	0	0	0	0	0	0	0	109	319	431	436	361	232	100	33	9	0	0	0	0	0	0	0	0
		diffus:	0	0	0	0	0	0	0	21	67	91	94	86	71	52	32	9	0	0	0	0	0	0	0	0
	S	gesamt:	0	0	0	0	0	0	0	60	233	389	488	522	488	389	233	60	0	0	0	0	0	0	0	0
		diffus:	0	0	0	0	0	0	0	15	55	85	101	107	101	85	55	15	0	0	0	0	0	0	0	0
	SW	gesamt:	0	0	0	0	0	0	0	9	33	100	232	361	436	431	319	109	0	0	0	0	0	0	0	0
		diffus:	0	0	0	0	0	0	0	9	32	52	71	86	94	91	67	21	0	0	0	0	0	0	0	0
	W	gesamt:	0	0	0	0	0	0	0	9	26	38	46	53	108	201	212	90	0	0	0	0	0	0	0	0
		diffus:	0	0	0	0	0	0	0	9	26	38	46	53	59	62	52	19	0	0	0	0	0	0	0	0
	NW	gesamt:	0	0	0	0	0	0	0	9	27	37	43	45	44	39	30	16	0	0	0	0	0	0	0	0
		diffus:	0	0	0	0	0	0	0	9	27	37	43	45	44	39	30	11	0	0	0	0	0	0	0	0
	N	gesamt:	0	0	0	0	0	0	0	9	26	37	44	46	44	37	26	8	0	0	0	0	0	0	0	0
		diffus:	0	0	0	0	0	0	0	8	26	37	44	46	44	37	26	8	0	0	0	0	0	0	0	0
20. FEB.	normal	gesamt:	0	0	0	0	0	0	46	278	460	563	616	632	616	563	460	278	46	0	0	0	0	0	0	0
T = 4,1		diffus:	0	0	0	0	0	0	7	70	108	124	131	133	131	124	108	70	7	0	0	0	0	0	0	0
	horiz.	gesamt:	0	0	0	0	0	0	3	43	108	184	241	262	241	184	108	43	3	0	0	0	0	0	0	0
		diffus:	0	0	0	0	0	0	3	32	49	59	65	67	65	59	49	32	3	0	0	0	0	0	0	0
	NO	gesamt:	0	0	0	0	0	0	17	60	49	55	58	59	57	51	41	26	3	0	0	0	0	0	0	0
		diffus:	0	0	0	0	0	0	4	36	49	55	58	59	57	51	41	26	3	0	0	0	0	0	0	0
	O	gesamt:	0	0	0	0	0	0	43	235	515	260	137	68	60	52	41	26	3	0	0	0	0	0	0	0
		diffus:	0	0	0	0	0	0	6	61	84	84	77	68	60	52	41	26	3	0	0	0	0	0	0	0
	SO	gesamt:	0	0	0	0	0	0	40	264	438	506	484	387	241	101	47	27	3	0	0	0	0	0	0	0
		diffus:	0	0	0	0	0	0	6	66	103	116	116	105	88	67	47	27	3	0	0	0	0	0	0	0
	S	gesamt:	0	0	0	0	0	0	11	131	296	437	528	560	528	437	296	131	11	0	0	0	0	0	0	0
		diffus:	0	0	0	0	0	0	4	45	81	106	122	128	122	106	81	45	4	0	0	0	0	0	0	0
	SW	gesamt:	0	0	0	0	0	0	3	27	47	101	241	387	484	506	438	264	40	0	0	0	0	0	0	0
		diffus:	0	0	0	0	0	0	3	27	47	67	88	105	116	116	103	66	6	0	0	0	0	0	0	0
	W	gesamt:	0	0	0	0	0	0	3	26	41	52	60	68	137	260	315	235	43	0	0	0	0	0	0	0
		diffus:	0	0	0	0	0	0	3	26	41	52	60	68	77	84	84	61	6	0	0	0	0	0	0	0
	NW	gesamt:	0	0	0	0	0	0	3	26	41	51	57	59	58	55	49	60	17	0	0	0	0	0	0	0
		diffus:	0	0	0	0	0	0	3	26	41	51	57	59	58	55	49	36	4	0	0	0	0	0	0	0
	N	gesamt:	0	0	0	0	0	0	3	26	41	51	57	59	57	51	41	26	3	0	0	0	0	0	0	0
		diffus:	0	0	0	0	0	0	3	26	41	51	57	59	57	51	41	26	3	0	0	0	0	0	0	0
22. MÄRZ	normal	gesamt:	0	0	0	0	0	23	247	449	572	641	675	685	675	641	572	449	247	23	0	0	0	0	0	0
T = 4,6		diffus:	0	0	0	0	0	2	74	120	139	145	145	145	145	145	139	120	74	2	0	0	0	0	0	0
	horiz.	gesamt:	0	0	0	0	0	1	44	122	227	324	389	412	389	324	227	122	44	1	0	0	0	0	0	0
		diffus:	0	0	0	0	0	1	34	56	70	80	86	88	86	80	70	56	34	1	0	0	0	0	0	0
	NO	gesamt:	0	0	0	0	0	16	131	141	84	75	76	75	72	67	57	45	27	1	0	0	0	0	0	0
		diffus:	0	0	0	0	0	2	49	68	73	75	76	75	72	67	57	45	27	1	0	0	0	0	0	0
	O	gesamt:	0	0	0	0	0	23	237	388	405	314	166	86	77	68	57	45	27	1	0	0	0	0	0	0
		diffus:	0	0	0	0	0	2	70	106	114	109	98	86	77	68	57	45	27	1	0	0	0	0	0	0
	SO	gesamt:	0	0	0	0	0	16	201	394	507	536	488	371	215	94	64	47	27	1	0	0	0	0	0	0
		diffus:	0	0	0	0	0	2	62	107	130	138	134	121	103	83	64	47	27	1	0	0	0	0	0	0
	S	gesamt:	0	0	0	0	0	1	48	156	300	428	511	541	511	428	300	156	48	1	0	0	0	0	0	0
		diffus:	0	0	0	0	0	1	36	70	100	123	137	143	137	123	100	70	36	1	0	0	0	0	0	0
	SW	gesamt:	0	0	0	0	0	1	27	47	64	94	215	371	488	536	507	394	201	16	0	0	0	0	0	0
		diffus:	0	0	0	0	0	1	27	47	64	83	103	121	134	138	130	107	62	2	0	0	0	0	0	0
	W	gesamt:	0	0	0	0	0	1	27	45	57	68	77	86	166	314	405	388	237	23	0	0	0	0	0	0
		diffus:	0	0	0	0	0	1	27	45	57	68	77	86	98	109	114	106	70	2	0	0	0	0	0	0
	NW	gesamt:	0	0	0	0	0	1	27	45	57	67	72	75	76	75	84	141	131	16	0	0	0	0	0	0
		diffus:	0	0	0	0	0	1	27	45	57	67	72	75	76	75	73	68	49	2	0	0	0	0	0	0
	N	gesamt:	0	0	0	0	0	1	29	46	58	67	72	74	72	67	58	46	29	1	0	0	0	0	0	0
		diffus:	0	0	0	0	0	1	29	46	58	67	72	74	72	67	58	46	29	1	0	0	0	0	0	0

Jahresz.	Himmelsr.	Art	1	2	3	4	5	6	7	8	9	10	11	12	13	14	15	16	17	18	19	20	21	22	23	24
			Wahre Ortszeit in h																							
23. OKT. $T = 4{,}2$	normal	gesamt:	0	0	0	0	0	0	42	268	448	549	601	617	601	549	448	268	42	0	0	0	0	0	0	0
		diffus:	0	0	0	0	0	0	7	70	109	124	131	133	31	131	109	70	7	0	0	0	0	0	0	0
	horiz.	gesamt:	0	0	0	0	0	0	3	42	106	181	237	257	237	181	106	42	3	0	0	0	0	0	0	0
		diffus:	0	0	0	0	0	0	3	32	49	60	66	68	66	60	49	32	3	0	0	0	0	0	0	0
	NO	gesamt:	0	0	0	0	0	0	16	59	49	55	58	58	56	51	41	26	3	0	0	0	0	0	0	0
		diffus:	0	0	0	0	0	0	4	36	49	55	58	58	56	51	41	26	3	0	0	0	0	0	0	0
	O	gesamt:	0	0	0	0	0	0	40	227	306	255	135	68	60	51	41	26	3	0	0	0	0	0	0	0
		diffus:	0	0	0	0	0	0	6	61	84	84	77	68	60	51	41	26	3	0	0	0	0	0	0	0
	SO	gesamt:	0	0	0	0	0	0	38	254	425	494	473	378	236	100	47	27	3	0	0	0	0	0	0	0
		diffus:	0	0	0	0	0	0	6	66	103	117	116	105	88	67	47	27	3	0	0	0	0	0	0	0
	S	gesamt:	0	0	0	0	0	0	11	127	288	426	516	547	516	426	288	127	11	0	0	0	0	0	0	0
		diffus:	0	0	0	0	0	0	4	45	81	106	122	128	122	106	81	45	4	0	0	0	0	0	0	0
	SW	gesamt:	0	0	0	0	0	0	3	27	47	100	236	378	473	494	425	254	38	0	0	0	0	0	0	0
		diffus:	0	0	0	0	0	0	3	27	47	67	88	105	116	117	103	66	6	0	0	0	0	0	0	0
	W	gesamt:	0	0	0	0	0	0	3	26	41	51	60	68	135	255	306	227	40	0	0	0	0	0	0	0
		diffus:	0	0	0	0	0	0	3	26	41	51	60	68	77	84	84	61	6	0	0	0	0	0	0	0
	NW	gesamt:	0	0	0	0	0	0	3	26	41	51	56	58	58	55	49	59	16	0	0	0	0	0	0	0
		diffus:	0	0	0	0	0	0	3	26	41	51	56	58	58	55	49	36	4	0	0	0	0	0	0	0
	N	gesamt:	0	0	0	0	0	0	3	26	41	51	56	58	56	51	41	26	3	0	0	0	0	0	0	0
		diffus:	0	0	0	0	0	0	3	26	41	51	56	58	56	51	41	26	3	0	0	0	0	0	0	0
20. NOV. $T = 3{,}6$	normal	gesamt:	0	0	0	0	0	0	0	113	329	469	537	558	537	469	329	113	0	0	0	0	0	0	0	0
		diffus:	0	0	0	0	0	0	0	21	68	95	104	107	104	95	68	21	0	0	0	0	0	0	0	0
	horiz.	gesamt:	0	0	0	0	0	0	0	10	46	93	135	151	135	93	46	10	0	0	0	0	0	0	0	0
		diffus:	0	0	0	0	0	0	0	10	31	42	47	49	47	42	31	10	0	0	0	0	0	0	0	0
	NO	gesamt:	0	0	0	0	0	0	0	15	29	38	43	44	42	36	26	8	0	0	0	0	0	0	0	0
		diffus:	0	0	0	0	0	0	0	10	29	38	43	44	42	36	26	8	0	0	0	0	0	0	0	0
	O	gesamt:	0	0	0	0	0	0	0	91	214	201	106	51	45	37	26	8	0	0	0	0	0	0	0	0
		diffus:	0	0	0	0	0	0	0	18	51	60	57	51	45	37	26	8	0	0	0	0	0	0	0	0
	SO	gesamt:	0	0	0	0	0	0	0	410	322	433	439	363	233	99	32	9	0	0	0	0	0	0	0	0
		diffus:	0	0	0	0	0	0	0	20	65	88	92	84	69	50	31	9	0	0	0	0	0	0	0	0
	S	gesamt:	0	0	0	0	0	0	0	61	234	391	490	524	490	391	234	61	0	0	0	0	0	0	0	0
		diffus:	0	0	0	0	0	0	0	14	53	82	98	104	98	82	53	14	0	0	0	0	0	0	0	0
	SW	gesamt:	0	0	0	0	0	0	0	9	32	99	233	363	439	433	322	110	0	0	0	0	0	0	0	0
		diffus:	0	0	0	0	0	0	0	9	31	50	69	84	92	88	65	20	0	0	0	0	0	0	0	0
	W	gesamt:	0	0	0	0	0	0	0	8	26	37	45	51	106	201	214	91	0	0	0	0	0	0	0	0
		diffus:	0	0	0	0	0	0	0	8	26	37	45	51	57	60	51	18	0	0	0	0	0	0	0	0
	NW	gesamt:	0	0	0	0	0	0	0	8	26	36	42	44	43	38	29	15	0	0	0	0	0	0	0	0
		diffus:	0	0	0	0	0	0	0	8	26	36	42	44	43	38	29	10	0	0	0	0	0	0	0	0
	N	gesamt:	0	0	0	0	0	0	0	8	26	36	43	45	43	36	26	8	0	0	0	0	0	0	0	0
		diffus:	0	0	0	0	0	0	0	8	26	36	43	45	43	36	26	8	0	0	0	0	0	0	0	0
22. DEZ. $T = 3{,}5$	normal	gesamt:	0	0	0	0	0	0	0	0	239	396	478	503	478	396	239	0	0	0	0	0	0	0	0	0
		diffus:	0	0	0	0	0	0	0	0	47	78	93	97	93	78	47	0	0	0	0	0	0	0	0	0
	horiz.	gesamt:	0	0	0	0	0	0	0	0	26	61	93	106	93	61	26	0	0	0	0	0	0	0	0	0
		diffus:	0	0	0	0	0	0	0	0	22	35	41	43	41	35	22	0	0	0	0	0	0	0	0	0
	NO	gesamt:	0	0	0	0	0	0	0	0	20	31	36	38	36	30	18	0	0	0	0	0	0	0	0	0
		diffus:	0	0	0	0	0	0	0	0	20	31	36	38	36	30	18	0	0	0	0	0	0	0	0	0
	O	gesamt:	0	0	0	0	0	0	0	0	150	164	91	44	38	30	18	0	0	0	0	0	0	0	0	0
		diffus:	0	0	0	0	0	0	0	0	35	49	49	44	38	30	18	0	0	0	0	0	0	0	0	0
	SO	gesamt:	0	0	0	0	0	0	0	0	236	368	394	333	217	92	24	0	0	0	0	0	0	0	0	0
		diffus:	0	0	0	0	0	0	0	0	46	72	80	74	61	42	22	0	0	0	0	0	0	0	0	0
	S	gesamt:	0	0	0	0	0	0	0	0	177	339	445	481	445	339	177	0	0	0	0	0	0	0	0	0
		diffus:	0	0	0	0	0	0	0	0	38	68	87	93	87	68	38	0	0	0	0	0	0	0	0	0
	SW	gesamt:	0	0	0	0	0	0	0	0	24	92	217	333	394	368	236	0	0	0	0	0	0	0	0	0
		diffus:	0	0	0	0	0	0	0	0	22	42	61	74	80	72	46	0	0	0	0	0	0	0	0	0
	W	gesamt:	0	0	0	0	0	0	0	0	18	30	38	44	91	164	150	0	0	0	0	0	0	0	0	0
		diffus:	0	0	0	0	0	0	0	0	18	30	38	44	49	49	35	0	0	0	0	0	0	0	0	0
	NW	gesamt:	0	0	0	0	0	0	0	0	18	30	36	38	36	31	20	0	0	0	0	0	0	0	0	0
		diffus:	0	0	0	0	0	0	0	0	18	30	36	38	36	31	20	0	0	0	0	0	0	0	0	0
	N	gesamt:	0	0	0	0	0	0	0	0	18	30	36	38	36	30	18	0	0	0	0	0	0	0	0	0
		diffus:	0	0	0	0	0	0	0	0	18	30	36	38	36	30	18	0	0	0	0	0	0	0	0	0

3

Tabelle A28. Tagesgänge der Gesamt- und Diffusstrahlung in den Sommermonaten hinter Zweifachverglasung in W/m² (geographische Breite 50°)

Monatsmittelwerte minus Standardabweichung für Trübungsfaktor *T* (Auslegungstabelle bei geringem äußeren Sonnenschutz mit Durchlaßfaktoren ca. *b* > 0,25)

			Wahre Ortszeit in h																							
Jahresz.	Himmelsr.	Art	1	2	3	4	5	6	7	8	9	10	11	12	13	14	15	16	17	18	19	20	21	22	23	24
20. APRIL $T = 3{,}5$	normal	gesamt:	0	0	0	0	0	292	512	642	715	756	774	780	774	756	715	642	512	292	0	0	0	0	0	0
		diffus:	0	0	0	0	0	58	97	113	116	115	111	110	111	115	116	113	97	58	0	0	0	0	0	0
	horiz.	gesamt:	0	0	0	0	0	36	120	250	384	493	561	585	561	493	384	250	120	36	0	0	0	0	0	0
		diffus:	0	0	0	0	0	26	43	55	64	71	75	77	75	71	64	55	43	26	0	0	0	0	0	0
	NO	gesamt:	0	0	0	0	0	225	307	247	128	82	83	82	79	73	64	53	39	22	0	0	0	0	0	0
		diffus:	0	0	0	0	0	47	72	79	81	82	83	82	79	73	64	53	39	22	0	0	0	0	0	0
	O	gesamt:	0	0	0	0	0	284	485	551	505	364	181	91	83	74	65	53	39	22	0	0	0	0	0	0
		diffus:	0	0	0	0	0	55	93	108	112	107	99	91	83	74	65	53	39	22	0	0	0	0	0	0
	SO	gesamt:	0	0	0	0	0	169	363	502	570	562	483	340	175	85	69	54	39	22	0	0	0	0	0	0
		diffus:	0	0	0	0	0	41	78	103	118	123	121	112	99	84	69	54	39	22	0	0	0	0	0	0
	S	gesamt:	0	0	0	0	0	24	50	133	268	395	479	509	479	395	268	133	50	24	0	0	0	0	0	0
		diffus:	0	0	0	0	0	24	47	70	92	109	120	125	120	109	92	70	47	24	0	0	0	0	0	0
	SW	gesamt:	0	0	0	0	0	22	39	54	69	85	175	340	483	562	570	502	363	169	0	0	0	0	0	0
		diffus:	0	0	0	0	0	22	39	54	69	84	99	112	121	123	118	103	78	41	0	0	0	0	0	0
	W	gesamt:	0	0	0	0	0	22	39	53	65	74	83	91	181	364	505	551	485	284	0	0	0	0	0	0
		diffus:	0	0	0	0	0	22	39	53	65	74	83	91	99	107	112	108	93	55	0	0	0	0	0	0
	NW	gesamt:	0	0	0	0	0	22	39	53	64	73	79	82	83	82	128	247	307	225	0	0	0	0	0	0
		diffus:	0	0	0	0	0	22	39	53	64	73	79	82	83	82	81	79	72	47	0	0	0	0	0	0
	N	gesamt:	0	0	0	0	0	35	44	56	66	74	79	81	79	74	66	56	44	35	0	0	0	0	0	0
		diffus:	0	0	0	0	0	28	44	56	66	74	79	81	79	74	66	56	44	28	0	0	0	0	0	0
21. MAI $T = 3{,}7$	normal	gesamt:	0	0	0	0	198	431	584	677	730	759	773	778	773	759	730	677	584	431	198	0	0	0	0	0
		diffus:	0	0	0	0	43	91	112	120	118	113	108	107	108	113	118	120	112	91	43	0	0	0	0	0
	horiz.	gesamt:	0	0	0	0	23	85	201	341	473	574	638	659	638	574	473	341	201	85	23	0	0	0	0	0
		diffus:	0	0	0	0	20	40	54	65	74	80	84	85	84	80	74	65	54	40	20	0	0	0	0	0
	NO	gesamt:	0	0	0	0	184	351	384	308	177	95	92	90	87	81	72	62	49	34	17	0	0	0	0	0
		diffus:	0	0	0	0	40	77	91	94	94	93	92	90	87	81	72	62	49	34	17	0	0	0	0	0
	O	gesamt:	0	0	0	0	179	403	533	563	500	358	181	98	90	82	72	62	49	35	17	0	0	0	0	0
		diffus:	0	0	0	0	39	85	108	119	120	115	106	98	90	82	72	62	49	35	17	0	0	0	0	0
	SO	gesamt:	0	0	0	0	61	204	352	460	507	489	404	269	137	90	76	63	49	34	17	0	0	0	0	0
		diffus:	0	0	0	0	25	59	87	108	120	125	122	114	103	90	76	63	49	34	17	0	0	0	0	0
	S	gesamt:	0	0	0	0	17	37	56	96	192	298	374	400	374	298	192	96	56	37	17	0	0	0	0	0
		diffus:	0	0	0	0	17	37	56	76	95	110	120	123	120	110	95	76	56	37	17	0	0	0	0	0
	SW	gesamt:	0	0	0	0	17	34	49	63	76	90	137	269	404	489	507	460	352	204	61	0	0	0	0	0
		diffus:	0	0	0	0	17	34	49	63	76	90	103	114	122	125	120	108	87	59	25	0	0	0	0	0
	W	gesamt:	0	0	0	0	17	35	49	62	72	82	90	98	181	358	500	563	533	403	179	0	0	0	0	0
		diffus:	0	0	0	0	17	35	49	62	72	82	90	98	106	115	120	119	108	85	39	0	0	0	0	0
	NW	gesamt:	0	0	0	0	17	34	49	62	72	81	87	90	92	95	177	308	384	351	184	0	0	0	0	0
		diffus:	0	0	0	0	17	34	49	62	72	81	87	90	92	93	94	94	91	77	40	0	0	0	0	0
	N	gesamt:	0	0	0	0	72	78	59	67	76	83	87	88	87	83	76	67	59	78	72	0	0	0	0	0
		diffus:	0	0	0	0	26	46	58	67	76	83	87	88	87	83	76	67	58	46	26	0	0	0	0	0
21. JUNI $T = 4{,}3$	normal	gesamt:	0	0	0	33	229	430	566	653	703	730	743	747	743	730	703	653	566	430	228	33	0	0	0	0
		diffus:	0	0	0	4	62	107	127	133	130	123	118	116	118	123	130	133	127	107	62	4	0	0	0	0
	horiz.	gesamt:	0	0	0	2	36	106	222	357	480	577	637	657	637	577	480	357	222	106	36	2	0	0	0	0
		diffus:	0	0	0	2	29	49	64	76	85	92	96	97	96	92	85	76	64	49	29	2	0	0	0	0
	NO	gesamt:	0	0	0	32	212	355	385	316	192	105	97	94	91	85	77	67	55	41	24	2	0	0	0	0
		diffus:	0	0	0	4	58	92	104	105	102	99	97	94	91	85	77	67	55	41	24	2	0	0	0	0
	O	gesamt:	0	0	0	26	200	393	507	533	474	341	180	103	94	86	77	66	54	40	23	2	0	0	0	0
		diffus:	0	0	0	4	55	99	121	130	129	122	112	103	94	86	77	66	54	40	23	2	0	0	0	0
	SO	gesamt:	0	0	0	3	65	187	319	416	458	439	360	237	126	94	81	68	54	40	23	2	0	0	0	0
		diffus:	0	0	0	2	34	67	95	116	127	131	127	118	106	94	81	68	54	40	23	2	0	0	0	0
	S	gesamt:	0	0	0	2	23	42	62	89	163	254	322	347	322	254	163	89	62	42	23	2	0	0	0	0
		diffus:	0	0	0	2	23	42	62	81	99	114	124	128	124	114	99	81	62	42	23	2	0	0	0	0
	SW	gesamt:	0	0	0	2	23	40	54	68	81	94	126	237	360	439	458	416	319	187	65	3	0	0	0	0
		diffus:	0	0	0	2	23	40	54	68	81	94	106	118	127	131	127	116	95	67	34	2	0	0	0	0
	W	gesamt:	0	0	0	2	23	40	54	66	77	86	94	103	180	341	474	533	507	393	200	26	0	0	0	0
		diffus:	0	0	0	2	23	40	54	66	77	86	94	103	112	122	129	130	121	99	55	4	0	0	0	0
	NW	gesamt:	0	0	0	2	24	41	55	67	77	85	91	94	97	105	192	316	385	355	212	32	0	0	0	0
		diffus:	0	0	0	2	24	41	55	67	77	85	91	94	97	99	102	105	104	92	58	4	0	0	0	0
	N	gesamt:	0	0	0	19	93	96	70	74	81	88	91	93	91	88	81	74	70	96	93	19	0	0	0	0
		diffus:	0	0	0	3	38	56	66	74	81	89	91	93	91	88	81	74	66	56	38	3	0	0	0	0

Jahresz.	Himmelsr.	Art	Wahre Ortszeit in h																							
			1	2	3	4	5	6	7	8	9	10	11	12	13	14	15	16	17	18	19	20	21	22	23	24
23. JULI	normal	gesamt:	0	0	0	0	163	384	539	636	693	723	738	743	738	723	693	636	539	384	163	0	0	0	0	0
$T = 4,3$		diffus:	0	0	0	0	46	99	124	133	132	126	121	119	121	126	132	133	124	99	46	0	0	0	0	0
	horiz.	gesamt:	0	0	0	0	24	82	191	324	449	548	609	631	609	548	449	324	191	82	24	0	0	0	0	0
		diffus:	0	0	0	0	22	44	61	73	83	90	94	96	94	90	83	73	61	44	22	0	0	0	0	0
	NO	gesamt:	0	0	0	0	150	314	357	294	174	98	94	92	88	83	74	64	51	36	18	0	0	0	0	0
		diffus:	0	0	0	0	42	84	98	100	98	96	94	92	88	83	74	64	51	36	18	0	0	0	0	0
	O	gesamt:	0	0	0	0	147	359	492	528	475	344	180	100	92	84	74	64	51	36	17	0	0	0	0	0
		diffus:	0	0	0	0	42	92	118	128	127	120	110	100	92	84	74	64	51	36	17	0	0	0	0	0
	SO	gesamt:	0	0	0	0	53	183	327	433	481	466	388	261	137	92	78	65	51	36	17	0	0	0	0	0
		diffus:	0	0	0	0	26	63	94	116	128	132	128	118	106	92	78	65	51	36	17	0	0	0	0	0
	S	gesamt:	0	0	0	0	17	38	59	98	186	287	359	385	359	287	186	98	59	38	17	0	0	0	0	0
		diffus:	0	0	0	0	17	38	59	80	99	115	125	129	125	115	99	80	59	38	17	0	0	0	0	0
	SW	gesamt:	0	0	0	0	17	36	51	65	78	92	137	261	388	466	481	433	327	183	53	0	0	0	0	0
		diffus:	0	0	0	0	17	36	51	63	78	92	106	118	128	132	128	116	94	63	26	0	0	0	0	0
	W	gesamt:	0	0	0	0	17	36	51	64	74	84	92	100	180	344	475	528	492	359	147	0	0	0	0	0
		diffus:	0	0	0	0	17	36	51	64	74	84	92	100	110	120	127	128	118	92	42	0	0	0	0	0
	NW	gesamt:	0	0	0	0	18	36	51	64	74	83	88	92	94	98	174	294	357	314	150	0	0	0	0	0
		diffus:	0	0	0	0	18	36	51	64	74	83	88	92	94	96	98	100	98	84	42	0	0	0	0	0
	N	gesamt:	0	0	0	0	62	77	62	70	78	85	89	90	89	85	78	70	62	77	62	0	0	0	0	0
		diffus:	0	0	0	0	27	50	61	70	78	85	89	90	89	85	78	70	61	50	27	0	0	0	0	0
24. AUG.	normal	gesamt:	0	0	0	0	0	241	458	592	670	712	733	739	733	712	670	592	458	241	0	0	0	0	0	0
$T = 4,1$		diffus:	0	0	0	0	0	61	106	125	130	128	125	123	125	128	130	125	106	61	0	0	0	0	0	0
	horiz.	gesamt:	0	0	0	0	0	37	114	236	362	466	532	554	532	466	362	236	114	37	0	0	0	0	0	0
		diffus:	0	0	0	0	0	29	49	63	73	81	86	87	86	81	73	63	49	29	0	0	0	0	0	0
	NO	gesamt:	0	0	0	0	0	187	278	233	128	85	85	84	80	74	66	55	41	23	0	0	0	0	0	0
		diffus:	0	0	0	0	0	50	78	85	85	85	85	74	80	74	66	55	41	23	0	0	0	0	0	0
	O	gesamt:	0	0	0	0	0	235	433	508	474	347	178	93	85	76	66	55	41	23	0	0	0	0	0	0
		diffus:	0	0	0	0	0	59	101	118	120	113	103	93	85	76	66	55	41	23	0	0	0	0	0	0
	SO	gesamt:	0	0	0	0	0	141	325	463	534	531	458	326	172	87	71	56	41	23	0	0	0	0	0	0
		diffus:	0	0	0	0	0	43	84	111	127	131	127	117	102	86	71	56	41	23	0	0	0	0	0	0
	S	gesamt:	0	0	0	0	0	25	53	130	255	375	455	483	455	375	255	130	53	25	0	0	0	0	0	0
		diffus:	0	0	0	0	0	25	50	74	97	115	127	131	127	115	97	74	50	25	0	0	0	0	0	0
	SW	gesamt:	0	0	0	0	0	23	41	56	71	87	172	326	458	531	534	463	325	141	0	0	0	0	0	0
		diffus:	0	0	0	0	0	23	41	56	71	86	102	117	127	131	127	111	84	43	0	0	0	0	0	0
	W	gesamt:	0	0	0	0	0	23	41	55	66	76	85	93	178	347	474	508	433	235	0	0	0	0	0	0
		diffus:	0	0	0	0	0	23	41	55	66	76	85	93	103	113	120	118	101	59	0	0	0	0	0	0
	NW	gesamt:	0	0	0	0	0	23	41	55	66	74	80	84	85	85	128	233	278	187	0	0	0	0	0	0
		diffus:	0	0	0	0	0	23	41	55	66	74	80	84	85	85	85	85	78	50	0	0	0	0	0	0
	N	gesamt:	0	0	0	0	0	34	46	58	68	75	80	82	80	75	68	58	46	34	0	0	0	0	0	0
		diffus:	0	0	0	0	0	29	46	58	68	75	80	82	80	75	68	58	46	29	0	0	0	0	0	0
22. SEPT.	normal	gesamt:	0	0	0	0	0	43	297	497	612	676	707	716	707	676	612	497	297	43	0	0	0	0	0	0
$T = 3,9$		diffus:	0	0	0	0	0	3	69	107	122	127	127	126	127	127	122	107	69	3	0	0	0	0	0	0
	horiz.	gesamt:	0	0	0	0	0	2	45	129	240	341	408	431	408	341	240	128	45	2	0	0	0	0	0	0
		diffus:	0	0	0	0	0	2	32	49	61	69	74	75	74	69	61	49	32	2	0	0	0	0	0	0
	NO	gesamt:	0	0	0	0	0	30	154	150	81	70	72	72	69	63	54	42	26	1	0	0	0	0	0	0
		diffus:	0	0	0	0	0	3	46	63	68	70	72	72	69	63	54	42	26	1	0	0	0	0	0	0
	O	gesamt:	0	0	0	0	0	43	285	429	433	327	165	81	73	65	54	42	26	1	0	0	0	0	0	0
		diffus:	0	0	0	0	0	3	65	96	104	100	91	81	73	65	54	42	26	1	0	0	0	0	0	0
	SO	gesamt:	0	0	0	0	0	29	241	436	542	565	508	383	217	90	60	44	26	1	0	0	0	0	0	0
		diffus:	0	0	0	0	0	3	58	97	117	125	122	111	95	78	60	44	26	1	0	0	0	0	0	0
	S	gesamt:	0	0	0	0	0	2	50	166	316	447	533	563	533	447	316	166	50	2	0	0	0	0	0	0
		diffus:	0	0	0	0	0	2	34	65	91	112	125	130	125	112	91	65	34	2	0	0	0	0	0	0
	SW	gesamt:	0	0	0	0	0	1	26	44	60	90	217	383	508	565	542	436	241	29	0	0	0	0	0	0
		diffus:	0	0	0	0	0	1	26	44	60	78	95	111	122	125	117	97	58	3	0	0	0	0	0	0
	W	gesamt:	0	0	0	0	0	1	26	42	54	65	73	81	165	327	433	429	285	43	0	0	0	0	0	0
		diffus:	0	0	0	0	0	1	26	42	54	65	73	81	91	100	104	96	65	3	0	0	0	0	0	0
	NW	gesamt:	0	0	0	0	0	1	26	42	54	63	69	72	72	70	81	150	154	30	0	0	0	0	0	0
		diffus:	0	0	0	0	0	1	26	42	54	63	69	72	72	70	68	63	46	3	0	0	0	0	0	0
	N	gesamt:	0	0	0	0	0	2	28	44	55	64	69	71	69	64	55	44	28	2	0	0	0	0	0	0
		diffus:	0	0	0	0	0	2	28	44	55	64	69	71	69	64	55	44	28	2	0	0	0	0	0	0

Tabelle A29. Tagesgänge der Gesamt- und Diffusstrahlung in den Wintermonaten hinter Zweifachverglasung in W/m² (geographische Breite 50°)

Monatsmittelwerte minus Standardabweichung für Trübungsfaktor T (Auslegungstabelle bei geringem äußeren Sonnenschutz mit Durchlaßfaktor ca. $b > 0{,}25$)

Jahresz.	Himmelsr.	Art	Wahre Ortszeit in h																							
			1	2	3	4	5	6	7	8	9	10	11	12	13	14	15	16	17	18	19	20	21	22	23	24
24. JAN. $T = 2{,}7$	normal	gesamt:	0	0	0	0	0	0	0	494	434	569	632	650	632	569	434	194	0	0	0	0	0	0	0	0
		diffus:	0	0	0	0	0	0	0	20	57	77	84	86	84	77	57	20	0	0	0	0	0	0	0	0
	horiz.	gesamt:	0	0	0	0	0	0	0	10	47	101	149	168	149	101	47	10	0	0	0	0	0	0	0	0
		diffus:	0	0	0	0	0	0	0	9	25	62	36	38	36	32	25	9	0	0	0	0	0	0	0	0
	NO	gesamt:	0	0	0	0	0	0	0	20	26	34	39	41	39	33	24	8	0	0	0	0	0	0	0	0
		diffus:	0	0	0	0	0	0	0	10	26	34	39	41	39	33	24	8	0	0	0	0	0	0	0	0
	O	gesamt:	0	0	0	0	0	0	0	457	279	239	113	46	41	33	23	8	0	0	0	0	0	0	0	0
		diffus:	0	0	0	0	0	0	0	17	44	52	50	46	41	33	23	8	0	0	0	0	0	0	0	0
	SO	gesamt:	0	0	0	0	0	0	0	491	426	526	514	420	266	108	29	8	0	0	0	0	0	0	0	0
		diffus:	0	0	0	0	0	0	0	19	56	73	76	71	59	44	28	8	0	0	0	0	0	0	0	0
	S	gesamt:	0	0	0	0	0	0	0	103	307	475	578	612	578	475	307	103	0	0	0	0	0	0	0	0
		diffus:	0	0	0	0	0	0	0	14	46	69	82	86	82	69	46	14	0	0	0	0	0	0	0	0
	SW	gesamt:	0	0	0	0	0	0	0	8	29	108	266	420	514	526	426	191	0	0	0	0	0	0	0	0
		diffus:	0	0	0	0	0	0	0	8	28	44	59	71	76	73	56	19	0	0	0	0	0	0	0	0
	W	gesamt:	0	0	0	0	0	0	0	8	23	33	41	46	113	238	279	157	0	0	0	0	0	0	0	0
		diffus:	0	0	0	0	0	0	0	8	23	33	41	46	50	52	44	17	0	0	0	0	0	0	0	0
	NW	gesamt:	0	0	0	0	0	0	0	8	24	33	39	41	39	34	26	20	0	0	0	0	0	0	0	0
		diffus:	0	0	0	0	0	0	0	8	24	33	39	41	39	34	26	10	0	0	0	0	0	0	0	0
	N	gesamt:	0	0	0	0	0	0	0	8	23	33	39	41	39	33	23	9	0	0	0	0	0	0	0	0
		diffus:	0	0	0	0	0	0	0	8	23	33	39	41	39	33	23	9	0	0	0	0	0	0	0	0
20. FEB. $T = 3{,}1$	normal	gesamt:	0	0	0	0	0	0	93	370	550	644	691	706	691	644	550	370	93	0	0	0	0	0	0	0
		diffus:	0	0	0	0	0	0	6	60	89	100	105	107	105	100	89	60	6	0	0	0	0	0	0	0
	horiz.	gesamt:	0	0	0	0	0	0	3	43	116	201	263	286	263	201	116	43	3	0	0	0	0	0	0	0
		diffus:	0	0	0	0	0	0	3	27	39	46	50	52	50	46	39	27	3	0	0	0	0	0	0	0
	NO	gesamt:	0	0	0	0	0	0	34	68	44	50	53	54	52	47	37	24	3	0	0	0	0	0	0	0
		diffus:	0	0	0	0	0	0	4	32	43	50	53	54	52	47	37	24	3	0	0	0	0	0	0	0
	O	gesamt:	0	0	0	0	0	0	88	312	373	292	140	62	55	47	37	24	3	0	0	0	0	0	0	0
		diffus:	0	0	0	0	0	0	6	53	71	73	68	62	55	47	37	24	3	0	0	0	0	0	0	0
	SO	gesamt:	0	0	0	0	0	0	83	352	524	581	543	429	261	102	42	25	3	0	0	0	0	0	0	0
		diffus:	0	0	0	0	0	0	6	57	86	98	98	90	76	60	42	25	3	0	0	0	0	0	0	0
	S	gesamt:	0	0	0	0	0	0	21	168	350	500	594	627	594	500	350	168	21	0	0	0	0	0	0	0
		diffus:	0	0	0	0	0	0	4	40	69	90	103	108	103	90	69	40	4	0	0	0	0	0	0	0
	SW	gesamt:	0	0	0	0	0	0	3	25	42	102	261	429	543	581	524	352	83	0	0	0	0	0	0	0
		diffus:	0	0	0	0	0	0	3	25	42	60	76	90	98	98	86	57	6	0	0	0	0	0	0	0
	W	gesamt:	0	0	0	0	0	0	3	24	37	47	55	62	140	292	373	312	88	0	0	0	0	0	0	0
		diffus:	0	0	0	0	0	0	3	24	37	47	55	62	68	73	71	53	6	0	0	0	0	0	0	0
	NW	gesamt:	0	0	0	0	0	0	3	24	37	47	52	54	53	50	44	68	34	0	0	0	0	0	0	0
		diffus:	0	0	0	0	0	0	3	24	37	47	52	54	53	50	43	32	4	0	0	0	0	0	0	0
	N	gesamt:	0	0	0	0	0	0	3	24	37	47	52	54	52	47	37	24	3	0	0	0	0	0	0	0
		diffus:	0	0	0	0	0	0	3	24	37	47	52	54	52	47	37	24	3	0	0	0	0	0	0	0
22. MÄRZ $T = 3{,}3$	normal	gesamt:	0	0	0	0	0	66	350	552	664	725	753	762	753	725	664	552	350	66	0	0	0	0	0	0
		diffus:	0	0	0	0	0	2	63	96	109	113	112	112	112	113	109	96	63	2	0	0	0	0	0	0
	horiz.	gesamt:	0	0	0	0	0	1	44	134	254	361	431	455	431	361	254	134	44	1	0	0	0	0	0	0
		diffus:	0	0	0	0	0	1	28	43	53	60	64	65	64	60	53	43	28	1	0	0	0	0	0	0
	NO	gesamt:	0	0	0	0	0	45	179	159	79	68	70	70	67	62	52	40	24	1	0	0	0	0	0	0
		diffus:	0	0	0	0	0	2	43	58	64	68	70	70	67	62	52	40	24	1	0	0	0	0	0	0
	O	gesamt:	0	0	0	0	0	66	337	477	468	346	168	78	71	62	52	40	25	1	0	0	0	0	0	0
		diffus:	0	0	0	0	0	2	60	87	95	93	86	78	71	62	52	40	25	1	0	0	0	0	0	0
	SO	gesamt:	0	0	0	0	0	45	285	485	590	607	542	407	226	88	58	42	24	1	0	0	0	0	0	0
		diffus:	0	0	0	0	0	2	54	88	107	115	114	105	90	74	58	42	24	1	0	0	0	0	0	0
	S	gesamt:	0	0	0	0	0	1	53	179	340	480	569	599	569	480	340	179	53	1	0	0	0	0	0	0
		diffus:	0	0	0	0	0	1	32	60	84	104	116	120	116	104	84	60	32	1	0	0	0	0	0	0
	SW	gesamt:	0	0	0	0	0	1	24	42	58	88	226	407	542	607	590	485	285	45	0	0	0	0	0	0
		diffus:	0	0	0	0	0	1	24	42	58	74	90	105	114	115	107	88	54	2	0	0	0	0	0	0
	W	gesamt:	0	0	0	0	0	1	25	40	52	62	71	78	168	346	468	477	337	66	0	0	0	0	0	0
		diffus:	0	0	0	0	0	1	25	40	52	62	71	78	86	93	95	87	60	2	0	0	0	0	0	0
	NW	gesamt:	0	0	0	0	0	1	24	40	52	62	67	70	70	68	79	159	179	45	0	0	0	0	0	0
		diffus:	0	0	0	0	0	1	24	40	52	62	67	70	70	68	64	58	43	2	0	0	0	0	0	0
	N	gesamt:	0	0	0	0	0	1	26	41	53	62	67	69	67	62	53	41	26	1	0	0	0	0	0	0
		diffus:	0	0	0	0	0	1	26	41	53	62	67	69	67	62	53	41	26	1	0	0	0	0	0	0

			Wahre Ortszeit in h																							
Jahresz.	Himmelsr.	Art	1	2	3	4	5	6	7	8	9	10	11	12	13	14	15	16	17	18	19	20	21	22	23	24
23. OKT.	normal	gesamt:	0	0	0	0	0	0	99	378	554	645	691	705	691	645	554	378	99	0	0	0	0	0	0	0
T = 3,0		diffus:	0	0	0	0	0	0	6	59	86	96	101	102	101	96	86	59	6	0	0	0	0	0	0	0
	horiz.	gesamt:	0	0	0	0	0	0	3	43	116	200	263	286	263	200	116	43	3	0	0	0	0	0	0	0
		diffus:	0	0	0	0	0	0	3	26	37	44	48	50	48	44	37	26	3	0	0	0	0	0	0	0
	NO	gesamt:	0	0	0	0	0	0	36	68	43	49	52	53	51	46	37	24	3	0	0	0	0	0	0	0
		diffus:	0	0	0	0	0	0	4	31	42	49	52	53	51	46	37	24	3	0	0	0	0	0	0	0
	O	gesamt:	0	0	0	0	0	0	94	318	376	291	139	60	54	46	36	23	3	0	0	0	0	0	0	0
		diffus:	0	0	0	0	0	0	6	51	69	70	66	60	54	46	36	23	3	0	0	0	0	0	0	0
	SO	gesamt:	0	0	0	0	0	0	89	358	528	581	543	429	260	101	41	24	3	0	0	0	0	0	0	0
		diffus:	0	0	0	0	0	0	6	55	83	94	95	88	74	58	41	24	3	0	0	0	0	0	0	0
	S	gesamt:	0	0	0	0	0	0	22	170	352	500	595	626	595	500	352	170	22	0	0	0	0	0	0	0
		diffus:	0	0	0	0	0	0	4	38	67	87	100	104	100	87	67	38	4	0	0	0	0	0	0	0
	SW	gesamt:	0	0	0	0	0	0	3	24	41	101	260	429	543	581	528	358	89	0	0	0	0	0	0	0
		diffus:	0	0	0	0	0	0	3	24	41	58	74	88	95	94	83	55	6	0	0	0	0	0	0	0
	W	gesamt:	0	0	0	0	0	0	3	23	36	46	54	60	139	291	376	318	94	0	0	0	0	0	0	0
		diffus:	0	0	0	0	0	0	3	23	36	46	54	60	66	70	69	51	6	0	0	0	0	0	0	0
	NW	gesamt:	0	0	0	0	0	0	3	24	37	46	51	53	52	49	43	68	36	0	0	0	0	0	0	0
		diffus:	0	0	0	0	0	0	3	24	37	46	51	53	52	49	42	31	4	0	0	0	0	0	0	0
	N	gesamt:	0	0	0	0	0	0	3	23	36	46	51	53	51	46	36	23	3	0	0	0	0	0	0	0
		diffus:	0	0	0	0	0	0	3	23	36	46	51	53	51	46	36	23	3	0	0	0	0	0	0	0
20. NOV.	normal	gesamt:	0	0	0	0	0	0	0	167	402	539	603	622	603	539	402	167	0	0	0	0	0	0	0	0
T = 2,9		diffus:	0	0	0	0	0	0	0	19	59	81	88	90	88	81	59	19	0	0	0	0	0	0	0	0
	horiz.	gesamt:	0	0	0	0	0	0	0	10	45	97	143	161	143	97	45	10	0	0	0	0	0	0	0	0
		diffus:	0	0	0	0	0	0	0	9	26	34	39	40	39	34	26	9	0	0	0	0	0	0	0	0
	NO	gesamt:	0	0	0	0	0	0	0	18	27	35	40	41	39	34	24	8	0	0	0	0	0	0	0	0
		diffus:	0	0	0	0	0	0	0	10	27	35	40	41	39	34	24	8	0	0	0	0	0	0	0	0
	O	gesamt:	0	0	0	0	0	0	0	134	259	226	111	47	41	34	24	8	0	0	0	0	0	0	0	0
		diffus:	0	0	0	0	0	0	0	16	45	53	52	47	41	34	24	8	0	0	0	0	0	0	0	0
	SO	gesamt:	0	0	0	0	0	0	0	164	394	498	492	402	256	105	29	8	0	0	0	0	0	0	0	0
		diffus:	0	0	0	0	0	0	0	19	57	76	79	73	61	45	28	8	0	0	0	0	0	0	0	0
	S	gesamt:	0	0	0	0	0	0	0	89	285	451	552	586	552	451	285	89	0	0	0	0	0	0	0	0
		diffus:	0	0	0	0	0	0	0	14	47	72	85	89	85	72	47	14	0	0	0	0	0	0	0	0
	SW	gesamt:	0	0	0	0	0	0	0	8	29	105	256	402	492	498	394	164	0	0	0	0	0	0	0	0
		diffus:	0	0	0	0	0	0	0	8	28	45	61	73	79	76	57	19	0	0	0	0	0	0	0	0
	W	gesamt:	0	0	0	0	0	0	0	8	24	34	41	47	111	226	259	134	0	0	0	0	0	0	0	0
		diffus:	0	0	0	0	0	0	0	8	24	34	41	47	52	53	45	16	0	0	0	0	0	0	0	0
	NW	gesamt:	0	0	0	0	0	0	0	8	24	34	39	41	40	35	27	18	0	0	0	0	0	0	0	0
		diffus:	0	0	0	0	0	0	0	8	24	34	39	41	40	35	27	10	0	0	0	0	0	0	0	0
	N	gesamt:	0	0	0	0	0	0	0	8	24	33	39	41	39	33	24	8	0	0	0	0	0	0	0	0
		diffus:	0	0	0	0	0	0	0	8	24	33	39	41	39	33	24	8	0	0	0	0	0	0	0	0
20. DEZ.	normal	gesamt:	0	0	0	0	0	0	0	0	325	484	563	586	563	484	325	0	0	0	0	0	0	0	0	0
T = 2,7		diffus:	0	0	0	0	0	0	0	0	41	65	76	79	76	65	41	0	0	0	0	0	0	0	0	0
	horiz.	gesamt:	0	0	0	0	0	0	0	0	26	62	98	113	98	62	26	0	0	0	0	0	0	0	0	0
		diffus:	0	0	0	0	0	0	0	0	19	28	32	34	32	28	19	0	0	0	0	0	0	0	0	0
	NO	gesamt:	0	0	0	0	0	0	0	0	18	28	33	34	33	27	17	0	0	0	0	0	0	0	0	0
		diffus:	0	0	0	0	0	0	0	0	18	28	33	34	33	27	17	0	0	0	0	0	0	0	0	0
	O	gesamt:	0	0	0	0	0	0	0	0	202	194	96	39	34	27	17	0	0	0	0	0	0	0	0	0
		diffus:	0	0	0	0	0	0	0	0	31	42	43	39	34	27	17	0	0	0	0	0	0	0	0	0
	SO	gesamt:	0	0	0	0	0	0	0	0	321	452	464	386	249	103	23	0	0	0	0	0	0	0	0	0
		diffus:	0	0	0	0	0	0	0	0	40	61	68	63	52	37	20	0	0	0	0	0	0	0	0	0
	S	gesamt:	0	0	0	0	0	0	0	0	239	416	526	561	526	416	239	0	0	0	0	0	0	0	0	0
		diffus:	0	0	0	0	0	0	0	0	33	58	73	77	73	58	33	0	0	0	0	0	0	0	0	0
	SW	gesamt:	0	0	0	0	0	0	0	0	23	103	249	386	464	452	321	0	0	0	0	0	0	0	0	0
		diffus:	0	0	0	0	0	0	0	0	20	37	52	63	68	61	40	0	0	0	0	0	0	0	0	0
	W	gesamt:	0	0	0	0	0	0	0	0	17	27	34	39	96	194	202	0	0	0	0	0	0	0	0	0
		diffus:	0	0	0	0	0	0	0	0	17	27	34	39	43	42	31	0	0	0	0	0	0	0	0	0
	NW	gesamt:	0	0	0	0	0	0	0	0	17	27	33	34	33	28	18	0	0	0	0	0	0	0	0	0
		diffus:	0	0	0	0	0	0	0	0	17	27	33	34	33	28	18	0	0	0	0	0	0	0	0	0
	N	gesamt:	0	0	0	0	0	0	0	0	17	27	33	35	33	27	17	0	0	0	0	0	0	0	0	0
		diffus:	0	0	0	0	0	0	0	0	17	27	33	35	33	27	17	0	0	0	0	0	0	0	0	0

Tabelle A30 Tagesgänge der Kühllastfaktoren s_a für Strahlungswerte hinter Zweifachverglasung (geographische Breite 50°), Monatsmittelwerte minus Standardabweichung für Trübungsfaktor *T*

Tabellen für das Sommerhalbjahr ohne die Auslegungsmonate Juli und September

Auslegungsmonat: Mai

Himmelsr.	Sonnenschutz	Wahre Ortszeit in h																							
		1	2	3	4	5	6	7	8	9	10	11	12	13	14	15	16	17	18	19	20	21	22	23	24
		RAUMTYP XL																							
normal	außen/ohne	0,08	0,07	0,07	0,07	0,26	0,50	0,67	0,78	0,84	0,88	0,90	0,91	0,91	0,90	0,88	0,83	0,73	0,58	0,34	0,12	0,10	0,09	0,09	0,08
	innen	0,04	0,04	0,04	0,04	0,26	0,53	0,71	0,82	0,89	0,93	0,94	0,95	0,95	0,94	0,91	0,85	0,74	0,57	0,30	0,06	0,05	0,05	0,05	0,04
horiz.	außen/ohne	0,05	0,05	0,05	0,05	0,07	0,14	0,28	0,45	0,62	0,76	0,85	0,88	0,87	0,80	0,68	0,52	0,34	0,20	0,11	0,07	0,07	0,06	0,06	0,06
	innen	0,03	0,03	0,03	0,02	0,05	0,14	0,29	0,48	0,67	0,81	0,90	0,94	0,92	0,83	0,70	0,52	0,33	0,16	0,07	0,04	0,04	0,03	0,03	0,03
NO	außen/ohne	0,03	0,03	0,03	0,03	0,39	0,75	0,86	0,72	0,45	0,27	0,25	0,24	0,24	0,22	0,20	0,18	0,15	0,12	0,08	0,04	0,04	0,04	0,03	0,03
	innen	0,02	0,02	0,01	0,01	0,43	0,83	0,92	0,76	0,46	0,26	0,24	0,24	0,23	0,22	0,20	0,17	0,14	0,11	0,06	0,02	0,02	0,02	0,02	0,02
O	außen/ohne	0,03	0,03	0,03	0,03	0,27	0,59	0,80	0,86	0,79	0,60	0,34	0,21	0,19	0,17	0,16	0,14	0,12	0,10	0,07	0,04	0,04	0,04	0,04	0,03
	innen	0,02	0,02	0,02	0,01	0,29	0,65	0,87	0,93	0,84	0,61	0,33	0,19	0,17	0,16	0,14	0,13	0,11	0,08	0,05	0,02	0,02	0,02	0,02	0,02
SO	außen/ohne	0,04	0,04	0,03	0,03	0,12	0,34	0,59	0,77	0,86	0,85	0,73	0,52	0,30	0,21	0,19	0,16	0,14	0,11	0,08	0,05	0,05	0,04	0,04	0,04
	innen	0,02	0,02	0,02	0,02	0,12	0,37	0,64	0,84	0,93	0,90	0,76	0,52	0,29	0,20	0,17	0,14	0,12	0,09	0,06	0,03	0,02	0,02	0,02	0,02
S	außen/ohne	0,04	0,04	0,04	0,04	0,07	0,11	0,14	0,22	0,41	0,63	0,80	0,87	0,83	0,69	0,48	0,28	0,18	0,14	0,10	0,06	0,05	0,05	0,05	0,04
	innen	0,02	0,02	0,02	0,02	0,06	0,10	0,14	0,23	0,44	0,69	0,86	0,93	0,88	0,71	0,48	0,26	0,16	0,12	0,07	0,03	0,03	0,03	0,02	0,02
SW	außen/ohne	0,05	0,04	0,04	0,04	0,06	0,09	0,11	0,14	0,16	0,18	0,25	0,45	0,68	0,83	0,87	0,81	0,65	0,42	0,18	0,07	0,06	0,06	0,05	0,05
	innen	0,02	0,02	0,02	0,02	0,05	0,08	0,11	0,13	0,15	0,18	0,26	0,49	0,73	0,89	0,93	0,86	0,67	0,41	0,15	0,04	0,03	0,03	0,03	0,03
W	außen/ohne	0,04	0,04	0,04	0,04	0,06	0,08	0,10	0,12	0,14	0,15	0,16	0,17	0,29	0,54	0,75	0,86	0,84	0,66	0,35	0,08	0,06	0,05	0,05	0,05
	innen	0,02	0,02	0,02	0,02	0,05	0,07	0,10	0,12	0,13	0,15	0,16	0,17	0,30	0,58	0,82	0,93	0,89	0,69	0,33	0,04	0,03	0,03	0,03	0,02
NW	außen/ohne	0,04	0,04	0,04	0,04	0,07	0,10	0,13	0,16	0,18	0,20	0,22	0,23	0,23	0,24	0,40	0,67	0,85	0,81	0,48	0,09	0,05	0,05	0,05	0,04
	innen	0,02	0,02	0,02	0,02	0,06	0,10	0,13	0,16	0,19	0,21	0,22	0,23	0,23	0,24	0,43	0,73	0,92	0,86	0,48	0,05	0,03	0,03	0,02	0,02
N	außen/ohne	0,09	0,08	0,08	0,07	0,69	0,80	0,65	0,70	0,79	0,86	0,90	0,92	0,92	0,88	0,82	0,74	0,67	0,83	0,79	0,17	0,11	0,10	0,10	0,09
	innen	0,05	0,04	0,04	0,04	0,75	0,84	0,66	0,73	0,82	0,90	0,94	0,96	0,95	0,91	0,84	0,75	0,67	0,85	0,80	0,09	0,06	0,05	0,05	0,05
		RAUMTYP L																							
normal	außen/ohne	0,19	0,17	0,15	0,14	0,23	0,37	0,49	0,58	0,65	0,71	0,75	0,78	0,81	0,82	0,82	0,81	0,76	0,67	0,53	0,38	0,32	0,28	0,25	0,22
	innen	0,10	0,09	0,08	0,07	0,24	0,46	0,61	0,72	0,79	0,83	0,86	0,89	0,90	0,90	0,88	0,84	0,76	0,62	0,40	0,20	0,17	0,15	0,13	0,12
horiz.	außen/ohne	0,13	0,11	0,10	0,09	0,10	0,13	0,21	0,32	0,44	0,54	0,63	0,69	0,71	0,70	0,66	0,58	0,47	0,37	0,29	0,24	0,21	0,19	0,16	0,14
	innen	0,07	0,06	0,05	0,05	0,07	0,13	0,26	0,41	0,57	0,70	0,79	0,84	0,83	0,78	0,69	0,55	0,39	0,26	0,17	0,13	0,11	0,10	0,09	0,08
NO	außen/ohne	0,07	0,06	0,05	0,05	0,25	0,47	0,57	0,55	0,43	0,34	0,32	0,30	0,29	0,27	0,26	0,23	0,21	0,18	0,15	0,12	0,10	0,09	0,08	0,07
	innen	0,03	0,03	0,03	0,03	0,36	0,68	0,78	0,67	0,45	0,29	0,28	0,27	0,26	0,24	0,22	0,20	0,17	0,14	0,10	0,06	0,05	0,05	0,04	0,04
O	außen/ohne	0,07	0,06	0,06	0,05	0,18	0,37	0,52	0,61	0,61	0,54	0,41	0,33	0,30	0,27	0,25	0,22	0,20	0,17	0,15	0,12	0,10	0,09	0,08	0,07
	innen	0,04	0,03	0,03	0,03	0,25	0,54	0,72	0,79	0,74	0,58	0,37	0,26	0,23	0,21	0,19	0,17	0,15	0,12	0,09	0,06	0,05	0,05	0,04	0,04
SO	außen/ohne	0,08	0,07	0,07	0,06	0,11	0,23	0,38	0,52	0,61	0,65	0,62	0,52	0,41	0,34	0,31	0,27	0,24	0,21	0,18	0,14	0,13	0,11	0,10	0,09
	innen	0,04	0,04	0,03	0,03	0,11	0,31	0,53	0,70	0,80	0,80	0,70	0,53	0,34	0,27	0,23	0,20	0,17	0,14	0,11	0,08	0,07	0,06	0,05	0,05
S	außen/ohne	0,10	0,09	0,08	0,07	0,08	0,10	0,12	0,17	0,29	0,43	0,56	0,64	0,66	0,61	0,51	0,40	0,33	0,28	0,23	0,19	0,16	0,14	0,13	0,11
	innen	0,05	0,05	0,04	0,04	0,06	0,10	0,13	0,20	0,38	0,58	0,74	0,81	0,79	0,67	0,50	0,32	0,24	0,19	0,14	0,10	0,09	0,08	0,07	0,06
SW	außen/ohne	0,13	0,11	0,10	0,09	0,09	0,10	0,11	0,13	0,14	0,16	0,20	0,32	0,47	0,59	0,65	0,66	0,60	0,48	0,34	0,26	0,22	0,19	0,17	0,15
	innen	0,07	0,06	0,05	0,05	0,07	0,09	0,11	0,13	0,15	0,17	0,23	0,42	0,62	0,77	0,82	0,78	0,64	0,44	0,24	0,14	0,12	0,10	0,09	0,08
W	außen/ohne	0,13	0,11	0,10	0,09	0,09	0,10	0,11	0,12	0,13	0,14	0,15	0,16	0,22	0,37	0,52	0,62	0,65	0,59	0,43	0,27	0,23	0,20	0,17	0,15
	innen	0,07	0,06	0,05	0,05	0,06	0,08	0,10	0,11	0,13	0,14	0,15	0,17	0,27	0,50	0,69	0,80	0,79	0,65	0,38	0,14	0,12	0,10	0,09	0,08
NW	außen/ohne	0,13	0,11	0,10	0,09	0,10	0,11	0,13	0,14	0,16	0,18	0,19	0,20	0,21	0,22	0,31	0,48	0,61	0,63	0,48	0,27	0,22	0,19	0,17	0,14
	innen	0,07	0,06	0,05	0,05	0,07	0,10	0,13	0,15	0,17	0,19	0,21	0,22	0,22	0,23	0,38	0,63	0,79	0,76	0,48	0,14	0,12	0,10	0,09	0,08
N	außen/ohne	0,22	0,20	0,18	0,16	0,49	0,58	0,53	0,59	0,66	0,72	0,77	0,80	0,82	0,83	0,80	0,77	0,72	0,80	0,79	0,45	0,37	0,33	0,28	0,25
	innen	0,12	0,10	0,09	0,08	0,64	0,72	0,60	0,67	0,75	0,83	0,87	0,90	0,90	0,88	0,83	0,76	0,70	0,84	0,80	0,24	0,20	0,17	0,15	0,13

Himmelsr.	Sonnenschutz	1	2	3	4	5	6	7	8	9	10	11	12	13	14	15	16	17	18	19	20	21	22	23	24
		Wahre Ortszeit in h																							
		RAUMTYP M																							
normal	außen/ohne	0,23	0,21	0,20	0,18	0,27	0,40	0,50	0,67	0,63	0,67	0,71	0,73	0,75	0,76	0,77	0,75	0,71	0,63	0,50	0,37	0,33	0,30	0,27	0,25
	innen	0,12	0,11	0,10	0,09	0,26	0,47	0,62	0,71	0,77	0,82	0,84	0,86	0,87	0,86	0,85	0,81	0,73	0,59	0,38	0,19	0,17	0,16	0,14	0,13
horiz.	außen/ohne	0,16	0,14	0,13	0,12	0,13	0,16	0,23	0,33	0,43	0,52	0,59	0,64	0,66	0,64	0,60	0,52	0,43	0,34	0,28	0,24	0,22	0,20	0,18	0,17
	innen	0,08	0,08	0,07	0,06	0,08	0,15	0,27	0,42	0,57	0,69	0,77	0,81	0,81	0,75	0,65	0,52	0,37	0,24	0,16	0,13	0,12	0,11	0,10	0,09
NO	außen/ohne	0,08	0,08	0,07	0,07	0,26	0,46	0,54	0,50	0,39	0,30	0,29	0,28	0,27	0,26	0,25	0,23	0,21	0,19	0,16	0,13	0,12	0,11	0,10	0,09
	innen	0,04	0,04	0,04	0,04	0,36	0,67	0,76	0,65	0,42	0,28	0,27	0,26	0,25	0,24	0,22	0,20	0,17	0,14	0,10	0,07	0,06	0,06	0,05	0,05
O	außen/ohne	0,09	0,08	0,07	0,07	0,19	0,37	0,50	0,57	0,56	0,48	0,36	0,29	0,27	0,25	0,24	0,22	0,20	0,18	0,16	0,13	0,12	0,11	0,10	0,09
	innen	0,05	0,04	0,04	0,04	0,25	0,53	0,71	0,77	0,72	0,56	0,34	0,24	0,22	0,20	0,19	0,17	0,15	0,12	0,10	0,07	0,06	0,06	0,05	0,05
SO	außen/ohne	0,10	0,10	0,09	0,08	0,12	0,24	0,38	0,50	0,57	0,60	0,56	0,47	0,36	0,31	0,29	0,26	0,24	0,21	0,18	0,16	0,14	0,13	0,12	0,11
	innen	0,05	0,05	0,05	0,04	0,12	0,32	0,53	0,69	0,78	0,77	0,67	0,50	0,32	0,25	0,22	0,20	0,17	0,14	0,11	0,08	0,08	0,07	0,06	0,06
S	außen/ohne	0,12	0,11	0,10	0,10	0,11	0,12	0,14	0,18	0,29	0,42	0,53	0,59	0,60	0,55	0,46	0,35	0,30	0,26	0,22	0,19	0,17	0,16	0,14	0,13
	innen	0,06	0,06	0,05	0,05	0,08	0,11	0,14	0,21	0,38	0,57	0,72	0,78	0,76	0,64	0,47	0,30	0,22	0,18	0,14	0,10	0,09	0,08	0,08	0,07
SW	außen/ohne	0,15	0,13	0,12	0,11	0,12	0,13	0,13	0,14	0,15	0,17	0,21	0,32	0,45	0,55	0,61	0,60	0,54	0,43	0,31	0,23	0,21	0,19	0,17	0,16
	innen	0,08	0,07	0,06	0,06	0,08	0,10	0,12	0,13	0,15	0,17	0,24	0,42	0,61	0,75	0,79	0,75	0,61	0,42	0,22	0,12	0,11	0,10	0,09	0,08
W	außen/ohne	0,14	0,13	0,12	0,11	0,11	0,12	0,13	0,13	0,14	0,15	0,15	0,16	0,22	0,36	0,49	0,58	0,59	0,53	0,38	0,24	0,21	0,19	0,17	0,16
	innen	0,07	0,07	0,06	0,06	0,07	0,09	0,11	0,12	0,13	0,15	0,16	0,17	0,27	0,49	0,68	0,78	0,76	0,62	0,35	0,12	0,11	0,10	0,09	0,08
NW	außen/ohne	0,14	0,12	0,11	0,11	0,11	0,13	0,14	0,16	0,17	0,18	0,19	0,20	0,20	0,21	0,30	0,45	0,57	0,58	0,43	0,23	0,20	0,18	0,16	0,15
	innen	0,07	0,07	0,06	0,06	0,08	0,11	0,14	0,16	0,18	0,20	0,21	0,22	0,22	0,23	0,38	0,62	0,77	0,74	0,45	0,12	0,11	0,10	0,09	0,08
N	außen/ohne	0,26	0,24	0,22	0,20	0,52	0,59	0,53	0,58	0,64	0,69	0,73	0,76	0,77	0,77	0,75	0,72	0,68	0,76	0,75	0,42	0,37	0,34	0,31	0,28
	innen	0,14	0,12	0,12	0,11	0,66	0,73	0,60	0,66	0,74	0,81	0,85	0,87	0,88	0,85	0,80	0,74	0,68	0,82	0,78	0,22	0,20	0,18	0,16	0,15
		RAUMTYP S																							
normal	außen/ohne	0,29	0,28	0,26	0,25	0,32	0,43	0,50	0,56	0,60	0,63	0,66	0,68	0,69	0,70	0,70	0,69	0,65	0,59	0,48	0,38	0,36	0,34	0,32	0,30
	innen	0,15	0,15	0,14	0,13	0,29	0,49	0,62	0,71	0,76	0,80	0,82	0,83	0,83	0,83	0,81	0,77	0,70	0,57	0,38	0,20	0,19	0,18	0,17	0,16
horiz.	außen/ohne	0,20	0,19	0,18	0,17	0,18	0,20	0,26	0,34	0,42	0,49	0,54	0,58	0,59	0,57	0,53	0,47	0,40	0,33	0,29	0,26	0,24	0,23	0,22	0,21
	innen	0,10	0,10	0,10	0,09	0,11	0,17	0,28	0,42	0,56	0,67	0,74	0,78	0,77	0,71	0,62	0,49	0,36	0,24	0,17	0,14	0,13	0,12	0,12	0,11
NO	außen/ohne	0,12	0,11	0,11	0,10	0,26	0,42	0,48	0,44	0,35	0,28	0,27	0,26	0,26	0,25	0,24	0,23	0,21	0,19	0,17	0,15	0,14	0,14	0,13	0,12
	innen	0,06	0,06	0,06	0,05	0,36	0,65	0,73	0,61	0,40	0,26	0,25	0,25	0,24	0,23	0,21	0,20	0,17	0,14	0,11	0,08	0,07	0,07	0,07	0,06
O	außen/ohne	0,12	0,12	0,11	0,11	0,21	0,35	0,45	0,50	0,49	0,42	0,33	0,27	0,26	0,25	0,23	0,22	0,21	0,19	0,17	0,16	0,15	0,14	0,13	0,13
	innen	0,06	0,06	0,06	0,06	0,26	0,52	0,69	0,74	0,68	0,52	0,32	0,23	0,21	0,20	0,18	0,17	0,15	0,13	0,11	0,08	0,08	0,07	0,07	0,07
SO	außen/ohne	0,14	0,14	0,13	0,12	0,16	0,25	0,36	0,45	0,51	0,53	0,49	0,42	0,33	0,29	0,27	0,26	0,24	0,22	0,20	0,18	0,17	0,16	0,16	0,15
	innen	0,07	0,07	0,07	0,07	0,14	0,32	0,52	0,67	0,74	0,73	0,64	0,47	0,30	0,24	0,21	0,19	0,17	0,15	0,12	0,10	0,09	0,09	0,08	0,08
S	außen/ohne	0,16	0,15	0,14	0,14	0,14	0,16	0,17	0,20	0,29	0,39	0,48	0,52	0,53	0,48	0,41	0,32	0,28	0,25	0,23	0,20	0,19	0,18	0,17	0,16
	innen	0,08	0,08	0,07	0,07	0,10	0,13	0,16	0,22	0,38	0,56	0,69	0,75	0,72	0,61	0,44	0,28	0,21	0,18	0,14	0,11	0,10	0,10	0,09	0,09
SW	außen/ohne	0,17	0,16	0,16	0,15	0,15	0,16	0,17	0,17	0,18	0,19	0,22	0,31	0,42	0,49	0,53	0,53	0,47	0,38	0,29	0,23	0,22	0,20	0,19	0,18
	innen	0,09	0,09	0,08	0,08	0,10	0,12	0,13	0,15	0,17	0,18	0,24	0,42	0,60	0,72	0,75	0,71	0,58	0,39	0,21	0,12	0,11	0,11	0,10	0,10
W	außen/ohne	0,16	0,16	0,15	0,14	0,14	0,15	0,16	0,16	0,17	0,17	0,17	0,18	0,23	0,34	0,44	0,51	0,52	0,46	0,34	0,22	0,21	0,19	0,18	0,17
	innen	0,09	0,08	0,08	0,07	0,09	0,11	0,12	0,14	0,15	0,16	0,17	0,18	0,27	0,48	0,65	0,74	0,72	0,58	0,33	0,12	0,11	0,10	0,10	0,09
NW	außen/ohne	0,16	0,15	0,14	0,13	0,14	0,15	0,16	0,17	0,18	0,19	0,20	0,20	0,21	0,21	0,29	0,41	0,50	0,50	0,38	0,22	0,20	0,18	0,17	0,16
	innen	0,08	0,08	0,07	0,07	0,10	0,12	0,15	0,17	0,19	0,20	0,21	0,22	0,22	0,23	0,37	0,60	0,74	0,70	0,43	0,11	0,10	0,10	0,09	0,09
N	außen/ohne	0,32	0,31	0,29	0,28	0,53	0,59	0,54	0,57	0,62	0,66	0,69	0,71	0,72	0,72	0,70	0,67	0,64	0,71	0,70	0,44	0,40	0,38	0,36	0,34
	innen	0,17	0,16	0,15	0,15	0,67	0,73	0,60	0,66	0,73	0,79	0,83	0,85	0,85	0,82	0,78	0,71	0,66	0,79	0,76	0,23	0,21	0,20	0,19	0,18

Tabelle A30. Fortsetzung

Auslegungsmonat Juni

Himmelsr.	Sonnenschutz	Wahre Ortszeit in h 1	2	3	4	5	6	7	8	9	10	11	12	13	14	15	16	17	18	19	20	21	22	23	24
		RAUMTYP XL																							
normal	außen/ohne	0,08	0,08	0,07	0,10	0,30	0,52	0,68	0,78	0,85	0,88	0,90	0,91	0,91	0,91	0,88	0,83	0,74	0,60	0,38	0,16	0,10	0,09	0,09	0,08
	innen	0,04	0,04	0,04	0,07	0,30	0,55	0,72	0,83	0,89	0,93	0,95	0,95	0,95	0,94	0,91	0,85	0,75	0,59	0,34	0,10	0,05	0,05	0,05	0,04
horiz.	außen/ohne	0,06	0,05	0,05	0,05	0,09	0,17	0,31	0,48	0,64	0,77	0,85	0,89	0,87	0,80	0,69	0,54	0,37	0,22	0,13	0,08	0,07	0,07	0,06	0,06
	innen	0,03	0,03	0,03	0,03	0,07	0,17	0,32	0,51	0,68	0,82	0,91	0,94	0,92	0,84	0,71	0,54	0,36	0,19	0,09	0,04	0,04	0,03	0,03	0,03
NO	außen/ohne	0,03	0,03	0,03	0,09	0,45	0,77	0,86	0,74	0,48	0,29	0,26	0,25	0,25	0,23	0,22	0,19	0,17	0,14	0,10	0,05	0,04	0,04	0,04	0,04
	innen	0,02	0,02	0,02	0,09	0,50	0,84	0,93	0,78	0,49	0,28	0,26	0,25	0,24	0,23	0,21	0,18	0,16	0,12	0,08	0,03	0,02	0,02	0,02	0,02
O	außen/ohne	0,03	0,03	0,03	0,07	0,32	0,61	0,81	0,86	0,79	0,60	0,36	0,23	0,20	0,19	0,17	0,16	0,14	0,11	0,08	0,05	0,04	0,04	0,04	0,04
	innen	0,02	0,02	0,02	0,06	0,34	0,67	0,87	0,93	0,84	0,62	0,35	0,21	0,19	0,18	0,16	0,14	0,12	0,09	0,06	0,03	0,02	0,02	0,02	0,02
SO	außen/ohne	0,04	0,04	0,04	0,04	0,14	0,35	0,59	0,77	0,86	0,85	0,72	0,51	0,31	0,24	0,21	0,18	0,16	0,13	0,10	0,06	0,05	0,05	0,04	0,04
	innen	0,02	0,02	0,02	0,02	0,14	0,38	0,64	0,84	0,93	0,90	0,75	0,51	0,29	0,22	0,19	0,17	0,14	0,11	0,07	0,03	0,03	0,02	0,02	0,02
S	außen/ohne	0,04	0,04	0,04	0,04	0,09	0,13	0,18	0,24	0,41	0,62	0,79	0,87	0,83	0,68	0,47	0,29	0,22	0,17	0,12	0,07	0,05	0,05	0,05	0,05
	innen	0,02	0,02	0,02	0,02	0,08	0,13	0,18	0,25	0,44	0,67	0,86	0,93	0,87	0,70	0,47	0,27	0,20	0,14	0,09	0,04	0,03	0,03	0,03	0,02
SW	außen/ohne	0,05	0,05	0,04	0,04	0,08	0,11	0,13	0,16	0,18	0,20	0,26	0,45	0,67	0,82	0,87	0,81	0,65	0,42	0,20	0,08	0,06	0,06	0,05	0,05
	innen	0,03	0,02	0,02	0,03	0,06	0,10	0,13	0,15	0,18	0,20	0,27	0,48	0,72	0,89	0,93	0,86	0,67	0,42	0,17	0,04	0,03	0,03	0,03	0,03
W	außen/ohne	0,05	0,04	0,04	0,04	0,07	0,10	0,12	0,14	0,15	0,17	0,18	0,19	0,30	0,54	0,76	0,86	0,84	0,68	0,40	0,12	0,06	0,05	0,05	0,05
	innen	0,02	0,02	0,02	0,02	0,06	0,09	0,11	0,13	0,15	0,16	0,18	0,19	0,32	0,59	0,82	0,93	0,89	0,71	0,39	0,09	0,03	0,03	0,03	0,03
NW	außen/ohne	0,05	0,04	0,04	0,04	0,08	0,12	0,15	0,18	0,20	0,21	0,23	0,24	0,24	0,26	0,43	0,69	0,86	0,82	0,54	0,16	0,06	0,05	0,05	0,05
	innen	0,02	0,02	0,02	0,02	0,07	0,11	0,15	0,17	0,20	0,22	0,23	0,24	0,25	0,27	0,46	0,75	0,93	0,87	0,54	0,12	0,03	0,03	0,03	0,03
N	außen/ohne	0,09	0,09	0,08	0,23	0,82	0,91	0,71	0,72	0,78	0,85	0,88	0,90	0,89	0,87	0,81	0,75	0,72	0,92	0,92	0,34	0,13	0,11	0,10	0,10
	innen	0,05	0,05	0,04	0,21	0,89	0,95	0,72	0,75	0,81	0,88	0,91	0,93	0,92	0,89	0,83	0,76	0,72	0,96	0,94	0,27	0,07	0,06	0,05	0,05
		RAUMTYP L																							
normal	außen/ohne	0,20	0,18	0,16	0,16	0,26	0,39	0,50	0,59	0,66	0,71	0,76	0,79	0,81	0,83	0,83	0,81	0,77	0,69	0,55	0,41	0,34	0,29	0,26	0,23
	innen	0,11	0,09	0,08	0,11	0,28	0,48	0,62	0,72	0,79	0,84	0,87	0,89	0,90	0,90	0,88	0,84	0,76	0,63	0,44	0,23	0,18	0,15	0,13	0,12
horiz.	außen/ohne	0,13	0,12	0,11	0,10	0,11	0,15	0,23	0,34	0,45	0,55	0,64	0,70	0,72	0,71	0,67	0,59	0,49	0,39	0,31	0,26	0,22	0,19	0,17	0,15
	innen	0,07	0,06	0,06	0,05	0,08	0,16	0,28	0,44	0,58	0,71	0,80	0,84	0,84	0,79	0,70	0,57	0,42	0,28	0,19	0,14	0,12	0,10	0,09	0,08
NO	außen/ohne	0,07	0,06	0,06	0,09	0,29	0,49	0,59	0,56	0,46	0,36	0,33	0,32	0,30	0,29	0,27	0,25	0,23	0,20	0,17	0,13	0,11	0,10	0,09	0,08
	innen	0,04	0,03	0,03	0,09	0,41	0,69	0,78	0,69	0,48	0,32	0,30	0,28	0,27	0,26	0,24	0,21	0,19	0,16	0,12	0,07	0,06	0,05	0,05	0,04
O	außen/ohne	0,07	0,06	0,06	0,07	0,21	0,39	0,54	0,61	0,62	0,54	0,42	0,34	0,31	0,29	0,26	0,24	0,21	0,19	0,16	0,13	0,11	0,10	0,09	0,08
	innen	0,04	0,03	0,03	0,06	0,29	0,56	0,73	0,80	0,75	0,59	0,38	0,27	0,25	0,23	0,21	0,18	0,16	0,13	0,10	0,07	0,06	0,05	0,05	0,04
SO	außen/ohne	0,08	0,08	0,07	0,07	0,12	0,24	0,39	0,52	0,62	0,65	0,62	0,52	0,41	0,36	0,32	0,29	0,26	0,23	0,19	0,15	0,13	0,12	0,10	0,09
	innen	0,04	0,04	0,04	0,04	0,13	0,32	0,53	0,71	0,80	0,80	0,70	0,52	0,35	0,28	0,25	0,22	0,19	0,16	0,12	0,08	0,07	0,06	0,05	0,05
S	außen/ohne	0,10	0,09	0,08	0,08	0,10	0,12	0,15	0,19	0,29	0,43	0,56	0,64	0,66	0,60	0,51	0,40	0,35	0,30	0,25	0,20	0,17	0,15	0,13	0,12
	innen	0,05	0,05	0,04	0,04	0,08	0,12	0,16	0,22	0,37	0,57	0,73	0,81	0,78	0,67	0,49	0,33	0,27	0,21	0,16	0,11	0,09	0,08	0,07	0,06
SW	außen/ohne	0,13	0,11	0,10	0,09	0,10	0,12	0,13	0,14	0,16	0,18	0,21	0,32	0,47	0,59	0,66	0,66	0,60	0,49	0,36	0,26	0,22	0,19	0,17	0,15
	innen	0,07	0,06	0,05	0,05	0,08	0,10	0,12	0,15	0,17	0,19	0,24	0,42	0,62	0,76	0,82	0,78	0,65	0,45	0,25	0,14	0,12	0,10	0,09	0,08
W	außen/ohne	0,14	0,12	0,11	0,10	0,10	0,11	0,12	0,13	0,14	0,15	0,16	0,17	0,24	0,38	0,53	0,62	0,65	0,60	0,46	0,30	0,24	0,21	0,18	0,16
	innen	0,07	0,06	0,06	0,05	0,07	0,09	0,11	0,13	0,14	0,16	0,17	0,18	0,29	0,50	0,70	0,80	0,79	0,66	0,42	0,18	0,13	0,11	0,09	0,08
NW	außen/ohne	0,14	0,12	0,10	0,10	0,11	0,13	0,14	0,16	0,17	0,19	0,20	0,21	0,22	0,23	0,33	0,50	0,62	0,64	0,52	0,31	0,24	0,20	0,18	0,15
	innen	0,07	0,06	0,06	0,05	0,09	0,12	0,14	0,17	0,19	0,20	0,22	0,23	0,23	0,25	0,41	0,65	0,80	0,77	0,53	0,20	0,13	0,11	0,09	0,08
N	außen/ohne	0,24	0,21	0,19	0,25	0,58	0,66	0,60	0,63	0,68	0,73	0,77	0,81	0,82	0,82	0,80	0,77	0,75	0,86	0,87	0,56	0,41	0,36	0,31	0,27
	innen	0,13	0,11	0,10	0,23	0,76	0,82	0,66	0,70	0,76	0,82	0,86	0,88	0,88	0,87	0,82	0,77	0,74	0,93	0,92	0,39	0,22	0,19	0,16	0,14

Himmelsr.	Sonnenschutz	1	2	3	4	5	6	7	8	9	10	11	12	13	14	15	16	17	18	19	20	21	22	23	24
		Wahre Ortszeit in h																							
		RAUMTYP M																							
normal	außen/ohne	0,24	0,22	0,20	0,20	0,30	0,41	0,51	0,58	0,64	0,68	0,71	0,74	0,76	0,77	0,77	0,76	0,72	0,64	0,52	0,39	0,34	0,31	0,28	0,26
	innen	0,12	0,11	0,11	0,13	0,30	0,49	0,63	0,72	0,78	0,82	0,85	0,86	0,87	0,87	0,85	0,81	0,74	0,61	0,42	0,23	0,18	0,16	0,15	0,14
horiz.	außen/ohne	0,16	0,15	0,14	0,13	0,14	0,18	0,25	0,35	0,44	0,54	0,60	0,65	0,67	0,65	0,61	0,54	0,45	0,36	0,30	0,25	0,23	0,21	0,19	0,18
	innen	0,09	0,08	0,07	0,07	0,10	0,17	0,29	0,44	0,58	0,70	0,78	0,81	0,81	0,76	0,67	0,54	0,40	0,27	0,18	0,14	0,12	0,11	0,10	0,09
NO	außen/ohne	0,09	0,08	0,08	0,11	0,29	0,48	0,55	0,52	0,41	0,32	0,30	0,29	0,29	0,27	0,26	0,24	0,22	0,20	0,18	0,14	0,13	0,12	0,11	0,10
	innen	0,05	0,04	0,04	0,09	0,42	0,69	0,76	0,66	0,45	0,30	0,28	0,27	0,26	0,25	0,23	0,21	0,19	0,16	0,12	0,08	0,07	0,06	0,06	0,05
O	außen/ohne	0,09	0,09	0,08	0,09	0,22	0,39	0,51	0,57	0,57	0,49	0,38	0,31	0,29	0,27	0,25	0,23	0,21	0,19	0,17	0,14	0,13	0,12	0,11	0,10
	innen	0,05	0,04	0,04	0,07	0,29	0,55	0,72	0,78	0,72	0,56	0,36	0,25	0,23	0,22	0,20	0,18	0,16	0,14	0,11	0,08	0,07	0,06	0,06	0,05
SO	außen/ohne	0,11	0,10	0,09	0,09	0,14	0,25	0,38	0,50	0,58	0,60	0,56	0,47	0,37	0,32	0,30	0,27	0,25	0,23	0,20	0,17	0,15	0,14	0,13	0,12
	innen	0,06	0,05	0,05	0,05	0,14	0,32	0,53	0,69	0,78	0,77	0,67	0,49	0,32	0,27	0,24	0,21	0,19	0,16	0,13	0,09	0,08	0,07	0,07	0,06
S	außen/ohne	0,13	0,12	0,11	0,10	0,12	0,14	0,16	0,20	0,29	0,42	0,53	0,59	0,60	0,55	0,45	0,36	0,32	0,28	0,24	0,20	0,18	0,16	0,15	0,14
	innen	0,07	0,06	0,06	0,06	0,09	0,13	0,17	0,23	0,38	0,57	0,72	0,79	0,76	0,64	0,46	0,31	0,25	0,20	0,16	0,11	0,09	0,09	0,08	0,07
SW	außen/ohne	0,15	0,14	0,13	0,12	0,13	0,14	0,15	0,16	0,17	0,18	0,22	0,32	0,45	0,55	0,61	0,61	0,54	0,44	0,32	0,24	0,21	0,19	0,18	0,16
	innen	0,08	0,07	0,07	0,06	0,09	0,11	0,13	0,15	0,17	0,19	0,24	0,41	0,61	0,75	0,79	0,75	0,62	0,42	0,23	0,13	0,11	0,10	0,09	0,09
W	außen/ohne	0,15	0,14	0,13	0,12	0,12	0,13	0,14	0,15	0,15	0,16	0,17	0,18	0,24	0,37	0,50	0,58	0,60	0,54	0,41	0,27	0,22	0,20	0,18	0,16
	innen	0,08	0,07	0,07	0,06	0,09	0,10	0,12	0,14	0,15	0,16	0,17	0,18	0,28	0,50	0,68	0,78	0,77	0,64	0,39	0,16	0,12	0,10	0,09	0,09
NW	außen/ohne	0,15	0,13	0,12	0,11	0,13	0,14	0,16	0,17	0,18	0,19	0,20	0,21	0,22	0,23	0,32	0,47	0,58	0,59	0,47	0,28	0,22	0,19	0,18	0,16
	innen	0,08	0,07	0,06	0,06	0,10	0,13	0,15	0,17	0,19	0,21	0,22	0,23	0,23	0,25	0,41	0,64	0,78	0,75	0,51	0,18	0,11	0,10	0,09	0,08
N	außen/ohne	0,28	0,26	0,24	0,30	0,60	0,68	0,59	0,61	0,66	0,70	0,74	0,76	0,77	0,77	0,75	0,73	0,71	0,82	0,83	0,53	0,41	0,36	0,33	0,30
	innen	0,15	0,13	0,12	0,25	0,78	0,82	0,65	0,69	0,75	0,80	0,84	0,86	0,85	0,84	0,80	0,75	0,72	0,91	0,89	0,37	0,21	0,19	0,18	0,16
		RAUMTYP S																							
normal	außen/ohne	0,30	0,28	0,27	0,27	0,35	0,44	0,52	0,57	0,61	0,64	0,67	0,68	0,70	0,71	0,71	0,69	0,66	0,60	0,51	0,41	0,37	0,35	0,33	0,31
	innen	0,16	0,15	0,14	0,16	0,33	0,51	0,63	0,71	0,77	0,80	0,82	0,83	0,84	0,83	0,82	0,78	0,71	0,59	0,41	0,23	0,19	0,18	0,17	0,16
horiz.	außen/ohne	0,21	0,20	0,19	0,18	0,19	0,22	0,28	0,35	0,43	0,50	0,55	0,58	0,59	0,58	0,55	0,49	0,42	0,35	0,30	0,27	0,25	0,24	0,23	0,22
	innen	0,11	0,10	0,10	0,10	0,13	0,19	0,31	0,44	0,57	0,68	0,75	0,78	0,77	0,72	0,63	0,51	0,38	0,26	0,18	0,14	0,13	0,13	0,12	0,11
NO	außen/ohne	0,13	0,12	0,12	0,14	0,29	0,43	0,49	0,46	0,37	0,30	0,28	0,28	0,27	0,26	0,25	0,24	0,23	0,21	0,19	0,16	0,15	0,15	0,14	0,13
	innen	0,07	0,06	0,06	0,11	0,41	0,67	0,73	0,63	0,43	0,29	0,27	0,26	0,25	0,24	0,23	0,21	0,19	0,16	0,13	0,09	0,08	0,08	0,07	0,07
O	außen/ohne	0,13	0,12	0,12	0,13	0,23	0,37	0,46	0,51	0,50	0,43	0,34	0,29	0,27	0,26	0,25	0,23	0,22	0,20	0,19	0,17	0,16	0,15	0,14	0,14
	innen	0,07	0,07	0,06	0,09	0,30	0,54	0,69	0,74	0,68	0,53	0,34	0,24	0,23	0,21	0,20	0,18	0,16	0,14	0,12	0,09	0,08	0,08	0,07	0,07
SO	außen/ohne	0,15	0,14	0,13	0,13	0,17	0,26	0,37	0,46	0,52	0,53	0,49	0,42	0,34	0,30	0,29	0,27	0,25	0,23	0,21	0,19	0,18	0,17	0,16	0,15
	innen	0,08	0,07	0,07	0,07	0,16	0,33	0,52	0,67	0,75	0,73	0,63	0,46	0,31	0,26	0,23	0,21	0,19	0,16	0,14	0,10	0,09	0,09	0,08	0,08
S	außen/ohne	0,16	0,15	0,15	0,14	0,16	0,17	0,19	0,22	0,29	0,39	0,48	0,53	0,53	0,48	0,41	0,33	0,30	0,27	0,24	0,21	0,20	0,19	0,18	0,17
	innen	0,08	0,08	0,08	0,08	0,11	0,15	0,18	0,24	0,38	0,55	0,69	0,75	0,72	0,60	0,44	0,30	0,24	0,20	0,16	0,11	0,10	0,10	0,09	0,09
SW	außen/ohne	0,18	0,17	0,16	0,15	0,16	0,17	0,18	0,19	0,20	0,21	0,23	0,31	0,42	0,50	0,54	0,53	0,48	0,39	0,30	0,24	0,22	0,21	0,20	0,19
	innen	0,09	0,09	0,08	0,08	0,11	0,13	0,15	0,17	0,19	0,21	0,25	0,41	0,59	0,72	0,76	0,71	0,58	0,40	0,22	0,13	0,12	0,11	0,10	0,10
W	außen/ohne	0,17	0,16	0,15	0,15	0,15	0,16	0,17	0,17	0,18	0,18	0,19	0,19	0,24	0,35	0,45	0,51	0,53	0,48	0,37	0,25	0,22	0,20	0,19	0,18
	innen	0,09	0,09	0,08	0,08	0,10	0,12	0,14	0,15	0,16	0,17	0,18	0,19	0,29	0,49	0,66	0,74	0,73	0,60	0,37	0,15	0,11	0,11	0,10	0,10
NW	außen/ohne	0,17	0,16	0,15	0,14	0,16	0,17	0,18	0,19	0,20	0,21	0,21	0,22	0,22	0,23	0,31	0,43	0,51	0,51	0,41	0,26	0,21	0,20	0,19	0,18
	innen	0,09	0,08	0,08	0,08	0,11	0,14	0,16	0,18	0,20	0,21	0,22	0,23	0,24	0,25	0,40	0,61	0,74	0,71	0,48	0,17	0,11	0,10	0,10	0,09
N	außen/ohne	0,34	0,33	0,31	0,36	0,61	0,66	0,59	0,61	0,64	0,68	0,70	0,72	0,72	0,72	0,71	0,69	0,68	0,77	0,77	0,53	0,43	0,40	0,38	0,36
	innen	0,18	0,17	0,16	0,29	0,78	0,82	0,66	0,68	0,74	0,79	0,82	0,84	0,83	0,82	0,77	0,73	0,70	0,88	0,86	0,37	0,23	0,21	0,20	0,19

3

Tabelle A 30. Fortsetzung

Auslegungsmonat August

Himmelsr.	Sonnenschutz	1	2	3	4	5	6	7	8	9	10	11	12	13	14	15	16	17	18	19	20	21	22	23	24
		Wahre Ortszeit in h																							
		RAUMTYP XL																							
normal	außen/ohne	0,07	0,06	0,06	0,06	0,06	0,30	0,54	0,70	0,80	0,86	0,89	0,90	0,90	0,88	0,84	0,76	0,62	0,39	0,12	0,09	0,08	0,08	0,08	0,07
	innen	0,04	0,03	0,03	0,03	0,03	0,31	0,58	0,75	0,85	0,91	0,94	0,95	0,94	0,92	0,87	0,78	0,62	0,36	0,06	0,05	0,04	0,04	0,04	0,04
horiz.	außen/ohne	0,05	0,05	0,04	0,04	0,04	0,09	0,20	0,37	0,56	0,72	0,83	0,88	0,86	0,77	0,62	0,44	0,26	0,13	0,07	0,06	0,06	0,06	0,05	0,05
	innen	0,03	0,02	0,02	0,02	0,02	0,08	0,20	0,40	0,61	0,78	0,89	0,94	0,91	0,80	0,64	0,43	0,23	0,10	0,04	0,03	0,03	0,03	0,03	0,03
NO	außen/ohne	0,03	0,03	0,03	0,03	0,02	0,53	0,83	0,74	0,45	0,31	0,30	0,29	0,28	0,27	0,24	0,21	0,17	0,12	0,05	0,04	0,04	0,04	0,03	0,03
	innen	0,02	0,02	0,01	0,01	0,01	0,60	0,91	0,79	0,45	0,31	0,30	0,30	0,29	0,27	0,24	0,20	0,16	0,10	0,03	0,02	0,02	0,02	0,02	0,02
O	außen/ohne	0,03	0,03	0,03	0,03	0,02	0,37	0,70	0,85	0,82	0,63	0,36	0,21	0,19	0,17	0,16	0,14	0,11	0,08	0,04	0,04	0,04	0,03	0,03	0,03
	innen	0,02	0,01	0,01	0,01	0,01	0,42	0,77	0,92	0,87	0,65	0,36	0,20	0,18	0,16	0,14	0,12	0,10	0,06	0,02	0,02	0,02	0,02	0,02	0,02
SO	außen/ohne	0,04	0,03	0,03	0,03	0,03	0,23	0,51	0,73	0,86	0,87	0,77	0,58	0,35	0,21	0,17	0,14	0,12	0,09	0,05	0,05	0,04	0,04	0,04	0,04
	innen	0,02	0,02	0,02	0,02	0,02	0,24	0,56	0,80	0,92	0,93	0,81	0,59	0,33	0,19	0,15	0,13	0,10	0,07	0,03	0,02	0,02	0,02	0,02	0,02
S	außen/ohne	0,04	0,04	0,04	0,04	0,03	0,07	0,12	0,24	0,45	0,66	0,81	0,87	0,84	0,71	0,52	0,30	0,16	0,11	0,06	0,05	0,05	0,05	0,05	0,04
	innen	0,02	0,02	0,02	0,02	0,02	0,06	0,11	0,25	0,49	0,71	0,87	0,93	0,89	0,74	0,52	0,29	0,14	0,08	0,03	0,03	0,03	0,03	0,02	0,02
SW	außen/ohne	0,04	0,04	0,04	0,04	0,04	0,07	0,09	0,12	0,14	0,16	0,29	0,52	0,73	0,85	0,87	0,78	0,58	0,30	0,08	0,06	0,06	0,05	0,05	0,05
	innen	0,02	0,02	0,02	0,02	0,02	0,06	0,09	0,11	0,14	0,16	0,30	0,56	0,79	0,92	0,93	0,82	0,59	0,29	0,04	0,03	0,03	0,03	0,03	0,02
W	außen/ohne	0,04	0,04	0,04	0,03	0,03	0,06	0,09	0,12	0,13	0,15	0,16	0,18	0,31	0,57	0,79	0,86	0,76	0,46	0,09	0,05	0,05	0,05	0,04	0,04
	innen	0,02	0,02	0,02	0,02	0,02	0,06	0,09	0,11	0,13	0,15	0,17	0,18	0,33	0,62	0,86	0,93	0,80	0,46	0,05	0,03	0,03	0,02	0,02	0,02
NW	außen/ohne	0,04	0,04	0,03	0,03	0,03	0,09	0,15	0,19	0,22	0,25	0,27	0,28	0,28	0,29	0,40	0,70	0,86	0,63	0,10	0,05	0,05	0,04	0,04	0,04
	innen	0,02	0,02	0,02	0,02	0,02	0,09	0,15	0,19	0,23	0,26	0,28	0,29	0,29	0,30	0,43	0,77	0,92	0,65	0,05	0,03	0,02	0,02	0,02	0,02
N	außen/ohne	0,07	0,06	0,06	0,06	0,05	0,36	0,50	0,63	0,73	0,81	0,87	0,90	0,89	0,84	0,78	0,68	0,56	0,44	0,12	0,09	0,08	0,08	0,07	0,07
	innen	0,03	0,03	0,03	0,03	0,03	0,39	0,53	0,67	0,78	0,86	0,92	0,95	0,93	0,88	0,80	0,69	0,56	0,43	0,06	0,04	0,04	0,04	0,04	0,04
		RAUMTYP L																							
normal	außen/ohne	0,16	0,15	0,13	0,12	0,11	0,24	0,38	0,50	0,59	0,66	0,71	0,75	0,78	0,79	0,79	0,75	0,68	0,54	0,37	0,32	0,27	0,24	0,21	0,19
	innen	0,09	0,08	0,07	0,06	0,06	0,28	0,49	0,64	0,74	0,80	0,84	0,87	0,88	0,87	0,84	0,78	0,65	0,44	0,19	0,17	0,14	0,13	0,11	0,10
horiz.	außen/ohne	0,11	0,10	0,09	0,08	0,08	0,10	0,16	0,26	0,38	0,50	0,60	0,67	0,69	0,67	0,61	0,52	0,41	0,31	0,25	0,22	0,19	0,17	0,15	0,13
	innen	0,06	0,05	0,05	0,04	0,04	0,08	0,18	0,34	0,51	0,66	0,77	0,82	0,82	0,75	0,63	0,47	0,31	0,20	0,13	0,11	0,10	0,09	0,08	0,07
NO	außen/ohne	0,07	0,06	0,05	0,05	0,05	0,32	0,52	0,52	0,40	0,34	0,33	0,32	0,31	0,30	0,28	0,26	0,23	0,19	0,14	0,12	0,11	0,09	0,08	0,07
	innen	0,03	0,03	0,03	0,03	0,02	0,49	0,75	0,67	0,43	0,32	0,32	0,31	0,30	0,28	0,26	0,23	0,19	0,14	0,07	0,06	0,06	0,05	0,04	0,04
O	außen/ohne	0,06	0,06	0,05	0,05	0,04	0,23	0,44	0,56	0,59	0,53	0,40	0,32	0,29	0,26	0,24	0,21	0,19	0,16	0,13	0,11	0,10	0,09	0,08	0,07
	innen	0,03	0,03	0,03	0,02	0,02	0,34	0,63	0,77	0,75	0,60	0,38	0,25	0,23	0,21	0,19	0,16	0,14	0,11	0,07	0,06	0,05	0,04	0,04	0,04
SO	außen/ohne	0,08	0,07	0,06	0,06	0,05	0,15	0,32	0,48	0,59	0,64	0,63	0,55	0,43	0,34	0,30	0,26	0,23	0,20	0,16	0,14	0,12	0,11	0,09	0,08
	innen	0,04	0,04	0,03	0,03	0,03	0,21	0,46	0,66	0,78	0,81	0,74	0,58	0,38	0,26	0,22	0,19	0,16	0,12	0,08	0,07	0,06	0,06	0,05	0,04
S	außen/ohne	0,10	0,09	0,08	0,07	0,06	0,08	0,11	0,18	0,30	0,44	0,56	0,64	0,66	0,62	0,53	0,42	0,32	0,27	0,21	0,19	0,16	0,14	0,12	0,11
	innen	0,05	0,05	0,04	0,04	0,03	0,07	0,11	0,22	0,41	0,60	0,74	0,81	0,79	0,70	0,53	0,35	0,22	0,16	0,11	0,10	0,09	0,07	0,07	0,06
SW	außen/ohne	0,12	0,10	0,09	0,08	0,07	0,09	0,10	0,11	0,12	0,14	0,21	0,35	0,50	0,61	0,66	0,65	0,56	0,42	0,28	0,23	0,20	0,18	0,15	0,13
	innen	0,06	0,05	0,05	0,04	0,04	0,07	0,09	0,11	0,13	0,15	0,26	0,48	0,67	0,79	0,82	0,75	0,58	0,34	0,15	0,12	0,11	0,09	0,08	0,07
W	außen/ohne	0,11	0,10	0,09	0,08	0,07	0,08	0,09	0,11	0,12	0,13	0,14	0,15	0,23	0,39	0,54	0,62	0,61	0,47	0,27	0,22	0,19	0,17	0,14	0,13
	innen	0,06	0,05	0,05	0,04	0,04	0,06	0,09	0,11	0,12	0,14	0,15	0,17	0,29	0,53	0,73	0,80	0,72	0,47	0,14	0,12	0,10	0,09	0,08	0,07
NW	außen/ohne	0,11	0,09	0,08	0,07	0,07	0,09	0,12	0,15	0,18	0,20	0,22	0,24	0,25	0,25	0,33	0,51	0,62	0,54	0,26	0,21	0,19	0,16	0,14	0,12
	innen	0,06	0,05	0,04	0,04	0,04	0,09	0,14	0,17	0,21	0,23	0,25	0,27	0,27	0,28	0,39	0,66	0,80	0,60	0,14	0,11	0,10	0,08	0,07	0,06
N	außen/ohne	0,16	0,14	0,13	0,11	0,10	0,27	0,36	0,45	0,54	0,62	0,69	0,73	0,76	0,76	0,74	0,70	0,63	0,56	0,36	0,30	0,26	0,23	0,20	0,18
	innen	0,08	0,07	0,07	0,06	0,05	0,34	0,46	0,57	0,68	0,76	0,82	0,86	0,86	0,83	0,78	0,70	0,60	0,49	0,19	0,16	0,14	0,12	0,11	0,09

Himmelsr.	Sonnenschutz	Wahre Ortszeit in h 1	2	3	4	5	6	7	8	9	10	11	12	13	14	15	16	17	18	19	20	21	22	23	24
		RAUMTYP M																							
normal	außen/ohne	0,20	0,18	0,17	0,16	0,14	0,27	0,40	0,50	0,57	0,62	0,67	0,70	0,72	0,73	0,72	0,69	0,63	0,50	0,35	0,31	0,28	0,26	0,24	0,22
	innen	0,10	0,10	0,09	0,08	0,08	0,29	0,50	0,64	0,73	0,78	0,82	0,84	0,85	0,84	0,81	0,75	0,62	0,42	0,18	0,16	0,15	0,14	0,12	0,11
horiz.	außen/ohne	0,14	0,13	0,12	0,11	0,10	0,12	0,18	0,27	0,38	0,48	0,57	0,62	0,64	0,61	0,55	0,47	0,37	0,29	0,24	0,22	0,20	0,18	0,17	0,15
	innen	0,07	0,07	0,06	0,06	0,05	0,10	0,19	0,34	0,51	0,65	0,75	0,80	0,79	0,72	0,60	0,45	0,29	0,19	0,13	0,11	0,10	0,10	0,09	0,08
NO	außen/ohne	0,08	0,08	0,07	0,07	0,06	0,33	0,50	0,49	0,36	0,30	0,30	0,30	0,29	0,28	0,26	0,25	0,22	0,19	0,14	0,13	0,12	0,11	0,10	0,09
	innen	0,04	0,04	0,04	0,03	0,03	0,49	0,74	0,65	0,41	0,30	0,30	0,30	0,29	0,27	0,25	0,22	0,19	0,14	0,07	0,07	0,06	0,06	0,05	0,05
O	außen/ohne	0,08	0,07	0,07	0,06	0,06	0,24	0,43	0,53	0,55	0,48	0,36	0,28	0,26	0,24	0,23	0,21	0,19	0,16	0,13	0,12	0,11	0,10	0,09	0,09
	innen	0,04	0,04	0,04	0,03	0,03	0,35	0,63	0,75	0,73	0,58	0,35	0,23	0,22	0,20	0,18	0,16	0,14	0,11	0,07	0,06	0,06	0,05	0,05	0,05
SO	außen/ohne	0,10	0,09	0,08	0,08	0,07	0,17	0,33	0,46	0,56	0,59	0,57	0,49	0,38	0,31	0,28	0,25	0,22	0,20	0,17	0,15	0,14	0,13	0,12	0,11
	innen	0,05	0,05	0,04	0,04	0,04	0,22	0,46	0,65	0,77	0,78	0,71	0,55	0,35	0,24	0,21	0,18	0,15	0,12	0,09	0,08	0,07	0,07	0,06	0,06
S	außen/ohne	0,12	0,11	0,10	0,10	0,09	0,10	0,12	0,19	0,30	0,43	0,53	0,59	0,61	0,57	0,48	0,37	0,29	0,25	0,21	0,19	0,17	0,16	0,14	0,13
	innen	0,06	0,06	0,05	0,05	0,05	0,08	0,12	0,23	0,41	0,59	0,73	0,79	0,76	0,67	0,50	0,32	0,21	0,16	0,11	0,10	0,09	0,08	0,08	0,07
SW	außen/ohne	0,14	0,12	0,12	0,11	0,10	0,11	0,12	0,13	0,14	0,15	0,22	0,35	0,47	0,57	0,61	0,59	0,50	0,37	0,24	0,22	0,20	0,18	0,16	0,15
	innen	0,07	0,07	0,06	0,06	0,05	0,08	0,10	0,12	0,14	0,16	0,27	0,47	0,66	0,77	0,79	0,72	0,55	0,32	0,13	0,11	0,10	0,09	0,09	0,08
W	außen/ohne	0,12	0,11	0,10	0,10	0,09	0,10	0,11	0,12	0,13	0,14	0,15	0,16	0,23	0,38	0,51	0,58	0,55	0,42	0,23	0,20	0,18	0,16	0,15	0,13
	innen	0,06	0,06	0,05	0,05	0,05	0,07	0,10	0,12	0,13	0,14	0,16	0,17	0,29	0,52	0,71	0,78	0,70	0,44	0,12	0,10	0,09	0,09	0,08	0,07
NW	außen/ohne	0,12	0,11	0,10	0,09	0,09	0,11	0,14	0,16	0,18	0,20	0,22	0,23	0,24	0,24	0,31	0,48	0,58	0,49	0,23	0,19	0,17	0,16	0,14	0,13
	innen	0,06	0,06	0,05	0,05	0,05	0,10	0,14	0,18	0,21	0,23	0,25	0,26	0,27	0,27	0,38	0,65	0,78	0,58	0,12	0,10	0,09	0,08	0,08	0,07
N	außen/ohne	0,19	0,18	0,16	0,15	0,14	0,30	0,37	0,45	0,53	0,59	0,65	0,68	0,70	0,70	0,68	0,64	0,58	0,52	0,34	0,30	0,27	0,25	0,23	0,21
	innen	0,10	0,09	0,09	0,08	0,07	0,35	0,46	0,57	0,67	0,74	0,80	0,83	0,83	0,80	0,75	0,67	0,57	0,47	0,18	0,16	0,14	0,13	0,12	0,11
		RAUMTYP S																							
normal	außen/ohne	0,25	0,24	0,23	0,22	0,21	0,31	0,41	0,49	0,54	0,58	0,61	0,64	0,65	0,66	0,65	0,63	0,57	0,48	0,35	0,33	0,31	0,29	0,28	0,27
	innen	0,13	0,13	0,12	0,12	0,11	0,32	0,51	0,64	0,72	0,76	0,79	0,81	0,81	0,80	0,77	0,71	0,60	0,40	0,19	0,17	0,16	0,15	0,15	0,14
horiz.	außen/ohne	0,18	0,17	0,16	0,16	0,15	0,16	0,21	0,28	0,37	0,45	0,51	0,55	0,56	0,54	0,49	0,42	0,34	0,28	0,25	0,23	0,22	0,21	0,20	0,19
	innen	0,09	0,09	0,09	0,08	0,08	0,12	0,21	0,35	0,50	0,64	0,73	0,76	0,75	0,68	0,57	0,42	0,28	0,18	0,13	0,12	0,12	0,11	0,10	0,10
NO	außen/ohne	0,11	0,11	0,10	0,10	0,10	0,31	0,45	0,43	0,33	0,28	0,27	0,27	0,27	0,26	0,25	0,24	0,22	0,19	0,16	0,15	0,14	0,13	0,13	0,12
	innen	0,06	0,06	0,05	0,05	0,05	0,48	0,71	0,62	0,39	0,29	0,29	0,29	0,28	0,26	0,24	0,22	0,18	0,14	0,08	0,08	0,07	0,07	0,07	0,06
O	außen/ohne	0,11	0,11	0,10	0,10	0,09	0,24	0,39	0,47	0,48	0,42	0,32	0,26	0,24	0,23	0,22	0,21	0,19	0,17	0,15	0,14	0,14	0,13	0,12	0,12
	innen	0,06	0,06	0,05	0,05	0,05	0,35	0,61	0,72	0,69	0,54	0,33	0,22	0,21	0,19	0,18	0,16	0,14	0,11	0,08	0,07	0,07	0,07	0,06	0,06
SO	außen/ohne	0,14	0,13	0,12	0,12	0,11	0,20	0,32	0,42	0,50	0,52	0,50	0,43	0,34	0,28	0,26	0,24	0,23	0,21	0,18	0,17	0,16	0,16	0,15	0,14
	innen	0,07	0,07	0,07	0,06	0,06	0,23	0,46	0,63	0,73	0,75	0,67	0,52	0,33	0,23	0,20	0,18	0,16	0,13	0,10	0,09	0,09	0,08	0,08	0,07
S	außen/ohne	0,16	0,15	0,14	0,14	0,13	0,14	0,16	0,21	0,30	0,40	0,48	0,52	0,53	0,50	0,42	0,34	0,28	0,24	0,21	0,20	0,19	0,18	0,17	0,16
	innen	0,08	0,08	0,07	0,07	0,07	0,10	0,13	0,24	0,41	0,58	0,70	0,75	0,73	0,63	0,47	0,31	0,20	0,15	0,11	0,11	0,10	0,10	0,09	0,09
SW	außen/ohne	0,16	0,16	0,15	0,14	0,13	0,14	0,15	0,16	0,17	0,18	0,23	0,33	0,43	0,50	0,53	0,51	0,44	0,33	0,23	0,22	0,20	0,19	0,18	0,17
	innen	0,09	0,08	0,08	0,07	0,07	0,10	0,12	0,13	0,15	0,17	0,27	0,46	0,63	0,74	0,75	0,68	0,52	0,30	0,12	0,11	0,11	0,10	0,10	0,09
W	außen/ohne	0,14	0,14	0,13	0,12	0,12	0,13	0,14	0,14	0,15	0,16	0,16	0,17	0,23	0,35	0,45	0,50	0,48	0,37	0,21	0,19	0,18	0,17	0,16	0,15
	innen	0,08	0,07	0,07	0,07	0,06	0,09	0,11	0,13	0,14	0,15	0,17	0,18	0,29	0,51	0,68	0,74	0,66	0,41	0,11	0,10	0,09	0,09	0,08	0,08
NW	außen/ohne	0,14	0,13	0,13	0,12	0,12	0,14	0,16	0,18	0,19	0,21	0,22	0,23	0,23	0,24	0,29	0,42	0,51	0,43	0,21	0,19	0,18	0,17	0,16	0,15
	innen	0,07	0,07	0,07	0,06	0,06	0,11	0,15	0,19	0,21	0,23	0,25	0,26	0,27	0,27	0,37	0,62	0,74	0,54	0,11	0,10	0,09	0,09	0,08	0,08
N	außen/ohne	0,24	0,23	0,22	0,21	0,20	0,33	0,39	0,45	0,51	0,56	0,60	0,62	0,64	0,63	0,61	0,58	0,54	0,49	0,34	0,32	0,30	0,28	0,27	0,25
	innen	0,13	0,12	0,12	0,11	0,11	0,37	0,47	0,57	0,66	0,73	0,78	0,80	0,80	0,77	0,72	0,64	0,55	0,45	0,18	0,17	0,16	0,15	0,14	0,13

3

3.3.
h, x-DIAGRAMM

Das h, x-Diagramm (Mollier-Diagramm) dient als Grundlage für die Berechnung und Darstellung von Zustandsänderungen mit feuchter Luft. Es ist von außerordentlicher Wichtigkeit, nicht nur für den Klimaingenieur, der wesentliche Teile seiner Anlagenauslegung mit Hilfe der h, x-Diagramme vornimmt, sondern auch im Sinne der Bauphysik, da durch dieses Diagramm Taupunkte der Luft, Veränderungen der relativen Feuchte usw. dargestellt werden können.
Das schiefwinklige Koordinatensystem zeigt einmal den x-Wert (den Wassergehalt in g/kg) sowie weiter den Wert der Enthalpie (h) und die Trockenkugeltemperatur t. Bild 3.28 zeigt ein h, x-Diagramm für feuchte Luft. In das Diagramm ist die Sättigungskurve (relative Feuchte φ = 100 %) bei 1,013 bar eingetragen. Oberhalb der Feuchtelinie von 100 % ist das Gebiet ungesättigter Luft, unterhalb das Gebiet übersättigter Luft (Nebelgebiet) ausgewiesen. Die Linien konstanter Temperaturen (Isothermen) sind im ungesättigten Gebiet schwach ansteigende Geraden, die an der Sättigungskurve nach rechts unten umknicken (Nebel-Isothermen).

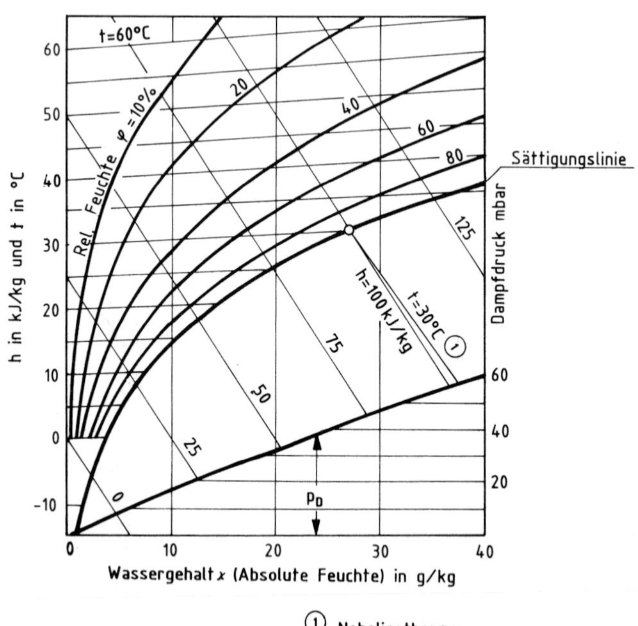

Bild 3.28
h, x-Diagramm für feuchte Luft nach Mollier

Bild 3.29 zeigt eine ältere Version des h, x- (früher i, x-) Diagramms, wie es heute auch noch vornehmlich im englischsprachigen Raum verwendet wird. Gegenüber dem Bild 3.28 ist nunmehr das h, x-Diagramm spiegelbildlich vertauscht.

In Bild 3.29 sind verschiedene Zustandsänderungen dargestellt, die ausgehend vom Punkt 1 (Trockenkugeltemperatur 20° C/rel. Feuchte 50 %) folgende Zustandsänderungen beschreiben:

- **Zustandsänderung 1–2**

trockene Temperatur steigt an, rel. Feuchte fällt, absolute Feuchte bleibt konstant (Trockene Erwärmung der Luft)

- **Zustandsänderung 1–3**

Temperatur, rel. Feuchte und absolute Feuchte der Luft steigen an (Zuführung von Dampf)

- **Zustandsänderung 1–4**

Temperatur fällt, rel. und absolute Feuchte steigt (Zuführung von kaltem Wasser in ungesättigte Luft/Befeuchtung)

- **Zustandsänderung 1–5–τ**

Temperatur fällt, absolute Feuchte konstant, rel. Feuchte steigt an. (Trockene Kühlung ohne Entfeuchtung)

Wird die Temperatur so stark abgesenkt, daß sie über den Punkt 5 hinaus bis über die Sättigungslinie trifft, so tritt im Zustand des Taupunktes Wasser aus der Luft aus (Kondensatbildung).

• Zustandsänderung 1–6–7

Temperatur und absolute Feuchte fallen, rel. Feuchte steigt (Zustandsänderung bei Kühlen und Entfeuchten, z.B. kaltes Bierglas in warmer Sommerluft)

Im h, x-Diagramm gemäß Bild 3.29 sind weitere Parameter dargestellt, wie die Feuchtetemperatur, (Temperaturangaben an der Sättigungslinie) sowie der für die Luftbefeuchtung nützliche Randmaßstab.

Mit dem h, x-Diagramm läßt sich auch feststellen, bei welcher Temperatur und Feuchte z.B. einer Glasscheibe, Rahmenkonstruktion oder Stahlkonstruktion im Winter eine Schwitzwasserbildung (Kondensat) erreicht wird. Geht man davon aus, daß, wie in Bild 3.29 ein Raumzustand von 20°C bei einer relativen Feuchte von 50% (Punkt 1) herrscht und geht man weiterhin davon aus, daß eine Scheibenoberflächentemperatur (Trockenkugeltemperatur) von 8°C besteht, so kann man feststellen, daß die Taupunkttemperatur entsprechend 8°C Trockenkugeltemperatur um 1,5°C tiefer liegt, als die Taupunkttemperatur des Raumzustandes gemäß 1. Liegt die Oberflächentemperatur eines betrachteten Gegenstandes unter der Raumtaupunkttemperatur, so tritt Kondenswasser auf.

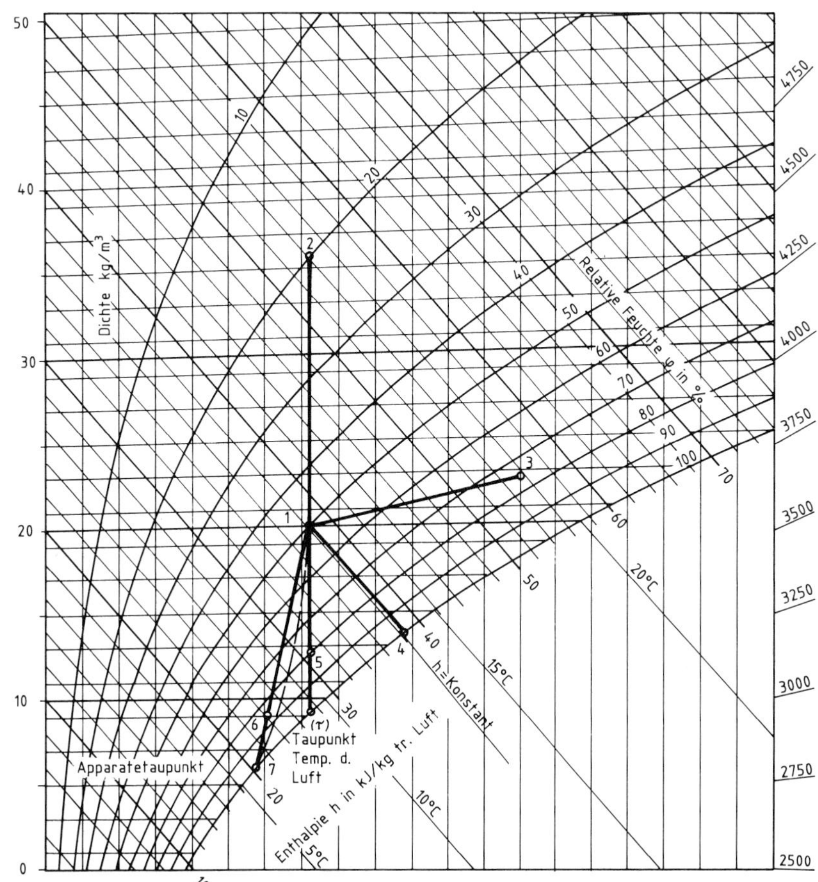

Bild 3.29
Zustandsänderungen im h, x-Diagramm (psychometrisches Diagramm)

3.4. THERMISCHE BEHAGLICHKEIT (II)

Bereits im Kapitel 1.5 wurden Hinweise auf die thermische Behaglichkeit, hier jedoch insbesondere im Zusammenhang mit der Beheizung von Gebäuden, gegeben. Im Zusammenhang mit der raumlufttechnischen Behandlung von Räumen treten weitere Parameter auf, die durch raumlufttechnische Anlagen beeinflußt werden können. Diese sind neben der Raumlufttemperatur die Raumluftfeuchte, die Raumluftgeschwindigkeit sowie die CO_2-Belastung. Wie bereits festgestellt, wird die thermische Behaglichkeit durch eine Vielzahl von Faktoren gebildet, die im Einklang zueinander stehen sollten, um ein dem Wohlbefinden des Menschen zuträgliches Raumklima zu schaffen. Dabei spielt insbesondere der Arbeitsenergieumsatz und die Form der Bekleidung eine Rolle.

Tätigkeit	Gesamtwärmeabgabe		
	W/m²	met	W/Pers.*
Ruhig liegend	46	0,8	83
Ruhig sitzend	58	1,0	104
Stehend entspannt	70	1,2	126
Sitzende Tätigkeit (Büro, Wohnung, Schule,Labor)	70	1,2	126
Leichte Tätigkeit stehend (Laden, leichte Wekbankarbeit, Labor)	93	1,6	167
Mittelschwere Tätigkeit stehend (Verkäufer, Hausarbeit, Werkstattarbeit)	116	2,0	209
Schwere Tätigkeit (schwere Werkstattarbeit)	174	3,0	313

* gültig für eine Person von 1,8 m² Körperoberfläche (z.B. Größe 1,7 m, Gewicht 69 kg)

Tabelle 3.8
Wärmeabgabe bei verschiedener Tätigkeit

Die Tabelle 3.8 zeigt eine Einteilung des Arbeitsenergieumsatzes bei verschiedenen Tätigkeiten. Er kann sich zwischen sehr leichter und schwerster Tätigkeit annähernd vervierfachen, was selbstverständlich seine Auswirkungen auf Behaglichkeitszustände hat. Weiterhin spielt die Form der Bekleidung infolge ihres Isolationswertes eine sehr wesentliche Rolle und wird durch die Clothing-Einheiten (clo in Tabelle 3.9) beschrieben. In der Regel haben wir mit einem Isolationswert von 0,9 clo zu tun, der in den Werten der Tabelle 3.8 berücksichtigt wurde.

In bezug auf die Behaglichkeit kommt es weiterhin darauf an, daß das thermische Gleichgewicht des Körpers erhalten bleibt, das heißt, daß er weder zu viel oder zu wenig Wärme abgibt oder abgeben kann. Wird das thermische Gleichgewicht empfindlich gestört, so treten Zustände der Unbehaglichkeit auf, die sich bis zu schweren Störungen steigern können.

3.4.1. Raumlufttemperatur

Geht man davon aus, daß eine leichte Tätigkeit durchgeführt wird, so soll die Raumlufttemperatur gemäß Bild 3.30 im Bereich bei +20 bis +27° C liegen. Als Randbedingungen können wir einen Arbeitsenergieumsatz im Bereich von 100 bis 150 Watt und einen Isolationswert von 0,9 voraussetzen. Ist der Isolationswert deutlich höher, so kann die Temperatur um 2 K abgesenkt werden. Bei dieser Betrachtung wurde vorausgesetzt , daß die Raumluftgeschwindigkeiten im Bereich zwischen 0,1 und 0,2 m/s und die Umgebungstemperaturen lediglich um ±3 K abweichen.

3.4.2. Raumluftfeuchte

Die relative Raumluftfeuchte ist im Zusammenhang zu sehen mit der Raumlufttemperatur und Raumluftgeschwindigkeit, je kühler also die Raumtemperatur, um so höher kann die Raumluftfeuchte oder umgekehrt sein, je höher die Raumluftgeschwindigkeit, um so größer kann die Raumluftfeuchte sein. Dabei wesentlich ist, daß Menschen im vorgeschlagenen Temperatur-

Bekleidung	Isolationswert I_{cl} $\frac{m^2 \cdot K}{W}$	clo*)
Unbekleidet	0	0
Shorts	0,016	0,1
Tropenkleidung offenes, kurzes Oberhemd, kurze Hose, leichte Socken, Sandalen	0,047 bis 0,062	0,3 bis 0,4
Leichte Sommerkleidung offenes, kurzes Oberhemd, lange leichte Hose, leichte Socken, Schuhe	0,078	0,5
Leichte Arbeitskleidung kurze Unterhose, offenes Arbeitshemd oder leichte Jacke, Arbeitshose, Wollsocken, Schuhe	0,093	0,6
Overall (Baumwolle) Oberhemd, kurze Unterwäsche, Socken, Schuhe	0,124	0,8
Leichte Außensportkleidung kurzes Unterzeug, Trainingsjacke, -hose, Socken, Turnschuhe	0,140	0,9
Regenschutzkleidung, 2teiliger Anzug (Polyurethan) Oberhemd, kurze Unterwäsche, Socken, Schuhe	0,140	0,9
Feste Arbeitskleidung lange Unterwäsche, einteiliger Arbeitsanzug, Socken, feste Schuhe	0,155	1,0
Leichter Straßenanzug kurze Unterwäsche, geschlossenes Oberhemd, leichte Jacke, lange Hose, Socken, Schuhe	0,155	1,0
Schmelzeranzug (flammenhemmende Ausrüstung) Oberhemd, kurze Unterwäsche, Socken, Schuhe	0,155	1,0
Freizeitkleidung kurze Unterwäsche, Oberhemd, Pullover, feste Jacke und Hose, Socken, Schuhe	0,186	1,2
Schmelzeranzug und Hitzeschutzmantel Oberhemd, kurze Unterwäsche, Socken, Schuhe	0,217	1,4
Leichter Straßenanzug mit leichtem Mantel	0,233	1,5
Fester Straßenanzug lange Unterwäsche, geschlossenes langes Oberhemd, feste Jacke und Hose, Weste aus Tuch oder Wolle, Wollsocken, Schuhe	0,233	1,5
Kleidung für naßkaltes Wetter lange Unterwäsche, geschlossenes langes Oberhemd, feste Jacke und Hose, Pullover, Wollmantel, Wollsocken, feste Schuhe	0,233 bis 0,310	1,5 bis 2,0
Polarkleidung	ab 0,465	ab 3,0

*) Kennwert für den Isolationswert der Bekleidung in „clothing-Einheiten", kurz clo genannt (1 clo = 0,155 (m² · K)/W).

Tabelle 3.9
Isolationswerte von ausgewählten Bekleidungen im trockenen Zustand

bereich 20 bis 27°C die rel. Feuchte zwischen 35 und 65 % nicht genau definieren können und es somit unwesentlich ist, welche genaue, relative Feuchte vorherrscht.

Betrachtet man jedoch eine andere Störgröße in bezug auf die relative Feuchte, so sollte diese im Winter nicht unter 40 bis 45 % fallen. Feuchte Luft ist in der Lage, Staub zu binden und niederzuschlagen, so daß bei Feuchten über ungefähr 45 % keine statischen Aufladungen auftreten und der Staubflug erheblich vermindert wird. Aus Kostengründen wiederum sollte die rel. Feuchte nicht wesentlich über 50 % ansteigen.

Treffen hohe Raumluftfeuchten (über 65 %) mit hohen Temperaturen zusammen, so wird dieser Zustand als schwül und unbehaglich empfunden. Gemäß der Darstellung im h, x-Diagramm können alle Raumzustände oberhalb und rechts vom Behaglichkeitsfeld als schwül und schwülwarm bezeichnet werden.

3.4.3. Raumluftgeschwindigkeit

3

Während man noch vor einigen Jahren die Raumluftgeschwindigkeiten oberhalb 0,2 m/s als behaglich definiert hat, hat hier in den letzten Jahren eine erhebliche Veränderung stattgefunden. Diese hängt zusammen mit den auftretenden Geschwindigkeitsspitzen, die offensichtlich deutlich wahrgenommen werden und bei turbulenter Strömung im Raum ständig auftreten. Bild 3.31 zeigt die **obere** Zulässigkeitskurve für behagliche Raumluftgeschwindigkeiten und sollte nicht überschritten werden, da kurzzeitige Geschwindigkeitsspitzen, die ein mehrfaches des arithmetischen Mittelwertes betragen können, sowieso auftreten.

3.4.4. Dauerexposition Luftgeschwindigkeit, Bekleidungsisolation

Der menschliche Körper ist in der Lage, bis zu einem bestimmten Orientierungsbereich durch entsprechende Anpassungsvorgänge dauerhaft seine Wärmebilanz auszugleichen. Bild 3.32 zeigt den Orientierungsbereich der Dauerexposition (8 Stunden) bei verschiedenen Tätigkeiten (vergl. Tab. 3.8). Dabei wird vorausgesetzt, daß sich die Personen infolge erhöhter Schweißabgabe,

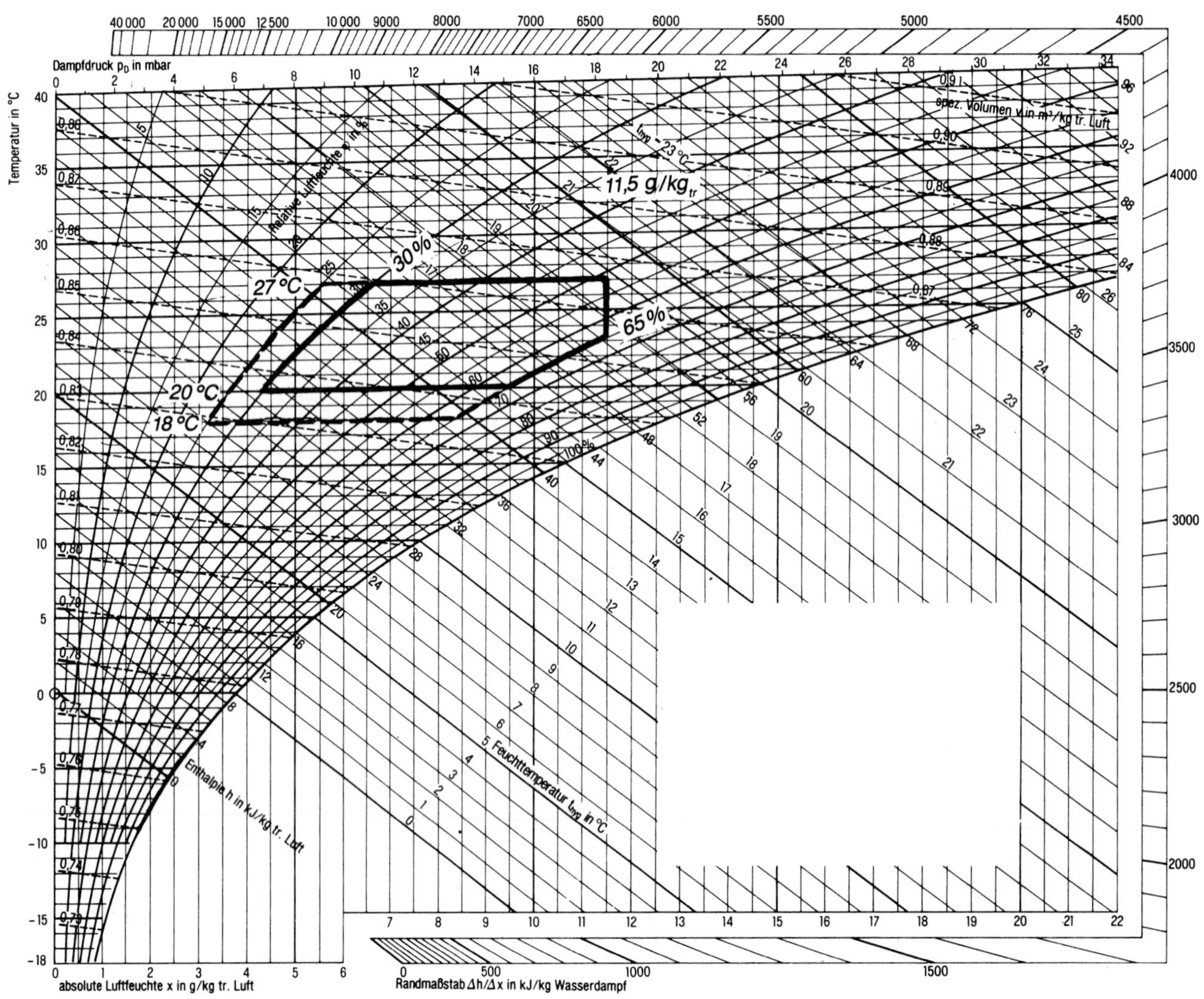

Bild 3.30
Vorgeschlagener Bereich zuträglicher Luftzustände

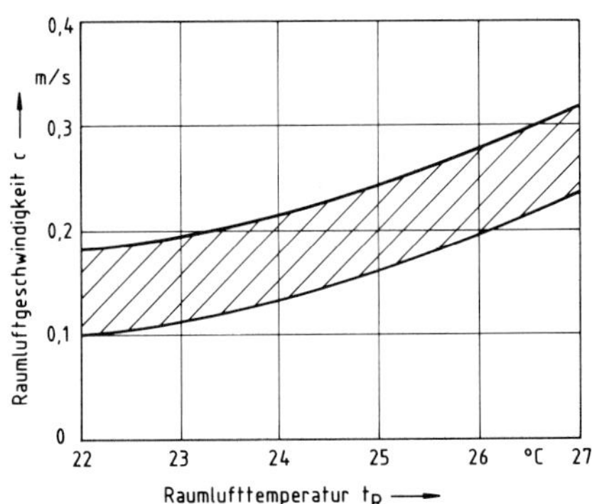

Bild 3.31
Obere Zulässigkeitskurve für behagliche Raumluftgeschwindigkeiten

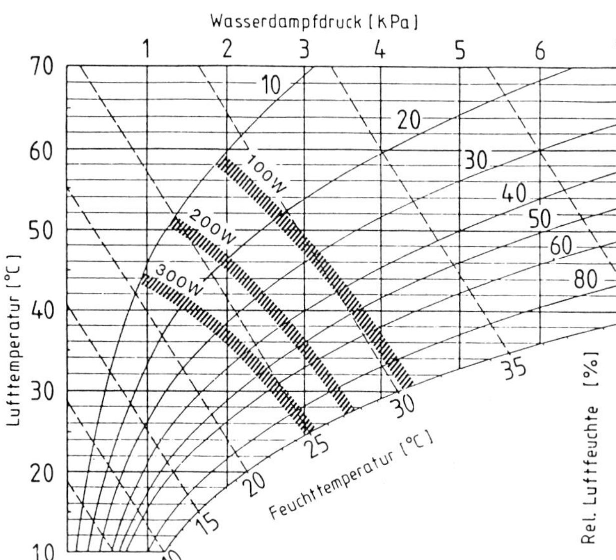

Bild 3.32
Orientierungsbereiche für Dauerexposition, Arbeitsenergieumsatz 100, 200 und 300 W (v = 0,5 m/s, I_{cl} = 0,9 clo)

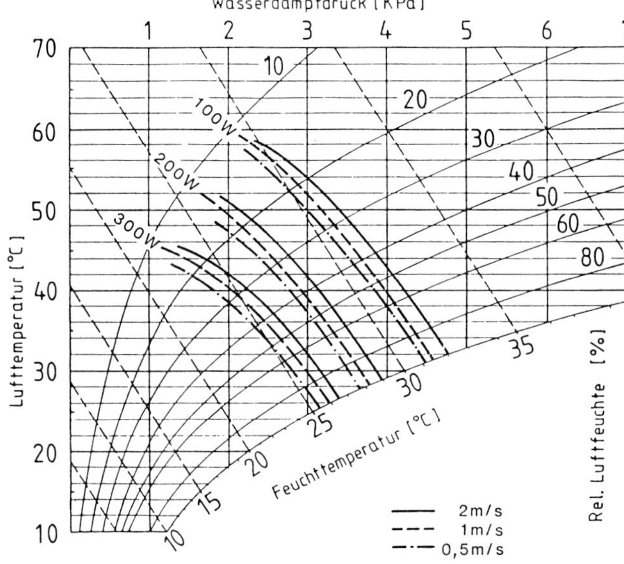

Bild 3.33
Einfluß der Erhöhung der Luftgeschwindigkeit (v = 1 bzw. 2 m/s gegenüber 0,5 m/s) auf die Orientierungsbereiche für Dauerexposition (AU = 100, 200, 300 W, I_{cl} = 0,9 clo)

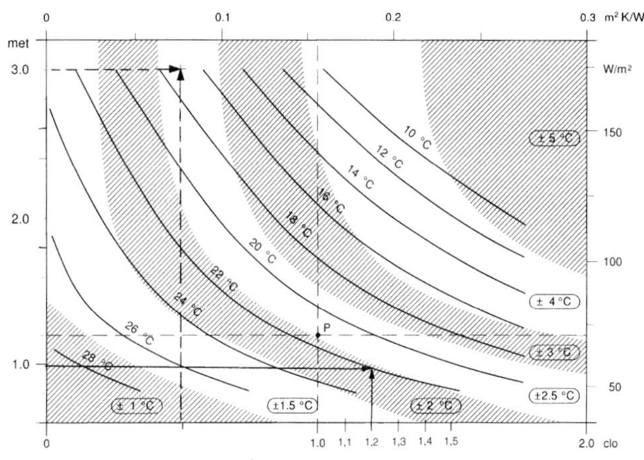

Bild 3.34
Optimale Raumtemperatur in Abhängigkeit von Tätigkeit und Bekleidung (nach ISO 7730)

leichtem Anstieg der Körpertemperatur und hoher Schweißverdunstung den Umgebungszuständen anpassen. Wie Bild 3.32 zeigt, wird der Orientierungsbereich für die Dauerexposition mit steigender Arbeitsschwere herabgesetzt.

Bild 3.33 zeigt den Einfluß der Erhöhung der Luftgeschwindigkeit auf die Orientierungsbereiche für Dauerexpositionen und bei verschiedenen Arbeitsenergieumsätzen. Das Bild weist aus, daß mit höherer Umgebungsgeschwindigkeit höhere Temperaturen und Feuchten einhergehen können. Bild 3.34 stellt den Einfluß der Verringerung der Bekleidungsisolation bei wiederum verschiedenen Tätigkeiten dar und weist deutlich aus, daß bei schweren Tätigkeiten eine geringere Isolation durch die Bekleidung zu einer verbesserten Verdunstungsmöglichkeit führt, so daß bei niedrigen Lufttemperaturen die Orientierungsbereiche stark nach oben verschoben werden. Bei leichter Tätigkeit findet eine derartige, starke Verschiebung kaum statt.

Alle drei Darstellungen weisen aus, daß die Orientierungsbereiche mit schwerer werdender Tätigkeit deutlich abfallen und geringere Raumtemperaturen für eine Dauerexposition notwendig sind.

3.4.5. Belastung durch Bestrahlung

In Bild 3.35 ist ein Orientierungsbereich für die Wärmestrahlungsexposition in Abhängigkeit der Arbeitsenergieumsätze dargestellt. Dabei kann davon ausgegangen werden, daß bei einer effektiven Bestrahlungsstärke unter 35 Watt/m² keine arbeitsbelastenden Einflüsse eintreten.

Bei effektiven Bestrahlungsstärken zwischen 35 und 300 Watt treten Arbeitsbelastungen auf, die unter Umständen dazu führen, daß Muskelerholzeiten und Entwärmungsphasen erforderlich werden.

Bei effektiven Bestrahlungsstärken über 300 W/m² auf den überwiegenden Teil des Körpers sind Entwärmungsphasen erforderlich, wobei bei höheren Bestrahlungsstärken auf die ungeschützte Haut unter Umständen Verbrennungen gegeben sind.

In Bild 3.35 sind zwei Beispiele dargestellt, die bei einem Arbeitsenergieumsatz von 180 W einmal eine mittlere effektive Bestrahlungsstärke von 210 W/m² und zum anderen 315 W/m² ausweisen. In beiden Fällen ist eine Dauerexposition nicht erträglich, wobei im Fallbeispiel 1 durch Erholungspausen und Reduzierung des Arbeitsenergieumsatzes unter 125 W (Verringerung der Schwere der Arbeit) noch eine Dauerexposition möglich ist, während im Fall 2 die effektive Bestrahlungsstärke durch technische Maßnahmen erheblich verringert werden müßte.

Bild 3.36 zeigt die Schmerzgrenze der unbekleideten Haut in Abhängigkeit der Bestrahlungsstärke. Schmerzempfindungen im Zusammenhang mit der

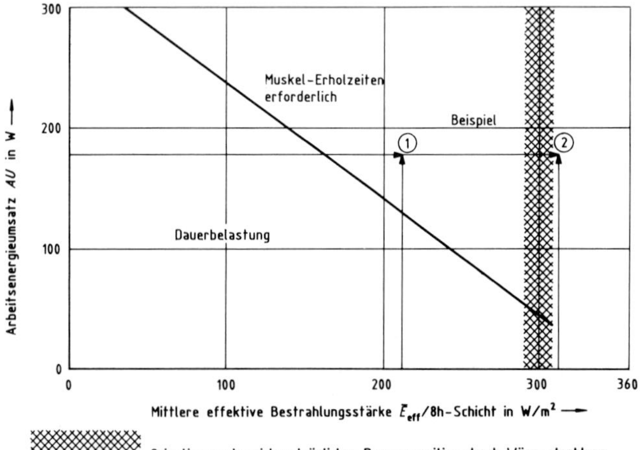

Bild 3.35
Orientierungsbereiche für die Wärmestrahlungsexposition in Abhängigkeit vom Arbeitsenergieumsatz AU

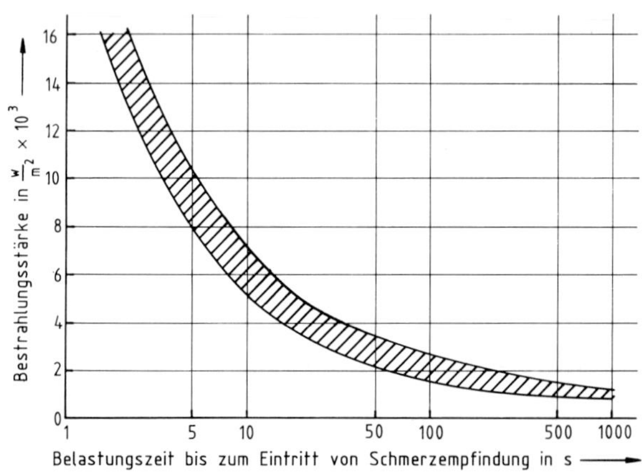

Bild 3.36
Schmerzgrenze der unbekleideten Haut in Abhängigkeit von der Bestrahlungsstärke

Bestrahlung sind Vorstadien der Verbrennung. Daß bei Arbeitsprozessen entweder so hohe Bestrahlungsstärken oder Belastungszeiten vermieden werden müssen, (insbesondere Einwirkung auf die unbekleidete Haut) ist selbstverständlich und aus Bild 3.36 kann abgeleitet werden, ob eine Wärmestrahlungsschutzkleidung getragen werden muß oder ob die Zeitspannen des Arbeitseinsatzes begrenzt werden müssen. Dieses Diagramm ist bei der Planung von Hitzebetrieben von Bedeutung, kann jedoch auch dann wesentlich werden, wenn Arbeitsplätze oder Verweilzonen unter Glas, ungeschützt, geplant sind.

3.4.6. Kohlensäuremaßstab

Der Kohlensäuremaßstab (nach Pettenkofer) gibt die Zunahme ausgeatmeten CO_2 an und wäre an sich ohne wesentliche Bedeutung, wenn nicht der Kohlensäuregehalt ein Maß für die Verschlechterung der Raumluft durch Geruchstoffe und Ausdünstungen bildete (ausgenommen kleine, stark besetzte Räume). Steigt der CO_2-Gehalt über 0,1 % an, so spricht man bereits von schlechter Luft (0,1 % = 1000 ppm). Schädliche Auswirkungen des CO_2 treten bei Gehalten von mehr als 2½ % auf. Bei stark besetzten und schlecht gelüfteten Räumen kann, wie Bild 3.37 zeigt, dieser CO_2-Gehalt bereits nach relativ kurzer Zeit eintreten und es ist eine Durchlüftung mit möglichst hohem Luftwechsel durchzuführen. Bei einem Dauerluftwechsel des Vierfachen pendelt sich der CO_2-Gehalt bei 0,14 % ein, was zwar subjektiv als Luftverschlechterung empfunden wird, objektiv noch zu keiner echten Beeinträchtigung führt. Bild 3.38 zeigt die Außenluftrate pro Person bei verschiedenen, zulässigen CO_2-Konzentrationen und verschiedenen Wärmeabgaben infolge einer Tätigkeit. Der Grenzwert 3, MAK-Wert, beschreibt die maximale Arbeitsplatzkonzentration gesundheitsschädlicher Stoffe, die in keinem Fall überschritten werden darf.

3.4.7. Sonstige Einflüsse

In Aufenthaltsräumen entstehen neben den Ausdünstungen der Menschen solche durch Möbel, Teppiche, Tapeten, Farbanstriche und Baustoffe sowie durch Verbrennungs- und Heizvorgänge, Reinigungsarbeiten, Eindringen verunreinigter Außenluft insbesondere in Industriegebieten und verkehrsreichen Straßen, sowie infolge von Speisenzubereitung usw. Die MAK-Werteliste in Tabelle 3.10 weist für eine Vielzahl luftfremder Stoffe die Obergrenzen auf, die zu beachten sind.

Ein nicht zu unterschätzender Faktor im Bürobereich ist Tabakrauch, wobei eine Abschätzung der tatsächlichen Belastung eines Nichtrauchers, der sich in verrauchten Räumen aufhält, sehr stark von der Konzentration des Tabakrauchs abhängt. Dabei ist in der Regel die Konzentration von Tabakrauch nicht überall im Raum gleich, insbesondere, wenn der Raum infolge thermischer

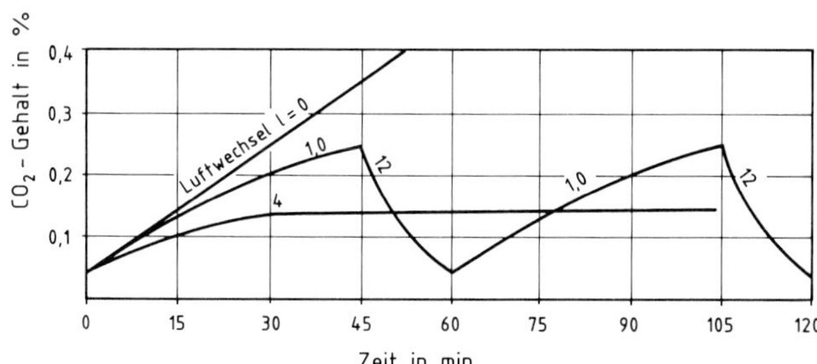

Bild 3.37
CO_2-Gehalt in Klassenräumen bei unterschiedlichem Luftwechsel

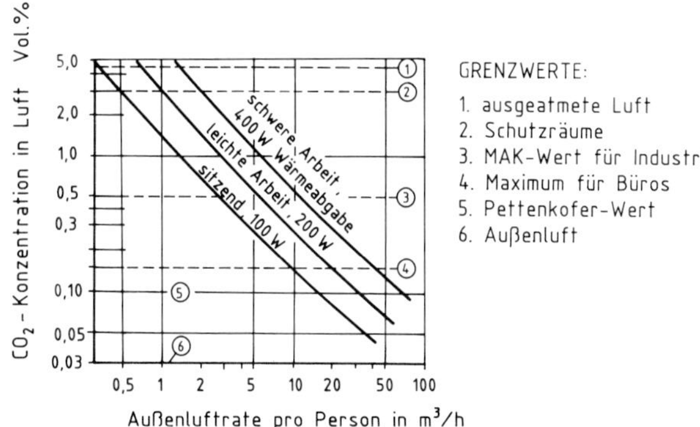

Bild 3.38
Außenluftrate pro Person bei verschiedenen zulässigen CO_2-Konzentrationen (nach Reinders)

Ströme (Belüftung von unten nach oben) durchlüftet wird. Nach statistischen Erhebungen werden in Bürobereichen durchschnittlich 1,5 Zigaretten pro Stunde geraucht, wobei die durchschnittliche Raucherzahl 40 % beträgt. Hieraus läßt sich ableiten, daß zur Vermeidung von Reizwirkungen 100 m^3 Frischluft pro gerauchter Zigarette notwendig wird, damit ist eine Mindestaußenluftrate von 60 m^3/h Person notwendig, um massive Beeinträchtigungen zu vermeiden. Aus diesem Grund wird empfohlen, bei gemischten Räumen (Raucher/Nichtraucher) mindestens 55 m^3/h und in großräumigen Flächen mindesten 75 m^3/h Person an Außenluft zuzuführen. Hierdurch wird nicht nur der Tabakrauch, sondern auch Formaldehyd von Inneneinrichtungen und Isolationsmaterialien, Stickoxide (heizen oder kochen) und Lösungsmitteldämpfe ausreichend abgeführt. Der Staubgehalt in gut gereinigten Büros und an Arbeitsstätten ist in der Regel so gering, daß er das Wohlbefinden der sich darin aufhaltenden Personen nicht beeinträchtigt. Anders kann es jedoch aussehen, wenn Arbeitsstätten in stark staub belasteten Produktionsbereichen liegen.

Ein weiterer, viel diskutierter Einfluß kann durch luftelektrische Felder entstehen, da in geschlossenen Räumen das natürliche, elektrische Gleichstromfeld nicht wirksam wird. Hingegen entstehen in Räumen stark schwankende, elektrische Feldstärken durch Bewegung von Personen, Reibung an Bezügen (statische Aufladungen) usw. Künstlich erzeugte statische Felder zwischen Decke und Fußboden sind in der Regel illusorisch, da sie eine zu geringe Stärke (0,1 bis 0,2 kV/m) erzeugen.

Aufgrund natürlicher, radioaktiver Materialien und kosmischer Strahlungen und Gewitter werden Elektronen aus Molekülen der Luft, insbesonders CO_2, gelöst und die positiv geladenen Ionen bleiben zurück. Die durch die Strahlung freigewordenen Elektronen legen sich an andere Moleküle, insbesondere CO_2 an und bilden dadurch negative Ionen. In Gebäuden ist der Ionengehalt in der Regel wesentlich größer als im Freien, jedoch sehr stark variabel. Daher treten beim Berühren von Metallen mit den Händen bei geringen Raumluftfeuchten elektrische Entladungen auf.

Ob der Ionengehalt auf die Behaglichkeit einwirkt, ist trotz einer Vielzahl von Versuchen nicht nachgewiesen, obwohl manche Forschungen scheinbar darauf hinweisen, daß negative Ionen einen günstigen Einfluß auf die Menschen und positive Ionen ohne Effekt sind. Abschließend können noch als negative Einflüsse auf die Behaglichkeit genannt werden:
- Lärm
- falsche Beleuchtung.

Umrechnung für 1 ppm (parts per million):

$$1\ \mathrm{cm^3/m^3} \triangleq \frac{\textbf{Molare Masse}}{\textbf{Molvolumen}}\ \mathrm{mg/m^3}$$

Stoff	Formel	MAK ppm	MAK mg/m³
Aceton	$CH_3 \cdot CO \cdot CH_3$	1000	2400
Äthanol	$C_2H_5 \cdot OH$	1000	1900
Äthyläther	$C_2H_5 \cdot O\,C_2H_5$	400	1200
Ameisensäure	$HCOOH$	5	9
Ammoniak	NH_3	50	35
Arsenwasserstoff	AsH_3	0,05	0,2
Asbestfeinstaub**)			2
Benzol**)	C_6H_6	8	26
Blei	Pb		0,1
Brom	Br_2	0,1	0,7
Bromwasserstoff	HBr	5	17
Butan	C_4H_{10}	1000	2350
Cadmiumoxid (Rauch)**)	CdO		0,1
Calciumoxid	CaO		5
Chlor	Cl_2	0,5	1,5
Chlorbenzol	$C_6H_5 \cdot Cl$	50	230
Chlordioxid	ClO_2	0,1	0,3
Chloroform	$CHCl_3$	10	50
Chlorwasserstoff	HCl	5	7
Cyanwasserstoff	HCN	10	11
DDT	$C_6H_4Cl)_2CH \cdot CCl_3$		1
Dichlordifluormethan (R-12)	CF_2Cl_2	1000	4950
Dichlormethan	CH_2Cl_2	100	360
Dichlorfluormethan (R-21)	$CHFCl_2$	10	45
1,2-Dichlor-1,1,2,2-tetrafluoräthan (R-114)	$CF_2Cl \cdot CF_2Cl$	1000	7000
Eisenoxid (Rauch)	Fe_2O_3		8
Essigsäure	$CH_3 \cdot COOH$	10	25

Fluor	F_2	0,1	0,2
Fluorwasserstoff	HF	3	2
Formaldehyd (krebsverdächtig)	$HCHO$	1	1,2
Hexan	C_6H_{14}	50	180
Hydrazin**)	$NH_2 \cdot NH_2$	0,1	0,13
Jod	J_2	0,1	1
Kohlendioxid	CO_2	5000	9000
Kohlenoxid	CO	30	33
Kupfer (Rauch)	Cu		0,1
Kupfer (Staub)	Cu		1
Magnesiumoxid (Rauch)	MgO		8
Methanol	$CH_3 \cdot OH$	200	260
Methylbromid	$CH_3 \cdot Br$	5	20
Methylchlorid	$CH_3 \cdot Cl$	50	105
Naphthalin	$C_{10}H_8$	10	50
Nicotin		0,07	0,5
Nitrobenzol	$C_6H_5(NO_2)$	1	5
Nitroglycerin	$C_3H_5(ONO_2)_3$	0,05	0,5
Ozon	O_3	0,1	0,2
Phenol	$C_6H_5 \cdot OH$	5	19
Phosgen	$COCl_2$	0,1	0,4
Phosphor (gelb)			0,1
Phosphorpentachlorid	PCl_5		1
Phosphorwasserstoff	PH_3	0,1	0,15
Propan	C_3H_8	1000	1800
Quecksilber	Hg	0,01	0,1
Salpetersäure	HNO_3	10	25
Schwefeldioxid	SO_2	2	5
Schwefelkohlenstoff	CS_2	10	30
Schwefelsäure	H_2SO_4		1
Schwefelwasserstoff	H_2S	10	15
Selenwasserstoff	H_2Se	0,05	0,2
Stickstoffdioxid	NO_2	5	9
Styrol	$C_6H_5 \cdot CH \cdot CH_2$	100	420
Terpentinöl		100	560
Tetrachlorkohlenstoff	CCl_4	10	65
Toluol	$C_6H_5 \cdot CH_3$	200	750
Trichlorethen	$CCl_2 \cdot CHCl$	50	260
Trichlorfluormethan (R-11)	$CFCl_3$	1000	5600
Vanadium (V_2O_3-Rauch)			0,1
Vanadium (V_2O_3-Staub)			0,5
Wasserstoffperoxid	H_2O_2	1	1,4
Zinkoxid (Rauch)	ZnO		5

Tabelle 3.10
MAK-Werte-Liste 1983 (Maximale Arbeitsplatzkonzentration gesundheitsschädlicher Stoffe)

3

3.5. LUFTRATEN UND LUFTWECHSELZAHLEN

3.5.1. Luftraten

Die Bestimmung des stündlichen Außenluftwechsels zur Erreichung eines hygienischen Raumklimas hängt vom Rauminhalt, der Höhe des Raumes, seiner Lage und dem Grad der Luftverschlechterung ab. Auch die Art der Zuluftzuführung in den Raum ist von Einfluß und kann dann verringert werden, wenn die Außenluft dem Aufenthaltsbereich (Verbraucher) direkt zugeführt wird (zum Beispiel Luftführung von unten nach oben).

Um hygienische Raumluftverhältnisse zu erreichen, soll je Person pro Stunde eine minimale Außenluftrate dem genutzten Raum zugeführt werden. Die einschlägigen Normen (DIN 1946, Teil 2) geben aufgrund arbeitsmedizinischer Untersuchungen folgende Mindestaußenluftraten an:

- Theater, Konzertsäle, Kinos, Lesesäle, Messehallen, Verkaufsräume, Museen, Turn- und Sporthallen: 20 m³/h Person
- Einzelbüros, Ruheräume, Kantinen, Konferenzräume, Klassenräume, Hörsäle, Pausenräume: 30 m³/h Person
- Gaststätten 40 m³/h Person
- Großraumbüros 50 m³/h Person

Bei Außentemperaturen unter 0° C oder über +20° C kann die Luftrate wegen der Energieeinsparung auf 50 % verringert werden. Bei belästigenden Geruchsquellen, (z. B. Tabakrauch usw.) sollen die aufgeführten Werte um 20 m³/h Person erhöht werden.

3.5.2. Luftwechsel

Der Luftwechsel, d. h. der Luftaustausch eines Raumvolumens pro Stunde (Auswechseln des Raumvolumens) ergibt sich aus einer Vielzahl von Parametern, wobei hier in erster Linie zu nennen sind:

- Luftwechsel
  = zugeführte Luftmenge/h infolge notwendiger Kühllastkompensationen
- Luftwechsel
  = notwendige Zuluftmenge wegen hygienischer Erfordernisse
- Luftwechsel
  = Zuluftmenge aufgrund fabrikationstechnischer Gründe (in der Regel gekoppelt mit bestimmten Luftführungsarten)

Die nachfolgend aufgeführten Luftwechselzahlen sind Erfahrungswerte, die bei der Vordimensionierung in der Regel sehr gut eingesetzt werden können, ohne daß detaillierte Berechnungen der Kühllasten, des Wärmebedarfs usw. erfolgten.

Tabelle 3.11 gibt Erfahrungszahlen stündlicher Luftwechsel bei verschiedenen Raumarten an.

Tabelle 3.12 weist auf detaillierte Anforderungen an die Lüftung in Krankenanstalten hin, Tabelle 3.13 weist die Außenluftwechselzahlen in Schulen aus (Luftwechsel ergeben sich nach Personenbesetzung), Tabelle 3.14 zeigt Luftwechsel von Küchenanlagen. Bei Küchenanlagen hängt es sehr wesentlich von der Art und Anzahl der Küchengeräte ab, welche Luftwechselzahlen sich letztendlich ergeben.

Tabelle 3.15 zeigt einen Auszug aus der VDI 2053 hinsichtlich der Behandlung von Garagen. Tabelle 3.16 gibt Planungshinweise bei Verkaufsräumen (Kaufhäuser, Shopinshop-Center usw.).

Bei allen hier nicht aufgeführten Raumarten führen spezielle Ansprüche, anfallende Wärmemengen, Staubgehalt etc. zu sehr unterschiedlichen Luftwechseln bei gleichen Raumarten und sind daher nicht in der dargestellten Form überschlägig erfaßbar. Dies gilt auch für Schutzräume, die im Normalfall mit 9 m³/h Person und im Schutzfall lediglich mit 1,8 m³/h Person betrieben werden.

Die Bestimmung des Luftwechsels nach der Luftverschlechterung ergibt sich im wesentlichen in Industriebetrieben. Dabei müssen die Quellen der Luftverschlechterung bekannt sein. Kann man den Umfang der Einbringung luftfremder Stoffe bestimmen, so läßt sich die Erreichung einer bestimmten Luftreinheit und der somit erforderlichen Luftmenge berechnen.

Der erforderliche Volumenstrom (Außenluftmenge) errechnet sich dann nach:

$$V = \frac{K}{k_i - k_a}$$

Hierin bedeuten:

K = stündlich anfallende Gas- oder Dampfmenge im m³/h

k_i = MAK-Wert (vergl. Tabelle 3.10) in m³ Gas/m³ Luft

k_a = Gasmenge in der Zuluft in m³/m³

Dabei ist beachtenswert, daß das Schadgas und das Gas in der Außenluft dieselben MAK-Werte haben müssen, da ansonsten eine Umrechnung erforderlich ist. Danach ergibt sich z.B.:

Rauminhalt 4000 m³
im Raum ausströmendes Ammoniak (NH_3) = 1 kg/h

Welcher Luftwechsel ist erforderlich?

$$1 \text{ kg Ammoniak } \frac{24 \text{ (m vol)}}{17 \text{ (mol Masse)}}$$

= 1,41 m³/h Ammoniak Strom

$$\dot{V} = \frac{K}{K_i - K_a} = \frac{1{,}41}{50 \cdot 10^{-6} - 0}$$

= 28.200 m³/h Luft

$$\text{Luftwechsel} = \frac{28.200}{4.000} = 7{,}05\text{fach}$$

Tabelle 3.11
Erfahrungszahlen für den stündlichen Luftwechsel bei verschiedenen Raumarten

Raumart	**Stündlicher Luftwechsel (ca.)**
Aborte	6–10fach
Akkuräume	4– 6fach
Baderäume	4– 6fach
Beizereien	5–15fach
Bibliotheken	3– 5fach
Brauseräume	20–30fach
Büroräume	3– 6fach
Färbereien	5–10fach
Farbspritzräume	20–50fach
Garagen (siehe Abschn. 259-I und 361-5)	4– 5fach
Garderoben	3– 6fach
Gasträume	5–10fach
Hörsäle	8–10fach
Kantinen	6– 8fach
Kaufhäuser	4– 6fach
Kinos und Theater mit Rauchverbot	4– 6fach
ohne Rauchverbot	5– 8fach
Krankenhäuser	siehe Tabelle 3.12
Küchen	siehe Tabelle 3.14
Laboratorien (siehe auch 361-4)	15–20fach
Läden	6– 8fach
Operationsräume (siehe auch 365-1)	15–20fach
Plättereien	8–10fach
Rechnerräume (EDV)	60–65fach
Schulen	siehe Tabelle 3.13
Schwimmhallen	3– 4fach
Sitzungszimmer	6– 8fach
Speiseräume	6– 8fach
Toiletten	4– 6fach
Tresore	3– 6fach
Umkleideräume in Scxhwimmhallen	6– 8fach
Verkaufsräume	4– 8fach
Versammlungsräume	5–10fach
Wäschereien	10–15fach
Werkstätten ohne besondere Luftverschlechterung	3– 6fach

3

1	2	3	4	5	6	7	8	9	10	11	12	13	14
	Raumklasse	Raumart	Raumluftzustände				Mindestaußenluftvolumenstrom bezogen auf			Abluftvolumenstrom bezogen auf 1 Objekt mind.	Filterstufen[1]	zulässige Grenzwerte für den Anlagenschalldruckpegel	RLT-Anlage unentbehrlich
			Mindest-Soll-temperatur	zugehörige Feuchte	Höchst-Soll-temperatur	zugehörige Feuchte	1 Person (Luftrate)	1 m^2 Raumgrundfläche	1 m^3 Rauminhalt (Luftwechsel)				
			°C	%	°C	%	m^3/h	$m^3/h \cdot m^2$	$m^3/h \cdot m^3$	m^3/h		dB (A)	
1	I. Besonders hohe Forderungen an die Keimarmut	OP-Räume[2] (soweit nicht zur Raumklasse II gehörend)	21[3][4]	45 bis 65	24[3][4]	50 bis 60		60	20		B_2 + C + S	40[3]	+
2		Übrige Räume der Funktionseinheit OP[5]	21	45 bis 65	24	50 bis 60		45	15		B_2 + C + S	40	+
3		Sonstige Räume und Flure der OP-Abteilung[1]	22	35 bis 65	26[3]	35 bis 60[3]		30	10		B_2 + C + S	40[6]	+
4–6													
7	II. Hohe Forderungen an die Keimarmut	OP-Räume (soweit nicht zur Raumklasse I gehörend)	21[4]	45 bis 65	24[4]	50 bis 60		60	20		B_2 + C + R	40	+
8		Übrige Räume der Funktionseinheit OP[5]	21	45 bis 65	24	50 bis 60		30	10		B_2 + C + R	40	+
9		Sonstige Räume und Flure der OP-Abteilung[1]	22	35 bis 65	26[3]	35 bis 60[3]		30	10		B_2 + C + R	40[6]	+
10		Unfall-OP	21[4]	45 bis 65	24[3][4]	50 bis 60		45	15		B_2 + C + R	40	+
11		Intensivpflege (chirug. u. internistisch)[7]	24	35 bis 55	26	35 bis 60		30	10		B_2 + C + R	35	+
12		Entbindungsräume	24	50 bis 60	26	50 bis 60		30	10		B_2 + C + R	40	+
13		Frühgeborenenstation	24	35 bis 55	26	35 bis 60		25	8		B_2 + C + R	35	+
14		Neugeborenenstation	24	35 bis 55	26	35 bis 60		25	8		B_2 + C + C	35	
15		Säuglingsstation	22	35 bis 60	26	35 bis 60		15	5		B_2 + C + C	35	
16–19													
20	III. Normale Forderungen an die Keimarmut	Bettenzimmer[1]					70	10	3		B_2 + C	35[6]	[8]
21		Tagesräume					70	15	5		B_2 + C	40	
22		Flure						[1][9]	[1][9]		B_2 + C	40	+[1][9]
23		Untersuchungs- und Behandlungsräume						15[10]	5		B_2 + C	40	
24		Umkleidekabinen								50	B_2 + C	50	+
25		Röntgen-Diagnostik						15[10]	5		B_2 + C	45	
26		Strahlentherapie						15[10]	5		B_2 + C	45	
27		Räume für kleine Eingriffe						15[10]	5		B_2 + C	45	
28		Sammel- und Bewegungsbäder	[11]	[12]	[11]	[12]		[12]	[12]		B_2 + C	50	+
29		Massageräume						15	5		B_2 + C	50	+
30		Gymnastiksaal						10	3		B_2 + C	50	
31		Ruheräume					70	10	3		B_2 + C	40	
32		Bettenzentrale						20	7		B_2 + C	50	+
33		Zentralsterilisation						20	7		B_2 + C	50	+
34		Prosektur			22			20	7		B_2 + C	45	
35		WC								60		[13]	
36		Duschbad								150		[13]	
37		Wannenbad								150		[13]	
38–40													
41	IV. Räume mit kontaminierter Luft	Infektionsabteilung			[15]		[14]	[14]	[14]		[14]	[14]	+
42		Isotopenbehandlungsräume					70	10	3		B_2 + C	40	+
43–45													
46	V. Sonstiges	Fäkalienräume								15[16]			+
47													

Bemerkungen und Erläuterungen:

1) Siehe Erläuterungen zu Tabelle 1
2) Z.B. für Transplantationen, Herzoperationen, Gelenkprothetik, Alloplastik u.ä.
3) Abweichungen nach medizinischen Erfordernissen und danach angewandter Raumlufttechnik möglich, siehe zu 1.1, vierter Absatz
4) Ganzjährig von min. bis max. frei wählbar zusammenhängend mit zugehörigen Räumen der OP-Abteilung
5) Die Definition der Funktionseinheit entspricht der Richtlinie für die Erkennung, verhütung und bekämpfung von Krankenhausinfektionen.
Funktionseinheit =
Operationsraum mit zugehörigen Nebenräumen (Einleitungsraum, Ausleitungsraum, Waschraum) oder Patienten- und Personalschleusen oder Dienst- und Aufenthaltsräume
6) Nachtwerte etwa 5 dB niederiger in Verbindung mit Senkung des Luftvolumenstromes, jedoch nicht unter 50 $m^3/h \cdot$ Pers
7) Z.B. für Immunsuppression, Leukämie, Zytostatika, Behandlung Schwerverbrannter; hierzu gehören auch sonstige Sterilräume. Für alle diese Räume sind erforderlichenfalls die aufgabenbezogenen Werte gesondert festzulegen
8) RLT-Anlagen unentbehrlich für einen Teil der HNO-Stationen
9) nach Bedarf
10) nur sofern als Arbeitsraum ständig genutzt
11) Raumlufttemperatur 2 bis 4°C über Wassertemperatur bis zu einer Raumtemperatur von 28°C. Bei einer Wassertemperatur ab 28°C sollen beide Temperaturen gleich sein
12) Festlegungen müssen nach Erträglichkeit und bauphysikalischen Anforderungen erfolgen
13) Im benachbarten Bettenzimmer dürfen 35 dB (A) nicht überschritten werden
14) Analog Raumklasse III
15) Es gilt DIN 1946 Teil 2, Ausgabe April 1960, Tabelle 2
16) Einheit $m^3/m^3 \cdot h$

Tabelle 3.12
Anforderungen an die Lüftung in Krankenanstalten. Auszug aus: DIN 1946, Teil 4, Seite 10

Raumart	Luftwechsel
Klassenräume	4- bis 5fach
Projektionsräume	6- bis 8fach
Chemieklassenräume	6- bis 8fach
Naturwissenschaftliche Räume	4- bis 5fach
Turnhallen und Lehrschwimmbäder	2- bis 3fach
Gymnastikräume	4- bis 6fach
Umkleideräume	8- bis 10fach
Aborte einschließlich Vorraum	5fach

Tabelle 3.13
Außenluftwechselzahlen bei lüftungstechnischen Anlagen in Schulen

Küchengerät	Art bzw. Größe	Luftmenge
Herd	kohlebeheizt	3000 m^3/h je m^2 Herdplatte
Herd	gasbeheizt	1500 m^3/h je m^2 Herdplatte
Herd	elektrisch beheizt	1000 m^3/h je m^2 Herdplatte
Kochkessel	100 l	300 m^3/h
Kochkessel	200 l	600 m^3/h
Kochkessel	500 l	1000 m^3/h
Kochkessel	1000 l	1500 m^3/h
Kippbratpfanne	gasbeheizt	1500 m^3/h je m^2 Herdplatte
Kippbratpfanne	elektrisch beheizt	1000 m^3/h je m^2 Herdplatte
Wärmetisch	gasbeheizt	450 m^3/h je m^2 Herdplatte
Wärmetisch	elektrisch beheizt	300 m^3/h je m^2 Herdplatte
Brat- und Backofen	bezogen auf Grundfläche	1000 m^3/h je m^2 Herdplatte
Kaffeemaschine	gasbeheizt	450 m^3/h
Kaffeemaschine	elektrisch beheizt	300 m^3/h
Toaster	2 kW	800 m^3/h
Grill	gasbeheizt	3000 m^3/h je m^2 Herdplatte
Grill	elektrisch beheizt	2000 m^3/h je m^2 Herdplatte
Kippkessel	10 l	200 m^3/h
Kippkessel	20 l	300 m^3/h
Kippkessel	50 l	500 m^3/h

Tabelle 3.14.1
Bestimmung des Förderstromes nach Anzahl und Art der Küchengeräte

Küchenart	Raumhöhe in m	Luftwechsel je h
Kleinküchen für Wohnungen, Villen	2,5 ... 3,5	25 ... 15fach
Mittelgroße Kochküchen für Gaststätten, Hotels, Kantinen	3,0 ... 4,0 4,0 ... 6,0	30 ... 20fach 20 ... 15fach
Große Kochküchen, für Krankenhäuser, Kasernen	3,0 ... 4,0 4,0 ... 6,0 über 6,0	30 ... 20fach 20 ... 15fach 15 ... 10fach
Diätküchen	3,0 ... 4,0	20 ... 15fach
Spülküchen	3,0 ... 4,0 4,0 ... 6,0	20 ... 15fach 15 ... 10fach
Kalte Küchen	3,0 ... 4,0 4,0 ... 6,0	8 ... 5fach 6 ... 4fach
Backräume	3,0 ... 4,0 4,0 ... 6,0	15 ... 8fach 8 ... 6fach
Putzräume	–	5 ... 8fach

Tabelle 3.14
Luftwechsel in Küchen

3

maschinelle Abluftanlage ist erforderlich:	in geschlossenen Mittelgaragen (>100 bis 1000 m^2 Nutzfläche) und Großgaragen (>1000 m^2) ohne ausreichend bemessene Lüftungsöffnungen
Voraussetzung für die maschinelle Abluftförderung:	Anordnung ausreichend großer Zuluftöffnungen auf die Garage verteilt
Abluftstrom	
Bemessung für:	für einen maximalen CO-Volumengehalt von 100 ppm, gemessen 1,50 m über Fußboden, über 1 h, unter Berücksichtigung der regelmäßig zu erwartenden Verkehrsspitzen
im Regelfall:	mindestens 6 $m^3/h\ m^2$ *) bei Garagen mit geringem Zu- und Abgangsverkehr (z.B. Wohnhausgaragen) mindestens 12 $m^3/h\ m^2$ *) bei anderen Garagen
in Sonderfällen	rechnerischer Nachweis des geringeren Abluftstromes nach VDI 2053
Abluftanlage	
Anzahl der Abluftventilatoren:	zwei, gleich groß bemessen
Gesamtabluftstrom:	muß von beiden Abluftventilatoren bei gleichzeitigem Betrieb gefördert werden
Elektroanschluß:	jeder Abluftventilator an eigenen Stromkreis, unmittelbar hinter der Hauptsicherung
bei zeitweisem Betrieb nur eines Abluftventilators:	selbsttätige Einschaltung bei Ausfall eines Abluftventilators
CO-Warnanlage	
Einbau ist erforderlich:	in geschlossenen Garagen mit nicht nur geringem Zu- und Abgangsverkehr
Einbau auf Anforderung:	in geschlossenen Mittel- und Großgaragen in welchem auf Grund eines Gutachters keine maschinelle Lüftung notwendig ist
Warnsignal:	optisch oder akustisch (Ausnahme in Bayern: akustisch oder optisch-akustisch)
Alarmauslösung:	bei einem CO-Volumengehalt von 250 ppm
Zusätzlicher Anschluß der Warnanlage:	an Ersatzstromquelle
maschinelle Zuluftanlage	
ist erforderlich:	in geschlossenen Mittel- und Großgaragen, wenn eine ausreichende Lüftung aller Teile der Garage nicht gesichert werden kann
eigene Zuluftanlage:	in Abfertigungsräumen, Pförtnerlogen u.ä. Es genügt ein Zuluftventilator dessen Ausfall durch ein optisches oder akustisches Warnsignal anzuzeigen ist.
Arbeitsräume innerhalb von Garagen:	Zu erfüllen sind die Anforderungen der Arbeitsstätten-Verordnung sowie der Arbeitsstätten-Richtlinien.
tiefer gelegene Teile in Garagen (nur in **Bayern**)	Maschinelle Lüftung kann verlangt werden, wenn Bedenken wegen Brandgefahr bestehen.
Freie Lüftung ist ausreichend in	
– offenen Garagen	
– geschlossenen Mittel- und Großgaragen	bei Anordnung gegenüberliegender Lüftungsöffnungen oberhalb der Gebäudeoberfläche maximale Entfernung der Lüftungsöffnungen: 35 m in oberirdischen Garagen 20 m in eingeschossigen, unterirdischen Garagen freier Lüftungsquerschnitt: mindestens 600 cm^2/Garagenstellplatz
– Kleingaragen und in Garagen mit der Tiefe eines Garagenstellplatzes	Lüftungsöffnungen in Außentür oder Außenwand freier Lüftungsquerschnitt: mindestens 150 cm^2/Garagenstellplatz
– sonstigen geschlossenen Mittel- oder Großgaragen (**außer Bayern**)	wenn nach dem Gutachten eines **anerkannten Sachverständigen** die Überschreitung des maximal zulässigen CO-Volumengehaltes von 100 ppm während der regelmäßigen Verkehrsspitzen nicht zu erwarten ist Nachweis durch Prüfbericht auf der Grundlage von Messungen, die nach der Inbetriebnahme der Garage durchzuführen sind
Prüfungen durch anerkannten Sachverständigen	
– maschinelle Lüftungsanlagen	vor der ersten Inbetriebnahme, danach alle 2 Jahre
– CO-Warnanlage	vor der ersten Inbetriebnahme, danach jährlich

Tabelle 3.15
Lüftungstechnische Anforderungen nach den Garagenverordnungen der Bundesländer. Auszug aus: VDI 2053 Blatt 1

Raumgruppen	Raumtemperatur Winter °C	Raumtemperatur Sommer °C	Raumfeuchte Winter %	Raumfeuchte Sommer %	Luftwechsel je Stunde –	Personendichte Personen/ 10 m² Fläche	Beleuchtungswärme W/m²
Gruppe Verkauf und Dienstleistung Verkauf allgemein, z.B. Textilien, Hartwaren, Schuhe, Schmuck, verpackte Lebensmittel	19 bis 22	22 bis 26	–	bis 65...50	2 bis 6	1 bis 2	15 bis 30
Verkauf geruchsintensiv, Schnellreinigung	19 bis 22	22 bis 26	–	bis 65...50	4 bis 8	0,5 bis 1	15 bis 30
Lebensmittel wie Fleisch, Fisch, Käse, Obst, Backwaren	18 bis 22	18 bis 24	–	bis 75...65	4 bis 8	1 bis 2	15 bis 30
Verkauf mit geringer Kundenfrequenz, z.B. Möbel, Hausrat	19 bis 22	22 bis 26	–	bis 65...50	2 bis 8	0,1 bis 0,5	15 bis 30
Verkauf mit hohem Wärmeanfall, z.B. Lampen, Funk und Fernsehen, Friseurladen	20 bis 24	22 bis 28	–	bis 65...45	6 bis 20	0,5 bis 1	50 bis 200
eingegliederte Restaurantbetriebe, z.B. Erfrischungsraum, Café, Schnellimbiß, Kasino	20 bis 23	22 bis 26	–	bis 65...50	6 bis 15	2 bis 6	10 bis 30
Gruppe Nebenbereich Lager allgemein	je nach Ware		–	–	1 bis 2	0,1 bis 0,2	3 bis 10
Lager Lebensmittel	je nach Ware		je nach Ware		1 bis 4	0,1 bis 0,2	3 bis 10
Lager mit ständigem Personenaufenthalt, z.B. Warenannahme, Warenversand	17 bis 20	22 bis 26	–	bis 65...50	1 bis 2	0,2 bis 0,4	10 bis 20
Büroraum, auch Großraumbüro	22	22 bis 26	–	bis 65...50	4 bis 8	1 bis 2	15 bis 40
Küche nach VDI 2052	bis 28	bis 28	–	• 70	15 bis 40	–	–
Vorbereitungsräume und Verarbeitungsräume, z.B. für Fleisch, Wurst, Käse, Fisch, Obst (auch innenliegend)	je nach Ware		je nach Ware		3 bis 12	0,5 bis 1,5	15 bis 30
Werkstatt, Atelier	18 bis 22	22 bis 26	–	bis 65...50	5 bis 12	0,5 bis 1,5	20 bis 40
Umkleideräume*)	21 bis 24	–	–	–	4 bis 8	–	5 bis 10
Schulungs- und Aufenthaltsräume	20 bis 22	22 bis 26	–	bis 65...50	3 bis 8	4 bis 6	20 bis 40
Toilettenräume*)	18 bis 21	–	–	–	5	–	5 bis 10

*) ohne Luftkühlung

Tabelle 3.16
Planungshinweise für den Raumluftzustand, Luftwechsel je Stunde (lichte Raumhöhe 3 m), die Personendichte und Beleuchtungswärme bei lüftungstechnischen Anlagen mit Luftkühlung in Verkaufsräumen. Auszug aus: VDI 2082

3.6.
KOMPONENTEN DER LÜFTUNGS- UND KLIMATECHNIK

Lüftungs- und Klimaanlagen setzen sich sowohl in den Zentraleinheiten als auch im gesamten System aus einer Vielzahl von Komponenten zusammen. Diese sollen nachfolgend in kurzer Form erläutert werden.

3.6.1.
Luftfilter

Luftfilter in Klima- und Lüftungsanlagen sind Geräte oder Apparate, die Teilchen oder gasförmige Verunreinigungen aus der Luft filtern und abscheiden. In der atmosphärischen Luft kommen verschiedene Stoffe unterschiedlicher Teilchengröße vor, wobei die Durchmesser dieser Teilchen zwischen 0,001 und 500 Mikron betragen, (Bild 3.39).

Gasförmige Verunreinigungen werden durch chemische oder physikalische Sorptionsvorgänge abgeschieden, das heißt Schadstoffe werden an Sorptionsmaterial gebunden.

Die natürliche Luft weist Verunreinigungen auf, die in der Konzentration zwischen 0,05 und 3 mg/m³ liegen.

Um Luftfilter klassifizieren zu können, wurden Testverfahren eingeführt, die einmal entweder mit synthetischem Prüfstaub (72 % Gesteinsmehl, 25 % Ruß, 3 % Baumwoll-Linters) oder mit atmosphärischem Staub arbeiten, um über diese Prüfstäube die Abscheidungsgrade und die Staubspeicherfähigkeit der Filter zu prüfen.

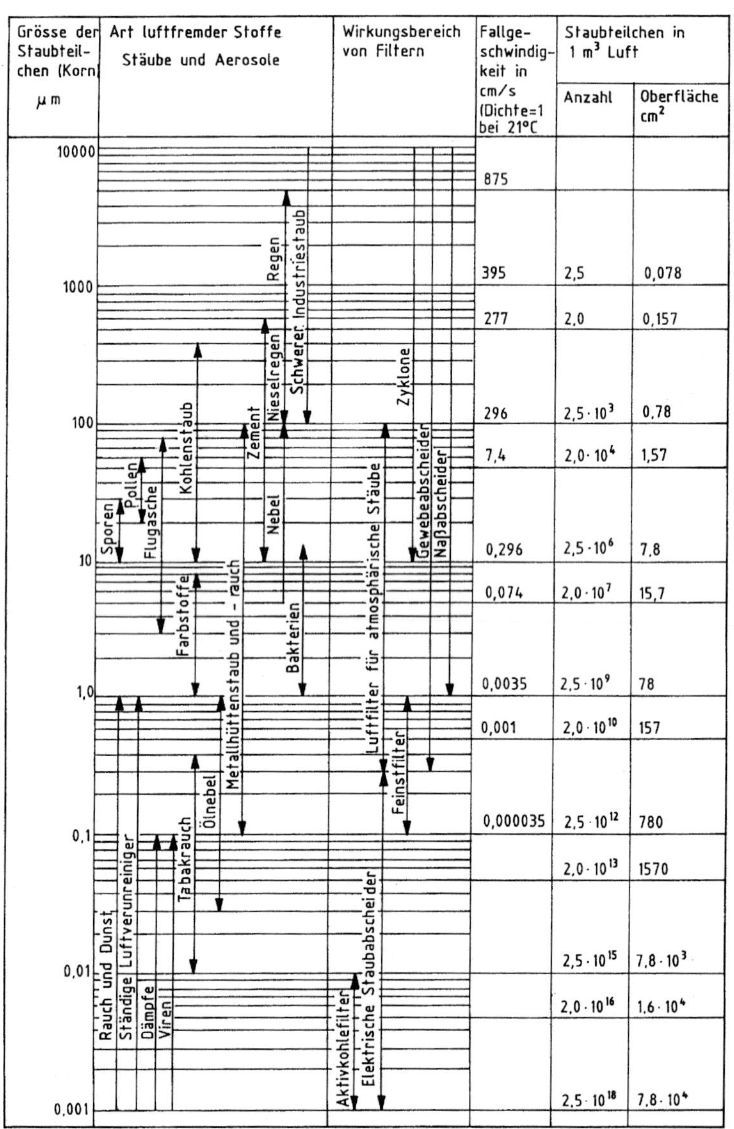

Bild 3.39 Eigenschaften von Stäuben in der Atmosphäre (Frank-Karte, AAF Comp.)

Filterklassen nach DIN 24 185 Teil 2[1])			Filterklassen nach DIN 24 185 Teil 100, Entwurf Februar 1978			Einteilung der Güteklassen nach StF[2])	
Filterklasse	Mittlerer Abscheidegrad gegenüber synthetischem Staub in %	Mittlerer Wirkungsgrad gegenüber atmosphärischem Staub in %	Filterklasse	Mittlerer Abscheidegrad gegenüber synthetischem Staub in %	Mittlerer Wirkungsgrad gegenüber atmosphärischem Staub in %	Güteklasse	Bezeichnung
EU 1	$A_m < 65$	–	A	$A_m < 65$	–	A	Grobstaub- oder Vorfilter
EU 2	$65 \leq A_m < 80$	–	B_1	$65 \leq A_m < 80$	–	B	Feinstaubfilter
EU 3	$80 \leq A_m < 90$	–	B_2	$80 \leq A_m < 95$	$30 \leq E_m < 45$		
EU 4	$90 \leq A_m$	–					
EU 5	–	$40 \leq E_m < 60$	C_1	–	$45 \leq E_m < 75$	C	Hochwertige Feinstaubfilter
EU 6	–	$60 \leq E_m < 80$					
EU 7	–	$80 \leq E_m < 90$	C_2	–	$75 \leq E_m < 90$		
EU 8	–	$90 \leq E_m < 95$	C_3	–	$90 \leq E_m$		
EU 9[3])	–	$95 \leq E_m$	–	–	–		

[1]) Die Luftfilter-Klasseneinteilung nach DIN 24 185 Teil 2 entspricht der vom EUROVENT beschlossenen europäischen Klasseneinteilung, die zur weiteren Beratung an die ISO weitergeleitet wird (EUROVENT – Europäisches Komitee der Hersteller von lufttechnischen und Trocknungsanlagen, Lyoner Straße 18, 6000 Frankfurt/Main 71).

[2]) Die Einteilung der Güteklassen nach den „Richtlinien zur Prüfung von Filtern für die Lüftungs- und Klimatechnik", herausgegeben vom Staubforschungsinstitut des Hauptverbandes der gewerblichen Berufsgenossenschaften e.V., Bonn (StF), wurde durch die Luftfilter-Klasseneinteilung nach DIN 24 185 Teil 100, Entwurf Februar 1978, ersetzt.

[3]) Luftfilter mit einem hohen mittleren Wirkungsgrad können bereits einer Schwebstoffilter-Klasse nach DIN 24 184 „Typprüfung von Schwebstoffiltern" entsprechen.

Tabelle 3.17
Luftfilter-Klasseneinteilung nach DIN 24 185, Teil 2 – 10.80 (entspricht Eurovent-Klasseneinteilung)

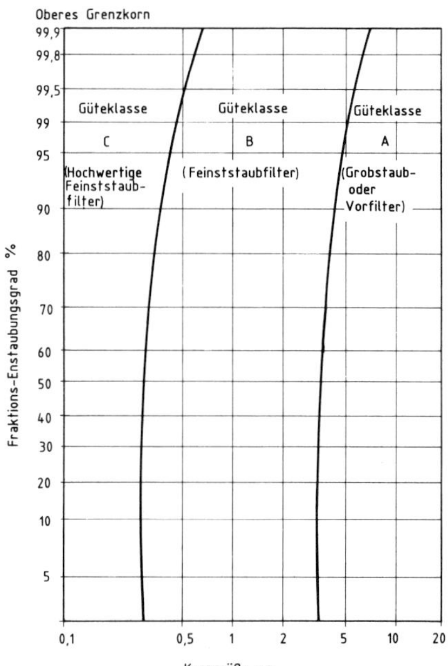

Bild 3.40
Güteklassenkennzeichnung von Luftfiltern nach festgestellter Sichtkennlinie der Prüfung

Tabelle 3.17 zeigt die Luftfilterklasseneinteilung, wie sie heute im wesentlichen in Europa angewendet wird und weist bereits auf die Formen der Filterung hin. Bild 3.40 weist nochmals auch auf die Güteklassenkennzeichnung von Luftfiltern in Abhängigkeit von Korngröße und Entstaubungsgrad hin.

Im Bereich der Filter, Güteklasse A, liegen Drehluft- und Bandumluftfilter.

Ölbenetzte Drehluftfilter, (Bild 3.41) werden bei starker Staubkonzentration als Vorfilter eingesetzt (Entstaubungsgrad 99 %, Grenzkorngröße 5 µm). Gleichermaßen kommen Wandeinbau- und Kanaleinbaufilter, (Bilder 3.41.1 bis 3.41.3) zum Einsatz.

Diese Filter eignen sich insbesondere für Vorfilterung stark staubbefrachteter

Luft, gegebenenfalls auch als Filter in Abluftströmen für Industriebetriebe.

Hochleistungsdrehluftfilter besitzen häufig Filterzellen aus Metallgeweben, in denen der Gesamtluftstrom in Teilluftströme zerlegt wird und infolge der Richtungsänderungen der Staub an der Filteroberfläche hängenbleibt. Metallfilter eignen sich insbesondere auch zur Abscheidung von Ölen und Fetten, Farbnebeln u.ä.

Bild 3.41
Hochleistungs-Drehluftfilter mit von Hand betriebenem Schlammbagger und Auffangbehälter (Bild DELBAG)

Bild 3.41.1
Trockenschichtfilter als V-Form-Filter mit zugehörigem Filterelement (Bild DELBAG)

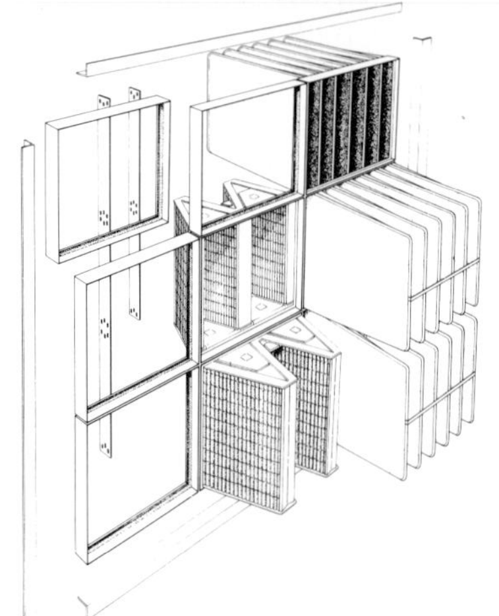

Bild 3.41.2
Trockenschichtfilter als Wandzellenfilter mit Metallzellen

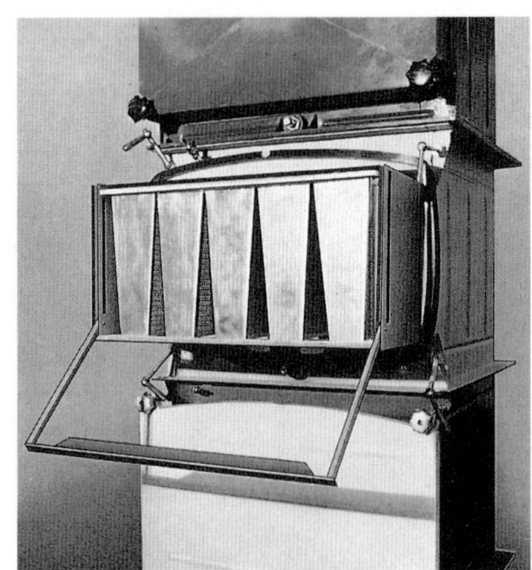

Bild 3.41.3
Trockenschichtfilter als Kanalfilter kombiniert mit Vorfilter

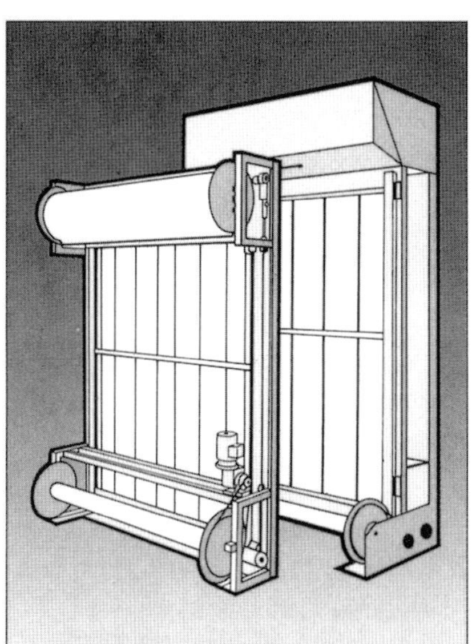

Bild 3.42
Trockenschicht-Bandumlauffilter mit differenzdruckgesteuertem Motorantrieb (Bild DELBAG)

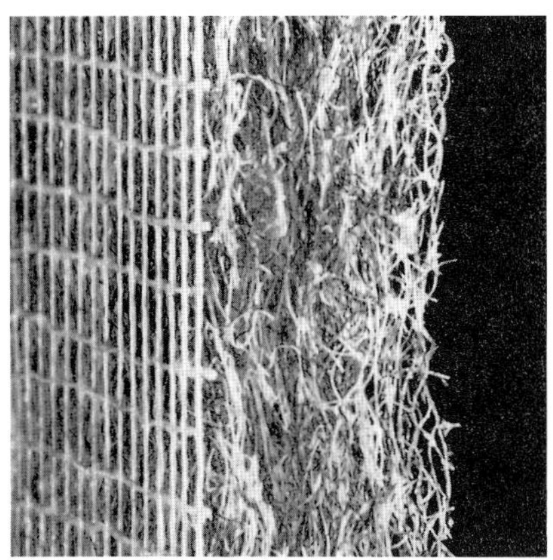

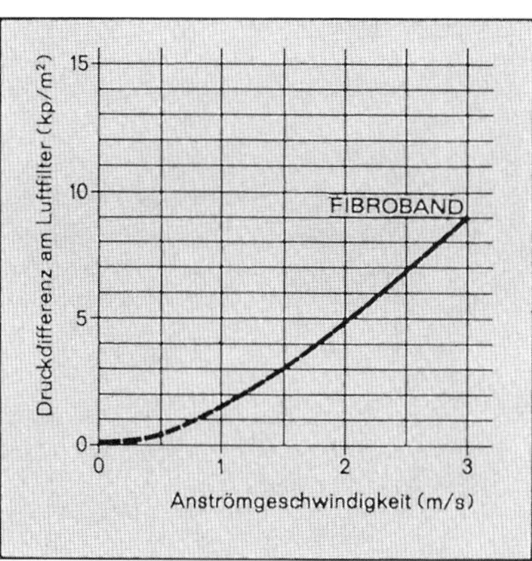

Bild 3.43.1 Zur Grob- bis Feinstaub-Abscheidung

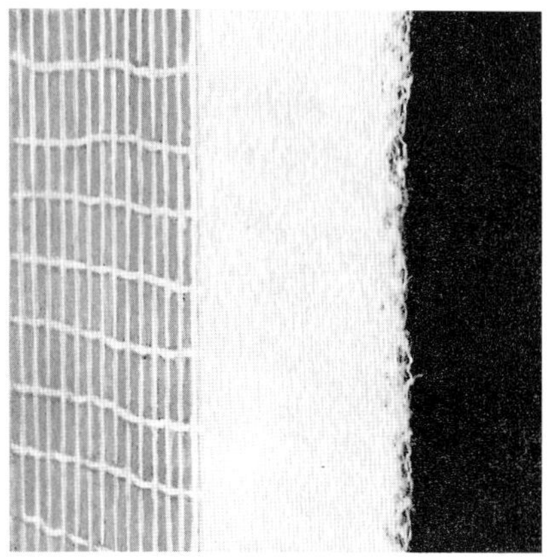

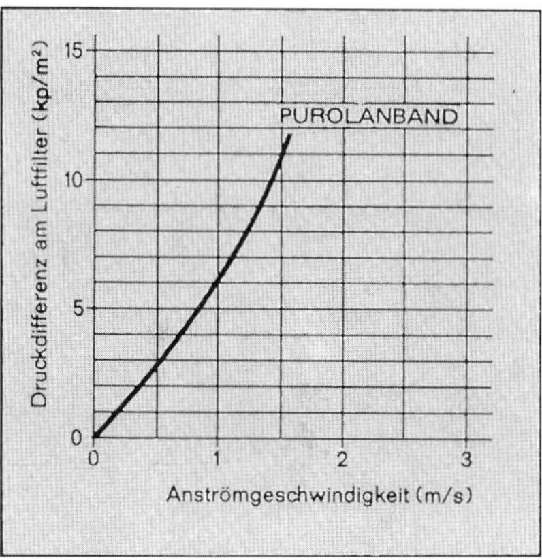

Bild 3.43.2 Zur Fein- bis Feinstaub-Abscheidung

Bild 3.43
Filtermedium (Glasfasern) zum Trockenschicht-Bandumlauffilter (Bild TROX)

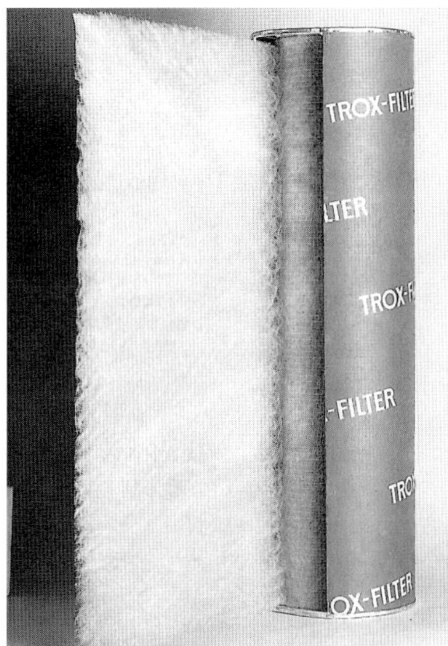

Bild 3.43.3 Rollbandfilter

Bild 3.42 zeigt ein Trockenschicht-Bandumlauffilter, das ähnlich arbeitet, wie eine Filmkassette in einer Kamera. Das Filter wird von einer Spule auf eine andere Spule aufgerollt (abhängig vom eingestellten Differenzdruck des Filtermaterials), wobei die Faser des Filterbandes aus Glas, Kunststoff oder Naturprodukten besteht, Bild 3.42.1 zeigt das Filtermedium im Schnitt. Die Glasfasern werden in der Regel zusätzlich mit einem Staubbindemittel benetzt, um die Wirksamkeit des Filters zu erhöhen. Mit zunehmender Tiefe des Filtermediums in Richtung des Luftstroms (gemäß Bild von rechts nach links) erfolgt eine Vergrößerung der Dichte der Faseranzahl und Verkleinerung der Faserdurchmesser. Weitere Konstruktionsprinzipien von Trockenschichtfilter sind Wandeinbaufilter, wie sie die Bilder 3.43.1 bis 3.43.3 zeigen.

Bild 3.44.1
Elektroluftfilter mit zugehöriger Kollektorzelle (Bild DELBAG)

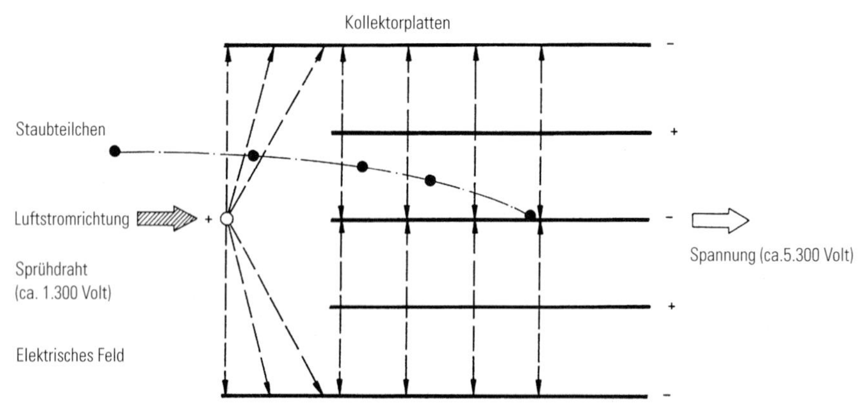

Bild 3.44.2
Schematischer Aufbau und Arbeitsprinzip eines Elektrofilters

Elektrofilter, (Bild 3.44), gehören zur Klasse der C-Filter und scheiden neben Staub und Ruß auch Bakterein, Schimmelpilze, Rauch, Dunst und Ölnebel aus. Ihr Wirkungsgrad liegt bei etwa 85 bis 95 %. Bei den Elektrofiltern (mit Ionisierung) werden Staubteilchen der durch das Filter strömenden Luft von einem Ionisierungsteil (Sprühdrähte = positiv geladene Wolframdrähtchen) elektrisch aufgeladen, um im Staubabscheiderteil mit Plattenkondensatoren (abwechselnd positiv und negativ geladen) abgeschieden zu werden. Bild 3.44.2 zeigt das Arbeitsprinzip des Elektrofilters.

Bild 3.46
Schwebstoff-Luftfilterzellen

zu Bild 3.46

Hochwertige Feinststaubfilter und Schwebstoffilter werden überall da eingesetzt, wo an der Reinheit der Luft besonders hohe Ansprüche gestellt werden (Krankenhäuser/Labors/Chipfertigung/Pharmaindustrie usw.). Als Filtermedien werden in Feinstluftfiltern mit zum Beispiel Filtersäcken, (Bild 3.45), wiederum Glasfasern, Cellulose, Papier oder Gemische der vorgenannten Filtermedien eingesetzt. Das Filtermedium wird entweder zickzackförmig in Aufnahmerahmen eingelassen, (Bild 3.46) oder Filtersäcken zusammengefaßt, die auf einer Frontplatte luftdicht aufgebracht werden. Die Filtereinheiten in Form der gezeigten Zellen werden entweder zu Filterwänden, Filterdecken o.ä. zusammengestellt oder als Einzelelemente in Kanalsysteme eingebaut. Der Entstaubungsgrad liegt zwischen 95 bis 99 % bei Grenzkorngrößen von 0,5 bis 0,1 µm. Bei Höchstansprüchen an die Entstaubung (Filterklasse C3, früher Schwebstoffilter, Sonderstufe S) weden hochwertige Faserstoffluftfilter eingesetzt, die in der Lage sind, Stäube und Schwebstoffe (Aerosole) unter 0,5 µm auszufiltern. Der Entstaubungsgrad dieser Filter liegt bei 99 % (Staubkorngröße 0,1 bis 0,5 µm). Schwebstoffilter dieser Klasse werden insbesondere bei der Chipfertigung und im Bereich der Pharmaindustrie sowie weiterhin in Bereichen eingesetzt, wo radioaktive Stäube auszufiltern sind.

Aktivkohlefilter, (Bild 3.47) nehmen vornehmlich gas- und dampfförmige Verunreinigungen (Geruchstoffe) aus der Luft auf. Die Aktivkohle hat im Verhältnis zu ihrem Volumen eine außerordentlich große Oberfläche (1 g Aktivkohle = 2 cm^3 = 1260 m^2 Oberfläche) und ist daher in der Lage, beim Durchgang staubhaltiger Luft, Gase und Dämpfe durch Adsorption aufzunehmen. Die Aktivkohlefilterzellen werden in Platten- oder Kanisterbauweise in Kombination mit entsprechenden Vorfiltern zur

Bild 3.45
Hochleistungs-Feinstluftfilter mit Filtersäcken (Bild TROX)

Bild 3.47
Aktivkohle-Filterzellen in Platten- und Kanisterbauweise

Verlängerung der Standzeiten eingesetzt, wobei bei großen Anlagen die Zellen zu Wänden oder Decken aufgebaut weden.

Um einen wesentlichen Störfaktor in Gebäuden mit mechanischer Be- und Entlüftung, der über die Begriffsbestimmung des Sick-Building-Syndrom beschrieben wird, auszuschalten, ist es notwendig, microbielle Allergene und Zellgifte auszuscheiden. Hierzu wird es unter Umständen nötig, endständige Filter einzusetzen, die in der Lage sind, eine Reihe von Schadstoffen zu absorbieren. Bild 3.48 zeigt ein Hochleistungsfilter als endständiges Filter vor dem Luftauslaß mit seinen Filtereigenschaften. Wie die Darstellung der Filtereigenschaften ausweist, werden neben Schadstoffen auch Bakterien und Partikel weitgehend ausgefiltert, so daß eine hohe hygienische Luftqualität erreicht wird.

Bild 3.48
Filtereigenschaften eines endständigen Hochleistungsfilters (Human Air, Kessler Tech GmbH)

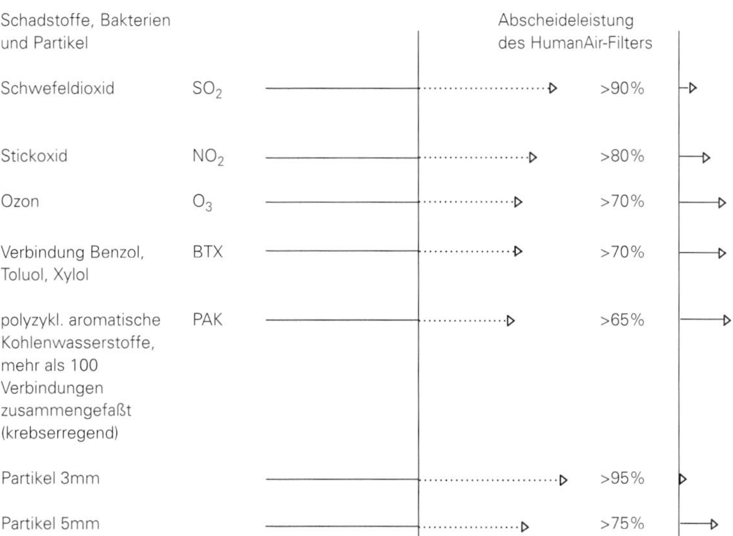

Schadstoffe, Bakterien und Partikel
Abscheideleistung des HumanAir-Filters
Schwefeldioxid
SO_2
>90%
Stickoxid
NO_2
>80%
Ozon
O_3
>70%
Verbindung Benzol, Toluol, Xylol
BTX
>70%
polyzykl. aromatische Kohlenwasserstoffe, mehr als 100 Verbindungen zusammengefaßt (krebserregend)
PAK
>65%
Partikel 3mm
>95%
Partikel 5mm
>75%

3.6.2. Wärmeaustauscher

Um Energiekosten zu sparen, werden seit Jahren in Klima- und Lüftungsanlagen Wärmeaustauscher eingesetzt, (Wärmerückgewinnungsanlagen), um die insbesondere in der Fortluft enthaltene Energie zurückgewinnen zu können. Bei den Wärmerückgewinnungsanlagen unterscheidet man nach rekuperativem und regenerativem Wärmeaustausch.

Zu den rekuperativen Wärmeaustauschern zählen Platten- und Glattrohr-Wärmeaustauscher, (Bild 3.49). Zur regenerativen Wärmerückgewinnung gehören einmal die Wärmerohre sowie Regeneratoren mit rotierender Speichermasse, (Bild 3.50). Bei den Regeneratoren (rotierender Speicherkörper) treten Wärmerückgewinnungsvorgänge ein, die im h, x-Diagramm, (Bild 3.51) dargestellt sind. Rotierende Wärmerückgewinnungsanlagen können neben der Wärmeübertragung auch zu einem Stoffaustausch (Feuchteübertragung) führen, wenn entsprechendes Speichermaterial eingesetzt wird.

Die rekuperativen und regenerativen Wärmerückgewinnungsanlagen haben den großen Nachteil, daß Außen- und Forluftströme zusammengeführt werden müssen. Dieser Nachteil ist von nicht zu unterschätzender Bedeutung, da er Kanalführungen erzwingt, die zu großen Aufbauten in Zentralen führen können. Um diesem Nachteil aus dem Wege zu gehen, bieten sich kreislaufverbundene Wärmeaustauschersysteme an, in denen Rippenrohraustauscher eingesetzt werden, (Bild 3.52). Die kreislaufverbundenen Wärmeaustauscher übertragen nur Wärmeenergie, keinen Stoff und besitzen in der Regel geringere Austauschwirkungsgrade, als die regenerativen Wärmeaustauscher.

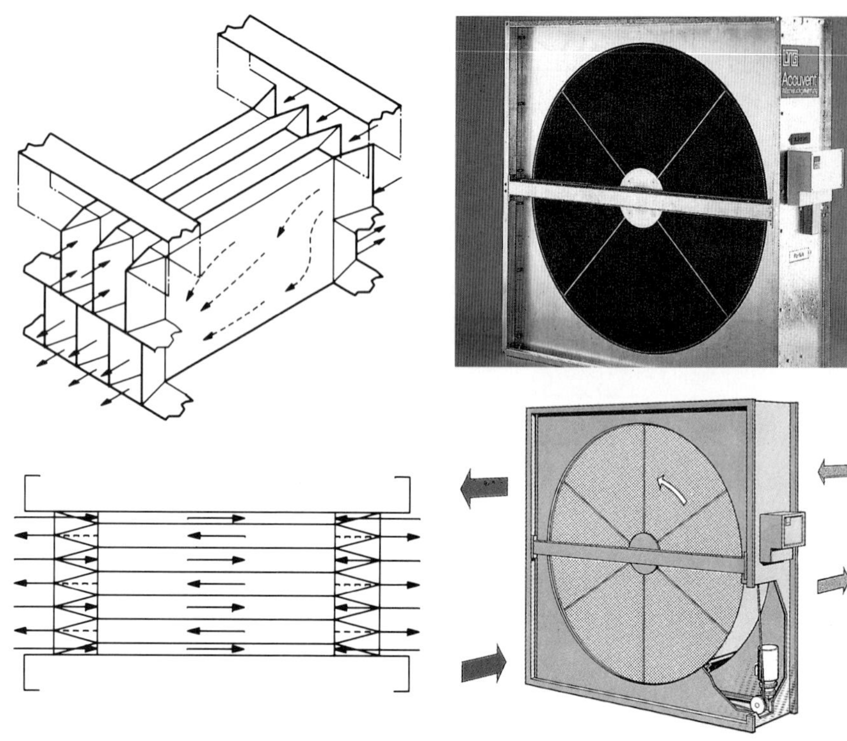

Bild 3.49
Platten-Wärmeaustauscher

Bild 3.50
Geräte-Konstruktion eines Rotorsystems

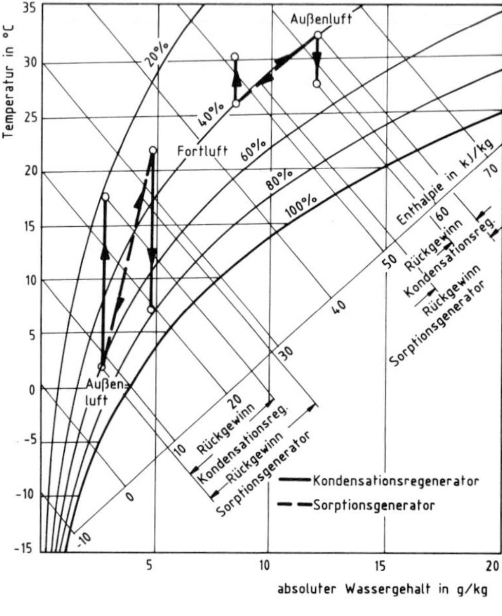

Bild 3.51
Luftzustandsänderungen des Wärmerückgewinnungvorgangs im h, x-Diagramm

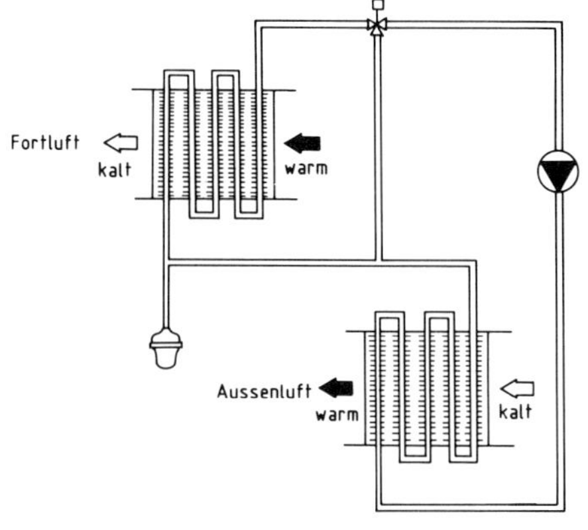

Bild 3.52
Kreislaufverbundene Wärmeaustauscher

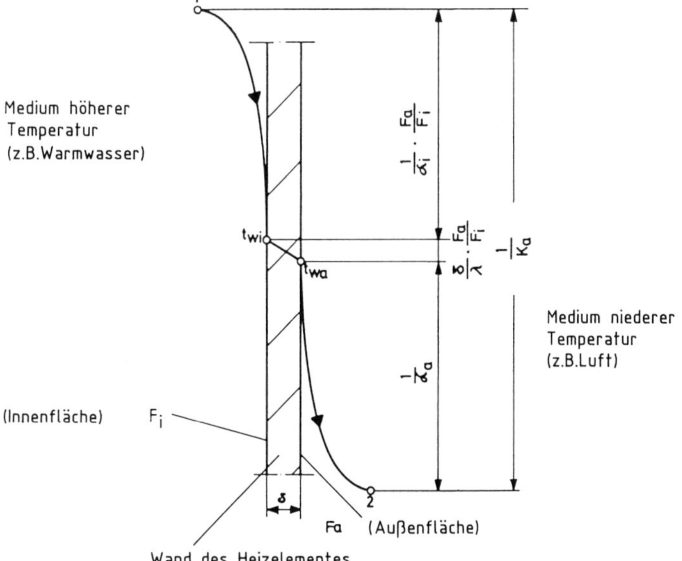

Bild 5.33
Wärmedurchgang durch eine ebene Wand

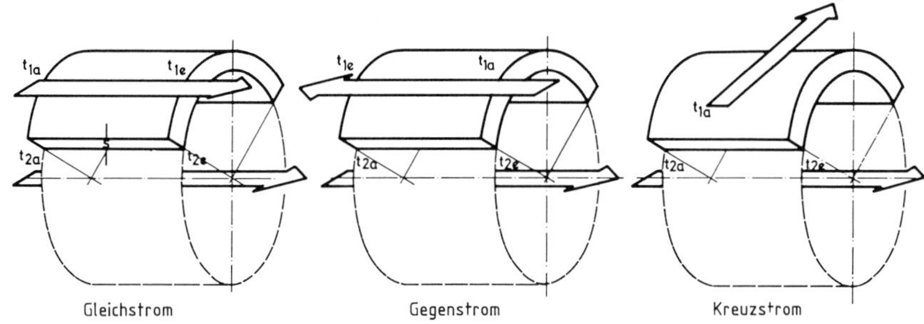

Bild 3.54
Wärmeübergang am Rohrwandausschnitt

3.6.3. Lufterhitzer und Kühler

Lufterhitzer und Kühler dienen dem Wärmeaustausch oder der Wärmeübertragung von Luft auf Wasser, wobei die Wärmeübertragung durch verschiedene Medien hindurch stattfindet. Der Wärmefluß findet dabei immer vom Körper höherer Temperatur auf den niedrigerer Temperatur statt. Die Übertragung der Wärmeenergie durch die Wand ist in Bild 3.53 dargestellt und erfolgt in der gezeigten Form zum Beispiel bei Plattenwärmeaustauschern. Beim Wärmeübergang an Rohren unterscheidet man je nach Fließrichtung der Medien nach Gleichstrom, Gegenstrom und Kreuzstrom, (Bild 3.54). Als Wärmeenergieträger kommen bei den Lufterhitzern in Frage:

- Warmwasser
- Heißwasser
- Dampf
- Gas
- Organische Flüssigkeiten
- Elektrische Energie.

Der Aufbau eines Lufterhitzers mit Warm- oder Heißwasser ist in Bild 3.55 dargestellt. Der Lufterhitzer besteht aus Wasserkammern, Rohren mit Lamellen sowie Anschlüssen an das Heizsystem. Während durch die Rohre Warmwasser oder Heißwasser fließt, werden die Rohre außen von Luft umströmt und nehmen dabei Wärmeenergie auf unter gleichzeitiger Abkühlung der Warmwasserströme. Je nach Heizmedium und gewünschtem Wirkungsgrad sowie Fabrikat werden verschiedene Lamellenformen bei Lufterhitzern eingesetzt. Diese sind aus Bild 3.56 zu entnehmen.

Bild 3.57 zeigt die versetzte oder fluchtende Anordnung von Wärmeübertragungsrohren, wobei es im wesentlichen darauf ankommt, daß zwischen

Lamellen und Rohren die Luft möglichst turbulent hindurchströmt, um einen möglichst hohen Wärmeübergang zu erreichen (α-Wert möglichst hoch).

Je nach Zustand des Heizmediums und der zu erwärmenden Luft werden Lufterhitzer hergestellt aus verzinkten Stahlrohren, verzinntem Kupfer oder aus Kupfer mit Aluminiumrippen. Neben der Erwärmung der Luft durch Warm- oder Heißwasser, Dampf usw. kann die Erwärmung auch mit Elektrolufterhitzern erfolgen. Elektrolufterhitzer werden in der Regel nur bei sehr kleinen Leistungen eingesetzt (Nacherhitzer) Bild 3.58 zeigt einen Elektrolufterhitzer für Kanaleinbauten mit Heizspiralen, an denen sich die durchströmte Luft erwärmt.

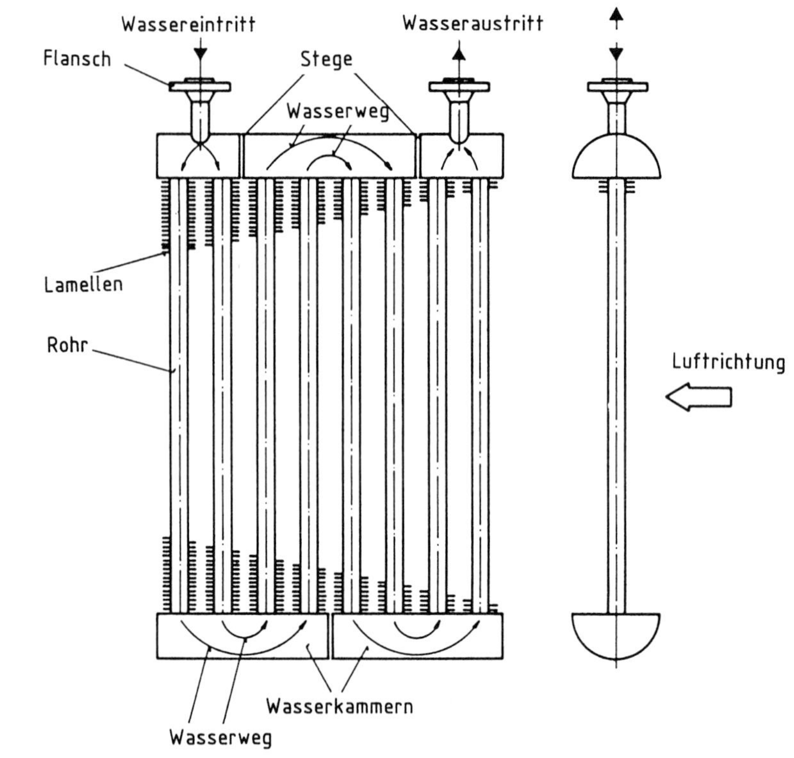

Bild 3.55
Beispiel für einen einrohrreihigen Lufterhitzer

• Luftkühler

Luftkühler dienen der Kühlung durchströmender Luft bei zum Teil gleichzeitiger Entfeuchtung (abhängig vom Kühlmedium). Die Luftkühler bauen sich praktisch gleichermaßen auf wie Lufterhitzer, (Bild 3.59), wobei wiederum die Luft turbulent an den Rippenrohren vorbeigeführt wird und sich hierbei abkühlt und gegebenenfalls Wasser ausscheidet. Luftkühler werden in der Regel mit waagerechen Rohren und senkrechten Lamellen, (Bild 3.60), in Klimazentralen oder Kanäle eingebaut, damit ausgeschiedenes Kondenswasser abfließen kann.

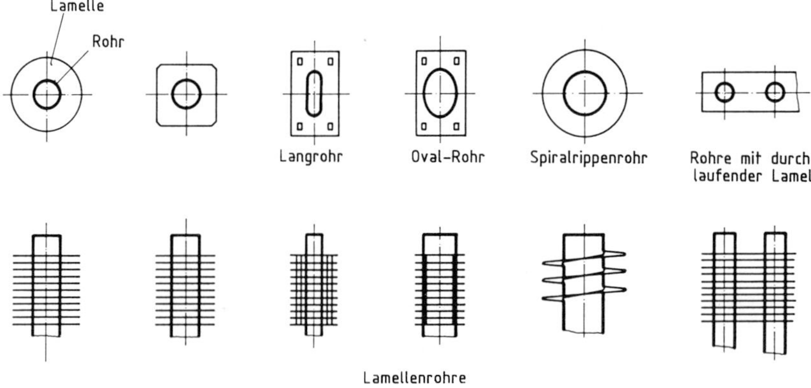

Bild 3.56
Lamellenformen von Lufterhitzern

Wie bei den Lufterhitzern erfolgt die Kühlung entweder im Gegen- oder im Kreuzgegenstrom-Prinzip. Dabei stellen sich je nach Kühlerbauart leicht unterschiedliche Zustandsänderungen ein (Bild 3.61).

Die Werkstoffe von Kühlern sind praktisch die gleichen wie bei den Lufterhitzern.

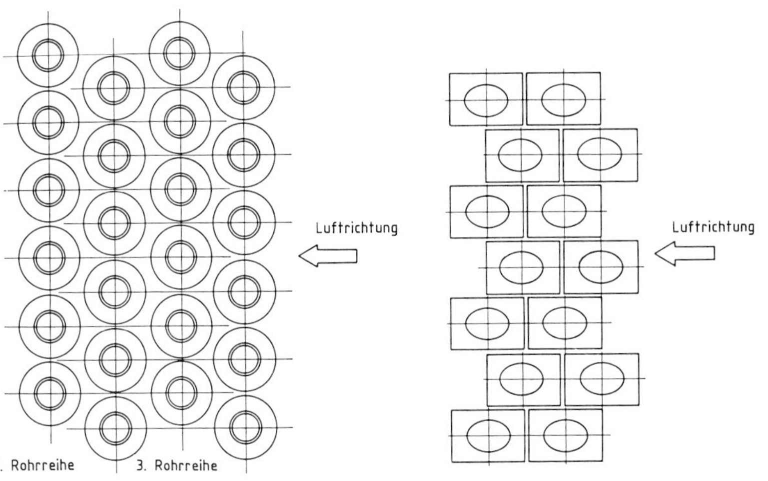

Bild 3.57
Anordnung von Austauschrohren

Bild 3.58
Elektrolufterhitzer mit Gehäuse für Kanaleinbau, mit Heizspiralen aus Cr-Ni-Widerstandsdraht, in keramische Perlen und Ovalrohre eingelegt

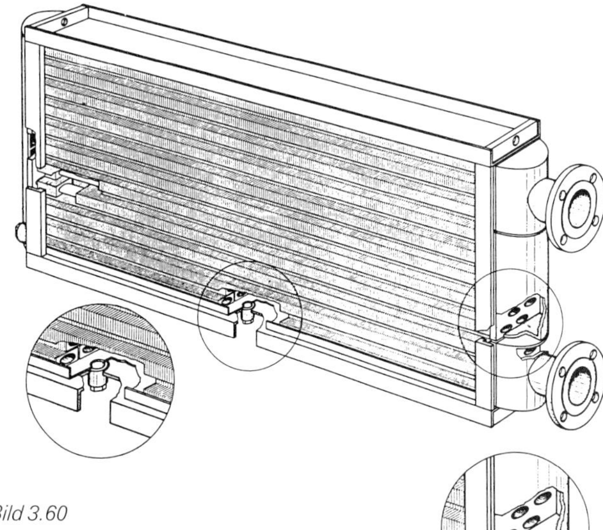

Bild 3.60
Luftkühler mit waagerechten Rohren und senkrechten Lamellen, Ausführung Cu-Al.
(Bild: GEA; Bochum)

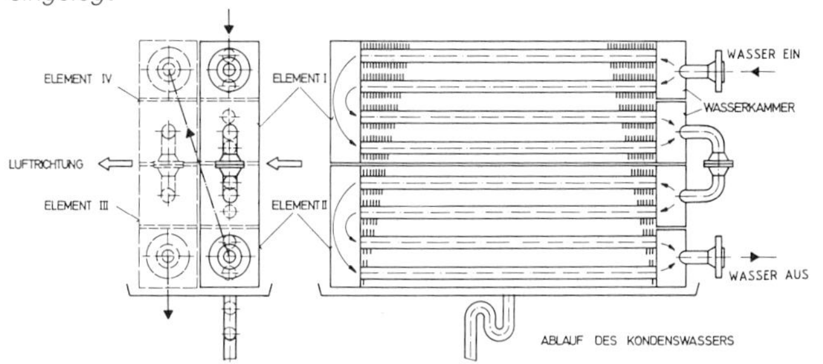

Bild 3.59
Beispiel eines Oberflächenkühlers mit mehreren Elementen

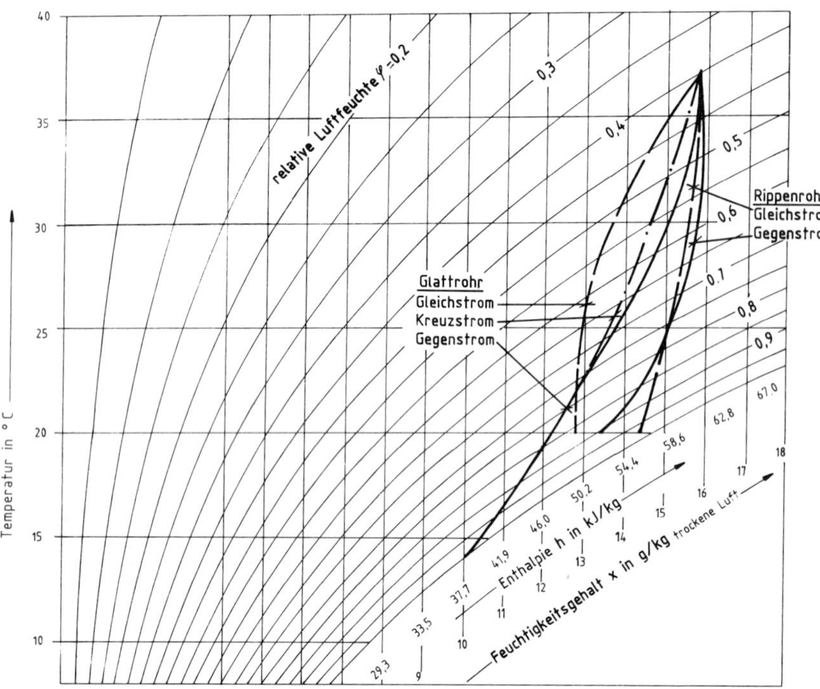

Bild 3.61 Beispiel der Kühlverläufe bei Kühlern (Werkangaben der GEA, Bochum)

3.6.4. Luftbefeuchter

Zur Befeuchtung der Zuluft stehen je nach Erfordernis verschiedene Befeuchtungsaggregate zur Verfügung. Dies sind:

- Verdampfungsbefeuchter
- Dampfbefeuchter
- Füllkörperkammern
- Scheibenzerstäuber
- Luftwäscher
- Hochleistungs-Luftwäscher.

Die **Verdampfungsbefeuchter** stellen die einfachste Art der Befeuchtungseinrichtung dar. Im Gehäuse oder Kanal einer Klimaanlage kommt eine Wasserwanne zur Aufstellung, in der sich eine Heizspirale befindet. Diese Heizspirale erwärmt im Betrieb das in der Wanne befindliche Wasser solange, bis ein Teil verdampft und von der vorbeiströmenden Luft aufgenommen wird.

Dampfbefeuchter sind eine Weiterentwicklung der Verdampfungsbefeuchter, bei denen Sattdampf mit in der Regel elektrische Beheizung erzeugt wird. Die Dampfbefeuchter bestehen somit aus einem Druckapparat, in dem Dampf gespeichert wird sowie einer Wasserzuspeisung und Heizpatronen, die das zugespeiste Wasser auf die nötige Dampftemperatur erwärmen. Bei kleinen Anlagen werden stationäre Dampfbefeuchter eingesetzt, die ausschließlich den Zuluftstrom befeuchten, für den sie installiert werden. Bei großen Anlagen und großen, zur Befeuchtung notwendigen Dampfmengen werden spezielle Dampfkessel oder Dampferzeugungsgeräte aufgestellt, von denen aus über Rohrsysteme der Dampf zu den Befeuchtungsstellen geführt wird und anfallendes Kondensat rückgeführt werden muß. Die Dampfbefeuchtung ist die hygienischste Art der Befeuchtung von Luft (Ausschluß der Keim- oder Bakterien-Übertragung/ Legionärskrankheit), führt jedoch in der Regel zu hohen Energie- und Wartungskosten.

Eine weitere Form der Verdunstungsbefeuchtung ist die **Befeuchtung über Füllkörperkammern** oder Rieselbefeuchter. Bild 3.62 zeigt das Prinzip einer Füllkörperkammer, Bild 3.62.1 den Aufbau eines entsprechenden Gerätes. Bei diesem Verdunstungsbefeuchter wird gegen einen Luftstrom herabrieselndes Wasser geführt, wodurch eine Verdunstung und somit Feuchteaufnahme der Luft eintritt. Befeuchtungen in dieser Form sind zwar einerseits sehr kostengünstig, jedoch bei unzureichender Wartung nicht hygienisch. Weiterhin kann der Feuchteendzustand lediglich mit ca. 70 bis 75 % rel. Feuchte errreicht werden und daher werden entsprechende Befeuchter nur dort eingesetzt, wo es auf eine genaue Regelung nicht ankommt.

Die Befeuchtung von Luft kann auch durch **Wasserzerstäubung** im Luftstrom vorgenommen werden, was zum heutigen Zeitpunkt noch am häufigsten geschieht. Die einfachste Lösung bieten Scheibenzerstäuber bei denen ein gegen die Scheibe rotierender Wasserstrom über den Scheibenrand fein zerstäubt wird. Da bei der Verdunstung und Zerstäubung Kalk ausfällt, muß nach der Befeuchtung durch den Scheibenzerstäuber eine Kalkausscheidung (Filterung) gemäß Bild 3.63.1 vorgenommen werden.

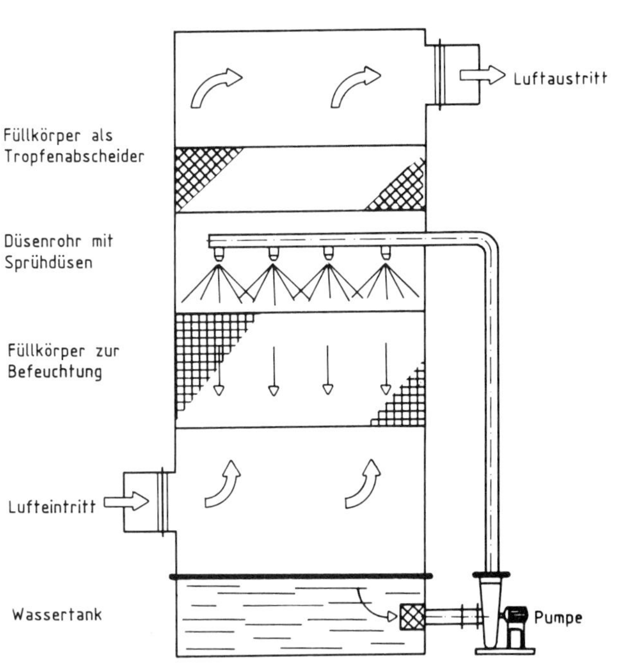

Bild 3.62
Füllkörperkammer

Bild 3.62.1
Befeuchter nach Füllkörperkammerprinzip (Bild Fläkt)

Bild 3.63
Scheibenzerstäuber mit Axialventilator (Bild Barth und Stöcklein)

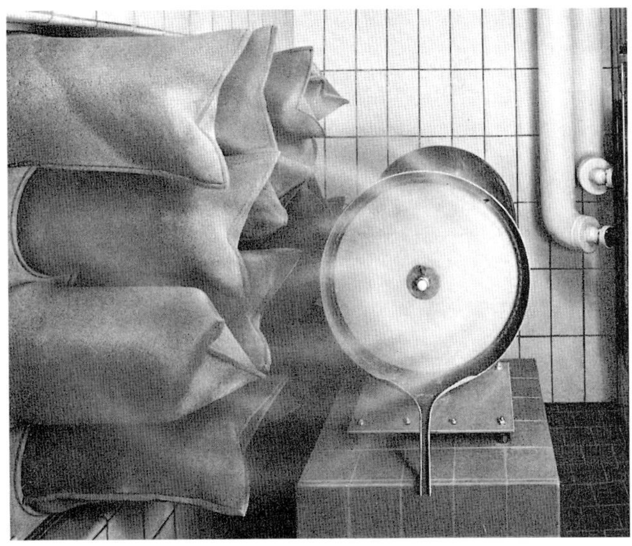

Bild 3.63.1
Scheibenzerstäuber mit nachgeschalteten Filtersäcken als Tropfenabschneider (Bild Barth und Stöcklein)

Beim **Ultraschallzerstäuber** tropft Wasser auf eine mit Ultraschall schwingende Membrane (>20 kHz), wodurch ein feinstes Tropfenspektrum erzeugt wird, das aus dem Zerstäuber austritt wie Dampf („Kaltdampf"). Bild 3.64 zeigt einen in ein KLimagerät eingebauten Ultrasoniczerstäuber. Da die Ultraschallzerstäuber noch sehr hohe Investitionen erfordern, werden sie in der Regel bei kleineren Einheiten eingesetzt. Die Tröpfchengröße kann mit der Schwingungsfrequenz eingestellt werden, d.h. je höher die Frequenz, je kleiner die Tröpfchengröße (20 kHz = 40 μm Tröpfchengröße).

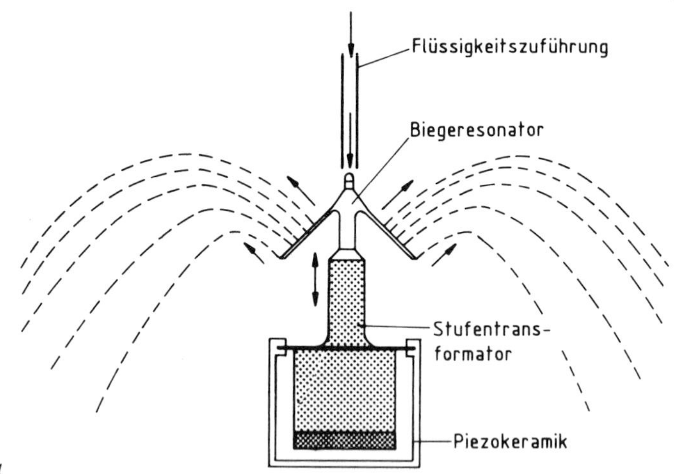

Bild 3.64
Ultraschall-Kapillarwellen-Zerstäuber mit konischem Biegeresonator (Battelle)

Bild 3.65
Ultrasonic-Zerstäuber

zu Bild 3.65

Die am häufigsten vorkommende Art der Luftbefeuchtung erfolgt durch Verdunstungsbefeuchtung in Wäschern. Bild 3.65 zeigt einen Luftwäscher mit seinen Aufbauten. Je nach Befeuchtungswirkungsgrad werden Luftwäscher mit mehreren Düsenstockreihen ausgeführt und die im Wäscher nicht verdunstete Wassermenge am Tropfenabscheider beim Austritt der Luft aus der Wäscherkammer ausgeschieden.

Eine Weiterentwicklung des Luftwäschers sind die Hochleistungswäscher. (Bild 3.66) Bei diesen Wäschern handelt es sich praktisch um Klimazentralen, da über 17 Düsenstöcke eine außerordentlich intensive Vermischung von Luft und Wasser stattfindet und dieser Hochleistungswäscher nicht nur Luft befeuchten kann, sondern gleichermaßen auch dann entfeuchten, wenn der zugeführte Wasserstrom sehr kalt ist. Hochleistungswäscher können auch als Übersättigungsbefeuchter, z.B. in der Textilindustrie oder in der Tabakherstellung und -verarbeitung eingesetzt werden.

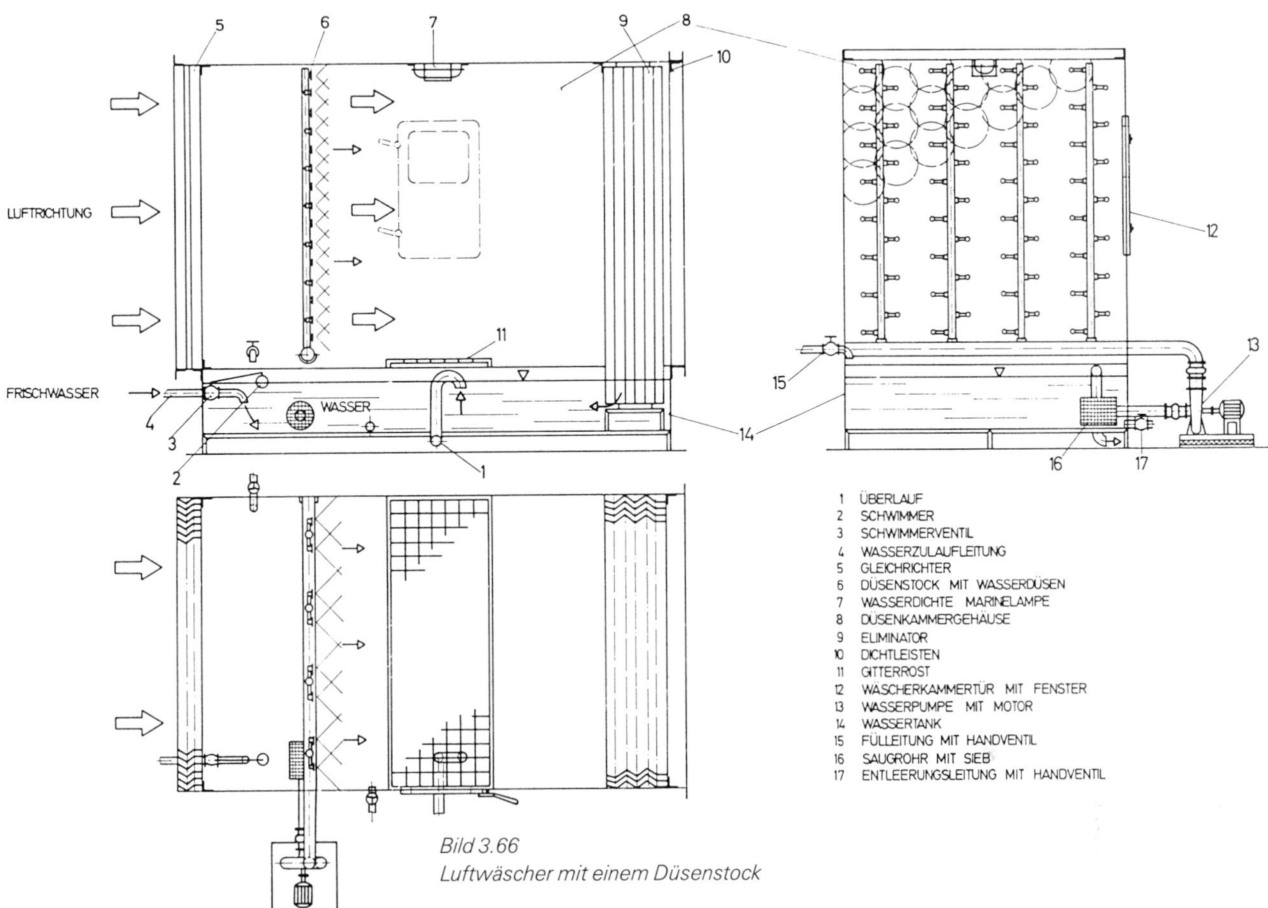

Bild 3.66
Luftwäscher mit einem Düsenstock

3.6.5. Ventilatoren

Ventilatoren sind Strömungsmaschinen und dienen der Förderung von Luft und Gasen bis zu einem Druck von 30.000 Pa. Dabei unterscheidet man nach Radial- und Axialventilatoren sowie Querstromventilatoren. Bild 3.67 zeigt eine Übersicht über die Bauarten von Ventilatoren.

Radialventilatoren werden unterschieden nach dem Förderdruck und der Schaufelanordnung.

Beim Förderdruck unterscheidet man

- Niederdruckventilatoren bis 720 Pa Förderdruck
- Mitteldruckventilatoren 720 ... 3.000 Pa Förderdruck
- Hochdruckventilatoren 3.600 ... 30.000 Pa Förderdruck

Bei den Schaufelanordnungen unterscheidet man Trommelläufer, die viele Schaufeln am Umfang des Laufrades besitzen (Bild 3.68) und solche mit Schaufelrädern (wenige axial ausgedehnte Schaufeln). Bei Ventilatoren mit Schaufelrädern unterscheidet man zusätzlich noch nach vorwärts oder rückwärts gekrümmten Schaufeln sowie nach den Betriebseinsätzen (zum Beispiel Heißgasventilator, ex geschützter Ventilator, Transportventilator, Dachventilator usw.). Radialventilatoren bauen sich prinzipiell gemäß Bild 3.70 auf und werden in der Regel auf einem Grundrahmen aufgestellt, um über Schwingungsdämpfer die Übertragung von Schwingungen auf den Boden zu vermeiden (Körperschalldämmung). Um Luft zu Räumen fördern zu können, muß der Ventilator verschiedene Formen von Drücken überwinden. Diese sind:

	Bauart	Schema	Lieferzahl φ	Druckzahl ψ	Anwendung
Axialventilatoren	Wand-ventilator		0,1 ... 0,25	0,05 ... 0,1	für Fenster- und Wandeinbau
	ohne Leitrad		0,15 ... 0,30	0,1 ... 0,3	bei geringen Drücken
	mit Leitrad		0,3 ... 0,6	0,3 ... 0,6	bei höheren Drücken
	Gegenläufer		0,2 ... 0,8	1,0 ... 3,0	in Sonderfällen
Radialventilatoren	rückwärts gekrümmte Schaufeln		0,2 ... 0,4	0,6 ... 1,0	bei hohen Drücken und Wirkungsgraden
	gerade Schaufeln		0,3 ... 0,6	1,0 ... 2,0	für Sonderzwecke
	vorwärts gekrümmte Schaufeln		0,4 ... 1,0	2,0 ... 3,0	bei geringen Drücken und Wirkungsgraden
Querstromventilatoren			1,0 ... 2,0	2,5 ... 4,0	hohe Drücke bei geringem Platzverbrauch

Bild 3.67
Bauarten von Ventilatoren-Übersicht

Bild 3.69
Radialventilator für den Mitteldruck- und Hochdruckbereich mit zugehörigem Laufrad (Bild Kessler Tech)

- P_{St} = statischer Druck [Pa]
- P_d = dynamischer Druck [Pa]

Der Gesamtdruck (Druck total) ist $p_T = P_{St} + P_d$ [Pa].

Bild 3.71 zeigt beispielhaft den Druckverlauf in einer Lüftungsanlage mit statischem und dynamischem Druck auf der Saugseite des Ventilators sowie statischem und dynamischem Druck auf der Druckseite desselben.

Radialventilatoren können als einseitig oder als doppelseitig saugende Ventilatoren ausgebildet werden, wobei die Antriebe der Ventilatoren (Motoren) nach Verwendungszweck unterschiedlich sind. Dabei unterscheidet man nach Direktantrieb durch die Motorwelle, Antrieb durch starre oder Rutschkupplung, Riemenantrieb (Bild 3.70) oder Direktantrieb, wie er bei Axialventilatoren üblich ist.

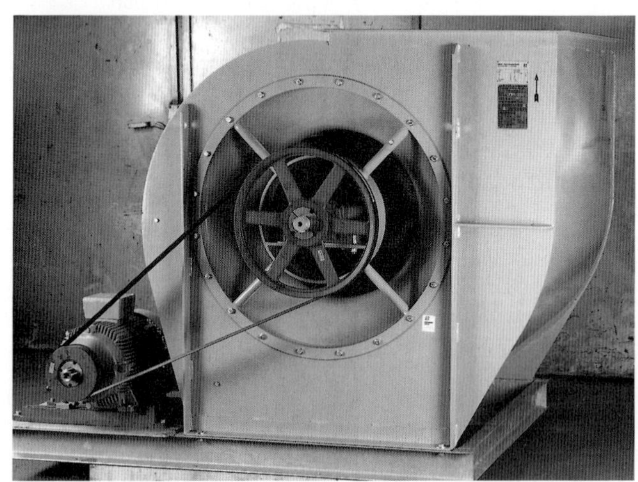

Bild 3.68 Radialventilator für den Niederdruckbereich mit zugehörigem Trommellaufrad (Bild Kessler Tech)

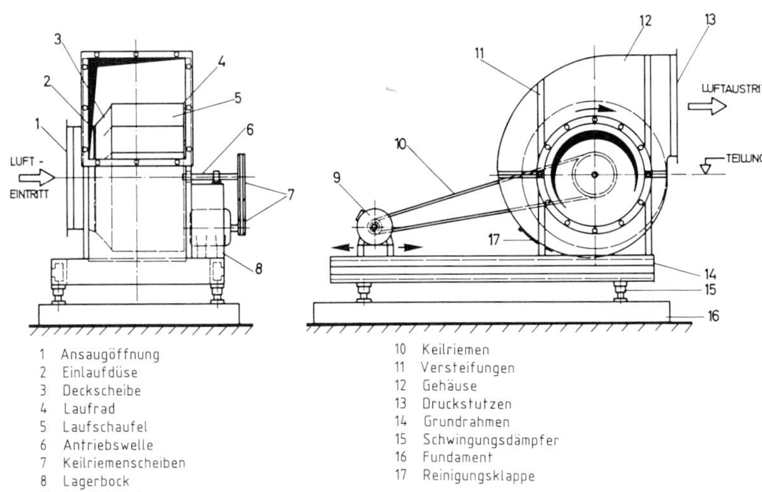

Bild 3.70
Darstellung eines Radialventilators mit Keilriemenantrieb

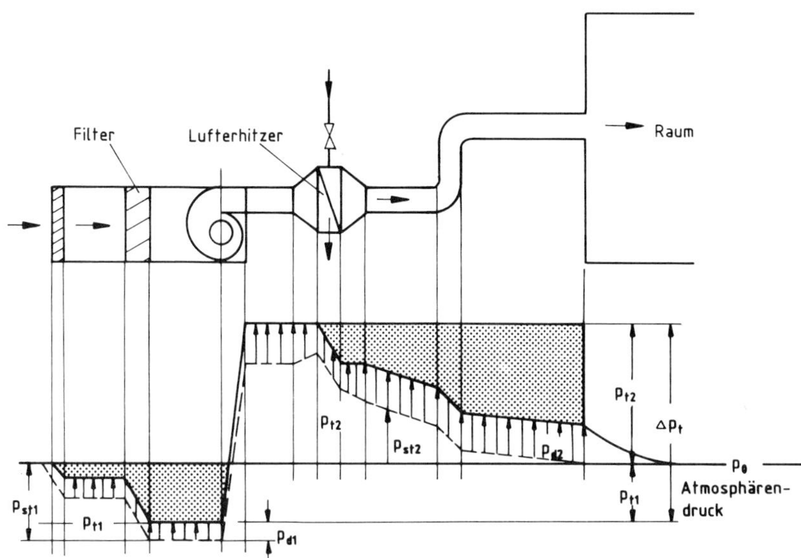

Bild 3.71
Druckverlauf in einer Lüftungsanlage

Axialventilatoren sind solche, bei denen die Luft in Richtung der Achse durch das Laufrad hindurchströmt. Bild 3.72 zeigt einen Axialventilator mit Gehäuse im Schnitt, Bild 3.72.1. einen Ventilator in der Ansicht und das zugehörige Laufrad. Die Hauptbestandteile des Axialventilators sind Nabe mit Schaufeln, Gehäuse und Antriebsmotor. Zur Verbesserung des Wirkungsgrades von Axialventilatoren dient die Einlaufdüse und gegebenenfalls ein Leitrad vor oder nach dem Laufrad (ähnlich wie bei Triebwerken). Diffusoren am Luftaustritt, Verstelleinrichtungen für Leitschaufeln und Dralldrosselvorrichtungen ergänzen die Einsatzmöglichkeiten von Axialventilatoren. Axialventilatoren kleiner Bauart werden auch als Wand- und Fensterventilatoren ohne Leitrad bei geringen Drücken eingesetzt (WC-Einzellüftung/ Absaugventilator im Fenster einer Küche usw.) Will man sehr hohe Drücke in Lüftungssystemen überbrücken, so werden gegenläufige Axialventilatoren eingebaut. Zur Veränderung von Volumenströmen während des Betriebes des Ventilators dienen Schaufelwinkelverstellungen und Dralldrosseln.
Wie bei den Radialventilatoren unterscheidet man auch bei den Axialventilatoren wiederum nach den Förderdrücken:

- Niederdruck-Ventilatoren
  0 ... 300 Pa
- Mitteldruck-Ventilatoren
  300 ... 1.000 Pa
- Hochdruck-Ventilatoren
  über 1 000 Pa

Dachventilatoren zur Absaugung von Küchen- oder WC-Abluft (Bild 3.73) können sowohl Laufräder radialer oder axialer Bauart aufnehmen.

Eine Sonderform eines Radialventilators ist der Querstromventilator (Bild 3.74) Dieser Ventilator besitzt, wie die Darstellung zeigt, einen langgestreckten

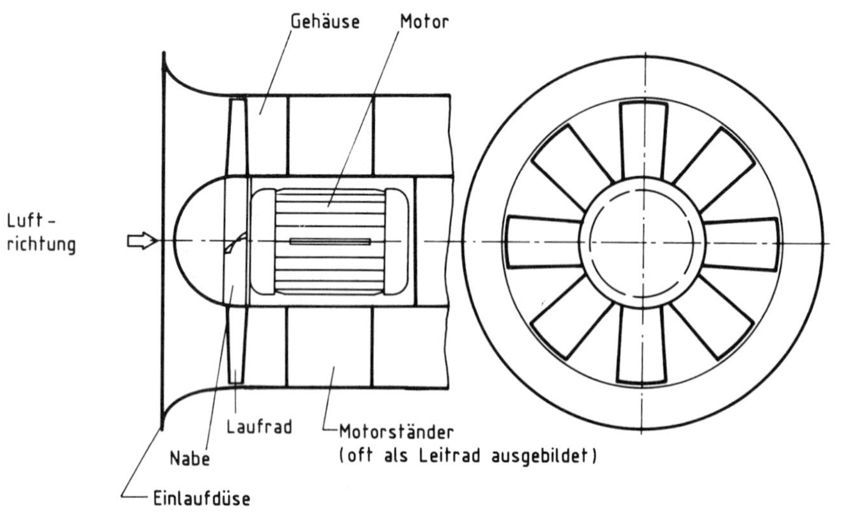

Bild 3.72
Axialventilator mit Gehäuse

Bild 3.72.1
Axialventilator mit zugehörigem Laufrad (Bild TROX)

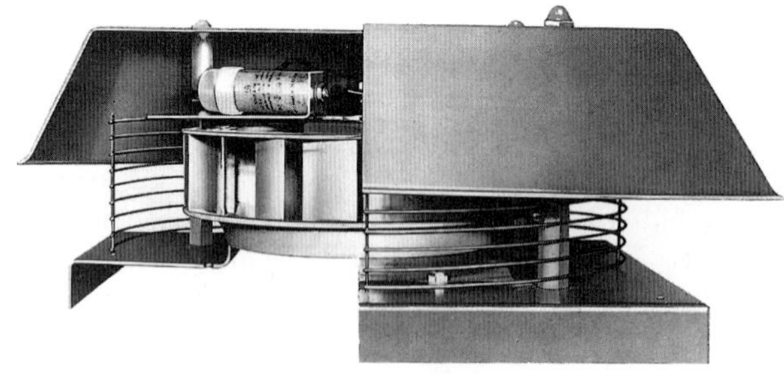

Bild 3.73
Dachventilator mit Laufrad radialer Bauart (Bild TROX)

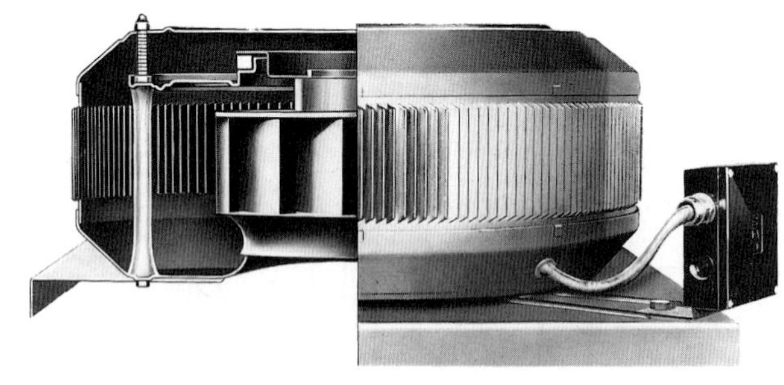

zu Bild 3.73

Bild 3.74
Querstromventilator (LTG) – Ansicht

Trommelläufer, wobei dieser sowohl die Luft am Umfang ansaugt und wiederum ausbläst. Durch die zweimalige Durchströmung der Luft durch die Schaufeln entsteht ein Luftwirbel, der die Funktion eines Leitapparates übernimmt.
Die Laufradlänge ist proportional dem Volumenstrom und läßt sich in Truhengeräten, Fan-Coil-Geräten usw. infolge auch seiner geringen abgegebenen Schalleistungen direkt im Raum einsetzen. Bild 3.74.1 zeigt das Arbeitsprinzip des Querstromventilators.

Neben den hier gezeigten Ventilatoren gibt es weitere Spezialventilatoren für unterschiedlichste Einsatzzwecke.

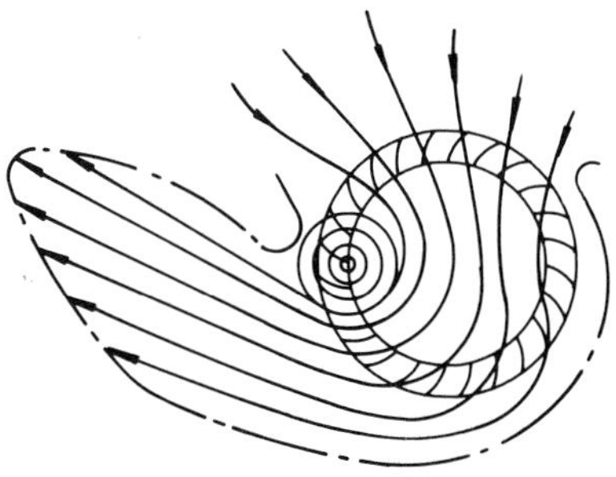

zu Bild 3.74.1

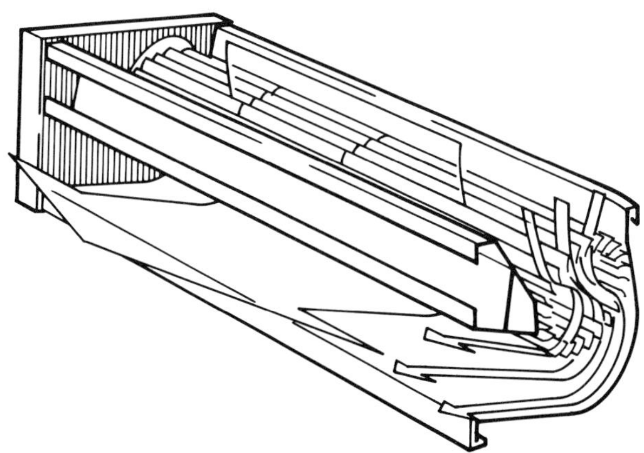

Bild 3.74.1
Querstromventilator – Schema

3.6.6. Abscheider

Neben den Filtern werden im Bereich der Lüftung und insbesondere Absaugung in Industriebetrieben verschiedenartige Abscheider wie

- Grobabscheider
- Feinabscheider
- Zyklone usw.

eingesetzt. Abscheider dienen somit im wesentlichen der Abscheidung von groben Stäuben bis hin zu festen Stoffen größeren Ausmaßes (Schnitzel/Späne) oder von luftfremden Stoffen wie Öle, Wrasen.

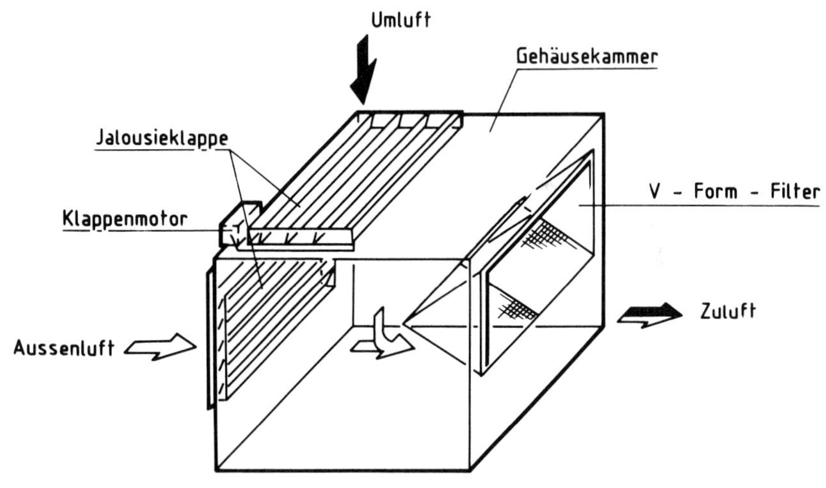

Bild 3.75 Mischkammer mit eingesetztem V-Form-Filter

3.6.7. Misch- und Verteilkammern

Misch- und Verteilkammern (Bild 3.74) dienen dazu, entweder Luftströme zusammenzuführen oder aber zu trennen. Bild 3.75 zeigt eine Mischkammer mit eingesetztem Vorfilter, in dem ein Außenluftstrom und ein Umluftstrom zusammengeführt und anschließend hinter dem Filter in die Klimazentrale eingeleitet wird.

Misch- und Verteilkammern sind entweder in der Regel typisierte Bauelemente in Klimazentralen oder aber werden in gemauerter oder betonierter Form bei Großanlagen dargestellt.

3.6.8. Volumenstrom- und Mischregler

Bei Lüftungs- und Klimasystemen mit variablen Volumenströmen werden vor Ort, (dicht vor dem Raum) im Kanalnetz Volumenstrom- und Mischregler eingesetzt, die thermostatisch geregelt,

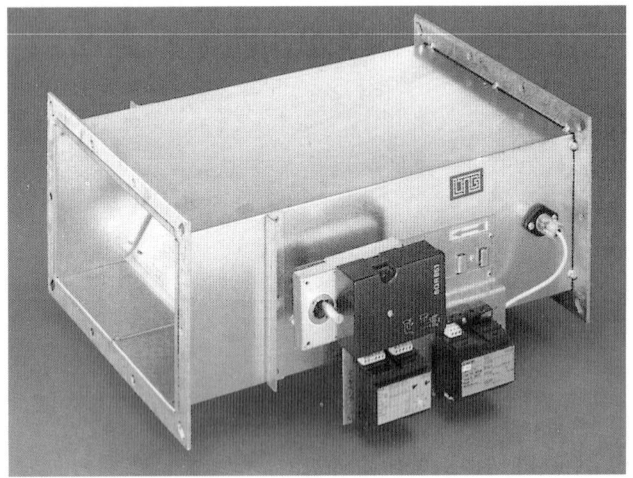

Bild 3.76
Volumenstromregler für Kanaleinbau

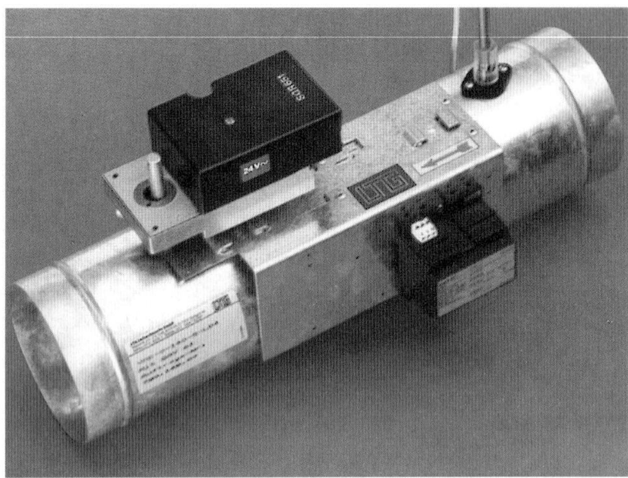

zu Bild 3.76

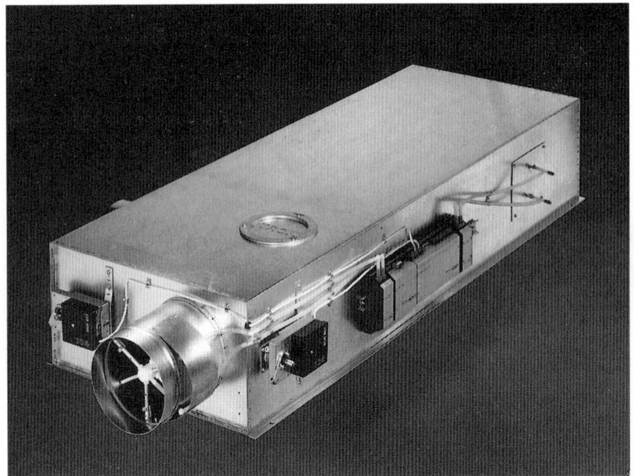

Bild 3.77
Entspannungskasten für Einkanalanlage (Werkbild Firma TROX)

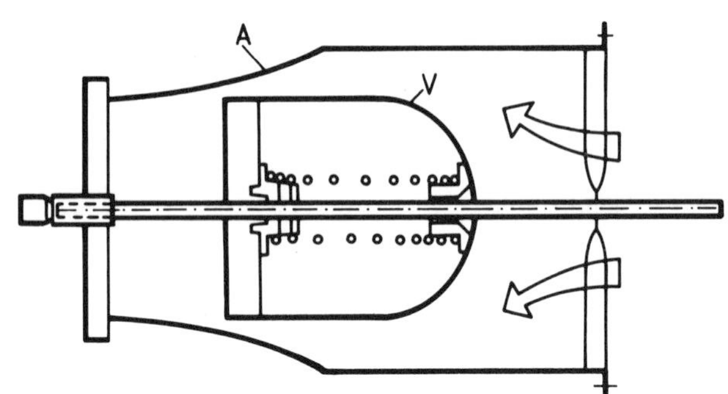

Bild 3.77.1
Schnitt durch Volumenregler

dem Raum eine bestimmte Zuluftmenge zuführen.

Bei 1-Kanal-Klimaanlagen (Nur-Luft-System, variabler Volumenstrom) wird über entsprechende Volumenstromregler dem Raum kalte Zuluft zugeführt und somit die Kälteenergie zur Kühllastkompensation über den Luftstrom geregelt.
Bild 3.76 zeigt zwei Volumenstromregler für eckigen bzw. runden Kanaleinbau mit zugehörigen Stellantrieb- und Regelelementen.

Bild 3.77 zeigt einen Volumenstromregler, der in einen Entspannungskasten eingebaut ist (schalldämpfend ausgekleideter Kasten) sowie einen Schnitt durch einen Volumenstromregler mit seinem Arbeitsprinzip Bild 3.77.1.

In 2-Kanal-Anlagen, die jedoch heute relativ selten installiert werden, werden aus einem Kaltluft- und einem Warmluftstrom vor Ort Warm- und Kaltluftteilströme zu einem Luftstrom gemischt, der die Zulufttemperatur für den Raum besitzt, die der Regler fordert (Zulufttemperatur von warm bis kalt). Bild 3.78 zeigt einen Schnitt und die Funktion eines Mischkastens, Bild 3.79 einen Mischkasten mit sichtbarem Konstantvolumenregler und Mischklappe zur Temperaturregelung.

Die Volumenstrom- und Mischregler übernehmen eine gleiche oder ähnliche Funktion wie die Regelventile bei Heizungen (Volumenstromregler) oder im Sanitärbereich Mischbatterien (Mischung kalter und warmer Wasserströme). Sie sind neben der Luftaufbereitung ein sehr wesentliches Element zur Funktion eines entsprechenden Klimasystems und daher von großer Wichtigkeit in bezug auf ihr Funktionieren und ihr Regelverhalten.

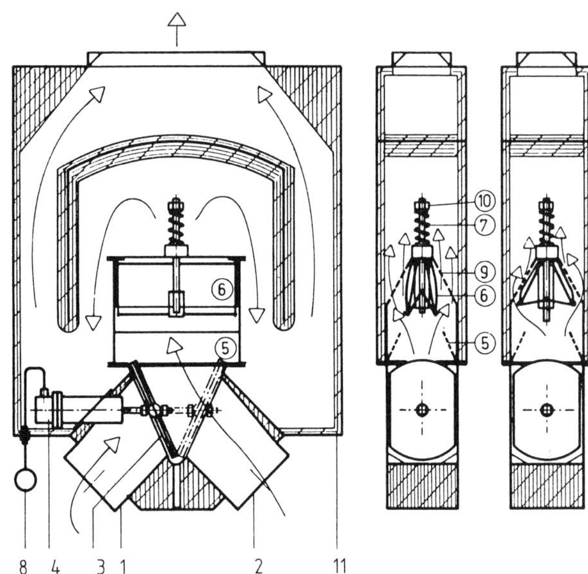

1 Kaltluft-Anschlußstutzen
2 Warmluft-Anschlußstutzen
3 Umschaltklappe
4 Klappenantrieb
5 Perforierte Platten
6 Mengenreglerflügel
7 Rückstellfeder
8 Thermostat
9 Austrittsfläche
10 Regulierschraube
11 Schallisolierung

Bild 3.78
Aufbau eines Mischkastens

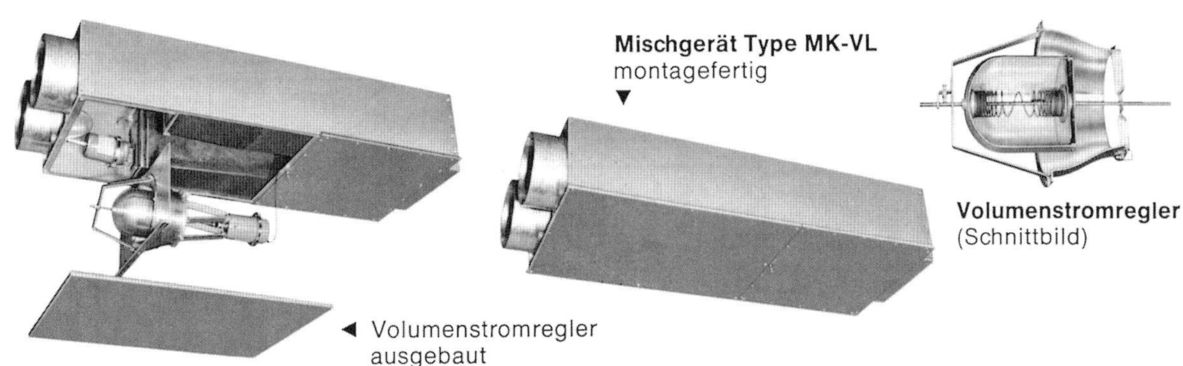

Bild 3.79
Mischkästen für Zwei-Kanal-Anlage mit sichtbarem Konstantvolumenregler und Mischklappe zur Temperaturregelung (Werkbild Firma TROX)

3.6.9. Luftdurchlässe

Luftdurchlässe umfassen:

- Zuluftauslässe
- Ablufteinlässe

Luftdurchlässe sind für den Architekten von großer Bedeutung, da sie in der Regel sichtbar im Raum sind und somit die Wand- oder Deckengestaltung nicht unerheblich beeinträchtigen. Weiterhin gehören sie mit zu den wichtigsten Bestandteilen jeder raumlufttechnischen Anlage, die mit größter Sorgfalt geplant werden müssen, um Zugerscheinungen oder Temperaturschichtungen in gelüfteten Räumen zu vermeiden. Die Formen der verwendeten Auslässe sind außerordentlich vielseitig, wobei als Material Stahl, Aluminium, Kunststoff usw. verwendet wird.

Luftauslässe dienen einer Luftführung infolge eines Verdrängungsprinzips (Luftführung von Wand zu Wand oder Decke zu Boden bei z.B. Reinraumbereichen) oder aber dem Verdünnungsprinzip, bei dem die Zuluft tangential oder diffus in den Raum eingeblasen wird. Bei diffuser Zuluftzuführung wird die Zuluft durch Strahlen oder durch Drall in den Raum eingeführt, bei Tangentialzuluftzuführung bilden sich Strömungswalzen aus.

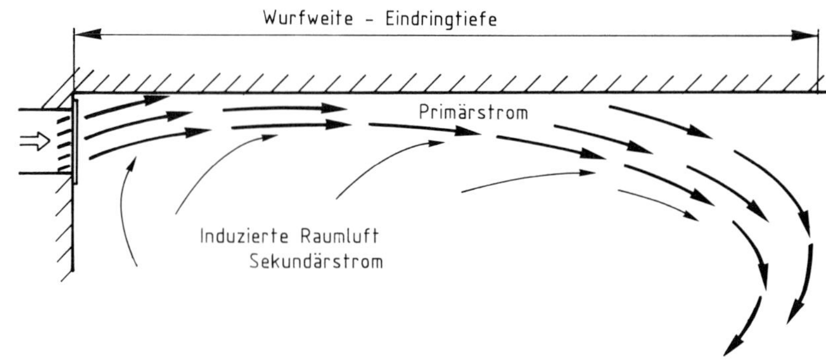

Bild 3.80.1
Strömungsverlauf bei Coanda-Effekt (Halb- oder Wandstrahlen)

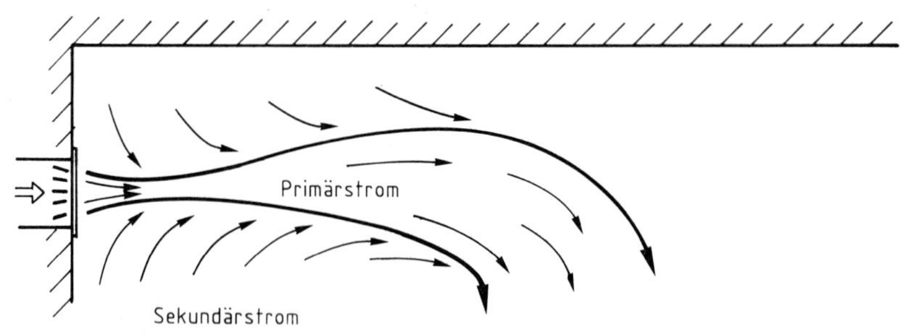

Bild 3.80.2
Strömungsverlauf Freistrahlen

- **Wandauslässe**

Wandauslässe dienen dazu, Zuluftströme aus dem Wandbereich in den Raum entweder als Freistrahl, Halbstrahl oder Wandstrahl einzubringen. Befindet sich das Zuluftgitter unmittelbar unter der Decke, so induziert der Luftstrahl lediglich einseitig (von unten nach oben) und der Luftstrahl legt sich an der Decke an. Bei diesem Effekt spricht man von „Coanda-Effekt", bei dem der Luftstrahl durch das einseitige Induzieren regelrecht an die Decke angelegt wird und sehr weit in den Raum trägt (Eindringtiefe/-Wurfweite). Bild 3.80.1 zeigt den Strömungsverlauf mit Coandaeffekt bei Halb- oder Wandstrahlen. Bild 3.80.2 zeigt den Strömungsverlauf bei einem Freistrahler, das heißt der Luftstrom kann allseits induzieren, wodurch sich die Eindringtiefe (Wurfweite) verringert.

Die in den Bildern dargestellte Luftströmung bezieht sich auf warme oder isotherme Luftstrahlen. Bei kalter Zuluft wird sich die Eindringtiefe des Luftstromes verringern, da die kalte Luft infolge ihrer höheren Dichte das Bestreben hat, schneller nach unten abzufallen als bei warmer Strömung (Auftriebseffekt). Die Wandauslässe (Bild 3.81) werden in mehreren Arten gebaut, um den verschiedensten Ansprüchen Rechnung tragen zu können. Diese Ansprüche ergeben sich sowohl aus formalen als auch aus strömungstechnischen Gründen. Der Markt bietet eine Vielzahl von Möglichkeiten an, so daß die Auswahl des Planers außerordentlich groß ist.
Bild 3.82 zeigt verschiedene Zuluftelemente für Wandeinbau, Bild 3.82.1 einen Industrieluftauslaß in Betrieb.

Art	
1. Lochgitter und Drahtgitter mit und ohne Mengeneinstellung durch V-Jalousie oder Schlitzschieber	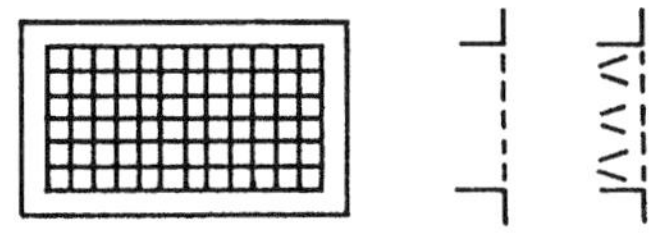
2. Steggitter mit waagerechten Lamellen Stege fest oder drehbar Ströhmung kann nach oben und unten gerichtet werden	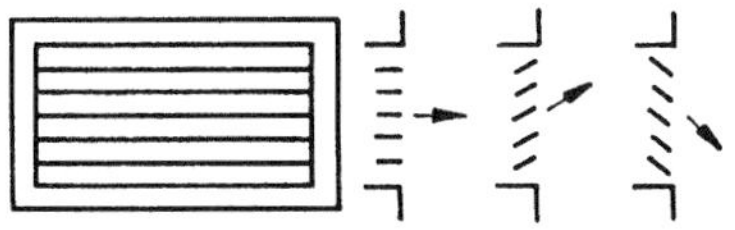
3. Steggitter mit senkrechten Lamellen Stege fest oder drehbar Strömung kann nach rechts und links gerichtert werden	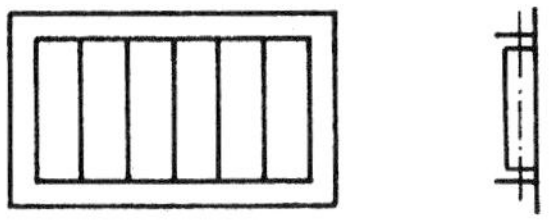
4. Steggitter mit doppelter Luftlenkung waagerecht und senkrecht Stege einzeln oder insgesamt drehbar	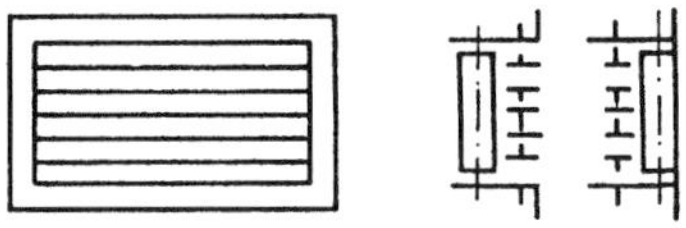
5. Steggitter mit einfacher Luftlenkung und Mengeneinstellung Luftlenkung durch waagerechte Stege Mengeneinstellung durch V-Jalousie	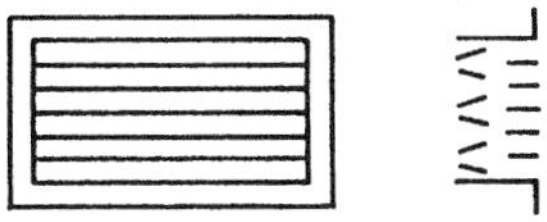
6. Steggitter mit doppelter Luftlenkung und Mengeneinstellung Luftlenkung durch waagerechte und senkrechte Stege Mengeneinstellung durch V-Jalousie oder Einstellzunge	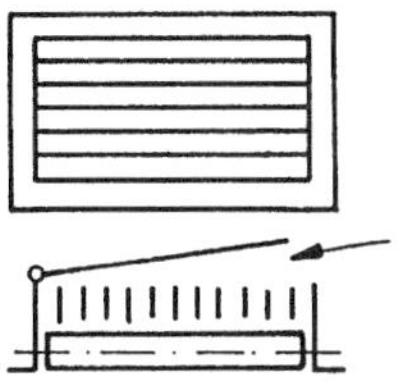
7. Gitterband mit senkrechten (oder) waagerechten Stegen, dahinter zusätzlich Lamellen oder Mengen einstellbar	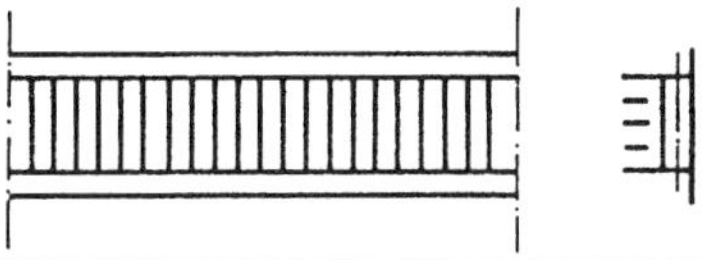
6. Düsen - rund - rechteckig	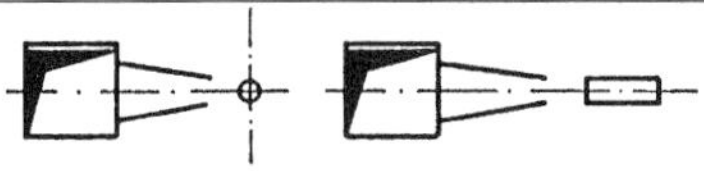

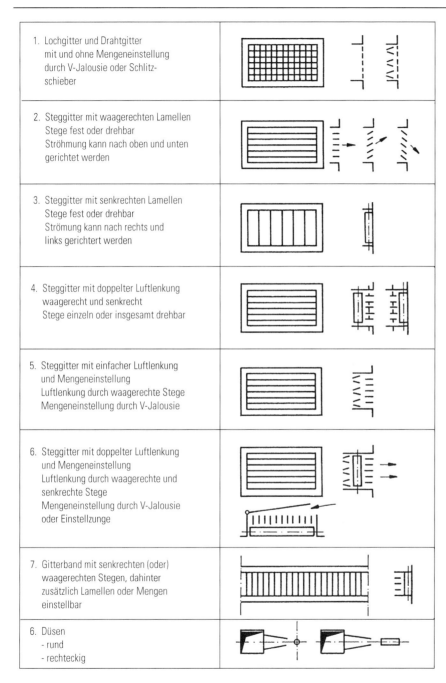

Bild 3.81
Verschiedene Arten von Wand-Luftdurchlässen von Wänden

Bild 3.82
Verschiedene Zuluftelemente für Wandeinbau (TROX/HESCO/LTG, usw.)

3

1. Plattenluftverteiler einplattig fest oder verstellbar mehrplattig	
2. Runde konische Luftverteiler in Decke (flach) fest oder verstellbar mit und ohne Gleichrichter oder Mengeneinsteller unter Decke (vorstehend) fest oder verstellbar mit Abluftansaugung	
3. Quadratische Luftverteiler in Decke unter Decke mit Anschlußkasten verstellbar oder fest	
4. Rechtwinklige Luftverteiler einseitig (auch für Wände) zweiseitig und vierseitig	
5. Schlitzauslässe mit und ohne Gleichrichter oder Mengeneinsteller	drehbar
6. Lochplattenluftdurchlässe Platte aus Blech, Gips usw.	
7. Drallauslaß in Decke unter Decke (auch im Fußboden) fest oder verstellbar	

Bild 3.83
Verschiedene Arten von Deckenluftauslässen

Bild 3.82.1
Industrie-Luftauslaß bei verschiedenen Betriebszuständen (Wärme-/Isotherm-/Kalt-Luftzuführung)

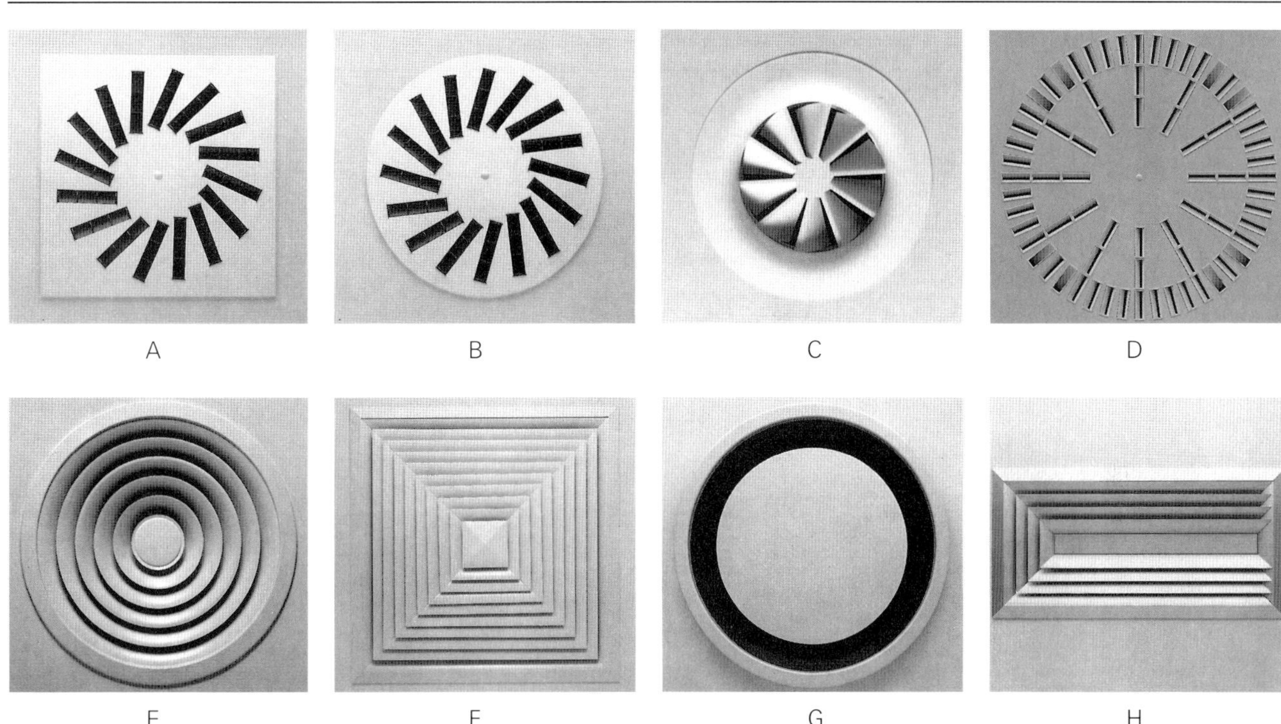

Bild 3.84
Verschiedene Zuluftelemente für Deckeneinbau (Fa. Trox A-C, E-H, Fa. Kiefer D)

Der häufigere Fall der Zulufteinbringung ist anstatt durch Wandauslässe über Deckenauslässe. Auch hier werden wiederum eine Vielzahl von verschiedenartigen Auslässen angeboten, die ihre Luftmengen entweder ebenfalls an die Decke anlegen (Coanda-Effekt) oder diese frei in den Raum strömen lassen.

Bild 3.83 zeigt verschiedene Zuluftauslässe, die auch als Ablufteinlässe dienen können. Deckenluftauslässe können in der Untersicht entweder schlitzförmig, rechteckig, quadratisch oder rund sein, so daß sie sich den verschiedensten Gestaltungsansprüchen an das Deckenbild anpassen. Bild 3.84 zeigt Zuluftelemente für Deckeneinbau, wie sie zur Zeit am Markt angeboten werden.

Neben den Zuluftelementen für Wand- und Deckeneinbau werden auch Lüftungsdecken im Form von Lochdecken oder Rasterdecken eingesetzt.

Lochdecken sind Decken, bei denen ein großer Teil der Zuluft aus einem Druckraum oberhalb der Decke durch Löcher (freie Lochfläche 1 bis 4 %) senkrecht in den darunterliegenden Raum einströmt. In der Regel werden heute perforierte Platten in Deckenfelder eingesetzt, die entsprechend luftführend sind, während die danebenliegenden, optisch gleich aussehenden Platten lediglich der Raumabsorption und dem Raumabschluß dienen. Im Gegensatz zu Lochdecken werden bei Rasterdecken die Profilraster als luftführendes Element und Luftauslaß genutzt, (Bild 3.85).

Die in Bild 3.85 gezeigte Spiegelprofildecke bietet sich im wesentlichen bei Großraumlösungen an und übernimmt die Funktion des Ausblendrasters einer Beleuchtungsanlage, die Funktion der diffusen Schallzerstreuung sowie die der Zuluftzuführung in den Raum.

In den letzten Jahren stark durchgesetzt hat sich die Luftführung von unten nach oben, das heißt die Zuluftzuführung im Bodenbereich. Dabei bieten sich wiederum verschiedene Systemlösungen an. Für Festbestuhlung in Theatersälen oder Opernhäusern und ähnlichen Räumen bietet sich die Zuluftzuführung aus Stuhlfüßen an (Bild 3.86).

In Räumen mit hoher thermischer Wärmebelastung oder solchen, in denen eine Zuluftzuführung aus dem Wand-

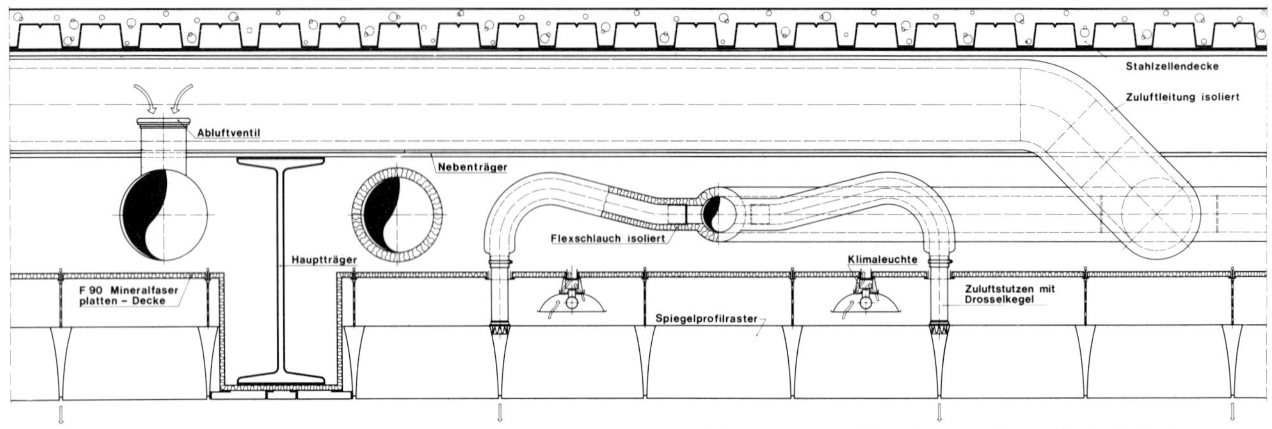

Bild 3.85
Spiegelprofildecke mit Luftauslaß aus den Rasterlamellen (Kiefer)

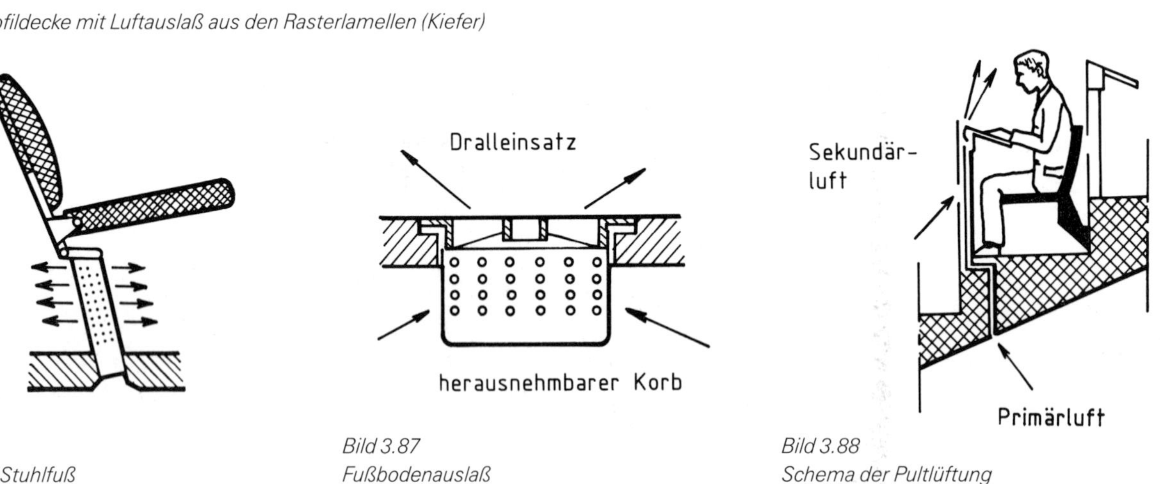

Bild 3.86
Gelochter Stuhlfuß

Bild 3.87
Fußbodenauslaß

Bild 3.88
Schema der Pultlüftung

oder Deckenbereich aufgrund von Einbauten sehr problematisch wird, kann die Luft über Bodenauslässe dem Raum zugeführt werden. Bild 3.87 zeigt das Prinzip des Fußbodenauslasses.

Bild 3.88 zeigt das Schema einer Pultlüftung, wie sie in der Regel in Hörsälen eingesetzt wird. Diese Systemlösung wurde in den vergangenen Jahren auch auf Möbelprogramme übertragen, hat sich im wesentlichen jedoch nicht durchsetzen können, da sie zu zu vielen Störungen geführt hat.

Im Gegensatz hierzu hat sich die Zuluftzuführung von unten nach oben bei Quellüftung durchsetzen können, wie sie in Bild 3.89 dargestellt ist. Bei dieser Belüftungsform wird die Zuluft im Bodenbereich mit sehr geringer Geschwindigkeit (<0,1 m/s) und minimal +20° C eingeblasen und steigt in den Bereichen thermisch auf, wo Wärmequellen den „Kaltluftsee" abschöpfen. Diese Systemlösung ist insbesondere da von großem Einsatz, wo Schad- und Geruchstoffe möglichst einwandfrei abgeführt werden sollen.

Ein wesentlicher Teil der v.a. Zuluftauslässe können gleichermaßen auch als Ablufteinlässe dienen und sehen praktisch nicht anders aus als diese.

In Sonderfällen denkbar ist auch, daß die Zuluft aus einem geschlitzten Doppelboden und einem darüberliegenden Spannteppich in den Raum eingeführt wird. Dabei ist darauf zu achten, daß der Bodenbelag ausreichend luftdurchlässig ist, um eine Durchströmung zu gewährleisten.

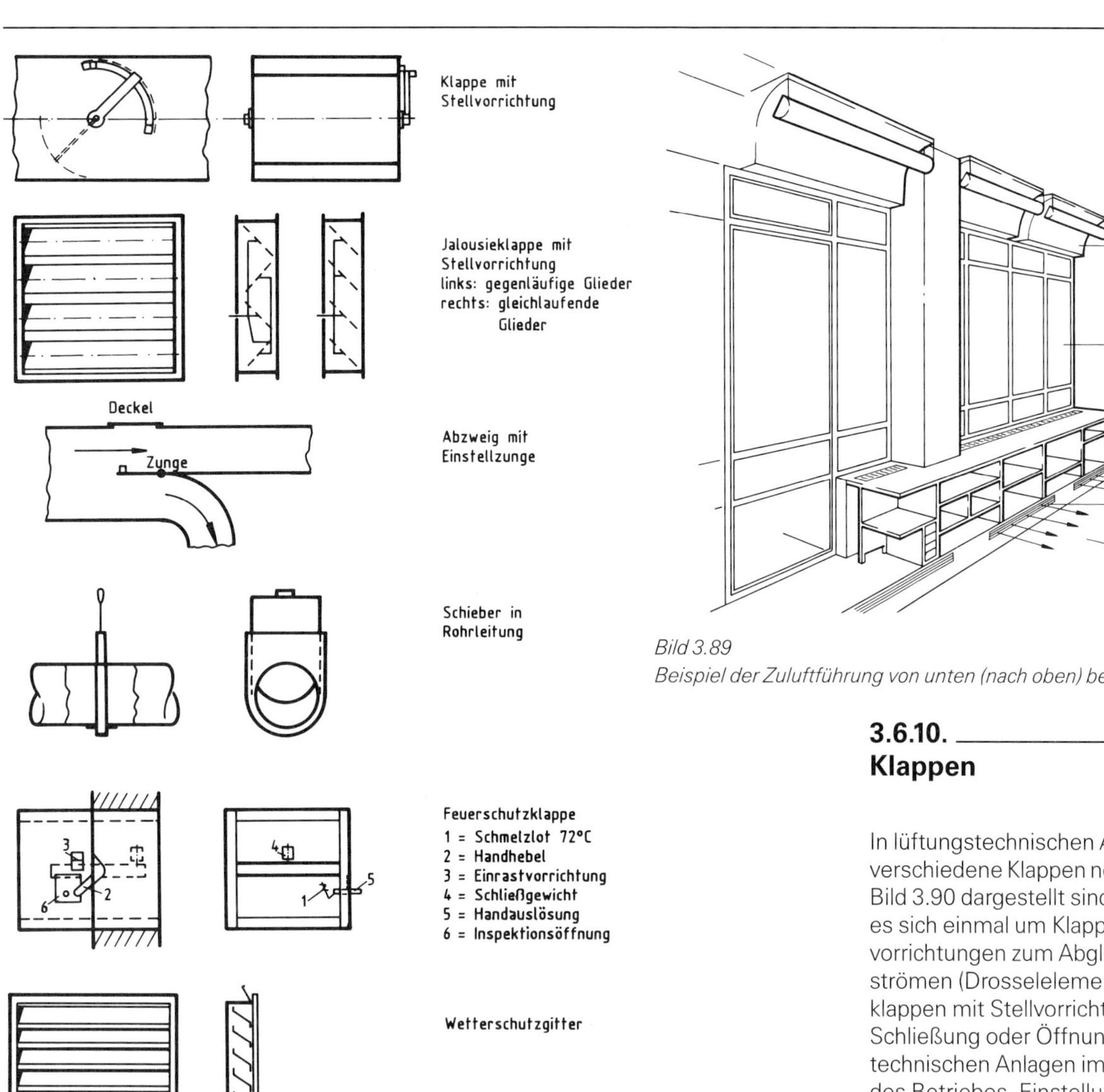

Bild 3.89
Beispiel der Zuluftführung von unten (nach oben) bei Quellüftung)

Bild 3.90
Klappen und Gitter für RLT-Anlagen

3.6.10. Klappen

In lüftungstechnischen Anlagen werden verschiedene Klappen notwendig, die in Bild 3.90 dargestellt sind. Dabei handelt es sich einmal um Klappen mit Stellvorrichtungen zum Abgleich von Luftströmen (Drosselelement), Jalousieklappen mit Stellvorrichtungen zur Schließung oder Öffnung von lüftungstechnischen Anlagen im oder außerhalb des Betriebes, Einstellungen zur Regulierung abzweigender Luftströme, Schieber in runden Lüftungskanälen sowie Feuerschutzklappen für Wandeinbau, die Kanalnetze im Brandfall von einem Brandabschnitt zum anderen trennen und Wetterschutzgitter, die verhindern, daß einströmende Luft Regenwasser in das Gebäude einschleppt. Bild 3.91 zeigt wiederum einige der vor genannten Elemente für Kanaleinbau, wie sie am Markt angeboten werden.

3.6.11. Klimageräte/Kühlgeräte/ Induktionsgeräte

Die zentrale Luftaufbereitung über Filter, Erhitzer, Kühler, Befeuchter und die Förderung der Luft durch Ventilatoren erfolgt mit Klimazentralen oder Klimageräten, wie sie nachfolgend dargestellt sind. Gemauerte Klimazentralen (oder betonierte Klimakammern), wie sie Bild 3.92 zeigt, werden in der Regel nur bei sehr großen Luftmengen angewandt. Da Mauerwerk und zum Teil Beton Luft von außen in die Kammer oder aus der Kammer nach außen diffundieren läßt, werden bei Großzentralen heute im wesentlichen anstatt entsprechend bauseits aufgeführter Kammern solche aus Sandwich-Stahlblechplatten erstellt, um die einzelnen Luftaufbereitungsaggregate aufnehmen zu können.

Bei Luftmengen unter 50.000 m^3/h werden im wesentlichen Klimageräte mit Blechgehäusen eingesetzt, die betriebsfertig auf die Baustelle kommen und dort lediglich aufgestellt und mit dem Kanalnetz verbunden werden. Die Bilder 3.93 bis 3.95 zeigen verschiedene Formen von Klimakastengeräten in liegender oder vertikaler Bauart sowie eine Mehrzonenklimazentrale, in der durch Klappensteuerungen verschieden temperierte Luftströme aufbereitet werden, um sie diversen Räumen zuzuführen.

Neben den Großgeräten gibt es auch kleinere Einheiten, die im Wandbereich eingesetzt werden (Raumklimagerät, Bild 3.96) und die im Prinzip lediglich ein Luftkühl- und -heizgerät sind, da sie die Zuluft nicht befeuchten. Hierzu gehören auch Raumklimageräte in Truhenform, (Bild 3.97) die wiederum die Luft im Sommer kühlen und entfeuchten bzw. im Winter erwärmen, jedoch eine Befeuchtung nicht durchführen.

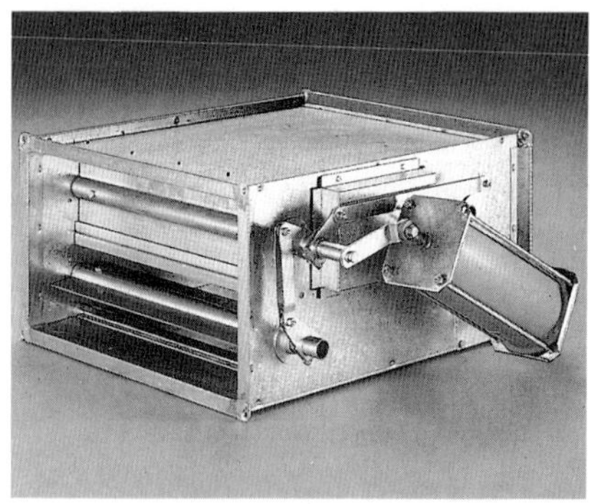

Klappengeregeltes Nachheizgerät Typ NKV 1. LTG bietet klappengeregelte Nachheizgeräte zur Nachwärmung der Zuluft einer Regelzone, für den Einbau in Konstant- oder Variabel-Volumenstrom-Systeme

Luftdichte Klappe AKD, für 100...300 mm Durchmesser, erfüllt DIN 1946 Blatt 4 und Ö-Norm M 7620, Teil 1

Absperr- und Regeleinheit Typ ARF

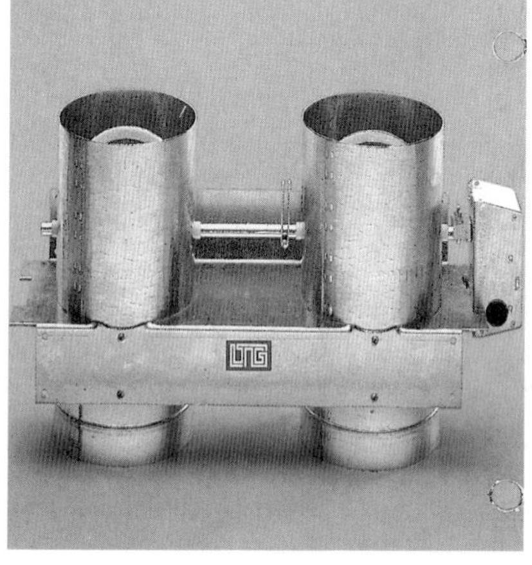

Doppelregelklappe Typ ARD

Bild 3.91
Klappen für RLT-Anlagen

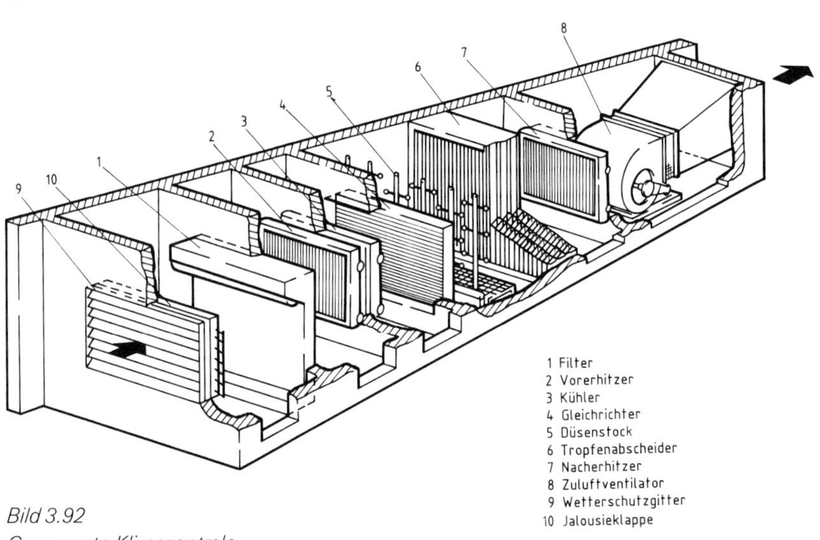

Bild 3.92
Gemauerte Klimazentrale

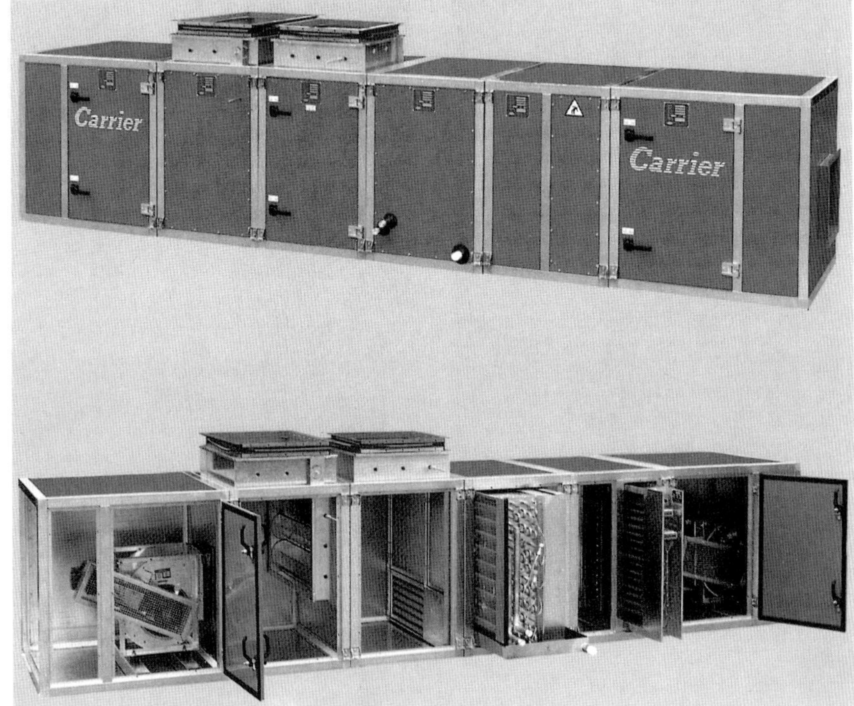

Bild 3.93
Klimazentrale mit Blechgehäuse, horizontale Anordnung (Bild Carrier)

Bild 3.98 zeigt ein Raumklimagerät in Schrankform mit eingebauter Kältemaschine, wie es zum Teil bei Rechenzentren zum Einsatz kommt, wo große Umluftströme ständig gekühlt werden müssen.

Bei einigen Klimasystemen wird eine Nachbehandlung der Luft im Raum erforderlich. Hierzu gehören zum Teil die Fan-Coil-Anlagen und die Induktionsklimasysteme. Bild 3.99 zeigt den Einbau von Induktionsgeräten im Brüstungsbereich in Kombination mit einem Deckenschlitzauslaß, der die tangential eingeführte Zuluft im Deckenbereich nochmals beschleunigt, um eine größere Eindringtiefe (Wurfweite) zu erreichen. Der Aufbau eines Induktionsgerätes ist in Bild 3.100 dargestellt. Bei diesem Gerät wird Zuluft (Primärluft) seitlich in das Gerät eingeführt und tritt im Gerät über Düsen aus. Dadurch induziert Primärluft Raumluft, die wieder über Kühler oder Lufterhitzer geführt wird, so daß im Raum eine Nachkühlung oder Nacherwärmung stattfindet. Das Gemisch aus Primär- und Sekundärluft (Mischungsverhältnis 1:4) tritt über Gitterelemente am Fenster tangential in den Raum ein und durchströmt diesen, um einen hygienischen Raumzustand und eine Lastkompensation vorzunehmen. Eine Unterart der Induktionsgeräte ist das in Bild 3.101 gezeigte Klimaradiatorgerät, das speziell für den Krankenhauseinbau (Bettenräume) entwickelt wurde und bei dem das Induktionsverhältnis lediglich 1:1 beträgt. Die Frontplatte dieses Gerätes ist ähnlich wie ein Radiator mit Platten ausgebildet, so daß er gut zu reinigen ist.

Bild 3.94
Klimazentrale mit Blechgehäuse, vertikale Anordnung (Bild Carrier)

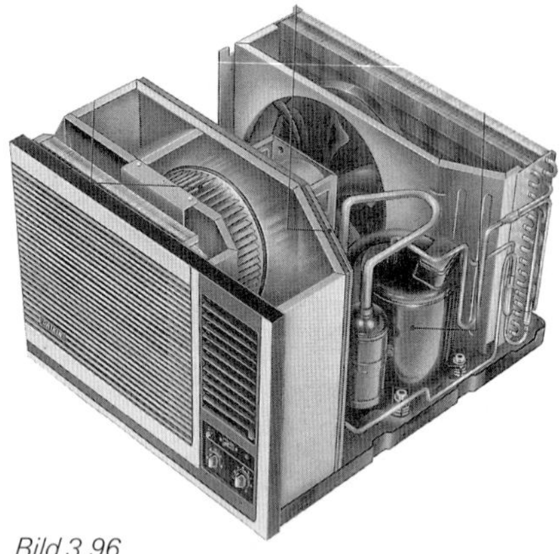

Bild 3.96
Raumklimagerät in Kastenform mit eingebauter Wärmepumpe (Bild Carrier)

Bild 3.95
Mehrzonenklimazentrale (Bild Carrier)

Bild 3.97
Raumklimagerät in Truhenform (Bild Stulz)

Bild 3.98
Raumklimagerät in Schrankform (Bild Stulz)

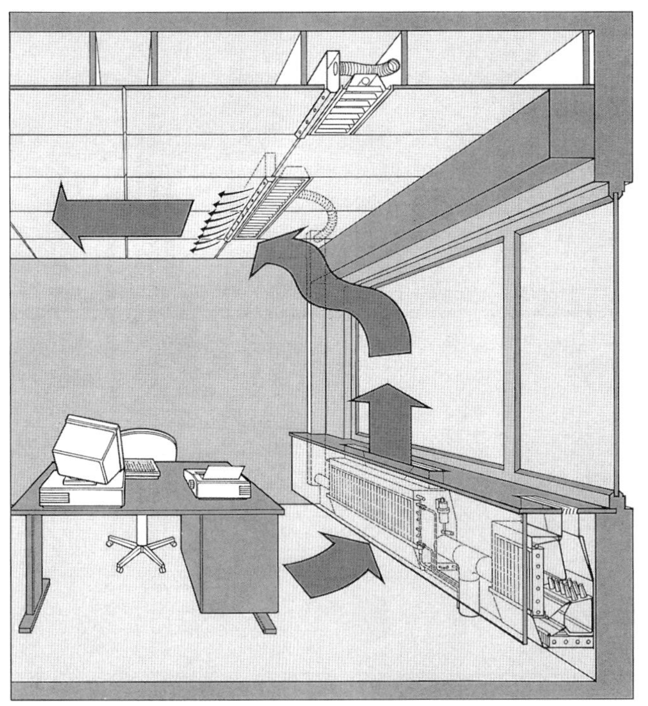

Bild 3.99
Stützstrahltechnik für optimale Raumströmung bei Induktionssystemen und Fan-Coil-Anlagen

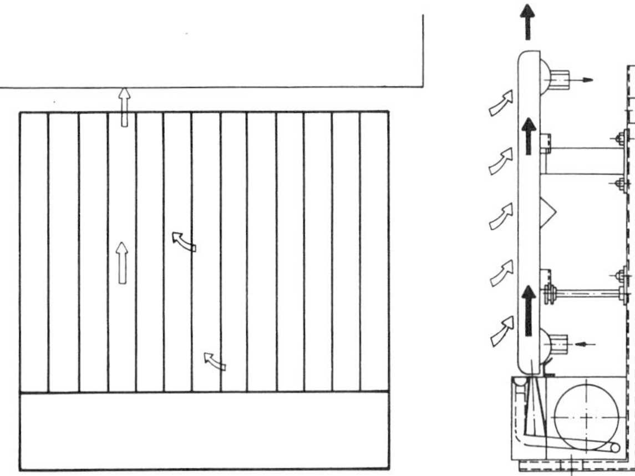

Bild 3.101
Klimaradiatorgerät im Einbauzustand und Schnitt (Firma Rox)

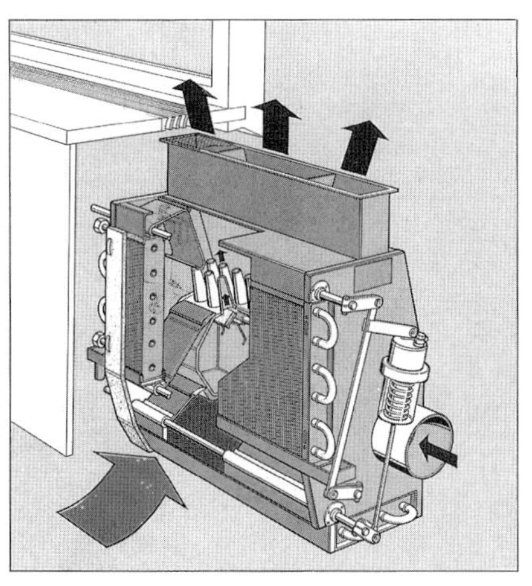

Bild 3.100
Vier-Leiter-Induktionsgerät Typ HFW für Variabel-Volumenstrom-Systeme

3.7. LUFTFÜHRUNG IM RAUM

Die Luftführung im Raum ist eine schwierige Aufgabe und orientiert sich im wesentlichen nach:

- wärmephysiologischen Erfordernissen des Menschen
- produktionstechnischen Erfordernissen
- Möblierungs- und Gestaltungsfreiräumen
- raumhygienischen Zuständen

Von Fall zu Fall können bestimmte Erfordernisse des Raumes eine ganz bestimmte Form der Zuluftzuführung erzwingen, in anderen Fällen jedoch bieten sich verschiedenartige Möglichkeiten an. Insofern gibt es keine „Apothekerlösung", denn man kann nicht grundsätzlich sagen, die oder jene Luftführung ist grundsätzlich die beste. Nachfolgend sollen typische Luftführungsarten im Raum dargestellt werden, wobei jeweils Hinweise auch auf Einschränkungen der Gestaltung gemacht werden.

Ist man im Bereich der Luftführung frei und erzwingen weder wärmephysiologische noch gestalterische oder sonstige Gründe eine bestimmte Luftführungsart, so sollte man versuchen soweit als möglich die thermische Raumbelastung dazu zu nutzen, Luftmengen zu vermindern, d. h. Zuluftzuführung von unten nach oben ist unter Umständen günstiger als umgekehrt.

Bild 3.102 zeigt verschiedene Varianten der Zuluftzuführung, die sich unterscheiden nach:

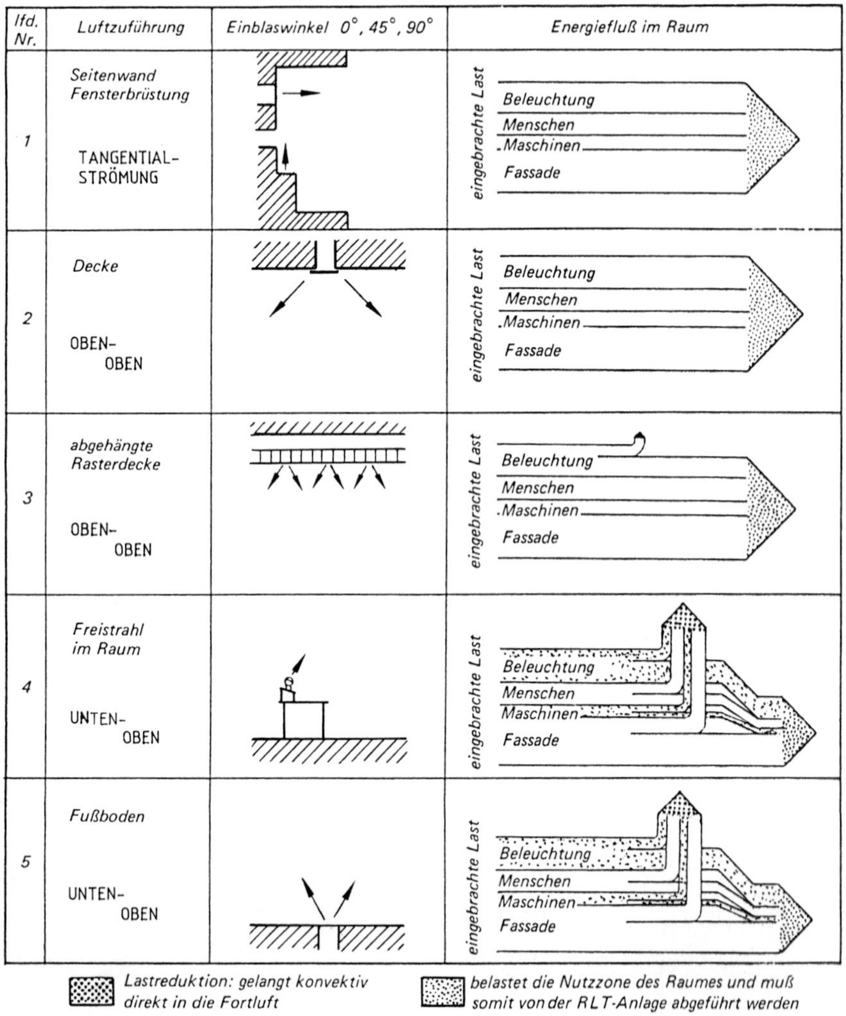

lfd. Nr.	Luftzuführung	Einblaswinkel 0°, 45°, 90°	Energiefluß im Raum
1	*Seitenwand Fensterbrüstung* TANGENTIAL-STRÖMUNG		*eingebrachte Last*: *Beleuchtung*, *Menschen*, *Maschinen*, *Fassade*
2	*Decke* OBEN-OBEN		*eingebrachte Last*: *Beleuchtung*, *Menschen*, *Maschinen*, *Fassade*
3	*abgehängte Rasterdecke* OBEN-OBEN		*eingebrachte Last*: *Beleuchtung*, *Menschen*, *Maschinen*, *Fassade*
4	*Freistrahl im Raum* UNTEN-OBEN		*eingebrachte Last*: *Beleuchtung*, *Menschen*, *Maschinen*, *Fassade*
5	*Fußboden* UNTEN-OBEN		*eingebrachte Last*: *Beleuchtung*, *Menschen*, *Maschinen*, *Fassade*

Lastreduktion: gelangt konvektiv direkt in die Fortluft

belastet die Nutzzone des Raumes und muß somit von der RLT-Anlage abgeführt werden

Bild 3.102
Varianten der Luftzuführung

- Tangentialströmung
- Luftführung aus der Decke (oben-oben)
- Luftführung aus einer abgehängten Decke (oben-oben)
- Luftführung durch Freistrahl im Raum (unten-oben)
- Luftführung aus dem Bodenbereich (unten-oben)

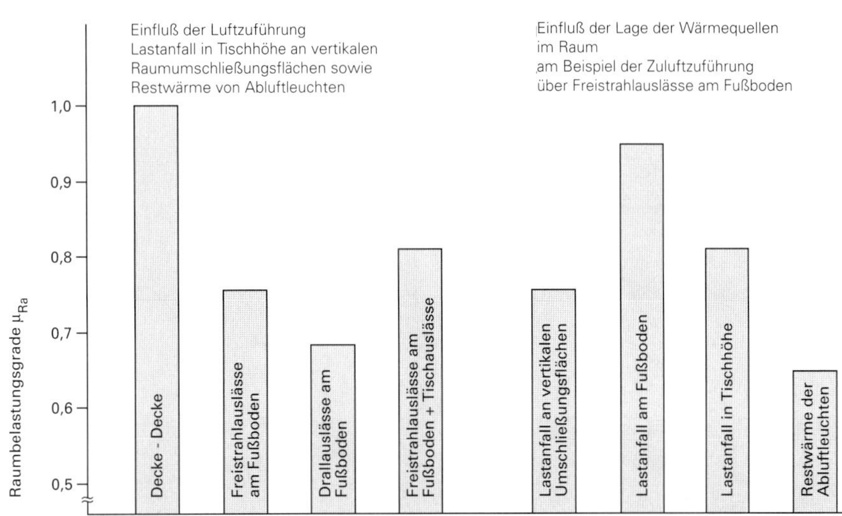

Bild 3.103
Thermische Raumbelastungsgrade (Mittelwert)

Bei den jeweiligen, zuvor aufgeführten Varianten ergeben sich unterschiedliche thermische Raumbelastungsgrade, die in Bild 3.103 dargestellt sind. Dabei ist wesentlich, ob die Luftführung dem thermischen Auftrieb warmer, aufsteigender Luft folgt oder nicht. Ist dies nicht Fall, so wird der Raum infolge der Verteilung der konvektiven Wärmeströme thermisch zu 100 % belastet, während bei einer Luftführung von unten nach oben, der thermische Belastungsgrad bis auf 70 % abfallen kann.

3.7.1. Luftführung bei Tangentialströmungen

Tangentialströmungen, wie sie Bild 3.104 zeigen, bringen ausgeprägte Strömungswalzen in den Raum, die entweder ihren Ausgang im Deckenbereich oder im Brüstungsbereich nehmen. Infolge der Strömungswalzen, sollten zur einwandfreien Rückströmung zum Primärort der Zuluft, Möbel und Einrichtungen fußbodenfrei sein (etwa 15 cm), um eine möglichst zugfreie Rückströmung zu erreichen. Gleichermaßen sollten die Zuluftströme sich im Deckenbereich bis zu einer Höhe von ca. 0,6 bis 1 m frei ausbreiten können, also nicht durch Schrankelemente, Stellwände oder ähnlichen abgeschöpft werden.

Luftführungen durch Tangentialströmungen erfolgen entweder mit im Wandbereich eingebautem Zuluftgitter, Induktions- oder Fan-Coil-Geräten (Brüstungsauslässe) oder einseitig ausblasenden Deckendiffusoren bzw. Deckenschlitzauslässe. Bild 3.105 zeigt den Ablauf einer typischen Raumströmung (mit Rauch sichtbar gemacht) bei Tangentialzuluftzuführung über ein Induktionsgerät.

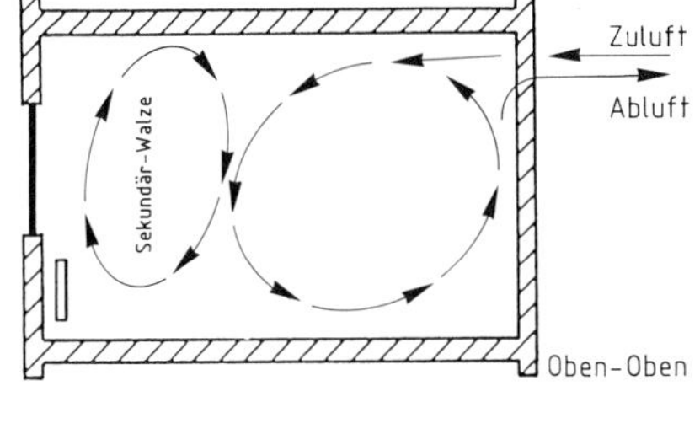

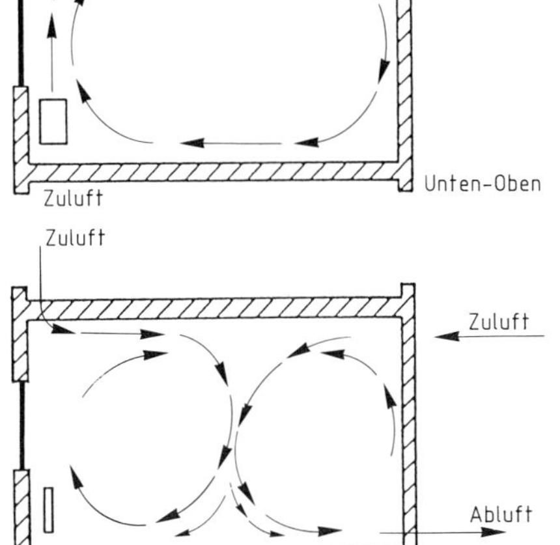

Bild 3.104
Luftführung durch Tangentialströmungen

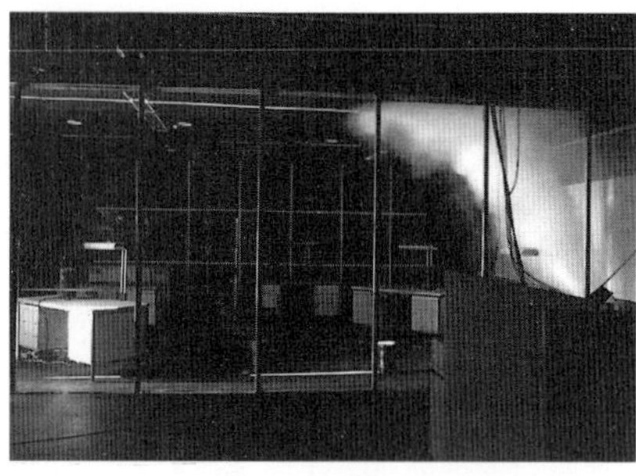

a

d

b

e

c

f

Bild 3.105
Raumströmung, Entwicklung einer „Raumwalze" bei tangentialer Luftzuführung über Brüstungsinduktionsgeräte (a bis f: Reihenfolge der Aufnahmen/Laboraufnahmen von IKL, Gießen)

3.7.2. Luftführung von oben nach oben

Die Luftführung von oben nach oben bedeutet, daß die Zuluft im Deckenbereich ausgeblasen und im Deckenbereich abgesaugt wird. Das Bild 3.106 zeigt typische Strömungswalzen bei einer Luftführung von oben nach oben und bei verschiedenen Zuluftelementen wie Diffusoren oder Schlitzauslässen, freistrahlenden Punktauslässen oder Lochdecken. Bei diesen Zuluftelementen ist die Rückströmgeschwindigkeit im Bodenbereich geringer als bei der Tangentiallüftung, so daß auf die Möblierbarkeit ein entsprechender Einfluß nicht genommen werden muß. Luftführungen von oben nach oben bieten sich in der Regel jedoch nur bis zur maximalen Raumhöhe von etwa 4 m an und werden darüber hinaus problematisch, da sich die Luftstrahlen je nach Zuluftzustand (kalt oder warm) unterschiedlich verhalten. So ist bei der Projektierung von Luftführungen von oben nach oben in sehr großen Räumen (z.B. Säle) unter Umständen ein Strömungsversuch notwendig, um die richtige Auswahl entsprechender Zuluftauslässe und die notwendigen Eigenschaften zu ermitteln. Bei der Luftführung von oben nach oben durchströmt die Zuluft (Primärluft) den Raum intensiv und induziert dabei Raumluft, so daß das gesamte Raumvolumen in leichter Bewegung ist.

Bild 3.107 zeigt eine Raumströmung, mit Rauch sichtbar gemacht, von oben nach oben bei Luftzuführung über einen Dralluftauslaß (Freistrahler).

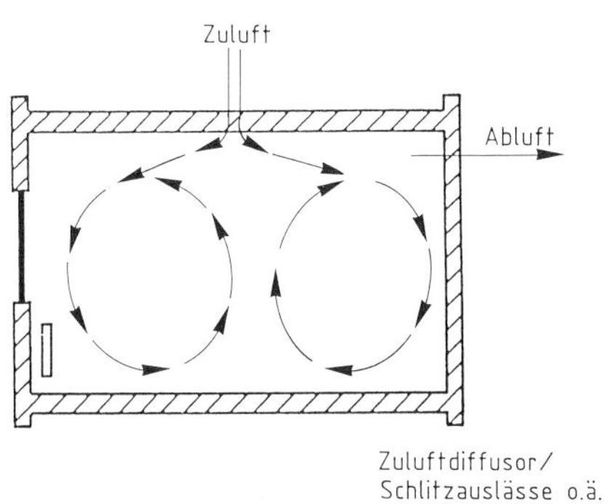

a

d

Abluft Zuluft Abluft

Freistrahler

b

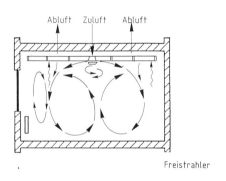

e

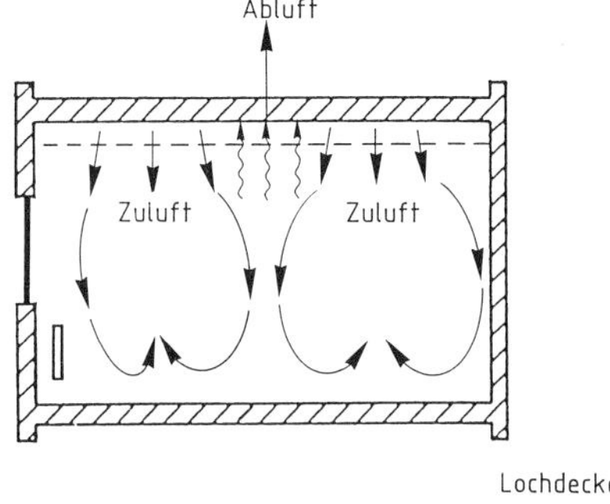

c

f

Bild 3.106
Luftführung von oben nach oben bei verschiedenen Luftauslässen

Bild 3.107
Raumströmung bei Luftführung oben–oben. Luftzuführung über Drall-Luftdurchlässe, Rauchzugabe an einem Luftdurchlaß (a bis f: Reihenfolge der Aufnahmen / Laboraufnahmen von IKL, Gießen)

3.7.3. Luftführung von unten nach oben

Bei Räumen mit hohen thermischen Wärmelasten (Rechenzentren, Wärmebetriebe usw.) oder bei Räumen mit sehr hohen Raumhöhen (mehrgeschossige Hallen o.ä.) sowie bei Räumen, wo die Möblierung einen wesentlichen Einfluß auf die Durchströmung von Luft im Raum einnehmen kann (Abschöpfeffekte über große Einrichtungsgegenstände) sollte eine Luftführung von unten nach oben im Vordergrund stehen. Bei Luftführungen von unten nach oben führen verschiedene Zuluftauslässe entweder zu einer Verdrängungsströmung oder einer Primärluftverteilung bis zu einer Höhe von 1 m (Freistrahler) oder zu einer sehr sanften, geschichteten Luftströmung (Quellüftung). Allen Systemen, (Bild 3.108), gemeinsam ist, daß die Luft anfänglich im Bodenbereich als Kühlluft verteilt wird (Lufttemperatur 20 bis 21°C) und anschließend durch Wärmequellen (Personen, Maschinen usw.) thermisch abgeschöpft wird und zur Decke hin aufsteigt. Bild 3.109 zeigt die Luftströmung mit einem Freistrahler bei Luftführung von unten nach oben. Die Rauchbilder zeigen, wie die Luft anfänglich mit kräftigem Impuls in den Raum hineinströmt, um sich danach im Boden- und Aufenthaltsbereich auszubreiten.

Bild 3.110 zeigt eine Raumströmung im Rauchbild bei Quellüftung und hier ist sehr gut erkennbar, daß im Bereich der Person und des PC's die horizontal wabernde Luft abgeschöpft und deutlich sichtbar nach oben aufsteigt.

a

d

b

e

c

f

Bild 3.109
Charakteristisches Strömungsbild bei der Luftzuführung über Freistrahlluftdurchlässe vom Fußboden (a bis f: Reihenfolge der Aufnahmen/Laboraufnahmen von IKL, Gießen)

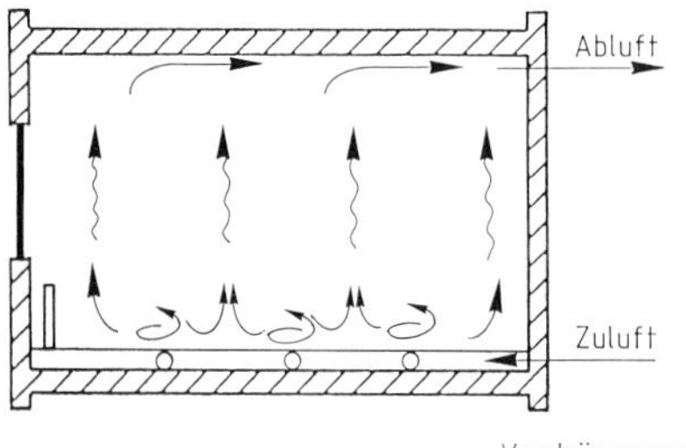

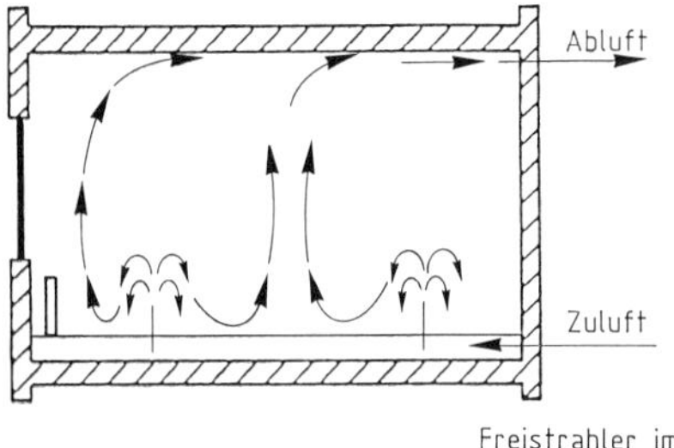

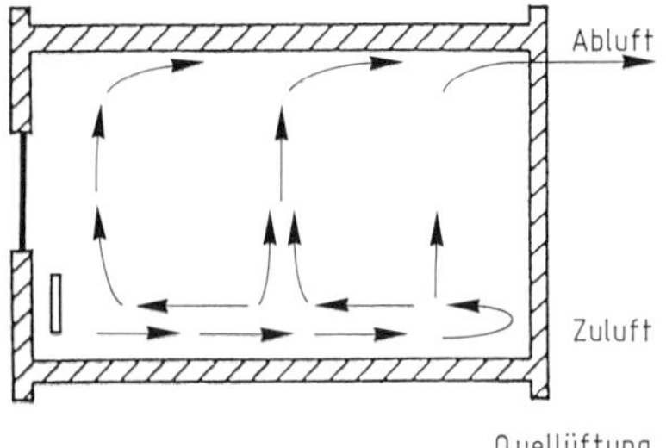

Bild 3.108
Luftführung von unten nach oben bei verschiedenen Luftauslässen

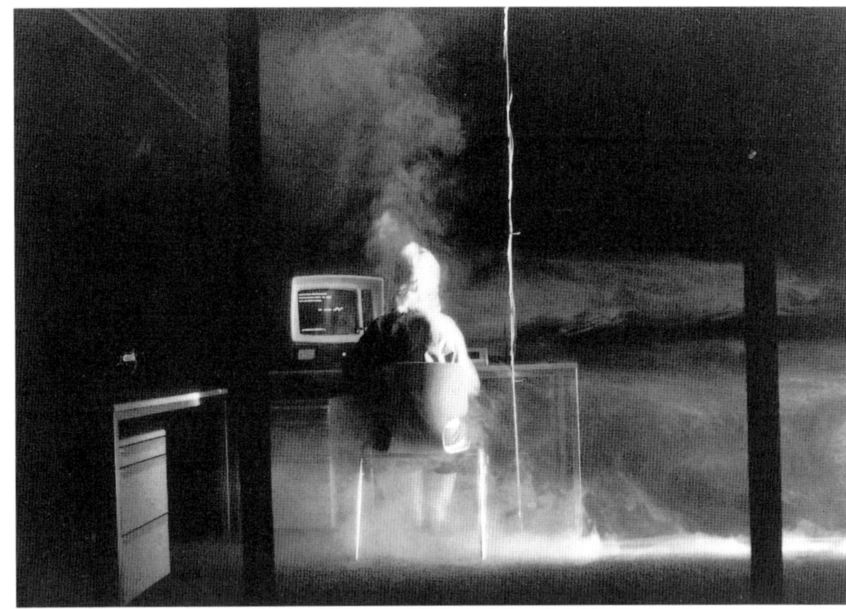

Bild 3.110
Raumströmung bei Quellüftung

3.7.4. Turbulenzarme Verdrängungsströmung

In Räumen, in denen es im wesentlichen auf ein Höchstmaß an Reinheit ankommt, werden turbulenzarme Verdrängungsströmungen gewählt, bei der die Luft entweder von oben nach unten oder von Wand zu Wand strömt. Turbulenzarme Verdrängungsströmungen, wie in der Darstellung in Bild 3.111 oben gezeigt, treten im wesentlichen in Pharma- und Elektronikbereichen auf, in denen es auf höchste Reinheitsgrade (Reinraumklassen 1 bis 10.000) ankommt. Eine partielle Verdrängungsströmung oben nach unten erfolgt z. B. in OP-Bereichen, wo der OP-Tisch mit Luft größter Reinheit angeströmt wird und anschließend die verunreinigte und mit unter Umständen Gasen angereicherte Luft im Fußbodenbereich abgesaugt wird.

Eine turbulenzarme Verdrängungsströmung kann auch von Wand zu Wand erfolgen, wenn verschiedene Reinheitsgrade im Raumbereich hintereinander darstellbar sein müssen. Die Bilder 3.112.1 bis 3.112.3 zeigen durch Rauch sichtbar gemachte laminare Luftströme (turbulenzarm) sowie eine erzeugte Turbulenz durch ein Objekt in einem laminaren Luftstrom. Inwieweit Luftströmungsgeschwindigkeiten eine Rolle auf die optimale Form der Verdrängungsströmung spielen, zeigen die Darstellungen mit der Person bei verschiedenen Geschwindigkeiten.

Luftführungen im Raum können auch, je nach Anspruch, anders gestaltet sein als hier dargestellt, gehören jedoch dann zu Sonderlösungen.

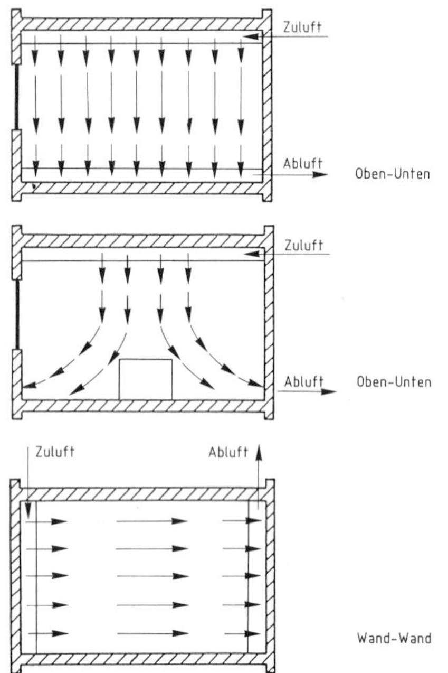

Bild 3.111
Turbulenzarme Verdrängungsströmung

Bild 3.112.1
Laminarer Luftstrom im reinen Raum (0,45 m/s)

Bild 3.112.2
Turbulenzen durch ein Objekt im Laminarluftstrom

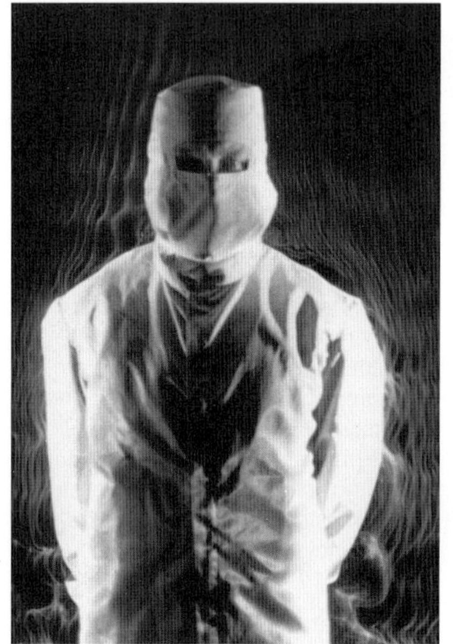

Bild 3.112.3
Strömungsgeschwindigkeit 0,45 m/s

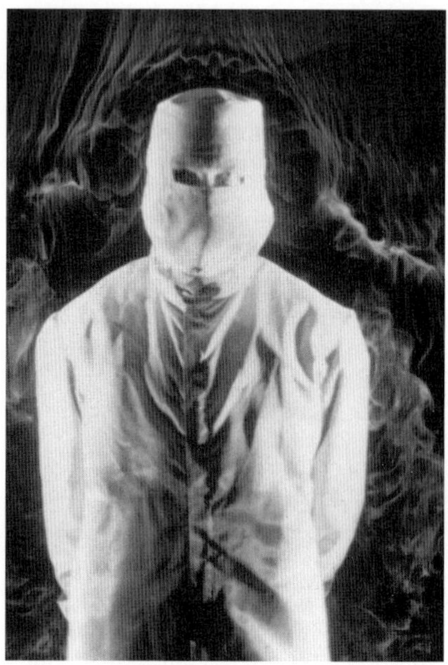

Strömungsgeschwindigkeit 0,33 m/s

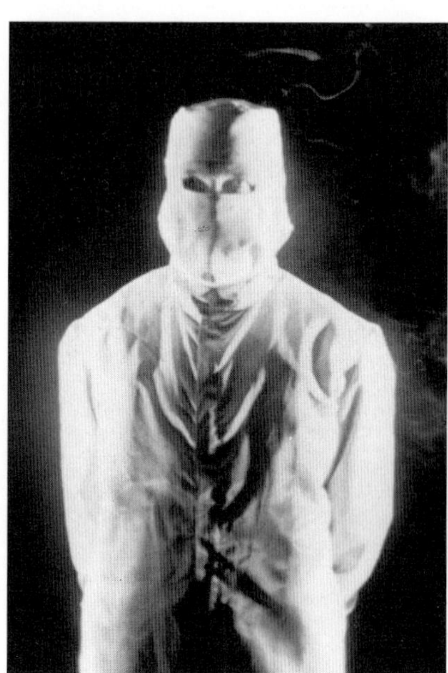

Strömungsgeschwindigkeit 0,20 m/s

3.8. LÜFTUNGS- UND KLIMASYSTEME (RLT-ANLAGEN)

Raumlufttechnische Anlagen haben die Aufgabe, aus Räumen die nachfolgend dargestellten Belastungen abzuführen:

- Luftverunreinigungen (Geruchs-, Schad-, Ballaststoffe)
- sensible Wärmelasten (Kühllasten)
- latente Wärmelasten (Stofflasten beim Entfeuchten oder Befeuchten)

Sie haben weiterhin die Aufgabe, die Raumlufttechnik so zu gestalten, daß ein hygienisches und behagliches Nutzen von Räumen möglich ist.

3.8.1. Klassifizierung

Die Klassifizierung der RLT-Anlagen erfolgt nach den thermodynamischen Luftbehandlungsfunktionen. Danach unterscheidet man grundsätzlich:

- Lüftungsanlagen (einfacher Art)
- Lüftungsanlagen mit zusätzlicher Luftaufbereitung
- Klimaanlagen.

Tabelle 3.18 weist die Klassifikation nach thermodynamischen Luftbehandlungs- und Lüftungsfunktionen aus. Bild 3.113 gibt zusätzlich den Geräteaufbau bei den verschiedenen thermodynamischen Luftbehandlungsfunktionen an.

Zum späteren Verständnis von Schemen werden in Bild 3.114 die wesentlichen Sinnbilder der Lüftungs- und Klimatechnik ausgewiesen.

Über den Rahmen der Lüftungs-, Teilklima- und Klimaanlagen hinaus gehören zum Bereich raumlufttechnischer Anlagen noch Sonderanlagen wie, industrielle Absaugungen, Luftschleiertüren, Reinluftanlagen, Klimaprüfräume und Entnebelungsanlagen.

Eine weitere Unterteilung der RLT-Anlagen kann auch danach erfolgen, in welcher Form die notwendigen Energien zur Lastkompensation dem Raum zugeführt werden (per Luft/per Luft und Wasser/per Wasser).

Danach kann man somit unterscheiden nach:

- Nur-Luft-Systeme
- Luft-Wasser-Systeme
- Wasser-Systeme (Kühldeckensysteme)

In Tabelle 3.19 und Bild 3.115 sind die gängigsten Klimasysteme dargestellt. Tabelle 3.19 gibt eine Übersicht des Einsatzes und weiterer Anlagenparameter und kann zur ersten Bestimmung einzusetzender Systemlösungen dienen.

Thermodynamische Luftbehandlungsfunktionen		**Raumlufttechnische Anlagen mit Lüftungsfunktion**	**ohne Lüftungsfunktion**
Anzahl	Art	Lüftungstechnische Anlage	Luftumwälzanlage
keine		Abluftanlage FO	Umluftanlage UM
eine	H K B E	Lüftungsanlage AU oder MI	Umluftanlage UM
zwei	HK HB HE KB KE BE	Teilklimaanlage AU oder MI	Umluft-Teilklimaanlage UM
drei	HKB HKE KBE HBE	Teilklimaanlage AU oder MI	Umluft-Teilklimaanlage UM
vier	HKBE	Klimaanlage AU oder MI	Umluft-Klimaanlage UM
Beispiel: HKBE – MI = Klimaanlage mit Lüftungsfunktion zum Heizen, Kühlen, Be-und Entfeuchten mit Außen- und Umluft.			

Tabelle 3.18
Klassifikation und Benennung von RLT-Anlagen entsprechend DIN 1946 Teil 1

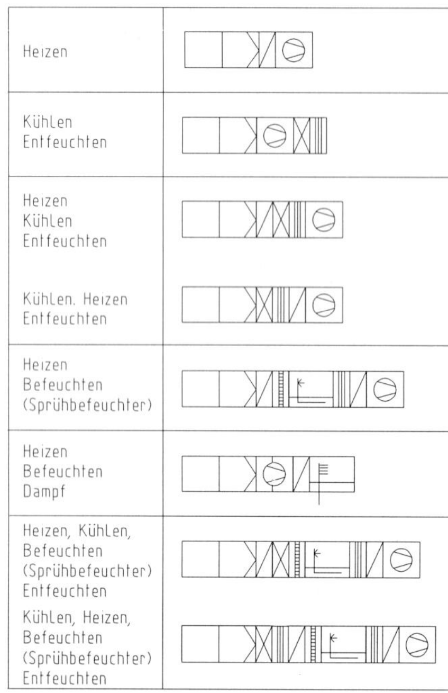

Bild 3.113
Geräteaufbau für verschiedene thermodynamische Luftbehandlungsfunktionen (Sinnbilder nach DIN 1946 Teil 1)

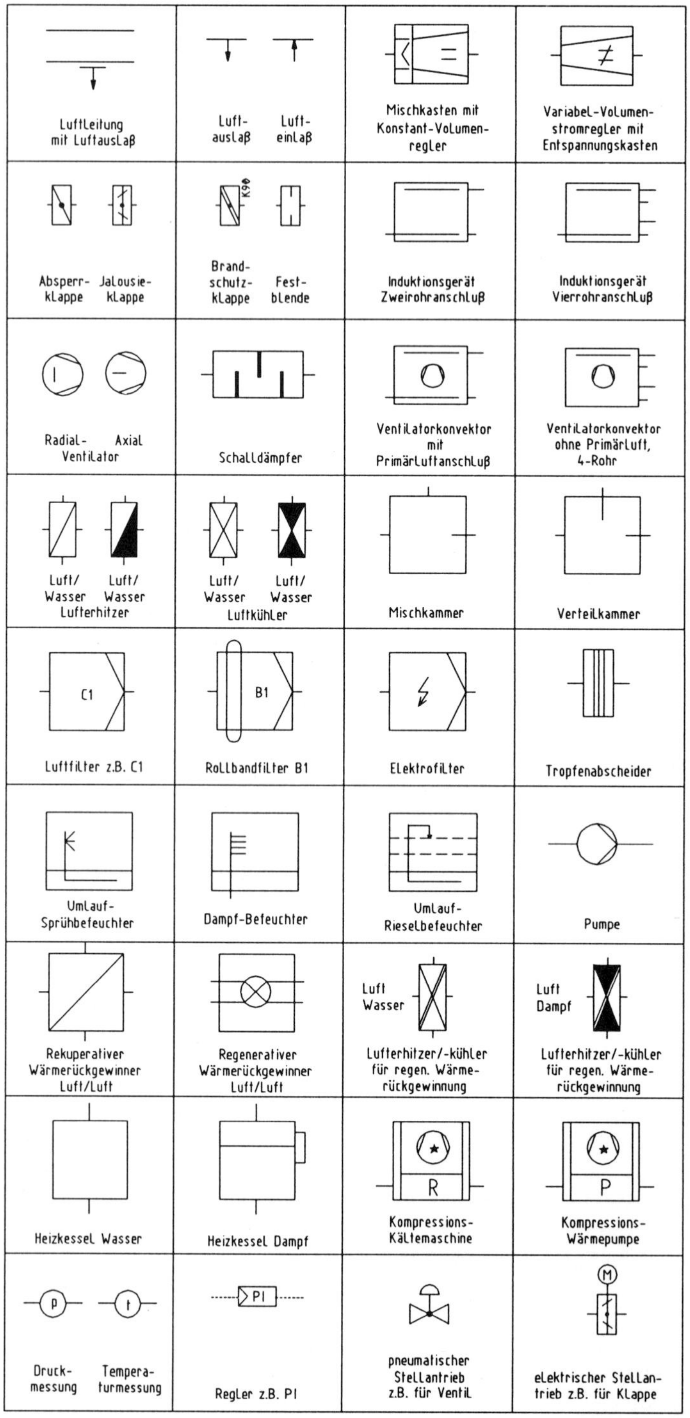

Luftleitung mit Luftauslaß	Luft-auslaß Luft-einlaß	Mischkasten mit Konstant-Volumen-regler	Variabel-Volumen-stromregler mit Entspannungskasten
Absperr-klappe Jalousie-klappe	Brand-schutz-klappe Fest-blende	Induktionsgerät Zweirohranschluß	Induktionsgerät Vierrohranschluß
Radial- Axial Ventilator	Schalldämpfer	Ventilatorkonvektor mit Primärluftanschluß	Ventilatorkonvektor ohne Primärluft, 4-Rohr
Luft/Wasser Luft/Wasser Lufterhitzer	Luft/Wasser Luft/Wasser Luftkühler	Mischkammer	Verteilkammer
Luftfilter z.B. C1	Rollbandfilter B1	Elektrofilter	Tropfenabscheider
Umlauf-Sprühbefeuchter	Dampf-Befeuchter	Umlauf-Rieselbefeuchter	Pumpe
Rekuperativer Wärmerückgewinner Luft/Luft	Regenerativer Wärmerückgewinner Luft/Luft	Luft Wasser Lufterhitzer/-kühler für regen. Wärme-rückgewinnung	Luft Dampf Lufterhitzer/-kühler für regen. Wärme-rückgewinnung
Heizkessel Wasser	Heizkessel Dampf	Kompressions-Kältemaschine	Kompressions-Wärmepumpe
Druck-messung Tempera-turmessung	Regler z.B. PI	pneumatischer Stellantrieb z.B. für Ventil	elektrischer Stellan-trieb z.B. für Klappe

Bild 3.114
Sinnbilder der Lüftungs- und Klimatechnik nach DIN 1946 Teil 1 (E.6.79)

		A	B	C	D	E	F	G	H	I
1 Fassade	mit Brüstung	●●●	●●●	●●●	●●●	●●●	●●●	●●●	●●●	●●●
	ohne Brüstung	●●	●●●	●●	●●	○	○	○	●●●	●●
	Abluftfassade	●●●	●●●	●●●	●●●	●	○	○	●●●	
	zu öffnende Fenster	●●●	●●●	●●●	●●●	●	●	●	●●●	●●
	Innenvorhänge, ggf. Sturz	●●●	●●●	●●●	●●●	●	●	●	●●●	●●●
2 Deckenausbildung	abgehängte Decke glatt	●●●	●●●	●●●	●●●	●●●	●●●	●●●	●●●	●●●
	abgehängte Decke mit Randfuge	●●	●●●	●●●	●●	●	●	●	●●●	●●●
	abgehängte Rasterdecke	●	●●●	●●●	●	○	○	○	●●●	●●●
	keine abgehängte Decke	○	●	●●●	○	●●●	●●●	●●●	●●●	○
3 Raumgröße	Großraumbüro	●●●	●●	●●●	●●	●	●	●	●	●●●
	Gruppenbüro	●●●	●●	●●●	●●	●●	●●●	●●●	●●	●●●
	Einzelbüro bis 2 Personen	●●●	●	●●●	●●	●●●	●●●	●●●	●●●	●●●
4 Raumtiefe	groß, über 7 m	●●●	●●●	●●	●●●	●	●	●	●●●	●●●
	normal	●●●	●●	●●●	●●●	●●●	●●●	●●●	●●●	●●●
5 Raumhöhe	hoch, über 3 m	●●	●●●	●●●	●●	●●●	●●●	●●	●●●	●●●
	normal	●●●	●●●	●●	●●●	●●●	●●●	●●●	●●	●●●
6 Boden	Hohlraumboden	●●	●●●	●●	●●	●●●	●●●	●●●	●●●	●●●
	Estrichboden	●●●	○	●●●	●●●	●●●	●●●	●●●	●●●	●●●
7 Leuchten	Einbau-Leuchten	●●●	●●●	●●●	●●●	●●●	●●●	●●●	●●●	●●
	Aufbau-Leuchten	●	●●●	●●●	●	○	○	○	●●●	●●
	Pendel-Leuchten	●	●●●	●●●	●●	●	●	●	●●●	●●●
8 Flexibilität	Raumtrennwände	●●	●●	●●	●●	●●●	●●●	●●●	●●	●●●
	Möbelabst. + Fassadenabst.	●●●	●●	●●●	●●●	●	●	●	●●●	●●●
9 Heizung	in Lüft. Klima enthalten	●	●●	○	●	●●●	●●●	●●●	○	○
	Grundlast über Heizfläche	●●	●●	●●	●●				●	●●●
	Heizflächen ind. regelbar	●●●	●	●●●	●●●				●●●	●●●
10 Luftauslässe	unter der Decke	●●	○	○	●●	○			○	●
	in der Zwischendecke	●●●	○	○	●●●	○			○	●
	in der Brüstungsverkleidung	○	○	●●	●●	●●●	●●●	●●●	●	●●●
	in der Innenwand	○	○	●●	○	●			●●●	●●●
	im Fußboden		●●●	●●	●●●	○			●●●	●●
11 Regelung		●●●	●●	●●	●	●●●	●●●	●●●	●●	●●●
12 Hohe Kühllast im Raum		●●	●●●	●●●	●	●●●	●●●	●●	●●●	●●●
13 Geräuschpegel		●●	●●	●●●	●●	●	●●	●●	●●●	●●●
14 Behaglichkeit	Strömungsgeschwindigkeit	●●	●	●●●	●●	●	●	●	●●●	●●●
	Temperaturprofil Heizen	●●	●●	●	●●	●●	●●	●●	●●	●●
	Temperaturprofil Kühlen	●●●	●	●	●●	●●	●●	●●	●	●●●
	Fensterabschirmung	●●	●●	●●	●●	●●●	●●●	●●●	●●	●●
15 Schadstoffabfuhr		●●	●●●	●●●	●●	●	●	●●	●●●	●●
16 Wärmeabfuhr		●●	●●●	●●●	●●	●●●	●●●	●●	●●●	●●●
17 Wirtschaftlichkeit	Investitionskosten	●●	●	●●	●●●	●●	●	●●	●●	●●
	Energiekosten	●●●	●●●	●●●	●	●●	●●●	●●●	●●	●●●
	Wartungsbedarf	●●	●	●●	●●●	●	●●	●	●●	●●●
	Platzbedarf Zentrale	●	●	●	●	●●●	●●●	●●●	●	●●●
	Platzbedarf Leitungen	●●	●	●●	●●	●●●	●●●	●●	●●	●●●

●●● sehr gut geeignet, sehr günstig ●● gut geeignet, günstig ● eingeschränkt geeignet, befriedigend ○ nicht geeignet ☐ entfällt

Tabelle 3.19
Übersicht der gängigsten Klimasysteme

3

A

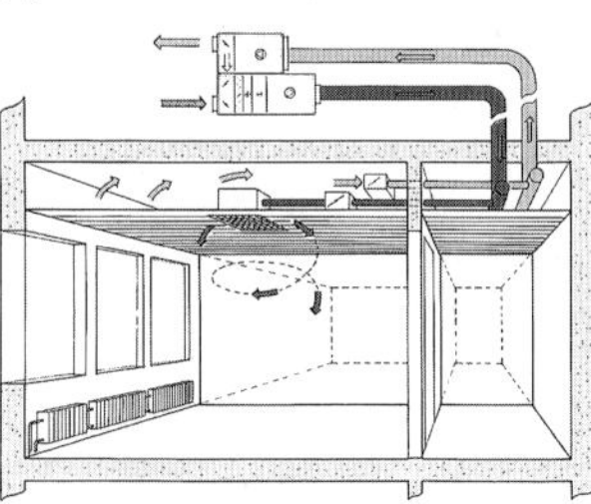

Variables-Volumenstrom-System (VVS) mit statischer Heizung – Luftführung von oben nach oben.

B

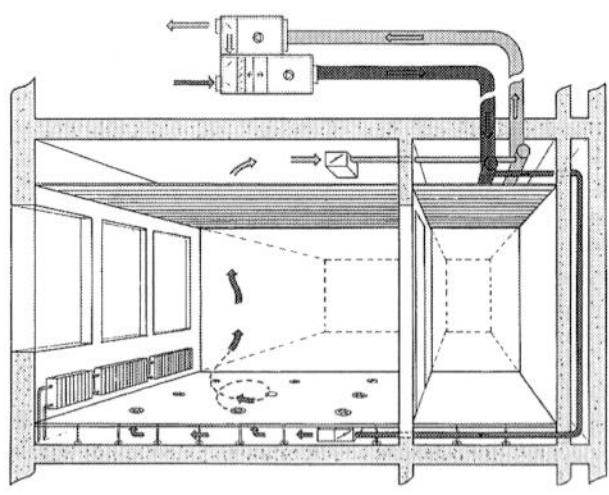

Variables-Volumenstrom-System (VVS) mit statischer Heizung – Luftführung von unten nach oben.

C

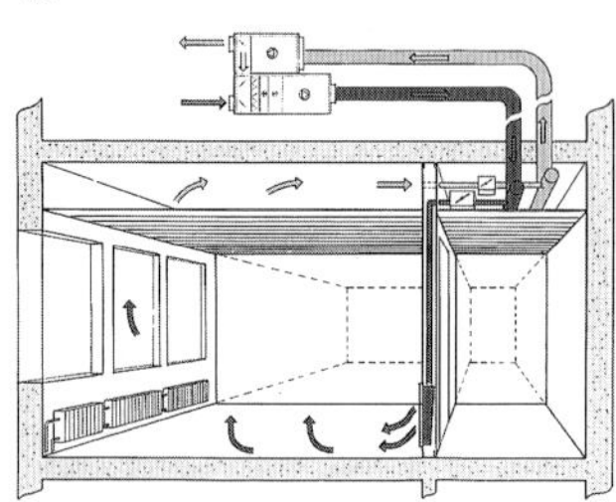

Variables-Volumenstrom-System (VVS) mit Verdrängungsströmung und statischer Heizung.

D

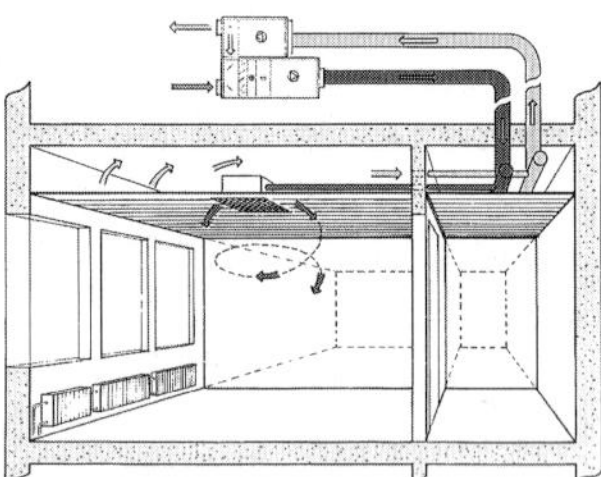

Konstant-Volumenstrom-System (KVS) mit statischer Heizung – Luftführung von oben nach oben.

E

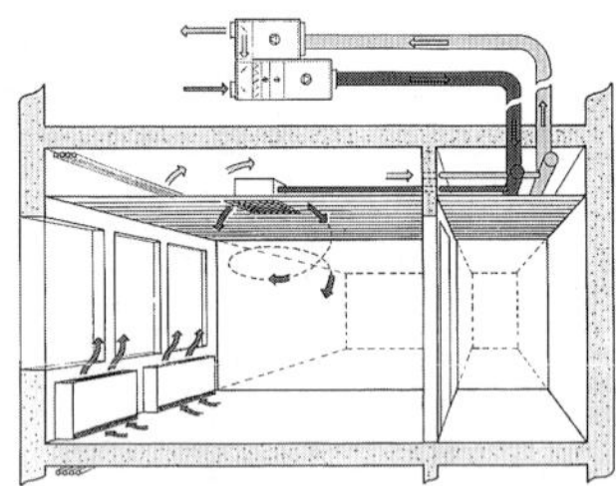

Ventilator-Konvektor-System zum Heizen und Kühlen (Vierleiter) mit zentraler Primärluftversorgung.

F

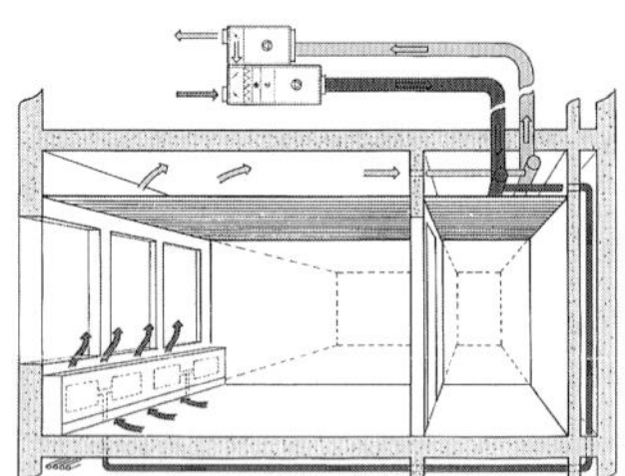

Induktions-Vierleiter-System.

G

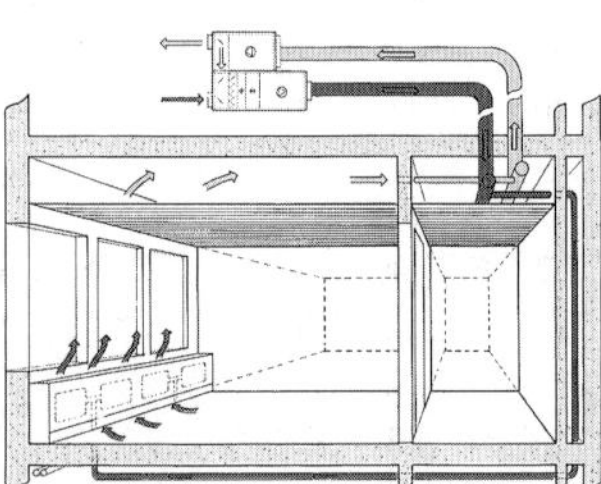

Induktions-VVS-Zweileiter-System.

H

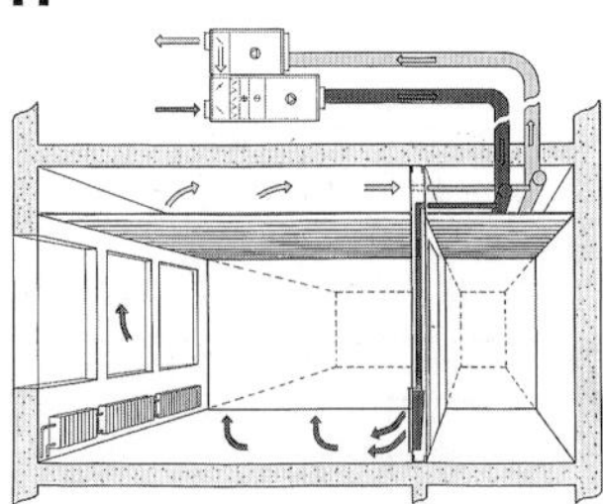

Konstant-Volumenstrom-System (KVS) mit statischer Heizung und Verdrängungsströmung.

I

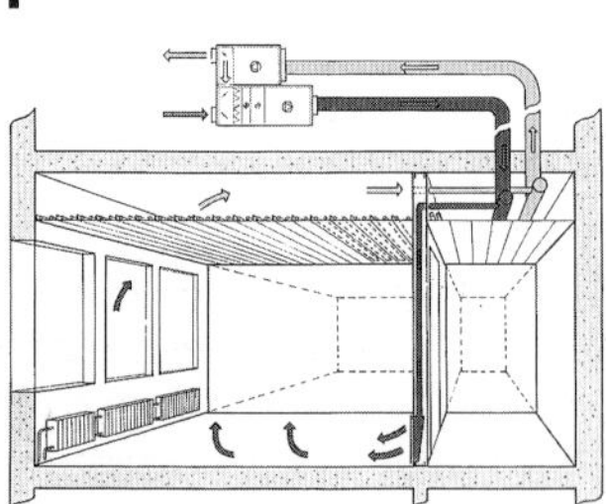

Kühldecke mit zentraler Primärluftversorgung, Verdrängungsströmung und statischer Heizung.

Bild 3.115
Skizzenhalter Anlagenaufbau gängigster Klimasysteme

3.8.2. Nur-Luft-Systeme

Nur-Luft-Systeme sind raumlufttechnische Anlagen, die die zur Lastkompensation notwendige Energie ausschließlich durch Luft zu den Räumen transportieren. Sie umfassen somit Lüftungsanlagen, Lüftungsanlagen mit zusätzlicher Luftaufbereitung und Klimaanlagen. Nur-Luft-Systeme lassen sich wiederum danach unterscheiden, ob sie die Energie dem Raum durch einen Kanal (Zuluft) oder durch zwei Kanäle (Kalt- und Warmluft) zuführen. Zudem kann weiterhin unterschieden werden, ob die zugeführten Luftströme mit niederer Geschwindigkeit (Niederdruck) oder durch hohe Geschwindigkeit (Hochdruck) durch die Zuluftkanäle geführt werden.

Hieraus hat sich in den englischsprachigen Ländern der Begriff der Hochgeschwindigkeits- und in den deutschsprachigen Ländern der Begriff der Hochdruck-Klimaanlagen gebildet.

3.8.2.1. 1-Kanal-Anlagen

Bei 1-Kanal-Anlagen wird die Luft den Räumen durch einen Kanal zugeführt, wobei diese Zuluft nach Verlassen der Klimazentrale vor Ort aufbereitet oder nicht mehr aufbereitet wird.

Bild 3.116 zeigt den schematischen Aufbau einer 1-Kanal-Anlage mit der Klimazentrale, Kälte- und Wärmeversorgung, Zu- und Abluftsystem sowie zu klimatisierenden Räumen. Wie die Darstellung ausweist, wird die Zuluft den Räumen ohne weitere Nachbehandlung zugeführt und in diese eingeblasen. Das setzt voraus, daß die Räume ein gleiches oder zumindest sehr ähnliches Lastverhalten haben, da eine Nachbehandlung nicht stattfindet.

Haben Räume unterschiedliche Kühllasten oder einen unterschiedlichen Wärmebedarf oder ist dieser zwar gleich groß, tritt jedoch zeitlich unterschiedlich auf, so wird eine Nachbehandlung im Rahmen der 1-Kanal-Anlage notwendig. Bild 3.117 zeigt eine 1-Kanal-Anlage, bei der durch Nacherhitzer mehrere Regelzonen gebildet werden, d.h. die Räume oder Raumzonen unterschiedlich temperiert werden können. Diese Anlagenform ist sehr gebräuchlich, da Nacherhitzer in Kanalnetzen relativ leicht einzufügen sind.

Ist ein Gebäude mit unterschiedlich belasteten Räumen oder Zonen geringen Umfanges zu behandeln, so bietet sich auch die Mehrzonen-1-Kanal-Anlage mit Mischklappen an. Bei dieser Anlage werden zentral Kalt- und Warmluftströme aufbereitet und im zentralen Bereich gemischt, so daß jedem Raum oder jeder Zone ein Zuluftstrom zufließt, der entsprechend den Bedürfnissen aufbereitet wurde. Bild 3.118 zeigt schematisch den Aufbau einer entsprechenden Anlage. Diese Anlagenform bietet sich allerdings nur dort an, wo die Raumanzahl oder Zonenanzahl begrenzt ist (max. ca. 10), da ansonsten das Kanalnetz und der Zentralenaufbau sehr aufwendig wird.

Bei Gebäuden, in denen Räume oder Zonen sehr hohe Wärmebelastungen aufweisen und somit vor Ort große Luftmengen umgewälzt und gegebenenfalls gekühlt werden müssen, bieten sich die Mehrzonen-1-Kanal-Anlagen mit Zusatzventilatoren an, (Bild 3.119).

Diese Anlagenkonfiguration kann bei Rechenzentren oder bei Fabrikationsbetrieben (Warmbetriebe) zum Einsatz kommen und wurde in der Vergangenheit auch teilweise bei Hochhäusern eingesetzt, um in jedem Geschoß über eine Unterzentrale (Zusatzventilatoren mit zusätzlicher Luftaufbereitung) ie Luftströme des entsprechenden Geschosses aufzubereiten.

Um der 1-Kanal-Anlage eine höhere Regelfähigkeit zu geben, wurden gegenüber den bis dahin gebräuchlichen Konstant-Volumenstromanlagen (KV) Lüftungs- und Klimaanlagen mit variablem Volumenstrom entwickelt. Bei Lüftungsanlagen mit Kühlung und Klimaanlagen mit variablem Volumenstrom wird durch einen Volumenstromregler jeder einzelne Raum oder Zone automatisch geregelt (Thermostat) und nur die Zuluftmenge aus einem Kaltluftkanal zugeführt, die er benötigt, um sein Raumklima zu halten.

Aus diesem Grund werden je Raumeinheit Entspannungsgeräte oder Volumenstromregler sowohl in der Abluft- als auch in der Fortluftseite eingesetzt, die die Drosselung oder Erhöhung des Luftvolumenstroms des Raumes vornehmen.

Bild 3.120 zeigt eine 1-Kanal-Anlage mit variablem Volumenstrom in ihrem prinzipiellen Aufbau. Bei dieser Systemlösung erfolgt die Raumtemperaturregelung im Winter durch die statischen Heizflächen, wodurch die Zuluft mit geringerer Untertemperatur gegenüber der Raumtemperatur eingeblasen wird (Zulufttemperatur +18°C/Raumtemperaturen +22°C).

Im Sommer erfolgt die Raumregelung über die Volumenstromregler und die Funktion des Heizsystems ist ausgeschaltet. 1-Kanal-Anlagen, variablen Volumenstromsystemen (VV-System) werden heute in großem Umfang bei Gebäuden unterschiedlichster Nutzung eingesetzt. Dabei kann die Zuluftzuführung und Luftumwälzung im Raum von unten nach oben oder oben nach oben erfolgen.

3

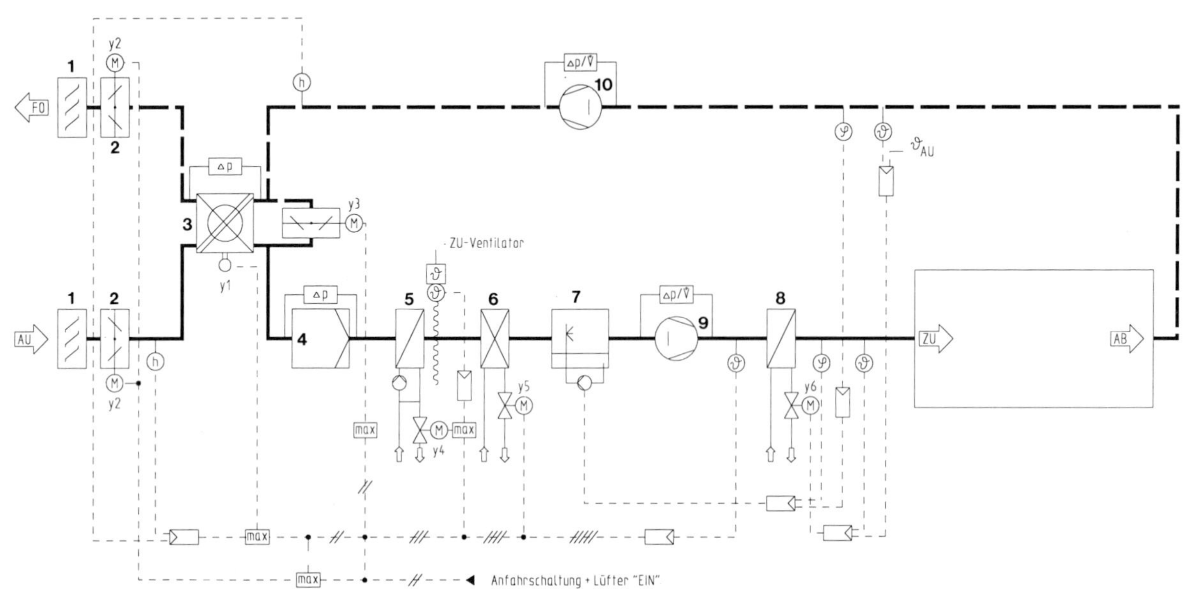

1 Wetterschutzgitter
2 Jalousieklappe
3 Mischkammer
4 Filter
5 Vorerhitzer
6 Kühler
7 Wäscher
8 Nacherhitzer
9 Zuluftventilator
10 Abluftventilator

Bild 3.116
Schematischer Aufbau der 1-Kanal-Anlage (KV)

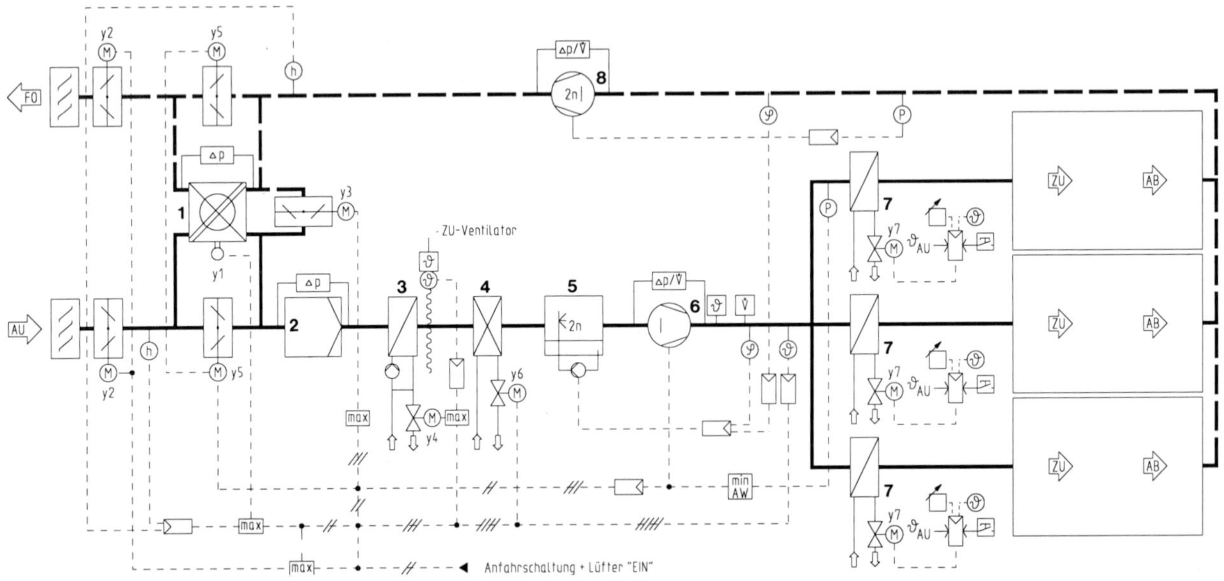

1 Mischkammer
2 Filter
3 Vorerhitzer
4 Kühler
5 Wäscher
6 Zuluftventilator
7 Zonen-Nacherhitzer
8 Abluftventilator

Bild 3.117
Mehrzonen-1-Kanal-Anlage mit Nacherhitzern (KV)

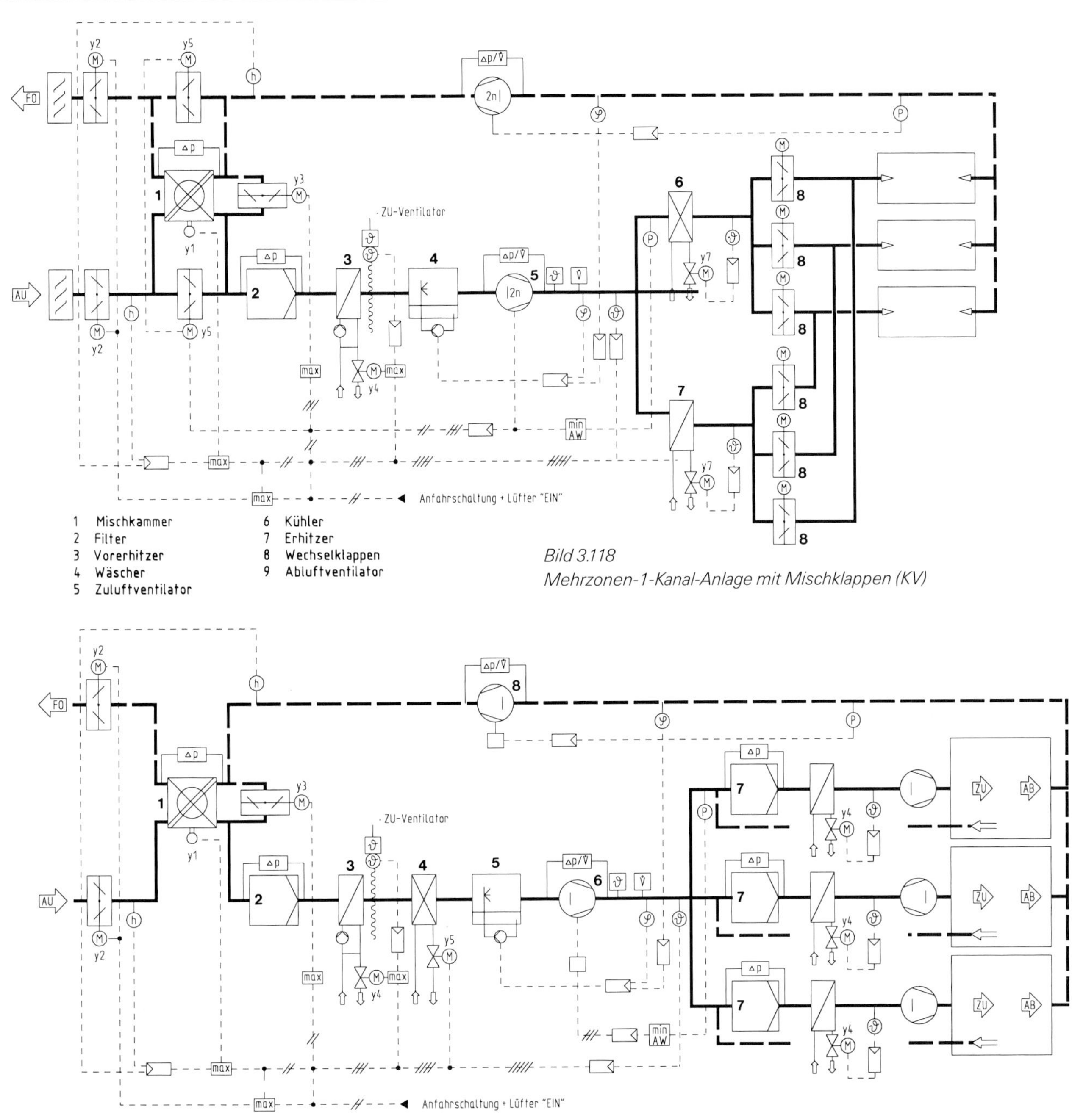

Bild 3.118
Mehrzonen-1-Kanal-Anlage mit Mischklappen (KV)

1 Mischkammer
2 Filter
3 Vorerhitzer
4 Kühler
5 Wäscher
6 Zuluftventilator
7 Zusatzgerät mit Ventilator
8 Abluftventilator

Bild 3.119
Mehrzonen-1-Kanal-Anlage mit Zusatzventilatoren (KV)

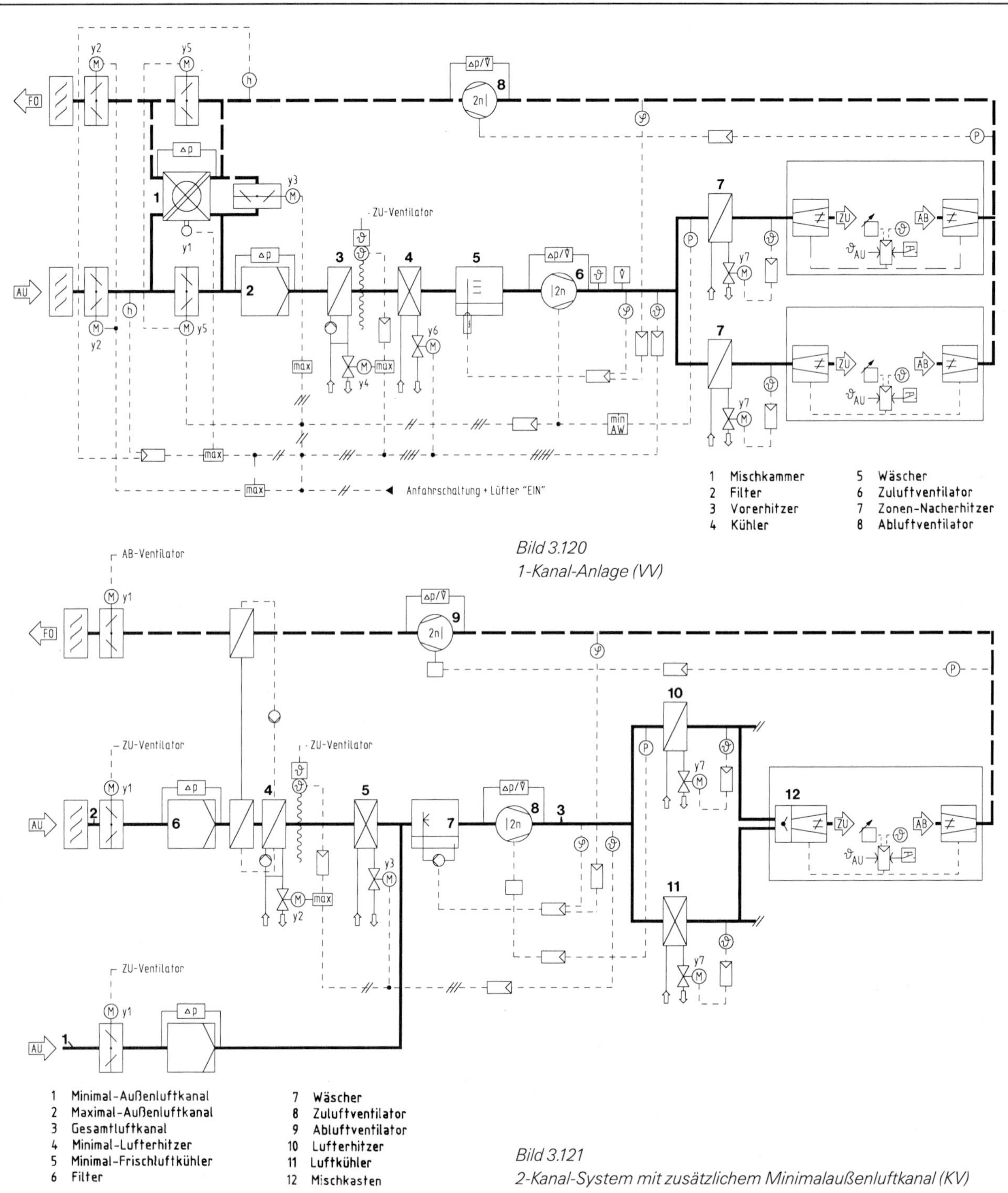

Bild 3.120
1-Kanal-Anlage (VV)

Bild 3.121
2-Kanal-System mit zusätzlichem Minimalaußenluftkanal (KV)

3.8.2.2. 2-Kanal-Anlagen

Besitzt ein Gebäude eine Vielzahl von notwendigen Regelzonen infolge sehr unterschiedlicher Belastungen und muß in diesen Räumen nicht nur die Temperatur sondern auch die relative Feuchte in Grenzen gehalten werden, so bieten sich die 2-Kanal-Systeme an (Bild 3.121). Bei 2-Kanal-Anlagen wird ein Kalt- und ein Warmluftstrom aufbereitet und durch zwei Kanäle parallel durch das Gebäude geführt. Jeweils vor Ort (Raum- oder Regelzone) entnimmt ein Mischkasten Teilluftströme aus dem Warm- und Kaltluftkanal und mischt diese zur Zuluft mit einer bestimmten Temperatur, die eine ausreichende Lastkompensation ermöglicht. Mit diesem Anlagensystem können somit nebeneinanderliegende Räume extrem gekühlt oder erwärmt werden. Weiterhin sind selbstverständlich alle dazwischenliegenden Temperaturgestaltungen möglich. Da 2-Kanal-Anlagen bezüglich ihres Kanalnetzes sehr aufwendig sind, werden sie nur dort eingesetzt, wo eine zwingende Notwendigkeit besteht. Dieses ist in der Regel heute nur noch bei Laborgebäuden mit hohen Ansprüchen, Fertigungsstätten und Produktionsanlagen üblich. Im Verwaltungsbau, wo diese Anlagen vor Jahren in großem Umfange eingesetzt wurden, werden 2-Kanal-Anlagen mit konstantem oder variablem Volumenstrom nur noch selten installiert.

3.8.2.3. Nieder- und Hochgeschwindigkeitsanlagen

Anfang der sechziger Jahre wurden die Klimaanlagen für Mehrzonengebäude, insbesondere Hochhäuser, in ihrem Systemaufbau aus den USA nach Europa übernommen. Dabei wurde seitens amerikanischer Anlagenbauer die Bezeichnung der Hochgeschwindigkeitsanlagen eingeführt und in Europa als Hochdruck-Klimaanlagen bezeichnet.

Hochgeschwindigkeits- oder Hochdruckanlagen waren im Gegensatz zu Niedergeschwindigkeitsanlagen solche, die in ihren Kanalnetzen mit höheren Luftgeschwindigkeiten arbeiteten. Bei Niedergeschwindigkeitsanlagen liegt in der Regel die max. Luftgeschwindigkeit bei ca. 6 m/sec, bei Hochgeschwindigkeitsanlagen bis zu ca. 10 m/s und teilweise darüber. Hohe Luftgeschwindigkeiten erzeugen höhere Druckverluste in Kanalnetzen und daher wurde der Begriff der Hochdruckanlagen geprägt. Wie sich jedoch bei genauen Berechnungen in späteren Zeiten herausstellte, führen Hochgeschwindigkeitsanlagen nicht zu höheren Druckverlusten infolge Druckrückgewinnen als Niedergeschwindigkeitsanlagen, so daß diese Begriffsbestimmung in den letzten Jahren zunehmend nicht mehr eingesetzt wurde. Somit findet eine Klassifizierung von Lüftungs- und Klimaanlagen nach Hochdruck oder Niederdruck bzw. Hochgeschwindigkeit oder Niedergeschwindigkeit in der Regel nicht mehr statt.

3.8.3. Luft-Wasser-Systeme

Bei den zuvor aufgeführten raumlufttechnischen Anlagen wird die notwendige Energie (Kälte- oder Wärmeenergie) den Räumen ausschließlich per Luft zugeführt. Das hat zur Folge, daß sich die Luftströme (Zuluftmengen) aus den max. zu kompensierenden Kühllasten ergeben und Luftwechsel im Sommerbetrieb z.B. bei Bürogebäuden um das ca. 4 bis 6-fache oder höher absolut üblich sind. Die Kanalnetze müssen daher groß dimensioniert werden, um die entsprechende Luftmenge transportieren zu können. Der daraus resultierende Platzbedarf und der Wunsch nach einer höheren Regelfähigkeit hat bereits in den dreißiger Jahren in den USA dazu geführt, Klimasysteme zu entwickeln, die ihre Energie mit Luft und Wasser in die Räume transportieren.

3.8.3.1. Induktionsanlagen

Bild 3.122 zeigt den Aufbau einer Induktionsklimaanlage. Bei diesem Anlagensystem wird lediglich die Luftmenge in einer Zentrale aufbereitet, die für einen hygienischen Lufthaushalt erforderlich ist (Luftwechsel zweifach). Die in der Klimazentrale aufbereitete Zuluft (Primärluft) erhält einen Zuluftzustand, der im Sommer bei ca. +16° C/ 50 % rel. Feuchte und im Winter bei ca. +19° C und 45 % rel. Feuchte liegt. Die Primärluft wird anschließend über ein Kanalsystem den Räumen zugeführt und dort in Induktionsgeräte eingebracht, die die Luft über feine Düsen innerhalb des Induktionsgerätes austreten lassen. Die durch die Düsen austretende Primärluft induziert Raumluft (Sekundärluft), die beim Eintritt in das Induktionsgerät entweder über einen Kühler oder über einen Lufterhitzer geleitet wird. Dadurch erfolgt eine trockene Kühlung bzw. Erwärmung der Sekundärluft im Raum selbst, d.h. die Lastkompensation erfolgt zu ca. 60 bis 70 % unmittelbar durch Wärmetauscher (Wasser) vor Ort. Die Primärluft und induzierte Sekundärluft tritt anschließend tangential über die Brüstung in den Raum ein und durchstömen diesen. Die Abluft, entsprechend einem 2fachen Luftwechsel, wird abgesaugt und anschließend nach der Entwärmung durch eine Wärmerückgewinnungsanlage ins Freie oder in Nebenflächen (z.B. Garagen, Lager o.ä.) abgegeben. Induktionsklimaanlagen werden auch zum heutigen Zeitpunkt noch eingesetzt, wobei die Induktionsgeräte nicht nur in Brüstungen Aufstellung finden, sondern auch in Deckenbereichen untergebracht werden können und ihre Zuluft über Deckendiffusoren dem Raum übermitteln.

Induktionsklimaanlagen werden darin unterschieden, ob sie ausschließlich mit Kühlenergie beschickt werden (2-Leiter-System/2 Wasserleitungen) oder ob sie vor Ort heizen oder kühlen sollen (4-Leiter-System/2 Kaltwasserleitungen und 2 Warmwasserleitungen). Ein weiteres Unterscheidungsmerkmal bei Induktionsanlagen ist, ob das System luft- oder wasserseitig geregelt wird, das heißt die Wärme- und Kältezufuhr im Raum durch eine Ventilregelung (wasserseitige Regelung) oder durch eine Klappensteuerung im Gerät (luftseitige Regelung) erfolgt.

Induktionsklimaanlagen haben in den letzten Jahren an Boden verloren, weil sie die Nachteile einer Tangentialströmung mit sich bringen und bei falschem Betrieb Korrosionen an Kaltwassersystemen entstanden (Betrieb mit zu kalten Wasserströmen, dadurch Kondenswasserbildung und Korrosionen). Diese Systemlösungen haben jedoch nach wie vor dann große Bedeutung, wenn eine außerordentlich feine Zonierung und Regelung von Nöten (Einzelregelung je Fenstermodul), und der geringstmögliche Platzbedarf für Kanalsysteme zwingend erforderlich ist.

3.8.3.2. Fan-Coil-Anlagen

Fan-Coil-Anlagen (Ventilator-Wärmeaustauscheranlagen) arbeiten in ähnlicher Form wie Mehrzonen-1-Kanal-Anlagen mit Zusatzventilatoren (Bild 3.119) und werden vornehmlich bei Hotels eingesetzt. Die Fan-Coil-Geräte bestehen aus einem flachen Gehäuse, in dem ein Zuluftventilator, Wärmeaustauscher und unter Umständen Filter eingesetzt ist und saugen die zu kühlende oder zu erwärmende Luft aus dem Raum an und blasen diese nach der Luftaufbereitung wieder in den Raum zurück. Fan-Coil-Geräte können entweder im reinen Umluftbetrieb arbeiten oder aber sie erhalten zusätzlich über eine Zentrale einen aufbereiteten Außenluftstrom, der aus dem Raumbereich abgesaugt wird (bei Hotelzimmern z.B. Absaugung über Badbereiche).

Die Fan-Coil-Geräte können ähnlich wie bei der Induktionsanlage im Brüstungsbereich zur Aufstellung kommen oder werden in einem abgehängten Deckenbereich untergebracht, aus dem sie über geeignete Gitter ihre Zuluft dem Raum zuführen. Bild 3.97 (Kapitel 3.6.11) zeigt ein Fan-Coil-Gerät in seinem typischen Aufbau.

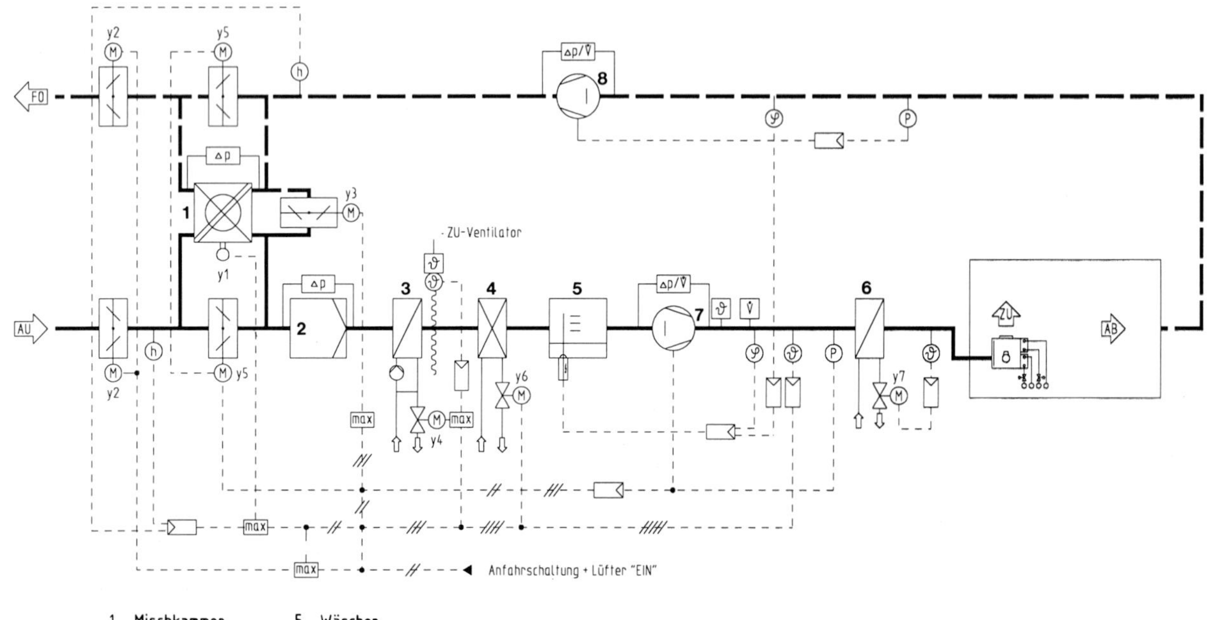

1 Mischkammer
2 Filter
3 Erhitzer
4 Kühler
5 Wäscher
6 Nacherhitzer (alternativ)
7 Primär-(Zuluft)-Ventilator
8 Abluftventilator

Bild 3.122
Induktionsklimaanlage

3.8.3.3. Kleinwärmepumpenanlagen

Stattet man ein Fan-Coil-Gerät neben dem Ventilator und Wärmeaustauscher zusätzlich mit einer kleinen Kältemaschine aus, so hat man den Grundaufbau einer Kleinwärmepumpenanlage. Die Kondensatorwärme des Fan-Coil-Gerätes wird über ein Leitungsnetz zentral gesammelt und den Raumbereichen zugeführt, die Wärmeenergie benötigen (Wärmepumpeneffekt). Dabei besitzt die Kleinwärmepumpenanlage zwei Wärmetauscher (Kondensator/Verdampfer), die in der Lage sind, wechselseitig die aufzubereitenden Luftströme zu heizen oder zu kühlen. Bild 3.123 zeigt den Einsatz von Fan-Coil-Geräten oder Kleinwärmepumpenanlagen im Brüstungsbereich in Verbindung mit einer zentralen Primärluftversorgung.

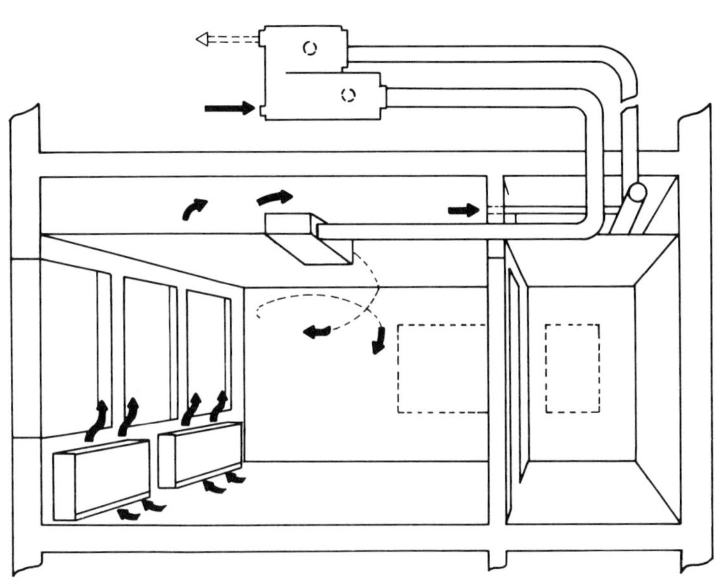

Bild 3.123
Ventilator-Wärmetauscher-System zum Heizen und Kühlen (Vierleiter) mit zentraler Primärluftversorgung

3.8.4. Stille Kühlsysteme

Unter dem Begriff der „stillen Kühlung" in der Klimatechnik versteht man Systemlösungen, bei denen die Kühlung auf natürlichem Wege, d.h. durch Dichteunterschiede oder Wärmestrahlung erfolgt und Kühlenergie zur Lastkompensation nicht zwangsweise durch raumlufttechnische Anlagen in Räume eingeführt wird. Seit etwa 20 Jahren wurde in den nordischen Ländern eine Systemtechnik verfolgt, die sich aus der Kenntnis der Wirkungsweise von Flächenheizungen ergibt (Deckenstrahlungsheizungen) und den Vorteil der Energiezuführung per Wasser in Räume berücksichtigte. Hieraus entstanden Systemlösungen, die weitere Impulse auch in Deutschland erhielten und zu der Systemgruppe der stillen Kühlsysteme führte.

Stille Kühlsysteme bieten insbesondere auch dort Vorteile, wo punktuelle Nachrüstungen notwendig werden und dem zeitlich steigenden Bedarf an Kälteenergie infolge zunehmender innerer Kühllasten Rechnung zu tragen ist. Hinzukommt, daß eine Vielzahl von Altbauten aufgrund zunehmender Umweltbelastungen mehr und mehr auf natürliche Belüftung verzichten mußten und müssen, so daß nunmehr auch in diesen Gebäuden eine Lastkompensation im Sommer notwendig wird. Stille Kühlungen haben somit im wesentlichen die Aufgabe:

- Reduzierung der Zuluftmenge auf ein hygienisch bedingtes Mindestmaß
- Verkleinerung der Raumluftgeschwindigkeit und des Turbulenzgrades (niedrigere Beschwerderate/höhere Akzeptanz)
- Minimierung des Temperaturgradienten zwischen Fußboden und Aufenthaltsbereich
- Reduzierung des Energieaufwandes zur Kühlung
- Nutzung der freien Kühlung durch Kaltwassererzeugung über Kühltürme
- Verringerung von Schacht- und Technikflächen

Der Bereich der stillen Kühlsysteme umfaßt:

- Kühldecken in Form von Deckensystemen
- Fallstromkühlung als Decken- oder Schachtkühlung
- Bauteilkühlung
- Kombination verschiedener Kühlsysteme

Die Hauptgruppen der Kühlsysteme sind in Bild 1.24 dargestellt. In dieser Darstellung sind das Arbeitsprinzip, das Kühlmedium, die architektonischen Belange und die Art der Kälteerzeugung ausgewiesen.

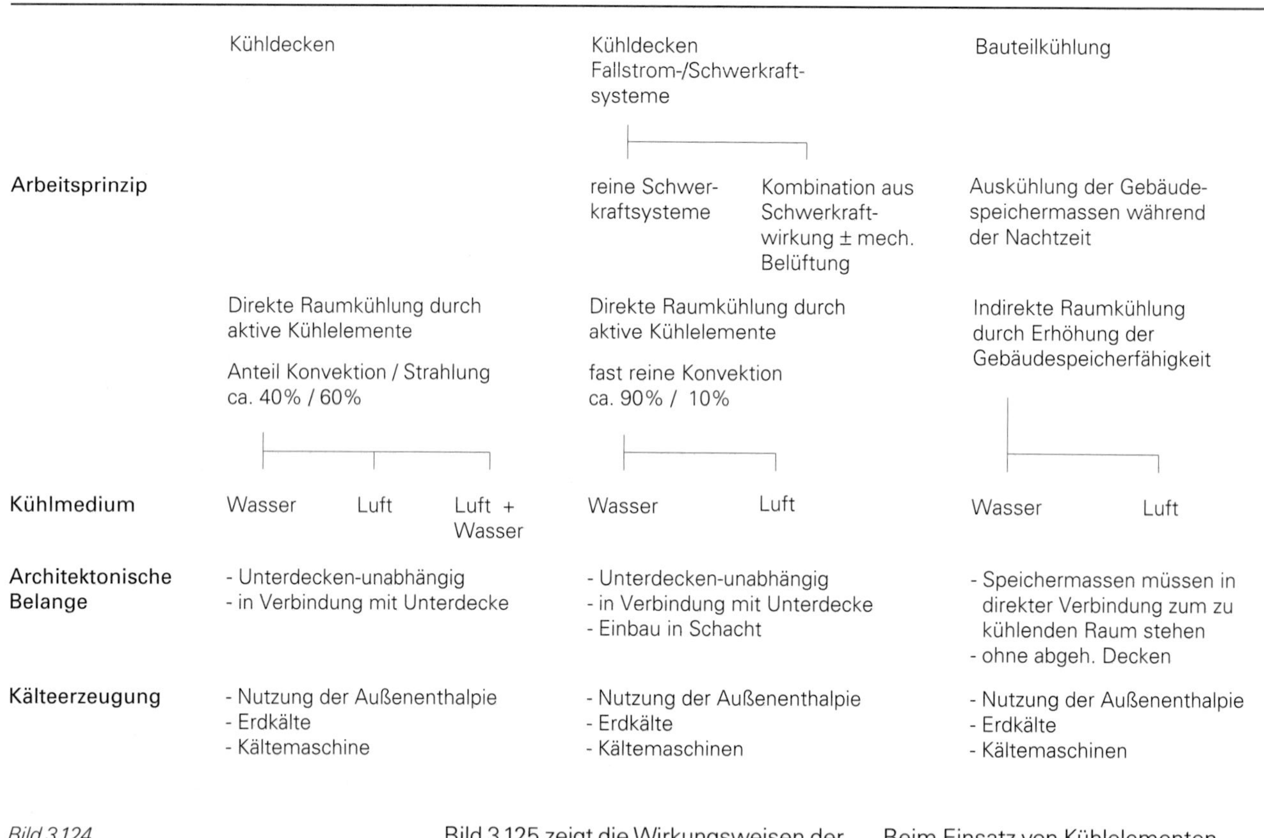

Kühldecken
Kühldecken Fallstrom-/Schwerkraftsysteme
Bauteilkühlung
Arbeitsprinzip
reine Schwerkraftsysteme
Kombination aus Schwerkraftwirkung ± mech. Belüftung
Auskühlung der Gebäudespeichermassen während der Nachtzeit
Direkte Raumkühlung durch aktive Kühlelemente
Anteil Konvektion / Strahlung ca. 40% / 60%
Direkte Raumkühlung durch aktive Kühlelemente
fast reine Konvektion ca. 90% / 10%
Indirekte Raumkühlung durch Erhöhung der Gebäudespeicherfähigkeit
Kühlmedium
Wasser
Luft
Luft + Wasser
Wasser
Luft
Wasser
Luft
Architektonische Belange
- Unterdecken-unabhängig
- in Verbindung mit Unterdecke
- Unterdecken-unabhängig
- in Verbindung mit Unterdecke
- Einbau in Schacht
- Speichermassen müssen in direkter Verbindung zum zu kühlenden Raum stehen
- ohne abgeh. Decken
Kälteerzeugung
- Nutzung der Außenenthalpie
- Erdkälte
- Kältemaschine
- Nutzung der Außenenthalpie
- Erdkälte
- Kältemaschinen
- Nutzung der Außenenthalpie
- Erdkälte
- Kältemaschinen

Bild 3.124
Hauptgruppen der „Stillen Kühlung"

Bild 3.125 zeigt die Wirkungsweisen der stillen Kühlung, Bild 3.126 die Bauhöhen der verschiedenen Systemlösungen. In Bild 3.127 sind nochmals die Wirkungsweisen sowie die Kombinationsmöglichkeiten bei verschiedenen Formen der stillen Kühlung dargestellt. Grundsätzlich vorauszuschicken ist, daß der Einsatz von Kühldecken oder Bauteilkühlungen dann eingeschränkt ist, wenn:

– Kaltwassertemperaturen zu Kühlzwecken unterhalb des Lufttaupunktes liegen
– Decken- oder Wandoberflächentemperaturen in Bereichen liegen, die eine zu starke Entwärmung des Körpers verursachen (vergl. Diagramme der Behaglichkeit)
– gestalterische Belange gegen den Einsatz einer stillen Kühlung sprechen.

Beim Einsatz von Kühlelementen im Raum ist in jedem Fall zu vermeiden, daß diese Kühlelemente von außen eintretende Luft (natürliche Lüftung) entfeuchten, d.h. Wasserdampf an ihren Oberflächen ausscheiden.
Die Kaltwassertemperaturen müssen für die verschiedenen Systemlösungen so geregelt werden, daß sie oberhalb des zugehörigen Lufttaupunktes liegen, was eine Verringerung der Kühlleistung bewirken kann. Sollen Kühldeckensysteme bei ausschließlich natürlicher Lüftung der Räume eingesetzt werden, so ist gegebenenfalls in Kauf zu nehmen, daß infolge der Anhebung der Kaltwassertemperaturen eine gewünschte Raumtemperatur nicht immer erreicht wird. (Kaltwassertemperaturen 16 bis 21°C.)

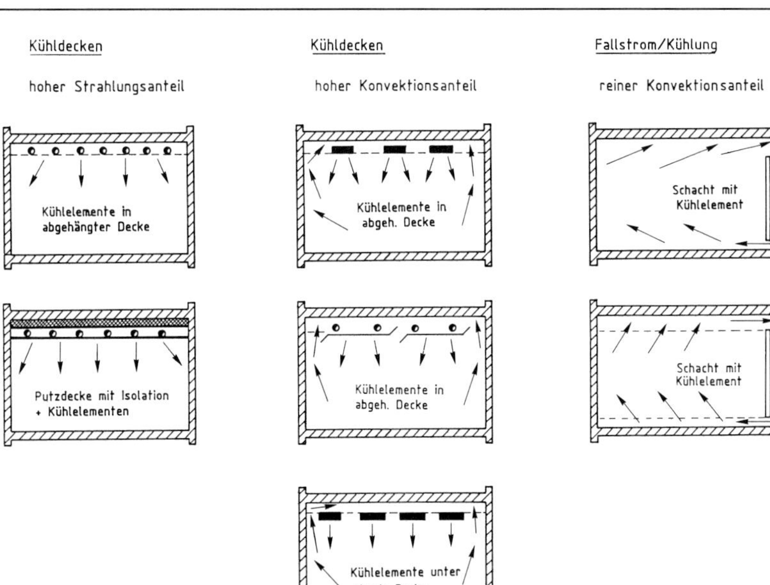

Bild 3.125
Wirkungsweisen der „Stillen Kühlung"

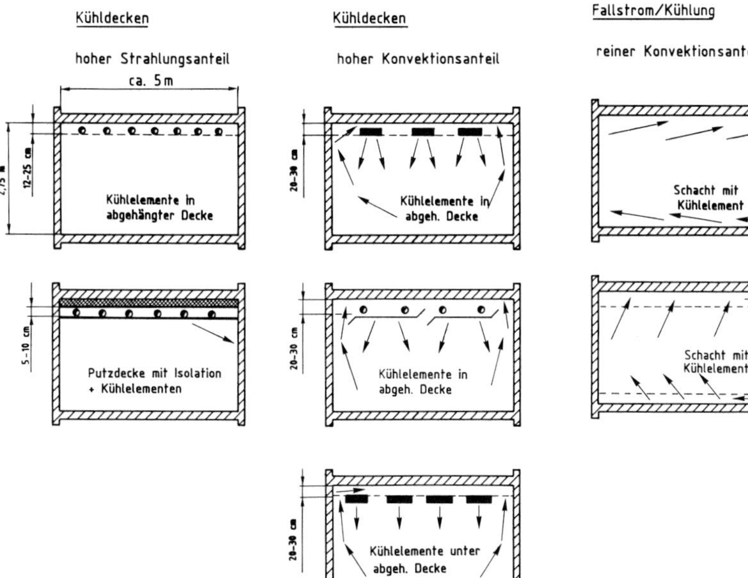

Bild 3.126
Einbauhöhen der „Stillen Kühlung"

3.8.4.1. Kühldecken als Deckensysteme

Kühldecken als Deckensysteme stellen eine direkte Form der Raumkühlung durch aktive Kühlelemente (Deckenelemente) dar, wobei ca. 40 % der abzuführenden Wärmemengen durch Konvektion und 60 % durch Strahlung eliminiert werden.

Die Leistung einer Kühldecke ergibt sich infolge der bereits zuvor genannten Randbedingungen bei veränderten Kaltwassertemperaturen und Temperaturdifferenzen zwischen Kaltwasser und Raumluft gemäß Bild 3.128. Mit steigender, mittlerer Kaltwassertemperatur fällt die Kälteleistung, die im Maximalfall in etwa 100 W/m² anzusetzen ist. Bild 3.129 zeigt einen Raumtemperaturverlauf in Abhängigkeit der Außentemperatur (max. absolute Luftfeuchte 17 g/kg trockene Luft unter der Annahme eines 2,5fachen Luftwechsels durch natürliche Lüftung). Während die Außentemperatur auf +32° C steigt, wird die max. Raumtemperatur infolge der Kühldecken auf +28° C beschränkt. Bild 3.130 zeigt den prinzipiellen Aufbau einer Kühldecke, Bild 3.131 eine Kühldecke mit teilweiser geöffneter Oberfläche (abgenommene Paneele).

Die Kombination von Kühldecken mit verschiedenen Formen der Luftführung im Raum zeigt Bild 3.132. Kühldecken in Kombination mit raumlufttechnischen Anlagen erreichen dann ihren höchsten Wirkungsgrad, wenn eine Luftführung von unten nach oben stattfindet, da diese Luftführung den natürlichen Konvektionsströmen stark entgegenkommt. Gleichwohl ist auch die Luftführung im Deckenbereich (Luftführung obenoben) möglich und führt zu guten Ergebnissen.

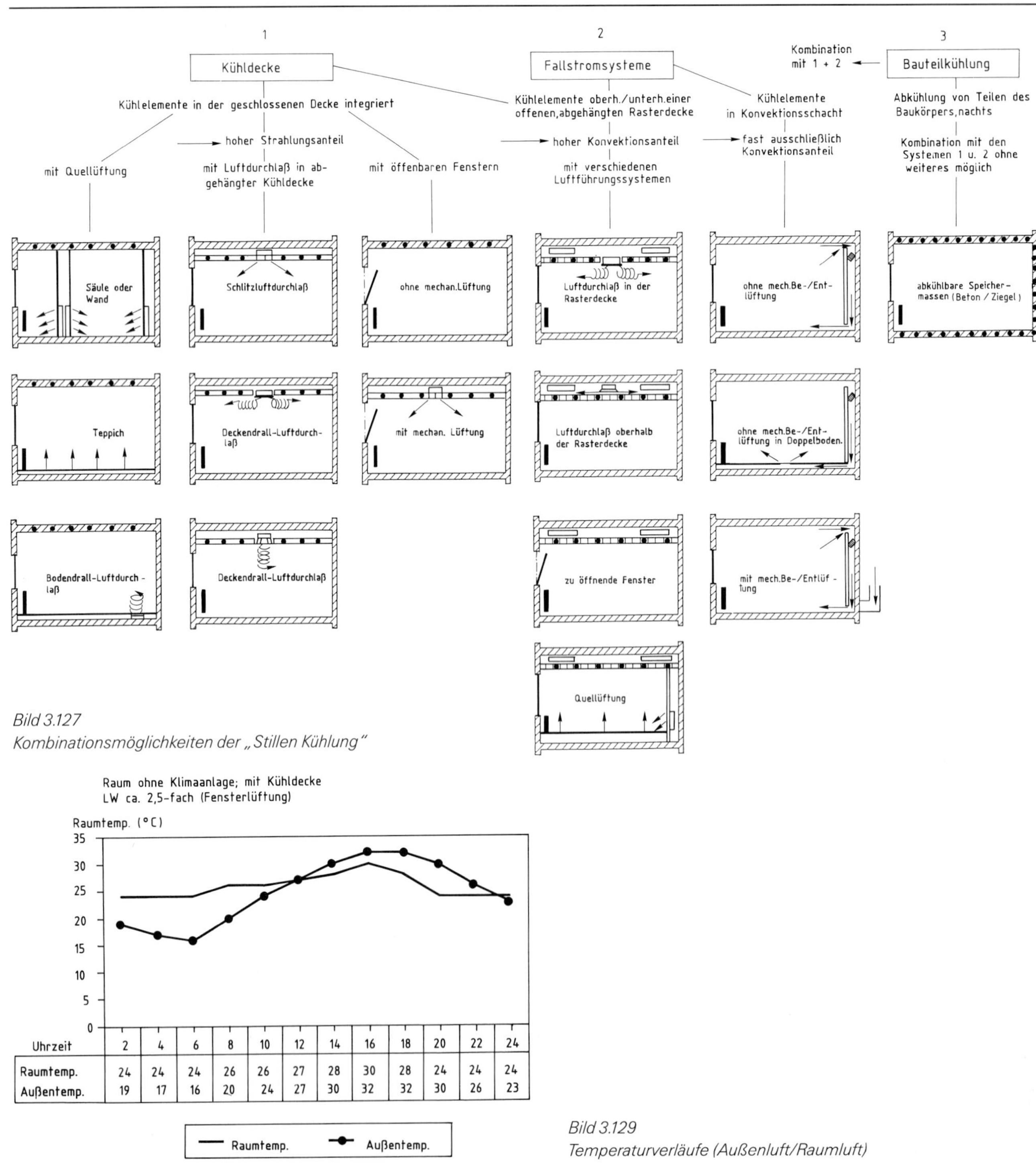

Bild 3.127
Kombinationsmöglichkeiten der „Stillen Kühlung"

Uhrzeit	2	4	6	8	10	12	14	16	18	20	22	24
Raumtemp.	24	24	24	26	26	27	28	30	28	24	24	24
Außentemp.	19	17	16	20	24	27	30	32	32	30	26	23

Bild 3.129
Temperaturverläufe (Außenluft/Raumluft)

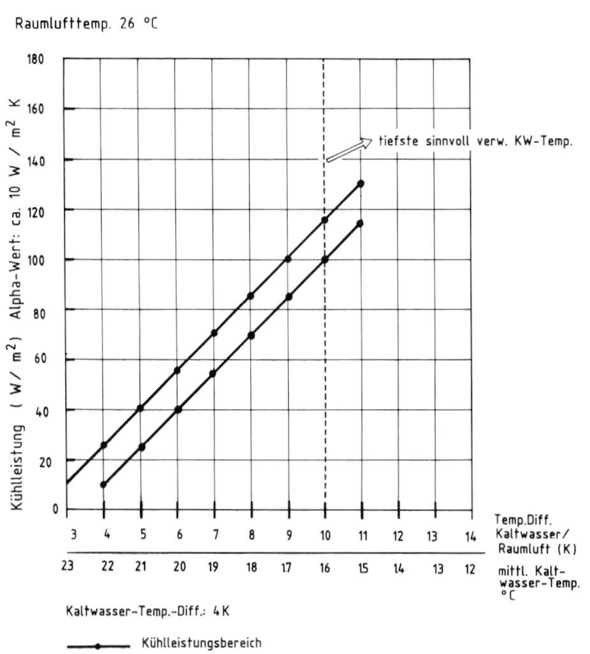

Bild 3.128
Leistungen der Kühldecke bei veränderten Kaltwassertemperaturen

Bild 3.130
Aufbau der Kühldecke Flexi-Cool „Vario"

Bild 3.131
Kühldecke im geöffneten Zustand

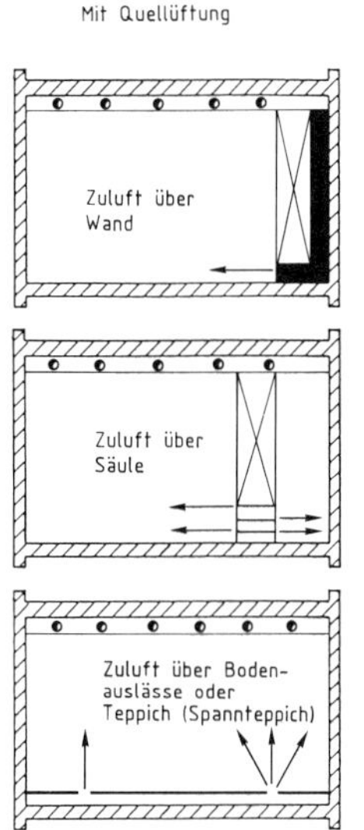

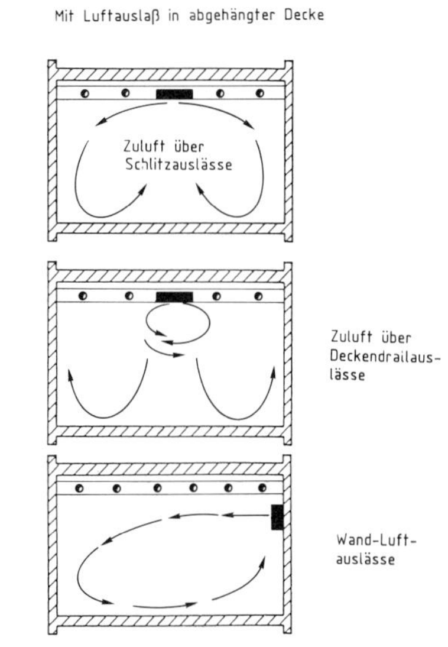

Bild 3.132
Kombinationsmöglichkeiten

3.8.4.2.
Fallstrom- / Schwerkraftkühlung

Bild 3.133 zeigt einen Schnitt durch einen Büroraum mit einer installierten Fallstromkühlung im Wandbereich. Bei dieser Systemlösung wird je Modul oberhalb eines Schrankelementes oder eines Wandelementes ein Kühler installiert, der in der Lage ist, im Deckenbereich pulsierende Warmluftströme so abzukühlen, daß diese selbsttätig im Wandbereich auf den Boden fallen und hier wieder in den Raum austreten. Zur Führung der Kühlluftströme wird vor der eigentlichen Flurwand ein 10 cm tiefer Installationsraum (Schacht) über die gesamte Modulbreite gebildet, in dem Kühlluft gezielt auf den Boden abfällt. Besonderes Augenmerk bei dieser Systemlösung ist auf den Lufteintritt der Kühlluft in den Raum zu legen, da zu große Temperaturdifferenzen zwischen Kopf- und Beinbereich zu vermeiden sind (unter Umständen Einsatz besonder Zuluftelemente, wie Luftsprudler).

Eine Fallstromkühlung kann auch in Form einer Zuluftzuführung durch einen Doppelboden und einen Quelluftauslaß, siehe Bild 3.134, erfolgen.

Die Bilder 3.135 und 3.135.1 zeigen eine weitere Variante der Schwerkraftkühlung (Fallstromkühlung). Bei dieser Systemlösung wird im Deckenbereich ein Kühlelement mit zwei konvektorähnlichen Kühlern eingebaut, die entweder über Schwerkraft im Deckenbereich zirkuierende Warmluftströme abkühlen und aus der Decke austreten lassen oder aber durch Primärluftsystem mit minimaler Luftmenge ähnlich einem Induktionsgerät Sekundärluft durch die Kühlelemente hindurchsaugen und anschließend in den Raum abgeben. Bei dieser Systemlösung fällt die kalte Luft infolge der Dichteunterschiede Raumluft/Kaltluft langsam in den Raum ein und sinkt bis in den Bodenbereich.

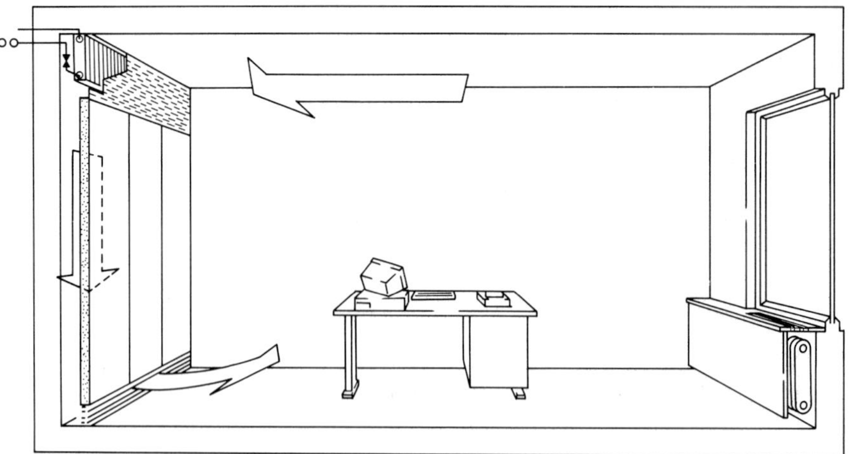

Bild 3.133
Schwerkraftkühlung Prinzipschema („Stille Kühlung“, System F. H. Schmidt, Berg. Gladbach)

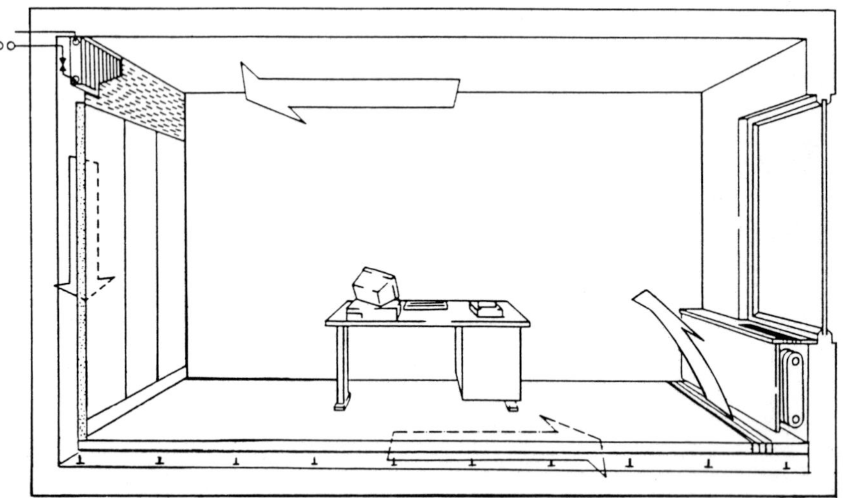

Bild 3.134
Schwerkraftkühlung, Zuluftzuführung durch einen Doppelboden mit Quellüftung (Bild Gravivent)

Bild 3.135
FAREX Kombi-System

Bild 3.135.1
Integriertes FAREX Deckensystem

3

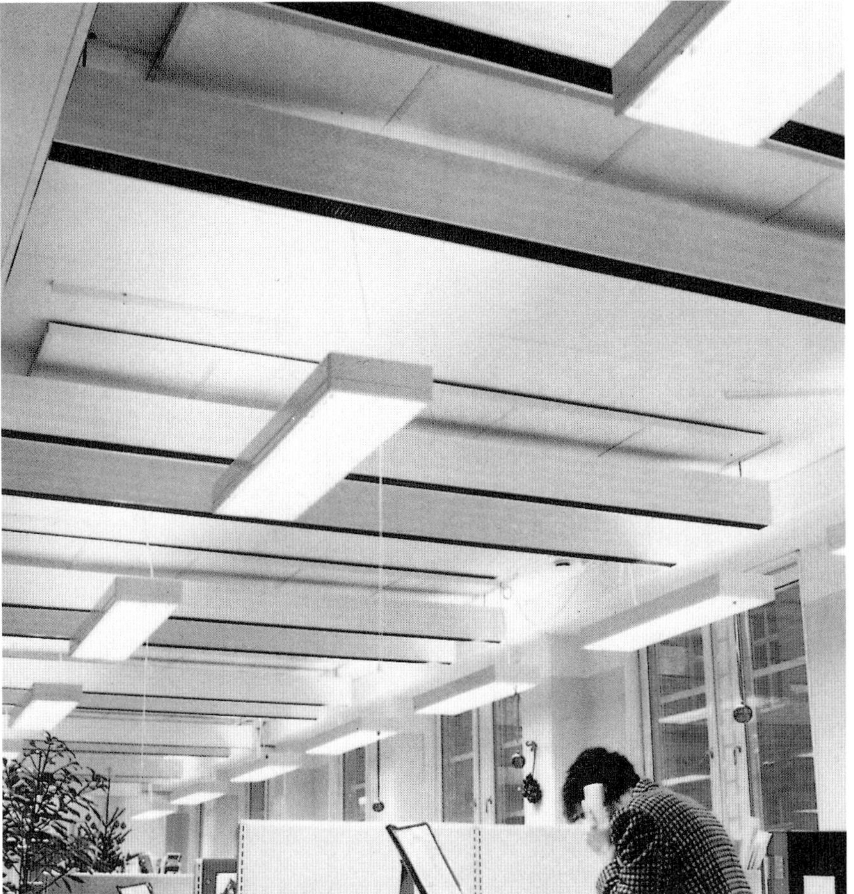

Eine weitere Variante zeigt Bild 3.136 mit Kühlelementen im Deckenbereich. Hierbei tritt wiederum Warmluft aus dem Deckenbereich durch konvektorähnliche Kühler und sinkt durch den gebildeten Schacht sanft in den Raum ein.

Bild 3.136
Fallstromkühlelemente im Deckenbereich

3.8.4.3. Bauteilkühlung

Bei der Bauteilkühlung kann man entweder per Wasser oder per Luft speichernde Massen soweit auskühlen, daß ein großer Teil der Kühllastkompensation durch entsprechende Bauteile erfolgt und gleichzeitig der Strahlungsaustausch zwischen wärmeabgebenden Geräten und Personen und Decken- oder Wandelementen unterstützt wird. Dr. D. Herbst entwickelte das Kapillarrohrsystem, das in Bild 3.137 dargestellt ist. Bei diesem System handelt es sich um ein der Fußbodenheizung ähnliches Rohrsystem, bei dem aus Kapillarrohren aus Kunststoff (Durchmesser 1,2 mm) Kaltwasser fließt, um Boden- oder Deckenteile zu kühlen und somit Wärmeenergie zu kompensieren. Bild 3.138 zeigt eine Deckeninstallation mit Kapillarrohren vor dem Einputzen. Wie bei den Kühldecken gilt hier, daß Schwitzwasser zu vermeiden ist und die Oberflächentemperaturen nicht außerhalb des Behaglichkeitsfeldes liegen sollen.

Eine Bauteilkühlung durch Luft wurde vor Jahren bei einem Bauvorhaben der Europäischen Investitionsbank in Luxemburg durchgeführt. Bei diesem Objekt, Bild 3.139, wird während der Nacht durch Betonhohldecken kalte Außenluft hindurchgeführt (zonengeregelt), die die Betonmassen auf 18°C abkühlen. Die Auskühlung erfolgt nur dann, wenn die Außentemperaturen unterhalb der Raumtemperaturen liegen (19 bis 6 Uhr). Bild 3.140 zeigt die Kanalführung und die Betonhohldecken des Bauobjektes.

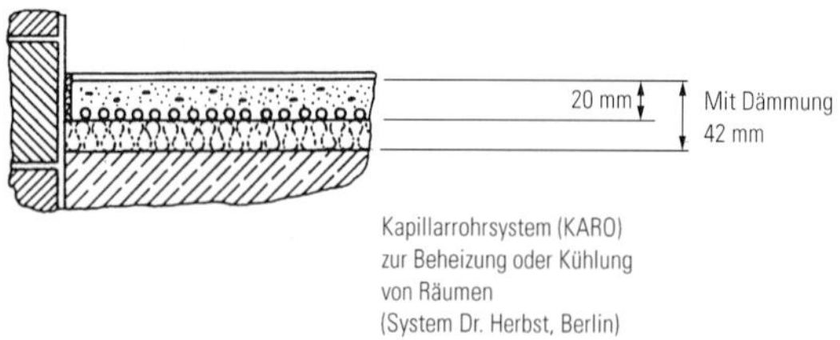

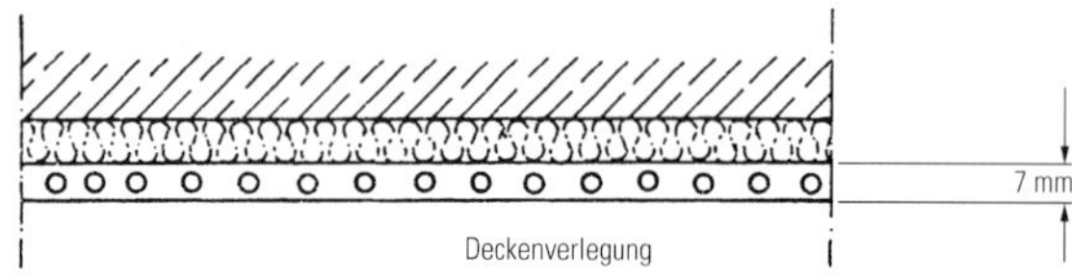

Bild 3.137
Kapillarrohrsystem

Bild 3.138
Beispiel einer Deckeninstallation

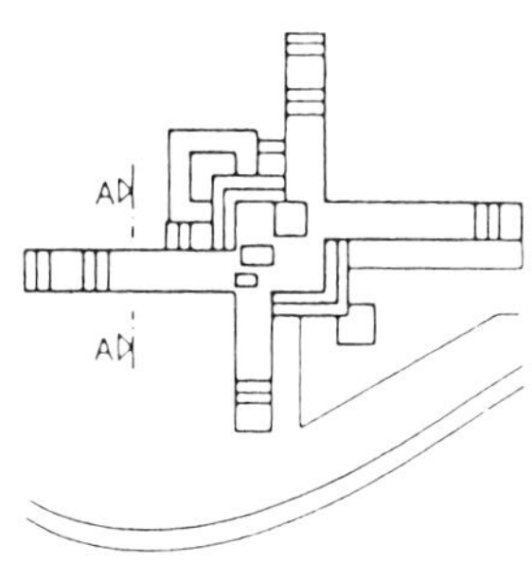

Bild 3.139
Bürogebäude in Luxemburg
(schwerspeichernde Konstruktion)
Architekt: Sir D. Lasdun + Partner, London)

Querschnitt durch 2 Bürogeschosse (A - A)

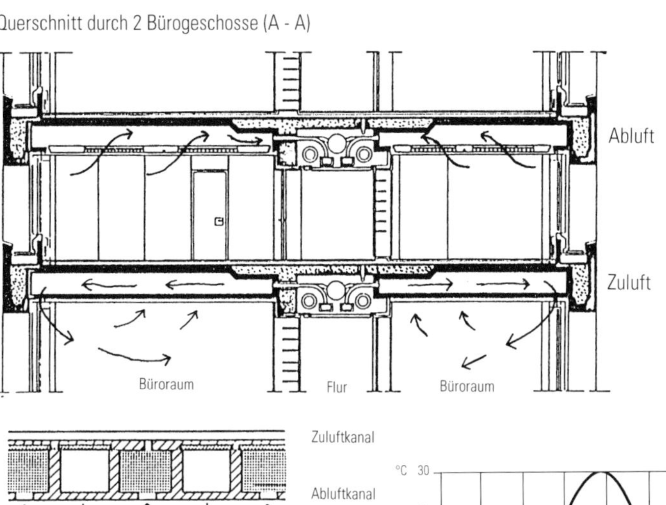

Zuluftkanal

Abluftkanal

°C

Raumtemperaturen in Abhängigkeit von der Außentemperatur

R sonniger Tag Raumtemperatur (Bereich)

t_A sonniger Tag Außentemperatur

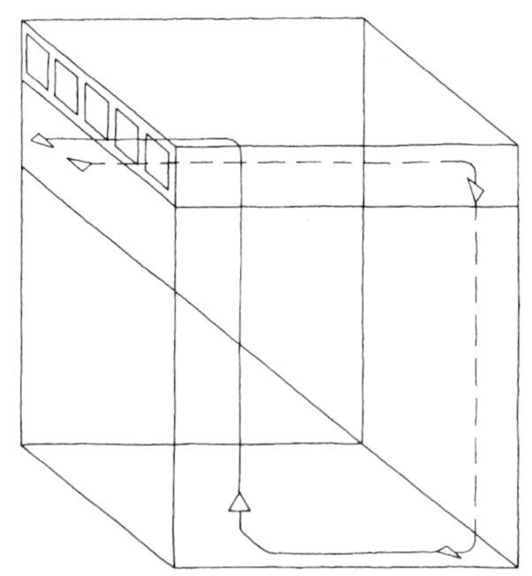

Bild 3.140
Schematische Darstellung der Funktionen und Abläufe bei mechanischer Belüftung zur „Entladung" der speichernden Decken.

3.9. KANALSYSTEME

3.9.1. Runde und eckige Kanäle

Lüftungskanäle in runder oder eckiger Form verbinden einmal die Zuluftzentralen (Zuluftgeräte in Kastenbauweise/ Kammerbauweise) mit den zu versorgenden Flächen.

Das Kanalmaterial soll innen glatt, nicht Staub ansammelnd, leicht zu reinigen, dauerhaft, nicht hygroskopisch und nicht brennbar, korrosionsbeständig, leicht und luftdicht sein. Je nach Anwendungsbereich und zu fördernden Luftströmen (hier insbesondere Abluftströmen) bestehen Luftkanäle aus:

- Stahlblech schwarz oder verzinkt
- Alumniniumblech
- feuerbeständigen Platten
- Mauerwerk und Beton
- Tonrohren
- Kunststoffen oder Gipsplatten

Während Stahlblechkanäle in verzinkter Form im allgemeinen eingesetzt werden, sind alle sonstigen Kanäle Sonderformen für spezielle Anwendungszwecke wie z.B.:

- feuerbeständige Kanäle
- feuchtigkeitsbeständige Kanäle
- säurebeständige Kanäle.

Die Luftführung in runden Kanälen erfolgt in der Regel in genormten Dimensionen mit verschiedenen Blechdicken in Abhängigkeit der Nennweite.

Das gleiche gilt in ähnlicher Form für rechteckige Kanäle, die ebenfalls Mindestblechdicken in Abhängigkeit des größten Innenmaßes aufweisen.

Die Tabellen 3.20 und 3.21 zeigen Mindestblechdicken oder Wanddicken für rechteckige Kanäle oder luftführende Rohre nach einschlägigen DIN-Normen.

Nennweite mm	**Form F (gefalzt)** Über-/Unterdruck		**Form S (geschweißt)** Über-/Unterdruck	
	1000 Pa	2500 Pa	2500 Pa	6300 Pa
100... 250	0,6	0,7	1,5	1,5
265... 530	0,6	0,7	1,5	2,0
560... 1000	0,8	0,9	1,5	2,0
1060... 2000	1,0	1,1	2,0	3,0
2120... 4000	1,1	1,2	3,0	4,0
4250... 8000	–	–	4,0	5,0

Tabelle 3.20
Mindestblechdicke bei Stahlblechkanälen (DIN 1946, 4.60 und DIN 24 190, 10.85)

Nennweite mm	**DIN 24 151** Anschweißrohre Reihe			**DIN 24 152** Falzrohre Reihe		**DIN 24 153** Bördelrohre Reihe			
NW	2	3	4	0	1	1	2	3	4
63... 125	0,88	1	2	0,63	0,75	0,75	0,88	1	2
140... 250	1	1,25	2,5	0,75	0,88	0,88	1	1,25	2,5
280... 500	1,13	1,5	3	0,88	1	1	1,13	1,5	3
560... 1000	1,25	2	4	1	1,13	1,13	1,25	2	4
1120... 2000	1,5	2,5	4	1,13	1.25	1,25	1,5	2,5	4
Reihe 0, 1 und 2 vorwiegend für Lüftung. Reihe 3 für Absaugung und Entstaubung. Reihe 4 für staub- und gasdichte Leitungen.									

Tabelle 3.21
Wanddicken für Rohre nach DIN-Norm 24 151/3 (Juli 1966)

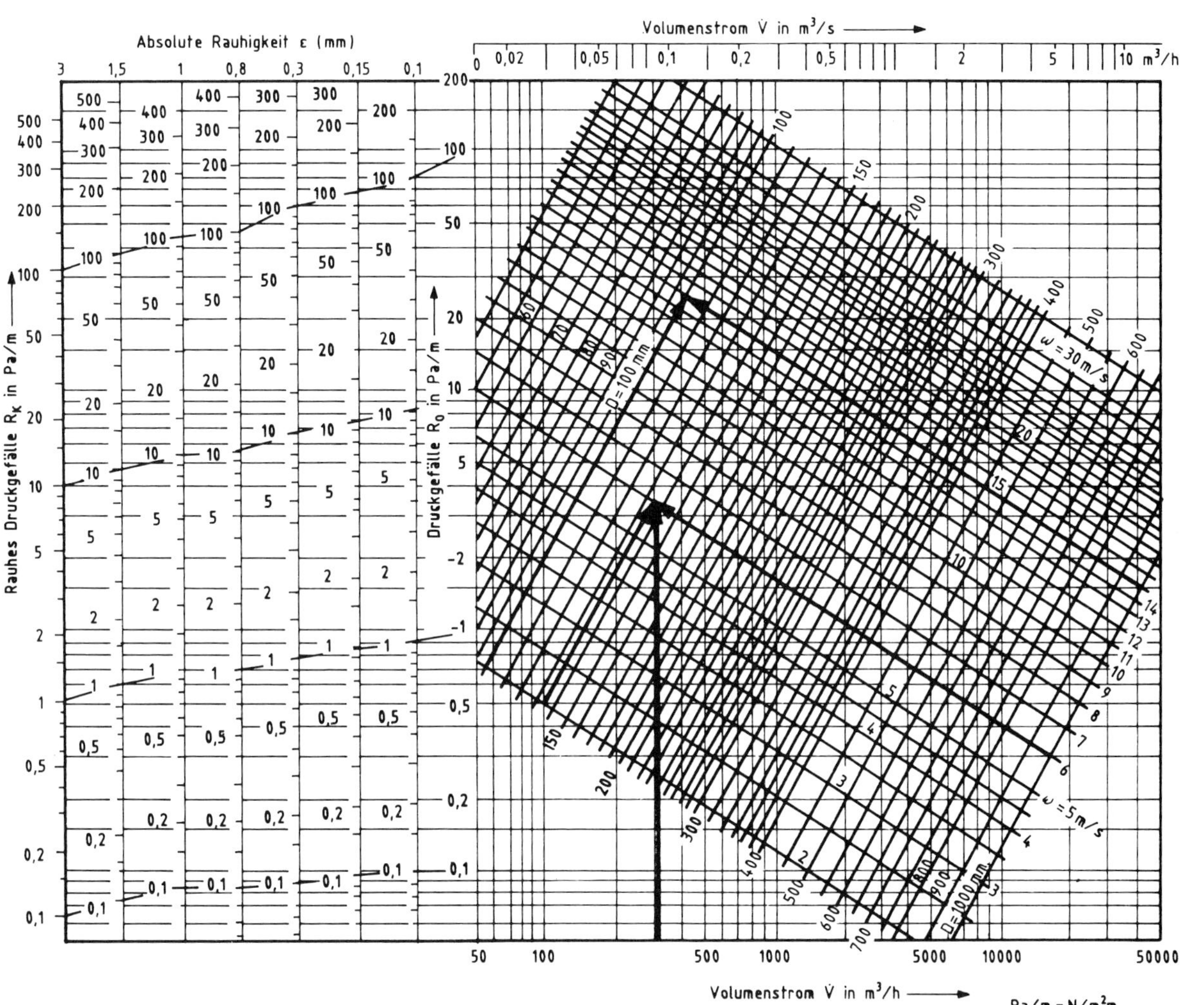

Bild 3.141
Rohrreibungsdiagramm für Luftleitungen

Zusätzlich zu geraden Kanälen werden Formstücke wie Bögen, T-Stücke, Kreuzstücke, Gabelungen, Verengungen, usw. notwendig, die Richtungs- oder Querschnittsveränderungen vornehmen.

Zur Dimensionierung von Rohren und Kanälen bestimmter Rauhigkeit dient das Diagramm, Bild 3.141, in dem die absolute Rauhigkeit ε für verschiedene Werkstoffe angegeben ist:

Absolute Rauhigkeit ε = (mm)	
– PVC-Rohre	0,01
– Blechkanäle, gefalzt	0,15
– Promabestkanäle	0,15
– Betonkanäle, glatt	0,5
– Rabitz, geglättet	1,5 ... 2
– Betonkanäle, rauh	1,0 ... 3
– gemauerte Kanäle, rauh	3,0 ... 5
– flexible Rohre	0,2 ... 3

Mit dem Diagramm in Bild 3.141 lassen sich die Druckgefälle je lfm Kanal- oder Rohrleitung sehr einfach ermitteln.

Beispiel:
- Druckgefälle in einem flexiblen Schlauch von d = 100 mm bei einer Geschwindigkeit von w = 15 m/s
- Absolute Rauhigkeit des flexiblen Schlauchs = ε = 0,8 mm.
- Das Druckgefälle beträgt, bezogen auf die absolute Rauhigkeit 50 Pa/m.

In erster Linie wird das Rohrreibungsdiagramm auch bei der Vorplanung zur überschlägigen Dimensionierung von Kanälen oder Rohrleitungen benutzt, vorgegebener Volumenstrom und Geschwindigkeit ergeben eine zugehörige Dimension, wobei selbstverständlich runde Kanäle nur in Abstufungen und nicht in jedweder Dimension geliefert werden. Zusätzlich zu den Druckverlusten durch Rohr- oder Kanalreibungen treten auch solche durch Einzelwiderstände auf. Die Einzelwiderstände werden durch Widerstandsbeiwerte klassifiziert und gehen damit in die endgültige Rohrnetz- oder Kanalnetzberechnung ein.

Eckige Kanäle werden in der Regel für den speziellen Anwendungsfall gefertigt und sind somit in jeder Zwischenstufe erhältlich. Zu beachten dabei ist lediglich, daß das Seitenverhältnis von Höhe zu Breite des Kanals maximale 1:6 betragen soll, damit die Kanäle nicht zu labil werden. Runde und eckige Kanäle werden mit Flanschen oder Schiebeleisten miteinander verbunden, wobei Flanschverbindungen bei größeren Dimensionen oder höheren Drücken angewendet werden.

Neben starren Kanälen oder Rohren werden zusätzlich flexible Rohre oder Schläuche eingesetzt, um eine wesentliche Erleichterung der Montage herbeizuführen. Flexible Rohre und Schläuche sind in der Regel bis zu einem Durchmesser von 400 mm erhältlich und können sogar zweischalig ausgeführt sein, um eine Wärmedämmung herbeizuführen.

3.9.2. Schächte und Trassen

Zur Aufnahme senkrechter Kanalsysteme dienen Schächte, die horizontale Leitungsführung erfolgt in Trassen.

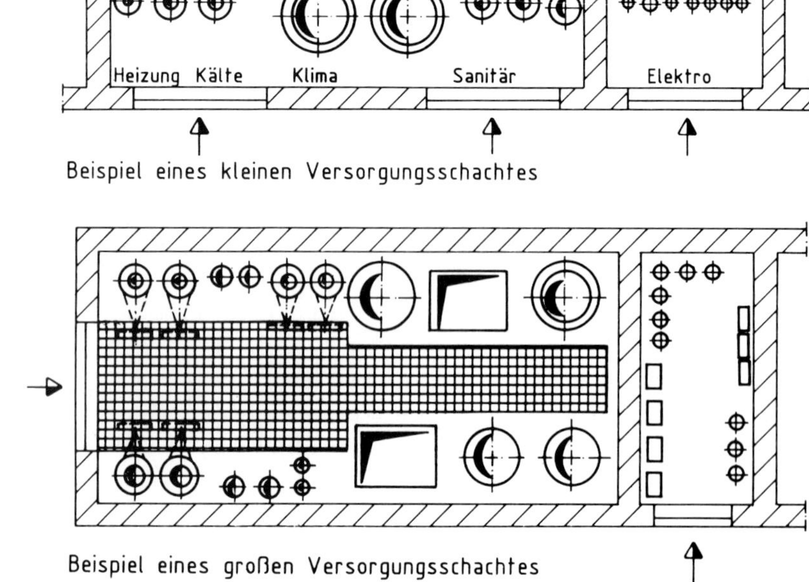

Bild 3.142
Schachtausführungen

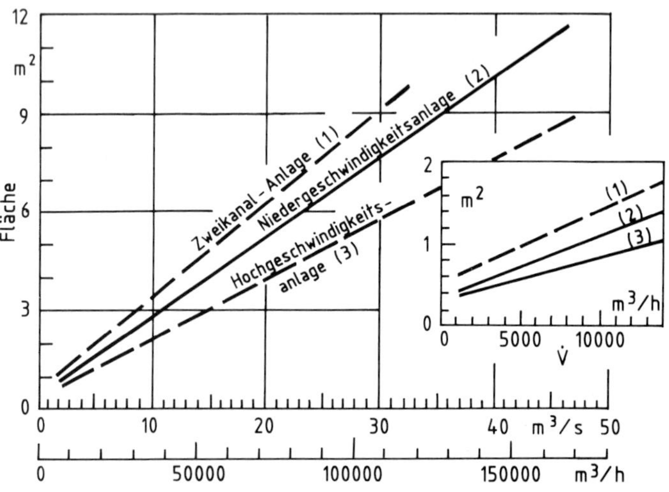

Bild 3.143.1
Flächenbedarf nicht begehbarer Schächte und Trassen für luftführende Leitungen

Schächte und Trassen sollen eine kurze und direkte Anbindung von der Zentrale zu den Nutzungsbereichen ermöglichen, wobei eine zentrale Erschließung der Nutzungsbereiche zu kürzesten Trassenlängen führen.

Bei lufttechnisch behandelten Gebäuden sind die Kanaldimensionen von eckigen oder runden Kanälen die absolut flächenbestimmenden Anteile der Gesamtinstallation und beeinflussen sehr wesentlich den Flächenbedarf von Schächten.

Kleine Schächte sollten von außen bedienbar, müssen jedoch nicht begehbar sein. Große Versorgungsschächte sollten unbedingt begehbar sein, da in ihnen sehr häufig Absperrventile, Regelorgane usw. eingesetzt werden, die von Fall zu Fall zu warten sind. Bild 3.142 zeigt Beispiele eines kleinen und großen Versorgungsschachtes.

Der Flächenbedarf nicht begehbarer bzw. begehbarer Schächte und Trassen für luftführende Leitungen und Kanäle ergibt sich aus den Bildern 3.143.1 und 3.143.2. In diesen Diagrammen sind die Bereiche, in denen Kanäle mit Hochgeschwindigkeit bzw. Niedergeschwindigkeit durchfahren werden dargestellt, wobei bei der praktischen Anwendung in der Regel von den Werten der Niedergeschwindigkeitsanlagen (1-Kanal-Anlagen) auszugehen ist. Die 2-Kanal-Anlagen als Hochgeschwindigkeitsanlagen benötigen einen zusätzlichen Platzbedarf infolge ihrer aufwendigeren Kanalführung. Zur Anwendung der entsprechenden Diagramme ist es notwendig, die zu fördernden Luftmengen zu wissen. Sind diese nicht bekannt, so kann auch mit dem Diagramm, Bild 3.144 gearbeitet werden, das von dem Parameter des Wärmedurchlaßfaktors der Scheibenkombination (b-Faktor) ausgeht.

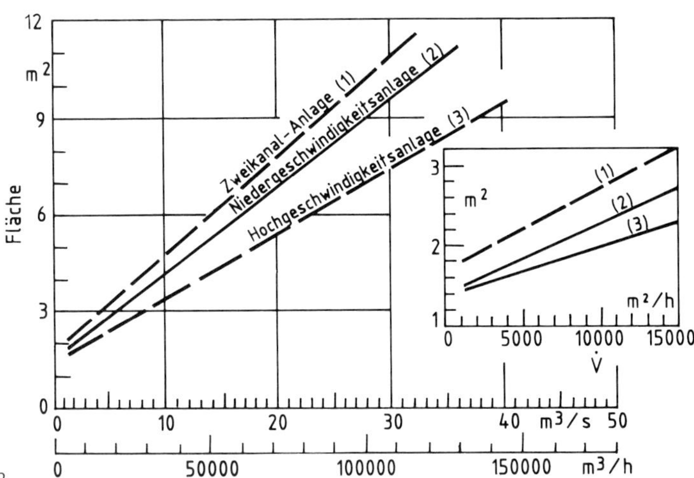

Bild 3.143.2
Flächenbedarf begehbarer Schächte und Trassen für luftführende Leitungen

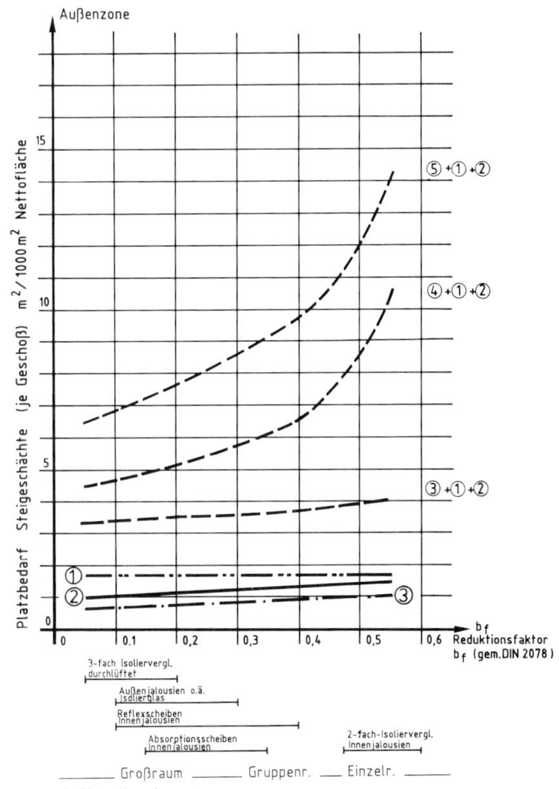

Bild 3.144
Platzbedarf von Steigeschächten

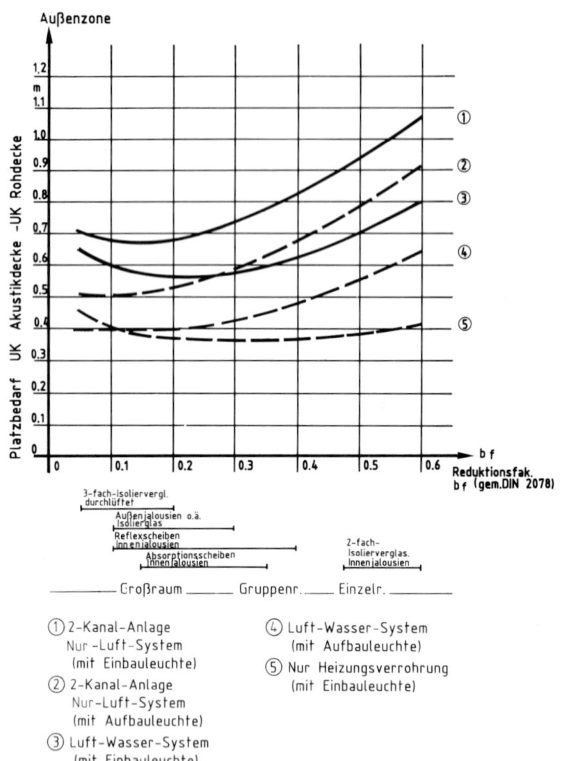

Bild 3.145
Platzbedarf von Deckenhohlräumen

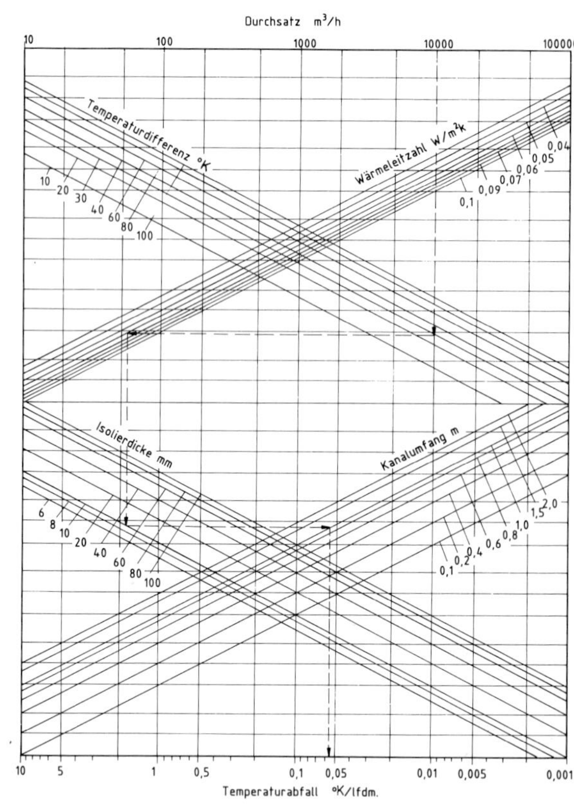

Bild 3.146
Temperaturabfall in Luftkanälen mit Isolationen verschiedener Wärmeleitzahlen

In diesem Diagramm sind hilfsweise zusätzliche Angaben hinsichtlich der Verglasung und des Sonnenschutzes gemacht und der Platzbedarf bezieht sich nicht nur auf luftführende Leitungen sondern zusätzlich auf wasserführende Systeme und Starkstromtrassen.

Nachdem der Platzbedarf von Steigeschächten gemäß Bild 3.144 überschlägig ermittelt werden kann, wird der Platzbedarf in Deckenhohlräumen (Trassen) unter den gleichen Randbedingungen in Bild 3.145 ausgewiesen.

Dieses Diagramm kann auch zur Dimensionierung von Doppelböden dienen, wenn in diesen Installationen verlegt werden sollen.

Werden in Anschlußbereichen (Schacht-Decken-Hohlraum) z.B. Brandschutzklappen oder Nachbehandlungseinheiten usw. angeordnet, so sind für die Bedienung und Instandhaltung (bei Krankenhäusern auch für Desinfektion) Revisionsöffnungen oder abnehmbare Bodenplatten von mindestens 60x60 cm vorzusehen.

3.9.3. Wärmeisolierung

Luftkanäle müssen gegen Wärme- oder Kälteverluste isoliert werden, wobei bei Kanälen, die sehr kalte Luft führen, die Isolierung sogar dampfdicht ausgeführt sein muß, um Kondenswasserbildungen am Kanal zu vermeiden.

Als hauptsächliche Isolierstoffe werden dabei verwandt:

– Glaswolle
Wärmeleitzahl λ = 0,033 – 0,039 W/m K
– Korkschalen
Wärmeleitzahl λ = 0,037 – 0,045 W/m K
– Mineralwolle
Wärmeleitzahl λ = 0,040 – 0.048 W/m K
– Steinwolle
Wärmeleitzahl λ = 0,0435 – 0,041 W/m K

Bild 3.146 zeigt den Luftdurchsatz durch Kanäle in m³/h bzw. den Temperaturabfall und gibt in Abhängigkeit dieser Größen sowie weiterhin des Kanalumfangs, der Isolierdicke, der Temperaturdifferenz zwischen außen und innen sowie der Wärmeleitzahl des Isoliermaterials den notwendigen Hinweis auf eine gewünschte, gesuchte Größe.

Bild 3.147 zeigt ein vereinfachtes Verfahren zur Ermittlung entweder der Isolierdicke oder des Temperaturabfalls je nach Vorgabe. Luftkanäle werden in der Regel zwischen 30 und 80 mm dick isoliert, je nach Größe des Kanals und der Temperaturdifferenz, wobei bei kaltluftführenden Kanälen eine größere Isolierdicke gewählt wird als bei Kanälen, in denen nur Warmluft gefördert wird. Auf eine Isolierung von Abluftkanälen kann prinzipiell verzichtet werden, es sei denn, daß diese Kanäle über sehr lange Wege geführt werden müssen und die Abluftströme anschließend entwärmt werden sollen (Wärmerückgewinnung).

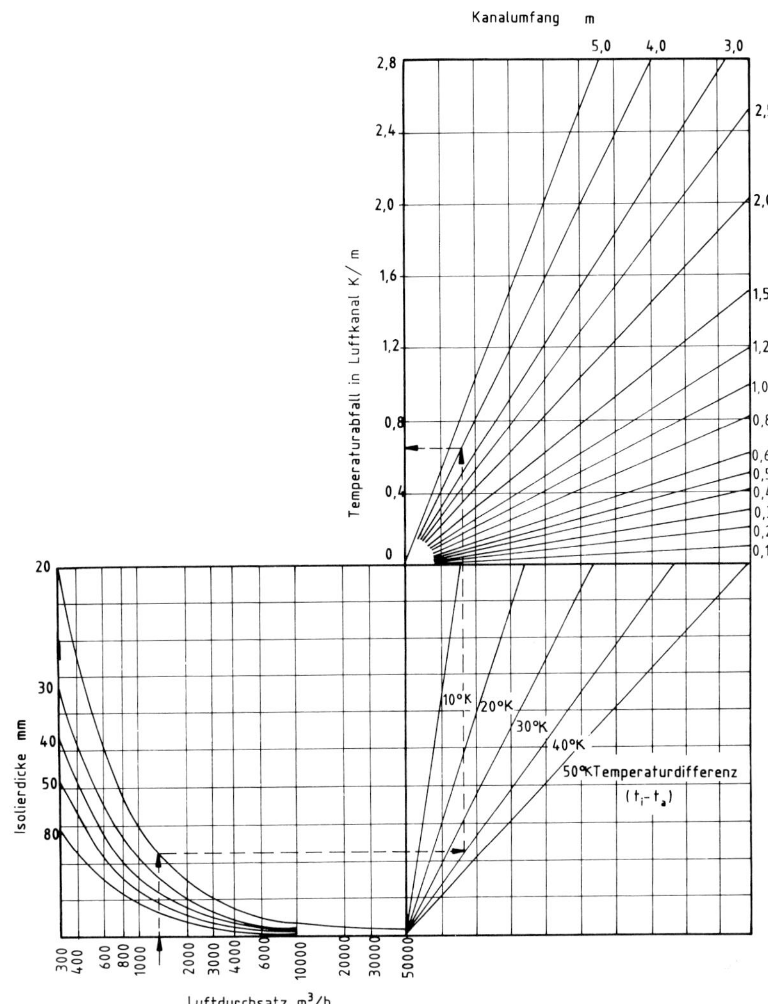

Bild 3.147
Temperaturabfall in Luftkanälen mit Glasfaserisolation

3.10. RAUMLUFTTECHNIK-ZENTRALE

3.10.1. Raumlufttechnik-Zentrale

Der Raumbedarf für die Luftbehandlungsgeräte wird durch deren Anzahl und Größe bestimmt. Die Größe ergibt sich aus dem Volumenstrom und der Zahl der thermischen Aufbereitungsstufen sowie der Schalldämpfung. Die Grundrißform und das Seitenverhältnis der Zentrale sollte eine möglichst vollflächige Nutzung für die Geräteaufstellung, Bedienung, Instandhaltung und Montagewege ergeben. Weiterhin zu berücksichtigen ist die Luftleitungsführung sowie die Führung von Heiz- und Kälteleitungen sowie Kabeltrassen. In Bild 3.148 ist der Flächenbedarf und die notwendige Höhe von Technikzentralen bei Großsystemen dargestellt. Bild 3.149 zeigt die gleiche Thematik bei der Aufstellung kleinerer Anlagen.

Geht es um die Dimensionierung von Technikzentralen für Bürogebäude oder Gebäude ähnlicher Nutzung, so kann auch das Bild 3.150 zur Vordimensionierung dienen. In dieser Darstellung sind nicht nur die lufttechnischen Anlagen, sondern auch alle weiteren Energieversorgungssysteme einschließlich Sanitärzentrale (ohne Sprinklerzentrale) vom Flächenbedarf her ausgewiesen.

Während bei den Bilder 3.148 und 3.149 die aufzubereitenden Luftmengen der wesentliche Parameter sind, wurde bei Bild 3.150 die Form des Sonnenschutzes gewählt. Tabelle 3.22 gibt zusätzliche Hinweise zur Bestimmung der Größe von RLT-Zentralen.

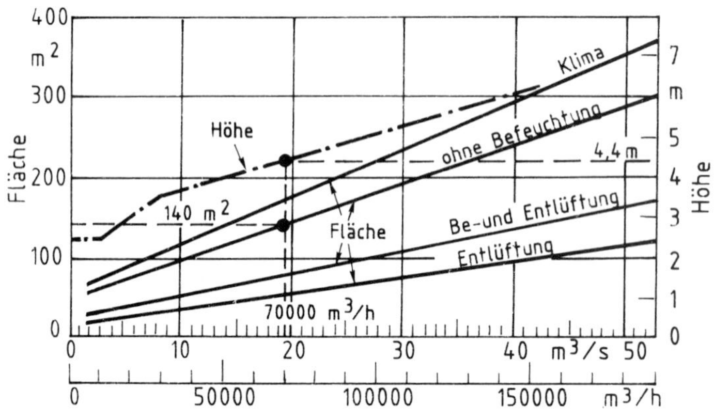

Bild 3.148
Flächen- und Höhenangaben für Technikzentralen bei Aufstellung von Einzelgeräten für Luftströme bis 50 m³/s (180.000 m³/h)

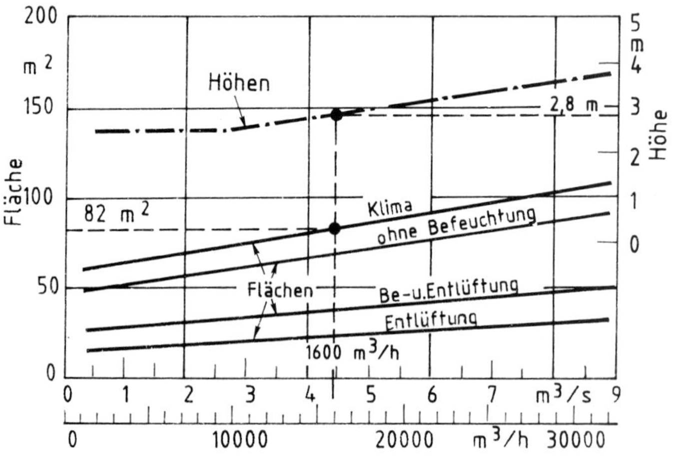

Bild 3.149
Flächen- und Höhenangaben für Technikzentralen bei Aufstellung von Einzelgeräten für Luftströme bis 9 m³/s (30.000 m³/h)

Zentralen für raumlufttechnische Anlagen sollen den zu versorgenden Raumbereichen möglichst dicht zugeordnet werden und können dezentral aufgestellt werden, um diesem Anspruch zu genügen. So werden z.B. Umluftkühlgeräte für Rechenzentren diesen direkt zugeordnet oder sogar im Rechenzentrum selbst mit aufgestellt, um Kanalwege zu minimieren (Schachtflächen/Geschoßhöhen zur Horizontalverteilung) und gleichzeitig auch dem Sicherheitsanspruch Rechnung zu tragen. Welche Auswirkungen verschiedenste Standorte von Technikzentralen für raumlufttechnische Anlagen haben, zeigt das Bild 3.151.

In diesem Bild sind die Vor- und Nachteile der verschiedenen Standorte aufgeführt und mit entsprechenden Kommentaren versehen. Die Darstellungen in Bild 3.152 zeigen kleine und mittelgroße Klima- und Luftbehandlungsanlagen mit den notwendigen Schalt- und Regeleinrichtungen bzw. Unterstationen zur Wärme- und Kälteversorgung.

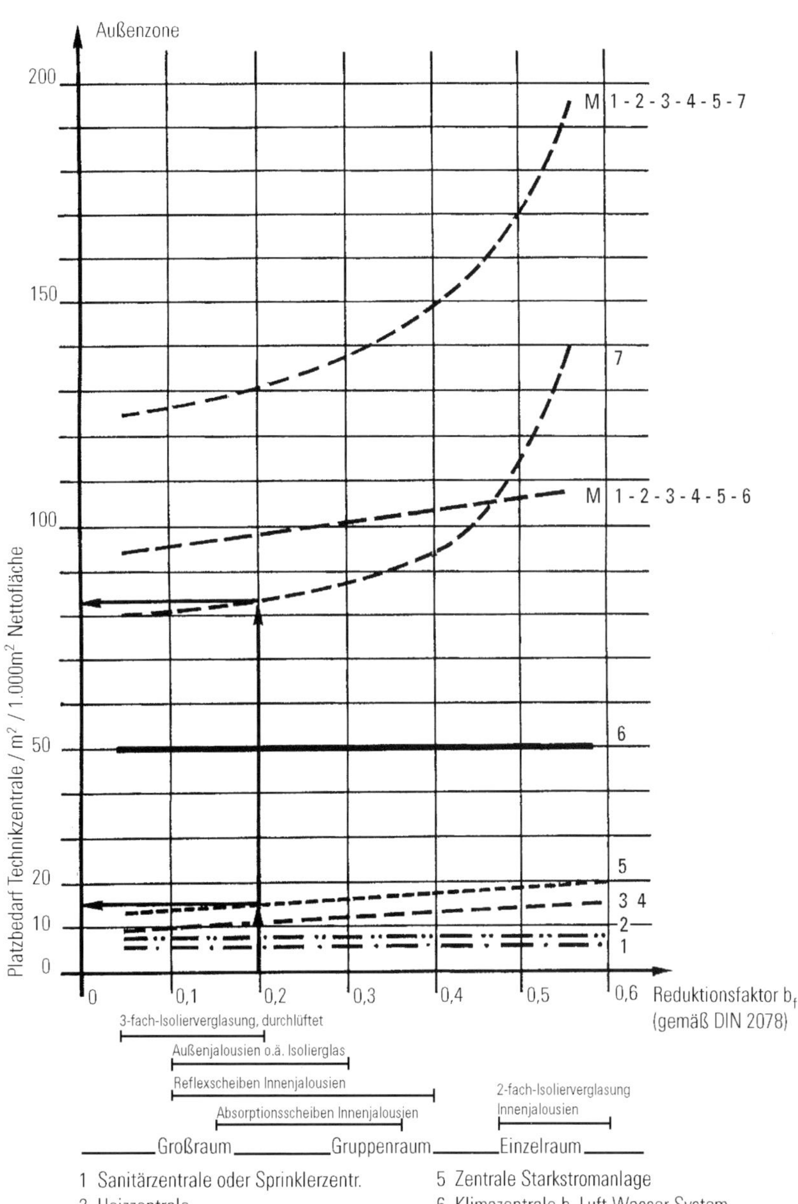

Bild 3.150
Platzbedarf von Technikzentralen

Raumansatz für	**Luftleistung (m³/h)** bis 5 000 1F	2F	2FA	Mindest-Höhe (m)	5 000 - 10 000 1F	2F	2FA	Mindest-Höhe (m)	10 000 - 15 000 1F	2F	2FA	
	Grundfläche (m²)				Grundfläche (m²)				Grundfläche (m²)			
Kastengeräte												
Abluft	7	12	11		8	13	16		8	17	20	
Zuluft (ohne Heizung	8	13	16	2,50	9	16	17		12	21	23	
Zuluft mit Heizung und Mischkammer	9	14	17		12	17	20		18	27	30	3,00
dsgl. jedoch stehend	7	12	14		8	13	16	3,00	12	21	23	
Kombinations-Geräte für Zu- und Abluft												
liegende Ausführung	10	17	18		13	18	21		17	23	27	
übereinander angeordnet	9	14	17	2,50	12	17	20		14	23	26	
stehende Ausführung	8	14	16		9	16	17	3,00	12	21	23	3,00
Kombinations-Geräte mit Zu- und Abluft mit Kühlung in liegender Ausfürung (ohne Raumansatz für Kältemaschinen	12	17	20	2,50	16	21	23	3,00	20	29	31	3,00
Klimaanlagen in Kasten- od. Schrankform												
liegend	17	23	25		22	29	30		30	39	42	
stehend	15	21	22	2,50	18	23	26	3,00	21	30	33	3,00

1F = einstufige Filtrierung, 2F = zweistufige Filtrierung, 2FA = zweistufige Filtrierung und Aktivkohlefilter

Raumansatz für	**Luftleistung (m³/h)** 10 000 - 15 000	15 000 - 25 000	25 000 - 35 000	35 000 50 000	50 000 - 75 000	75 000 - 100 000	Verhältnis Länge zu Breite des Raumes
	Grundfläche (m²)						
Be- und Entlüftungsanlagen mit Umluft-Außenluftkammer							
einfache Filtrierung	26	39	52	72	85	104	1,5 : 1
wie vor, jedoch mit Feinfilter zusätzlich	33	46	58	78	91	110	2,0 : 1
wie vor, jedoch zusätzlich Aktivkohlefilter	39	52	65	85	104	124	2,0 : 1
Be- und Entlüftungsanlagen mit Kühlung, (ohne Raumansatz für Kältemaschinen)							
einfache Filter	33	46	58	78	91	110	1,5 : 1
wie vor, jedoch mit Feinfilter	39	52	65	85	98	117	2,0 : 1
wie vor, jedoch zusätzlich Aktivkohlefilter	46	58	72	91	110	130	2,0 : 1
Klimaanlagen							
einfache Filterung	39	52	65	85	98	117	2,6 : 1
wie vor, jedoch mit Feinfilter zusätzlich	46	58	72	91	110	130	2,8 : 1
wie vor, jedoch zusätzlich Aktivkohlefilter	52	65	85	104	124	143	3,0 : 1
Lichte Raumhöhe	3,0 m	3,2 m	3,5 m	3,5 m	3,5 m	4,0 m	

Die angegebenen Raumflächen, auch für Zweikanal- und Hochgeschwindigkeits-Induktions-Anlagen, Luft- und Filterkammern, einschl.

Tabelle 3.22
Technikflächen, lüftungstechnische Geräte (liegende oder stehende Geräte)

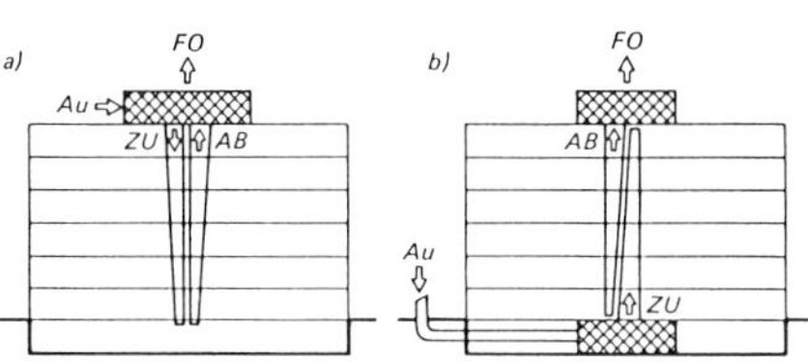

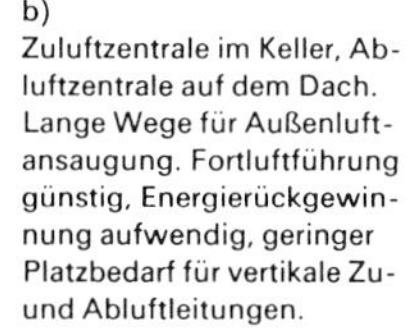

a)
Zuluft- und Abluftzentrale auf dem Dach.
Günstig für Außenluftansaugung, Fortluftführung, Energierückgewinnung. Erstinstallation und Wartungszugänglichkeit über vertikale Verkehrswege.

b)
Zuluftzentrale im Keller, Abluftzentrale auf dem Dach. Lange Wege für Außenluftansaugung. Fortluftführung günstig, Energierückgewinnung aufwendig, geringer Platzbedarf für vertikale Zu- und Abluftleitungen.

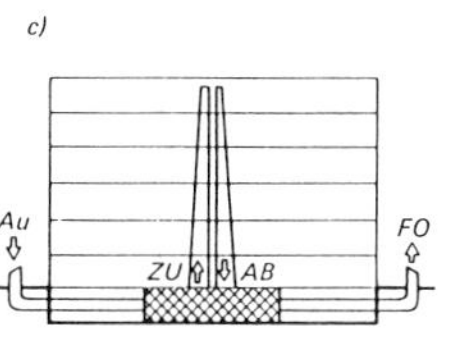

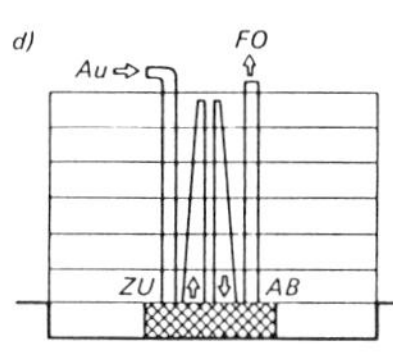

c)
Zuluft- und Abluftzentrale im Keller.
Lange Wege für Außenluftansaugung und Fortluftförderung, günstige Energierückgewinnungsmöglichkeiten.

d)
Zuluft- und Abluftzentrale im Keller, Außenluftansaugung und Fortluftauslaß über Dach.
Lange Wege für Außenluftansaugung, gute Energierückgewinnungsmöglichkeit, größter Schachtbedarf.

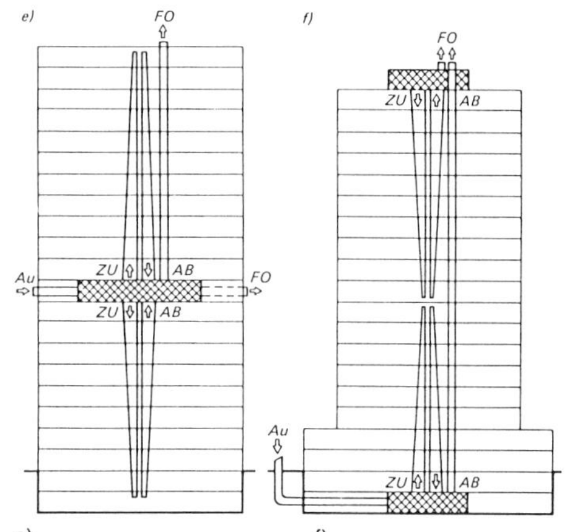

e)
Zuluft- und Abluftzentrale im Zwischengeschoß.
Günstige Lage für Außenluftansaugung, längere Wege für Fortluftführung über Dach, gute Energierückgewinnungsmöglichkeit, günstige Lösung für Hochhäuser, je nach Nutzung des Gebäudes ist auch seitliche Fortluftführung möglich.

f)
Zuluft- und Abluftzentralen im Keller und auf dem Dach.
Häufige Anordnung für Hochhäuser mit ausgedehnten Flachbaubereichen.
Situation sonst wie in Bild a) und e) beschrieben.

Au	Außenluft
FO	Fortluft
ZU	Zuluft
AB	Abluft
HZ	Heizzentrale
KZ	Kältezentrale
RLT	Raumlufttechnische Zentrale
RK	Rückkühlung
KÜ	Kühlwasser
W	Wärmeversorgung
K	Kälteversorgung
S	Schornstein
BR	Brennstoffversorgung

Bild 3.151
Anordnungen für Zuluft- und Abluftzentralen

Bild 3.152
Beispiele von RLT-Zentralen

zu Bild 3.152

Bild 3.153
Groß-Klimazentrale mit regenerativer Wärmerückgewinnungsanlage (Montagezustand)

Bild 3.153 zeigt eine Großzentrale im Montagezustand mit auf der Frontseite aufgebauter, regenerativer Wärmerückgewinnungsanlage.

Welche Stellenwerte die Aufbereitung von Luftströmen für Produktionsprozesse erreichen kann, zeigt Bild 3.154, der Querschnitt durch ein Reinraumgebäude, wo im Bereich des Niveau 1 die Produktionsfläche aufgestellt ist und alle anderen Raumbereiche im wesentlichen der lufttechnischen Versorgung des Produktionsbereiches dienen

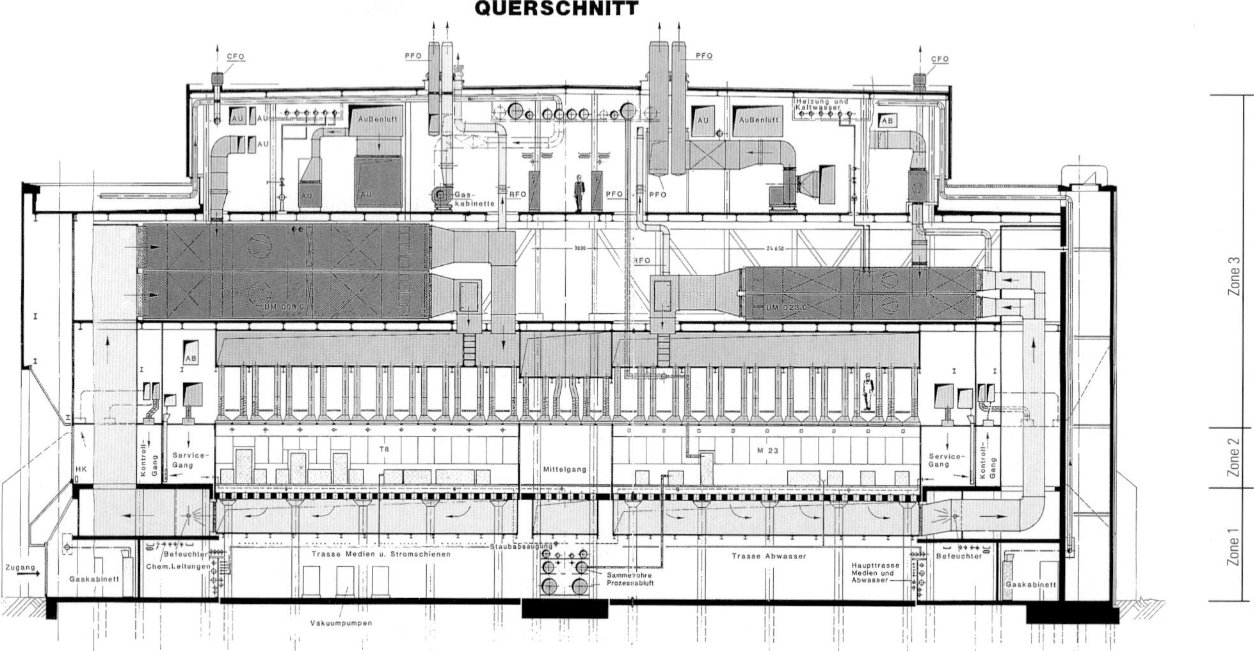

Bild 3.154
Querschnitt durch ein Reinraumgebäude (Zone 1 + 3 Installationsebenen, Zone 2 Nutzebene)

Wärmeleistung	Unterstation	
MW	Grundfläche m^2	Höhe m
bis 0,12	bis 5	2,4
0,12 bis 0,35	5 bis 10	2,4
0,35 bis 0,95	10 bis 20	2,5 (3,0) *)
0,95 bis 1,75	20 bis 35	2,8 (3,5) *)
1,75 bis 3,7	35 bis 70	2,8 (3,5) *)
3,7 bis 5		2,8 (3,5) *)

*) Die Raumhöhen sind bei stehenden Wärmeaustauschern (Dampf, Wasser) erforderlich.

Tabelle 3.23
Heiztechnische Versorgung (Unterstation), Flächenbedarf

(Niveau 2 – Luftverteilung auf Filterdecken/Niveau 3 – Hauptverteilung der Filterdecken/Niveau 4 – Bereich von Klimazentralen/Niveau 5 – Bereich von Abluftanlagen und Versorgungseinrichtungen/Niveau 1/2 – Bereich der Abluftrückführung/Niveau 0 – Bereich der Zentralen Energieversorgung). Die technischen Anlagen gemäß Bild 3.154 zeigen ein Extrembeispiel einer Technisierung für einen Produktionsprozeß. In ähnlicher Form werden auch erhebliche, technische Aufwendungen notwendig bei Laborgebäuden, Pharma-Betrieben usw.

Kälteleistung	Kälteerzeuger/Maschinenraum	
MW	Grundfläche m^2	Raumhöhe m
0,012 bis 0,12	20	2,5
0,12 bis 0,40	40	3,0
0,40 bis 0,75	60	3,25
0,75 bis 1,50	100	4,0
1,50 bis 3,00	150	4,6
3,00 bis 4,50	200	5,2

Kälteleistung	Rückkühlanlage		
MW	Grundfläche*) m^2	Raumhöhe m	Gesamtgewicht**) t
0,012 bis 0,12	20	2,8	0,4 bis 0,8
0,12 bis 0,40	40	3,2	0,8 bis 1,8
0,40 bis 0,75	50	3,4	1,8 bis 4,0
0,75 bis 1,50	90	4,0	4,0 bis 6,0
1,50 bis 3,00	150	4,0	6,0 bis 8,0
3,00 bis 4,50	190	4,5	8,0 bis 14,0

*) Die Flächen gelten für Rückkühltürme mit Verkleidung. Aufbau möglichst auf dem Dach.
**) einschl. Wasserfüllung und Rohrleitungen.

Tabelle 3.24
Kältetechnische Anlagen, Flächenbedarf

3.10.2. Unterzentralen

(für Heizungs- und Kälteenergie)

Für die Unterversorgung heizungstechnischer Anlagen (Unterstationen) wird ein Flächenbedarf notwendig, wie er nachfolgend dargestellt ist (Tabelle 3.23). Hier dient als Parameter die Wärmeleistung der zu versorgenden Anlagen und es werden sowohl die Grundflächen als auch die notwendigen Höhen ausgewiesen. In Tabelle 3.24 ist der Flächenbedarf kältetechnischer Anlagen dargestellt, wiederum in Abhängigkeit der Kälteleistung für zu versorgende Kühler oder Kühldeckensysteme. Bei der Aufbereitung von Kälteenergie müssen sowohl Kältemaschinen als auch zusätzlich Rückkühlwerke installiert werden, wobei die Kältemaschinen selbst in der Regel in Untergeschossen zur Aufstellung kommen, die Rückkühlwerke jedoch auf dem Dach, da sie sehr große Luftmengen zur Rückkühlung der Prozeßkreisläufe benötigen. Bild 3.155 zeigt die Anordnung verschiedener raumlufttechnischer Zentralen auf dem Dach oder im Kellergeschoß einschließlich der notwendigen Heiz- und Kältezentrale (UG) und dem Rückkühlwerk auf dem Dach. Abschließend und generell kann festgestellt werden, daß Technikzentralen eine Bodenbelastbarkeit haben sollten, die überschlägig folgende Richtwerte berücksichtigt:

RLT-Zentralen	ca.	5.000 N/m^2
Kälte-Zentralen	ca.	10.000 N/m^2
Heizzentralen	ca.	10.000 N/m^2

Dabei ist berücksichtigt, daß sowohl Pumpen als auch Ventilatoren mit rotierenden Teilen schwingungsgedämpft aufgestellt werden, um Körperschallübertragungen und Erschütterungen zu vermeiden. Technikzentralen sollten grundsätzlich Fußboden mit Gefälle zu Abläufen hin erhalten, da ein Wasseraustritt nie ganz zu vermeiden ist. Die Fußböden sollen ansonsten wiederstandfähig gegen mechanische Beanspruchung und rutschhemmend ausgeführt werden, Oberflächen von Decken und Wänden sollten möglichst glatt und mit einem Anstrich versehen sein, der hell und waschbeständig ist. Türen als Raumabschlüsse müssen in Fluchtrichtung aufschlagen und ihre Größe ist davon abhängig, welches größtes Bauelement in den Raum transportiert werden soll. Türen sollten Sockelleisten und Türschwellen haben und so dicht als möglich abschließen. Sämtliche Durchbrüche für Schächte und Leitungen müssen so geschlossen werden, daß sie den brandschutz- und schalltechnischen Anforderungen genügen. Technikzentralen können für sich oder zusammen mit den Hauptschächten einen Brandabschnitt bilden und sind entsprechend zu behandeln. Während raumlufttechnische Zentralen in der Regel nicht mechanisch zu durchlüften sind, ist für die Kälte- und Heizzentralen oder Wärmeübergabestationen eine Fremdbelüftung notwendig, um gegebenenfalls austretende Kältegase oder zu hohe Wärmemengen abführen zu können. Die Minimaltemperatur in Heizungs-, Lüftungs- und Kältezentralen soll 5°C nicht unterschreiten und max. +32°C nicht überschreiten, um Störungen an Antrieben oder Regelanlagen zu vermeiden.

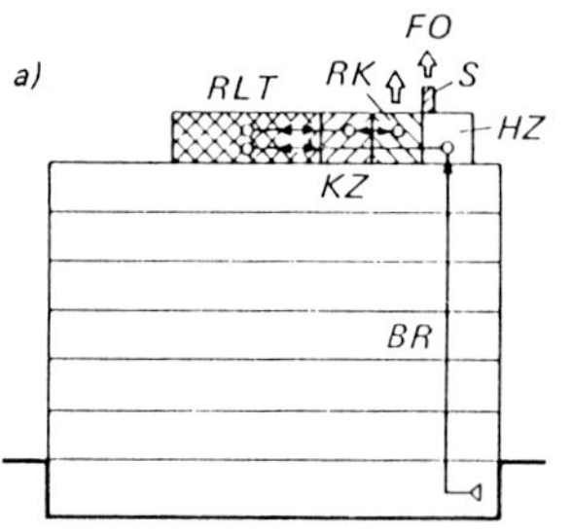

Anordnung aller Zentralen (RLT, HZ, KZ) auf dem Dach

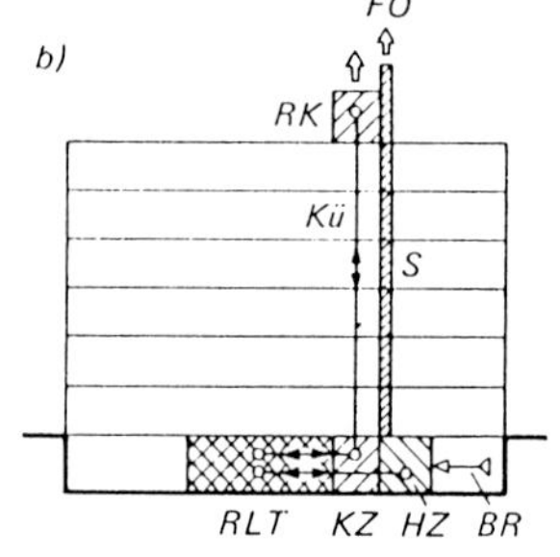

Anordnung aller Zentralen im Kellergeschoß

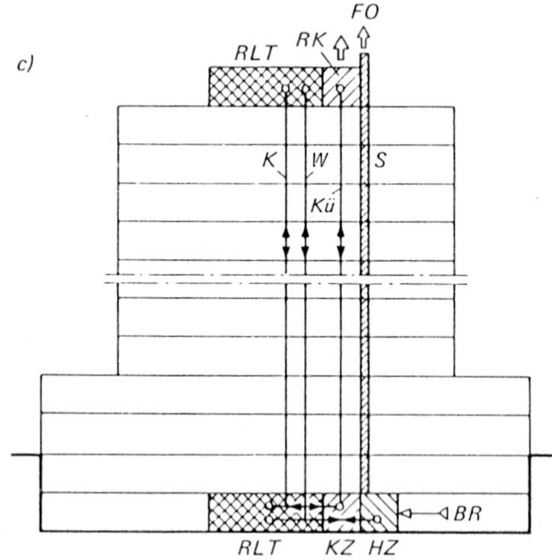

Anordnung der RLT-Zentralen auf dem Dach und im Kellergeschoß, der Heiz- und Kältezentrale nur im Kellergeschoß, mit Rückkühlwerk auf dem Dach.

FO	Fortluft	HZ	Heizzentrale
W	Wärmeversorgung	KZ	Kältezentrale
K	Kälteversorgung	RLT	Raumlufttechnische Zentrale
S	Schornstein	RK	Rückkühlung
BR	Brennstoffversorgung	KÜ	Kühlwasser

Bild 3.155
Anordnungen der Heiz- und Kältezentralen

KÄLTE- UND KÜHLSYSTEME FÜR RLT-ANLAGEN

4

4.

KÄLTE- UND KÜHLSYSTEME FÜR RLT-ANLAGEN

Lüftungsanlagen mit zusätzlicher Kühlung und Klimaanlagen sowie stille Kühlsysteme benötigen neben einem Heizmittel zur Erwärmung der Luft ein Kühlmittel zur Kühlung und Entfeuchtung der Luft im Sommer oder Kühlung ohne Entfeuchtung.

Als Kühlmittel wurde in der Vergangenheit Eis, Leitungs- oder Brunnenwasser verwendet, was jedoch heute aus umwelttechnischen und Kostengründen nicht mehr möglich ist.

So werden heute zur Bereitstellung der notwendigen Kälteenergie in gebäudetechnischen Anlagen, und zum Teil prozeßtechnische Anlagen vornehmlich Kältemaschinen und Rückkühlwerke (freie Kühlung) benutzt. Als Kälteträger werden eingesetzt:

- Kaltwasser (Kreislaufwasser 6/12° C)
- Sole (Frostschutz-Wassergemisch <0° C)
- Kühlwasser (Kreislaufwasser ~ 25° C)

Die Art des Kälteträgers und Menge ergeben sich bei den unterschiedlichsten Gebäudevarianten einmal aus dem Kälteenergiebedarf (Leistungsbilanz) sowie der notwendigen Art der eingesetzten Wärmetauscher.

Zahlreiche Bauarten von Kältemaschinen, von den kleinsten bis zu den größten Leistungen, sind speziell für die Klimatechnik entwickelt worden und werden am Markt angeboten.

Bei sehr großen Bauobjekten oder Stadtneuentwicklungen werden unter Umständen auch zentrale Kälteanlagen in Energiezentralen aufgebaut, so daß die umliegenden Gebäude über Fernkälteleitungen versorgt werden und eine eigene Kälteenergieerzeugung in den entsprechenden Gebäuden nicht notwendig wird.

Bei der Planung von Kälteerzeugungsanlagen müssen genaue Kenntnisse über das Betriebsverhalten der Kälteverbraucher und die Regelmöglichkeiten der Kälteerzeuger bestehen, da die Regelung der Kälteverbraucher (Kühler, Kühldecken usw.) mit der Regelung der Kälteerzeuger abzustimmen ist, um einen wirtschaftlichen und störungsfreien Betrieb zu erreichen.

Nach dem gewünschten Nutzeffekt werden thermodynamische Kreisprozesse in Maschinen oder Anlagen durchgeführt, die grob zu gliedern sind in:

Gewünschter Nutzeffekt:	**Verfahren:**
• Kälteerzeugung	Energieeinsatz in Form von Elektrizität oder Wärme (Hochtemperatur) und dadurch Abkühlung eines Wärmeträgers auf gewünschtes Temperaturniveau ohne Nutzung der anfallenden Abwärme
• Wärmeerzeugung	Energieeinsatz in Form von Elektrizität oder Wärme (Hochtemperatur) und dadurch Erhöhung eines Wärmeträgers auf gewünschtes Temperaturniveau
• Kälte- und Wärmeerzeugung	Energieeinsatz in Form von Elektrizität oder Wärme (Hochtemperatur) und dadurch Abkühlung eines Wärmeträgers auf gewünschtes Temperaturniveau und Nutzung der anfallenden Abwärme zu Heizzwecken

Die thermodynamischen Kreisprozesse erfolgen nach verschiedenen Verfahren, die auf unterschiedlichen physikalischen Vorgängen beruhen. Die dabei gebräuchlichsten sind:

- Kaltdampf-Kälteprozeß mit Kältemitteln
- Kaltluft-Kälteprozeß mit Kaltluft als Kältemittel
- Dampfstrahl-Kälteprozeß mit Wasserdampf als Treibmittel und Wasser als Kältemittel
- Absorptionskälteprozeß
- Thermoelektrischer Kälteprozeß unter Zufuhr elektrischer Energie (Peltier-Elemente)

Die in der Kühl- und Klimatechnik bei raumlufttechnischen Anlagen am häufigsten verwendeten Maschinen sind die Kompressions- Kältemaschinen und Absorptions-Kältemaschinen, auf die nachfolgend eingegangen wird.

4.1. LEISTUNGSBILANZ (KÄLTEENERGIEBEDARF)

4.1.1. Zeitliche Abhängigkeit von Verbrauchern

Für den Bereich der Klimatechnik ist die Dimensionierung der Kälteanlagen stark abhängig vom zeitlichen Verhalten der einzelnen Verbraucher. Je nach Art des Verbrauchers kann die Lastkurve (auch Histogramm genannt) sowohl zeitlich als auch in ihrer Höhe (= Leistung) stark schwanken. Bei der Dimensionierung der Kälteerzeugung muß untersucht werden, an welchem Tag des Jahres die Kumulierung der verschiedenen Verbraucher den Maximalwert aufweist. Hierfür muß jeder einzelne Verbraucher analysiert werden, um zum einen seinen eigenen Wärmeaustauscher zu bestimmen und zum anderen das Zusammenspiel aller Verbraucher hinsichtlich der Gleichzeitigkeit aller Abnehmer zu berechnen.

In Bild 4.1 ist ein Histogramm einer Büroklimaanlage aufgezeichnet, das im wesentlichen in seiner Form durch den Außenenthalpieverlauf, dem Sonnenstandsverlauf sowie die Außentemperatur bestimmt wird.

In Bild 4.2 ist der Kältebedarf einer Großküche dargestellt, bei der es sich um einen zeitlich sehr begrenzten Verbraucher handelt.

In Bild 4.3 ist der Kältebedarfsverlauf eines EDV-Rechenzentrums dargestellt. Ein derartiger Verbraucher nimmt über 24 Stunden hinweg in etwa die gleiche Leistung ab, wobei bei diesem Histogramm davon ausgegangen wurde, daß tagsüber einige Bedienungspersonen mit der notwendigen aufbereiteten Außenluft versorgt werden müssen, was den Kältebedarf noch zusätzlich anhebt.

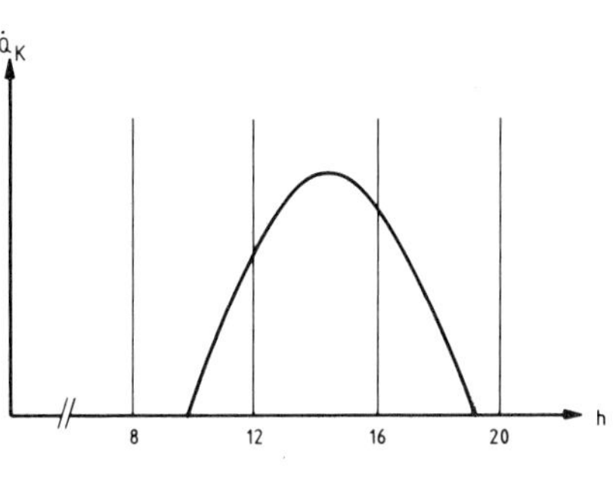

Bild 4.1
Kältebedarfsverlauf für Büroklimatisierung (Sommertag)

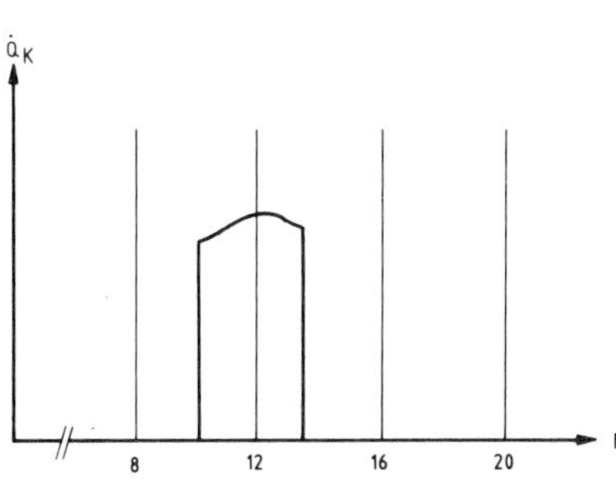

Bild 4.2
Kältebedarfsverlauf für raumlufttechnische Anlagen einer Küche (Sommertag)

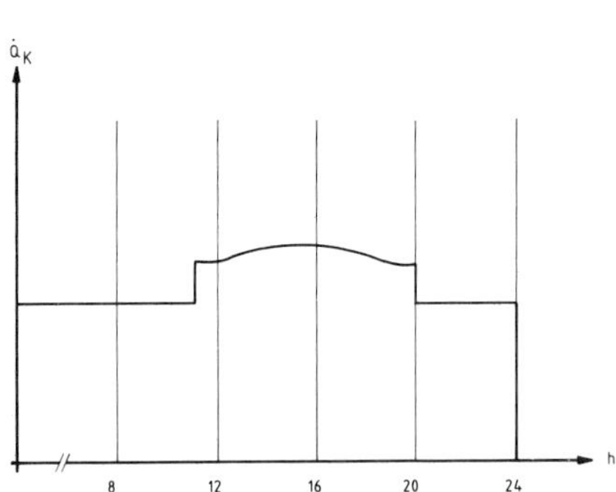

Bild 4.3
Kältebedarfsverlauf für Rechenzentrum (Sommertag)

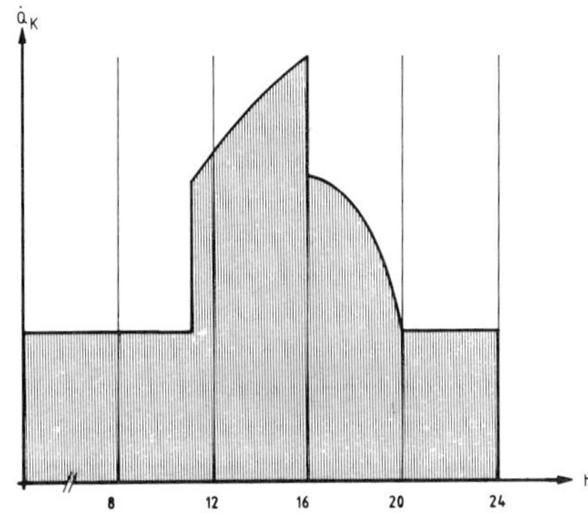

Bild 4.4
Kältebedarfsverlauf für alle Verbraucher (Sommertag)

In Bild 4.4 ist die Summenkurve der drei Verbraucher dargestellt, um einmal den Kältebedarf eines komplexen Gebäudes zu visualisieren. In diesem einfachen Beispiel wurde vorausgesetzt, daß alle drei Verbraucher am selben Tag ihren Maximalbedarf haben.

Bei komplexen Gebäuden ist es im allgemeinen jedoch notwendig, daß man das ganze Jahr betrachten muß, um den tatsächlichen maximalen Kältebedarf ermitteln zu können. Eine derartige Berechnung ist dann die endgültige Grundlage für die Bestimmung der Anlagengröße einer Kälteerzeugung.

4.1.2. Zeitliche Abhängigkeit der Erzeugerleistung

Im wesentlichen sollte die Kälteanlage in der Lage sein, das Summenhistogramm aller Verbraucher abzudecken. Je nach Art der Verbraucher und je nach Jahreszeitpunkt des Maximalbedarfs können auch zeitliche Einflüsse auf die Kälteerzeugung nicht unwesentlich sein.

In Bild 4.5 ist die Jahressummenkurve der Außentemperaturen eines Referenzjahres aufgetragen. Man kann dabei sehr gut erkennen, daß je nach notwendiger Kaltwassertemperatur dieses Kaltwasser im direkten Wärmeaustausch mit der Luft erzeugt werden kann oder mit Hilfe einer Kältemaschine erzeugt werden muß. Je nach Art des Verbrauchers werden z.T. sehr unterschiedliche Kaltwasservorlauftemperaturen für die Luftbehandlung benötigt. Im Fall einer Klimaanlage mit Entfeuchtung der Luft werden im allgemeinen Vorlauftemperaturen von 6°C notwendig, für die Kühlung der Luft in EDV-Sälen bzw. die direkte Wasserkühlung der Großrechner werden Vorlauftemperaturen von 12°C benötigt, für den Einsatz von Kühldecken soll Kaltwasser von nur 16°C bereitstehen. Das Diagramm zeigt sehr gut, in welchem Ausmaß für die verschiedenen Anlagentypen nur noch maschinell erzeugte Kälteenergie benötigt wird und in welchem Ausmaß auf diese verzichtet

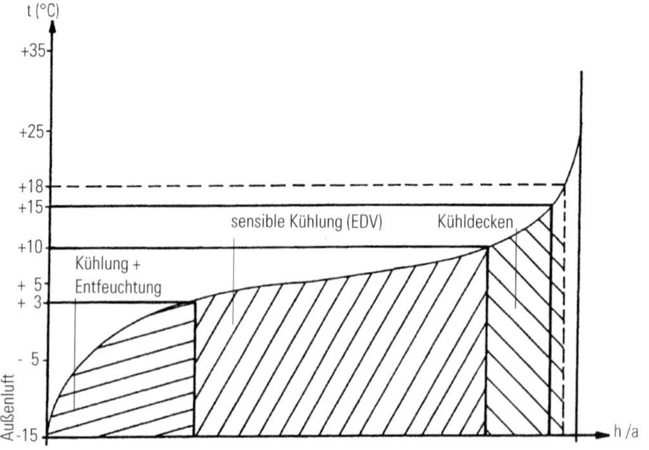

Bild 4.5
Möglichkeiten der freien Kühlung ohne Einsatz von Kältemaschinen

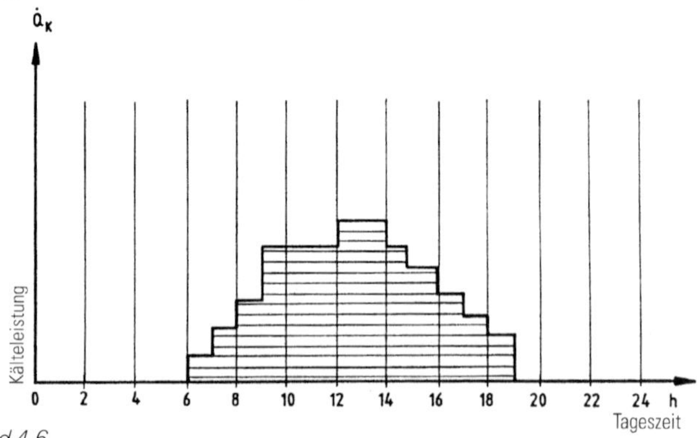

Bild 4.6
Kälteleistung einer mehrstufigen Kältemaschine

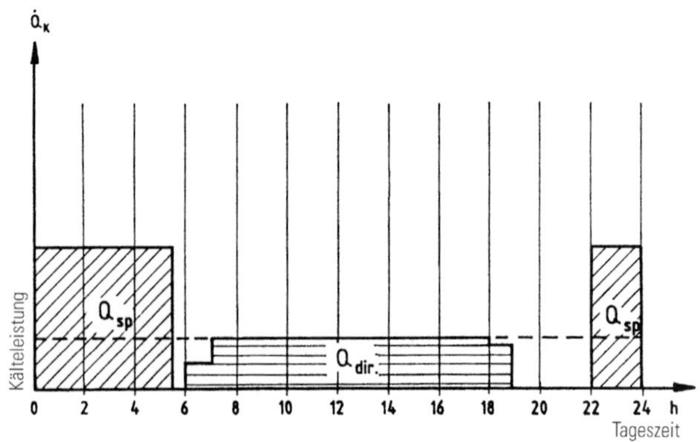

Bild 4.7
Idealer Einsatz einer Kältemaschine in Verbindung mit einem Kältespeicher

werden kann. Auch derartige Überlegungen müssen in die Bestimmung der Kälteanlagengröße mit einfließen.

Im Falle des Einsatzes einer Kältemaschine sieht die Kälteerzeugerleistung über einen Tag in etwa so aus, wie dies in Bild 4.6 dargestellt ist. Die Stufen in der Leistungskurve ergeben sich aus dem Zu- und Abschalten einzelner Leistungsstufen einer derartigen Maschine. Je nach Steilheit des Histogramms kann es durchaus vorkommen, daß eine oder mehrere Stufen nur in sehr kurzen Zeitintervallen zugeschaltet werden. Es kann durchaus vorkommen, daß die Maximalleistung einer Kältemaschine nur an ganz wenigen Stunden im Jahr abgefordert wird.

Der ideale Betrieb einer Kältemaschine ist in Bild 4.7 dargestellt. Dort wird gezeigt, wie eine Kältemaschine während des normalen Tagbetriebes konstant in ihrem Leistungsoptimum betrieben wird und ihre Leistung dementsprechend gleichmäßig abgeben kann. Während der Nacht wird die Leistung in einem ähnlichen Leistungsoptimum (die dargestellte Leistungsdifferenz ergibt sich aus den unterschiedlichen Temperaturniveaus) an einen Kältespeicher abgegeben. Eine derartige Betriebsweise stellt nicht nur ein Optimum hinsichtlich der Dimensionierung einer Kälteanlage dar, sondern spart zusätzlich Betriebsenergie, da die Maschine durchweg mit ihrem besten energetischen Wirkungsgrad betrieben werden kann und ein wesentlicher Teil der Kaltenergieerzeugung in die Niedertarifzeit des EVU's fällt (Strom-Nachttarif).

4.1.3. Summenkurven von Verbrauchern und Erzeugern

Wenn man das Histogramm in Bild 4.4 als Grundlage für eine Kälteerzeugungsanlage nimmt, würde sich ein Betriebsverlauf entsprechend Bild 4.8 ergeben. Hierbei wurde angenommen, daß zwei gleich große Grundlastmaschinen (P1 und P2) sowie eine kleine Spitzenlastmaschine kombiniert werden. Eine derartige Aufteilung würde den Vorteil bieten, daß die Maschinen 1 und 2 relativ gut und gleichmäßig ausgenützt werden, wogegen die Maschine 3 die nur vereinzelt anfallenden Leistungsspitzen abdecken würde.

Würde man die Bilder 4.7 und 4.4 miteinander kombinieren, so ergäbe sich ein Verlauf, wie er in Bild 4.9 dargestellt ist. Die Maschine 1 würde im Dauerbetrieb den Leistungsbedarf des Rechenzentrums abdecken können, während die Maschine 2 während der Nacht einen Kältespeicher beladen würde und, tagsüber einen Teil des über den Bedarf des Rechenzentrums hinausgehenden Bedarfs abdecken würde. Die verbleibende Spitzenlast wird tagsüber aus dem Speicher entnommen. Gegenüber der in Bild 4.8 dargestellten Lösung würde dies eine erhebliche Verringerung der Anschlußleistung bedeuten.

Zusammenfassend kann man feststellen, daß bei der Dimensionierung von Kälteanlagen die verschiedenen zeitlichen Abhängigkeiten und Einflüsse genauestens zu ermitteln und zu untersuchen sind, um zu einer optimalen Lösung hinsichtlich der Investitionen, der Betriebskosten sowie der Umweltbelastung zu kommen.

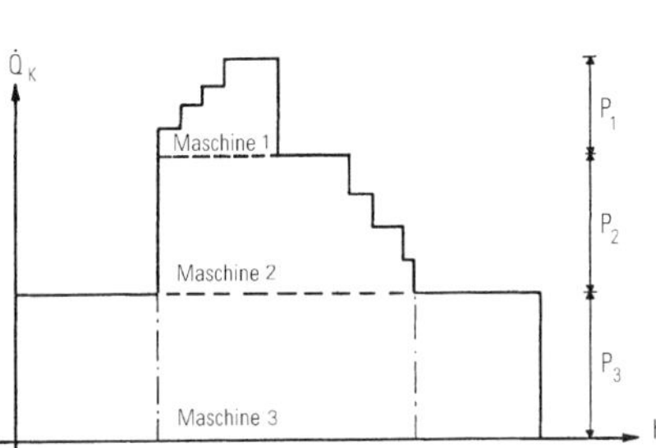

Bild 4.8
Klassische Deckung des Verbraucherbedarfs durch mehrere Kältemaschinen

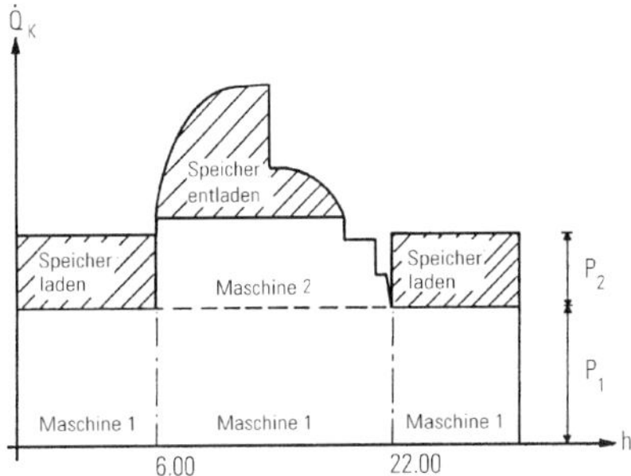

Bild 4.9
Summenkurven von Verbrauchern und Erzeugern

4.2. KÄLTEERZEUGUNG

4.2.1. Der Kälteerzeugungsprozeß

Man kann davon ausgehen, daß bis auf Einzelfälle die Verwendung von Brunnen- oder Leitungswasser als Kühlmedium nicht in Frage kommt. Eis wird in der Industrie zur Kühlung von Produkten verwendet. Zur Kältespeicherung findet Eis eine wachsende Bedeutung.

Zur Kälteerzeugung werden z.Z. fast ausschließlich Kältemaschinen eingesetzt. Die Wirkungsweise dieser Maschinen besteht darin, daß in einem thermodynamischen Kreisprozeß durch Zufuhr von Energie dem zu kühlenden Medium Wärme entzogen wird und diese dann auf einem dementsprechend höheren Niveau wieder einem anderen Medium zugeführt wird. Da dieser thermodynamische Kreisprozeß ganz wesentlich für das Verständnis der Funktion von Kälteanlagen ist, soll hier kurz darauf eingegangen werden.

4.2.1.1. Der Carnot'sche Kreisprozeß

Die Grundlage für die Wirkungsweise von Kältemaschinen ist der sogenannte Carnot'sche Kreisprozeß. Er wird als „idealer Kreisprozeß" bezeichnet, denn mit einer Anlage, durch die sich die Zustandsänderungen nach Carnot verwirklichen lassen, wird ein Maximum an Wärme in Arbeit umgesetzt und umgekehrt. Am überschaubarsten ist der Carnot-Prozeß im Temperatur-Entropie-Diagramm (T,s-Diagramm).

Der Kreisprozeß setzt sich zusammen aus zwei Isothermen und zwei Isentropen. Isentrop heißt reversibel (umkehrbar) und adiabat (wärmedicht). In Bild 4.10 sind diese Zustandsänderungen dargestellt. Ideal ist der Carnot-Prozeß deshalb, weil die Zustandsänderungen von 1 nach 2 bzw. 3 nach 4 auf einer Isentropenlinie stattfinden. Dies bedeutet, daß eine Zustandsänderung von der Temperatur T_o auf die Temperatur T_c durch Kompression und von der Temperatur T_c auf die Temperatur T_o durch Entspannung stattfinden würde, ohne hierbei zusätzliche irreversible Energie zu verbrauchen. Da dies in der Praxis nicht möglich ist, (denn dies würde einem „Perpetuum mobile" entsprechen) wird in Bild 4.11 der Carnot-Prozeß im Vergleich zu einem realen Kreisprozeß in einem sogenannten h,log p-Diagramm dargestellt. In dieser speziellen Diagrammform ist auch die Dampfkurve eines Kältemittels mit dargestellt, um zu erläutern, innerhalb welcher Aggregatzustände sich ein Kältemittel während eines Kreisprozesses im allgemeinen befindet. In diesem Kreisprozeß wird dargestellt, wie sich ein Kältemittel von einem Niveau tiefer Temperatur auf ein Niveau hoher Temperatur bewegt, dort Wärme abgibt, sich bei niedrigerem Energieinhalt wieder auf das tiefe Temperaturniveau begibt und dort wieder in der Lage ist, Energie aufzunehmen.

Ein derartiger Kreisprozeß, der sich je nach verwendetem Realprozeß mehr oder weniger dem idealen Kreisprozeß annähert, liegt grundsätzlich allen zur Anwendung kommenden Kältemaschinen zugrunde.

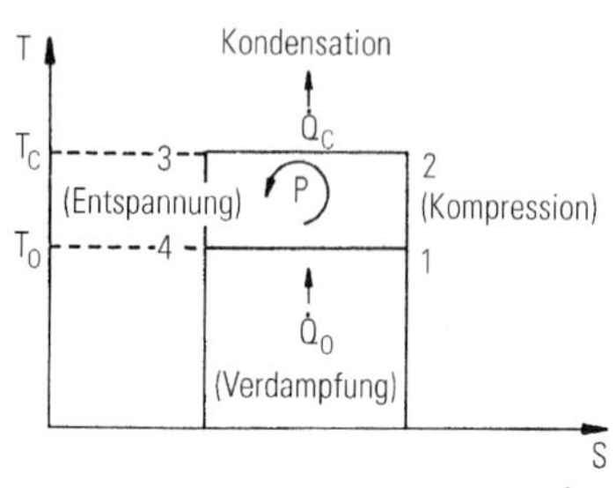

Bild 4.10
Der Carnotsche Kreisprozeß

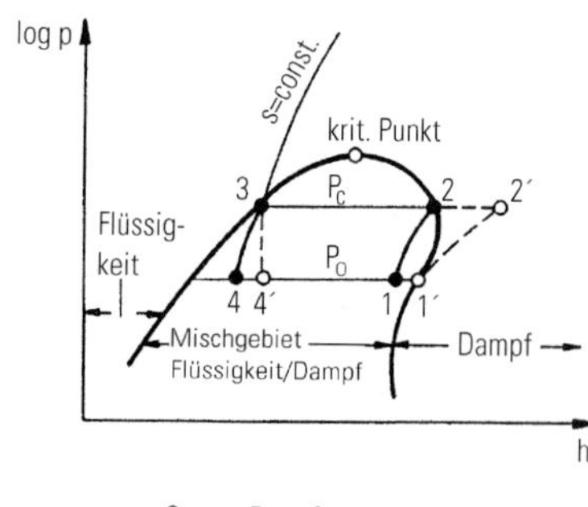

Bild 4.11
Kreisprozeß mit Kaltdampf

4.2.1.2. Der Kreisprozeß der Kaltdampfmaschine

Der Kaltdampfkompressions-Kälteprozeß hat mit über 90 % aller installierten Anlagen z.Z. die größte Bedeutung in der Kälte- und Klimatechnik. Wesentliches Merkmal dieses Prozesses ist die Verwendung von Kältemitteln, die bei der Arbeitstemperatur t_0 der kalten Seite aus dem flüssigen Zustand unter Aufnahme einer möglichst großen Verdampfungswärme verdampfen und die bei der Arbeitstemperatur t_c der warmen Seite unter beherrschbaren Drücken wieder verflüssigt werden können. Hierbei wird das physikalische Gesetz der Abhängigkeit der Verdampfungs-/Verflüssigungstemperatur vom Druck ausgenutzt.

In Bild 4.12 ist der Kreisprozeß einer Kompressionskältemaschine im h,log p-Diagramm dargestellt. Dieser Kaltdampf-Kälteprozeß durchläuft folgende Zustandsänderungen:

- Verdichtung des trockenen Dampfes vom Druck p_0 auf p_C mit der Verdichtungsendtemperatur t_h und einer dementsprechend hohen Enthalpie (Energieinhalt).

- Abgabe der Überhitzungswärme sowie der Kondensationswärme mit einem Kondensator an ein geeignetes Medium (Umgebungsluft oder Warmwasser für Heizzwecke).

- Entspannung bei gleichbleibender Energie (h = konstant) von p_c auf p_0 im Expansionsorgan (dabei bereits teilweise Verdampfung).

- Verdampfung des Kältemittels bei der Temperatur t_0. Die hierfür erforderliche Verdampfungswärme wird dem zu kühlenden Medium (Kaltwasser oder Sole-Wasser-Gemisch) entzogen.

Dabei ist (h_1- h_4) die spezifische theoretische Kälteleistung und (h_2- h_1) die spezifische theoretische Antriebsleistung.

Das Betriebsverhalten einer Kältemaschine oder Wärmepumpenanlage ist jedoch nicht nur abhängig vom thermodynamischen Kreisprozeß. Ebenso wichtig sind die Energiebilanzen für die Massenströme auf der kalten und warmen Seite, mit den sich daraus ergebenden Temperaturdifferenzen, wie auch den Temperaturdifferenzen, die sich aus den installierten Wärmeaustauschflächen und den erreichbaren Wärmedurchgangszahlen ergeben. Darüber hinaus fließen auch die verschiedenen Wirkungsgradeinbußen zwischen der aufgenommenen elektrischen Antriebsleistung des Kompressors bis hin zur tatsächlich geleisteten Kompressionsarbeit mit ein. Eine Gesamtbilanz der Energieumsetzungen und der sich daraus ergebenden Temperaturdifferenzen, die für die Dimensionierung der Kälteanlage ausschlaggebend sind, ist in Bild 4.12.1 dargestellt.

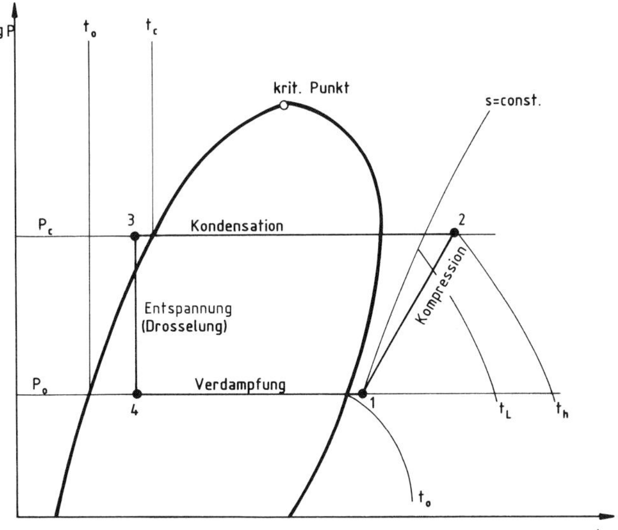

Bild 4.12
Einstufiger Kältedampfkompressionsprozeß

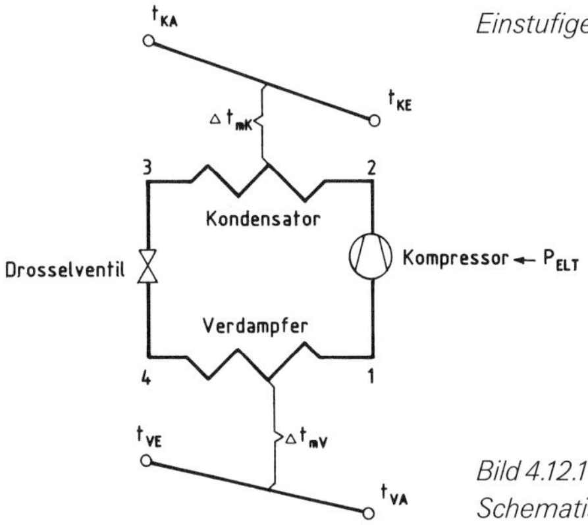

Bild 4.12.1
Schematische Darstellung des Kreisprozesses

4.2.1.3. Der Kreisprozeß der Absorptionsmaschine

Der im Verdampfer entstehende Kältemitteldampf wird hierbei nicht mechanisch verdichtet wie bei der Kompressionskältemaschine, sondern bei niedrigem Verdampfungsdruck von einem Lösungsmittel aufgenommen, „absorbiert". Die mit Kältemittel angereicherte Lösung wird durch eine Pumpe auf den höheren Verflüssigungsdruck gebracht und in einen Austreiber gefördert. Infolge von Wärmezufuhr, z.B. Dampf- oder Abgasbeheizung wird das Kältemittel wieder ausgetrieben (=ausgekocht). Übrig bleibt eine arme Lösung, die über ein Drosselorgan zum Absorber zurückströmt. Sie wird dort über Rohre verrieselt, um dem zu absorbierenden Kältemitteldampf eine große Oberfläche darzubieten und die freiwerdende Lösungswärme an das Kühlwasser abzugeben, das die Rohre durchströmt. Das ausgetriebene Kältemittel wird im Verflüssiger beim Druck p_c durch Wärmeabgabe an Kühlwasser oder Kühlluft verflüssigt. Nach der Drosselung im Expansionsorgan kann es im Verdampfer beim Druck p_0 unter der zugehörigen Verdampfungstemperatur t_0 Wärme aus dem zu kühlenden Medium aufnehmen. Der dabei entstehende Kältemitteldampf strömt zum Absorber, wo er vom Lösungsmittel wieder absorbiert wird.

In einer Absorptionsmaschine laufen somit zwei Kreisläufe ab, im Gegensatz zu einem Kreislauf bei der Kompressionsmaschine. Diese zwei Kreisläufe sind in Bild 4.13 dargestellt. Es ist dort eine andere Darstellungweise gewählt worden, um möglichst Geraden für die verschiedenen Lösungsmittelkonzentrationen zu erhalten. Die wesentliche Energiezufuhr erfolgt hier als thermische Energie im Austreiber, wogegen der Anteil der mechanisch eingebrachten Energie über die Lösungsmittelpumpe relativ klein ausfällt. Diese Lösungsmittelpumpe, die das Lösungsmittel von Verdampfungs- auf Verflüssigungsdruck fördert, ist das einzig bewegte Teil des Lösungskreislaufs.

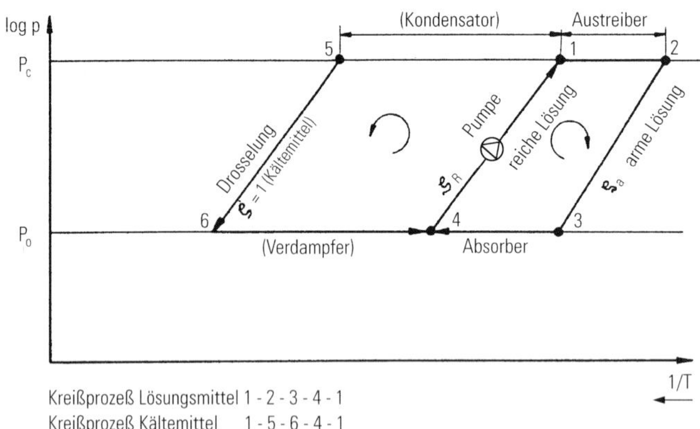

Bild 4.13
Einstufiger Absorptionsprozeß im log p 1/T Diagramm

Ähnlich wie beim Kompressionskreislauf ist auch für die Absorptionsmaschine in Bild 4.13.1 der Kreisprozeß mit den dazugehörenden Temperaturdifferenzen schematisch dargestellt (vergl. auch Bild 4.28).

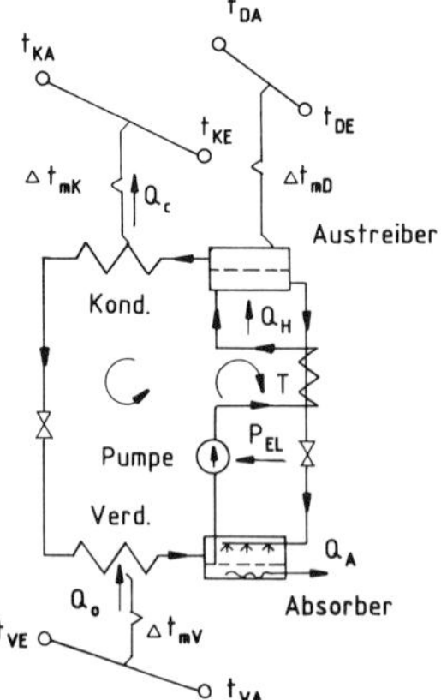

Bild 4.13.1
Schematische Darstellung des Kreisprozesses

4.2.1.4. Kältemittel

Als Kältemittel bezeichnet man den in Kälteanlagen umlaufenden Arbeitsstoff, dessen Zustandsänderungen den Kreisprozeß bestimmen. Wesentliche Kriterien für diese Stoffe ist ein günstiger Verlauf der Dampfdruckkurve sowie eine möglichst große volumetrische Kälteleistung, um den umlaufenden Kältemittelvolumenstrom und damit die Bauteile klein halten zu können. Die Dampfdruckkurven verschiedener Kältemittel sind in Bild 4.14, die volumetrische Kälteleistung derselben in Bild 4.15 dargestellt. Darüber hinaus sollten die Stoffe chemisch stabil sein, weder toxisch, explosiv noch brennbar. In Tabelle 4.1 sind die im Bereich der Klimatechnik üblichen Kältemittel unter Einbezug aller für ihren praktischen Einsatz wesentlichen Kenngrößen aufgelistet. In dieser Tabelle enthält:

Spalte 1:
die Relation des für eine gegebene Kälteleistung unter gegebenen Bedingungen erforderlichen effektiven Volumenstromes bezogen auf R 22 = 1,

Spalte 2:
die Relation des Preises je kg, bezogen auf R 12 = 1,

Spalte 3:
die Verwendung für V = Verdrängungsverdichter, T = Turboverdichter, A = Absorptionsanlage,

Spalte 4:
den Bereich der Verdampfungstemperatur, in dem dieses Kältemittel üblicherweise eingesetzt wird,

Spalte 5:
die höchste betriebsmäßige Verflüssigungstemperatur, die für dieses Kältemittel üblicherweise zugelassen wird,

Spalte 6:
den zu Spalte 5 korrespondierenden Überdruck im Verflüssiger,

Spalte 7:
die Zuordnung zu den Gruppen der UVV, VBG 20 (4/87). (H_2O fällt unter VBG 16 (Verdichter).

Ammoniak NH_3 wird bei Verwendung als Kältemittel auch mit R 717 bezeichnet.

In Bild 4.16 ist als Beispiel das h,log p-Diagramm für das Kältemittel R 22 dargestellt worden, um die tatsächlichen Drücke und Temperaturen sowie Energieinhalte eines derartigen Kältemittels darzulegen.

Der Einsatz der am meisten hier aufgeführten Kältemittel ist inzwischen verboten, da die Umweltschädigung durch FCKW's inzwischen nachgewiesen und unumstritten ist. Wenn auch von der gesamten FCKW-Produktion nur etwa 10 % als Kältemittel (und zwar in geschlossenen Kreisläufen) verwendet wurde - der überwiegende Teil wurde als Treibmittel in Spraydosen

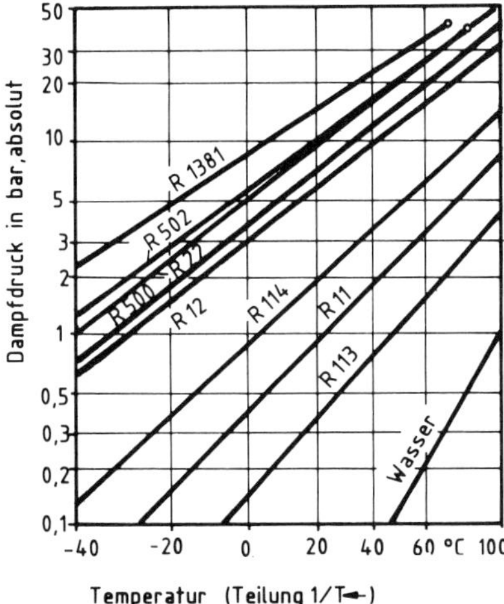

Bild 4.14
Dampfdruckkurven verschiedener Kältemittel

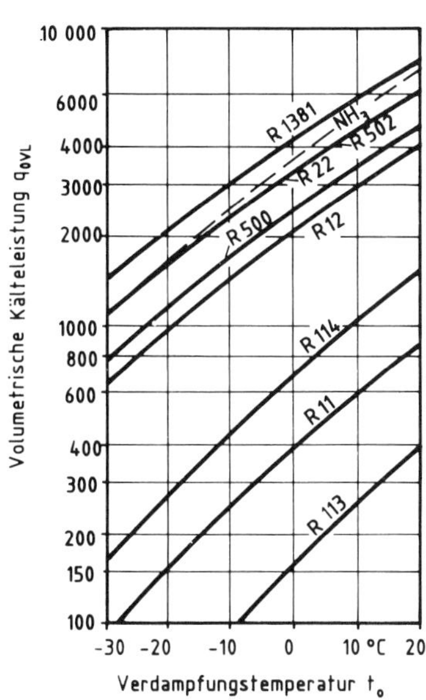

Bild 4.15
Theoretische volumetrische Kälteleistung q_{ovt} verschiedener Kältemittel bei 35°C vor dem Expansionsventil

	1	2	3	4	5	6	7
Bezeichnung	V_{eff} Relation	Preis Relation	Verwendung	Bereich t_o °C	Grenze t_c °C	Überdruck p_c bar	VBG 20
R 22	1,0	1,9	V, (T)	– 80/+10	60	23,0	1
R 12	1,6	1,0	V, T	– 40/+20	70	17,9	1
R 11	9,0	0,9	T	– 10/+30	80	4,3	1
R 502	1,0	2,8	V	– 60/+10	55	22,4	1
R 500	1,4	3,0	V	– 40/+20	65	19,0	1
R 113	22,5	2,0	T	– 10/+30	80	1,7	1
R 114	4,8	2,5	V, T	– 10/+30	100	13,2	1
R 13 B 1	0,8	5,0	V	–100/–40	30	17,2	1
NH_3 (R 717)	1,0	0,5	V, (T), A	– 60/+10	40	14,5	2
H_2O	300	0,1	(T), A	+ 1/+30	100	0	–

EINGESCHRÄNKT ODER NICHT MEHR ZULÄSSIG

1 effektiver Volumenstrom im Verhältnis zu R 22
2 Kosten des Kältemittels im Verhältnis zu R12
3 Anwendungsbereich des Kältemittels
(V = Verdrängungs- / T = Turboverdichter, A = Absorber)
4 Verdampfungstemperatur-Bereich
5 höchste Verflüssigungstemperatur
6 korresp. Überdruck im Verflüssiger
7 Kältemittelgruppe

Tabelle 4.1
Zum Teil gebräuchliche Kältemittel für die Klimatechnik (Stand 1991)

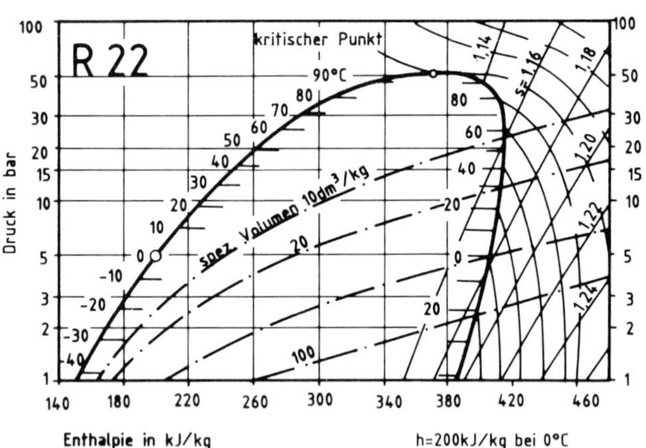

Bild 4.16
h, log p-Diagramm für R 22

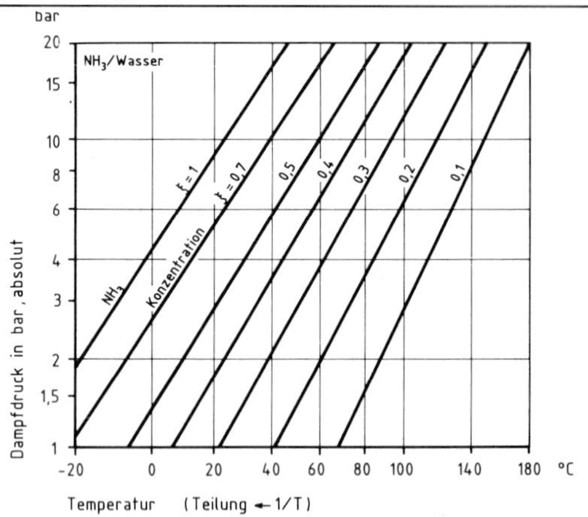

Bild 4.17
Arbeitsstoffpaar Ammoniak / Wasser im log p, 1/T-Diagramm

und Dämmschäumen sowie als Lösemittel verwendet – so muß doch der Umweltschutz beachtet werden.

Das Montreal-Protokoll der Vereinten Nationen von 1987 sieht bis 1994 eine Rücknahme der Verwendung von FCKW's auf 75 %, bis 1998 auf 50 % vor. Verschiedene europäische Regierungen haben darüber hinaus weitergehende Regelungen z.T. bereits beschlossen. Die Enquéte-Kommission der BRD hat im März 1989 die Rücknahme bis 1991 auf 50 %, bis 1993 auf 25 % und bis 1996 auf 5 % beschlossen. Die Umweltschädigung durch Kältemittel erfolgt durch zwei Effekte:

Einerseits verursacht FCKW als Spurengas in der Atmosphäre wie CO_2 den Treibhauseffekt. Obwohl mengenmäßig die Konzentration in der Erdatmosphäre von FCKW im Verhältnis zu CO_2 sehr klein ist, wirkt R 11 und R 12 gerade in den Frequenzbändern, in denen bisher die Wärmeabstrahlung noch möglich war. Das Treibhauspotential (RGE) einiger Kältemittel im Verhältnis zu CO_2 ist in Tabelle 4.2 angegeben. Zum anderen trägt FCKW-Kältemittel in der Stratosphäre wesentlich zu einer Verringerung der Ozonschicht bei. Diese schirmt die Erde gegen die harte UV-Strahlung der Sonne ab. Ein Anstieg der UV-Bestrahlung infolge Ozonabnahme kann zu Hautkrebs und Auswirkungen auf Tier- und Pflanzenwelt führen. Kennzeichnender Wert für die Gefährdung der Ozonschicht ist das Ozonabbaupotential (RODP). Der RODP-Wert wird für das meistverwendete R 11 = 100 % angesetzt. Die Werte anderer Kältemittel im Verhältnis zu R 11 zeigt ebenfalls Tabelle 4.2.

Der Einsatz des Kältemittels R 22 ist bis zum Jahr 2000 zulässig und kann im wesentlichen heute nur noch als Ersatzkältemittel angesehen werden. Das Kältemittel R 134a als Ersatz für R12 und R 22 wird zur Zeit im wesentlichen eingesetzt, da es alle Auflagen erfüllt.

Um langfristig sicher zugehen und einen positiven Beitrag zur Umwelt zu leisten, kann jederzeit auch Ammoniak (NH_3) als Kältemittel empfohlen werden. Die Nebenwirkungen dieses Kältemittels in Form von Verätzungen beim Einatmen erhöhter Konzentrationen, können durch Einhalten von bestehenden Unfallverhütungs-Vorschriften weitgehendst vermieden werden. Der langjährige Einsatz dieses Kältemittels in der industriellen Prozeßkälte ist ein gutes Beispiel hierfür.

In Bild 4.17 ist als Einsatzmittel für Absorptionsanlagen noch das dementsprechende Einsatzdiagramm für die Ammoniak-Wasser-Kombination dargestellt. Außerdem kommt in diesem speziellen Bereich noch als Arbeitsstoffpaar Wasser mit Lithiumbromid in Frage.

Zur Terminologie der verwendeten Begriffe FCKW, FKW sollen noch nachfolgende Erläuterungen gegeben werden: Kohlenwasserstoffe sind organische Verbindungen, die neben den zentralen Kohlenstoffatomen nur Wasserstoff im Molekül enthalten. Werden diese Wasserstoffatome ganz oder teilweise durch die Halogene Fluor, Chlor, Brom oder Jod ersetzt, spricht man von Halogenkohlenwasserstoffen. Diejenigen von ihnen, die das Halogen Fluor enthalten, spielen in der Kältetechnik als Kältemittel und Hartschaum-Isolierzellgas eine entscheidende Rolle.

Gruppe	Kurzzeichen DIN 8962	chemische Formel	Siedepunkt °C	RODP [1]	RGE [2]	Lebensdauer Jahre [3]	Verwendung
FCKW	R 11	CCl_3F	+23,8	1,0	0,4	50...80	Treibmittel, Reinigungsmittel, Kältemittel
	R 12	CCl_2F_2	−29,8	0,9	1	[illegible]	Treibmittel, Kältemittel
	R 13	$CClF_3$	−81,5	0,45	[illegible]	~400	Kältemittel
	R 113	$C_2Cl_3F_3$	+47,6	0,8	0,3...0,8	[illegible]	Reinigungsmittel, (Kältemittel)
	R 114	$C_2Cl_2F_4$	+3,6	0,6	0,5...1,5	200...300	Kältemittel
	R 115	C_2ClF_5	[illegible]	[illegible]	[illegible]		Kältemittel (in R 502)
Azeotrope	R 500	74% R 12 + 26% R 152	−33,5	0,63			Kältemittel
	R 502	49% R 22 + 51% R 115	−45,6	0,19	0,5...1,5		Kältemittel
HFCKW	R 22	$CHClF_2$	−40,8	0,05	0,07	16...22	Kältemittel bis Jahr 2000
	R 123	$C_2HCl_2F_3$	+27,1	0,02			in Entwicklung als Ersatz für R 11
HFKW	R 23	CHF_3	−82,0	0			in Entwicklung als Ersatz für R 13)
	R 134a	$C_2H_2F_4$	−26,5	0	<0,1		als Ersatz für R 12 /22
	R 152a	$C_2H_4F_2$	−24,7	0	<0,1		Kältemittel (in R 500)
Ammoniak	R 717	NH_3	−33,4	0		–	chemische Industrie, Kältemittel

EINGESCHRÄNKT- ODER NICHT MEHR ZULÄSSIG

[1] RODP = Relativ Ozon Depletion Potential = Ozonabbaupotential im Verhältnis zu R 11.
[2] RGE = Relativ Greenhouse Effect = Treibhauspotential im Verhältnis zu CO_2.
[3] Lebensdauer τ nach Abklingen der Anfangskonzentration auf 1/e = 37% nach Emissionsstop.

Tabelle 4.2
Ozongefährdung, Treibhauseffekt, Lebensdauer verschiedener Kältemittel

Nach DIN 8962 werden für die Verwendung dieser Fluorchlorkohlenwasserstoffe in der Kältetechnik die sich aus der atomaren Zusammensetzung ergebenden Zahlen mit einem Vorsatz „R" für „Refrigerant" (Kältemittel) versehen. Für die Anwendungen in anderen Bereichen (z.B. Aerosolindustrie, Kunststoffschäume, Reinigungs- und Lösungsmittel) hat sich jedoch als Vorsatz eine Kombination der in der Bezeichnung Fluorchlorkohlenwasserstoffe vorkommenden Buchstaben eingebürgert, ursprünglich FKW. Da sich die Fluorchlorkohlenwasserstoffe jedoch in bezug auf die vermutete Ozongefährdung völlig unterschiedlich verhalten, je nachdem ob sie zusätzlich Wasserstoffatome enthalten oder keinen Chloranteil besitzen, werden hier folgende Bezeichnungen gewählt:

FCKW:
Fluorchlorkohlenwasserstoffe, die immer Fluor und Chlor im Molekül enthalten, jedoch keinen Wasserstoff. Sie werden auch als „vollhalogenierte" Kohlenwasserstoffe bezeichnet, weil in diesen Molekülen alle Wasserstoffatome durch Halogene (Fluor, Chlor, Brom oder Jod) ersetzt sind. Diese Verbindungsgruppe ist chemisch und thermisch sehr stabil. Sie kann daher nach der Ozontheorie unverändert durch die Troposphäre diffundieren und dann in der Stratosphäre wegen des im Molekül enthaltenen Chlors dort zum Abbau des Ozons beitragen.

FKW:
Fluorkohlenwasserstoffe, die als Halogen nur Fluor im Molekül enthalten. Sie sind ebenfalls wasserstofffrei, also vollhalogniert, und daher desgleichen chemisch und thermisch sehr stabil. Da sie jedoch kein Chlor enthalten, haben sie keinen Einfluß auf den Ozonabbau.

H-FCKW:
Hydrogenfluorchlorkohlenwasserstoffe. Sie enthalten mindestens ein Wasserstoffatom im Molekül und werden daher auch als „teilhalogeniert" bezeichnet. Sie besitzen im Vergleich zu den vollhalogenierten Fluorchlorkohlenwasserstoffen eine geringere chemische Stabilität und werden daher in der Troposphäre bereits deutlich abgebaut. Daher ist ihr Einfluß auf den Ozonabbau in der Stratosphäre nur von untergeordneter Bedeutung.

H-FKW:
Hydrogenfluorkohlenwasserstoffe. Sie enthalten ebenfalls mindestens ein Wasserstoffatom im Molekül, als Halogen nur noch Fluor. Da sie kein Halogen Chlor mehr besitzen, haben sie wie die FKW keinen Einfluß auf den Ozonabbau.

Diese Abkürzungen gehören nicht zu einer nationalen oder internationalen Nomenklatur, haben sich aber bereits im deutschen Sprachraum eingebürgert oder sollen sich einbürgern, um damit die völlig unterschiedlichen Auswirkungen auf den vermuteten Ozonabbau klarzustellen. Es sei nochmals betont, daß demzufolge nur die FCKW die Ozonschicht beeinträchtigen können, sofern sich die Ozontheorien bewahrheiten.

4.2.2. Kältemaschinen

Wie bereits zuvor festgestellt, wird der Kompressions-Kälteprozeß für die Erzeugung von Kälteenergie am häufigsten eingesetzt.

Die prinzipielle Wirkungsweise einer Kältemaschine mit Kompressor veranschaulicht das Bild 4.18.

Der Kompressor saugt das Kältemittel als Kaltdampf an und verdichtet es (Kolbenverdichter/Schraubenverdichter). Dadurch wird das Kältemittel überhitzt und als überhitzter Kältemitteldampf durch eine Leitung, in der ein Ölabscheider eingesetzt ist, der die vom Kompressor herrührenden Ölrückstände abscheidet, zum Kondensator gedrückt. Im Kondensator wird der überhitzte Kältemitteldampf kondensiert, weil das Kältemittel im Gegenstrom mit Kühlwasser oder Luft gekühlt und somit dem Kältemittel Wärme entzogen wird.Nach dem Austritt aus dem Kondensator wird das kondensierte Kältemittel durch einen Trockner, der Wasser ausscheidet und anschließend durch ein Expansionsventil geleitet, das die Aufgabe hat, den hohen Druck des Kältemittels auf den Verdampfungsdruck herabzusetzen. Dabei verdampft bereits ein Teil des Kältemittels bei gleichbleibendem Wärmeinhalt. Im Verdampfer nimmt das Kältemittel Wärme aus dem zu kühlenden Medium (z.B. Wasser) auf, damit es vollständig verdampfen kann.

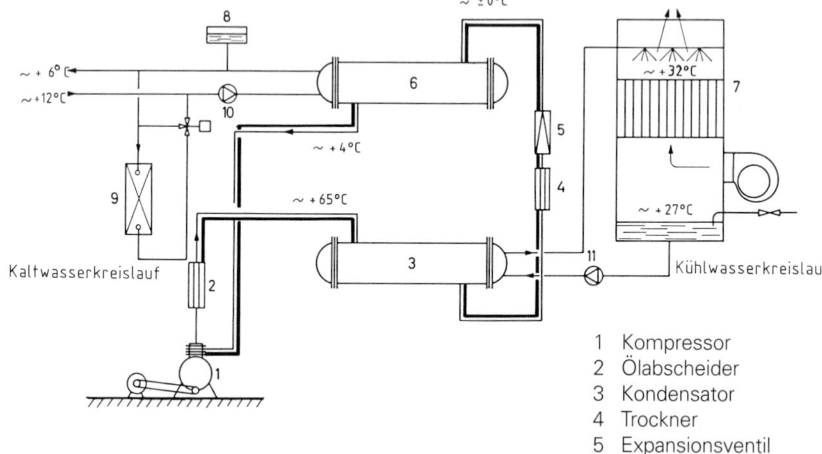

Bild 4.18
Schematischer Aufbau einer Kälteanlage mit Kolbenkompressor und angenäherte Temperaturangaben beim Kälteprozeß

1 Kompressor
2 Ölabscheider
3 Kondensator
4 Trockner
5 Expansionsventil
6 Verdampfer
7 Rückkühlwerk
8 Schrumpfgefäß
9 Kühler
10 Kaltwasserpumpe
11 Kühlwasserpumpe

Im gezeigten Beispiel ist der Verdampfer ein Röhrenkesselwärmeaustauscher, durch den das zu kühlende Wasser (Kaltwasser zur Kühlung) im Gegenstrom zum Kältemittel fließt. Nachdem das Kältemittel verdampft ist, wird es wiederum vom Kompressor angesaugt und verdichtet und der beschriebene Kreislauf beginnt von neuem. Bild 4.19 zeigt einen Spiralverdichter (Scroll-Kompressor) im Schnitt, Bild 4.20 die Funktionsweise desselben.

4.2.2.1. Kompressions-Kältemaschinen mit Spiralverdichter

Wie aus Bild 4.19 gut erkennbar ist, befindet sich im unteren Teil des Kompressors der Elektromotor, im oberen Teil der Spiralverdichter. Im unteren, linken Bildteil erkennt man gut die Anschlußleitung für den Kältemitteleintritt (gasförmig) und im oberen Gehäuseteil den Kältemittelaustritt nach der Verdichtung. Der gesamte Kältekompressor ist hermetisch abgekapselt und wird mit dem Kältemittel gekühlt, das heißt, das Kältemittel strömt um den Elektromotor herum zum Verdichter, um hier wiederum aus dem Gehäuse herausgedrückt zu werden.

In Bild 4.20 ist gut erkennbar, wie anfänglich der Kältemitteldampf angesaugt wird und durch die innere, rotierende Spirale der Kältemitteldampf zunehmend verdichtet und aus dem Gehäuse herausgedrückt wird. Durch die ineinander kämmenden Spiralen wird das Kältemittel verdichtet und aus dem Gehäuse in die Leitung zum Kondensator gedrückt. Der Vorteil des Scrollverdichters gegenüber Kolbenverdichtern liegt darin, daß nur drehende Bewegungen erfolgen und eine stetige Förderung mit hoher Laufruhe einhergeht. Weiterhin sind keine Ventile notwendig und das Teillastverhalten liegt in einem sehr günstigen Bereich.

4

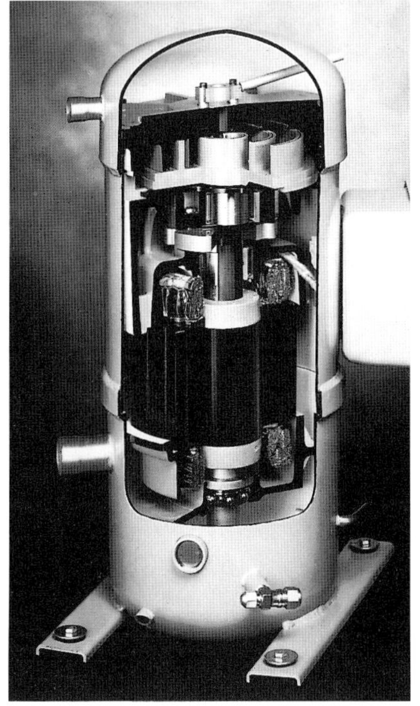

Bild 4.19
Scroll-Kompressor

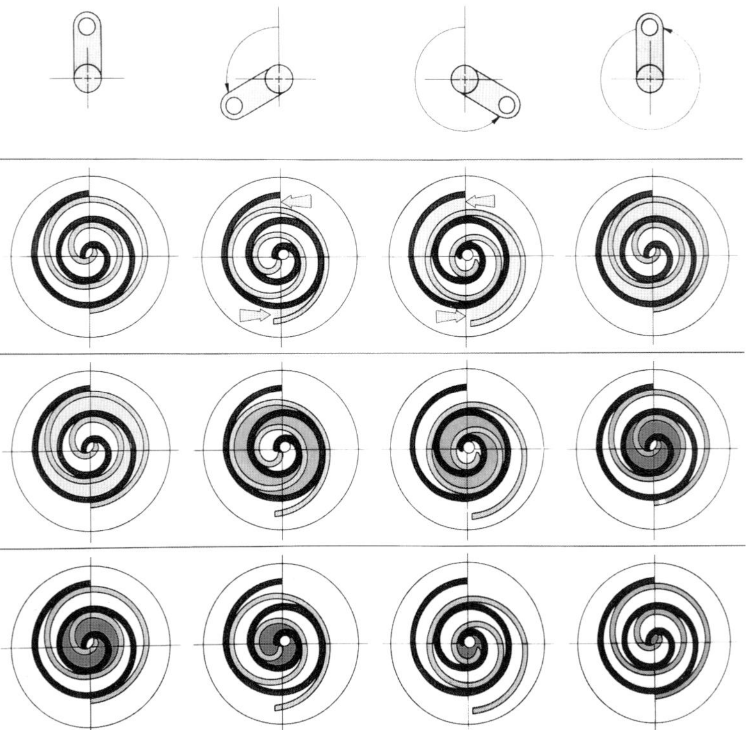

Bild 4.20
Funktionsweise eines Spiralverdichters

4.2.2.2.
Kompressions-Kältemaschinen mit Kolbenverdichter

Beim Kolbenverdichter bzw. Hubkolbenverdichter erfolgt die Verdichtung durch in Zylindern hin und her laufende Kolben in Verbindung mit Öffnungs- und Schließventilen, wie wir es vom Automotor her kennen. Bild 4.21 zeigt den Schnitt durch einen Hubkolbenverdichter. Bei diesem Hubkolbenverdichter tritt der Kältemitteldampf auf der linken Seite der Maschine ein, umströmt wiederum den Elektromotor und kühlt diesen. Der Elektromotor bewegt über eine Kurbelwelle im gezeigten Beispiel zwei Kolben, die in den Zylindern laufen. Die Kolben saugen über ein Einlaßventil den Kältemitteldampf in den Zylinder und verdichten ihn anschließend.

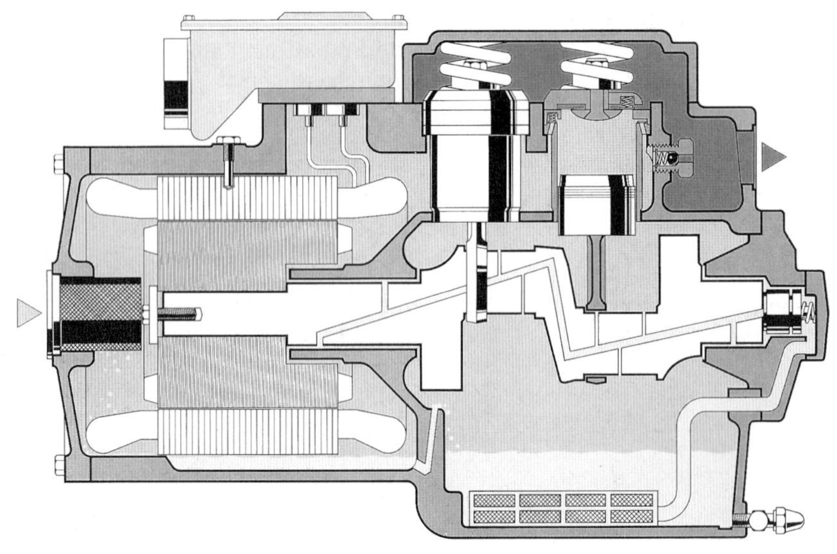

Bild 4.21
Hubkolbenverdichter Baureihe CRHR (Firma Trane)

Hubkolbenverdichter sind die am häufigsten eingesetzten Verdichter bei Kältemaschinen und es liegen bei ihnen die längsten Betriebserfahrungen vor. Gleichwohl haben sie gegenüber Schrauben- oder Spiralverdichtern Nachteile, die darin liegen, daß der Liefergrad („Wirkungsgrad") etwas geringer ist, als bei den Schraubenverdichtern und die Maschine selbst höheren Beanspruchungen ausgesetzt ist infolge der hin und her gehenden Bewegungen der Kolben.

Bild 4.22 zeigt eine Hubkolbenkältemaschine mit dem Kompressorteil, dem darunterliegenden Verdampfer sowie obenliegenden, getrennten Kondensatoren. In diesem Bild gut erkennbar sind auf der linken Seite die stark isolierten Kaltwasserleitungen sowie links unten das Schrumpfgefäß zur Kompensation der (temperaturabhängig) unterschiedlichen Wasservolumina im Kaltwasserkreislauf. Bild 4.23 zeigt eine Kältemaschine in Kompaktbauweise auf einem

Bild 4.22
Hubkolbenkältemaschine mit getrennten Kondensatorkreisläufen

Grundrahmen mit drei Kolbenkompressoren für die Kaltwassererzeugung. Diese Maschine ist sehr typisch für den Einsatz bis zu einer Kälteleistung von 400 bis 450kW, wobei die Leistungsstufung durch Ab- und Hinzuschalten einzelner Kolbenverdichter erfolgt.

Bild 4.23
Kältemaschine mit Kolbenkompressor für Kaltwasseraufbereitung (Bild Carrier)

4.2.2.3. Kompressions-Kältemaschinen mit Turboverdichtern

Bei Kälteleistungen von mehr als ca. 450 bis 500 kW werden in der Regel Kompressions-Kältemaschinen mit Turboverdichtern eingesetzt (Turbokältemaschinen).

Bei Turboverdichtern erfolgt die Kältemittelverdichtung durch eine ein- oder zweistufige Turbine, Bild 4.24.

Der Elektromotor der Kältemaschine treibt über ein Getriebe einen Turboverdichter an, wobei die Verdichtung des Gasstromes im Laufrad durch die Beschleunigung des Gasstromes erfolgt. Die Umsetzung der kinetischen Strömungsenergie in eine Druckerhöhung erfolgt im nachgeschalteten Diffusor.

Der in Bild 4.24 gezeigte Turboverdichter ist hermetisch gekapselt und wird wiederum durch Kältemittel gekühlt.

Die Leistungsregelung der Turboverdichter erfolgt entweder infolge Drehzahlregelung (Antrieb über Frequenzumwandler), Vordrallregelung (verstellbare Leitschaufel vor dem Laufradeintritt) oder Diffusorregelung (verstellbare Schaufeln im Diffusor). Eine weitere Form der Leistungsregelung ist die Heißgas-Bypaß-Regelung, wobei der Bypaß durch ein Überströmventil zwischen Druck- und Saugseite der Turbine gebildet wird.

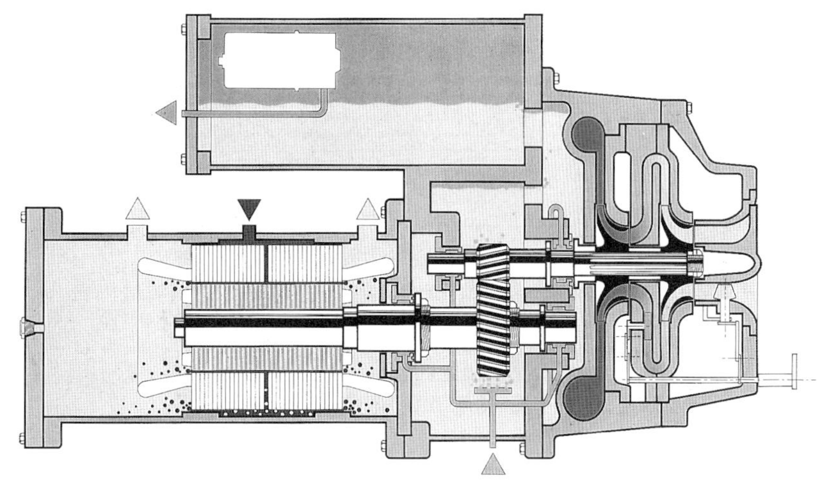

Bild 4.24
Hermetischer Turboverdichter Baureihe CCGB (Firma Trane)

Turboverdichter werden im Kälteleistungsbereich von 300 kW bis 30 MW gebaut, wobei Bild 4.25 eine Kältemaschine mit hermetischem Turbokompressor großer Bauart zeigt. In diesem Bild gut erkennbar ist im unteren Teil der Verdampfer, aus dem das Kältemittel in die Turbine gesaugt wird und der darüber liegende Kondensator, der druckseitig an die Turbine angeschlossen ist. Sehr gut erkennt man in diesem Bild auch bereits die Anschlüsse der Kühlwasser- und Kaltwasserkreisläufe an Verdampfer und Kondensator.

Bild 4.26 zeigt nochmals das gesamte Zusammenspiel einer Turbokältemaschine mit Verdampfer und angeschlossenem Kaltwasserkreislauf sowie Kondensator mit angeschlossenem Kühlkreislauf.

Bild 4.25
Kältemaschine mit hermetischem Turbokompressor (Bild Carrier)

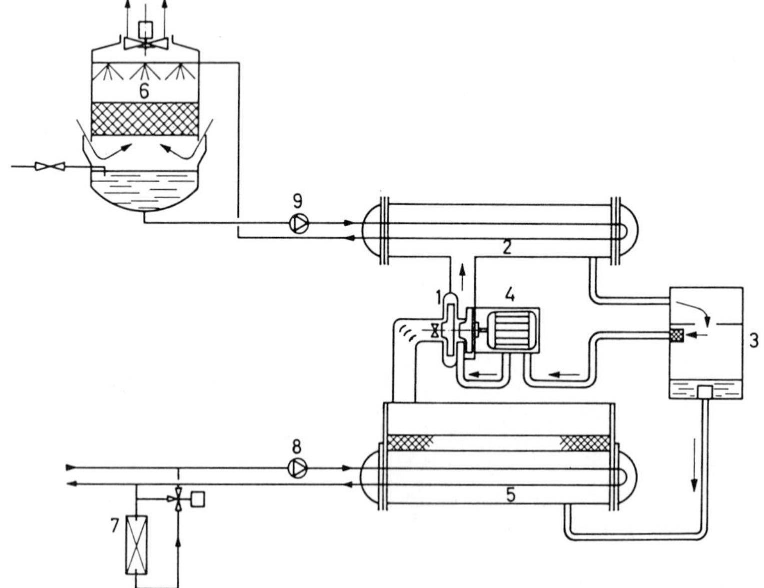

1 Zweistufiger Turbokompressor
2 Kondensator
3 Economiser
4 Kompressormotor
5 Verdampfer
6 Rückkühlwerk
7 Luftkühler
8 Kaltwasserpumpe
9 Kühlwasserpumpe

Bild 4.26
Schematischer Aufbau einer Kälteanlage mit Turbokompressor

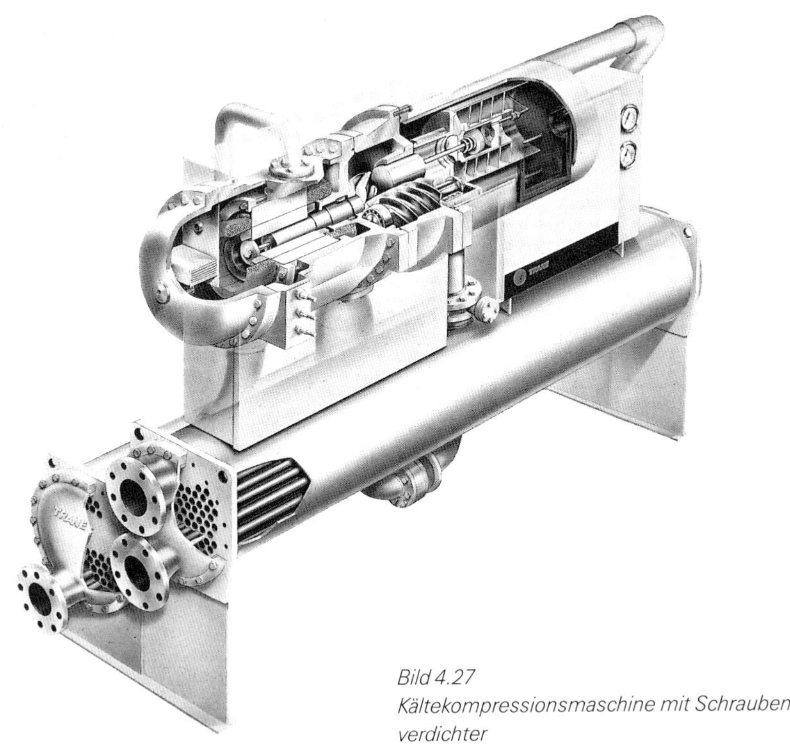

Bild 4.27
Kältekompressionsmaschine mit Schraubenverdichter

Bild 4.29
Absorptionsmaschine (Bild Carrier)

4.2.2.4. Kompressions-Kältemaschinen mit Schraubenverdichtern

Bild 4.27 zeigt eine Kältemaschine mit Kondensator und Verdampfer sowie dem aufgesetzten Motor mit Schraubenverdichter in hermetischer Bauweise. Beim Schraubenverdichter erfolgt die Verdichtung durch ineinandergreifende, schraubenartige Walzen. Durch die sich verengenden Schraubenzwischenräume entsteht in axialer Richtung eine Verdichtung des Kältemittels. Schraubenverdichter haben den Vorteil, daß aufgrund einer intensiven Ölkühlung eine geringere Erwärmung bei der Verdichtung und somit eine niedrigere Verdichtungstemperatur entsteht. Der Vorteil der Schraubenverdichter ist wie bei den Spiralverdichtern, wobei bei größeren Schraubenverdichtern oft über einen zusätzlichen Saugstutzen eine Absaugung eines Kältemittelteilstromes beim Mitteldruck über den Economiser (Wärmeaustauscher) erfolgt und durch diese zusätzliche Unterkühlung des Kältemittels eine größere Kälteleistung gewonnen werden kann (vergl. Bild 4.26).

Zusätzlich zu den aufgeführten Verdichtungsformen werden noch Rollkolben- und Drehkolbenverdichter in geringem Umfange eingesetzt.

4.2.2.5. Absorptions-Kältemaschinen

Der Kreisprozeß der Absorptions-Kältemaschine, Bild 4.28, weist aus, daß zum Betrieb im Austreiber Dampf- oder Heißwasser benötigt wird. Daher werden Absorptions-Kältemaschinen nur dort eingesetzt, wo während der Kühlperiode billige Wärmeenergie (Industriedampf/Abwärme einer Blockheizkraftwerk-Anlage usw.) zur Verfügung steht. Dies ist der Grund, daß Absorptions-Kältemaschinen, obwohl

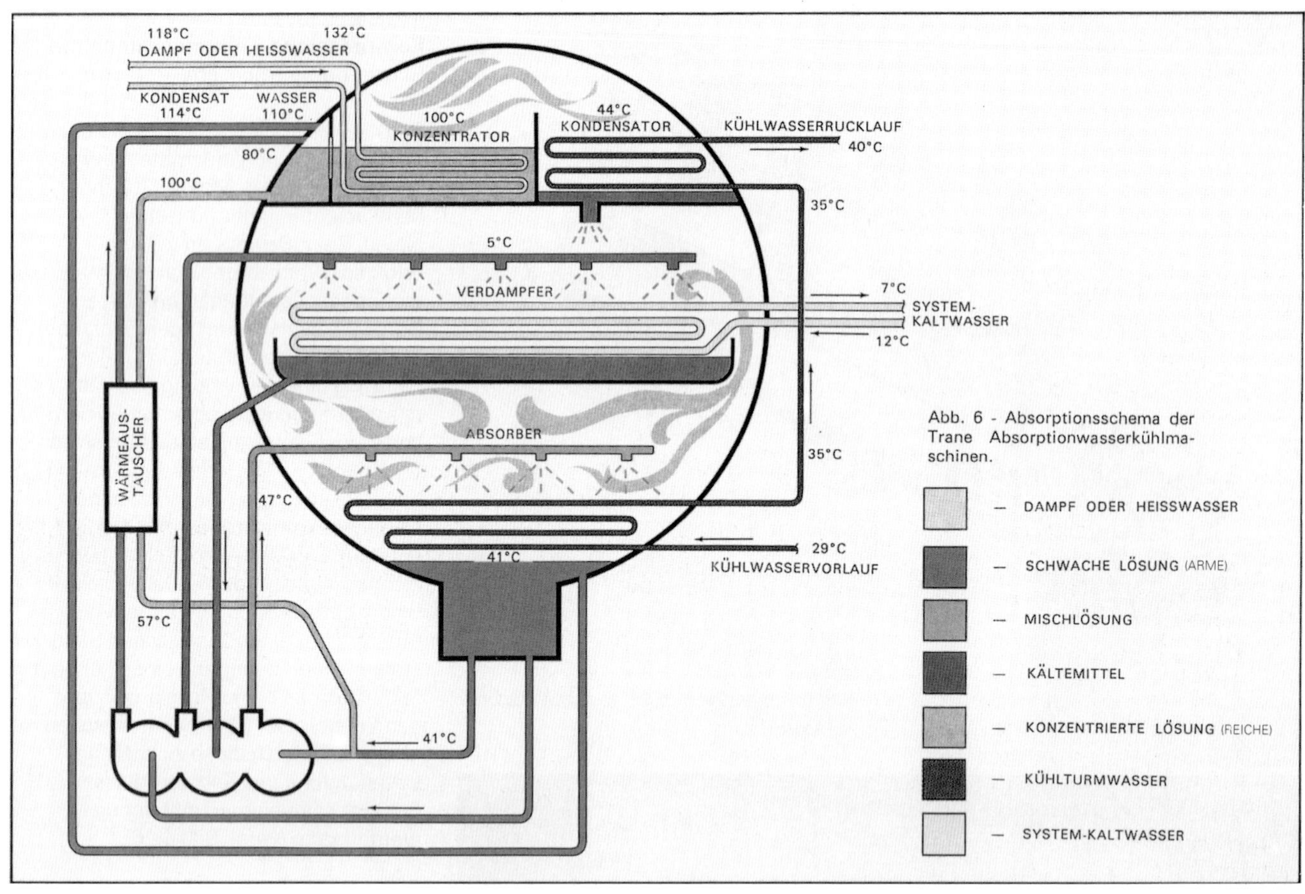

Bild 4.28
Prinzip des Kreislaufs einer Absorptionskältemaschine

sie nur sehr geringe, elektrische Anschlußleistungen besitzen und somit einen geringen elektrischen Energiebedarf haben, nur bedingt zum Einsatz kommen. Die Absorptions-Kältemaschine besteht aus sechs wesentlichen Komponenten, die im Bild 4.28 und an der Maschine selbst (Bild 4.29) gut ablesbar sind. Diese Anlagenkomponenten sind:

- Absorber
  (unterer Teil des unteren Kessels)
- Verdampfer
  (oberer Teil des unteren Kessels)
- Konzentrator
  (oberer Kessel) (= Austreiber)
- Kondensator
  (oberer Kessel)
- Lösungsmittelpumpe
  (Konzentrator/Lösungsmittelpumpen)
- Wärmeaustauscher

Absorptionskältemaschinen besitzen keine Verdichter, wie bei den Kompressionskältemaschinen, da, wie bereits beschrieben, der Kälteprozeß auf thermischem Wege abläuft. Sie haben daher den großen Vorteil, daß sie schwingungsarm und annähernd geräuschfrei arbeiten, jedoch infolge der notwendigen Tankvolumina sehr groß aufbauen.

4.3. WÄRMEPUMPENGERÄTE

Werden Kältemaschinen gleichzeitig auch zur Wärmeerzeugung herangezogen, so bezeichnet man sie als Wärmepumpen. Wärmepumpen können motorisch angetrieben werden mit elektrischer Energie, Gas oder Öl, ggf. auch über Dampfturbinen (Großanlagen). Da im Kapitel 1.8 in kurzer Form bereits das Wärmepumpensystem erläutert wurde, soll hier nochmals auf die zugehörigen Wärmepumpengeräte eingegangen werden (einschränkend elektrisch angetrieben), da auch hier der Markt eine sehr große Palette von Möglichkeiten anbietet. Die nachfolgend dargestellten Beispiele sind somit nur ein kleiner Ausschnitt des Gesamt-Spektrums. Gleichermaßen wird bei den nachfolgenden Erläuterungen der Wärmeaustausch auf Wasser-Wasser, Wasser-Luft und Luft-Wasser eingeschränkt, da er der am häufigsten vorkommende ist, während Wärmeaustausch über Solaranlagen, Absorberdächer, Erdreich usw. nur bei Kleinobjekten und relativ selten vorkommt.

4.3.1. Wärmepumpengerät, Wasser-Wasser-Austausch

Nachfolgend sollen einige Wärmepumpengeräte mit vereinfachten Kreisläufen dargestellt werden, wobei Kälteleistungen, Leistungsaufnahmen, Heizleistungen, Leistungszahlen und Abmessungen sowie das Betriebsgewicht beispielhaft angegeben wird.

Bild 4.30 zeigt eine serienmäßige Wasser-Wasser-Wärmepumpe mit Kolbenverdichtern in halbhermetischer Bauart. Gut erkennbar auf dem Bild ist der Antriebsmotor mit Kolbenverdichter sowie ein Rohrbündel-Durchlaufkühler, wärmedämmend isoliert und die Schalt- und Steuertafel mit allen zum Betrieb erforderlichen Schalt-, Regel-, und Sicherheitsorganen. Die schematische Darstellung zeigt den Kältekreislauf, ausgehend vom Kompressor zum Kondensator, den Wärmeaustausch durch Brauch- oder Warmwasser, das Rückfließen des Kältemittels zum Verdampfer, wo entweder dem Kaltwasserverbraucher die Verdampfungswärme entzogen oder aber eine Energiequelle (Oberflächenwasser/-Grundwasser) entwärmt wird.

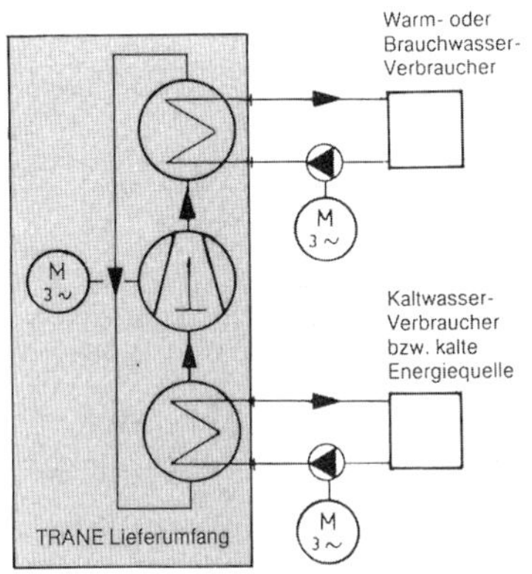

Bild 4.30
Wärmepumpen Wasser-Wasser, Baureihen LCG und CGWA (Firma Trane)

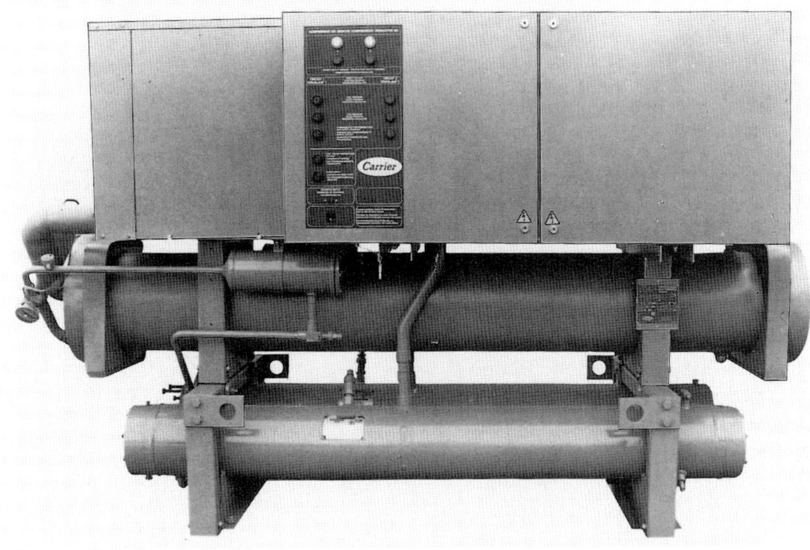

	Modell	Kälteleistung	Leistungs-aufnahme	Heizleistung	Leistungs-zahl	Abmessungen mm			Betriebs-gewicht
		kW	kW	kW		L	B	H	kg
Maschinen mit einem Kältekreis	LCG 101 M	44.0	14.1	58.1	4.1	1870	710	1170	550
	LCG 102 M	56.6	17.9	74.5	4.1	1870	710	1170	570
	LCG 103 M	69.6	21.1	90.7	4.3	2090	710	1170	620
	LCG 104 M	84.0	26.4	110.4	4.2	2160	790	1220	720
	LCG 105 F	103.0	30.9	133.9	4.3	2160	830	1220	850
	LCG 106 E	134.3	39.0	173.3	4.4	2230	1010	1420	1300
	LCG 107 E	170.1	47.3	217.4	4.6	2400	1010	1420	1480
	LCG 108 E	199.3	59.5	258.8	4.3	2420	1010	1420	1510
	LCG 109 E	266.5	75.3	341.8	4.5	2850	1070	1520	1980
Maschinen mit zwei Kältekreisen	LCG 206 M	139.2	42.2	181.4	4.3	2410	1020	1300	1380
	LCG 207 M	168.0	52.7	220.7	4.2	2480	1040	1300	1470
	LCG 208 F	205.6	61.7	267.3	4.3	2670	1040	1320	1850
	LCG 209 E	265.1	77.7	342.8	4.4	2850	1170	1550	2640
	LCG 211 E	339.9	94.6	434.5	4.6	2850	1170	1550	2810
	LCG 213 E	393.4	119.0	512.4	4.3	2880	1170	1550	2950
	CGWA 214 E	474.0	135.2	609.2	4.5	4045	1370	1690	3510
	CGWA 215 E	547.4	150.2	697.6	4.6	4045	1370	1690	3730

1) Daten bezogen auf Kaltwasser 12/7° C, Warmwasser 35/40° C. Maschinen mit Wärmeaustauschern in Nominalgröße.
2) Alle Baugrößen mit halbhermetischen Verdichtern. Baugrößen 106 bis 109 serienmäßig auch mit Verdichtern offener Bauart lieferbar. Andere Baugrößen auf Anfrage.

Tabelle 4.3
Leistungsdaten

Die in der Tabelle 4.3 angegebene Leistungszahl (oder auch Heizzahl) gibt das Verhältnis der im Kondensator abgegebenen Heizleistung zur Verdichterleistung an. Wie die Tabelle ausweist, liegen die Leistungszahlen im Bereich von 4 bis 4,5. Bild 4.31 zeigt eine Wärmepumpe, Wasser-Wasser, mit hermetischer, zweistufiger Turboverdichtung und stufenloser Leistungsregulierung. Wiederum gut erkennbar sind die Rohrbündelverflüssiger (Kondensator) und Rohrbündelverdampfer sowie weiterhin der Economiser, die Steuertafel mit elektronischer Regelung und dem zugehörigen Grundrahmen zur Aufnahme der gesamten Maschineneinheit.

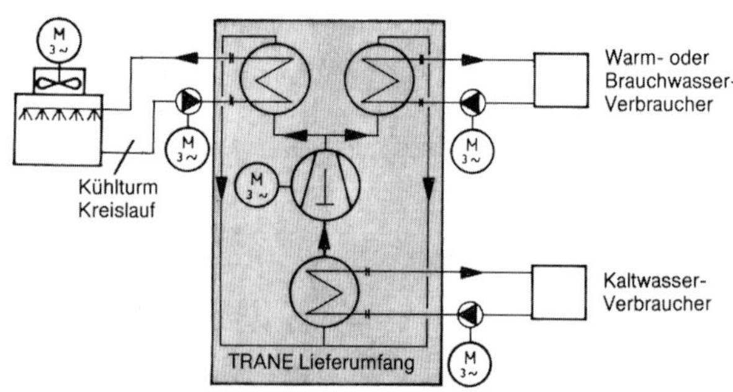

zu Bild 4.32
Schematische Darstellung

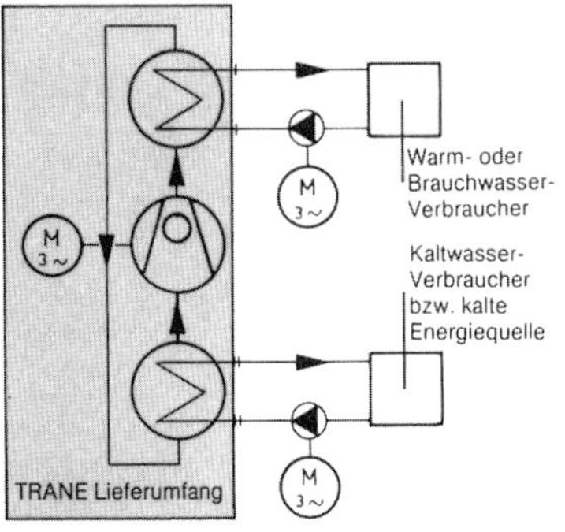

Bild 4.31
Wärmepumpen Wasser-Wasser, Baureihe CVGA (Firma Trane)

4

Diese Wärmepumpe ist in der Lage, Warmwasser je nach Betriebsbedingungen von 38 bis 48°C zu liefern. In Tabelle 4.4 sind die wesentlichen, technischen Daten der Wärmepumpe angegeben.

Bild 4.32 zeigt eine Wärmepumpe, Wasser-Wasser, mit halbhermetischen Kolbenverdichtern und zwei parallel geschalteten, wassergekühlten Kondensatoren, die einmal der Wärmeabfuhr zum Kühlturm und weiterhin zur Wärmeerzeugung (Warmwasser etwa 50°C) dienen. Im unteren Teil der Maschine erkennt man den Verdampfer. Die Heizleistung, Leistungsaufnahme und Leistungszahl sowie die Abmessungen und die Betriebsgewichte sind ähnlich wie in Tabelle 4.3 angegeben.

Bild 4.32
Wärmepumpe Wasser-Wasser, Baureihe CGHA (Firma Trane)

Modell	Kälteleistung kW	Leistungsaufnahme kW	Heizleistung kW	Leistungszahl	Abmessungen mm			Betriebsgewicht kg
					L	B	H	
CVGA 015	464	126	590	4.7	4450	1280	1800	3800
CVGA 017	555	148	703	4.7	4450	1280	1800	3910
CVGA 020	643	164	807	4.9	4450	1280	1800	4100
CVGA 023	755	206	961	4.7	4450	1365	1880	4260
CVGA 026	893	234	1127	4.8	4450	1365	1880	4520
CVGA 030	994	260	1254	4.8	4450	1365	1880	4860
CVGA 034	1156	286	1442	5.0	4450	1520	2200	6210
CVGA 039	1290	322	1612	5.0	4450	1520	2200	6510
CVGA 045	1465	373	1838	4.92	4450	1520	2200	6760

1) Daten bezogen auf Kaltwasser 12/7° C, Warmwasser 35/40° C. Maschinen mit Komponenten in Nominalgröße.

Tabelle 4.4 Leistungsdaten

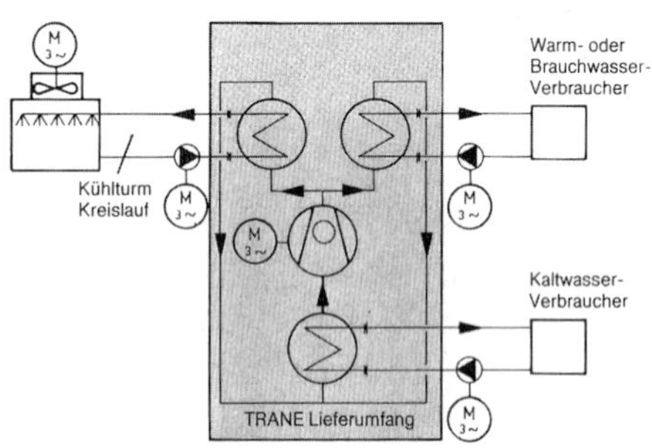

Bild 4.33
Wärmepumpe Wasser-Wasser, Baureihe CVGA-HR (Firma Trane)

Bild 4.33 zeigt eine Turbowasserkühlmaschine mit zwei parallel geschalteten Kondensatoren, wovon einer wiederum der Wärmeabfuhr (Kühlturm) dann dient, wenn über den zweiten Kondensator keine Wärmeenergie abgegeben werden kann (kein Bedarf an Warm- oder Brauchwasser). Im unteren Bereich der Maschine erkennt man den Verdampfer zum Anschluß an das Kaltwassernetz oder an Oberflächen- oder Grundwasser, um diesen Wärmeenergie zu entziehen.

Bei dieser Maschine, vergl. Tabelle 4.5, liegen die Leistungszahl um etwa 0,5 höher als bei der Wärmepumpe mit Kolbenverdichtern und in etwa gleich wie bei der bereits gezeigten Turbo-Kältemaschine gemäß Bild 4.31.

Modell	Kälte-leistung kW	Leistungs-aufnahme kW	Heizleistung kW	Leistungs-zahl	Abmessungen mm L	B	H	Betriebs-gewicht kg
CVGA 015 HR	464	126	590	4.7	4450	1960	1800	5340
CVGA 017 HR	555	148	703	4.7	4450	1960	1800	5550
CVGA 020 HR	643	164	807	4.9	4450	1960	1800	5840
CVGA 023 HR	755	206	961	4.7	4450	2080	1880	6100
CVGA 026 HR	893	234	1127	4.8	4450	2080	1880	6400
CVGA 030 HR	994	260	1254	4.8	4450	2080	1880	6750
CVGA 034 HR	1156	286	1442	5.0	4450	2250	2200	8700
CVGA 039 HR	1290	322	1612	5.0	4450	2250	2200	9000
CVGA 045 HR	1465	373	1838	4.92	4450	2250	2200	9300

1) Daten bezogen auf Kaltwasser 12/7°C, Warmwasser 35/40° C. Maschinen mit Komponenten in Nominalgröße.

Tabelle 4.5 Leistungsdaten

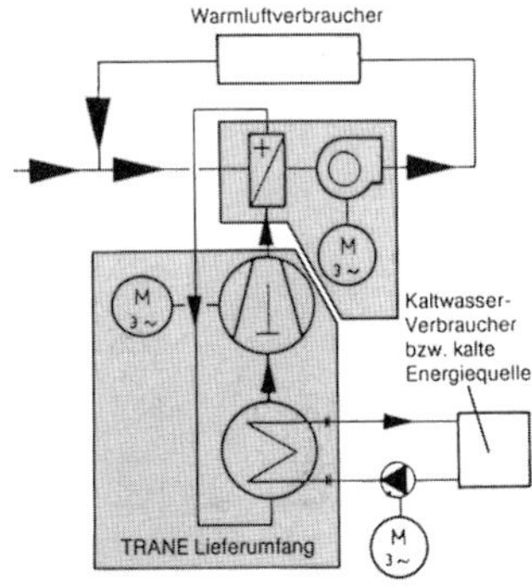

Bild 4.34
Wärmepumpe Wasser-Luft Splitausführung, Baureihe LCG TC

4.3.2. Wärmepumpengeräte Wasser-Luft-Austausch

Wird die Kondensatorwärme über einen Rippenaustauscher direkt an Luft abgegeben, so spricht man vom Wasser-Luft-Austausch.

Bild 4.34 zeigt die im Prinzip schon bekannte Kolbenkompressionsmaschine mit unten liegendem Verdampfer und einen im Bild nicht dargestellten,

Modell	Luft-mengen-strom (TC)	Kälte-leistung	Leistungs-aufnahme Verdichter	Heiz-leistung	Leistungs-zahl	Abmessungen mm						Betriebs-gewicht	
						LCG			TC			LCG	TC
	m^3/s	kW	kW	kW		L	B	H	L	B	H	kg	kg
LCG 101 M + TC 12	3.77	42.4	13.4	50.2	3.7	1870	710	1170	1550	1300	1100	550	400
LCG 102 M + TC 14	4.48	56.6	17.9	67.1	3.7	1870	710	1170	1780	1400	1100	570	450
LCG 103 M + TC 17	5.54	69.6	21.1	81.6	3.8	2090	710	1170	2310	1200	990	620	555
LCG 104 M + TC 21	6.69	84.0	26.4	99.4	3.8	2160	790	1220	2770	1200	990	720	630
LCG 105 F + TC 25	7.83	108.7	33.7	128.2	3.8	2160	830	1220	2920	1300	1100	850	755
LCG 106 E + TC 31	9.78	138.5	40.4	161.0	4.0	2230	1010	1420	2920	1400	1340	1300	810
LCG 107 E + TC 35	11.27	168.0	49.4	195.7	4.0	2400	1010	1420	3000	1700	1550	1480	1495
LCG 108 E + TC 41	13.04	199.3	59.5	232.9	3.9	2420	1010	1420	3000	1850	1700	1510	1740
LCG 109 E + TC 50	16.09	265.7	79.3	310.5	3.9	2850	1070	1520	3000	2000	2010	1980	2140

1) Daten bezogen auf Kaltwasser 12/7° C, Warmwasser 35/40° C.
2) Maschinen/Systeme mit zwei getrennten Kältekreisen ebenfalls lieferbar mit Heizleistungen bis 630 kW. Daten auf Anfrage.
3) Daten der luftgekühlten Verflüssiger für Außenaufstellung, Baureihe LCA, auf Anfrage.

Tabelle 4.6 Leistungsdaten

separat aufzustellenden, luftgekühlten Kondensator (Lamellenrohr-Wärmeaustauscher) mit Unterkühlerteil und zusätzlichem Radialventilator, der den Luftstrom zur Kondensatorwärmeabführung bewegt.

Tabelle 4.6 zeigt Leistungsdaten der Wasser-Luft-Wärmepumpe.

Bild 4.35 weist eine Wasser-Luft-Wärmepumpe in Kompaktausführung aus, die Warmluft bis 45° C erzeugt. In diesem Kastengerät ist ein Kolbenverdichter mit Leistungsregulierung, der luftgekühlte Lamellenrohrkondensator, ein Rohrbündeldurchlaufverdampfer sowie zwei Radialventilatoren mit Keilriemenantrieb und Motor untergebracht. Das Gehäuse ist insgesamt schall- und wärmedämmend isoliert und kann als Kompakteinheit annähernd betriebsfertig eingesetzt werden. In Tabelle 4.7 sind wiederum einige Leistungsdaten angegeben, um eine Vorstellung von den Kenndaten sowie Abmessungen und dem Betriebsgewicht zu haben.

Modell	Luftmengen strom m³/s	Kälte-leistung kW	Leistungs-aufnahme Verdichter kW	Heizleistung kW	Leistungs-zahl	Abmessungen mm			Betriebs-gewicht kg
						L	B	H	
CACG 102 M	5.42	60.6	17.0	77.6	4.5	2310	1200	2030	1200
CACG 103 M	5.42	73.5	20.3	93.8	4.6	2310	1200	2030	1250
CACG 104 M	6.69	89.2	25.4	114.6	4.5	2770	1200	2090	1450
CACG 105 R	7.83	113.0	33.1	146.1	4.4	2920	1300	2380	1700
CACG 106 R	9.78	145.9	40.1	186.0	4.6	2920	1400	2840	2250
CACG 107 R	11.36	175.2	49.2	224.4	4.5	2920	1400	2840	2350
CACG 108 E	11.90	201.8	57.6	259.4	4.5	2920	1400	2840	2500

1) Daten bezogen auf Kaltwasser 12/7° C, Warmluft 25/35° C, 150 Pa externer statischer Druckverlust auf der Luftseite.

Tabelle 4.7 Leistungsdaten

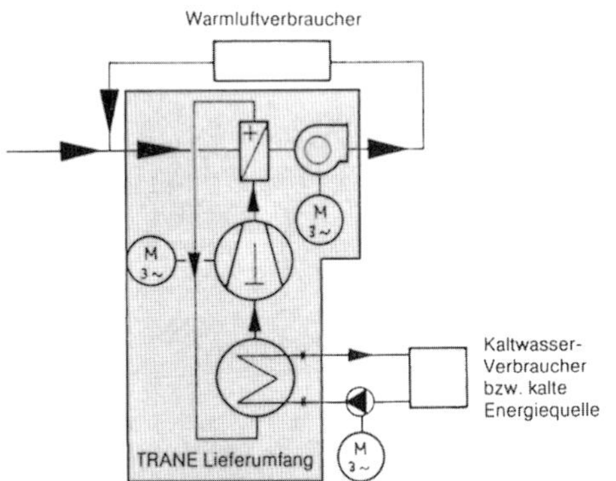

Bild 4.35
Wärmepumpen Wasser-Luft, Baureihe CACG (Firma Trane)

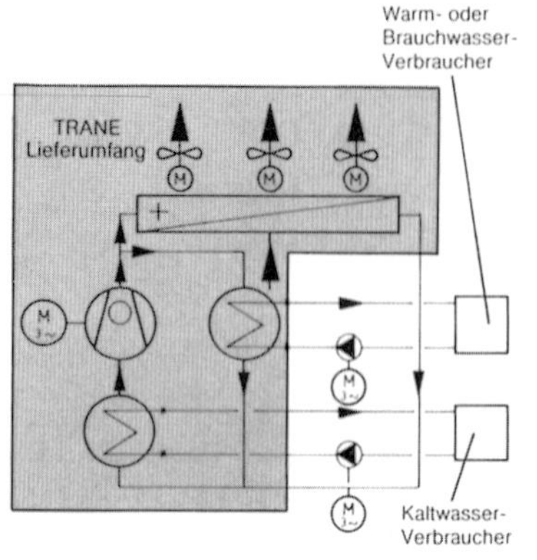

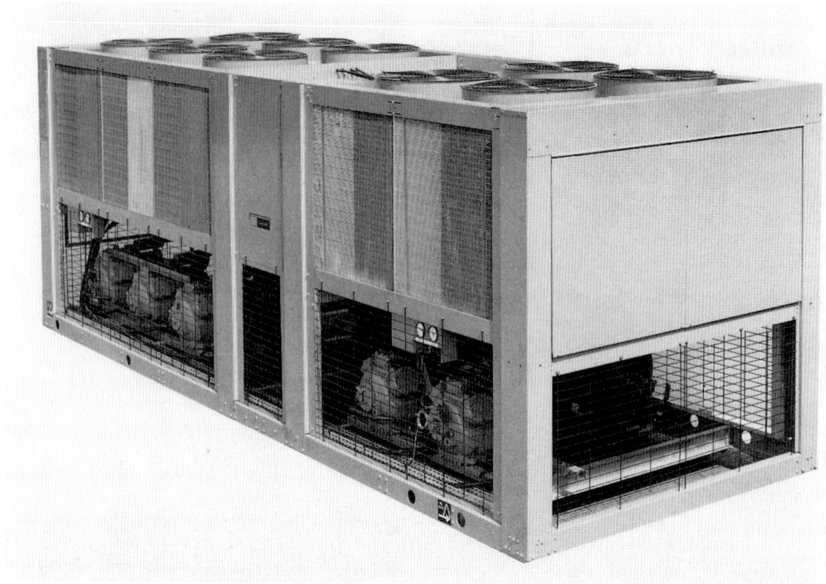

Bild 4.36
Wärmerückgewinnung Wasser-Wasser (Luft), Baureihe CVAC (Firma Trane)

Bild 4.36 zeigt eine Wärmepumpeneinheit (Wasser-Luft/Wasser), die entweder ihre Kondensatorwärme über Kondensatoren mit langsam laufenden Axialventilatoren (linke Geräteseite) an die Außenluft oder aber über Rohrbündelaustauscher an Brauch- oder Warmwasserkreisläufe abgibt. Der Verdampfer schließt entweder an das Rohrnetz für die Kaltwasserverbraucher oder aber an ein Rohrnetz zur Nutzung von Oberflächen- oder Grundwasser an.

Tabelle 4.8 gibt die entsprechenden Leistungsdaten der gesamten Einheit wieder, die im Gegensatz zu den meisten bisherigen Maschinen zur Außenaufstellung (Gelände oder Dach) geeignet ist.

Modell	Kälteleistung kW	Leistungsaufnahme kW	Heizleistung kW	Leistungszahl	Abmessungen mm			Betriebsgewicht kg
					L	B	H	
CVAC 013-AI-A	485	180	665	3.7	8370	2440	2625	8450
CVAC 016-AI-B	573	203	776	3.8	8370	2440	2625	8900
CVAC 018-BI-C	650	229	879	3.8	10375	2440	2625	10000
CVAC 021-BI-D	760	254	1014	4.0	11165	2440	2625	10500
CVAC 027-CI-E	967	320	1287	4.0	13495	2440	2625	13500
CVAC 032-DI-F	1153	360	1513	4.2	13495	2440	2625	15500

1) Daten bezogen auf Kaltwasser 12/7°C, Warmwasser 35/40°C.
2) Baureihe CVAC in der BRD nur bedingt lieferbar. Nähere Informationen durch die TRANE-Verkaufsbüros.

Tabelle 4.8 Leistungsdaten

4.3.3. Wärmepumpengeräte Luft-Wasser-Austausch

Bei diesem Wärmepumpengerät (Bild 4.37), erfolgt die Kältemittelverdichtung durch einen Kolbenverdichter und die Verflüssigung übernimmt ein wassergekühlter Rohrbündelaustauscher, der seine Wärmeenergie an das Brauch- oder Warmwasser abgibt. Der Verdampfer ist im Gegensatz zu den bisherigen Maschinen nunmehr als Rippenaustauscher (Direktverdampfungsluftkühler) ausgebildet und nimmt seine Verdampfungsenergie entweder aus einem Außen-, Fortluftstrom oder einem Gemisch von beiden. Der Luftstrom wird dadurch entsprechend abgekühlt. Diese Maschine dient vornehmlich der Wärmeerzeugung und kann insbesondere unter diesem Aspekt eingesetzt werden. Gleichwohl kann sie auch Außenluftströme, die zur Kühlung von Gebäuden oder Gebäudeteilen dient, abkühlen und entfeuchten. Die Leistungszahlen liegen bei dieser Maschine um etwa 1 niedriger als bei den bisher gezeigten. Das Gerät ist entweder für die Aufstellung im Gebäude oder außerhalb eines Gebäudes geeignet.

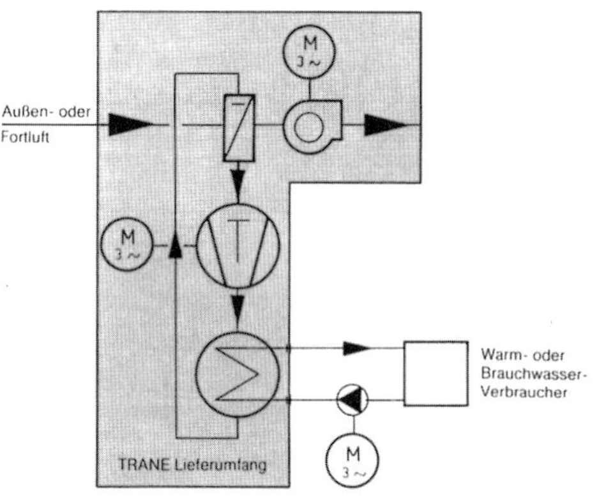

Bild 4.37
Wärmepumpen Luft-Wasser, Baureihe SWUA (Firma Trane)

Tabelle 4.9
Leistungsdaten

Modell	Luftmengenstrom	Kälteleistung	Leistungsaufnahme Verdichter	Heizleistung	Leistungszahl	Abmessungen mm			Betriebsgewicht
	m^3/s	kW	kW	kW		L	B	H	kg
SWUA 102 M	3.75	51.4	18.4	69.8	3.8	1780	1680	1762	1100
SWUA 103 M	4.72	65.5	22.5	88.0	3.9	2310	1500	1652	1200
SWUA 104 M	5.69	79.4	28.5	107.9	3.8	2770	1600	1652	1350

1) Daten bezogen auf Außenluft, bzw. Fortluft 20° C, 60 % r. F. am Eintritt, Warmwasser 35/40° C.

4.4. RÜCKKÜHLSYSTEME

Wird die Kondensatorwärme einer Kältemaschine nicht zu Heizzwecken genutzt, so ist diese abzuführen.

Früher war es üblich, die Kühlung der Kondensatoren mit Wasser aus kommunalen Leitungsnetzen, Brunnen oder offenen Gewässern vorzunehmen, was heute aus ökologischen und wirtschaftlichen Gründen nicht mehr möglich ist. Daher werden die wassergekühlten Kondensatoren an ein Rückkühlwerk angeschlossen, das entweder in offener oder geschlossener Bauweise erstellt wird. Darüber hinaus gibt es noch eine Sonderform der Rückkühlwerke, die für eine freie Kühlung geeignet sind.

4.4.1. Offene Rückkühlwerke

Offene Rückkühlwerke (Wasserrückkühlwerke) arbeiten grundsätzlich nach dem Prinzip, daß das aus dem Kondensator kommende Wasser über Füllkörper rieselnd mit Luft in Berührung gebracht wird, wodurch es je nach Temperatur und Feuchte der Außenluft mehr oder weniger abgekühlt wird. Danach kehrt das Wasser wieder zum Kondensator zurück und der Kreislauf beginnt von neuem. Ein geringer Anteil der Wasserabkühlung erfolgt mit der Abgabe fühlbarer Wärme an die kühlere Luft, der größere Teil der Abkühlung erfolgt durch Verdunstung eines geringen Teils des Wassers. Bild 4.38 zeigt das Kreislaufschema eines offenen Rückkühlsystems. Mit einer Pumpe wird das Kühlwasser durch den Kondensator hindurchgedrückt und strömt anschließend zum Wassereintritt des Rückkühlwerks. Hier wird das Kühlwasser, wie bereits festgestellt, versprüht und strömt über Rieselkörper gegen einen Luftstrom, der von einem Ventilator erzeugt wird, in eine Wassersammelwanne. Das Rückkühlwerk erhält zur Ergänzung der verdunsteten Wassermengen und zum Ausgleich von Abschlämmwasser eine Frischwasserzufuhr, die über eine Schwimmerschaltung geregelt wird.

Bild 4.39 zeigt das System nochmals im Detail mit einem offenen Rückkühlwerk, das im Freien aufgestellt wird. Erkennbar ist an der linken Seite des Gerätes der Ventilator, der den notwendigen Luftstrom gegen den Wasserstrom fördert. Das Rückkühlwerk besteht im wesentlichen aus folgenden Einbauteilen:

- oberer Tropfenabscheider
- Sprührohre zur Versprühung von zu kühlendem Wasser
- Füllkörpereinsatz zur Verrieselung des zu kühlenden Wassers im Gegenstrom zur Luft
- unteres Gerätegehäuse mit Luftleitblechen
- untere Wassersammelwanne mit Schwimmerventil, Saugsieb und Wasseraustrittsanschlußleitung
- Entleerung und Überlauf

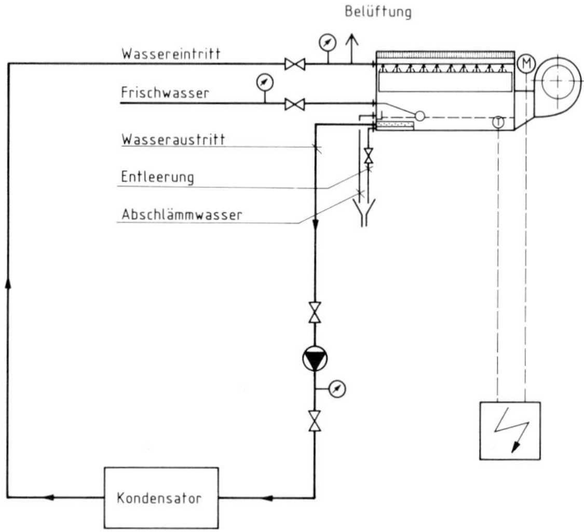

Bild 4.38
Kreislaufschema eines offenen Rückkühlsystems

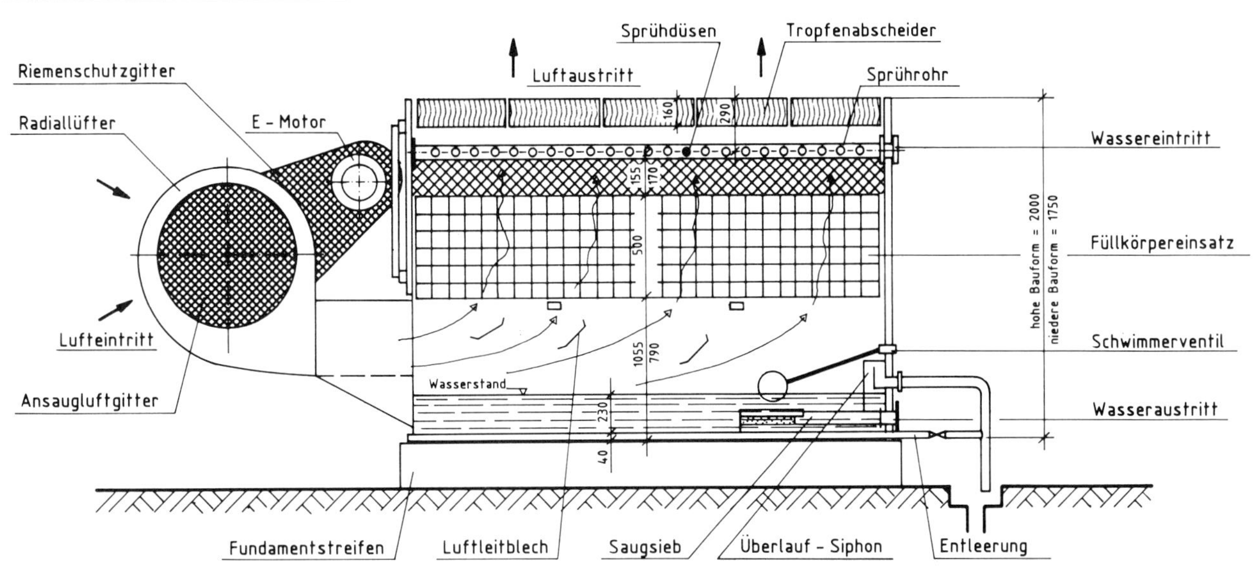

Bild 4.39
Offenes Rückkühlwerk

Das Rückkühlwerk selbst wird auf einem Fundament oder auf Fundamentstreifen schwingungsgedämpft aufgestellt, wobei der Radialventilator zur Luftförderung einschließlich Motor am Rückkühlwerkgehäuse schwingend aufgehängt wird.

Bei großen Kälteanlagen mit verschiedensten Verbrauchern kann es unter Umständen sinnvoll sein, mit einem Zwischenbehälter zu arbeiten, in den anfänglich das Kondensatorwasser (mit 32 bis 35 °C) verschiedener Kondensatoren eingeleitet wird und von wo erst der Rückkühlwerkkreislauf anschließt. Genauso entnehmen die einzelnen Kondensatoren aus dem kalten Teil (etwa 25 bis 28° C) des Zwischenbehälters die notwendige Wassermenge zur Kühlung der Kondensatoren.

Bild 4.40 zeigt ein entsprechendes Anlagenschema, das sich allerdings auf Sonderfälle beschränkt.

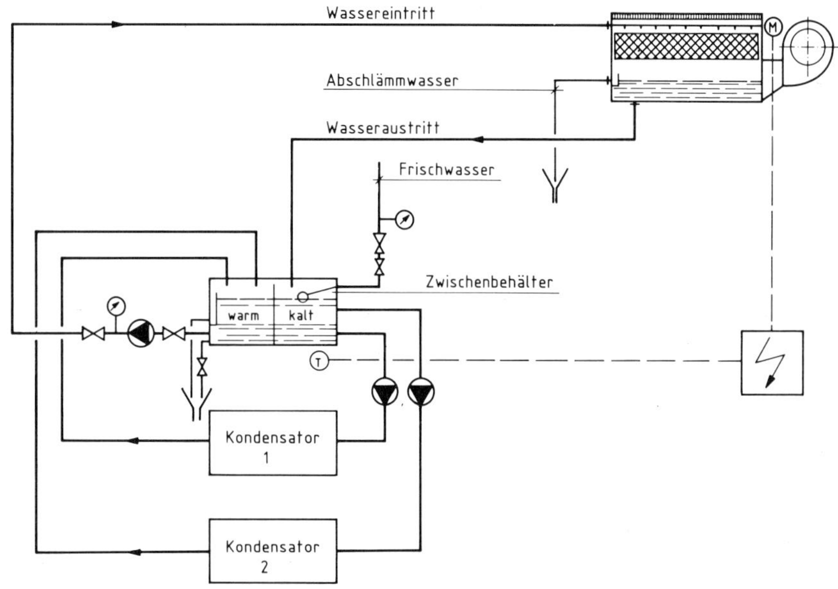

Bild 4.40
Rückkühlwerk mit Zwischenbehälter

Da Ventilatoren nicht unerhebliche Schallquellen darstellen, sollen sie entweder oben ansaugend und ausblasend ausgebildet werden (Bild 4.41), oder müssen bei konventionellem Aufbau mit Schalldämpfern ausgerüstet werden. Bild 4.42 zeigt den prinzipiellen Aufbau eines kompletten Rückkühlwerks mit begehbarer Ventilatorkammer, wobei im Aufsatzbereich die notwendigen Schalldämpfer untergebracht werden können. Diese nehmen jedoch von Fall zu Fall je nach Erfordernissen des Standortes Längen von bis zu 2 m ein.

Bild 4.43 zeigt zwei Wasser-Rückkühltürme (Kühlwassertemperaturen 26/32° C) mit je einer Kühlleistung von 800 kW.

Offene Rückkühlwerke erreichen sehr hohe Wirkungsgrade, was sich in relativ hohen Leistungen bezogen auf die benötigte Aufstellfläche zeigt. Als Nachteil ergibt sich aufgrund der starken Wasserverdampfung der Effekt der Schwadenbildung während der kühleren Jahreszeit.

Das umlaufende Kühlwasser (= zu kühlendes Wasser) muß in der Regel gereinigt (gefiltert) werden, um die aufgrund der Versprühung aus der Luft ausgewaschenen Inhaltsstoffe (Staub, Schmutz usw.) nicht in das Leitungssystem einzubringen (Gefahr von Ablagerungen, Korrosionen).

Ebenso muß eine gewisse Wassermenge aus dem Kühlwasserkreislauf in regelmäßigen Abständen abgelassen werden, um eine erhöhte Verunreinigung des Wassers infolge nicht ausfilterbarer Stoffe zu vermeiden (Korrosionsgefahr). Niederschlag von ausgetragenen Wassertröpfchen des Kühlturmkreises auf z.B. Metallfassaden können zu Fleckenbildungen und Korrosionen führen. Das abzulassende Kühlwasser muß mit aufbereitetem Frischwasser ersetzt werden.

Der stündliche, maximale Frischwasserzusatz beträgt je kW Kälteleistung 6 kg/h (6 l/h) und dient dazu, verdunstetes Wasser, Spritzverluste und Abschlämmwasser zu ersetzen.

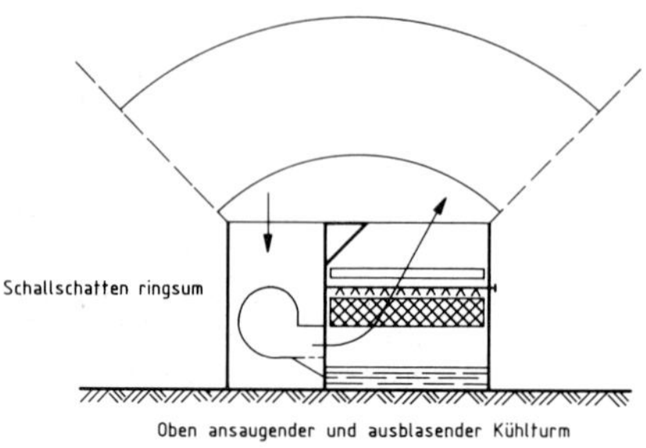

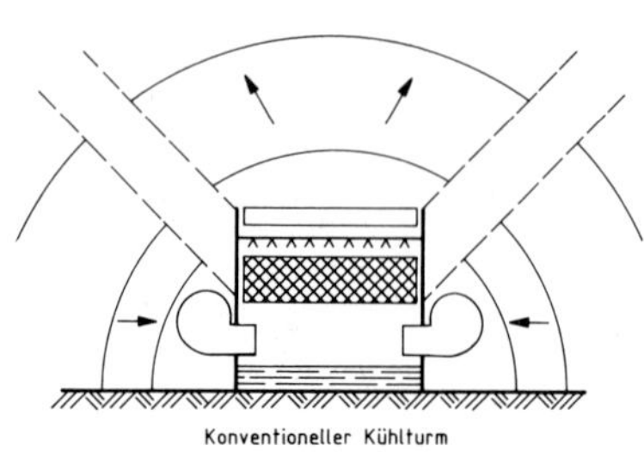

Bild 4.41
Schalldämpfung bei Rückkühlwerken

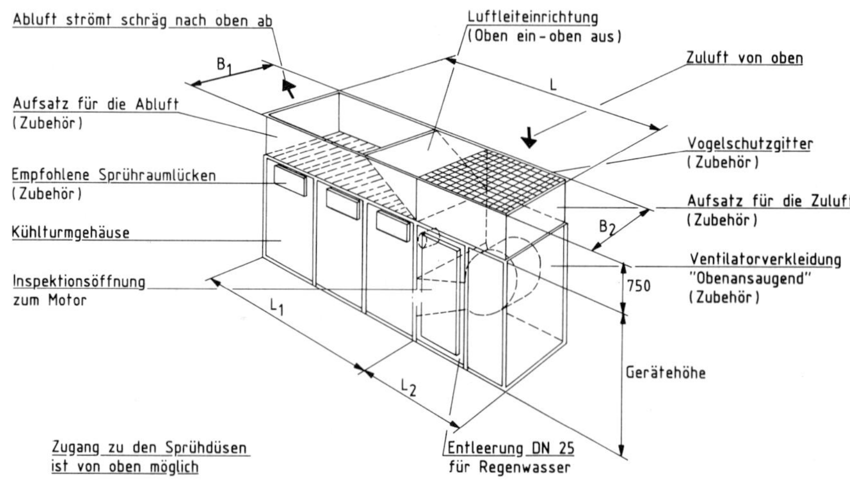

Bild 4.42
Oben ansaugender und ausblasender Kühlturm

Bild 4.43
Rückkühlwerke, Kühlturm

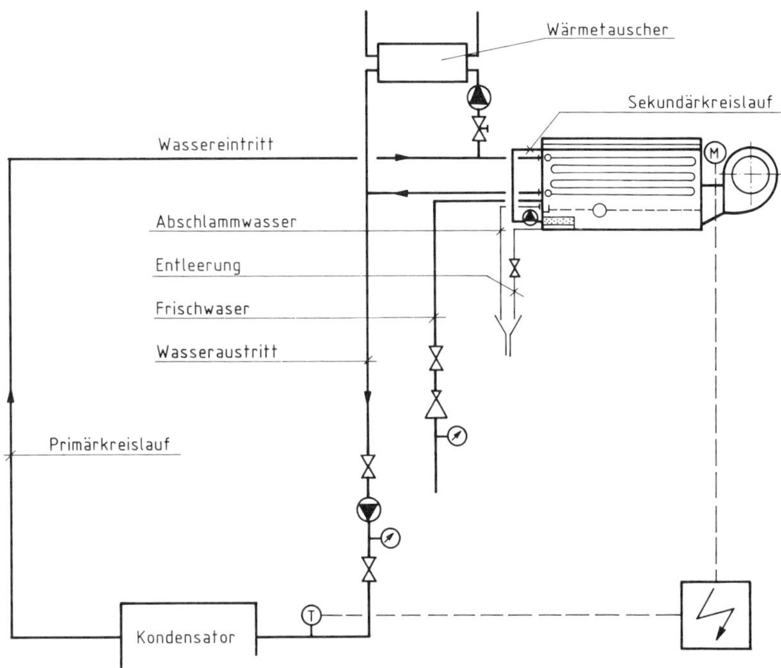

Bild 4.44
Kreislauf eines geschlossenen Rückkühlwerkes

4.4.2. Geschlossene Rückkühlwerke

Um die Nachteile der offenen Rückkühlwerke zu eliminieren, wurden geschlossene Rückkühlwerke entwickelt und heute entsprechend eingesetzt werden. Bild 4.44 zeigt das Schema eines geschlossenen Rückkühlwerks, Bild 4.45 das geschlossene Rückkühlwerk im Detail. Im Schema, Bild 4.44, ist an den Kühlwasserkreis ein zweiter Wärmeaustauscher-Kreislauf angeschlossen, der die Kondensatorleistung der Kältemaschine nutzt. Beim geschlossenen Rückkühlwerk wird der Kreislauf des Kondensators als Primärkreislauf und der des Rückkühlwerkes als Sekundärkreislauf bezeichnet.

Der Primärkreislauf besteht aus dem von einem Frostschutz-Wassergemisch durchströmten Kondensator mit Primärpumpe, Membranausgleichsgefäß und Rohrschlangensystem (Rohrbündelwärmeaustauscher).

Im Sommer und in der Übergangszeit, wenn die Gefahr einer Wrasenbildung nicht besteht, wird das Rohrschlangensystem über einen Sekundärkreislauf mit Wasser besprüht, um einen höheren Kühleffekt und besseren Wärmeübergang an den Rohrschlangen zu erreichen. Infolge der Versprühung von Wasser aus dem Sekundärkreislauf wird es notwendig, die vom Luftstrom mitgerissenen Wassertröpfchen im oberen Bereich des Rückkühlwerks abzuscheiden (Tropfenabscheider). Im unteren Bereich wird in einer Wassersammelwanne (Sekundärwanne) das versprühte Wasser wieder aufgefangen. Eine elektrische Wannenheizung verhindert in der Übergangszeit (Nachtfrostperioden) das Einfrieren der Wasserwanne. Gleichermaßen ist die Frischwassernachspeisung und gegebenenfalls auch die Verrohrung des

4

Primärsystems mit einer Begleitheizung auszurüsten. Im Winter, wenn die Gefahr von Wrasenbildung besteht, wird die Sprüheinrichtung abgestellt, zumal nunmehr relativ kalte Luftströme gegen warme Primärwasserströme zirkulieren und infolgedessen ein verbesserter Wärmeaustausch im Kreuzgegenstromprinzip besteht.

Bild 4.46 zeigt luftgekühlte Verflüssiger mit Axialventilatoren in Außenaufstellung auf einem Dach. Hier handelt es sich um direkt rückgekühlte Kondensatoren, wie sie bereits bei den Wärmepumpengeräten erläutert wurden.

4.4.3. Rückkühlwerke für freie Kühlung

Freie Kühlung (auch oft als Winterkühlung bezeichnet) erfolgt dann, wenn auch in den kalten Jahreszeiten infolge hoher Wärmegewinne in Räumen eine Kühlung erforderlich ist. In diesem Zeitraum liegt es nahe, zur Einsparung an Energie die Kältemaschinen abzuschalten und mit kalter Außenluft direkt oder indirekt zu kühlen. Die freie Kühlung kann in der Weise erfolgen, daß das Kühlwasser entweder durch einen Kühler im Bereich der lufttechnischen Anlagen (Außenluftdurchströmung) oder aber über Rückkühlwerke geführt wird, wo durch zusätzliche Wasserberieselung des Kühlers die Kühlleistung infolge Wasserverdunstung erhöht wird. Der Beginn der freien Kühlung liegt in etwa bei Außentemperaturen von 8 bis 10°C und darunter.

Bild 4.47 zeigt den vereinfachten schematischen Aufbau einer freien Kühlung für die Klimaanlage eines Rechenzentrums. Wie die Darstellung ausweist, sind im Dachbereich zwei Kältemaschinen, luftgekühlt, mit zusätzlichen Registern für die freie

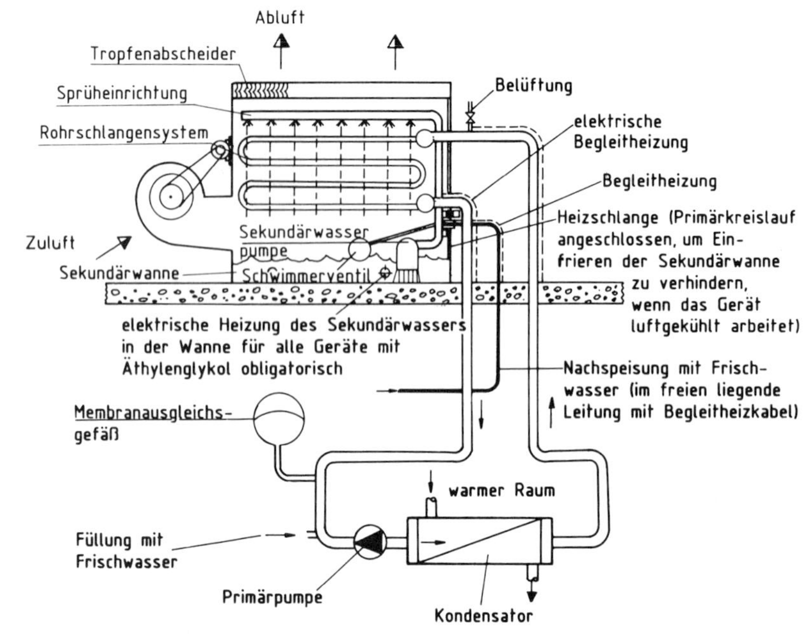

Bild 4.45
Geschlossenes Rückkühlwerk

Bild 4.46
Rückkühlwerke, Kondensatoren

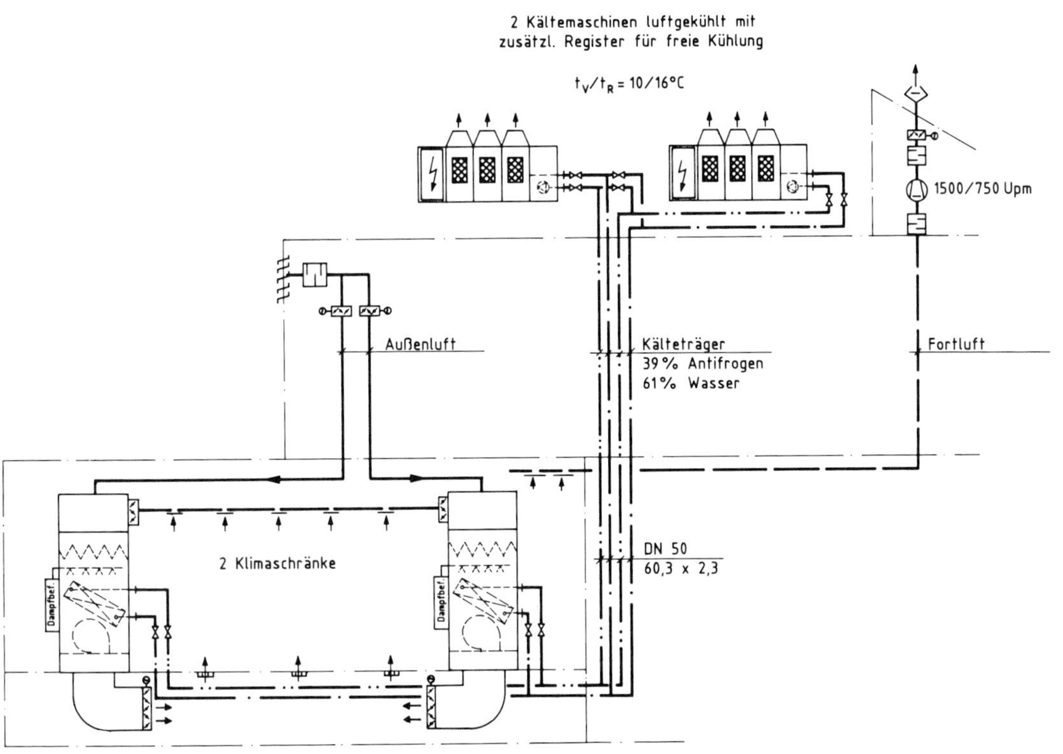

Bild 4.47
Freie Kühlung für Klimaanlage eines Rechenzentrums

Kühlung aufgestellt, wobei die Kältemaschinen erst dann in Betrieb gehen, wenn die Außentemperaturen so hoch angestiegen sind, daß eine freie Kühlung nicht mehr möglich ist. Die gewünschte Kühlwassertemperatur für die Umluftkühlgeräte des Rechenzentrums sowie die Außenluftaufbereitung liegt bei +12°C. Somit kann eine freie Kühlung während 40% aller Tage erfolgen, wobei hier insbesondere eine Rolle spielt, daß das Rechenzentrum auch während der Nachtstunden arbeitet.

Freie Kühlungen lassen sich immer dann besonders gut einsetzen, wenn die zur Kühlung notwendigen Kühlwassertemperaturen relativ hoch sind, wie z.B. bei Induktions-Klimaanlagen, Kühldecken, Umluftkühlgeräten ohne Entfeuchtung. Sie sollten in jedem Fall eingesetzt werden, da sie zu erheblichen Energiekosteneinsparungen führen und die Standzeit der Kältemaschine deutlich verlängern.

4.5. EISSPEICHERSYSTEME

In den Bildern 4.7 und 4.9 wurde bereits gezeigt, welchen Vorteil Kältespeichersysteme gegenüber einem speicherlosen Betrieb haben. Prinzipiell ist es möglich, Kälte in Form von Kaltwasser zu speichern, wobei auf Grund der geringen Temperaturdifferenzen zwischen Speicherwasser (≤0° C) und der Kaltwasservorlauftemperatur (+6° C) derartige Speicherbehälter sehr groß werden. Selbst wenn man die Rücklauftemperatur des Kaltwassers auf +15° C anheben würde, ergäbe sich nur eine wirksame mittlere Temperaturdifferenz von $\Delta t = 10$ K. In Verbindung mit der spezifischen Wärme von Wasser würde sich eine Speicherkapazität von Q = 11,6 kWh/m³ ergeben.

Um derartig große und schwere Wasserspeicherbehälter zu vermeiden, ist man dazu übergegangen, Eisspeicher für die Kältespeicherung einzusetzen. Hier wird über die Temperaturdifferenz hinausgehend die Schmelzwärme des Wassers (93 kWh/m³) genutzt, um die spezifische Speicherkapazität zu erhöhen. Die heute verwendeten Techniken beschränken sich auf drei Arten, die sich in der Hauptsache durch den Wärmeübergang zur Bildung von Eis oder zum Schmelzen desselben unterscheiden.

4.5.1. Systemvarianten

Die traditionellste Technik ist die des sogenannten positiven Übergangs. Das System setzt sich zusammen aus einem wärmeisolierten Speicher, der aus verzinktem Stahl oder aus Beton besteht. In dem Behälter befindet sich eine Reihe metallischer Platten, Kupferrohre oder korrosionsbeständig behandelter Eisenrohre (4.48.1). Diese Platten beziehungsweise Rohre stellen den Verdampfer der Kältemaschine dar, da in ihrem Inneren flüssiges Kältemittel bei einer unter 0° C liegenden Temperatur verdampft wird.

Die äußere Oberfläche der Platten oder Rohre dient als Träger der Eisschicht, die aus dem im Behälter befindlichen Wasser ausfriert. Das Wasser des Sekundärkreislaufes durchströmt den Behälter und kühlt sich in direktem Kontakt mit dem Eis ab. Das Wasser im Behälter wird zusätzlich durch Druckluft oder ein Rührwerk bewegt, damit sich Klareis gleichmäßig auf den Oberflächen bildet. Wenn der Verbraucherkreislauf ein Drucksystem darstellt, ist es notwendig, den Speicher durch einen Wärmeaustauscher hydraulisch von diesem zu trennen. Bei diesem System, das prinzipiell in Bild 4.48.2 gezeigt wird, wird der Wärmeübergang als „positiv" bezeichnet, da die Richtung des Wärmeflusses sowohl beim Laden als auch beim Entladen immer derselbe ist.

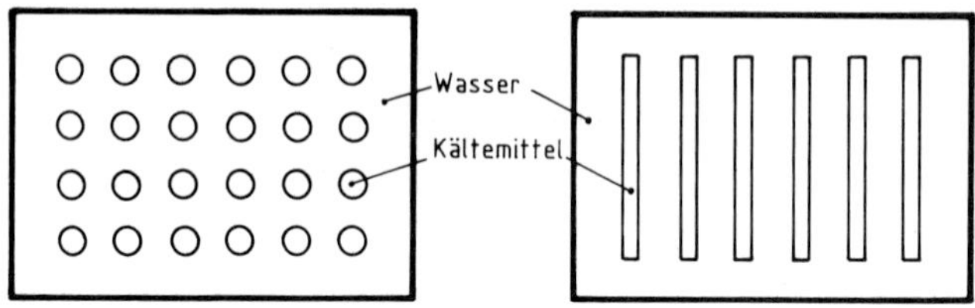

Bild 4.48.1
Wärmeaustauscher zur Eisanlagerung

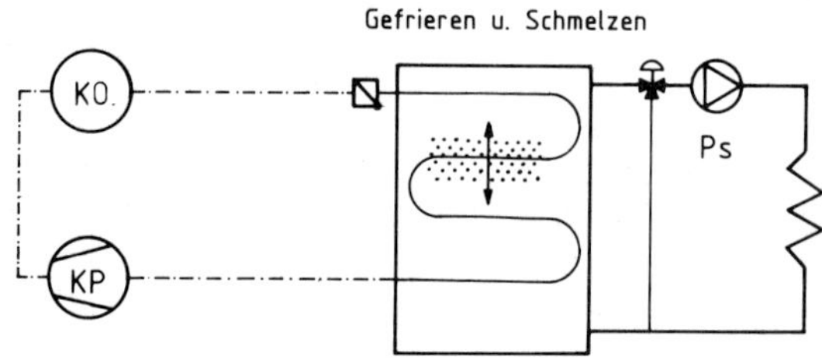

Bild 4.48.2
Prinzip des positiven Übergangs

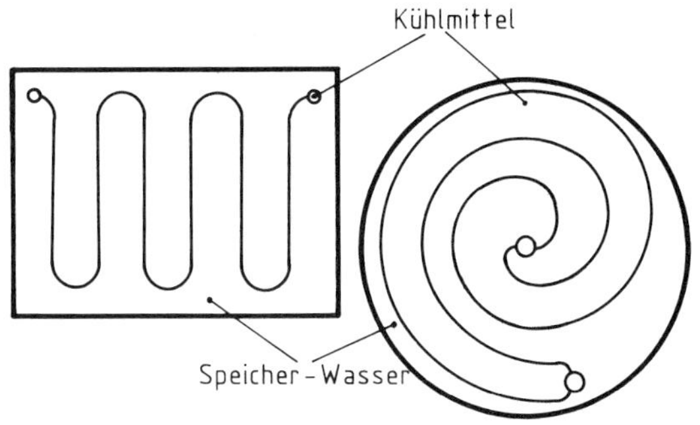

Bild 4.49.1
Prinzip des inneren wechselnden Wärmeübergangs

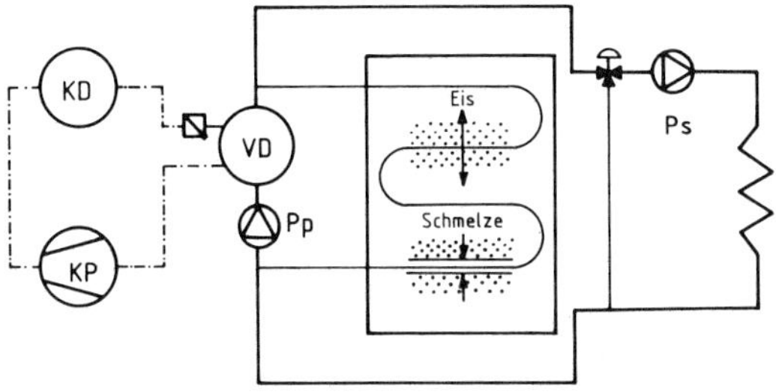

Bild 4.49.2
Prinzip des wechselnden Übergangs

Der wechselnde, innere Wärmeübergang wird in Bild 4.49.1 gezeigt. Ein derartiges System besteht aus einem isolierten Wasserbehälter, dessen Wandungen aus Kunstharz oder aus Polyethylen aufgebaut sind. Das Innere wird von einem System dünner Rohre durchsetzt, die normalerweise aus Plastik und unter Beibehaltung von konstanten Abständen als Spirale oder Schlangen aufgebaut sind.

Das Innere dieser Rohre wird von einer Mischung aus Wasser und einem Frostschutzmittel durchströmt, das im Fall der Speicherung mit einer Kältemaschine auf eine negative Temperatur heruntergekühlt wird. Das Äußere der Rohre dient als Träger der Eisschicht, die aus dem sich im Behälter befindlichen Wasser ausfriert, Bild 4.49.2. Im Gegensatz zum vorher beschriebenen System wird das sich im Behälter befindliche Wasser nicht in den Wärmeträgerkreislauf eingebunden, sondern dient einzig und allein als Speichervolumen. Es ist in diesem Fall ebenfalls die Mischung aus Wasser und Frostschutzmittel, die beim Entladen erst die Rohre durchströmt, um dann die Verbraucher mit Kälte zu versorgen. Bei diesem System wird der Wärmeübergang als „wechselnder, innerer" bezeichnet.

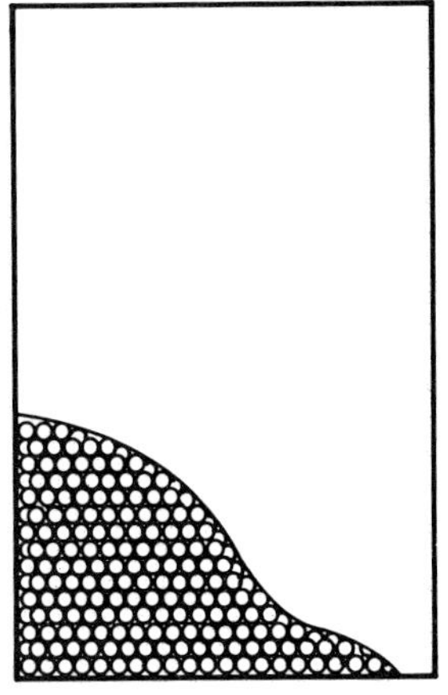

Bild 4.50.1
Wechselnder äußerer Übergang, Wärmeaustauscher mit Füllkörpern

Das dritte System, das in Bild 4.50.1/2 dargestellt ist, hat einen sogenannten wechselnden, äußeren Wärmeübergang. Ein solches System besteht aus einem isolierten Speicherbehälter, der entweder aus Stahl oder Beton sein kann. Das Innere des Speichers wird mit einer Vielzahl von Füllkörpern, die mit Wasser gefüllt sind, aufgefüllt. Diese Füllkörper stellen den Eisspeicher dar. Zwischen diesen Füllkörpern zirkuliert eine Mischung aus Wasser und Frostschutzmittel, das periodisch

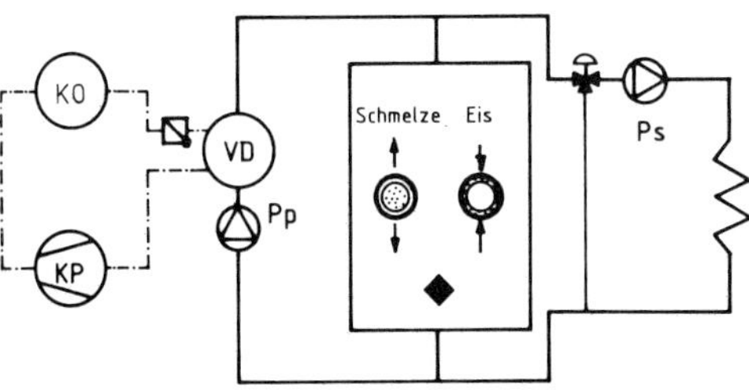

Bild 4.50.2
Prinzip des äußeren wechselnden Übergangs

durch eine Kältemaschine auf einen negativen Temperaturwert abgekühlt wird. Je nachdem, ob die Temperatur des Wärmeträgers negativ oder positiv ist, wird das in den Füllkörpern befindliche Wasser eingefroren oder geschmolzen. Dieser Wärmeträger versorgt ebenfalls direkt die Wärmeaustauscher der Verbraucher. Bei diesem System wird der Wärmeübergang als „äußerer, wechselnder", bezeichnet und er eignet sich als einziger dazu, in einen geschlossenen Druckkreislauf der Kälteerzeugung und -Verteilung mit eingebunden zu werden. Nachteil hierbei ist jedoch, daß sich die Mischung aus Wasser und Frostschutzmittel auf das gesamte Kältesystem verteilt.

4

Daher wird häufig ein Wärmetauscher zwischen den Kälteerzeugerkreislauf und den Verbraucherkreislauf geschaltet.

Obwohl sich die drei Systemvarianten stark voneinander unterscheiden, ist es nicht möglich, à priori eine generelle Systemempfehlung zu geben. Je nach Anwendungsfall, Größe und Leistung muß untersucht werden, welches System von der Anwendung und den Investitionen her am günstigsten ist.

4.5.2. Planungsgrundlagen

Der Einsatz von Eisspeichern hat nicht nur Auswirkungen auf die Dimensionierung der kältetechnischen Anlage sondern ist auch hinsichtlich der Auswahl des Rückkühlsystems nicht unwichtig.

In Tabelle 4.10 ist der Energieverbrauch einer Kälteerzeugungsanlage in Verbindung mit verschiedenen Rückkühlsystemen dargestellt. Hieraus geht eindeutig hervor, daß Verdunstungsrückkühlwerke vom Energieverbrauch her am günstigsten sind, was im wesentlichen mit der niedrigeren Kondensationstemperatur zusammenhängt. Dagegen stellt der luftgekühlte Kondensator grundsätzlich die einfachste Lösung dar; einfach zu montieren und ein geringer Bedarf an Wartung und Betriebskosten Der höhere Energieverbrauch kommt daher, daß die Trockenkugeltemperatur der Außenluft (um 8 K bis 14 K höher als die Feuchtkugeltemperatur im Sommer) eine sehr hohe Kondensationstemperatur verlangt und somit die sich daraus ergebende Leistung der Kompressoren dementsprechend höher ist.

		Luftgekühlte Kompressor-Kondensatoreinheit	Luftgekühlter Kondensator (Split System)	Kühlturm	Besprühter Kondensator (Verdampfungskühlung)
Luftleistung m^3/h kW Kälteleistung		300 bis 500	300 bis 500	80 bis 120	80 bis 120
Wasserverbrauch l/h kW Kälteleistung		0	0	2	2
Anschlußleistung für die Kältezentrale – kW/kW Kälteleistung					
Basis t° PKW: +6°C t° AUSSENLUFT: trocken: +32°C feucht: +21°C	Kompressor	0,25	0,25	0,23	0,20
	Ventilator	0,06	0,06	0,03	0,03
	Kühlwasserpumpe	–	–	0,03	–
	Sprühwasserpumpe	–	–	–	0,01
Gesamtanschlussleistung in kW/kW		0,31	0,31	0,29	0,24
Abstand zwischen der Kältezentrale und dem Kondensator		0	mittel	groß	mittel
Aufwand für die Installation		gering	groß	mittel	groß
Betrieb und Wartung		gering	gering	aufwendig	mittel

Tabelle 4.10
Energieverbrauch von Kondensationssystemen

	Luftgekühlter Kondensator	Kühlturm	Besprühter Wärmetauscher (Verdampfungskühlung)
Gesamte Anschlußleistung in kW/kW Kälteleistung	0,26	0,28	0,23

Tabell 4.11
Energieverbrauch von Kondensationssystemen in Verbindung mit thermischer Speicherung

Da die Speicherung jedoch hauptsächlich während der Nacht stattfindet, (während der sich die Trockelkugeltemperatur im Sommer um 8 bis 14 K absenkt) wird dieses energetische Handicap des Systems bemerkenswert verringert.

Unter der Voraussetzung einer täglichen Amplitude von 10 K und einer dementsprechenden Simultan-Absenkung der Kondensationstemperatur erhält man die in Tabelle 4.11 aufgeführten Werte. Es ist bemerkenswert, daß sich in Verbindung mit der Speicherung fest-

K Kondensator
V Verdampfer
KW-V Kaltwasserverteiler
KW-S Kaltwassersammler
WT Wärmetauscher
S Eisspeicher
V_E Verdampfer/Eisspeichersystem
K_E Kondensator/Eisspeichersystem

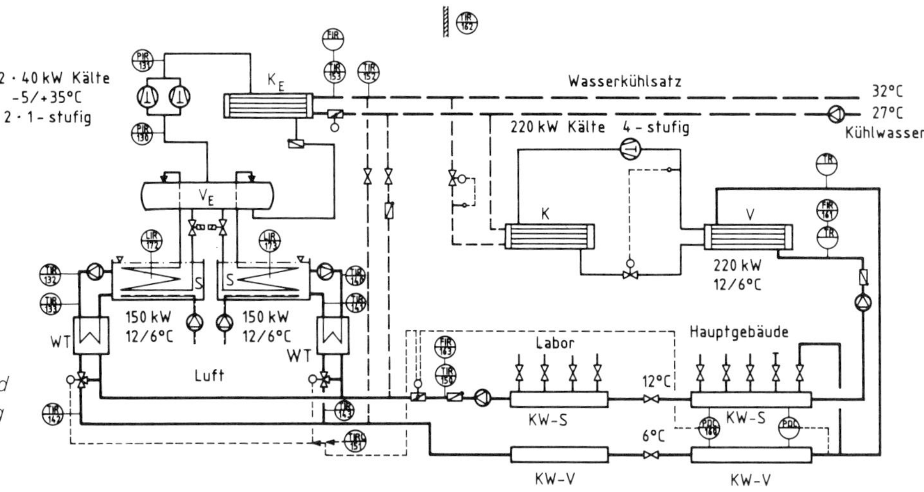

Bild 4.51
Schematischer Aufbau der Eisspeicheranlage mit dazugehöriger Kälteerzeugung und die Einbindung in die Kaltwassererzeugung des Gebäudes (rechts)

stellen läßt, daß der luftgekühlte Kondensator energetisch nicht ungünstiger ist, als ein Kühlturm. Auch derartige Einflüsse sind unbedingt bei der Entscheidung hinsichtlich eines Eisspeichersystems zu berücksichtigen.

4.5.3. Betriebscharakteristika

In Bild 4.51 ist ein Anlagenschema mit zwei Eisspeichern nach dem Prinzip des positiven Übergangs mit Verdampferrohren dargestellt. Diese Anlage wurde über längere Zeit geprüft und gemessen, um Aussagen über die Ausnutzung der Speicherkapazität zu erhalten. Wesentliches Kriterium war die Entwicklung einer Regelcharakteristik, die es erlaubte, den Eisspeicher vorrangig zu entladen, um auch in den Übergangszeiten eine optimale Ausnutzung des Speichers bei möglichst kleinen Laufzeiten der Kälteanlage während der Nutzungszeit zu erreichen. In Bild 4.52 ist der Kälteleistungsverlauf für einen Tag mittlerer Belastung und einen Tag geringerer Belastung aufgezeichnet. Es ist sehr gut zu erkennen, daß der Eisspeicher vorrangig ausgenutzt werden kann, um eine Verlagerung der Kälteerzeugung in die Nacht zu erreichen. Abgesehen von den Niedrigtarifen für Nachtstrom bewirkt das auch, daß die Kältemaschinen gleichmäßig in ihrem Leistungsoptimum laufen können, ohne verbraucherspezifischen Schwankungen zu unterliegen. In Bild 4.53 ist ein derartiger Eisspeicher in geöffnetem Zustand dargestellt.

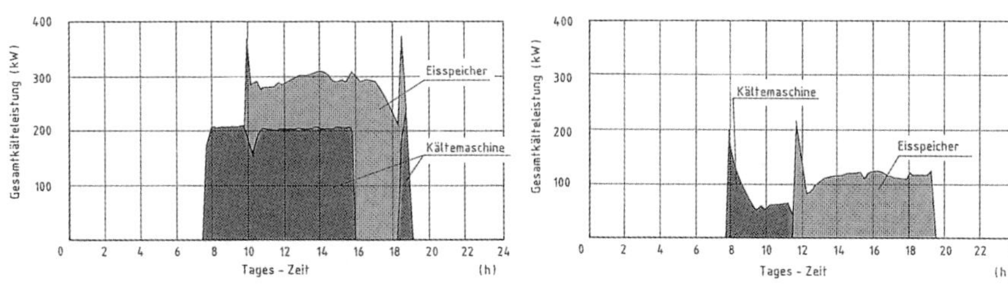

Bild 4.52
Kälteleistungsverlauf bei mittlerer bzw. geringer Belastung der Kälteversorgungsanlagen

Bild 4.53
Detailaufnahme des Eisansatzes an den Verdampferrohren

4.6. KÄLTEENERGIEVERTEILUNG (ZENTRALE – VERBRAUCHER)

Die Verteilung der Kälteenergie unterliegt nicht der gleichen Schematisierung der Wärmeenergieverteilung, sondern wird von Fall zu Fall nach den Bedürfnissen und dem Raumangebot entwikkelt. Somit unterscheidet man nicht nach starren Formen wie obere oder untere Verteilung, obwohl auch bei Kälteanlagen eine untere oder obere Verteilung auftreten kann.

4.6.1. Kaltwassernetze

Die Verteilung der Kälteenergie, das heißt Kaltwasser im Temperaturbereich zwischen +6 bis +15°C, Sole im Temperaturbereich um 0°C erfolgt durch Rohrleitungen, die nach Vorlauf und Rücklauf zu unterscheiden sind. Bild 4.54 zeigt ein stark vereinfachtes Kaltwasserverteilnetz mit einer Turbokältemaschine und zwei Absorptionskältemaschinen. Von diesen Kältemaschinen aus gehen drei getrennte Vorläufe zu einem Kaltwasserverteiler, über den wiederum das Kaltwasser Einzelverbrauchern zuströmt. Der Umfang der Verteiler ergibt sich aus:

- Anzahl zu versorgender Kühler
- Unterschiede in den Kaltwasservor- und -rücklauftemperaturen
- Unterschiede in Netzdrücken

Wie Bild 4.54 zeigt, werden vom Verteiler aus die einzelnen Kühler angefahren und das Kaltwasser gelangt nach Wärmeaustausch mit warmer Luft zum Sammler.

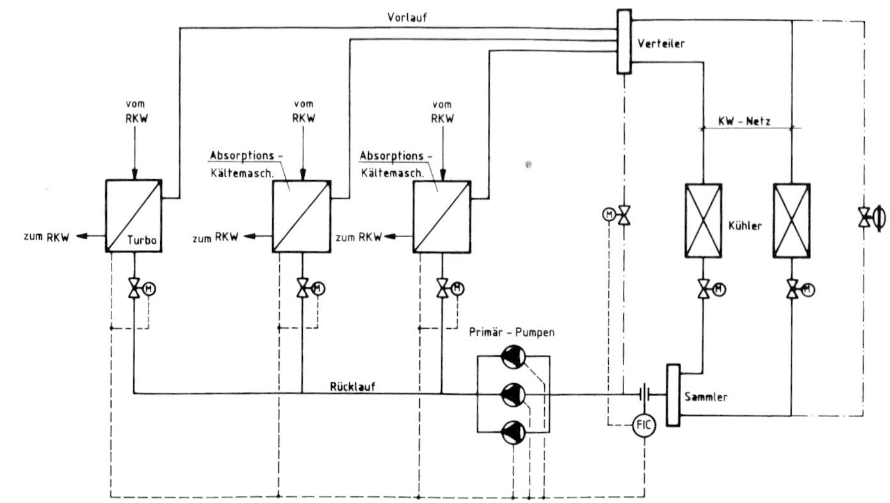

Bild 4.54
Vereinfachtes Kaltwasser-Verteilnetz

Vom Sammler aus wird der Wasserstrom anfänglich über eine Meßblende geführt, die eine Direkteinspeisung aus dem Verteiler in den Rücklauf dann freigibt, wenn instabile Druckverhältnisse eintreten sollten. Die Primärpumpen fördern das Rücklaufwasser zu den einzelnen Kältemaschinen, wo eine erneute Aufbereitung stattfindet.

Bei kleineren, in sich geschlossenen Systemen, wie Bild 4.55 zeigt, (direkte Kühlung für eine EDV-Anlage) kann auf eine Verteilung im üblichen Sinne verzichtet werden. Bei dieser Anlage kann der Kühler gleichzeitig auch als Direktverdampfer ausgebildet sein, so daß durch das Rohrsystem direkt Kältemittel zu den Verdampfern strömen würde, um hier eingespritzt zu werden. Im vorliegenden Fall wird jedoch Kaltwasser von der Kältemaschine ohne weitere Verteilung direkt zu den beiden Verbrauchern geführt und abgegeben.

Bild 4.56 zeigt einen typischen Verteilerraum mit Heizungs- und Kälteverteilern, wobei für den Nichtfachmann praktisch kein Unterschied besteht, der Fachmann jedoch anhand der Isolierung erkennen kann, welche Rohrleitungen Kalt- oder Warmwasser führen.

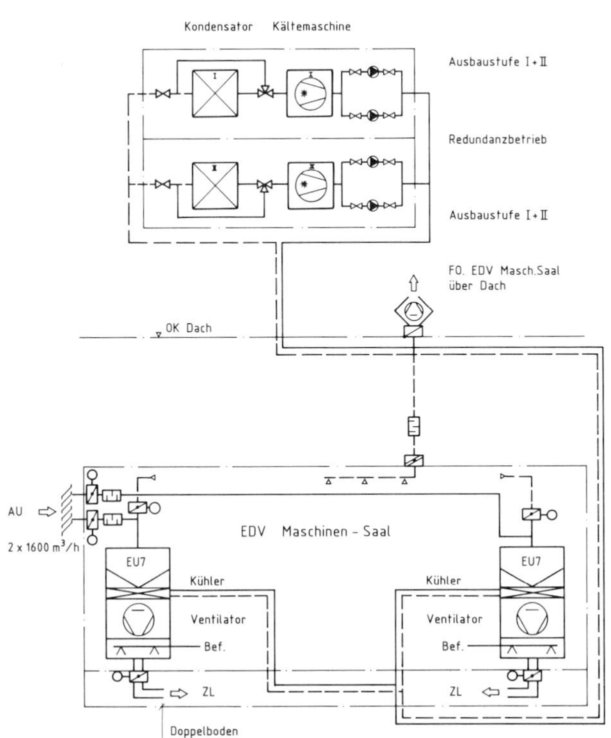

Bild 4.55
EDV-Luftkühlung mit Option Umluftbetrieb

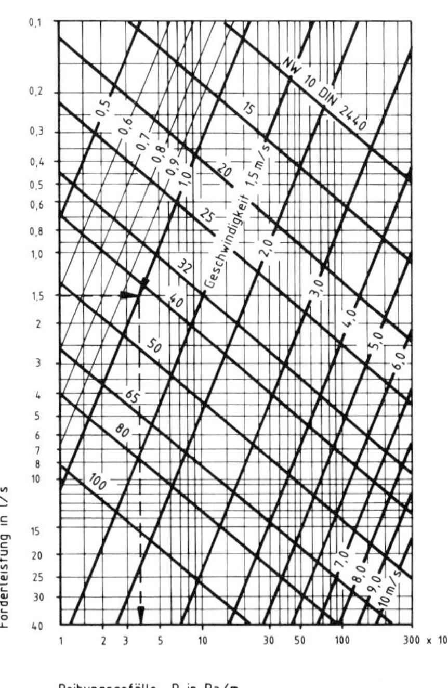

Bild 4.57
Rohrreibungsdiagramme für schwarze Gewinderohre und Kaltwasser von 10°C

Bild 4.56
Verteilung, Heizungs-/Kälteverteilung

Zur Dimensionierung von Rohrleitungen empfiehlt sich, bei überschlägigen Berechnungen ein Rohrreibungsdiagramm zu verwenden, aus dem bei gegebenen Verhältnissen das Druckgefälle abgelesen werden kann, um den Pumpendruck zu ermitteln. Der Gesamtdruckverlust, der von einer Pumpe zu überwinden ist, ergibt sich ähnlich wie bei den Kanalsystemen aus Rohrreibungsverlusten und Verlusten durch Einzelwiderstände. Bild 4.57 zeigt ein Diagramm für Wasser von 10°C.

Bei diesem Diagramm wurde ein rauhes Stahlrohr angenommen. Das Druckgefälle in der Rohrleitung folgt bei gegebenem Durchmesser und gegebener Rauhigkeit dem quadratischen Widerstandsgesetz. Bei Kunststoffrohren ist die Rauhigkeit deutlich geringer und somit das Reibungsgefälle kleiner. Das trifft auch zu bei Druckverlusten in Kupferrohrleitungen. Je nach verwendetem Rohrmaterial ist somit das richtige Rohrreibungsdiagramm zu verwenden.

Kaltwassernetze haben in der Regel Temperaturspreizungen im Bereich von 6 bis 8 K, wobei die Vorlauftemperaturen entweder bei ca. 5 bis 6° C oder bei 14 bis 16° C liegen, je nachdem ob Kühler für die Kühlung mit Entfeuchtung oder Kühler und Kühlelemente für die Kühlung ohne Entfeuchtung angeschlossen werden.

Die Spreizung zwischen Vor- und Rücklauf sollte so groß wie möglich gewählt werden, um die umlaufenden Wassermengen gering zu halten. Gleichermaßen sollten Rohrleitungen nicht zu klein dimensioniert werden, um wiederum die Druckverluste zu minimieren, da gerade bei großen Kalt- und Kühlwassersystemen nicht unerhebliche elektrische Energieverbräuche durch Pumpen auftreten.

Bei ausgedehnten Kaltwassernetzen werden heute, wie auch bei den Luftsystemen, variable Volumenströme geplant, so daß lediglich die Kaltwassermengen gefördert werden, die tatsächlich an den Verbraucher abgegeben werden.

4.6.2. Kühlwassernetze

Kühlwassernetze werden ähnlich verlegt wie Kaltwassernetze, das heißt im wesentlichen aus nahtlosen Stahlrohren, die die Kondensatoren der Kältemaschinen mit den Rückkühlwerken verbinden. In der Regel wird je Kältemaschine ein Rückkühlwerk aufgestellt, so daß eine direkte Verbindung vom Kondensator zum Rückkühlwerk und zurück besteht (vergl. Bild 4.38).

In Ausnahmefällen werden, wie in Bild 4.40 gezeigt, Zwischenbehälter eingesetzt, so daß mehrere Kältemaschinen auf eine Rückkühlwerkeinheit arbeiten. Da sehr häufig große Ausdehnungen der Kühlwassernetze bestehen, sind hier die Rohrleitungen reichlich zu bemessen, wobei mit einer mittleren Kühlwassertemperatur von 30° C (bei Rückkühlwerken) bzw. 45 bis 50° C (bei Wärmepumpen) zu rechnen ist und die entsprechenden Rohrreibungsdiagramme zu verwenden sind.

4.6.3. Rohrleitungen

4.6.3.1. Materialien

Üblicherweise verwendete Rohrmaterialien im Bereich der Kühl- und Kälteanlagen sind:
- nahtlos gezogene Kupferrohre
- nahtlose Stahlrohre
- nahtlose Flußstahlrohre.

Die Verbindung der Rohre erfolgt bei den Stahlrohren durch Schweißen, Verschrauben oder durch Flansche und bei Kupferrohren durch Verlöten.

Es ist bei kältetechnischen Anlagen unbedingt darauf zu achten, daß nur Materialien miteinander in Systeme eingebaut werden, die untereinander verträglich sind, d.h. bei denen die Gefahr der Korrosion infolge elektrochemischer Vorgänge (elektrochemische Spannungsreihe) nicht besteht. So sollen in Kaltwasserleitungen und Kühlwassersystemen von kältetechnischen Anlagen grundsätzlich keine verzinkten Rohre eingebaut werden, da die meisten Rohrbündelaustauscher und Einbauten in Kältemaschinen und zum Teil in Rückkühlwerken aus Kupfer bestehen und somit die Gefahr der Lokalkorrosion auftritt.

4.6.3.2. Korrosion

Definition: Alle von der Oberfläche eines Metalles ausgehenden unfreiwilligen, durch chemische oder elektrochemische Ursachen hervorgerufenen Veränderungen des metallischen, ursprünglichen Zustandes bezeichnet man als Korrosionen. Das gemeinsame Merkmal aller Korrosionen ist, daß Metalle von der Oberfläche her entweder Verbindungen mit Gasen wie Luft, O_2, H_2O (Dampf), CO_2 eingehen (trockene Korrosion) oder bei Vorhandensein eines Elektrolyten infolge elektrischer Potentiale in der Ionenform in den Elektrolyten abwandern (nasse Korrosion), so daß die Metalle oder Legierungen die ihnen ursprünglich zugedachte Funktion nicht mehr erfüllen können. Korrosionsschäden bei Kaltwasser- und Kühlwasserleitungen können durch verschiedene Ursachen auftreten. Diese sind:

- Lokalkorrosionen von innen nach außen
- Oberflächenkorrosionen innen
- Oberflächenkorrosionen außen
- Kupferabtrag in Kupferleitungen

Außenkorrosionen an schwarzen Stahlleitungen treten häufig dann auf, wenn sich Schwitzwasser infolge einer unzureichenden dampfdichten Isolierung bilden kann.

Innenkorrosionen treten durch elektrochemische Vorgänge bei der Verwendung verschiedener Metalle dann auf, wenn bei deren unmittelbarer Verbindung ein galvanisches Element entsteht und wenn die Metalle von einer Flüssigkeit durchströmt werden, in der sich gelöste Salze befinden. Diese Flüssigkeit ist dann elektrisch leitend, (Stromfluß). Insofern muß zur Vermeidung von entsprechenden Korrosionsschäden unter Umständen das Kaltwasser und insbesondere das Kühlwasser aufbereitet werden. Im Zweifelsfall ist der beste Korrosionsschutz ein geeigneter Werkstoff wie Kupfer, Kupferbronze oder Chromnickel-Stahl. Bei offenen Kühlsystemen spielt das Problem der Korrosion und Ablagerung sowie des mikrobiologischen Wachstums eine besondere Rolle im Gegensatz zu geschlossenen Systemen (Kaltwasserkreislauf). Durch die Verdunstung im Rückkühlwerk tritt ständig ein Wasserverlust auf, der eine ständige Nachspeisung von Frischwasser nach sich zieht und damit eine ständige Zufuhr von Salzen und Härtebildnern. Hier muß notwendigerweise eine Teilentsalzung vorgenommen werden, die mit dem Gerätehersteller im einzelnen abzusprechen ist.

4.6.3.3. Isolierung (Wärme-/Kälteschutz)

Während die Rückkühlleitungen (Verbindungsleitungen zwischen Rückkühlwerk und Kondensator) nicht unmittelbar isoliert werden müssen, ist auf die Isolierung von Kälteleitungen größtes Augenmerk zu richten, um Korrosionen außen zu vermeiden. Die Kälteisolierung, (Isolierungen von kaltwasserführenden Leitungen, hier insbesondere bei Temperaturen unter 10° C), müssen sich durch folgende Merkmale ausweisen:

- möglichst geringe Wärmeleitfähigkeit
- hohe Dauerfestigkeit
- gute Formbeständigkeit
- möglichst geringe Wasserdampfdiffusion
- ausreichende Temperaturbeständigkeit
- Nicht-Brennbarkeit
- leichte Verarbeitung.

• **Als Isoliermaterial bieten sich an:**

- Glasfaser- und Gesteinswollfaser-Isolierungen (u. U. in Frage zu stellen)
- Schaumglas mit geschlossenen Zellen und hoher Formbeständigkeit
- Perlite-Schütt-Isolierungen
- Aluminiumfolien
- Schaumgummi (bedingter Einsatz).

Um zu verhindern, daß sich Luftfeuchtigkeit bei Unterschreitung des Taupunktes an Rohrleitungen und Armaturen niederschlägt, müssen Sperrschichten auf der warmen Seite den Diffusionswiderstand erhöhen. Als Sperrschichten dienen die in Tabelle 4.12 angegebenen Baustoffe, Dämmstoffe und Sperrschichten mit ihren Wasserdampf-Diffusions-Widerstandszahlen. Je höher dabei die Wasserdampf-Diffusions-Widerstandszahlen sind, um so dampfdichter ist der jeweilige Baustoff oder Dämmstoff gegenüber einer Luftschicht gleicher Dicke.

Baustoffe	
Putze, Mörtel	10 bis 35
Ortbeton Beton-Fertigteile auch Blähtonbeton mit geschlossenem Gefüge	70 bis 150
Leichtbetone, Gipskartonplatten	5 bis 15
Asbestzementplatten	20 bis 50
Mauerwerk aus Voll- und Lochziegeln	5 bis 10
Klinkern	50 bis 100
Kalksandstein	5 bis 25
Glasmosaik oder Spaltklinker	100 bis 300
Holz	40
Sperrholz	50 bis 400
Harte Holzfaserplatten	70
Holzspanplatten	50 bis 100
Dämmstoffe	
Holzwolle-Leichtbauplatten	2 bis 5
Korkplatten	5 bis 10
Poröse Holzfaserplatten	5
Faserdämmstoffe	1 bis 3
Polystyrolpartikel-Hartschaum je nach Rohdichte	20 bis 100
Polystyrol-Extruder-Hartschaum	80 bis 300
Polyurethan-Hartschaum	30 bis 100
Polyvinylchlorid-Hartschaum	150 bis 300
Phenolharz-Hartschaum	30 bis 50
Schaumglas	praktisch dampfdicht
Sperrschichten	
Nackte Bitumenpappe	2000 bis 3000
Dachpappe	15000 bis 100000
Polyäthylenfolie	100000
Aluminiumfolie, Dicke ≥ 0,05 mm	praktisch dampfdicht

Tabelle 4.12
Anhaltswerte von Wasserdampf-Diffusionswiderstandszahlen

Lufttemperatur ϑ_L °C	$\Delta\,\vartheta_{Tau}$ bei einer relativen Luftfeuchte in % von													
	30	35	40	45	50	55	60	65	70	75	80	85	90	95
−20	–	10,4	9,1	8,0	7,0	6,0	5,2	4,5	3,7	2,9	2,3	1,7	1,1	0,5
−15	12,3	10,8	9,6	8,3	7,3	6,4	5,4	4,6	3,8	3,1	2,5	1,8	1,2	0,6
−10	12,9	11,3	9,9	8,7	7,6	6,6	5,7	4,8	3,9	3,2	2,5	1,8	1,2	0,6
− 5	13,4	11,7	10,3	9,0	7,9	6,8	5,8	5,0	4,1	3,3	2,6	1,9	1,2	0,6
± 0	13,9	12,2	10,7	9,3	8,1	7,1	6,0	5,1	4,2	3,5	2,7	1,9	1,3	0,7
2	14,3	12,6	11,0	9,7	8,5	7,4	6,4	5,4	4,6	3,8	3,0	2,2	1,5	0,7
4	14,7	13,0	11,4	10,1	8,9	7,7	6,7	5,8	4,9	4,0	3,1	2,3	1,5	0,7
6	15,1	13,4	11,8	10,4	9,2	8,1	7,0	6,1	5,1	4,1	3,2	2,3	1,5	0,7
8	15,6	13,8	12,2	10,8	9,6	8,4	7,3	6,2	5,1	4,2	3,2	2,3	1,5	0,8
10	16,0	14,2	12,6	11,2	10,0	8,6	7,4	6,3	5,2	4,2	3,3	2,4	1,6	0,8
12	16,5	14,6	13,0	11,6	10,1	8,8	7,5	6,3	5,3	4,3	3,3	2,4	1,6	0,8
14	16,9	15,1	13,4	11,7	10,3	8,9	7,6	6,5	5,4	4,3	3,4	2,5	1,6	0,8
16	17,4	15,5	13,6	11,9	10,4	9,0	7,8	6,6	5,4	4,4	3,5	2,5	1,7	0,8
18	17,8	15,7	13,8	12,1	10,6	9,2	7,9	6,7	5,6	4,5	3,5	2,6	1,7	0,8
20	18,1	15,9	14,0	12,3	10,7	9,3	8,0	6,8	5,6	4,6	3,6	2,6	1,7	0,8
22	18,4	16,1	14,2	12,5	10,9	9,5	8,1	6,9	5,7	4,7	3,6	2,6	1,7	0,8
24	18,6	16,4	14,4	12,6	11,1	9,6	8,2	7,0	5,8	4,7	3,7	2,7	1,8	0,8
26	18,9	16,6	14,7	12,8	11,2	9,7	8,4	7,1	5,9	4,8	3,7	2,7	1,8	0,9
28	19,2	16,9	14,9	13,0	11,4	9,9	8,5	7,2	6,0	4,9	3,8	2,8	1,8	0,9
30	19,5	17,1	15,1	13,2	11,6	10,1	8,6	7,3	6,1	5,0	3,8	2,8	1,8	0,9
35	20,2	17,7	15,7	13,7	12,0	10,4	9,0	7,6	6,3	5,1	4,0	2,9	1,9	0,9
40	20,9	18,4	16,1	14,2	12,4	10,8	9,3	7,9	6,5	5,3	4,1	3,0	2,0	1,0
45	21,6	19,0	16,7	14,7	12,8	11,2	9,6	8,1	6,8	5,5	4,3	3,1	2,1	1,0
50	22,3	19,7	17,3	15,2	13,3	11,6	9,9	8,4	7,0	5,7	4,4	3,2	2,1	1,0

Tabelle 4.13
Differenz $\Delta\,\delta_{Tau}$ in K zwischen Luft- und Oberflächentemperatur bei Beginn der Tauwasserbildung (links)

Tabelle 4.14
Erforderliche Dämmschichtdicke in mm zur Tauwasserverhütung für Schaumkunststoffschalen an Kälterohrleitungen bei 80 und 85% relativer Luftfeuchte, Umgebungstemperatur +20°C und ruhender Luft. Wärmeleitfähigkeit $\lambda = 0{,}04$ W/m · K bei $\delta_m = 10$°C und 0,033 W/m · K bei $\delta_m = 100$°C. (unten)

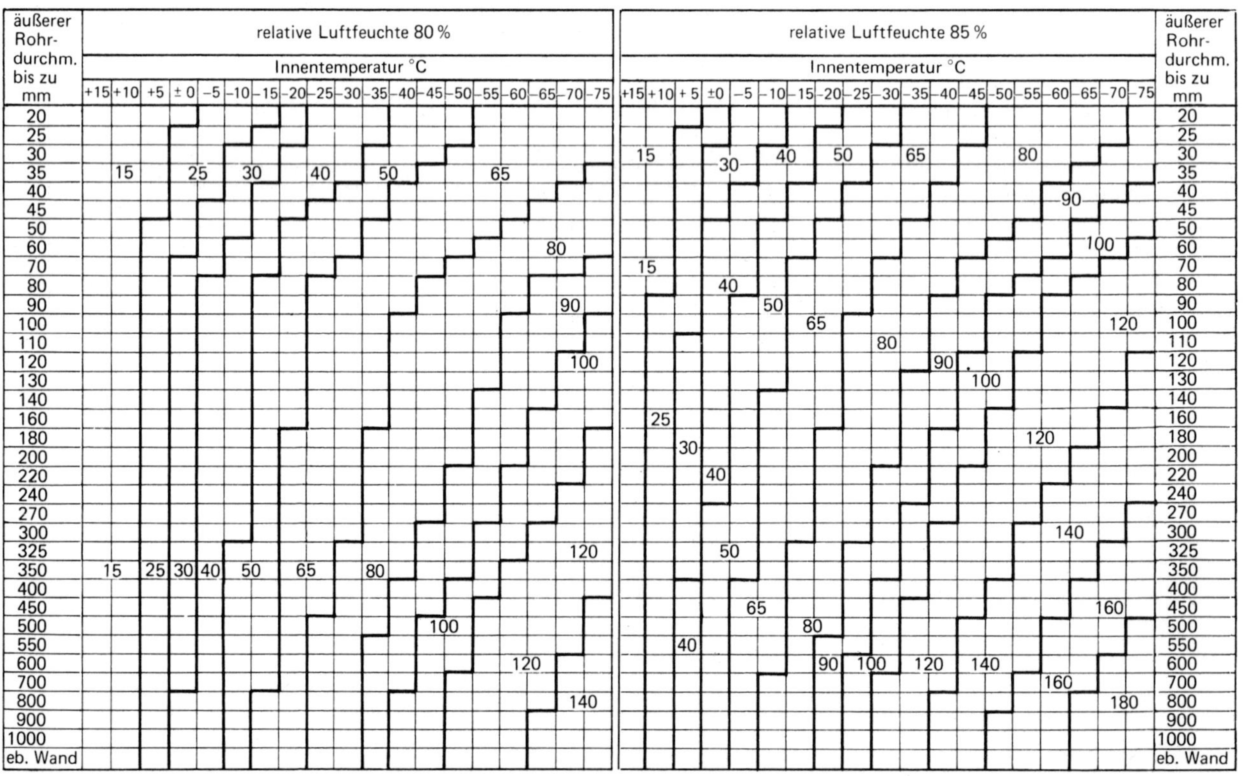

Die Tauwasser- oder Schwitzwasserbildung beginnt dann, wenn die Taupunkttemperatur der Luft im Bereich der Oberfläche der Rohrleitung unterschritten wird. Tabelle 4.13 gibt die Temperaturdifferenz zwischen Luft- und Oberflächentemperatur bei Beginn der Tauwasserbildung an. Tabelle 4.14 zeigt den Zusammenhang zwischen äußerem Rohrdurchmesser, Innentemperatur der Rohrleitung und Dämmschicht-Dicke zur Tauwasserverhütung bei Schaumkunststoffschalen an Kälterohrleitungen. Hier wurden Zusammenhänge unter bestimmten Parametern dargestellt und die Dämmschichtdicke muß gemäß der Aussage der Tabelle mit steigender relativer Luftfeuchte an Dämmschichtdicke zunehmen, um Schwitzwasser zu vermeiden.

Das Diagramm, Bild 4.58 dient zur Auslegung der richtigen Isolierdicke in Abhängigkeit des noch zugelassenen Wärmestroms je m Rohrlänge, der Wärmeleitfähigkeit der Isolierung, der Temperaturdifferenzen zwischen Medium und Luft und der Kenngröße G, die den Wärmeübergang am Rohrdurchmesser berücksichtigt.

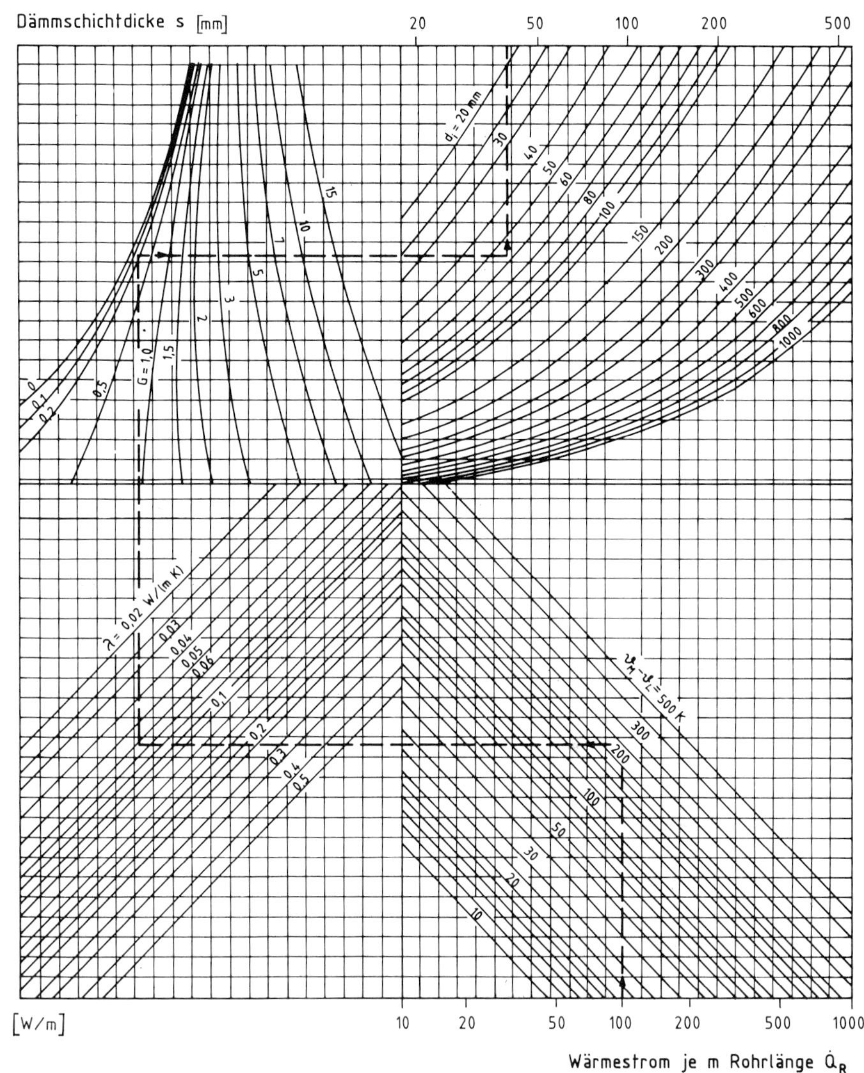

Bild 4.58
Dämmschichtdicke für Rohre in Abhängigkeit vom Wärmestrom je m Rohrlänge, Temperaturdifferenzen zwischen Medium und Luft, Wärmeleitfähigkeit,
der Kenngröße $G = \dfrac{2\lambda}{\alpha_a \cdot d_1}$ *und dem Rohrdurchmesser*

Materialbezeichnung	bei einer Mitteltemperatur von				
	0 °C	50 °C	100 °C	200 °C	300 °C
lose Fasern	0,045	0,055	0,065	0,085	0,12
Bahnen, ungebunden und versteppt, evtl. mit Zwischenlaufpapier	0,040	0,050	0,060	0,095	0,13
Matten, versteppt auf z.B. Wellpappe oder Drahtgeflecht	0,040	0,045	0,050	0,075	0,11
Rollfilze, gebunden					
a) weich	0,040	0,055	0,070	–	–
b) fest	0,040	0,050	0,060	–	–
Platten, gebunden					
a) weich	0,040	0,050	0,065	–	–
b) fest	0,035	0,040	0,050	–	–
Formstücke					
a) Schalen	0,035	0,040	0,050	0,070	0,10
b) Segmente	0,040	0,045	0,050	0,075	–
c) Sonderformstücke					
Schnüre, Zöpfe	0,050	0,060	0,075	–	–

Tabelle 4.15.1
Anhaltswerte der Betriebs-Wärmeleitfähigkeit von Mineralfaserstoffen in W/m · K, (oben)

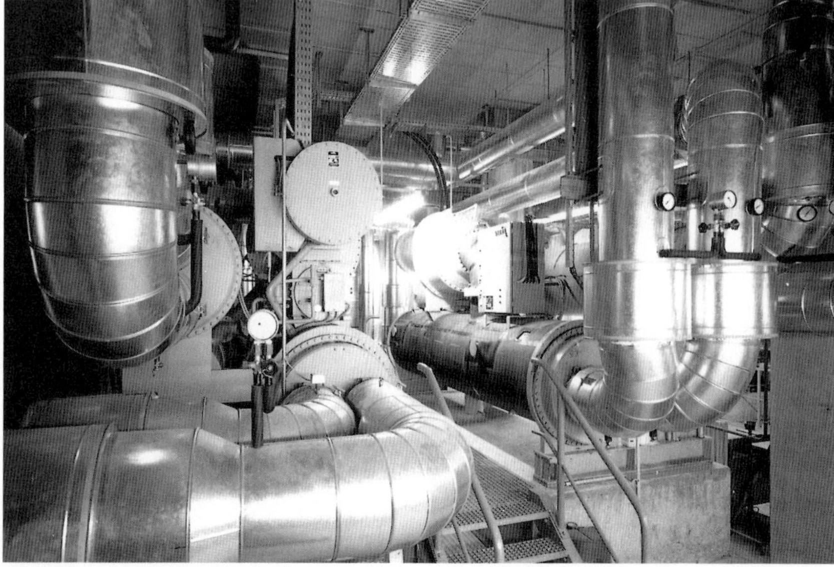

Bild 4.59
Kältezentrale mit Kaltwasserleitungen (isoliert)

Dämmstoff	DIN Nr.	Rohdichte kg/m³	Mitteltemperatur °C				
			−150	−100	−50	0	50
Korkplatten	18161 [11] Teil 1	80 bis 200	0,025	0,030	0,035	0,040	0,045
Polystyrolpartikel-Hartschaum	18164 [12] Teil 1	⩾ 20	0,020	0,025	0,030	0,035	0,040
Polystyrol-Extruderschaum (Zellgas CF_2Cl_2)	18164 [12] Teil 1	⩾ 25					
mit Schäumhaut			0,020	0,025	0,030	0,030	0,035
ohne Schäumhaut			0,020	0,025	0,030	0,035	0,040
Polyurethan-Hartschaumplatten- und -bahnen*)	18164 [12] Teil 1	⩾ 30					
a)**)			0,020	0,025	0,030	0,030	0,035
b)**)			0,020	0,025	0,025	0,025	0,030
Polyurethan-Ortschaum*)	18159 [10] Teil 1	⩾ 37	0,020	0,025	0,030	0,030	0,035
Phenolharz-Hartschaum	18164 [12] Teil 1	⩾ 30	0,020	0,025	0,030	0,035	0,040
Polyvinylchlorid-Hartschaum		⩾ 40	0,020	0,025	0,030	0,035	0,040
Schaumglas***)	18174 [14]	100 bis 150	0,035	0,040	0,045	0,050	0,060

*) Zellgas $CFCl_3$

**) a) ohne gasdiffusionsdichte Deckschichten
b) mit gasdiffusionsdichten Deckschichten

Deckschichten gelten ohne besonderen Nachweis als gasdiffusionsdicht, wenn sie aus metallischen Werkstoffen mit einer Dicke von mindestens 50 μm bestehen. Bei Platten, deren Randflächen kleiner als 10 % der Gesamtoberfläche sind, braucht die Deckschicht die Randfläche nicht zu bedecken.

***) Schaumglas:				
Mitteltemperatur	[°C]	100	200	300
Wärmeleitfähigkeit	[W/m·k]	0,070	0,095	0,13

Tabelle 4.15.2
Anhaltswerte der Betriebs-Wärmeleitfähigkeit von Korkplatten, Schaumkunststoffen und Schaumglas in W/m · K

Die Betriebswärmeleitfähigkeit verschiedener Dämmstoffe ist in den Tabellen 4.15.1 und 4.15.2 ausgewiesen.

Daß bei der Kälteisolierung ein erheblicher Aufwand getrieben wird und getrieben werden muß, zeigt Bild 4.59. In diesem Bild gut erkennbar sind Verdampfer und Kondensatoren für Kältemaschinen sowie die abgehenden Rohrleitungen mit einer äußeren Hartmantelisolierung aus verzinktem Stahlblech, unter der sich die eigentliche dampfdichte Isolierung verbirgt.
Gut erkennbar in diesem Bild ist auch, daß die Verdampfer gegen Wärmeverluste isoliert sind (schwarzer Isoliermantel).

4.7.

ALTERNATIVE KÄLTEENERGIEERZEUGUNG (NUTZUNG VON UMWELTENERGIEN)

4.7.1.

Erdkälte

Ein weiteres Prinzip der Erzeugung von Kälteenergie mit einem möglichst geringen Primärenergieeinsatz ist die Aufbereitung von Kaltwasser über Erdsonden. Dabei ist zu beachten, daß die Vorlauftemperaturen entsprechender Kühlkreisläufe nicht wesentlich unter +18 °C liegen sollten. Die Rücklauftemperaturen nicht wesentlich über +22 °C. Die Nutzung der Erdkälte bedeutet, daß die Abwärme aus dem Gebäude in das Erdreich abgeführt wird. Es gilt somit zu beachten, daß der Jahresgang der Energieflüsse ausgeglichen ist, d.h. daß die über das Sommerhalbjahr dem Erdreich zugeführte Wärmeenergie über das Winterhalbjahr wieder ausgeglichen wird. Unter der Annahme, daß im Erdreich ein räumlicher Wärmeenergiefluß von ca. 0,065 W/m² besteht, ist bei Einhaltung eines durchschnittlichen Sonnenstandes von 6 m eine ausreichende Sondenleistung von ca. 20 Watt/m Sondenlänge zu erreichen. Die maximale Sondentiefe sollte ca. 100 m nicht überschreiten, da sich ansonsten zu hohe Investitionsaufwendungen ergeben. Die Bilder 4.60.1/2 zeigen beispielhaft die Unterbringung von Erdsonden zur Kühlung eines Gebäudebereiches bzw. das Prinzipschema des Kühlkreislaufes selbst.

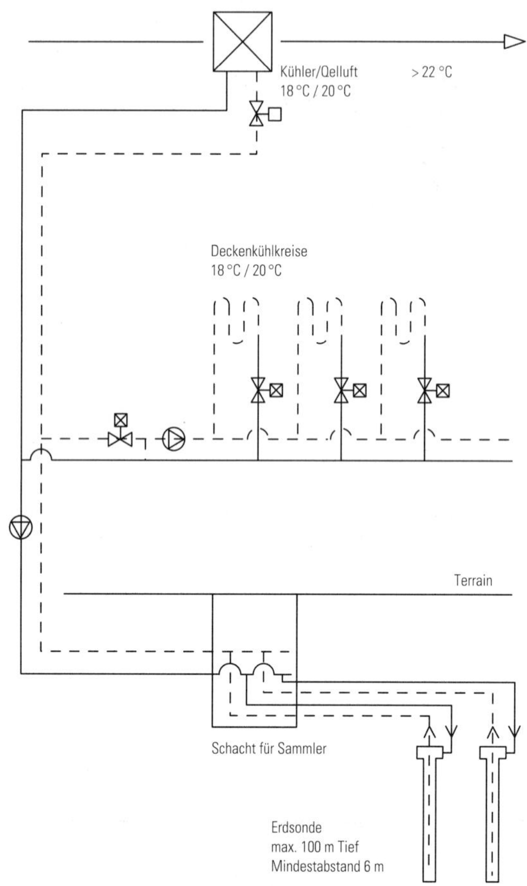

Bild 4.60.2
Prinzipschema Kühlkreislauf Erdsonden

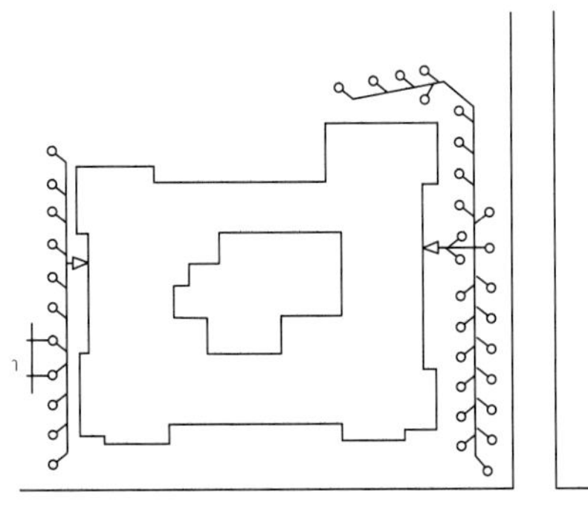

Bild 4.60.1
Konzept Erdsonden zur Kühlung

4.7.2. Kälteenergieerzeugung durch Solarenergie

Der Einsatz von Absorptionskälteanlagen hat in den letzten Jahren einen deutlichen Aufschwung erfahren unter dem Bemühen, bei der Kaltwassererzeugung elektrische Energie durch Wärmeenergie zu ersetzen. Dabei kann ein Lösungsansatz der sein, Absorptionskälteanlagen mit Solaranlagen (linienfocussierte Systeme) so zu kombinieren, daß die notwendige Wärmeenergie für die Absorptionskälteanlagen (Konzentrator) durch Solaranlagen geliefert wird.

Bild 4.61 zeigt beispielhaft eine mit Solarenergie betriebene Heizungs- und Kälteanlage zur Versorgung eines Gebäudes mit Wärme- bzw. Kälteenergie. Bei dieser Systemlösung ist einerseits mit geringen Energiekosten dadurch zu rechnen, daß zu Zeiten hoher Strahlungsintensität und in der Regel hoher Kühllasten gleichzeitig auch die notwendige Wärmeenergie für die Absorptionskälteanlage zur Verfügung steht, andererseits jedoch mit erhöhten Investitionskosten, die von Fall zu Fall zu untersuchen sind, um zu noch zu rechtfertigenden Amortisationszeiträumen zu kommen.

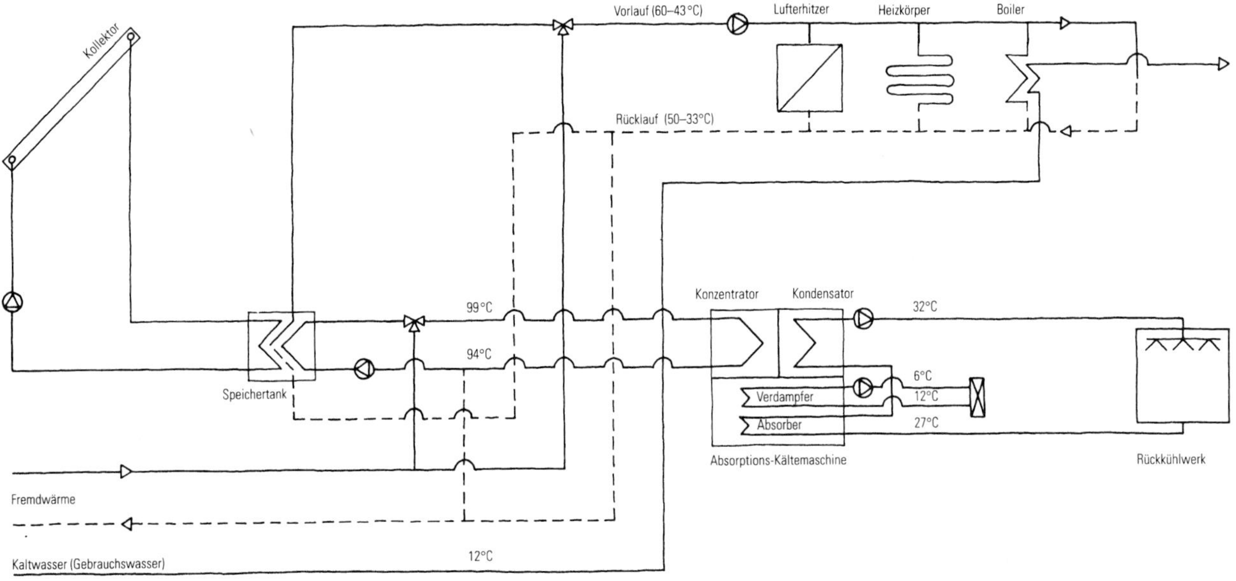

Bild 4.61
Mit Solarenergie betriebene Heizungs- und Kälteanlage

4.7.3. Desorptionsverfahren

Beim Desorptionsverfahren bzw. Luftkühlung mittels adsorptiver Entfeuchtung und adiabater Kühlung (System Kraftanlagen Heidelberg) handelt es sich um eine Systemvariante zur Erzeugung von Kälteenergie unter im wesentlichen Zuhilfenahme von Wärmeenergie. Die Bilder 4.62.1/2 zeigen einen prinzipiellen Aufbau einer entsprechenden Systemlösung unter Angabe von Temperaturen und Feuchten für einen bestimmten Auslegungsfall sowie Darstellung der Abläufe im h, x-Diagramm.

Bei der Luftkühlung mittels adsorptiver Entfeuchtung und adiabater Kühlung wird dann keine Kälteanlage im herkömmlichen Sinne eingesetzt, wenn eine Entfeuchtung nicht notwendig ist. Eine Nachkühlung mittels zum Beispiel gasmotorisch betriebener Wärmepumpe wird notwendig, wenn die Außenluft gekühlt und insbesondere entfeuchtet werden muß. Dieses Kühlsystem benötigt weder H-FCKW noch Ammoniak oder Sole-Kreisläufe, sondern lebt davon, daß durch Versprühen von Kaltwasser sowohl in Abluft- als auch Zuluftströmen adiabate Zustandsänderungen eintreten, die eine Kühlung bei gleichzeitiger Befeuchtung nach sich ziehen.

Die Außenluft wird anfänglich über eine Wärmerückgewinnungsanlage dadurch entfeuchtet, daß die Füllkörper hohe Temperaturen mit sehr geringer Feuchte besitzen und somit in der Lage sind, Wasserdampf aus dem Außenluftstrom zu absorbieren. Anschließend wird die Außenluft über eine Wärmerückgewinnungsanlage abgekühlt und eine weitere adiabate Kühlung erfolgt dadurch, daß in den Außenluftstrom Kaltwasser versprüht wird, das verdunstet und somit die Zulufttemperatur bei gleichzeitiger Erhöhung der relativen Feuchte verringert. Entsprechende Verfahren werden dann sinnvoll eingesetzt, wenn entweder Überschußwärme infolge z.B. eines

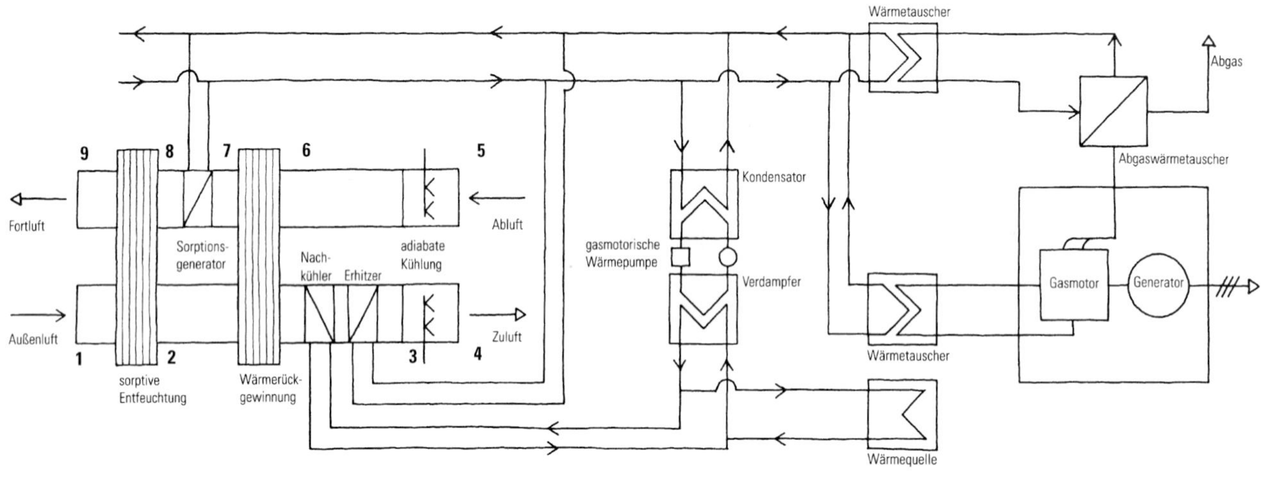

Zustand 1	26 °C	r.F. 50%		Zustand 6	21 °C	r.F. 90%
Zustand 2	35 °C	r.F. 24%		Zustand 7	32 °C	r.F. 48%
Zustand 3	24 °C	r.F. 48%		Zustand 8	29 °C	r.F. 29%
Zustand 4	19 °C	r.F. 75%		Zustand 9	32 °C	r.F. 55%
Zustand 5	28 °C	r.F. 50%				

Bild 4.62.1
Luftkühlung mittels adsorptiver Entfeuchtung und adiabater Kühlung

Produktionsprozesses günstig zum Einsatz kommen kann bzw. Wärmeenergie über Kollektoranlagen erzeugt wird, da häufig davon auszugehen ist, daß der größte Teil der Kälteenergie dann benötigt wird, wenn hohe Außentemperaturen mit hohen Wärmestrahlungen zusammenfallen.

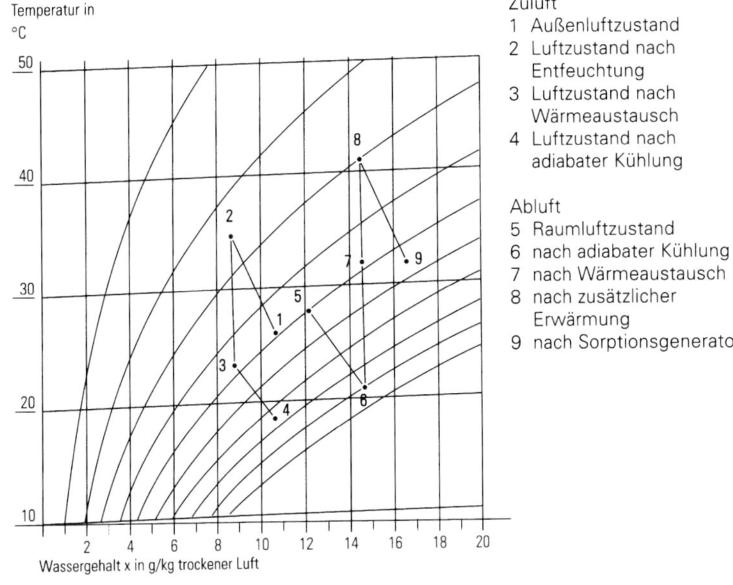

Bild 4.62.2
Zustandsverlauf der Luft bei den Verfahrensschritten - sorptive Entfeuchtung und adiabate Kühlung

4

4.8 KÄLTEZENTRALEN

Kältezentralen sind Räume, in denen Kältemaschinen, Ausdehnungsgefäße, Kaltwasser- und Kühlwasserverteiler und -sammler sowie Hauptpumpen zur Aufstellung kommen. Weiterhin soll ein ausreichender Platz für notwendige Schalttafeln und Regeleinrichtungen bestehen. Die Größe der Maschinenräume sowie der Rückkühlwerke wurde bereits in Kapitel 3.10 behandelt.

Beachtenswert ist, daß vor und hinter den Kältemaschinen (in Längsrichtung gesehen) ein ausreichender Platz für den Anschluß von Rohren sowie das Ausziehen von Rohrregistern (Kondensator/Verdampfer) besteht. Die ideale Lage eines Kältemaschinenraumes wäre im Erdgeschoß eines Gebäudes zur leichteren Einbringung oder einem späteren Ersatz einer Maschine. Da dies fast nie der Fall ist, werden Kältemaschinen in der Regel im Untergeschoß, Rückkühlwerke in der Regel auf dem Dach aufgestellt. Dabei zu beachten ist, daß je nach Kältemittel Maschinenräume in Untergeschossen gut durchlüftet sein müssen, um bei Kältemittelaustritt aus der Maschine Gesundheitsschäden zu vermeiden. Die Größe des notwendigen Volumenstroms zur mechanischen Belüftung eines Kältemaschinenraumes ergibt sich nach der Formel

$$\dot{V} = 50 \cdot \sqrt[3]{G^2}$$

Hierin bedeuten:

– G = Füllgewicht [kg]
– $\dot{V}$ = Volumenstrom [m³/h]

Das Füllgewicht errechnet sich bei Kolbenverdichtern überschlägig mit 0,25 bis 0,45 kg/kW und bei Turboverdichtern mit 0,40 bis 0,70 kg/kW.

Die Luftabsaugung in einem Kältemaschinenraum muß in Fußhöhe erfolgen, da die Halogenkältemittel schwerer als Luft sind und sich bei Austritt aus der Maschine im Bodenbereich sammeln. Weiterhin darf die Lufttemperatur eines Kältemaschinenraumes 40°C nicht wesentlich überschreiten, wobei die entwickelte Wärme der Antriebsmotoren abzuführen ist.

Im Kältemaschinenraum und Einbringbereich von außen muß eine gute Zugänglichkeit gewährleistet sein, da Kältemaschinen außerordentlich schwere Teile besitzen, die zu transportieren sind. Kältemaschinen und wesentliche Pumpen werden auf Fundamenten schwingungsfrei aufgestellt, der Kältemaschinenraum selbst muß eine hohe Schalldämmung und -dämpfung aufweisen, da die Schallleistungspegel entsprechender

Kälteleitung (W)	Maschinenraum			Rückkühlanlage offene Ausführung			
	Grundfläche (m2)	Raumhöhe (m)	Bemerkung	Grundfläche (m2)	Raumhöhe (m)	Gesamtgewicht *) (t)	Bemerkung
12.000 - 120.000	10 - 20	3,50	Lage der Maschinenräume möglichst im Keller. Bei Leistung bis 120.000 W, soll die Kältemaschine im Maschinenraum der lüftungstechnischen Anlage aufge. stellt werden.	20	2,80	0,4 - 0,8	Flächen gelten für Rückkühltürme mit Umkleidung. Aufbau möglichst auf dem Dach.
120.000 - 350.000	20 - 40	3,00		25	3,20	0,8 - 1,8	
350.000 - 700.000	40 - 60	3,00		50	3,40	1,8 - 4,0	
700.000 - 1.200.000	60 - 80	3,50		60	3,40	4,0 - 6,0	
1.200.000 - 1.750.000	85	3,50		90	4,00	6,0 - 9,0	
1.750.000 - 2.350.000	100	4,00		130	4,00	9,0 - 11,0	

*) einschl. Wasser und Rohrleitungen

Anmerkung : Bei geschlossener Ausführung der Rückkühlanlage sind die Flächensätze um 20 % zu erhöhen

Tabelle 4.16
Abmessungen von Kältezentralen

Maschinen bis ca. 130 dB(A) betragen können. Die Aufstellung von Rückkühlwerken in Untergeschossen ist unbedingt zu vermeiden und nur in Ausnahmefällen zu vertreten, da hierdurch hohe Investitionen infolge des erheblichen Raumbedarfs sowie der notwendigen Schalldämpfung und -dämmung zu erwarten sind.

Bild 4.63 zeigt eine kleinere Kältezentrale mit Schraubenverdichtern für eine Mälzerei, Bild 4.64 eine Großkältezentrale (Kälteleistung 9 MW) für ein Fernsehzentrum.

Tabelle 4.16 gibt sowohl die notwendigen Flächen von Kältemaschinen mit Verteilern, Sammlern und anderen zentralen Geräten, als auch die der Rückkühlwerke an. Daneben sind die notwendigen Mindesthöhen und zu berücksichtigenden Gesamtlasten dargestellt.

Bild 4.63
Kältezentrale, Schraubenverdichtersatz

Bild 4.64
Kältezentrale, Turbokaltwassersatz

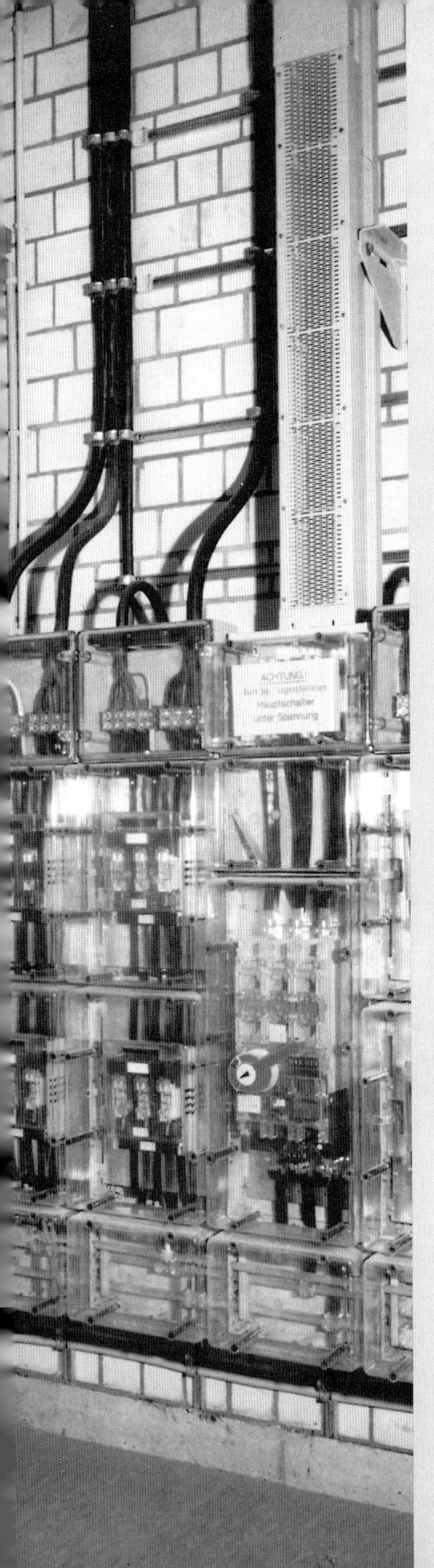

5 STARKSTROMANLAGEN

5.1. ALLGEMEINES

Der Wohnwert oder Nutzungswert eines Gebäudes hängt in sehr hohem Maße von einer gut funktionierenden elektrischen Stromversorgung und der Elektroinstallation ab. Der Bau und Betrieb sämtlicher gebäudetechnischer Einrichtungen und Anlagen ist ohne elektrische Energie praktisch nicht möglich. So ist aus diesem Grund der gesamten Elektroinstallation und -versorgung höchstes Augenmerk zu schenken.

Vorzüge beim Einsatz elektrischer Energie sind:

- leichte Umwandlung in andere Energieformen wie z. B. Licht, Wärmeenergie, mechanische Kräfte
- universelle Einsetzbarkeit
- geringe Übertragungsverluste.

Die Nachteile im Umgang mit elektrischer Energie sind:

- Elektrounfälle
- Brandgefahr
- Explosionsgefahr
- elektromagnetische Strahlung (z.B. Sender, Mikrowellen, Röntgenstrahlen)
- Elektrosmog
- starke magnetische Kraftwirkungen bei Kurzschluß.

Trotz der Gefahren beim Einsatz elektrischer Energie überwiegen die Vorteile derart, daß auf ihre Nutzung im Haushalt, bei der Technik und insbesondere bei der Gebäudetechnik nicht zu verzichten ist. Um Gefahren im Rahmen elektrotechnischer Anlagen abzuwenden, müssen Schutzmaßnahmenen für Gesundheit und Leben vorgesehen werden, die in einschlägigen Norm- und Regelwerken beschrieben sind.

5.1.1. Elektrische Energieerzeugung

Die elektrische Energieerzeugung unterscheidet nach der Art der Antriebsmaschinen in Wärme- und Wasserkraftanlagen. Der wesentlichste Teil der Erzeugung der elektrischen Energie erfolgt in Mitteleuropa von Wärmekraftanlagen. In der Schweiz werden dementgegen 57 % der Elektoenergie durch Lauf- und Speicherkraftwerke, 2 % durch Wärmekraftwerke, 39 % durch Kernkraftwerke und 2 % durch Alternativanlagen erzeugt.

Wärmekraftanlagen werden vornehmlich als Dampf-, Gas- und Dieselkraftanlagen ausgeführt, wobei zur elektrischen Energieerzeugung Dampf- und Gasturbinen sowie Kolben-Dampf- und Gasmaschinen eingesetzt weden. Kolbendampfmaschinen werden wie Kolbengasmaschinen nur in geringem Umfange eingesetzt, Gas- und Dampfturbinen sind die Hauptträger der Energieerzeugung. Hinzu kommen noch Wasserturbinen, die in der Schweiz noch erhebliche Anwendung finden, da hier entsprechende Nutzungsmöglichkeiten der Wasserenergie bestehen. Die größten Dampfturbinen erbringen in Kraftwerken bis 600 MW und die größten Wasserturbinen bis etwa 150 MW.

Die vorgenannten Maschinen dienen dem Antrieb von Generatoren zur Stromerzeugung. Dabei finden Induktionserscheinungen in den Generatoren (auch Dynamomaschinen) ihre Anwendung. Der Strom wird erzeugt, indem ein elektrisches Leitersystem in Magnetfeldern (Gleichstrommaschinen) oder umgekehrt Magnetfelder innerhalb eines Leitersystems (Wechselstrom, Innenpolmaschinen) in Drehung versetzt und die an den Leiterenden auftretenden induzierten Spannungen in geeigneter Weise abgenommen werden. Dabei bezeichnet man den feststehenden Teil als Ständer, den sich bewegenden Teil als Anker (Rotor) oder Läufer. Bild 5.1 stellt die Zusammenhänge der Induktion bei Drehung einer Drahtschleife in einem Magnetfeld dar.

Dreht sich eine Drahtschleife von rechteckiger Form in einem homogenen Magnetfeld, so schneiden ihre Randteile magnetische Kraftlinien. Beginnt die Schleife ihre Bewegung aus der senkrechten Lage, wie in Bild 5.1 gezeigt, so ist die Zahl der geschnittenen Kraftlinien gleich Null. Nach einer Kreisbewegung von A nach B ist die Zahl der geschnittenen Kraftlinien immer noch sehr gering und wird größer, wenn sie die gleiche Bogenlänge von zum Beispiel C nach D durchläuft und erreicht ihren Höchstwert beim Durchlaufen der magnetischen Achse (Nord-Süd-Pol). Dabei hat sich die Schleife annähernd um 90° gedreht und die Spannung wächst von 0 bis zu einem Höchstwert an. Führt man die Schleifenenden zu zwei Schleifringen und verbindet man die auf den Schleifringen sitzenden Bürsten durch einen Schließungsdraht, so fließt in diesem ein Induktionsstrom, der genau wie die Spannung nach einer Gesamtdrehung von 90° seinen Höchstwert erreicht. Dreht sich die Schleife weiter, so nehmen Stromstärke und Spannung nach einer Gesamtdrehung von 180° wiederum den Wert Null, nach einer solchen von 270° wieder einen Höchstwert an usw. Es zeigt sich, daß der Strom jeweils beim Durchgang der Schleife durch die neutrale Zone seine Richtung wechselt und nennt daher den Strom Wechselstrom. Der Wechselstrom gleicht in Stärke und Richtung einer Sinuslinie.

Verbindet man die Schleifenenden nicht mit Schleifringen sondern mit zwei Kollektorlamellen, wie in Bild 5.2 gezeigt, so gelangen jedesmal beim Durchgang der Schleife durch die neutrale Zone die Kollektorlamellen an die andere Bürste und man nimmt einen Induktionsstrom ab, dessen Stärke zwar zwischen Null und einem Höchstwert wechselt, aber immer die gleiche Richtung besitzt = Gleichstrom.

Sind in einem Gehäuse drei getrennte Spulensysteme untergebracht, so erhält man einen Dreiphasenwechsel-Drehstrom.

Bild 5.3 zeigt das Schema eines Drehstromgenerators mit Darstellung der Phasenverschiebung beim Drehstrom. Die induzierten Spannungen zeigen drei Sinuslinien, die um 120° gegeneinander verschoben sind (Phasenverschiebung) und die den Spannungsverlauf in einem der drei Spulensysteme wiedergeben. An den Klemmen L1/L2/L3 (U,V,W) kann Drehstrom abgenommen werden. Führt man vom Nullpunkt einen Nulleiter mit, so kann man zwischen Nulleiter und einem Phasenleiter L1/L2/L3 (U,V,W) eine Phasenspannung feststellen, die 1,73 ($\sqrt{3}$) mal kleiner ist als die sogenannte verkettete Phasenspannung. Man hat somit zwei verschiedene Spannungen zur Verfügung.

5.1.2. Elektrische Energieversorgung (EVU)

Vom Kraftwerk, in dem der Strom erzeugt wird, erfolgt die Energieverteilung durch Freileitungen auf Hochspannungsebene (110 bis 400 kV) in einem Verbundnetz. Durch das Verbundnetz sind die großen Kraftwerke untereinander verbunden. Im Bereich großer Städte oder großer Industrieanlagen wird über Transformatoren die Spannung von der Hochspannungsebene auf eine Mittelspannungsebene (1 bis 30 kV) heruntertransformiert und in das örtliche Versorgungsnetz eingespeist (EVU-Netz). Die Stromverteilung erfolgt nunmehr innerhalb der Städte auf der vorher aufgeführten Spannungsebene wiederum zu Transformatoren, die entweder bei Großverbrauchern in den Gebäuden aufgestellt werden können oder als EVU-Stationen außerhalb von

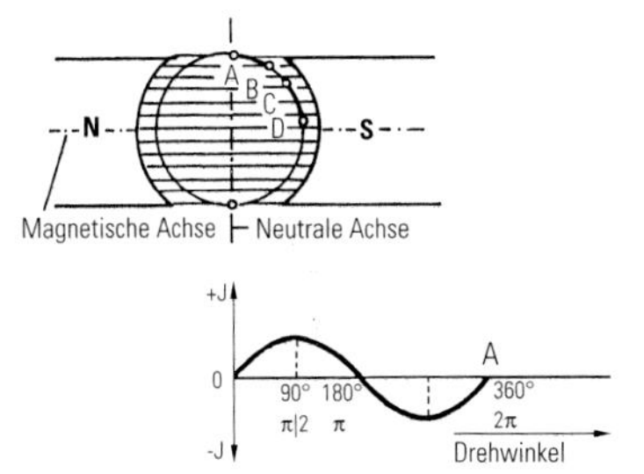

Bild 5.1
Induktionsstrom in einer Drahtschleife

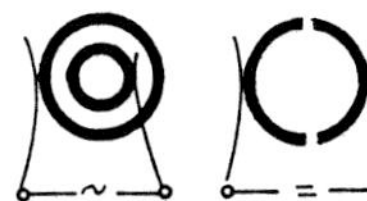

Stromabnahme für Wechsel- und Gleichstrom

Bild 5.2
Wechselstromgenerator mit Innenpolen

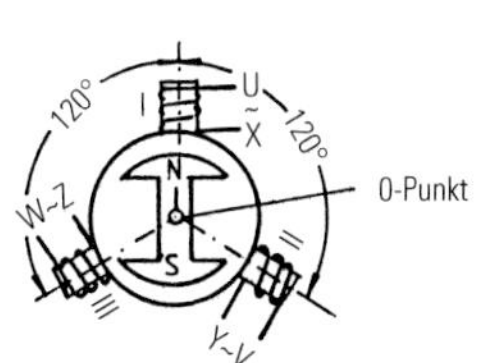

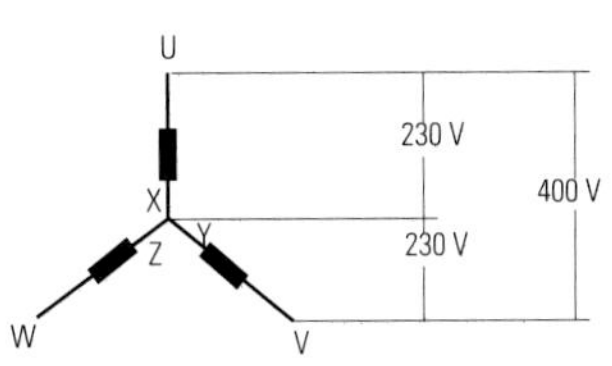

Schema eines Drehstromgenerators

Spannung bezogen auf den Nulleiter

Bild 5.3.
Zeichnerische Darstellung des Drehstroms

Gebäuden stehen. In diesen Transformatoren erfolgt eine weitere Veränderung der Spannung von der Mittelspannungsebene auf eine Niederspannungsebene von 50 bis 1000 Volt, in Mitteleuropa vornehmlich 231/400 Volt.

Kleinspannungen, (Spannungen unter 50 V) werden ausschließlich örtlich durch weiteres Heruntertransformieren erzeugt und dienen im wesentlichen der Versorgung von Melde- und Informationssystemen.

Bild 5.4 zeigt die übergeordnete elektrische Energieversorgung außerhalb von Gebäuden, Bild 5.5 das Verbundnetz Europas und Bild 5.6 das Verbundnetz der Schweiz.

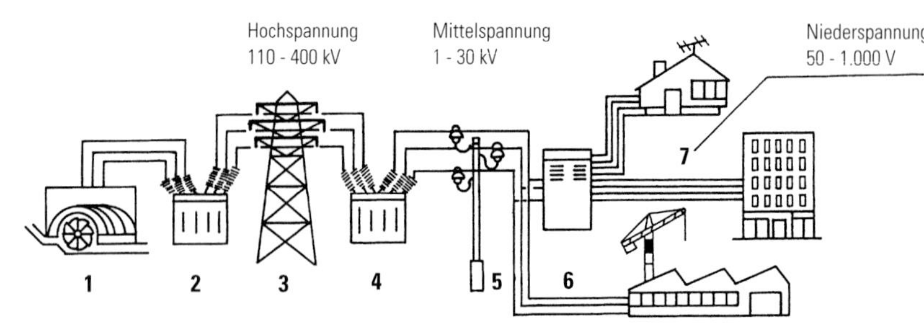

1 Kraftwerk
2 Transformatoren
3 Hochspannungsleitungen
4 Unterwerk
5 Mittelspannungsleitungen
6 Transformatorenstationen
7 Niederspannungsleitungen

Bild 5.4
Übergeordnete elektrische Energieversorgung

5.1.3. Stromtarife

Man unterscheidet nach Niederspannungs- und Mittelspannungsabnehmern. Niederspannungsabnehmer sind Stromabnehmer, die direkt an das 400-V-Netz angeschlossen werden und in etwa einen maximalen Anschlußwert von 200 kVA besitzen, der vom EVU festgelegt wird.

Abnehmer, die aufgrund ihres höheren Leistungsbedarfs nicht mehr an das Niederspannungsnetz angeschlossen werden können, erhalten ihre Energie auf der Mittelspannungsebene von 1 bis 30 kV, in der Regel 10 bis 20 kV. Die Elektroversorgungsunternehmen (EVU) bestimmen in der Regel ihre Stromtarife jeweils vor Ort selbst, unterliegen jedoch hierbei meist preisrechtlichen Bestimmungen. Die EVU's bieten in der Regel eine Vielfalt unterschiedlicher Tarife an, unter denen die Abnehmer entsprechend wählen können. Abnehmer mit Versorgung aus dem Mittelspannungsnetz haben zumeist einen Abnehmervertrag als Sonderkunden, der die spezifischen

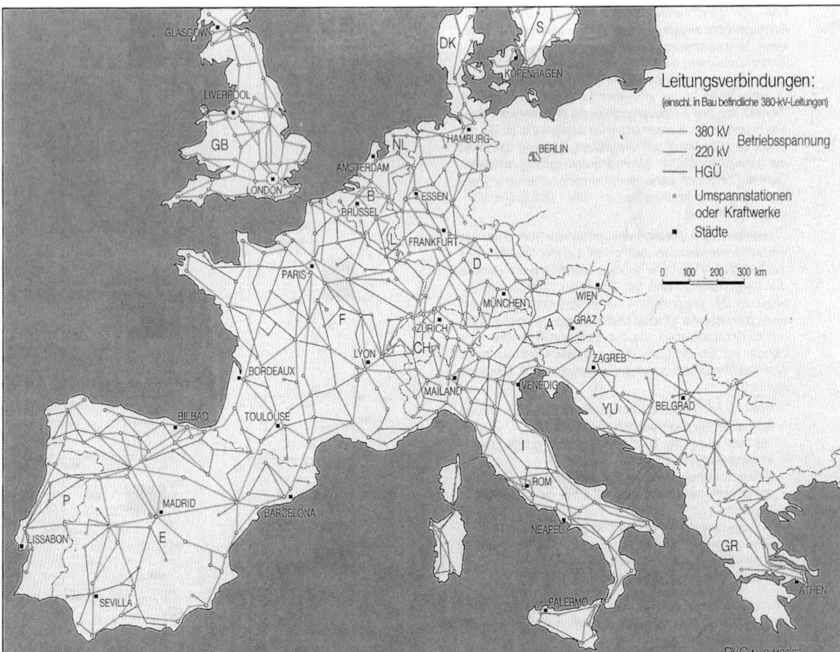

Bild 5.5
Energieverbundnetz Europa

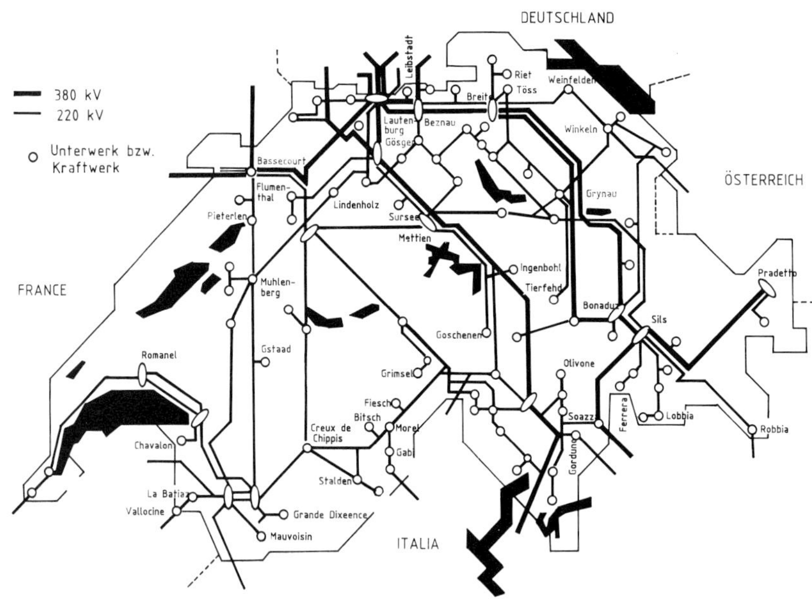

Bild 5.6
Verbundnetz der Schweiz auf Hochspannungsebene

Verbrauchsgewohnheiten berücksichtigt. Dabei errechnen sich die Tarife in der Regel wie folgt:

- **Arbeitsabhängige Kosten**, wobei die dem Netz entnommene Arbeit (kWh) abhängig von der Verbrauchszeit einen unterschiedlichen Kostenansatz besitzen kann (Preis pro kWh)
- **Leistungsabhängige Kosten**, die für die Bereitstellung einer bestimmten Leistung zu zahlen sind. Über die leistungsabhängigen Kosten werden somit die Anschlußkosten für einen Neuanschluß zum Teil abgedeckt oder seperat erhoben.
- Die gebräuchlichste Abrechnungsart ist der **Leistungspreistarif**, bei dem eine Staffelung nach der in Anspruch genommenen Leistung erfolgt und monatlich oder jährlich eine Höchstleistung im einviertelstündigen oder halbstündigen Mittel gemessen wird.

Einige EVU's haben im Rahmen ihrer Tarife Korrekturen über verbrauchsabhängige Rechengrößen wie Benutzungsdauer oder Anteil am Gesamtmaximum des EVU's eingeführt.

Allen Tarifen gemeinsam ist, daß der durchschnittliche Strompreis am niedrigsten ist, wenn:

- das Abnehmermaximum nicht mit dem EVU-Maximum zusammenfällt (EVU-Maximum in der Regel 7.00 bis 9.00 bzw. 17.00 bis 19.00 Uhr). Im allgemeinen werden besondere Nachttarife (22.00 bis 6.00 Uhr) angeboten, die häufig die Entwicklung eines Energiekonzeptes mitbestimmen,
- die Rechengröße **Benutzungsdauer** in Stunden möglichst hoch wird, wobei sich die Benutzungsdauer aus der entnommenen Arbeit (kWh) dividiert durch die im Bewertungszeitraum höchste in Anspruch genommene Leistung (kW) ergibt.

Echte Strompreisverhandlungen kommen nur für große Abnehmer in Betracht. Für mittlere und kleine Abnehmer bieten sich in der Regel nur zwei Möglichkeiten an, die Stromkosten zu senken durch:

- Auswahl des günstigsten angebotenen Tarifs
- Anpassung der Abnahmestruktur an den Stromtarif

Bei der Auswahl des richtigen Tarifes ist eine detailierte Kenntnis der Abnahmestruktur bezüglich der Leistungsspitzen (zeitlich und absolute Höhe) sowie der Rechengröße Benutzungsstunden notwendig, um in Zusammenarbeit mit dem EVU einen günstigen Stromtarif zu finden (vergleiche Kapitel 5.2.7). Bei einer Anpassung der Abnahmestruktur an den Stromtarif gibt es eine Reihe von Möglichkeiten, die schon bei der Planung von Anlagen berücksichtigt werden müssen. Die besten Erfolge zur Anpassung versprechen die folgenden Maßnahmen:

- Abschaltung von nicht unbedingt notwendigen Verbrauchern während der Zeit des größten Leistungsbedarfs (Lastabwurfprogramme)
- Verschiebung des Einschaltzeitpunktes von kurzzeitig benötigten Verbrauchern in einen Zeitraum niedrigeren Leistungsbedarfs (Überwachung durch zentrale Leittechnik).

Aufgrund einer genauen Analyse der Betriebsabläufe und eines entsprechenden geregelten Verhaltens können die Stromkosten erfahrungsgemäß um etwa 15 % reduziert werden.

Eine frühzeitige Besprechung mit dem zuständigen EVU ist notwendig.

5

5.1.4. Allgemeine Begriffe

Um die nachfolgend aufgeführten Begriffe besser verstehen zu können, sollen hier nochmals die gebräuchlichsten Fachausdrücke in kurzer Form dargestellt werden.

- **Spannung** (U), Volt = Differenz zwischen zwei Potentialen
- **Strom** (I), Ampère = Fluß freier Elektronen vom negativen zum positiven Potential
- **Widerstand** (R), Ohm = physikalische Eigenschaft des leitenden Werkstoffes (gibt an, wieviel freie Elektronen dem Stromfluß zur Verfügung stehen).

Allgemeine Regel:
Spannung = Widerstand · Strom
$U = R \cdot I$

Der Strom I ist für die Dimensionierung der elektrischen Anlagen maßgebend. Danach ist die Wirkleistung P:

$P = U \cdot I$ bei Wechselstrom (eine Phase)

$P = \sqrt{3} \cdot U \cdot I$ bei Drehstrom

Um z. B. mehr Leistung zu übertragen, kann entweder die Spannung (U) oder der Strom (I) erhöht werden. Bei einer höheren Spannung vergrößert sich der Isolationsaufwand starkstromführender Leitungen, bei höherem Strom vergrößern sich die Leitungsquerschnitte. Zum besseren Verständnis sollen nochmals einzelne Begriffe, wie nachfolgend dargestellt, erläutert werden:

- **Gleichstrom** = Stromfluß in einer Richtung (vom negativen zum positiven Potential)
- **Wechselstrom** = Stromfluß in wechselnder Richtung (Anzahl der Wechsel pro Sekunde ist Frequenz in Hertz)
- **Drehstrom** = drei Wechselstromkreise um je 120° versetzt (vergl.5.1.1.)
- **Frequenz** (f), Hertz = Anzahl der Richtungswechsel (Vollschwingungen beim Wechselstrom) pro Sekunde
- **Leistung** (P), Watt = Wirkleistung oder Arbeit in der Zeiteinheit ($P = I \cdot U \cdot \cos\varphi$)
- **Arbeit** (W), Wattstunden, Wh = Leistung · Zeit ($Wh = P \cdot t$)
- **Wirkleistung** (P), Watt = Leistung, die als Energie zur Verfügung steht (Antrieb, Beleuchtung, usw.)
- **Blindleistung** (Q), Voltampère, reaktiv VAr, die bei einem induktiven Verbraucher zum Aufbau des Magnetfeldes notwendig wird
- **Scheinleistung** (S), Voltampère VA = Leistung, die den elektrischen Leiter belastet ohne unmittelbar wirksam zu werden.

Die Zusammenhänge zwischen Wirkleistung, induktiver Blindleistung und Scheinleistung sind in Bild 5.7.1 dargestellt. Dabei gibt die Wirkleistung P an, wieviel Energie zur Verfügung gestellt werden muß, um z. B. einen Antrieb eines Motors zu ermöglichen. Die Einheit der Wirkleistung ist Watt, Kilowatt oder Megawatt. Die Blindleistung, wie in Bild 5.7.2 dargestellt, ist wie ein Energiespeicher zu verstehen. Geräte nehmen ständig Leistungen in ihrem Speicher auf und geben diese wieder an das Netz ab. Dadurch werden sämtliche elektrischen Systeme zusätzlich belastet, was neben einer höhreren Dimensionierung der Kabel, Schaltanlagen und Netze auch zusätzliche Verluste mit sich bringt. Um diese möglichst gering zu halten, wird der Leistungsfaktor cos.φ mit ca. 0,85 bis 0,95 vorgegeben und ist einzuhalten.

- **Kompensation** = Maßnahme zur Verbesserung des Leistungsfaktors cos φ und damit Verringerung der Übertragungsverluste. (Bild 5.8 zeigt die Zusammenhänge und weist aus, daß die Scheinleistung durch den verbesserten cos φ infolge Kompensation kleiner geworden ist und sich der Wirkleistung annähert).
- **Anlaufstrom** = der Strom, der beim Einschalten des Verbrauchers fließt. Er kann ein mehrfaches des Stromes, der im Betriebszustand fließt, ausmachen, vergleiche Bild 5.9.

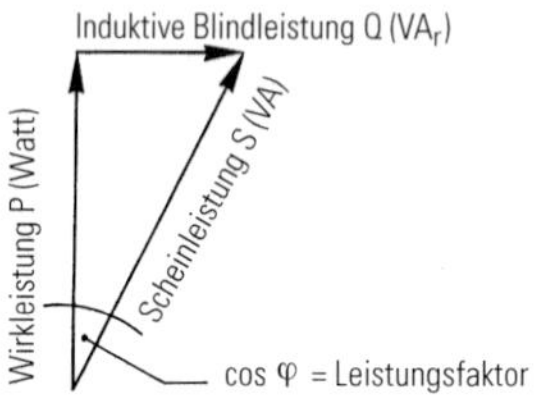

Bild 5.7.1
Wirk-, Blind- und Scheinleistung

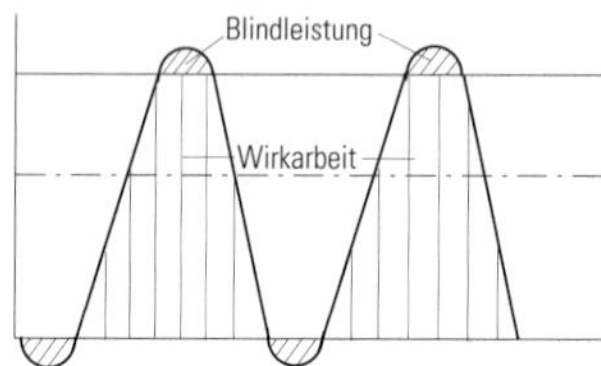

Bild 5.7.2
Wechselstromleistung

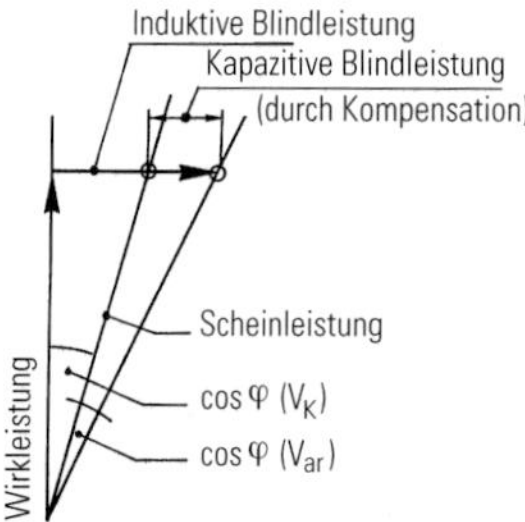

Bild 5.8
Verminderung der Blindstromleistung

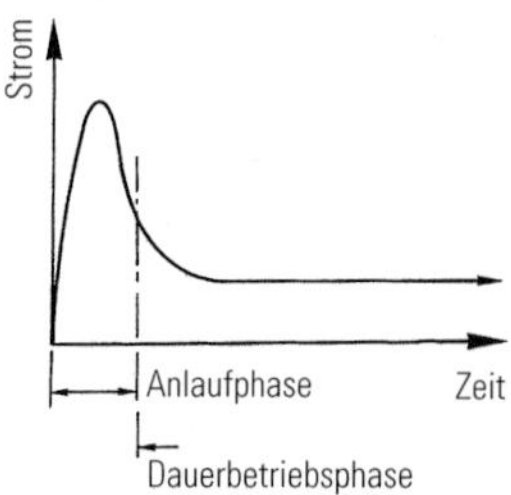

Bild 5.9
Stromaufnahme eines Motors bei Inbetriebnahme

5.2. ELEKTRISCHER ENERGIEBEDARF (LEISTUNGSBILANZ)

Um den elektrischen Energiebedarf ermitteln zu können ist es notwendig, sämtliche Stromverbraucher eines zu versorgenden Gebäudes im einzelnen zu erfassen. Hierzu gehören einige wesentliche Verbraucher sowie eine Vielzahl von Kleinverbrauchern, die in der Regel nur überschlägig geschätzt werden. Die wesentlichen Verbraucher jedoch müssen zu einem sehr frühen Zeitpunkt definiert werden, da ansonsten Tarifgespräche mit EVU's nicht möglich sind.

Große Verbraucher sind in vielen Fällen bewilligungspflichtig. Dasselbe gilt für solche, welche u.U. Rückwirkungen auf das EVU-Netz verursachen können. Die örtlichen Normen und Richtlinien sind oft sehr unterschiedlich. Nachfolgend werden einige wesentliche Verbraucher dargestellt.

5.2.1. Motoren

In einem Gebäude, insbesondere wenn dieses klimatisiert ist, treten Motoren häufig als Großverbraucher auf. Dabei handelt es sich in der Regel um:

- Kleinstmotoren für Wechsel- und Gleichstrom (bis maximal 1 kW)
- Drehstrommotoren verschiedenster Schaltungsart
- Kommutatormotoren für Wechsel- und Gleichstrom
- Synchronmotoren
- Asynchronmotoren

Im Bereich der Lufttechnik, Heizungs- und Kältetechnik treten dabei am häufigsten auf:

- Schleifringläufermotoren (erlauben die Umschaltung auf mehrere, vorgegebene Drehzahlen)
- Polumschaltbare Motoren (erlauben die Umschaltung auf zwei, maximal drei vorgegebene Drehzahlen)
- Asynchronmotoren (erlauben eine stufenlose Drehzahlregelung durch Ansteuerung)

Motoren unterscheiden sich weiterhin nach:

- Bauform (A, B,V)
- Schutzart (IP 11 bis IP 33)
- Läuferart
- Isolationsklasse (A bis H)
- freies Wellenende (1 oder 2)
- Lüftungsart
- Nennbetriebsart usw.

Bei Großmotoren ist von Fall zu Fall zu prüfen, ob diese als Mittelspannungsmotoren eingesetzt werden können oder eingesetzt werden sollen, um u.U. Investitionen zu sparen (Großmotore in Kälteanlagen/Großventilatoreinheiten)

Die entsprechenden Motoren treiben Ventilatoren, Pumpen, Kältekompressoren, usw. an.

5.2.2. Steckdosenverbraucher

Unter Steckdosenverbrauchern versteht man sämtliche Verbraucher, welche aus Steckdosen versorgt werden. Hierzu gehören insbesondere Büromaschinen, Kleinküchengeräte, Kleinreinigungsanlagen und eine Vielzahl von Apparaten und Geräten des täglichen Bedarfs. Diese Steckdosenverbraucher machen in der Regel jedoch nur einen relativ kleinen Prozentsatz des Stromverbrauchs bei großen Bauobjekten aus.

5.2.3. Aufzugs- und Förderanlagen

Die Motoren von Aufzugs- und Förderanlagen haben in der Regel eine Anschlußleistung im Bereich von 5 bis 30 kW und schlagen sich in einer Energiebilanz häufig kaum erheblich nieder. Da sie jedoch sehr häufig anlaufen und hohe Anlaufströme ziehen, sind sie entsprechend zu berücksichtigen und führen im allgemeinen zu einem „unruhigen Netz". Bei einer Energiebilanz wird jedoch lediglich der Stromverbrauch der Dauerbetriebsphase angesetzt, es sei denn, daß in einem Wohngebäude die Aufzugs- und Fördereinrichtungen einen wesentlichen Teil des gesamten Stromverbrauchs ausmachen. Hier ist dann auch die Anlaufphase mit zu berücksichtigen. Besondere Beachtung bei der Dimensionierung der Zuleitung ist dem Anlaufstrom und dem daraus resultierenden Spannungsabfall beizumessen.

5.2.4. Beleuchtungsanlagen

Beleuchtungsanlagen gehören neben den Großmotoren und Kücheneinrichtungen (insbesondere Großküchen) zu den großen Stromverbrauchern und schlagen sich entsprechend nieder. Dabei sollte jedoch berücksichtigt werden, daß Beleuchtungsanlagen nach hochwertigen und niederwertigen Bereichen auszulegen sind und somit sehr unterschiedliche Anschlußleistungen für die verschiedensten Flächen zustande kommen. Für eine überschlagsmäßige Berechnung der Anschlußleistung können durchschnittlich 15 W/m² angenommen werden. Als Zielwert für eine energetisch sparsame Beleuchtung gelten heute 10 W/m² Anschlußleistung.

5.2.5. Küchengeräte

Großküchen sind häufig in größeren Bauobjekten die wesentlichen Einzelverbraucher (ausgenommen EDV-Maschinen) und schlagen sich in einer Leistungsbilanz ganz erheblich nieder. Insofern ist der Energiebedarf von größeren und Großküchen jeweils bereits zu Anfang abzufragen (Küchenplaner) und entsprechend in die Leistungsbilanz einzusetzen (bei elektrisch beheizten Küchen beträgt der Anschlußwert bei etwa 750 Essenteilnehmern rund 400 kW, bei 3000 Essenteilnehmern rund 1200 kW – entsprechende Interpolation ist möglich).

5.2.6. Leistungsbilanz und Gleichzeitigkeitsfaktor

Die Tabelle 5.1 zeigt das Beispiel einer Leistungsbilanz für ein Bürogebäude mit den installierten Leistungen, Gleichzeitigkeitsfaktoren und der zu erwartenden, gleichzeitig aus dem Netz entnommenen Leistung.

Diese Leistungsbilanz entspricht einer Momentaufnahme und sagt lediglich in erster Näherung etwas darüber aus, wie überschlägig eine Transformatorenanlage ausgelegt werden kann. Zu Tarifgesprächen kann diese Leistungsbilanz nur bedingt dienen, zur Festlegung eines kompletten Energiesystems sicher nicht, da aus dieser Leistungsbilanz die Verbrauchsstruktur eines Tages oder eines Jahres nicht hervorgeht.

P_i = installierte Leistung
f_G = Gleichzeitigkeitsfaktor
P_G = zu erwartende, gleichzeitig aus dem Netz entnommene Leistung

	P_i	f_G	P_G
Technikgeschoß			
Aufzug 1	27,0 kVA	0,5	13,5 kVA
Aufzug 2	23,0 kVA	0,5	11,5 kVA
Raumlufttechnik	120,0 kVA	0,9	108,0 kVA
4. Obergeschoß			
Unterverteiler	60,0 kVA	0,8	48,0 kVA
3. Obergeschoß			
Unterverteiler	60,0 kVA	0,8	48,0 kVA
Küche	380,0 kVA	0,7	266,0 kVA
2. Obergeschoß			
Unterverteiler	60,0 kVA	0,8	48,0 kVA
EDV-Anlage	400,0 kVA	0,9	360,0 kVA
1. Obergeschoß			
Unterverteiler	60,0 kVA	0,8	48,0 kVA
Erdgeschoß			
Unterverteiler	80,0 kVA	0,8	64,0 kVA
1. Untergeschoß			
Unterverteiler	25,0 kVA	0,8	20,0 kVA
Heizung	160,0 kVA	0,9	144,0 kVA
Sanitärzentrale	20,0 kVA	0,8	16,0 kVA
Raumlufttechnik	300,0 kVA	0,8	240,0 kVA
Kältezentrale	300,0 kVA	0,9	270,0 kVA
Netzersatzanlage	630,0 kVA	1,0	630,0 kVA
	2.705,0 kVA		2.235,0 kVA

Tabelle 5.1
Beispiel einer Leistungsbilanz

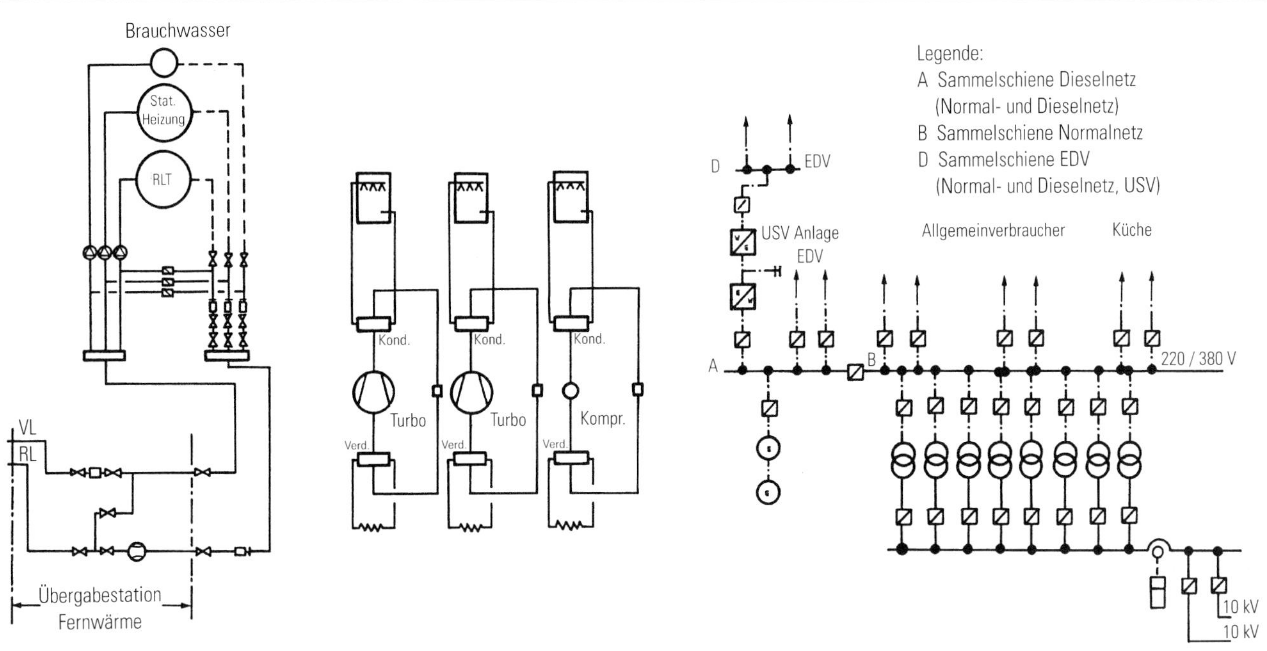

Bild 5.10
Elektrisches Energieversorgungsschema mit statistischer USV-Anlage, sowie dazugehöriger Wärme-/Kälteanlage (konventionelle Lösung)

5

Will man mit dem EVU in detaillierte Tarifgespräche gehen und ein Gesamtenergieversorgungskonzept entwikkeln, so wird es notwendig, den elektrischen Leistungsbedarf genauer zu erfassen. Bild 5.10 zeigt beispielhaft für einen größeren Bürokomplex ein konventionelles Wärme- und Kälteschema (Wärme per Fernwärme/Kälteenergieerzeugung durch Strom) sowie das elektrische Energieversorgungsschema mit Nebeneinrichtungen (USV-Anlage/Netzersatzanlage). Bild 5.11 zeigt für dieses Gebäude den elektrischen Leistungsbedarf in kW zu einem Zeitpunkt, an dem bei diesem Bürogebäude vermutlich der größte Leistungsbedarf entsteht. Wie aus 5.11 gut erkennbar, ist der gesamte Betriebsablauf von Stunde zu Stunde dargestellt und ergibt sich aus den vermutlichen Betriebsabläufen der einzelnen Verbraucher, insbesondere Großverbraucher. Hier zeigt sich bereits eine typische Verbrauchsstruktur, die in den anderen Monaten zumindest ähnlich aussehen wird. Im Zweifelsfall sind entsprechende Darstellungen des elektrischen Leistungsbedarfs auch für andere Monate zu erstellen, zumal wenn in einem Gebäude kein Einsatz von Kälteenergie durch elektrische Energie erfolgt. Bild 5.12 zeigt zusätzlich den voraussichtlichen jährlichen elektrischen Energiebedarf in kWh, der sowohl für die Ermittlung eines geeigneten Energiekonzeptes als auch für detaillierte Tarifgespräche sinnvoll und notwendig ist.

Um eine Leistungsbilanz erstellen zu können, sind Gleichzeitigkeitsfaktoren zu berücksichtigen. Diese ergeben sich daraus, daß in einem Bauvorhaben in der Regel nie alle elektrischen Verbraucher gleichzeitig in Betrieb sind und somit nicht die Summe der von den Verbrauchern aufgenommenen Leistungen (Anschlußwert) vorzuhalten ist. Der Gleichzeitigkeitsfaktor gibt an, welche Leistung in Relation zur Summe aller Anschlußwerte gleichzeitig aus dem Netz entnommen wird. Der Gleichzeitigkeitsfaktor ist immer <1 und somit kleiner, je größer und verschiedenartiger die Anzahl der Verbraucher ist.

Die nachfolgende Tabelle 5.2 gibt einige Richtwerte für Gleichzeitigkeitsfaktoren von Verbrauchern in verschiedenen Gebäudearten an.

Anlage	Bürogebäude	Industrie	Krankenhäuser	Wohnen
Beleuchtung	0,80 – 0,90	0,95	0,70 – 0,90	0,70 – 0,90
Steckdosen	0,20 – 0,40	0,10	0,10 – 0,20	0,10 – 0,25
Raumlufttechnik	0,70 – 0,90	0,80 – 1,00		
Heizung	0,80 – 1,00	0,80 – 1,00	0,80 – 1,00	0,80 – 1,00
Kälte	0,80 – 1,00	0,90 – 1,00	0,90 – 1,00	0,90 – 1,00
Küchen	0,60 – 0,75	0,60 – 0,75	0,60 – 0,60	0,60 – 0,80
Aufzüge	0,50 – 0,70	0,30 – 0,90	0,80 – 1,00	0,60 – 0,70
Krananlagen		0,80 – 0,90		
Sonstige	0,30 – 0,40	0,35 – 0,45	0,60 – 0,85	0,30 – 0,60
Total	0,7 – 0,8	0,3 – 0,7	0,6 – 0,8	0,3 – 0,6

Tabelle 5.2
Richtwerte für Gleichzeitigkeitsfaktoren f_G von Verbrauchern

Für eine erste, sehr grobe Schätzung typischer und spezifischer Anschlußwerte können die nachfolgend dargestellten Bedarfswerte elektrischer Energie eingesetzt werden:

Bürogebäude	80 ... 100 W/m²
Krankenhäuser	120 ... 150 W/m²
Laborgebäude (bis Tierställe)	100 ... 350 W/m²
Wohnanlagen	4 ... 6 kW/Wohneinheit
Verkaufsräume (Kaufhäuser, etc.)	50 ... 60 W/m²
EDV-Maschinensäle	600 W/m²
Großküchen	400 W/Essenteilnehmer

Die richtige Dimensionierung großer Verbraucher wie zum Beispiel Beleuchtung, große Antriebe, Transformatoren ist bereits in der Frühphase sehr wichtig, da jede Umwandlung von elektrischer Energie mit Verlusten behaftet ist. Sowohl zu große als auch zu geringe Reserven in der Auslegung verringern den Wirkungsgrad der Umwandlung. Dabei insbesondere zu beachten sind die induktiven elektrischen Verbraucher, (Transformatoren, Motoren, Drosselspulen). Diese benötigen zum Aufbau des Magnetfeldes einen induktiven Blindstrom, der jedoch keine Leistung (Wirkleistung) bringt. Die Stromwärmeverluste durch Blindstrom sollen mit Kompensationsanlagen soweit als möglich verringert werden, um sowohl das eigene Leitungsnetz als auch das Leitungsnetz des EVU geringer dimensionieren zu können. In der Regel fordern die Elektroversorgungsunternehmen von Großabnehmern, die den von ihnen erzeugten Blindstrom nicht in bestimmten Größen halten, zusätzliche Stromkosten. Die Grenzwerte des maximal zulässigen Leistungsfaktors, ab welchem der Blindstromanteil bezahlt werden muß, werden von den EVU's in den Stromlieferverträgen festgeschrieben. Grundsätzlich kann die induktive Blindleistung (Bild 5.8) durch möglichst genaue Dimensionierung von elektrischen Antrieben und Transformatoren sowie den Einsatz elektronischer oder verlustarmer Vorschaltgeräte in Beleuchtungsanlagen begrenzt werden.

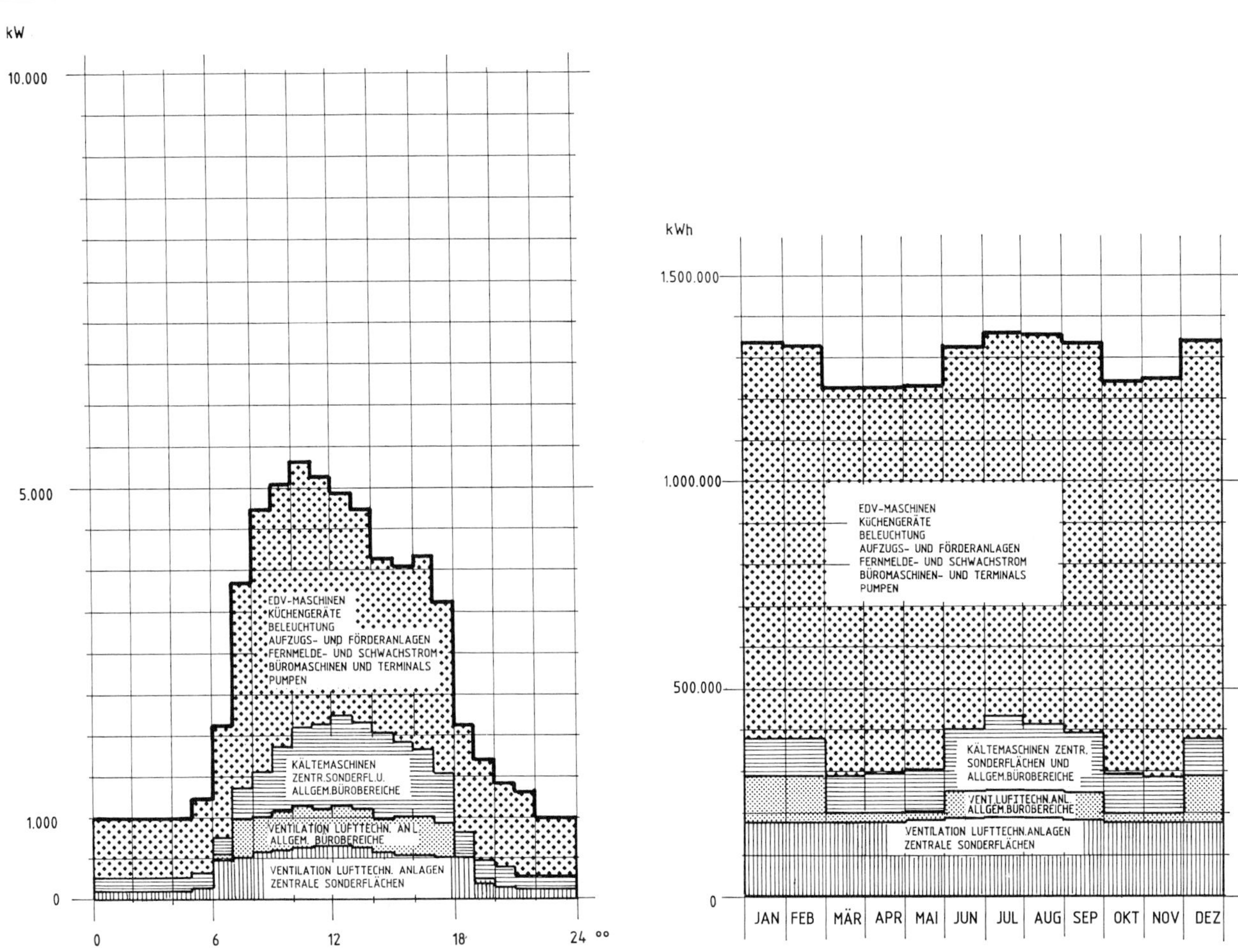

Bild 5.11
Elektrischer Leistungsbedarf in kW, Monat Juli, heißer Sommer

Bild 5.12
Jährlicher elektrischer Energiebedarf in kWh

5.3. NETZEINSPEISUNG

Die Netzeinspeisung im Gebäude erfolgt entweder niederspannungs- oder mittelspannungsseitig je nach den Versorgungsmöglichkeiten sowie insbesondere dem elektrischen Energiebedarf des Objektes (s. 5.1.3 – Stromtarife). Die Bedingungen der Ausführung bestimmt in der Regel das energieliefernde Versorgungsunternehmen; sie können bei den EVU's erfragt werden.

5.3.1. Niederspannungseinspeisung

Die niederspannungsseitige Einspeisung erfolgt in der Regel über ein Kabel des EVU, das von außen her kommend in den Hausanschluß eingeschleift wird.

5.3.1.1. Hausanschluß

Der Hausanschluß erfolgt im allgemeinen über einen Hausanschlußkasten, der so anzuordnen ist, daß er für Mitarbeiter des Elektroversorgungsunternehmens jederzeit zugänglich ist. So wird der Hausanschluß bei Mehrfamilienhäusern oder Großobjekten in einem jederzeit zugänglichen Hausanschlußraum eingebracht, bei Kleinobjekten kann der Hausanschlußkasten auf der Gebäudeaußenseite installiert werden. Bild 5.13 zeigt beispielhaft den in einer Außenwand eingesetzten Hausanschlußkasten für ein kleineres Bauobjekt. Bild 5.14 zeigt einen Hausanschlußschrank, der an der Grundstückgrenze aufgestellt wird, um von hier aus mehrere kleinere Objekte zu versorgen.

Die besonderen Bedingungen zum Aufbau eines Hausanschlußschrankes sind zusätzlich dargestellt. Wird der Hausanschluß nicht außerhalb des Gebäudes oder an der Außenwand desselben installiert, so erfolgt die Stromübergabe in einem Hausanschlußraum (Mehrfamilienhäuser).

Innenmaße der Nische			
Montage		Nische und Putz	
HA - Größe		1x3 NH00 2x3 NH00 100A	1x3 NH2 400A
Mindestmaße in mm	H	800	1.200
	B	600	600
	T	200	240

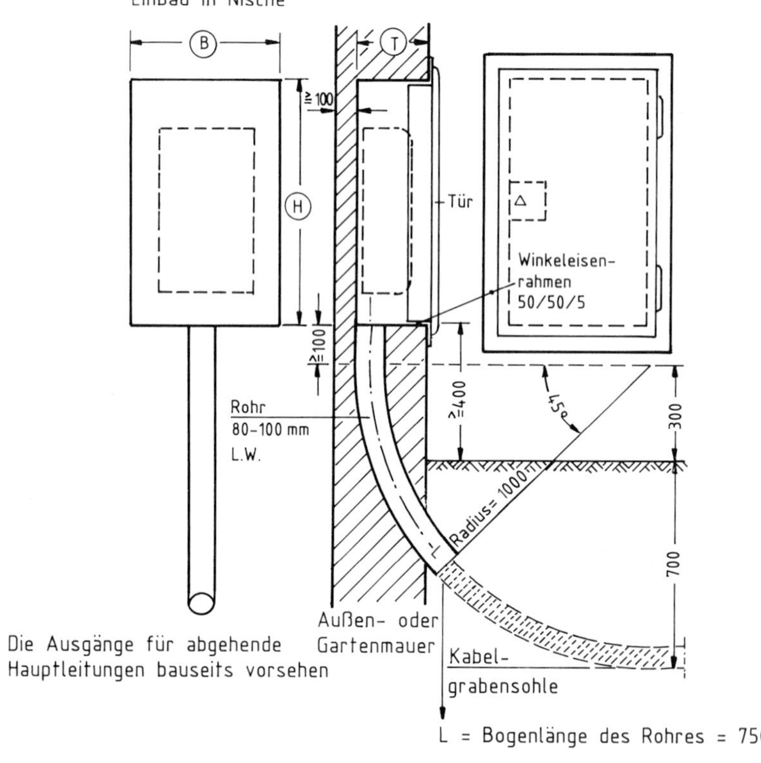

Bild 5.13
Beispiel eines Hausanschlußkastens für Niederspannungseinspeisung

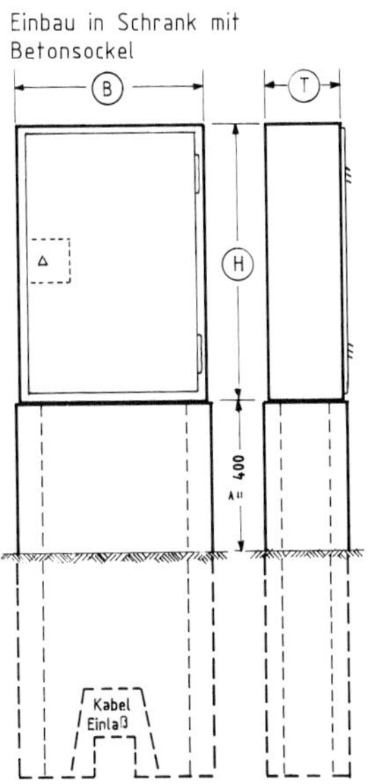

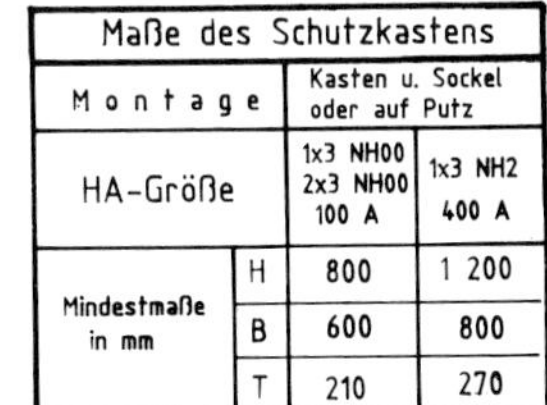

Maße des Schutzkastens			
Montage		Kasten u. Sockel oder auf Putz	
HA-Größe		1x3 NH00 2x3 NH00 100 A	1x3 NH2 400 A
Mindestmaße in mm	H	800	1 200
	B	600	800
	T	210	270

Bild 5.14
Hausanschlußschrank

Bild 5.15
Beispiel eines Dachständeranschlusses

Bei Ortsnetzen mit Freileitungen sind die Dachkonstruktionen für die Aufnahme eines Dachständers herzurichten, der die aus der Freileitung auftretenden Kräfte aufnehmen kann. Bild 5.15 zeigt das Beispiel eines Dachständeranschlusses für ein Einfamilienhaus.

Freileitungshausanschlüsse, welche an der Giebelseite des Hauses angebracht werden, sind außerhalb des Handbereiches anzuordnen, um Unfälle zu vermeiden. Bild 5.16 zeigt die Mindestabstände bei Freileitungsanschlüssen (Handbereich bei Verwendung blanker Leitungen). Bild 5.17 zeigt Details eines Wandanschlußes außerhalb des Handbereiches mit dem innenliegenden Hausanschlußkasten.

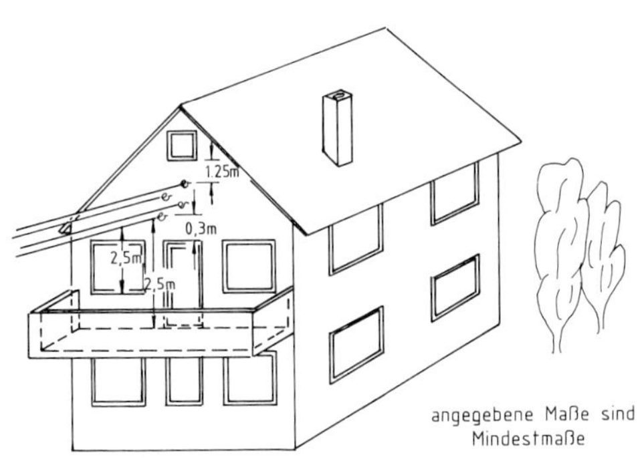

Bild 5.16
Mindestabstände beim Freileitungshausanschluß. Hanbereich bei Verwendung blanker Leitungen

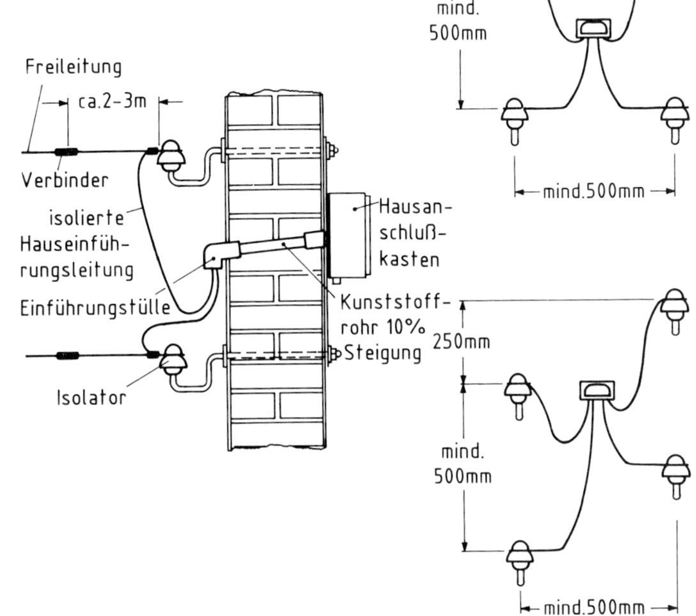

Bild 5.17
Beispiel eines Wandanschlusses außerhalb des Handbereiches

Bild 5.18 zeigt das Beispiel eines Mastanschlußes (ländliche Gebiete) mit Übergangskopf, Hausanschlußkasten und Hauptleitung zu einem Gebäude.

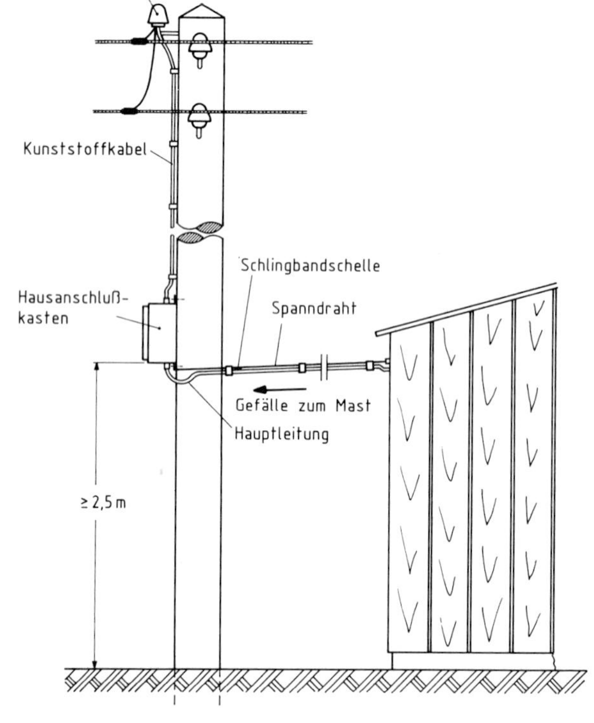

Bild 5.18
Beispiel eines Mastanschlusses

5.3.1.2. Hausanschlußraum

Erfolgt die Stromübergabe in einem größeren Objekt (zum Beispiel mehrgeschossiges Wohnhaus) über einen Hausanschlußraum, so ist anfänglich das Anschlußkabel in das Gebäude einzuführen. In diesem Fall sind in der Gebäudeaußenwand für Kabel und Rohrleitungen entsprechende Schutzrohre einzulegen, wobei sich die Größe der Schutzrohre nach dem Verwendungszweck ergibt und das EVU die Kabelgröße festlegt. Bild 5.19 zeigt die Einbringung eines Schutzrohres in eine Gebäudeaußenwand.

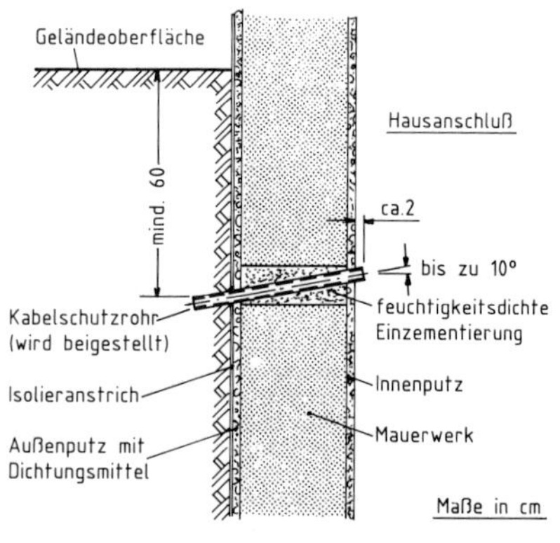

Bild 5.19
Beispiel für die Einbringung eines Schutzrohres

Bei unterirdischer Einführung in den Hausanschlußraum sollen die in Bild 5.20 angegebenen Maße (Tiefen unter Geländeoberfläche) mindestens eingehalten werden.

Die Führung des Hauseinführungskabels bis zum Hausanschlußkasten wird in der Regel vom EVU festgelegt oder mit diesem abgestimmt und gehört zu den Leistungen des EVU. Hausanschlußkabel und -kästen dürfen in keinem Fall in feuer- oder explosionsgefährdete Räume verlegt oder eingebaut werden. Das gleiche gilt auch hinsichtlich der Installation in nassen Räumen (auch Garagen) oder Räumen, in denen zu hohe Temperaturen auftreten können.

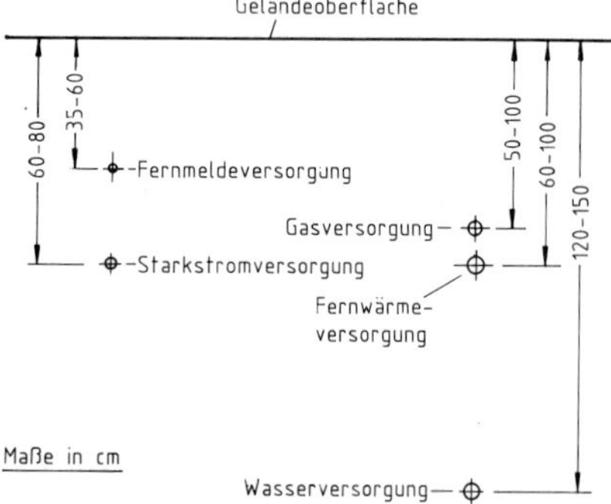

Bild 5.20
Tiefen für die Einführung von Anschlußleitungen (nach DIN 18 012)

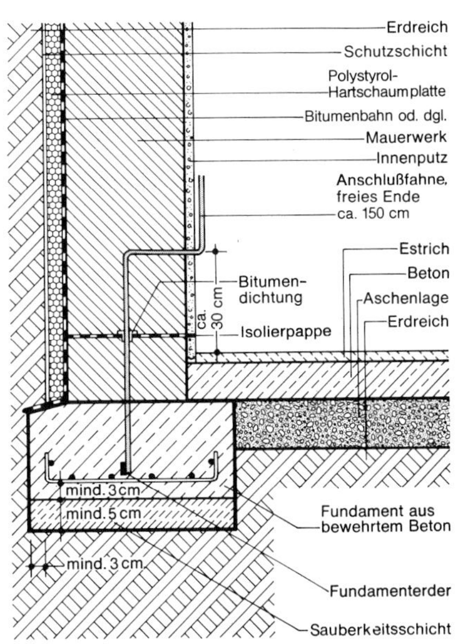

Bild 5.21
Beispiel für die Ausführung des Fundamenterders

1 Hauseinführungskabel für Starkstrom
2 Starkstrom-Hausanschlußkasten
3 Starkstrom-Hauptleitung
4 ggf. Zählerschrank
5 Starkstrom-Ableitungen von Meßeinrichtungen zu den Stromkreisverteilern
6 Kabelschutzrohr
7 Hausanschlußleitung für Wasser mit Zähler
8 Hausanschlußleitung für Gas
9 Gas-Hauptabsperr-Einrichtung
10 Isolierstück
11 Hausanschlußleitung für Fernmeldeeinrichtung
12 Heizungsrohre
13 Abwasserrohr
14 Fundamenterder
15 Anschlußfahne des Fundamenterders
16 Potentialausgleichsschiene
17 Blitzschutzanlage
18 Heizungsrohre
19 Verbindungsleitung bei Schutzmaßnahme im TN-Netz
20 Schutzleiter bei Schutzmaßnahme im TT-Netz
21 Fernmeldeanlage
22 Antennenanlage
23 Gasrohre
24 Wasserrohre

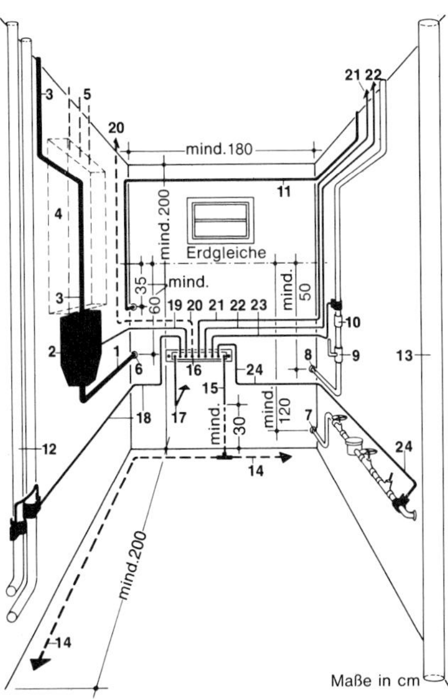

Bild 5.22
Beispiel eines Hausanschlußraumes (nach DIN 18012) mit Hauptpotentialausgleich

Bild 5.21 zeigt das Beispiel eines Hausanschlußraumes mit Hauptpotentialausgleich.

Hausanschlußräume müssen an der Gebäudeaußenwand liegen, durch welche die Anschlußleitungen geführt werden. Je nach Situation können sie im Keller (1. UG bei größeren Bauobjekten) oder auch im Erdgeschoß eingerichtet werden, wobei alle Türen in Fluchtrichtung öffenbar sein müssen.
Bei kleineren Objekten können Hausanschlüsse, wie Bild 5.21 zeigt, neben den Einrichtungen für die Starkstromzuführung auch Einrichtungen für Fernmeldeversorgung, Wasser, Gas und Fernwärmeversorgung aufnehmen.

Nach den einschlägigen Richtlinien ist für jedes Gebäude ein Fundamenterder vorzusehen, der auf eine Potentialausgleichsschiene aufzulegen ist. Der Fundamenterder kann auch gleichzeitig als Erder für die Blitzschutzanlage, Antennenanlage und Fernmeldeanlage dienen und gestaltet damit den Potentialausgleich wirksamer.

Der Fundamenterder besteht in der Regel aus verzinktem Bandstahl und einem Querschnitt von 100 mm^2 (Querschnitt vorzugsweise 30x3,5 mm, aber auch 40 · 2,5 mm) und ist im Betonfundament des Gebäudes so einzubetten, daß er nicht korrodieren kann (allseitige Betonumschließung).

Bild 5.22 zeigt die Ausführung eines Fundamenterders. Unter Einhalten von bestimmten Kriterien hinsichtlich der Dimensionierung und der Verbindungstechnik können auch die Eisen der Fundamentbewehrung verwendet werden.

Die in Bild 5.21 gezeigte Potentialausgleichschiene nimmt zum Potentialausgleich die Anschlüsse anderer Heizungsrohre, Verbindungsleitung bei Nullung, Schutzleiter, Fernmeldeanlage, Antennenanlage und gas- oder wasserführende Rohre auf. Der Potentialausgleich ist notwendig, um für den Menschen gefährliche Fehlerströme in Leitungen oder Rohren gegen Erde abzuleiten.

5.3.1.3. Meßeinrichtungen (Zähler)

Vom Hausanschlußkasten führt die Hauptleitung zu den Meßeinrichtungen (Zähler des Elektroversorgungsunternehmens). Bei mehreren Abnehmern werden die Zähler in Zählerräumen zusammengefaßt. Bei einer geringen Anzahl von Zählern dient der Hausanschlußraum auch als Zählerraum. (Bild 5.23.)

Bei ausgedehnten Wohnanlagen oder ähnlichen Objekten können neben dem Hausanschlußraum auch mehrere Zählerräume vorhanden sein. Wie die Hausanschußräume müssen Zählerräume für Mitarbeiter des EVU stets zugänglich sein und sind von Fremdbelegungen freizuhalten. Bei der Anordnung einer Vielzahl von Zählern müssen bestimmte Mindestabmessungen des Raumes eingehalten werden. Diese sind in Bild 5.24 dargestellt.

In diesen Räumen dürfen keine Gas-, Wasser-, Heizungs- und Abwasserrohre sowie Hebeanlagen installiert werden. Die Anzahl der Meßplätze bestimmt die durch den Planer vorzusehenden Reserveplätze. Sie sind je nach EVU unterschiedlich geregelt.

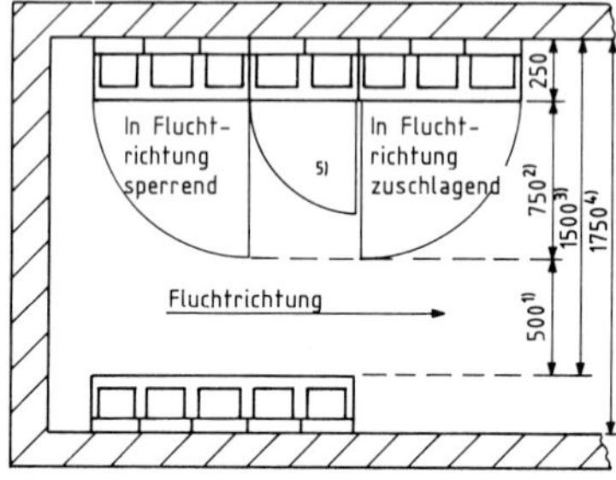

1) Fluchtwegbreite min. 500 mm nach VDE 0100 Teil 729
2) Maximale Türbreite von Zählerschränken 750 mm
3) Mindestbreite Zählerraum bei einseitiger Montage 1500 mm
4) Mindestbreite Zählerraum bei zweiseitiger Montage 1750 mm
5) Bei Verwendung von schmaleren Türen (500-250mm) kann die Zählerraumbreite entsprechend reduziert werden

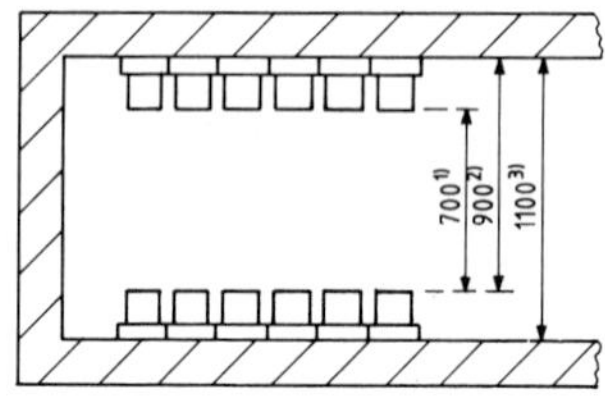

1) Mindestgangbreite 700 mm nach VDE 0100 Teil 729
2) Mindestbreite Zählerraum bei einseitiger Montage 900 mm
3) Mindestbreite Zählerraum bei zweiseitiger Montage 1100 mm

Zählerräume, in denen Zählertafeln eingebaut werden, müssen frei von Gas-, Wasser-, Heizungs- und Abwasserrohren sowie Hebeanlagen sein.

Bild 5.24
Mindestabmessungen von Zählerräumen

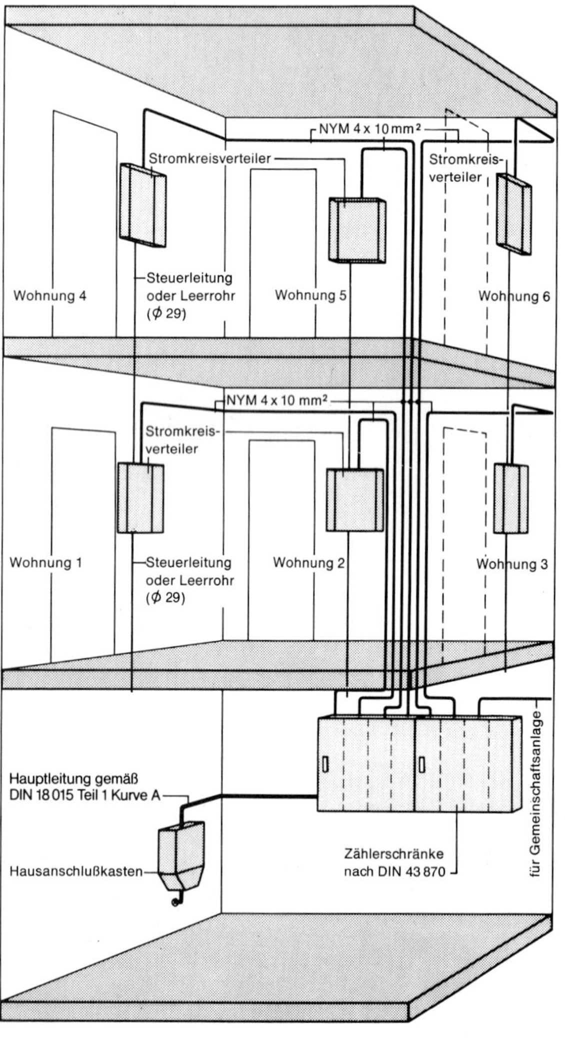

Bild 5.23
Hauptsromversorgungssystem (links)

5.3.2. Mittelspannungseinspeisung

Bei größeren Bauvorhaben, die eine Anschlußleistung von mehr als 240 kVA besitzen, erfolgt die Energieversorgung nicht mehr in der gezeigten Form sondern nach anderen Kriterien. In starken Niederspannungsnetzen (in Städten) kann der angegebene Kriterienwert um ein mehrfaches höher liegen. Entscheidend ist die Netzstruktur.

5.3.2.1. Mittelspannungsschaltanlage

Erfolgt die elektrische Energieversorgung aus dem Mittelspannungsnetz, so werden die Abnehmer entweder an einen Mittelspannungsring oder ein oder mehrere Sonderkabel aus dem Umspannwerke des EVU angeschlossen. Bei sehr großen Bauvorhaben können auch mehrere Mittelspannungseinspeisungen erfolgen, wenn die Übertragung durch Kabel oder Schienensysteme auf Niederspannungsebene (231/400 V) mit hohen Verlusten verbunden ist. So findet man bei Industrieobjekten sehr häufig mehrere Mittelspannungsstationen in Lastschwerpunkten, von wo aus die Energie auf der Niederspannungsebene und kürzestem Wege verteilt wird. Die Anzahl von Mittelspannungstationen wird in der Regel unter folgenden Kriterien ermittelt:

- Investitionen für die Stromübertragung einschließlich Schaltanlagen, Kabeln und Leitungen bis zum Verbraucher
- bauliche Kosten zur Unterbringung der entsprechenden Anlagen
- laufende Kosten durch Übertragungsverluste der elektrischen Energie.

Die Einspeisung elektrischer Energie auf Mittelspannungsebene erfolgt anfänglich über die Mittelspannungsschaltanlage.

Die Mittelspannungsschaltanlage nimmt verschiedene Zellen auf, die der Einspeisung, Übergabe und Messung dienen.

Bild 5.25 zeigt den Aufbau einer Mittelspannungsschaltanlage, bei der die einzelnen Zellen in Reihe aufgestellt sind. Diese können jedoch auch gegenüber aufgestellt sein, wobei zwischen den Zellen zumindest eine Gangweite von 1.2 m einzuhalten ist. Bild 5.26 zeigt die Mittelspannungsschaltanlage eines Bürokomplexes in ihrem typischen Aufbau. Es empfiehlt sich, die Räume für die Unterbringung der Schaltanlage so zu plazieren, daß ein Zugang über eine Außentreppe oder ein jederzeit zugängliches Treppenhaus erfolgen kann, da hier die gleichen Forderungen bestehen wie bei Hausanschlüssen.

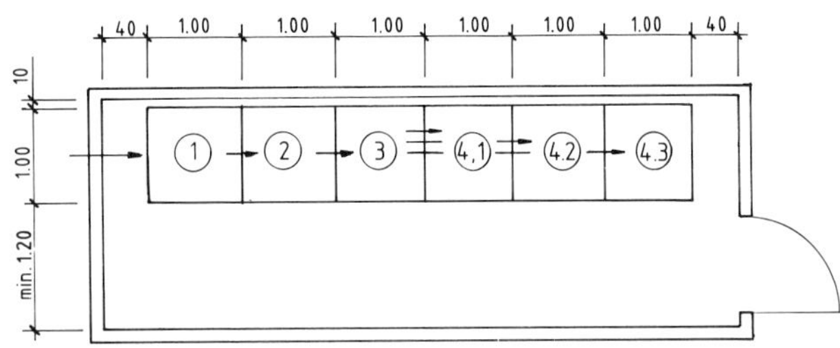

1 Einspeisezelle
2 Übergabezelle
3 Meßzelle
4.1–4.3 Abgangszellen zu Trafo 1/2/3

Bild 5.25
Aufbau einer Mittelspannungsschaltanlage

Bild 5.26
Mittelspannungsschaltanlage eines Bürokomplexes

Die Schaltanlage teilt sich auf in den Bereich des EVU's und den Bereich des Kunden. Der EVU Bereich umfaßt die Einspeisefelder und die Meßeinrichtungen. Der Kundenbereich umfaßt den Hauptschalter sowie Schalt- und Schutzeinrichtungen für Transformatoren.

5.3.2.2. Transformatoren

Nachdem die elektrische Energie per Kabel oder Schiene in das Gebäude eingeführt, übergeben und gemessen wurde, erfolgt die Umformung des Stroms von der Mittelspannungsebene, in der Regel 10 bis 20 kV, auf die Niederspannungsebene (0,4 kV). Hierzu sind Transformatoren erforderlich, die unter den nachfolgend dargestellten Kriterien ausgewählt werden:

- Nennspannung
- Nennleistung
- Schaltgruppe
- Bauart
- Kühlungsart
- Schutzart

Die **Nennspannung** wird bestimmt durch die Spannung des versorgenden Netzes und der von den Verbrauchern benötigten Spannung (z.B. 400/231 V).

Die **Nennleistung** wird bestimmt durch die Leistung der an dem Transformator angeschlossenen Verbraucher.

Die **Schaltgruppe** richtet sich nach dem Verwendungszweck des Transformators (Kennzeichnung durch Buchstaben – Zifferkombination, welche die Wicklungsschaltung und die Lage der Wicklungen zueinander angibt). Für die Versorgung von Verbrauchern mit haustechnischen Anlagen und Beleuchtungsanlagen ist die Schaltgruppe Dy5 am gebräuchlichsten, da diese Transformatoren für die Schutzmaßnahme Nullung und viele weitere Schutzeinrichtungen geeignet sind, und der unterspannungsseitige Sternpunkt dauernd mit Nennstrom belastet werden kann.

Die **Bauart** wird im wesentlichen durch die Art der Kühlung und weiterhin nach den Verhältnissen der Leerlauf- und Kurzschlußverluste bestimmt (hier sind einschlägige Normen zu beachten).

Bei der **Kühlung** der Transformatoren unterscheidet man nach flüssigkeits- und luftgekühlten Transformatoren.

Bei den flüssigkeitsgekühlten Transformatoren früherer Zeit wurde in der Regel Clophen als Kühlmittel verwendet. Heute werden aufgrund der erwiesenen Umweltbelastung flüssigkeitsgekühlte Transformatoren mit Öl gekühlt (Öltransformatoren). Bei Einsatz dieser Transformatoren sind erhebliche bauliche Maßnahmen wegen der Brandgefahr durch Öl notwendig.

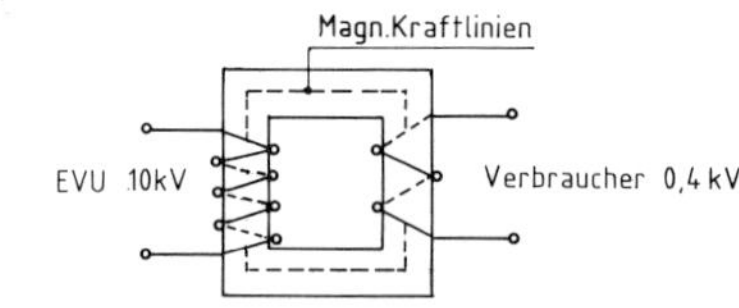

Bild 5.27
Ölgekühlter Transformator

Öltransformatoren werden vorwiegend in Umspannwerken (Freiland-Umspannwerke) eingesetzt, gleichermaßen in großen Industriebetrieben sowie in Netzstationen des EVU's. Bild 5.27 zeigt einen Öltransformator mit gut erkennbaren Kühlrippen auf der Außenseite, dem Ausdehnungsgefäß sowie Schutzeinrichtungen.

Zum besseren Transport ist der Transformator mit einem untergesetzten Fahrgestell versehen. Die Anschlußpole der Hochspannungskabel sind auf dem oberen Deckel mit den Isolatoren aus Keramik gut erkennbar. Das Prinzip des Transformators beruht darauf, daß zwei Spulen (Wicklungen) auf einem gemeinsamen Eisenkern angeordnet werden.

Der die Primärspule (Hochspannungsseite) durchfließende Wechselstrom erzeugt im Eisenkern einen magnetischen Fluß, der seinerseits in der Wicklung der Sekundärspule (Niederspannungsseite) eine Induktionsspannung gleicher Frequenz hervorruft.

Bei der Aufstellung eines Öltransformators ist bis zu einer Leistung von 630 kVA unter dem Transformator eine Auffangwanne anzuordnen, die den Flüssigkeitsinhalt (0,7 m^3) des Transformators auffangen kann, Bild 5.28. Bei der Aufstellung mehrerer Transformatoren nebeneinander genügt in der Regel eine Auffangwanne. Besitzen Transformatoren Nennleistungen von 800 bis 2500 kVA, so ist eine Auffanggrube mit einem Volumen mit 2 m^3 vorzusehen.

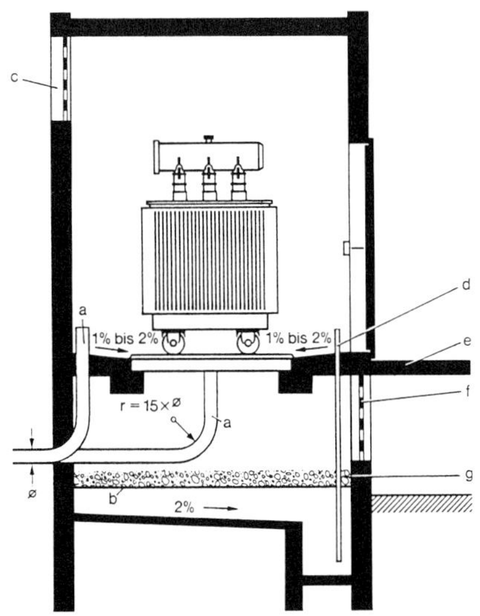

a Kabelschutzrohr
b Gitterrost aus verzinktem Flachstahl
c Abluftöffnung mit Schutzgitter
d Steckrohr für Pumpe
e Rampe
f Zuluftöffnung mit Schutzgitter
g Kies- oder Schotterschicht

Bild 5.28
Beispiel für die Innenraumaufstellung eines flüssigkeitsgekühlten Transformators

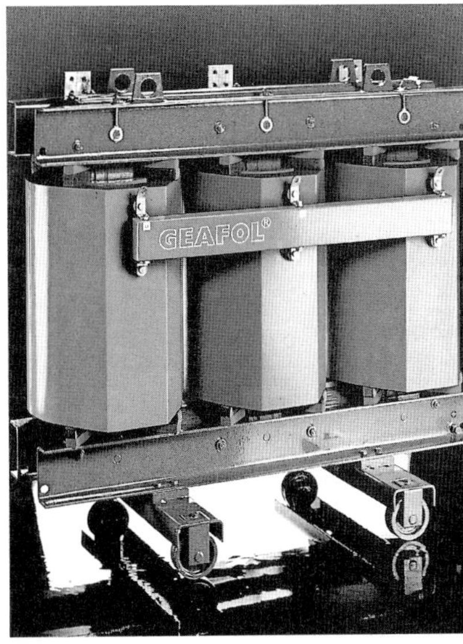

Bild 5.29
Gießharztransformator

Die benötigte Aufstellungsfläche ist bei Gießharztransformatoren gegenüber vergleichbaren Öltransformatoren kleiner und besondere bauliche Maßnahmen sind nicht erforderlich. Bild 5.30 zeigt die Aufstellung mehrerer Gießharztransformatoren in einem gemeinsamen Raum. Die kompakte Bauweise und die fehlende Brandlast bei Gießharztransformatoren erlauben die Aufstellung derselben in Schutzgehäusen, Bild 5.31, die wiederum in den Raum der Schaltanlagen eingebracht werden können. Hierdurch lassen sich in idealer Weise Verteilungsschwerpunkte schaffen. Abschießend zeigt Tabelle 5.3 eine Übersicht der gängigen Transformatorenarten und des zugehörigen Platzbedarfs derselben. Zu beachten ist dabei, daß durch Transformatorenräume oder -kammern keine wasserführenden Leitungen gelegt werden dürfen. Die Oberflächen der Räume sollen glatt und mit einem staubbindendem Anstrich versehen sein.

5

Gießharztransformatoren

Gießharztransformatoren sind wesentlich anspruchsloser in der Aufstellung und können nahezu an jeder beliebigen Stelle in einem Gebäude installiert werden, solange eine ausreichende Kühlluftmenge herangeführt werden kann.

Gießharztransformatoren, wie Bild 5.29 zeigt, bestehen aus Einzelspulen (Aluminium- oder Kupferwicklungen), welche in hochisolierendem Kunstharz eingegossen sind. Die einzelnen Spulen werden, wie das Bild zeigt, auf ein Joch aus Profilstahl montiert.

Bild 5.30
Gießharztransformatoren in einem gemeinsamen Traforaum

Die Verlustwärme von Transformatoren (10 % der Nennleistung) ist entweder infolge natürlicher Durchlüftung oder mechanischer Be- und Entlüftung abzuführen.

Transformatoren müssen bei natürlicher Belüftung an der Außenwand eines Gebäudes aufgestellt werden, wobei außerhalb des Gebäudes Belüftungsgräben vorzusehen sind, über die die Transformatoren sowohl eingebracht werden können als auch die Zu- und Abluft abströmen. Weiterhin sollen Transformatoren auf einem Doppelboden aufgestellt werden, um große Kabel mit ihren Biegeradien günstig einschleifen zu können (Doppelbodenhöhe 0,8 m). Über diesen Doppelboden können auch die Niederspannungskabel zu den Schaltanlagen geführt werden.

Bild 5.31
Gießharztrafo in Schutzgehäuse

Trafoart	Nennleistung [kVA]	Trafogröße (etwa) L/B/H [m]	Platzbedarf L/B/H [m]	Gewicht [kg]
Gießharz	250	1,50 / 0,70 / 1,28	3-seitig zusätzlich je 2 m	1300
	400	1,55 / 0,80 / 1,50		1700
	630	1,70 / 0,80 / 1,60		2250
	1000	1,85 / 1,00 / 1,80		3290
	1600	2,10 / 1,00 / 2,10		4940
	2000	2,25 / 1,30 / 2,15		5940
	2500	2,30 / 1,30 / 2,40		6810

Öltransformatoren 12/0,4 kV 24/0,4 kV	Trafoabmessung L/B/H [m]	allseitiger Wartungsumgang	Trafozelle/Abmessung L/B/H [m]	Gewicht [kg]
250 kVA	1,35 / 0,85 / 1,70	0,70	2,75 / 2,25 / 2,30	1140
315 kVA	1,50 / 0,90 / 1,70	0,70	2,90 / 2,45 / 2,30	1410
400 kVA	1,60 / 0,95 / 1,85	0,70	3,00 / 2,50 / 2,30	1550
500 kVA	1,75 / 0,85 / 1,85	0,75	3,25 / 2,35 / 2,30	1790
630 kVA	1,80 / 0,95 / 2,00	0,75	3,30 / 2,45 / 2,50	2090
800 kVA	1,90 / 1,10 / 2,15	0,80	3,50 / 2,70 / 2,50	2630
1000 kVA	1,85 / 1,15 / 2,30	0,80	3,45 / 2,75 / 2,70	2970
1250 kVA	1,95 / 1,25 / 2,40	0,85	3,65 / 2,95 / 2,80	3330
1600 kVA	2,10 / 1,25 / 2,55	0,85	3,80 / 2,95 / 2,90	4140
2000 kVA	2,10 / 1,30 / 2,60	0,90	3,90 / 3,10 / 2,90	5210
2500 kVA	2,20 / 1,30 / 2,85	0,90	4,00 / 3,10 / 3,20	6060

Tabelle 5.3
Übersicht der Transformatoren und ihres Platzbedarfs

5.4. ENERGIEVERTEILUNG

Bild 5.32
Niederspannungsschaltanlage (Zellen in Reihe)

Nachdem die elektrische Energie auf die im Gebäude notwendige Spannung heruntertransformiert ist, wird sie über Schaltanlagen verteilt, d.h. die Energie fließt aus dem Transformator über Kabel oder Stromschienen zur Niederspannungsschaltanlage, auf welche mehrere Transformatoren einspeisen können.

5.4.1. Niederspannungsschaltanlage

Die Niederspannungsschaltanlage nimmt Schutzschalter und Sicherungen auf, die einzelnen Versorgungsbereichen zugeordnet sind und somit die Verbindung zwischen Sammelschiene und Versorgungsbereichen herstellen. Alle zugehörigen elektrischen Bauteile sind in Schränken angeordnet, Bild 5.32, wobei die entsprechenden Schränke in einem separatem Raum aufgestellt werden.

Bei der Dimensionierung der entsprechenden Schaltanlagenräume sind die einschlägigen Verordnungen über den Bau elektrischer Betriebsräume zu beachten. Dies gilt insbesondere auch für die Anordnung von Sicherheitsschleusen und Rettungswegen sowie deren Belüftung und Entrauchung.
Da Niederspannungsschaltanlagen in Schrankbauform allseitig geschlossen sind, ist ihre Aufstellung in allgemeinen Bereichen zulässig, was sich jedoch bei größeren Bauten wegen der Betriebssicherheit nicht empfiehlt. Um ein unbefugtes Hantieren an Schaltanlagen zu vermeiden, sollten die entsprechenden Schränke in einem separat dafür vorgesehenen Raum aufgestellt werden.

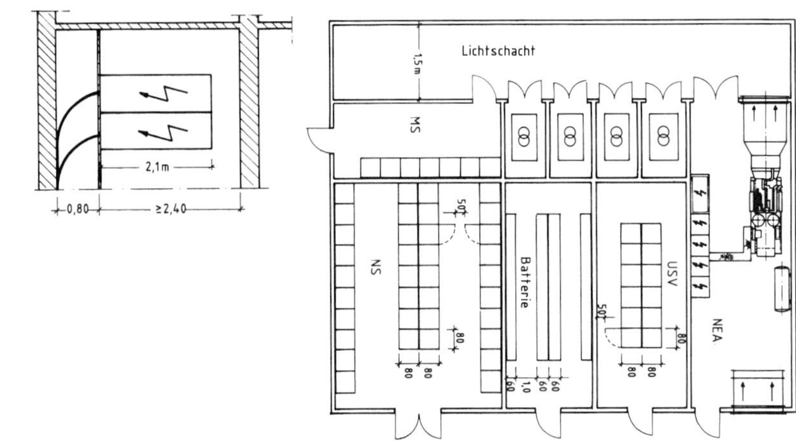

Bild 5.33
Beispiel einer Elektrozentrale (Grundriß + Schnitt)

Die Anzahl der Schrankelemente ergibt sich aus der Größe und Anzahl von Abnehmern und der Notwendigkeit von Unterverteilungen. Für Niederspannungsschaltanlagen gelten ansonsten die gleichen Anforderungen wie an Räume für Transformatoren. Auch sie sind, wenn möglich, an der Außenfront eines Gebäudes unterzubringen, um eine natürliche Belüftung und Wärmeabfuhr zu erreichen. Ist dies nicht möglich, was sehr häufig der Fall ist, so ist eine Fremdbelüftung und Entrauchung vorzusehen.

Bild 5.33 zeigt den Aufbau einer Elektrozentrale mit den Hauptabmessungen an Geräten, Verkehrs- und Montagewegen sowie Fluchtwegen. Als Beispiel wurde die Elektrozentrale eines größeren Verwaltungsgebäudes mit einer Gesamtanschlußleistung von ca. 2500 kVA gewählt. Die durchschnittliche Deckenbelastung beträgt dabei 10 kN/m².

Bild 5.34 zeigt die typische Darstellung eines Schaltplanes mit Mittelspannungsschaltanlage, Transformatoren und Niederspannungsschaltanlage.

Bei diesem Beispiel erfolgt die Einspeisung aus dem Netz über zwei Einspeisungen des EVU's (zwei Einspeisezellen). Erkennbar ist auch die Übergabe und Messung auf eine Mittelspannungsschiene, von der aus die einzelnen Transformatoren angefahren werden.

Nach den Transformatoren sind die Leistungsschalter der Niederspannungsschaltanlage sowie die Niederspannungssammelschiene erkennbar. Diese verläuft durch die einzelnen Schaltzellen und verteilt die Energie über entsprechende Schalter und Sicherungen, Kabel oder Schienen zu den Verbrauchern.

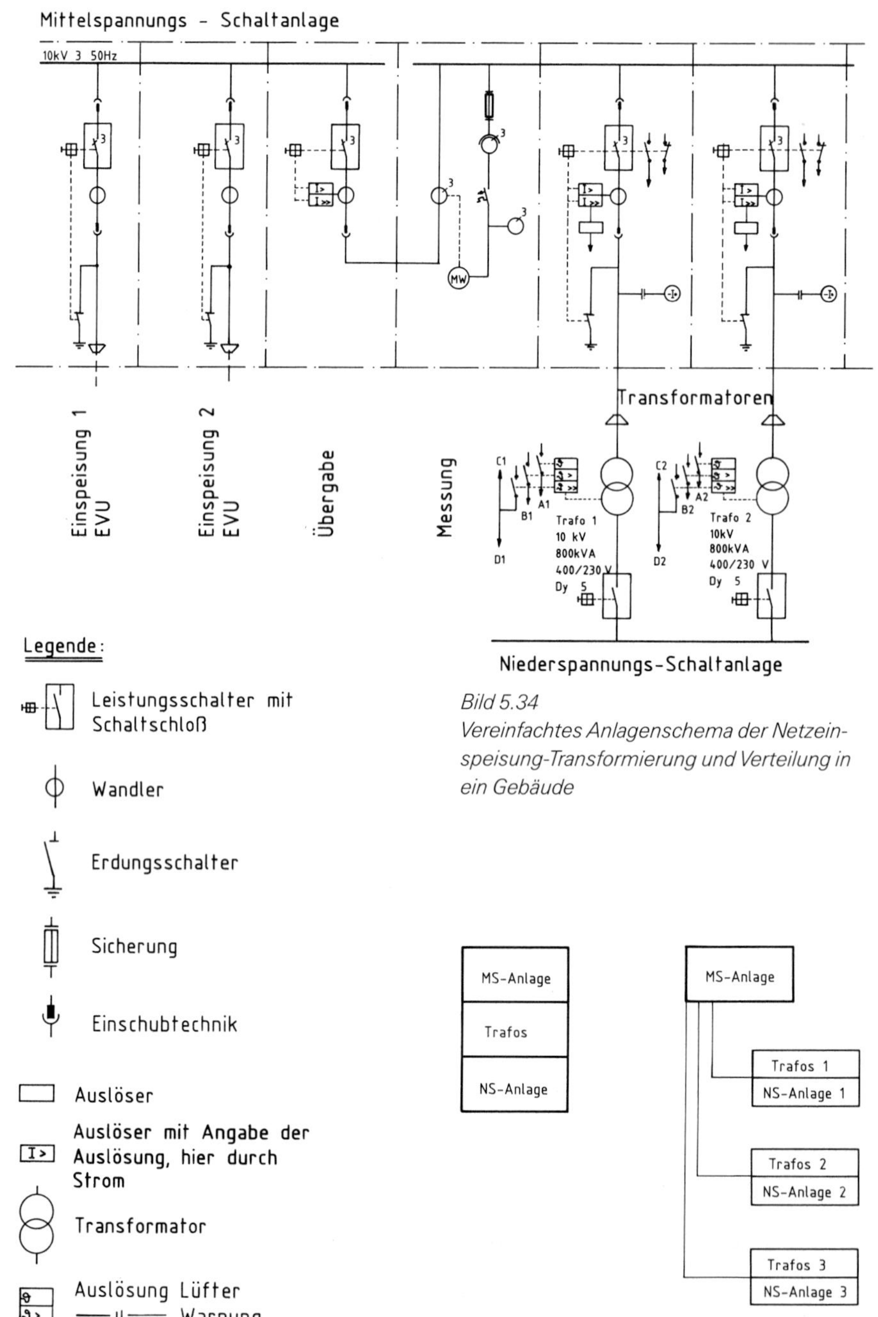

Bild 5.34
Vereinfachtes Anlagenschema der Netzeinspeisung-Transformierung und Verteilung in ein Gebäude

Bild 5.35
Zentrale und dezentrale Schaltanlagen

Wie bereits zuvor festgestellt, ist es u. U. sinnvoll, bei großen Verbrauchern die Energieübertragung auf Mittelspannungsebene bis zu den Verbrauchern durchzuführen. Hierdurch werden die bei der Energieübertragung auf Niederspannungsebene hohen Betriebströme und damit verbundenen Verluste weitgehend vermieden. Je nach Struktur der zu versorgenden Anlagen unterscheidet man demgemäß, wie Bild 5.35 ausweist, in zentrale oder dezentrale Anlagen.

Zentrale Schaltanlagen mit vorgeschalteten Trafos sollen im Gebäude möglichst in unmittelbarer Nähe der größten elektrischen Verbraucher (Lastschwerpunkt) untergebracht werden (neben Kältezentrale, Lüftungszentrale oder unter Küchenanlage, EDV-Anlage). Hier ist dabei die Lage der Installationswege und die Installierbarkeit zu berücksichtigen.

Dezentrale Anlagen werden in der Regel in Industriebetrieben eingesetzt und unmittelbar neben einem elektrischen Großverbraucher aufgebaut, wie Bild 5.36 zeigt.

Bild 5.36
Schwerpunktstation in Industriebetrieben

5.4.2. Versorgungssysteme

Hauptstromversorgungssysteme nehmen je nach Gebäudeart und Verbraucherleistung in Abhängigkeit von der Größe und dem Anspruch auf Versorgungssicherheit unterschiedliche Formen an. Dabei erfolgt die Zuführung der elektrischen Energie entweder über Kabel oder über Stromschienensysteme. Bild 5.37 zeigt einen Vergleich von Versorgungssystemen für Gebäude mit den ausgewiesenen Vor- und Nachteilen sowie der Versorgungssicherheit.

Bei kleineren Wohnobjekten ist die Stich- und Gruppenversorgung die übliche Form der Installation (Bild 5.23), während in großen Objekten, wo ein hohes Maß an Versorgungssicherheit erforderlich ist, sehr häufig die Ringversorgung zum Einsatz kommt. Eine Doppelversorgung ist typisch für Betriebe mit hohem Sicherheitsanspruch und hohen Leistungen (verschiedene Lastschwerpunkte) und wird vornehmlich in großen Rechenzentren, Industriebetrieben und ähnlichen Anlagen eingesetzt. Ob der Einsatz von Kabeln oder Schienen sinnvoll ist, kann sich auch aus dem Anspruch einer festen bzw. flexiblen Installation ergeben. Eine Festinstallation erfolgt in der Regel über Kabel, eine flexible Installation geht in der Regel mit einem Stromschienensystem einher. Tabelle 5.4 zeigt die Bedingungen und Vorgaben fester bzw. flexibler Installationen.

	Stichversorgung	Gruppenversorgung	Ringversorgung	Doppelversorgung	Einzelversorgung
Steigeleitung:	vorwiegend Sammelschienensystem weniger Kabel	Sammelschiene oder Kabel	Sammelschiene oder Kabel	vorwiegend Sammelschienen weniger Kabel	Kabel
Vorteile:	- übersichtlich - kleine Niederspannungshauptverteilung - Dimensionierung nach mittlerer Belastung aller Unterverteilungen	- bei Störung nur Teilausfall - kleinere Leiterquerschnitte	- gute Versorgungssicherheit - geringerer Leitungsquerschnitt	- Vorteile wie Stichversorgung, jedoch bessere Versorgungssicherheit	- bei Störung nur Ausfall einer Verteilung
Nachteile:	- bei Störung Totalausfall - bei Kabel schwierige Montage wegen großer Querschnitte	- größere Niederspannungshauptverteilung - Lastausgleich nur innerhalb der Versorgungsgruppen	- etwas unübersichtlicher für Bedienungspersonal	- etwas schwieriger zu warten und zu bedienen	- große Niederspannungshauptverteilung - große Schächte - Belastungsverschiebungen können nicht ausgeglichen werden
Versorgungssicherheit:	niedrig	mittel	hoch	mittel	hoch

Bild 5.37
Vergleich von Versorgungssystemen

Bedingungen Vorgaben	feste Installationen mittels Kabel	flexible Installation mittels Stromschienen
genaues Geräte-Layout bei der Planung	erforderlich	nicht erforderlich
Versorgung vom Unterverteiler	genaue Angabe der Anschluß- bedingungen notwendig	gezielt an der Anschlußstelle vor Ort anpaßbar
Hängeförderzüge Kranbahnen	möglich bei unten geführten Kabelsystemen	nur bedingt möglich
Kurzschluß und Selektivitätsverhalten	Neuerstellung nach jeder Änderung notwendig. Impedanzen nicht genau fest- stellbar durch verschiedene Kabeltypen	in der Planung bereits konkret ermittelbar. Niedrige Impedanzen durch typengeprüfte Systeme
Installationsaufwand	hoher Installationsaufwand durch stern- förmige Verteilung auf Kabelrinnen u. ä.	nur Grundinstallation, wenig Befestigungspunkte (ca. 2 m) notwendig. 2 Mann Montage
Nutzung des Gleichzeitigkeitsfaktors	bei Verteilung erst annehmbar	vor Ort über das gesamte System
Brandlasten	hoch	gering
Nachrüstbarkeit Änderung	nach VDE-Spannungsfreischaltung der Anlagen notwendig (Nacht- und Wochenendarbeiten), Installation mit hohem Materialaufwand, Anfall von Staub, Stemmarbeit u. ä.	bei unter Spannung stehendem System innerhalb der Tarifarbeitszeit möglich. Keine Abschaltung
Spannungsfall bis zum Verbraucher	Bei Nachinstallationen nicht genau definierbar	niedrig und genau definierbar
Revision Wartung	an zentraler Stelle bei Schaltanlage	Schienen meist außerhalb des Hand- bereiches Gerüste, Leitern usw. notwendig
Blindleistungskompensation	über selbstregelnde Anlagen zentral	bei Scheinleistungsrelais vor Ort
Verwendbarkeit der Installation bei Fertigungsprozeßwechsel oder Nutzungsänderung	Kabelinstallationen kaum verwendbar	nutzbar
Betreiberhaftung	Risiko vor allem nach Änderungen wegen Unüberschaubarkeit hoch	Risiko wegen Verwendung typen- geprüfter Systeme gering

Tabelle 5.4
Varianten fester und flexibler Installation

5.4.2.1. Kabelsysteme

Kabel bestehen in der Regel aus mehreren Kupferadern und einer zusätzlichen Umhüllung. Schwarze und braune Adern dienen als Außenleiter (Phasenleiter), grüngelbe Adern als Schutzleiter, hellblaue Adern als Mittelleiter (Neutralleiter).

Bei kleineren Bauvorhaben erfolgt in der Regel eine Installation per Kabel, ausgehend von zentralen Verteilerkästen (innerhalb einer Wohnung) bis hin zu den einzelnen Verbrauchsstellen (Schalter, Steckdosen, Auslässe), wie in Bild 5.38 dargestellt.

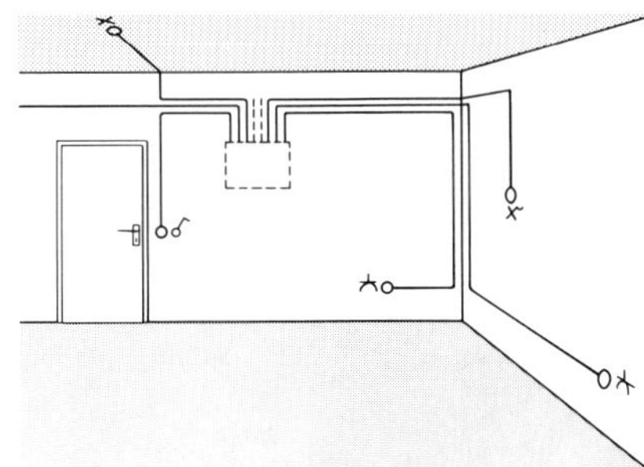

Bild 5.38
Installation mit zentralen Verteilerkästen (Prinzipdarstellung)

Aus Gründen der Sicherheit und besseren Auffindbarkeit sind Kabel und Leitungen grundsätzlich parallel zu den Raumkanten zu verlegen. Somit kann später ein Leitungsverlauf eindeutig nachvollzogen werden (einschlägige Normen und Vorschriften wie z.B. DIN 18015, Teil 1/3 sind zu beachten). Unsichtbar verlegte Leitungen sollen prinzipiell in bestimmten Zonen verlegt werden, um bei späteren Montagen im Wand- und Deckenbereich Beschädigungen von elektrischen Kabeln oder Leitungen zu vermeiden. Die Bilder 5.39 und 5.40 zeigen die entsprechenden Installationszonen im Wohnungsbau.

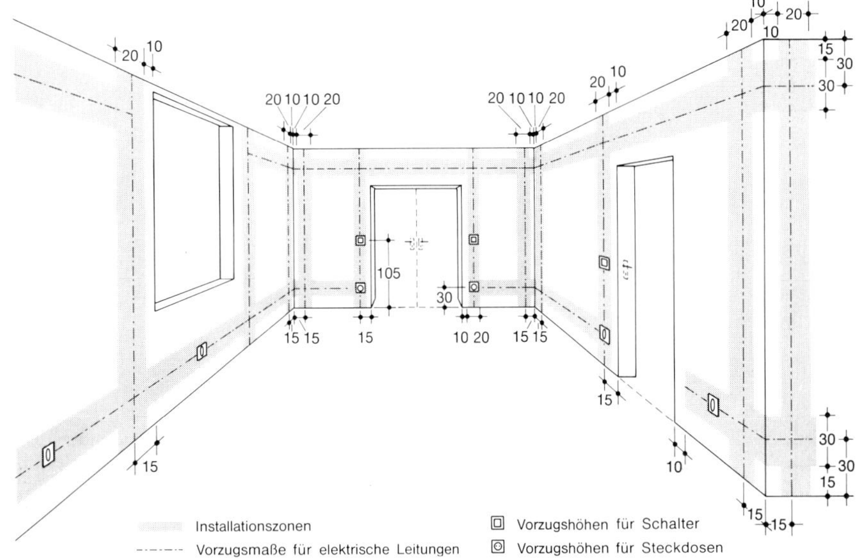

Bild 5.39
Installationszonen und Vorzugsmaße für Räume von Wohnungen (außer Küchen)

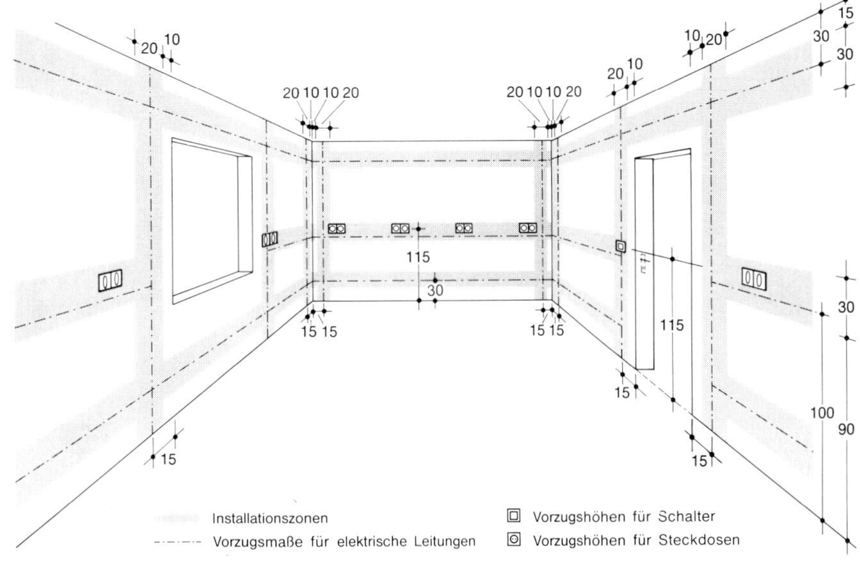

Bild 5.40
Installationszonen und Vorzugsmaße für Küchen, Hausarbeitsräume und vergleichbare Räume (nach DIN 18 015, Teil 3)

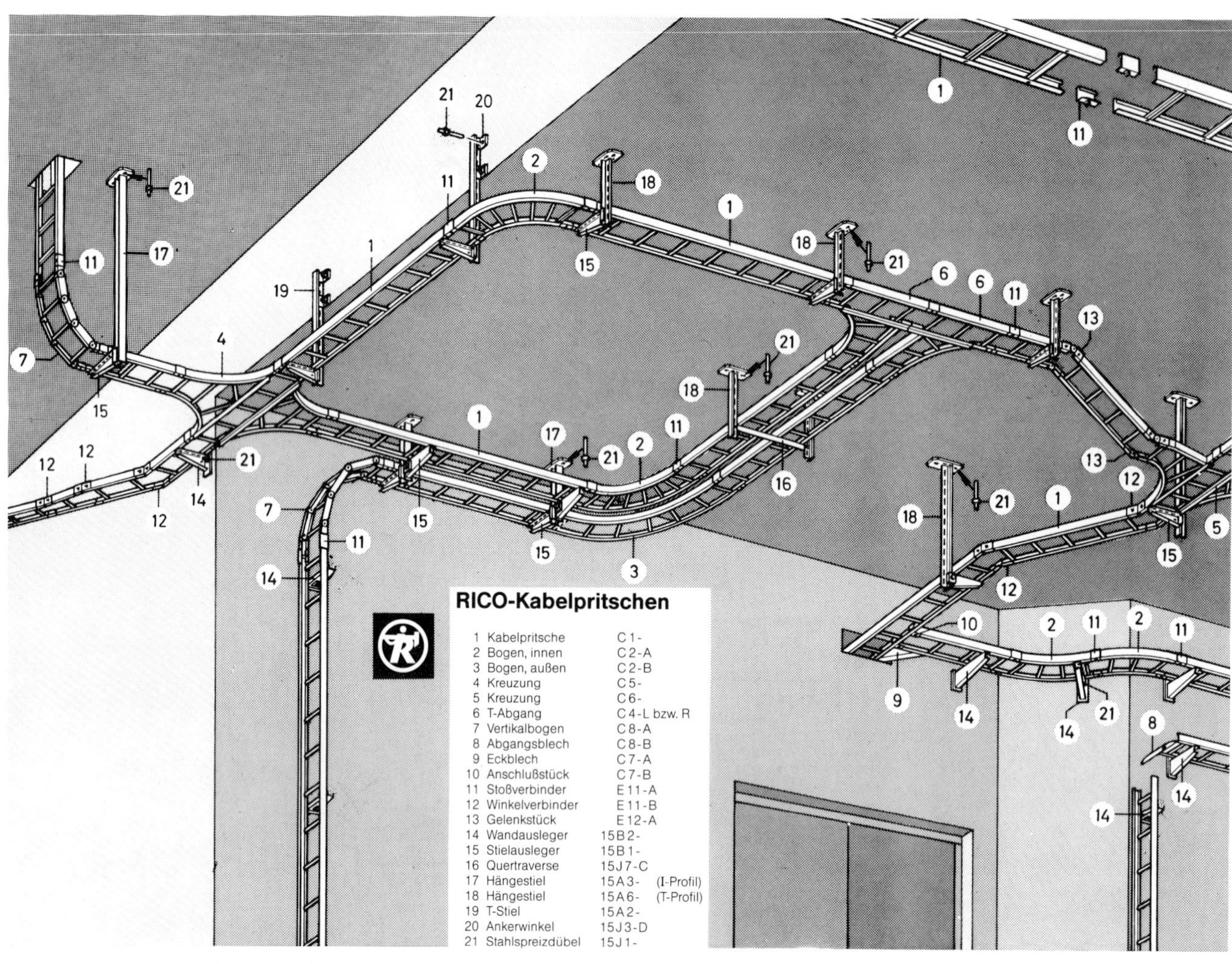

RICO-Kabelpritschen
1 Kabelpritsche C 1-
2 Bogen, innen C 2-A
3 Bogen, außen C 2-B
4 Kreuzung C 5-
5 Kreuzung C 6-
6 T-Abgang C 4-L bzw. R
7 Vertikalbogen C 8-A
8 Abgangsblech C 8-B
9 Eckblech C 7-A
10 Anschlußstück C 7-B
11 Stoßverbinder E 11-A
12 Winkelverbinder E 11-B
13 Gelenkstück E 12-A
14 Wandausleger 15B 2-
15 Stielausleger 15B 1-
16 Quertraverse 15J 7-C
17 Hängestiel 15A 3- (I-Profil)
18 Hängestiel 15A 6- (T-Profil)
19 T-Stiel 15A 2-
20 Ankerwinkel 15J 3-D
21 Stahlspreizdübel 15J 1-

Bild 5.41
Kabelpritschen, System mit einzelnen Bauteilen

Bei größeren Bauvorhaben mit einer hohen Gerätebestückung und großen Anschlußleistungen werden Kabel auf Kabelpritschen verlegt.

Kabelpritschen werden in der Regel aus verzinktem Stahl hergestellt und sind so aufgebaut, daß sie jederzeit eine Nachinstallation zulassen. Bild 5.41 zeigt Kabelpritschen wie sie vom Markt her angeboten werden einschließlich aller Sonderformstücke wie Bögen, Kreuzungen, T-Abgänge.

Oftmals wird die Festlegung des notwendigen Raumbedarfs für die Installation von Kabeln (Pritschen) erheblich unterschätzt und Bild 5.42 soll verdeutlichen, daß bei großen Kabeln oder einer Vielzahl zu verlegender Kabel hier mit einem erheblichen Raumanspruch zu rechnen ist. Kabelverlegungen können auch im Boden erfolgen, wie Bild 5.43 bei der Festinstallation eines Betriebes zeigt. Hierzu sind spezielle begehbare Kabelgräben vorzusehen, die die Unterflurleitungen aufnehmen.

Bild 5.42
Kabelpritschen für umfangreiche Kabelnetze

5.4.2.2. Schienensysteme

Zur Übertragung hoher Ströme, aus sicherheitstechnischen Überlegungen oder aus Gründen der flexiblen Installation werden Stromschienensysteme verwendet. Stromschienensysteme haben gegenüber Kabelanlagen eine höhere Strombelastbarkeit bei gleichem Kupferquerschnitt. Die Energieabnahme im System kann an fabrikmäßig vorgefertigten Abnahmestellen erfolgen. Ein weiterer Vorteil der Schienensysteme ist die sehr geringe Brandlast aufgrund weniger brennbarer Konstruktionsteile und die Verringerung des notwendigen Installationsraumes. Nachteilig jedoch sind höhere Investitionen bei kurzen Übertragungswegen.

Bild 5.44 zeigt nochmals die elektrische Energieversorgung einer Maschinenhalle, nunmehr durch ein Schienensystem.

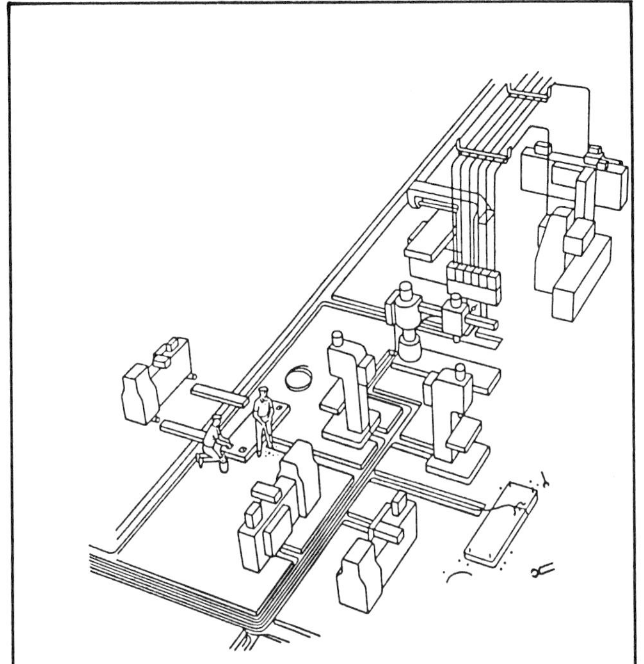

Bild 5.43
Festinstallation durch Kabel, Unterflurinstallation

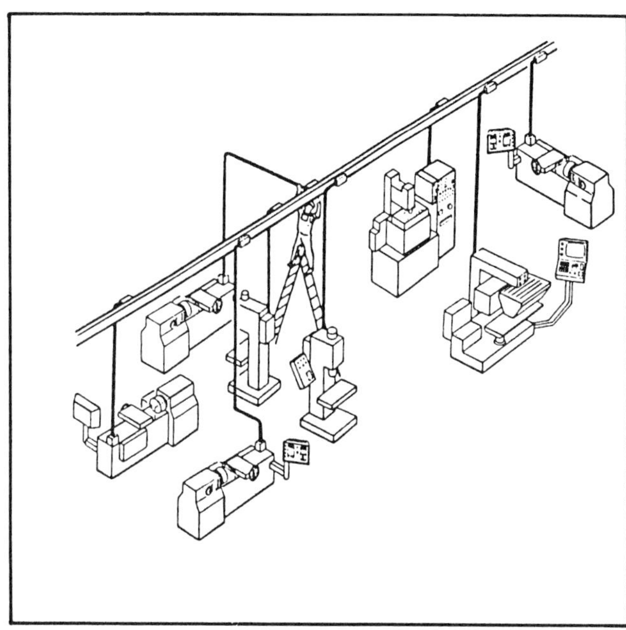

Bild 5.44
Flexible Installation durch Schienensysteme

5

Man kann im Vergleich zum Bild 5.43 bereits sehr gut erkennen, daß der Installationsaufwand geringer und vor allem übersichtlicher geworden ist. Bild 5.45 zeigt ein Stromschienensystem in einem Flurbereich eines größeren Bauobjektes. Die Stromschienen werden wie die Kabelpritschen durch geeignete Konstruktionen aufgenommen.

Bild 5.45
Stromschienensystem

5.4.3. Vordimensionierung von elektrischen Leitungen bei Kleinobjekten

Bei kleineren Objekten, vornehmlich Wohnhäusern ist mit den in Tabelle 5.5 ausgewiesenen Anschlußwerten von Elektrogeräten zu rechnen. Gemäß der Tabelle 5.6 kann nach der Anschluß-

Elektrogerät		Anschlußwert (kW) Wechselstrom	Drehstrom
Elektroherd		8,0...14,0	
Einbaukochmulde			6,0... 8,5
Einbaubackofen			2,5... 5,0
Mikrowellenherd		1,0...2,0	
Grillgerät		0,8...3,3	
Toaster/Warmhalteplatte		0,9 – 1,7	
Handmixer/Entsafter/Rührwerk		0,2	
Expreßkocher, Waffeleisen		1,0...2,0	
Kaffeemaschine		0,7...1,2	
Friteuse		1,6...2,0	
Dunstabzugshaube		0,3	
Kochendwassergerät	3 l/5 l	2,0	
Warmwasserspeicher	5 l/10 l/15 l	2,0	
Warmwasserspeicher	15 l/30 l		4,0
Warmwasserspeicher	50 l–150 l		6,0
Durchlaufspeicher	30 l–120 l		21,0
Durchlauferhitzer			18,0 / 21,0 / 24,0
Elektro-Standspeicher	200 l–1000 l		2,0...18,0
Bügeleisen		1,0	
Bügelmaschine		2,1...3,3	
Wäscheschleuder		0,4	
Waschkombination		3,2	
Waschmaschine		3,3	7,5
Wäschetrockner		3,3	
Haartrockner		0,8	
Händetrockner		2,1	
Tuchtrockner		0,6	
Luftbefeuchter		0,1	
Rotlicht-Strahler/Heimsonne		0,2...2,2	
Solarium		2,8	4,0
Sauna		3,5	4,5...18
Badestrahler		1,0...2,0	
Kühlschrank, Gefriergerät		0,2	
Kühl-/Gefrierkombination		0,3	
Geschirrspülmaschine		3,5	4,5
Spülzentrum		3,5	5,0
Staubsauger		1,0	
Klopfsauger		0,6	
Schuhputzgerät		0,2	
Bohnergerät		0,5	

Tabelle 5.5
Anschlußwerte von Elektrogeräten

leistung (Wechsel- oder Drehstrom) eine erste Dimensionierung des Querschnittes in Abhängigkeit der maximal zulässigen Kabellänge nach dem Zähler vorgenommen werden. Die hier aufgeführte Tabelle weist einmal die maximalen Anschlußleistungen bei Wechsel- oder Drehstrom (kVA) sowie die maximale Absicherung des elektrischen Stroms (Ampere) aus. Geht man somit von einer maximalen Leistung von 3,5 kVA (Wechselstrom) nach oben in die Tabelle, so zeigt sich, daß bei einem Querschnitt von 1,5 mm² eine maximale Kabellänge von 35 m zu überbrücken ist. Gleichermaßen umgekehrt kann man auch über die Kabelquerschnitte und maximalen Längen wieder auf die maximal zu übertragene Leistung rückschließen.

5.4.4. Unterverteilung

Unterverteiler werden notwendig, um nicht von der Elektrozentrale aus für jeden einzelnen Verbraucher oder Verbraucherkreis innerhalb eines großen Gebäudes ein einzelnes Kabel verlegen zu müssen. Dieses würde jeglichen Rahmen sprengen. Man führt deshalb von der Niederspannungshauptverteilung oder vom Zähler die notwendige elektrische Energie durch Kabel eines möglichst großen Querschnittes zum Verbrauchsort. Erst hier wird die Energie auf kleinere Querschnitte verteilt (unterteilt), wobei nunmehr die notwendigen Sicherheitseinrichtungen für die einzelnen Verbrauchsgruppen oder Geräte eingesetzt werden.

Die Unterverteilung in einem Gebäude ergibt sich aus den notwendigen Stromkreisen bzw. den anzuschließenden Geräten. In Tabelle 5.7 ist eine Übersicht dargestellt über die Anzahl der Stromkreise bei einem mittel- bzw. hochwertigen Ausstattungsumfang in Abhängigkeit der Nutzfläche.

Die Unterverteilung innerhalb eines Wohnobjektes erfolgt über spezielle Verteiler, die in der Regel in der Wand eingebaut sind. Vor Bestückung eines entsprechenden Verteilers ist ein Übersichtsplan der Unterverteilung zu erstellen, aus dem der Umfang anzuschießender Geräte und Steckdosen sowie der maximalen Absicherung dargestellt wird, wobei diese sich in der Regel aus den Angaben der Hersteller entsprechender Geräte ergibt.

A mm²	Leitungslängen in m bei Drehstrom (bei Wechselstrom halbe Länge)														
120	Gruppe 1								451	361	282	225	201	180	
95	(eine oder mehrere in							446	357	285	223	178	159	143	
70	Rohr verlegte einad-						417	327	263	210	164	131	117		
50	rige Leitungen)					376	298	235	188	150	117				
35					376	263	209	164	131	105					
25				376	268	188	149	117	94						
16			300	240	172	120	95	75							
10		235	188	150	107	75	60								
6	225	141	113	90	64	45				Gruppe 2					
4	150	94	75	60	43		(Mehraderleitungen, z.B. Mantel-								
2,5	94	57	47	38			leitungen, Stegleitungen,								
1,5	56	35	28				bewegliche Leitungen)								
	10	16	20	25	35	50	63	80	100	125	160	200	(224)	250	A
3~	6,6	11	13	16	23	33	41	53	66	82	105	132	(147)	165	kVA
1~	2,2	3,5	4,4	5,5	7,7	11	14	18	22	28	35	44	(49)	55	kVA

Tabelle 5.6
Maximal zulässige Kabellängen nach dem Zähler (Spannungsabfall 3%)

Wohnfläche der Wohnung m²	Anzahl der Stromkreise *) bei Ausstattungsumfang A mittlerer Standard	B hoher Standard
bis 45	2	3
über 45 bis 55	3	4
über 55 bis 75	4	6
über 75 bis 100	5	7
über 100	6	8

*) Für den Wohnungen zugeordnete Keller- und Bodenräume müssen zusätzliche Stromkreise vorgesehen weden. Für Steckdosen in Hobbyräumen ist zusätzlich ein eigener Stromkreis erforderlich.

Tabelle 5.7
Anzahl der Stromkreise für Steckdosen und Beleuchtung in Wohnungen (DIN 18 015, Teil 2)

Bild 5.46 zeigt einen Übersichtsplan einer Unterverteilung für eine Wohnung, Bild 5.47 einen Stromkreisverteiler, wie er in der Regel in Wohnungen zu finden ist.

5

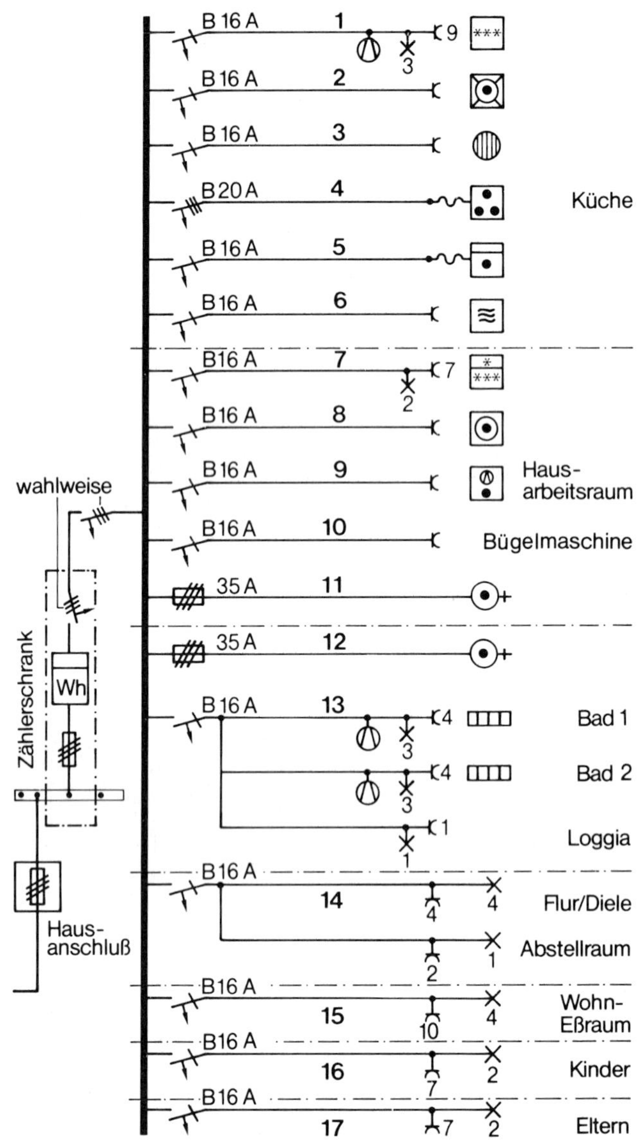

Bild 5.46
Übersichtsplan einer Unterverteilung für eine Wohnung (Symbolerläuterung- siehe S. 502/503)

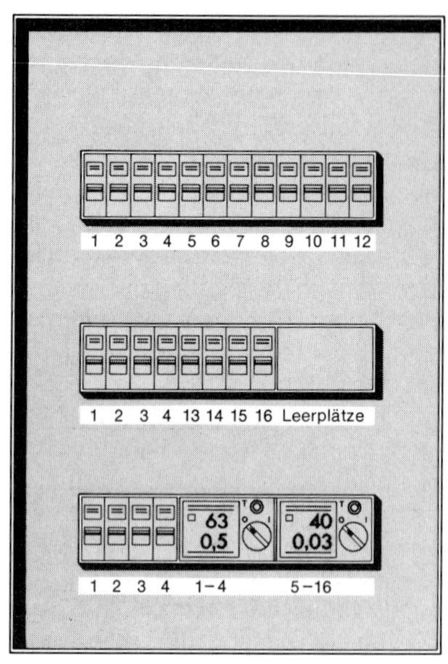

Bild 5.47
Stromkreisverteiler

Bild 5.48
Geschoßunterverteiler

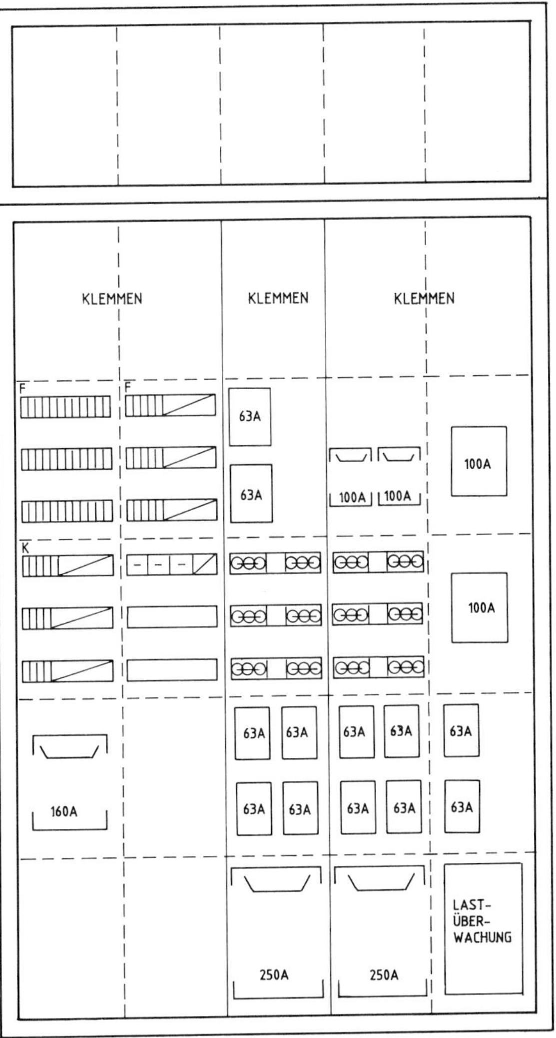

z.B. 63A Leistungsschalter

100A NH-Trenner = Niederspannungshochleistungs-sicherungstrenner

LS-Schalter = Leistungsschutzschalter

Schrank-Sicherung

Bild 5.49
Bestückung eines Geschoßunterverteilers

Bild 5.50
Unterverteilung in einem Industriebetrieb

Bei großen Bauobjekten handelt es sich bei der Unterverteilung nicht mehr um kleine Wandeinbaukästen sondern um Stand- oder Wandschränke, in denen sämtliche notwendigen Sicherungs- und Schaltelemente eingebaut sind. Bild 5.48 zeigt eine typische Geschoßunterverteilung in Schrankform, Bild 5.49 die Bestückung desselben.

In Industriebetrieben können Unterverteilungen auch so aufgebaut und verkleidet werden, daß alle Sicherungs- und Schaltelemente einsehbar sind, wobei die gesamte Geschoß-Unterverteilung gegen Staub und Wasser gekapselt ist (Bild 5.50).

5.4.5. Installationsanlage

Die Energieversorgung vom Unterverteiler zu den einzelnen Verbrauchern innerhalb eines Geschoßes wird als Installationsanlage bezeichnet.

Die Verteilung elektrischer Energie erfolgt in der Regel innerhalb eines Geschoßes durch Leitungen, in seltenen Fällen (insbesondere Industriebetrieben oder großen Rechenzentren) durch Schienen.

Leitungen der Installationsanlage werden verlegt als:

- Aufputzinstallation
- Unterputzinstallation
- Rohrinstallation

Bei der Aufputzinstallation werden die elektrischen Leitungen als Mantelleitung (NYM) durch Kabelhalter auf der Wand aufgebracht und vornehmlich dort eingesetzt, wo eine Unterputzinstallation wegen der geforderten Schutzart nicht in Frage kommt. (Garagen/Kellerräume). Bild 5.38 zeigt ein Beispiel einer Installation (Aufputz) mit zentralen Verteilerkästen.

Unterputzinstallationen sind Installationen, bei denen die Leitungen unter Putz verlegt werden. Die Verlegung muß nach einem genauen Plan horizontal und vertikal erfolgen. Diagonale Verlegung ist ausschließlich an Decken (Schalterleuchte) zulässig. Bei dieser Verlegeart sind die Leitungen nicht mehr zugänglich und austauschbar. Dies ist in der Schweiz beispielsweise verboten.

Aufgrund der äußerlichen Merkmale der Installation wie Schalter, Steckdosen, Verbindungsdosen lassen sich

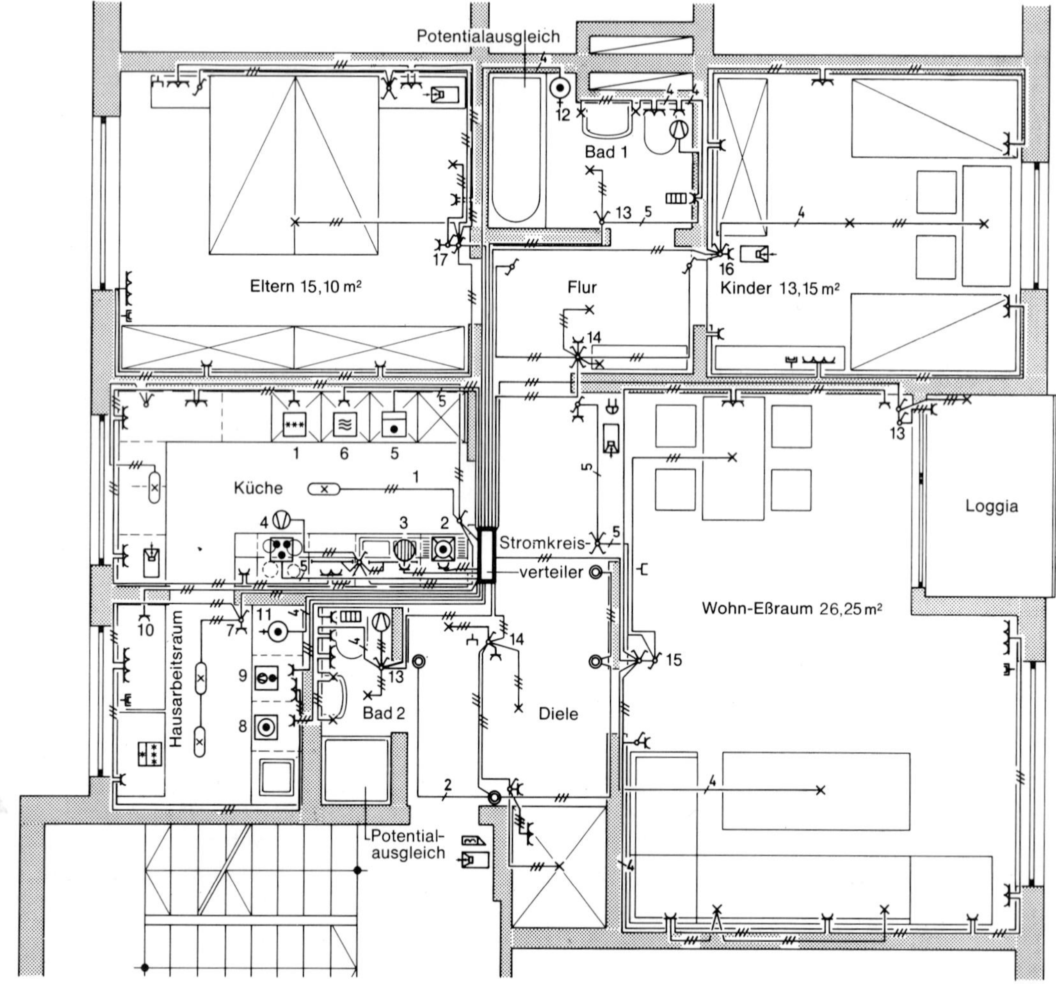

Bild 5.51
Beispiel eines Elektro-Installationsplanes für eine Wohnung (Symbolerläuterung- siehe S. 502/503)

auch später noch die ungefähre Lage der Leitungen erkennen. (Bild 5.39 zeigte bereits Installationszonen und Vorzugsmaße für Räume von Wohnungen außer Küchen).

Bei Rohrinstallationen wird anfänglich ein Installationsrohr in vorher ausgestemmte Schlitze verlegt, in die später die Leitungen eingezogen werden. Installationsrohre können auch auf der Schalung verlegt und in Beton eingegossen werden, um sie später zu installieren. Mit dieser Art der Installation erreicht man die Austauschbarkeit der Leitungen.

Die Verteilung elektrischer Energie innerhalb eines Wohnobjektes wird vom Stromkreisverteiler über unter Putz verlegte Kabel zu den Verbrauchern vorgenommen, wie Bild 5.51 zeigt. Die Installation in einem Wohnobjekt kann einmal mit Verbindungsdosen oder ohne diese als lose Installation erfolgen. (In der Schweiz nur mit Verbindungsdose zugelassen).

Bei der Installation mit Verbindungsdosen wird an jedem Verzweigpunkt eine solche eingesetzt, siehe Bild 5.52. Die Verbindungsdosen befinden sich in der Regel im oberen Bereich der Wände (30 cm unter Decke) oder in der Decke.

Bei der Installation ohne Verbindungsdosen, (nur Geräteverbindungsdosen) Bild 5.53, werden Schalterdosen mit zusätzlichem Verteilerraum eingesetzt, um das Verbinden von Leitungen in den Geräteverbindungsdosen vornehmen zu können.

Der Vorteil dieser Installationsart liegt darin, daß jederzeit ohne das Öffnen der Abzweigdosen (Beschädigung von Oberflächen) nur durch das Herausnehmen des Betriebsmittels (Schalter oder Steckdose) die Anlage überprüft werden kann.

Während somit bei kleineren Objekten die Verteilung der elektrischen Energie innerhalb eines Geschoßes im wesentlichen unter Putz erfolgt, muß bei der Verteilung größerer Kabelquerschnitte und Kabelmengen eine andere Form der Geschoßverteilung eingesetzt werden. Dies gilt insbesondere für hochinstallierte Nutzbereiche (z.B. Labors, Büros, Fertigungsstätten, Krankenhausbereiche).

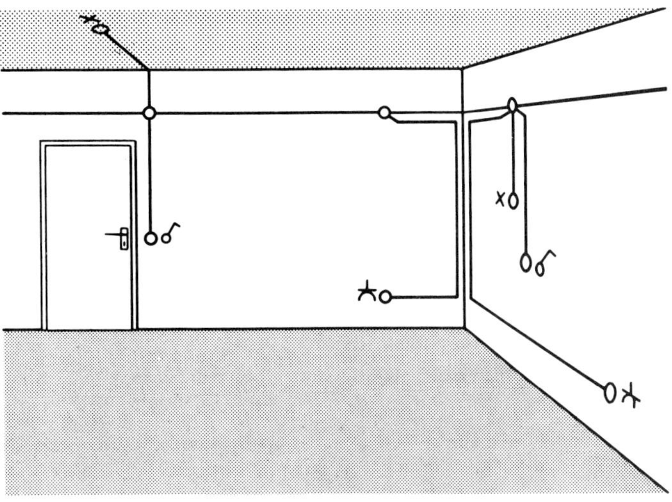

Bild 5.52
Installation mit Verbindungsdosen (Prinzipdarstellung)

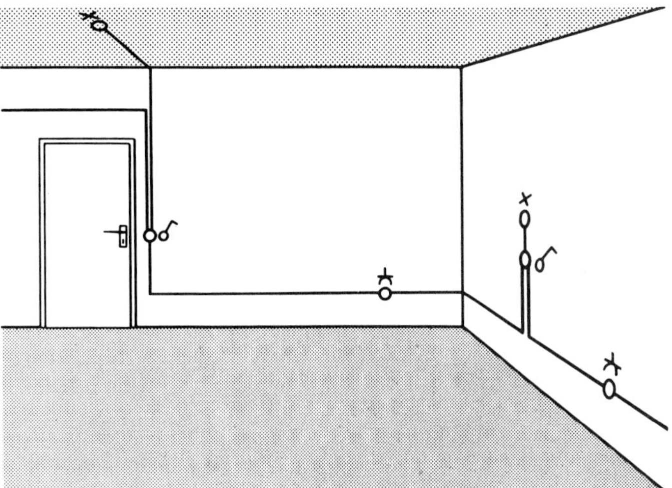

Bild 5.53
Installation mit Geräteverbindungsdosen (Prinzipdarstellung)

Symbol	Bedeutung
	Leiter, Leitung, Kabel
	Leiter, bewegbar
	Leiter, geschirmt
	Leiter im Erdreich, Erdkabel
	Leiter, oberirdisch Freileitung
	Kabelkanal, Trasse Elektro-Installationsrohr
	Leiter auf Putz
	Leiter im Putz
	Leiter unter Putz
	Leiter oder Kabel, nicht angeschlossen
3×1,5Cu	Leitung mit 3 Kupferleitern 1,5 mm^2
3N~50Hz400V	Dreiphasen-Vierleitersyst. mit drei Außen-leitern u. einem Neutralleiter, 50 Hz, 400 V
	Leiter in einem Kabel, 3 Leiter dargestellt
	Leitung mit 3 Leitern
3	Leitung mit 3 Leitern, vereinfachte Darstellung
	Schutzleiter (PE)
	Neutralleiter mit Schutzfunktion (PEN)
	Neutralleiter (N), Mittelleiter (M)
	Drei Leiter, ein Neutralleiter, ein Schutz-leiter
	Leitung, nach oben führend
	Leitung, nach unten führend
	Leitung, nach unten und oben führend
	Verbindung von Leitern
	Abzweig von Leitern (Form 1)
	Abzweig von Leitern (Form 2)
	Anschluß (z. B. Klemme) (Der Kreis darf ausgefüllt werden)

Symbol	Bedeutung
	Anschlußdose, Verbindungsdose
	Abzweigdose, allgemein
	Dose, allgemein Leerdose, allgemein
	Stichdose
	Durchschleifdose
	Hausanschlußkasten, allgemein, dargestellt mit Leitung
	Verteiler, dargestellt mit 5 Anschlüssen
	Umrahmungslinie, Begrenzungslinie
	Schutzerde
	Primärzelle, Primärelement, Akkumulator
220/8 V	Transformator mit zwei Wicklungen
	Gleichrichter-Gerät
	Wechselstromrichter
U const	Spannungskonstanthalter
	Sicherung, allgemein
D II 10 A	Schraubsicherung, dargestellt 10 A, Typ D II, dreipolig
00 25 A	Niederspannungs-Hochleistungs-Siche-rung (NH), dargestellt 25 A, Größe 00
	Sicherungstrennschalter
	Sicherungsschalter
10 A	Schalter, dargestellt 10 A, dreipolig
	Fehlerstrom-Schutzschalter, vierpolig
	Leitungsschutzschalter
3	Motorschutzschalt., dreipol. mit therm. u. magnet. Auslösung, in einpol. Darstellung
	Notschalter
	Schalter, allgemein
	Schalter mit Kontrolleuchte

Symbol	Bedeutung
	Ausschalter, einpolig Schalter 1/1
	Ausschalter, zweipolig Schalter 1/2
	Serienschalter, einpolig Schalter 5/1
	Wechselschalter, einpolig Schalter 6/1
	Kreuzschalter Schalter 7/1
	Schalter mit Zugschnur
	Zeitschalter, einpolig
	Taster
	Taster mit Leuchte
	Stromstoßschalter
	Näherungssensor
	Berührungssensor
	Näherungsschalter (Ausschalter)
	Berührungsschalter (Wechselschalter)
	Dimmer
	Steckdose, allgemein
	Schutzkontaktsteckdose
3/N/PE	Schutzkontaktsteckdose, dargestellt für Drehstrom, fünfpolig
	Schutzkontaktsteckdose, abschaltbar
	Schutzkontaktsteckdose, mit verriegeltem Schalter
3	Schutzkontaktsteckdose, dargestellt als Dreifachsteckdose
	Wahlweise Darstellung
	Steckdose mit Trenntrafo, z. B. für Rasierapparat
	Fernmeldesteckdose
	Antennensteckdose
Wh	Elektrizitätszähler Wattstundenzähler

Graphische Symbole für Schaltungsunterlagen (Schaltzeichen)

	Schaltuhr
	Zeitrelais
5/min	Blinkrelais, dargestellt mit einer Blink-frequenz von 5/min
	Tonfrequenz-Rundsteuerrelais
	Leuchte, allgemein
	Leuchtenauslaß, dargestellt mit Leitung
	Leuchtenauslaß auf Putz, dargestellt mit nach links führender Leitung
	Leuchte mit Schalter
	Leuchte mit veränderbarer Helligkeit
	Sicherheitsleuchte in Dauerschaltung
	Sicherheitsleuchte Notleuchte mit getrenntem Stromkreis
	Sicherheitsleuchte mit eingebauter Stromversorgung
	Scheinwerfer, allgemein
	Punktleuchte
	Flutlichtleuchte
	Leuchte, dargestellt mit zusätzlicher Sicherheitsleuchte in Dauerschaltung
	Leuchte, dargestellt mit zusätzl. Sicher-heitsleuchte in Bereitschaftsschaltung
	Leuchte für Entladungslampe, allgemein
3	Leuchte für Leuchtstofflampe, allgemein
	Leuchte mit 3 Leuchtstofflampen
	Leuchte mit 5 Leuchtstofflampen
	Vorschaltgerät für Entladungslampen
	Starter für Leuchtstofflampe
E	Elektrogerät, allgemein
	Küchenmaschine
	Elektroherd, allgemein

	Mikrowellenherd
	Backofen
	Wärmeplatte
	Friteuse
	Heißwasserspeicher
	Durchlauferhitzer
	Heißwassergerät, dargestellt mit Leitung
	Infrarotgrill
	Waschmaschine
	Wäschetrockner
	Geschirrspülmaschine
	Händetrockner, Haartrockner
	Heizelement
	Speicherheizgerät
	Infrarotstrahler
	Ventilator, dargestellt mit Leitung
	Klimagerät
	Kühlgerät, Tiefkühlgerät Anzahl der Sterne siehe DIN 8 950 Teil 2
	Gefriergerät Anzahl der Sterne siehe DIN 8 950 Teil 2
M	Motor, allgemein
	Generator
	Umformer
	Stern-Dreieck-Schaltung
	Fernsprecher, allgemein
	Fernsprechgerät, halbamtsberechtigt
	Fernsprechgerät, amtsberechtigt

	Fernsprechgerät, fernberechtigt
	Fernsprecher für zwei oder mehr Amtsleitungen
	Wechselsprechstelle, z. B. Haus- oder Torsprechstelle
	Gegensprechstelle, z. B. Haus- oder Torsprechstelle
	Lautsprecher, allgemein
	Mikrofon, allgemein
	Lautsprecher / Mikrofon
	Vermittlungszentrale, allgemein
	Wecker Klingel
	Schnarre Summer
	Gong Einschlagwecker
	Horn Hupe
	Sirene
	Leuchtmelder, allgemein
	Türöffner
	Zeiterfassungsgerät
	Brand-Druckknopf-Nebenmelder
	Temperaturmelder
	Schlüsselschalter Wächtermelder
	Erschütterungsmelder (Tresorpendel)
	Passierschloß für Schaltwege in Sicherheitsanlagen
	Rauchmelder, selbsttätig, lichtabhängiges Prinzip
	Brandmelder, selbsttätig
Lx<	Dämmerungsschalter
	Antenne, allgemein
	Verstärker, allgemein; Spitze des Dreiecks gibt die Verstärkungsrichtung an

Graphische Symbole für Schaltungsunterlagen (Schaltzeichen)

5.4.5.1. Unterflur-Elektroinstallationen

Die Unterflur-Elektroinstallationen teilen sich in verschiedene Untergruppen wie sie in Bild 5.54 dargestellt sind.

Unterflur-Installation			
Unterflur-Elektro-Installationskanal-Systeme:		**Hoch- und ausbaugebundene Leitungsführungs-Systeme:**	
geschlossene Systeme	**offene Systeme**	**Hochbaugebunden**	**Ausbaugebunden**
-geschl. Kanal für Anschlußtechnik, estrichüberdeckt AF+UF+UFK -geschl. Kanal für Anschlußtechnik, estrichbündig AF Imbeton-Kanäle: -rohdeckenbündig u. estrichüberdeckend AF+UF+UFK -in der neutralen Deckenzone AF+UF	-offener Einspeise-kanal, estrichbündig* -offener Kanal für Anschlußtechnik, estrichbündig AF+UF	-Stahlzellendecke AF+UF+UFK -Betonfertigdecke AF+UFK -Deckendurch-führungen AF+UF+UFK	-Doppelboden AF+UF+UFK -Estrich-Hohlraumboden AF+UFK

Anschlußtechnik

AF Aufflur-Anschlußtechnik (fußbodenüberragende Einbaueinheiten)
UF Unterflur-Anschlußtechnik (fußbodenebene Einbaueinheiten)
UFK Unterflur-Anschlußtechnik nur über höhenvariable Einbaueinheiten (Kanalauslässe)
* Anschlußtechnik nicht möglich

Bild 5.54
Übersicht der verschiedenen Unterflur-Installationssysteme

Unterflurinstallationen werden vornehmlich im Verwaltungsbau, Industriebau, usw. eingesetzt, wo eine enge Vernetzung und große Raumtiefen zusammenfallen. Dabei bieten sich Systeme an, wie sie in Bild 5.55 dargestellt sind.

Man kann hierbei erkennen:

- Unterflurinstallationen mit Deckendurchbruchselektranten
- Unterflursysteme mit fußbodenüberragenden Einbaueinheiten
- Unterflursysteme mit estrichüberdecktem Kanal und Einbauten sowie
- Fußbodenaufbau-Installationen.

Die Darstellung weist bei den verschiedenen Systemen die notwendige Estrichhöhe aus und stellt weiterhin dar, in welcher Form sich die Elektroeinheiten später sichtbar präsentieren werden. Die Bilder 5.56 und 5.57 zeigen verschiedene Einbauelemente (fußbodeneben oder fußbodenüberragend), wie sie heute je nach Bedarf eingesetzt werden.

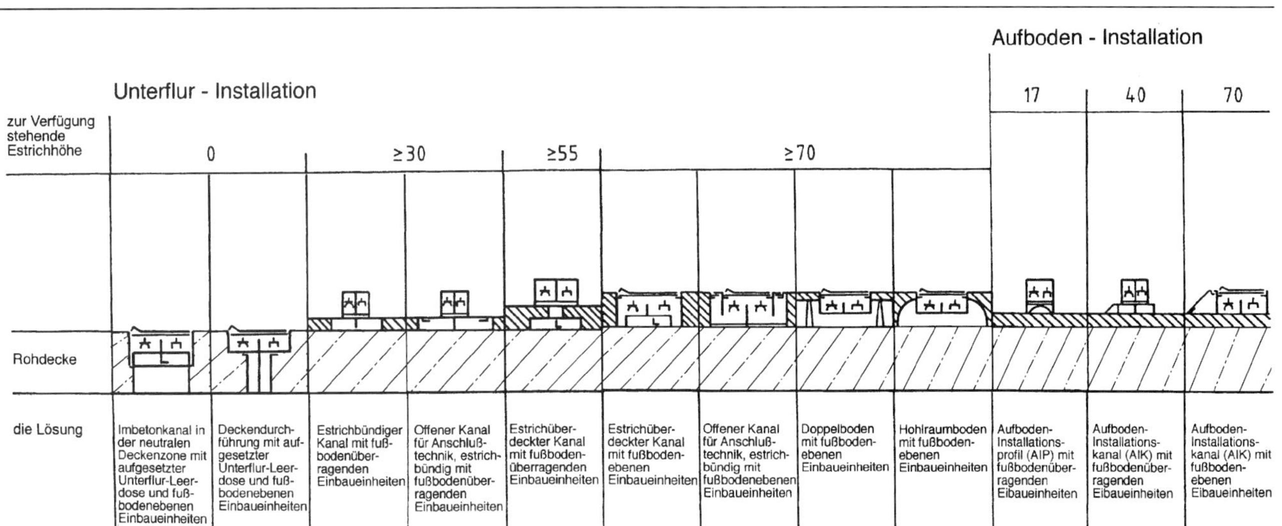

Bild 5.55
Übersicht der Unterflursysteme

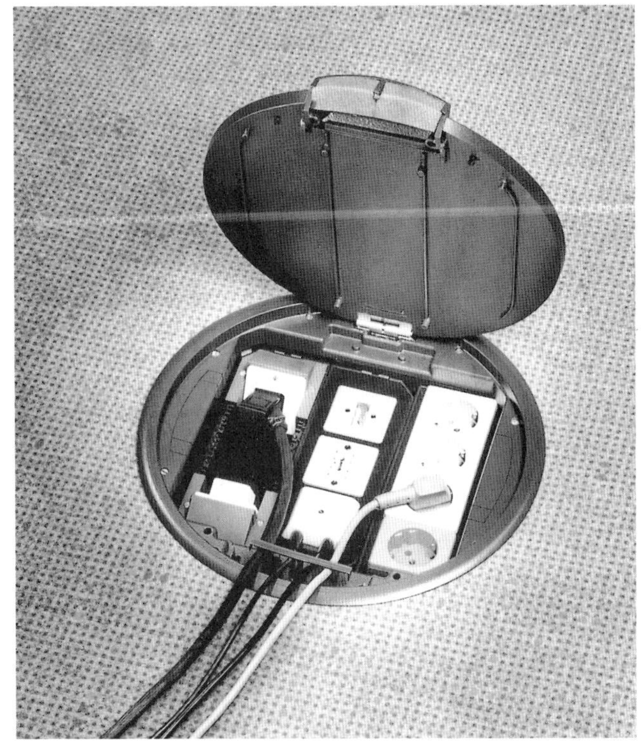

Bild 5.56
Fußbodenebene Einbaueinheiten verschiedener Bauformen und höhenvariable Einbaueinheit

Bild 5.57
Fußbodenüberragende Einbaueinheiten in verschiedenen Ausführungen

5

Bild 5.58 zeigt Installationsvarianten bei Deckendurchführung. Diese Installationsart ist heute aus brandschutztechnischen Gründen nur noch im geringen Maße anzutreffen und nur dann sinnvoll, wenn bei einem kleineren System eine nicht allzu enge Vernetzung gefordert ist. Ein vernünftiges Rastermaß ist 2,50 · 2,50 m, das heißt Auslaß je 6m².

Werden Einbaueinheiten auf einer Stahlzellendecke montiert, so kann dies in der in Bild 5.59 und 5.60 gezeigten Form erfolgen.

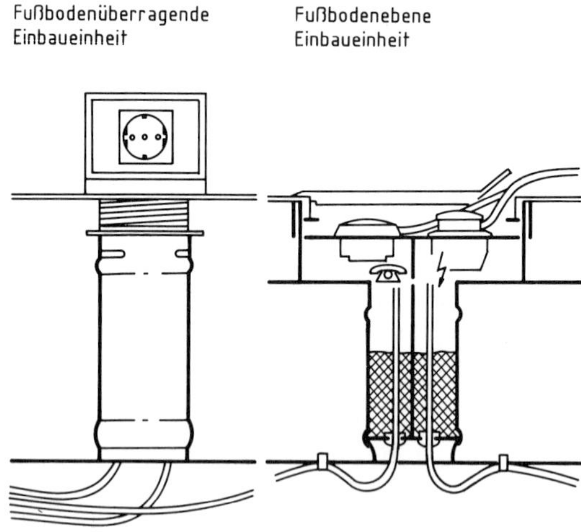

Bild 5.58
Installationsvarianten mit Deckendurchführungen – Aufflur- und Unterflur-Anschlußtechnik

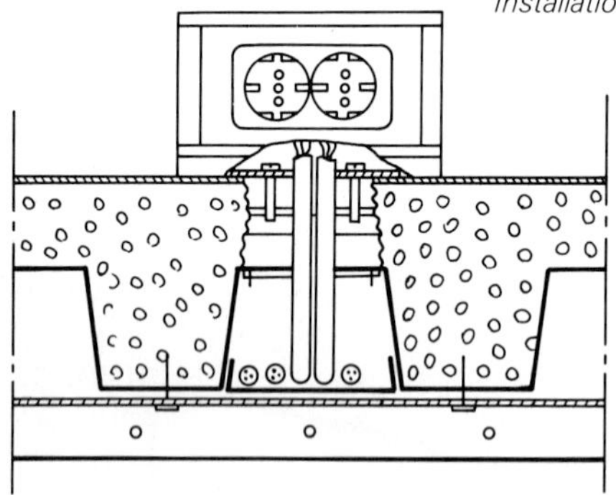

Bild 5.59
Auf der Stahlzellendecke montierte und betriebsfertig angeschlossene fußbodenüberragende Einbaueinheit (Schemadarstellung)

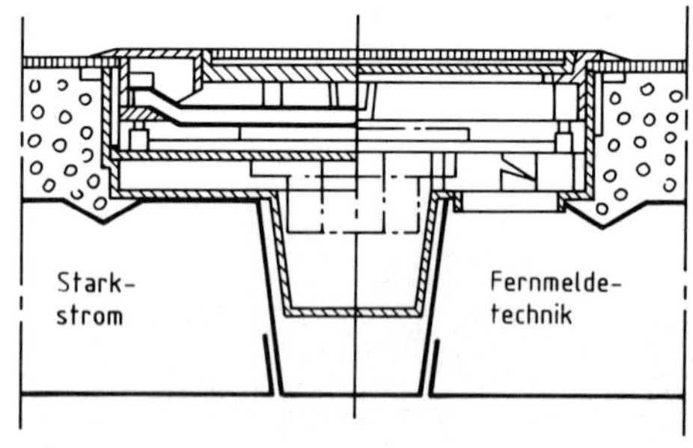

Bild 5.60
Fußbodenebene Einbaueinheit (Schemadarstellung)

Bild 5.61 zeigt eine fußbodenebene Einheit beim Imbetonkanal (Kanal in neutraler Zone der Decke), wie sie noch zeitweise anzutreffen ist.

Je nach Gebäudekonfiguration und Ausdehnung einer Geschoßfläche erfolgt die Elektroinstallation über ein oder mehrere Steigeschächte, an denen jeweils auch die Geschoßverteilung liegt.

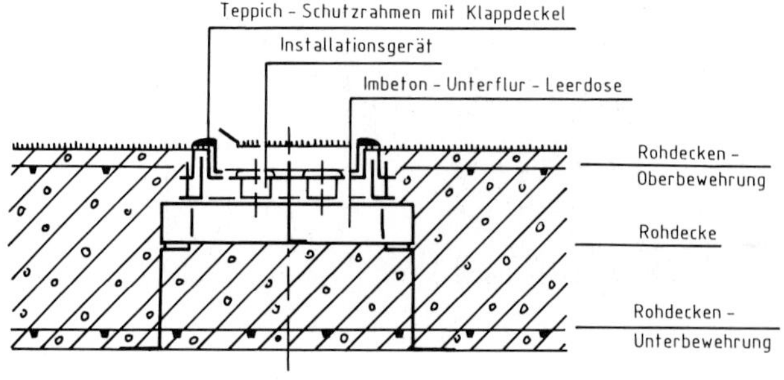

Bild 5.61
Fußbodenebene Einbaueinheit beim Imbetonkanal (Schemadarstellung)

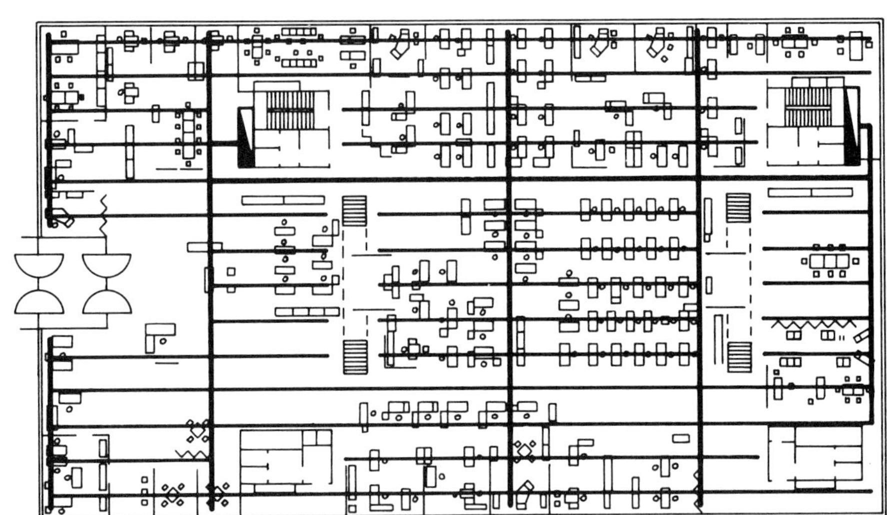

Steigeschacht mit Geschoßverteilung
VT

Unterflur-Kanäle:

Hauptkanal

Anschlußkanal

Bild 5.62
Installationen im Gebäude

Von hier aus, wie Bild 5.62 zeigt, wird über Haupt- und Anschlußkanäle die Elektroinstallation verzogen, wobei je nach Bedarf entsprechende Einbauten ein- oder aufgesetzt werden.

Das Maß der Installationskanäle ergibt sich aus der Notwendigkeit der Bestükkung und Installationsdichte und wird in der Regel vom Elektroplaner nach Abstimmung mit dem Bauherrn vorgegeben.

Bild 5.63 zeigt das Ende einer Rohmontage vor Einbringen des Estrichs in einem Bürogebäude.

Werden sehr hohe Installationsdichten und ein höheres Maß an Flexibilität gefordert, so bietet sich der Einbau eines Hohlraumbodens mit Formplatten oder Folienschalung an (Bild 5.64). Dieser Boden wird heute in einer Höhe zwischen 8 und 15 cm (Bruttohöhe) geliefert und läßt eine höhere Installationsdichte als die Kanalsysteme zu.

Bild 5.63
Auf der Rohdecke montierte geschlossene estrichüberdeckte Kanäle, mit im Raster gesetzten Unterflur-Leerdosen, zum Einbau von fußbodenebenen Einbaueinheiten

Hohlraumboden mit Formplatten

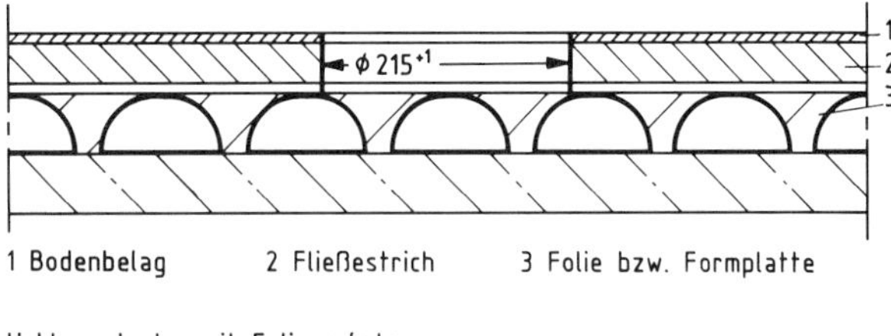

Hohlraumboden mit Folienschalung

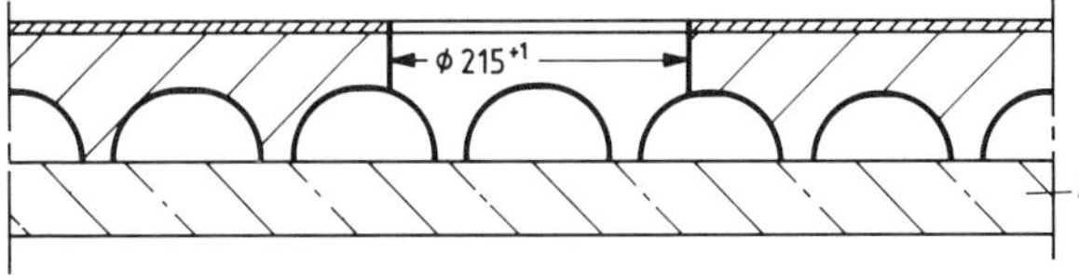

Bild 5.64
Unterschiedlicher konstruktiver Aufbau des Hohlraumbodens (Prinzipzeichnung)

Aufgrund praktischer Erfahrung kann man jedoch feststellen, daß Hohlraumböden in der Regel nur eine drei- bis vierfache Nachinstallation zulassen bevor sie endgültig so dicht belegt sind, daß ein Nachinstallieren nicht mehr möglich wird. Daher ist ihr Einsatz dann begrenzt, wenn bei einem Bauobjekt damit zu rechnen ist, daß häufige Nachinstallationen und vor allem über eine längere Zeit größere Veränderungen des Installationsnetzes absehbar sind.

Hohlraumböden werden grundsätzlich mit fußbodenebenen Einbaueinheiten (Bild 5.65) bestückt und liegen insgesamt in ihren Investitionen deutlich höher als Fußbodenkanalsysteme, es sei denn, daß diese mit einer Maschenweite von unter 2,5/2,5 m verlegt werden.

Will man eine absolut flexible und jederzeit zugängliche Geschoßverteilung erreichen, so ist der Einsatz eines Doppelbodens notwendig. Bild 5.66 zeigt den prinzipiellen Aufbau eines Doppelbodens mit Anschlußmöglichkeiten, wobei dieser neben der Elektroinstallation auch bei höherem Aufbau die Kanalinstallation lufttechnischer Anlagen bei Luftführung von unten nach oben aufnehmen kann.

Doppelböden finden insbesondere da ihre Anwendung, wo in Geschossen eine hohe Dichte an Datenleitungsnetzen anzutreffen ist, oder diese notwendig wird. Bild 5.67 zeigt eine typische Anordnung der Unterflurverteiler bei Doppelbodeninstallationen mit Starkstromtechnik, Fernmeldetechnik und Datentechnik. Doppelböden bauen normalerweise zwischen 15 cm (reine Elektroinstallation) und 60 cm (Elektro- und RLT-Installationen) auf und sind mit den höchsten Investitionen befrachtet. Dafür bieten Sie jedoch, wie bereits festgestellt, eine annähernd unbegrenzte Flexibilität und Nachrüstbarkeit. Bei zweibündigen Gebäuden erfolgt häufig eine Mischung von Doppelböden in Flurbereichen sowie Fußbodenkanalsystemen in den einzelnen Büros, um eine höhere Flexibilität gegenüber einem reinen Fußbodenkanalsystem zu erreichen.

Bild 5.65
Estrich-Hohlraumboden

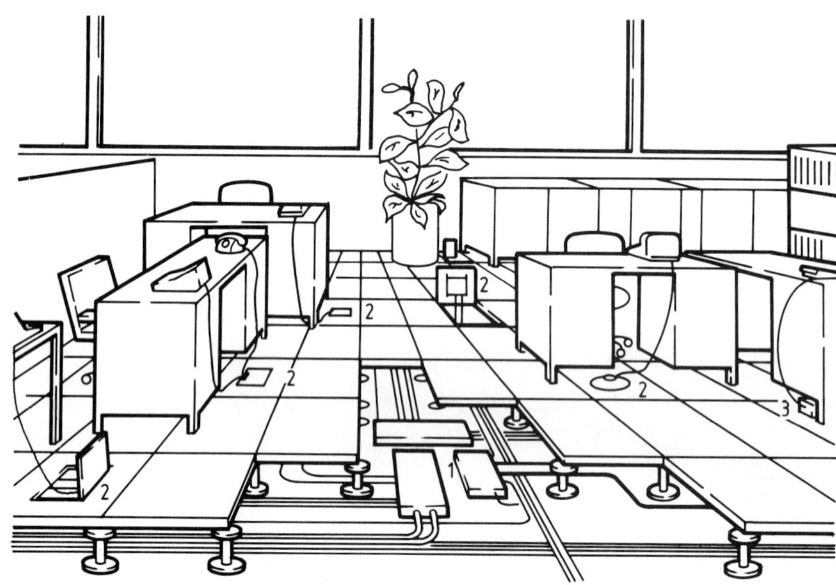

1 Unterflurverteiler für steckbare Starkstrom-, Fernmelde- und Datenanschlüsse
2 Fußbodenebener Anschluß mit Geräteeinsätzen für 1 bis 6 Installationsgeräte
3 Fußbodenüberragender Anschluß (mit telitank) zum Einbau von 1 bis 8 Installationsgeräten

Bild 5.66
Anschlußmöglichkeiten bei Doppelbodeninstallation (Prinzipzeichnung)

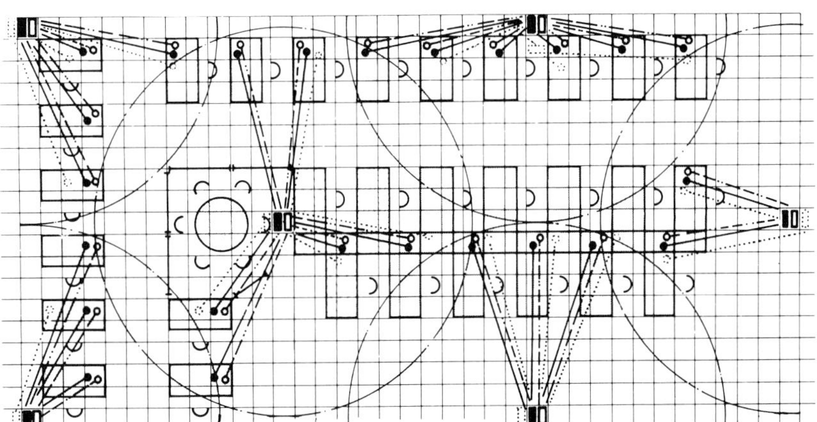

Anschlüsse am Arbeitsplatz mit fußbodenebenen Einbaueinheiten:
- ● Starkstromanschluß
- o Fernmeldeanschluß
- ⁘ Datenanschluß

Flexible Leitungen von den Unterflur-Verteilern zu den fußbodenebenen Einbaueinheiten:
- ——— Starkstromtechnik
- –·–·–·– Fernmeldetechnik
- ·········· Datentechnik

⁘▮▯ Verteiler-Stützpunkt bestehend aus einem Starkstrom-, einem Fernmelde- und einem Datentechnik-Unterflur-Verteiler.

Bild 5.67
Anordnung der Unterflurverteiler bei Doppelbodeninstallation (Prinzipzeichnung)

Bild 5.68
Installationskanal der Nenngröße 173 mit angebautem Datenkanal

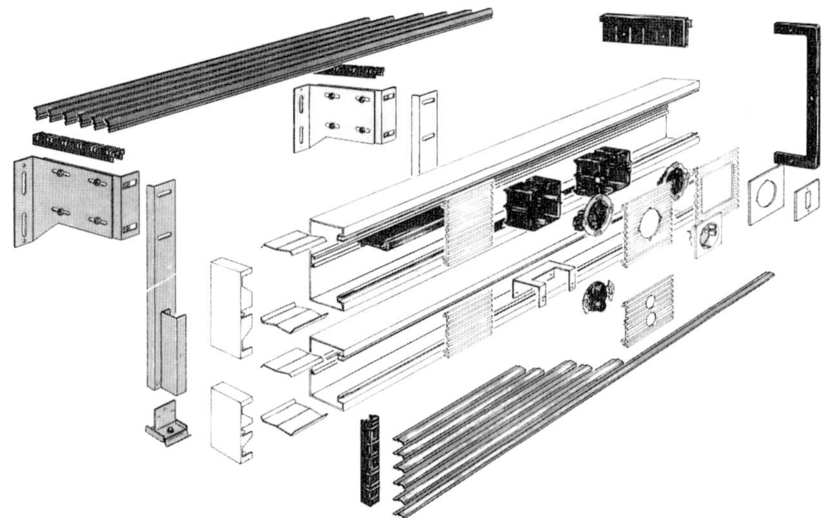

Bild 5.69
Installationskanal – Systemübersicht

5.4.5.2. Brüstungsinstallation

Bei Gebäuden wie Büros, Labors, Bettenräumen in Krankenhäusern und ähnlichem werden bei nicht allzu hoher Installationsdichte Fensterbankkanalsysteme eingesetzt. Bild 5.68 zeigt einen typischen Fensterbankkanal, wie er z. B. vor einem Heizkörper oder einem Induktionsgerät zum Einsatz kommen könnte (oberes und unteres Gitter zur Luftabführung/zuführung). Bild 5.69 zeigt eine Systemübersicht der Einbauelemente eines entsprechenden Brüstungskanalsystems. Brüstungskanäle werden vornehmlich da eingesetzt, wo eine nicht zu massive Installationsdichte in Einzelräumen anzutreffen ist und Heizkörper oder Brüstungsklimageräte eine Brüstungsverkleidung mit sich bringen.

Eine Ergänzung der Brüstungskanäle erfolgt durch spezielle Wand- oder Aufbauinstallationskanäle im Wandbereich. Bild 5.70 zeigt einen Ausschnitt eines Wandkanals (Medienkanal) mit Elektroanschlüssen und Steckkupplungen für gasförmige Medien in einem Labor.

Bild 5.70.1 zeigt einen Aufboden-Installationskanal mit verschiedenen Installationsmöglichkeiten. Der Aufboden-Installationskanal wird häufig bei Sanierungen eingesetzt und läßt sich bedingt auch mit einer Sockelleistenheizung kombinieren. Dadurch entsteht ein etwa 10 cm höheres höheres Schachtelement im Brüstungsbereich.

5.4.5.3. Installationssäulen mit Deckeninstallationen

Eine sehr preiswerte und sehr flexible Installationsform ist die Verteilung von Stark- und Schwachstromkabeln über Installationssäulen. Bild 5.71.1 zeigt den Anschluß von Installationsäulen,

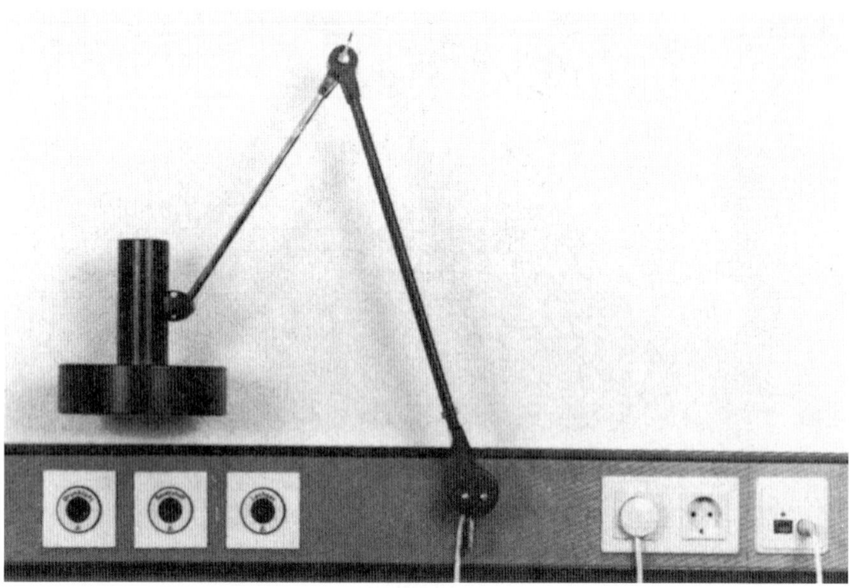

Bild 5.70
Installationskanal mit schwenkbarer Anbauleuchte und Sicherheits-Steckkupplungen für gasförmige Medien

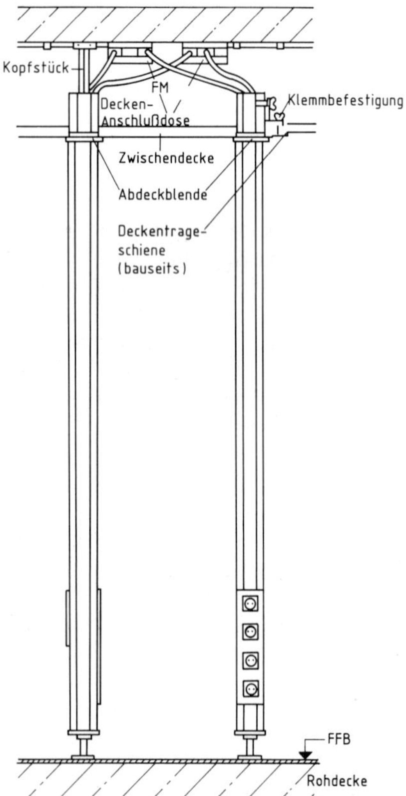

Bild 5.71.1
Anschluß von Installationssäulen

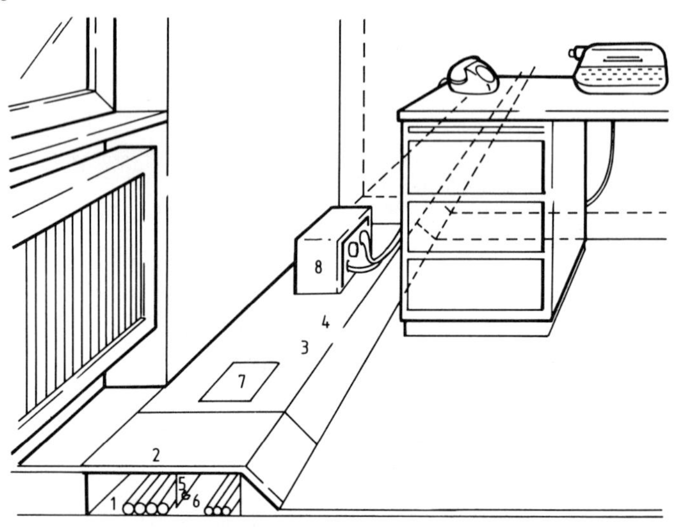

1 Kanalunterteil, 2 Kanaldeckel - blind -, 3 Kanaldeckel mit Montageöffnung zum Einbau einer fußbodenebenen Einbaueinheit (Geräteeinsatz GES 2), 4 Kanaldeckel mit Montageöffnung zum Aufbau einer fußbodenüberragenden Einbaueinheit (teli tank), 5 Kanaltrennwand, 6 Trennwandhalteklammer, 7 Geräteeinsatz GES 2, 8 fußbodenüberragende Einbaueinheit

Bild 5.70.1
Installationsschema eines Aufbodeninstallationskanals (AIK)

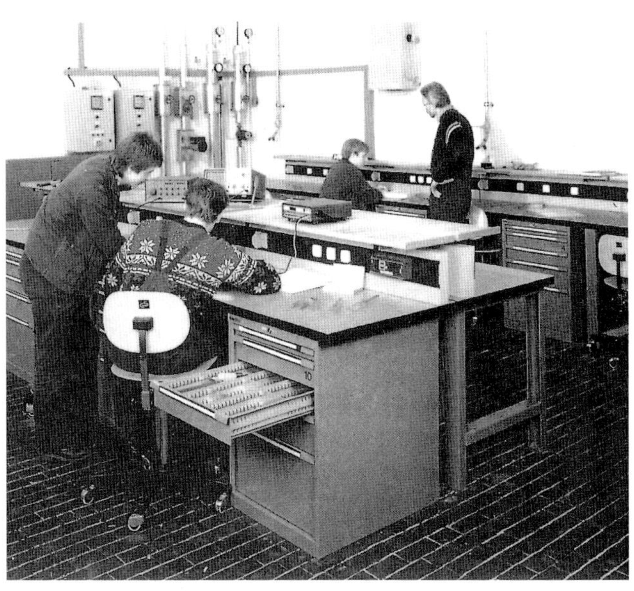

Bild 5.71.2
Installationssäulen in einer Werkstatt

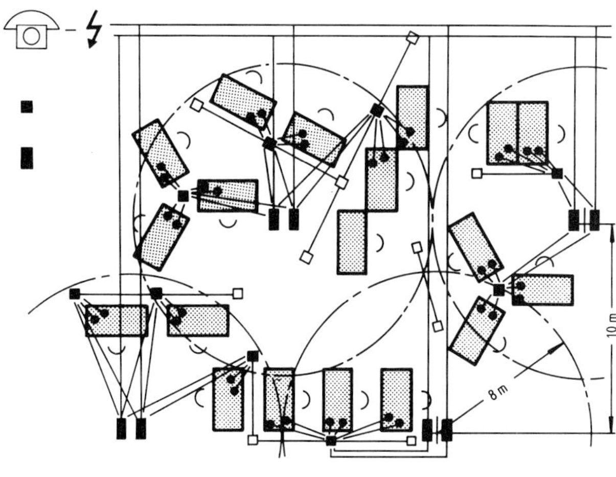

■ Installationssäule ISS 80
■■ Deckenverteiler mit Starkstrom- und Fernmelde-Steckverbindern.

Bild 5.72
Anordnung der Deckenanschlußdosen bei ISS-Systemen (Prinzipzeichnung)

Bild 5.71.2. Installationssäulen in einer Werkstatt. Installationssäulen werden in Mitteleuropa vornehmlich in Werkstätten oder werkstattähnlichen Raumbereichen eingesetzt, in Nordamerika häufig in Bürogebäuden, um von einer Installationssäule aus mehrere Büroarbeitsplätze, wie in Bild 5.72 gezeigt, versorgen zu können. Installationssäulen haben leider in der Regel kein besonders schönes Aussehen und finden daher nur bedingten Einsatz. Andererseits jedoch sind sie sehr praktisch und führen wiederum zu einer voll flexiblen Installation, da die Installationssäulen an jeder beliebigen Stelle des Raumes aufgebaut und angeschlossen werden können. Bei Installationssäulen erfolgt die Kabelzuführung von der Decke her. Bei Kabelzuführung von der Decke können auch anstatt der entsprechenden Installationssäulen abgependelte Elektroversorgungseinheiten (Pendelrohre) oder ähnliches zum Einsatz kommen.

5.4.5.4. Wandinstallationen

Wandinstallationen kommen vornehmlich dort vor, wo im wesentlichen eine Einmalinstallation erfolgt (z.B. Wohnungsbau (Bilder 5.39 und 5.40). In Gebäuden mit Zellenbauweise ist eine Wandinstallation gleichermaßen häufig anzutreffen, wobei sich hier im Türbereich Installationskanäle als vertikale Versorgungskanäle anbieten, wie sie Bild 5.74 zeigen.

Abschließend dienen die Tabellen 5.8 und 5.9 sowie die Diagramme (Bilder 5.73.1 und 5.73.2) zur Auslegung entsprechender Kanäle (beachte Anwendungsbeispiele).

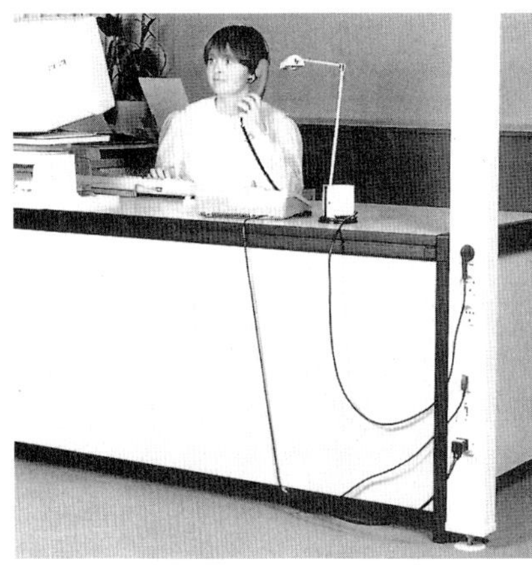

Bild 5.71.3
Installationskanal als vertikale Versorgungssäule

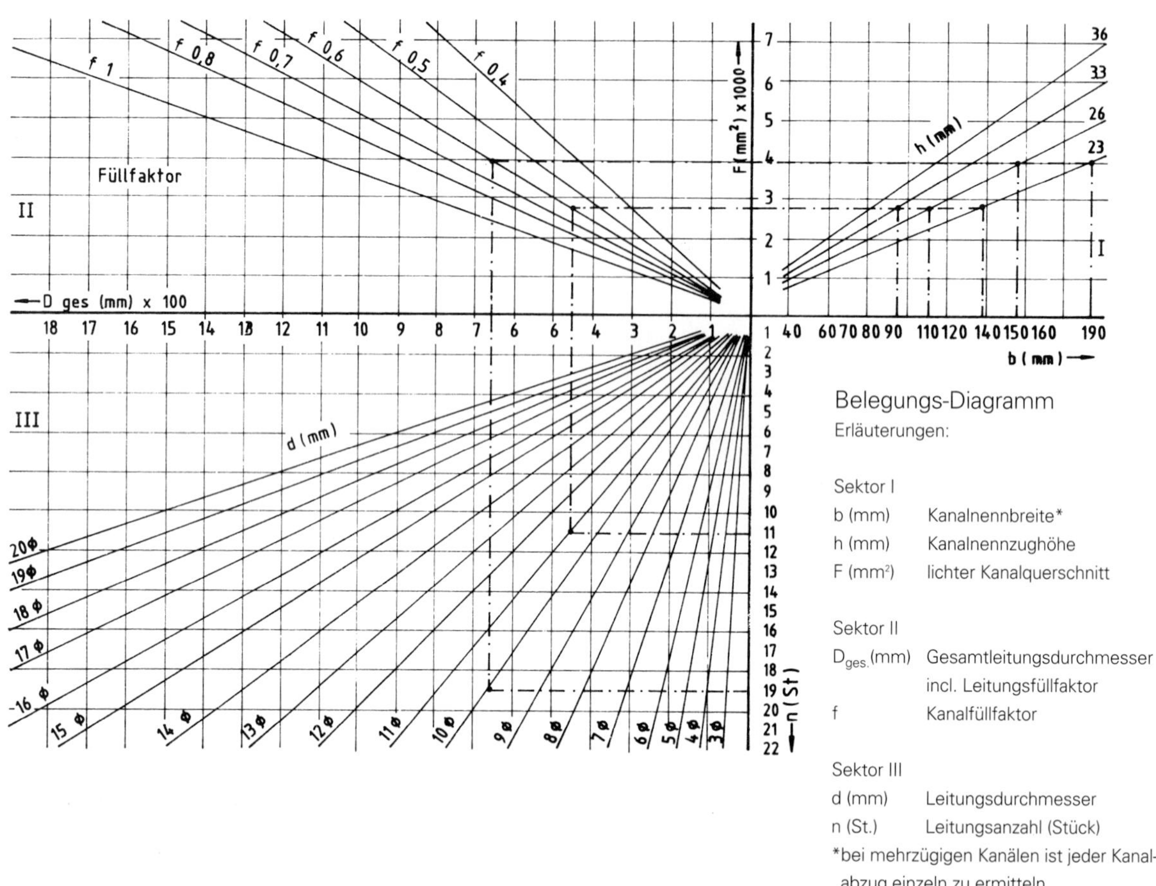

Bild 5.73.1.
Belegungsdiagramm für FB-Kanäle

Nennquerschnitt (mm²)	NYM				
	1adrig	2adrig	3adrig	4adrig	5adrig
1,5	6,5	9,8	10,5	11	12
2,5	6,8	11	11,5	12,5	13,5
4	7,6	12,5	13	14,5	16,5
6	8,2	13,5	15	16,5	18
10	9,4	17	18	19,5	21,5
16	11	20	22	23,5	26
25		24	26	28,5	31,5

Tabelle 5.8
Installationsleitungen für Starkstromanlagen (Außendurchmesser in mm)

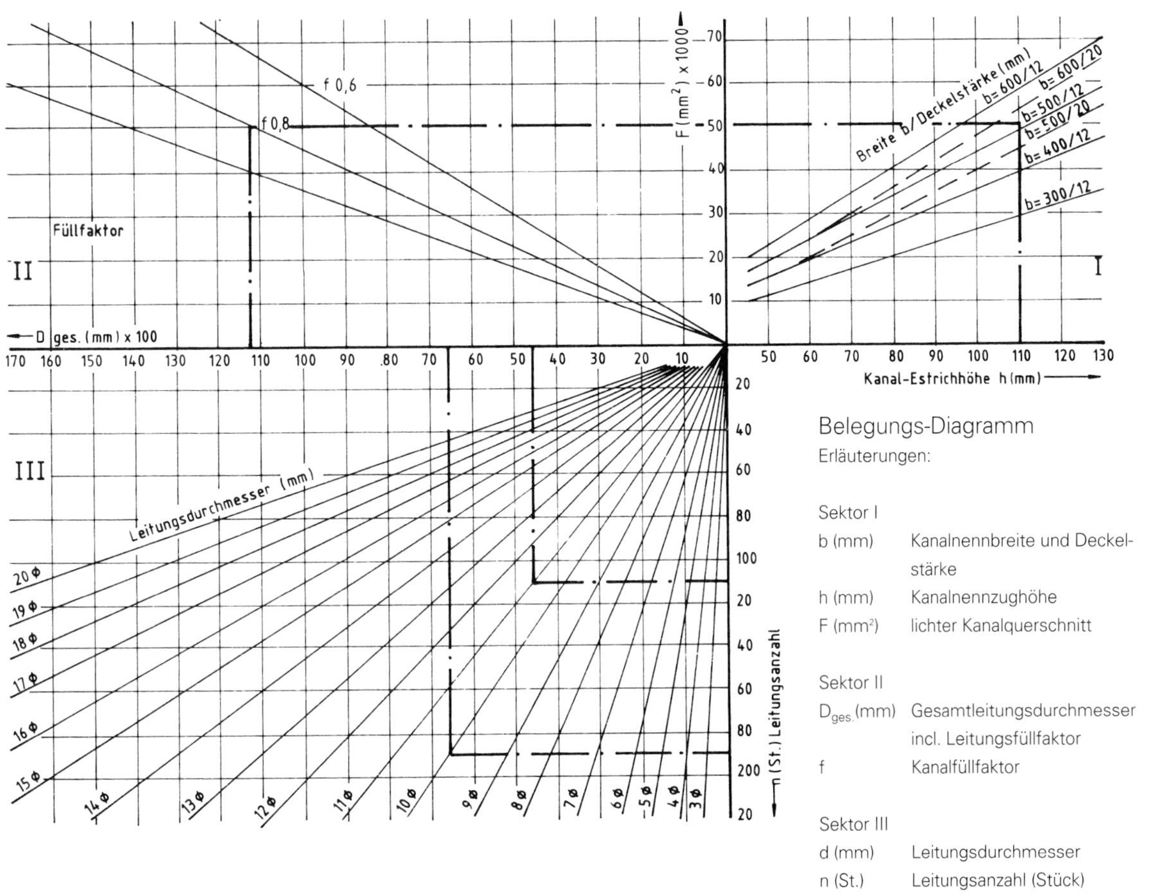

Bild 5.73.2
Belegungsdiagramm für offene Kanäle

J–Y (St) Y mit statischem Schirm			
Draht-durchmesser 0,6 mm Cu	Außen-durchmesser etwa (mm)	Draht-durchmesser 0,8 mm Cu	Außen-durchmesser etwa (mm)
2·2	5,5	2·2	7
4·2	7,0	4·2	9
6·2	7,5	6·2	11,1
10·2	8,2	10·2	13,5
12·2	9,5	12·2	14,8
20·2	11,5	20·2	17,5
24·2	12,5	24·2	19
30·2	13,5	30·2	21
40·2	15	40·2	24
50·2	17	50·2	27
60·2	18	60·2	29
100·2	23,5	100·2	37

Tabelle 5.9
Installationsleitungen für Fernmeldeanlagen

5.4.6. Schutzmaßnahmen und Schutzarten

Wie bereits erwähnt, bestehen neben vielen Vorzügen des elektrischen Stromes auch Gefahren, gegen die Schutzmaßnahmen zu treffen sind. Insbesondere beschreibt z. B. die DIN 57100 und VDE 0100 in ihren Richtlinien und andere landeseigene Regeln, wie Personen und elektrische Anlagen zu schützen sind.

Bei Personen besteht die Gefahr des elektrischen Schlages, bei Anlagen besteht die Gefahr, daß bei Auftreten eines Fehlers durch thermische und mechanische Beanspruchung die Anlagen zerstört werden.

5.4.6.1 Gefährdung von Personen

Gefährliche Körperströme können aufgrund ihrer Wirkungen eingeteilt werden in:

Physikalische Wirkung
  Gerinnung von Eiweiß
  Innere Verbrennungen
  Strommarken an der Stromeintrittsstelle

Physiologische Wirkung
  Herzflimmern (bei Wechselstrom)
  Atemstillstand
  Verkrampfung der Muskulatur

Chemische Wirkung
  Zersetzung der Zellflüssigkeit bei Gleichstrom

Die Folgen eines Elektrounfalls hängen von verschiedenen Parametern ab. Einflußgrößen sind:

- die Stromart (Gleich- und Wechselstrom)
- die Einwirkdauer
- die Frequenz
- die Stromstärke (auch die Höhe der Spannung)
- die körperliche Verfassung des betroffenen Menschen.

5.4.6.2 Personenschutz

Niederspannungsnetze (400 V / 230 V) stellen bei Berührung eine tödliche Gefahr dar. Trotzdem sind elektrische Unfälle mit Todesfolge relativ selten und in fast allen Fällen ist die Ursache in der Nichteinhaltung von Sicherheitsvorschriften und technischen Regeln zu finden. Daher wurden Schutzmaßnahmen nach besonderen Schutzarten definiert, die in den Tabellen 5.10/5.11 beschrieben sind. Die Schutzarten in der ersten Kategorie untergliedern sich in drei Bereiche, wobei jeder für sich alleine betrachtet, geeignet ist, einen Elektrounfall zu verhindern. Alle Schutzarten werden gleichzeitig vorgesehen, so daß insgesamt gesehen eine mehrfache Sicherheit existiert.

- Schutz gegen direktes Berühren
- Schutz bei direktem Berühren
- Schutz bei indirektem Berühren

Schutz gegen direktes Berühren

Der Schutz gegen direktes Berühren besteht aus organisatorischen und technischen Maßnahmen. Die organisatorischen Maßnahmen bestehen vorwiegend aus der Schulung von Betriebspersonal, da dieser Personenkreis unmittelbar an elektrischen Anlagen arbeiten muß und somit bei ihnen die größte Gefahr eines Unfalls besteht.

Schutz bei direktem Berühren

Betriebsmäßig unter Spannung stehende Teile, die für den Menschen gefährlich werden können, müssen gegen zufälliges Berühren geschützt werden. Notwendigen Öffnungen in Geräten stehen im Gegensatz zu der Schutzanforderung. Eine von der IEC entwickelte Empfehlung definiert den Schutz gegen Berührung und das Eindringen von Fremdkörpern (X=erste Kennziffer) und Wasser (Y=zweite Kennziffer). Mit IP XY wird die Schutzklasse der Geräte und Anlagen gekennzeichnet (siehe Tabelle 5.11).

Schutz bei indirektem Berühren

Hierunter ist z. B. der Fall zu verstehen, daß ein Gehäuse, das normalerweise keine Spannung führen darf, durch einen Fehler unter Spannung gerät. Beim Berühren des Gehäuses würde die Gefahr eines elektrischen Schlages bestehen. Infolge der Schutzmaßnahme soll bei einem solchen Fehler der Stromkreis abgeschaltet werden. Die Spannung, die nur im Fehlerfall an dem Gehäuse ansteht, nennt man Fehlerspannung und tritt zwischen dem Metallgehäuse und der Erde auf. Um den Menschen zu schützen, werden entsprechende Gehäuse der Geräte über gut leitende Verbindungen an das Erdpotential gelegt. (Differenz zwischen zwei Potentialen = Spannung). Der Boden (auf dem ein Mensch steht) und die Geräte haben bei der Schutzerdung gleiches Potential, d. h. es kann sich keine Fehlerspannung aufbauen. Kommt z. B. ein unter Spannung stehender Leiter in einem Gerät mit seinem Metallgehäuse in Verbindung, so wird der Fehlerstrom am Menschen vorbei über den Erdungsleiter abgeleitet (Bild 5.74). Durch die gut leitende Verbindung vom Gerät zur Erde entsteht ein so hoher Fehlerstrom, daß er zum Auslösen der Schutzeinrichtung (Sicherung) führt.
Ein Unfall wird verhindert. Der aufgetretene Fehler ist durch das Auslösen der Sicherung bemerkbar geworden. Diese Netzform wird TN-S-Netz genannt.

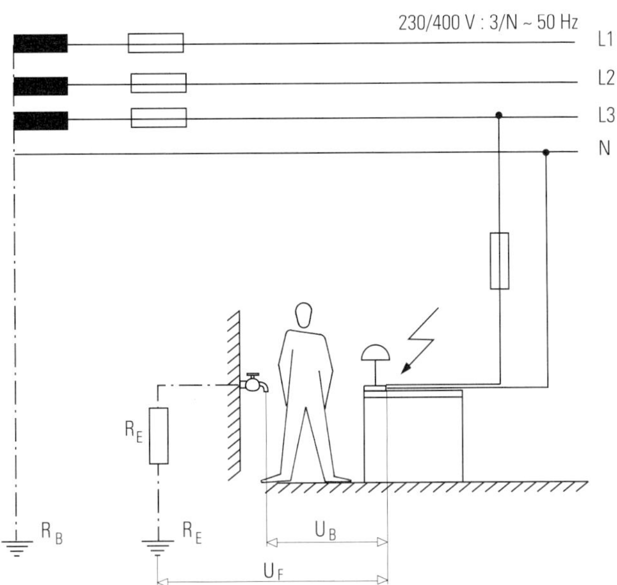

Bild 5.74
Fehlerspannung U_F und Berührungsspannung U_B bei einem Körperschluß

Bei dem zuvor beschriebenen Netz wird auch der Sternpunkt eines Trafos geerdet (Bild 5.75.1), damit auftretende Überspannungen zur Erde abfließen können. Lediglich in Anlagen wie z. B. in Operationssälen, wo eine Selbstabschaltung für Patienten sehr nachteilig sein kann, wird der Sternpunkt nicht geerdet (isolierter Sternpunkt) sondern Meldegeräte signalisieren den Fehler.

Niederspannungs-Starkstromnetze werden hinsichtlich ihrer Schutzart z. B. nach DIN/VDE durch drei Buchstaben beschrieben:

Der erste Buchstabe beschreibt die Sternpunktbehandlung

I = Isolierung des Sternpunktes
T = geerdeter Sternpunkt.

Der zweite Buchstabe beschreibt die Ableitung eines auftretenden Fehlerstromes an einem Betriebsmittel.

N = Ableitung über Neutralleiter
T = Ableitung über das Erdreich

Der dritte Buchstabe beschreibt die Anordnung des Neutral- und Schutzleiters.

S = Neutral- (N) und Schutzleiter (PE) sind getrennt
C = Neutal- und Schutzleiter sind in einem Leiter vereint.

In der Gebäudetechnik wird vornehmlich das TN-Netz eingesetzt, wobei wiederum drei Varianten zu unterscheiden sind:

- TN-C-Netz: Neutral- und Schutzleiter sind im PEN vereinigt.
- TN-S-Netz: Verlegung eines separaten Schutzleiters vom Sternpunkt des Trafos.
- TN-C-S-Netz: Der erste Teil des Netzes wird als TN-C-Netz, der zweite Teil als TN-S-Netz aufgebaut.

Das TN-C-S-Netz ist die gebräuchlichste Netzform in der Gebäudetechnik (Bild 5.75.2). Bei Leiterquerschnitten unter 10 mm² wird ein separater Schutzleiter gefordert (TN-S-Netz). Praktisch bedeutet das, daß spätestens ab den Unterverteilern ein TN-S-Netz existieren muß.

Die Installation des TN-Netzes ist einfach, die Schutzwirkung mit Überstromschutzeinrichtungen hat sich bewährt. In Haushalten und besonders gefährdeten Bereichen empfiehlt sich als Ergänzung der Einbau eines Fehlerstromschutzschalters (FI), der bei sehr geringen Fehlerströmen (30mA) sofort abschaltet.

Durch das Verbinden aller leitenden Teile entsteht ein Potentialausgleich (PA). Über Potentialausgleichschienen (Bild 5.22) werden z. B. in einem Gebäude die Wasserleitung, Heizungsleitungen, Gasleitungen, die Blitzableitererdung, der Fundamenterder, Stahlkonstruktionen, Fahrschienen von Aufzügen usw. mit dem PEN miteinander leitend verbunden. Die Verbindung des PEN-Leiters mit dem Hauptpotentialausgleich verhindert, daß bei einem Kurzschluß oder Körperschluß zu hohe Berührungsspannungen entstehen. In Räumen mit besonderer Gefährdung wie z. B. Baderäumen erfolgt ein zusätzlicher Potentialausgleich dadurch, daß alle leitenden Metallteile untereinander mit dem Schutzleiter verbunden werden.

Trotz der zuvor erwähnten einfachen Installation besitzet das TN-System einige Eigenschaften, die bei ihrer Unkenntnis und Nichtbeachtung zu Gefährdungen führen. Nach den allgemeinen Regeln sind die fehlerhaften Ströme bei Stromkreisen bis 35A innerhalb einer Zeit von 0,2 s und alle anderen innerhalb einer Zeit von 5 s abzuschalten. Daraus folgt, daß Leiterquerschnitte und Schutzorgane aufeinander abzustimmen sind.

IP	Berührungs- und Fremdkörperschutz
0.	Kein Schutz
1.	Schutz gegen Eindringen von festen Fremdkörpern über 50 mm Ø
2.	Schutz gegen Eindringen von festen Fremdkörpern über 12 mm Ø Schutz gegen Berührung mit Fingern
3.	Schutz gegen Eindringen von festen Fremdkörpern über 2,5 mm Ø Schutz gegen Berührung mit Werkzeugen
4.	Schutz gegen Eindringen von festen Fremdkörpern über 1 mm Ø Schutz gegen Berührung mit Drähten und feinen Werkzeugen
5.	Staubgeschützt; Eindringen von Staub ist zwar nicht vollkommen verhindert, er kann aber nur an nicht schädlichen Stellen ablagern. Vollkommener Berührungsschutz
6.	Staubdicht; Eindringen von Staub ist vollkommen verhindert

Tabelle 5.10
Schutzartenbezeichnungen

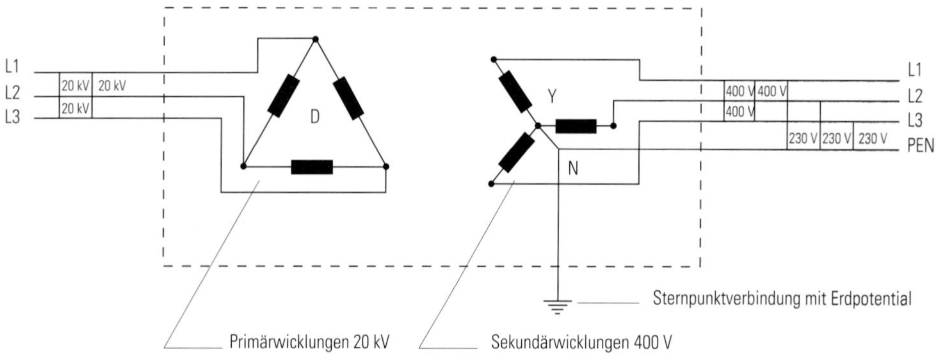

Bild 5.75.1
Transformator Prinzipschaltbild

IP	Wasserschutz
.0	Kein Schutz
.1 💧	Schutz gegen senkrechtfallendes Tropfwasser
.2	Schutz gegen schrägfallendes (15°) Tropfwasser
.3	Schutz gegen Sprühwasser, regengeschützt
.4	Schutz gegen Spritzwasser aus allen Richtungen
.5	Schutz gegen Strahlwasser aus allen Richtungen
.6	Schutz bei Überflutung
.7	Schutz bei Eintauchen
.8 -- m	Schutz bei Untertauchen

Tabelle 5.11
Schutzarten elektrischer Anlagen
(SEV 1053, 1992)

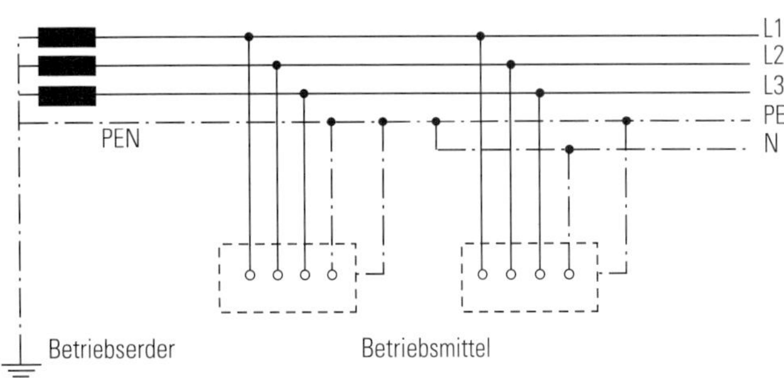

Bild 5.75.2
Netzform in der Gebäudetechnik
(Schutzarten)

5.4.7. Elektromagnetische Umweltverträglichkeit

Die elektromagnetische Umweltverträglichkeit, allgemein unter Elektrosmog bekannt, beschreibt einen gesundheitsbeeinflussenden Faktor, der durch die menschlichen Sinnesorgane kaum wahrgenommen wird. Hierbei handelt es sich um elektrische, magnetische und elektromagnetische Felder, die als Begriffe in der Physik beschrieben werden. Ob und inwieweit die elektromagnetische Umweltverträglichkeit, d. h. Felder einer bestimmten Stärke gesundheitsschädlich sind oder nicht, ist wissenschaftlich noch nicht gesichert. Erkenntnisse über den schädlichen Einfluß elektrischer oder magnetischer Felder stützen sich einerseits auf Statistiken und andererseits auf Versuche mit Tieren, bei denen Unverträglichkeiten bis hin zu Fehlentwicklungen festgestellt wurden, wenn bestimmte Feldstärken auf sie einwirken. Somit dürfte unbestritten sein, daß Auswirkungen auf den lebenden Organismus durch entsprechende Felder bestehen. Im Bereich der Medizin werden Magnetfelder zur schnelleren Heilung von Knochenbrüchen eingesetzt, Mikrowellen führen infolge ihrer hohen Leistungsdichte zu innerlichen Verbrennungen (Wirkungsweise Mikrowellenherd).

Bereits durch den Physiker Faraday wurde im Jahr 1830 der Feldbegriff eingeführt, indem er hierfür den Begriff von Kraftlinien wählte. M. Faraday stellte fest, daß sowohl elektrisch geladene Körper als auch Permanentmagnete Kräfte aufeinander ausüben. Die Dichte der Feldlinien (Kraftlinien) ist ein Maß dafür, wie stark sich ein Raum in einem elektrischen oder magnetisch veränderten Zustand befindet. Der deutsche Physiker H. Hertz wies 1888 elektromagnetische Wellen nach.

Nach VDE 0848, Teil 4, (Sicherheit bei elektromagnetischen Feldern) werden Grenzwerte für Feldstärken zum Schutz von Personen im Frequenzbereich von 0 Hz bis 30 kHz angegeben, woraus sich für 50 Hz folgende Grenzwerte ergeben:

magnetische Feldstärke	H =3976 A/m
Flußdichte	B = 5 µT
elektrische Feldstärke	E = 20,5 kV/m

Entgegen den einschlägigen Richtlinien werden durch Arbeitsmediziner und Autoren, die sich wissenschaftlich mit der Thematik der elektromagnetischen Umweltverträglichkeit beschäftigt haben, deutlich geringere Grenzwerte für 50 Hz empfohlen. Diese betragen:

magnetische Feldstärke	H = 08 A/m
Flußdichte	B = 1 µT
elektrische Feldstärke	E = 0,05 kV/m

[1 T = 1 Tesla = 1 Vs/m].

Ein elektrisches Feld ist dadurch gekennzeichnet, daß auf ruhende und bewegte elektrische Ladungen und magnetische, Kräfte ausgeübt werden. Diese Kräfte treten auf, wenn sich in einem isolierten Raum eine konstante Spannung aufrecht erhalten läßt, ohne daß Ströme fließen. Die Ursache der elektrischen Felder ist die elektrische Spannung und ist unabhängig vom elektrischen Strom. Elektrische Felder werden durch betriebsbereite Leuchten oder Steckdosen erzeugt, wobei die Stärke der Felder von der Höhe der Spannung abhängig ist. Elektrische Felder lassen sich durch Abschirmmaßnahmen vom Menschen leicht fernhalten, d. h. die Abschirmung erfolgt durch ausreichend leitende Stoffe, die sich zwischen der Quelle des Feldes (z. B. Gerät) und den Menschen befindet. In der Regel sind in Gebäuden Abschirmwirkungen vorhanden, so daß kein gravierendes Schädigungspotential in ihnen oder an Arbeitsplätzen vorliegt, wenn man sich nicht zu lange in der Nähe von Geräten oder Leitungen befindet.

Magnetische Felder bauen sich automatisch dann auf, wenn elektrischer Strom durch Leitungen fließt. Dabei baut sich das Magnetfeld unabhängig von der Spannung auf. Die Flußdichte B beschreibt bedingt den magnetischen Zustand (magnetische Induktion) und kann angenommen werden als ringförmige Umlagerung eines entsprechenden Kabels. Da sich bei Wechselfeldern eine zeitliche Änderung des magnetischen Flusses ergibt, werden dann in Personen Spannungen induziert, die in unserem Körper durch "Kurzschluß" einen Strom hervorrufen, wenn sich diese Personen in der Nähe dieser Kabel befinden. Diesen Strom bezeichnet man als Wirbelstrom und er wird letztlich in Wärme umgewandelt. Der Nachweis gesundheitlicher Schäden durch Wirbelströme ist bis heute noch nicht erbracht, unter Umständen auch dadurch nicht, da die magnetischen Felder eine zu geringe Wirkung haben. Im Bereich der Medizin werden elektromagnetische Felder jedoch bewußt als Methode zur Heilung von Knochbrüchen eingesetzt (Leitgräb).

Die Feldstärke magnetischer Felder ist nur abhängig von der Stromstärke. Kabel und Leitungen zur Energieübertragung in Gebäuden werden nach der Stromstärke ausgelegt und somit besteht ein Zusammenhang zwischen Kabel- bzw. Leitungsquerschnitten und der sich bildenden Feldstärke des magnetischen Feldes, d. h. Kabel mit großem Querschnitt sind in der Regel ein Indikator für mögliche, starke Magnetfelder. Da sich magnetische Felder so gut wie nicht abschirmen lassen, muß ihre Einwirkung beachtet werden. Sie entstehen im Umfeld von Geräten, Transformatoren, Stromleitungen, Stromschienen und Schaltanlagen.

An Arbeitsplätzen mit einer längeren Aufenthaltsdauer empfiehlt es sich, Flußdichten über 5 µT nicht zuzulassen.

In Gebäuden treten hohe magnetische Feldstärken in Räumen der Niederspannungs-Hauptverteilung, bei Steigleitungen und Stromschienen auf. Gleiches ist zu beobachten z. B. in Großküchen, die mit Geräten großer elektrischer Leistungsaufnahme ausgestattet sind. Gesundheitliche Einwirkungen infolge elektromagnetischer Wellen (Radiowellen) treten nur in unmittelbarer Nähe von Sendern mit starken Leistungen auf.

Ob und inwieweit Personenrufanlagen über Funk, Datennetze über Funk und Richtfunktelefone zu gesundheitlichen Beeinträchtigungen führen, ist zur Zeit noch nicht ausreichend untersucht. Gleichwohl vermutet man, daß elektromagnetische Felder zumindest keine positiven Auswirkungen auf den menschlichen Organismus haben. Insofern ist zumindest im Umgang mit elektromagnetischen Wellen bei Leitungen, Hohlleitern in der Hochfrequenztechnik, elektrischen Wellenleitern und Empfangsgeräten im Raum wie Fernseher und Computermonitore eine gewisse Vorsicht sicher nicht falsch.

5.5.
INSTALLATIONSGERÄTE

Zu den Installationsgeräten oder Einbaugeräten gehören Schalter, Steckdosen und Geräteanschlußdosen, deren Auswahl sich zunächst nach den Anwendungsorten (trockene oder feuchte Räume), nach der Funktion und nach gestalterischen Gesichtspunkten unterscheiden.

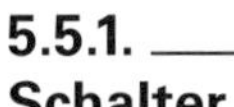

5.5.1. Schalter

Schalter unterscheiden sich nach Standardprogrammen und Flächenprogrammen sowie weiterhin nach Funktionen und danach, ob sie Unterputz oder Aufputz verlegt werden oder in trockenen oder feuchten Räumen zum Einsatz kommen. Bild 5.76 zeigt aus einer sehr großen Palette eine Reihe von Schaltern, wie sie heute üblicherweise eingesetzt werden.

Bild 5.76
Schalter

Schalter eines Standardprogramms

Schalter eines Flächenprogramms

Kurzzeitschaltuhr für Unterputzeinbau

Flächenschalter mit Edelstahlabdeckung

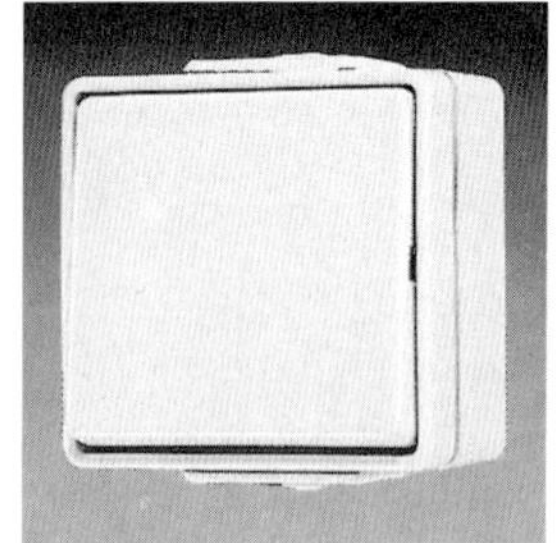

Feuchtraumschalter Aufputz

Berührungsschalter

Dimmer (Lichtregler)

5.5.2. Steckdosen

Steckdosen dienen dem Anschluß elektrischer Geräte, weil die entsprechenden Steckdosen wiederum unter den Merkmalen der Anschlußbedingungen, Raumsituationen (trocken/feucht) und Gestaltungsmerkmalen unterschieden werden. Bild 5.77 zeigt einen kleinen Ausschnitt der zur Zeit am Markt erhältlichen Steckdosen für den Einsatz unter den unterschiedlichsten Bedingungen und Ansprüchen.

Wechselstrom (einphasig)

Drehstrom

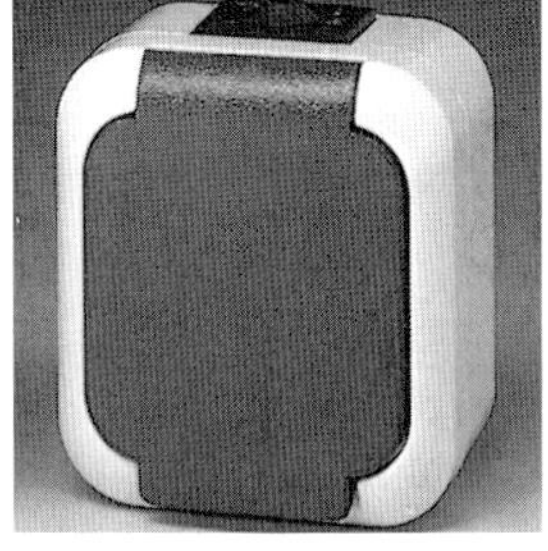

Feuchtraum

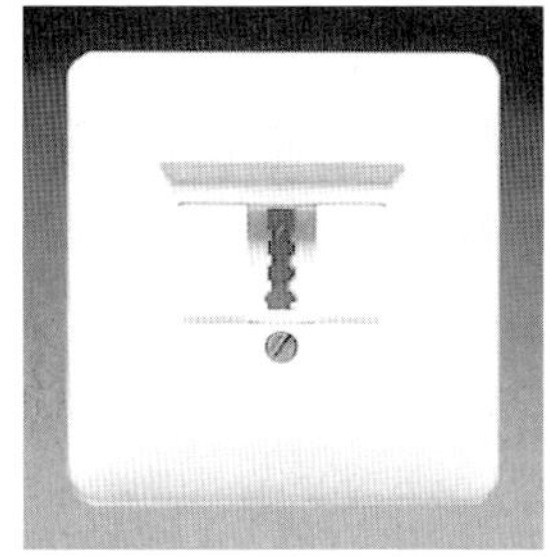

Telefonanschluß

Bild 5.77
Steckdosen (oben rechts)

5.5.3. Anschlußdosen/Elektranten

Geräteanschlußdosen unterliegen den vorgenannten Kriterien und es werden somit eine Vielzahl von unterschiedlichen Geräten angeboten. Bild 5.78 zeigt verschiedene Anschlußdosen, wie sie üblicherweise verwendet werden. Die zuvor aufgeführten Bilder 5.56 und 5.57 zeigen bereits Elektranten (Einbaueinheiten) zu Unterflursystemen.

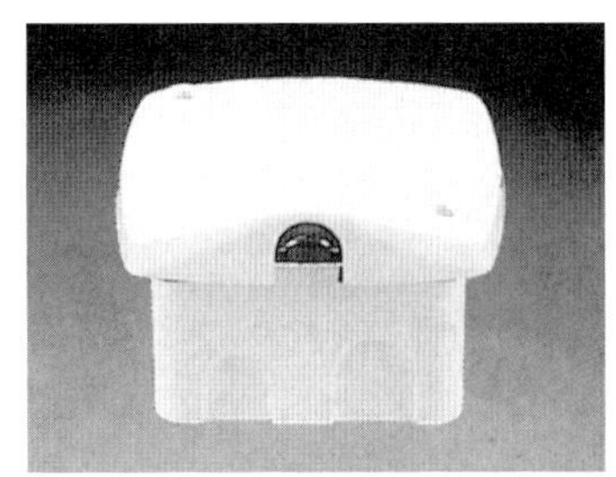

Bild 5.78
Anschlußdosen (unten rechts)

5.6. ANLAGEN FÜR SONDERSPANNUNGEN

Werden Sonderspannungen oder Normspannungen mit abweichenden Frequenzen benötigt (Labors, EDV-Anlagen, Maschineneinheiten), so bedient man sich elektrischer Umformer.

5.6.1. Motor-Generator-Sätze

Sonderspannungen, insbesondere Gleichspannungen, werden in der Regel durch Motor-Generator-Sätze erzeugt. Dabei treibt ein Elektromotor einen entsprechenden Generator an, der die Gleichspannung erzeugt und über einen Verteiler an ein Gleichspannungsnetz abgibt oder einen Einzelverbraucher versorgt. Da bei Motor-Generator-Sätzen große Massen bewegt werden, werden die fertig montierten Moduleinheiten auf Grundrahmen und Fundamente aufgesetzt, um Körperschallübertragungen zu vermeiden und hohe Punktlasten zu verteilen. Bild 5.79 zeigt die Front- und Innenansicht einer Umformereinheit, wie sie üblicherweise eingesetzt wird.

Die Frequenzumwandlung (50 Hertz auf 400 Hertz) erfolgt über Frequenzwandler. In diesen wird ein Teil der Energie rein transformatorisch vom Ständer einer Asynchronmaschine auf einen Läufer übertragen und ein weiterer Teil, der dem Verhältnis der Differenz von Ausgangs- und Eingangsfrequenz entspricht, wird über einen Läufer mechanisch übertragen. Wird der Läufer durch einen gekoppelten Motor gegen das Drehfeld angetrieben, so erhöht sich die Ausgangsfrequenz.

Frequenzwandlereinheiten werden wie Umformereinheiten als betriebsfertige Einheiten in der Nähe der Verbraucher aufgestellt. Frequenzwandler im EDV-Bereich werden heute vornehmlich als statische Anlagen aufgebaut, so daß keine besondere Anforderungen an die Aufstellflächen gestellt werden. Sinnvoll jedoch ist, daß entsprechende Einheiten auf Doppelböden aufgesetzt werden, um eine verbesserte Installationsführung zu erreichen.

Bei Anlagen mit rotierenden Massen sind, wie bereits festgestellt, Fundamente notwendig, die bei statischen

Bild 5.79
Innenansicht einer Umformereinheit

Anlagen entfallen können. Infolge der Transformation entstehen jedoch hohe Eigengeräusche, so daß entsprechende Betriebsräume eventuell schallgekapselt werden müssen. Bei Umformereinheiten fallen Verlustwärmemengen an, die etwa 10 % der Nennleistung betragen. Diese Wärmemengen müssen durch eine ausreichende Be- und Entlüftung der Betriebsräume abgeführt werden, oder aber der Betriebsraum muß mit einem Umluftkühlgerät auf die maximale Betriebstemperatur von 40 °C gekühlt werden. Werden Frequenzumwandler in ein Sicherheitskonzept (EDV-Anlage) miteinbezogen, so gilt dieses gleichermaßen auch für zugehörige Umluftkühlgeräte und die Kaltwassererzeugung.

Werden in Frequenzumwandlern Frequenzen im Bereich von Radiowellen erzeugt, so sind diese Betriebsräume entsprechend abzuschirmen und alle elektrischen Leitungen über Filter zu führen.

5.6.2. Unterbrechungsfreie Stromversorgung (USV-Anlage)

In Betriebsrechenzentren großer Banken, Versicherungen und bei Produktionsprozessen, kommt es sehr häufig darauf an, daß das Rechenzentrum mit allen seinen Nebeneinrichtungen jederzeit verfügbar ist, auch dann, wenn ein totaler Netzausfall eintritt. Zur Verbesserung der Verfügbarkeit der Verbrauchsspannung ist der Aufbau eine USV-Anlage notwendig.

Redundante Stromversorgungsanlagen erhalten in Bereitschaft stehende passive Reserveeinheiten oder zusätzliche aktive USV-Blöcke, die im Parallelbetrieb im Teillastbereich mitlaufen.

Redundante Parallelbetriebsanlagen sind nicht nur dann einzusetzen, wenn eine Unterbrechung der Verbraucherspannung bei Netzausfall nicht toleriert werden kann, sondern auch dann, wenn Netz- und Verbraucherfrequenzen geringfügig voneinander abweichen. Hier geben die entsprechenden Gerätehersteller (EDV-Geräte) Auskunft. Bild 5.80 zeigt ein Blockschaltbild einer statischen USV-Anlage mit Handumgehungs-Schaltung und elektronischer Umschalteinrichtung. Die USV-Anlage besteht aus einem Gleichrichter, einem nachgeschalteten Wechselrichter und einem Batteriezwischenkreis. Die Verbraucher sind am Wechselrichterausgang angeschlossen. Der Betrieb der USV-Anlage erfolgt bei Abweichung der Eingangsspannung oder Frequenz von den Sollwerten über die Batterie, das heißt der Batterie wird die benötigte Energie zur Betriebserhaltung entnommen.

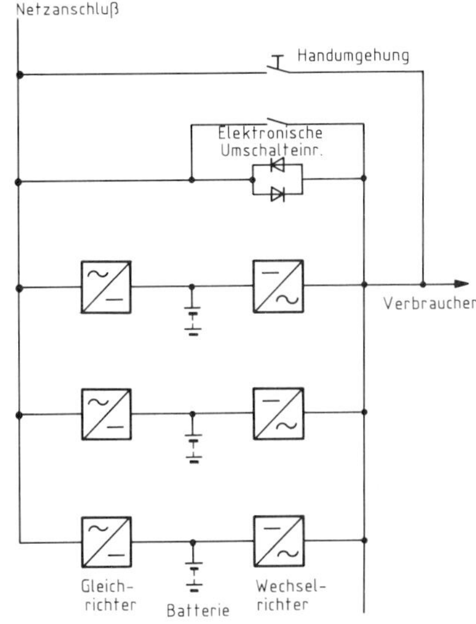

Bild 5.80
Blockschaltbild einer statischen USV-Anlage mit Handumgehungs-Schaltung und elektronischer Umschalteinrichtung

Wie bei den Umformereinheiten werden auch USV-Anlagen, Bild 5.81 ials fertige Schrankeinheiten geliefert und auf Doppelböden aufgestellt. Bild 5.81 zeigt USV-Einheiten mit Zuluftzuführung aus dem Doppelboden und Abluftabsaugung (warme Abluft) im Deckenbereich.

Wie Bild 5.81 zeigt, kann eine USV-Anlage einen erheblichen Platzbedarf einnehmen und ist deshalb bei entsprechenden Gebäuden von vornherein in ausreichendem Maße zu berücksichtigen.

Besondere Aufmerksamkeit ist den nachstehend aufgeführten Punkten zu widmen:
- Gesamtwirkungsgrad
- Qualität der Ausgangsspannung
- Lebensdauer der Akkumulatoren im Gleichstromzwischenkreis
- geringe Netzrückwirkung

Bild 5.81
USV-Anlage (Unterbrechungsfreie Stromversorgung)

5

5.7. EIGENSTROMVERSORGUNG

Eigenstromversorgungsanlagen dienen, wie der Name bereits sagt, der Versorgung eines Gebäudes oder eines Komplexes mit eigenem Strom, der nicht aus dem Netz entnommen wird.

Dabei zu unterscheiden sind Anlagen, die primär dann in Betrieb gehen, wenn das Netz (EVU-Netz) ausfällt und eine Netzersatzanlage (NEA) für die notwendige Stromversorgung sorgt und solchen Anlagen, die generell einen Teil der elektrischen Energie bereitstellen und deren Abwärme laufend genutzt wird. Hierbei handelt es sich um Blockheizkraftwerksanlagen (BHKW-Anlagen).

5.7.1. Netzersatzanlage (NEA)

Netzersatzanlagen, auch Notstromdieselanlage oder auch Notstromaggregate genannt, bestehen aus einem Verbrennungsmotor mit einem nachgeschalteten Generator, die gemeinsam auf einen Grundrahmen montiert sind, Bild 5.82. Da Notstromdieselanlagen eine erhebliche Geräuschentwicklung verursachen und sehr viel Wärmeenergie abgeben, müssen sie in eigenen Räumen aufgestellt werden, wobei bei der Lage und Größe dieser Räume zu berücksichtigen ist:

- Zufuhr von Verbrennungs- und Kühlluft
- Abfuhr von Strahlungswärme des Motors und Generators durch Luft
- Abfuhr der Kühlluft oder Abwärme mit Wasser (wassergekühlte Motoren)
- Abgasabführung über Dach
- Zuordnung zu den korrespondierenden Niederspannungsschaltanlagen
- gesicherte Kabelwege usw.

Der Maschinenraum muß so ausreichend bemessen sein, daß ein Freiraum von mindestens 1,5 m Breite um das Aggregat herum entsteht. Weiterhin müssen im Raum Einbauten wie Schaltanlagen, Kraftstoffzwischenbehälter, Starterbatterie, usw. aufgenommen werden. Dabei unbedingt zu beachten ist der Platzbedarf für Schalldämpfer im Bereich der Zu- und Abluftführung, der wiederum nicht unerheblich zu Buche schlägt.

Im Zusammenhang mit der Planung des Maschinenraums muß von vornherein die Art der Aufstellung (elastisch oder starr) und somit die Ausführung des Maschinenfundaments geklärt werden sowie weiterhin die Verlegung der Kabel und evtl. Sondermaßnahmen.

Bei kleineren Anlagen werden Notstromdieselanlage und Schaltanlage in einem Raum zusammen aufgestellt, bei großen Anlagen ist die Trennung dieser Anlagenteile notwendig und in jedem Fall durchzuführen.

Da Notstromdieselanlagen nicht unerhebliche Schwingungen aufweisen und zu hohen Körperschallübertragungen führen können, ist auf die Lagerung der Maschine und Abkopplung der Einheit vom Gebäude besonders zu achten. Das gilt nicht nur wenn Notstromdieselanlagen in Dachzentralen aufgestellt werden, sondern auch dann, wenn sie in Untergeschossen installiert werden. Notstromdieselanlagen bis zu einer Leistung von 250 kVA benötigen in der Regel kein eigenes Fundament (elastische Lagerung durch Gummilager, Federlager), darüber hinaus jedoch sind eigene Fundamente sinnvoll oder auch notwendig. Bei großen Notstromleistungen wird die Netzersatzanlage in mehrere Motoren aufgeteilt, die parallel in Betrieb gehen können.

Netzersatzanlagen können als Primärenergieträger sowohl Dieselöl als auch Gas verwenden, wobei bei der Verwendung von Gas der Vorteil entsteht, daß keine Kraftstoffbevorratung notwendig wird.

Die Kühlung der Motoren erfolgt entweder über eine indirekte Wasserkühlung (Motorkühler, Rohwasserbedarf ca. 35 bis 50 l pro kWh) oder eine Wasserkühlung, die direkt an ein Wassernetz (verbunden zum Beispiel mit einem Rückkühlwerk) angebunden ist (Einbau eines Kühlwasserzwischenbehälters).

Werden Motoren luftgekühlt, so ergeben sich notwendige Luftmengen zur Abführung der Strahlungswärme, Generatorverlustwärme und der erforderlichen Verbrennungsluft bei verschiedenen zulässigen Lufttemperaturdifferenzen.

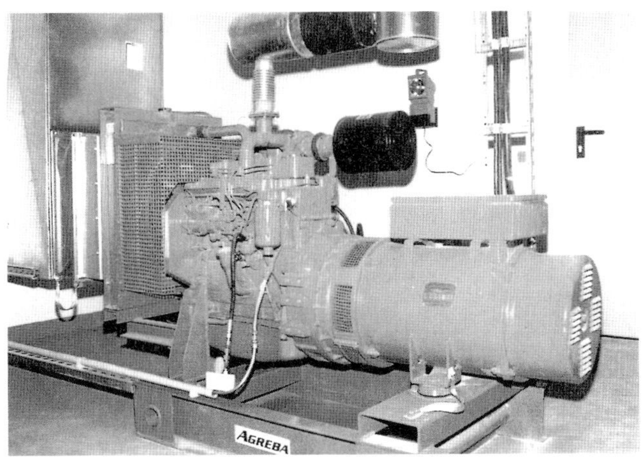

Bild 5.82
Notstromdiesel-Aggregat (135 kVA bei 1500 Upm) mit am Motor angebauter Ventilatorkühlung

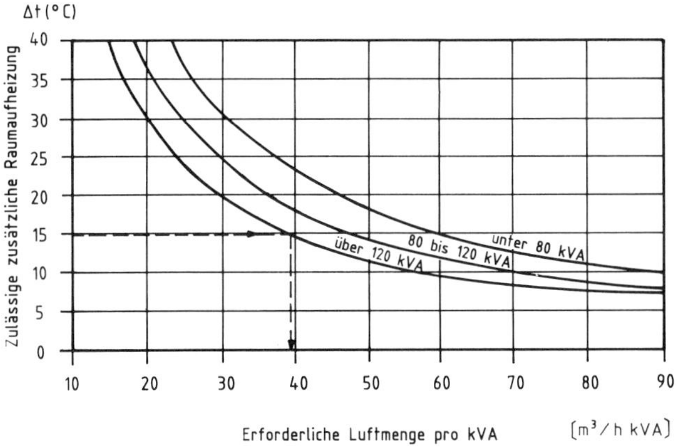

Bild 5.83
Luftmengen zur Raumbelüftung

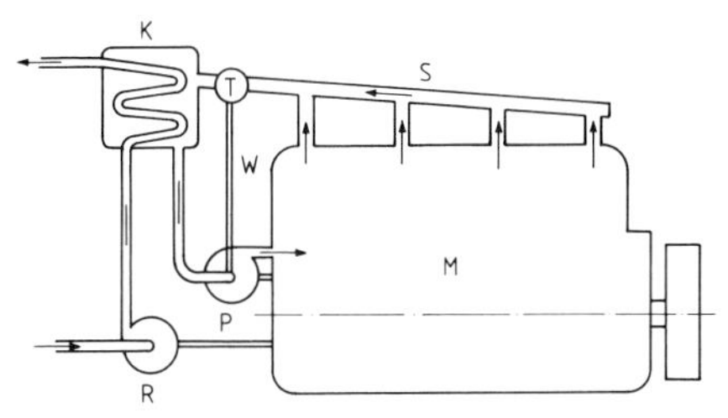

M Dieselmotor
S Sammelleitung
T Thermostat
W Warmfahrleitung
P Umwälzpumpe
K Kühler
R Rohwasserpumpe

Bild 5.84
Schema der indirekten Wasserkühlung einer NEA-Anlage

Die in Bild 5.83 gezeigten Luftmengen sind in Abhängigkeit der Leistung dargestellt. Die Luftmengen zur Raumbelüftung sind bei großen Notstromdieselanlagen sehr bedeutend und führen zu großen baulichen Ansaugschächten und Fortluftkanälen, die immer über Dach geführt werden müssen. Sind entsprechende Ansaug- und Fortluftschächte nicht möglich, so können die Luftmengen auf ca. 10 %, den reinen Anteil der Verbrennungsluft, herabgesetzt werden, wobei nunmehr jedoch eine Wasserkühlung notwendig wird, wie sie im Schema, Bild 5.84, gezeigt ist.

Generell ist festzustellen, daß auf eine gute Kühlung der Netzersatzanlage zu achten ist, um eine Überhitzung des Motors zu vermeiden. So betragen die Kühlluftmengen bei Motoren etwa

95 m³/h kW bei 30 °C Raumtemperatur
115 m³/h kW bei 37 °C Raumtemperatur
140 m³/h kW bei 45 °C Raumtemperatur.

Die Motorbetriebstemperaturen liegen im Bereich von 85 bis 95 °C. Betriebsräume von Netzersatzanlagen sollten 40 °C nicht überschreiten, da auch der Generator seine einwandfreie Funktion garantieren muß und sich Betriebspersonal zeitweise im Maschinenraum aufhält.

Zur Verminderung der hohen Wärmeabgabe sollten die Abgasleitungen gut isoliert werden, gleichermaßen warmwasserführende Rohrsysteme (Bild 5.85).

Zur Abgasgeräuschdämpfung müssen in die Abgasleitungen entweder Kammerschalldämpfer oder Absorptionschalldämpfer eingesetzt werden, wobei Absorptionsschalldämpfer eine nahezu restlose Dämpfung bei minimalem Durchströmungwiderstand erreichen und dann eingesetzt werden, wenn eine Lärmbelästigung umstehender Gebäude in jedem Fall auszuschließen ist.

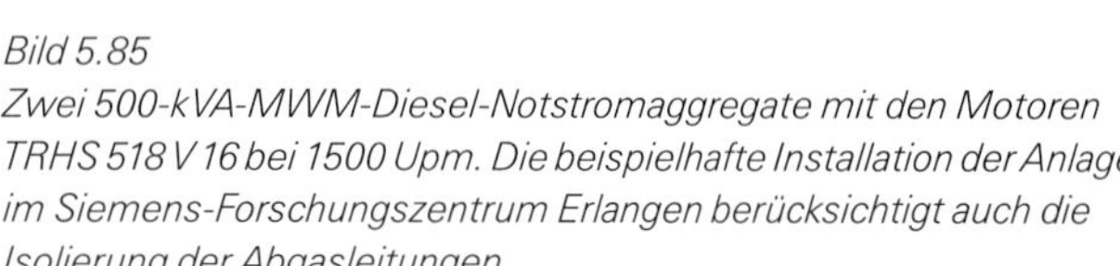

Bild 5.85
Zwei 500-kVA-MWM-Diesel-Notstromaggregate mit den Motoren TRHS 518 V 16 bei 1500 Upm. Die beispielhafte Installation der Anlage im Siemens-Forschungszentrum Erlangen berücksichtigt auch die Isolierung der Abgasleitungen

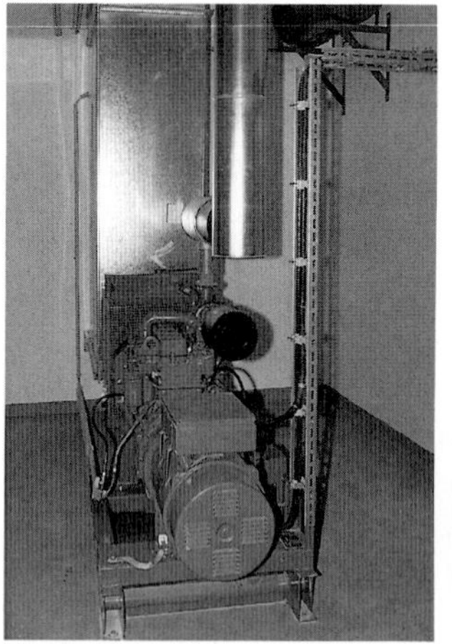

Bild 5.86
Unterhalb des 300 Liter fassenden Kraftstoffbehälters für ein 400-kVA-Aggregat ist eine 250 Liter aufnehmende Abmauerung vorgesehen. Die thermisch geregelte indirekte Kühlung wird aus dem Druckwassernetz gespeist

Das gleiche trifft, wie bereits festgestellt, für die Außenluftansaugung und Fortluftausblasung zu.

Während bei gasbetriebenen Maschinen eine Kraftstoffbevorratung nicht notwendig ist, ist bei dieselgetriebenen Maschinen eine Bevorratung aufzubauen. Die Kraftstoffbevorratung erfolgt in der Regel einmal über einen Tagesbehälter sowie weiterhin über einen zusätzlichen größeren Vorratsbehälter (Bild 5.86). Der Tagesbehälter soll den Dieselkraftstoff für eine Betriebszeit von acht bis zehn Stunden lagern, wobei die Dimensionierung des Tagesbehälters nach der überschlägigen Regel:

- 3fache Motorleistung (kW) = Tankinhalt in Litern

erfolgen kann.

Der Vorratsbehälter ist nach Ermessen auszulegen und kann den mehrfachen Tagesbedarf aufnehmen.

Der typische Aufbau einer Netzersatzanlage mit luftgekühlten Motor kann aus Bild 5.89 (Grundriß und Schnitt) entnommen werden. In dem Bild nicht dargestellt ist der notwendige Ansaug- und Fortluftschalldämpfer (Länge 1,5 bis 2 m). Bei den im Bild 5.89 gezeigten Notstromdiesel handelt es sich um eine Anlage kleiner Leistung.

5.7.1.1. Notstromberechtigte Verbraucher

Notstromberechtigte Verbraucher ergeben sich im wesentlichen aus der Gebäudeart (z.B. Hochhaus), Gebäudenutzung (Krankenhäuser, Versammlungsstätten) sowie aus weiteren Errichtervorschriften besonderer

technischer Einrichtungen (große Sprinklersysteme, Feuerwehraufzüge etc.). Notstromberechtigte Verbraucher sind in der Regel:

- Notbeleuchtung
- EDV-Anlagen
- Klimaanlagen für EDV-Anlagen
- Kälteanlagen für EDV/Lebensmittellagerung/zu kühlende Güter
- Aufzugsanlagen
- bei Produktionsprozessen besonders berechtigte Maschinen.

Im Zweifelsfall ist mit dem Bauherrn oder Nutzer sowie den einschlägigen Behörden der genaue Umfang der Notstromverbraucher und der Notstromnutzung abzuklären.

5.7.1.2. Auslegung der Netzersatzanlage

Die Netzersatzanlage wird ausschließlich für die notstromberechtigten Verbraucher ausgelegt (zeitliche Summierung der einzelnen Anschlußleitungen), wobei neben der Summe der Leistungen (Scheinleistungen) auch entsprechende Blindleistungen zu berücksichtigen sind. Bei der Dimensionierung der Netzersatzanlage ist weiterhin maßgeblich:

- Der größte Verbraucher, der von der

Netzersatzanlage versorgt wird (u. U. auch Anlaufstrom)
- die Grundlast, zu welcher weitere Lasten aufgeschaltet werden,
- das einzuspeisende Netz (231/400 V oder andere),
- die Aufstellungshöhe des Aggregats und
- besondere Aufstellungsbedingungen (erhöhte Umgebungstemperaturen, Luftfeuchten, starke Verunreinigungen)

5.7.2. Blockheizkraftwerkanlage (BHKW-Anlage)

Blockheizkraftwerkanlagen sind praktisch die gleichen Aggregate wie Netzersatzanlagen, dienen jedoch im Gegensatz zu diesen nicht nur dem Ersatz des Stromnetzes bei Netzausfall, sondern decken im Dauerbetrieb während des Tages einen Teil der Stromversorgung ab. Insofern ist zum Maschinenaufbau nichts weiter hinzuzufügen, gleichermaßen auch nichts zur Primärenergieversorgung, die in der Regel ebenfalls durch Gas oder Öl erfolgt.

BHKW-Systeme können auch Motoren haben, die von Gas auf Öl jederzeit umschaltbar sind, so daß eine weitere Redundanz gegeben ist. Der Dimensionierung einer BHKW-Anlage ist größte Aufmerksamkeit zu schenken, da es sich hierbei nicht nur um eine sehr hohe Investition, sondern auch im späteren Betrieb um einen besonderen Wartungsservice handelt.

5.7.2.1. Auslegung der BHKW-Anlage

Die Auslegung der BHKW-Anlage erfolgt unter zwei Gesichtspunkten. Diese sind:

Wärmeleistungsbedarf

Wie sich aufgrund einer Vielzahl von Wirtschaftlichkeitsuntersuchungen immer wieder herausstellt, sollen BHKW-Anlagen nicht die gesamte Deckung des elektrischen Energiebedarfs übernehmen, sondern nur einen Teil (25 bis 35 %), wodurch der Wärmeleistungsbedarf in der Regel bereits ausreichend abgedeckt wird.

Als Beispiel für die Auslegung einer BHKW-Anlage dienen die Bilder 5.11 und 5.12 (Kapitel 5.2.6.). In diesen wurde gezeigt, wie sich der elektrische Leistungsbedarf während eines Tages für ein Bürogebäude und der jährliche elektrische Energiebedarf aufbauen. Bild 5.87.1 zeigt nochmals den typischen Lastverlauf (Leistungsbedarf) während eines Tages, Bild 5.87.2 den eines Jahres.

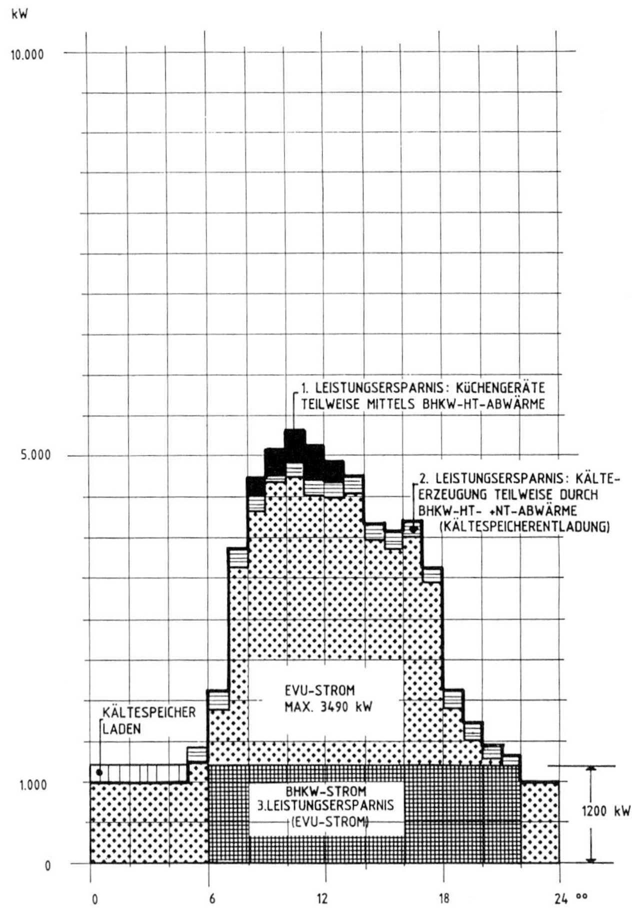

Bild 5.87.1
Elektrischer Leistungsbedarf und elektrische Leistungsdeckung in kW, Monat Juli, heißer Sommertag

5

Durch mehrfaches Ermitteln der Leistungsdeckung (elektrische Energie und Wärmeenergie) bei verschiedenen großen Systemen und Vergleich sowohl der Investitionen als auch der Betriebskosten und der jährlichen Gesamtkosten errechnet sich die optimale Größe eines BHKW-Systems. In Bild 5.87.1 beträgt für einen großen Bürokomplex die Leistungsdeckung mit dem BHKW-System 1200 kW, wobei aus dem Bild gut erkennbar ist, daß das BHKW-System lediglich in der Hochtarifzeit in Betrieb bleibt (6.00 bis 22.00 Uhr) und während der Nacht der gesamte elektrische Energiebedarf aus dem Netz gedeckt wird, da sich zu diesem Zeitraum der Einsatz des BHKW-Systems nicht rentiert. Die BHKW-Anlage übernimmt jedoch nicht nur einen Teil der Leistungsdeckung, sondern reduziert diese indirekt. Die im Bild 5.87.1 dargestellte Leistungsdeckung in einer Größenordnung von 1200 kW erfolgt durch den Generator. Die indirekte Leistungsdeckung (Reduzierung des elektrischen Energiebedarfs) erfolgt dadurch, daß zum Beispiel Küchengeräte anstatt mit Strom nunmehr mit Hochtemperaturabwärme betrieben werden. Gleichermaßen erfolgt die Kälteerzeugung anstatt mit Hilfe elektrisch getriebener Kältemaschinen z.T. durch Absorptionskälteanlagen. Damit kann der elektrische Energiebedarf reduziert und die Abnahme sinnvoll eingesetzt werden.

Bild 5.87.2 zeigt den elektrischen Energiebedarf während des Jahres und die Bedarfsdeckung durch das BHKW beziehungsweise Netz des Elektroversorgungsunternehmens. Wie die Darstellung ausweist, wird 42 % des jährlichen elektrischen Energiebedarfs durch die BHKW-Anlage und 58 % durch das EVU-Netz gedeckt. Unter diesen Voraussetzungen amortisieren sich BHKW-Systeme in relativ kurzer Zeit. Der Anlagenaufbau gegenüber

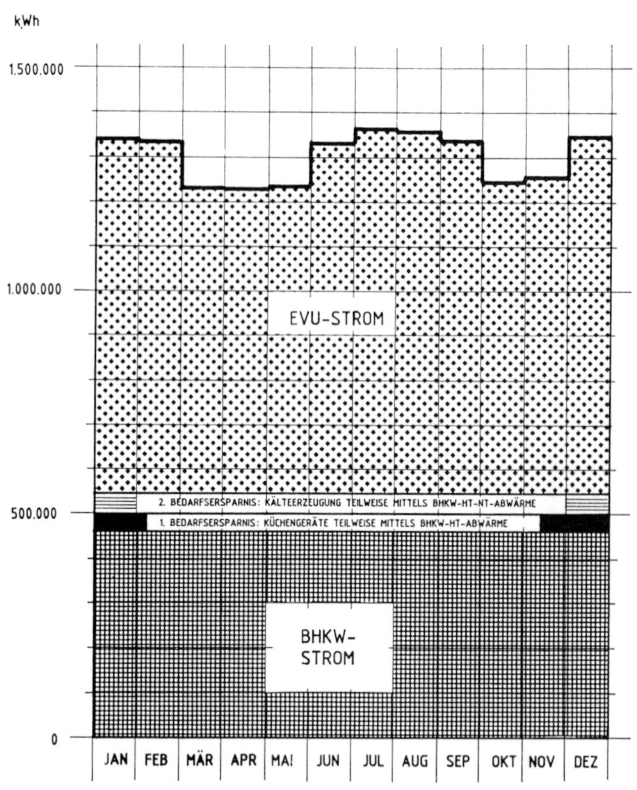

Bild 5.87.2
Jährlicher elektrischer Energiebedarf und Bedarfsdeckung in kWh

einer konventionellen Anlage (Bild 5.10) ist in den Bildern 5.88.1 und 2 dargestellt. Diese weisen in den Darstellungen verschiedene Betriebszustände aus.

Im Sommerbetrieb wird die gesamte Leistung über drei BHKW-Module (ein viertes als Standby-Modul) von 1200 kW (elektrische Leistung) in die Niederspannungshauptverteilung eingespeist. Gleichzeitig wird die Abgaswärme über Abgaswärmeaustauscher einem Hochtemperaturabsorber zur Kälteerzeugung und die Motor- und Ölabwärme einem Niedertemperaturabsorber ebenfalls zur Kälteerzeugung zugeführt. Benötigen zu diesem Zeitraum einige raumlufttechnische Anlagen Wärmeenergie, so wird diese gleichzeitig geliefert. Die Absorptionskältemaschinen, die im Gegensatz zu den Kolben- oder Turbokältemaschinen nunmehr sehr wenig elektrische Energie benötigen, erzeugen einen wesentlichen Teil der Kälteenergie für ein Rechenzentrum. Reicht die von den Absorbern gelieferte Kälteenergie nicht aus, so wird über eine Kolbenkompressormaschine zusätzlich Kälteenergie zugespeist.

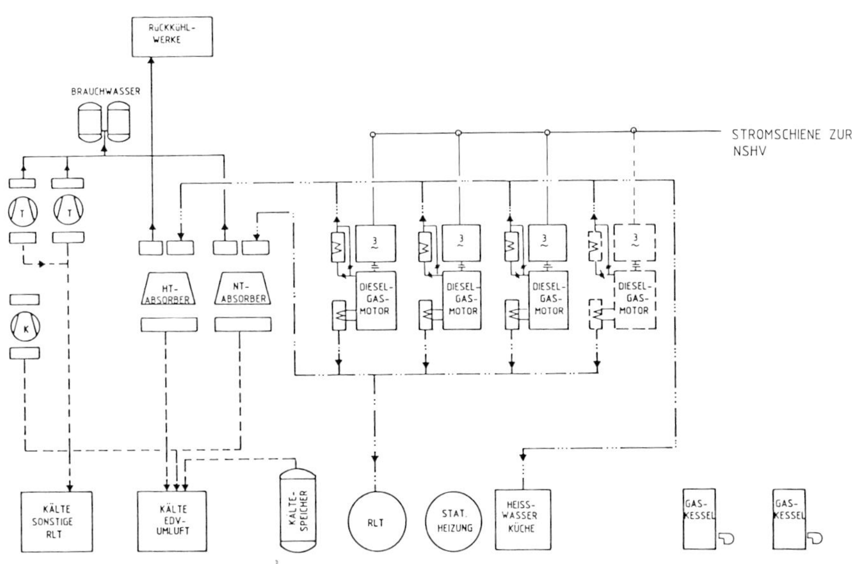

Bild 5.88.1
Wärme-/Kälteschema; Monat Juli, heißer Sommertag

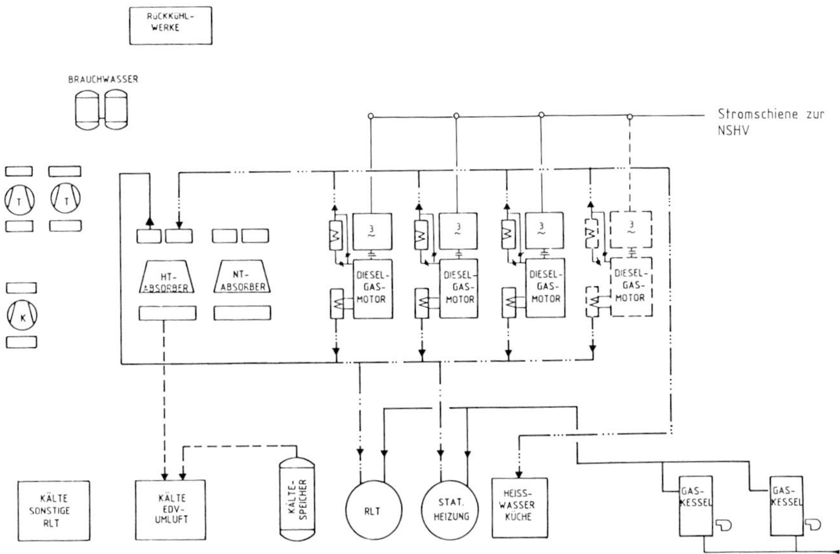

Bild 5.88.2
Wärme-/Kälteschema; Monat Januar, kalter Wintertag

Legende zu Bild 5.88.1 und 5.88.2

HT = Hochtemperatur
NT = Niederetemperatur
T = Turbokältemaschine
K = Kolbenkältemaschine
RLT = Raumlufttechnische Anlagen
– ··· – Abwärme Dieselgasmotor (BHKW)
– ·· Niedertemperatur-Wärme
– – – Kälte

Wärmeenergie, die von den Hochtemperaturabsorbern und weiteren Kältemaschinen nicht an Verbraucher abgegeben werden kann, wird über ein Rückkühlwerk abgeleitet. Zur Reduzierung des elektrischen Energiebedarfs im Küchenbereich wird ein Teil der hochtemperierten Wärme (über 100 °C) den Küchengeräten zugeführt.

Im Winterbetrieb (während des Tages/ Bild 5.88.2) erfolgt die Kälteversorgung bei Stromerzeugung durch die BHKW-Systeme ausschließlich aus der Abwärme des Abgaswärmeaustauschers indirekt über den Hochtemperaturabsorber und gegebenenfalls aus einem Kältespeicher, der während der Nacht aufgeladen wurde. Weiterhin wird auch zu diesem Zeitraum die Küche mit Heißwasser aus dem Abgaswärmeaustauscher versorgt. Die niedertemperierte Wärmeenergie (85 bis 95 °C) der Motor- und Ölkühlung sowie die Abwärme des Hochtemperaturabsorbers (Wärmepumpensystem) wird den Wärmeverbrauchern im Bereich raumlufttechnischer Anlagen oder Heizungsanlagen zugeführt, wobei noch fehlende Restwärmemengen zur Beheizung des Gebäudes aus einer Kesselanlage zufließen.

Das vereinfachte Anlagenschema der BHKW-Anlage zeigt den komplexen Verbund der verschiedensten technischen Einsatzmöglichkeiten unter

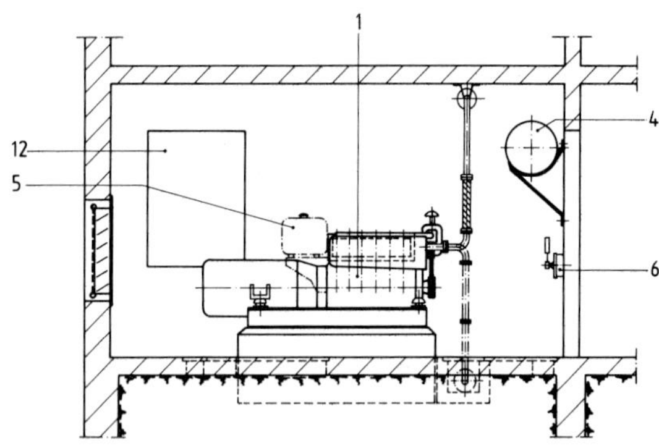

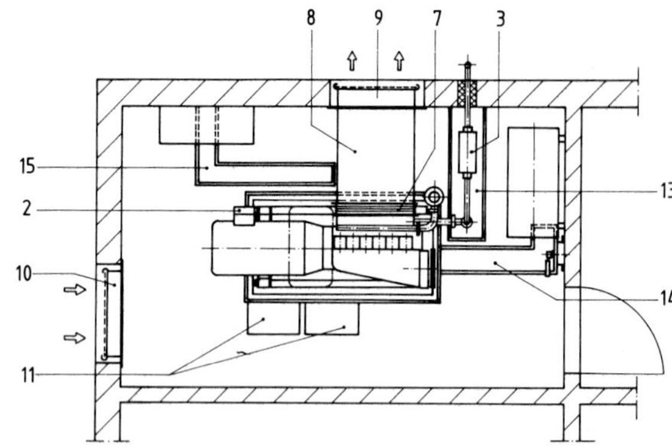

1 Diesel-Generator-Aggregat
2 Klemmenkasten
3 Auspuffschalldämpfer
4 Kraftstoffbehälter
5 Kraftstoffbehälter (angebaut)
6 Kraftstoff-Handflügelpumpe
7 Elastisches Zwischenstück
8 Abluftkanal
9 Abluftjalousie
10 Zuluftjalousie
11 Batterie
12 Schaltschrank
13 Auspuffkanal
14 Kanal für Kraftstoffleitungen
15 Kabelkanal

Bild 5.89
Aufstellungsvorschlag für Aggregate mit luftgekühlten Motoren

optimaler Nutzung des Primärenergieeinsatzes (hier Beispiel Gas). Bild 5.89 zeigt einen Aufstellungsvorschlag einer NEA-Anlage, wie er auch gleichermaßen für ein BHKW-System zutrifft.

Die Auslegung von BHKW-Systemen erfordert sehr viel Übung und einen erheblichen Rechenaufwand. Generell jedoch kann festgestellt werden, daß sich BHKW-Systeme in einem vertretbaren Zeitraum amortisieren (Zeitraum <7 Jahre), wenn in einem Gebäude oder Gebäudekomplex ein größerer stetiger elektrischer Energiebedarf besteht und gleichzeitig die Abfallwärmeenergie genutzt werden kann (zum Beispiel zur Kälteerzeugung, Wärmeerzeugung, Brauchwasserwärmeerzeugung). Die gleichzeitige Nutzung elektrischer und thermischer Energie ist eine wesentliche Voraussetzung für den Einsatz von BHKW-Anlagen. Wenn diese Voraussetzung nicht gegeben ist, lassen sich BHKW-Anlagen kaum amortisieren. In der Schweiz wurde verordnet, daß grundsätzlich BHKW-Systeme dann einzusetzen sind, wenn der elektrische Energiebedarf mehr als 2000 kW ausmacht. Diese Verordnung ist nur unter dem Gesichtspunkt der grundsätzlichen Einsparung von Energien vertretbar, ansonsten sehr bedenklich, da er Investoren zu Kapitalmaßnahmen zwingt, die sich u.U. nicht amortisieren.

5.7.3. Batterieanlagen

Die Eigenstromversorgung eines Gebäudes kann auch über eine kürzere Zeit über eine Batterieanlage erfolgen. Diese wird dabei entweder aus dem Netz geladen oder aber über Netzersatzanlagen.

Stationäre Batterien als Energiespeicher gewährleisten somit eine durchgehende Stromversorgung aller wichtigen Verbrauchsmittel bei Netzunterbrechung oder bei Ausfall des gesamten Versorgungsnetzes. Während bei Drehstromverbrauchern die Batteriespannung über Umrichter in eine Wechselspannung umgewandelt werden muß, können Gleichstromverbraucher ihre Energie direkt aus der Batterie beziehen. Das Laden der Batterien erfolgt über Ladegeräte, wobei das richtige Laden für die Lebensdauer der Batterie außerordentlich wichtig ist und es muß daher darauf geachtet werden, daß die zulässigen Ladeströme und -spannungen eingehalten werden.

Batterien, die im geladenen Zustand nicht belastet werden, sind durch innere chemische Vorgänge einer Selbstentladung unterworfen. Durch Anlegen einer Erhaltungsladespannung wird einer Batterie dauernd ein geringer Ladestrom zugeführt, wodurch der Vorladezustand erhalten bleibt.

Im Umschaltbetrieb, Bild 5.90 werden die Verbraucher über einen Netzgleichrichter aus dem Drehstromnetz (Niederspannungsnetz) gespeist (oberes Bild). Bei einem Netzausfall werden die Verbraucher auf die Batterie umgeschaltet und beziehen von dort ihre Energie bis zur Rückkehr der Netzspannung (unteres Bild).

Neben dem Umschaltbetrieb unterscheidet man noch den Parallelbetrieb, bei dem Batterie und Verbraucher ständig parallel geschaltet und über ein gemeinsames Ladegerät versorgt werden. Bei Netzausfall erfolgt die Stromversorgung der Verbraucher unterbrechungsfrei über die Batterie. Diese Betriebsform ist dann notwendig, wenn unter den Verbrauchern solche sind, die eine Unterbrechung nicht vertragen (EDV-Anlagen). Als Batterien werden in der Regel Blei- oder Nickel-Cadmium-Batterien eingesetzt. Die Batterien sind aus Zellen aufgebaut, die aus einem Zellengefäß, positiven Platten, negativen Platten und dem Elektrolyt bestehen, Bild 5.91.1 Bei den Bleibatterien kann man unterscheiden nach

- Gro E-H-Batterien = Groß-Oberflächenplatten-Energieeinbau-Hochstrombelastbarkeit-Batterien
- Bloc-Batterien = Batterien mit Stahlplatten und Gitterplatten oder ortsfesten Gitterplatten.

Die Gro E-H-Batterien haben eine größere Lebenserwartung und geringfügig bessere Eigenschaften bei Hochstromentladungen, Blockbatterien sind preiswerter. Bei Nickel-Cadmium-Batterien (NiCd-Batterien) unterscheidet man nach Mittelbelastungs- und Normalbelastungsbatterien (Entladezeit 1 Stunde und mehr). Zusätzlich gibt es auch in diesem Bereich Hochstrombelastungsbatterien mit einer Entladezeit unter einer Stunde. Die technischen Daten von Batterien sind aus Tabelle 5.12 zu entnehmen.

Nickel-Cadmium-Batterien werden bei Umgebungstemperaturen von −40 °C bis −10 °C, Bleibatterien von −10 °C bis +55 °C eingesetzt. Somit kommen für den normalen Gebrauch in Gebäuden nur Bleibatterien in Frage, die eine

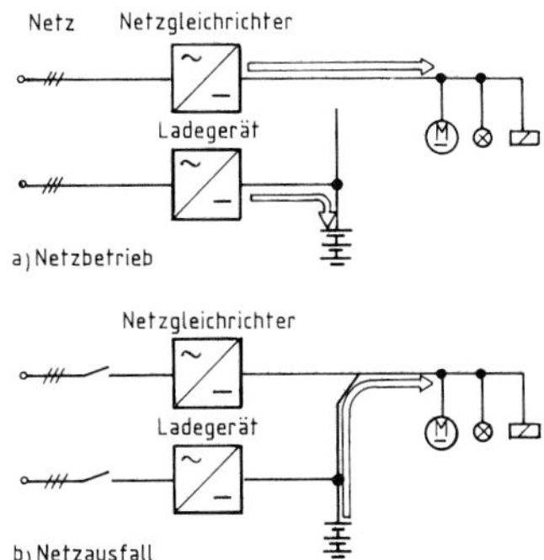

Bild 5.90
Umschaltbetrieb

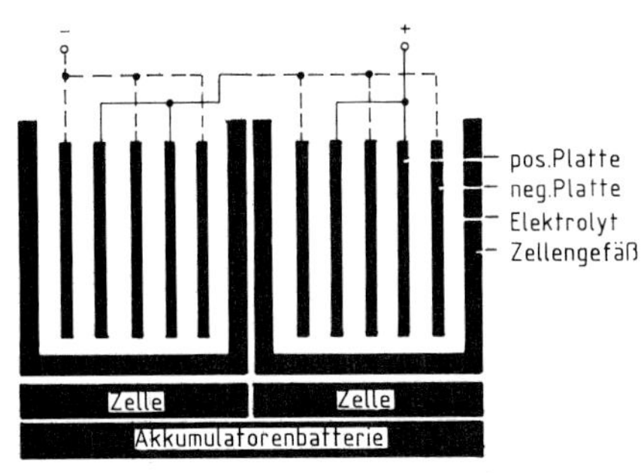

Bild 5.91
Aufbau einer Batterie

Tabelle 5.12
Technische Werte von Batterien (rechts)

		Blei-Batterien		Nickel-Cadmium-Batterien	
		Bloc	Gro E-H	VSM	VSX
Nennspannung	V/Zelle	2,0	2,0	1,2	1,2
Erhaltungsladespannung Dauerladespannung/ Pufferspannung	V/Zelle	2,23±1%	2,23±1%	1,4±1%	1,4±1%
Gasungsspannung	V/Zelle	2,40	2,40	1,55	1,55
Starkladespannung	V/Zelle	2,35...2,40	2,35...2,40	1,50...1,55	1,50...1,55
Entladeschlußspannung (10 h...½ h)	V/Zelle	1,8 ...1,72	1,8 ...1,72	1,10...0,80	1,10...1,05
Nennkapazität	Ah	K_{10}	K_{10}	K_5	K_5
Kapazität bei verschiedenen Entladezeiten in % von Nennkapazität	10 h	100%	100%	103%	103%
	5 h	90%	90%	100%	100%
	3 h	81%	82%	96%	99%
	1 h	63%	64%	83%	95%
	½ h	50%	52%	80%	90%
Maximal zulässige Ladeströme					
ab Gasung	A/100 Ah	8,0	8,0	10	10
am Schluß	A/100 Ah	4,0	4,0	5	5
Ladefaktor		1,1	1,1	1,4	1,2
Energiewirkungsgrad (ca.)		0,75	0,77	0,6	0,75
Elektrolyt		verdünnte Schwefelsäure		verdünnte Kalilauge	
Dichte (ca.)	g/cm³	1,24	1,22	1,17...1,20	1,17...1,20

Nennspannung = Anzahl Zellen · Nennspannung einer Zelle (V)
Kapazität = Entnehmbare Strommenge einer Batterie (Ah)
(abhängig von: Entladestrom und -zeit, sowie -schlußspannung, Dichte und Temperatur des Elektrolyten, Zustand der Batterie)
Nennkapazität = vom Hersteller genannte Kapazität
(bei festgelegter Entladedauer und Nennentladung)

5

Lebenszeit in etwa von 12 bis 20 Jahren haben. Die Anzahl und die Art der benötigten Zellen für eine Anlage richtet sich nach der Nennspannung, der Entladezeit und dem Entladestrom. Die Kapazität der Batterie ist so zu wählen, daß innerhalb einer vorgegebenen Entladezeit ein bestimmter Strom entnommen werden kann, ohne die zulässigen Spannungsgrenzen dabei zu unterschreiten. Mit Rücksicht auf die Alterung der Batterien und etwaige Erweiterungen in Anlagen sollte die Kapazität reichlich bemessen werden.

Batterieanlagen mit Nennspannungen bis 231 V werden in separaten Batterieräumen untergebracht und es gelten die Vorschriften für elektrische Betriebsräume. Beim Errichten elektrischer Anlagen und anderer Komponenten in Batterieräumen ist darauf zu achten, daß hierfür die Forderungen nach feuchten Räumen gelten. Türen in Batterieräumen müssen nach außen aufschlagen und es muß ein eindeutiger Hinweis gegeben werden, daß das Betreten mit offener Flamme oder das Rauchen in Batterieräumen untersagt ist.

Batterien werden je nach Größe der Anlage in Schränken, auf Bodengestellen oder einzeln auf Isolatoren aufgestellt. Bei einer Ladeleistung bis 2 kW können Batterien und Ladegerät auch in einem gemeinsamen Schrank eingebaut werden. Da beim Laden, Entladen und im Ruhezustand der Batterie Gase entstehen, die von Luft aufgenommen werden, muß darauf geachtet werden, daß das Gasgemisch durch natürliche oder künstliche Belüftung so verdünnt wird, daß es mit Sicherheit seine Explosionsfähigkeit verliert. Die notwendige Luftmenge zur ausreichenden Durchlüftung von Batterieräumen ergibt sich aus der Anzahl der Zellen sowie dem Strom (Ampere), der die Entwicklung des Wasserstoffs verursacht. Die notwendige Belüftungsmenge ist:

$V = 55 \cdot n \cdot I$ (Liter pro Stunde).

Hierin ist:

n = Anzahl der Zellen
I = Strom in Ampère (verursacht die Entwicklung des Wasserstoffs)
55 = Faktor für erforderliche Luftmenge

Bei der Belüftung (natürlich oder mechanisch) ist darauf zu achten, daß die Außenluft möglichst in Bodennähe eintritt und auf der gegenüberliegenden Seite in Deckennähe austritt (Querlüftung, Luftführung unten – oben). In Batterieräumen soll nach Möglichkeit ein minimaler Unterdruck entstehen, damit säurehaltige Luft nicht nach außen oder in benachbarte Räume abströmt. Infolge der säurehaltigen Luft ist der Batterieraum sinnvollerweise zu fliesen oder so zu behandeln, daß die Säure nicht in Wände, Decken oder Böden eindringt. Motoren für Zu- und Abluftanlagen müssen explosionsgeschützt sein (Zündgruppe G1) und das Laden der Batterie darf erst dann erfolgen, wenn die einwandfreie Durchlüftung des Raumes gewährleistet ist. Beispielhaft beträgt die notwendige Luftmenge bei einer Bleibatterie 24 V/250 Ah, 12 Zellen und einer Erhaltungsladespannung von 2,23 V

$$V = 55 \cdot 12 \cdot \frac{250}{100} = 1650\ \text{l/h} = 1{,}65\ \text{m}^3\text{/h}$$

Bild 5.91.2 zeigt einen Batterieraum.

Bild 5.91.2
Batterieraum

5.7.4. Photovoltaik

Bei der Photovoltaik erfolgt eine direkte Umwandlung von Licht in elektrischen Strom, wobei die Energieumwandlung auf dem photovoltagen Effekt beruht, der die Wechselwirkung des Lichtes mit dem Basismaterial der Solarzellen beschreibt, d.h. es kommt dabei zur Freisetzung von elektrischen Ladungsträgern, die von metallischen Kontakten der Solarzelle gesammelt werden und den elektrischen Strom (Gleichstrom) bilden. Solarzellen erreichen je nach Art des Aufbaus und des verwendeten Basismaterials, aus denen sie bestehen, Wirkungsgrade bis ca. 20% und nutzen die Globalstrahlung, die auf ein Gebäude auftrifft. Bei Photovoltaik-Elementen unterscheidet man verschiedenartige Zellen, die unterschiedliche Wirkungsgrade ausweisen.

Diese sind:

- Monokristalline Zellen aus Silizium-Einkristall, Wirkungsgrad 14%, Gleichspannung ca. 0,48 V bei ca. 2,9 A

- Polykristalline Zellen aus Silizium-Blöcken (Trennschleifen), Wirkungsgrad ca. 12%, Gleichspannung ca. 0,46 V, Gleichstrom ca. 2,7 A

- Amorphe Solarzellen - aufgedampfte Siliziumschicht auf einer Trägersubstanz (Opakes Modul), Wirkungsgrad 5%, Gleichspannung ca. 63 V, Gleichstrom ca. 0,43 A

- Amorphe Solarzellen - semitransparent, Wirkungsgrad ca. 4%, Gleichspannung ca. 63 V, Gleichstrom ca. 0,37 A.

Die äußere Erscheinung der entsprechenden Solarzellen ist im Bild 5.92 dargestellt. Die entsprechenden Solarmodule werden in der Regel zwischen zwei Glasscheiben und hochtransparenten Folien eingebettet, so daß sie gegen Einflüsse von außen gut geschützt sind. (Bild 5.93)

Monokristalline Solarzellen

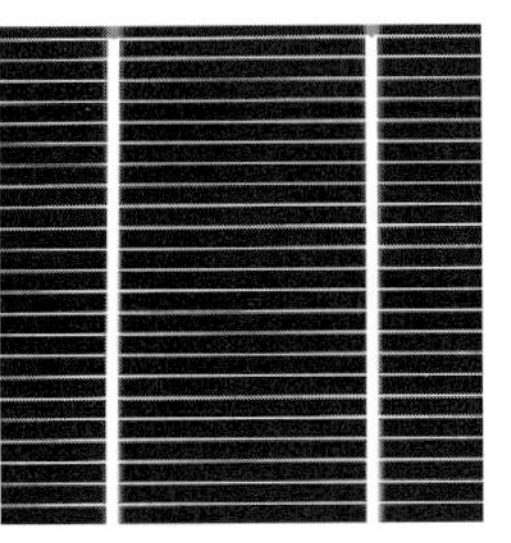

Polykristalline Solarzellen

Amorphe Solarzellen, semitransparent

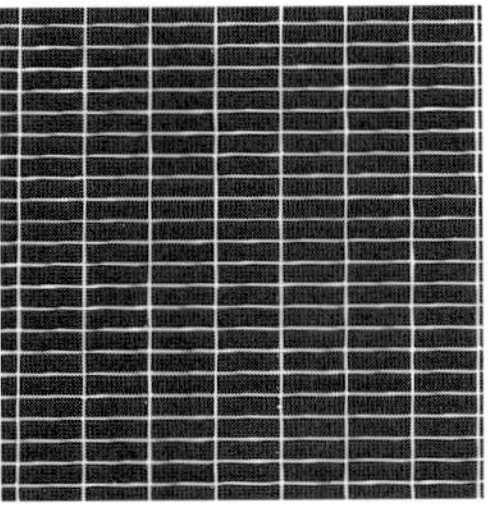

Amorphe Solarzellen, opak

Bild 5.92
Photovoltaische Module

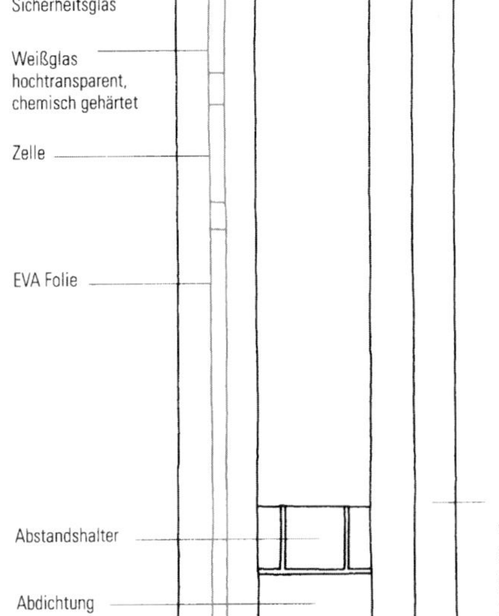

Bild 5.93
Modul Isolierglasaufbau

5

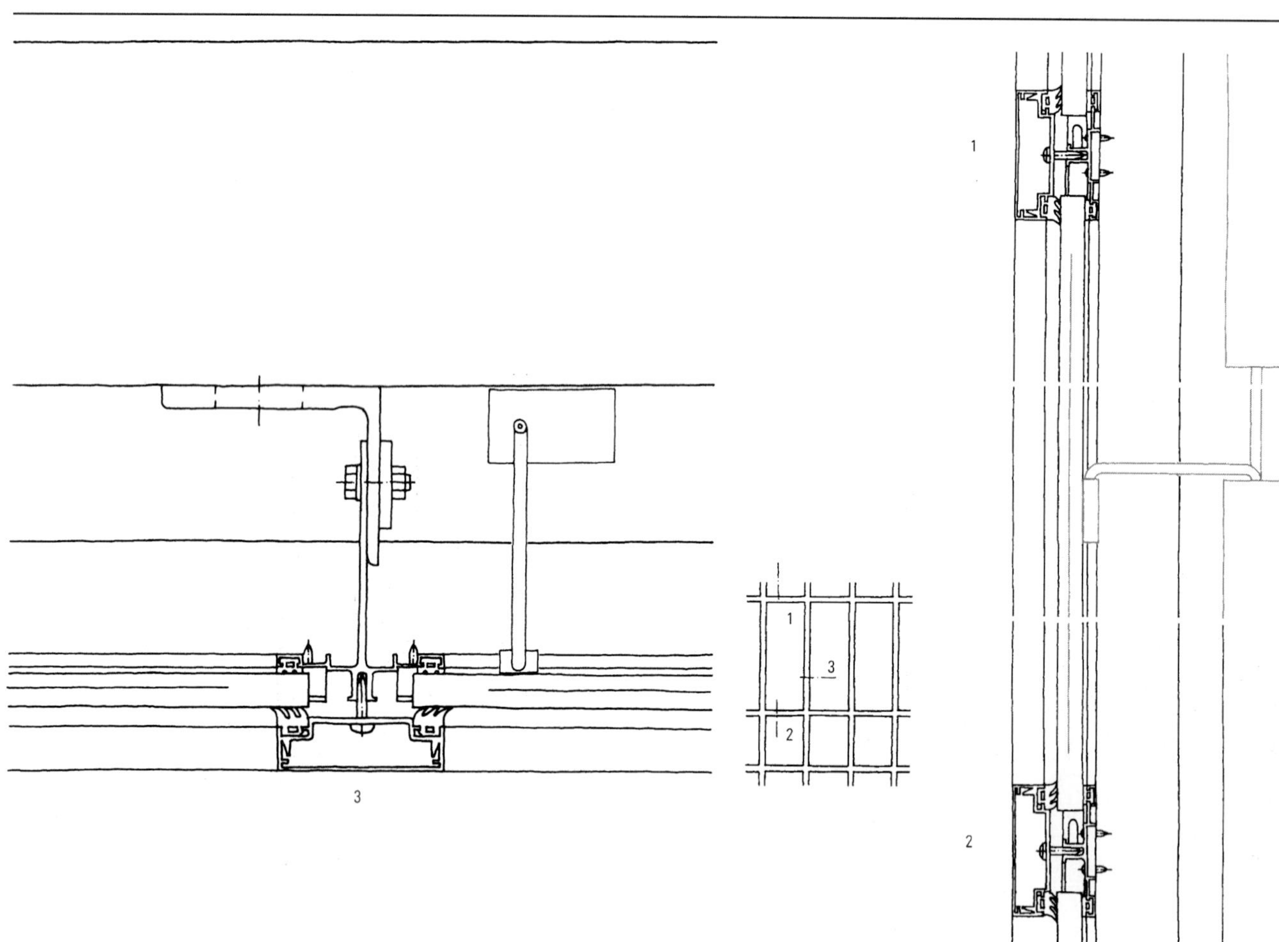

Kristalline Module (monokristalline und polykristalline Zellen) besitzen zwar hohe Wirkungsgrade je nach Basismaterial und bieten hohe gestalterische Möglichkeiten, sind jedoch teurer als amorphe Module, deren Wirkungsgrade bei ca. 5% liegen. Ein besonderer Vorteil liegt hier noch darin, daß die Ausgangsspannung deutlich höher ist, wodurch sich eine einfachere Anlagenkonzeption ergibt. Der Einsatz von Photovoltaik-Elementen (Photovoltaik-Generatoren) ist nur in den Teilen eines Gebäudes sinnvoll, die einen großen Teil des Tages direkt von der Sonne beschienen werden. Der so gerichtete Anteil der Gebäudefassaden oder Dächer liefert den größten Teil der Energie, wobei auch ein Solargewinn infolge diffuser Strahlung mit sehr geringem Wirkungsgrad zu verzeichnen ist. Photovoltaik-Elemente sollten sowohl den direkten als auch den diffusen Anteil der Sonnenstrahlung weitestgehend nutzen, wobei sich eine Ausrichtung der zu nutzenden Flächen zwischen Südost und Südwest als Ausrichtung empfiehlt. Bild 5.94 zeigt beispielhaft einen Fassadenschnitt einer Kaltfassade mit "opak" amorphen Modulen (System CW 80, Firma Schüko International).

Bild 5.94
Fassadenschnitt, Kaltfassade System CW 80 mit „opak" amorphen Modulen (Fa. Schüco International)

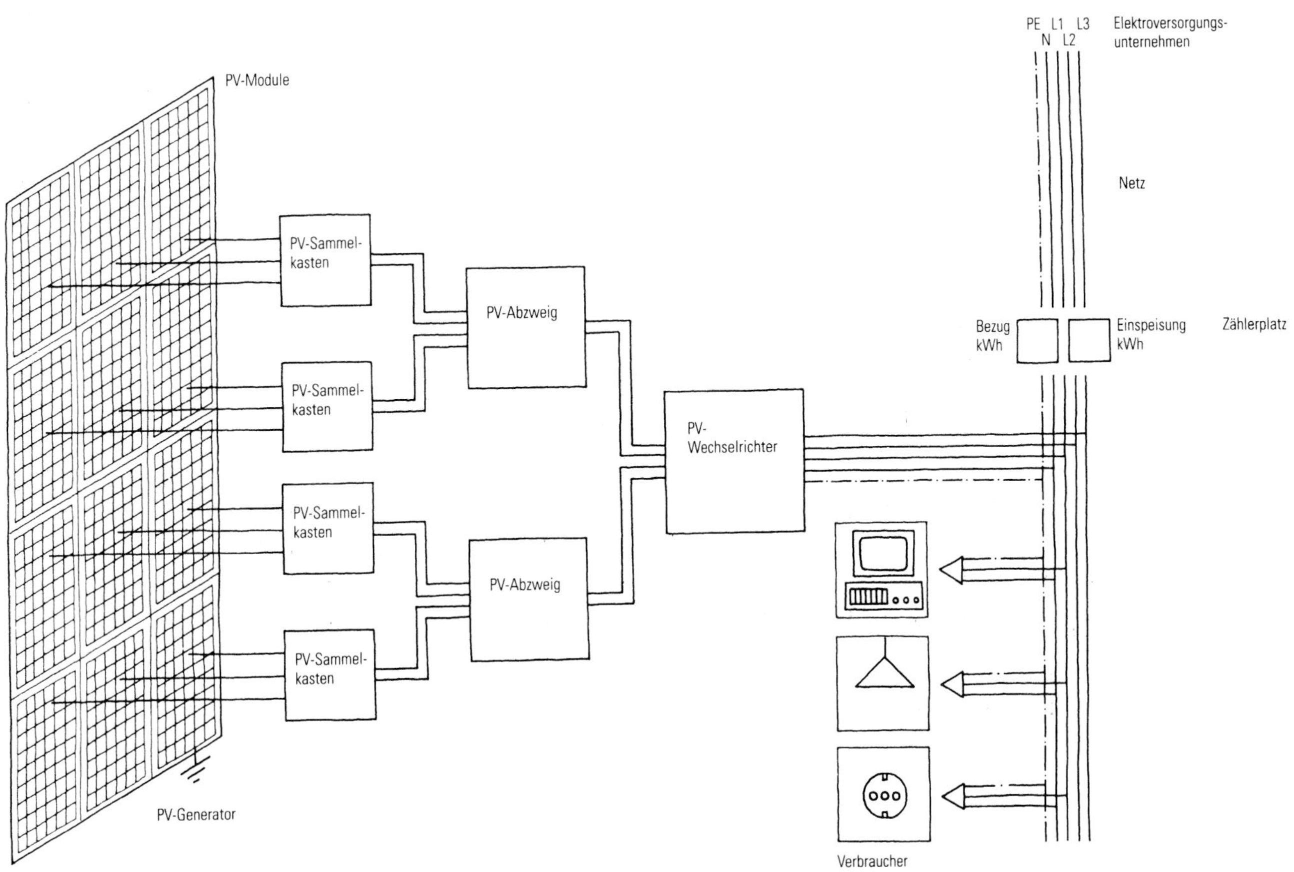

Bild 5.95
Schaltschema einer Photovoltaik-Anlage

In Bild 5.95 ist ein Elektroschema dargestellt das zeigt, in welcher Form die elektrisch gewonnene Energie gesammelt und über einen Wechselrichter den elektrischen Energieverbrauchern eines Hauses zugeführt werden kann.

Da Photovoltaik-Elemente bei voller Sonneneinstrahlung (> 800 W/m²) eine elektrische Leistung von ca. 1,0 - 1,5 W abgeben und sich je m² ca. 100 kWh/a an elektrischer Energie gewinnen lassen, sind Photovoltaik-Anlagen zum heutigen Zeitpunkt noch nicht konkurrenzfähig (Amortisationszeiten zu lang). Gleichwohl erscheint es sinnvoll und notwendig, in der Zukunft in höherem Maße Photovoltaik-Anlagen einzusetzen, um den Fortschritt einerseits und den Umweltschutz andererseits zu unterstützen. Bei ca. Investitionskosten von 1.500,– DM/m² Modulfläche lassen sich z.Zt. elektrische Energiekosten in Höhe von ca. 75,– DM/m² a Modulfläche einsparen, woraus eine Amortisationszeit in einer Größenordnung von ca. 20 Jahren resultiert.

5.8. BLITZSCHUTZANLAGEN

Durch Auffangen und Ableiten des Blitzstromes in die Erdungsanlage dient der äußere Blitzschutz dem Schutz von Gebäuden gegen Blitzschlag.

Der äußere Blitzschutz besteht aus:
- Fangeinrichtung
- Ableitung
- Erdungsanlage.

Das Prinzip des äußeren Blitzschutzes mit Anschluß an den Potentialausgleich zur Verbindung mit dem inneren Blitzschutz ist aus Bild 5.96 zu entnehmen.

Die Fangeinrichtung umfaßt alle metallenen Bauteile (Fangleitungen, Fangstangen) die auf, oberhalb, seitlich oder neben der baulichen Anlage aufgebaut sind und dient als Einschlagspunkt für den Blitz.

Im Regelfall wird unabhängig von der Gebäudehöhe auf der Dachfläche ein maschenförmiges Fangnetz (Maschenweite 10 m · 20 m) errichtet. Bei Gebäuden bis 20 m Gesamthöhe können Fangleitungen oder Fangstangen errichtet werden, denen ein Schutzraum von 45° zugeordnet wird. Dabei ergibt sich bei Fangleitungen ein Schutzraum ähnlich einem Zelt mit halbrunden Abschlüssen, bei Fangstangen ein Schutzraum wie ein Kegel.

Die Ableitung des Blitzes erfolgt durch die elektrisch leitende Verbindung zwischen der Fangeinrichtung und der Erdungsanlage. Je 20 m Umfang der Dachaußenkanten ist eine Ableitung vorzusehen.

Die Erdungsanlage dient zum Einführen des Blitzstromes in die Erde. Sie besteht im Regelfall aus einem geschlossenen Ringerder um das Gebäude (Fundamenterder) oder einem Oberflächenerder im Erdreich (in Sonderfällen Einzelerder).

Die Anzahl der Ableitungen bei verschiedenen Gebäudeformen und Umfängen der Dachaußenkanten ergibt sich aus Tabelle 5.13.

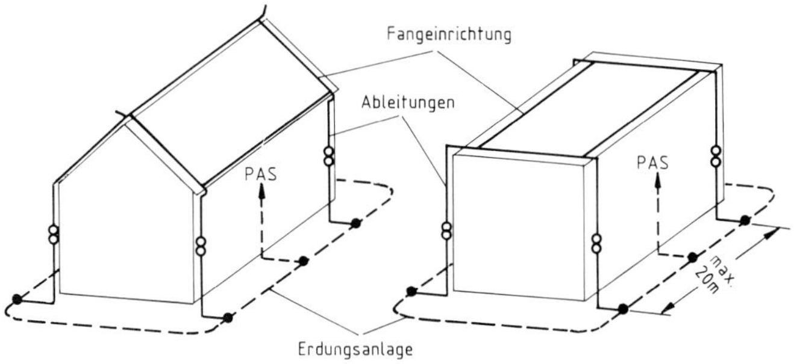

Bild 5.96
Prinzip des äußeren Blitzschutzes mit Anschluß an den Potentialausgleich (PAS) zur Verbindung mit dem inneren Blitzschutz

Umfang der Dachaußenkanten	**Anzahl der Ableitungen bei**		
	Symmetrisches Gebäude	Unsymmetrisches Gebäude	Satteldach bis max. 12 m Breite oder Länge
	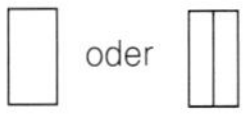 oder		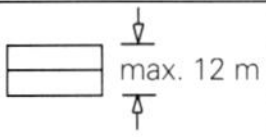 max. 12 m
... 20 m	1	1	1
21 ... 49 m	2	2	2
50 ... 69 m	4	3	2
70 ... 89 m	4	4	4
90 ...109 m	6	5	4
110 ...129 m	6	6	6
130 ...149 m	8	7	6

Tabelle 5.13
Anzahl Ableitungen in Abhängigkeit der Gebäudeformen

Der äußere Blitzschutz unterscheidet sich im wesentlichen nach der Art der Fangeinrichtungen. Hierbei unterscheidet man:

- Fangeinrichtung Masche
- Fangeinrichtung, Fangleitung mit Schutzraum
- Fangeinrichtung, Fangstange mit Schutzraum.

Die Bilder 5.97.1 zeigen verschiedene Fangeinrichtungen- Masche- wobei gut erkennbar ist, daß je 20 m Umfang ein Ableiter zu setzen ist. Bild 5.97.2 zeigt Fangeinrichtungen mit Fangleitungen über das Gebäude hinweg, Bild 5.98 Fangeinrichtung mit Fangstangen, wobei diese entweder auf dem Gebäude oder auch neben dem Gebäude stehen können, jedoch die Fangstange eine maximale Höhe über Erdreich von 30 m haben darf. Darüber hinaus fällt die Wirksamkeit ab.

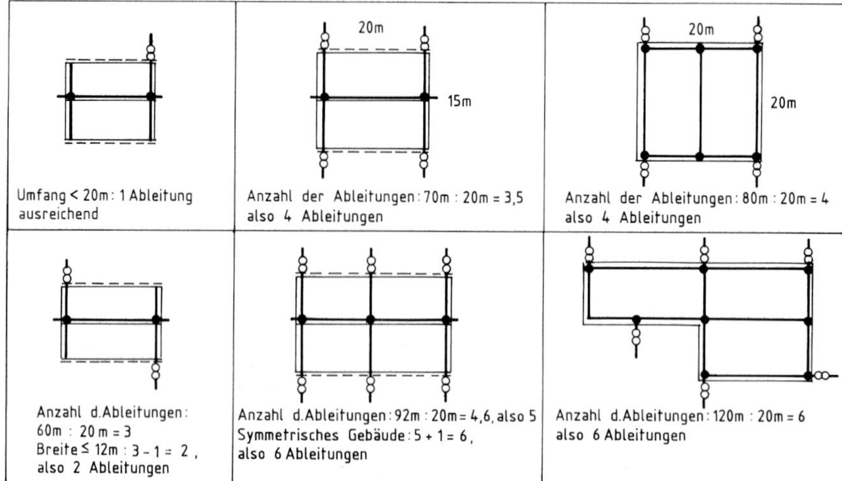

Bild 5.97.1
Fangeinrichtung „Masche"

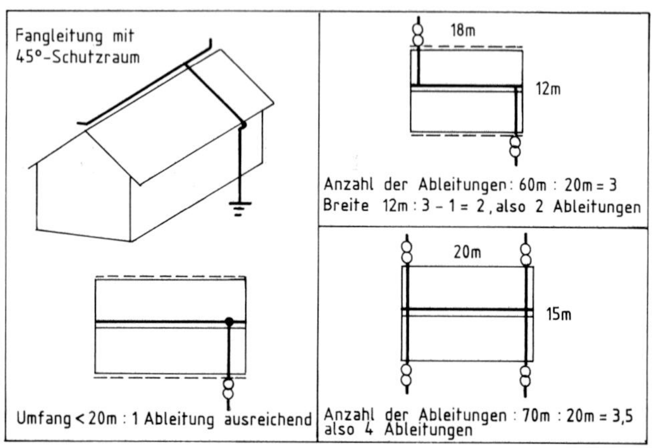

Bild 5.97.2
Fangeinrichtung mit Fangleitung

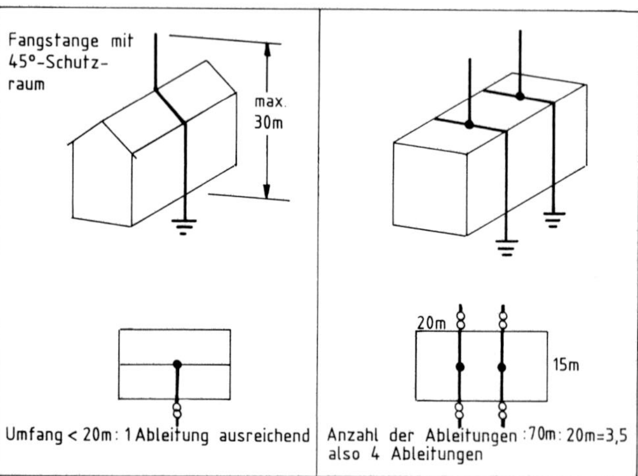

Bild 5.98
Fangeinrichtung mit Fangstangen

Bild 5.99 zeigt die Blitzschutzanlage auf dem Dach eines sehr großen Gebäudes, wobei hier erkennbar ist, daß innere Ableitungen (1/2) zusätzlich der Ableitung des Blitzes dienen. Dabei ist darauf zu achten, daß der Abstand der inneren Ableitungen untereinander und der Abstand zu den äußeren Ableitungen 40 m nicht überschreitet. Aus dieser Vorgabe ergibt sich die erforderliche Anzahl der inneren und äußeren Ableitungen. Sind innere Ableitungen nicht möglich, so ist die entsprechende Zahl der äußeren Ableitungen zu erhöhen, wobei jedoch ein Abstand von 10 m bei den äußeren Ableitungen nicht unterschritten werden muß.

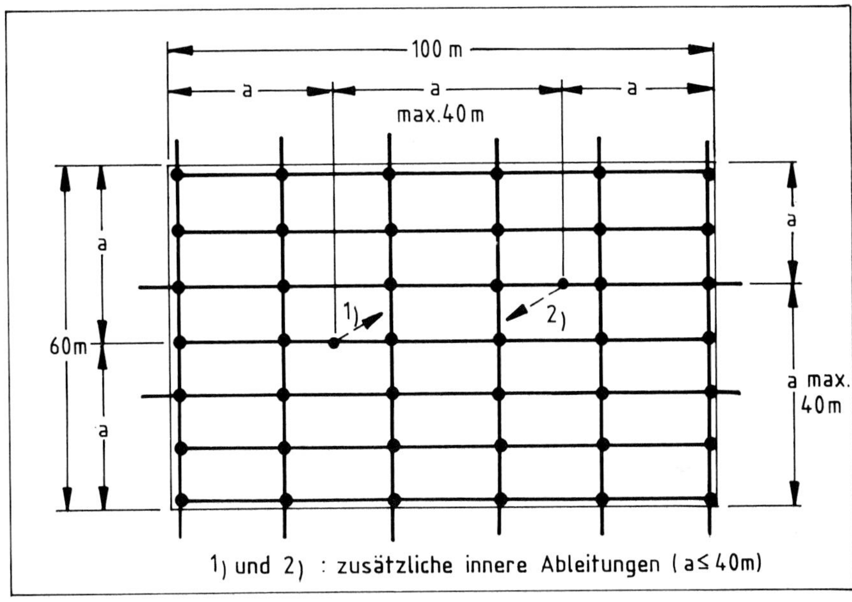

Bild 5.99
Blitzschutzeinrichtung Masche auf großen Flächen

Metallene Bauteile außerhalb des Gebäudes oder an der Außenhaut des Gebäudes (Schienen von Außenaufzügen, Feuerleitern) können als Ableitungen verwendet werden. Bei Stahlskelettbauten dient das Stahlskelett als Ableitung, bei Stahlbetonbauten können die Bewehrungsstahle ebenfalls als Ableitungen verwendet werden, sofern eine elektrisch gut leitende Verbindung zur Erdungsanlage besteht. Trifft dies nicht zu, so sind entweder gesonderte Leitungen in den Stahlbeton einzulegen oder außen zu verlegen. Bei Metallfassaden können als Ableitungen senkrecht durchgehende, elektrisch leitende Metallprofile (Profileteile oder Unterkonstruktion) verwendet werden. Dabei ist wiederum ein leitender Übergang sicherzustellen und gegebenenfalls mit Einzelteilen der Metallfassade zu verbinden. Auch Regenfallrohre aus Metall können als Ableitungen verwendet werden, sofern die Stoßstellen gelötet bzw. mit gelöteten oder genieteten Laschen verbunden sind. Sie sind in jedem Fall jedoch mit einer Erdungsanlage zu verbinden. Metallene Installationen im inneren des Gebäudes dürfen in keinem Fall als Ableitung verwendet werden, sind jedoch an ihrem Fußpunkt an den Potentialausgleich oder die Erdungsanlage anzuschließen, wie bereits in Bild 5.21 gezeigt.

5.9. ELEKTROZENTRALEN

Elektrozentralen sind Räume, die die elektrischen Zentraleinrichtungen aufnehmen und in der Regel im Erdgeschoß oder 1. Untergeschoß eines Gebäudes liegen. In Ausnahmefällen können die Mittelspannungsschaltanlage und die Transformatoren von der Niederspannungshauptverteilung getrennt und in einem anderen Geschoß untergebracht werden (weiteres Untergeschoß, Erdgeschoß, Zwischengeschosse oder Dachgeschoß). Elektrozentralen sind Räume, in denen grundsätzlich keine Wasserleitungen verlegt werden sollen und die möglichst staubfrei gehalten werden. Zur Abführung der Verlustwärme von Schaltanlagen, Trafos, Hauptverteilungen sind Lüftungsmöglichkeiten vorzusehen, die entweder auf natürlicher oder mechanischer Basis arbeiten. Dabei zu berücksichtigen ist, daß ausreichend große Möglichkeiten der Einbringung von Anlagenteilen (Trafos, Netzersatzanlagen) gegeben sind, um nachträgliche Installationen oder Ersatzinstallationen zu ermöglichen. Der Platzbedarf der Elektrozentrale ohne Notstromanlage oder unterbrechungsfreie Stromversorgung liegt bei 6 m^2 je 1000 m^2 Nutzfläche und soll möglichst nahe an den Lastschwerpunkten plaziert werden. Genauere notwendige Flächenansätze für die Mittelspannungsschaltanlage und Transformatoren sind der Tabelle 5.14 zu entnehmen. (Lastschwerpunkt = Räume mit hohem elektrischen Energiebedarf). Die Belastbarkeit von Böden in Elektrozentralen soll mit 1000 kN/m2 in der Vordimensionierung angesetzt werden, da teilweise große Flächenlasten und Punktlasten auftreten. Der Platzbedarf für Netzersatzanlagen ergibt sich gemäß Tabelle 5.15 in Abhängigkeit der Aggregateleistung.

Hierin nicht berücksichtigt sind größere Vorratsbehälter. Der Flächenbedarf von USV-Anlagen kann außerordentlich unterschiedlich sein und liegt bei hochinstallierten Gebäuden mit großen Rechenzentren etwa in der Größen-

Bild 5.100 und 5.101 zeigen nochmals Elektrozentralen mit allen wesentlichen Aggregaten, Raumgrößen und -anordnungen, Einbringschächten und Montagewegen sowie Fluren (Fluchtwege), usw. Ansonsten sind die Bilder 5.22, 5.24, 5.25 und 5.33 zu beachten, gleichermaßen Tabelle 5.3.

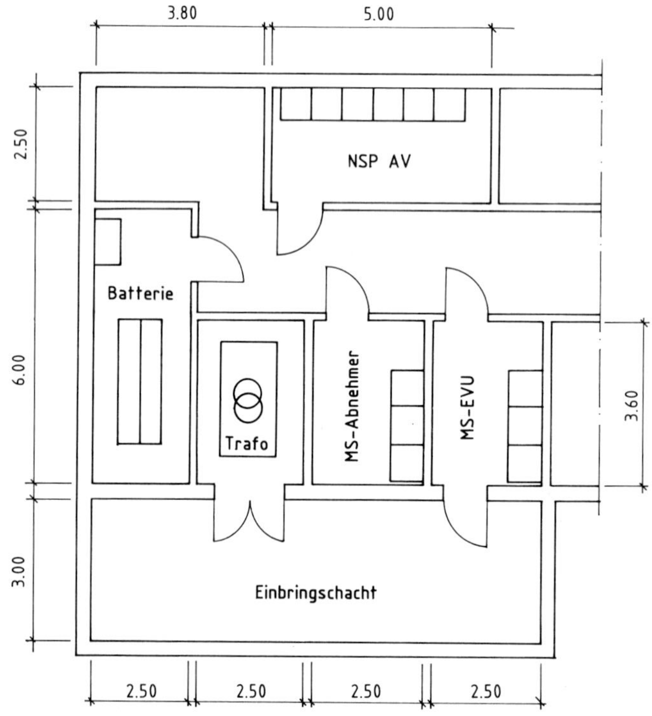

Bild 5.100
Elektrozentrale eines Gebäudes mit einer Gesamtanschlußleistung von ca. 500 kW

Raumansatz für	Grundfläche (m²)	Bemerkungen
Mittelspannungsschaltanlage für Transformatoren		
Höchstleistung bis 100 kVA Niederspannungsseitige Messung, Lasttrennschalter mit Sicherungen und Transformator in einer Zelle.	8	Mindestraumhöhe für Mittelspannungsschalträume 10 kV : 3,0 m 20 kV : 3,5 m 30 kV : 5,0 m
Höchstleistung bis 100 kVA Gemeinsamer EVU- und DBP-Teil, mittel- oder niederspannungsseitige Messung, bestehend aus: 1 Kabeleinspeisezelle ggfls. mit Meßsatz, 1 Trafoschaltzelle mit 1 Transformator	15	Die Raumhöhen beziehen sich auf offene Schaltanlagen. Bei Einbau von Leistungsschaltern prüfen, ob Raumhöhe ausreicht.
Höchstleistung bis 100 kVA Getrennter EVU- und DBP-Teil, mittel- oder niederspannungsseitige Messung, bestehend aus: 1 Kabeleinspeisungszelle ggfls. mit Meßsatz 1 Trafoschaltzelle mit 1 Transformator	15	Die Höhe der Transformatorkammern ist in Abhängigkeit von den Lüftungsquerschnitten und den Transformatorverlusten festzulegen.
Höchstleistung über 100 kVA bis 500 kVA Niederspannungsseitige Messung und 1 Transformator. Getrennter EVU- und DBP-Teil, bestehend aus: 1 oder 2 Kabeleinspeisezellen, 1 Trafoschaltzelle und 1 Trafozelle, bei einer Kabeleinspeisezelle bei zwei Kabeleinspeisezellen	17 25	Lage der Mittelspannungsversorgungsanlagen möglichst im Schwerpunkt der Energieverbraucher und ebenerdig. Die Grundflächen für die Mittelspannungsversorgungsanlagen gelten nur bei Reihenspannungen bis 20 kV.
Höchstleistung über 100 kVA bis 500 kVA Mittelspannungsseitige Messung und 1 Transformator. Getrennter EVU- und DBP-Teil, bestehend aus: 1 oder 2 Kabeleinspeisezellen, 1 Meßzelle, 1 Trafoschaltzelle und 1 Trafozelle, bei einer Kabeleinspeisezelle bei zwei Kabeleinspeisezellen	23 25	
Höchstleistung von 500 kVA bis 1260 kVA Mittelspannungsseitige Messung und 2 Transformatoren. Getrennter EVU- und DBP-Teil, bestehend aus: 2 Kabeleinspeisezellen, 1 Meßzelle, 1 Übergabezelle, 2 Trafoschaltzellen und 2 Trafozellen	50 (65) *	*) (bei Reihe 30)
Höchstleistung über 1260 kVA Mittelspannungsseitige Messung und 3 Transformatoren. Getrennter EVU- und DBT-Teil, bestehend aus: 2 Kabeleinspeisezellen, 1 Meßzelle, 1 Übergabezelle, 3 Trafoschaltzellen und 3 Trafozellen **	70 (80) *	**) Erforderlichenfalls zusätzlich eine Kabeleinspeisezelle für Direkteinspeisung

Tabelle 5.14
Technikflächen für Starkstromversorgungsanlagen

5

Leistung ...... kVA	Grundfläche [m²]	Raumhöhe [m] (über Aufbeton)	Raum- [m³]	zu lagernde Kraftstoffmengen	Bemerkungen
					Die Raumgrößen gelten für Aggregate mit luftgekühlten Dieselmotoren bis 150 kVA und wassergekühlten Dieselmotoren von 12 bis 400 kVA.
63	35	3,1	115	700 L	In den Raumgrößen ist auch der Platzbedarf für die zu den NSA gehörenden Schalttafeln enthalten (ausgenommen die Niederspannungsverteilung).
160	50	3,4	170	2000 L	Verhältnis Länge : Breite des Raumes zwischen 1,5 : 1 und 1,9 : 1.
250	65	3,6	235	3000 L	Ausreichende Einbringöffnungen vorsehen.
400	80	4,1	330	5000 L	bei großen Leistungen ist u. U. aus lüftungstechnischen Gründen (Abstrahlungswärme der Motoren) eine Vergrößerung der Räume erforderlich.
					Wassergekühlte Anlagen, die Ventilatorkühlung erhalten, benötigen für die Kühleinrichtung etwa 10 v.H. Raumvolumen zusätzlich.
					Eine neue Konzeption von NSA wird z.Z. erarbeitet. Im Zuge dieser Entwicklung werden u.a. auf dem Grundrahmen aufgebaute Kühler in Frage kommen. Die angegebenen Grundflächen erhöhen sich dann um etwa 5 m². Dabei entfallen die 10 %igen Aufschläge für die Kühlerstrecke.
					Die Kraftstoffbevorratung entspricht etwa einem 40-h-Betrieb.

Tabelle 5.15 Raumbedarf von Eigenstromerzeugungsanlagen [Notstromanlagen (NEA) ortsfest]

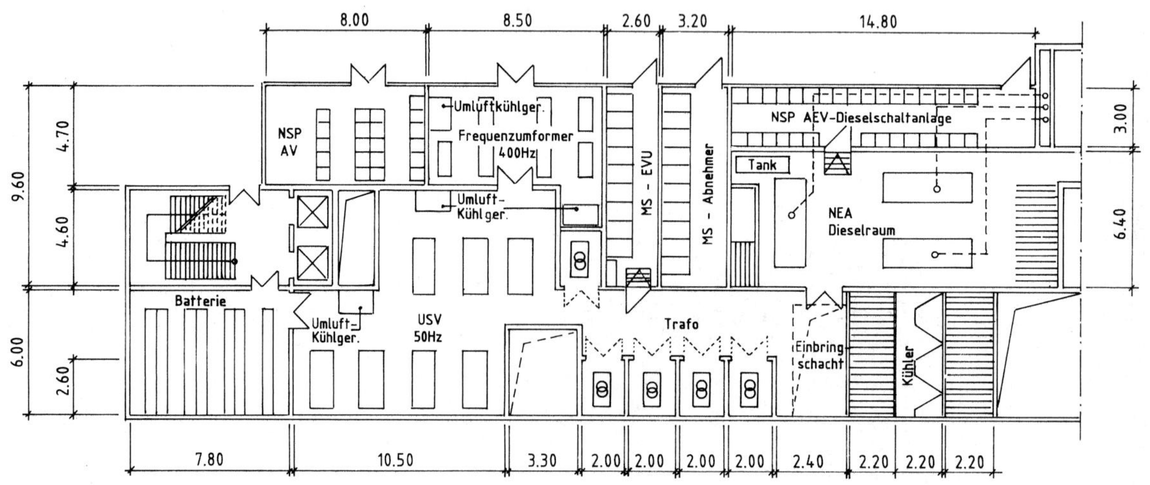

Bild 5.101
Elektrozentrale etwa 3000 kW mit Batterie/USV/NEA

LICHTTECHNIK

6

6.1. LICHTTECHNISCHE GÜTEKRITERIEN

6.1.1. Allgemeines

In allen Hochkulturen hat das Licht mit seinem Symbolgehalt und seiner Qualität eine große Rolle gespielt. Baumeister der früheren Jahrhunderte haben sich beim Entwurf und bei der Erstellung von Gebäuden an der Sonne als Lichtquelle orientiert, sie waren in diesem Zusammenhang auch Lichtplaner. Erst mit der Entwicklung der Vielfalt von Leuchtmitteln und Leuchten und der schnellen technischen Entwicklung im Bereich der Lampen und Leuchten, ist zum Teil der Umgang mit Licht den Architekten erschwert worden.

Licht ist ein kreatives Mittel, vielleicht das Wirkungsvollste von allen, weil wir unsere Umgebung mit unseren Augen sehen und weil die Art, wie wir sehen und wahrnehmen, davon abhängt, wie Dinge beleuchtet sind.

Es gibt Licht um Arbeit zu erleichtern, um Farbe, Brillianz und Struktur zu verdeutlichen, um Räume zu vergrößern, um Intimität zu unterstützen, um Aufmerksamkeit zu lenken, um zu besänftigen oder anzuregen, zum Anschauen oder sich daran zu erfreuen.

Licht als wichtigster Informationsträger unterstützt unsere Sinneseindrücke, die über das Auge wahrgenommen werden, wobei 80 % aller Informationen über unser Auge gelangen. Der Mensch erlebt sein Umfeld durch das Wechselspiel von Licht, Material und Raum.

Die Beleuchtung ist somit ein relevanter Umweltfaktor, der das Sehen und das Wohlbefinden des Menschen maßgebend beeinflußt. Das Zusammenwirken von verschiedensten Merkmalen wie

- Beleuchtungsstärke
- Leuchtdichteverteilung
- Helligkeitsverteilung
- visuelle Umgebung
- Zusammenspiel von Kunst- und Tageslicht
- Lichtfarbe und Farbwiedergabe
- Schattigkeit und Lichtrichtung
- zeitliche Gleichmäßigkeit
- Blendungsbegrenzung

für eine bestimmte Sehaufgabe gibt Hinweise über die Güte einer Beleuchtungsanlage. Richtig eingesetzte Beleuchtungstechnik schafft ein harmonisches Umfeld für die auszuübende Tätigkeit, wobei sowohl die notwendigen Voraussetzungen für das Sehen und Erkennen geschaffen als auch Akzente für Zonen der Erholung und Entspannung gesetzt werden.

Lichtplanung ist also Planung der visuellen Umwelt des Menschen. Ihr Ziel ist die Schaffung von Wahrnehmungsbedingungen, die ein effektives Arbeiten, eine sichere Orientierung, das Wohlbefinden in einer Umgebung sowie deren ästhetische Wirkung ermöglichen. Mit unterschiedlichen Beleuchtungssystemen und Lampen verschiedener Lichtfarben lassen sich unterschiedliche Raummilieus erzeugen, die all das darstellen, was zuvor gesagt wurde.

Bild 6.1 zeigt für einen Raum verschiedene Raummilieus durch Beleuchtungsvarianten und Lichtfarben.

Wesentlich bei der Planung der Beleuchtung von Räumen ist, sich anfänglich mit dem Raummilieu oder verschiedenartigen Milieus auseinanderzusetzen, die geschaffen werden sollen, um allen Ansprüchen eines beleuchteten Raumes gerecht zu werden. Lampen, Leuchten usw. sind lediglich Hilfsmittel, um ein gestalterisches und Raum-Milieu zu erreichen. Meßwerte besagen über die Qualität des Lichtes relativ wenig, sondern beschreiben lediglich technische Zusammenhänge, die der Bewertung dienen.

Bild 6.1
Verschiedene Raummilieus durch Beleuchtungsvarianten und Lichtfarben

6.1.2. Begriffe – Formelzeichen – Dimensionen

Sachwortregister

Dieser Teil des Handbuches enthält eine Auswahl von Begriffen und Definitionen, die sich auf Beleuchtung und Farbe beziehen (Auszug aus Philips Licht Handbuch).

Die Begriffe stehen in alphabetischer Reihenfolge.

Ein umfassenderes Verzeichnis von Begriffen und Definitionen der Lichttechnik findet sich in der CIE-Publikation Nr. 17 (Intenational Lighting Vocabulary), mit der die hier verwendeten Begriffe weitgehend übereinstimmen.

• **Abschirmung :**

Teil einer Leuchte, der die Lampen gegen Einblick aus einem bestimmten Winkelbereich abschirmt.

• **Absorption :**

Umwandlung von Strahlungsenergie in eine andere Energieform bei Wechselwirkung mit Materie.

• **Absorptionsgrad :**

Verhältnis des absorbierten Stahlungsflusses oder Lichtstroms zum eingestrahlten Strahlungsfluß beziehungsweise Lichtstrom.

• **Adaption :**

1. Vorgang der Anpassung des Sehorgans an Leuchtdichten und Farben im Sehraum.

2. Endzustand dieses Prozesses.

• **Ähnlichste Farbtemperatur :**

Die Farbtemperatur, deren Ort auf der Planckschen Kurve dem Farbort einer Lichtart in einer gleichförmigen Farbtafel am nächsten liegt.

Einheit : Kelvin (K).

• **Akkommodation :**

Die Fähigkeit des Auges, sich auf ein Objekt in beliebiger Entfernung vom Auge einzustellen, um dieses Objekt zu betrachten.

• **Allgemeinbeleuchtung :**

Gleichmäßige Beleuchtung eines Raumes ohne Berücksichtigung der besonderen Erfordernisse einzelner Raumzonen.

• **Aufhängehöhe :**

Höhe der Leuchten über der Bezugsebene.

• **Beleuchtung durch gerichtetes Licht :**

Beleuchtungsart, bei der die Beleuchtung auf der Nutzebene oder auf einem Objekt aus einer Vorzugsrichtung erfolgt.

• **Beleuchtungsstärke (E) an einem Punkt einer Fläche:**

Quotient aus dem Lichtstrom, den ein den betrachteten Punkt enthaltendes Flächenelement empfängt, und der Fläche dieses Elements.
Einheit: Lux (lx).

• **Beleuchtungswirkungsgrad:**

Verhältnis des Nutzlichtstromes zu dem Lichtstrom, der von den Lampen ausgestrahlt wird.

• **Betriebswirkungsgrad einer Leuchte:**

Das Verhältnis des aus der Leuchte austretenden Lichtstroms, der unter bestimmten praktischen Bedingungen zu messen ist, zur Summe der Lichtströme der einzelnen Lampen, wenn diese unter festgelegten Bedingungen außerhalb der Leuchte betrieben werden.

• **Bezugsfläche:**

Fläche, auf die man empfohlene Beleuchtungsstärkewerte bezieht oder auf der sie gemessen werden.

• **Blendung:**

Sehzustand, der durch zu hohe Leuchtdichten oder zu große räumliche oder zeitliche Leuchtdichtekontraste als unangenehm empfunden wird oder eine Herabsetzung der Sehfunktion zur Folge hat.

• **Brechung:**

Änderung der Fortpflanzungsrichtung einer Strahlung infolge der örtlichen Unterschiede der Fortpflanzungsgeschwindigkeit in einem optisch inhomogenen Medium oder beim Durchgang durch die Grenzfläche zweier optisch verschiedener Medien.

• **Cos-Gesetz:**

Dieses Gesetz besagt, daß die Beleuchtungsstärke in einem Punkt einer Fläche proportional dem Kosinus des Einfallwinkels (des Winkels zwischen der Richtung des einfallenden Lichtes und der Flächennormalen) ist.

$$E = \frac{I}{d^2} \cos a$$

• **Diffuse Beleuchtung:**

Beleuchtungsart, bei der die Beleuchtung auf der Nutzebene oder auf einem Objekt nicht aus einer bevorzugten Richtung erfolgt.

• **Direkte Beleuchtung:**

Beleuchtungsart mit Leuchten, die 90 bis 100 % ihres Lichtstromes direkt auf die unendlich ausgedehnt gedachte Nutzebene werfen.

• **Direkter Lichtstrom einer Anlage:**

Der Lichtstrom, der die Bezugsebene direkt ohne Umweg von den Leuchten der Anlage aus erreicht.

• **Entladungslampe:**

Lampe, in der das Licht entweder direkt oder vermittels Leuchtstoffe durch eine elektrische Entladung in Gasen, Metalldämpfen oder einer Mischung beider erzeugt wird.

• **Explosionsgeschützte Leuchte:**

Leuchte in geschlossener Bauart, die den jeweils bestehenden Vorschriften für die Verwendung in explosionsgefährdeten Räumen genügt.

• **Farbreiz:**

Die ins Auge eindringende, eine Farbempfindung auslösende, physikalisch definierte Strahlung.

• **Farbtafel:**

Ebenes Schaubild, das die Ergebnisse der Mischung von Farbreizen zeigt und in dem jede Farbart durch einen einzigen Punkt eindeutig festgelegt ist.

• **Farbtemperatur:**

Temperatur des schwarzen Strahlers, bei der er eine Strahlung emittiert, die die gleiche Farbart wie die betrachtete Strahlung besitzt.

Einheit: Kelvin, K

• **Farbton:**

Die Eigenschaft einer Gesichtsempfindung, die Bezeichnungen der Farbe wie Blau, Grün, Gelb, Rot und Purpur entstehen läßt.

• **Farbwiedergabe:**

Die Auswirkung einer Lichtart auf den Farbeindruck von Objekten, die mit ihr beleuchtet werden, im bewußten oder unbewußten Vergleich zum Farbeindruck der gleichen Objekte unter einer Bezugslichtart, d. h. ganz allgemein: die Beziehung zwischen Wiedergabefarbe und Originalfarbe.

• **Farbwiedergabeindex (Ra) einer Lichtquelle:**

Ein Maß für die Übereinstimmung des Farbeindrucks von Objekten bei Beleuchtung durch eine Lichtquelle mit dem Farbeindruck der gleichen Objekte bei Beleuchtung durch eine Bezugslichtart, jeweils für bestimmte Beobachtungsbedingungen.

• **Fluoreszenz:**

Photolumineszenz mit verschwindend kleiner Abklingzeit.

• **Frequenz (f, v):**

Die Frequenz gibt an, wievielmal sich ein periodischer Vorgang in der Zeiteinheit wiederholt.
Einheit: Hertz (Hz): 1 Hz = 1 s^{-1}.

• **Gasentladung:**

Durchgang von elektrischem Strom durch Gase und Dämpfe infolge der Erzeugung und des Transportes geladener Teilchen unter dem Einfluß einer angelegten Spannung. Die damit verbundene Abgabe elektromagnetischer Strahlung wird in fast allen Anwendungsgebieten der Beleuchtungstechnik ausgenutzt.

• **Gasentladungslampe:**

Entladungslampe, bei der die Entladung in einem Gas stattfindet (z.B. Xenon-, Neon-, Helium-, Stickstoff-, Kohlendioxid-Lampe).

Anmerkung: Der Ausdruck 'Neonröhre' wird häufig in falscher Verallgemeinerung auch auf sonstige röhrenförmige Entladungslampen angewendet.

• **Gemischte Reflexion:**

Gleichzeitig vorhandene gerichtete und gestreute Reflexion.

• **Gerichtete Reflexion: spiegelnde Reflexion:**

Reflexion ohne Streuung gemäß den Gesetzen der optischen Spiegelung.

• **Gesichtsfeld:**

Gesamtheit der Richtungen im Raum, in denen ein Gegenstand wahrgenommen werden kann, wenn das Auge (die Augen) geradeaus blickt (blicken). Das Gesichtsfeld kann monokular oder binokular sein.

• **Gestreute Reflexion:**

Reflexion in verschiedenen Richtungen soweit die Gesetze der optischen Spiegelung makroskopisch nicht in Erscheinung treten.

• **Gestreute Transmission:**

Transmission einer Strahlung in verschiedenen Richtungen, soweit die Gesetze der optischen Brechung, makroskopisch gesehen, nicht in Erscheinung treten.

• **Gleichförmige Beleuchtung:**

Beleuchtungsart mit Leuchten, die 40 bis 60% ihres Lichtstroms direkt auf die unendlich ausgedehnt gedachte Nutzebene werfen.

• **Gleichförmige Farbtafel; UCS-Farbtafel:**

Eine Farbtafel, in der die Abstände der Farborte zweier Farbarten dem wahrgenommenen Farbartenunterschied annähernd proportional sind und zwar unabhänig vom Farbgebiet.

• **Gleichmäßigkeit der Beleuchtung:**

Verhältnis der Beleuchtungsstärken einer gegebenen Fläche, ausgedrückt als
1. das Verhältnis der niedrigsten zur höchsten Beleuchtungsstärke
2. das Verhältnis der niedrigsten zur mittleren Beleuchtungsstärke.

Anmerkung: In einigen Ländern wird der Kehrwert dieser Verhältnisse verwendet, der dann größer als 1 ist.

• **Glimmentladung:**

Entladung, bei der die Sekundäremission der Kathode (infolge Ionenbeschuß) gegenüber der thermischen Emission überwiegt.

• **Glühlampe:**

Lampe, bei der das Licht von einem durch elektrischen Strom erhitzten Glühkörper ausgestrahlt wird.

• **Halbwertsstreuwinkel (Zehntelstreuwinkel) eines Scheinwerfers:**

Winkel, innerhalb dessen die Lichtstärke auf die Hälfte (1/10) ihres Maximalwerts abfällt.

• **Halogen-Glühlampe:**

Gasgefüllte Glühlampe, die einen bestimmten Anteil an Halogenen enthält.

• **Halogen-Metalldampflampe:**

Entladungslampe, in der das Licht aus der Strahlung einer Mischung eines Metalldampfes (z.B. Quecksilber) mit Dissoziationsprodukten von Halogeniden (z.B. Thallium, Indium und Natrium) stammt.

• **Helligkeit:**

Die Eigenschaft einer Lichtempfindung, aufgrund derer ein Teil des Gesichtsfelds mehr oder weniger Licht auszusenden scheint.

Anmerkung: Helligkeit ist nach der Definition auch eine Eigenschaft der Farbe.

In Großbritannien wird empfohlen, den entsprechenden Begriff 'brightness' dafür vorzubehalten, die Helligkeit einer Körperfarbe zu beschreiben; in allen anderen Fällen ist der Begriff 'luminosity' zu verwenden.

- **Indirekte Beleuchtung:**

Beleuchtungsart mit Leuchten, die nur 0 bis 10% ihres Lichtstroms direkt auf die unendlich ausgedehnt gedachte Nutzebene werfen.

Indirekter Lichtstrom einer Anlage:

Der Lichtstrom, der die Bezugsebene nach Reflexion an anderen Flächen erreicht.

- **Infrarote Strahlung (IR):**

Strahlung, bei der die Wellenlängen größer als die der sichtbaren Strahlung und kleiner als etwa 1mm sind.

- **Iso-candela-Kurve (Linie gleicher Lichtstärke):**

Kurve auf einer Kugel mit der Lichtquelle als Mittelpunkt, die alle Punkte verbindet, die den Richtungen gleicher Lichtstärke entsprechen, oder die Projektion dieser Kurve auf einer Ebene.

- **Iso-Leuchtdichte-Kurve (Linie gleicher Leuchtdichte):**

Geometrischer Ort der Punkte einer Fläche, in denen die Leuchtdichte für eine bestimmte Beobachtungsrichtung und vorgegebene Lage der Leuchte zu dieser Fläche den gleichen Wert hat.

- **Iso-Lux-Kurve:**

Geometrischer Ort der Punkte einer Fläche, in denen die Beleuchtungsstärke gleiche Werte aufweist.

- **Kontrast:**

Subjektive gegenseitige Beeinflussung zweier unmittelbar aneinander grenzender oder zeitlich aufeinander folgender Gesichtseindrücke (Simultankontrast, Sukzessivkontrast).

- **Lamellenraster:**

Ein Raster, dessen wesentliche Abschirmelemente die Form gerader Streifen aus undurchsichtigem oder durchscheinendem Material haben.

- **Lampe:**

Technische Ausführungsform von künstlichen Lichtquellen.

- **Leuchtdichte (L)** in einer Richtung, an einem Punkt einer leuchtenden oder beleuchteten Fläche:

Quotient aus der Lichtstärke eines den betreffenden Punkt umschließendes Flächenelement und der aus der betreffenden Richtung gesehenen Oberfläche des Flächenelements.

Einheit: Candela je Quadratmeter, (cd/m^2).

- **Leuchtdichtefaktor** (b) an einem Punkt auf der Oberfläche eines nicht selbstleuchtenden Körpers, in einer Richtung, unter gegebenen Beleuchtungsbedingungen:

Verhältnis der Leuchtdichte des Körpers zur Leuchtdichte eines vollkommen mattweißen Körpers bei Reflexion oder bei Transmission, der in gleicher Weise beleuchtet wird.

- **Leuchtdichtekontrast C_L** zwischen zwei Teilen eines Sehfeldes:

Der relative Leuchtdichteunterschied dieser Teile. Wenn sich die beiden Teile in der Flächengröße erheblich unterscheiden, wird der Kontrast definiert durch

$$C_L = \frac{L_2 - L_1}{L_1}$$

wobei bedeuten:

L_1 = Leuchtdichte des kleineren Teils,
L_2 = Leuchtdichte des größeren Teils.

Wenn die Flächengröße der beiden Teile von gleicher Größenordnung ist, definiert man

$$C_L = \frac{L_2 - L_1}{L_2 + L_1}, \text{ oder } \frac{L_2}{L_1}$$

wobei bedeuten:

L_1 = Leuchtdichte des einen Teils
L_2 = Leuchtdichte des anderen Teils.

- **Leuchtdichte-Verteilungskurve:**

Kurve, die die Leuchtdichte einer Leuchte in einer vertikalen Ebene als Funktion des Winkels zur Vertikalen darstellt.

- **Leuchte:**

Gerät, das zur Verteilung, Filterung oder Umformung des Lichtes von Lampen dient, einschließlich der zur Befestigung, zum Schutz und der Energieversorgung der Lampen notwendigen Bestandteile.

- **Leuchte mit erhöhter Sicherheit:**

Geschlossene Leuchte, die den entsprechenden Vorschriften für die Verwendung unter Explosionsgefahr entspricht.

- **Leuchtenwirkungsgrad:**

Verhältnis des aus der Leuchte austretenden Lichtstroms, der unter bestimmten praktischen Bedingungen zu messen ist, zur Summe der von den einzelnen Lampen in der Leuchte erzeugten Lichtströme.

• **Leuchtstofflampe:**

Niederdruck-Entladungslampe, in der die ultraviolette Strahlung durch einen auf der Innenseite des Lampenkolbens aufgetragenen Leuchtstoff in Licht umgewandelt wird.

• **Licht:**

Strahlung, die unmittelbar eine Gesichtsempfindung hervorzurufen vermag, das heißt sichtbare Strahlung.

• **Lichtausbeute** (einer Lichtquelle):

Quotient aus dem abgegebenen Lichtstrom und der aufgewendeten Leistung.
Einheit: Lumen je Watt (lm/W).

• **Lichtreiz:**

Die ins Auge eindringende, eine Lichtempfindung auslösende, physikalisch definierte Strahlung.

• **Lichtstärke (I)** einer Lichtquelle in einer Richtung:

Quotient aus dem von einer Lichtquelle in einem Raumwinkelelement um die betrachtete Richtung abgestrahlten Lichtstrom und diesem Raumwinkelelement.
Einheit: Candela (cd).

Anmerkung: Die Lichtstärke von Leuchten wird in der Regel entweder in einem Lichtstärkediagramm oder in einem Isocandeladiagramm angegeben.

• **Lichtstärkediagramm** (Lichtstärketabelle):

Die in einem Polardiagramm oder in einer Tabelle wiedergegebene Lichtstärke in Candela je 1000 Lumen Lichtstrom der Lampe.

Das Diagramm für nichtsymmetrische Lichtverteilungen sollte die Lichtverteilung einer Leuchte in mindestens zwei Ebenen enthalten:

In einer vertikalen Ebene durch die Längsachse der Leuchte und
in einer Ebene im rechten Winkel zu dieser Achse.

Anmerkung: Das Lichtstärkediagramm (die Lichtstärketabelle) kann

- einen ungefähren Eindruck von der Lichtverteilung der Leuchte ermitteln
- zur punktweisen Berechnung der Beleuchtungsstärke unter der Leuchte und
- zur Berechnung der Leuchtdichteverteilung der Leuchte dienen.

• **Lichtstärkeverteilungskurve** einer Lampe oder Leuchte:

Die Kurve, meist in Polarkoordinaten dargestellt, die die Lichtstärken in einer durch die Lichtquelle gelegten Ebene als Funktion der Richtung darstellt.

• **Lichtstrom:** Φ

Die von einer selbstleuchtenden Fläche ausgestrahlte oder auf eine beleuchtete Fläche auffallende Lichtleistung. Sie entspricht der gemäß der relativen spektralen Empfindlichkeitskurve des Auges des Normalbeobachters bewerteten Strahlungsleistung.
Einheit: Lumen, (lm).

• **Metalldampflampe:**

Entladungslampe wie die „Halogen-Metalldampflampe", die 'Quecksilberdampflampe' und die 'Natriumdampflampe', in der hauptsächlich Metalldämpfe Träger der Lichterzeugung sind.

• **Metall-Halogendampflampe:** siehe **Halogen-Metalldampflampe**

• **Mischlichtlampe:**

Lampe, in deren Kolben die zur Lichtaussendung bestimmten Teile einer Hochdruck-Quecksilberdampflampe und einer Glühlampe vereinigt sind.

Der Kolben kann streuend oder mit einem Leuchtstoff versehen sein.

• **Monochromatische Strahlung:**

Elektromagnetische Strahlung von nur einer Frequenz oder Wellenlänge.

In erweitertem Sinne auch Strahlung eines sehr kleinen Frequenz- beziehungsweise Wellenlängenbereiches, der durch Angabe einer einzelnen Frequenz oder Wellenlänge gekennzeichnet werden kann.

• **Natriumdampflampe:**

Entladungslampe, in der hauptsächlich Natriumdampf Träger der Lichterzeugung ist.

• **Notbeleuchtung:**

Beleuchtung, die die behelfsmäßige Fortsetzung der Arbeit im Falle des Versagens der normalen Beleuchtung ermöglicht.

• **Nutzebene:**

Bezugsfläche, die aus einer Ebene besteht, auf der sich normalerweise eine Arbeit vollzieht.

Anmerkung: In der Innenbeleuchtung wird diese Ebene, wenn nichts anderes angegeben ist, horizontal 0,85 m über dem Boden liegend und durch die Raumwände begrenzt angenommen.

Die Zonierung auf eine bestimmte Bezugsfläche innerhalb des Raumes ist aber zulässig.

- **Nutzlichtstrom:**

Lichtstrom, der auf der Bezugsfläche auftrifft.

Anmerkung: Wenn nichts anderes angegeben wird, ist die Bezugsfläche die Nutzebene.

- **Oberer (unterer) halbräumlicher (hemisphärischer) Lichtstrom** einer Lichtquelle:

Der oberhalb (unterhalb) einer durch ie Lichtquelle gehenden horizontalen Ebene ausgesandte Lichtstrom.

- **Pendelleuchte:**

Leuchte mit Leitungsschnur, Kette oder Rohr usw., bestimmt zur Aufhängung an der Decke oder einem Wandarm.

- **Physiologische Blendung:**

Art der Blendung, die eine Herabsetzung der Sehfunktion zur Folge hat, ohne daß damit ein unangenehmes Gefühl verbunden sein muß.

- **Platzbeleuchtung:**

Örtliche, zur Allgemeinbeleuchtung zusätzliche Beleuchtung, um einen Arbeitsplatz ausreichend und zweckmäßig zu beleuchten.

- **Psychologische Blendung:**

Art der Blendung, bei der ein unangenehmes Gefühl hervorgerufen wird, ohne daß damit eine merkbare Herabsetzung des Sehvermögens verbunden sein muß.

- **Quadratisches Entfernungsgesetz:**

Dieses Gesetz besagt, daß die Beleuchtungsstärke, die durch senkrecht auf eine Ebene fallendes Licht einer punktförmigen Lichtquelle erzeugt wird, umgekehrt proportional dem Quadrat der Entfernung zwischen Lichtquelle und Ebene ist

$$E = \frac{I}{d^2}$$

- **Quecksilberdampflampe:**

Entladungslampe, in der hauptsächlich Quecksilberdampf Träger der Lichterzeugung ist.

- **Raster:**

Lichttechnisches Bauelement aus durchscheinendem oder lichtundurchlässigem Material in Form eines Gitters oder einer Aufeinanderfolge von Lamellenblenden, das durch seine geometrische Anordnung die direkte Einsicht in die Lampe von bestimmten Winkel ab verhindert.

- **Raumindex:**

Aus der Raumgeometrie abgeleitete Kennzahl, die zur Berechnung des Beleuchtungs- und Raumwirkungsgrades dient.

Anmerkung 1: Wenn nichts anderes angegeben wird, ist der Raumindex gegeben durch die Beziehung

$$\frac{l \cdot b}{h\,(l + b)}$$

worin l die Raumlänge, b seine Breite und h die Höhe der Leuchten über der Nutzebene ist.

Anmerkung 2: In der britischen Praxis wird der 'ceiling cavity index' nach der gleichen Formel berechnet, wobei h der Abstand von der Decke zu den Leuchten ist.

- **Raumwinkel (Ω):**

Der Kegel, dessen Spitze sich in der Mitte einer Kugel befindet und der von einer Kalotte ihrer Oberfläche abgeschlossen wird, deren Flächeninhalt numerisch in Vielfachen des Quadrats des Radius angegeben wird.

Einheit: Steradiant (sr).

- **Raumwirkungsgrad:**

Verhältnis des Nutzlichtstromes zu dem Lichtstrom, der die Leuchten verläßt. (Siehe auch Beleuchtungswirkungsgrad).

- **Reflektorlampe:**

Lampe, deren Kolben teilweise mit einer gestreut oder spiegelnd reflektierenden, das Licht lenkenden Schicht versehen ist.

- **Reflektion**

Zurückwefen einer Strahlung von einer Fläche.

- **Reflektionsgrad**

Verhältnis des zurückgeworfenen Strahlungsflusses bzw. Lichtstromes zu dem eingestrahlten Strahlungsfluß oder Lichtstrom (siehe Bild 1.119).

- **Regengeschützte Leuchte:**

Leuchte, die durch ihre Konstruktion gegen das Eindringen von Regen geschützt und die zur Anwendung im Freien bestimmt ist.

- **Sättigung:**

Die Eigenschaft einer Gesichtsempfindung, die durch den Anteil einer Farbempfindung an der Gesichtsempfindung bedingt ist.

• **Schwarzer Körper, schwarzer Strahler:**

Temperaturstrahler, der die gesamte auffallende Strahlung unabhängig von ihrer Wellenlänge, Richtung und Polarisation absorbiert.

Die spektrale Dichte der Ausstrahlung hat für alle Wellenlängen den für einen Temperaturstrahler maximal möglichen Wert.

• **Sicherheitsbeleuchtung:**

Beleuchtung, die es bei Ausfall der normalen Beleuchtung ermöglicht, die Ausgänge noch ausreichend zu beleuchten und somit sicher zu erreichen.

• **Spektrale Lichtverteilung:**

Kennzeichnung der spektralen Beschaffenheit einer Strahlung durch die relative spektrale Verteilung einer beliebigen photometrischen Größe (Lichtstrom, Lichtstärke, usw.).

• **Spektraler Hellempfindlichkeitsgrad** V (l) einer monochromatischen Strahlung bei der Wellenlänge l:

Verhältnis des Strahlungsflusses bei der Wellenlänge (l_m) zum Strahlungsfluß bei der Wellenlänge l, so daß beide Strahlungen unter bestimmten photometrischen Bedingungen den gleichen Helligkeitseindruck hervorrufen.

Dabei ist l_m so zu wählen, daß das Maximum dieses Verhältnisses gleich 1 wird.

• **Spiegelreflektor:**

Reflektor in einer Leuchte, der den Lichtstrom der Lampen durch spiegelnde Reflexion in die gewünschten Richtungen lenkt.

• **Starter:**

Vorrichtung für die Zündung einer Entladungslampe (insbesondere einer Leuchtstofflampe), die für die erforderliche Vorheizung der Elektroden sorgt und/oder in Kombination mit dem Vorschaltgerät einen Spannungstoß erzeugt.

• **Staubdichte Leuchte:**

Leuchte, in die bei Betrieb in staubiger Atmosphäre kein Staub definierter Art und Korngröße eindringen kann.

• **Staubgeschützte Leuchte:**

Leuchte, in die bei Betrieb in staubiger Atmosphäre Staub definierter Art und Größe nicht in genügender Menge eindringen kann, um ihren sicheren Betrieb zu stören.

• **Strahlung:**

1. Aussendung oder Übertragung von Energie in Form elektromagnetischer Wellen oder Korpuskeln.
2. Diese elektromagnetischen Wellen oder Korpuskeln selbst.

• **Strahlungsausbeute** (h_e) einer Strahlungsquelle:

Verhältnis des abgegebenen Strahlungsflusses zur aufgewendeten Leistung.

• **Strahlungsfluß** (Φ_e, Φ): Leistung, die in Form einer Strahlung ausgesandt, übertragen oder aufgefangen wird.

Einheit: Watt (W).

• **Strahlungsfunktion** (spektrale Energieverteilung):

Kennzeichnung der spektralen Beschaffenheit einer Strahlung durch die relative spektrale Verteilung einer beliebigen Strahlungsgröße (Strahlungsfluß, Strahlstärke, usw.).

• **Strahlungsmenge** (Q_e, Q):

Ausgesandte, übertragene oder aufgefangene Strahlungsenergie.

Einheit: Joule (J).

• **Strahlwassergeschützte Leuchte:**

Leuchte, die gegen die Einwirkung eines aus beliebiger Richtung auftreffenden Wasserstrahls geschützt ist.

• **Streuung:**

Ablenkung eines Strahlenbündels nach vielen Richtungen an einer Fläche oder durch ein Medium ohne Änderung der Frequenz innerhalb der monochromatischen Strahlungsanteile.

• **Temperaturstrahlung:**

Strahlung, die durch die thermische Bewegung der Materiepartikel (Atome, Moleküle, Ionen) verursacht wird.

• **Transmission:**

Durchgang von Strahlung durch ein Medium ohne Änderung der Frequenz.

• **Transmissionsgrad:**

Verhältnis des durchgelassenen Strahlungsflusses oder Lichtstroms zu dem eingestrahlten Strahlungsfluß bzw. Lichtstrom.

• **Tropfwassergeschützte Leuchte:**

Leuchte, die in ihrer normalen Gebrauchslage gegen das Eindringen von Wassertropfen geschützt ist, die praktisch in vertikaler Richtung fallen.

- **Ultraviolette Strahlung** (UV):

Strahlung, bei der die Wellenlängen der monochromatischen Komponenten kleiner als die der sichtbaren Strahlung und größer als 100 nm sind.

- **Verminderungsfaktor:**

Verhältnis der mittleren Beleuchtungsstärke auf der Nutzebene nach einer gewissen Benutzungsdauer einer Beleuchtunganlage zu der Beleuchtungsstärke, die unter denselben Bedingungen bei einer neuen Anlage erreicht wird.

- **Vorschaltgerät:**

Eine bei Entladungslampen erforderliche Vorrichtung zum Stabilisieren des Entladungsstroms.

Anmerkung 1:
Man unterscheidet ohmsche, induktive und kapazitive Vorschaltgeräte sowie Kombinationen davon und elektronische Vorschaltgeräte.

Anmerkung 2:
Das Vorschaltgerät kann außerdem allein oder in Verbindung mit einer Startvorrichtung das Zünden der Lampe bewirken. Die Startvorrichtung kann im Vorschaltgerät eingebaut sein.

- **Vorwiegend direkte Beleuchtung:**

Beleuchtungsart mit Leuchten, die 60 bis 90 % ihres Lichtstroms direkt auf die unendlich ausgedehnt gedachte Nutzebene werfen.

- **Wasserdichte Leuchte:**

Leuchte, die gegen das Eindringen von Wasser geschützt ist, wenn sie bis zu einer bestimmten Tiefe in Wasser eintaucht, die aber nicht zum ständigen Gebrauch unter Wasser bestimmt ist.

Anmerkung:
Der Ausdruck ‚druckwasserdichte Leuchte' bezeichnet eine Leuchte, die für den dauernden Betrieb unter Wasser unter festgelegtem Druck (entsprechend einer festgelegten Wassertiefe) bestimmt ist.

- **Wellenlänge** (l):

Längenabstand zwischen aufeinanderfolgenden (gleichzeitig vorhandenen) Punkten gleicher Phase, in Richtung der Wellenausbreitung gemessen.

Einheit: Meter, m.

- **Zündgerät:**

Gerät, das die Zündung einer Entladungslampe bewirkt.

- **Formelzeichen, Beziehungen und Einheiten für photometrische Größen**

Größe	Formelzeichen	Beziehung	Einheit	Kurzzeichen
Lichtmenge	Q	$Q = \int \Phi \, dt$	Lumen-Stunde	lm h
		Lumen-Sekunde	lm s	
Lichtstrom	Φ	$\Phi = dQ/dt$	Lumen	lm
Beleuchtungsstärke	E	$E = d\Phi/dA$	Lux	lx
Lichtstärke	I	$I = d\Phi/d\Omega$	Candela	cd
Leuchtdichte	L	$L = dI/dA \cos \alpha$	Candela pro Quadratmeter	cd/m^2
Photometrisches Strahlungsäquivalent	K	$K = \Phi/\Phi_e$	Lumen pro Watt	lm/W

A = Bezugsfläche
Ω = Raumwinkel, in den der Lichtstrom einer punktförmigen Lichtquelle abgestrahlt wird
α = Winkel zwischen Blickrichtung und Normale zur betrachtenden Oberfläche

6

- **Formelzeichen, Beziehungen und Einheiten für strahlungsphysikalische Größen**

Größe	Formelzeichen	Beziehung	Einheit	Kurzzeichen
Stahlungsenergie Strahlungsmenge	Q		Joule, Wattsek. Kilowattstd.	J/s, Ws kWh
Strahlungsfluß Strahlungsleistung	Φ	$\Phi = dQ/dt$	Watt Joule pro Sek.	W J/s
Bestrahlungsstärke	E	$E = d\Phi/dA$	Watt pro m²	W/m²
Strahlstärke	I	$I = d\Phi/d\Omega$	Watt pro Steradiant	W/sr.
Strahldichte	L	$L = dI/dA \cos \alpha$	Watt pro Steradiant und Quadratmeter	W/sr. m²
Absorptionsgrad		$a = d\Phi_a/d\Phi_o$		
Reflektiionsgrad		$P = d\Phi_r/d\Phi_o$		
Transmissionsgrad		$t = d\Phi_t/d\Phi_o$		

Φ = Raumwinkel, in den der Strahlungsfluß einer Punktquelle abgestrahlt wird
α = Winkel zwischen Blickrichtung und Normale zur betrachteten Fläche

6.1.3. Wahrnehmungsablauf

Entspannungsmöglichkeiten und damit Steigerung der Leistungsbereitschaft und des Konzentrationsvermögens sind dann gegeben, wenn der Wahrnehmungsvorgang im menschlichen Gehirn ungestört ablaufen kann. Falsche Leuchtdichteverteilungen im Raum, Blendung, unrichtige Farbwiedergabe und nicht angepaßte Raumgestaltung schränken den Wahrnehmungsablauf ein. Bei ungestörtem Wahrnehmungsablauf werden die Grundempfindungen des Auges, wie Sehleistung, Wahrnehmungsgeschwindigkeit und Unterschiedsempfindlichkeit optimiert. Diese Optimierung kann bei Arbeitsplätzen dadurch erreicht werden, daß die Leuchtdichteverhältnisse am Arbeitsplatz (Infeldleuchtdichte) und die Leuchtdichteverhältnisse in der Umgebung (Umfeldleuchtdichte) aufeinander abgestimmt werden.

In Verkehrsräumen ist es sinnvoll, die Erkennbarkeit eines menschlichen Gesichtes und von Informationstafeln als ausreichendes Kriterium für die Beleuchtung zu wählen.

Bei Arbeitsplätzen mit höherer Sehaufgabe, zum Beispiel bei Büroarbeitsplätzen, sollte die Unterschiedsempfindlichkeit (RSC) als Kriterium für einen stabilen Wahrnehmungsbereich herangezogen weden.

Bild 6.2 zeigt die Unterschiedsempfindlichkeit (RSC) in Abhängigkeit der Infeldleuchtdichte. Aus der Darstellung läßt sich erkennen, daß Schwankungen der Unterschiedsempfindlichkeit im Bereich niedriger Infeldleuchtdichten erheblich höher sind als im Bereich höherer Infeldleuchtdichten. Aus diesem Grund sollte die Infeldleuchtdichte am Arbeitsplatz so gewählt werden, daß möglichst viele Anforderungen befriedigt werden und die Wahrnehmung unter Berücksichtigung der Tätigkeit in einem stabilen Bereich der Unterschiedsempfindlichkeit liegt.

Wie aus Bild 6.2 erkennbar, ist die Schwankung der Unteschiedsempfindlichkeit in diesem Bereich nicht mehr sehr stark (lediglich 7 %). Die Reduzierung der Beleuchtungsstärke in den Normen für den allgemeinen Bürobereich auf 300 Lux bei einem Büroraum mit tageslichtorientiertem Arbeitsplatz, die vorwiegend aus Gründen der Energieeinsparung eingeführt wurde, läßt sich also durchaus Funktion und Wirkungsweise des menschlichen Auges rechtfertigen.

Bild 6.3 zeigt die Bereiche stabiler und labiler Wahrnehmung in Abhängigkeit von Umfeldleuchtdichten (L_u in cd/m²) und Infeldleuchtdichten (L_i in dc/m²). Es ist ersichtlich, daß Umfeldleuchtdichten zwischen $^1/_{10}$ und $^2/_3$ der Werte der Infeldleuchtdichten liegen sollten und nicht über den Werten der Leuchtdichten des Infeldes.

Dies ist jedoch bei Leuchten selbst, die Bestandteil der Umgebung (Umfeld) sind und auch beim Fenster, nur schwer zu erreichen.

Fenster ohne Blendschutz können Leuchtdichten von mehreren 1000 cd/m² annehmen. Bei Arbeitsplätzen in Einzelräumen werden höhere Leuchtdichten im Fensterbereich weniger störend empfunden als in großräumigen Bereichen. Beim Fenster sprechen auch andere Kriterien dagegen, die Umfeldleuchtdichte auf Bereiche der Infeldleuchtdichte zu senken (zum Beispiel Reduzierung des Lichtdurchganges, Ausblick, Einblick usw.).

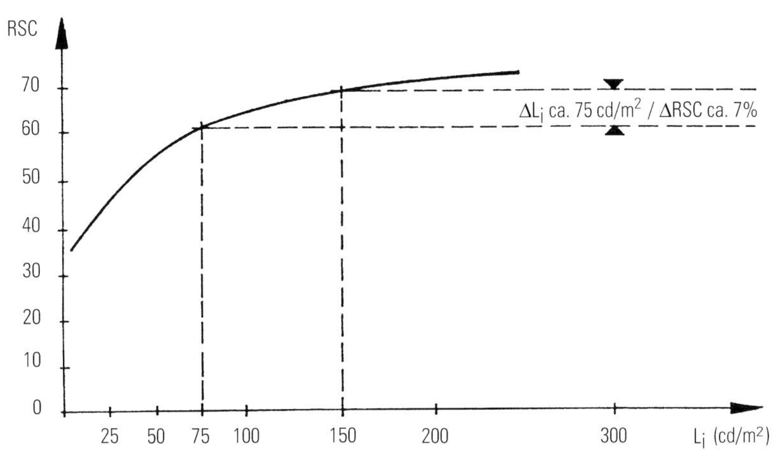

Bild 6.2
Unterschiedsempfindlichkeit (RSC in %) in Abhängigkeit der Infeldleuchtdichte (L_i in cd/m²)

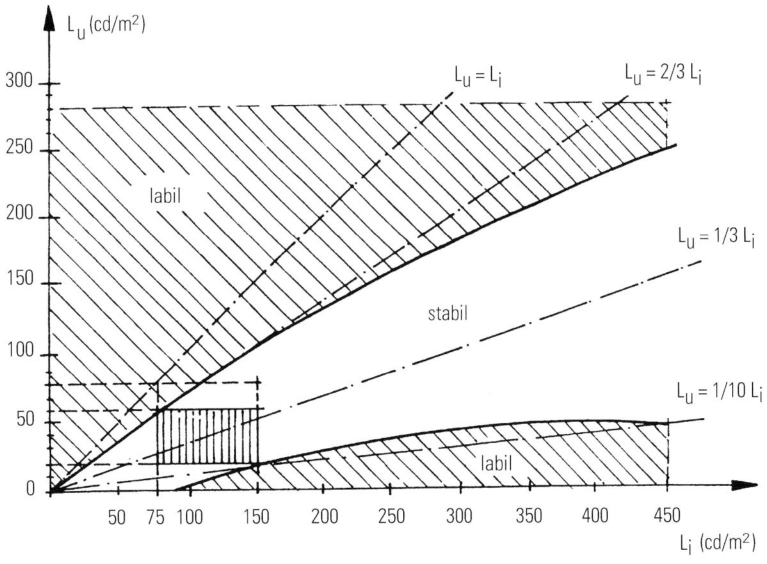

Bild 6.3
Stabiler/labiler Wahrnehmungsbereich für Umfelddichten L_u in Abhängigkeit der Infeldleuchtdichte L_i

6.1.4. Beleuchtungsstärke – Leuchtdichte

Die Beleuchtungsstärke E ist der Quotient des auf eine Fläche auftreffenden Lichtstromes und der beleuchteten Fläche. Die Beleuchtungsstärke (Lux, lx) ist wie aus Bild 6.4 verdeutlicht, mit dem Auge nicht wahrnehmbar und deshalb nur eine theoretische Größe.
Erkennbar wird das Licht erst dann, wenn es auf Material auffällt und reflektiert wird. Das vom Auge bewertete Licht ist die Leuchtdichte L in cd/m². Sie ist bei diffus reflektierenden Materialien vom Reflektionsgrad des Materials abhängig (ρ).

Das Auge wird durch Leuchtdichten stimuliert und nicht durch Beleuchtungsstärken.

Leuchtdichte und Beleuchtungsstärken hängen zusammen über die Beziehung:

$$L = E \times \frac{\rho}{\pi}$$

L = Leuchtdichte (cd/m²)
E = Beleuchtungsstärke (Lux)
ρ = diffuser Reflektionsgrad des Materials (rho)
π = Konstante 3,14.

In der Praxis werden folgende Begriffe zusätzlich verwendet:

• Mittlere Beleuchtungsstärke E

Mittlere Beleuchtungsstärke E ist der arithmetische Wert der Beleuchtungsstärken in einem Raum oder einer Raumzone.

• Nennbeleuchtungsstärke E_n

Die Nennbeleuchtungsstärke E_n ist der Nennwert der mittleren Beleuchtungsstärke im Raum oder einer bestimmten Tätigkeit dienenden Raumzone, für den eine Beleuchtungsanlage auszulegen ist.

• Zylindrische Beleuchtungsstärken E_Z ist der an einem Punkt vorhandene arithmetische Mittelwert der vertikalen Beleuchtungsstärken E_V.

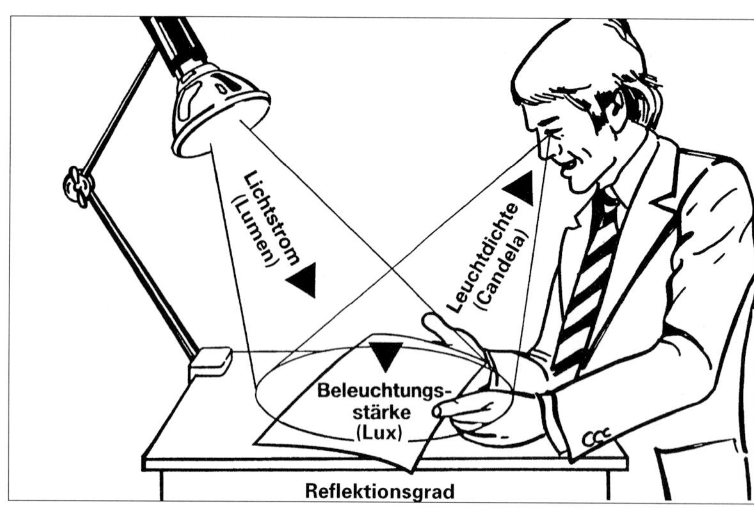

Bild 6.4
Das Auge sieht Leuchtdichten, nicht Beleuchtungsstärken

6.1.5. Blendung

6.1.5.1. Direkt- und Reflexblendung

Unter Blendung werden Störungen durch zu hohe Leuchtdichten bzw. zu hohe Leuchtdichteunterschiede im Gesichtsfeld verstanden.

Dabei ist es wichtig zu wissen, daß das menschliche Auge in weiten Bereichen wahrnimmt und diese Wahrnehmung mit dem Begriff des Gesichtsfeldes (nach Schober) wie in Bild 6.5 dargestellt, zusammenhängt. Eine besonders bemerkenswerte Leistung des Auges ist seine Fähigkeit sich auf unterschiedliche Beleuchtungsverhältnisse einzustellen. So nehmen wir unsere Umwelt sowohl im Mondlicht als auch im Sonnenlicht wahr, obwohl sich die Beleuchtungsstärke hierbei um den Faktor 105 unterscheidet. Die Leistungsfähigkeit des Auges erstreckt sich sogar über einen noch größeren Bereich - ein schwach leuchtender Stern am Nachthimmel wird noch wahrgenommen, obwohl das Auge nur eine Beleuchtungsstärke von 10-12 Lux erreicht. Diese Anpassungsfähigkeit wird nur zu einem sehr kleinen Teil durch die Pupille bewirkt, die den Lichteinfall etwa im Verhältnis 1:16 regelt. Der größte Teil der Adaptionsleistung wird von der Netzhaut erbracht.

Obwohl das Sehen über einen sehr großen Bereich von Leuchtdichten möglich ist, existieren für die Kontrastwahrnehmung in jeder einzelnen Beleuchtungssituation deutlich engere Grenzen. Der Grund hierfür liegt in der Tatsache, daß das Auge nicht den gesamten Bereich sichtbarer Leuchtdichten gleichzeitig abdecken kann, sondern auf einen bestimmten, engen Teilbereich adaptiert, in dem dann eine differenzierte Wahrnehmung möglich ist. Objekte, die für einen bestimmten Adaptionszustand eine zu hohe Leuchtdichte besitzen, blenden und wirken somit undifferenziert hell. Objekte mit zu geringer Leuchtdichte wirken dagegen undifferenziert dunkel. Das Auge kann sich zwar auf neue Leuchtdichteverhältnisse einstellen, es wählt dabei aber lediglich einen neuen, ebenso begrenzten Teilbereich aus. Hierzu benötigt dieser Prozeß der Adaption Zeit, wobei die Neuadaption auf hellere Situationen relativ rasch erfolgt, während die Dunkeladaption längere Zeit benötigt.

Hinsichtlich der Direkt- und Reflexblendung unterscheidet man:

- Physiologische Blendung, die zur Herabsetzung des Sehvermögens, der Unterschiedsempfindlichkeit und Formerkennbarkeit führt und

- psychologische Blendung, die allein unter dem Gesichtpunkt der Störempfindungen bewertet wird.

Physiologische Blendungen führen bei längerem Aufenthalt im Raum zu vorzeitiger Ermüdung, wodurch das Konzentrationsvermögen und die Leistungsbereitschaft eingeschränkt werden. Direktblendung wird im wesentlichen durch Leuchten und deren Leuchtmittel, einfallendes Sonnenlicht oder den Himmel hervorgerufen. Störende Lichtreflexe am Arbeitsplatz oder mit Arbeitsmaterialien werden als Reflexblendungen bezeichnet und führen zu verschlechterten Sehbedingungen und zu Kontrastminderungen. Zur Begrenzung der Blendung können folgende Maßnahmen dienen:

- Abdeckung des Leuchtmittels nach unten

- Mischung von direkten und indirekten Anteilen in den Lichtsystemen

- indirekte Strahlung über metallische Deckenteile oder Reflektoren.

Reflexblendungserscheinungen, wie sie in den Bildern 6.6 bzw. 6.7 dargestellt sind, können im wesentlichen dadurch vermieden werden, daß die Anordnung von Leuchten und der Arbeitsplatz abgestimmt wird und matte, entspiegelte Oberflächen am Arbeitsplatz zum Einsatz kommen (z. B. Tastaturen, Schreibtischoberflächen, Papiermaterialien usw.)

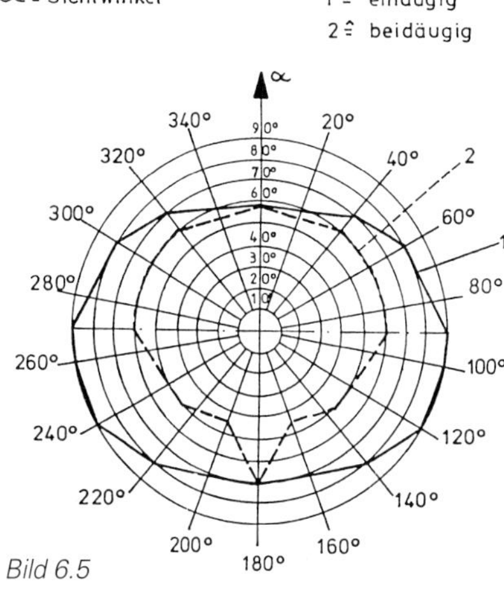

Bild 6.5
Gesichtsfeld des menschlichen Auges (beidäugig) nach Schober

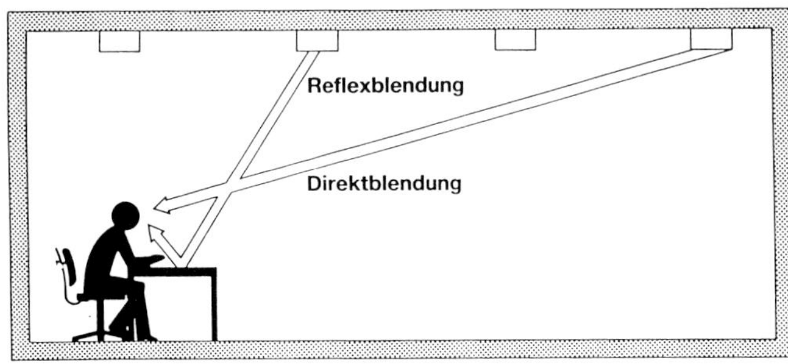

Bild 6.6
Direktblendung/Reflexblendung beeinträchtigt Sehleistung und Behaglichkeit

Bild 6.7
Lichtreflexe beeinträchtigen Kontrastsehen

6.1.5.2.
Blendung durch Tageslicht

Wie bereits erwähnt, sollten in Innenräumen Leuchtdichten von über 400 bis 500 cd/m² großflächig nicht auftreten. In der Außenwelt (etwa am Fenster) entstehen aber oft sehr viel höhere Leuchtdichten, als für den Innenraum zulässig. Aus diesem Grunde sind leuchtdichtereduzierende Maßnahmen zur Blendungsbegrenzung am Fenster oft unerläßlich, wenn nicht durch äußere Verbauung die Leuchtdichte auf natürliche Weise reduziert wird.

Die Leuchtdichte eines bedeckten Himmels kann Werte von mehreren tausend cd/m² einnehmen. Auch im Gesichtsfeld befindliche helle Wände von anderen Gebäuden, die von der Sonne beschienen werden, können mit ihren sehr hohen Leuchtdichten Beeinträchtigungen im Wahrnehmungsablauf herbeiführen. Deshalb ist die Abstimmung der Leuchtdichtebegrenzung des Fensters bei der Planung von Räumen in Abhängigkeit der umgebenden Verbauung bei der qualitativen Beurteilung von Arbeitsplätzen in Innenräumen wichtig.

6.1.5.3.
Blendung bei Datensichtgeräten

Bei Datensichtgeräten treten häufig Blendungen durch Überlagerung von leuchtenden Flächen im Umgebungsbereich des Bildschirmes auf, wie bei Leuchten und Fenster.

Die Bildschirme wurden in den letzten Jahren in bezug auf die Kontraste der Oberfläche so verbessert, daß Leuchtdichten von 300 bis 400 cd/m² im Umgebungsbereich, die sich im Bildschirm spiegeln, nicht zu großen Störungen führen. Darüber hinausgehende Leuchtdichten im Umgebungsbereich des Bildschirmes können zu Überlagerungen führen und damit die Ablesbarkeit des Bildschirmes herabsetzen (Bild 6.8). Bei Bildschirmen mit dunklem Hintergrund und heller Schrift tritt dieser Effekt sehr viel stärker auf als bei Bildschirmen mit hellem Hintergrund und dunkler Schrift.

Bei modernen Datensichtgeräten tritt eine Reflexblendung durch Tastaturen und glänzende Flächen an Bildschirmen kaum noch auf, da sich die Hersteller dieser Geräte der Problematik angenommen haben und im wesentlichen nur noch matte Tastaturen produzieren.

Jedoch nicht nur Leuchten und hohe Leuchtdichten im Fensterbereich können die Ablesbarkeit des Bildschirmes durch ihre Überlagerungen erschweren, sondern auch zu helle Wände oder zu helle Kleidung, die von Leuchten oder durch das Tageslicht angestrahlt werden.

Die falsche Aufstellung eines Bildschirmarbeitsplatzes, Bild 6.9, führt zu Konzentrationsschwierigkeiten und vorzeitiger Ermüdung ebenso, wie die falsche Auswahl der Beleuchtungsstärke. Mit steigender Beleuchtungsstärke steigt die Sehleistung am Beleg, es sinkt aber die Sehleistung am Bildschirm (Bild 6.12).

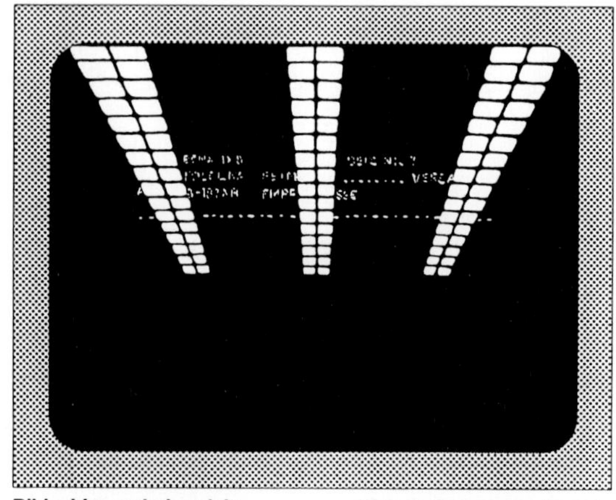

Bild 6.8
Überlagerung von weißen Rasterleuchten im Bildschirm

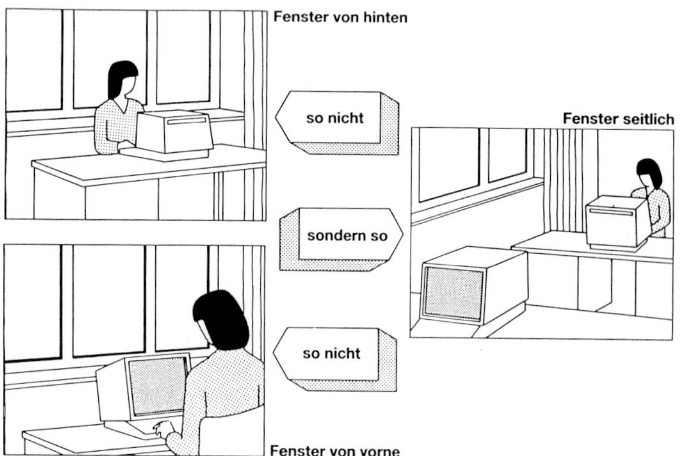

Bild 6.9
Vermeidung von Überlagerung heller Fenster im Bildschirm

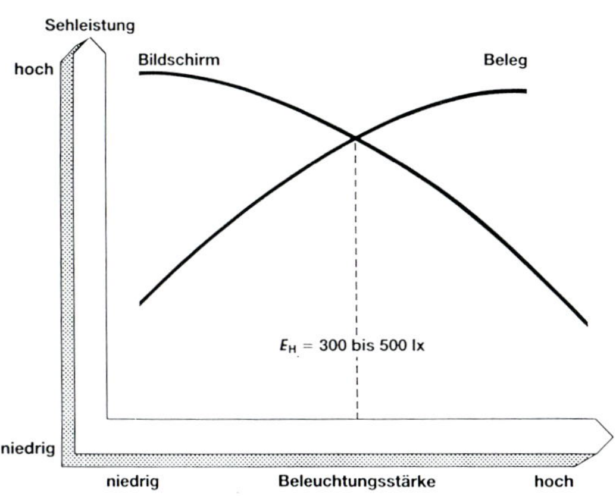

Bild 6.10
Bei höherer Beleuchtungsstärke sinkende Sehleistung am Bildschirm

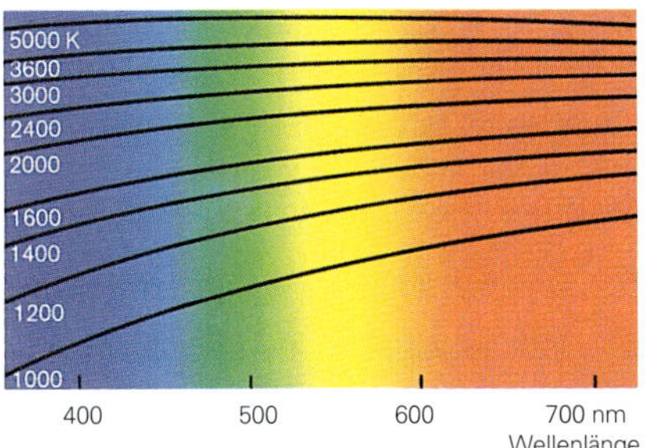

Die spektrale Zusammensetzung der Strahlung eines genormten Strahlers (Schwarzer Strahler). Wie man sieht, überwiegt bei einer Farbtemperatur von 1000 K die langwellige Strahlung, also der Gelb-Rot-Anteil.

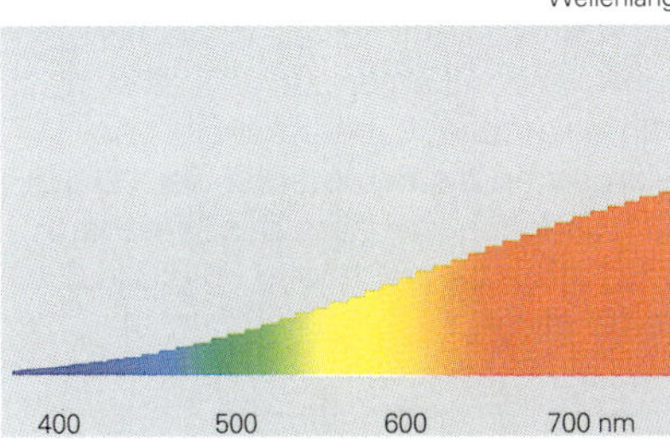

Spektrale Zusammensetzung bei Glühlampenlicht (2700 K).

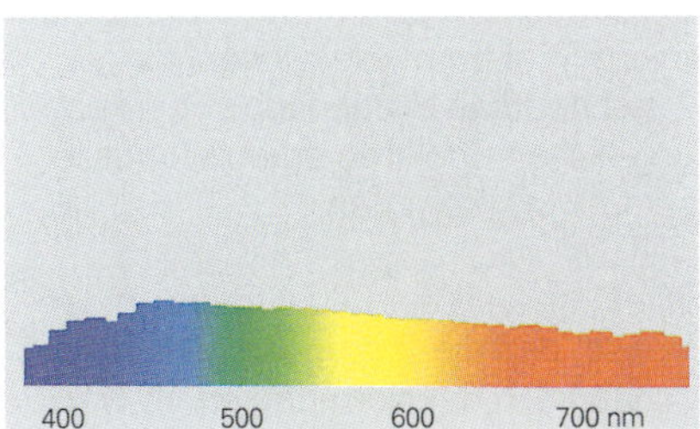

Tageslichtspektrum bei 5000 K (ausgeglichenes Spektrum)

Bild 6.11
Bei niedrigen Farbtemperaturen überwiegt der langwellige Gelb-Rot-Anteil

6.1.6. Lichtfarbe – Farbtemperatur

Die Lichtfarbe definiert die Farbart des Lichtes. Die für die allgemeinen Beleuchtungszwecke verwendeten Lichtfarben werden in drei Gruppen eingeteilt:

- Farbtemperatur unter 3300 K: warmweiße Lichtfarbe (ww).

Diese Lichtfarbe wird erzeugt von Glühlampen, Halogenglühlampen sowie Leuchtstofflampen und Entladungslampen mit sehr hohem Rotanteil.

- Farbtemperatur 3300 K bis 5000 K: neutralweiße Lichtfarben (nw).

Diese Farbtemperatur, vorwiegend 4000 K, wird erzeugt von Leuchtstofflampen zur Tageslicht-Ergänzungsbeleuchtung und Gasentladungslampen (im Innenraum im wesentlichen Metall-Halogendampflampen).

- Farbtemperatur über 5000 K: tageslichtweiße Lichtfarben (tw).

Diese Lichtfarben werden im wesentlichen erzeugt durch speziell gebaute Leuchtstofflampen und Gasentladungslampen.

Beim Tageslicht wird in der Morgenröte und in der Abenddämmerung eine niedrige Farbtemperatur als behaglich empfunden und bei hohen Beleuchtungsstärken am Tage eine sehr hohe Farbtemperatur. Der Zusammenhang zwischen Farbtemperatur und Lichtspektrum ist in Bild 6.11 dargestellt.

Auch beim Kunstlicht ist dieser Zusammenhang erkennbar. Bei niedrigen Beleuchtungsstärken werden Glühlampen und Halogenglühlampen mit einer Farbtemperatur von unter 3000 K als behaglich empfunden. Bei höheren Beleuchtungsstärken in Büroräumen oder in Ausstellungsräumen werden weißere Lichtfarben mit einem höheren Blauanteil mit einer Farbtemperatur um 4000 K bevorzugt. Bei sehr hohen künstlichen Beleuchtungsstärken sind Leuchtstofflampen und Entladungslampen mit tageslichtweißen Lichtfarben angebracht. In Bild 6.12 ist der Behaglichkeitsbereich in Abhängigkeit von der Beleuchtungsstärke und Farbtemperatur nach Kruithoff aufgezeichnet.

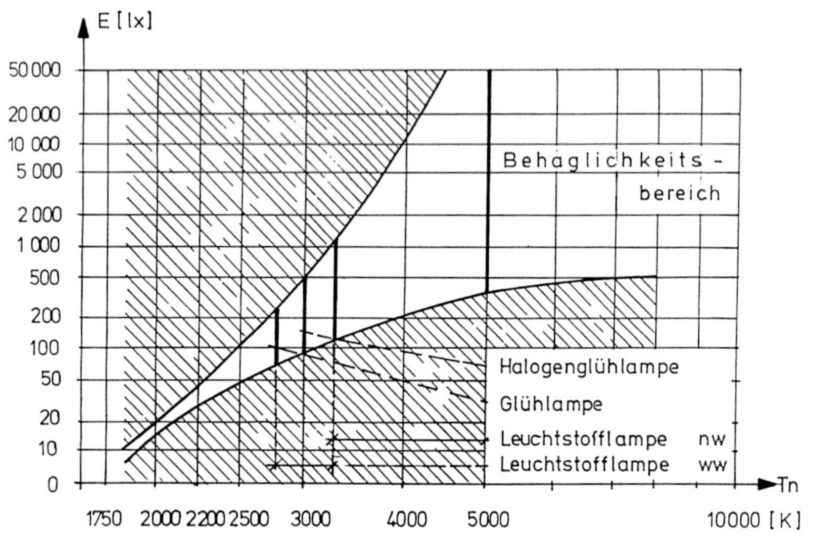

Bild 6.12
Behaglichkeitsbereich nach Kruithoff, Farbtemperatur T_n in Abhängigkeit von der Beleuchtungsstärke E

6.1.7. Lichtspektrum – Farbwiedergabe

Die Anforderungen hinsichtlich der Farbwiedergabe bei künstlicher Beleuchtung sind abhängig von der Aufgabenstellung. Da Lampen unterschiedliche Lichtspektren ausstrahlen, haben sie auch unterschiedliche Farbwiedergabeeigenschaften. Lampen mit kontinuierlichen Spektren erreichen normalerweise bessere Farbwiedergabeeigenschaften als Leuchtmittel, deren Spektren im sichtbarem Bereich Spektralspitzen aufweisen.

Die Erfüllung der Farbwiedergabeeigenschaften bestimmter Lampen werden mit dem allgemeinen Farbwiedergabeindex R_a sowie durch spezielle Farbwiedergabewerte in Indizes gekennzeichnet.

Den Richtwert für bestimmte allgemeine Farbwiedergabeeigenschaften in Abhängigkeit von der Beleuchtungsaufgabe liegt folgende Stufeneinteilung zugrunde.

Stufe	**R_a-Bereich** (Farbwiedergabeindex)
1A	R_a 100 - 90
1B	R_a 89 - 80
2A	R_a 79 - 70
2B	R_a 69 - 60
3	R_a 59 - 40
4	R_a < 40

Identische Farben haben einen $R_a = 100$. Farbverschiebungen werden durch Werte < 100 in verschiedenen Güteklassen (Stufen) ausgedrückt.

Die Indizes werden durch Vergleich mit verschiedenen Testfarben bewertet. Diese Testfarben bilden jedoch nur eine geringe Auswahl aus allen möglich vorkommenden Farben, so daß es sich immer empfiehlt, bei Auswahl von Materialien die Farbe unter dem Licht auszusuchen, mit dem das Material tatsächlich bestrahlt wird, wie Bild 6.13 verdeutlicht.

Lampen mit kontinuierlichem Spektrum sind Leuchtmitteln mit nicht kontinuierlichem Spektrum vorzuziehen, da Zwischentöne in den Farben bei kontinuierlichen Spektren erheblich besser zur Geltung kommen.

Die Einteilung der Leuchtmittel in der Weise, daß die Farbwiedergabeeigenschaft nach der Normung erfüllt wird, hat dazu geführt, daß Leuchtmittel mit nicht kontinuierlichen Spektren und hoher Lichtausbeute entwickelt

Glühlampen

Natriumhochdrucklampen
White son

Fluoreszenzlampen warm-weiß
„DE LUXE"

Halogenmetalldampflampen
HGI-WDL

Bild 6.13
Beispiele für die Farbwiedergabe bei verschiedenen Lichtquellen mit zugehörigen Spektren

6

wurden , bei denen jedoch die Gefahr besteht, daß einige Farbtöne schlecht wiedergegeben werden. Es ist auch nicht ausgeschlossen. daß diese nicht kontinuierlichen Spektren negative Auswirkungen auf das Wohlbefinden des Menschen haben.

6.1.8. Lichtrichtung und Schattenwirkung

Eine ausreichende Schattenwirkung hilft zur guten Erkennbarkeit von beleuchteten Körpern und Oberflächenstrukturen, da die Plastizität der Körper steigt. Zu diffuse Beleuchtungsanlagen mit vorwiegend indirektem Licht ergeben eine Schattenarmut, die subjektiv sehr trist und unangenehm empfunden werden kann. Ein ausgewogenes Verhältnis zwischen direkter Beleuchtung und indirekter Beleuchtung trägt dazu bei, Licht und Schatten in einer als angenehm empfundenen Intensität darzustellen. Bild 6.14 verdeutlicht das vorher Gesagte und zeigt mit den verschiedensten Beleuchtungsvarianten an ein und demselben Thema die Möglichkeiten Stimmungen zu erzielen.

Je nach Aufgabenstellung und Milieu kann eine Raumbeleuchtung schattenarm oder mit mehr Schatten ausgeführt werden. Zu tiefe Schatten lassen sich mit geeigneter Anordnung mehrerer Leuchten, infolge der Beachtung der Strahlungscharakteristik der Leuchten und durch reflektierende Umgebungsflächen, vermeiden.

Die Schattigkeit kann über das Verhältnis von zylindrischer Beleuchtungsstärke E_Z zur horizontalen Beleuchtungsstärke E_h bewertet werden. Das Verhältnis von E_Z zu E_h sollte nicht kleiner sein als 0,3 wenn eine harte Schattenwirkung vermieden werden soll.

6.1.9. Sonstige lichttechnische Gütekriterien

Für Räume mit besonderen Anforderungen oder bestimmten Milieubedürfnissen können andere Gütekriterien eine Rolle spielen. Bei stimmungsbetonten Räumen wird im wesentlichen das Spiel der Lichtfarben in Abhängigkeit der Umgebungsmaterialien und der Zonierung der Beleuchtung ein Gütemerkmal darstellen.

In Tischlereien, metallverarbeitenden Werkstätten und Arbeitsplätzen mit schnelldrehenden Teilen kann die Vermeidung von stroboskopischen Effekten von ausschlaggebender Bedeutung sein. Stroboskopische Effekte entstehen aus Lichtstromschwankungen als Folge des Wechselstroms bei der Beobachtung bewegter Teile. Sie können zu Sehstörungen oder gar zur Täuschung führen (ein sich schnell drehendes Sägeblatt kann so aussehen als ob es still stände).

Für bestimmte Räume kann eine starke Einbeziehung des Tageslichtes ein entscheidendes Kriterium sein oder für bestimmte Nutzungsarten das Aussenden bestimmter Spektren wie Entkeimungslampen, Pflanzenwachstumslampen, usw.

Als Planungshilfe werden nachfolgend empfohlene Werte der Beleuchtungsstärke, Lichtfarbe, Farbwiedergabeeigenschaften und Blendungsbegrenzungen angegeben (Quelle: Fa. Regent, Basel).
Die Tabelle 6.1. ist nach Raumfunktionen unterteilt.

Bild 6.14 (Seite 563)
Erzeugung von Stimmungen durch verschiedenartige Beleuchtungen, Farben und Schattenwirkungen.

Empfohlene Werte	Nennbeleuchtungsstärke E_m lx	Gruppe der Lichtfarbe (Farbtemperatur)	Stufe der Farbwiedergabe-Eigenschaften	Güteklasse der Blendungsbegrenzung
Büro				
Empfang, Telefonvermittlung, einfache Arbeiten	300	nw,ww	1, 2, 3	2
Allgemeine Arbeiten, EDV	500	nw	1, 2, 3	1, 2
Zeichnen, Lochkartenbearbeitung	1 000	nw	1, 2, 3	1
Großraumbüros	1 000	nw	1, 2, 3	1
Sitzungsräume	500	nw, ww	1, 2, 3	2
Verkaufsräume				
Verkaufsräume	300 - 500	nw,ww	1, 2, 3	2
Kaufhäuser	500 - 700	nw	1, 2, 3	2
Selbstbedienung	750 - 1 000	nw	1, 2, 3	2
Schaufenster, Schaukästen	> 1 000	tw, nw, ww	1, 2	-
Ausstellungen, Museen, Bibliotheken				
Allgemeine Ausstellungsräume, Sammlungen, Büchersaal, Lesesaal	300	nw, ww	1, 2	1, 2
Leseplätze	500	nw, ww	1, 2	1, 2
Wohnungen				
Nebenräume	100	nw, ww	1, 2, 3	-
Waschküche	200	nw, ww	1, 2, 3	-
Küche	300	nw, ww	1, 2, 3	-
Bad	300	nw, ww	1, 2, 3	-
Lesen, schreiben, Handarbeit	500	nw, ww	1, 2, 3	-
Gastgewerbe				
Eingang, Empfang	300	nw, ww	1, 2, 3	-
Küche, Waschküche, Lingerie	500	nw, ww	1, 2, 3	2
Restaurant, Speiseräume	200	nw, ww	1, 2, 3	-
Selbstbedienung	500	nw, ww	1, 2, 3	2
Buffet, Office	500	nw, ww	1, 2, 3	2
Lesen, schreiben, Handarbeit	500	nw, ww	1, 2, 3	1, 2
Bad	300	nw, ww	1, 2	-
Sitzungsräume	500	nw, ww	1, 2, 3	2
Theater, Konzerträume, Kinos				
Eingang, Halle, Garderobe	200	nw, ww	1, 2	-
Kasse	300	nw, ww	1, 2	-
Übungszimmer, Umkleideräume, Zuschauerraum	200	nw, ww	1, 2	2
während den Pausen	bis 200	nw, ww	1, 2	-
Notenpulte	500	nw, ww	1, 2, 3	-
Krankenhäuser, Arztpraxen				
Warte- und Aufenthaltsräume	300	nw, ww	2	2
Diensträume	500	nw, ww	2	2
Behandlungsräume	1 000	tw, nw	1, 2	1
Labor, Operationsvorbereitung	1 000	tw, nw	1, 2	2
Operationssaal	1 000	tw, nw	1	1
Operationsfeld	10 000	tw,nw	1	1
Krankenzimmer, Allgemeinbeleuchtung	100	nw,	2	1

Empfohlene Werte	**Nennbeleuchtungsstärke E_m l_x**	**Gruppe der Lichtfarbe (Farbtemperatur)**	**Stufe der Farbwiedergabe-Eigenschaften**	**Güteklasse der Blendungsbegrenzung**
Schulen				
Klassenzimmer:				
Tagesschule	300	nw, ww	2, 3	1, 2
Abendschule	500	nw,ww	2, 3	1, 2
Hörsäle, Übungsräume Chemie, Physik	500	nw, ww	2, 3	1, 2
Lehrerzimmer, Büros	500	nw, ww	2, 3	2
Verkehrszonen, Gänge, Treppen	100	-	2, 3	-
Umkleide-, Wasch- und Duschräume	100	-	2, 3	-
Turnhallen, Schwimmbäder	300	tw, nw, ww	2, 3	2
Stahlbau, Maschinen, Apparate				
Maschinen- und Montagearbeiten:				
grob	300	nw, ww	2, 3	3
mittelfein	500	nw, ww	2, 3	2
fein	750	tw, nw	1, 2, 3	2
sehr fein	1000	tw, nw	1, 2, 3	1, 2
Justieren, prüfen, eichen	1000	tw, nw	1, 2, 3	1, 2
Elektrotechnische Erzeugnisse				
Allgemeine Arbeiten	300	nw, ww	2, 3	2
Montagearbeiten:				
grob	300	nw, ww	2, 3	2, 3
mittelfein	500	nw, ww	2, 3	2, 3
fein	750	tw, nw	1, 2, 3	2
sehr fein	1000	tw, nw	1, 2, 3	1, 2
Justieren, prüfen, eichen	1000	tw, nw	1, 2, 3	1, 2
Instrumente, Uhren				
Maschinen- und Montagearbeiten:				
fein	1000	tw, nw	1, 2, 3	1
sehr fein	1500 +	tw, nw	1, 2, 3	1
Justieren, prüfen, eichen	1500 +	tw, nw	1, 2, 3	1
Oberflächenbehandlung				
Sandstrahlen	200	-	-	-
Reinigungs- und Beizbäder	200	-	-	2, 3
Galvanische Bäder, Feuerverzinkung, Malen, Polieren	300	nw, ww	2, 3	2
Farbmischen, Feinpolieren, Labor	1000	tw, nw	1, 2	1, 2

Tabelle 6.1
Richtwerte zur Auslegung von Beleuchtungsanlagen

6

6.2. LEUCHTMITTEL

6.2.1. Entwicklung von Lampen für die Allgemeinbeleuchtung

Für die Allgemeinbeleuchtung werden heute vorwiegend folgende Lampentypen entwickelt:

- Allgebrauchsglühlampen
- Halogenglühlampen
- Kompaktleuchtstofflampen
- Leuchtstofflampen
- Hochdruckentladungslampen.

Die prinzipielle Übersicht ist in Bild 6.15 dargestellt.

All diese Lampen entwickelten sich aus der Kohlefadenlampe, die 1897 von Edison entwickelt wurde. Eine Übersicht der zeitlichen Entwicklung ist in Bild 6.16 dargestellt.

Eine ideale Lampe sollte wirtschaftlich, d.h. mit möglichst wenig Energie einen möglichst großen Lichtstrom erzeugen und preiswert sowie gut handhabbar sein. Bild 6.17 zeigt die Lichtausbeute der gebräuchlichsten Lichtquellen. Bezüglich der Wirtschaftlichkeit spielt die Umsetzung der Energie in sichtbares Licht die wesentlichste Rolle. Bei der Erzeugung von Licht in Lampen fallen zusätzlich Wärmestrahlung und Konvektionswärme an. Bild 6.18 zeigt die Relation von Lichtleistung, Wärmestrahlung und Konvektion bei Glühlampe, Leuchtstofflampe und Hochdrucklampe.

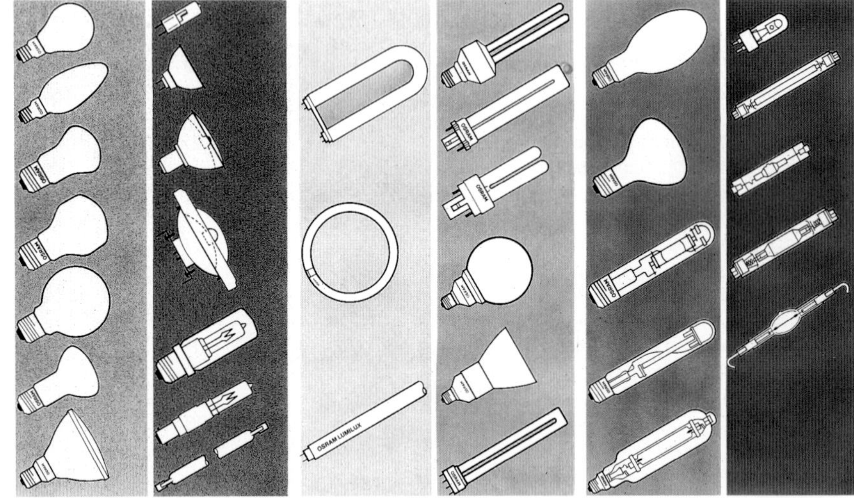

Bild 6.15
Übersicht: Lampen für die Allgemeinbeleuchtung (nach OSRAM)

Während der Entwicklungsgeschichte von Leuchtmitteln wurden jedoch nicht nur ständig wirtschaftlichere Lampen entwickelt, sondern auch die Wirtschaftlichkeit der einzelnen Typen in sich verbessert. Bild 6.19 zeigt die Entwicklung der Lichtausbeute einzelner Lampenarten in den letzten 50 Jahren. So konnte z.B. die Lichtausbeute von Leuchtstofflampen von 1950 bis heute verdoppelt werden. Das gleiche gilt auch für Quecksilberdampf-Hochdrucklampen.

Diese Steigerung der Lichtausbeute wurde im wesentlichen möglich durch die Einführung von Lampen mit nicht kontinuierlichen Spektren. Bild 6.20 zeigt Spektren verschiedener Lampen im Vergleich zum Tageslicht. Aus dem Spektralverlauf des Tageslichtes ist ersichtlich, daß alle Wellenlängen des sichtbaren Spektrums etwa gleichwertig vorhanden sind. Wie bereits beim Zusammenhang zwischen Farbtemperatur und Lichtspektrum aufgezeigt, wird beim Tageslicht in der Morgendämmerung und in der Abendröte der langwellige Rotanteil und bei hellem Tageslicht, zum Beispiel bei Schnee auf dem Gletscher, sehr stark der kurzwellige blaue Anteil des Spektrums erhöht.

Das ebenfalls kontinuierliche Spektrum der Glühlampe wird z. B. in Wohnbereichen nach der Abenddämmerung

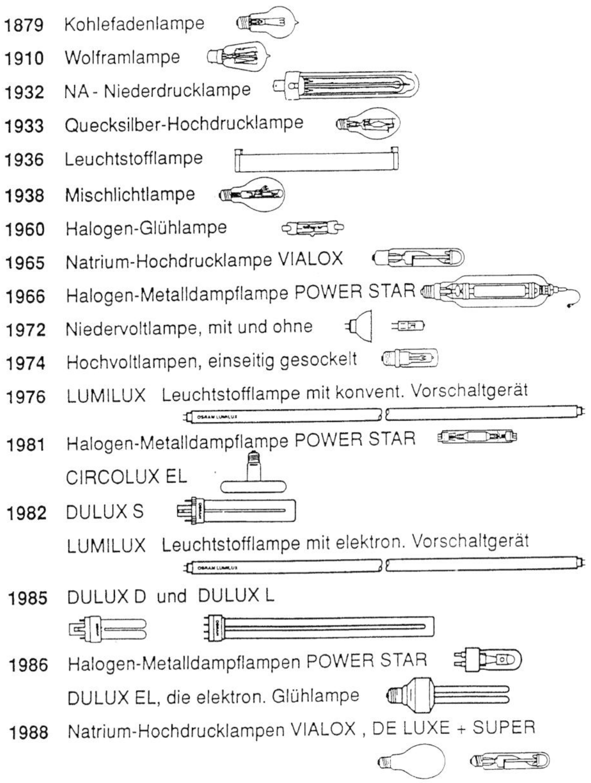

1879 Kohlefadenlampe
1910 Wolframlampe
1932 NA - Niederdrucklampe
1933 Quecksilber-Hochdrucklampe
1936 Leuchtstofflampe
1938 Mischlichtlampe
1960 Halogen-Glühlampe
1965 Natrium-Hochdrucklampe VIALOX
1966 Halogen-Metalldampflampe POWER STAR
1972 Niedervoltlampe, mit und ohne
1974 Hochvoltlampen, einseitig gesockelt
1976 LUMILUX Leuchtstofflampe mit konvent. Vorschaltgerät
1981 Halogen-Metalldampflampe POWER STAR
CIRCOLUX EL
1982 DULUX S
LUMILUX Leuchtstofflampe mit elektron. Vorschaltgerät
1985 DULUX D und DULUX L
1986 Halogen-Metalldampflampen POWER STAR
DULUX EL, die elektron. Glühlampe
1988 Natrium-Hochdrucklampen VIALOX , DE LUXE + SUPER

Bild 6.16
Entwicklung von Lampen für die Allgemeinbeleuchtung

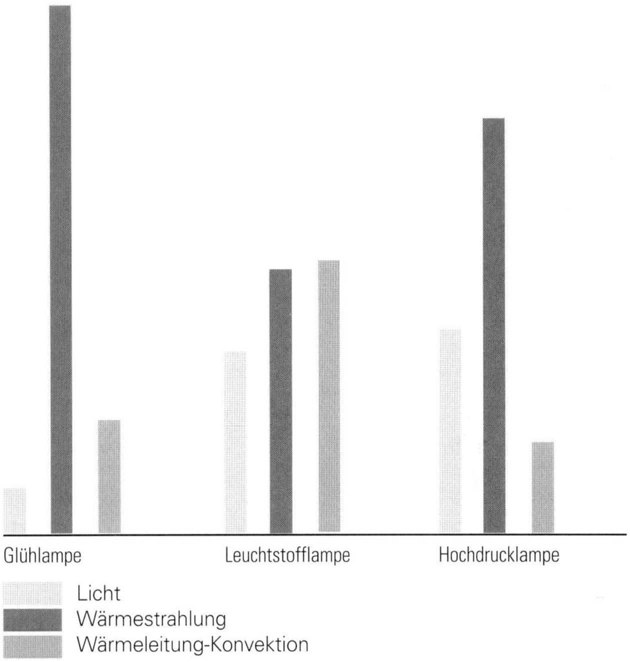

Glühlampe
Leuchtstofflampe
Hochdrucklampe
Licht
Wärmestrahlung
Wärmeleitung-Konvektion

Bild 6.18
Energieverteilung von Lampen

eingeschaltet und hat als Temperaturstrahler eine sehr starke Betonung im langwelligen Rotbereich.

Vergleicht man dagegen das Spektrum von Entladungslampen (HQL, NAV, HQI), so werden im Spektrum bestimmte Bereiche sehr stark hervorgehoben. Wenn die Lampe ein Licht mit warmer Farbtemperatur erzeugen soll, werden die Spitzen im Gelb- und im Rotbereich angehoben. Soll die Lampe kühleres Licht mit 4000 bis 5000 K erzeugen, werden die Spektralbereiche des blauen und grünen Bereiches „hochgezüchtet". Bei Leuchtstofflampen gilt das gleiche wie bei Halogenmetalldampflampen (HQI):

lm/W*
200
150
100
50
1
* einschl.
VG-Verluste
1950
1960
1970
1980
1990
Jahre
Niederdruck-
Natriumdampflampe
Hochdruck-
Natriumdampflampe
Leuchtstofflampe
Halogen-
Metalldampflampe
Kompakt-
Leuchtstofflampe
Quecksilber -
dampflampe
Halogenlampe
Glühlampe

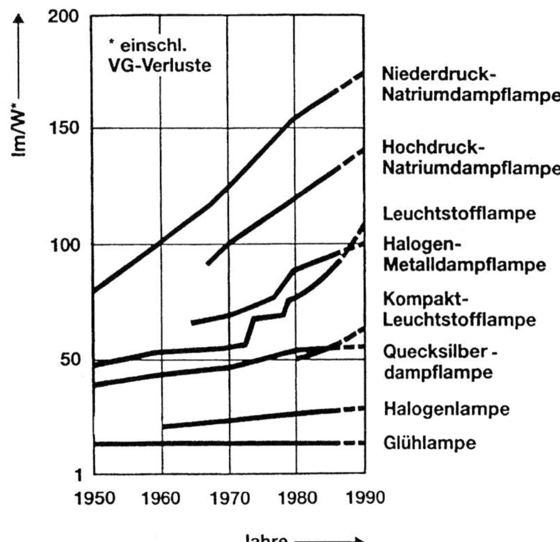

Bild 6.19
Entwicklung der Lichtausbeute von Lampen

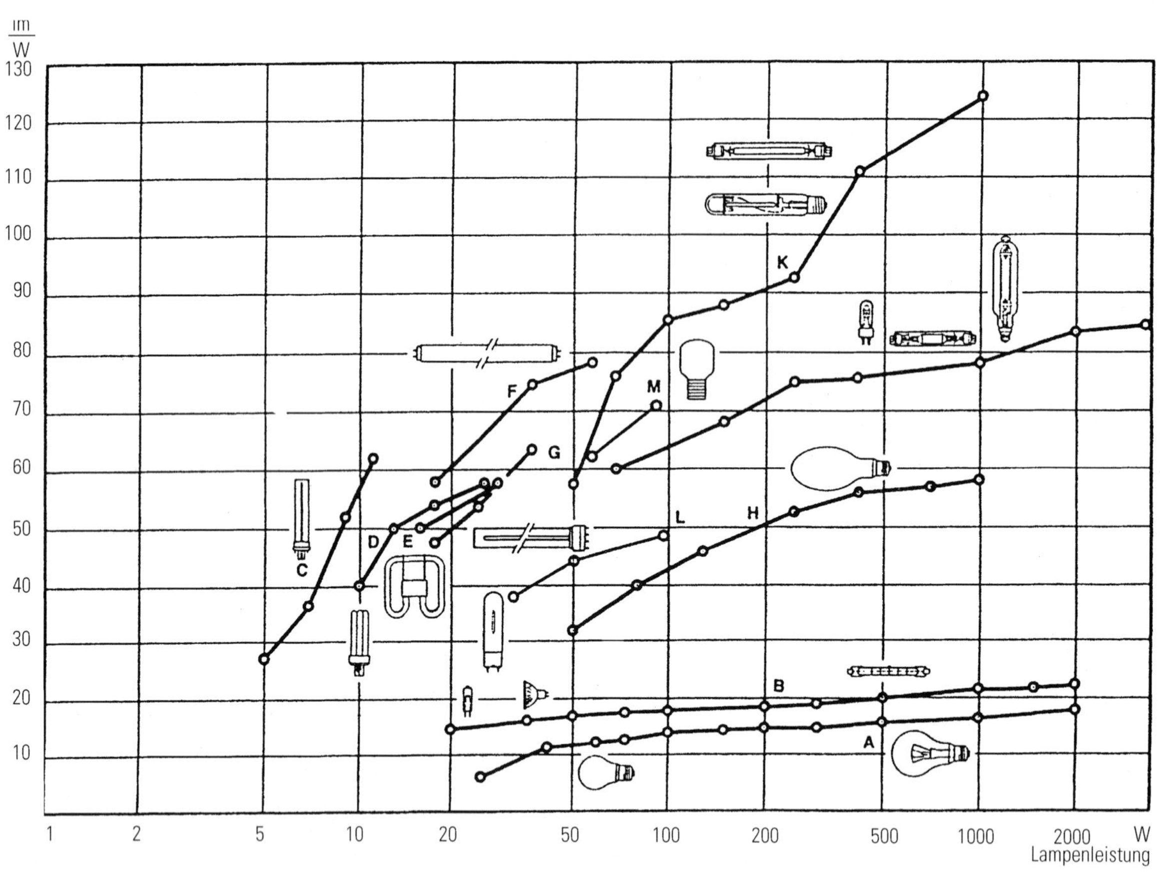

A Glühlampen
B Halogen-Glühlampen
C, D, E Kompakt-Fluoreszenzlampen (Glühlampenersatz)
F, G Fluoreszenzlampen
H, I, K Hochdruckentladungslampen
L White son
M Induktionslampen

Bild 6.17
Lichtausbeute der gebräuchlichsten Lichtquellen

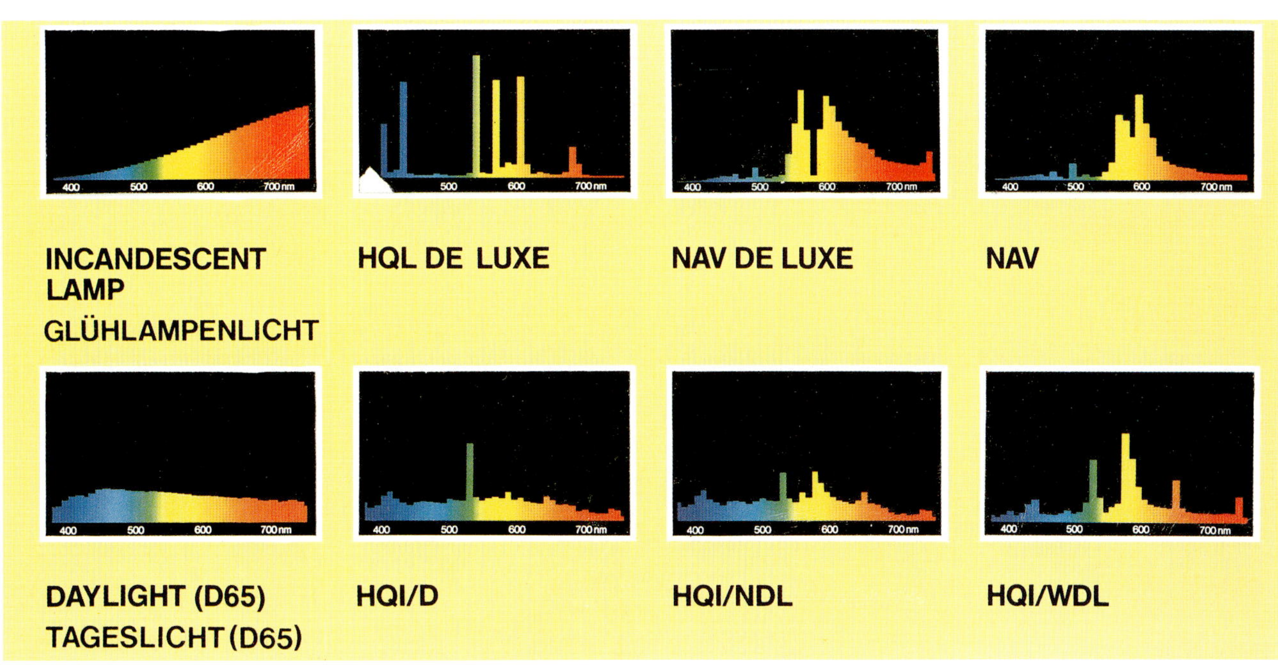

Bild 6.20 Spektren von Lampen im Vergleich mit dem Tageslicht (Norm D65), nach OSRAM

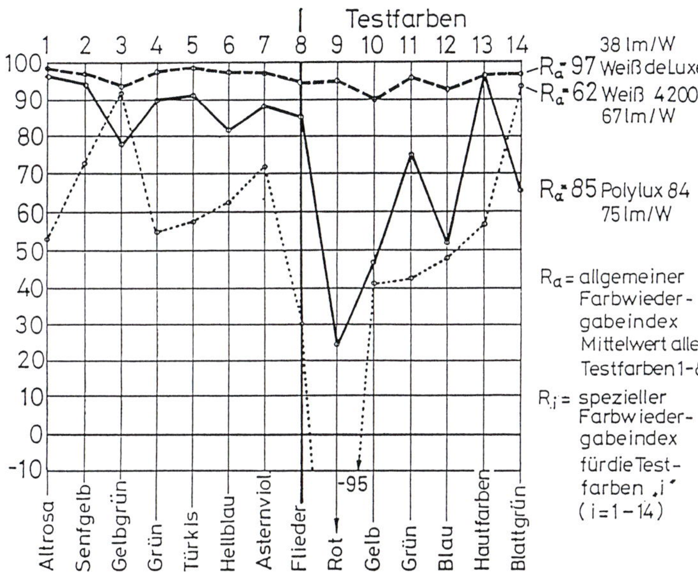

Bild 6.21
Spezielle Farbwiedergabeeigenschaften (R_a) für Leuchtstofflampen

Leuchtstofflampen und Halogenmetalldampflampen mit nicht kontinuierlichen Spektren erreichen nach einschlägigen Normen oft eine sehr gute Bewertung der Farbwiedergabeeigenschaften (z. B. DIN 5035). Wie aus Bild 6.21, den speziellen Farbwiedergabeeigenschaften von Leuchtstofflampen zu ersehen ist, werden nur 14 Testfarben zur Beurteilung verwendet. Da die Palette aller Farben jedoch sehr viel größer ist, kann es auch bei Leuchtmitteln nach Güteklasse 1A zu Farbverschiebungen gegenüber Leuchtstofflampen mit einem kontinuierlichen Spektrum und gegenüber dem Tageslicht kommen. Tabelle 6.2.1 weist Leuchtstofflampen und Halogen-Metalldampflampen, eingestuft nach ihren Farbwiedergabeeigenschaften, entsprechend DIN-Entwurf 5035 aus.

Nachfolgend wird noch auf die einzelnen Leuchtmittel näher eingegangen und Bild 6.22 zeigt, welche Entsprechung künstliche Lichtquellen in der Natur haben.

Lichtfarben und Farbwiedergabe-Eigenschaften von L-Lampen nach DIN 5035 – Neue Stufeneinteilung (Entwurf 1988)

Farbwiedergabe-Eigenschaften (Ra)		Lichtfarbe tw tageslichtweiss über 5000 K	Lichtfarbe nw neutralweiss 4000 K	Lichtfarbe ww warmweiss unter 3300 K
Stufe 1 sehr gut	**1 A** Ra 90-100	12 LUMILUX® DE LUXE Daylight 72 BIOLUX® 6500 K	22 LUMILUX® DE LUXE Hellweiss	32 LUMILUX® DE LUXE Warmton
	1 B Ra 80-89	11 LUMILUX® Tageslicht	21 LUMILUX® Hellweiss	31 LUMILUX® Warmton 41 LUMILUX INTERNA®
Stufe 2 gut	**2 A** Ra 70-79	10 Tageslicht	25 Universal-Weiss	
	2 B Ra 60-69		20 Hellweiss	
Stufe 3 weniger gut	Ra 40-59			30 Warmton

Farbwiedergabe-Eigenschaften (Ra)		Lichtfarbe tw tageslichtweiss über 5000 K	Lichtfarbe nw neutralweiss 4000 K	Lichtfarbe ww warmweiss unter 3300 K
Stufe 1 sehr gut	**1 A** Ra 90-100	12 LUMILUX® DE LUXE Daylight POWERSTAR HQI/D	22 LUMILUX® DE LUXE Hellweiss	32 LUMILUX® DE LUXE Warmton Glühlampen Halogenglühlampen
	1 B Ra 80-89	11 LUMILUX® Tageslicht	21 LUMILUX® Hellweiss POWERSTAR HQI/NDL	31 LUMILUX® Warmton 41 LUMILUX INTERNA® POWERSTAR HQI/WDL
Stufe 2 gut	**2 A** Ra 70-79	10 Tageslicht	25 Universal-Weiss	Mischlichtlampen HWL-R DE LUXE
	2 B Ra 60-69		20 Hellweiss POWERSTAR HQI/N Mischlichtlampen HWL	Quecksilberdampf-Hochdrucklampen HQL SUPER DE LUXE Natriumdampflampen VIALOX® NAV DE LUXE
Stufe 3 weniger gut	Ra 40-59		Quecksilberdampf-Hochdrucklampen HQL	30 Warmton Quecksilberdampf-Hochdrucklampen HQL DE LUXE
Stufe 4	Ra 20-39			VIALOX® NAV STANDARD VIALOX® NAV SUPER

Tabelle 6.2.1
Lampen eingestuft nach Farbwiedergabe - Indizes R_a für Leuchtstofflampen

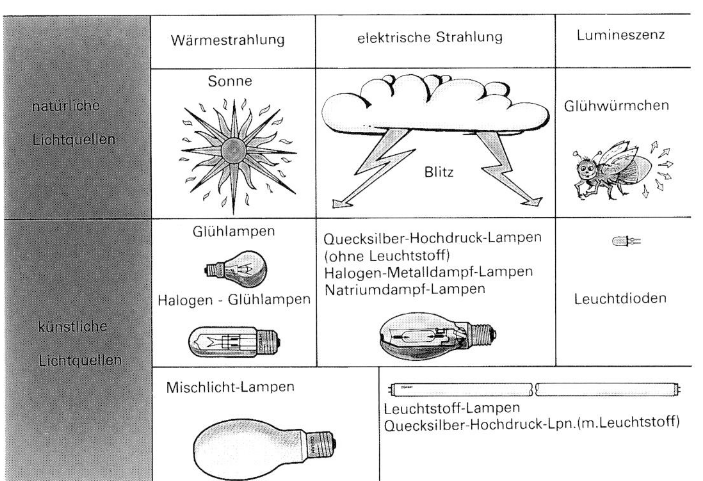

Wärmestrahlung
elektrische Strahlung
Lumineszenz
natürliche Lichtquellen
Sonne
Blitz
Glühwürmchen
künstliche Lichtquellen
Glühlampen
Halogen - Glühlampen
Quecksilber-Hochdruck-Lampen (ohne Leuchtstoff)
Halogen-Metalldampf-Lampen
Natriumdampf-Lampen
Leuchtdioden
Mischlicht-Lampen
Leuchtstoff-Lampen
Quecksilber-Hochdruck-Lpn.(m.Leuchtstoff)

Bild 6.22
Vergleich zwischen natürlichen und künstlichen Lichtquellen (nach OSRAM)

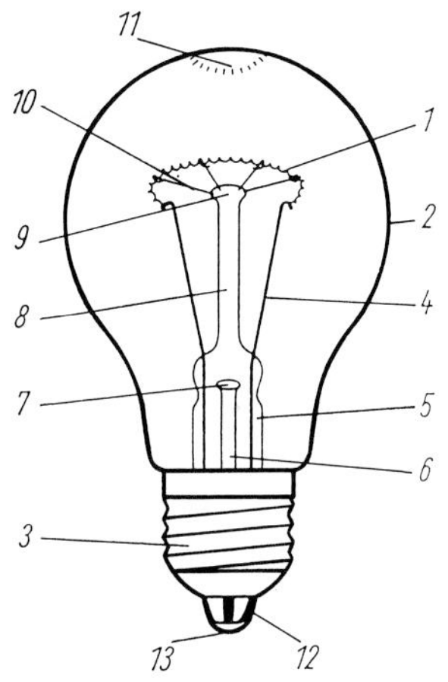

Bild 6.23
Aufbau einer Allgebrauchslampe

6.2.2. Glühlampen

Die Entwicklung von Glühlampen ist im wesentlichen abgeschlossen. Standardglühlampen, Kerzenlampen, Tropfenlampen, Röhrenlampen, Birnenlampen basieren alle auf dem gleichen Prinzip. Obwohl in der Industrie inzwischen „Ersatzglühlampen" in Form von Kompaktleuchtstofflampen angeboten werden, ist ein Absinken ihrer Bedeutung nicht zu erwarten. Neben den Vorteilen der vielfältigen Anpassung an Spannung und Leistung und an die unterschiedlichsten Betriebsbedingungen sind niedrige Anschaffungskosten und leichte Auswechselbarkeit für den Verbraucher gute Argumente, Glühlampen zu kaufen.

Besonders hervorzuheben ist jedoch das kontinuierliche Spektrum der Glühlampen (s. Bild 6.20), die vor allen Dingen im Wohnbereich eine gewohnte Farbwiedergabe bieten. Selbst wenn „Ersatzglühlampen" in Form von Kompaktleuchtstofflampen nach DIN Farbwiedergabe Güteklasse 1 haben, sollte vor allem im Wohn- und Eßbereich auf das kontinuierliche Spektrum der Glühlampe nicht verzichtet werden.

Glühlampen sind Temperaturstrahler. Mit Gleich- oder Wechselstrom wird ein Wolfram-Metallfaden in einem abgeschlossenen Glasgefäß zum Glühen gebracht. Als Füllgas dient im Wesentlichen Argon, bei Sonderlampen auch Krypton. Der Aufbau geht aus Bild 6.23 hervor.

Die Leuchtdichte einer klaren Lampe beträgt 1500 cd/m^2, die Lichtausbeute 13 lm/W.

6.2.3. Halogenglühlampen

Im Leuchtenbau gewinnt die Halogenglühlampe zunehmend an Bedeutung. Das liegt im wesentlichen daran, daß die Abmessungen der Halogenglühlampe sehr viel kleiner sind als die der Glühlampe. Hierdurch werden kleinere Leuchtenformen möglich. Auch die Lichtkonzentration auf eine kleine Fläche innerhalb der Halogenglühlampe läßt neue Ausdrucksmittel von Leuchten zu.

Bei Halogenglühlampen wird mit einem Kreisprozeß zwischen der Lampenwendel aus Wolfram und dem Halogendampf der Lampenfüllung die Verdampfung des Wolframs unter Kontrolle gehalten. Halogenglühlampen werden bei höheren Temperaturen als die normalen Glühlampen betrieben und haben deshalb auch meist eine bessere Lichtausbeute. Der kleine Kolben besteht aus Quarzglas, das höhere Temperaturen aushält und sich auch viel stärker erwärmen muß, um den Halo-

6

genkreisprozeß aufrecht zu erhalten. Halogenlampen werden ebnfalls eingesetzt für Scheinwerfer in Flutlichtanlagen und bei Fahrzeugen.

Eine optimale Lichtausbeute wird bei Halogenglühlampen dann erzielt, wenn einer entsprechenden Leistung auch eine entprechende Spannung zugeordnet wird. Aus diesem Grunde sind für Halogenglühlampen mit Leistungen bis 100 W meist Transformatoren erforderlich, da diese mit 6, 12 oder 24 V betrieben werden. Hochvoltglühlampen für 220 V gibt es ab 75 W bis zu einer Leistung von 2000 W. Die Bilder 6.24 und 6.25 zeigen den Unterschied zwischen Niedervoltlampen und Lampen für Netzspannung.

Die Farbtemperatur der Halogenglühlampe beträgt 3000 K und die Lichtausbeute liegt bei 20 lm/W. Die Anschaffungskosten einer Halogenglühlampe betragen das zehnfache einer Glühlampe.

Halogenglühlampen reagieren sehr empfindlich auf Spannungsunterschiede. Steigt die Spannung über die Nennspannung, so sinkt die Lebensdauer rapide ab.

Die Lebensdauer wird aber schon um das Doppelte erhöht, wenn die Spannung zwischen 5 und 10% abgesenkt wird. Der Lichtstrom wird allerdings dann auf 80% herabgesenkt.

6.2.4. Kompaktleuchtstofflampen

Kompaktleuchtstofflampen werden zunehmend vor allem in öffentlichen Gebäuden und Verwaltungsgebäuden anstelle von Glühlampen eingesetzt, da die Lebensdauer von 6000 bis 8000 Stunden erheblich höher ist, als die der Glühlampe mit 1000 Stunden und der Halogenglühlampe mit 2000 Stunden. In speziellen Leuchten, (Downlights für Kompaktleuchtstofflampen), kann die Glühlampe ersetzt werden, wobei durch die vier- bis fünffache höhere Lichtausbeute der Kompaktleuchtstofflampe Energie eingespart werden kann.

Die führenden Leuchtmittelhersteller bieten Kompaktleuchtstofflampen mit integriertem Vorschaltgerät im Sockel als Ersatz für Glühlampen an. Zu beachten ist hier jedoch, daß die Abmessungen der Kompaktleuchtstofflampe nicht gleich den Abmessungen der Glühlampe ist und so Systeme mit optischen Spiegeln für eine solche Umrüstung nicht geeignet sind.
Ebenfalls nicht geeignet ist der Austausch von Glühlampen gegen Kompaktleuchtstofflampen in Wohnbereichen und in Gaststätten, da die Farbwiedergabe trotz gegenteiliger Werbung der Hersteller bei weitem nicht so gut ist, wie die Farbwiedergabe von Glühlampen. Zur Beleuchtung von Speise- und Wohnbereichen sollte daher die Kompaktleuchtstofflampe mit elektronischem Vorschaltgerät nicht eingesetzt werden. Technisch gesehen ist die Kompaktleuchtstofflampe eine Leuchtstofflampe und somit eine Gasentladungslampe, bei der UV-Strahlung eines angeregten Quecksilbergases durch einen Leuchtstoff in Licht umgewandelt wird (Bild 6.26 / 6.27).
Die Entladung findet zwischen zwei Elektroden statt. Zum Zünden werden Vorschaltgeräte und Zünder oder entsprechende elektronische Vorschaltgeräte benötigt.

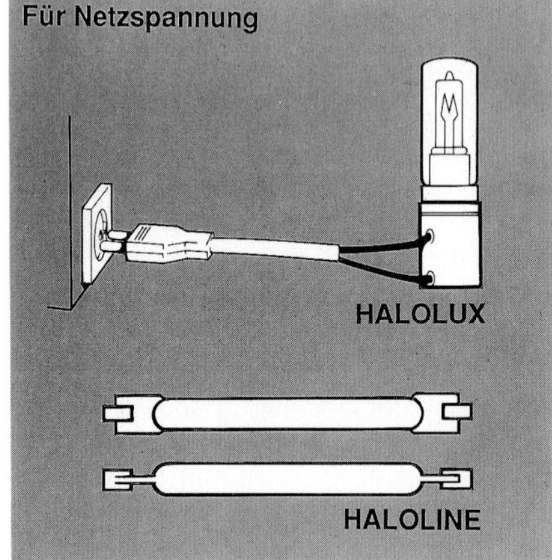

Bild 6.24
Halogenglühlampen für Netzspannung (nach OSRAM)

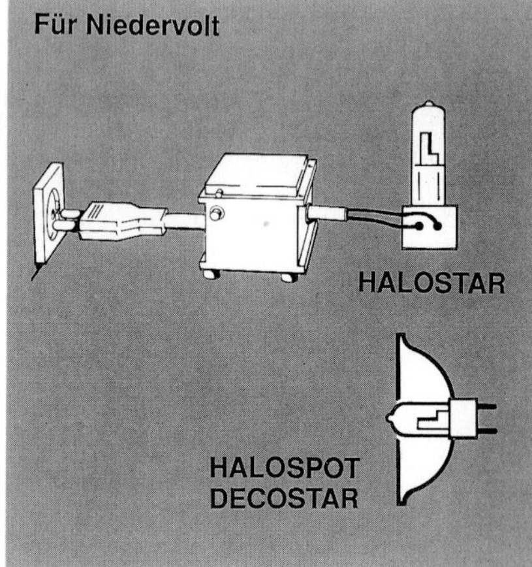

Bild 6.25
Halogenglühlampen für Niedervolt (nach OSRAM)

Die Systemlichtausbeute von Kompaktleuchtstofflampen liegt bei 60 lm/W (mit elektronischen Vorschaltgeräten), die Eigenleuchtdichte beträgt 10.000 cd/m² und die Farbtemperatur liegt zwischen 3000 und 4000 K.

Für Kurzfeldleuchten ist eine neue Kompaktleuchtstofflampengeneration bis 36 W und 40W entstanden, die kleinere Leuchtstofflampen bis 36 W ersetzen kann.
Diese Kompaktleuchtstofflampe für Kurzfeldleuchten kann speziell in rechteckigen und quadratischen Leuchten eingesetzt werden. Die Lichtausbeute ist für die relativ geringe Länge dieser Lampen sehr hoch. Eine Übersicht über Kompaktleuchtstofflampen ist in Bild 6.28 dargestellt.

Kompaktleuchtstofflampen können sowohl mit normaler Netzspannung (HV-Bereich) als auch mit verminderter Netzspannung (NV-Bereich) betrieben werden. Deshalb eignen sich Kompaktleuchtstofflampen bestimmter Bauart auch für Notbeleuchtungen und im NV-Bereich für die Versorgung mit Sonnenenergie und Akkumulatoren, gemäß Bild 6.29.

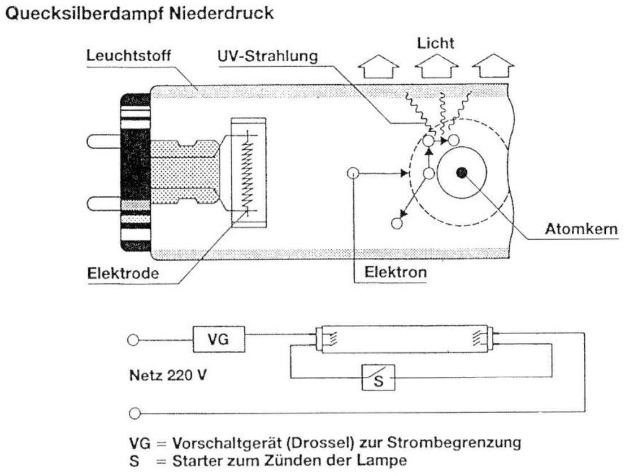

Bild 6.26
Funktion einer Leuchtstofflampe

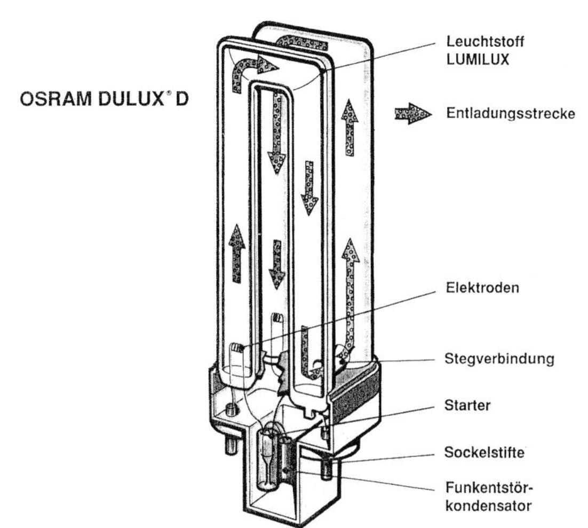

Bild 6.27
Funktion einer Kompaktleuchtstofflampe

6

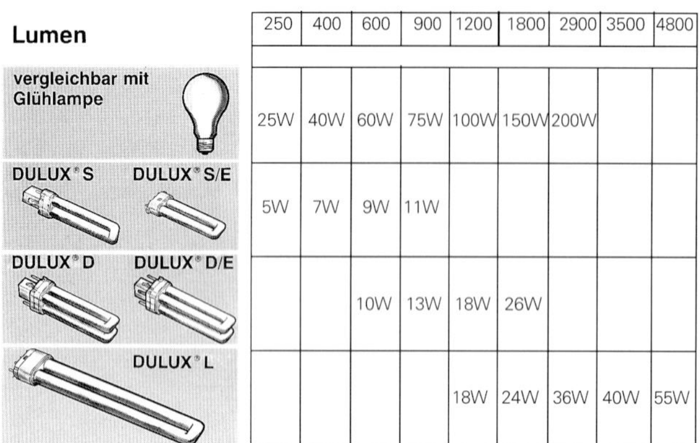

Lumen	250	400	600	900	1200	1800	2900	3500	4800
vergleichbar mit Glühlampe	25W	40W	60W	75W	100W	150W	200W		
DULUX® S, DULUX® S/E	5W	7W	9W	11W					
DULUX® D, DULUX® D/E			10W	13W	18W	26W			
DULUX® L					18W	24W	36W	40W	55W

Bild 6.28

Übersicht über Kompaktleuchtstofflampen (nach OSRAM)

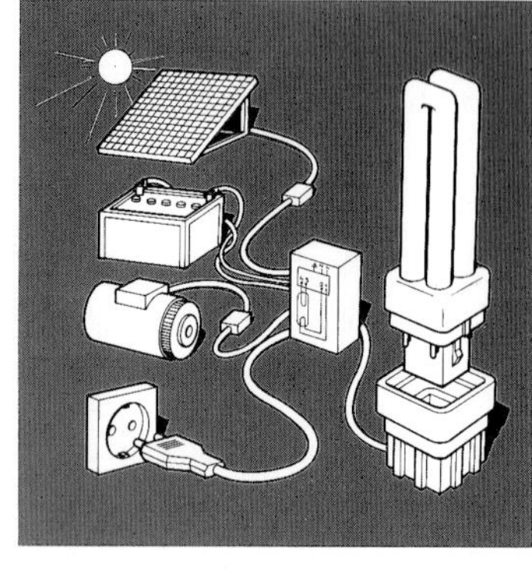

HV - Bereich

- o HF-Betrieb
- o Notbeleuchtung
- o Dimmerbetrieb

NV - Bereich

- o Camping, Caravan, Boot
- o Bus, Bahn
- o Wochenend-/Ferienhäuser
- o Positions-/Signallichter
- o Park-/Straßenbeleuchtung
- o Notbeleuchtung

Bild 6.29

Anwendungsspektrum von Kompaktleuchtstofflampen (nach OSRAM)

6.2.5. Leuchtstofflampen

Leuchtstofflampen erzeugen in den Industriestaaten 70 % des gesamten Kunstlichtes. Sie werden vorwiegend in ausgedehnten Leuchten eingesetzt und sind mit 70 bis 100 lm/W relativ wirtschaftlich.

Die Leuchtstofflampe funktioniert im Prinzip genauso wie die Kompaktleuchtstofflampe, wird aber aufgrund der langen Entwicklungszeit bedeutend vielfältiger gefertigt.

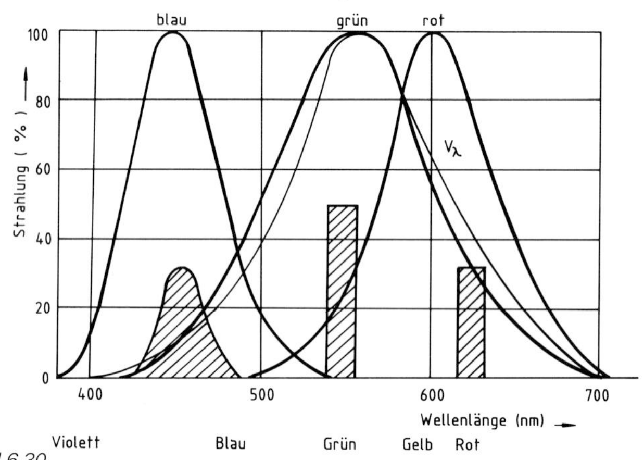

Bild 6.30

Leuchtstoffe für 3-Banden-Leuchtstofflampen

So sind vier wesentliche Lichtfarben zwischen 3000 und 5000 K erhältlich und eine Reihe von unterschiedlichen Längen und Bauformen. Infolge der Entwicklung von Drei-Banden-Leuchtstofflampen wurde die Lichtausbeute bei elektronischen Vorschaltgeräten auf 100 lm/W erhöht. Leuchtstofflampen haben kein kontinuierliches Spektrum, was besonders ausgeprägt ist bei den hochlumigen Drei-Banden-Leuchtstofflampen, deren Maxima mit den Rezeptoren im Auge zusammenfallen (Bild 6.30).

Nach entsprechenden Testmethoden haben Leuchtstofflampen zwar die Güteklasse 1, es kann jedoch vorkommen, daß nicht alle Farbtöne ausreichend gut wiedergegeben werden. Deshalb sollten zur Farbprüfung die Leuchtstofflampen benutzt werden, mit der das Material auch später beleuchtet wird.

Leuchtstofflampen mit einem relativ kontinuierlichen Spektrum haben eine wesentlich geringere Lichtausbeute (bei 58 W Anschlußleistung und kontinuierlichem Spektrum lediglich 3400 anstatt 5400 lm). Aus diesem Grunde werden Leuchtstofflampen mit kontinuierlichem Spektrum nur dort eingesetzt, wo sich der Nutzer eine besonders gute Farbwiedergabe wünscht. Es ist wahrscheinlich, daß Mensch und Pflanzen sich unter einem kontinuierlichem Spektrum wohler fühlen. Ein unmittelbarer Nachweis hierfür wurde jedoch nicht in

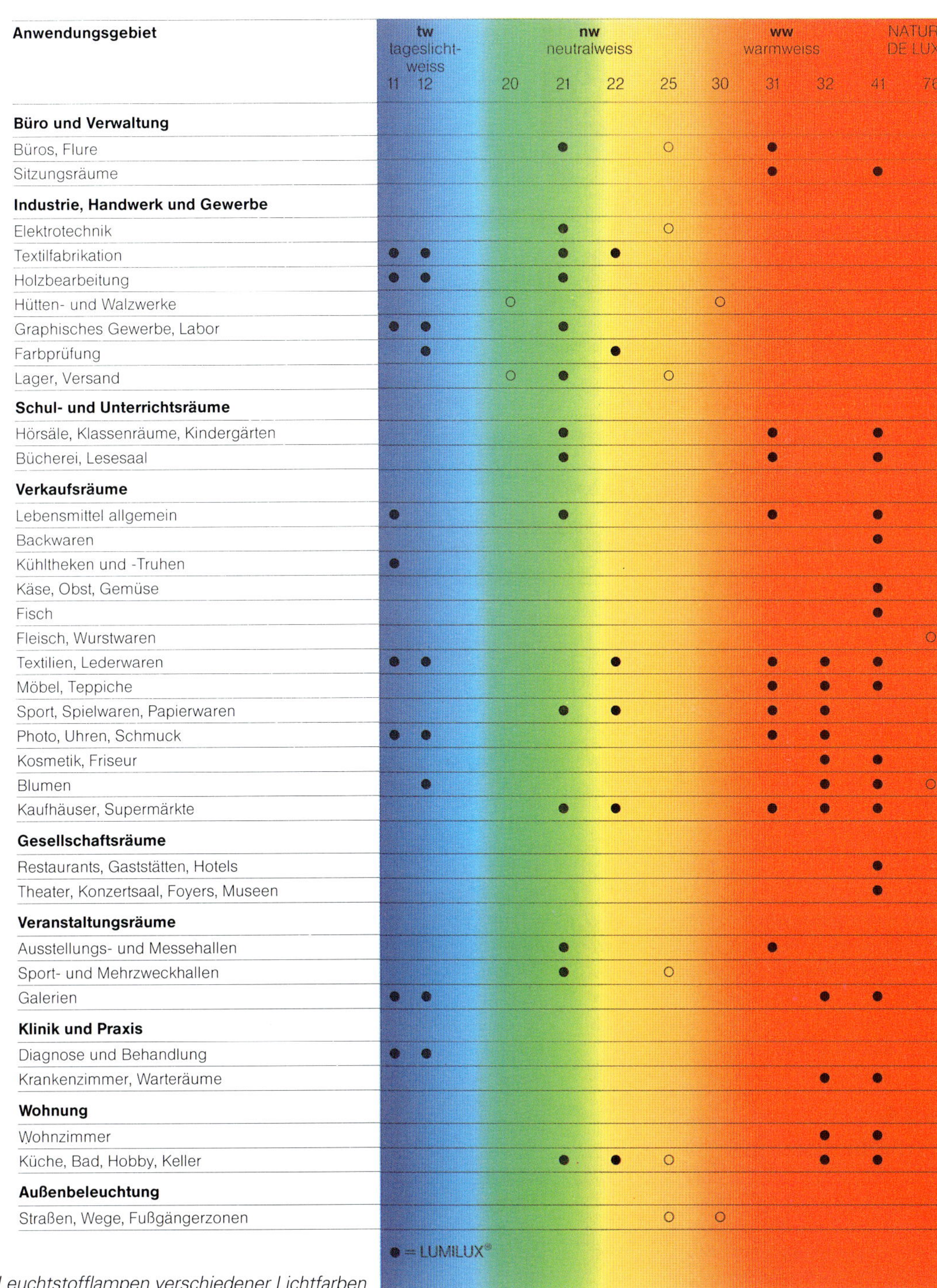

Anwendungsgebiet	tw tageslicht-weiss 11	12	nw neutralweiss 20	21	22	25	30	ww warmweiss 31	32	NATUR DE LUX 41	76
Büro und Verwaltung											
Büros, Flure				●		○		●			
Sitzungsräume								●		●	
Industrie, Handwerk und Gewerbe											
Elektrotechnik				●		○					
Textilfabrikation	●	●		●	●						
Holzbearbeitung	●	●		●							
Hütten- und Walzwerke			○				○				
Graphisches Gewerbe, Labor	●	●		●							
Farbprüfung		●			●						
Lager, Versand			○	●		○					
Schul- und Unterrichtsräume											
Hörsäle, Klassenräume, Kindergärten				●				●		●	
Bücherei, Lesesaal				●				●		●	
Verkaufsräume											
Lebensmittel allgemein	●			●				●		●	
Backwaren										●	
Kühltheken und -Truhen	●										
Käse, Obst, Gemüse										●	
Fisch										●	
Fleisch, Wurstwaren											○
Textilien, Lederwaren	●	●			●			●	●	●	
Möbel, Teppiche								●	●	●	
Sport, Spielwaren, Papierwaren				●	●			●	●		
Photo, Uhren, Schmuck	●	●						●	●		
Kosmetik, Friseur									●	●	
Blumen		●							●	●	○
Kaufhäuser, Supermärkte				●	●			●	●	●	
Gesellschaftsräume											
Restaurants, Gaststätten, Hotels										●	
Theater, Konzertsaal, Foyers, Museen										●	
Veranstaltungsräume											
Ausstellungs- und Messehallen				●				●			
Sport- und Mehrzweckhallen				●		○					
Galerien	●	●							●	●	
Klinik und Praxis											
Diagnose und Behandlung	●	●									
Krankenzimmer, Warteräume									●	●	
Wohnung											
Wohnzimmer									●	●	
Küche, Bad, Hobby, Keller				●	●	○			●	●	
Außenbeleuchtung											
Straßen, Wege, Fußgängerzonen						○	○				

● = LUMILUX®

Tabelle 6.2.2
Anwendungsbeispiel von Leuchtstofflampen verschiedener Lichtfarben

6

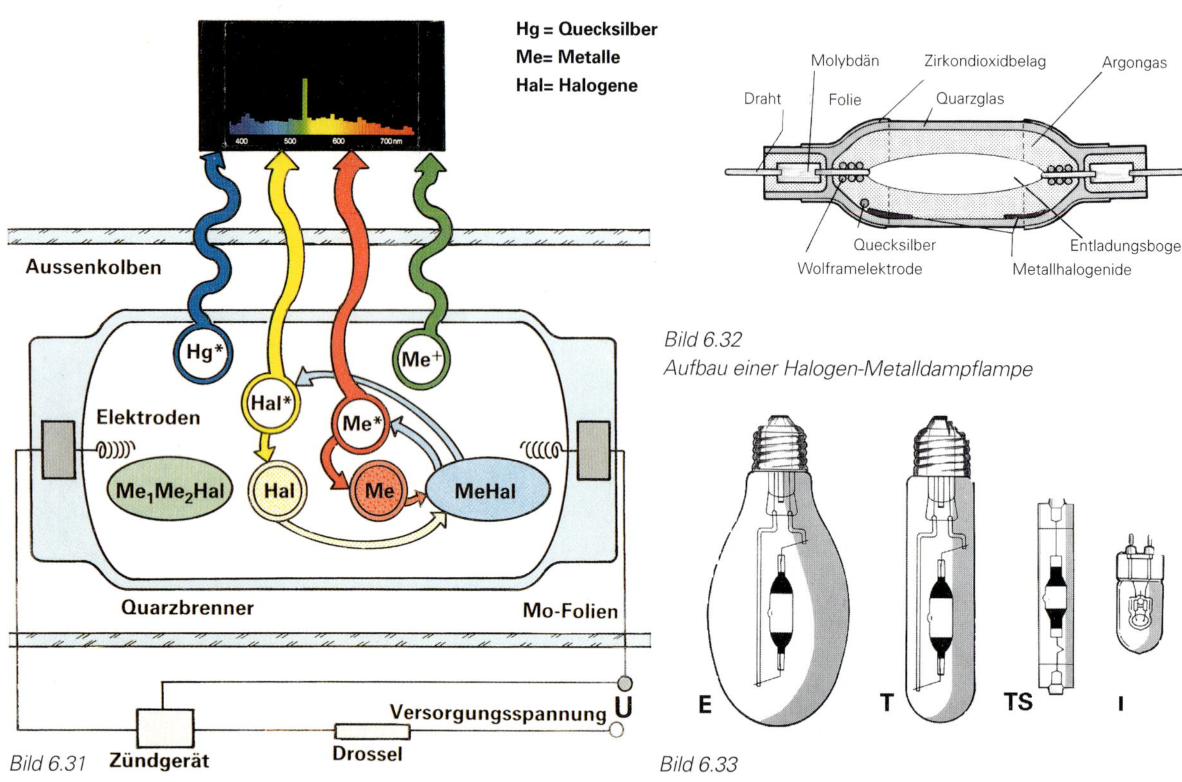

Bild 6.31
Funktionsprinzip von Halogen-Metalldampflampen

Bild 6.32
Aufbau einer Halogen-Metalldampflampe

Bild 6.33
Ausführungsformen von Metall-Halogen-Lampen

der Art erbracht, daß man empfehlen sollte, nur Leuchtstofflampen mit kontinuierlichem Spektrum einzusetzen.

Je nach Raum und Art der Tätigkeit im Raum müssen bestimmte Lichtfarben und Farbwiedergabeeigenschaften erfüllt werden. Aus der Tabelle 6.2.2 können Vorschläge der Firma Osram für Leuchtstofflampen verschiedener Lichtfarbe und Farbwiedergabe zur Beleuchtung entnommen werden (Ergänzung zur Tabelle 6.1).

6.2.6. Entladungslampen

Entladungslampen HID sind punktförmige Lichtquellen, die eine ähnlich hohe Lichtausbeute erzielen wie Leuchtstofflampen. Sie werden insbesondere für die Außenbeleuchtung und Beleuchtung von großen Räumen und Hallen benutzt.

Technisch gesehen wird in Entladungslampen die Lichtstrahlung genutzt, die durch Anregung von Metalldampfatomen entsteht, wenn sie an elektrischer Energie angeschlossen sind. Die Intensität der Strahlung und der Strahlungsspektren hängt von der Art des Metalldampfes und dem Druck der Lampe ab. Das Funktionsprinzip geht aus Bild 6.31 hervor.
Im wesentlichen werden heute folgende Metalldampflampen verwendet:

6.2.6.1. Halogen-Metalldampflampen

Halogen-Metalldampflampen HQI zeichnen sich durch eine hohe Lichtausbeute und gute Farbwiedergabeeigenschaften aus. Vor allem in Industriehallen, Verkaufsräumen, Schaufenstern sowie Sportstätten und zur Pflanzenzucht eignen sich Halogen-Metalldampflampen sehr gut. Ihr Spektrum umfaßt eine Leistung von 35 W mit einem Lichtstrom von 2400 lm bis 3500 W mit einem Lichtstrom von ca. 300 000 lm. Der schematische Aufbau und Ausführungsformen sind in den Bildern 6.32 bis 6.34 dargestellt.

6.2.6.2. Natriumdampf-Hochdrucklampen

Natriumdampf- Hochdrucklampen NAV haben eine noch höhere Lichtausbeute als Metall-Dampflampen. Sie senden jedoch ein fast monochromatisches Spektrum aus, so daß keine besonderen

Farbwiedergabeeigenschaften gegeben sind. Natriumdampf-Hochdrucklampen werden im wesentlichen zur Beleuchtung von Straßen verwendet. Der Aufbau geht aus Bild 6.34 hervor.

6.2.6.3. Quecksilberdampflampen

Verbreitet sind Quecksilberdampflampen HQL wegen ihrer kleinen Bauform im wesentlichen bei Gartenleuchten, für Fußgängerzonen und Parkanlagen. Die Lichtausbeute ist mit 40 lm/W für Gasentladungslampen nicht besonders hoch und auch die Lichtfarbe und damit die Farbwiedergabeeigenschaften können nicht überzeugen. Die Quecksilberdampflampe ist jedoch ähnlich einfach anwendbar wie die Glühlampe und deshalb verbreitet. Der Aufbau ist aus Bild 6.34 zu sehen.

6.2.6.4. Technische Eigenschaften von Entladungslampen

Die lichttechnischen Daten von Entladungslampen können u.a. aus Tabelle 6.3 entnommen werden.

Die spektralen Strahlungsverteilungen von Entladungslampen im Vergleich mit Tageslicht und dem Glühlampenlicht sind in Bild 6.20 ersichtlich.

Durch die hohe Lichtausbeute dieser Lampen bei relativ kleiner Bauart ist die Eigenleuchtdichte der Lampen sehr hoch. Im Innenbereich sollten daher Quecksilberhochdruckdampflampen nur so eingesetzt werden, daß durch die Bauart der Leuchten die Leuchtmittel sehr gut ausgeblendet sind. Gute Farbwiedergabeeigenschaften lassen sich nur mit HQI-Leuchtmitteln erreichen. In Innenräumen sollten deshalb HQL- und NAV-Lampen nicht eingesetzt werden.

6.2.7. Sonstige Lampen

Neben dem erwähnten Leuchtmittel gibt es eine Vielzahl von Lampen für Spezialzwecke, wie z.B.:

- Infrarotstrahler,
- Heilwärmestrahler,
- Heimsonnen,
- Leuchtstofflampen für Solarien.
- Lampen für UV-Strahlung,
- Entkeimungslampen,
- Blitzröhren,
- Fotolampen, usw.

Diese Lampen sind speziellen Bedürfnissen angepaßt und haben teilweise nur eine sehr geringe Lebensdauer, da die Einschaltzeiten gering sind.

Hochdruck-Entladungs-Lampen

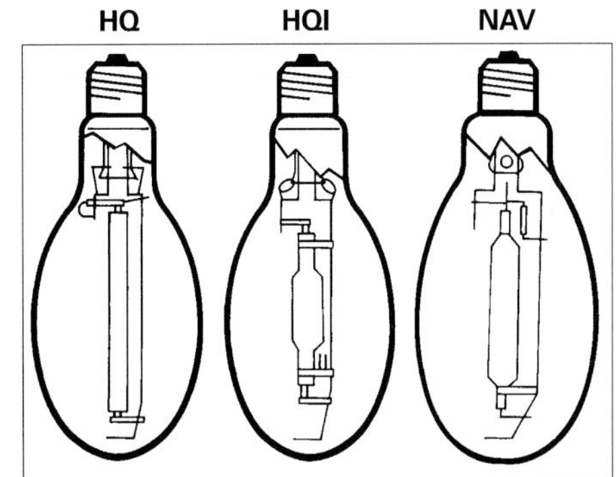

Lichterzeugung:	Quecksilber+ Leuchtstoff	Metall-Halogenide	Natrium
Betriebsgerät:	Drossel	Drossel + Zündgerät	Drossel + Zündgerät

Bild 6.34
Aufbau von Hochdruck-Entladungslampen

Typ Type	P W	P total W	Sockel culot	Ø mm	L mm	*	Lichtstrom lm	lm/W	R_a	Brennlage position
Halogen-Reflektorlampen mit Schutzglas										
12.50HLCK14	50	12	GX5,3	50	45	14°	900	18	100	P360
12.50HLCK27	50	12	GX5,3	50	45	27°	900	18	100	P360
12.50HLCK40	50	12	GX5,3	50	45	40°	900	18	100	P360

* Ausstrahlungswinkel

Typ Type	P W	P total W	Sockel culot	Ø mm	L mm	I A	Lichtstrom lm	lm/W total	R_a	Brennlage position
Natriumdampf-Hochdrucklampen, Ellipsoidform mit Leuchtstoff										
NAHL 50	50	60	E27	72	156	0,76	3300	55	20	P360
NAHL 70	70	83	E27	72	156	1,00	5800	70	20	P360
NAHL100	100	116	E40	77	186	1,20	9500	82	20	P360
NAHL150	150	165	E40	92	227	1,80	13500	82	20	P360
NAHL250	250	274	E40	92	227	3,00	25000	91	20	P360
NAHL400	400	432	E40	122	292	4,45	47000	108	20	P360
Natriumdampf-Hochdrucklampen, Röhrenform, klar										
NAHT 50	50	60	E27	38	159	0,76	4000	66	20	P360
NAHT 70	70	83	E27	38	159	1,00	6500	78	20	P360
NAHT100	100	116	E40	48	211	1,20	10000	86	20	P360
NAHT150	150	165	E40	48	211	1,80	14000	85	20	P360
NAHT250	250	274	E40	48	257	3,00	27000	98	20	P360
NAHT400	400	432	E40	48	283	4,45	47000	108	20	P360
Natriumdampf-Hochdrucklampen, Röhrenform, zweiseitig gesockelt, klar										
NAHTS 70	70	84	R7s	20	114	1,00	7000	84	20	P45
NAHTS250	250	275	Fc2	23	206	3,00	25500	92	20	P45
NAHTS400	400	450	Fc2	23	206	4,40	48000	106	20	P45
Quecksilberdampflampen, Ellipsoidform, mit Leuchtstoff										
HGL 50	50	60	E27	56	126	0,60	1800	30	50	P360
HGL 80	80	90	E27	72	156	0,80	3700	41	50	P360
HGL125	125	138	E27	77	177	1,15	6300	45	49	P360
HGL250	250	272	E40	91	227	2,13	13000	47	46	P360
HGL400	400	428	E40	122	292	3,25	22000	51	44	P360

Typ Type	P W	P total W	Sockel culot	Ø mm	L mm	I A	Lichtstrom lm	lm/W total	R_a	Brennlage position
Halogen-Metalldampflampen, einseitig gesockelt, klar										
HGIT 70	75	88	G12	25	84	1,00	5200	49	85	P360
HGIT 150	150	170	G12	25	84	1,80	12000	70	85	P360
HGIT 250	250	275	E40	46	220	3,00	19000	69	90	H150
HGIT 400	400	440	E40	46	285	4,00	33000	75	90	P360
HGIT1000	1000	1050	E40	76	340	9,50	80000	76	93	P 60
HGIT2000	2000	2080	E40	100	430	8,80	190000	91	60	H150
Halogen-Metalldampflampen, zweiseitig gesockelt, klar										
HGITS 70	75	88	R7s	10	114	1,00	5500	64	80	P45
HGITS150	150	170	R7s	23	132	1,80	11250	66	85	P45
HGITS250	250	275	Fc2	25	163	3,00	20000	72	93	P45
HGITS400	360	385	Fc2	31	206	3,50	25000	65	90	P45
Induktionslampen, Lebensdauer 60000 Stunden										
QL55	55	55		85	150		3500	65	80	P360
QL85	85	85		110	192		5500	65	80	P360

P 360 P60 P45 P20 P4 H150 H110 H30 HS45 HS30

nicht zulässig zulässig

Bemerkung: Die in der Tabelle aufgeführten Lichtstrom- und R_a-Faktor-Werte bitte in den Produkte-Unterlagen der einzelnen Hersteller nachsehen.

Tabelle 6.3
Lichtquellen (Regent, Basel)

6

6.3. LEUCHTEN

Bild 6.35
Wohnhaus H. Seidler, tags (oben links)

Bild 6.36
Wohnhaus H. Seidler, nachts (oben rechts)

Die Industrie bietet für alle vor angegebenen Lampen eine Vielzahl von Leuchten an. Die Leuchten unterscheiden sich nicht nur in der Form, sondern auch in der lichttechnischen Qualität sehr stark. Bei Leuchten im Wohnbereich sind Qualitätsanforderungen im gestalterischen und im Bereich des Lichtmilieus höher zu bewerten als wirtschaftliche Kriterien und Blendungskriterien.

Bei Leuchten im Arbeitsbereich dagegen spielen Blendungskriterien und Wirtschaftlichkeitskriterien eine große Rolle.

Bild 6.37
Pendelleuchte mit Glühlampe

Bild 6.38
Wandleuchte mit Glühlampe

6.3.1. Leuchten für Glühlampen

Leuchten für Glühlampen werden hauptsächlich im Wohnbereich eingesetzt. Zur Beleuchtung von Flächen sind Glühlampendownlights sehr bekannt, die jedoch zunehmend von Halogenglühlampendownlights und Downlights für Kompaktleuchtstofflampen abgelöst werden. Auch Strahler für Glühlampen sind sehr verbreitet. Bild 6.35 zeigt das Wohnhaus von H. Seidler mit Tageslicht beleuchtet. Man sieht, wie sich das Gesamtmilieu ändert, wenn nachts Downlights mit Glühlampen eingeschaltet werden, Bild 6.36.

Die Bilder 6.37 und 6.38 zeigen ebenfalls Leuchten für Glühlampen.

6.3.2. Leuchten für Halogenglühlampen

Wegen der kleinen Bauform der Halogenglühlampen sind in den letzten Jahren sehr viele Leuchten entwickelt worden, die wiederum die Hersteller von Halogenglühlampen zu einer weiten Palette von Lampen veranlaßt haben.

Leuchten für Halogenglühlampen sind im wesentlichen dort stark vertreten, wo Bündelungen von Licht gewünscht wird. So sind sehr viele Strahler mit verschiedenen Strahlungswinkeln entwickelt worden, die sehr kleine Bauform haben.

Bild 6.39
Downlight HAL Einbau

Auch Downlights für Halogenglühlampen sind mit einem Durchmesser von 5 bis 10 cm sehr gut einsetzbar (Bilder 6.39 und 6.40). Sie benötigen jedoch Transformatoren.

Für Leuchten mit Linsen, die die Strahlung bündeln oder aufweiten, sind kleine Halogenglühlampen mit einem relativ guten Brennpunkt sehr gut geeignet. Aus diesem Grunde wurde eine Vielzahl von Sondersystemen für Halogenglühlampen entwickelt.

Bild 6.41 zeigt eine Wandleuchte für Halogenlampenstrahler, die ihr Licht gebündelt nach oben und unten abgibt. Der Strahlungsgang wird durch eine Linse variiert.

Bild 6.40
Downlight HAL-„Kaltlichtreflektor"-Einbau

Bild 6.41
Wandleuchte für HAL-Strahler

Bild 6.42 zeigt einen Linsenstrahler fürHalogenglühlampe 100 W, Bild 6.43 einen Strahler für den Einsatz von Halogenglühlampen und Bild 6.44 diverse Strahler in Kombination mit einem Schienensystem.

6.3.3. Leuchten für Kompaktleuchtstofflampen

Kompaktleuchtstofflampen als Ersatz von Glühlampen sind vor allem in Downlights beliebt. Auch in quadratischen Leuchten werden Kompaktleuchtstofflampen gerne eingesetzt.

Ein anderes Anwendungsgebiet sind Hinweisleuchten und Notleuchten, da Kompaktleuchtstofflampen eine lange Lebensdauer haben und eine höhere Lichtausbeute als Glühlampen und Halogenglühlampen besitzen.

Auch in Außenleuchten werden Kompaktleuchtstofflampen immer häufiger eingesetzt. Es muß jedoch darauf hingewiesen werden, daß bei niedrigen Temperaturen der Lichtstrom von Kompaktleuchtstofflampen je nach Bauart der Leuchte sehr stark abnehmen kann.

Bild 6.45 zeigt einen Schnitt durch ein Downlight für Kompaktleuchtstofflampen.

In Bild 6.46 ist die Wirkung des direkten Lichtes durch Downlights im Raum mit den parabolischen Mustern an der Wand deutlich erkennbar.

Bild 6.47 zeigt ein angewendetes Beispiel in einem Fußgängertunnel.

Bild 6.48 zeigt einen Bereich des neuen Louvre-Eingangsbereiches mit Kompaktleuchtstofflampen-Downlights beleuchtet.

Bild 6.42
Linsenlüster mit HAL-Strahler

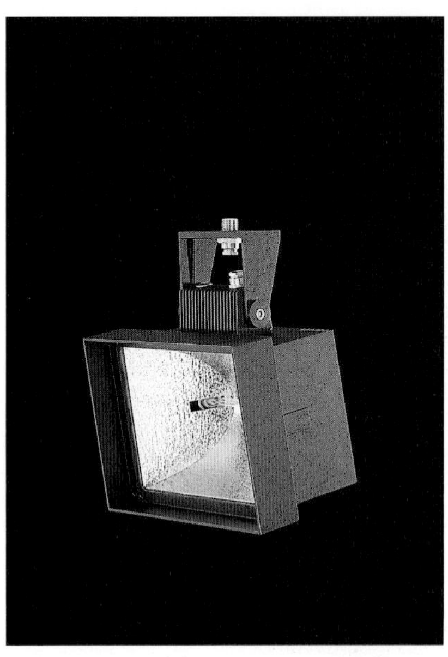

Bild 6.43
Strahler für Halogenglühlampe

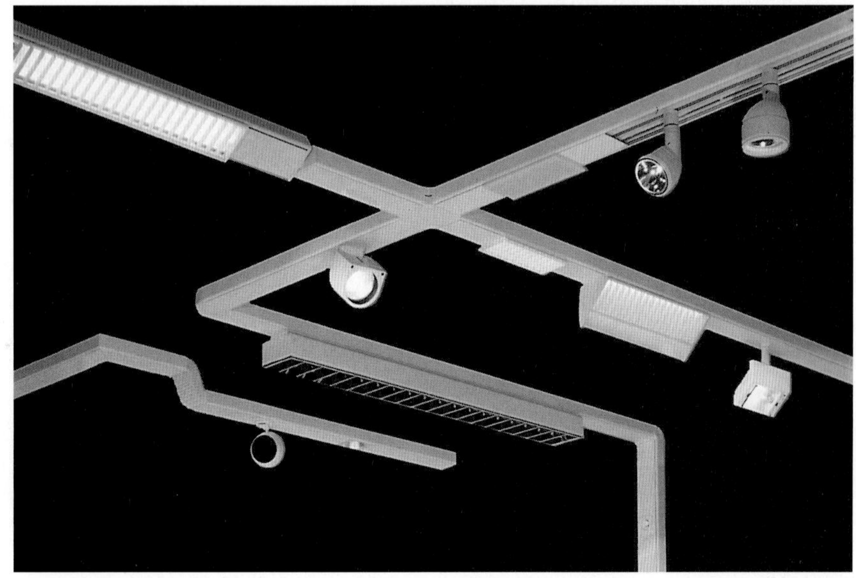

Bild 6.44
Diverse Strahler

Bild 6.45
Downlight für Kompaktleuchtstofflampe

Bild 6.46
Raumbeleuchtung mit Downlight für Kompaktleuchtstofflampe

Bild 6.47
Passagenbeleuchtung mit Downlights für S-Bahn München

Bild 6.48
Downlights Eingang Louvre

6.3.4. Leuchten für Leuchtstofflampen

Wegen der hohen Wirtschaftlichkeit haben Leuchten für Leuchtstofflampen im industriellen Bereich die höchste Bedeutung. Es ist eine Vielzahl von Leuchten für Leuchtstofflampen entwickelt worden, die je nach Anwendungszweck und Komfort außerordentlich unterschiedlich sind.

Aufgrund der Entwicklung von Spiegelrasterleuchten in den letzten 20 Jahren ist der Komfort dieser Leuchten sehr gesteigert worden. Die Eigenleuchtdichte von Spiegelrasterleuchten für Leuchtstofflampen ist mit Werten von unter 200 cd/m^2 im ausgeblendeten Bereich sehr niedrig. Durch die Richtwirkung der Spiegel lassen sich unterschiedliche Strahlungswinkel verwirklichen und hohe Leuchtbetriebswirkungsgrade erzielen.

Aus den folgenden Bildern können der prinzipielle Aufbau und die Lichtverteilungskurve für Leuchten mit Leuchtstofflampen entnommen werden.

Bild 6.49 zeigt mögliche Strahlungscharakteristiken von Spiegelrasterleuchten. Einbauvarianten in Deckensysteme von Langfeldleuchten veranschaulicht Bild 6.50.

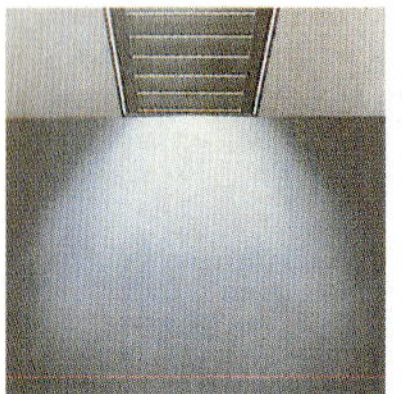

breitstrahlend

tiefstrahlend

asymmetrisch

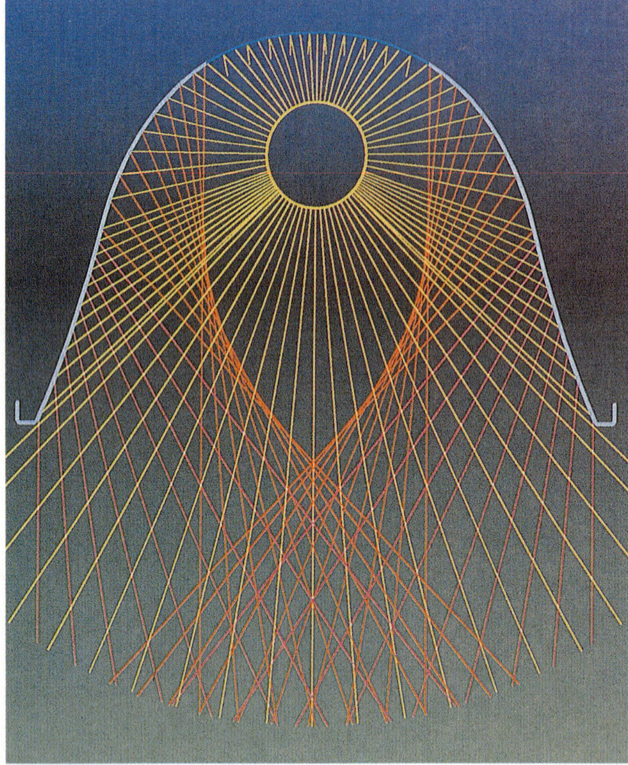

Die Bilder 6.51 bis 6.57 zeigen Lichtstärkeverteilung und Wirkungsgrade von folgenden Leuchten:

- Spiegelrasterleuchte $\gamma = 50°$
- Spiegelrasterleuchte $\gamma = 60°$
- weiße Großrasterleuchte
- universelle Tragschienensysteme
- Paneeleinbauleuchte
- Offene Lichtleiste
- Wannenleuchte

Bild 6.49
Leuchten für Leuchtstofflampen: Strahlung

Einbauleuchten, universell passend...

für Decken mit **verdeckten** Tragschienen.

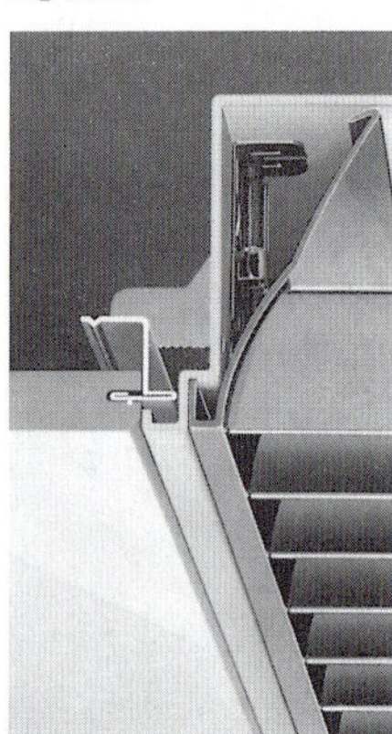

für Decken mit **sichtbaren** Tragschienen.

für Decken mit **gesägten** Einbauöffnungen.

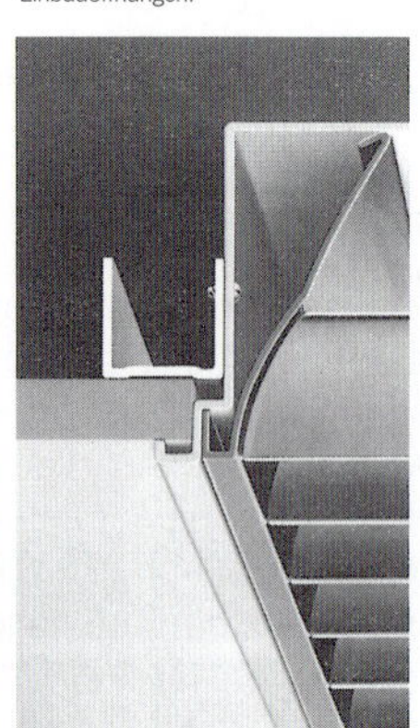

Einbauleuchten für Paneeldecken

in den Modulen 100, 150 und 200.

Einbauleuchten für Sanierung

unter Beibehaltung vorhandener Deckensysteme.

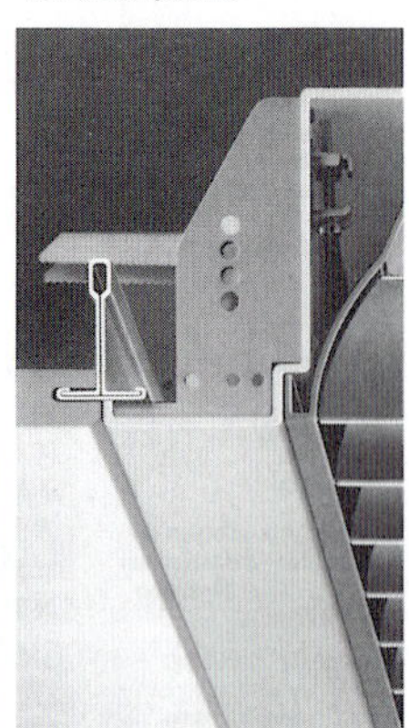

Bild 6.50
Leuchten für Leuchtstofflampen: Einbau

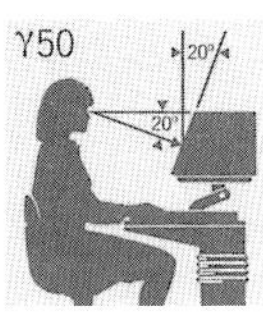

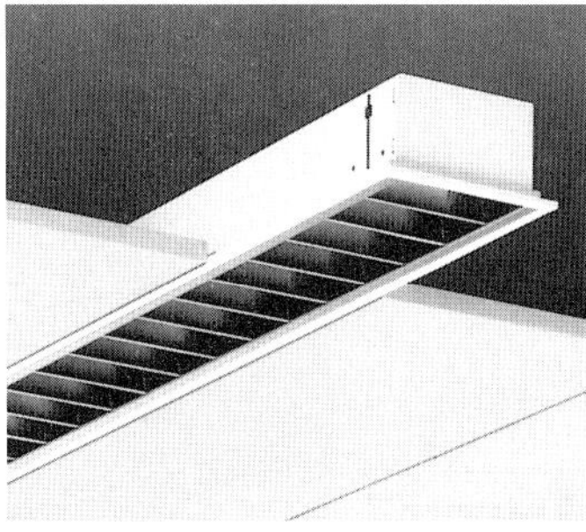

1 Lichtstärkeverteilung

Gemäß DIN 5032 Teil 4, Ebene C_0 - C_{180}

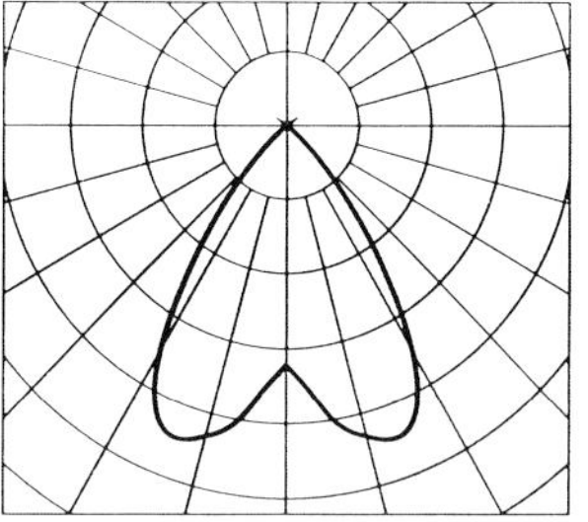

3 Wirkungsgrade η_{LB} =60%

Beleuchtungswirkungsgrade η_B in %

ρ	Decke	0.8	0.8	0.7	0.7	0.5	0.5	0.5	0.3	0
ρ	Wände	0.5	0.3	0.5	0.3	0.5	0.3	0.3	0.3	0
ρ	Boden	0.3	0.1	0.2	0.1	0.3	0.3	0.1	0.1	0
Raumindex k	0.60	40	34	38	34	38	35	34	34	31
	0.80	45	39	43	39	44	40	39	38	35
	1.00	50	44	48	43	48	45	43	43	40
	1.25	56	49	53	49	53	50	48	48	45
	1.50	59	51	55	51	56	53	50	50	47
	2.00	63	55	59	54	59	57	54	53	51
	3.00	68	59	63	58	63	62	57	57	55
	5.00	72	61	65	60	66	65	59	58	56

Bild 6.51
Spiegelrasterleuchte BAP 8= 50°

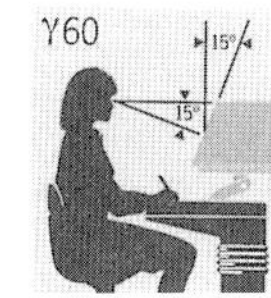

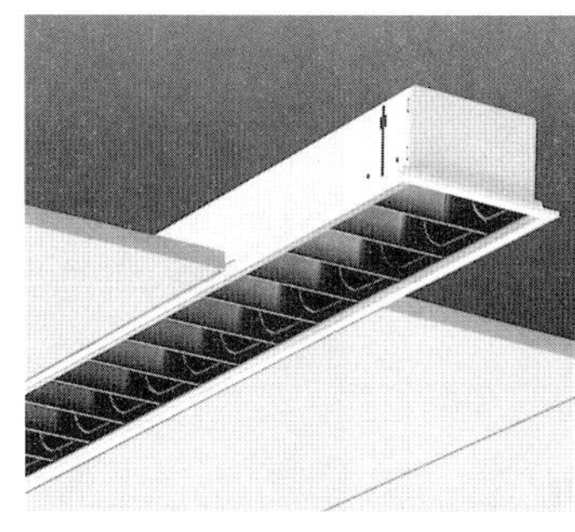

1 Lichtstärkeverteilung

Gemäß DIN 5032 Teil 4, Ebene C_0 - C_{180}

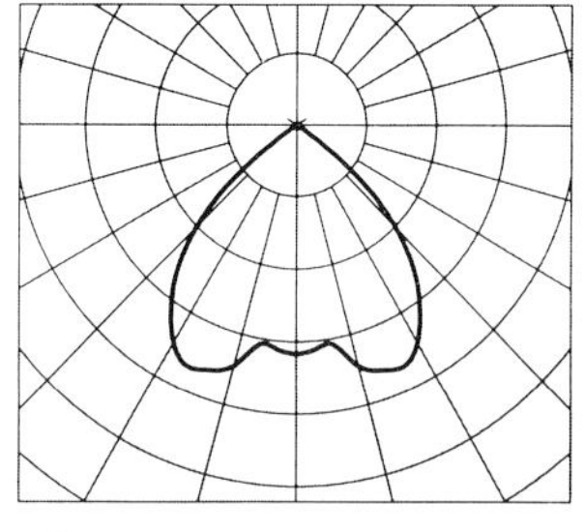

3 Wirkungsgrade η_{LB} =68%

Beleuchtungswirkungsgrade η_B in %

ρ	Decke	0.8	0.8	0.7	0.7	0.5	0.5	0.5	0.3	0
ρ	Wände	0.5	0.3	0.5	0.3	0.5	0.3	0.3	0.3	0
ρ	Boden	0.3	0.1	0.2	0.1	0.3	0.3	0.1	0.1	0
Raumindex k	0.60	38	32	37	32	37	32	31	31	27
	0.80	47	40	45	40	45	40	39	39	35
	1.00	53	45	51	45	51	46	45	44	40
	1.25	60	51	57	51	57	53	50	50	46
	1.50	64	55	60	55	61	57	54	53	50
	2.00	70	59	65	59	65	62	58	57	54
	3.00	77	65	70	65	71	68	64	63	60
	5.00	81	68	74	68	74	73	67	66	63

Bild 6.52

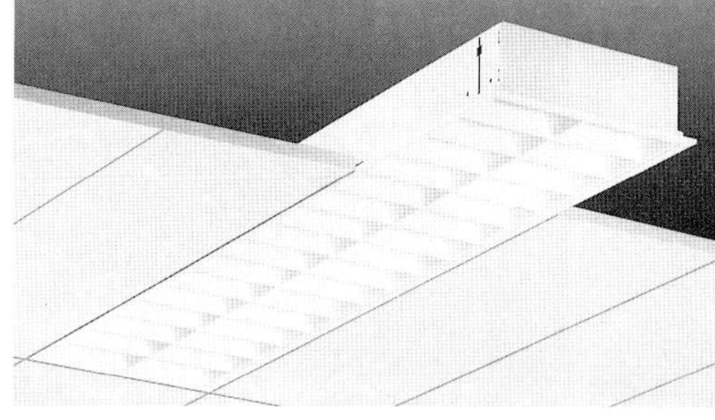

1 Lichtstärkeverteilung

Gemäß DIN 5032 Teil 4, Ebene C_0 - C_{180}

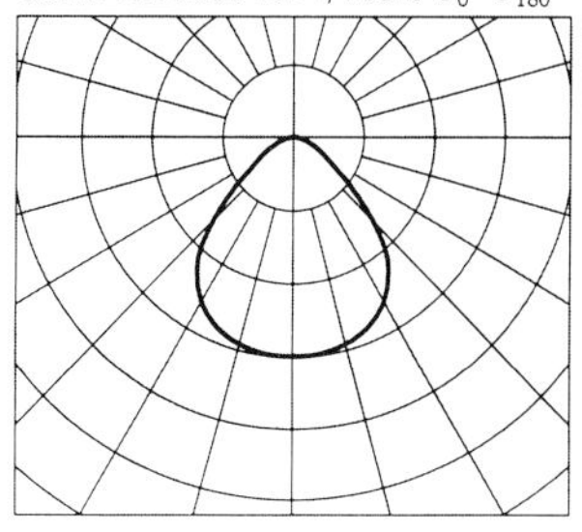

3 Wirkungsgrade η_{LB} =62%

Beleuchtungswirkungsgrade η_B in %

ρ	Decke	0.8	0.8	0.7	0.7	0.5	0.5	0.5	0.3	0
ρ	Wände	0.5	0.3	0.5	0.3	0.5	0.3	0.3	0.3	0
ρ	.Boden	0.3	0.1	0.2	0.1	0.3	0.3	0.1	0.1	0
Raumindex k	0.60	34	28	33	28	33	28	28	27	24
	0.80	41	35	40	34	39	35	34	34	30
	1.00	47	39	44	39	44	40	39	38	34
	1.25	53	45	50	44	50	46	44	43	40
	1.50	57	48	53	48	53	50	47	47	43
	2.00	62	52	57	52	57	54	51	50	47
	3.00	68	58	62	57	63	60	56	55	53
	5.00	73	61	66	61	66	65	59	58	56

Bild 6.53
Weiße Großrasterleuchte

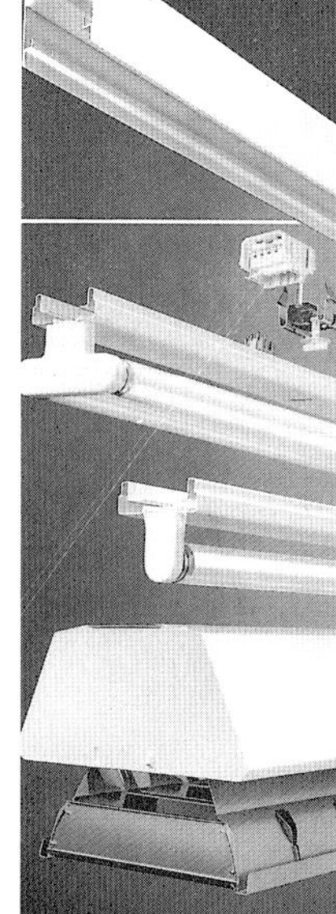

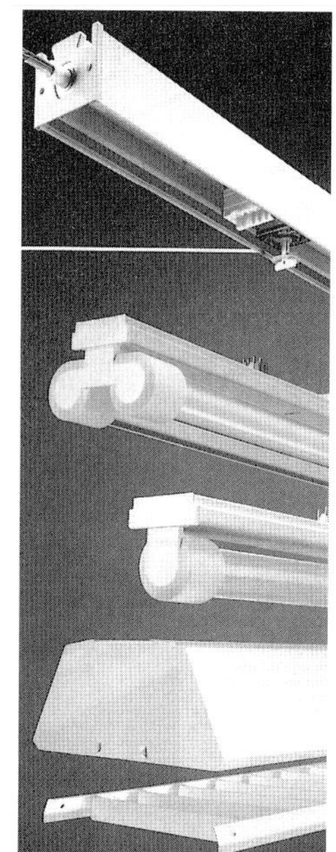

Bild 6.54

6

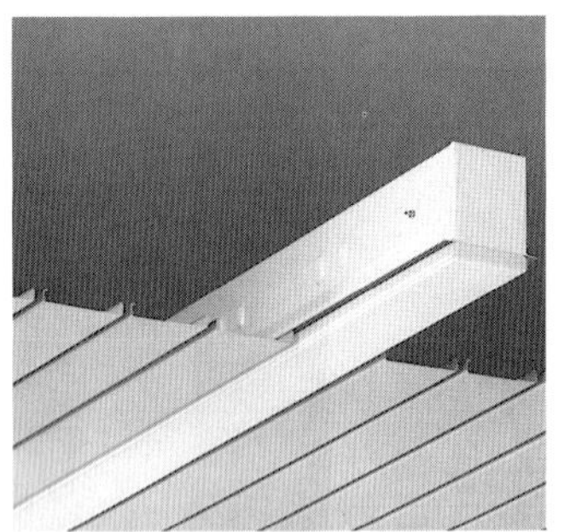

1 Lichtstärkeverteilung

Gemäß DIN 5032 Teil 4, Ebene C_0 - C_{180}

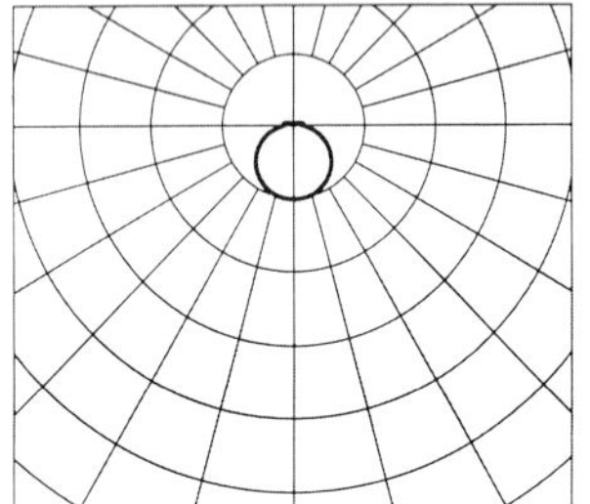

3 Wirkungsgrade η_{LB} =35%

Beleuchtungswirkungsgrade η_B in %

ρ	Decke	0.8		0.7		0.5			0.3	0
	Wände	0.5	0.3	0.5	0.3	0.5	0.3		0.3	0
	Boden	0.3	0.1	0.2	0.1	0.3	0.3	0.1	0.1	0
Raumindex k	0.60	15	12	15	12	14	12	11	11	9
	0.80	19	15	18	15	18	15	14	14	11
	1.00	22	18	21	17	20	17	17	16	14
	1.25	25	20	23	20	23	20	20	19	16
	1.50	28	22	26	22	25	23	21	21	18
	2.00	31	25	28	25	28	25	24	23	21
	3.00	35	29	32	28	31	29	27	26	24
	5.00	38	32	34	31	34	33	30	29	27

Bild 6.55
Paneeleinbauleuchten

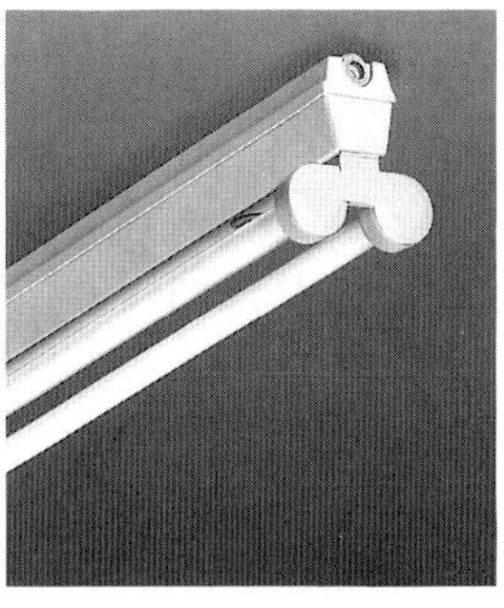

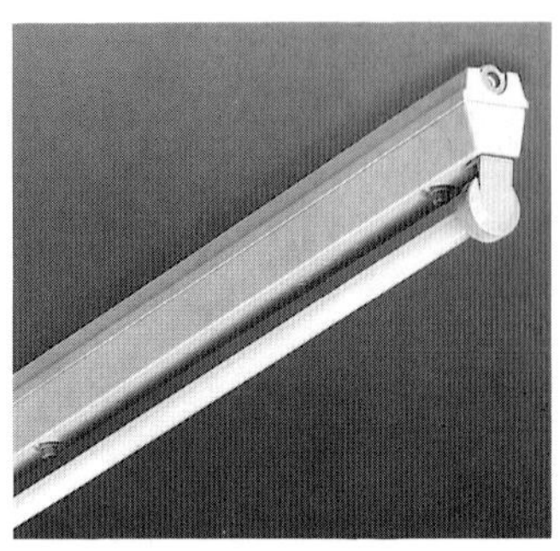

1 Lichtstärkeverteilung

Gemäß DIN 5032 Teil 4, Ebene C_0 - C_{180}

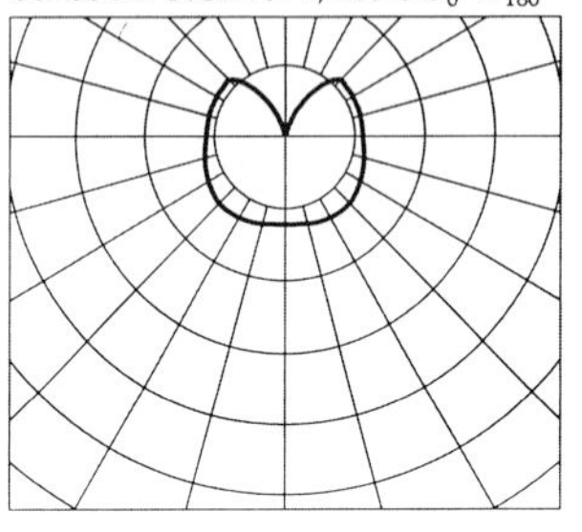

3 Wirkungsgrade η_{LB} =93%

Beleuchtungswirkungsgrade η_B in %

ρ	Decke	0.8		0.7		0.5			0.3	0
	Wände	0.5	0.3	0.5	0.3	0.5	0.3		0.3	0
	Boden	0.3	0.1	0.2	0.1	0.3	0.3	0.1	0.1	0
Raumindex k	0.60	34	25	31	24	28	22	21	19	11
	0.80	43	33	39	31	35	28	27	24	15
	1.00	50	39	45	36	40	33	32	28	18
	1.25	58	45	51	43	46	39	38	33	22
	1.50	63	50	56	47	50	44	42	36	25
	2.00	71	57	63	54	56	50	47	41	29
	3.00	82	66	71	62	64	59	55	48	36
	5.00	91	74	79	70	72	68	62	55	41

Bild 6.56
Lichtleiste

1 Lichtstärkeverteilung

Gemäß DIN 5032 Teil 4, Ebene C_0 - C_{180}

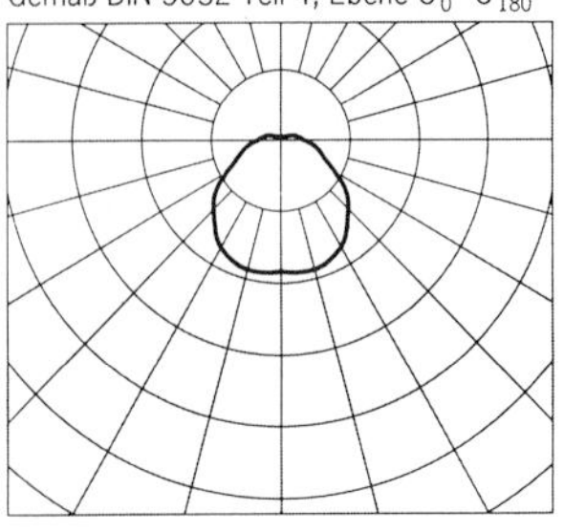

3 Wirkungsgrade η_{LB} =59%

Beleuchtungswirkungsgrade η_B in %

ρ	Decke	0.8		0.7		0.5			0.3	0
	Wände	0.5	0.3	0.5	0.3	0.5	0.3		0.3	0
	Boden	0.3	0.1	0.2	0.1	0.3	0.3	0.1	0.1	0
Raumindex k	0.60	27	21	26	21	25	21	20	20	16
	0.80	33	27	32	26	31	26	25	25	20
	1.00	38	31	36	30	35	30	29	28	24
	1.25	44	36	41	35	40	35	34	33	28
	1.50	48	39	44	38	43	39	37	36	31
	2.00	53	43	48	43	47	44	41	40	35
	3.00	59	49	54	48	53	50	47	45	41
	5.00	65	54	58	53	57	55	51	49	45

Bild 6.57
Wannenleuchte

Bild 6.58
Hallenleuchte für Entladungslampe

6.3.5. Leuchten für Entladungslampen

Wie bereits unter 6.2.5 erwähnt, werden Leuchten für Entladungslampen für größere Hallen und Sportstätten sowie als Anstrahler verwendet.
Im Innenraum haben sich Entladungslampen wegen ihrer hohen Lichtausbeute pro Lampe nicht durchsetzen können. Nach der Entwicklung von HQT-Lampen mit Leistungen von 35, 70 und 150 W sind jedoch Entladungslampen auch im Innenbereich mit niedriger Deckenhöhe vorstellbar.

Bild 6.58 zeigt eine Hallenleuchte für Entladungslampen. Im Innenbereich werden Halogenmetalldampflampen in Deckenfluter eingesetzt. Bild 6.59 zeigt eine solche Leuchte für die indirekte Beleuchtung eines Raumes.

Bild 6.59
Indirektleuchte für Entladungslampe

Bild 6.60 veranschaulicht die Wirkung dieser Leuchte im Raum.

Bild 6.60
Indirektleuchte für Entladungslampe

6.3.6. Leuchten für Sicherheitsbeleuchtung

Bei Stromausfall übernehmen Leuchten für Sicherheitsbeleuchtung die minimale Grundausleuchtung von Gebäuden. Auch Hinweisschilder für Fluchtwege werden fast in jedem Bauvorhaben eingesetzt.

Bild 6.61 veranschaulicht die Wirkungsweise der Sicherheitsbeleuchtung.
Bild 6.62 beschreibt die lichttechnischen Anforderungen an ein Rettungszeichen.

6.3.7. Integration von Licht und Luft

Wie bereits festgestellt, lassen sich eine Vielzahl von Luftauslässen mit Leuchten kombinieren, so daß sie eine integrierte Einheit darstellen. Nachfolgend sollen hierzu einige Beispiele gezeigt werden, wobei der denkbare Rahmen weit über die hier gezeigten Beispiele hinausgehen kann.

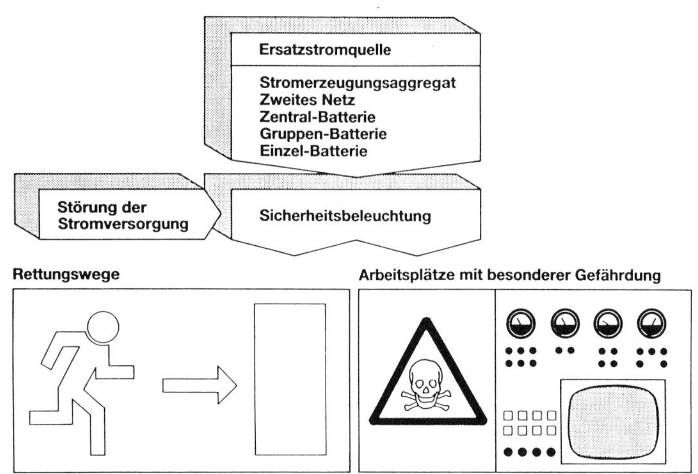

Bild 6.61
Funktion der Notbeleuchtung

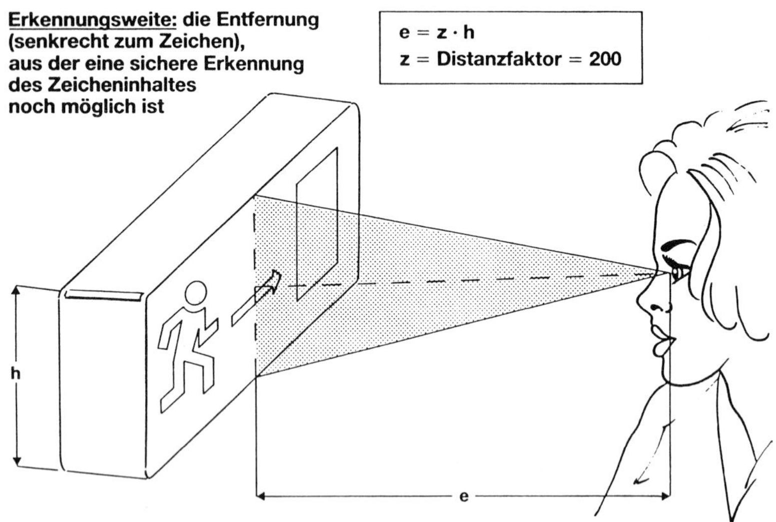
Erkennungsweite: die Entfernung
(senkrecht zum Zeichen),
aus der eine sichere Erkennung
des Zeicheninhaltes
noch möglich ist
e = z · h
z = Distanzfaktor = 200
h
e

Bild 6.62
Lichttechnische Anforderungen an Rettungszeiten

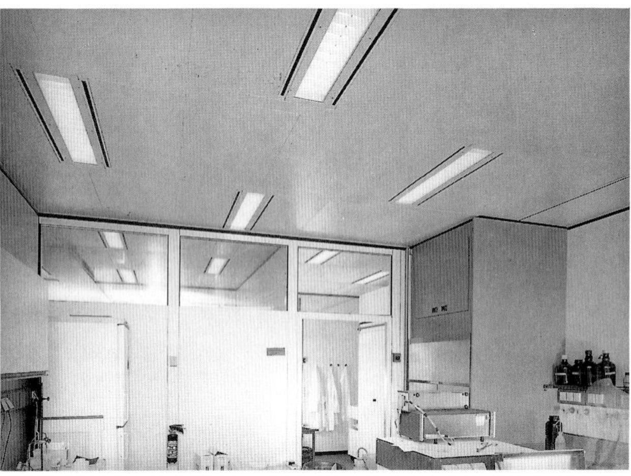

Bild 6.63
Langfeldleuchten mit Schlitzauslässen

Bild 6.64
Langfeldleuchten mit integrierten Schlitzauslässen

6.3.7.1.
Langfeldleuchten in Kombination mit Luftauslässen

Nachfolgend sollen Beispiele von Luftauslässen in Kombination mit Langfeldleuchten gezeigt werden.

Bild 6.63 zeigt einen LTG-Schlitzauslaß, kombiniert mit einer Langfeldleuchte in einem Laborbereich.

Bild 6.64 zeigt Langfeldleuchten mit integriertem Schlitzauslaß in einem Bürobereich. Wie der Deckenspiegel zeigt, sind lediglich ein Teil der Leuchten mit Schlitzauslässen kombiniert, da die entsprechenden Luftauslässe eine Wurfweite (Eindringtiefe horizontal) von 3 bis 4 m haben. Somit sind nur alle 8 m entsprechende Schlitzauslässe mit Leuchten zu kombinieren (bei Großraumflächen). Bei kleineren Räumen ist die Beaufschlagung des Luftauslasses und die Wurfweite so zu gestalten, daß je Leuchte ein Schlitzauslaß eingesetzt wird.
Bild 6.65 zeigt einen doppelten Schlitzauslaß, einseitig an eine Leuchte angesetzt, zur Belüftung eines Laborbereiches. Diese Schlitzauslässe arbeiten ähnlich wie einseitig ausblasende Deckendiffusoren, um eine hohe Luftmenge je m2 Grundfläche einzubringen.

Bild 6.65
Langfeldleuchten mit doppelten Schlitzauslässen

Bild 6.66 zeigt eine Sonderform einer Beleuchtung eines Bürobereiches durch Voutenleuchten mit integriertem Schlitzein- und -auslaß. Der im Bild erkennbare Schlitzauslaß besteht lediglich zu 50 % aus dem eigentlichen Zuluftelement und zu 50 % aus einem Einlaßelement, um die Abluft des Raumes absaugen zu können.

Wie das Bild 6.66 weiterhin darstellt, wird die Luft tangential in den Raum eingebracht und verläßt nach Durchströmung des Raumes diesen wiederum auf der Flurseite (teilweise über Schrankelemente, teilweise über den Abluftbereich der Schlitzschiene).

Innenansicht einer Schrank- (Trenn-)Wand mit Voutenleuchten und integrierten Schlitzauslässen (Tangentialzuströmung)

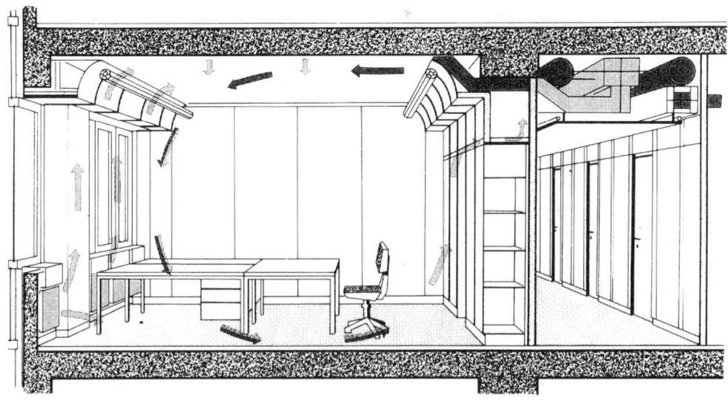

Winter-Betrieb
Schematische Darstellung der Lüftungsbetriebe

Bild 6.66
Voute mit Licht und Luft

6

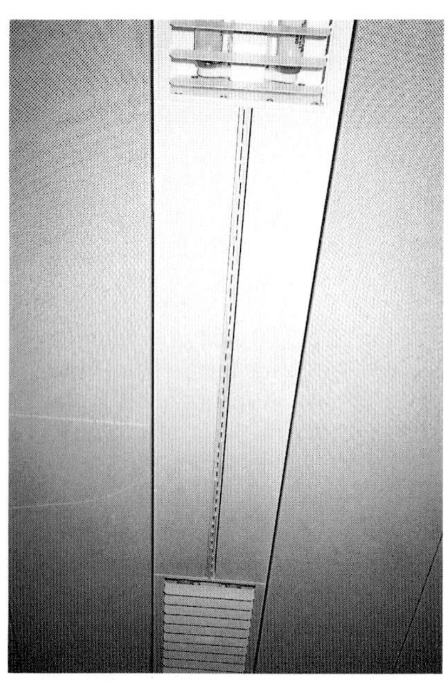

Bild 6.67
Schlitzschiene als Verbindungselement zwischen zwei Leuchten

Bild 6.68
Induktivauslässe in einem Konferenzraum

Bild 6.69
Induktivauslässe in einem Konferenzraum

Bild 6.70
Langfeldleuchten mit Kugelauslässen

Bild 6.67 zeigt eine Schlitzschiene als Verbindungselement zwischen zwei Leuchten, somit nicht direkt mit der Leuchte kombiniert. Aus der Versetzung der Einzelschlitze ist erkennbar, daß dieser Luftauslaß jeweils mit vier Einzelschlitzen nach links und rechts (wechselnd) seine Luft ausbläst.

Die Bilder 6.68 und 6.69 zeigen einen Induktivauslaß in Schlitzform, kombiniert mit Langfeldleuchten für einen Sitzungssaal. Die Luftauslässe sind im Randbereich der gestalteten Decke neben den Leuchten eingebaut und blasen jeweils in das Feld, das durch die Leuchten gebildet wird.

Die Bilder 6.70 und 6.71 zeigen Langfeldleuchten mit Kugelauslässen (Freistrahlern), wobei auch hier gut erkennbar ist, daß der Luftstrahl durch die einzelnen Düsen in wechselnder Richtung ausgeblasen wird, um ein möglichst hohes

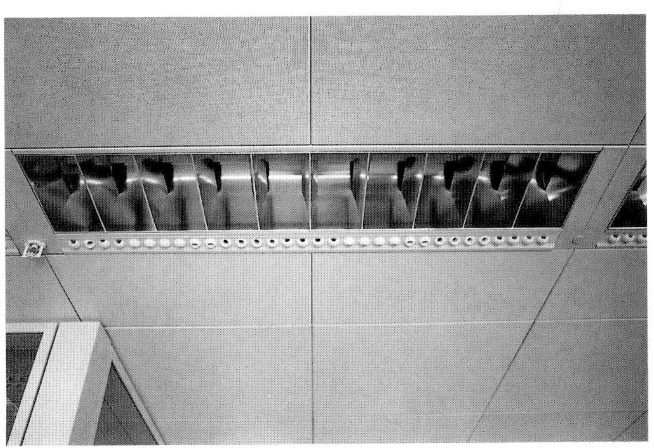

Bild 6.71
Langfeldleuchten mit Kugelauslässen (Detail)

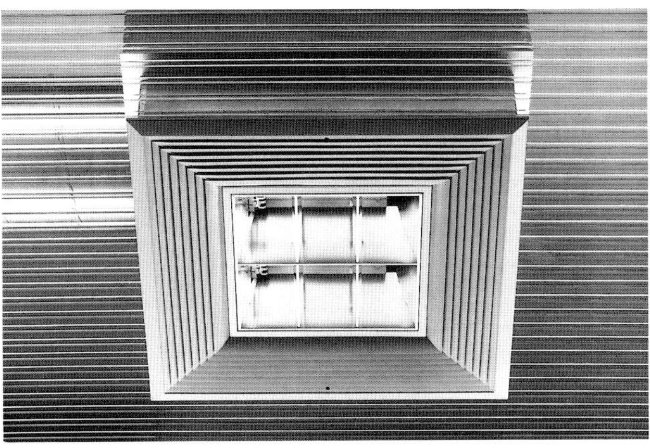

Bild 6.72
Langfeldleuchten mit Diffusionsauslaß

Maß an Induktion zu erreichen (schneller Temperaturabbau im Deckenbereich).

Bild 6.72 zeigt einen typischen Deckendiffusor, der in vier Richtungen seine Luft ausbreitet und mit einer Langfeldleuchte kombiniert ist. Mit diesem Luftauslaß lassen sich große Luftmengen in den Raum einbringen und er kann in seiner Materialstruktur sowohl der Leuchte als auch der Decke total angepaßt werden.

Bild 6.73 zeigt einen Punktauslaß, Vari Drall (LTG) in Kombination mit Langfeldleuchten Er ist im gezeigten Beispiel im Kreuzungspunkt derselben eingesetzt.

Wie bereits festgestellt, zeigen die Bilder nur einen Teilausschnitt der Möglichkeiten, die heute am Markt erhältlich sind.

6.3.7.2. Rundleuchten in Kombination mit Luftauslässen

Rundleuchten werden mehr und mehr nicht nur zu Sonderzwecken sondern auch zur Beleuchtung allgemeiner Büroflächen eingesetzt. Luftauslässe können dabei mit der Leuchte in ein Deckenfeld integriert werden oder aber selbst Bestandteil der Leuchte werden. Die nachfolgenden Bilder zeigen hierzu wiederum einige Beispiele. Die Bilder 6.74.1 und 6.74.2 zeigen Rundleuchten in Kombination mit Schlitzauslässen in einem Deckenfeld. Hier handelt es sich um lineare, verstellbare Luftauslässe, die zur Raumdurchlüftung dienen.

Bild 6.74.2
Rundleuchten in Kombination mit Schlitzauslässen

Bild 6.73
Punktauslaß (Varidrall) in Kombination mit Langfeldleuchten

Bild 6.74.1
Rundleuchten in Kombination mit Schlitzauslässen

Bild 6.75
Rundleuchte mit Kugelauslaß in gemeinsamer Grundplatte

Bild 6.76
Rundleuchte integriert mit Diffusorauslaß

Bild 6.77
Downlight mit integriertem Spalt-Zuluft-Auslaß

Bild 6.75 zeigt eine Rundleuchte, die zusammen mit Kugelauslässen (Freistrahler) in eine Grundplatte integriert ist.

Bild 6.76 zeigt eine Rundleuchte, die in einen Diffusorauslaß eingesetzt ist, wobei hier eine totale Integration erreicht wurde. Das gleiche gilt auch für den Downlighter Bild 6.77, der um sich herum das runde Gehäuse eines Spaltzuluftauslasses aufnimmt, so daß um die Leuchte herum kreisförmig die Luft in den Raum austritt. Während in Bild 6.77 der Luft-Licht-Körper als Aufbauelement ausgebildet ist, handelt es sich bei den Leuchten mit kreisrundem Schlitzauslaß gemäß Bild 6.78 um eine integrierte Einbauversion, die als sehr gelungenes Beipiel der Integration zu bezeichnen ist.

Die Rundleuchten mit Drall-Einsätzen gemäß Bild 6.79 (für einen Zeitungsladen) zeigen eine andere Gestaltungssprache, können jedoch gleichermaßen als sehr gelungenes Integrationskonzept bezeichnet werden. Bei diesem Bild sieht man neben den Leuchten auch die offenen Zuluftkanäle (Rundrohre) und gleichermaßen die Abluftkanäle mit eingesetztem Abluftgitter (längsausgedehntes Gitterelement in rundem Kanal).

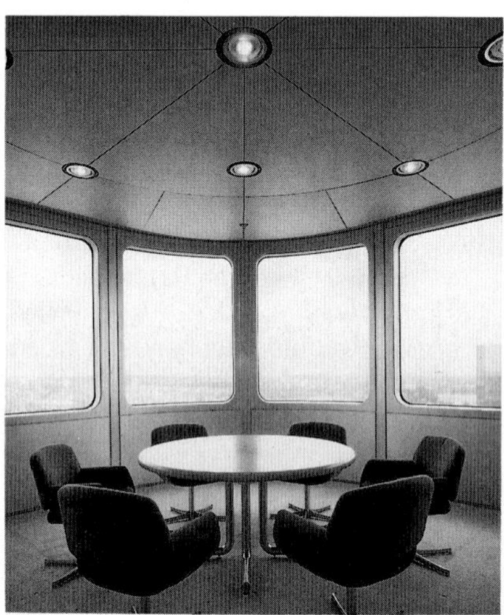

Bild 6.78
Rundleuchte HAL mit Schlitzauslaß

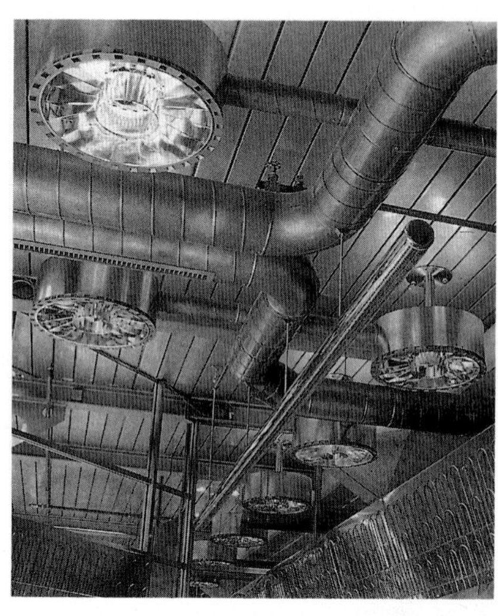

Bild 6.79
Rundleuchte 40 W mit Drallauslaß

Die gezeigte Leuchte ist in ähnlicher Form als Einbauleuchte in Bild 6.80 nochmals dargestellt, wobei man hier sehr gut den Zulufteinlaß (mit Lochblechblende) erkennen kann, darüber linksseitig einen weiteren Stutzen, über den Abluft direkt durch die Leuchte abgesaugt werden kann.

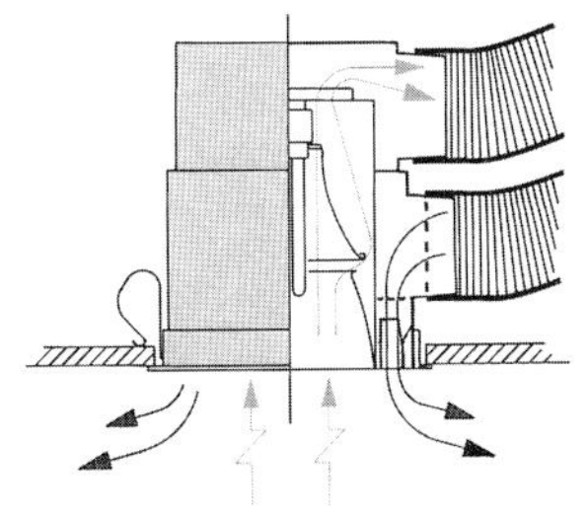

Bild 6.80
Einbauleuchte mit Drallufteinsatz

Bild 6.81.1
Spiegelprofildecke mit integriertem Punktauslaß

Bild 6.81.2 Spiegelprofildecke mit integriertem Punktauslaß

Bild 6.81.3 Spiegelprofildecke mit integriertem Punktauslaß

6.3.7.3. Spiegelrasterdecken mit Luftauslässen

Die Bilder 6.81.1 bis 6.81.3 zeigen Spiegelrasterdecken in verschiedener Ausbildung mit integriertem Linearauslaß oder Punktauslässen.

Bei der Spielgelrasterdecke gemäß Bild 6.81.1 ist das Spielgelprofil selbst über eine Länge von 1 bis 1,5 m luftführend (hohler Rasterkörper), der von oben her angeschlossen wird und über dessen untere Kante die Luft frei strahlend in den Raum austritt. Bei der Spiegelrasterdecke handelt es sich um ein raumabschließendes Element, das die Funktion eines Reflektors, der Zuluftverteilung und der diffusen Schallstreuung übernimmt.

Bei der in Bild 6.81.2 gezeigten achteckigen Spiegelrasterdecke ist die Zuluftzuführung über das Spiegelrasterelement selbst so erschwert, daß hier auf einen integrierten Punktauslaß (Typ Vari Drall) zurückgegriffen wurde, der in die Decke eingesetzt ist. Das gleiche gilt auch für die in Bild 6.81.3 gezeigte Spiegelprofildecke mit integriertem Dralluftauslaß in einer Großraumfläche.

Bild 6.82
Gestaltete Aluminiumdecke mit integrierten Leuchten und Luftauslaß

Bild 6.83
Gestaltete Decke mit integrierten Leuchten und Luftauslaß

6.3.7.4. Gestaltete Deckenstrukturen (direkte/indirekte Beleuchtung)

Die nachfolgenden Bilder zeigen drei Objekte, bei denen die Architekten zusammen mit Lichtplanern und Klimaplanern besonderen Gestaltungsansprüchen nachgekommen sind. Bild 6.82 zeigt eine Deckengestaltung in Form eines überdimensionalen Reflektors für eine Kassenhalle, wo der übliche Leuchtenreflektor übergroß in Einzelelemente (schwenkbar) aufgelöst wurde und in das Tragprofil schmale Schlitzauslässe integriert wurden, um die notwendigen Zuluftmengen in den Raum auszubringen. In der Detaildarstellung der Decke ist auch der untere Reflektor der Leuchte gut erkennbar.

Während bei der Deckengestaltung zu Bild 6.82 ein spezieller Luftauslaß entwickelt wurde, ist bei der Decke gemäß Bild 6.83 eine Kugelschiene in der bekannten Form eingesetzt worden. Bei der Beleuchtung des Seminarraums ist neben der diffusen Beleuchtung durch die Decke selbst eine direkte Beleuchtung über Downlighter gut erkennbar und die Luftauslässe sind im tragenden Profil der Decke selbst aufgenommen.

Bei indirekter Beleuchtung über matt verspiegelte Aluminiumdecken oder matte Chromdecken ist die Beleuchtung (Lichtquelle) von der Decke selbst abgelöst (ausgenommen Notbeleuchtung oder Spots) und die Integration der Luftauslässe in linearer Form (Schlitzschienen) ist ohne weiteres möglich, Bild 6.84.

Bild 6.84
Spiegeldecke mit integrierten Luftauslässen, indirekt beleuchtet

6.3.7.5. Ständerleuchten mit integriertem Luftauslaß

Bild 6.85 zeigt aufgeständerte, großformatige Leuchten in einer Hotelhalle

Bild 6.85
Ständerleuchten mit Möglichkeit des integrierten Luftauslasses zur Verdrängungsströmung

6

(Regent Hotel, Melbourne). Die Leuchten stehen auf einem kräftigen, runden Fuß, der gleichzeitig auch einen Luftauslaß aufnehmen könnte, um die Zuluft in den Aufenthaltsbereich per Verdrängungsströmung einzubringen. Bei dem gezeigten Beispiel ist der Luftauslaß in die Leuchte selbst nicht integriert, aber es wäre ohne weiteres denkbar, hier eine entsprechende Intregration herbeizuführen.

6.3.7.6. Lichtsysteme in Kombination mit Kühldecken

Seit mehreren Jahren greift eine Entwicklung, die primär aus den nordischen Ländern kam, Raum, um die Luftmengen in den klimatisierten Gebäuden zu vermindern. Es handelt sich hierbei um Kühldecken, die in der Lage sind, einen wesentlichen Teil der in den Räumen freiwerdenden Wärmemengen durch Kaltwasser zu kompensieren, das heißt Deckenkühlelemente in Form von Paneel- oder Flachdecken übernehmen aufgrund der thermisch aufsteigenden Warmluft einen Teil der Kühllastkompensation. Im Raum aufsteigende warme Luft kühlt sich an der mit Kaltwasser durchflossenen Decke ab und sinkt langsam wieder zurück in den Raum (Aufenthaltszone), infolge des Schwerkraft-Prinzips. Wenn ein hygienischer Lufthaushalt erzielt werden soll, erfolgt in der Regel eine Kombination der Kühldecke mit einer Luftführung von unten nach oben. Da sich für die Kühldecke verschiedenartige Deckenelemente anbieten, ist eine Kombination und Integration mit Leuchten ohne weiteres möglich. Als Beispiel für den Einbau und die Integration von Leuchten in Kühldecken ist in Bild 6.86 eine entsprechende, geöffnete Decke dargestellt, um sowohl die Leuchte als auch die Kühlelemente zu zeigen. Bei dem hier gezeigten Beispiel werden die unteren Deckenelemente (sichtbare Deckenfelder) auf die Kühlelemente aufgeklipst und die Leuchten zwischen die Kühlelemente eingehängt. Da in der Regel nicht die gesamte Fläche eines Büros mit Kühlelementen bestückt wird, ist auch eine Integration mit runden oder quadratischen Leuchten ohne weiteres denkbar. Bild 6.87 zeigt weiterhin ein Beispiel einer Kühldecke mit direktem und indirektem Licht.

Bild 6.86
Kühldecke mit Einbauleuchten

Bild 6.87
Kühldecke mit direktem und indirektem Licht

6.4. WIRTSCHAFTLICHKEITS-KRITERIEN

6.4.1. Investitionskosten

Die direkten Kosten einer Beleuchtungsanlage setzen sich zusammen aus:

- Investitionen Leuchte
- Investitionen Leuchtmittel
- Investition Montage und Anschluß.

Die Leuchten werden jedoch mit elektrischer Energie versorgt, so daß folgende Kosten berücksichtigt werden müssen:

- Investition der Zuleitung
- Investitionen der Unterverteilung
- Investitionen des Steigeleitungssystems
- Investitionen der Stromversorgung einschließlich Transformatoren usw.

Da Leuchten Wärme abgeben, sind bei raumlufttechnisch behandelten Räumen folgende zusätzliche Kosten für die Beleuchtungsanlage in Abhängigkeit der Anschlußleistung der gesamten Beleuchtungsanlage zu berücksichtigen:

- anteilige Kosten der Lüftungs- oder Klimaanlage
- anteilige Kosten der Heizungsanlage
- anteilige Kosten der Kälteanlage und ggf. zur Führung der Kanäle anteilige Kosten der Geschoßhöhe.

Bei großen Projekten im Hochbau sind alle diese Kostenansätze bei vergleichender Betrachtung von Beleuchtungssystemen relevant. Wird eine Beleuchtungsanlage mit niedrigem Anschlußwert für die Beleuchtung ausgewählt, so bedeutet dies nicht, daß lediglich Leuchten und Leuchtmittel eingespart werden. Es werden anteilige Kosten sowohl in der Stromversorgungsanlage als auch bei den raumlufttechnischen Anlagen eingespart.

Bei einer Wirtschaftlichkeitsberechnung wird zudem auch der Kapitaldienst für Verzinsung und Abschreibung aller Investitionen berücksichtigt.

6.4.2. Betriebskosten

Zu den Betriebskosten gehören nicht nur die Kosten für den Stromverbrauch der Leuchte zuzüglich der notwendigen Vorschaltgeräte, sondern auch:

- Leuchtmittelersatzkosten Montage, wobei die Nutzlebensdauer der Lampe und die jährliche Benutzungszeit die ausschlaggebende Rolle spielt
- Reinigungskosten der Leuchten
- Wartungs- und Reparaturkosten der Leuchten.

Wie auch bei den Investitionen sollten die indirekten Betriebskosten berücksichtigt werden, wie bei anteiligen Wartungskosten der Elektroanlage und Stromwärmeverlusten durch Transformatoren und Leitungen.

Bei raumlufttechnisch behandelten Gebäuden kann der Stromverbrauch für Ventilatoren und Kühlaggregate ein vielfaches des Stromverbrauchs der Leuchte selbst sein.

6.4.3. Auswirkung von Berechnungsmethoden auf die Wirtschaftlichkeit

Im allgemeinen wird lediglich die Beleuchtungstärke einer Beleuchtungsanlage im Raum ermittelt und auf Übereinstimmung mit geltenden Normen geprüft.

In der Praxis werden heute zwei Verfahren angewandt:

- Wirkungsgradmethode
- Computerberechnung.

Bei der Wirkungsgradmethode werden die geometrischen Abmessungen des Raumes berücksichtigt, der Reflektionsgrad für Decke, Wände und Nutzebene sowie Strahlungscharakteristik und Wirkungsgrad der Leuchte.

Im folgenden Beispiel ist ein Computervorschlag für einen Büroraum von einer Tiefe von 5 m und einer Breite von 4.37 m mit einem der führenden Computerprogramme berechnet und der Computer sollte einen Beleuchtungsvorschlag mit Leuchtstofflampen L36W für Spiegelrasterleuchten errechnen. Der Computervorschlag (Bild 6.88) weist für den Raum 9 St. Leuchten L36W aus, wobei der spezifische Anschlußwert für den Raum mit 17 W/m^2 angeben wird.

6

BELEUCHTUNGSSTÄRKEVERTEILUNG in der Nutzebene (0.80 m)

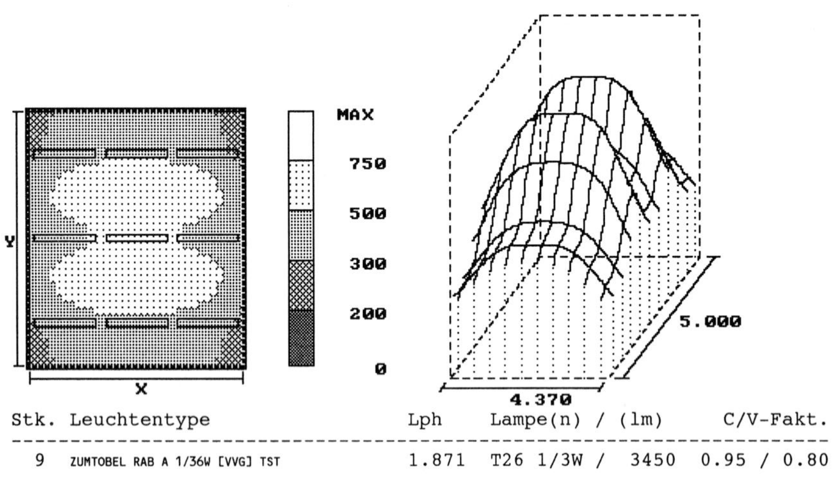

Stk.	Leuchtentype	Lph	Lampe(n) / (lm)	C/V-Fakt.
9	ZUMTOBEL RAB A 1/36W [VVG] TST	1.871	T26 1/3W / 3450	0.95 / 0.80

ZUSAMMENFASSUNG DER BERECHNUNGSERGEBNISSE (RPkt: 10 , 10 , 10 / 1)

Mittelwerte:	Beleuchtungsstärken Gesamt	Direkt	Indirekt	Leuchtdichten Gesamt
Decke	78	0	78	17.4
Wände	150	82	68	23.9
Nutzebene	**460**	**390**	**70**	**51.2 (Rho = 35 %)**

Spezifischer Anschlusswert: 17.0 W/qm/460Lx => 3.7 W/qm/100Lx

Bild 6.88
Computervorschlag, Büroraum mit neun Leuchten L 36 W

Für den gleichen Raum wurde mit der Wirkungsgradmethode die notwendige Anzahl der Leuchten ermittelt (Bild 6.89) 1.1 L 36 W. Nach der Berechnung werden 7,9 Leuchten benötigt, wobei durch die Raumgeometrie bedingt 9 Leuchten L 36 W eingesetzt werden müssen.

Bei beiden Methoden wird die mittlere Beleuchtungsstärke im Raum zur Ermittlung der notwendigen Leuchtenstückzahlen zum Ansatz gebracht.

Das Beispiel läßt sich auch mit Leuchten L58W durchführen, s. Beispiel 1.2 in Bild 6.89.

Die rechnerische Leuchtenzahl beträgt nach Rundung 6 St.

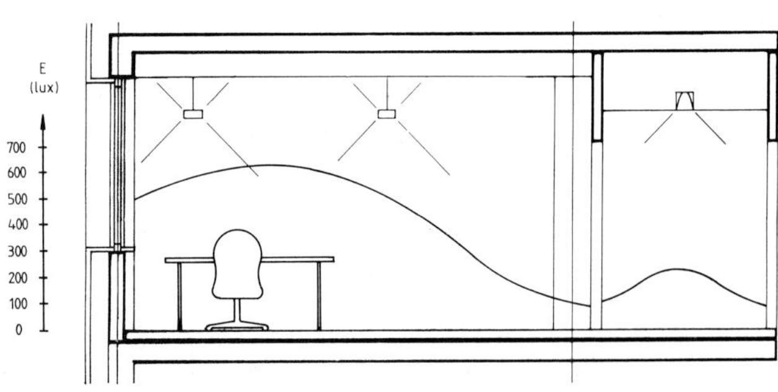

Bild 6.90
Beleuchtungsstärkeverlauf, Büroraum zoniert beleuchtet

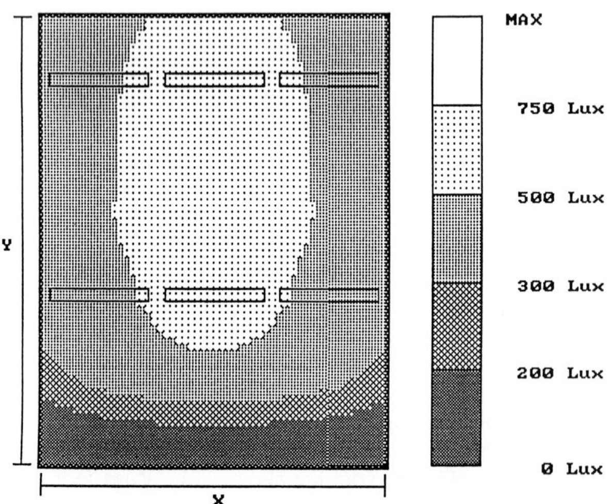

Y .... Länge der Fläche : 5.000 m
X .... Breite der Fläche : 4.375 m

Bild 6.91
Beleuchtungsstärkeverlauf, Bodenraster zoniert beleuchtet

Wird die notwendige Beleuchtungsstärke auf den Raumbereich zoniert, in dem die Arbeit tatsächlich stattfindet, Zonierung (Bild 6.90) so läßt sich ermitteln, daß die nach Wirkungsgradmethode berechneten Leuchtenanzahlen nicht notwendig sind. Für den oben angegebenen Raum werden 6 Stück Leuchten L36W benötigt bzw. 4 Stück Leuchten L58W wie in den Computernachrechnungen Bild 6.91 gezeigt.

Auch nach der Wirkungsgradmethode kann dieses Ergebnis ermittelt werden, wenn man lediglich die Fläche einsetzt, die man wirklich mit der Beleuchtungsstärke beleuchten möchte (Bild 6.89 Beispiel 1.1 L36W, zonal gerechnet).

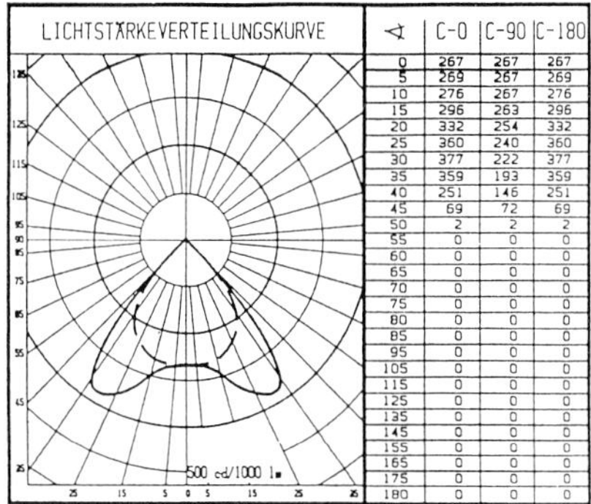

∢	C-0	C-90	C-180
0	267	267	267
5	269	267	269
10	276	267	276
15	296	263	296
20	332	254	332
25	360	240	360
30	377	222	377
35	359	193	359
40	251	146	251
45	69	72	69
50	2	2	2
55	0	0	0
60	0	0	0
65	0	0	0
70	0	0	0
75	0	0	0
80	0	0	0
85	0	0	0
95	0	0	0
105	0	0	0
115	0	0	0
125	0	0	0
135	0	0	0
145	0	0	0
155	0	0	0
165	0	0	0
175	0	0	0
180	0	0	0

BELEUCHTUNGSWIRKUNGSGRADE										
KORREKTURFAKTOREN:	Betriebswirkungsgrad									0.59
18W : --	LITG-Klassifikation									A50
36W : 1.00	BZ-Klassifikation									BZ2/1/BZ3/2/BZ4
58W : 0.98	UTE-Klassifikation									0.59A
REFL. GR.	DECKE	80				50			30	0
	WÄNDE	50		30		50	30		30	0
	BODEN	30	10	30	10	30	30	10	10	0
RAUMVERHÄLTNIS k	0.6	37	35	32	31	36	32	31	31	28
	0.8	43	40	39	37	41	38	36	36	33
	1.0	48	44	43	41	45	42	40	40	37
	1.25	51	47	47	44	48	45	43	42	39
	1.5	54	49	49	45	50	47	44	44	41
	2.0	56	50	52	47	52	49	46	45	42
	2.5	58	52	54	49	54	50	47	46	43
	3.0	61	53	56	50	55	52	49	48	45
	4.0	64	56	61	53	59	56	52	51	48
	5.0	66	56	62	54	60	57	53	52	49

Projekt	BEISPIEL		
	1.1. L36W	1.2. L58W	1.1. L36W ZONAL GERECHNET
Raum	BÜRORAUM		
Maße: Breite a m	4,37		ZONAL 3,5
Länge b m	5,00		ZONAL 3,5
Fläche $A = a \cdot b$ m²	21,87		ZONAL 12,25
Raumhöhe h_R m	2,85		
Leuchtenhöhe über Nutzebene h m (für Deckenleuchten $h = h_R - 0{,}85$)	2,00		
Raumindex $k = \frac{a \cdot b}{h\,(a + b)}$	1,45		
Reflexionsgrade ϱ für Decke/Wände/Nutzebene	0,8/0,5/0,3		
Raumzweck/Sehaufgabe			
Nennbeleuchtungsstärke E lx nach DIN 5035 | nach Planung (berechnet)	500		
Lichtfarbe-Gruppe nach DIN 5035 | gewählte Lampe	/21		
Farbwiedergabeeigenschaft-Stufe nach DIN 5035 | gewählte Lampe	A		
Gütekl. der Blendungsbegrenzung nach DIN 5035 | Leuchte nach Kurve zulässig bis	/ / lx	lx	lx
Leuchtentyp			
Befestigungsart			
Lampentyp	L36W/21	L58W/21	L36W/21
Nennlichtstrom Φ lm	3.450	5.400	3.450
Umrechnungsfaktor f	1,00	0,98	1,00
Praxisfactor f_1	0,95	0,95	0,95
Tabellenwert η_B'	0,53	0,53	0,53
Beleuchtungswirkungsgrad $\eta'_B = \eta_B \cdot f \cdot f_1$	0,50	0,50	0,50
Lampenzahl $n = \frac{1{,}25 \cdot E \cdot A}{\Phi \cdot \eta'_B} = \frac{1{,}25 \cdot E \cdot a \cdot b}{\Phi \cdot \eta_B \cdot f \cdot f_1}$	7,9	5,0	4,4
Leuchtenzahl nach Rechnung (Lampenzahl n gerundet)	8 → 9	5 → 6	4
NACH COMPUTERÜBERPRÜFUNG	6	4	STIMMT MIT COMPUTER

Bild 6.89
Beleuchtungsvorschläge Büroraum nach Wirkungsgradmethode ermittelt

6.5. THEORETISCHES LEUCHTDICHTEMODELL

6.5.1. Allgemeines

Wie unter 6.1.3. Wahrnehmungsablauf bereits ausgeführt, werden aufgrund der Beachtung der Eigenarten des menschlichen visuellen Wahrnehmungsablaufes folgende Grundempfindungen des Auges optimiert:

- Sehleistung
- Wahrnehmungsgeschwindigkeit
- Unterschiedsempfindlichkeit.

Störungen im Wahrnehmungsablauf, durch Blendung von Leuchten und Fenstern sowie Reflexblendung werden zwar im Gehirn ausgeglichen, führen aber zu frühzeitiger Ermüdung, Streß und erhöhten Fehlerquoten bei der Arbeit.

Wenn von den Raummaterialien die Reflektionsgrade und Oberflächenstrukturen bekannt sind, sowie die Strahlungscharakteristik der Leuchte, können die Leuchtdichten im Raum theoretisch vorher ermittelt werden und es kann überprüft werden, ob im Zusammenhang von Material und Licht ein Raummilieu geschaffen wird, das eine Optimierung der Sehleistungen zuläßt.

6.5.2. Oberflächenstruktur und Reflektionsgrad

Wenn ein Licht auf eine Fläche auftrifft, so wird ein Teil der Strahlung zurückgeworfen (Reflektion). Ein anderer Teil des einfallenden Lichtes geht durch Absorption verloren. Der Reflektionsgrad ist das Verhältnis des zurückgeworfenen Strahlungsflusses zum eingestrahlten Strahlungsfluß und ist für verschiedene Oberflächen in Tabelle 6.4 angegeben.

Bei transparenten oder teiltransparenten Materialien, wie eine Glasscheibe, reflektiert die vordere und die hintere Glasoberfläche jeweils einen Teil des Lichtes. Je schräger das Licht auf die Glasscheibe auftritt, je mehr wird das Licht reflektiert.

Man untescheidet folgende Reflektionsarten (Bild 6.92):

- gerichtete Reflektion
  wie sie vorkommt bei Spiegeln, Aluminium, Silber, Glas, usw.
- gestreute Reflektion, wie bei der Reflektion von matten Materialien
- vorwiegend gestreute Reflektion
  wie bei glänzenden Farben, Samt und hochglänzenden Oberflächen
- vorwiegend gerichtete Reflektion
  wie bei mattem Aluminium

Bei vielen Materialien treten unter verschiedenen Richtungen gleichzeitig gerichtete und gestreute Reflektionen auf. Wird ein diffuseres Material mit einem Klarlack überzogen, so wird das Material bei senkrechtem Auffall von Strahlungen vorwiegend diffus. Treffen Strahlen aber unter flachem Winkel auf das Material auf, wirkt das Material vorwiegend als Spiegel.

Wenn Reflektionsgrade bei Materialien angegeben werden, beziehen sich diese im allgemeinen auf die diffuse Reflektion. Bei gerichteten Reflektionen muß der Winkel mit angegeben werden.

6.5.3. Farbe

Über die Farbwiedergabe und die Farbwiedergabeindizes ist in 6.1.7 bereits gesprochen worden.
Zur Bewertung von Farben sind zwei Systeme eingeführt worden.

6.5.3.1. CIE-System

Das Farbdreieck der CIE, das 1931 festgelegt wurde, kann mathematisch jede Farbe anhand von zwei Farbwertkoordinaten (Bild 6.93) bestimmen. Jeder Lampenhersteller gibt für jede Lampe diese Koordinaten an.

Das Farbdreieck hat den Nachteil, daß gleiche Farbabstände nicht gleichen Schritten auf der x- und y-Achse entsprechen. Deshalb wurde die gleichförmige Farbtafel (UCS) entwickelt.

6.5.3.2. Munsell-System

Zur Kennzeichnung von Farben unter Tageslichtbedingungen ist das Munsellsystem sehr geeignet. Es bewertet Farbton, Helligkeit und Sättigung. Das System bietet für jede dieser Kenngrößen eine Wertskala. Zusammengestellt gibt es ein Buch von Farbtafeln. Die Helligkeit des Farbtons wird anhand einer Grauskala angeben, von 0 (schwarz) bis 10 (weiß). Die Sättigung wird in 16 verschiedenen Stufen gekennzeichnet.

6.5.4. Strahlungscharakteristik

Die Strahlungscharakteristik der Leuchte gibt an, welche Lichtstärke unter welchem Raumwinkel von einer Leuchte abgegeben wird. Diese sogenannten Lichtstärkeverteilungskurven (LVK) werden normalerweise in Längsrichtung der Leuchte (C 90 bis C 270 Ebene) und in Querrichtung zur Leuchte (C 0 bis C 180 Ebene) angegeben. Ein Beispiel verschiedener LVK von Leuchten zeigen die Bilder 6.51 bis 6.57. Die überwiegend bei Leuchten vorkommenden Strahlungscharakteristiken sehen Sie auf Bild 6.94.

Auf der Grundlage des geometrischen Ortes der Leuchte im Raum kann bestimmt werden, wieviel Licht auf die Arbeitsfläche fällt und wieviel Licht, auf Wände und Decken fallen und unter welchen Winkeln die Strahlung auf Materialien auftrifft. So kann beurteilt werden, wie das Material wirken wird.

Eine punktförmige Lichtquelle in einer Milchglaskugel, die in der Mitte des Raumes angeordnet ist, wird nach allen Seiten etwa gleichviel Licht abgeben und somit alle Flächen in etwa gleichmäßig beleuchten. Ein Halogenspot mit einem engstrahlenden Spiegel wird bei gleicher Anordnung im Raum an der Wand vielleicht nur ein kleines Bild anleuchten und dorthin alle Energie richten. Bei gleicher Anordnung der Leuchte kann somit infolge unterschiedlicher Auswahl der Strahlungscharakteristik ein vollkommen unterschiedliches Raummilieu geschaffen werden. (vergleiche Bild 6.1).

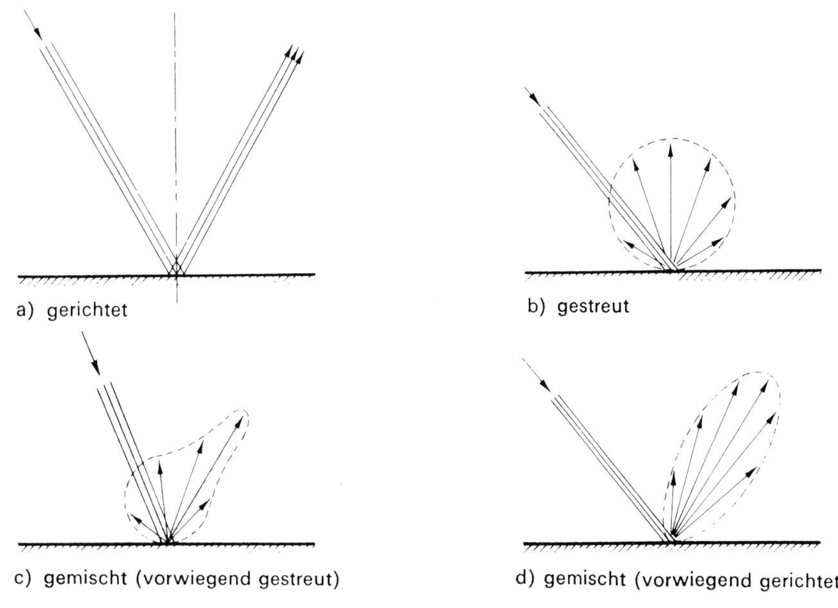

Bild 6.92
Darstellung verschiedener Arten der Reflexion

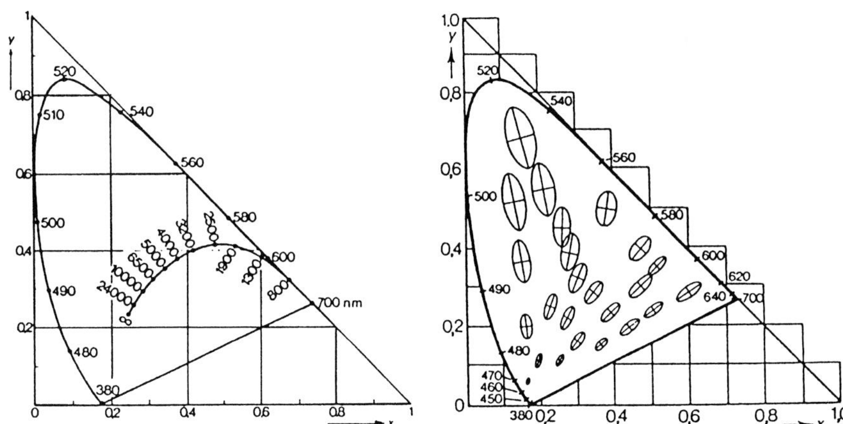

Bild 6.93
Das CIE-Farbdreieck

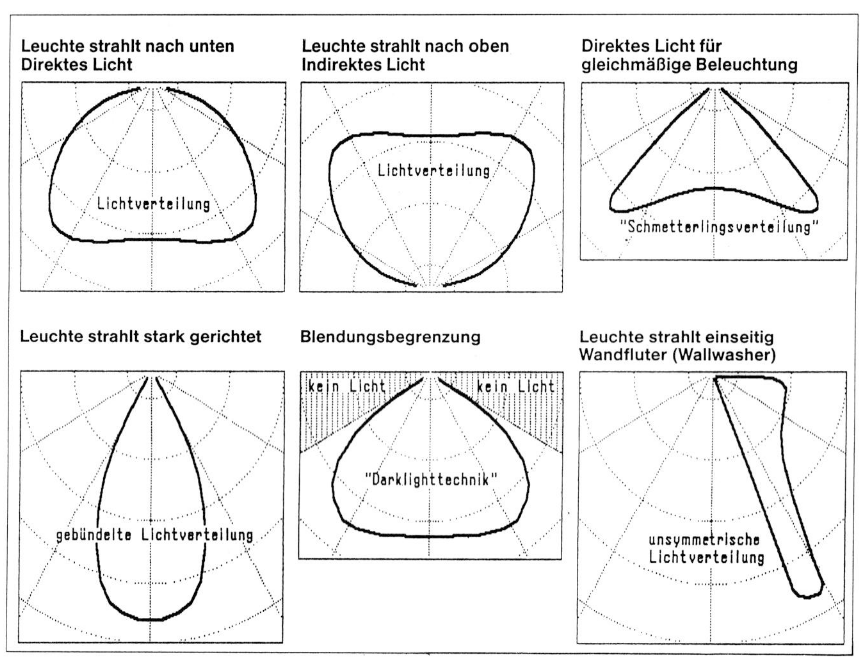

Bild 6.94
Lichtverteilungskurve verschiedener Leuchten

Im folgenden Beispiel sind für Büroräume verschiedene Raummilieus berechnet worden, so für Büroleuchten mit direkt strahlender Charakteristik, für Leuchten mit direkter und indirekt strahlender Charakteristik und für Leuchten mit lediglich indirekt strahlender Charakteristik.

Bei gleicher Anschlußleistung wird die Beleuchtungsstärke auf der Nutzebene abnehmen, je größer der indirekt strahlende Anteil der Leuchten ist. Die Leuchtdichte der Wände und der Decke wird bei indirekt strahlendem Lichtsystem jedoch erheblich höher sein.

Durch die Strahlungscharakteristik wird nicht nur die Helligkeit eines Gegenstandes oder einer Fläche im Raum bestimmt, sondern auch die Wirkung. Direkt strahlende Lichtsysteme erzeugen eine relativ hohe Schattigkeit, so daß Gegenstände im Raum plastisch wirken. Rein indirekt strahlende Lichtsysteme strahlen die Energie diffus in den Raum, wie es in der Natur bei bedecktem Himmel vorkommt. Die Schattenwirkung ist gering oder überhaupt nicht vorhanden und Gegenstände können ohne Schattigkeit und ohne Lichtreflexe langweilig aussehen, da die Plastizität verlorengeht. Es sollte daher angestrebt werden, eine dem Raum und der Sehaufgabe angepaßte Strahlungscharakteristik auszuwählen, die sowohl den Gegenstand oder das Arbeitsgut richtig beleuchtet als auch den Raum in der richtigen Helligkeit erscheinen läßt.

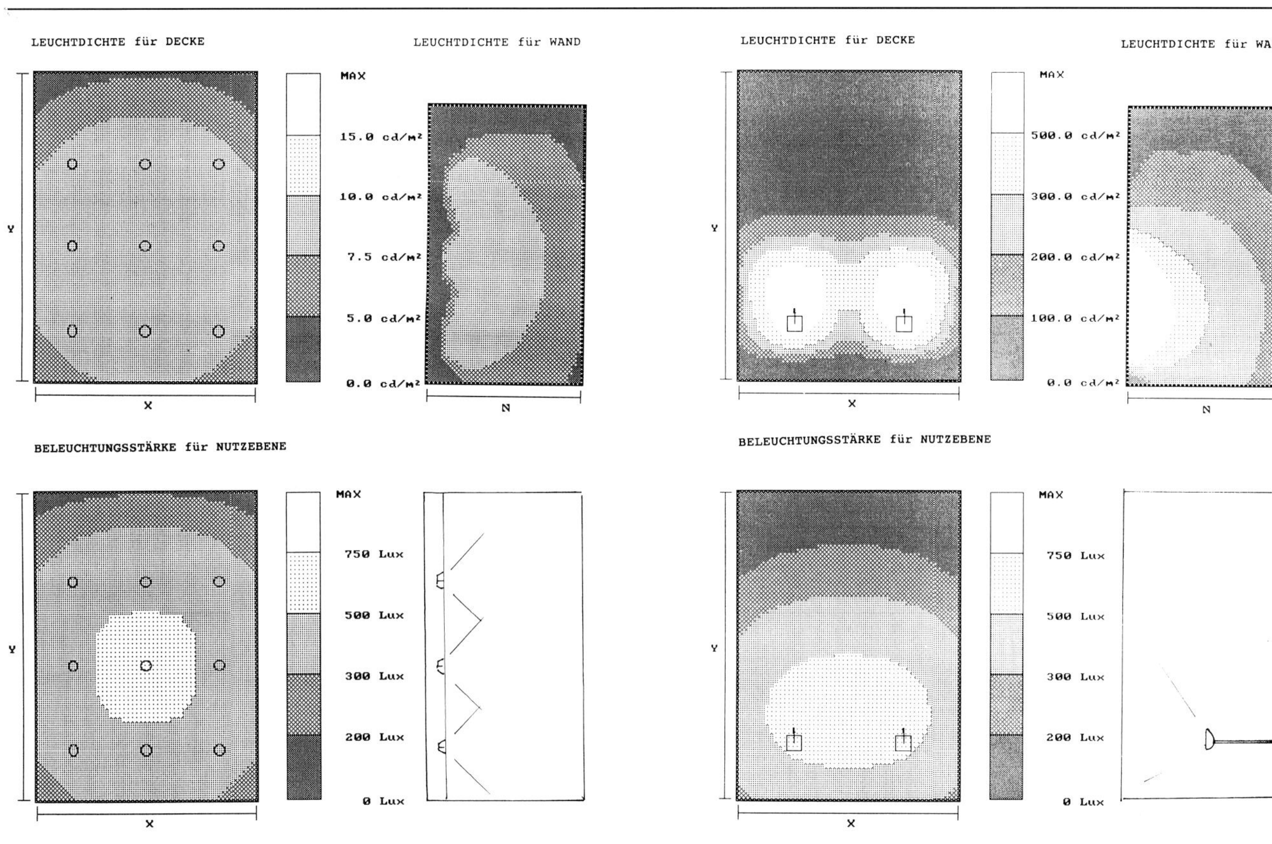

Bild 6.95
Beleuchtungsstärke-Leuchtdichte für Büroraum bei Direktbeleuchtung mit Downlights

Bild 6.96
Beleuchtungsstärke-Leuchtdichte für Büroraum bei indirekter Beleuchtung

6.5.5. Beispiel für die Ermittlung theoretischer Leuchtdichtemodelle eines Büroraumes

Wenn die Reflexionsgrade der Materialien im Raum bekannt sind, kann die entstehende Leuchtdichte im Raum vorausberechnet werden. Hierzu ist es notwendig, daß man die Strahlungscharakteristik erkennt. Es ist leicht einsehbar, daß eine direkt strahlende Leuchte den unteren Bereich des Büroraums sehr stark erhellt und eine indirekt strahlende Leuchte die Decke eines Raumes.

Nachfolgend sind bei unterschiedlichen Lichtsystemen Beleuchtungsstärken und Leuchtdichten berechnet und in den Bildern dargestellt:

- Beleuchtungsstärke Nutzebene
- Leuchtdichteverteilung auf der Decke
- Leuchtdichteverteilung einer Seitenwand

Folgende Beleuchtungssysteme wurden verwendet:

- Direktbeleuchtung mit Downlights Bild 6.95
- Indirekte Beleuchtung, (Bild 6.96)
- Beleuchtung mit abgependelten Leuchten (Bild 6.97)
- Indirekt angestrahlte Kühldecke mit Direktbeleuchtung durch Downlights, (Bild 6.98)

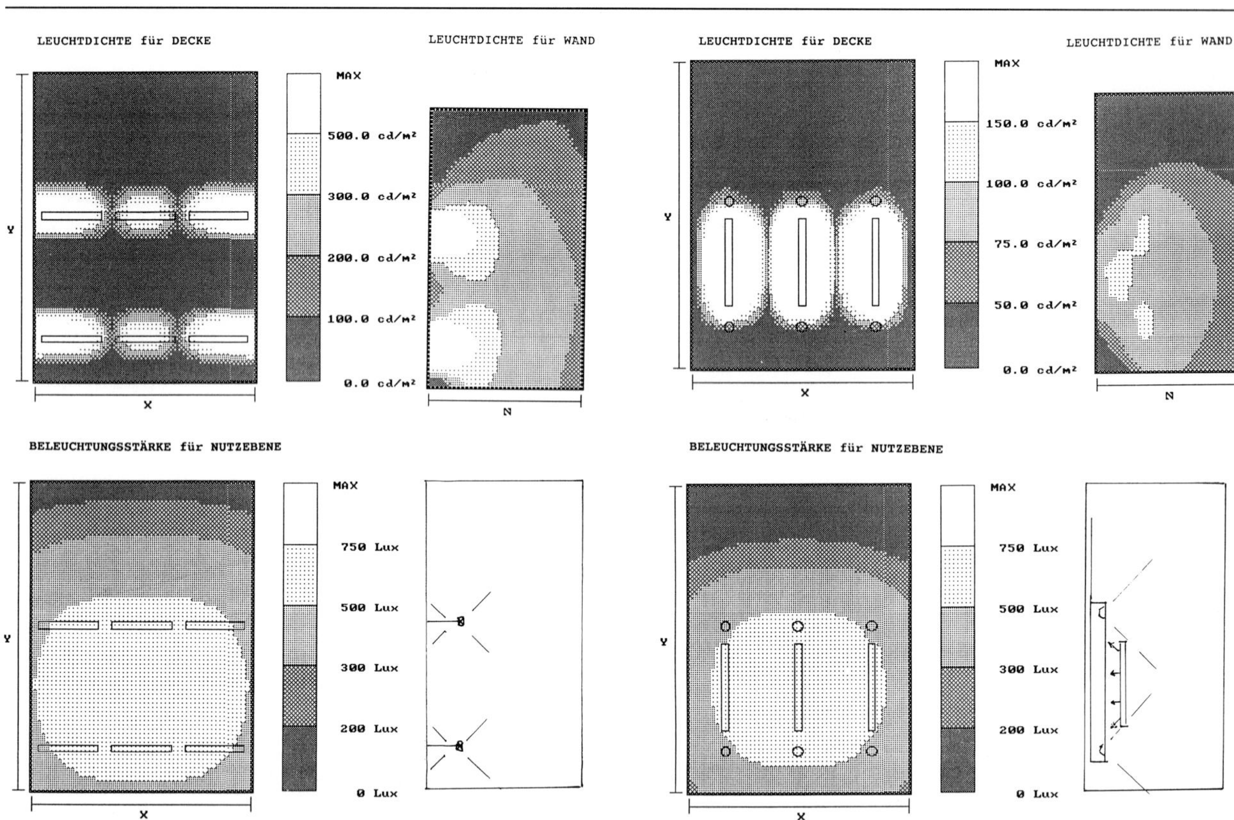

Bild 6.97
Beleuchtungsstärke und Leuchtdichte bei direkt-indirekter Beleuchtung mit abgependelten Leuchten

Bild 6.98
Beleuchtungsstärke-Leuchtdichte für Büroraum bei indirekt angestrahlter Kühldecke und Direktbeleuchtung durch Downlights

Beton	
hell	0,5
dunkel	0,2
Granit, Gnais	0,2
Weißer Mamor	0,6
Zementsteine	
hell	0,5
dunkel	0,2
Ziegelsteine	
gelb	0,3 - 0,4
rot	0,2 - 0,3
Wandplatten glaciert	
weiß	0,8
hellfarbig	0,6
dunkelfarbig	0,2 - 0,4
schwarz	0,2
Perfectaplatten roh	0,2 - 0,3
Eternit	
hell	0,35
dunkel	0,2
Kalkputz	
glatt	0,5 - 0,6
rauh	0,4
Weißer Gips	
neu	0,8
alt	0,6
Deckenplatten Gips	
hell	0,6 - 0,8
weiß gelocht	0,5 - 0,7
Mineralfaserplatten hell	0,6
Bodenplatten Kunststoff	
hellgrau	0,4
dunkelgrau	0,2
Textile Bodenbeläge	
hell	0,3 - 0,5
mittel	0,2
dunkel	0,1
Fenster (Doppelverglasung)	
Normalgläser	0,2
mit Lamellenstoren weiß	0,5
Sonnenschutzgläser	0,25
Holz	
Birke, Ahorn hell, roh	0,6
Fasstäfer Tanne roh neu	0,5
Fasstäfer Tanne roh alt	0,3
Holz gebeizt	
hell	0,4
dunkel	0,15
Anstriche	
Deckweiß neu	0,85
Deckweiß hell getönt	0,7 - 0.8
Dispersionsfarbe weiß	0,8
Aluminiumbronze	0,7
Öl- und Kunstharzfarbe	
weiß	0,85
hellcrème	0,65
hellgelb	0,6
gelb	0,4
dunkelgelb	0,15
hellblau	0,4
blau	0,2
dinkelblau	0,1
hellgrün	0,7
grün	0,5
dunkelgrün	0,2
hellrot	0,3
rot	0,2
dunkelrot	0,1
beige	0,4
hellbraun	0,2
dunkelbraun	0,1
hellgrau	0,6
grau	0,3
dunkelgrau	0,15
schwarz	0,03 - 0,1

Tabelle 6.4 Reflektionsgrad verschiedener Oberflächen

6

zu Tabelle 6.4

Die Reflektionsgrade geben Richtwerte für ρ_1, ρ_2 und ρ_3, bei Fluoreszenzlicht Standard-Weiß der Farbtemperatur 4200 bis 4500 K. De-Luxe-Lampen ergeben für rote Farben etwas größere und für grüne Farben etwas kleinere Reflektionsgrade.
Warmweiße Standard-Lampen vergrößern die Werte für gelb bis hellrot und verkleinern diese für grün bis blau.
Rauhe Oberflächen ergeben im allgemeinen kleinere Reflektionszahlen als glatte.

6.6. BELEUCHTUNGSSYSTEME IN ANWENDUNG

6.6.1. Bürogebäude

6.6.1.1. Büroräume

Büroräume sollten mit einer Beleuchtungsstärke zwischen 300 und 600 lx ausgestattet werden, um im Arbeitsfeld Infeldleuchtdichten von 75 bis 150 cd/m² zu erzielen. Bei diesen Beleuchtungsstärken sind sowohl normale Bürotätigkeiten als auch Bildschirmarbeitsplätze relativ unproblematisch. Folgende Lösungsmöglichkeiten werden heute in Büroräumen angewandt:

- direkt strahlende Leuchte (Aufbau, Deckeneinbau oder abgependelt) (Bild 6.99)
- direkt und indirekt strahlende Leuchte abgependelt (Bild 6.100)
- Kompaktleuchtstofflampen-Downlights in die Decke eingebaut
- direkt strahlende Lichtsysteme in der Decke mit zusätzlicher Arbeitsplatzleuchte (Bild 6.101)
- indirekt strahlende Systeme, Bilder 6.59 und 6.60
- direkt und indirekt strahlende Systeme in Kombination, Bild 6.102.
- individuell gestaltete Systeme in Kombination mit Kühldecken, (Bild 6.87)

Bild 6.99
Büroraum mit direkt strahlenden Spiegelrasterleuchten

Bild 6.100
Büroraum mit direkt und indirekt strahlenden Leuchten

6

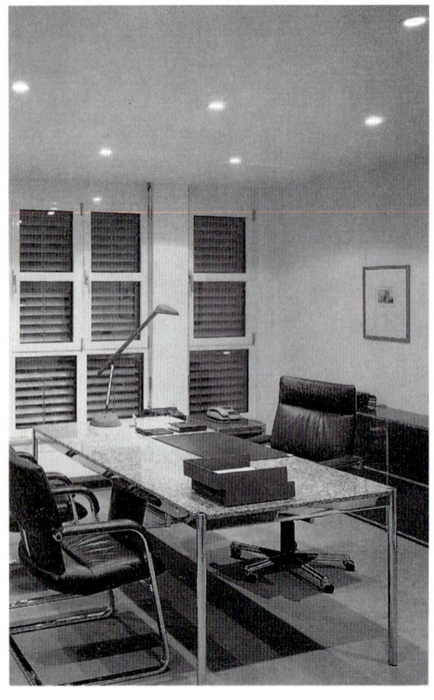

Bild 6.101
Büroraum mit Downlights und Arbeitsplatzleuchte

Bild 6.102
Büroraum mit indirekt und direkt strahlenden Systemen in Kombination

Bild 6.105
Kassenhalle Kreissparkasse Osnabrück, Beleuchtung Glasstableuchten und Halostrahler

Bild 6.103
Eingangshalle Louvre, Paris

Bild 6.104
Kassenhalle Sparkasse Bremen, Beleuchtung Linsenlüster-Verglasung OKA-Lux

Bei direkt strahlenden Systemen ist mit 10 bis 15 W/m² Anschlußleistung und bei indirekt strahlenden Systemen mit 15 bis 25 W/m² zu rechnen.

6.6.1.2. Flure

Die Auswahl der Beleuchtungsstärke bei Fluren sollte im wesentlichen von den Materialreflexionen abhängig gemacht werden. Wie bereits erwähnt, wirkt ein Material mit 15 % Reflexionsgrad bei 200 lx genauso hell wie ein Material von 30 % Reflexionsgrad bei 100 lx. In Fluren, bei denen die Detailerkennbarkeit keine große Rolle spielt, können so mit hellen Materialien erhebliche Stromkosten eingespart werden.

Werden Flure mit direkt strahlenden Lichtsystemen, (Downlights) beleuchtet, so ist der Fußboden die optisch wirksame Fläche. Werden hingegen Flure indirekt beleuchtet, so ist die Decke optisch wirksam. Die beleuchteten Flächen bestimmen sowohl das Lichtmilieu als auch den Stromverbrauch. Auch in Fluren sind indirekt strahlende Systeme verbrauchsintensiver und investitionskostenintensiver als direkt strahlende Systeme.

Lange Flure müssen nicht unbedingt eine gleichmäßige Beleuchtungsstärke besitzen. Wenn Flurabzweigungen oder Punkte in Fluren, an denen eine Information erwartet wird, sehr viel heller beleuchtet werden, können andere Bereiche abgedunkelt werden, ohne das ein tristes Raummilieu entsteht.

6.6.1.3. Eingangshallen / Kassenhallen

Die äußere Gestaltung und die Lage des Gebäudes sind die Visitenkarte eines Unternehmens nach außen. Die Kassenhalle einer Bank ist die Begegnungsstätte zwischen den Mitarbeitern der Bank und den Kunden. Aus diesem Grunde kommt der Gestaltung von Kassenhallen und Eingangshallen mit Einrichtung, Material, Farbe und Licht eine ganz besondere Bedeutung zu.

In den meisten Fällen erhalten große Kassenhallen einen Kundenbereich, der zur Orientierung und zum Aufenthalt des Kunden dient und zudem oft für Ausstellungen benutzt wird. In solchen Bereichen ist das Wissen um das Zusammenwirken von Licht und Reflexion besonders wichtig, da im Kundenbereich, mit Ausnahme von Ausstellungen, keine besonderen Sehaufgaben mit hoher Konzentration vorkommen. Die Helligkeit kann hier hauptsächlich nach ästhetischen Gesichtspunkten gewählt werden. Die auffallende Beleuchtungsstärke ist für das Auge nicht wahrnehmbar und somit nicht bewertbar denn die Leuchtdichte ist der Bewertungsmaßstab für das reflektierte Licht und stimuliert die Netzhaut. Für die Helligkeit in einer Kassenhalle ist somit die Leuchtdichte die entscheidende Größe. Bild 6.103 zeigt als gutes Beispiel die Eingangshalle des Louvres.

Helle Fußböden in Hallen, wie Bild 6.104 zeigt, verstärken sowohl den Helligkeitseindruck des Tageslichtes als auch den des Kunstlichtes.

Offene Kundenbereiche stellen in einer Bank besondere Anforderungen an die Ausleuchtung mit Tageslicht und Kunstlicht. In vielen Fällen ist es möglich, Tageslicht durch ein Oberlicht in die Hallen einzubringen. Sowohl für den arbeitenden Menschen als auch für den Kunden ist es ein besonders Erlebnis, auch im Innenraum das Pulsieren des Tageslichtes durch das Oberlicht spüren zu können. Ein Konflikt ist jedoch dadurch gegeben, daß bei Tageslicht so hohe Helligkeiten auftreten können, daß sich Spiegelungen von Umgebungsmaterialien in Bildschirmen von Datensichtgeräten überlagern was, die Ablesbarkeit sehr schwierig macht. Aus diesem Grunde ist eine Reduzierung der Leuchtdichte durch Tageslichtelemente genauso notwendig wie eine Abstimmung der Materialien auf die entstehende Beleuchtungsstärke. Hierzu gibt es mehrere Möglichkeiten, wie in den folgenden Bildern gezeigt wird:

Bild 6.104 zeigt bei einer Sparkasse ein Tageslichtsystem, dessen obere Verglasung aus lichtstreuendem Isolierglas besteht. Die direkte Sonnenstrahlung wird hier in diffuse Sonnenstrahlung umgewandelt. Die Unterdecke mit einem speziell strukturierten Glas übernimmt die Leuchtdichtereduzierung. Die Tageslichtergänzungsbeleuchtung wird durch Leuchtstofflampen zwischen den beiden Systemen vorgenommen und die repräsentative Beleuchtung erfolgt mit speziellen Linsenlüster mit Halogenlampen.

Bei einem anderen Bankgebäude, Bild 6.105, beschränkt sich der Tageslichteinfall auf die Randbereiche, um hohe Wärmelasten im Innenbereich nicht kompensieren zu müssen. Die Ausblendung der hohen Himmelsleuchtdichte ist durch die Geometrie der Konstruktion gegeben. Der Innenbereich besteht aus einer verspiegelten Decke, die die Begrenzung nach oben etwas auflöst. Die Tageslichtergänzungsbeleuchtung wird von Leuchtstofflampen erzeugt, die hinter Glasstäben angeordnet sind. Die Repräsentationsbeleuchtung erfolgt mit eingebauten Halogenlampen Downlights in Zusammenhang mit einem großen Linsenlüster.

Bei allen Systemen ist ein Ausblick nach oben nicht mehr gegeben. Die Schwankungen der Helligkeit können jedoch im

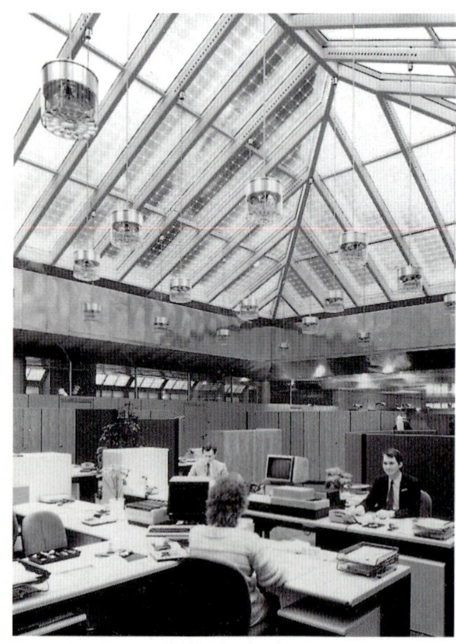

Bild 6.106
Sparkasse Bamberg, Halle mit Prismen-Verglasung, Beleuchtung HQI-Strahler

Bild 6.108
Konferenzraum Kreissparkasse Osnabrück

Bild 6.107
Halle mit OKA-Solar-Verglasung (rechts)

Bild 6.109
Besprechungsraum Bayerische Landesbank, München

Bild 6.110
Großer Konferenzraum EPA München

Innenraum wahrgenommen werden. Da Ausblicke nach oben in Kassenhallen bei integrierten Arbeitsplatzlösungen kaum möglich sind, wurden Ausblendsysteme entwickelt, die auf Sonnenumkehrprismen beruhen, wie es Bild 6.106 zeigt. Auch sind metallische Umlenksysteme zwischen den Scheiben für die Tagesbelichtung von Kassenhallen denkbar, wie in Bild 6.107 bei einer Dacheindeckung mit dem Produkt OK-SOLAR gezeigt wird.

6.6.1.4. Vortrags- und Besprechungsräume

In Vortrags- und Besprechungsräumen finden sowohl repräsentative Veranstaltungen als auch Arbeitstreffen statt. Aus diesem Grunde sollten unterschiedliche Lichtmilieus geschaltet werden können. Eine gute Arbeitsbeleuchtung mit mindestens 300 lx am Besprechungstisch und Möglichkeiten der Aufhellung der Wände bis zur Abdunklung bei Vorträgen mit Dias oder Overheadfolien bis hin zur Milieuschaltung für Arbeitsessen oder festliche Veranstaltungen sollte als Ausstattungsmöglichkeit angeboten werden. Dies kann bedeuten, daß mehrere Lichtsysteme im Raum vorhanden sind, die zu verschiedenen Anlässen eingeschaltet werden oder auch zusammen eingeschaltet ein bestimmtes Raummilieu bieten.

Bild 6 108 zeigt einen mittelgroßen Konferenzraum; Bild 6.109 zeigt einen kleinen Besprechungsraum und Bild 6.110 zeigt einen großen Konferenzbereich.

6.6.2. Fabrikgebäude und Produktionsstätten

Die in Produktionsstätten anfallenden Arbeiten können weit höhere Sehaufgaben darstellen als Arbeiten in Büroräumen, Besprechungsräumen und Schulen. Es können sehr hohe Sehaufgaben in bezug auf Detailgröße, Struktur, Form und Farbe verlangt werden.

Wegen der Größe der Flächen kann im allgemeinen in Produktionsgebäuden bei hohen Sehaufgaben nicht die komplette Halle für die hohe Sehaufgabe beleuchtet werden, da dieses zu sehr hohen Investitionen und Betriebskosten führen würde. Bei höheren

Anforderungen innerhalb eines Produktionsbetriebes wird daher in der Regel die Allgemeinbeleuchtung durch örtliche, zonale Beleuchtung ergänzt. Die Allgemeinbeleuchtung oder die Beleuchtung für größere Raumbereiche wird in Bauten bis 6 m Höhe in der Regel von Leuchten für Leuchtstofflampen mit Reflektor sehr wirtschaftlich vorgenommen. Die Leuchten werden häufig als Lichtband direkt an die Decke angebracht oder an Pendeln abgehängt, Bild 6 111.

Lichtbänder sollten rechtwinklig zu Werkbänken und Maschinen angeordnet werden, um störende Schatten und Reflexe vermeiden zu können.

Auch für Tätigkeiten in der Industrie gelten für das Auge die gleichen Gesetze wie im Büro. Deshalb sollte die Eigenleuchtdichte der Leuchten ebenfalls begrenzt sein und möglichst keine frei strahlenden Reflektorlichtleisten verwendet werden, auch wenn dies aus Kostengründen immer wieder getan wird. Wie bereits erwähnt, führen hohe Leuchtdichten im Raum (durch offene Lichtleisten) zur vorzeitigen Ermüdung und zu Fehlern. Diese Fehler können oft sehr viel teurer werden als der Einbau von Leuchten mit Ausblendrastern einer guten Qualität.

In höheren Hallen werden sinnvollerweise punktförmige Lichtquellen, (Metallhalogen-Dampflampen) in Hallenspiegelleuchten verwendet, Bild 6.112. Tief strahlende Hallenleuchten, die besonders wirtschaftlich eingesetzt werden können, können jedoch auf hoch glänzenden Materialien Reflexblendungen erzeugen, so daß die Auswahl der Lichtsysteme in jedem Fall im Zusammenhang mit den zu verarbeiteten Materialien und der damit anfallenden Sehaufgabe getroffen werden sollte.

Bild 6.111
Fabrikhalle mit Langfeldleuchten für Leuchtstofflampen

Bild 6.112
Ausstellungshalle mit Halogenspiegelleuchten

6.6.3. Hotels, Kongreßzentren u.ä.

In Hotelhallen und Kongreßzentren soll die Aufmerksamkeit der Besucher zum Empfang hin gerichtet sein. Der Empfang kann entweder infolge besonders gestalteter, heller Materialien hervorgehoben werden oder mit einer zonal höheren Beleuchtungsstärke. Um größere Hotelhallen auch optisch aufzulockern, sollten unterschiedliche Lichtmilieus zum Beispiel bei Sitzinseln angewendet werden.

Die Beleuchtung von Restaurants und Frühstücksräumen hängt von dem Ambiente des Restaurants ab. Glühlampen oder Halogenglühlampen, zonal beleuchtet, können abends ein anderes Milieu schaffen als eine Tageslichtergänzungsbeleuchtung beim Mittags- oder Frühstücksbetrieb.

Korridore sind in den Hotels sehr wesentliche Stromverbraucher, da sie fast immer im Inneren des Gebäudes liegen. Hier empfieht es sich, Kompaktleuchtstofflampen zu verwenden, die eine höhere Lichtausbeute und eine höhere Lebensdauer als Glühlampen oder Halogenglühlampen besitzen.

Die Beleuchtung von Gästezimmern mit Bad ist abhängig von der Einrichtung und von dem Stil des Hotels. Als Mindestausstattung sollte vorgesehen werden.

- Lesebeleuchtung am Bett
- Allgemeinbeleuchtung im Raum durch Stehlampe
- Schreibtischbeleuchtung
- Beleuchtung des Spiegels am Bad
- Allgemeinbeleuchtung von Bad und Korridor.

6.6.4. Krankenhäuser

Die Beleuchtung der Räume in Krankenhäusern ist abhänig von der Art der Behandlung. Intensivbehandlungsräume brauchen eine helle Beleuchtung mit guter Farbwiedergabe, damit gute Voraussetzungen für die Untersuchung und Behandlung des Patienten gegeben sind.

In Räumen, in denen nur untersucht wird, sollte eine hohe Beleuchtungsstärke installiert werden, die zwischen 500 und 1000 lx schaltbar ist.

Operationssäle erhalten spezielle Beleuchtungen über dem OP-Tisch, die geeignet sind, für Beleuchtungsstärken von 20 000 bis 100 000 lx. Die Allgemeinbeleuchtungsstärke sollte mit Beleuchtungsstärken von über 1 000 lx gewählt werden.

Räume, in denen der Patient gesunden soll, sollten eine freundliche und wohnliche Ausstattung haben, in denen sich der Patient wohl fühlt. Von der Industrie werden fertige Systeme für die Beleuchtung von Betten angeboten, die für die Untersuchung und Behandlung des Patienten relativ gut geeignet sind aber ein Kompromiß in der Behaglichkeit darstellen.

Auch in Krankenhäusern nehmen Korridore und Gänge eine besonders große Fläche ein. Korridore in Krankenhäusern müssen den Behandlungsräumen angepaßt werden. Das bedeutet, daß nachts eine sehr niedrige Beleuchtungsstärke und tagsüber eine höhere Beleuchtungsstärke geschaltet wird, die auch Raumbegrenzungsflächen aufhellen sollte. Da durch diese Korridore Kranke gefahren werden und auch gelegentlich im Korridor stehengelassen werden, sollten die Leuchten so angeordnet werden, daß blendungsfreie Stellen auch beim Heraufschauen auf die Decke gegeben sind.

6.6.5. Sportstätten

Sport wird in Außenanlagen oder in Turn- und Sporthallen sowie Eis- und Rollsporthallen betrieben.

Die Beleuchtung soll sowohl gute Sehbedingungen für Sportler und Kampfrichter als auch für die Zuschauer schaffen. Vor allem bei Ballspielen mit sich schnell bewegenden Bällen, wie Tischtennis oder Eishockey, sollen sowohl Spieler als auch Schiedsrichter und Zuschauer die Bälle einwandfrei verfolgen können. Das bedeutet, daß sowohl hohe Anforderungen an die örtliche Gleichmäßigkeit als auch an die Farbwiedergabeeigenschaft des Lichtes gestellt werden müssen. Für Trainingszwecke kann die Beleuchtungsstärke des Wettkampfes im allgemeinen halbiert werden. Normalerweise reichen Beleuchtungsstärken für den Wettkampf von 400 bis 500 lx aus. Höhere Beleuchtungsstärken werden nur dann erforderlich, wenn Fernsehaufnahmen gemacht werden, wie es in Mehrzwecksporthallen immer möglich sein muß. Diese höhere Beleuchtungsstärke kommt den Sportlern und den Zuschauern zugute.

Als Leuchtmittel werden Leuchtstofflampen mit guter Farbwiedergabe in Innenräumen verwendet und in hohen Hallen und im Außenbereich Halogen-Metalldampflampen mit guten Farbwiedergabeeigenschaften. Eine Sportstättenbeleuchtung im Freien zeigt Bild 6.113.

Bild 6.113
Sportfeldbeleuchtung

6.6.6. Museen

In einem Museum muß der Ausstellungsgegenstand (Bild, Skulptur o.ä.) im Mittelpunkt des Betrachters stehen. Keinesfalls darf die Ausstattung des Raumes oder das Licht im Raum den Ausstellungsgegenstand in seiner Bedeutung übertrumpfen. In Kapitel 6.1.3 und 6.1.4 sind Aussagen über Wahrnehmung im allgemeinen und für den stabilen Wahrnehmungsablauf im besonderen gemacht worden. Es wurde ausgesagt, daß die Objektleuchtdichte höher sein muß als die Umgebungsleuchtdichte. Das Objekt in einem Museum, z.B. ein Bild, weist verschiedene Helligkeitsschattierungen auf. Bei „alten Meistern" wurden vorwiegend dunkle Hintergründe mit leuchtenden Farben verwendet, während bei modernen Bildern der Hintergrund vorwiegend hell ist bzw. die Bilder auf hellem Hintergrund erst ihre richtige Wirkung bekommen. Die Wand, an der das Bild hängt, ist in jedem Fall als Umfeld zu betrachten. Es ist leicht einzusehen, daß die Forderung, die Umfeldleuchtdichte niedriger zu halten als die Objektleuchtdichte, bei den verschiedenen Ausstellungsgegenständen und einer konstanten Wand schwer erfüllbar ist. Zudem dürfen die meisten Bilder nicht zu viel Licht bekommen, um sie vor Strahlungsschäden zu bewahren. Bei Wechselausstellungen ist diese Forderung nicht so problematisch, da die Bilder anschließend an eine stärkere Bestrahlung wieder dunkel gelagert werden. Bei konstanten Ausstellungen „alter Meister" ist dies jedoch durchaus problematisch, da nur sehr niedrige Beleuchtungsstärken zur Beleuchtung des Bildes zugelassen werden können. Aus lichttechnischer Sicht muß gefordert werden, daß die Wand möglichst dunkel gestaltet wird, unter Berücksichtigung der Wirkung der Bilder im Raum und auch unter Berücksichtigung des gesamten Raummilieus sollte die Wand jedoch in jedem Fall nicht zu dunkel sein. Diese Aussagen gelten für diffuse Reflexionen. Wählt man einen Wandbelag jedoch so, daß er teilweise gerichtet (spreizend) reflektiert, kann trotz hellerer Gestaltung der Wand bei Belichtung von oben der Lichteinfall in das Auge des Betrachters reduziert und somit die Objektleuchtdichte stärker in den Vordergrund geschoben werden.

Wird ein Museum mit direkt strahlenden Leuchten ausgeleuchtet, so ist diese Abstimmung wegen der Reflexion der Strahlung auf den Bildern schwieriger. Aus diesem Grunde werden die meisten Museen mit indirektem Kunstlicht und mit diffus strahlendem Tageslicht beleuchtet. Aus energetischen Gründen wäre es günstiger, mit direkt strahlenden Leuchten und direkt strahlendem Tageslicht zu arbeiten, zumal auch die Plastizität von Ausstellungsgegenständen unter direkt strahlendem Licht erhöht wird. Der Lichtplaner Ch. Bartenbach hat hierzu Konzepte entwickelt, die bei Objekten eingesetzt werden.

Bild Nr. 7.23 im Kapitel Tageslicht zeigt das Kunstmuseum Bern, bei dem sowohl das Tageslicht als auch das Kunstlicht direkt auf die Wand gerichtet wird und das Naturkundemuseum Stuttgart, Bild 7.22, bei dem das Tageslicht gerichtet in den Raum hineingelenkt wird und die Ausstellungsgegenstände dadurch plastischer erscheinen.

Bild 6.114
Anstrahlung Walraff-Richartz-Museum, Köln

Bild 6.116
Passage München-Hauptbahnhof

6

6.6.7. Straßen und Plätze

Für die Beleuchtung von Verkehrsstraßen gibt es einschlägige Normen, die in DIN 5044 zusammengefaßt sind. Die Effektivität steht bei Ausleuchtung von Straßen im Vordergrund. Hier sollten jedoch auch Leuchten verwendet werden, die den Autofahrer möglichst wenig blenden.

Bei Plätzen ist eine sehr individuelle Ausleuchtung möglich und dem Planer

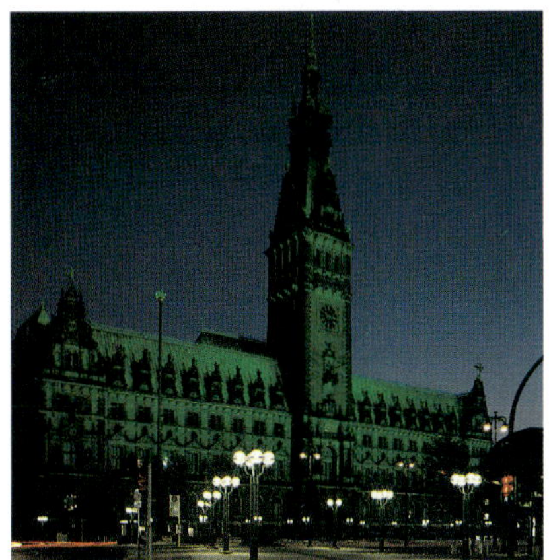

Bild 6.115
Beleuchtung Rathausmarkt Hamburg

ist hier sehr viel mehr Spielraum zur Gestaltung gegeben. Bei Plätzen, die hauptsächlich dem Fußgänger dienen, spielt nicht die mittlere Beleuchtungsstärke oder die mittlere Leuchtdichte die entscheidende Rolle. Andere Hilfsmittel zur interessanteren Gestaltung von Plätzen werden hier angewendet, wie z.B. Anstrahlung von Fassaden, wie in Bild 6.114 beim Walraff-Richartz-Museum in Köln gezeigt, oder Objektanstrahlung, wie in Bild 6.115 beim Rathausmarkt in Hamburg gezeigt.

Zonal strahlende Leuchten sind auch in Passagen sehr wirkungsvoll und vor allen Dingen auch energiesparend, wie beim Bild 6.116, Passage München-Hauptbahnhof gezeigt.

Noch individueller wird in Parkanlagen oder Gärten beleuchtet, siehe Bild 1.118 Eingangsbeleuchtung eines Wohnhauses.

6.6.8. Notbeleuchtung

Die Notbeleuchtung dient der Beleuchtung von Rettungswegen, Sicherheitsbeleuchtung für Arbeitsplätze besonderer Gefährdung und Ersatzbeleuchtung bei Stromausfall. Somit ist die Notbeleuchtung eine Beleuchtung, die bei Störung der Stromversorgung der allgemeinen Beleuchtung rechtzeitig wirksam wird. Sie ist überall dort erforderlich, wo bei Strörungen in der elektrischen Energieversorgung eine minimale Beleuchtungsstärke für Fluchtwege usw. gewährleistet werden muß. Grundsätzlich unterscheidet man zwei Arten der Notbeleuchtung je nach ihrem Zweck:

- Sicherheitsbeleuchtung
- Ersatzbeleuchtung

Die Notbleuchtung ist zwingend vorgeschrieben in Räumen für Menschenansammlungen wie z. B. Kinos, Theater, Ausstellungsräume, Tanzlokale, Gaststätten, Hotels, Spitäler, Sporthallen, Hochhäuser, Einkaufszentren, Treppenhäuser ohne Tageslicht und elektrische Betriebsräume.

Notbeleuchtungsanlagen müssen an eine vom Netz unabhängige Stromquelle angeschlossen sein, um jederzeit in Betrieb gehen zu können, auch dann, wenn ein totaler Netzausfall eintritt. Für die Einspeisung in das Notstromnetz für die Notbeleuchtungsanlage kommen zum Einsatz:

- Zentralbatterianlagen welche eine Vielzahl von Leuchten mit Notstrom versorgen

- Akkumulatoren mit Ladegerät in Leuchten selbst

- Netzersatzanlagen bei Großobjekten.

Für die Speisung von Lampen werden Frequenzumformer verwendet, welche an die entsprechenden Batterien angeschlossen werden. Beide können, sofern genügend Platz vorhanden ist, in die Leuchten eingebaut werden. Dabei ist es wichtig zu prüfen, ob die zulässige Umgebungstemperatur nicht unterschritten wird, damit die Leistung sowie die Lebensdauer des Systems nicht erheblich reduziert wird. Nach der Inbetriebsetzung einer Notleuchte sind regelmäßig Funktionsprüfungen vorzunehmen.

Bild 6.118
Eingangsbeleuchtung Wohnhaus

Nach den Vorschriften der zuständigen Gremien (Polizei, Feuerwehr, Bauaufsicht usw.) wird in der Regel eine regelmäßige Überwachung der Funktionstüchtigkeit von Notbeleuchtungsanlagen verlangt. Gemäß den Vorschriften der Feuerwehr und Polizei sind Notbeleuchtungen zumindest anzuordnen zur:

- Markierung von Fluchtwegen und Ausgängen
- in Tiefgaragen
- in Hochhäusern
- in Verkaufsläden und Einkaufszentren.

6.6.9. Sonstige

Die Beleuchtung in Gebäuden muß noch vielfältige Sehaufgaben erfüllen wie z.B. in

- Verkaufsräumen
- Schaufenstern
- Supermärkten
- Spezialwerkstätten usw.

Auf jeden Raum und jede Anforderung muß hier, wie auch bei den besprochenen Raumbereichen, individuell eingegangen werden.

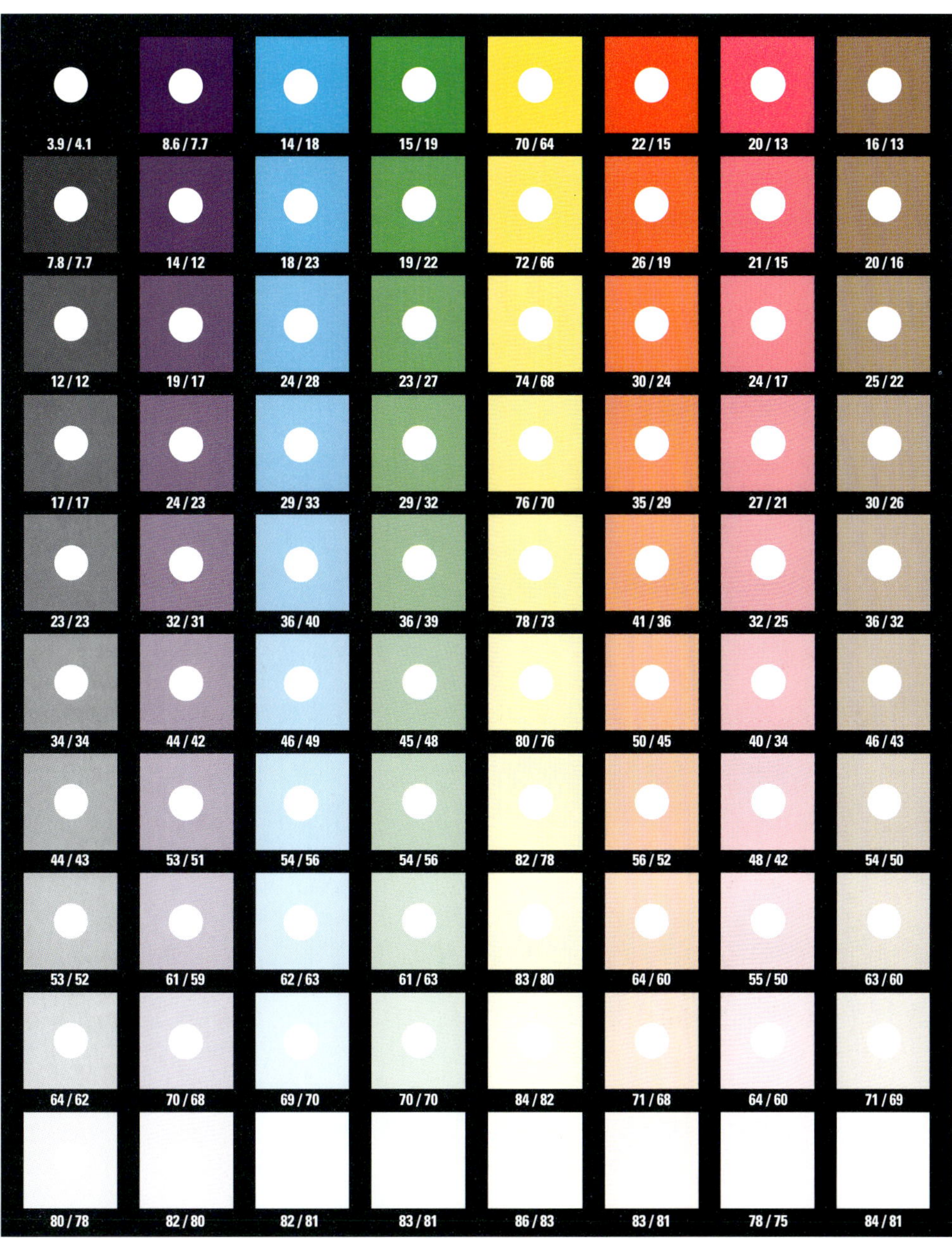

Werte links: gültig für Glühlampenlicht von 2854 K, $R_a \cong 100$ (Normlichtart A) , anwendbar für sog. warme Lichtfarben (Warmweiß)
Werte rechts: gültig für Leuchtstofflampenlicht von 6500 K, $R_a \cong 92$, anwendbar für sog. kalte Lichtfarben (Tageslichtweiß)

Bild 6.119
Reflektionswertetafel, Farbtafel zur Bestimmung der mittleren Leuchtdichtefaktoren β 45/0 (%)

TAGESLICHTTECHNIK

7.1. TAGESLICHTTECHNISCHE BEGRIFFE

Für die Berechnung der Beleuchtungsverhältnisse in Innenräumen durch Tageslicht ist die Kenntnis der Himmelsleuchtdichten und der Beleuchtungsstärken im Freien notwendig. Diese Größen werden für die verschiedenen Himmelszustände festgelegt.

7.1.1. Bedeckter Himmel

Die rotationssymmetrische Leuchtdichteverteilung des bedeckten Himmels wird beschrieben durch:

$$L(\varepsilon) = L_Z \frac{1 + 2\cos\varepsilon}{3} \text{ bzw.}$$

$$L(\gamma) = L_Z \frac{1 + 2\sin\gamma}{3}$$

Hierin bedeuten:

- $L(\varepsilon)$ Leuchtdichte von Himmelspunkten, die im um den Winkel ε vom Horizont entfernt sind.
- $L(\gamma)$ Leuchtdichte von Himmelspunkten, die um den Winkel γ vom Zenit entfernt sind
- ε Winkel zwischen betrachtetem Himmelspunkt und Zenit
- γ Winkel zwischen betrachtetem Himmelspunkt und Horizont (Bild 7.1) (Winkelbezeichnungen des Sonnenstandes).
- L_Z Klarer Himmel

7.1.2. Klarer Himmel

Beim wolkenlosen Himmel wird die relative Leuchtdichteverteilung nach Publikation CIE Nr. 22 (TC-4.2) festgelegt (CIE = Normung über Tageslicht).

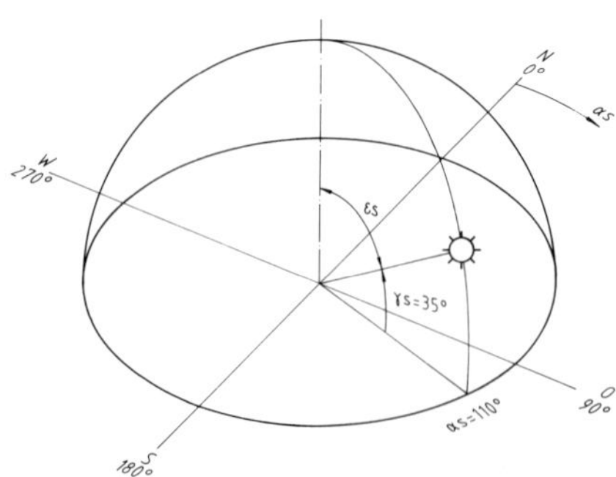

Bild 7.1
Winkelbezeichnungen des Sonnenstandes

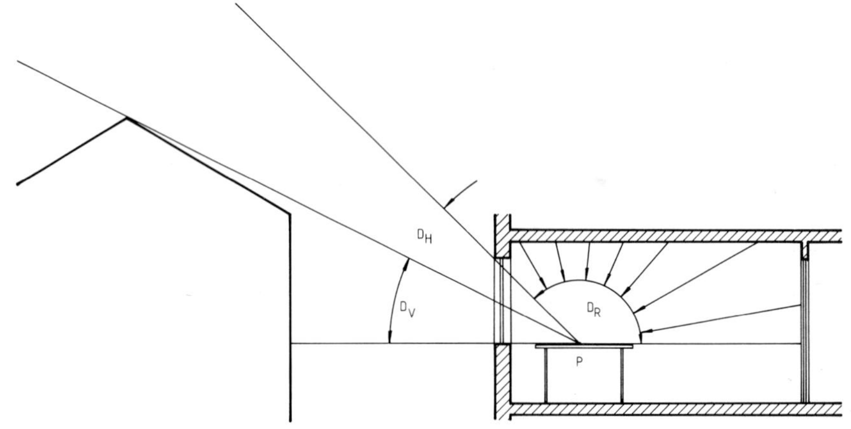

D_H = Himmelslichtanteil
D_V = Außenreflexionsanteil
D_R = Innenreflexionsanteil
P = Meßpunkt

Σ = Ep Beleuchtungsstärke im Punkt P

$D = E_p/E_A$
E_A = die gleichzeitig im Freien ohne Einfluß der Verbauung herrschende horizontale Beleuchtungsstärke

Bild 7.2
Erläuterung der Anteile des Tageslichtquotienten

7.1.3. Mittlerer Himmel

Bedeckter und klarer Himmel im Sinne der Abschnitte 7.1.1 und 7.1.2 sind idealisierte Vorstellungen, die in der Praxis nur selten eintreten. Für langfristige Betrachtungen – z.B. für Wirtschaftlichkeitsberechnungen – müssen die sich über eine mehrjährige Zeitspanne ergebenden Mittelwerte berücksichtigt werden.

7.1.4. Sonnenscheindauer

Die Sonnenscheindauer ist die Summe der Zeitintervalle innerhalb einer gegebenen Zeitspanne (Stunde, Tag, Monat, Jahr), während derer die Bestrahlungsstärke der direkten Sonnenstrahlung auf eine Ebene senkrecht zur Sonnenrichtung größer oder gleich 120 W/m² (etwa 11.000 lx) ist. Diese Bestrahlungsstärke wird als Schwellenwert für hellen Sonnenschein von der Welt-Meteorologie-Organisation (WMO) empfohlen. Ältere Datenkollektive basieren auf einem Schwellenwert von etwa 200 W/m².

7.1.5. Mögliche Sonnenscheindauer

ist die Summe der Zeitintervalle innerhalb einer gegebenen Zeitspanne, während der die Sonne über dem wirklichen Horizont steht, der durch Berge, Gebäude, Bäume usw. eingeengt sein kann.

7.1.6. Relative Sonnenscheindauer

ist das Verhältnis der Sonnenscheindauer zur möglichen Sonnenscheindauer innerhalb drselben Zeitspanne.

7.1.7. Sonnenscheinwahrscheinlichkeit

ist das langjährige Mittel der Augenblickwerte der relativen Sonnenscheindauer.

7.1.8. Solarkonstante E_o

drückt die Bestrahlungsstärke der extraterrestischen Sonnenstrahlung auf einer zur Einfallsrichtung senkrechten Ebene bei mittlerem Sonnenabstand aus:

$E_o = 1{,}37 \text{ kW/m}^2$

7.1.9. Globalstrahlung

Die Summe von direkter und diffuser Sonnenstrahlung ist die Globalstrahlung. Wenn nicht anders angegeben, ist die Globalstrahlung auf die horizontale Ebene bezogen. Die diffuse Sonnenstrahlung wurde früher als diffuse Himmelsstrahlung bezeichnet.

7.1.10. Trübungsfaktor T

Der Trübungsfaktor ist das Verhältnis der vertikalen optischen Dicke einer getrübten Atmosphäre zur vertikalen optischen Dicke der reinen und trokkenen Atmosphäre (Rayleigh-Atmosphäre) bezogen auf das gesamte Sonnenspektrum.

7.1.11. Verbauung

Die Verbauung gibt den Raumwinkelbereich an, der beim Blick von einem Raumpunkt aus zeitlich konstant einen Teil des Himmelsgewölbes ausfüllt, (Häuser, Bäume, Berge usw.).

7.1.12. Tageslichtquotient T_Q

Der Tageslichtquotient gibt das Verhältnis von Innenbeleuchtungsstärke zu Außenbeleuchtungsstärke wieder.

$$T_Q = \frac{E_i}{E_a} \cdot 100 \text{ in } \%$$

E_i = Beleuchtungsstärke in einem Punkt des Raumes, die durch direktes oder indirektes Himmelslicht bei einer angenommenen Leuchtdichteverteilung erzeugt wird.

E_a = die horizontale Beleuchtungsstärke im Freien bei unverbauter Himmelshalbkugel.

Für Berechnungen des Tageslichtquotienten wird direktes Sonnenlicht nicht berücksichtigt. Sehr wohl berücksichtigt werden müssen jedoch Einflüsse infolge der Verglasung, Versprossung und Verschmutzung der Fenster sowie die Innenreflexionsverhältnisse der Räume.

Der Tageslichtquotient besteht somit aus drei Anteilen, dem Himmelslichtanteil, dem Außenreflexionsanteil und dem Innenreflexionsanteil. Die Erläuterung der Anteile des Tageslichtquotienten ist in Bild 7.2. dargestellt.

Die Qualität und die Quantität des Tageslichtes ändert sich örtlich und

7

zeitlich. Für Berechnungen ist deshalb eine Normlichtart D65 mit einer ähnlichen Farbtemperatur von 6.504 K festgelegt worden, deren spektrale Zusammensetzung aus Bild 7.3 entnommen werden kann. Diese Normlichtart wird nur für Berechnungen herangezogen, da sie sich technisch nicht darstellen lassen.

Die ebenfalls in Bild 7.3 aufgeführte Normlichtart A wurde früher verwendet. Sie entspricht dem Spektralverlauf einer Glühlampe. Dieser Spektralverlauf hat eine sehr hohe Anhebung im Rotbereich und entspricht nicht mehr den modernen Lampen wie Entladungslampen und Leuchtstofflampen.

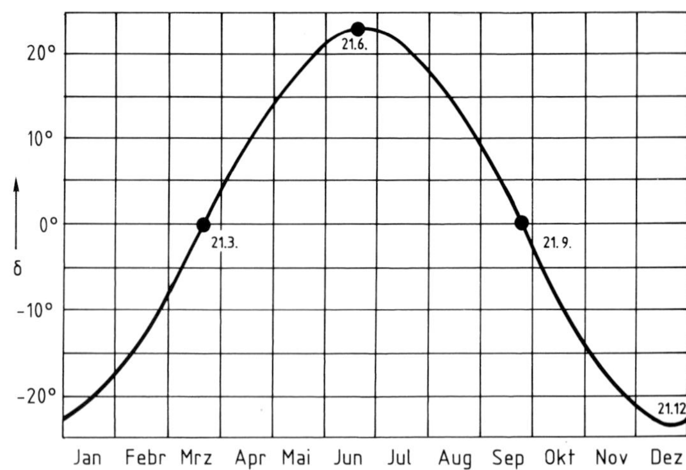

Bild 7.4
Sonnendeklination δ im Verlauf des Jahres

7.1.13. Kenndaten der Sonne

Lichtstärke der Sonne	$3 \cdot 10^{27}$ cd
mittlere Leuchtdichte	$1{,}93 \cdot 10^{8}$ cd/m²
jährlich abgegebene Energie	$3{,}2 \cdot 10^{27}$ kWh

Im Mittel erhält jeder m² der Erdoberfläche 148 Wh in der Stunde zugestrahlt.

7.1.14. Sonnenhöhe γ_s – Sonnenazimut α_s

Da sich die Erde um die Sonne und um die eigene Achse dreht, ergibt sich für jeden Ort auf der Erde ein Sonnenstand, der von der Tageszeit und Jahreszeit abhängig ist. Dieser Sonnenstand wird gekennzeichnet durch die Sonnenhöhe und den Sonnenazimut.

Die Sonnenhöhe ist der Winkel zwischen dem Sonnenmittelpunkt und dem Horizont, abhängig von geographischer Breite, Jahreszeit und Tageszeit.

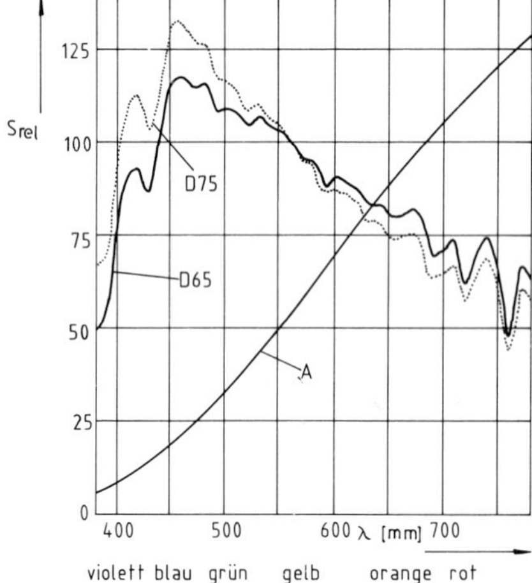

Bild 7.3
Relative spektrale Strahlungsverteilung von Normlichtarten A, D75 und D65

Der Sonnenazimut ist der Winkel zwischen der geographischen Nordrichtung und dem Vertikalkreis durch den Sonnenmittelpunkt (0°–360°), ebenfalls abhängig von geographischer Breite, Jahreszeit und Tageszeit. Die verschiedenen Winkel sind in Bild 7.1 dargestellt.

7.1.15. Sonnendeklination δ

Als Sonnendeklination wird der Winkel zwischen dem Sonnenmittelpunkt und dem Himmelsäquator in Abhängigkeit von der Jahreszeit bezeichnet. Aus Bild 7.4 geht die Sonnendeklination über das Jahr hervor.

7.1.16. Beleuchtungsstärke / Leuchtdichte des Himmels

Die Horizontalbeleuchtungsstärke im Freien ist abhängig vom Sonnenhöhenwinkel. Dieser Sonnenhöhenwinkel verändert sich im Verlaufe des Tages und des Jahres für einen gegebenen Ort ständig. Bild 7.5 veranschaulicht die horizontale Beleuchtungsstärke E_a in Abhängigkeit von Tages- und Jahreszeit. Die Bestrahlungsstärke in W/m² ist ebenfalls angegeben. Bild 7.6 zeigt ebenfalls die Beleuchtungsstärken des bedeckten Himmels im Tages- und

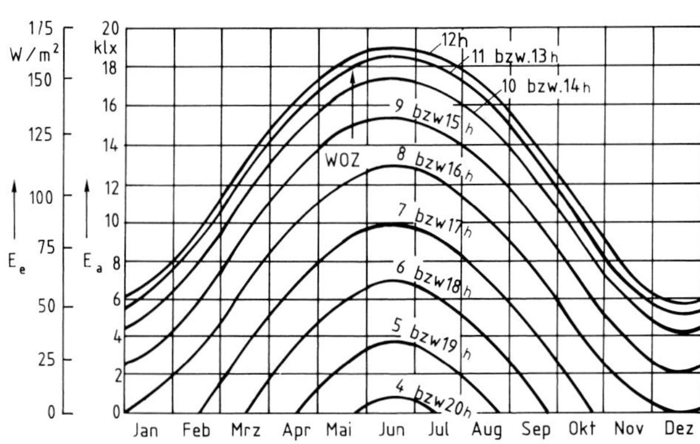

Bild 7.5

Horizontale Beleuchtungsstärke E_a in Kl_x und Beleuchtungsstärke E_e in W/m^2 in Abhängigkeit von Tages- und Jahreszeit (51° nördliche Breite)

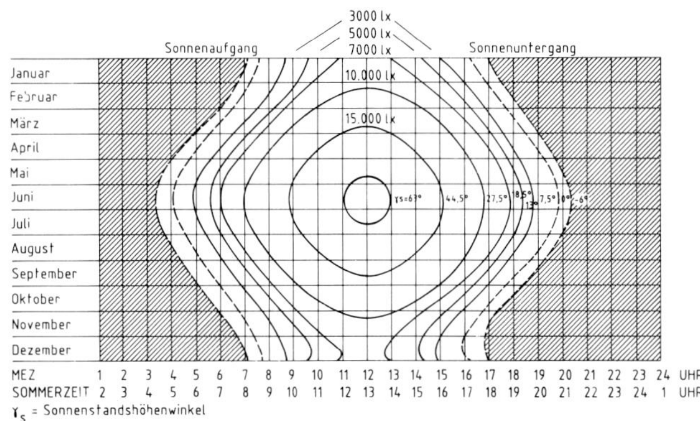

Bild 7.6

Beleuchtungsstärken des bedeckten Himmels im Tages- und Jahresverlauf

Jahresverlauf in einer solchen Darstellung, daß Beleuchtungsstärken des bedeckten Himmels im Tagesverlauf für jeden Monat leicht abgreifbar sind.

Die Leuchtdichteverteilung des Himmels wird ausgedrückt als Vielfaches der Zenitleuchtdichte. Wenn die Sonne im Zenit steht, schwankt die Leuchtdichte des Himmels vom Zenit zum Horizont zwischen 20 % und 50 % der Zenitleuchtdichte, siehe Bild 7.7.1. Dieser Fall ist jedoch für Mitteleuropa theoretisch. Deshalb ist in Bild 7.7.2 die gleiche Darstellung für einen Sonnenhöhenwinkel von 40° dargestellt.

Aus diesem Bild ist erkennbar, daß bei der flacher stehenden Sonne bis zu fünffach höhere Leuchtdichten erreicht werden, als sie im Zenit vorhanden sind.

Bei bedecktem Himmel ist die relative Verteilung der Leuchtdichte rotationssymmetrisch. Die Leuchtdichte am Horizont beträgt etwa ein Drittel der Leuchtdichte des Zenits (Bild 7.8).

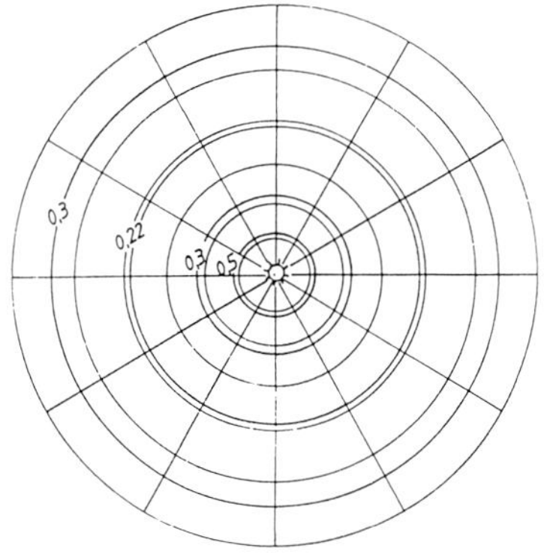

Bild 7.7.1

Leuchtdichteverteilung des klaren Himmels bei Sonnenhöhe 90°, ausgedrückt als Vielfaches der Zenitleuchtdichte

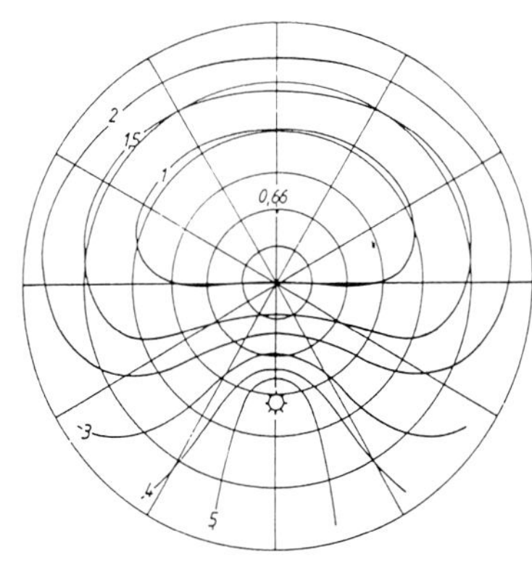

Bild 7.7.2

Leuchtdichteverteilung bei 40° Sonnenhöhe

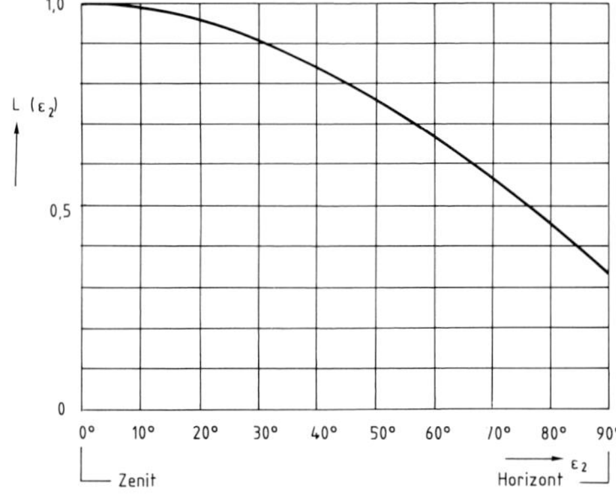

Bild 7.8

Relative Leuchtdichteverteilung des bedeckten Himmels

7.2.

DAS MENSCHLICHE AUGE

Seheinflüsse werden durch das menschliche Auge wahrgenommen und im Gehirn verarbeitet. In Kapitel 6, Lichttechnik, ist der Einfluß des Lichtes auf das Wohlbefinden des Menschen und die mögliche Herabsetzung der Leistungsfähigkeit durch Blendung beschrieben worden. Deshalb soll in diesem Kapitel nur kurz die Wirkungsweise des menschlichen Auges gestreift werden.

Bild 7.9 zeigt einen Horizontalschnitt durch das menschliche Auge. Ein Sehobjekt wird von der Augenlinse auf die Netzhaut abgebildet. Diese Netzhaut ist die lichtempfindliche Schicht des Auges. Die Scharfeinstellung des Bildes auf der Netzhaut erfolgt durch die Verformung der Augenlinse.

Die Öffnung der Pupille beeinflußt die Beleuchtungsstärke, mit der das Bild auf der Netzhaut abgebildet wird. Die lichtempfindlichen Zellen der Netzhaut bestehen aus Stäbchen und Zapfen. Die Zapfen sind für das Tagsehen zuständig. Nur ein schmales Wellenlängenband des von der Sonne emittierten Spektrums führt zu einer Reizung der Netzhaut und damit zu einer Lichtempfindung (400 bis 700 nm). Die Zäpfchen haben eine relative spektrale Empfindlichkeit, die in Bild 7.10 „V(λ)-Kurve" dargestellt ist. Sie ermöglichen das Farbsehen und sind in der Nähe der zentralen Blickrichtung konzentriert. Daraus ergibt sich eine hohe Sehschärfe.

Die Stäbchen sind wesentlich empfindlicher als die Zapfen, da sie für das Nachtsehen vorgesehen sind. Sie ermöglichen kein Farbsehen und schaffen nur eine relativ geringe Sehschärfe.

Die Möglichkeit des Auges, seine Empfindlichkeit in weiten Grenzen zu verändern, nennt man Adaptation. Obwohl dieser Vorgang der Anpassung an bestimmte Leuchtdichteniveaus sehr schnell geht, kann das Auge nicht Leuchtdichten im gesamten möglichen Leuchtdichtebereich nebeneinander bewerten, sondern je nach Adaptationszustand nur innerhalb einer Größenordnung von 1:200. Im Abschnitt Lichttechnik ist auf Bild 6.3 verdeutlicht dargestellt, daß nicht Beleuchtungsstärken, sondern Leuchtdichten das Auge stimulierren. In Bild 6.2 ist der stabile Wahrnehmungsbereich für Umfeldleuchtdichten in Abhängigkeit von Infeldleuchtdichten vorgegeben. Die Unterschiedsempfindlichkeit des Auges in Abhängigkeit von der Leuchtdichte ist in Bild 6.1 dargestellt.

Neben der unterschiedlichen Empfindlichkeit ist die Sehschärfe eine wichtige Fähigkeit des Auges, um dicht nebeneinanderliegende Konturen getrennt wahrnehmen zu können. Die Sehschärfe steigt mit größerem Kontrast zwischen Objekt und Umgebung. Ein auf ein Bild gebündeltes Licht in einem dunklen Raum gibt einen sehr hohen Kontrast und steigert damit die Sehschärfe. Wenn der Kontrast zu hoch ist, wird er als Blendung empfunden. Die Leistungsfähigkeit des Auges wird infolge physiologischer und psychologischer Blendung herabgesetzt, wie in Kapitel 6.1.5 beschrieben wurde. Je höher jedoch das Beleuchtungsniveau in einem Raum ist, desto kleiner wird der notwendige Kontrast, um eine bestimmte Sehschärfe zu erreichen.

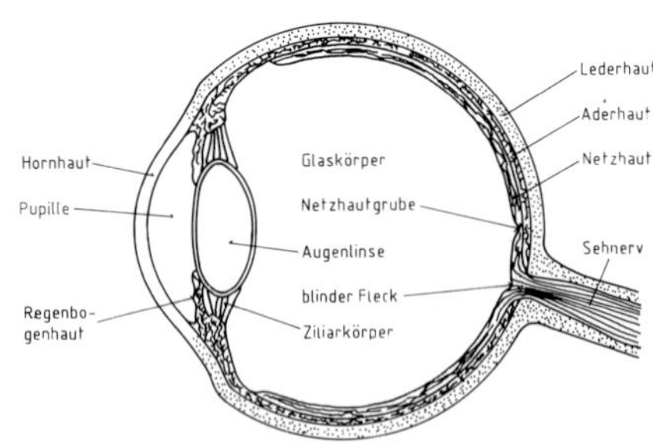

Bild 7.9
Horizontalschnitt durch das menschliche Auge

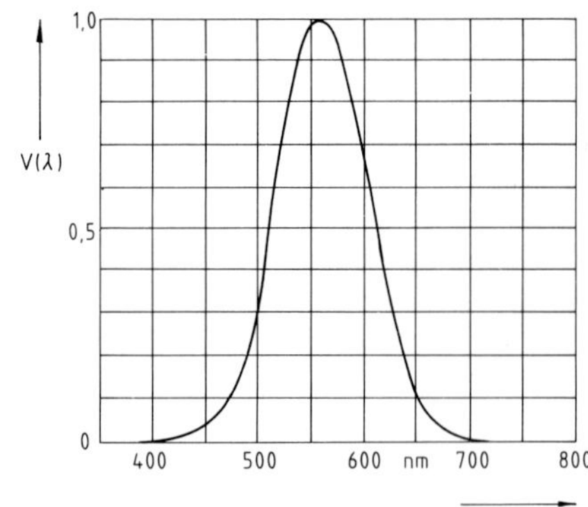

Bild 7.10
V(λ)-Kurve

7.3. TAGESLICHT IN GEBÄUDEN

7.3.1. Gütekriterien

7.3.1.1. Allgemeines

Bei der Beleuchtung von Räumen mit Tageslicht sollten ebenso wie in der Kunstlichttechnik bestimmte Gütekriterien beachtet werden, um dem Menschen ein einwandfreies Sehen mit Tageslicht zu ermöglichen.
Auch müssen an das Tageslicht die gleichen Gütekriterien gestellt werden wie an das Kunstlicht. Allerdings darf bei der Beleuchtung von Räumen mit Tageslicht nicht vergessen werden, daß es der Sinn eines Fensters ist, einen genügenden Ausblick ins Freie zu schaffen. Für das Wohlbefinden des Menschen ist es sehr wichtig, daß er durch seitliche Fenster den Bezug zu seiner Umgebung in der Außenwelt herstellen und erkennen und somit feststellen kann, welche Lichtverhältnisse und welche Wetterbedingungen im Freien herrschen.
Bei Belichtung mit Oberlichtern sollte wenigstens das Pulsieren des Tageslichtes wahrgenommen werden können. Dieses sehr wichtige Kriterium der Möglichkeit des guten Außenbezuges ist in den normalen Gütekriterien nicht enthalten.

7.3.1.2. Beleuchtungsstärke – Tageslichtquotient

Die Höhe des Tageslichtquotienten ergibt eine Aussage über die Beleuchtungsstärke an einem Punkt in einem Raum in Abhängigkeit von der Außenbeleuchtungsstärke (vergleiche 7.1.12).
Der Tageslichtquotient sagt nichts über die konstante absolute Beleuchtungsstärke im Raum aus, da das Tageslicht je nach Tages- und Jahreszeit sowie Sonnenstand und atmosphärischer Trübung seine Beleuchtungsstärke verändert. Die Lage und Größe des Fensters und dessen Sonnen- und Blendschutz sowie die äußere Verbauung bestimmen neben der Leuchtdichte des Himmels und den Innenreflexionsverhältnissen im Raum die Höhe des Tageslichtquotienten. Einen typischen Verlauf des Tageslichtquotienten bei einem seitenbelichteten Raum zeigt Bild 7.11. In dem Bild ist zu sehen, daß Räume im 1. Obergeschoß eines Hauses weniger Tageslicht erhalten als Räume im 4. Obergeschoß.

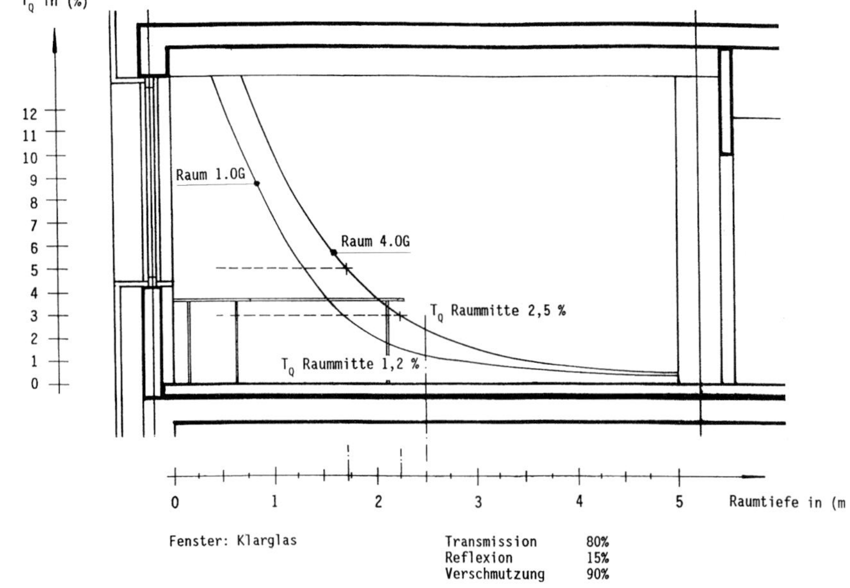

Bild 7.11
Tageslichtquotientenverlauf bei seitlicher Belichtung

Der Tageslichtquotient wird für den bedeckten Himmel angegeben und die Beleuchtungsstärkeberechnungen basieren ebenfalls auf den gleichen Grunddaten. Folgende Mindestwerte für Tageslichtquotienten sollten bei seitlicher Belichtung von Räumen eingehalten werden:

- Wohnräume in halber Raumtiefe und 1 m Abstand von den Seitenwänden $T_{QMIN} = 0{,}9\,\%$
- Arbeitsräume am ungünstigsten Punkt der Nutzebene $T_{QMIN} = 1\,\%$
- Arbeitsräume mit Lichtöffnungen in mehr als einer Raumfläche mit überwiegendem Seitenlichteinfluß $T_{QMIN} = 2\,\%$
- Arbeitsräume mit überwiegendem Licht von oben $T_{QMIN} = 4\,\%$

Wie auch beim Kunstlicht, spielt die Leuchtdichteverteilung im Raum eine entscheidende Rolle bei der Empfindung des Raummilieus. Bei tagesbelichteten Arbeitsräumen sollte eine sehr gleichmäßige Beleuchtung der Arbeitsfläche durch Tageslicht angestrebt werden, was bei seitlichen Tageslichtöffnungen sehr schwierig ist (vergl. Abfall des Tageslichtquotienten in Raumtiefen in Bild 7.11). Besondere Blend- und Sonnenschutzsysteme wurden dazu konzipiert, Tageslicht weiter in die Tiefe des Raumes eintreten zu lassen.
Auf diese Systeme wird später eingegangen.

In Hallen und Gangbereichen kann eine zonierte Aufhellung von bestimmten Raumbereichen durch das Tageslicht durchaus erwünscht sein.
In bestimmten Fällen ist auch eine dosierte, direkte Einstrahlung des Sonnenlichtes zur Erzeugung eines bestimmten Raummilieus wünschenswert.

7.3.1.3. Blendungsfreiheit

Das Gütekriterium der Blendungsfreiheit verlangt von allen am Bau Beteiligten die größte Innovation zur integrieten Lösung der Gestaltung des Fensters. Für den Architekten ist in erster Linie die ästhetische Anordnung des Fensters und die Wirkung der Fassade bedeutend. Der Heizungstechniker möchte einen Wärmegewinn im Winter und eine Abschottung der Wärmeenergieeinstrahlung im Sommer. Der Lüftungstechniker möchte Wärmeeinstrahlung am liebsten ganz vermeiden und auch der Lichttechniker ist in einem Gewissenskonflikt. Einerseits soll der Tageslichtquotient möglichst hoch sein, um möglichst wenig Kunstlicht im Raum einschalten zu müssen, andererseits kann die Leuchtdichte auch des bedeckten Himmels so hoch sein, daß Blendschutzmaßnahmen eingesetzt werden müssen, um diese zu reduzieren und zum Beispiel Datensichtgeräte einwandfrei ablesen zu können. Reduzierung der Leuchtdichte am Fenster und Maßnahmen zum Schutz vor der Sonneneinstrahlung reduzieren jedoch den Tageslichteinfall und vermindern den Tageslichtquotienten. So stehen Planer und Bauherr oft vor der Schwierigkeit abzuwägen, daß einerseits mehr Tageslicht einen geringeren Energieverbrauch des Kunstlichtes nach sich zieht, in klimatisierten Gebäuden andererseits höhere Kosten für die Kühlung entstehen.
Das Wohlbefinden des arbeitenden Menschen sollte in jedem Fall die höchste Priorität erhalten.

Aus diesem Grunde kommt der Betrachtung der Sonnenschutz- und Blendschutzmaßnahmen aus lichttechnischer Sicht eine besondere Bedeutung zu. Anhand von Beispielen wird dieser Punkt in einem besonderen Kapitel vertieft.

7.4. TAGESLICHTÖFFNUNGEN IN GEBÄUDEN

7.4.1. Lage der Tageslichtöffnungen

Je flacher eine Tageslichtöffnung im Gebäude angebracht ist, um so mehr Tageslicht wird bei gleicher Öffnungsgröße in den Raum gelangen. Lichtkuppeln lassen Tageslicht des gesamten Himmelsgewölbes in den Raum eintreten, während seitliche Fenster nur einen Anteil des Himmelslichtes in den Raum gelangen lassen. Bild 7.12 veranschaulicht dieses. Bei gleichen Raumabmessungen und gleichbleibender Größe der Fensterflächen sind die Tageslichtquotientenverläufe für verschiedene Anordnungen von Fenstern aufgezeichnet.

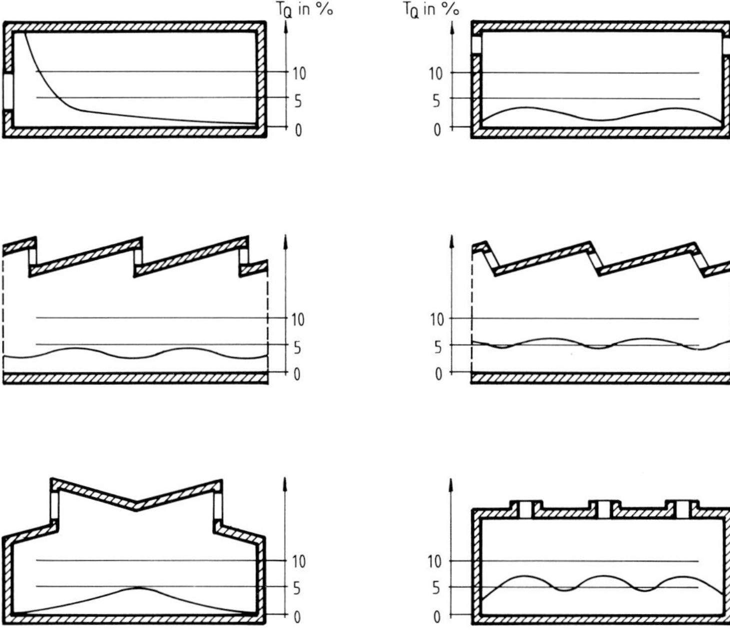

Bild 7.12
Tageslichtquotientenverlauf bei verschieden angebrachten Tageslichtöffnungen gleicher Größe in einem gleich großen Raum

7.4.2. Ausführungsformen von Oberlichtern

In Flachdächern werden hauptsächlich folgende Oberlichtformen verwendet:

- in die Dachhaut eingeklebte Lichtkuppeln
- Lichtkuppeln mit Aufsatzkranz
- Satteloberlicht in verschiedenen Neigungswinkeln aus Glas
- Nordlichtsheds.

Mit Ausnahme der Nordlichtsheds wird bei diesen Oberlichtern auf die Himmelsrichtung des Gebäudes keine Rücksicht genommen. Die notwendige Ausblendung der Sonne erfolgt vorwiegend mit lichtstreuenden Gläsern.

Diese haben jedoch meistens den Nachteil, daß beim Umsetzen des direkten Sonnenlichtes in diffuse Strahlung so hohe Leuchtdichten auftreten, daß es zu Schwierigkeiten beim Ablesen von Datensichtgeräten kommen kann.

Zur Reduzierung der Leuchtdichte der Oberlichter werden aus diesem Grunde Glaskombinationen gewählt, die die Leuchtdichte reduzieren. Zwangsläufig reduziert sich davon der Tageslichtquotient und damit das Tageslicht, das in den Raum gelangen soll.

7.4.3. Sonnen- und Blendschutzmaßnahmen bei Oberlichtern

Folgende Sonnen- und Blendschutzmaßnahmen werden bei Oberlichtern häufig angewandt:

7.4.3.1. Reflexionsverglasung

Reflexionsverglasungen vermindern den Tageslichtquotienten um den Lichtdurchgangsfaktor der Scheiben

7

Bild 7.13
Oberlichtverglasung mit Reflektionsglas, Hanse Viertel, Hamburg

Bild 7.14
Oberlicht mit starrem Sonnenschutz

einschließlich Verschmutzung und Versprossung. Bei vorgegebener Dachgröße ergibt sich für die Lichtplanung die Möglichkeit, den Tageslichtquotienten, den Lichtdurchgangsfaktor und die Kuppelgröße den Bedürfnissen anzupassen. Für Gebäude und Raumbereiche, bei denen ein gewisser Teil des direkten Sonnenlichteinfalls erlaubt ist und die Energiereduzierung mit dem Reflexionsglas im wesentlichen aus wärmetechnischen Gründen erfolgt, kann eine solche Verglasung auch aus lichttechnischer Sicht akzeptiert werden. Insbesondere ist das bei überdachten Passagen möglich. Bei Eingangshallen, in denen auch Arbeitsplätze aufgestellt werden, reicht normalerweise die Reduzierung mit Reflexionsglas nicht aus, wenn nicht zusätzliche Sonnenschutzmaßnahmen sicherstellen, daß das Eindringen von direkter Sonne im Arbeitsplatzbereich vermieden wird.

Bild 7.13 zeigt eine Oberlichtverglasung aus Reflektionsglas am Beispiel einer Passage in Hamburg.

7.4.3.2. Klarglasoberlicht mit äußerem, starren Sonnenschutz

Ein äußerer, starrer Sonnenschutz ist dann gut, wenn er bei allen vorkommenden Sonnenhöhenwinkeln den direkten Sonnenlichteinfall abhält. Oft wird dies bei Shedverglasungen, die nicht nach Norden orientiert sind, mit waagerecht liegenden Lamellen erreicht. Da die Sonne jedoch bei einem nach Süden ausgerichteten Sheddach in ihrem Verlauf auch beginnend von Osten unter flachem Winkel auf das Shed auftrifft, müssen bei einem solchen außenliegenden Sonnenschutz Kompromisse eingegangen werden. Meist wird nur die direkte Südsonne abgeschirmt. Sonne unter flacheren Winkeln tritt in den Raum mit allen Nachteilen ein. Bild 7.14 zeigt ein Beispiel eines starren Sonnenschutzes.

Mit „intelligenten" Tageslichtsystemen, wie sie unter 7.4.3.6 prismatischer Sonnenschutz und 7.4.3.7 Isolierglas mit Spiegelprofilen beschrieben werden, läßt sich dieser Nachteil weitgehend vermeiden.

7.4.3.3. Oberlicht mit beweglichem Sonnenschutz

Bei beweglichem Sonnenschutz am Oberlicht werden die Nachteile eines starren Sonnenschutzes im wesentlichen aufgehoben. Das Oberlicht erhält eine Isolierverglasung, wie sie für den bedeckten Himmel nach Abwägung aller Kriterien günstig erscheint. Die Einstrahlung der direkten Sonne wird mit einem beweglichen Sonnenschutz in Form einer Außenjalousie oder eines innenliegenden Screens verhindert. Der Tageslichtquotient ist bei solchen Systemen in beiden Fällen relativ gut, da er bei bedecktem Himmel den berechneten Werten entspricht und bei direkter Besonnung von der höheren Außenhelligkeit die Nachteile der Abschattung vermindert werden. Solche Systeme sind jedoch oft konstruktiv sehr aufwendig und in der Steuerung in Abhängigkeit von der Sonneneinstrahlung nicht ganz einfach zu handhaben. Die Investitionen und Wartungskosten sind aus diesem Grunde hoch. Bei innenliegendem Sonnenschutz durch Screens oder Tücher wird die Reduzierung der Leuchtdichte der direkten Sonne oft nicht in dem Maße erreicht, wie es wünschenswert wäre.

Bild 7.15 zeigt ein Oberlicht mit beweglichem, außenliegenden Sonnenschutz in Form von Markisen. Die Sicht nach außen wird selbstverständlich bei beweglichen Sonnenschutzmaßnahmen dann eingeschränkt oder verhindert, wenn der Sonnenschutz in Tätigkeit tritt.

Bild 7.15
Außenliegende Spezialtücher als beweglicher Sonnenschutz an einem Oberlicht

7.4.3.4. Natürlicher Sonnenschutz durch Bepflanzung

Bei manchen Lösungen mit Oberlichtern in Passagen oder Eingangshallen reicht es aus, wenn durch Bepflanzungen der Dächer mit Bäumen und Sträuchern ein wesentlicher Teil der direkten Sonne durch Verschattung abgehalten wird. Im Sommer bieten Bäume und Sträucher einen teilweisen Schutz vor direkter Sonneneinstrahlung.

Nicht nur Pflanzen können einen Sonnenschutz ergeben sondern auch die umliegende, natürliche Verbauung. Deshalb sollte bei Auswahl einer Sonnenschutzmaßnahme in jedem Fall das komplette Umfeld des Oberlichtes geprüft werden.

7.4.3.5. Lichtstreuendes Glas

Die Verwendung von lichtstreuendem Glas ist ein klassisches Mittel zur Reduzierung der Leuchtdichte der Sonne und zur Umwandlung des direkten Sonnenlichtes in diffuses Licht. Die klimatechnischen Werte eines solchen Glases sind kalkulierbar und lichtstreuende Isoliergläser sind leicht in Oberlichtern zu verarbeiten.

Bild 7.16
Oberlicht mit lichtstreuendem Glas

7

Der Nachteil solcher Systeme aus lichttechnischer Sicht besteht im wesentlichen darin, daß für bestimmte Arbeitsbereiche die Umwandlung des direkten Sonnenlichtes in diffuses Licht so hohe Leuchtdichten erzeugt, daß Überlagerungen in Bildschirmen auftreten können. Durch das Fehlen von größeren, direkten Strahlungsanteilen im diffusen Licht erhalten Einrichtungsgegenstände im Raum wenig Konturen und wirken wenig plastisch (fehlende Schattigkeit). Ein weiterer Nachteil besteht darin, daß man nicht aus dem Raum herausschauen kann. Deshalb sollten Oberlichter mit lichtstreuendem Glas nur dort verwendet werden, wo der Außenbezug durch unverbaute, seitliche Fenster ausreichend gegeben ist. Bild 7.16 zeigt einen Raum mit Oberlicht aus lichtstreuendem Glas.

7.4.3.6. Prismatischer Sonnenschutz bei Oberlichtern

In den letzten Jahren sind von der Firma Siemens in Zusammenarbeit mit dem Ingenieurbüro Christian Bartenbach Prismensysteme für Oberlichter entwickelt worden. Prismenplatten sind geschützt in Isolierglas eingebaut und werden in ihrer Ausbildung speziell für verschiedene Himmelsrichtungen im Gebäude angefertigt. Durch das Prisma werden alle direkten Sonnenstrahlen, die unter diversen, möglichen Sonnenhöhenwinkeln auf das Fenster auftreffen, umgeleitet und wieder aus der Scheibenkombination nach außen reflektiert. Bild 7.17 zeigt Systeme mit prismatischem Sonnenschutz und deren Wirkungsweise. Durch dieses Prinzip wird ein guter Sonnenschutz geboten und auch die Reduzierung des Wärmedurchgangskoeffizienten ist in der Regel günstig. Dabei werden auch befriedigende Werte für den Tageslichtquotienten erreicht. Besondere Vorteile sind darin zu sehen, daß das Licht

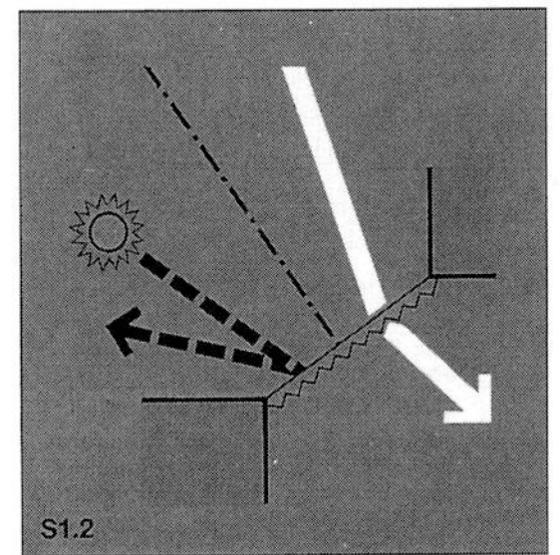

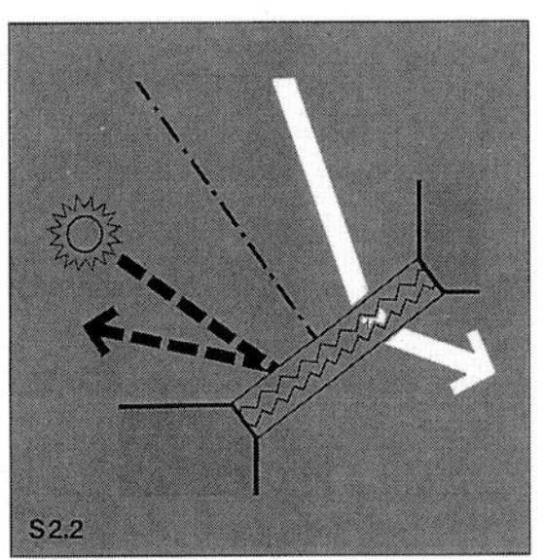

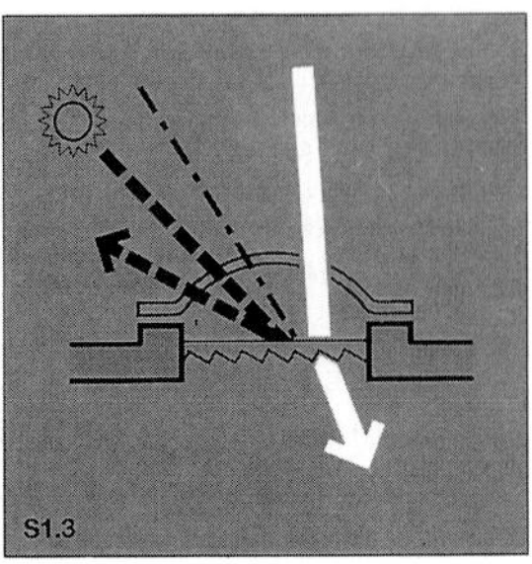

Bild 7.17
System prismatischer Sonnenschutz bei Oberlichten

teilweise gezielt in den Raum hineingelenkt werden kann. Die Begrenzung der Himmelsleuchtdichte ist so gut, daß im Innenraum auch mit Datensichtgeräten vernünftig gearbeitet werden kann. Je nach Konstruktion des Sonnenschutzprismas ist die Sicht nach außen nicht oder mehr oder weniger begrenzt gegeben. Bild 7.18 zeigt ein Oberlicht mit prismatischem Sonnenschutz.

7.4.3.7. Isolierglas mit Spiegelprofilen

Von der Firma OKA-Lux ist ein starres Sonnenschutzsystem entwickelt worden, bei dem speziell geformte Spiegelprofile zwischen zwei Scheiben eingebaut werden. Dabei können alle handelsüblichen Gläser verwendet werden. Die verspiegelten Profile sind so ausgebildet, daß der Lichtdurchlaß abhängig vom Sonnenhöhenwinkel geregelt wird. Im Winter bei niedrig stehender Sonne werden die Strahlen überwiegend durchgelassen und im Sommer wird bei hohem Sonnenstand die Einstrahlung überwiegend wieder nach außen reflektiert. Bei niedrigem Sonnenstand wird jedoch auch im Sommer Sonnenlicht in den Raum gelangen. Bild 7.19 zeigt die Wirkungsweise dieses Sonnenschutzsystems.

Die klimatechnischen Werte bei diesem System sind abhängig vom Sonnen-

Bild 7.18
Oberlicht mit prismatischem Sonnenschutz

höhenwinkel ebenso wie der Tageslichtquotient.

Die Sicht nach außen ist unter bestimmten Winkeln gegeben, unter anderen Winkeln vollständig versperrt.

Bild 7.20 zeigt eine Passage, deren Verglasung mit diesem OKA-Solar-System erfolgt ist.

7.4.3.8. Spiegelsysteme in festen Oberlichtern

Das Prinzip der winkelabhängigen Umkehrung von Sonnenstrahlen kann auch dadurch erreicht werden, daß anstelle von prismatischen Umkehrsystemen starre, speziell geformte Spiegelreflektoren verwendet werden. Besonders bei Tagesbelichtung von hohen Räumen, bei denen das Tageslicht über eine große Höhe auf die Nutzfläche fallen muß und bei gewünschter Ablenkung des Tageslichtes auf eine Wand, werden solche Systeme mit Erfolg eingesetzt.

Die Wirkungsweise dieser Systeme geht aus Bild 7.21 hervor.

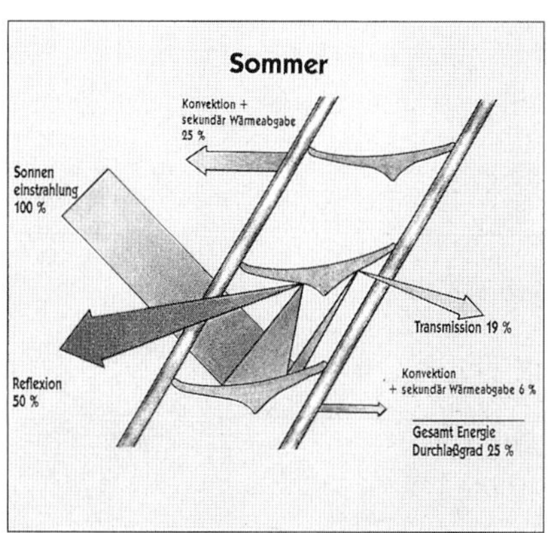

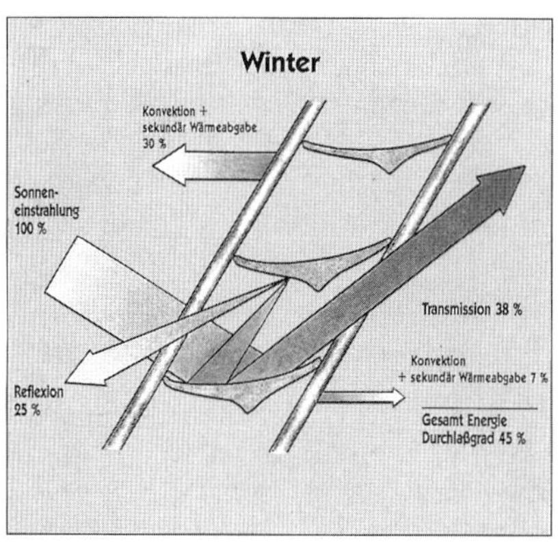

Bild 7.19
System Isolierglas mit Spiegelprofilen (OKA-Solar-System)

In Bild 7.22 wird am Beipiel des Naturkundemuseums Stuttgart die Wirkungsweise des gerichteten Lichtes aus großer Höhe gezeigt. Besonders wirkungsvoll ist auf dem Bild die Reduzierung der Leuchtdichte durch die Oberlichtsysteme zu erkennen und die Plastizität der Ausstellungsgegenstände, die infolge der gerichteten, direkte Strahlung erreicht wird.

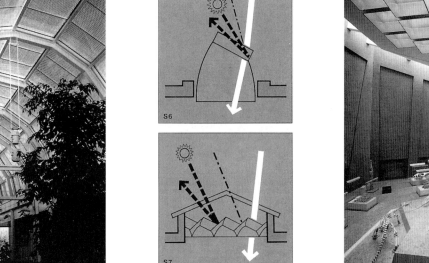

Bild 7.20
Verglasung einer Passage mi einem OKA-Solar-System

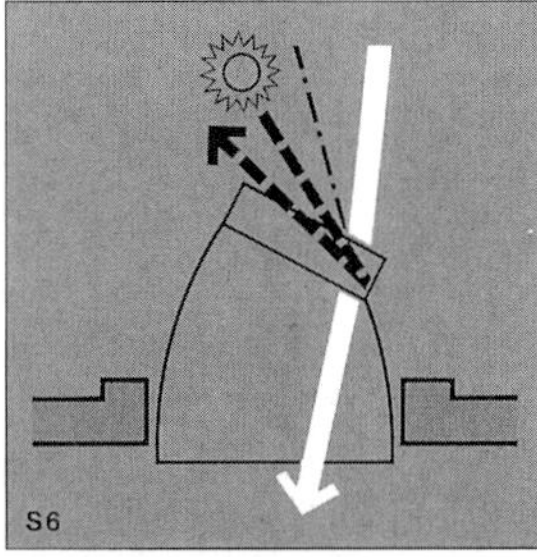

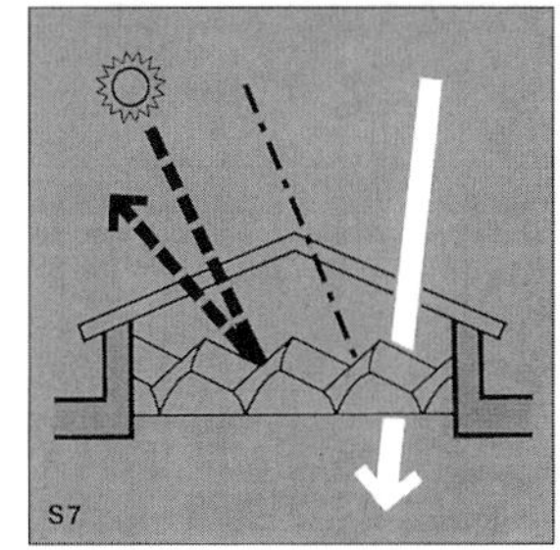

Bild 7.21
Spiegelsystem mit festem Oberlicht

Bild 7.22
Oberlicht aus Aluminium am Beispiel des Naturkunde-Museums in Stuttgart

7

Am Beispiel des Bildes 7.23, das die Wandbeleuchtung des Kunstmuseums in Bern zeigt, wird ein starres Umkehrsystem aus Aluminium mit Lichtlenkung auf die Wandzone dargestellt (System Ch. Bartenbach).

7.4.4. Sonnen- und Blendschutz bei seitlichen Fenstern

7.4.4.1. Allgemeines

Bei seitlichen Fenstern ist der Bezug nach außen wesentlich wichtiger als bei Oberlichtern. Es muß daher darauf geachtet werden, daß bei allen Sonnen- und Blendschutzmaßnahmen der direkte Außenbezug nicht verlorengeht. Reduzierungen des Außenbezuges können nur dann toleriert werden, wenn das Fenster von direkter Sonne so stark beschienen wird, daß Störungen im Wahrnehmungsablauf und beim ablesen von Bildschirmgeräten entstehen.

Der Sonnenschutz hat eine andere Aufgabe als der Blenschutz und deshalb sind oft mit einer Maßnahme beide Kriterien nicht zu lösen. Der Blendschutz soll zu hohe Leuchtdichten am Fenster herabsetzen, da diese zu Beeinträchtigungen im Wahrnehmungsablauf führen und die Ablesbarkeit von Bildschirmen erschweren können, während der Sonnenschutz das Eindringen der direkten Sonnenstrahlen in den Raum verhindern soll. Die Verhinderung der direkten Einstrahlung ist in der Regel sowohl aus thermischen Gründen als auch zur Stabilisierung der Leuchtdichteverhältnisse im Arbeitsraum notwendig.

Im folgenden werden die wesentlichen, heute üblichen Sonnen- und Blenschutzmaßnahmen an seitlichen Fenstern kurz erläutert.

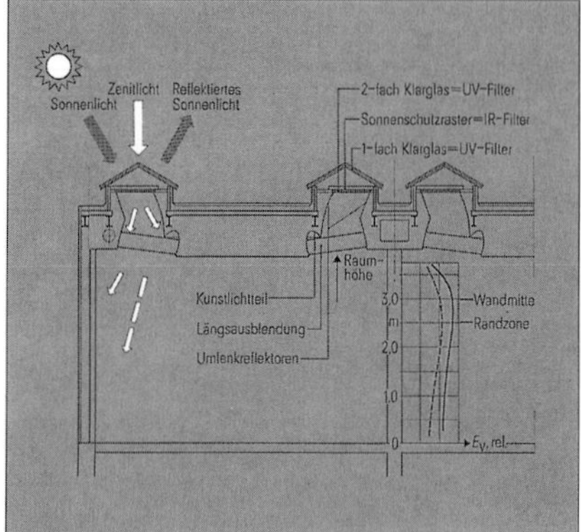

Bild 7.23
Wandbeleuchtung in Bern

7.4.4.2. Sonnen- und Blendschutz durch Fensterkombinationen mit reduziertem Lichtdurchgang

Auf grund des Angebotes verschiedener Fensterkombinationen ist die Reduzierung der Leuchtdichte auf jeden beliebigen Wert möglich (Absorptions- und Reflektionsscheiben). Mit einer solchen Maßnahme können die Kriterien des Blenschutzes erhöht werden. Wenn Gruppenräume mehrseitig belichtet und Datensichtgeräte beliebig in diesen Räumen aufgestellt werden, würden bei Einbau von Klarglasscheiben so hohe Himmelsleuchtdichten auftreten, daß die Ablesbarkeit der Datensichtgeräte erheblich erschwert wird. In solchen Räumen kann die Fensterkombination dergestalt ausgebildet werden, daß die Himmelsleuchtdichte um 80 % reduziert wird.

In Funktions- und Großräumen, die vornehmlich in den siebziger und achtziger Jahren gebaut wurden, haben diese Blenschutzmaßnahmen zu guten Resultaten geführt, da bei diesen Räumen die Menge des Tageslichteinfalls durch das seitliche Fenster keine wesentliche Rolle spielte. Ganz im Gegenteil wurde durch die Reduzierung des Lichtdurchganges teilweise die Bevorzugung der Fensterarbeitsplätze aufgehoben.

Sonnenschutzmaßnahmen lösen in der Regel nicht die Probleme, da Blendungen auch an bewölkten Tagen auftreten. Aus diesem Grund werden zusätzliche Innenjalousien und Innenvorhänge eingesetzt. Infolge des erheblich reduzierten Lichtdurchganges derartiger Kombinationen können die Tage und Stunden, an denen die Jalousien die Sicht nach außen verhindern, erheblich begrenzt werden. Der Außenbezug ist dadurch gegeben, daß die Beleuchtungsstärke des Tageslichtes erheblich höher ist als die Beleuchtungsstärke im Innenraum und somit Gegenstände im Außenbereich heller erscheinen als im Innenraum. Da Mitarbeiter in solchen Räumen ständig mit Kunstlicht arbeiten müssen, sollte auf den Bau derartiger Räume soweit als möglich verzichtet werden.

Bei kleineren Raumeinheiten ist die Abdunklung des Fensters durch Reflektionsgläser mit stark reduziertem Lichtdurchgang für den Menschen sehr ungewohnt und veranlaßt ihn, häufiger Kunstlicht einzuschalten. Deshalb sollten kleinere Räume mit Klarglas oder Reflektionsglas mit einem Lichtdurchgang von über 70 % ausgerüstet werden. Ein zusätzlicher Blendschutz ist dann jedoch notwendig.

7.4.4.3. Äußerer, beweglicher Sonnenschutz mit Außenjalousien

Außenjalousien reduzieren die direkte Sonneneinstrahlung und somit den Wärmeeintrag in Räume in hohem Maß. Sie werden deshalb sehr gern eingesetzt, wobei jedoch ihr Einsatz in windstarken Gegenden bzw. bei Hochhäusern eingeschränkt ist. In Kombination mit Klarglas ist die Reduzierung der Leuchtdichte am Fenster jedoch nicht in allen Fällen ausreichend. Werden Außenjalousien nicht gezielt gesteuert, so ist in den meisten Fällen die Sicht nach außen behindert (Wendewinkelsteuerung). Daher ist es sinnvoll, die Lamellen in Abhängigkeit vom Sonnenhöhenwinkel so einzustellen, daß ein durchaus befriedigender Bezug nach außen hergestellt werden kann. Aus lichttechnischer Sicht sollten Außenjalousien in kleineren Räumen nur dann verwendet werden, wenn die Stellung der Lamellen entweder individuell gesteuert werden kann oder in Gruppenräumen übergeordnet, abhängig vom Sonnenstand, zentral gesteuert wird. Unterschiedlich farbliche Behandlungen von Ober- und Unterseiten der Jalousien können das Bedürfnis nach mehr Licht im Raum bei abgestimmtem Blendschutz besser erfüllen.

7.4.4.4. Äußerer, beweglicher Sonnenschutz durch Markisen

Anstelle von Außenjalousien können auch spezielle Stoffbahnen in Form von Markisen, Rollos oder Screens verwendet werden, die die direkte Sonneneinstrahlung reduzieren oder abhalten. Dabei muß jedoch darauf geachtet werden, daß diese Stoffbahnen bei direkter Bestrahlung durch die Sonne keine zu hohe Leuchtdichte annehmen, um Blendungserscheinungen für die Menschen zu verhindern bzw. die Ablesbarkeit von Datensichtgeräten zu gewährleisten.

Die direkte Sicht nach außen wird bei solchen Markisen usw. in den meisten Fällen dann verhindert, wenn diese vertikal verfahren werden. In günstigen Fällen können teiltransparente Screens die Sonnen- und Blendschutzfunktion übernehmen, wobei die Sicht nach außen in solchen Fällen bedingt behindert ist. Besser ist es, entsprechende Außenmarkisen etc. so zu installieren, daß durch ausgestellte Konstruktionen die Sicht nach außen freigegeben und somit der Außenbezug aufrechterhalten wird.

7.4.4.5. Innerer, beweglicher Sonnenschutz mit Vertikallamellenstores, Spezialtüchern oder Screens

Die Problematik des innenliegenden Sonnenschutzes ist aus lichttechnischer Sicht dieselbe wie beim außenliegenden. Innenliegende Sonnenschutzarten haben den Vorteil, daß sie nicht zu aufwendig konstruiert werden müssen, da Witterungseinflüsse nicht bestehen. Andererseits haben sie jedoch den Nachteil, daß die thermischen Belange nicht optimal gelöst werden.

Insofern erfolgt entweder häufig eine Kombination mit Reflektions- oder Absorptionsgläsern oder sogar eine Kombination von Außen- und Innenjalousien.

7.4.4.6. Prismatischer Sonnenschutz

Prismatische Sonnenschutzmaßnahmen sind sowohl für Oberlichter als auch für Seitenfenster entwickelt worden. Die Wirkung beruht darauf, daß die direkte Sonneneinstrahlung im notwendigen Winkelbereich (ca. 20°- 60°) umgelenkt und rückreflektiert und das Zenitlicht in den Raum hineingelenkt wird. Ein Teil des seitlichen Fensters oder eines Oberlichtelementes wird durch eine Prismenkonstruktion ersetzt, während der restliche Teil der Fenster- oder Oberlichtelemente normal verglast und mit Sonnen- und Blendschutzmaßnahmen ausgerüstet wird, um die Sicht nach außen zu ermöglichen. Die Umlenkung von Tageslicht in tiefere Raumbereiche wird jedoch nur dann annähernd erreicht, wenn die Decke des Raumes in spezieller Ausformung spiegelnd gestaltet wird und Lichtumlenklamellen das Licht gegen die Decke reflektieren. Die Wirkung von Prismenelementen besteht darin, daß Licht im Winkelbereich der möglichen Sonne (Mitteleuropa ca. 0-60°) reflektiert und das Zenitlicht im Winkelbereich von ca. 60-90° umgelenkt wird. Die Leuchtdichte des Himmels ist im Zenit zwar sehr hoch, der Winkelausschnitt bei Seitenbelichtungselementen jedoch relativ klein. Der Lichtgewinn ist demnach nicht von entscheidender Größe. Wenn nur ein Teil des Fensters mit Prismenelementen ausgerüstet wird, ist zudem für die übrigen Bereiche ein Sonnen- und Blendschutz notwendig. Wird der prismatische Sonnenschutz beweglich gestaltet, so kann er wie eine Jalousie individuell betätigt werden. Die Lichtmenge, die so in den Raum hineingelangt, wird relativ hoch.

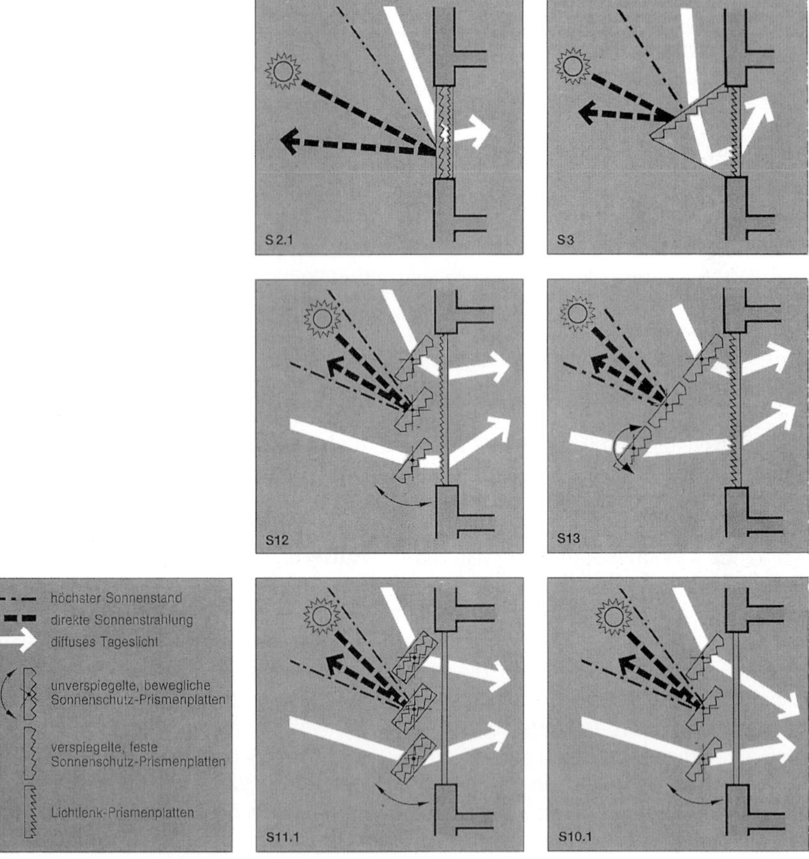

Bild 7.24
Prinzip des seitlichen Sonnenschutzes durch Prismen

Die Lichtrichtung ist jedoch unterschiedlich, so daß ein Umlenksystem das in den Raum gelangende Licht gegen die teilweise metallisch reflektierende Decke strahlen muß, um in der Tiefe des Raumes eine Anhebung des Tageslichtquotienten zu erreichen. Der Lichtgewinn und der Blendschutz sind so geartet, daß bei Sonnenlicht zusätzlich weniger Kunstlicht benötigt wird. Der Kontakt nach außen ist jedoch erheblich reduziert und auch die ästhetische Erscheinungsform mit metallischen Umlenklamellen und metallischer Decke muß gewollt sein, da sie sehr technoid wirkt. Bei diesen Systemlösungen werden zwar die visuellen Ansprüche des Menschen verbessert, jedoch ist das Wohlbefinden der Personen in entsprechenden Räumen unter Umständen dann eingeschränkt, wenn der Außenbezug gestört ist. In Gebäuden, in denen ständig an Computern gearbeitet wird, können solche Systeme von Nutzen sein. In Räumen, in denen jedoch eine Mischarbeitsweise und somit keine ständige Computertätigkeit besteht, werden entsprechende Systemlösungen fragwürdig.

Bild 7.25
Raum mit Sonnenschutz durch Prismen

Bild 7.26
Raum mit seitlichem Sonnenschutz durch Spiegelprofile

Bild 7.24 zeigt das Arbeitsprinzip seitlicher Sonnenschutzmaßnahmen durch Prismen, Bild 7.25 einen entsprechend installierten Raum. Dem Einbau von Prismenelementen bei Gebäuden stehen in der Regel die sehr hohen Investitionskosten gegenüber, die sich durch die Reduzierung der Brennstunden des Kunstlichtes und somit der Energieverbräuche und Energiekosten durch dieselben nicht amortisieren.

7.4.4.7. Oka-Solar-Lamellen

Ebenso wie beim prismatischen Sonnenschutz wird ein Teil des Fensters bei Oka-Solar-Lamellen dazu verwendet, Verbundglasscheiben mit speziell geformten Spiegelprofilen einzusetzen, die das Licht gegen die Decke lenken.

Beim Sonnenschutz durch Oka-Solar-Systeme wird bei geringem Sonnenhöhenwinkel ein Teil der direkten Strahlung in den Raum hineingelassen und bei Vergrößerung derselben das Licht und die direkte Sonnenstrahlung nach außen reflektiert.

Bild 7.26 zeigt einen Raum mit seitlichem Sonnenschutz durch Spiegelprofile. Die auf dem Bild scheinbar gute Aussicht nach außen ist nur bei fast waagerechter Durchsicht gegeben. Die Sonnenausblendung wird dadurch gut erkennbar, daß der mit Sonnenumkehrlamellen ausgerüstete Fensterteil keinen Lichteinfall zuläßt, sondern lediglich das quadratische Fensterelement, das dem direkten Außenbezug dient.

7.5.

BEISPIEL ZUR ERMITTLUNG DES TAGESLICHTQUOTIENTEN

Tageslichtquotienten an einem Punkt im Raum und der Verlauf derselben werden heute normalerweise durch Computer berechnet. Nach DIN 5034 ist jedoch auch ein Handverfahren zulässig, das zur Bestimmung des Tageslichtquotienten an einem Punkt relativ schnell durchgeführt werden kann und zu brauchbaren Ergebnissen führt. Dieses Beispiel soll im folgenden näher erläutert werden.

Wie Bild 7.27 zeigt, wird im Grundriß und Schnitt eines Raumes zunächst der Punkt festgelegt, für den der Tageslichtquotient ermittelt werden soll. Danach werden die Winkel für die innere und äußere Verbauung des Himmels gemäß Bild 7.27 aufgetragen.

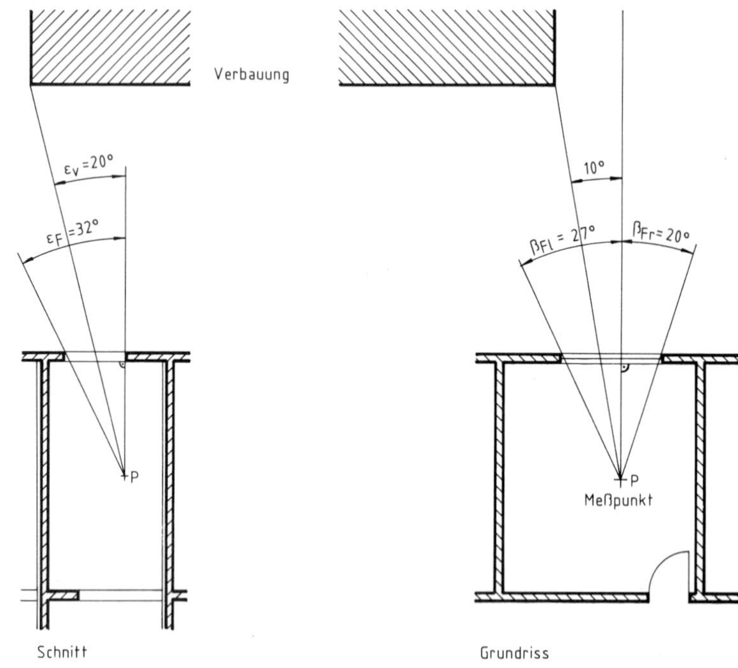

Bild 7.27
Ermittlung des Tageslichtquotienten, Grundriß und Schnitt

In das Diagramm der DIN 5034 wird als erstes das Fenster, wie in Bild 7.28.1, eingetragen. Gemäß Bild 7.28.2 erfolgt dann das Eintragen der Verbauung. Der verbleibende Bereich gemäß Bild 7.28.3 ist der Himmelslichtanteil.

Ein zusätzlicher Außenreflexionsanteil der durch die Verbauung gegeben ist, wird nach Bild 7.28.4 ermittelt.

Der Tageslichtquotient wird dann auf folgende Weise bestimmt:

Zunächst werden die Felder in Bild 7.28.3 ausgezählt, die durch den direkten Himmelsanteil belegt werden. Im vorliegenden Beispiel sind dies 21 Felder.

Als nächster Schritt werden die Felder der Verbauung aus Bild 7.28.4 ermittelt. Im vorliegenden Fall sind dies 3,5 Felder.

Jedes ermittelte Feld des Himmelsanteils hat einen Wert von 0,1 % T_Q. Jedes Feld des Außenreflexionsanteils hat einen Wert von 0,015 % T_Q. Im vorliegenden Beispiel ergibt sich dann folgender Tageslichtquotient, bedingt durch die äußere Einstrahlung

0,1	=	2,1 %
0,015	=	0,05 %
Summe		2,15 %

Vermindert werden muß dieser Wert um:

- Lichtdurchgang des Glases
- Verschmutzung des Glases
- Versprossung

Wenn man diesen Wert mit 0,6 annimmt, würde sich der Tageslichtquotient in diesem Punkt aufgrund der äußeren Verbauung mit 1,29 % darstellen. Durch die Reflexionen des Tageslichtes an Wänden und Fenstern wird dieser Wert wieder erhöht. Diese Erhöhung ist jedoch sehr stark abhängig von dem Reflexionsgrad der Umgebungsmaterialien und ist deshalb nur in aufwendigeren Verfahren zu ermitteln. Bei kleineren, helleren Räumen kann diese Erhöhung bis zu 100 % des Grundwertes ausmachen und bei großen, dunklen Räumen kann der indirekte Anteil des Tageslichtquotienten so gering sein, daß er kaum eine Rolle spielt.

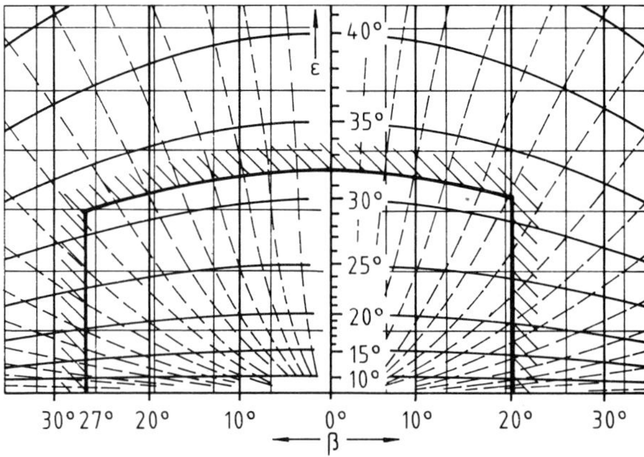

Bild 7.28.1
Eintragen des Fensters

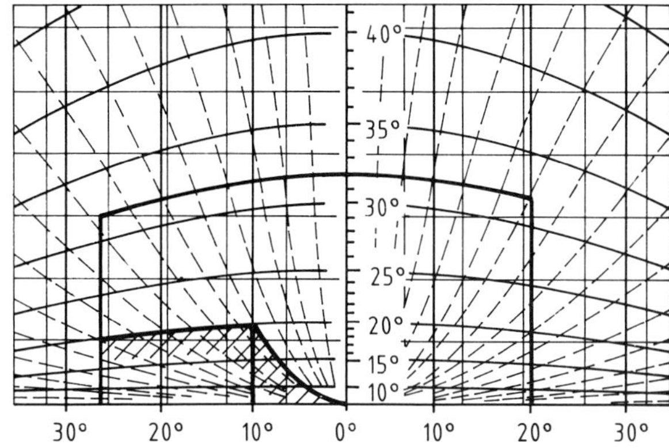

Bild 7.28.2
Eintragen der Verbauung

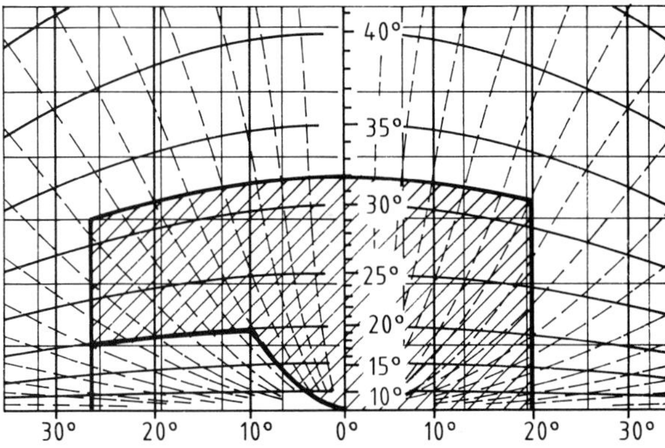

Bild 7.28.3
Ermitteln des Himmelslichtanteils D_H

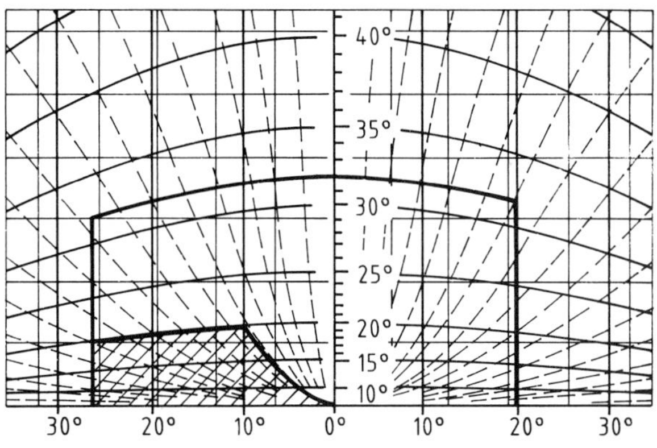

Bild 7.28.4
Ermitteln des Außenreflexionsanteils

Bild 7.28
T_Q-Ermittlung

7

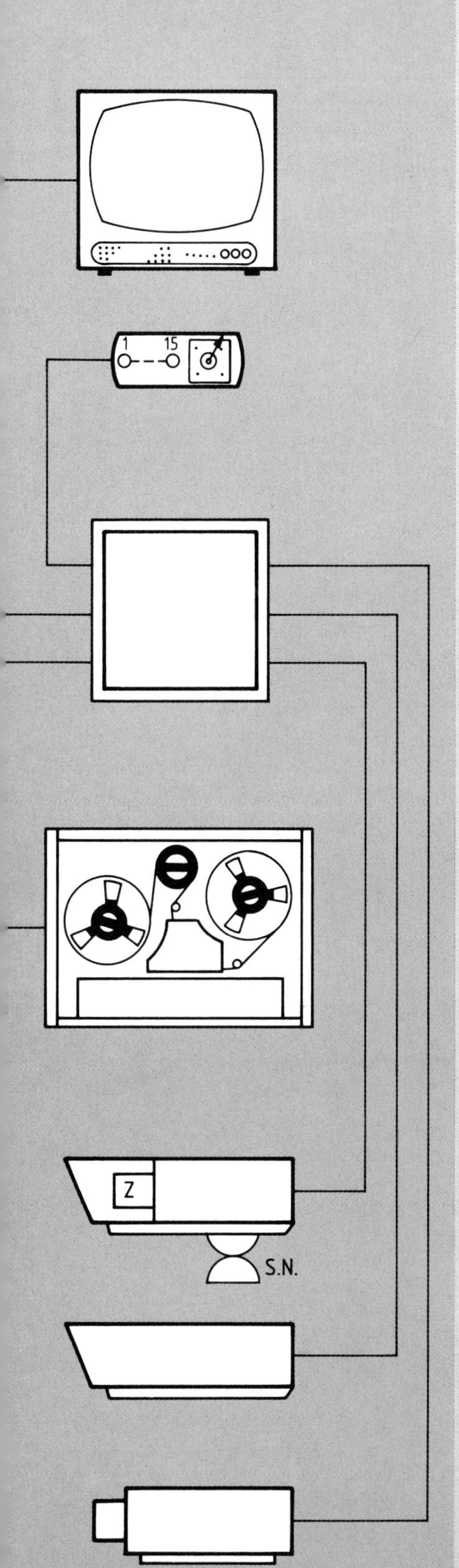

SCHWACHSTROMANLAGEN

8

8. SCHWACHSTROMANLAGEN

Zur Ergänzung der hier beschriebenen gebäudetechnischen Anlagen sollen noch einige knappe Hinweise zu Schwachstromanlagen gegeben werden.

Schwachstromanlagen umfassen alle Informationstechnischen- und Überwachungsanlagen. Zu den informationstechnischen Anlagen, die dem schnellen Erfassen und reibungslosen Austausch von Daten jeglicher Art dienen, gehören:

- Fernsprechanlagen
- Datenleitungsnetze
- Telex- und Telefaxanlagen
- Video- Konferenzanlagen
- Uhrenanlage
- Sprechanlagen
- Personensuchanlagen (Funkrufanlagen, usw.)
- Antennenanlagen
- Beschallungsanlagen.

Die Überwachungsanlagen umfassen:

- Einbruchmeldeanlagen
- Brandmeldeanlagen
- -Fernsehüberwachungsanlagen (Arealschutz)
- automatische Parksysteme (Schrankenanlagen)
- Türüberwachungsanlagen
- Störmeldeanlagen
- Ausweisleser und Gleitzeiterfassungsanlagen.

Neben den Informationstechnischen- und Überwachungsanlagen gibt es noch einen weiteren Anlagenkomplex, der der Sicherstellung des gesamten integrierten Betriebsablaufes aller gebäudetechnischen Anlagen und der Minimierung der Betriebskosten dient. Es handelt sich hierbei um die Gebäudeautomationsanlage oder Zentrale Leittechnik.

8.1. FERNSPRECHANLAGEN

Fernsprechanlagen bei großen Nutzungsobjekten werden stets als Nebenstellenanlagen ausgerüstet, da hiermit innerhalb des Gebäudes gebührenfrei kommuniziert werden kann und Verbindungen zum öffentlichen Fernsprechnetz vorhanden sind. Nebenstellenanlagen werden klassifiziert nach Baustufe 1 (1 Amtsleitung, bis 10 Sprechstellen), Baustufe 2 bis 10 Amtsleitungen und bis 100 Nebenstellen und Baustufe 3, mehr als 10 Amtsleitungen und mehr als 50 Nebenstellen.

Die Anschlußorgane für Amtsleitungen werden unterteilt in Leitungen für ankommende, wechselseitige und abgehende Rufe. In der Regel werden heute Tastwahltelefone mit einer Vielzahl von Leistungsmerkmalen eingesetzt. Die Erweiterung der Vermittlung ist jeweils um einen Arbeitsplatz möglich, wobei Arbeitsplätze auch so ausgeführt werden können, daß eine Bedienung durch Blinde möglich ist. Alle Nebenstellen der Fernsprechnebenstellenanlage können innerhalb des Systems individuell und nicht nur von Rufnummern abhängig geschaltet werden in:

- nichtamtsberechtigte Sprechstellen
- halbamtsberechtigte Sprechstellen
- vollamtsberechtigte Sprechstellen
- teilfernamtsberechtigte Sprechstellen
- fernamtsberechtigte Sprechstellen.

Änderungen der Berechtigungen von Nebenstellen werden über ein Betriebsterminal vorgenommen. Aufgrund der

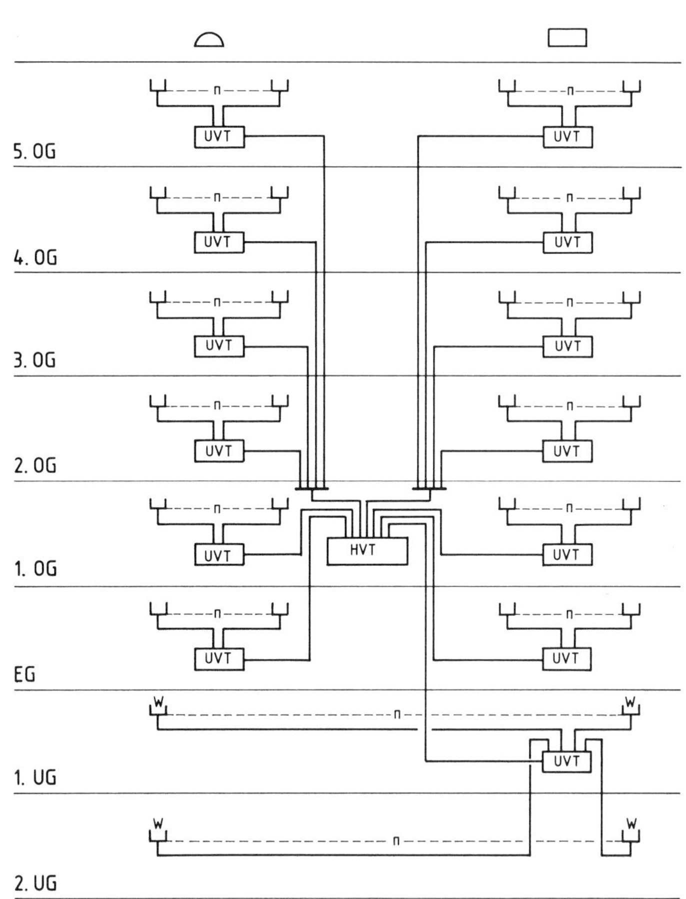

Bild 8.1
Übersicht Fernsprechleitungsnetz

Digitalisierung des Fernsprechnetzes werden lediglich digitalisierte, (ISDN-fähige) Fernsprechnebenstellenanlagen eingesetzt (ISDN = Integrated Services Digital Network).

ISDN-Anlagen stehen stellvertretend für universell dienstintegrierte, digitale Fernmeldenetze. Der Aufbau des Fernsprechnetzes mit den Nebenstellen ist aus Bild 8.1 zu ersehen.

8

8.2. DATENLEITUNGSNETZ

In jedem „intelligenten" Gebäude sollte ein Datenleitungsnetz eingerichtet werden, an das vorhandene sowie zukünftige Datenendgeräte problemlos angeschlossen werden können. Der Leistungsumfang der anzuschließenden Datenendgeräte muß von Fall zu Fall mit dem Nutzer besprochen werden, um das gesamte Installationsystem entsprechend aus- oder vorzurüsten. Hierbei sind auch die entsprechenden Verkabelungssysteme der großen Hardware-Hersteller zu berücksichtigen (Kupferleitungen bzw. zunehmend Glasfaserkabel).

8.3. UHRENANLAGE

Zur Erzielung von Zeitgleichheit in neuen Gebäuden wird der Einbau einer Nebenuhrenanlage, bestehend aus einer Quarz-Hauptuhr und Liniengruppenplatten mit Impulsverstärker häufig vorgesehen.

Durch Schwingungen eines Quarzoszillators werden über die Hauptuhr Minutenimpulse (Polwechsel) abgegeben, die über einen Impulsverstärker den angeschlossenen Zeitdienstgeräten zugeführt werden. Zeitdienstgeräte sind Nebenuhren mit analoger oder digitaler Anzeige. Entsprechende Nebenuhren werden in allen wesentlichen, gemeinsam genutzten Raumbereichen eines Gebäudes wie Schulungsräume, Restaurantbereiche, Telefonzentralen, Sicherheitszentralen, Postein- und -ausgang, Pförtner, etc. vorgesehen.

Die Digitaluhren können neben der Zeit auch eine Datumsanzeige besitzen. Bild 8.2 zeigt das Systemkonzept einer Uhrenanlage.

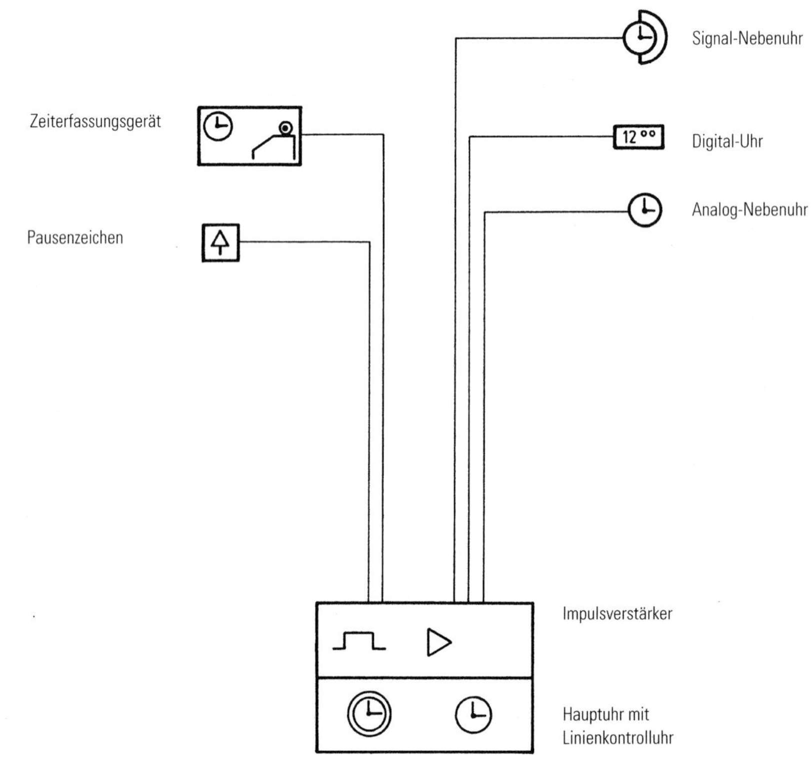

Bild 8.2
Systemkonzept Uhrenanlage

8.4. SPRECHANLAGEN

Zur direkten Verständigung zwischen externen und internen Bereichen beziehungsweise an Zugängen zu Sicherheitsbereichen sollten Sprechanlagen eingerichtet werden. Diese bedienen Raumbereiche wie:

- Pförtner
- Garageneinfahrt und -ausfahrt
- Haupteingang
- Kurzparkerbereiche
- Eingang/Anlieferung
- Sicherheitsschleusen
- Telefonzentrale
- vermietbare Flächen.

Die Sprechanlagen werden in der Regel als dezentrale Türsprechanlagen eingerichtet, wobei sie grundsätzlich auch dort installiert werden, wo in Eingangsbereichen Überwachungskameras Aufstellung finden. Bild 8.3 zeigt das Systemkonzept einer Gegensprechanlage.

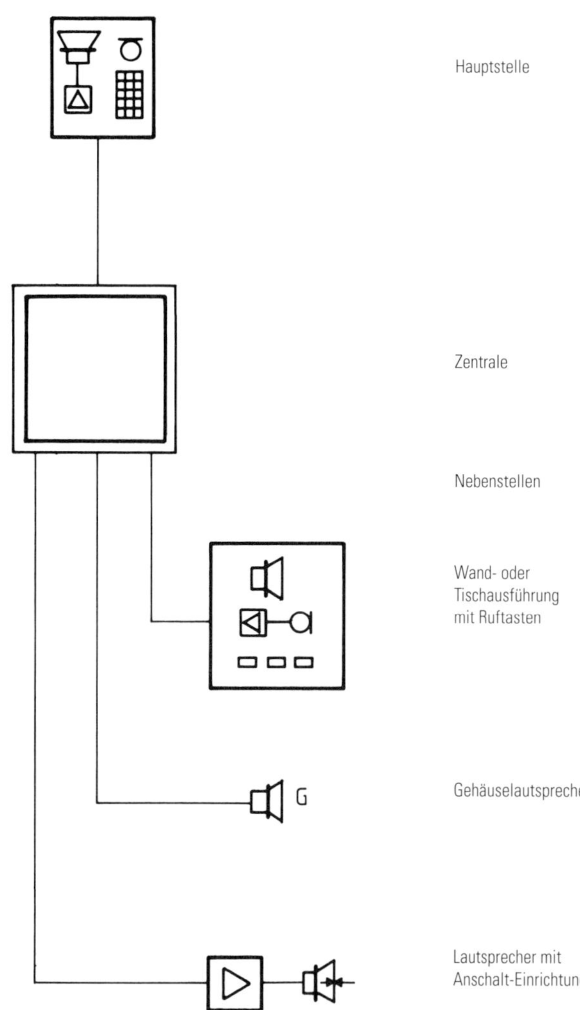

Bild 8.3
Systemkonzept Gegensprechanlage

8.5. PERSONENSUCHANLAGE

Personensuchanlagen werden heute vornehmlich als drahtlose Anlagen aufgebaut und arbeiten als:

- Suchanlagen auf Funkbasis (UKW oder UHF)
- Suchanlagen nach dem Induktionsschleifenprinzip.

Im Regelfall werden Personensuchanlagen auf Funkbasis erstellt, um auch Personen außerhalb des Gebäudes innerhalb eines Grundstückareals erreichen zu können. Sie dienen Personen mit wichtigen Funktionen, die jederzeit erreicht werden sollten, wie zum Beispiel

- Ärzte, Betriebsärzte, Sanitätspersonal
- Sicherheitsbeauftragte, Betriebsschutzangehörige
- Handwerker zur Wartung und Bedienung betriebstechnischer Anlagen
- wichtige Personen innerhalb einer Organisation.

Diese Personen können sowohl einzeln als auch in vorher zusammengestellten Gruppen gerufen werden, wobei als Signal ein Rufton eine optische Anzeige oder eine Zahlenkombination am Rufempfänger ausgelöst wird. Die Personensuchanlage umfaßt die in Bild 8.4 gezeigten Bausteine, wobei das Rufpult in der Regel in einer Telefonzentrale untergebracht wird.

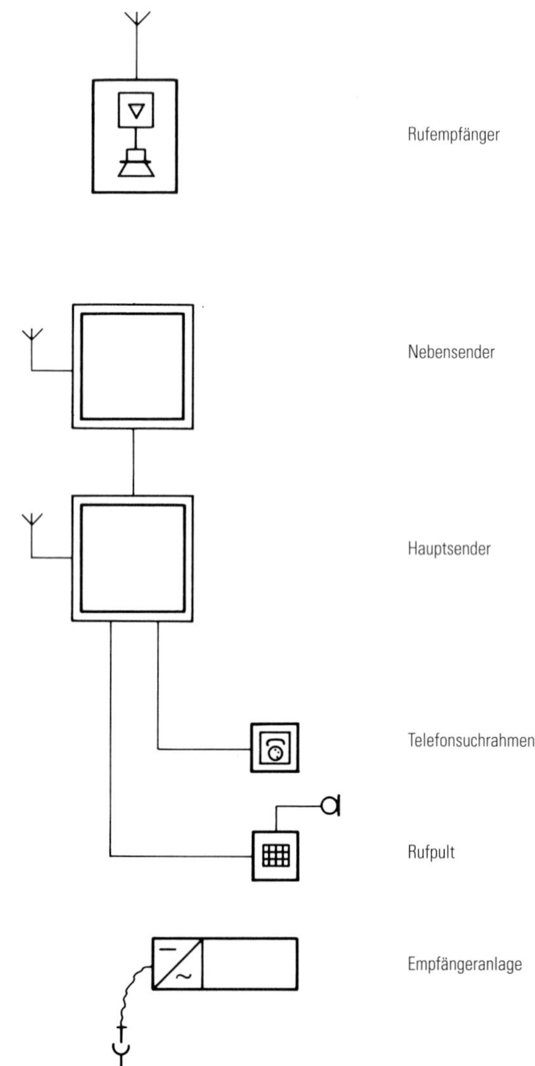

Bild 8.4
Systemkonzept Personensuchanlage

8.6. ANTENNENANLAGE

Zum Empfang öffentlicher Rundfunk- und Fernsehprogramme wird heute in der Regel in größeren Objekten eine Antennenanlage mit Dachaufbau und Antennenverstärkereinheit installiert.

Antennenanschlußdosen sollen dabei in all den Räumen eingesetzt werden, die der Versammlung dienen sowie in Räumen der Direktion, Schulung und Aufenthaltsbereichen. Die Verkabelung der Antennenanlage erfolgt über dämpfungsarme Koaxialkabel oder Breitband-Kommunikationskabel (BK-Kabel). Bild 8.5 zeigt den Systemaufbau der Antennenanlage.

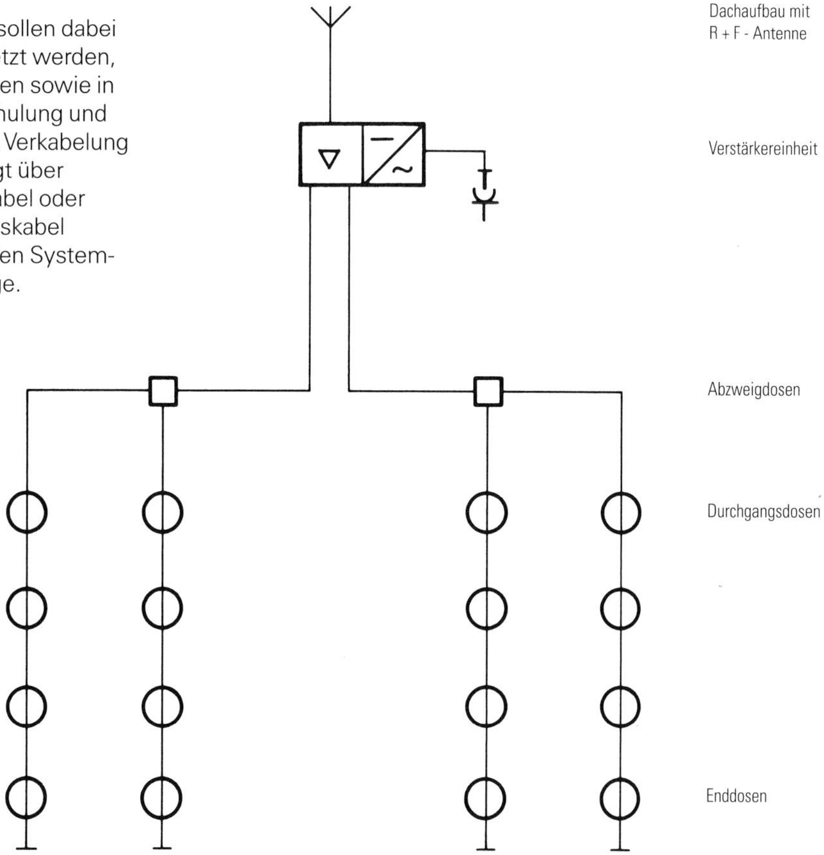

Bild 8.5
Systemkonzept Antennenanlage

8.7. ELEKTROAKUSTISCHE ANLAGEN

Elektroakustische Anlagen dienen der Verstärkung von Übertragungen und Aufzeichnungen akustischer Vorgänge. Dabei werden Lautsprecheranlagen eingesetzt, die je nach Verwendungszweck in folgende Gruppen zu unterteilen sind:

- Anlagen mit hoher Wiedergabequalität (für Sprache und Musik), die in großräumigen Flächen auch als Beschallungsanlagen eingesetzt werden können
- Anlagen mit hoher Sprachqualität
- Anlagen mit Kommandoqualität.

Zur Alarmierung der im Gebäude befindlichen Personen im Brand- oder Katastrophenfall empfiehlt sich eine elektroakustische Anlage mit Kommandoqualität. Anlagen mit hoher Sprachqualität dienen im wesentlichen für Durchsagen, um Mitarbeiter in einem Gebäude gezielt in einzelnen Bereichen ansprechen zu können.

Anlagen mit hoher Wiedergabequalität sind Lautsprecheranlagen, bei denen die Lautsprecher selbst eine hohe Wiedergabequalität erreichen und sehr dicht gesetzt werden (in Deckenfelder), um auszuschließen, daß die Geräuschquelle vom menschlichen Ohr geortet werden kann. Elektroakustische Anlagen bestehen aus einer Verstärkerzentrale mit angeschlossener Mikrophonsprechstelle und dem Lautsprechernetz für Deckeneinbau. Zur Übertragung von Feuer- oder Katastrophenalarmen wird ein Alarmtongenerator eingesetzt, der automatisch die Übertragung eines Alarmtones durch das Alarmsignal einer Brandmeldeanlage oder Ionisationsfeuermeldeanlage auslöst. Die Lautsprecher werden bei Anlagen mit Kommandoqualität lediglich in Flurbereichen und Verbindungswegen eingesetzt, bei höherer Qualität auch in die Nutzflächen selbst. Die Lautsprecher werden in der Regel etagenweise zu jeweils einer Lautsprecherlinie zusammengeschaltet, so daß gezielt Einzelbereiche in einem Gebäude angesprochen werden können. Weiterhin soll die Anlage so ausgelegt werden, daß der Signalton in allen Bereichen eines Gebäudes bis zu 15 m vom Lautsprecher weg (Sprachdurchsage) mit 65 % Silbenverständlichkeit zu hören ist. Bild 8.6 zeigt das Systemkonzept einer elektroakustischen Anlage.

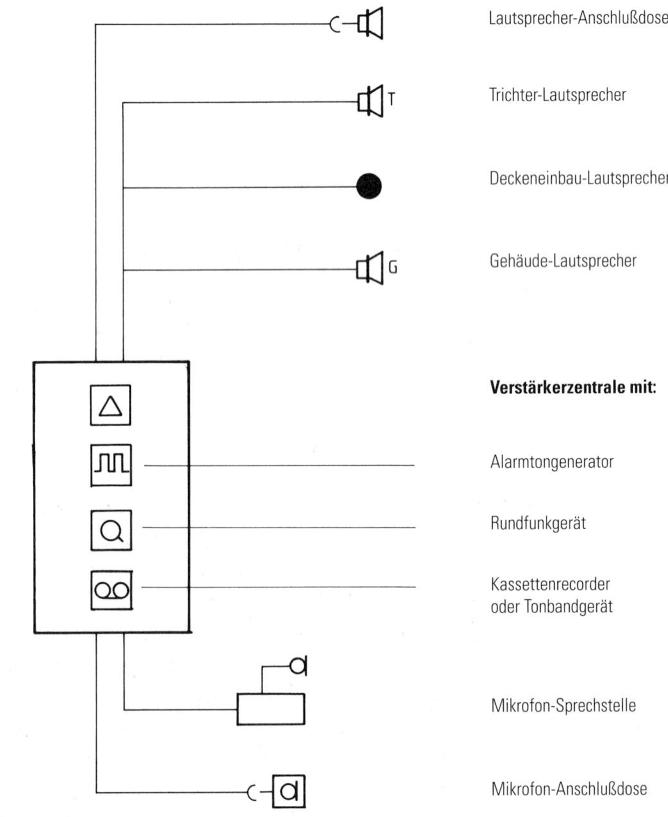

Bild 8.6
Systemkonzept elektroakustische Anlage

8.8.

EINBRUCHMELDE- UND ÜBERFALLMELDEANLAGEN

Einbruchmelde- und Überfallmeldeanlagen dienen der Auswertung und Verarbeitung von verschiedenen Meldeinformationen, die von angeschlossenen manuellen oder automatischen Nebenmeldern erzeugt werden. Zum Anlagenumfang einer Einbruchmelde- und Überfallmeldeanlage gehören:

- Zentraleinrichtung mit Linieneinschüben für Melde- und Sabotagelinien für das gesamte Gebäude
- Zentraleinrichtung für besonders zu sichernde Bereiche (z. B. bei Banken, Geldbearbeitung, Tresore)
- Signaleinrichtung zur Weitergabe von Alarmen auf Anzeigentableau oder Hauptmelder
- manuelle Notrufmelder (Hand- oder Fußmelder) für besonders gefährdete Bereiche
- Überwachungskontakte für alle nach außen gehenden Türen, Tore oder Gitter
- Überwachungskontakte für Türen zwischen besonders zu sichernden Bereichen, Glasbruchüberwachungsmelder an allen Fenstern und Glastüren, die noch von außen zugänglich sind (zumindest EG-Bereiche) Überwachungskontakte und Körperschallmelder für besonders gefährdete Bereiche (z. B. Tresore).

Als Überwachungskontakte an Türen und Fenstern werden Magnet- und Riegelkontakte zur Öffnungs- oder Verschlußüberwachung eingesetzt. Die Glasbruchüberwachung erfolgt bei Verbundsicherheitsscheiben mit eingelegten Alarmdrähten, ansonsten über Körperschallmelder. Körperschallmelder werden auch an gefährdeten Wandbereichen zur Überwachung auf Erschütterungen oder Durchbruch installiert.

Alarme aus besonders gefährdeten Bereichen werden im „scharf"-geschalteten Zustand über einen Hauptmelder direkt zur Polizei weitergeleitet. Gleichermaßen erfolgt eine Weiterleitung in direkter Form bei Alarm von Notruf- und Handmeldern.

Alarme werden ansonsten in der Regel an einen ständig besetzten Bereich abgegeben (Pförtnerbereiche/Bereich Zentrale Leittechnik) und werden hier optisch und/oder akustisch angezeigt.

Bild 8.7 zeigt das Systemkonzept einer Einbruchmeldeanlage.

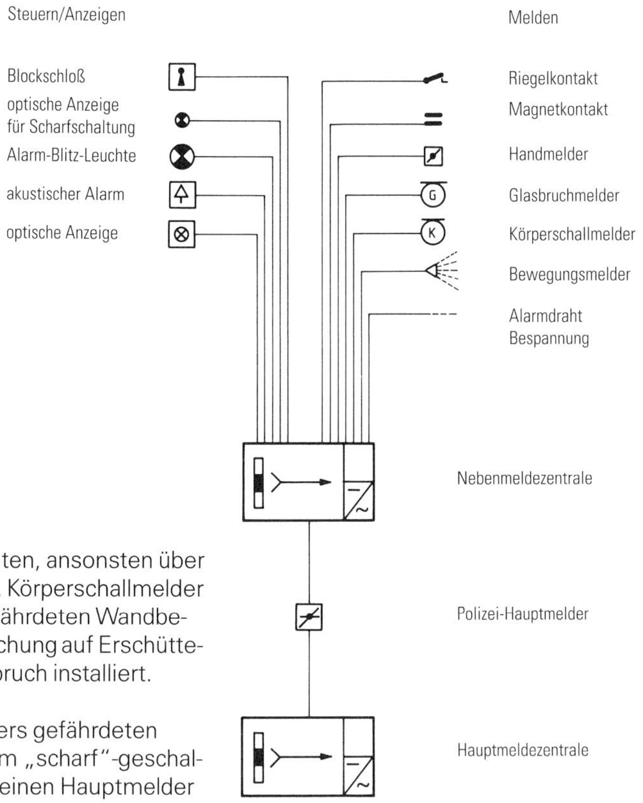

Steuern/Anzeigen
Blockschloß
optische Anzeige für Scharfschaltung
Alarm-Blitz-Leuchte
akustischer Alarm
optische Anzeige
Melden
Riegelkontakt
Magnetkontakt
Handmelder
Glasbruchmelder
Körperschallmelder
Bewegungsmelder
Alarmdraht Bespannung
Nebenmeldezentrale
Polizei-Hauptmelder
Hauptmeldezentrale

Bild 8.7
Systemkonzept Einbruchmeldeanlage

8

8.9. BRANDMELDEANLAGEN

Eine automatische Brandmeldeanlage ist eine technische Einrichtung, die ohne menschliches Dazutun einen entstehenden Brand feststellt und automatisch an eine Zentrale meldet, die ihrerseits selbsttätig alarmiert und alle notwendigen Steuerfunktionen einleitet.

Innerhalb einer automatischen Brandmeldeanlage können auch manuell betätigte Auslöseeinrichtungen sinnvoll integriert werden. In diesem Fall erfolgt zwar die Brandwahrnehmung nicht mehr automatisch, jedoch alle der Wahrnehmung folgenden Operationen.

Automatische Brandmeldeanlagen warnen den Menschen vor den Gefahren eines Brandes und ermöglichen ihm die Einleitung der Intervention sofort nach der Gefahrerkennung, meistens noch im Zeitpunkt geringer Gefährdung. Diese Anlagen dienen dem Schutz und der Sicherheit des Lebens sowie der Erhaltung materieller und ideeller Werte.

An die Zuverlässigkeit und den Bereitschaftsgrad automatischer Brandmeldeanlagen müssen deshalb höchste Ansprüche gestellt werden. Sie können nur erfüllt werden, wenn die Brandmeldeanlage als autonomes System fachgerecht geplant und betrieben wird (Bild 8.8).

Die Zuverlässigkeit und Wirksamkeit der automatischen Brandmeldeanlagen hängen aber noch von einer Kette weiterer Faktoren ab:

- Qualität der Anlagenplanung
- Qualität der Montage und Installation
- Qualität der Inbetriebsetzung
- Qualität der Wartung
- Benutzerschulung
- Alarmorganisation

Legende:
A = Automatische Brandmelder
B = Manuelle Brandmelder
C = Stromversorgung ab Netz
D = Notstromversorgung
E = Bedienungseinheit
F = Alarmorganisation
G = Interne Alarmierung
H = Interne Störsignalisierung
I = Externe Alarmierung / Störungsmeldung
J = Interface
K = Gebäudeautomation
L = Brandfallsteuerungen
M = Fernsignalisierung
O = Brandfallsteuerungen *
P = Fernsignalisierung *
* Direkt von der Brandmeldezentrale angesteuert

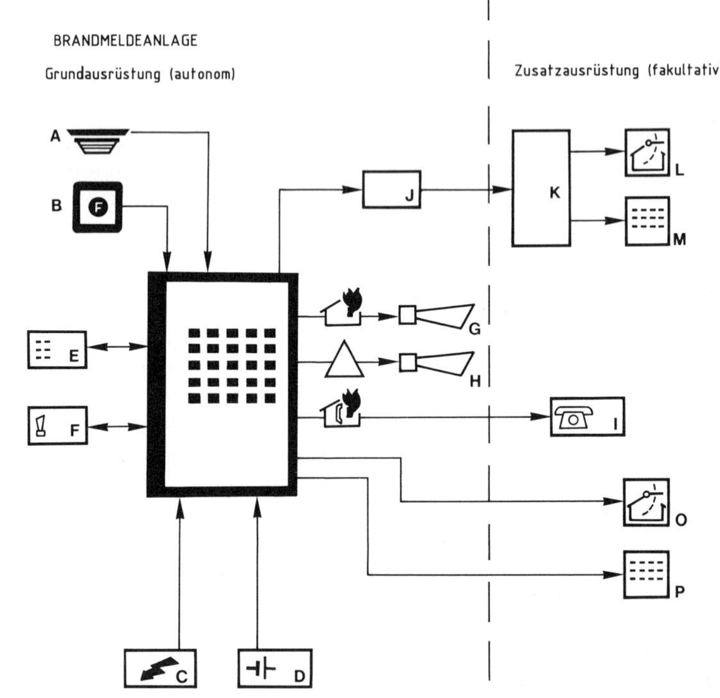

Bild 8.8
Systemkonzept Einbruchmeldeanlage

8.9.1. Brandphänomene und Brandentwicklung

Drei Bedingungen müssen erfüllt sein, damit ein Brand entstehen kann: Brandstoff, Sauerstoff (in der Luft enthalten) und Zündenergie in Form von Wärme. Kommen diese drei Faktoren in der richtigen Mischung zusammen, entsteht ein Brand. Als Brandphänomene werden die besonderen Eigenschaften bezeichnet, die einen Brand charakterisieren. Am deutlichsten erkennbar sind:
- Wärme
- Rauch und Qualm
- Strahlung (Licht)

• Wärme

Sie ist die Energie, die sich auf die Bewegungen der Atome im Innern eines Körpers zurückführen läßt. Ihre Größe wird vom Heizwert des Brandmaterials bestimmt. Als Wirkung nach außen erscheint die Temperaturerhöhung an der Oberfläche.

Die vom Brand erzeugte Wärme wird mehrheitlich durch Konvektion an die Umgebung abgeführt. Nur etwa 10 % der produzierten Wärme verbraucht der Brand für seinen eigenen Unterhalt. Darin liegt auch die Erklärung für den exponentiellen Verlauf eines jeden Brandes.

Neben den offensichtlichen Folgeerscheinungen der Wärmeeinwirkung durch den Brand, ist auch den versteckten Auswirkungen Rechnung zu tragen. Dazu zählen der Druckanstieg in geschlossenen Räumen, der Festigkeitsverlust für Mauerwerk, Kunststoffe und Stahlkonstruktionen sowie die durch Überhitzung von Kunststoff erzeugten korrosiven Gase und Dämpfe.

• Rauch und Qualm

Beim Brand werden große Mengen gasförmiger Verbrennungsprodukte freigesetzt. Es sind dies hauptsächlich CO_2, CO und Wasserdampf. Die Verbrennung ist in den seltensten Fällen vollkommen, da der Sauerstoffzutritt zum Brandgut erschwert ist. Die Brand- und Rauchgase erhalten deshalb immer auch wechselnde Mengen unverbrannter fester oder flüssiger Stoffe. Die Größe dieser Schwebeteilchen schwankt über einen breiten Bereich im sichtbaren und unsichtbaren Spektrum.

Rauch und Qualm bringen die Gefahr der Sichtbehinderung, der Orientierungslosigkeit und damit der Panik mit sich, dies in der Regel lange bevor sich an der Decke die zur Auslösung von Wärmemeldern erforderliche Temperatur aufgebaut hat.

Rauch und Qualm sind andererseits hervorragend zur Brand-Frühwarnung geeignet. Besonders im Anfangsstadium eines beginnenden Brandes entstehen im Schwelprozeß große Mengen sichtbarer und unsichtbarer Brandgase, die durch die Thermik des Brandes emporsteigen.

• Strahlung

Alle Strahlungsarten sind im Prinzip einander ähnlich, der Unterschied liegt nur in der Wellenlänge. Die Strahlung breitet sich geradlinig nach allen Seiten im Raum aus. Mit zunehmendem Abstand von der Quelle verringert sich die Strahlungsenergie quadratisch.

Die Strahlung von Bränden ist meist zeitlich nicht konstant, sondern zeigt eine rhythmische Schwankung. Das Flackern der Flamme ist ein ähnlicher Effekt. Brände emittieren Strahlung aus den Bereichen des infraroten, sichtbaren und ultravioletten Lichts.

Jede dieser Strahlungsarten ist bereits zur Brandmeldung ausgenützt worden.

Die nachfolgende Tabelle 8.1 veranschaulicht nochmals die Zusammenhänge.

Solange Brandmaterial und Sauerstoff zur Verfügung stehen, entwickelt sich der Brand grundsätzlich exponentiell, das heißt seine Ausbreitungsgeschwindigkeit nimmt stetig zu. Dies bedeutet auch, daß ein Löschverzug gegebener Länge um so größere Schäden verursacht, je später sein Anfangspunkt auf der Brandkurve liegt. Genau hier liegt die überragende Bedeutung einer frühest möglichen Alarmierung, denn je kleiner der Brand im Augenblick des Löscheinsatzes, desto kleiner sind nicht nur die durch den Brand verursachten Zerstörungen, sondern auch die löschbedingten Schäden.

8.9.2. Die Brandrisikoanalyse

Mit der Brandrisikoanalyse soll eine vollständige Erfassung des in einem Bauobjekt vorliegenden Brandrisikos ermöglicht werden. Weiterhin soll sie das Gesamtrisikobild nach Prioritätsordnung und Gefährdungsklassen darstellen, um mit den zur Verfügung stehenden Mitteln gezielt das optimale Schutzkonzept auszuarbeiten.

Eine bis heute erfolgreiche Methode zur Bewältigung der Brandrisikoanalyse ist die Risikomatrix. Die einzelnen Teilrisiken werden nach Eintretenswahrscheinlichkeit und Auswirkung quantifiziert. Aus dieser Darstellung läßt sich jedes Teilrisiko einer der folgenden Kategorien zuordnen:

- Katastrophenrisiko (Risikostufe 5)

8

Brandkenngrößen der Brandarten

Für die Brandmeldetechnik ist die nachfolgende Brandarten-Klassifizierung und die daraus entstehende Quantifizierung der Brandkenngrößen von Bedeutung.

Brandart / Merkmale und Brandkenngrößen	Schwelbrände (flammenlose Brände)		Offene Brände (Flammenbrände)		
	Pyrolytische Zersetzung (Inkohlungsprozeß)	Glimmbrände (Glutbrand)	Feste Stoffe (meist glutbildender Brand)	Flüssige Stoffe (Flammen-verbrennung)	Gasförmige Stoffe (Flammen-verbrennung)
Brandablauf	nicht selbständig, benötigt ständig Energiezufuhr	selbständig nach Zündung	selbständig nach Zündung	selbständig nach Zündung	selbständig nach Zündung
Rauchart (Aerosol)	sehr heller Rauch mit unsichtbaren Anteilen	heller Rauch mit großem unsicht-baren Anteil	dunkler Rauch mit großem unsicht-baren Anteil	sehr dunkler Rauch mit großem unsicht-baren Anteil	
Optische Eigen-schaften des Rauches	gut streuend	gut streuend	strak absorbierend, wenig Streuung	stark absorbierend, wenig Streuung	
Aerosolmenge	viel	viel	viel	viel (reines Alkoholfeuer keine)	
IR-Strahlung	wenig	wenig bis mittel	viel	viel	nimmt mit C-Gehalt zu
Konvektion (Wärmemitführung)	wenig	wenig bis mittel	viel	viel	viel
Verbrennungsgase	viel CO wenig CO_2	viel CO wenig CO_2	wenig bis viel CO viel CO_2	wenig CO viel CO_2	wenig CO viel CO_2
Schall	keiner	keiner	keiner bis viel	keiner bis viel	keiner bis viel
Druckanstieg	keiner	keiner	gering bis mittel, je nach Brand-material	gering bis groß, je nach Brand-größe	gering bzw. sehr groß bei Verpuffung oder Explosion

Tabelle 8.1
Brandkenngrößen der Brandarten

- Großrisiko (Risikostufe 4)
- Mittelrisiko (Risikostufe 3)
- Kleinrisiko (Risikostufe 2)
- Bagatellrisiko (Risikostufe 1)

Daran schließen sich die Überlegungen der Risikoabdeckung an. Jedes Risiko läßt sich:

- vermindern (Schutzmaßnahmen)
- überwälzen (Versicherungsschutz)
- vermeiden (Verzicht, Alternativlösung)
- selbst tragen (Restrisiko)

Für ein Teilrisiko und besonders für das Gesamtrisiko sind Mischformen der Risikoabdeckung denkbar.

Mit geeigneten graphischen Darstellungen werden die Teilrisiken veranschaulicht und zu einem Gesamtbild zusammengefügt. Anschließend werden die Kosten für die gewählte Risikobewältigung berechnet, mit den verfügbaren Mitteln verglichen und beide Elemente aufeinander abgestimmt.

Mit diesem Vorgehen wird sichergestellt, daß die Investitionen wenigstens so eingesetzt werden, daß ein optimaler Schutzwert erreicht wird.

8.9.3. Die automatischen Brandmelder

Die Frage nach dem bestgeeigneten Brandmelder zielt zu kurz. Es gibt keinen bestgeeigneten Brandmelder. Es gibt aber den bestgeeigneten Brandmelder für eine bestimmte Applikation und für gegebene Umgebungsbedingungen; und dies für Raum- wie für Objektüberwachung. Tab. 8.2 gibt lediglich eine Orientierungshilfe in der Vielfalt und Komplexität der brandschutztechnischen Anwendungstechnik. Es empfiehlt sich in jedem Falle Applikationen und Umgebung genau abzuklären, bevor das Funktionsprinzip und der Standort sowie die Kalibrierung des Melders bestimmt werden. In kritischen Fällen wird sogar der ausgewiesene und erfahrene Applikationsfachmann Brandversuche zur Vorabklärung vorschlagen.

Die Täuschungsimmunität des Melders sinkt bei zunehmender Empfindlichkeit, d.h. die Neigung zu unerwünschten, durch Täuschungsgrößen verursachten Signale nimmt zu. Übersteigen die unerwünschten Signale ein bestimmtes Maß, leidet die Plausibilität der Anlagen. Es ist deshalb sinnvoll, die Empfindlichkeit nicht so hoch wie möglich, sondern so hoch wie jeweils nötig zu setzen. Diese optimale Empfindlichkeitsschwelle variiert von Einsatz zu Einsatz. Der Melder muß deshalb im Feld mit definierten Einstellmöglichkeiten auf die örtlichen Gegebenheiten kalibriert werden können.

(Die einschlägigen nationalen Projektierungs- und Ausführungsrichtlinien sind zu berücksichtigen. Zu beachten sind insbesondere auch allfällige nationale Gerätezulassungsvorschriften, damit in deren örtlichen und sachlichen Geltungsbereichen nur zugelassene Geräte verwendet werden.)

Bild 8.9 zeigt die Signalverläufe von Rauchmeldern, Bild 8.10 verschiedene Rauchmelder, wie sie z.Zt. eingesetzt werden.

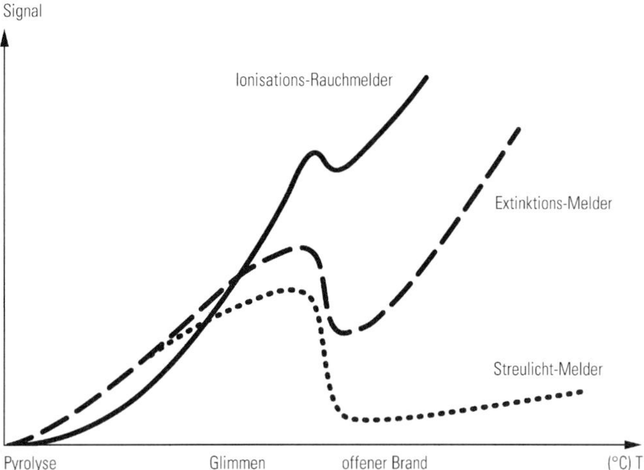

Bild 8.9
Signalverläufe von Rauchmeldern

8

Brandkenngrößen und Melderarten

Als Brandkenngrößen dienen meßbare stoffliche Umsetzprodukte oder Folgeerscheinungen energetischer Umsetzung, die mit einem Verbrennungsvorgang verbunden sind.

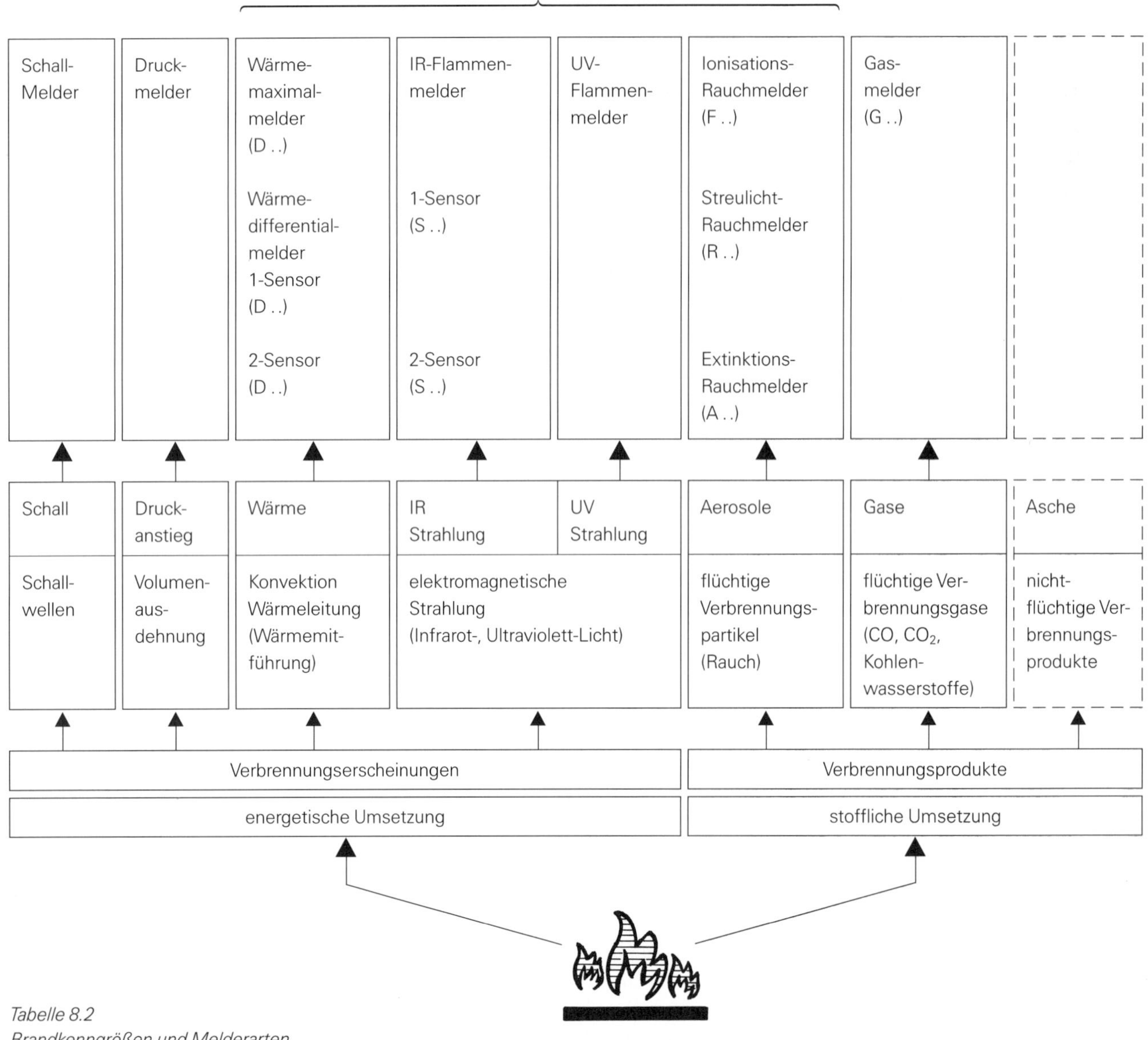

Tabelle 8.2
Brandkenngrößen und Melderarten

Bild 8.10
Drei Brandmelder verschiedener Funktionsprinzipien frei austauschbar innerhalb der gleichen Sockel. Von links nach rechts: Differentialwärmemelder, Ionisationsrauchmelder, Streulicht-rauchmelder

8

8.10.
FERNSEHÜBERWACHUNGSANLAGE

Fernsehüberwachungsanlagen melden Vorgänge von Bereichen, die nicht direkt einsehbar sind an eine oder mehrere ständig besetzte Überwachungsstellen. In der Regel werden heute Videoüberwachungsanlagen installiert, die folgende Gerätekonfiguration besitzen:

- Fernsehüberwachungszentrale mit Videokreuzschiene
- Überwachungsmonitore mit Auswahltastatur in einer Sicherheitszentrale oder beim Pförtner
- Überwachungsmonitore in gefährdeten Bereichen
- Überwachungskameras in gefährdeten Bereichen
- Haupteingang
- Bereich Fremd- oder Kurzparker
- Bereich Ein- und Ausfahrt in Tiefgaragen
- nicht einsehbare Nottreppenhäuser und -ausgänge
- Treppenzugänge zu Tiefgaragen
- Tiefgaragen.

Die Fernsehüberwachungsanlage wird in der Regel ständig betrieben und dabei werden über Videorecorder die Kamerabilder aufgezeichnet (Aufzeichnung über 24 Stunden). Bild 8.11 weist die wesentlichen Merkmale einer Fernsehüberwachungsanlage aus.

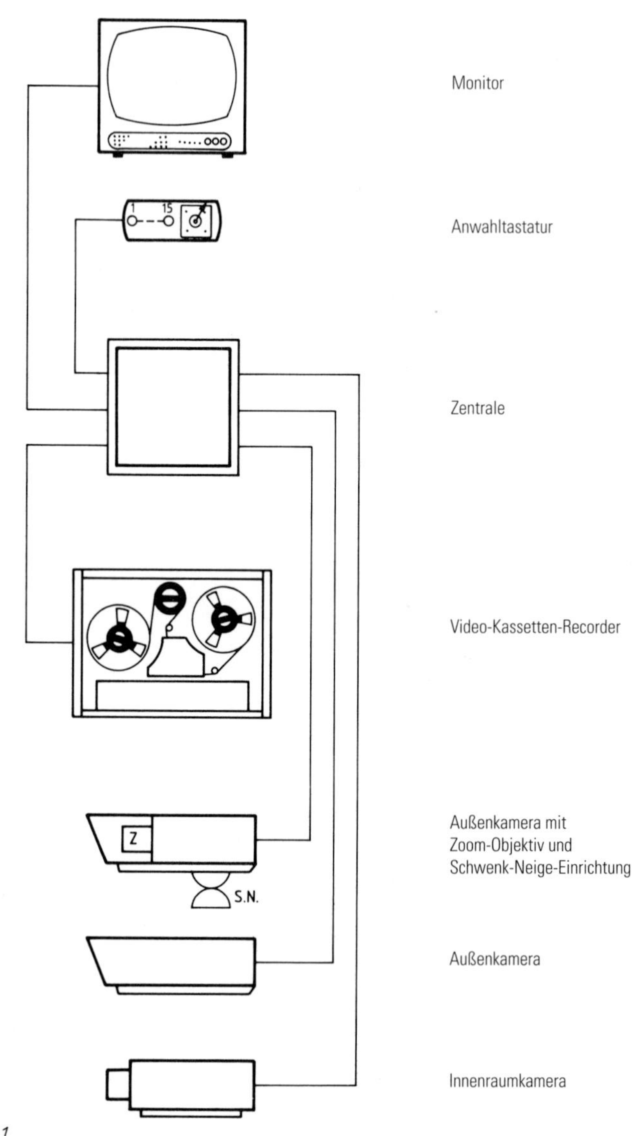

Bild 8.11
Systemkonzept Fernsehüberwachungsanlage

8.11. VERKEHRSANLAGE

Zur Ein- und Ausfahrtkontrolle sowie zur Lenkung und Regelung des Verkehrsflußes in einem Parkbereich (oberirdisch oder unterirdisch) werden häufig Verkehrsanlagen eingesetzt, die den nachfolgend dargestellten Umfang aufweisen:

- Steuerzentrale mit Bedientableau
- Ein- und Ausfahrtsschranke mit Verkehrsdetektor
- Ein- und Ausfahrtkontrollterminal
- Hinweistransparent mit „Frei/Besetzt-Anzeigen"
- Sicherheitseinrichtungen für Rolltor.

Bei einer öffentlichen Nutzung mit frei wählbaren Stellplätzen sollen die ein- und ausfahrenden Pkw's über Induktionsschleifen gezählt werden, um bei Vollbelegung eine entsprechende Anzeige oder einen entsprechenden Hinweis zu geben. Bild 8.12 zeigt das Systemkonzept der Verkehrsanlage.

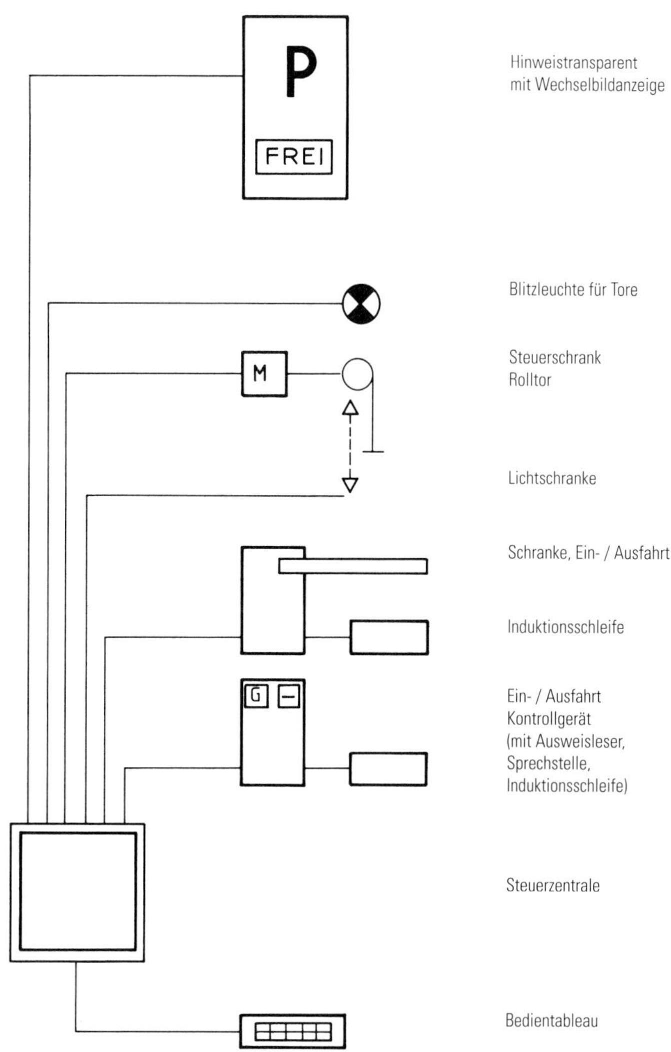

Bild 8.12
Systemkonzept Verkehrsanlage

8.12. ZUGANGSKONTROLL- UND GLEITZEITERFASSUNGANLAGE

Für die Zugangskontrolle und die Erfassung von Arbeitszeitdaten wird im wesentlichen ein elektronisch gesteuertes Erfassungssystem eingerichtet. Aufgabe der Zugangskontrolle ist es, ein Gebäude oder bestimmte Sicherheitsbereiche oder Räume so zu überwachen, daß kein Unberechtigter Zugang erhält.

Berechtigten Mitarbeitern wird eine spezielle Ausweiskarte ausgehändigt, mit der er die von einem Ausweisleser kontrollierte Tür öffnen kann, falls er die Berechtigung hierzu hat. Über ein Programmpaket können Zugangskontrollen nach Zutrittsstufen und Berechtigungsgruppen vorgegeben werden (tageszeitabhängig, wochentagabhängig, temporäre Vorgaben).

Über Magnetkontakte wird der Türzustand (auf/zu) zeitabhängig kontrolliert und sollte eine Tür nicht innerhalb einer vorgegebenen Zeit geschlossen oder sollte die Tür geöffnet werden, ohne daß vorher der Ausweisleser bedient wird, so wird ein Alarm an eine Zentraleinheit übertragen. Je nach Wichtigkeit zu überwachender Bereiche (Räume/Flächen/Gebäudeteile) werden Sicherheitsstufen nach Prioritäten festgelegt und in entsprechende Ausweiskarten kodiert.

Die Zeiterfassung erfolgt über die selbe Systemtechnik und wird, wenn dies erwünscht ist, pro Mitarbeiter kartenbezogen erfaßt und aufbereitet. Die Eckdaten für die Zeitabrechnung wie Sollarbeitszeit, Pausenregelung, Arbeitsbeginn, Arbeitsende, minimale

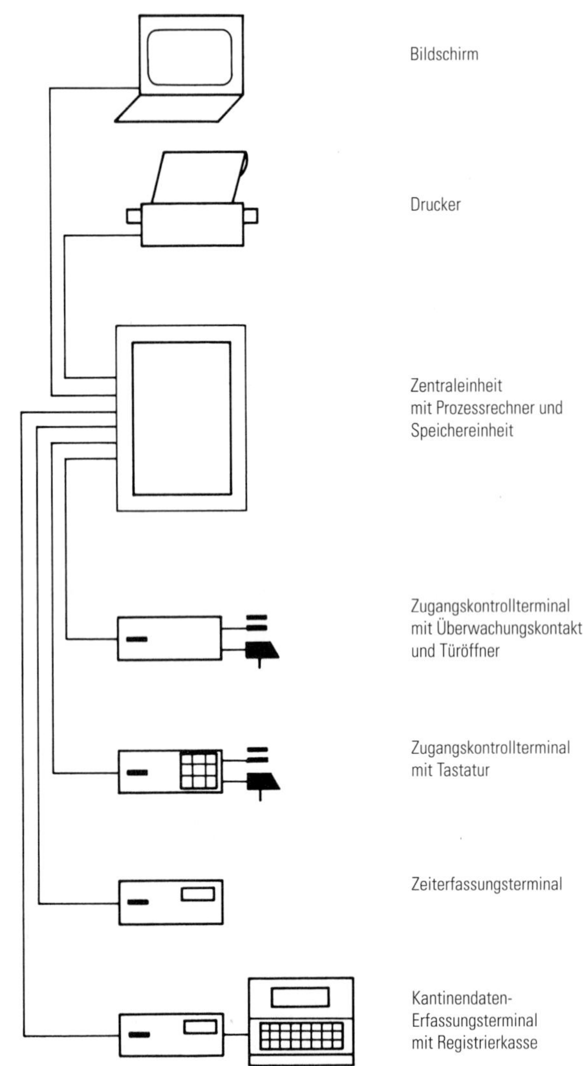

Bild 8.13
Systemkonzept Zugangskontroll- und Zeiterfassungsanlage

und maximale Stunden pro Tage oder pro Woche sind in Tages- und Wochenprogrammen festgelegt und den Mitarbeitern zugeordnet. Zeitüberhänge können in Überstunden geführt und je Mitarbeiter ausgewiesen werden. Eine Fehlzeiterfassung und -verarbeitung sowie eine Mehrarbeits- und Zuschlagsberechnung mit lohnartengerechter Aufschlüsselung der angefallenen Stunden kann in einer zugehörigen EDV-Anlage eingerichtet werden. Im Dialog wird in der Regel eine Abrechnungsperiode jederzeit für einzelne Mitarbeiter durchgeführt und kann u. U. korrigiert werden. Bild 8.13 zeigt das System einer Zugangskontroll- und Zeiterfassungsanlage.

• Generelles:

Die entsprechenden Zentraleinrichtungen der zuvor aufgeführten Anlagen (Kap. 8.1 – 8.12) werden in der Regel in einem separaten Raum oder im Raumbereich einer Zentralen Leittechnikanlage installiert. Sie müssen gegen Angriff geschützt werden, da sie ein wesentlicher Bestandteil eines Informations- und Sicherheitskonzeptes sind.

8.13. ZENTRALE LEITTECHNIK

Die Zentrale Leittechnik (früher Gebäudeautomationsanlage) dient dem einfacheren, sichereren, und wirtschaftlicherem Betrieb gebäudetechnischer Anlagen. Sie entlastet dabei das Bedienungspersonal von Routineaufgaben aufgrund des automatischen Überwachens oder In- oder Außerbetriebnehmen von Anlagenteilen und dient dazu, Energiekosteneinsparungen durch bedarfsgerechtes Optimieren von Anlagenabläufen durchzuführen (Lastabwurfprogramme).

Gebäudetechnische Anlagen überwachen, steuern und regeln in der Regel folgende Gebäudetechnischen Einrichtungen:

- Raumlufttechnische Anlagen
- Kälteanlagen
- Heizungsanlagen
- Sanitäranlagen
- Feuerlöschanlagen
- Starkstromanlagen
- Beleuchtungsanlagen
- Aufzugs- und Förderanlagen
- Schwachstromanlagen.

Anlagen, die individuell benutzt oder bedient und damit auch überwacht werden, müssen nicht auf die zentrale Leittechnik aufgeschaltet werden. Hierzu gehören z. B.:

- EDV-Maschinen
- Kopiergeräte, Datenterminals
- Küchengeräte.

Außerdem sollen ZLT-Systeme weder sicherheitstechnische noch personaldatenverarbeitende Aufgaben wie:

- Brandmeldung,
- Einbruchsmeldung,
- Zutrittskontrolle,
- Gleitzeiterfassung,
- Kantinendatenerfassung, usw.

übernehmen, da dies spezielle Anforderungen sowohl an das System als auch an das Bedienpersonal bedeuten würde. Diese Aufgaben können kostengünstiger durch spezielle Schwachstromsysteme gelöst werden. Sie werden lediglich durch die ZLT auf ihren Betriebszustand hin überwacht.

Zur Erfüllung ihrer Aufgaben muß die ZLT den haustechnischen Anlagen übergeordnet sein, ohne jedoch deren Selbständigkeit in Bezug auf eine Notbetriebsmöglichkeit in Frage zu stellen. Die Schnittstellenbedingungen sind in den einschlägigen Normen festgelegt (z. B. VDI 3814).

• Systemaufbau

Bild 8.14 zeigt die charakteristischen Elemente eines ZLT-Systems:

- Leitzentrale mit Bediengeräten
- Unterstationen mit Funktionsbausteinen
- adernsparendes Übertragungsnetz zwischen Unterstationen und Leitzentrale (Einzel- und Gruppenversorgung).

Die Unterstationen werden zusammen mit Schaltschränken oder in deren Nähe aufgebaut, die Leitzentrale selbst erhält einen eigenen Raum (20 m²) in der

Nähe eines Pförtners oder im Bereich einer Sicherheitszentrale. Wesentlich bei großen Objekten ist, daß die Leitzentrale ständig besetzt wird und eingehende Betriebsmeldungen (nach Prioritäten) erfaßt und behandelt werden. Da Leitzentralen ständige Arbeitsplätze sind oder dem ständigen Aufenthalt von Personen dienen, sind sie wie ein Büroraum einer hohen Sicherheitsstufe zu behandeln, siehe Bild 8.15.

Bei kleineren Bauvorhaben oder Bauobjekten mit geringem technischen Ausbaustandard werden keine ZLT-Systeme sondern lediglich zentrale Überwachungssysteme (Schaltschrankeinheiten) eingesetzt. Die Planung des Zentralen Leittechniksystems ist eine außerordentlich komplexe Aufgabe und sollte primär von einem ausgebildeten Reglungstechniker aus dem Bereich Heizung/Kälte/Raumlufttechnik vorgenommen werden, da bei diesen Anlagen die mit Abstand meisten Datenpunkte anfallen und zu verarbeiten sind. Bei sehr großen Baukomplexen ist es u.U. ratsam, hierfür einen erfahrenen Spezialisten herbeizuziehen, der in der Lage ist, die Verknüpfung aller Betriebsabläufe zu erfassen und in entsprechende ZLT-Programme umzusetzen.

Größere Bauobjekte oder Bauvorhaben mit mittleren bis hohem Technikausbau können heute auf den Einsatz eines ZLT-Systems nicht mehr verzichten, da die Betriebsabläufe einer Vielzahl von Anlagen von einer Person oder einer kleinen Personengruppe kaum noch zu bewältigen ist. Abgesehen davon, daß Zentrale Leittechniksysteme zu Energieeinsparungen führen müssen, dienen sie auch dem Einsparen von Bedienungspersonal und der vorbeugenden Wartung und Revision von technischen Anlagen.

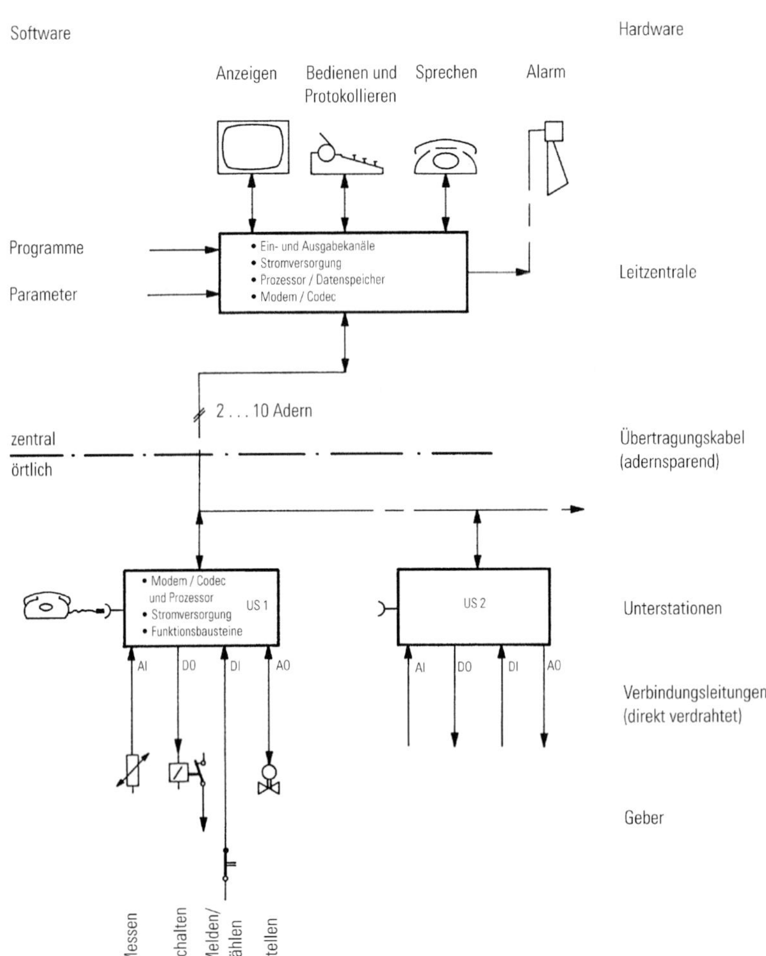

Bild 8.14
Systemaufbau eines ZLT-Systems (ZLT = Zentrale Leittechnik)

- **Generelles:**

Zur Planungshilfe dienen die nachfolgenden Tabellen 8.3.1 bis 8.3.4, die den Raumbedarf verschiedener Schwachstromeinrichtungen darstellen. Darüberhinaus ergeben sich an die Räume im wesentlichen die gleichen Ansprüche wie die bei Starkstromzentralen (Raumbeschaffenheit/-belastungen usw.).

Bild 8.15
Gebäudeleittechnik (GLT)
Überwachungs- und Steuerzentrale

Raumansatz für	**Grundfläche (m²)**	**Bemerkungen**
Niederspannungsschaltanlage		Lage der Niederspannungsversorgungsanlagen möglichst im Schwerpunkt der Verbraucher.
Anlagen in Schrankbauform je Feld einschließlich Bedienungsgang	2,5	Mindestraumhöhe für Niederspannungsschalträume 2,5 m
Freistehende Felder mit rückseitigem Zugang je Feld einschließlich vorder- und rückseitigem Bedienungsgang	3,0	2,5 m

Tabelle 8.3.1
Niederspannungsversorgungsanlagen

Raumansatz für	**Grundfläche (m²)**	**Bemerkungen**
Verteilungen		
Isoliergekapselte oder Stahlblech-Verteilungen für Aufputz- oder Unterputzmontage	5 – 10	Mindestraumhöhe 2,20 m Mindestraumtiefe 1,20 m Anordnung der Verteilungen möglichst im Schwerpunkt der Verbraucher

Tabelle 8.3.2
Niederspannungsleitungsanlagen

Raumansatz für	Grundfläche (m²)	Bemerkungen
Uhrenzentrale	3 – 5	Mindestraumhöhe 2,20 m, Mindestraumtiefe 1,50 m. Bei Pendeluhren möglichst erschütterungsfreier Raum mit gleichmäßigem Raumklima.

Tabelle 8.3.3
Uhrenanlagen

Raumansatz für	Grundfläche (m²)	Lüftung	Bemerkungen
Mindestausstattung (Bedienungseinheit, Steuerschrank)	20	Fensterlüftung	Raum mit Tageslichteinfall (z. B. Büroraum) in der Nähe der Werkstatt M
weitere technische Einrichtungen je nach Umfang zusätzlich	5 – 20	ggfls. Ventilator für Fenster- oder Wandeinbau. Dimensioniereung entsprechend geschätzter Verlustleistung der technischen Einrichtungen	

Tabelle 8.3.4
Anlagen der Gebäudeleittechnik

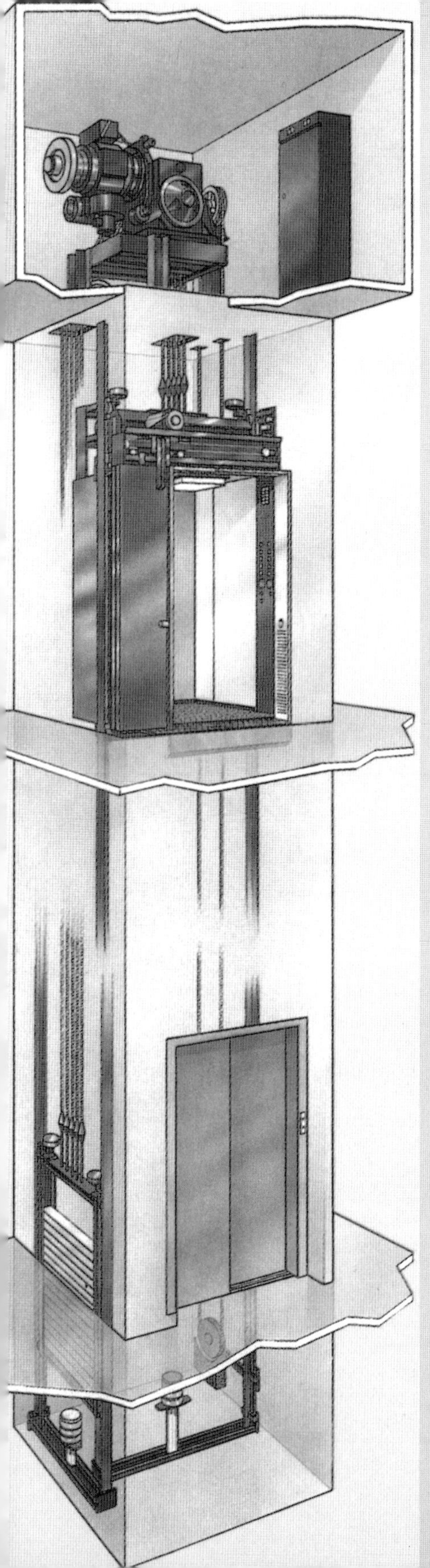

FÖRDERANLAGEN

9

9.1. ALLGEMEINES

Kommunikation und Information sind Grundlage einer funktionierenden Organisation. Aufzüge und Förderanlagen sind unverzichtbare technische Einrichtungen um einen kontinuierlichen Informations-, Personen- und Güterfluß zu erzeugen und zu gewährleisten. Zusammen mit anderen Kommunikationssystemen wie Fernsprechanlagen, Telefax und Datenfernübertragung kann der Nutzen der Förderanlagen noch bedeutend erhöht werden. Wichtig sind hierbei nicht die Qualität und die Anzahl von Förderanlagen, sondern der sinnvolle Einsatz zur Lösung der spezifischen Transportprobleme.

Zu den Förderanlagen im Bereich der technischen Gebäudeausrüstung gehören

- Aufzüge
- Fahrtreppen und Fahrsteige
- Behälterförderanlagen
- Taschenförderanlagen
- Rohrpostanlagen
- Fassadenbefahranlagen
- Hebezeuge – Überladebrücken und Hubtische

9.2. AUFZÜGE

Der vertikale Transport von Personen und Lasten in Gebäuden wird von Aufzugsanlagen übernommen. Von der Nutzung unterscheidet man im wesentlichen zwischen Personen- und Lastenaufzügen.

9.2.1. Personenaufzüge

Personenaufzüge sollen im Verkehrsmittelpunkt des Gebäudes angeordnet sein und, soweit notwendig, zu Aufzugsgruppen zusammengefaßt werden.

Die notwendige Anzahl von Aufzügen ergibt sich aus der Höhe des betreffenden Gebäudes, der Anzahl der Stockwerke, sowie aus der Förderleistung (Menge zu befördernder Personen). Die Förderleistung ergibt sich aus der gewählten Fahrgeschwindigkeit, der Tragfähigkeit und der Anzahl der Aufzüge sowie deren konstruktive Merkmale.

9.2.1.1. Bemessung von Personenaufzügen

Die Förderleistung von Aufzügen wird im wesentlichen beeinflußt von

- den Verwendungszweck des Gebäudes
  Bürogebäude, Krankenhaus, Theater/ Schauspielhaus
- der Lage der Gebäudezugänge
  ein oder mehrere Zugänge, Anfahrt von Personen über Tiefgaragen
- organisatorischen Abhängigkeiten
  EDV-Bereiche, Kantine, Tiefgarage, Zentralbibliothek
- dienstlichen Erfordernissen
  Festzeit, Gleitzeit, Tischzeiten, Publikumsverkehr, Lastentransporte
- besonderen Benutzern
  Behinderte, Rollstuhlfahrer

9.2.1.2. Ermittlung der Verkehrsverhältnisse

Zur Ermittlung der Verkehrsverhältnisse in einem Gebäude ist es zweckmäßig, eine Skizze (siehe Tab. 9.1) anzufertigen, in der übereinander die Geschosse eingetragen und in jedem Geschoß die Anzahl der dorthin zu befördernden Personen ausgewiesen werden. Ist die Anzahl der Personen nicht bekannt, kann man davon ausgehen, daß bei Einzelraumanordnung 16 bis 17 m^2 HNF pro Arbeitsplatz, bei Groß- und Gruppenraumlösungen 15 m^2 HNF pro Arbeitsplatz anzusetzen sind. Aus der Addition ergibt sich die wahrscheinliche Gesamtzahl der in dem Gebäude beschäftigten Personen. Diese Anzahl kann um 10 % bis 20 % für Personen, welche im Urlaub, krank oder auf Dienstreise sind, gemindert werden. Die verbleibende Anzahl entspricht der Anzahl der zu befördernden Personen. Diese sind nunmehr den einzelnen Zugangsebenen zuzuordnen. Erfolgt der Zugang auch über Tiefgaragen, so kann davon ausgegangen werden, daß je Kraftfahrzeugstellplatz eine Person zu befördern ist. Bei Geschoßhöhen bis zu maximal 4,5 m über der Bezugshaltestelle (Erdgeschoß) wird in dem über der Bezugshaltestelle liegenden Geschoß nur etwa 10 bis 25 % der dort Beschäftigten Personen angesetzt. Hierbei geht man davon aus, daß die überwiegende Anzahl der dort beschäftigten über Treppen das Geschoß erreicht. Bei mehreren Bezugshaltestellen (z. B. die vorgenannte Anfahrt durch Tiefgaragen) muß dieser Prozentsatz analog erhöht werden. Bei festem Dienstbeginn kann man davon ausgehen, daß alle Personen innerhalb von 20 Minuten oder 25 % aller Personen innerhalb 5 Minuten zu befördern sind. Bei zeitlich gleitendem Dienstbeginn kann ein Gleichzeitigkeitsfaktor von 60 bis70 % für die Förderleistungsspitze angenommen werden.

DG		Personen gesamt	Davon krank/Urlaub Dienstreise	Personen zu befördern	Triebwerksraum
6. OG	Büro	100	10	90	
5. OG	Büro	100	10	90	
4. OG	Büro	100	10	90	
3. OG	Büro	100	10	90	
2. OG	Büro	100	10	90	
1. OG	Büro	100	10	72 (90)	
EG	Büro	100	10	-	Fußgänger 502
1. UG	Tiefgarage	120	12	108	Kraftfahrer
2. UG	Tiefgarage	080	08	72	Kraftfahrer

Tabelle 9.1
Darstellung der Verkehrsverhältnisse beim Füllen eines Gebäudes

9.2.1.3. Förderleistung

Die erforderliche Förderleistung errechnet sich wie folgt:

$$F = y \frac{\text{Zahl der zu befördernden Personen}}{\text{Zeit, in der diese Personen zu befördern sind}} \text{ [P/min]}$$

y = 1,1 bei bis zu 200 zu befördernden Personen und

y = 1,2 bei über 200 zu befördernden Personen.

Mit der Ermittlung des Zahlenwertes der erforderlichen Förderleistung kann noch nicht ausgesagt werden, wie viele, wie große und wie schnelle Aufzugsanlagen notwendig sind. Zur Auslegung der Aufzugsanlagen bestehen folgende Möglichkeiten

– wenige, große Aufzüge

Vorteile:
geringe Investitions- und Betriebskosten, wenig umbauter Raum

Nachteile:
lange Fahr- und Wartezeiten, geringe Verfügbarkeit bei Wartungs- und Instandsetzungsarbeiten, ungünstig für internen Verkehr außerhalb der Spitzenzeiten

– viele kleine Aufzüge

Vorteile:
kurze Warte- und Fahrzeiten, hohe Verfügbarkeit bei Wartungs- und Instandsetzungsarbeiten, günstig für internen Verkehr

Nachteile:
höhere Investitions- und Betriebskosten, mehr umbauter Raum

9.2.1.4. Fassungsvermögen des Fahrkorbes

Im Zuge der Entwicklung der Aufzugsanlagen haben sich verschiedene Fahrkorbgrößen mit unterschiedlichem Fassungsvermögen durchgesetzt, die in einschlägigen Normen manifestiert wurden (z.B. DIN 15306 und 15309)

9

Folgende Fassungsvermögen sollten gewählt werden:

Wohngebäude

Anzahl der Personen in einem Fahrkorb:	5	8	13
Tragfähigkeit in kg:	400	630	1.000

Büro- und Verwaltungsgebäude, Hotels

Anzahl der Personen:	10	13	16	26	33
Tragfähigkeit in kg:	800	1.000	1.250	2.000	2.500

9.2.1.5. Betriebsgeschwindigkeit

Ein wesentlicher Faktor zur Erreichung einer günstigen Förderleistung ist die Betriebsgeschwindigkeit. Sie beeinflußt nicht nur die Umlauf-, Warte- und Fahrzeiten, sondern auch in erheblichem Maß die Energiekosten sowie die Art des Antriebes. Die Betriebsgeschwindigkeit läßt sich jedoch im wirtschaftlichen Rahmen nicht beliebig steigern; über bestimmte Grenzwerte hinaus nimmt die Förderleistung nicht mehr zu, da die Zeiten für die Be- und Entladung einschließlich der Zeiten für das Einfahren in die Haltestelle, Öffnen, Offenhalten und Schließen der Türen gegenüber dem Gewinn an Fahrzeit durch Erhöhung der Betriebsgeschwindigkeit zu groß sind.

In Bild 9.1 ist die Abhängigkeit der Mindestfahrstrecke zur Erreichung der in der Regel erreichbaren Geschwindigkeit dargestellt. Diese Kurve beruht auf den üblicherweise gewählten Werten für eine Beschleunigung von $1\,m/s^2$ und Beschleunigungsänderung von $0{,}8\,m/s^2$

9.2.1.6. Zeitdauer eines Förderspieles

Ist mit Hilfe der zuvor aufgeführten Richtwerte das Fassungsvermögen der Fahrkörbe einer Aufzugsanlage ermittelt, so kann die Zeitdauer eines Förderspieles für diese Anlage ermittelt werden. Das Förderspiel Z errechnet sich nach der folgenden Formel:

$$Z = (2 \cdot \frac{h}{v}) + (c \cdot P) + H \cdot (t_1 + t_2)$$

In dieser Formel bedeuten:

Z	=	Zeitdauer eines Förderspieles	[s]
h	=	mittlere Hubhöhe	[m]
v	=	Betriebsgeschwindigkeit	[m/s]
c	=	Zeit für das Ein- und Aussteigen einer Person	[s/P]
P	=	Fassungsvermögen des Fahrkorbes	[Pers]
H	=	Zahl der wahrscheinlichen Haltestellen	
t_1	=	Verlustzeiten für Beschleunigung und Verzögern	[s]
t_2	=	Zeit für das Öffnen, Offenhalten und Schließen der Türen	[s]

Die mittlere Hubhöhe ist eine Funktion aus der tatsächlich genutzten Hubhöhe, dem Fassungsvermögen des Fahrkorbes und der Anzahl der anzufahrenden Haltestellen. Die mittlere Hubhöhe kann anhand der Auswahltabelle (Tabelle 9.5) ermittelt werden.

Für das Ein- und Aussteigen können folgende Zahlenwerte angesetzt werden:

c = 2,0 Sekunden pro Person bei Aufzügen mit Türen von 800 mm lichter Weite sowie bei allen Tiefkörben (Fahrkorbtiefe größer als Fahrkorbbreite)

c = 1,5 Sekunden pro Person bei allen Aufzügen mit Türen von 1.100 mm lichter Weite und mehr, sofern die Aufzüge nicht tiefer als breit sind.

Die Zahl der wahrscheinlichen Halte in Abhängigkeit der Zahl der Obergeschosse und des Fassungsvermögens des Fahrkorbes kann ebenfalls der Tabelle 9.2 entnommen werden.

Die Betriebsgeschwindigkeit für Personenaufzüge in Gebäuden mittlerer Höhe (keine Hochhäuser) ergibt sich aus Tabelle 9.3. Tabelle 9.4 ergibt die Verlustzeiten für Verlustzeiten für Beschleunigung und Verzögerung an.

Zahl der Obergeschosse	Fassungsvermögen des Fahrkorbes (Personen) 8	10	13	16
3	4,0	4,0	4,0	4,0
4	4,6	4,8	5,0	5,0
5	5,1	5,5	5,8	5,9
6	5,5	6,0	6,5	6,8
7	6,0	6,5	7,1	7,5
8	6,3	7,0	7,6	8,1
9	6,5	7,3	8,1	8,7
10	6,7	7,5	8,5	9,2
11	6,9	7,7	8,8	9,7
12	7,1	8,0	9,2	10,1
13	7,2	8,2	9,5	10,5
14	7,3	8,4	9,7	10,8
15	7,4	8,6	9,9	11,1
16	7,5	8,7	10,1	11,3
17	7,5	8,8	10,3	11,5
18	7,6	8,9	10,5	11,8
19	7,7	9,0	10,6	12,0
20	7,8	9,1	10,7	12,2
22	7,9	9,2	11,0	12,6
24	8,0	9,4	11,2	12,6
26	8,0	9,5	11,4	13,1
28	8,1	9,6	11,6	13,3
30	8,2	9,7	11,8	13,5
mittlere Hubhöhe	h = 0,90x tatsächliche Hubhöhe	h = 0,95x tatsächliche Hubhöhe		h = 1,0x tatsächliche Hubhöhe

Tabelle 9.2
Zahl der wahrscheinlichen Halle H und mittlere Hubhöhe von Personenaufzügen bei etwa gleicher Stockwerksbelegung

Zahl der Haltestellen über der Bezugshaltestelle (ggf. unterste Bezugshaltestelle)	**Förderhöhe** (m)	**Betriebsgeschwindigkeit** (m / s)
bis 3	etwa 11	0,63
über 3 bis 10	etwa 36	1,0
über 10 bis 18	etwa 68	1,6
über 18 bis 30	etwa 116	1,6 / 2,5

Tabelle 9.3
Betriebsgeschwindigkeiten für Personenaufzüge

Tabelle 9.5 stellt die Zeiten für das Öffnen, Offenhalten und Schließen der Türen von Personenaufzügen dar.

Hat man nach vorstehender Formel die Zeitdauer eines Förderspiels ermittelt, so errechnet sich die Anzahl der notwendigen Aufzügen wie folgt:

$$n = \frac{F \cdot Z}{P \cdot 60}$$

Hierin bedeuten:

F = Förderleistung
Z = Zeitdauer des Förderspiels
P = Fassungsvermögen des Fahrkorbes

Die Anzahl der Aufzüge kann durch Änderung des Fassungsvermögens korrigiert werden.

Ein wesentliches Kriterium für den Komfort einer Aufzugsanlage ist die mittlere wahrscheinliche Wartezeit, d.h. die Zeit, die ein Aufzugsbenutzer nach Erteilen des Rufkommandos warten muß, bis der Aufzug für ihn zum Einsteigen bereit ist.

$$t_W = \frac{1}{2} \cdot \frac{Z}{n}$$

Diese mittlere Wartezeit t_W soll bei Bürogebäuden etwa 20 bis 25 Sekunden nicht wesentlich überschreiten.

Wie bereits zuvor ausgeführt, kann diese Zeit durch Erhöhung der Betriebsgeschwindigkeit nicht mehr wesentlich verringert werden. Eine Verringerung ist nur aufgrund einer größeren Anzahl von Aufzügen mit jeweils geringerer Tragfähigkeit möglich.

Betriebsgeschwindigkeit (m / s)	**Verlustzeit t_1** (s)
0,63	2,0
1,0	2,5
Bei hydraulischen Antrieben mit Anfahrventil:	jeweils 1 s mehr
Bei hydraulischen Antrieben mit Anfahrventil und Stern-Dreieck-Anlauf des Motors:	jeweils 2 s mehr
1,6	3,0
2,5	4,0
4,0	5,5

Tabelle 9.4
Beschleunigungs- und Verzögerungszeiten von Personenaufzügen

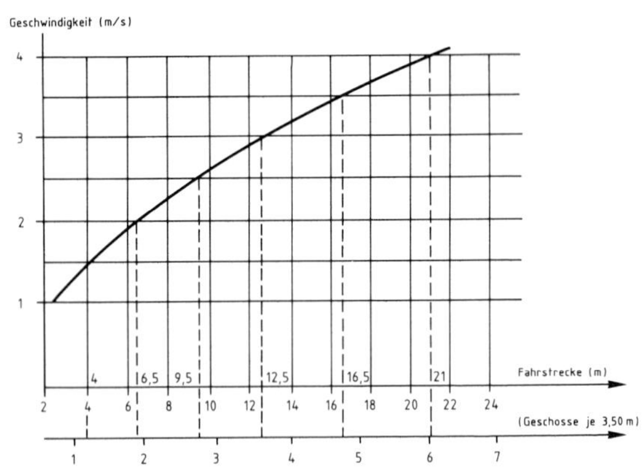

Bild 9.1
Erreichbare Geschwindigkeit zwischen zwei Halten

Triebwerksraum für	**Grundfläche** Länge x Breite (m)	**Bemerkungen**
Personen- oder Lastenaufzüge mit Treibscheibenantrieb, Triebwerksraum über dem Schacht (auch die Beförderung von Krankentragen)	16 m² (3,5 x 4,5)	Lichte Höhe über der Fahrschachtdecke 2,0 bis 2,5 m
Personenaufzüge in Hochhäusern Bei Ausstattung mit Leonhard-Antrieb	21m² (3,5 x 6) 25 m² (4,1 x 6,0)	Lichte Höhe über der Fahrschachtdecke 2,2 bis 3,5 m
Lastenaufzüge zur Beförderung von Handfahrzeugen, mit Treibschebenantrieb, Triebwerksraum über dem Schacht Standardgröße (bis 1600 kg) Standardgröße (bis 2500) Standardgröße (bis 4000 kg)	 25 m² (5,0 x 5,0) 20m² (4,0 x 5,0) 16 m² (3,5 x 4,5)	 Lichte Höhe über der Fahrschachtdecke 2,2 m
Aufzüge mit hydraulischem Antrieb, Triebwerksraum neben der untersten Haltestelle	8 m² (3,0 x 2,6)	Lichte Höhe 2,0 m

Tabelle 9.6
Triebwerksraum für Aufzüge

Türart und Türbreite	**Zeit t_2** (s)
Mittig öffnende Türen, kraftbetätigt	
1. bei Geschwindigkeiten bis 1m/s lichte Türbreite bis etwa 1100 mm	6
2. bei Geschwindigkeiten über 1m/s (Türen öffnen schon beim Einfahren) lichte Türbreite bis etwa 1100 mm	5
Einseitig öffnende Türen, kraftbetätigt lichte Türbreite bis etwa 1100 mm	9

Tabelle 9.5
Zeiten für das Öffnen, Offenhalten und Schließen

9.2.1.7. Lastenaufzüge

Ähnlich wie bei den Personenaufzügen wird auch für Lastenaufzüge eine Förderleistungsberechnung durchgeführt.

Für jede Aufzugsanlage wird die Zeitdauer des Förderspiels wie folgt berechnet:

$$Z = 2 \cdot \frac{h}{v} + Bz + H\,(t_1 + t_2) \quad [s]$$

h	= Hubhöhe (tatsächliche Höhe)	[m]
Bz	= Be- und Entladezeit	[s]
H	= Zahl der Be- und Entladestellen je Förderspiel	
t_1	= Verlustzeit für Beschleunigen und Verzögern	[s]
t_2	= Zeit für das Öffnen und Schließen der Türen	[s]

Erläuterung zu den Begriffen:

- **Hubhöhe**

Da bei Lastentransporten üblicherweise bestimmte Haltestellen angefahren werden, ist für die Förderhöhe die Höhe zwischen den zu Spitzenzeiten am meisten genutzten Haltestellen einzusetzen.

- **Be- und Entladezeit**

Werden die Lasten in Rollbehältern oder ähnlichen flurbewegten Förderfahrzeugen am Zugang ladegerecht bereitgehalten, so können je zu beladener Einheit ca. 30 bis 40 Sekunden angesetzt werden. In allen anderen Fällten ist die Zeit zu schätzen. Sehr starken Einfluß nimmt hierauf die Lage und Beschaffenheit der Stauräume.

- **Verlustzeiten für Beschleunigen und Verzögern t_1**

Betriebsgeschwindigkeit	**Verlustzeit**
1,0 m/s	2,5 s
1,6 m/s	3,0 s
2,0 m/s	3,5 s
2,5 m/s	4,0 s

- **Zeit für das Öffnen und Schließen der Türen t_2**
  Bei einflügligen Drehtüren, handbetätigt: t_2 = 7 Sekunden.
  Bei zweiflügligen Drehtüren, handbetätigt: t_2 = 10 Sekunden.

Die Anzahl der erforderlichen Lastenaufzüge errechnet sich aus dem Verhältnis der Förderspielzeiten zu der im Spitzenverkehr für die Fördervorgänge zur Verfügung stehenden Zeit, somit ist:

$$n = \frac{Z}{t}$$

Besondere Arten der Lastenaufzüge sind Feuerwehraufzüge und Bettenaufzüge. Die Notwendigkeit hierfür ergibt sich aus den baurechtlichen Bestimmungen, den technischen Besonderheiten, aus den Vorschriften zur Errichtung dieser Anlagen usw.

9.2.2. Vereinfachte Güter-, Behälter- und Unterfluraufzüge sowie Kleingüteraufzüge

Für den vertikalen Gütertransport in Fabriken, Werkstätten und Lagerhallen sowie für den Transport von Müllgroßbehältern in Hotels und Verwaltungsgebäuden werden als wirtschaftliche Lösung Güteraufzüge eingesetzt.

Diese Aufzüge sind auf maximal 3 Haltestellen begrenzt, Personen dürfen nicht befördert werden.Dabei unterscheidet man nach verschiedenen Nutzungen.

Vereinfachte Güteraufzüge sind Aufzugsanlagen, die ausschließlich dazu bestimmt sind, Güter zwischen höchstens drei Haltestellen zu befördern, deren Tragfähigkeit 2000 kg und deren Fahrkorbgrundfläche 2,5 m^2 nicht übersteigen. Die Betriebsgeschwindigkeit darf maximal 0,3 m/s betragen.

Behälteraufzüge sind Aufzugsanlagen, die ausschließlich dazu bestimmt sind, Güter in für die jeweilige Aufzugsanlage bestimmten Sammelbehältern zwischen höchstens drei Haltestellen zu befördern, deren Tragfähigkeit 1000 kg und deren Betriebsgeschwindigkeit 0,3 m/s nicht übersteigen.

Unterfluraufzüge sind vereinfachte Güteraufzüge oder Behälteraufzüge, deren Fahrschacht in Höhe des Niveaus der oberen Haltestelle endet, für die oberste Haltestelle also kein Schacht benötigt wird.

Kleingüteraufzüge werden in Büros, Hotels, Warenhäusern, Kliniken und überall dort eingesetzt, wo häufig kleine Lasten zu transportieren sind.

9

9.2.3. Errichtung von Personen- und Lastenaufzügen

9.2.3.1. Zuordnung

Personenaufzüge sollen im Gebäudeschwerpunkt liegen und von den Zugängen aus leicht erreichbar sein, d.h. in deren Nähe liegen. Es bietet sich oftmals an, Aufzüge in einem Verkehrskern zusammenzufassen.

Werden Personenaufzüge in Gruppen zusammengefaßt, so ist zu beachten, daß entsprechend dem Baurecht der Länder maximal drei Aufzugsanlagen in einem gemeinsamen Schacht angeordnet sein dürfen. Ab vier Aufzügen sollen diese paarweise gegenüberliegend angeordnet werden.

Der Stauraum vor einer Aufzugsgruppe oder zwischen zwei gegenüberliegenden Aufzugsgruppen soll 3 m oder das doppelte bis 2,5fache der Fahrkorbtiefe entsprechen.

Bei dieser Anordnung ist darauf zu achten, daß der Stauraum nicht zugleich dem Durchgangsverkehr dient. Eine Anordnung in Nischen ist u.U. angebracht.

Lastenaufzüge sollen nicht im Bereich der Personenaufzüge angeordnet werden. In vielen Fällen weisen Gebäude eigene Ladezonen auf, die dem An- und Abstransport der Güter durch LKW dienen. Diesen Ladezonen sind die Lastenaufzüge zuzuordnen. Der Stauraum vor solchen Aufzügen muß mindestens der Fahrkorbtiefe zuzüglich einer Fläche betragen, welche bei Gütern auf Flurförderfahrzeugen dem Radius des Fahrzeuges in der Fahrbewegung sowie der Standfläche der Bedienperson entspricht. Werden die Güter durch Personen bewegt, ist hier ein Zuschlag von 0,5 m als ausreichend zu betrachten.

9.2.3.2. Antriebstechnik

Einen starken Einfluß auf den Baukörper hat die Wahl des Antriebes der Aufzugsanlage infolge der Notwendigkeit der Unterbringung der Motoren. Je nach Bauart unterscheidet man in die beiden am häufigsten verwendeten Antriebsbauarten:

- Treibscheibenantrieb (Seilaufzug)
- Hydraulikantrieb
- Seilhydraulischer Antrieb (indirekt hydraulischer Antrieb)

• Treibscheibenantrieb

Der wohl am häufigsten verwendete Antrieb ist der Treibscheibenantrieb, auch Seilantrieb genannt.

Bei dieser Antriebsart hängt der Fahrkorb an Tragseilen, die über die Treibscheibe einer über dem Fahrkorb angeordneten Winde geführt werden und an deren anderem Ende ein Gegengewicht befestigt ist.

Das Gegengewicht hat üblicherweise die Größe des Gewichtes des Fahrkorbes und die Hälfte der Nutzlast. So ist bei beliebigem Zustand der Ladung nur maximal die Hälfte der Last und die Reibung durch den Antrieb zu überwinden. Die Winde wird zumeist über dem Schachtkopf angeordnet (Bild 9.2).

Ebenfalls sind Anordnungen oben neben dem Schacht oder unten neben dem Schacht (Bild 9.3) möglich.

Diese Anordnungen sollten jedoch nur in Sonderfällen zur Anwendung kommen, da einerseits sehr lange Tragseile notwendig werden und diese

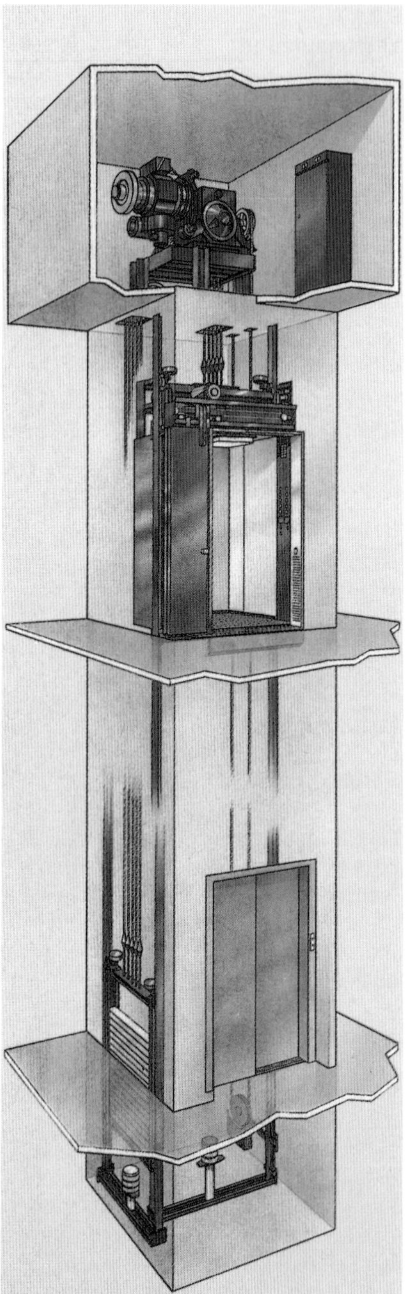

Bild 9.2
Treibscheibenantrieb, Winde oben über dem Schacht

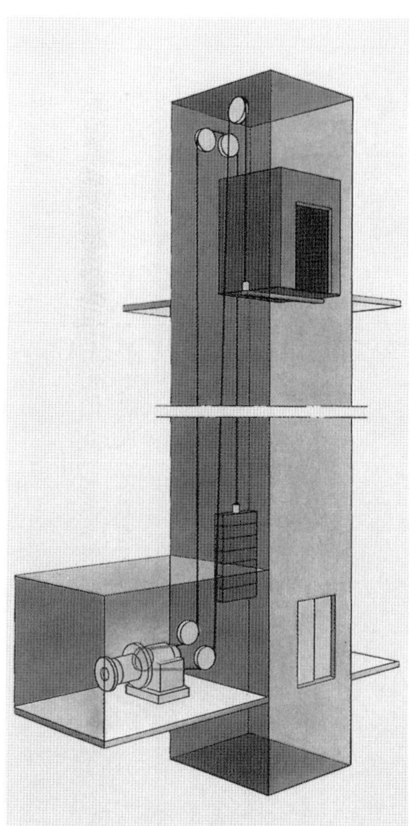

Bild 9.3
Treibscheibenantrieb, Winde unten neben dem Schacht

aufgrund des häufigen Richtungswechsels darüber hinaus sehr stark beansprucht werden.

- **Hydraulischer Antrieb**

Bei den hydraulischen Antrieben unterscheidet man grundsätzlich nach direktem und indirektem Antrieb sowie zusätzlichen Merkmalen, die nachfolgend erläutert werden.

Direkt hydraulischer Antrieb, Heber unter dem Fahrkorb

Beim klassischen hydraulischen Antrieb ist ein Druckkolben mittig unter dem Fahrkorb angeordnet. Der Zylinder dieses Druckkolbens findet in einer Brunnenbohrung unterhalb der Schachtgrube Platz (Bild 9.4).

Diese Bauart eignet sich für Förderhöhen bis maximal 20 m und einem Gesamtgewicht (Nutzlast und Eigengewicht des Fahrkorbes) bis maximal 30 Tonnen. Je nach Aufzugsart, Verwendungszweck und Fahrkorbgröße entspricht das einer Nutzlast von etwa 10 bis 20 Tonnen. Die Hubgeschwindigkeit ist in der Regel 0,3 m/s. Größere Geschwindigkeiten, bis maximal 1 m/s, sind möglich.

- **Direkt hydraulischer Antrieb, Heber neben dem Fahrkorb**

Ebenfalls zu den direkt hydraulischen Antrieben zählt die Bauart mit zwei Druckkolben, deren Zylinder seitlich rechts und links neben dem Fahrkorb im Schacht stehen. Die diagonal angeordneten Heber greifen an der oberen Traverse des Fahrkorbgerüstes an (Bild 9.5). Die Hubgeschwindigkeit beträgt in der Regel 0,3 m/s. wobei größere Geschwindigkeiten, bis maximal 1 m/s, möglich sind.

- **Direkt hydraulischer Antrieb, Heber neben dem Fahrkorb, Zugkolben**

Eine besondere Bauart des direkt angetriebenen Aufzuges ist die Konstruktion als Zugkolbenaufzug, (Bild 9.6) bei dem von zwei rechts und links neben dem Fahrkorb angeordneten Zugkolben der Aufzug nach oben gezogen wird. Wegen der reinen Zugbeanspruchung können die Querschnitte von Kolbenstange und Zylinder im Vergleich zum knickbelasteten Druckkolben sehr klein gehalten werden. Eine Belastung der Schachtdecke durch die Aufhängung der beiden Zugzylinder entsteht nicht.

Diese Bauart eignet sich für Förderhöhen bis maximal 4,5 m bei einer Nutzlast bis maximal 1200 kg. Die Hubgeschwindigkeit soll 0,3 m/s nicht überschreiten. Dieser Aufzug eignet sich sowohl für den Personen- als auch für den Lastentransport.

- **Seilhydraulischer Antrieb/indirekt hydraulischer Antrieb**

Werden die beiden Antriebssysteme – Seilantrieb und Hydraulikantrieb – miteinander verknüpft, so spricht man von indirekt hydraulischen Antrieben. Am häufigsten anzutreffen sind die folgenden Bauarten:

- **Indirekt hydraulischer Druckkolbenantrieb, Heber neben dem Fahrkorb**

Der Fahrkorb wird von zwei Druckkolben mittelbar über Seile bewegt (Bild 9.7). Die beiden Zylinder stehen seitlich rechts und links neben dem Fahrkorb auf einem Betonsockel in der Schachtgrube. Am Kolbenkopf jedes Hebers befindet sich eine Umlenkrolle, über welche die Seile laufen. Ein Seilende ist in Höhe des Heberfußes, das andere am Fahrkorbgerüst befestigt. Fahrkorb und Kolben bewegen sich im Verhältnis 2:1. Der Fahrkorb hat, wie alle Seilaufzüge, eine Fangvorrichtung. Diese Bauart eignet sich für Förderhöhen bis maximal 35 m sowie ein Gesamtgewicht (Nutzlast und Eigengewicht) bis maximal 12000 kg. Je nach Aufzugsart, Verwendungszweck und Fahrkorbgröße entspricht das einer Nutzlast von 4000 bis 8000 kg. Die Hubgeschwindigkeit beträgt in der Regel 0,3 m/s, größere Geschwindigkeiten, bis maximal 1m/sec, sind möglich.

- **Hydraulischer Zugkolbenaufzug, indirekt angetrieben, zwei seitliche Zylinder**

Wie Bild 9.8 zeigt, wird bei dieser Bauart

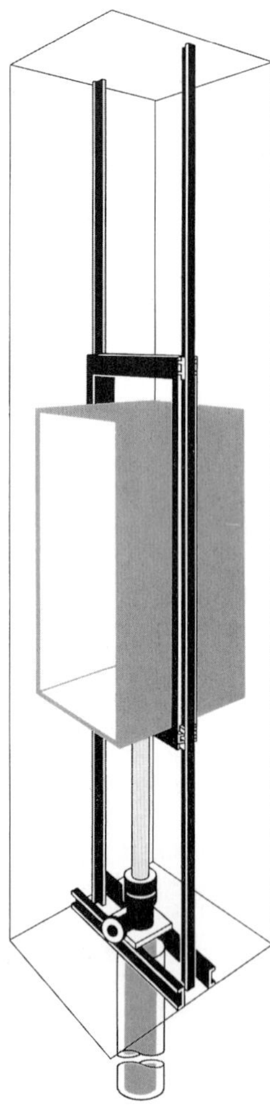

Bild 9.4
Direkt hydraulischer Antrieb, Heber unter dem Fahrkorb

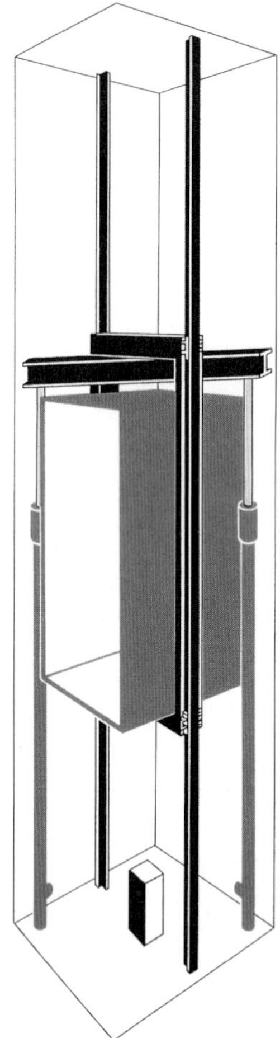

Bild 9.5
Direkt hydraulischer Antrieb, Heber neben dem Fahrkorb

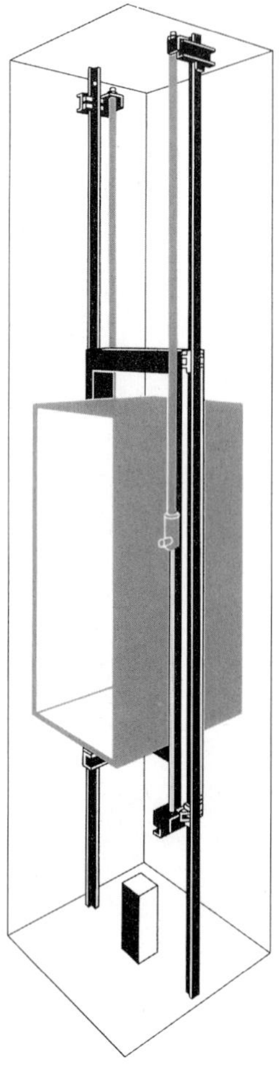

Bild 9.6
Direkt hydraulischer Antrieb, Heber neben dem Fahrkorb, Zugkolben

der Fahrkorb von zwei Zugkolben mittelbar über Seile nach oben gezogen. Die beiden Zugzylinder sind seitlich rechts und links neben dem Fahrkorb in der Schachtgrube aufgebaut. Die Kolbenstangen sind über Seilrollen und Seile im Verhältnis 2:1 mit dem Fahrkorb verbunden. Somit bewegen sich Fahrkorb und Kolben im Verhältnis 2:1. Der Fahrkorb, wie alle Seilaufzüge, eine Fangvorrichtung.

Aufgrund des Konstruktionsprinzips des Zugkolbens kann sich kein Schlaffseil bilden. Diese Bauart eignet sich für Förderhöhen bis maximal 19 m bei einer Betriebsgeschwindigkeit von maximal 1,0 m/s. Der Standard-Betriebsgeschwindigkeiten von 0,5 m/s und 0,7 m/s ist hierbei der Vorzug zu geben. Der Aufzug eignet sich sowohl für den Personen- als auch für den Lastentransport.

Allen vorgenannten hydraulischen Antriebsarten ist gemeinsam, daß die Aufwärtsbewegung über einen hydraulischen Druck- oder Zugkolben erfolgt, die Abwärtsbewegung über das Eigengewicht des Fahrkorbes. Bei Aufzugsanlagen mit hoher Tragfähigkeit kann das zu Situationen führen, bei denen der Fahrkorb über das infolge der Konstruktion gegebene Maß hinaus beschwert werden muß, damit er mit

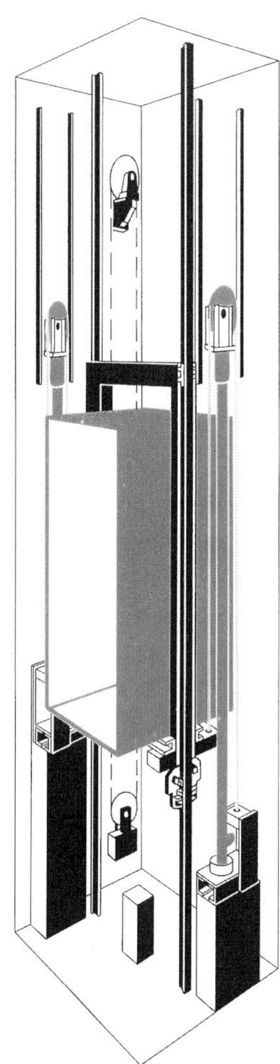

Bild 9.7
Indirekt hydraulischer Druckkolbenantrieb, Heber neben dem Fahrkorb

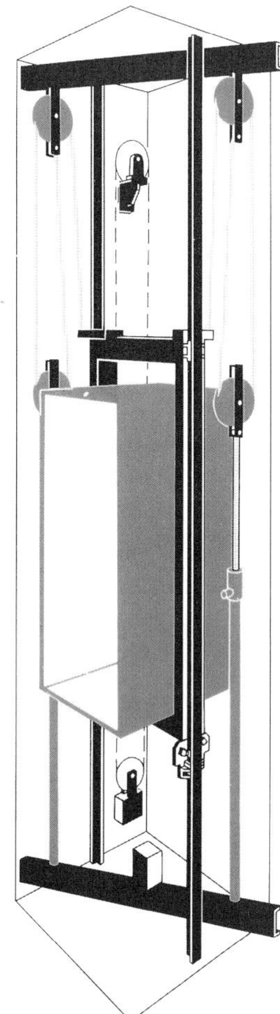

Bild 9.8
Hydraulischer Zugkolbenaufzug, indirekt angetrieben, zwei seitliche Zylinder

Bild 9.9
Hydraulischer Zugkolbenaufzug, indirekt angetrieben, mit hinten angeordnetem Heber mit Ausgleichsgewicht

Nenngeschwindigkeit abwärts fahren kann. Die zusätzliche Masse ist mit dem Antrieb aufwärts zu bewegen.

Eine besondere Konstruktion, welche die Vorteile des Massenausgleichs (Treibscheibenantrieb) und des Hydraulikantriebes vereinigt ist die Konstruktion als hydraulischer Zugkolbenaufzug, indirekt angetrieben, ein hinten angeordneter Heber mit Ausgleichsgewicht.

Bei dieser Konstruktion wird der Fahrkorb von einem Zugkolben unmittelbar über Seile nach oben gezogen. Der Zylinder ist hinter dem Fahrkorb in der Schachtgrube befestigt Am Kopf der Kolbenstange ist ein Ausgleichsgewicht montiert, das mehr als die Hälfte des Fahrkorbeigengewichtes ausgleicht. Das Ausgleichsgewicht läuft in Führungsschienen und ist über Seilrollen und Seile im Verhältnis 2:1 mit dem Fahrkorb verbunden.Bild 9.9 zeigt ein Beispiel dieser Bauart, bei der der Fahrkorb, wie alle Seilaufzüge, eine Fangvorrichtung hat.

Die Fahreigenschaften und die Haltegenauigkeit der hydraulischen Aufzugsanlagen werden stark von der Art des Steuerblocks des hydraulischen Triebwerks bestimmt. Der Steuerblock ermöglicht mit einem internen Regelkreis eine konstante, lastunabhängige Fahrgeschwindigkeit, sowie lastunabgängiges Beschleunigen und Verzögern.

Bei direkt hydraulischen Antrieben und kleinen Hubgeschwindigkeiten (unter 0,3 m/s) wird die hydraulische Steuerung meist so gewählt, daß der Aufzug in der Aufwärtsfahrt die Zielhaltestelle geringfügig überfährt und dann auf exaktes Haltestellenniveau abgesenkt wird.

Bei höheren Hubgeschwindigkeiten (größer als 0,3 m/s) sowie bei allen seilhydraulischen Antrieben fährt der Aufzug in Aufwärtsrichtung direkt von unten in die Zielhaltestelle ein.

9.2.3.3. Bauliche Maßnahmen

• Aufzugsschacht

Aufzüge müssen in Schächten, (Bild 9.10) in feuerbeständiger Bauart installiert werden. In diesen Schächten sind ausschließlich die für den Betrieb der Aufzugsanlagen notwendigen Bauteile enthalten. Aufzugsfremde Leitungen und Bauteile dürfen in diesen Schächten nicht angeordnet werden.

• Schachtwände – SW –

Die Abmessungen des Schachtes sind im wesentlichen abhängig von der Bauart des Aufzuges (Fahrkorbabmessungen mit und ohne Durchladung) sowie von der Art des Antriebes und der Bauart der Türen. Die Aufzugsschächte sind mit Lüftungs- und Rauchabzugsöffnungen zu versehen. Der Querschnitt für diese Öffnungen beträgt in der Regel 2,5 % der Fahrschachtgrundfläche, mindestens jedoch 0,1 m^2. Näheres hierzu ist im Landesbaurecht geregelt. Die Fahrschachtwände dürfen keine Vorsprünge aufweisen. Bei Aufzügen ohne Fahrkorbabschlußtüren werden an die Schachtinnenseiten auf der Zugangsseite besondere Anforderungen gestellt. In diesem Bereich müssen die Wände hart und glatt sein, und sie dürfen keine Vorsprünge oder Vertiefungen aufweisen.

• Schachtgrube – SG –

Das untere Ende des Schachtes bezeichnet man als Schachtgrube. Die Tiefe der Schachtgrube wird von der Oberkante des fertigen Fußbodens der untersten Haltestelle bis zur Oberkante des fertigen Fußbodens der Schachtsohle gemessen.

Die Mindesttiefe der Schachtgrube ergibt sich aus:

- Dicke der Fahrkorbbodenkonstruktion
- unterer Überfahrweg
- Pufferweg
- unterer Schutzraum

Die Schachtgrube endet in der Regel auf dem Gebäudefundament (gewachsenem Boden). Ist der Raum unter der Schachtgrube begehbar, so ist unter der Laufbahn des Gegengewichtes ein Pfeiler zu erstellen oder das Gegengewicht mit einer Fangvorrichtung zu versehen (Bild 9.11).

Für Aufzüge mit einer Betriebsgeschwindigkeit bis 1 m/s ist eine Schachtgrubentiefe von 1,5 m in der Regel ausreichend. Bei Schachtgrubentiefen von 1,50 m bis 2,50 m ist ein fest angebrachter Abstieg vorzusehen (Bild 9.12).

Bei Schachtgrubentiefen von mehr als 2,50 m ist anstelle des Abstieges eine abschließbare Zugangstüre zu einem Geschoß (UG) vorzusehen (Bild 9.13).

• Schachtkopf – SK –

Der Schachtkopf ist der obere Schachtteil, gemessen von der Oberkante des fertigen Fußbodens der obersten Haltestelle bis zur Unterkante der Schachtdecke. Der Schachtkopf kann bei Seilaufzügen in den Triebwerksraum, bei Aufzügen mit hydraulischem Antrieb in das darüber liegende Geschoß hineinragen. Die Höhe des Schachtkopfes ergibt sich aus der Addition der Maße für

- lichte Fahrkorbhöhe
- Dicke der Fahrkorbdeckenkonstruktion
- oberer Überfahrweg
- oberer Schutzraum

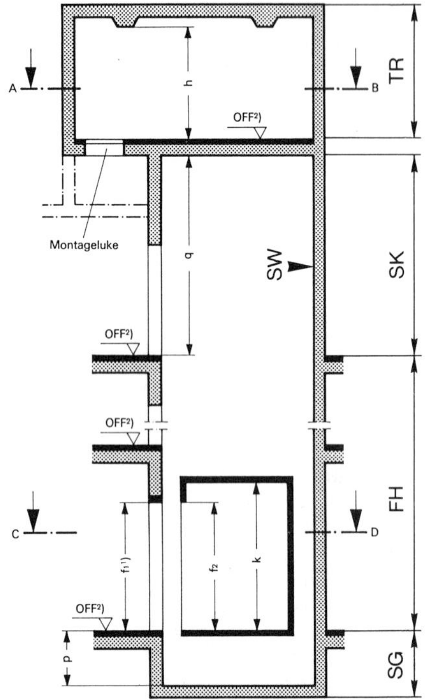

SW = Schachtwand
SG = Schachtgrube
FH = Förderhöhe
SK = Schachtkopf
TR = Triebwerksraum

Bild 9.10
Fahrschacht und Triebwerksraum

Die Schachtgrube endet auf gewachsenem Boden (Gebäudefundament).

Ist der Raum unter der Schachtgrube begehbar, so ist ab gewachsenem Boden bis zur Schachtgrube ein Pfeiler unter dem Gegengewicht nach unseren Angaben zu erstellen. Ist die Erstellung eines Pfeilers nicht möglich, muß das Gegengewicht mit einer Fangvorrichtung ausgerüstet werden (Schachtabmessungen überprüfen).

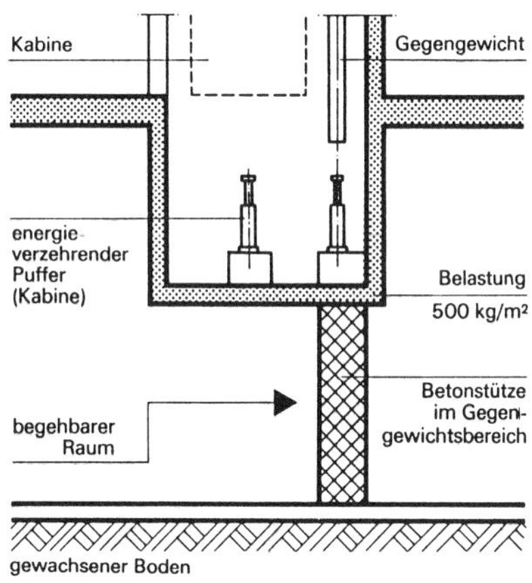

Bild 9.11
Schachtgrube auf gewachsenem Boden

Bei Schachtgrubentiefen von 1500 mm bis zu 2500 mm ist für jeden Aufzug bauseitig ein unfallsicherer Abstieg vorzusehen.

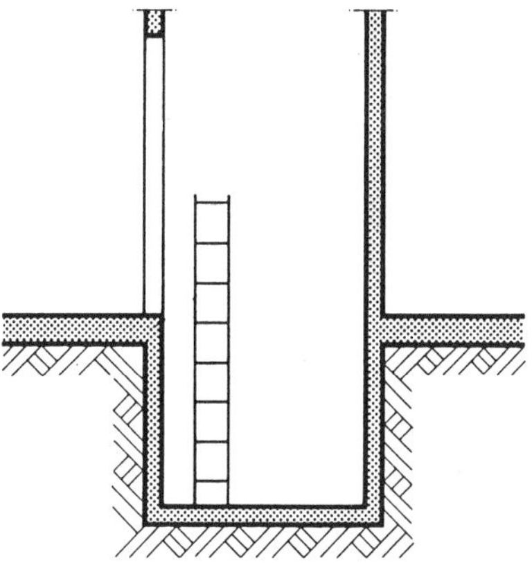

Bild 9.12
Schachtgrube mit Abstieg

– Zuschlag (für Montageträger, Rollenträgern etc.)

Für Aufzüge mit Betriebsgeschwindigkeiten bis 1 m/s können folgende Schachtkopfhöhen angenommen werden:

– Aufzüge mit Treibscheibenantrieb = lichte Fahrkorbhöhe + 1,7 m
– Aufzüge mit Hydraulikantrieb = lichte Fahrkorbhöhe + 1,2 m

• Fahrschachtzugänge

Die Größe der Fahrschachtzugänge wird wesentlich durch die Bauart der Tür und die Lage durch die Schachtsymmetrie bestimmt. Im wesentlichen unterscheidet man zwischen aufgesetzten und eingesetzten Türen.

Aufgesetzte Türen sind Schiebetüren, die auf die Schachtwandinnenseite aufgesetzt werden. Von der Art her unterscheidet man mittig und seitlich öffnende, teleskopierende und nichtteleskopierende Türen. Die Schachttüren müssen absolut lotrecht übereinandersitzen, da sie von Mitnehmern der Fahrkorb-Abschlußtüre bewegt werden. Die geringste Breite haben einseitig öffnende, teleskopierende Schiebetüren. Bei der Auswahl der Türen sollte darauf geachtet werden, daß die einzelnen Türblätter nicht schmäler als 0,3 m sind, um einen möglichst hohen Gleichlauf der Türblätter zu erreichen.

Eingesetzte Türen sind in der Regel Drehtüren, deren der Schachtinnenseite zugewandtes Türblatt mit der Schachtinnenseite auf der Zugangsseite des Fahrkorbes bündig abschließt. Diese Schachtdrehtüren sind mit Sichtöffnungen zu versehen. Die erforderliche Größe ist in den Bestimmungen zur Errichtungen von Aufzugsanlagen enthalten.

Bei Schachtgrubentiefen von mehr als 2500 mm ist für jeden Aufzug anstelle des Abstieges bauseitig eine abschließbare Zugangstür von mindestens 1,40 m Höhe vorzusehen.

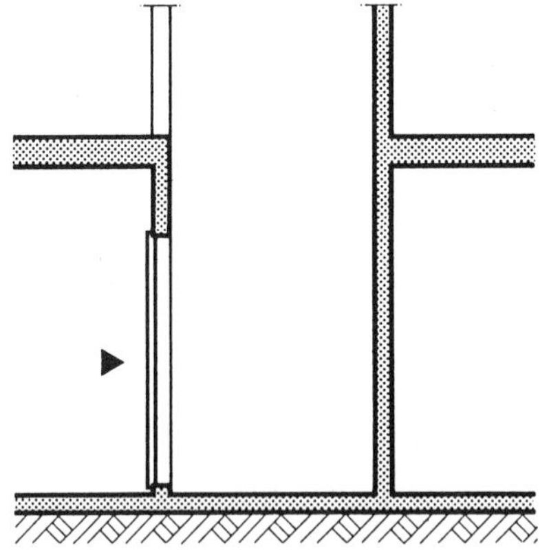

Bild 9.13
Schachtgrube mit Zugangstüre

Liegt die Bauart der Türe fest, kann die Rohbauöffnung hierfür angegeben werden.

Bei aufgesetzten Türen rechnet man in der Regel mit:

- Rohbauöffnung-Breite
  = Türdurchgangsbreite + 250 mm
- Rohbauöffnung-Höhe
  = Türhöhe + 100 mm, bezogen auf die Oberkante des fertigen Fußbodens.

Bei eingesetzten Türen bestimmt sich die Rohbauöffnung aus

- Rohbauöffnung-Breite
  = Türbreite + 300 mm, wobei für jede Bandseite 5 cm zu addieren sind
- Rohbauöffnung-Höhe
  = lichte Durchgangshöhe + 200 mm, bezogen auf die Oberkante des fertigen Fußbodens.

• Aussparungen für die Steuerung

Bei Aufzügen, die als Einzelanlage betrieben werden, sind die Bedienknöpfe der Außensteuerung üblicherweise in die Türzarge integriert. Werden die Aufzüge jedoch in Gruppen zusammengefaßt, werden die Bediengeräte jeweils zwischen den Zugängen angeordnet. Hierfür empfiehlt es sich, eine 10 cm tiefe, 12 cm breite und 15 cm hohe Aussparung anzuordnen. Die Unterkante dieser Aussparung soll 1 m über der Oberkante des fertigen Fußbodens liegen. Werden in diesen Außensteuerkästen darüber hinaus Außerbetriebanzeigen oder Weiterfahrtanzeigen (Richtungspfeile) angeordnet, müssen diese Aussparungen entsprechend größer vorgehalten werden.

• Triebwerksraum

Zu jedem Aufzugsschacht gehört ein Triebwerksraum, der je nach Art des gewählten Antriebes entweder oben über dem Schacht (Treibscheibenantrieb) oder unten neben dem Schacht (Hydraulikantrieb) angeordnet wird. In 9.6 sind Anhaltswerte zur Planung des Vorentwurfs enthalten.

• Triebwerksraum für Hydraulikaufzüge

Bei allen hydraulischen Antriebsarten liegt der Triebwerksraum mit dem Antriebsaggregat meist unmittelbar neben dem Schacht auf der Höhe der untersten Haltestelle. Der Triebwerksraum kann aber auch einige Meter vom Schacht entfernt angeordnet werden. Hierbei ist jedoch darauf zu achten, daß die hydraulischen Leitungen so installiert werden, daß sie zu jeder Zeit auf voller Länge inspiziert werden können. Ebenso können von der Genehmigungsbehörde weitere Auflagen bezüglich des Brandschutzes erfolgen.

• Triebwerksraum für Seilaufzüge

Die Triebwerksräume von Aufzugsanlagen mit Treibscheibenantrieb werden in der Regel über dem Schacht angeordnet.

Für die Einbringung der Aufzugswinde und des Schaltschrankes sollte im Triebwerksraumfußboden eine Montageluke in den Abmessungen von 1,0 m · 1,5 m vorgesehen werden. Diese Luke ist mit einer nach oben öffnende Klappen zu verschließen, die im geöffneten Zustand feststellbar sein muß. In der Schachtdecke von Aufzügen mit Treibscheibenantrieb (Seilaufzüge) sind Aussparungen für die Tragseile, die Seile für Geschwindigkeitsbegrenzer und Kopierwerk sowie für Um- oder Ablenkrollen erforderlich. Die Lage und Größe dieser Aussparungen kann, da sie abhängig von den verwendeten Geräten sind, nur von der ausführenden Aufzugsfirma festgelegt werden. Zur Erleichterung der Montage von Triebwerksteilen und deren Austausch im Reparaturfalle soll unter der Decke über dem Triebwerk ein Montageträger vorgesehen werden (Bild 9.14).

• Zugangswege

Zugangswege und Türen zu den Triebwerksräumen sind so zu dimensionieren, daß sie vom Wartungspersonal begangen werden können. In der Regel ist hier eine lichte Höhe von 2 m und eine Breite von 0,9 m ausreichend.

An der Triebwerksraumdecke ist eine Befestigungsvorrichtung zum gefahrlosen Heben und Verschieben größerer Lasten anzubringen.
Im Triebwerksraumboden oder in unmittelbarer Nähe des Triebwerksraumes ist eine Transportöffnung vorzusehen.

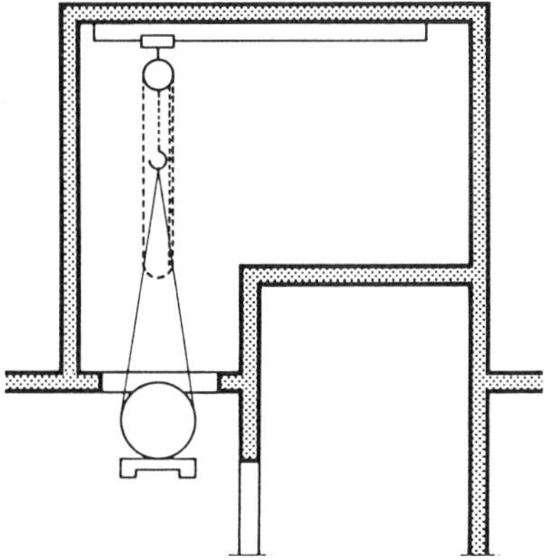

Bild 9.14
Triebwerksraum für Treibscheibenaufzug mit Montageöffnung

Kabinenhöhe: 2 200
lichte Eingangshöhe: 2 000

400 kg

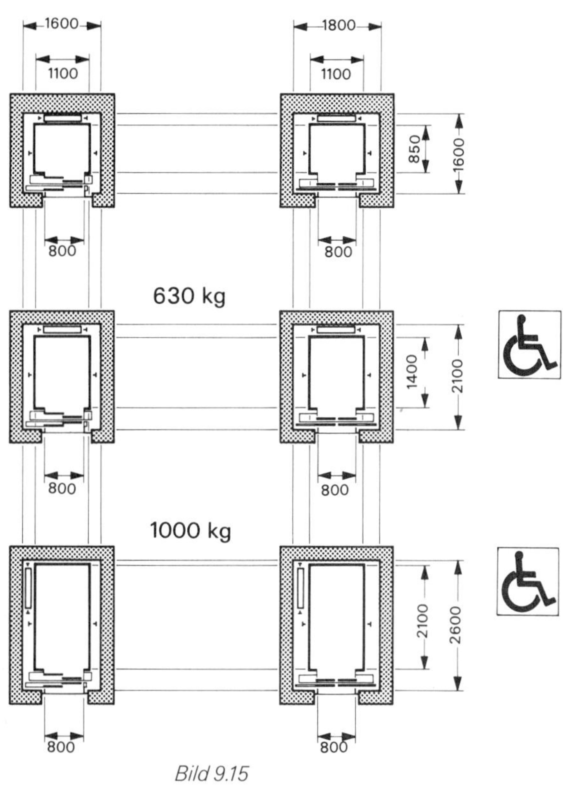

Bild 9.15
Aufzüge für Wohngebäude

- **Fahrkörbe**

Neben den Türen bestimmen die Abmessungen des Fahrkorbes die Größe des Fahrschachtes. Einige der gängigsten Fahrkorbabmessungen sind in nachstehenden Bildern 9.15 und 9.16 dargestellt.

Fahrkörbe sind zu beleuchten und erhalten darüber hinaus eine von der Netzversorgung unabhängige Sicherheitsbeleuchtung über eine Batterie, die im Steuerungsschrank der Aufzugsanlage eingebaut ist. Während bei Personenaufzügen der Gestaltung der Beleuchtung keine Grenzen gesetzt sind, sollen die Leuchten bei Lastenaufzügen wegen der Beschädigungsgefahr durch das Ladegut möglichst in der Fahrkorbdecke versenkt angeordnet werden. Darüber hinaus ist hier ein erhöhter Staubschutz empfehlenswert.

Die Fahrkörbe von Personen- und Lastenaufzügen müssen be- und entlüftet werden. Zu- und Abluftöffnungen müssen so angebracht werden, daß eine ausreichende diagonale und vertikale Durchlüftung sichergestellt ist. Die Spalten an den Fahrkorbtüren sollen daher höchstens bis zur halben Türhöhe und nur auf die Zuluftöffnungen angerechnet werden. Bei großen Fahrkörben sind Kleinventilatoren empfehlenswert. Sofern durch den Verwendungszweck oder die Konstruktion erforderlich, ist in der Fahrkorbdecke eine Ausstiegsluke zum Befreien eingeschlossener Personen vorzusehen. Werden in Aufzügen Lasten und Güter auf Flurförderfahrzeugen befördert, so ist es zweckmäßig, in Höhe der breitesten Stellen dieser Fahrzeuge im Fahrkorb Schrammleisten vorzusehen. Beim Transport im Aufzug müssen diese Förderzeuge mit Feststellbremsen versehen sein. Andernfalls ist der Einbau einer besonderen Feststellvorrichtung in den Aufzügen erforderlich.

Kabinenhöhe: 2 200
lichte Eingangshöhe: 2 000

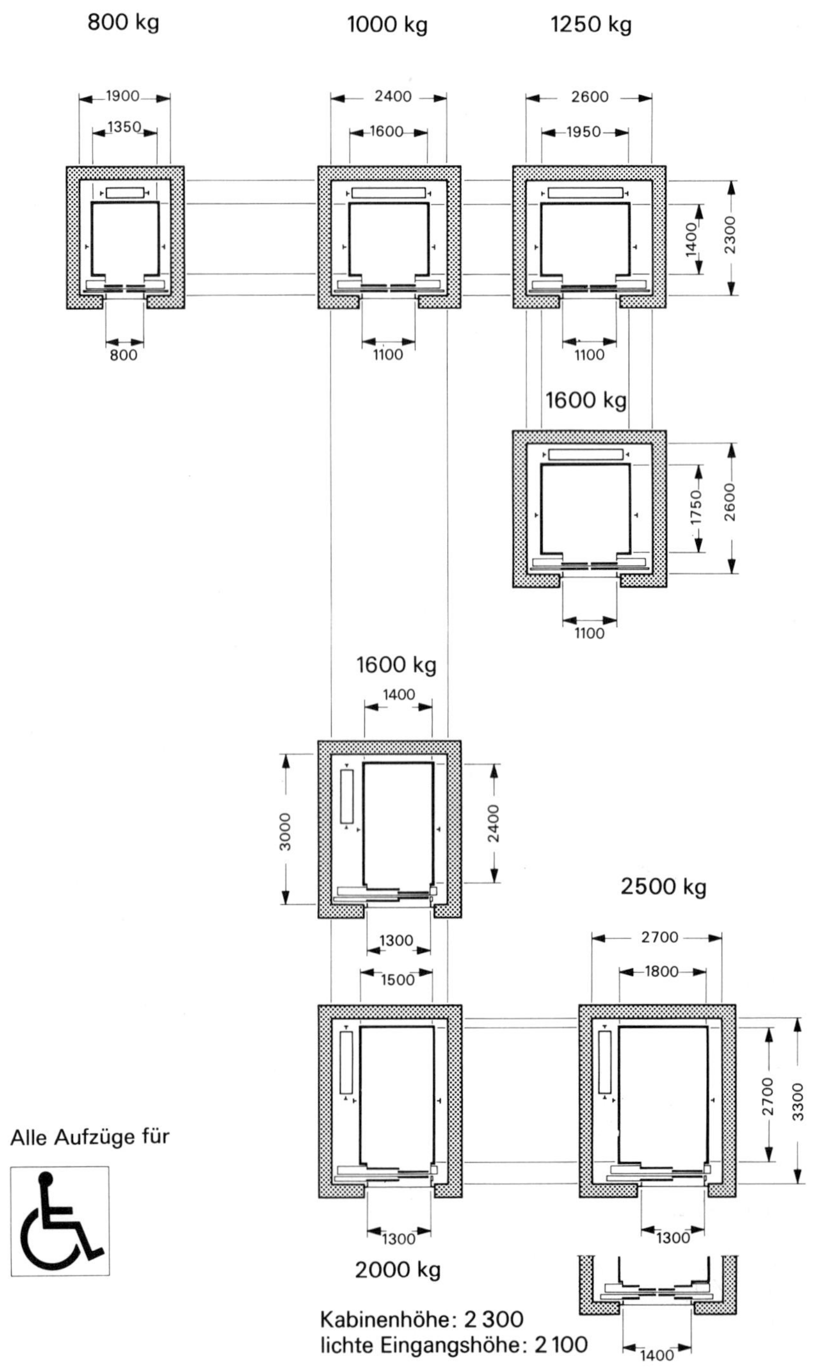

Bild 9.16
Büro- und Verwaltungsgebäude, Hotels

- **Besonderheiten bei Personenaufzügen zum Transport Behinderter und Rollstuhlfahrer**

Sollen in einem Aufzug Behinderte und Rollstuhlfahrer nicht nur in Ausnahmefällen befördert werden, so soll der Fahrkorb mindestens folgende Abmessungen aufweisen:

- Breite des Zugangs 900 mm
- Breite des Fahrkorbes 11000 mm
- Tiefe des Fahrkorbes 1400 mm.

Zusätzlich soll umlaufend ein Handlauf in 85 cm Höhe vorgesehen werden. Die Bedienungselemente müssen so angeordnet werden, daß sie von einem Rollstuhlfahrer zu bedienen sind. Hierbei empfiehlt es sich, in Höhe des Handlaufes ein zusätzliches, waagerecht angeordnetes Druckknopftableau anzubringen. Wird der Aufzug häufig von blinden Personen benutzt, so ist neben den Druckknöpfen die Bezeichnung der Zielhaltestellen in Braille-Schrift anzubringen. Ebenso soll über eine automatische Ansageeinrichtung (Tonbandansage) die Zielhaltestelle (u. U. weitere Informationen) angesagt werden. Bei der Anordnung der Außenrufkästen ist darauf zu achten, daß diese von Rollstuhlfahrern zu erreichen sind.

9.2.3.4. Steuerung der Aufzüge

Die Art der Steuerung beeinflußt die Förderleistung von Aufzugsanlagen erheblich. Je nach Bauart unterscheidet man folgende Steuerungen:

• **Einzelfahrtsteuerung**

Bei der Einzelfahrtsteuerung wird nur ein Fahrbefehl angenommen und ausgeführt. Ein Anhalten des Fahrkorbes zum Zusteigen anderer Aufzugsbenutzer ist nicht möglich. Diese Steuerung ist vor allem für Lastenaufzüge vorzusehen, bei denen ein Anhalten während der Fahrt wegen des beladenen Fahrkorbes nicht sinnvoll ist.

• **Einknopf-Sammelsteuerung**

Bei dieser Steuerung werden alle Fahrbefehle der Innen- und Außensteuerung gespeichert. Der Aufzug wickelt alle vorliegenden Steuerbefehle in der eingeschlagenen Fahrtrichtung ab. Diese Steuerung eignet sich für einzelne Personenaufzüge, in Wohngebäuden, jeweils bis zu fünf Haltestellen.

• **Richtungsabhängige Sammelsteuerung**

Wie bei der Einknopf-Sammelsteuerung werden auch hier alle Innen- und Außensteuerbefehle gespeichert. In den Außensteuertafeln der Zwischenhaltestellen sind jedoch zwei Befehlsschalter vorhanden, jeweils für die gewünschte Fahrtrichtung „Aufwärts" oder „Abwärts". Der Aufzug hält nur, wenn die vom Fahrkorb eingeschlagene Fahrtrichtung mit der gewünschten Fahrtrichtung übereinstimmt. Durch diese Steuerung ergibt sich eine wirtschaftlichere Verkehrsabwicklung, die sich besonders bei häufigem Zwischenstockverkehr bewährt.

• **Gruppen-Sammelsteuerung**

Werden mehrere Personenaufzüge in einer Gruppe zusammengefaßt, so wird der Grundbaustein der richtungsabhängigen Sammelsteuerung verwendet. Darüberhinaus werden alle Außenrufe in einem „Gruppenkopf" gespeichert. Fährt zum Zeitpunkt des Eintreffens des Rufes kein Aufzug, so erhält der der rufenden Haltestelle nächststehende Aufzug den Befehl übertragen. Befinden sich die Aufzüge in Fahrt, so wird der Außensteuerbefehl dem Aufzug zugeteillt, der sich in der gewünschten Fahrtrichtung am nächsten befindet.

Eine weitere Verbesserung der Förderleistung kann durch die **Besetzteinrichtung** erreicht werden. Sind die Fahrkörbe häufig voll besetzt, so führt das Anhalten auf einen Außensteuerbefehl hin nur zu einer unnötigen Fahrtverzögerung. Durch eine Besetzteinrichtung wird die Annahme eines Außensteuerbefehles so lange verhindert, bis eine Entlastung des Fahrkorbes (Aussteigen von Personen) eintritt. Die Besetzteinrichtung kann auf den Benutzerkreis im Bereich von 60 bis 80 % der Tragfähigkeit eingestellt werden.

Sind bestimmte Verkehrsschwerpunkte und geringer Zwischenstockverkehr zu erwarten, so empfiehlt es sich, eine **Zeitsteuerung** vorzusehen, mit deren Hilfe die Aufzüge nach einer einstellbaren Zeit, in der sie kein Ruf erreicht hat eine bestimmte Haltestelle anfahren.

Um ein Anfahren des überladenen Fahrkorbes zu verhindern, werden in der Regel **Überlasteinrichtungen** vorgesehen.

9.2.4. Errichten von vereinfachten Güter-, Behälter- und Unterfluraufzügen sowie Kleingüteraufzügen

Vereinfachte Güter-, Behälter- und Unterfluraufzüge werden in der Regel mit hydraulischem Antrieb versehen (Bilder 9.17 und 9.18).

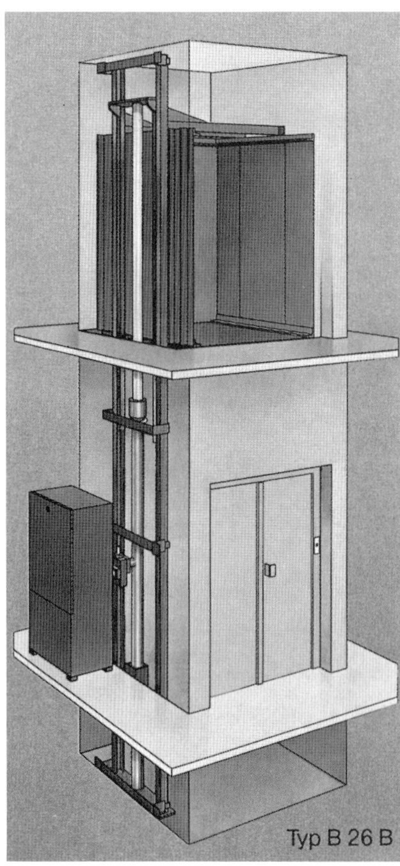

Bild 9.17
Vereinfachter Güteraufzug

Der Antrieb und die Steuerung sind in einem abschließbaren Triebwerksschrank untergebracht. Hierbei ist kein besonderer Triebwerksraum erforderlich. Bei Unterfluraufzügen ist grundsätzlich ein Baldachinabschluß vorgesehen. In Bild 9.19 sind verschiedene Arten der Baldachinabschlüsse dargestellt. Bei Ausführung im Freien hat sich der unter Bild Nr. 5 dargestellte Baldachinabschluß am besten bewährt.

9

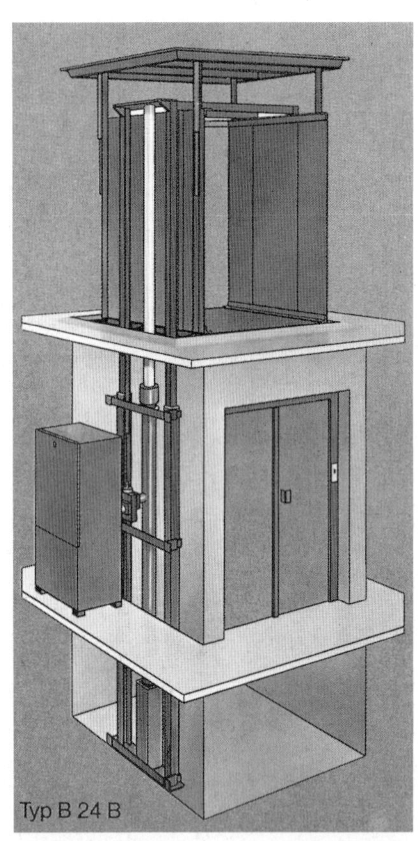

Bild 9.18
Unterfluraufzug

Er ist spritzwassergeschützt und hält das Wasser in geschlossenem Zustand vom Aufzugsschacht fern. Bei Ausführungen mit Wasserablaufrinne, wie in Nr. 1 und Nr. 7 dargestellt, ist darauf zu achten, daß die diese Rinnen regelmäßig gereingt werden. Da im Winter Vereisungsgefahr besteht, müssen die Rinnen beheizt werden.

Der Antrieb des Fahrkorbes erfolgt in der Regel direkt hydraulisch. Es sind jedoch indirekt hydraulische Ausführungen mit Kettenbalken und zwei Rollen für Kettenaufhängung des Laufwagens denkbar.

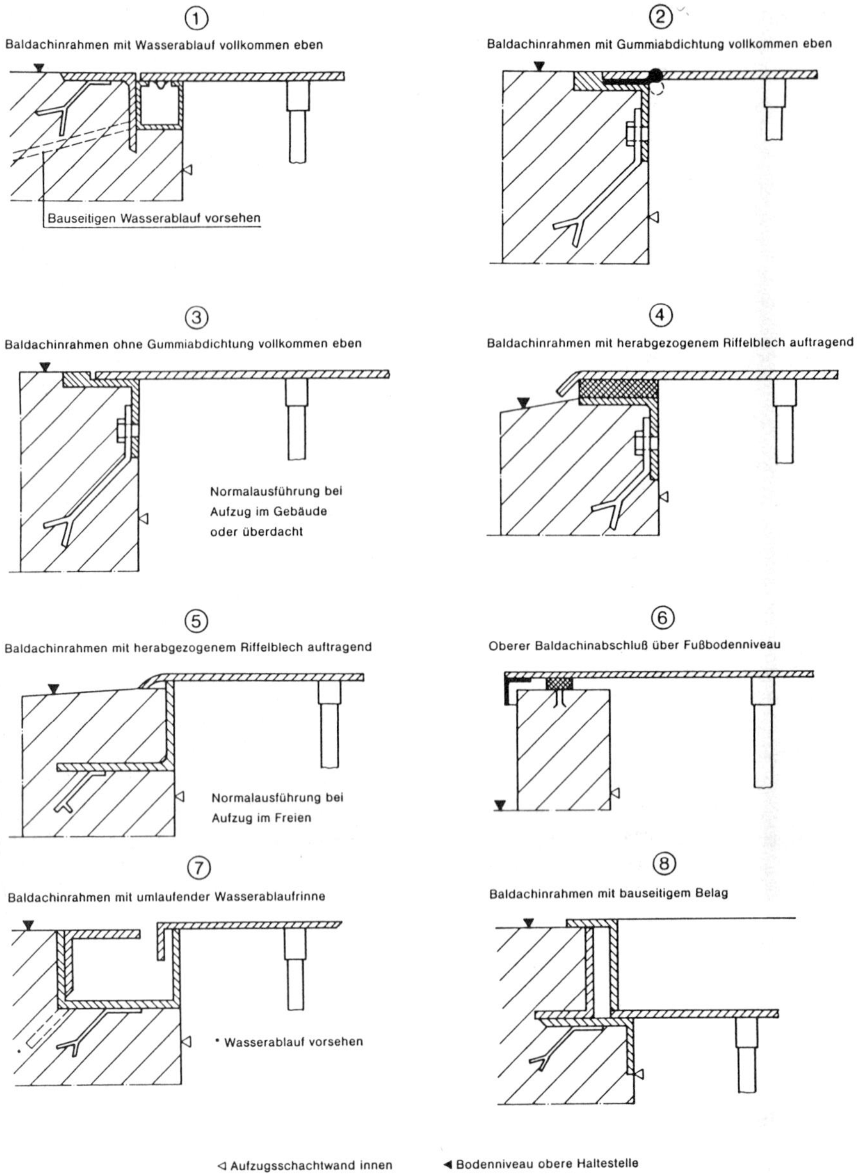

①
Baldachinrahmen mit Wasserablauf vollkommen eben
Bauseitigen Wasserablauf vorsehen

②
Baldachinrahmen mit Gummiabdichtung vollkommen eben

③
Baldachinrahmen ohne Gummiabdichtung vollkommen eben
Normalausführung bei Aufzug im Gebäude oder überdacht

④
Baldachinrahmen mit herabgezogenem Riffelblech auftragend

⑤
Baldachinrahmen mit herabgezogenem Riffelblech auftragend
Normalausführung bei Aufzug im Freien

⑥
Oberer Baldachinabschluß über Fußbodenniveau

⑦
Baldachinrahmen mit umlaufender Wasserablaufrinne
• Wasserablauf vorsehen

⑧
Baldachinrahmen mit bauseitigem Belag

◁ Aufzugsschachtwand innen ◀ Bodenniveau obere Haltestelle

Bild 9.19
Baldachinabschlüsse bei Unterfluraufzügen

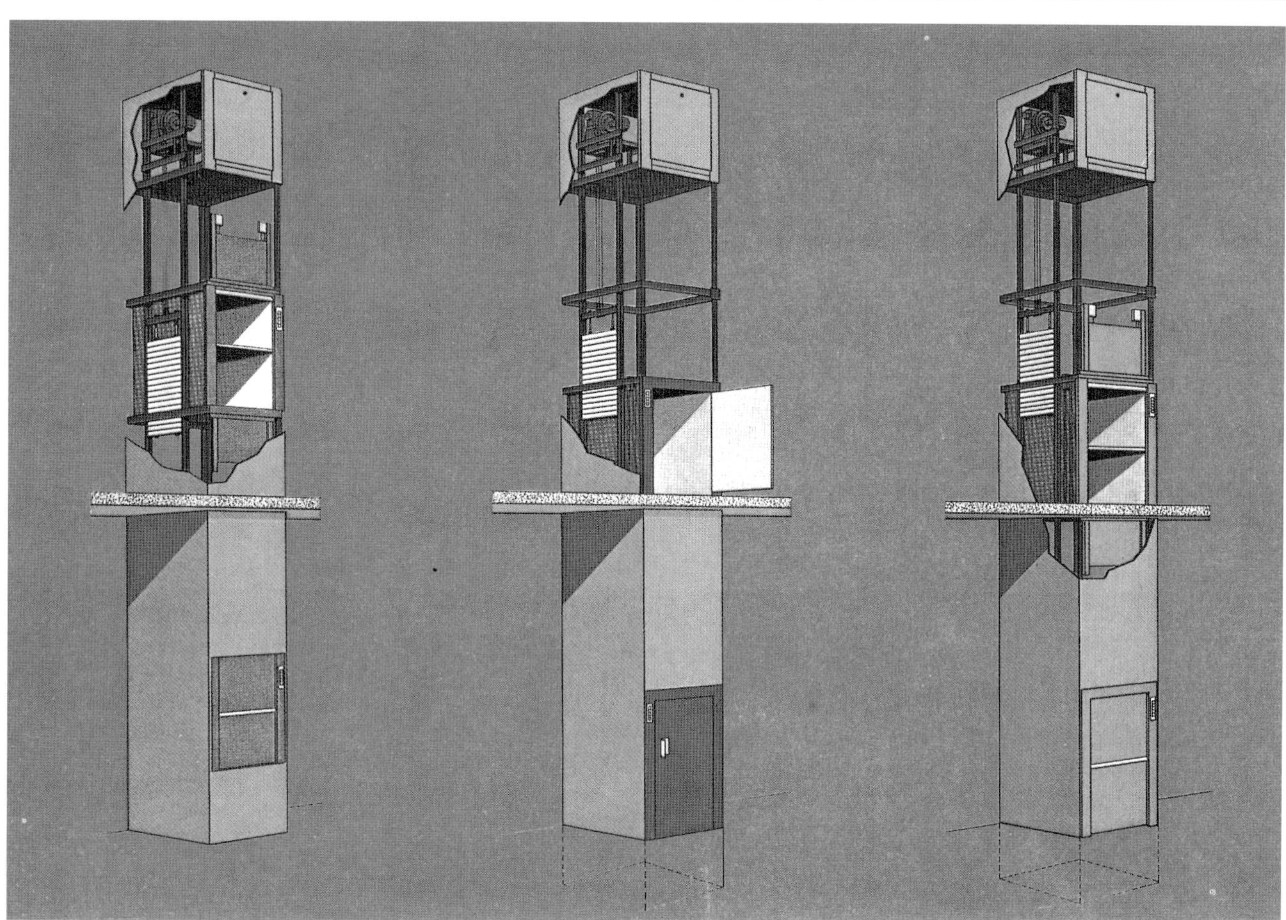

Vertikal öffnende Schiebetüre, Beladung in Brusthöhe

Drehtüre, Beladung bodeneben

Vertikal öffnende Schiebetüre, Beladung bodeneben

Bild 9.20 Kleingüteraufzug

- **Kleingüteraufzüge**

Kleingüteraufzüge werden in der Regel in Schachtgerüsten erstellt (Bild 9.20) Das Schachtgerüst nimmt alle vom Triebwerk herrührenden Kräfte auf und leitet sie über seine Stellpunkte auf das Bauwerk ab. Kleingüteraufzüge werden mit einem Drehstrommotor angetrieben. Die komplette Antriebsmaschine ist auf einem Rahmen montiert und im Triebwerksraum über dem Schachtgerüst angeordnet. Der Triebwerksraum wird durch eine einfache Stahlblechkonstruktion mit Aussparungen für Tragseile und Installationen räumlich vom Schachtgerüst getrennt.

Die Kabinen bestehen aus einem Tragrahmen aus Profilstahl, die Fahrkorbkästen werden aus Stahlblech gefertigt. Die Zugänge werden mit Schiebetüren oder einflügligen Drehtüren verschlossen. Schiebetüren werden zumeist als vertikal öffnende Türen verwendet. Die lichten Türmaße entsprechen den lichten Kabinenabmessungen. In Sonderausführung sind Kleingüteraufzüge auch für automatische Behälterbe- und -entladung möglich. Die Tragfähigkeit beträgt in der Regel 50, 100 oder 300 kg bei Nenngeschwindigkeiten zwischen 0,2 und 0,63 m/s.

9.3.
FAHRTREPPEN UND FAHRSTEIGE

9.3.1.
Fahrtreppen

Fahrtreppen sind außerordentlich zuverlässige und kontinuierlich laufende Personenbeförderungsmittel zur Beförderung auch für große Personenmengen. Sie lassen sich den jeweiligen Bedürfnissen und baulichen Gegebenheiten anpassen. Entsprechend vielfältig ist ihre Einsatzmöglichkeit.

9.3.1.1.
Anwendungsgebiet

Das bekannteste Anwendungsgebiet sind Warenhäuser und Einkaufszentren. Hier sollen die Besucher mühelos vom Eingangsbereich zu den Verkaufsflächen in den übrigen Etagen befördert werden. Durch die zentrale Anordnung der Fahrtreppenanlagen wird dem Kunden während der Beförderung zusätzlich eine visuelle Information über die verschiedenen Bereiche vermittelt. In Verwaltungsgebäuden mit hohem Publikumsverkehr und ebenso hohem Zwischenstockverkehr sind Fahrtreppen das schnellste und bequemste Fördermittel. In mehrgeschossigen Ausstellungshallen sorgen Fahrtreppen dafür, daß die Besucher auch bei starkem Andrang ohne Wartezeiten zwischen den verschiedenen Ausstellungsebenen verkehren können.

In Flughäfen, auf U-Bahnstationen sowie bei Unter- und Überführungen sind Fahrtreppen als „öffentliche Verkehrsmittel" leistungsfähige Verkehrsträger. Auch hier garantieren sie selbst bei kurzfristig anfallenden umfangreichen Beförderungsmengen einen kontinuierlichen Verkehrsfluß.

- **Neigungen und Hubhöhen**

International üblich werden Fahrtreppen mit 30 und 35° Neigung eingesetzt. In Sonderfällen sind auch Treppen mit einem Neigungswinkel zwischen 24,5 und 27,3° lieferbar.

Die 35-Grad-Treppe bildet die wirtschaftlichste Lösung, da sie den geringsten Raum benötigt und sich preisgünstig herstellen läßt. Sie findet ihren Anwendungsbereich bis etwa 5 m Hubhöhe. Bei mehr als 6 m Hubhöhe ist die Treppe mit einer Neigung von 35 Grad nicht empfehlenswert. Sie wird, speziell beim Abwärtslauf, als zu steil empfunden.

In Bild 9.21 sind die verschiedenen Konstruktionslängen bei gleicher Geschoßhöhe und verschiedenen Neigungswinkeln dargestellt. Bild 9.22 zeigt zudem verschiedene Einbaumöglichkeiten.

9.3.1.2.
Förderleistung von Fahrtreppenanlagen

Fahrtreppen werden am häufigsten mit einer Stufenbreite von 1000 mm eingesetzt. Sie gestatten dem Benutzer ein ungehindertes Betreten auch mit Gepäck und Einkaufstaschen. Auch Stufen mit einer Breite von 600 und 800 mm sind geläufig. Sie kommen vor allem in schwach frequentierten Objekten oder bei engen Raumverhältnissen zum Einsatz. Werden mehrere Fahrtreppen in einem Gebäude eingesetzt, so sollen zur Vermeidung örtlicher Staubildungen alle Stufenbreiten gleich sein. Die Fördergeschwindigkeit beträgt 0,45 bis 0,5 m/s. Höhere Geschwindigkeiten sind nur bei großen Förderhöhen sinnvoll.

Die Förderleistung beträgt bei

600 mm Stufenbreite	= 4.500 Pers./h
800 mm Stufenbreite	= 6.750 Pers./h
1.000 mm Stufenbreite	= 9.000 Pers./h

Eine Erhöhung der Fahrgeschwindigkeit bringt keine proportional zunehmende Förderleistung, weil die Benutzer beim Betreten des Stufenbandes vermehrt zögern.

9.3.1.3.
Errichten von Fahrtreppenanlagen

Falls es die Umstände gestatten, empfiehlt sich der Einbau von zwei oder mehreren parallel angeordneten Fahrtreppen. Hiermit wird nicht nur die Förderleistung erhöht, sondern es werden auch Reserven geschaffen. Jede Fahrtreppe ist für beide Fahrtrichtungen (auf- und abwärts) ausgelegt. Die gewünschte Fahrtrichtung läßt sich mit Hilfe eines Schlüsselschalters bestimmen. Die Ballustraden werden entweder in Glaskonstruktion aus Sicherheitsglas oder aus einer Stahlkonstruktion mit innen und außen auf-

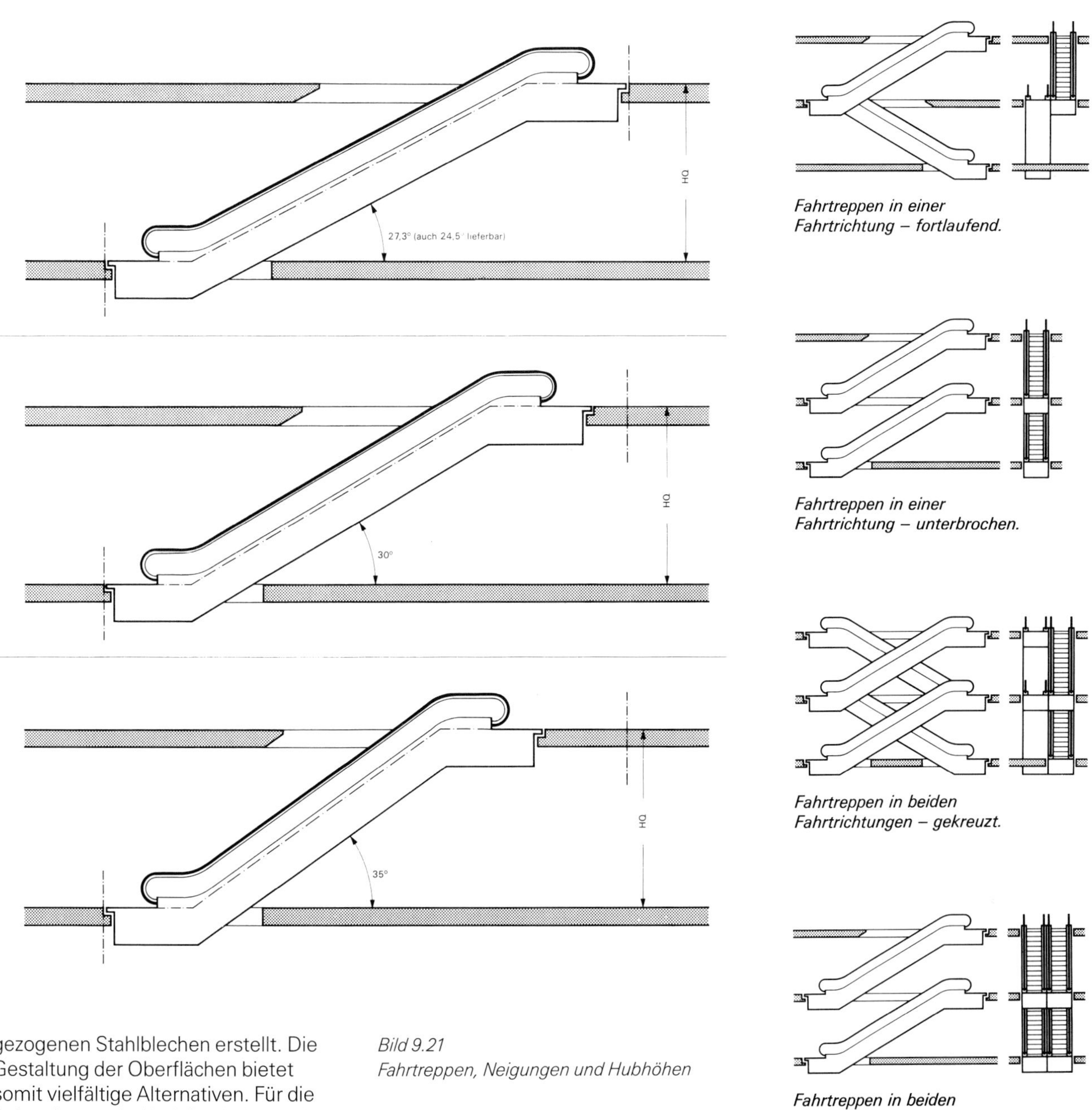

gezogenen Stahlblechen erstellt. Die Gestaltung der Oberflächen bietet somit vielfältige Alternativen. Für die Beleuchtung sind bei Glasballustraden Kaltkathodenröhren im Ballustradenträger eingebaut. Bei der Anordnung ist darauf zu achten, daß an den Zu- und Abgängen entsprechend große Stauräume vorhanden sind.

Bild 9.21
Fahrtreppen, Neigungen und Hubhöhen

Bild 9.22
Fahrtreppen, Einbaumöglichkeiten

9.3.2. Fahrsteige

9.3.2.1. Anwendungsgebiet

Fahrsteige haben sich als komfortable, sichere und leistungsfähige Transportmittel über lange horizontale oder leicht geneigte Strecken bewährt. Sie werden überall dort eingesetzt, wo es darum geht, weite Strecken bequem zu überwinden.

Winkel zwischen 0 und 12 Grad sind bei Fahrsteigen die international üblichen Neigungen. Die Bilder 9.23 und 9.24 zeigen entsprechende Einbausituationen.

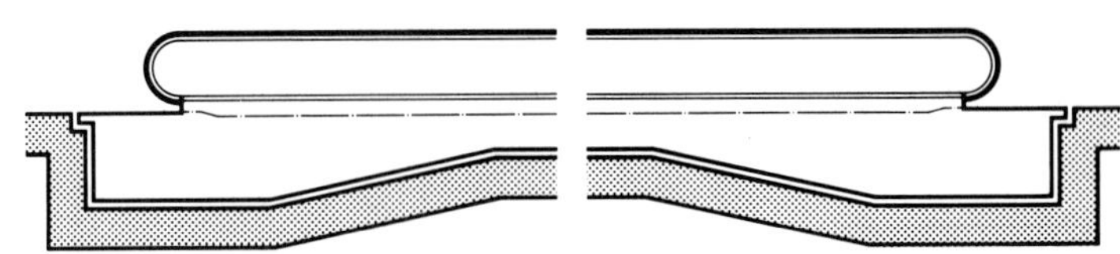

Bild 9.23
Horizontaler Fahrsteig

9.3.2.2. Förderleistung von Fahrsteigen

Auf der Basis vollbesetzter Fahrsteige ergeben sich unter Berücksichtigung der drei verschiedenen Fahrgeschwindigkeiten folgende Förderleistung.

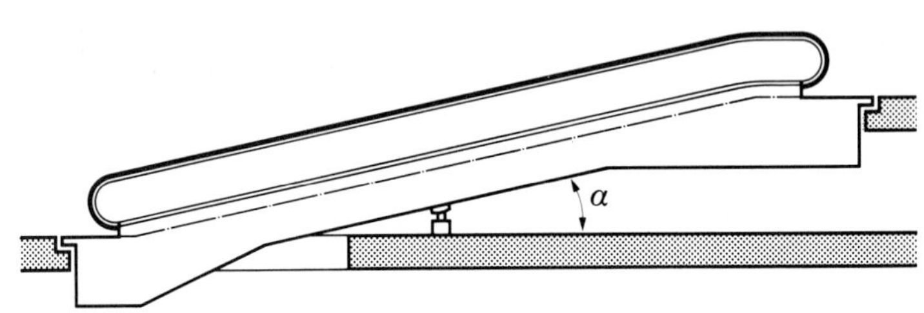

Bild 9.24
Geneigter Fahrsteig

Fahrgeschwindigkeit	0,5 m/s	0,65 m/s	0,75 m/s
Stufenbreite			
800 mm	6.750 Pers/h	8.800 Pers/h	10.150 Pers/h
1.000 mm	9.000 Pers/h	11.700 Pers/h	13.500 Pers/h

9.3.2.3. Errichten von Fahrsteigen

Am weitesten verbreitet sind Fahrsteige mit 1.000 mm breiten Paletten. Sie sind besonders für Einkaufzentren, Flughäfen und Bahnhöfe wegen der Einkaufs- und Gepäckwagen geeignet.

Auch Paletten mit einer Breite von 800 mm und als Sonderausführung mit einer Breite von 1.400 mm sind möglich. Die Fahrgeschwindigkeit beträgt bei geneigten Fahrtreppen 0,5 m/s. Horizontal laufende Fahrsteige lassen sich je nach Förderlänge auch mit 0,65 bis maximal 0,75 m/s betreiben.

Alle Fahrsteige sind, wie auch die Fahrtreppen, für beide Fahrtrichtungen schaltbar. Die Ballustraden sind ähnlich aufgebaut wie bei den Fahrtreppen. Um ein gefahrloses Benutzen der Fahrsteige zu gewährleisten, müssen an den Zu- und Abgängen entsprechend große Stauräume vorhanden sein.

9.4. BEHÄLTERFÖRDERANLAGEN

Ein reibungsloser Beleg- und Warentransport ist oftmals Voraussetzung für einen wirtschaftlichen Betriebsablauf. Zu diesem Zweck werden spezielle Fördermittel eingesetzt. Behälterförderanlagen transportieren das Fördergut vollautomatisch vom Beladeplatz zu der gewünschten Zielstation.

9.4.1. Bahngebundene Behälterförderanlagen

Bei den bahngebundenen Behälterförderanlagen wird das Transportgut in einen Behälter geladen, der auf die Zielhaltestelle programmiert wird. Sodann wird der Behälter auf ein Band gesetzt und zur Zielhaltestelle gefahren. Die Tragkraft der Behälter beträgt maximal 70 kg. Wesentliche Bestandteile dieser Behälterförderanlage sind Aufzüge. Bei allen Anlagen, in denen mehrere Etagen für den Behältertransport erschlossen werden, fördern sie die Behälter zu den gewünschten Zielstockwerken. Bild 9.25 zeigt beispielhaft eine entsprechende Anlage.

Zum Vertikaltransport werden verschiedenartige Förderer je nach Förderleistung eingesetzt, siehe Bild 9.26. Linearaufzüge sind Behälteraufzüge für Förderleistungen bis 120 Behälter/h. Sobald der Fahrkorb die Ebene eines beladenen Behälters erreicht, öffnet sich die Schachttüre automatisch. Der Behälter fährt selbsttätig ein, die Türe schließt sich und der Fahrkorb steuert das am Behälter programmierte Ziel an. Dort rollt der Behälter durch die selbständige öffnende Schachttüre auf die Förderbahn und wird horizontal weiter zum Ziel bewegt. Für Förderleistungen bis 240 Behälter/h werden Behälterumlaufaufzüge, die nach dem Paternosterprinzip arbeiten, eingesetzt. Liegen alle Ladeseiten übereinander, so ist die Einkettenbauart ausreichend. Soll auch an gegenüberliegenden Seiten geladen werden, so ist das Zweikettensystem anzuwenden. Der horizontale Transport erfolgt auf Flachförderbändern, angetriebenen Rollenbahnen und Schwerkraftrollenbahnen. Flachförderbänder tragen die Förderbehälter auf längeren waagerechten Strecken und über Steigungen bis etwa 20°. Angetriebene Rollenbahnen und Schwerkraftrollenbahnen ergänzen die Transportstrecke an besonderen Stellen der Anlage, so an Be- und Entladestellen, in Speicherstrecken und in Kurven. Angetriebene Rollenbahnen können Behälter beschleunigen, umlenken oder stetig fördern. Schwerkraftrollenbahnen nützen zur Fortbewegung des Transportgutes die Schwerkraft aus.

9.4.2. Selbstfahrende Behälterförderanlagen

Das Streckennetz selbstfahrender Behälterförderanlagen (Bild 9.27), besteht aus horizontalen und vertikalen C-förmigen Schienensystemen aus Aluminium mit integrierten Stromleitern aus Kupfer. Weichen für die verschiedensten Funktionen schaffen Verbindungen zu jedem beliebigen Ziel. Die einzelnen Behälter sind ausgelegt für eine Zuladung bis 10 kg. Der Behälter ist mit einem Fahrwerk verbunden, dessen Motor für den Betrieb mit voller Zuladung auf horizontalen und vertikalen Förderstrecken ausgelegt ist. Die Kraftübertragung vom Fahrwerk auf die Schiene erfolgt auf horizontalen Strecken über ein Reibrad, auf vertikalen Strecken über ein Zahnrad. Die Zieladresse wird am Fahrwerk über Codierscheiben eingestellt. Die eingestellten Zielcodierungen werden an den Weichen berührungslos abgetastet.

Stationen werden überall dort eingesetzt, wo Behälter be- und entladen werden müssen.

Das Streckennetz besteht aus geraden Schienen, Bögen und Weichen in horizontaler wie auch in vertikaler Richtung.

Je nach Größe der Anlage können ein oder mehrere Leerbehälterspeicher in die Förderstrecke eingebaut werden. Leerbehälter werden an den Stationen über Ruftasten angefordert.

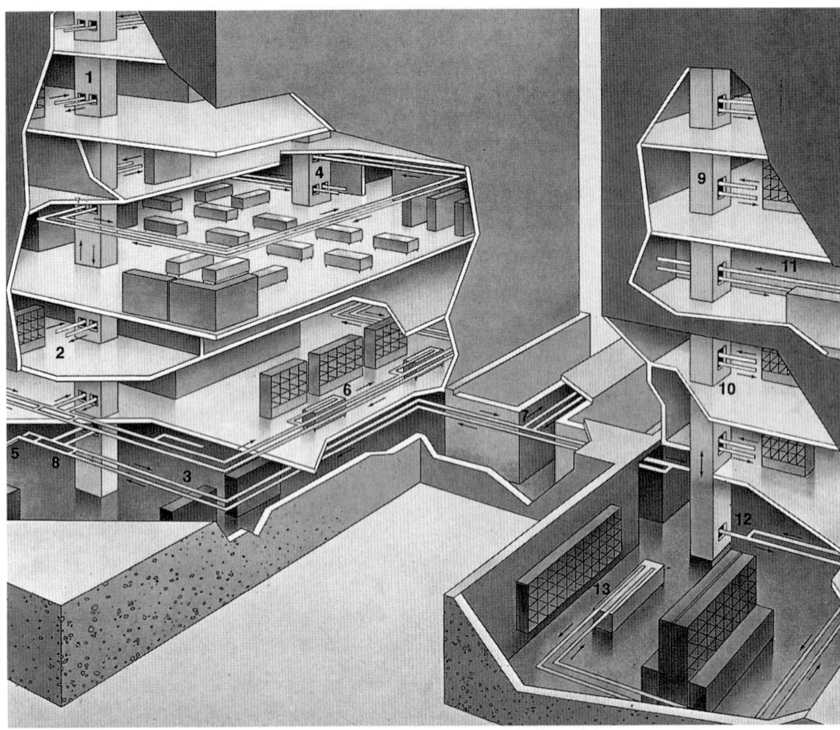

Bild 9.26
Vertikaltransport bei bahngebundenen Behälterförderanlagen

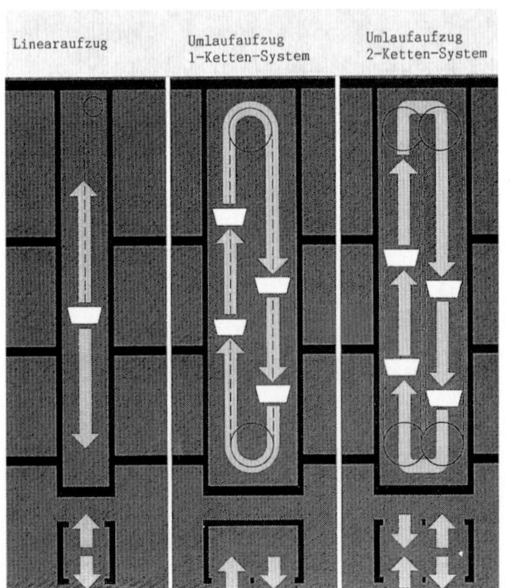

Bild 9.25
Bahngebundene Behälterförderanlage

1
Behälter-Umlaufzug
mit automatischer Be- und Entladung während der Fahrt.

2
Sende- und Empfangsstationen
am Behälter-Umlaufaufzug.

3
Zweispurige Horizontal-Förderstrecken
im Deckenbereich, nebeneinanderliegend geführt.

4
Höhenumsetzer
zum Niveauausgleich innerhalb eines Stockwerks.

5
Schrägförderer
bis ca. 20°-Neigung.

6
Empfangsstelle
im Bereich der Horizontal-Förderstrecken.

7
Gesteuerte 90°-Abzweigungen

8
Wendeweiche
für 180°-Richtungsänderungen.

9
Linearer Behälteraufzug
mit automatischer Be- und Entladung.

10
Sende- und Empfangsstation
am Behälteraufzug.

11
Zweispurige Horizontal-Förderstrecken
übereinanderliegend geführt.

12
Kombinierte Ladestation
beim Behälteraufzug.

13
Zweispurige Horizontal-Förderstrecke
auf Bedienungsniveau.

Bild 9.27
Selbstfahrende Behälterförderanlagen

1
Fahrwerk mit Förderbehälter.

2
Vertikale Förderstrecke.
Zweispurig für Auf- und Abwärtsverkehr. Schienenführung im Schacht.

3
Aus- und Einschleusweichen.
Anschluß von Stationen und weiterführenden horizontalen Förderstrecken.

4
Wendeweiche.
Weiterfahrt des Förderbehälters in Gegenrichtung.

5
Durchfahrstationen mit Wendeweiche.

6
Leerbehälterspeicher.
Förderbehälter über Kopf an der Decke hängend.

7
Rückeinschleusstation.
Eingleisig.

8
Durchfahrstation ohne Wendeweichen.

9
Überwachungstafel.

10
Feuerschutztüren.
Horizontal und vertikal eingebaut. Geschlossene oder offene Tür.

9.5.

TASCHENFÖRDERANLAGEN

Taschenförderanlagen dienen dem Transport kleiner und leichter Güter wie Briefe, Akten, Zeitungen, Formulare, Fotos, Röntgenbilder usw.

Das Fördergut wird in eine Fördertasche gesteckt, die auf das Ziel programmiert wird. Danach wird die Tasche automatisch zu dem vorgegebenen Ziel transportiert.

Für die Taschenförderanlage werden flexible Belegtaschen in verschiedenen Abmessungen für verschiedene DIN-Formate verwendet.

Für den vertikalen Transport stehen je nach Taschenart und gewünschter Förderleistung drei Systeme zur Verfügung.

- Fördertürme für Taschen
- Linearaufzüge
- Umlaufaufzüge

Zu allen Vertikalförderern gehören vollautomatisch arbeitende Be- und Entladestellen oder Anschlußmöglichkeiten an Horizontalförderstrecken (Bild 9.28).

Der horizontale Transport erfolgt über Bänder- und Rollenantrieb. Die Transportbänder- und -rollen laufen in U-förmigen Förderkanälen. Antriebseinheiten und Ausgabestellen lassen sich an nahezu jeder beliebigen Stelle einbauen. Die Förderstrecken werden als Einfachkanäle (Einbahnverkehr) oder als Doppelkanäle (Gegenverkehr oder Parallelverkehr) ausgeführt.

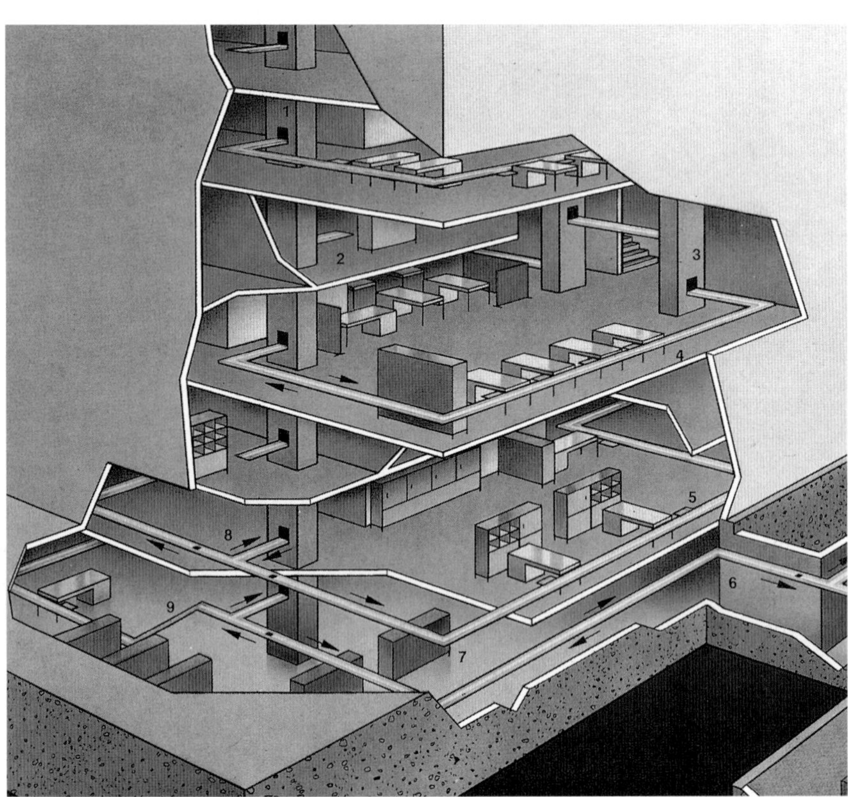

1 Vertikale Fördereinrichtung.
Je nach Taschenart und gewünschter Förderleistung als Föderturm für Taschen, Linear-Aufzug oder Umlauf-Aufzug.
Mit automatischer Be- und Entladung.

2 Sende- und Empfangsstation.

3 Höhenumsetzer zum Niveauausgleich innerhalb eines Stockwerks.

4 Zweispurige Horizontal-Förderstrecke auf Bedienungsniveau, Förderkanäle nebeneinanderliegend, mit Gegenverkehr.

5 Ausschleusweiche mit Abwurfkorb am Arbeitsplatz.

6 Horizontal-Förderstrecke im Deckenbereich.

7 Eckumlenkung 90°.

8 T-Umlenkung.

9 Steig- und Gefällstrecke.

Bild 9.28
Taschenförderanlage

9.6. FASSADENBEFAHRANLAGEN

Überall dort, wo Fassaden von außen her zu reinigen sind oder von außen her Reparaturen an Fassaden anfallen, werden Fassadenbefahranlagen (Fassadenaufzüge) eingesetzt.

Die wesentlichen Bauteile einer Fassadenbefahranlage sind:

- der Wagen mit dem Fahrwerk, welcher das Hubwerk mit der Seiltrommel und der Steuerung aufnimmt
- der Ausleger, der mit dem Wagen verbunden ist
- die Gondel, die an der Fassade auf- und abfährt.

Fassadenaufzüge oder Befahranlagen werden in der Regel von der Dachfläche her bestiegen, wobei die Bedienung entweder vom Fahrwagen aus erfolgt oder aber die Gondelbesatzung selbst aus der Gondel heraus die Steuerung vornimmt. Fassadenbefahranlagen werden unterschieden nach schienenlosen und schienengebundenen Systemen.

9.6.1. Schienenlose Systeme

Der schienlose Fassadenaufzug kann als das wirtschaftlichste System betrachtet werden, da er ohne Fahrschienen eingesetzt wird. Sein Einsatzgebiet liegt insbesondere da, wo aufgrund anderer Anforderungen bereits ein tragfähiger und befahrbarer Dachbelag vorgesehen wird. Zur Befahrung der Fassadenbereiche sind entsprechende Fahrwege entlang der Attika auszubilden. Üblicherweise werden bei Fassadenaufzügen die Fahrwagen mit einem elektrischen Antrieb ausgerüstet und sind somit von einer elektrischen Energiezufuhr abhängig (Kabelversorgung). Die Konzeption des Fahrwerks ermöglicht ein freies Rangieren auf den dafür vorgesehenen befahrbaren Bereichen, wobei das Fahrwerk des Fassadenaufzuges mit breiten, fahrbaren Laufrädern ausgerüstet ist. Die Vorteile des schienenlosen Systems liegen in der Mobilität und zusätzlich in der Wirtschaftlichkeit.

Bild 9.29 zeigt den systematischen Aufbau der Fassadenbefahranlage mit Fahrwerk, Ausleger und Gondel.

9.6.2. Schienengebundene Fassadenaufzüge

Bei schienengebundenen Fassadenaufzügen wird das Fahrwerk über eine Schienenanlage geführt, die auf dem Dach installiert ist. Der Weg, den der Fassadenaufzug zurücklegt, ist somit genau vorgegeben.

Die Schienen werden entweder horizontal auf der Dachfläche verlegt oder an der Innenseite der Attika übereinander angeordnet.

Bei der horizontalen Schienenanordnung, vergleiche Bild 9.30, sind die Fahrschienen entweder in der Dachkonstruktion verankert oder völlig frei auf diese aufgelegt. Die frei aufgelegten Fahrschienen sind im Regelfall zu bevorzugen, da sie keine Verletzung der Dachhaut mit sich bringen. Sie sind jedoch nur dann einsetzbar, wenn nicht Extrembedingungen, wie geringe Spurweiten, große Ausladungen oder erhöhte Nutzlasten, eine Verankerung der Schienenstützen erfordern. Wie Bild 9.30 zeigt, besteht die Fassadenbefahranlage wiederum aus den gleichen, wesentlichen Merkmalen wie bereits beim schienenlosen System beschrieben.

Eine vertikale Schienenanordnung Bild 9.31) erfordert eine höhere Attika in sehr stabiler, tragfähiger Ausführung und hat den Vorteil, daß besonders geringe Durchfahrtsbreiten eingehalten werden können. Nachteil bei dieser Anordnung ist jedoch, daß die Attika entsprechend hoch aufbauen muß, was u.U. die gestalterische Ausbildung des Dachbereiches negativ beeinträchtigt.

9.6.3. Lastaufnahmemittel (Gondel)

Zur Lastaufnahme dient die Gondel, die in der Regel aus Leichtmetall aufgebaut ist, um ein möglichst geringes Eigengewicht zu erreichen. Die Gondel ist in der Regel 1 m hoch und an der Rückseite mit einem zusätzlichen Geländer versehen, um die Absturzgefahr zu minimieren. Personen in der Gondel werden im allgemeinen mit Sicherheitsgurten ausgerüstet, die an vorgesehenen Anschlagpunkten befestigt werden. Das für die Fassadenreinigung erforderliche Wasser wird in der Gondel in entsprechenden Behältern mitgeführt.

Um Beschädigungen der Fassade bei Betrieb der Gondel auszuschließen, werden auf der dem Gebäude zugewandten Seite der Gondel Gummipuffer vorgesehen.

Bei Gebäuden mit überdurchschnittlich hohen Windbelastungen und Windgeschwindigkeiten sowie mit mehr als 30 m Gebäudehöhe wird aufgrund bestehender Vorschriften die Führung der Gondel erforderlich. In der Regel besteht die Führung aus senkrechten, über die gesamte Fassadenhöhe angeordneten Profilen, die der Fassadenarchitektur angepaßt werden und in die Fassade zu integrieren sind.

Bild 9.32 zeigt verschiedene Führungsprofile zur Aufnahme der notwendigen Rollenführung der Gondel. In den Fällen, in denen der Abstand der Führungsprofile (Gebäuderaster) größer ist als die Länge der Gondel, werden die Führungsrolleneinheiten über eine Rollentraverse mit dem Lastenaufnahmemittel verbunden, so daß sich dieses seitlich über die gesamte Breite der Fassadenteilfläche verschieben läßt. Ist die Anordnung von Führungsprofilen aus architektonischen Gründen oder bei nachträglicher Installation eines Fassadenaufzuges nicht möglich, so kann die Führung des Lastaufnahmemittels mit Hilfe von Spannseilen am Gebäude oder einer Spannseilvorrichtung am Fassadenaufzug selbst erfolgen. Hierbei ist jedoch darauf zu achten, daß bei der Befestigung am Gebäude die Seile im Bereich der Attika und am Boden verankert werden müssen.

Bild 9.29
Systematischer Aufbau einer Fassadenbefahranlage mit Fahrwerk, Ausleger und Gondel

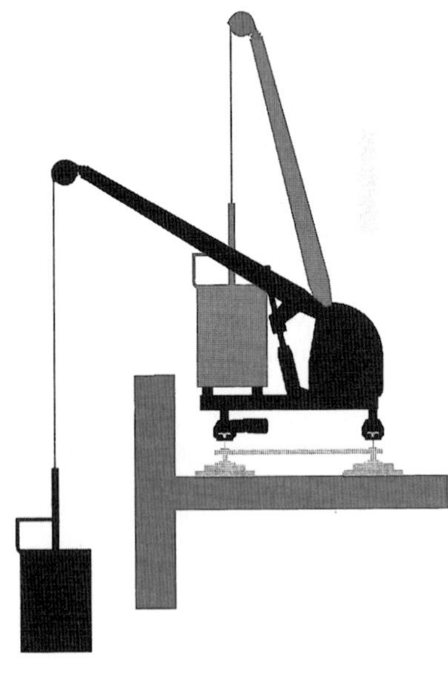

Bild 9.30
Fassadenbefahranlagen bei horizontaler Schienenanordnung

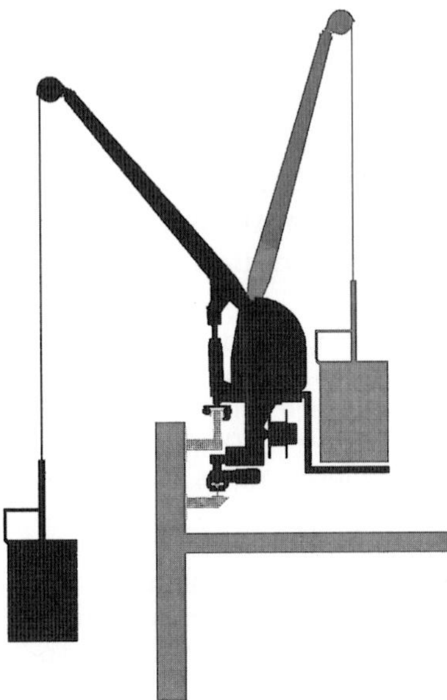

Bild 9.31
Fassadenbefahranlagen bei vertikaler Schienenanordnung

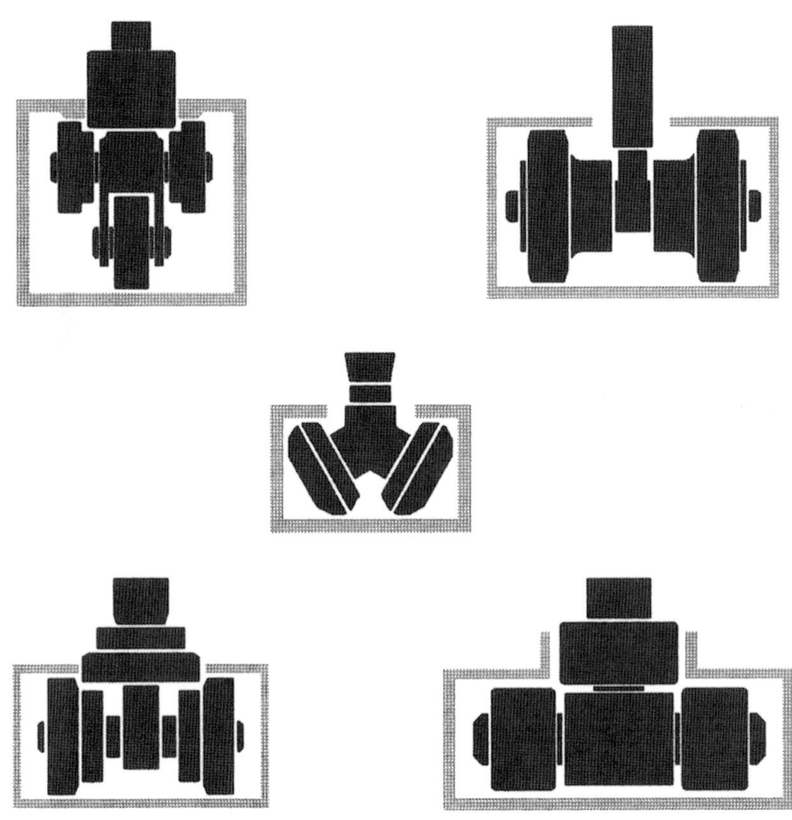

Bild 9.32
Verschiedene Führungsprofile zur Aufnahme der notwendigen Rollenführung in der Gondel

SACHVERZEICHNIS

A

B

L

U

V

W

Z

QUELLEN- UND LITERATURVERZEICHNIS

Von nachfolgend aufgeführten Firmen wurde Text- und Bildmaterial für dieses Buch zur Verfügung gestellt.

A

A. Ackermann GmbH & Co. KG
Potsfach 10 01 51
Alberstraße
5270 Gummersbach

ABS Pumpen AG
Scheiderhöhe
5204 Lohmar 1

AEG-Telefunken
Rathenaustraße 2-6
3257 Springe

Agreba GmbH & Co.
Otto-Hahn-Straße 36
6072 Dreieich 1

Andres GmbH & Co.
Kaiserstraße 35-37
2300 Kiel 1

AWK – Guss- und Amaturenwerk Kaiserslautern
Nachf. Karl Billand GmbH & Co.
6750 Kaiserslautern

B

B.A.C.
Baltimore Aircoil International N.V.
Industriepark
B-2220 Heist op den Berg

Batelle Institut e.V.
Am Römerhof 35
6000 Frankfurt 90

Barth + Stöcklein GmbH
Ingolstädter Straße 58f
8000 München 45

Berkefeld GmbH
Lückenweg 5
3100 Celle

Bega Gantenbrink oHG Leuchten
5750 Menden

Bertelsmann Verlag
Carl-Bertelsmann-Straße 77
4830 Gütersloh

Busch & Jaeger Elektro GmbH
Postfach 12 80
5880 Lüdenscheid

Buderus Heiztechnik GmbH
Postfach 12 20
6330 Wetzlar 1

BSH Büttner Schilde Haas
Postfach 326
6430 Bad Hersfeld 1

Brötje GmbH & Co.
August-Brötje-Straße 1
2902 Rastede 1

C

Carrier GmbH
Heidemannstraße 166 K
8000 München 46

CEAG GmbH
Münsterstraße 231
4600 Dortmund

C. Haushahn GmbH & Co.
Borsigstraße 24
7000 Stuttgart

CTC Wärmetauscher GmbH
Bredowstraße 13
Postfach 74 02 63
2000 Hamburg 74

CUPRO-Therm
Wieland Werke AG
Postfach 42 40
7900 Ulm

D

Danfoss GmbH
Bereich Wärmeautomatik
Außenbüro München
Bahnhofplatz 18
8034 Germering

Dehn & Söhne GmbH & Co. KG
Rennweg 11-15
8500 Nürnberg

DELBAG-Luftfilter GmbH
Holzhauser Straße 159
1000 Berlin 27

Deria-Destra GmbH
Hackerberg 1
8033 Krailling
(Werksvertretung)

Düker Eisenwerke
Fried. Wilh. Dücker GmbH & Co. KG
Würzburger Straße 10
8782 Karlstadt/Main

Durlum Leuchten GmbH
An der Wiese 5
7860 Schopfheim

E

Erco Leuchten GmbH
Postfach 2460
5880 Lüdenscheid

F

Farex
N-2043 Lindeberg

Fläkt GmbH
Schorbachstraße 9
6308 Butzbach

Fraunhofer-Gesellschaft zur Föderung der angew. Forschung e.V.
Herrn Frank-Günter Friedrich
Leonrodstraße 54
8000 München 19

G

Gartner
8883 Gundelfingen

GEA Happel GmbH
Dorstener Straße 18-29
4960 Herne 2

GEA Kühlturmbau Ernst Kirchner GmbH
Postfach 10 14 25
4630 Bochum 1

Gebr. Otto KG
Heizungs- und Energietechnik
Siegener Straße 69
5910 Kreuztal

Gebr. TROX GmbH
Peschkenstraße 3a
4133 Neukirchen-Vluyn 1

Gerhard & Rauh
Georginenstraße 3
8500 Nürnberg 60

Gohl GmbH
7700 Singen

Guzzini GmbH
Lenenweg 27
4154 Tönisvorst

H

Heinrich Nickel GmbH
Gießfeldstraße 1
6000 Frankfurt 90

Herbst GmbH
Haynauer Straße 47
1000 Berlin 46

HESCO GmbH
Postfach 61 03 32
Gründenseestraße 35
6000 Frankfurt 61

HL-Technik AG
Wolfratshauser Straße 54
8000 München 70

Hoffmeister Leuchten
Postfach 1820
5880 Lüdenscheid

I

IKL Keßler & Luch GmbH
Rathenaustraße 8
6300 Lahn-Gießen 1

Interferenz GmbH
Bunsenstraße 5
8033 Martinsried

J

Jung GmbH & Co. KG
Postfach 13 20
5885 Schalksmühle 1

K

Kessler Tech GmbH
Postfach 5829
6300 Lahn-Gießen 1

Kiefer GmbH
Heilbronner Straße 380-396
7000 Stuttgart 30

Klöckner & Moeller
Postfach 18 80
5300 Bonn 1

Kraftanlagen GmbH
6900 Heidelberg

Kuno Engels GmbH & Co.
Elektrotechnische Fabrik
Hauptstraße 42
5653 Leichlingen 2

KWC-Armaturen GmbH
Reinhardstraße 23
7034 Gärtringen

L

LTG Lufttechnische GmbH
Wernerstraße 119-129
Postfach 40 05 49
7000 Stuttgart 40

LUWA GmbH
Hanauer Straße 200
6000 Frankfurt

M

Mennekes Elektrotechnik GmbH & Co. KG
Postfach 13 64
5940 Lennestadt 1

Meissner & Wurst GmbH & Co.
Roßbachstraße 38
7000 Stuttgart 31

MTU GmbH
P.O.Box 2040
7990 Friedrichshafen 1

N

Niethammer GmbH
Waschraumeinrichtungen
Industriestraße 10
6084 Gernsheim

O

Okalux Kapillarglas GmbH
8772 Marktheidenfeld

Omnical GmbH
Kessel- und Apparatebau
Gruppe Deutsche Babcock
6344 Dietzhölztal-Ewersbach

Osram Light Consulting GmbH
Hellabrunner Straße 1
8000 München 90

P

Philips Licht GmbH
Postfach 30 10 40
5000 Köln

Piller GmbH & Co. KG
Osterode/Harz

Plewa GmbH
Merscheider Weg 1
5522 Speicher

R

Rieth & Co. GmbH
Postfach 15 52
7312 Kirchheim-Teck

Roth GmbH
3563 Dautphetal

ROX Lufttechnische Gerätebau GmbH
Postfach 45 09 69
5000 Köln 41

Rud. Otto Meyer GmbH
Palmenstraße 25
4000 Düsseldorf
Hormannstraße 15
6000 Frankfurt
Tilsiter Straße 162
2000 Hamburg 70

S

Sachsenwerk AEG
Aktiengesellschaft
Theodor-Stern-Kai 1
6000 Frankfurt 70

Schindler Aufzüge GmbH
Osterfeldstraße 92
8045 Ismaning

Schweizerischer Ingenieur- und
Architekten-Verein
CH-8039 Zürich

Siemens AG Kunstlichttechnik
Siemens AG Tageslichttechnik
Postfach 15 20
8225 Traunreut

Spanner GmbH
Industriestraße 16
6700 Ludwigshafen

Staff KG
Grevenmarschstraße 74-78
4900 Lemgo

Stäfa AG
Bahnhofstraße 26
CH-8712 Stäfa

Strebel
Keplerweg 6
8046 Garching

Stulz GmbH
Holsteiner Chaussee 283
2000 Hamburg 61

Sulzer GmbH
Furtbachstraße 4
7000 Stuttgart 10

Sulzer Escher-Wyss GmbH
Kemptener Straße 1
8990 Lindau
Brudermühlstraße 36
8000 München 70

Systec GmbH
Ringstraße 17
8031 Eichenau

T

Th. Winkels GmbH & Co. KG
Postfach 21 07
Riswicker Straße
4190 Kleve

Thermal Werke
Wärme-Kälte-Klimatechnik GmbH
Postfach 16 80
Thalhausstraße 16
6832 Hockenheim

Thorn Licht GmbH
Möhnestraße 55
5760 Arnsberg 1

Thyssen Aufzüge GmbH
Oberföhringer Straße 186
8000 München 81

TKT Turbon Tunzini Klimatechnik
Carl-Diem-Weg 18-24
5070 Bergisch Gladbach

Trane Société Trane
Siége Social: 1
rue du Fort
F-88190 Golbey

Trane Klima- und Kältetechnisches
Büro GmbH
Lilienthalstraße 6
8031 Gilching

Transformatoren Union GmbH
Deckerstraße 1
7000 Stuttgart 50

Trilux Lenze GmbH & Co.
Postfach 19 60
5760 Arnsberg 1

V

Varta Batterie AG
Postfach 42 80
Dieckstraße 42
5800 Hagen 1

VDI-Verlag GmbH
Heinrichstraße 24
4000 Düsseldorf 1

Velta GmbH
Fraunhoferstraße 23
8000 München 5

Viessmann Werke GmbH & Co.
3559 Allendorf (Eder)

Villeroy & Boch
Generaldirektion
6642 Mettlach

W

Wila Leuchten GmbH
Postfach 26 11
5860 Iserlohn

Winkels GmbH & Co.
Riswickerstraße
4190 Kleve

Z

Zander Klimatechnik
Rallnerstraße 111
8500 Nürnberg 10

Zehnder + Bentler GmbH
Postfach 26
Almweg 34
7630 Lahr

Zent-Frenger
Strahlungsheizung GmbH
Birkestraße 20
8000 München 19

Zumtobel Licht Ges.mbh
Schweizerstraße 30
A-6851 Dornbirn

Auf nachfolgende Literatur wird verwiesen:

Cziesielski, Daniels, Trümper: Ruhrgas Handbuch, Haustechnische Planung, Essen 1985

Daniels, K., Die Hochdruckklimaanalge, 3. Aufl. 1975, Düsseldorf 1975

Daniels K., Klimatechnik 1, Heft 87, 1973, Bern/Schweiz 1973

Daniels K., Klimatechnik 2, Heft 117, 1975, Bern/Schweiz 1975

Deutsche Verbundgesellschaft Heidelberg, Bericht 1985, Heidelberg 1986

Feurich, H.,.Sanitärtechnik, 5. Aufl. Düsseldorf 1987

Hediger H., Technische Installation, 4. Aufl. 1990, Zürich 1990

Hoffmann, K.H., Knier G.: Handbuch der Elektro-Installation, 2. Aufl. 1985, Heidelberg

ibis, ICE Ball Inventive Storage, Eisspeicherung techn. Handbuch, 1986 IBIS AG

Recknagel, H., Sprenger, E., Hönmann, W.: Taschenbuch für Heizung und Klimatechnik, 65. Aufl. 1990/91, München/Wien 1990

RWE Energie Aktiengesellschaft: RWE Bau-Handbuch technischer Ausbau, 10. Ausg. 1990, Essen 1990

Volksfürsorge Lebensversicherung AG, Energiestudie und Studie zu lufttechnischen Varianten

VDI-Richtlinien:

- 2053 (Entw., April 1987)
- 2055 (März 1982)
- 2078 (Entw., Nov. 1990)
- 2082 (Dez. 1988)
- 2083 (Entw., Okt. 1989)
- 2719 (1987)
- 3803 (Nov. 1986)
- 33403 (Entw., Dez. 1984)

DIN 1946 Teil 4 (April 1978)

Sia 384/21 (Ausg. 1983)
- Wärmeleistungsbedarf von Gebäuden
  (Anwendungsbeispiel mit Erläuterungen und Formular)

Sia 384/2, Nr. 1084/2 (1982)
Sia 384/2, Formblatt 1 u. 2, Nr. 1084/2 (1982

Werkbericht-Veröffentlichungen der Fa. HL-Technik AG,München

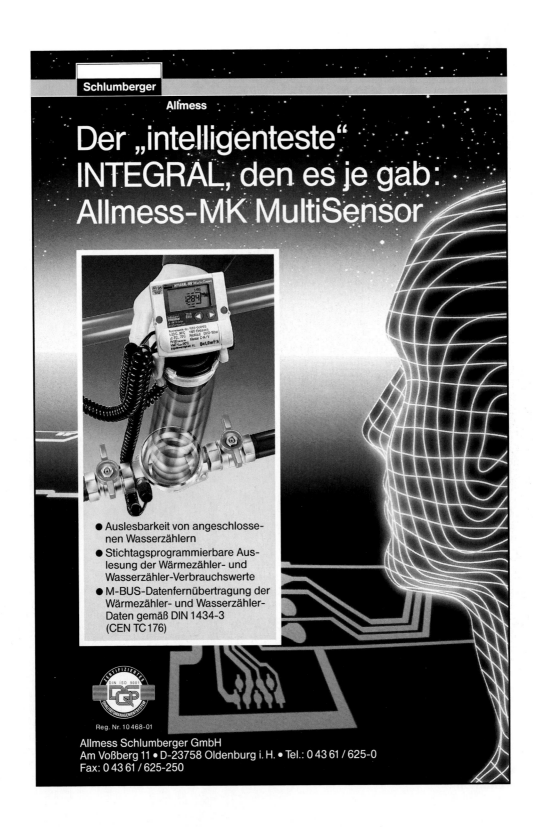

Staefa
Control
System

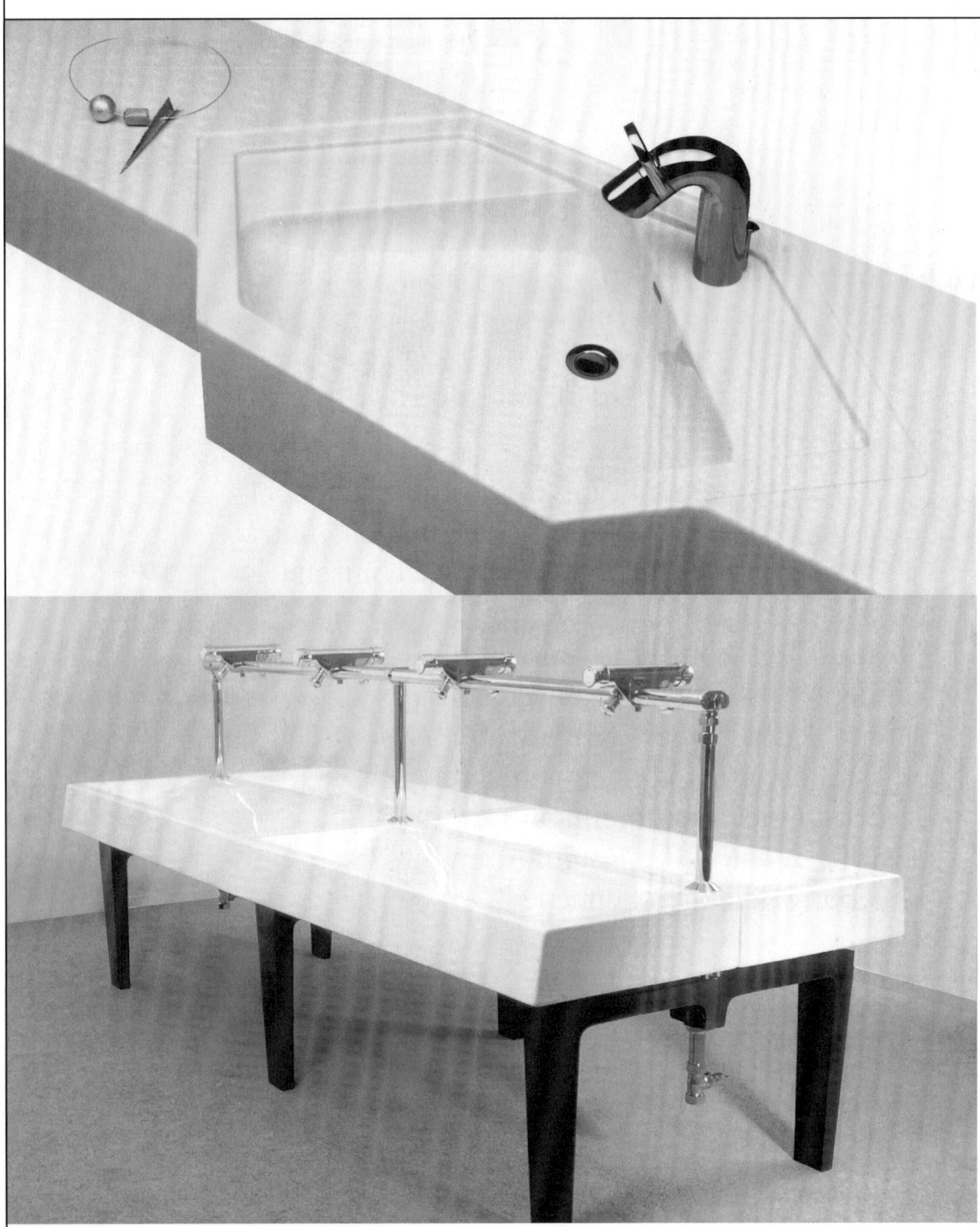

EWFE - Brennwertgeräte mit Abgas-Zuluftsystemen aus Kunststoff (PPs) bis 150 mm ø
Ob Modernisierung oder Neubau für jeden Bedarfsfall die richtige Lösung:
1. Abgasleitung im Schacht
2. Abgas-/Zuluftsystem für Dachheizzentrale bis 4 m
3. Abgas-/Zuluftsystem an der Außenwand
4. Kaskadenanlage für 2 bis 4 Brennwertkessel
EWFE-Heizsysteme GmbH
Haferwende 23
D - 28357 Bremen
Tel. 0421/27 80 90
Fax 0421/27 809 27
EWFE
Wärme mit Gewinn

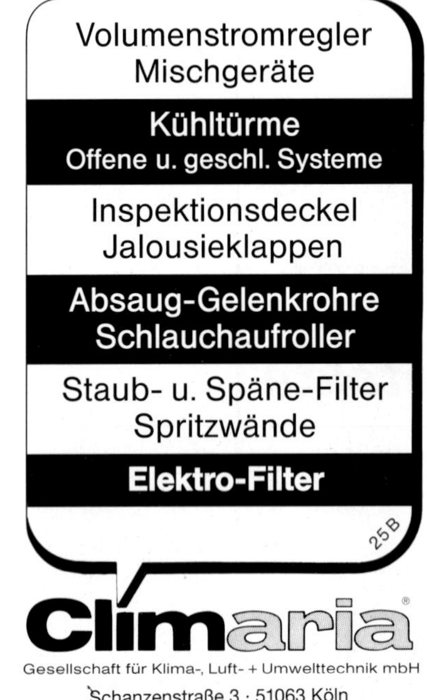
Volumenstromregler
Mischgeräte
Kühltürme
Offene u. geschl. Systeme
Inspektionsdeckel
Jalousieklappen
Absaug-Gelenkrohre
Schlauchaufroller
Staub- u. Späne-Filter
Spritzwände
Elektro-Filter
25 B
Climaria
Gesellschaft für Klima-, Luft- + Umwelttechnik mbH
Schanzenstraße 3 · 51063 Köln
Telefon (02 21) 62 20 98 · Telefax (02 21) 62 85 06

BAVARIA ZEITDIENST
Ihr Partner für:
– Uhrenanlagen
– ELA-Anlagen
– Einbruchanlagen
– Brandmeldeanlagen
– Zugangskontrolle
– Zeiterfassung
Bavaria Zeitdienst, Asternweg 1, 93053 Regensburg
Tel. 0941-78 77 90 Fax 0941-7 87 79 20
Regensburg – München – Nürnberg

Wir liefern das gesamte Ventilatoren-Programm:
DLK VENTILATOR
Axial-Ventilatoren
Niederdruck-
Mitteldruck-
Hochdruck-
Radial-Ventilatoren
Spiral-Gehäuse-Ventilatoren
Dach-Ventilatoren · freilaufende Räder
Brandgas-Ventilatoren
Axial-Ventilatoren · Dach-Ventilatoren,
Wand-Ventilatoren · Spiral-Gehäuse-Ventilatoren
Anlagen • Industrie -Torluftschleieranlagen
Tunnel-Strahl-Ventilatoren · Garagen-Abluftgeräte
Zubehör
Elektro-Motoren · Rohre mit Flanschen
Schalldämpfer · Schaltschränke
DLK Ventilatoren GmbH
D - 74214 Schöntal - Berlichingen · Ziegeleistraße 18
Telefon 079 43 / 91 02 - 0 · Telefax 079 43 / 91 02 - 10

INSERENTENVERZEICHNIS